BAEDEKER

I
ITALIEN

》
Was hinter dir ist,
ist egal.
《

Enzo Ferrari

baedeker.com

INHALT

■ DAS IST ITALIEN

- **10** Mutter Kirche
- **14** Designschmiede Mailand
- **18** Pompös statt schrill
- **22** Wo Wolf und Bär sich Gute Nacht sagen
- **26** Schuhmacher der Stars

■ TOUREN

- **32** Unterwegs in Italien
- **35** Abseits gewohnter Pfade
- **37** Vergoldete Städte
- **39** Entlang der Via Aurelia
- **41** Tour dell'Arte
- **42** Über den Apennin
- **44** Die Sonnenseite Italiens
- **45** An der Südostküste
- **46** Auf in den Süden

LEGENDE

Baedeker Wissen
● Textspecial, Infografik & 3D

Baedeker-Sterneziele
★★ Top-Reiseziele
★ Herausragende Reiseziele

INHALT

■ ZIELE VON A BIS Z

50	Abruzzen · Abruzzo
61	Alba · Langhe
64	★★ Amalfitana
71	Ancona
75	★ Aosta · Aoste
80	★★ Apulien · Puglia
92	● Geheimnisvolle Burg
94	● Der die Welt in Staunen versetzt
103	★ Arezzo
110	★★ Assisi
116	Asti
119	Bari
122	★ Basilikata · Basilicata
129	★ Bergamo
134	★★ Bologna
142	★ Bozen · Bolzano
146	● Der Mann aus dem Eis
150	Brescia
154	★ Capri · Isola di Capri
160	★ Caserta
163	★ Como · Comer See · Lago di Como
168	Cremona
170	● Geigenbau in Cremona
174	Cuneo
177	★★ Dolomiten · Dolomiti
186	Elba · Isola d'Elba
192	★ Ferrara
198	★★ Florenz · Firenze
217	★★ Gardasee · Lago di Garda ·
224	● Kalt gepresst ist halb gewonnen
227	★ Genua · Genova
237	Grosseto
244	★ Ischia · Isola d'Ischia
248	Kalabrien · Calabria
256	● Das Kreuz des Südens
263	★★ Lago Maggiore
271	Lago Trasimeno · Trasimenischer See
274	Latium · Lazio
296	Livorno
299	★ Lucca

INHALT

305	★★ Mailand · Milano
312	● Meisterwerk aus vielen Epochen
323	★ Mantua · Mantova
329	Marken · Marche
334	● Palazzo Ducale in Urbino
341	Meran · Merano
347	Modena
351	Molise
354	Montepulciano
362	★★ Neapel · Napoli
388	Novara
392	★ Orvieto
399	★ Ostia
403	★ Padua · Padova
409	Parma
416	★ Pavia
421	★ Perugia
434	Piacenza
437	★★ Pisa
442	● Monument mit Schieflage
447	★ Pistoia
451	★★ Pompeji · Pompei
460	● Gefährdetes Weltwunder
462	★ Prato
466	★★ Ravenna
470	● Sant'Apollinare: Zwischen Okzident und Orient
473	Rimini
480	★★ Riviera · Ligurien
499	★★ Rom · Roma
510	● Das Zentrum des Reichs
520	● Brot und Spiele
542	● Die Kirche Petri
556	Salerno
563	★ Sardinien · Sardegna
571	★★ Siena
578	● Sienas Stolz
587	★★ Sizilien · Sicilia
596	★ Spoleto
602	Trient · Trento
606	★ Triest · Trieste
610	★ Turin · Torino
621	★ Udine · Friaul-Julisch-Venetien
628	Veltlin · Valtellina
630	★★ Venedig · Venezia

INHALT

- **632** ● O sole mio
- **642** ● Basilica di San Marco
- **654** ★★ Verona
- **662** ★ Versilia
- **664** ● Carrara-Marmor
- **668** ★ Vicenza
- **674** Volterra

■ HINTERGRUND

- **680** Das Land und seine Menschen
- **696** ● Italien auf einen Blick
- **700** ● Eine »ehrenwerte« Gesellschaft
- **704** Geschichte
- **708** ● Das Römische Reich
- **720** Kunstgeschichte
- **724** ● Vom Leuchten der Steine
- **730** ● »Wiedergeburt« der Antike
- **743** Interessante Menschen

INHALT

ERLEBEN & GENIESSEN

- **756** Bewegen und Entspannen
- **762** Essen und Trinken
- **766** ● Pasta
- **774** ● Typische Gerichte
- **780** ● Heiß geliebt und kalt genossen
- **784** Feiern
- **792** Shoppen
- **796** ● Alles Essig?
- **798** ● Made in Italy
- **801** Übernachten

PRAKTISCHE INFORMATIONEN

- **808** Kurz & bündig
- **809** Anreise · Reiseplanung
- **812** Auskunft
- **813** Etikette
- **814** Gesundheit
- **815** Lese- und Filmtipps
- **816** Öffnungszeiten
- **817** Preise und Vergünstigungen
- **817** Reisezeit
- **818** Sprache
- **824** Telekommunkation
- **824** Verkehr

ANHANG

- **828** Register
- **843** Bildnachweis
- **844** Verzeichnis der Karten und Grafiken
- **845** Impressum

PREISKATEGORIEN

Restaurants
Vor-, Haupt- und Nachspeise inkl Service
- €€€€ über 50 €
- €€€   35 – 50 €
- €€   25 – 35 €
- €   bis 25 €

Hotels
Preis für ein Doppelzimmer ohne Frühstück
- €€€€ über 180 €
- €€€   120 – 180 €
- €€   80 – 120 €
- €   bis 80 €

MAGISCHE MOMENTE

ÜBERRASCHENDES

138	Di nuovo giovane
158	Augenblick, verweile doch!
182	Alpenglühen
189	Auf dem Weg der Stille
252	Tropfen der Unsterblichkeit
346	Im Loggia-Himmel
371	Zwischen den Welten
441	Morgenstund' ...
514	Antike nach Sonnenuntergang
534	Wo die Orangen blühen
595	Logenplatz am Meer
648	Sich verlieren
655	Konzert in Verona

67	**6 x Durchatmen**: Entspannen, wohlfühlen, runterkommen
218	**6 x Gute Laune**: Das hebt die Stimmung
368	**6 x Typisch**: Dafür fährt man nach Italien
567	**6 x Einfach unbezahlbar**: Erlebnisse, die für Geld nicht zu bekommen sind
576	**6 x Erstaunliches**: Hätten Sie das gewusst?

Sich verlieren in Venedig – einfach mal unvermittelt abbiegen ...

D
DAS IST ...

Italien

Die großen Themen
rund um »Bella Italia«.
Lassen Sie sich inspirieren!

Eine Zypressenallee, ein einsames Gehöft:
Bilderbuch-Italien in der Toskana ▶

DAS IST ...
ITALIEN

MUTTER KIRCHE

Von welchem Hügel man auf Rom auch schaut – Kirchenkuppeln dominieren die Stadt am Tiber. Mehr als 900 christliche Gotteshäuser gibt es in Rom. Dazu kommen an die 100 Klöster. Auf Schritt und Tritt wird deutlich: Rom ist nicht nur die Hauptstadt Italiens, Rom ist auch die »Kapitale« der katholischen Kirche.

Der Petersdom, das Zentrum des Katholizismus ▶

DAS IST ...
ITALIEN

OBEN: Ordensfrauen müssen auf den Straßen Roms außer kirchlichen auch weltliche Regeln beachten. UNTEN: Inbrünstiger Glaube ist allgegenwärtig in der katholischen Kapitale.

BEIM HEILIGEN VATER

Nicht nur Fußballstars und Politiker haben die Chance, Papst Franziskus zu begegnen! Wenn er sich in Rom oder seiner Sommerresidenz Castel Gandolfo aufhält, findet jeden Mittwoch um 10.30 Uhr eine Generalaudienz in der Audienzhalle Paolo VI im Vatikan statt, bei schönem Wetter und an Feiertagen zuweilen auch auf dem Petersplatz. Um dabei zu sein, braucht man eine (kostenlose) Eintrittskarte, die man am besten einige Wochen vorher online beim deutschen Pilgerzentrum erwirbt. (www.pilgerzentrum.net)

DAS IST ...
ITALIEN

NONNEN im Habit und Mönche in der Kutte gehören auch im 21. Jh. ganz selbstverständlich zum römischen Straßenbild, ebenso wie die vielen Priester aus aller Herren Länder, die in den Straßen und Gassen an den Touristen vorübereilen. Als unverkennbare Zeichen lugen steife weiße Kollare unter den feinen Jacketts und den schlichten schwarzen Pullis hervor. Durch etliche Ladenfenster kann man die Herren auch beobachten, wie sie sich Kelche zeigen lassen, Rosenkränze, Kreuze, Kerzen und Opferstöcke auswählen. Etliche Ordensgemeinschaften wie die Benediktiner, die Franziskaner, die Jesuiten und die Dominikaner unterhalten in Rom eigene Universitäten, die Päpstliche Lateranuniversität ist die Ausbildungsstätte für den klerikalen Nachwuchs des Bistums Rom und die Päpstliche Diplomatenakademie hat im Palazzo Severoli an der Piazza Minerva ihren Sitz. Hier werden die Diplomaten des Vatikans auf ihre berufliche Zukunft vorbereitet.

Nachfolger Petri

Rom, das sieht und spürt man an allen Ecken und Enden der Stadt, ist das Zuhause der römisch-katholischen Kirche. Hier steht man auf dem **Fundament der Religion,** der heute weltweit 1,25 Milliarden Menschen angehören. Zwar wirkte Jesus von Nazareth in Galiläa, auf der anderen Seite des Mittelmeers. Doch die Kunde vom gekreuzigten und auferstandenen Gottessohn erreichte schon wenige Jahrzehnte nach dessen Tod Rom, die Hauptstadt der antiken Supermacht. In den ersten nachchristlichen Jahrhunderten mussten Roms Christen ihre Religion noch im Verborgenen praktizieren. Im 4. Jh. aber lief Christus den antiken Göttern den Rang ab; unter Kaiser Theodosius stieg das Christentum schließlich im Jahr 391 zur Staatsreligion auf. Der Bischof von Rom reklamierte bald eine besondere Stellung für sich. Indem er sich auf **Petrus** berief, den Jünger Christi, der im Auftrag seines Herrn in Rom gepredigt und bis zu seinem Märtyrertod als erster Bischof von Rom die christliche Heilslehre verbreitet haben soll, verstand sich jeder Nachfolger in diesem Amt schlicht als richtungsweisendes Oberhaupt der Christenheit.

Sammler und Mäzene

Nach dem Zerfall des antiken römischen Imperiums füllte die Kirche das entstandene Machtvakuum. Rom, als Wirkungsstätte des Heiligen Vaters, wurde **Zentrum des Kirchenstaats,** der sich bis ins 19. Jh. über weite Teile Mittelitaliens ausdehnte. Nach der nationalen Einigung Italiens verschwand der Kirchenstaat von der politischen Landkarte. Was dem Papst blieb, ist der Vatikan, eine 0,44 km² kleine Enklave, umgeben von römischem Stadtgebiet. Der winzige Staat verfügt nicht nur über Gerichtshöfe und Militär, er hat auch einiges politisches Gewicht; zudem kann er enorme Reichtümer sein Eigen nennen, darunter Kunstschätze von unermesslichem Wert. Denn jahrhundertelang waren die Päpste Sammler und Mäzene, beschäftigten jeweils die größten Künstler ihrer Zeit. Die Kunst im Vatikan und die großen Kirchen der Stadt, allen voran der Petersdom, sind jedes Jahr das Ziel von Millionen mehr oder weniger gläubiger Touristen. Einen Rekord brachte das Heilige Jahr 2000. Damals pilgerten rund 25 Mio. Menschen aus aller Welt in den Vatikan und die Ewige Stadt.

DAS IST … ITALIEN

DESIGN-SCHMIE-DE MAILAND

Ferrari und Fiat 500 – made in Italy ist noch immer Kult. Understatement, Witz, Funktionalität und Extravaganz zeichnen italienisches Design aus. Und wo werden die Ideen geboren und in Projekte umgesetzt? In Mailand, das lange den Ruf hatte, zwar reich, aber auch grau und langweilig zu sein. Heute gilt die Metropole als Welthauptstadt des Designs!

◀ Grau und langweilig? Ein Sessel von Seletti Design auf dem Salone del Mobile 2019.

DAS IST ...
ITALIEN

MODE, Design, Kunst, heute kommt in Mailand alles zusammen. Von Armani bis Zegna – im Quadrilatero della Moda, im sog. Viereck der Mode beim Domplatz, sind sie alle versammelt. Das sehen Sie, wenn Sie durch die Via Monte Napoleone bummeln. Armani und Ferragamo, Gucci und Prada, Valentino und Bottega Veneta stellen hier aus. Die zum Teil irrsinnig hohen Preise sorgen aber eher dafür, dass es beim Schaufensterbummel bleibt!

Architektur der Zukunft

Rom hat die Antike, Florenz die Renaissance – und Mailand? Hat die Zukunft, das wissen die Italiener. Denn längst ist Milano auch architektonisch unverwechselbar: Die Wolkenkratzer und Entwürfe des neuen Stadtgebiets **Porta Nuova** sind ein gelungener Gegenpol zu den Palästen des Zentrums. Anlässlich der Expo 2015 wurde ein einzigartiges Projekt der baulichen Nachhaltigkeit realisiert, es entstand ein neues Zentrum von Mode, Design und Kultur. Stationen jeder Stadtrundfahrt sind mittlerweile zwei Hochhäuser in der hypermodernen Piazza Gae Aulenti: das Bankgebäude **Torre Unicredit** aus Glas und Lärchenholz, das alle anderen Gebäude überragt, und der **Diamant**-Wolkenkratzer. Design und Ökologie vereint der **Bosco Verticale**, der vertikale Garten. Zwei Hochhäuser des Architekten Stefano Boeri tragen auf ihren Terrassen Bäume und Sträucher, die durch ein nachhaltiges Bewässerungssystem versorgt werden. Klar, längst gibt es heute auch Design in Rom, Neapel oder Bologna, jedoch nicht in dieser Breite. In Mailand ist die lokale Infrastruktur zum Experimentieren und Entwickeln über Generationen gewachsen.

DESIGN TRIFFT MUSEUM

Design begegnet einem in Mailand auf Schritt und Tritt. Dennoch lohnt es sich, das Triennale Design Museum zu besuchen – in seiner Art ist es in ganz Italien einmalig! Untergebracht im stilvollen Palazzo d'Arte inmitten des Parco Sempione, bietet es einen Überblick über italienisches Industrie- und Mode-Design, seine Vielfalt und Vitalität. (Viale Emilio Alemagna, 6, www.triennale.org)

Stöbern, bummeln, staunen

Kult ist längst der **Salone del Mobile** im April. Die jährliche Möbel- und Design-Messe, eine der bedeutendsten der Welt, machte Mailand zur Design-Hauptstadt. Aufgeteilt in die Bereiche Modern, Classic und Design gibt es Innovatives, Ausgefallenes und Überraschendes zu sehen. Jährlich pilgern 300 000 Besucher aus 160 Ländern zu Hunderten von Ausstellern. Parallel dazu entstand eine Straßenmesse, der **Fuorisalone** (fuori = draußen). Mittlerweile liegt die Zahl der Ausstellungen außerhalb der offiziellen Messe im Fuorisalone in den Hunderten. Den Anfang machten Mailänder Design-Galerien, heute existiert in der Stadt eine unabhängige, experimentelle Szene.

DAS IST ...
ITALIEN

Was so unaufgeräumt aussieht, ist ein Schaufenster des Kaufhauses La Rinacente.
Da bleibt man schon mal stehen.

Im Zentrum Mailands liegen die Showrooms von einigen der weltbesten Designer. So hat die Grande Dame der Designwelt **Nina Yashar**, die aus einer iranischen Teppichhändlerfamilie stammt, gleich zwei Niederlassungen: Nilufar Depot in der Viale Vincenzo Lancetti und Nilufar Gallery, Via della Spiga 32. Beide sind umwerfend und angefüllt mit den seltensten und schönsten Stücken.
Wer etwas für zu Hause und günstiger sucht, wird vielleicht im **La Rinacente** fündig. Mailands Design-Supermarkt an der Piazza del Duomo besticht u.a. mit einer Riesenabteilung für schicke Küchenutensilien und Espressomaschinen. Die ehemalige Krawattenfabrik **Spazio Rossana Orlandi** in der Via Matteo Bandello 14–16 ist heute ein Mekka für Wohndesignfreaks mit einer herrlichen Mischung aus Vintage und Modern: Tische, Stühle, Sofas, Betten, Lampen und Accessoires.
Doch am besten lässt man sich einfach treiben, nimmt mittags mit einem guten Glas Wein Platz in einem der schick gestylten Cafés oder Restaurants, in denen die Einrichtung wie eine einzige künstlerische Installation aussieht, und beobachtet das Kommen und Gehen.
www.nilufar.com
www.rinascente.it
http://rossanaorlandi.com

DAS IST …
ITALIEN

DAS IST ...
ITALIEN

POMPÖS STATT SCHRILL

Clowns oder Erwachsene im Kuhkostüm wird man hier nicht sehen, und statt Haut zeigt man auf den Maskenbällen von Venedig lieber Haute Couture der Renaissance, trägt gepuderte Perücken und versteckt sein Gesicht hinter einer historischen Maske. Wenn die abendlichen Nebel aufsteigen, schiebt sich eine aufgekratzte Menge durch die Gassen, auf ihrem Weg zur Party im Dogen-Palast. Wie einst schon Casanova, Goethe und Vivaldi.

◄ Hinter der geheimnisvollen Maske steigt ihr Träger in eine andere Existenz ein. Alteingesessene Venezianer sehen das etwas nüchterner.

DAS IST ...
ITALIEN

WERFEN Sie sich richtig in Schale, wenn Sie zur fünften Jahreszeit nach Venedig wollen oder tragen Sie einfach Alltagskleidung. Für das legendäre Ereignis reisen Besucher um die halbe Welt und zahlen irrsinnige Eintrittspreise, um in antiken Dogenpalästen dabei sein zu dürfen. Ende des 11. Jahrhunderts wurde der Karneval erstmals schriftlich erwähnt, als junge Männer in Tierkostümen vor der Fastenzeit durch die Gassen liefen. Dann schwappte der Spaß über auf das Volk, das es sich verkleidet vor dem Markusdom gut gehen ließ, während der Adel in seinen Palazzi in Saus und Braus feierte. Im 16. Jahrhundert wurde es zunehmend frivoler und ausgelassener, und als Harlekin, Colombina oder Pantalone machten sich die Verkleideten über ihre Herrschaften lustig. Als 1797 der letzte Doge zurücktrat und die Franzosen in Venedig einzogen, ließ Napoleon den Karneval kurzerhand verbieten. Erst **Mitte der 1970er Jahre** erweckten einige engagierte Einheimische das einstige Spektakel wieder zum Leben.

Eine Stadt im maskierten Ausnahmezustand

Gut Ding will Weile haben: An ihren Kostümen arbeiten die Näherinnen **bis zu einem Jahr**. Unmengen Swarovski-Kristalle und Pailletten, Perlen und Federn werden in Handarbeit auf die Kleider aus Samt und Seide, Brokat und

Hier ensteht die Maske eines Pestarztes.

DAS IST ...
ITALIEN

MASKEN MACHEN
Meister Marcello erläutert in ein- bzw. mehrstündigen Kursen – auch außerhalb der Karnevalszeit – die traditionelle Herstellung und Verzierung einer Maske. Sie suchen sich ein fertiges Rohexemplar aus, das Sie bemalen und gestalten. Währenddessen erzählt der Meister manche kuriose Geschichte. (Ca' Macana, Calle Botteghe Dorsoduro 1, tgl. 10–18.30 Uhr, Voranmeldung Tel. 041 5203229 oder www.camacana.com)

handgewebtem Leinenstoff genäht. Die Vorlagen sind meist historisch, teilweise beruhen sie auf Haute-Couture-Vorbildern. Kein Wunder, dass die Kunden aus aller Welt Schlange stehen und Tausende ausgeben, um eines der begehrten Kostüme aus den großen Ateliers von Venedig zu kaufen.

Während Hunderttausende Besucher weder Kosten noch Mühe scheuen, um zum Karneval nach Venedig zu kommen, flüchten viele Venezianer. Kaum einer der Alteingesessenen, heißt es, würde maskiert durch die übervollen Gassen laufen. Die Monate im Voraus ausgebuchten Hotels kosten das Dreifache, die Tickets zu den **rund 50 Kostümbällen** haben horrende Preise, und selbst Drei-Euro-Plastikmasken aus China sind ausverkauft. Bilder vom Gedränge an den Lagunen und dem Feuerwerk verbreiten sich um die Welt.

Jahrmarkt der Eitelkeiten

Das Ave Maria von Franz Schubert ertönt, und etwa 70000 Menschen starren nach oben, wenn am Sonntag zehn Tage vor Aschermittwoch der **Volo dell' Angelo** stattfindet und eine als weißer Engel verkleidete Künstlerin an einem Stahlseil vom Campanile auf den Markusplatz schwebt. Jetzt sind die Feiern freigegeben! Da es in der Lagunenstadt, anders als in den deutschen Fastnachtshochburgen, aber weder Getränkestände gibt noch umherziehende Musikkapellen, geht das Treiben recht gesittet vonstatten. Das offensichtliche Hauptvergnügen der vielen Besucher besteht darin, die aufwendigen Kostüme zu fotografieren bzw. natürlich selbst fotografiert zu werden – sofern man eine Maske trägt ...

DAS IST ...
ITALIEN

WO WOLF UND BÄR SICH GUTE NACHT SAGEN

Wildes, urwüchsiges Italien? In den Abruzzen scheint die Welt stillzustehen. Gebirge und wilde, einsame Täler prägen die Landschaft zwischen Adria und Apennin. Hier leben Hirsche und Rehe, Gämsen, Marder und Wildkatzen, es brüten selten gewordene Singvögel. Auch an die hundert Braunbären und Dutzende von Wölfen sind hier zu Hause.

Ein ganz anderes Italien tut sich in den ▶ Abruzzen auf.

DAS IST ...
ITALIEN

DAS IST ...
ITALIEN

HOCH oben ziehen Steinadler und Wanderfalken ihre Kreise. Bergwiesen wechseln ab mit dichten Kastanien- und Eichenwäldern, Seen und steilen Bergen. Schnelle Wetterwechsel bringen gewaltige Sturzregen und Schneefälle bis weit in den späten Frühling. Eine wilde, majestätische Landschaft, unterbrochen durch mittelalterlich aussehende Dörfer und Städtchen, dicht gedrängt zwischen felsigen Tälern.

Beim Wandern in den Abruzzen kommen auch die **kulinarischen Highlights** nicht zu kurz: Herzhafte Küche und kräftige Rotweine gehören seit jeher zur Region. Dazu die unverfälschte Herzlichkeit der Menschen, offen und bodenständig, eng verwurzelt mit der Region. Ihre Heimat prägte sie, Dörfer wie das von einer Festungsmauer umgebene **Santo Stefano di Sessanio**, 1250 m über dem Meeresspiegel. Die Natursteinhäuser, die sich unterhalb der Kirche entlang von engen Gassen ducken, waren halb zerfallen, als ein Prinz in Gestalt eines reichen Mäzens mit italienisch-schwedischen Wurzeln kam und Geld investierte. Daniele Kihlgren, Erbe einer Unternehmerfamilie, kaufte die verlassenen Häuser, ließ sie im ursprünglichen Landstil der Abruzzen restaurieren und öffnete sie zahlreichen Gästen als Ferienresidenzen.

Zurück zu den Wurzeln

Das Modell der »alberghi diffusi«, die Hotels über mehrere Gebäude verteilen, machte Schule. Seitdem besinnen sich auch die Bewohner weiterer Abruzzen-Dörfer auf ihre Wurzeln, öffnen kleine Pensionen und Shops in den Läden, statt die Gegend zu verlassen. Rechtzeitig erkannte auch die Regierung den Reichtum der einzigartigen Naturlandschaft. Teile der Abruzzen wurden als Nationalparks ausgewiesen, jeder auf seine Weise unverwechselbar: Im **Nationalpark Gran Sasso**, der den östlichsten Teil und damit den Stiefel bildet und in dem auch Santo Stefano di Sessanio liegt, treffen Sie auf die höchsten Berge des Apennin: So reichen die Gipfel des Corno Grande über 2900 m! Der **Majella-Nationalpark** hingegen bezaubert mit einer fast schon lieblichen Wildnis, mit steilen Schluchten und einem Netz von vorzüglichen Waldpfaden. Und der schon 1923 gegründete und älteste **Nationalpark Abruzzo** ist durch jahrzehntelangen Schutz besonders ursprünglich geblieben.

Wer hier wandern will, braucht gute Kondition, teilweise auch alpine Erfahrung und etwas Freude am Abenteuer. Immer wieder passiert es, dass die Markierungen nicht ausreichend sind oder teilweise ganz fehlen. Außerdem sind die Wege in Höhenlagen zwischen 1500 und 3000 m höchst anspruchsvoll.

IM GRAN SASSO

Wanderschuhe an am Startpunkt Fonte Cerreto im Nationalpark Gran Sasso! Per Seilbahn geht es zum Plateau Campo Imperatore. Vom einst verlassenen, heute wunderschön restaurierten Santo Stefano di Sessanio führt ein Panoramaweg nach Rocca Calascio, Italiens höchstgelegener Siedlung mit phänomenalem Weitblick auf den Campo Imperatore und das Majella-Massiv. Ein grandioses Naturerlebnis.
(▶ S. 52, 55)

DAS IST ...
ITALIEN

OBEN: Santo Stefano di Sessanio wurde wiederbelebt.
UNTEN: Vom Campo Imperatore schweift der Blick zum Gipfel des Gran Sasso.

DAS IST ...
ITALIEN

SCHUH-MACHER DER STARS

Schuhe sind in Italien längst Kulturgut, besonders wenn es sich um die Marke Ferragamo handelt. Eine Legende, ein Kult: Der so zurückhaltende wie charismatische Salvatore Ferragamo wurde durch seine Arbeit für die Stars von Hollywood selbst zum Star. Seine Boutiquen gibt es heute in jeder Stadt, doch nur Florenz hat auch ein Museum

Tragekomfort und Trittsicherheit stehen bei Ferragamos Modellen nicht unbedingt im Vordergrund. ▶

DAS IST ...
ITALIEN

DAS IST ...
ITALIEN

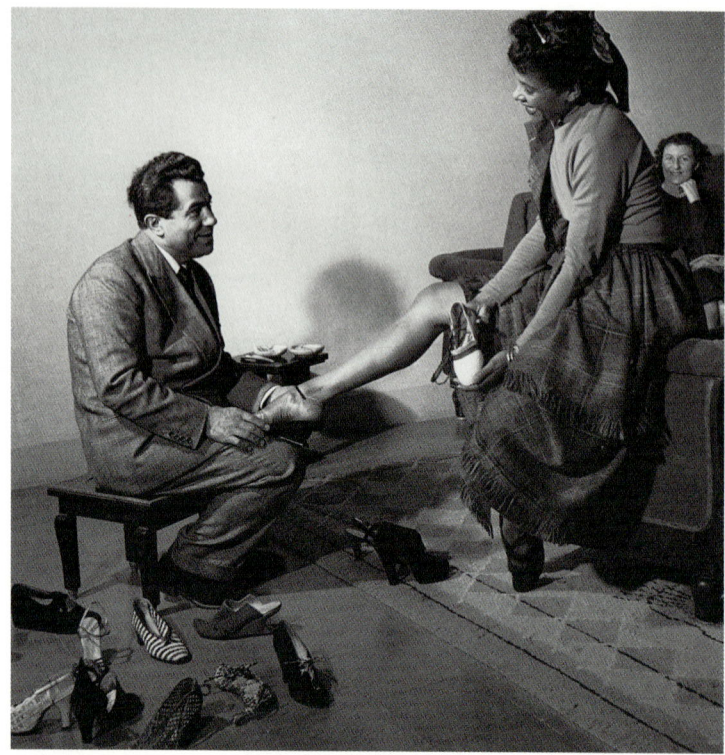

Einer wird sicher gefallen: Der Meister hat schon das richtige Händchen.

EIN Schuster, der nicht bei seinen Leisten blieb: Salvatore Ferragamo, eine Legende unter den Schuhmachern, wurde 1898 in Neapel als elftes von 14 Kindern in einer einfachen Familie geboren. Seine Leidenschaft erblühte bereits früh: Mit 9 Jahren fertigte der junge Salvatore für seine Schwester Schuhe an, nachdem er zuvor seine Nachmittage beim Dorfschuster verbracht hatte. Kaum fünf Jahre später kehrte er dem Heimatkaff Bonito nahe Neapel den Rücken und folgte einem Bruder in die USA, um in einer **Schuhfabrik in Boston** Geld zu verdienen. Während ihn die Maschinen faszinierten, lehnte er die schlechte Qualität der mit ihnen gefertigten Schuhe ab.

Monroe, Dietrich, Bardot und Hepburn

Deshalb wechselte er einige Jahre später nach Santa Barbara in Kalifornien, wo er zusammen mit einem anderen Bruder eine Schuhwerkstatt eröffnete und **Filmausstatter für die American Film Company** wurde, um für Schauspieler und deren jeweilige Rollen Cowboystiefel und Gladiatorensandalen anzufertigen. Parallel dazu studierte Ferragamo ein paar Semester Anatomie und lernte, auch High Heels so zu gestalten, dass sie bequem zu tragen sind. »Amerikanische Füße«, so schrieb Ferragamo in seiner Autobiografie, »sind grauenhaft. In Italien hatte ich nie maschinengemachte Schuhe gesehen. In Amerika dagegen waren handgearbeitete Schuhe eine Seltenheit.«

Mit der genialen Idee, Handwerk und Luxus zu verbinden, traf Ferragamo voll ins Schwarze. Der **Aufstieg zum intimen Stil-Berater der Diven** verlief blitzschnell. Gloria Swanson, Marilyn Monroe ebenso wie Marlene Dietrich, Sophia Loren und Brigitte Bardot: Alle trugen sie die von Ferragamo maßgefertigten Schuhe. Ferragamos Geheimnis war es, die Füße seiner Kundinnen genauestens zu studieren. So erfand er für Audrey Hepburn, die auch geschulte Balletttänzerin war, die Ballerinas.

▌ Zurück in die Heimat

Bereits in jungen Jahren zur Legende geworden, zog Ferragamo 1927 zurück nach Italien. In Florenz, der **Hochburg der Lederverarbeitung**, erwarb er zehn Jahre später den schönsten aller mittelalterlichen Paläste, den Palazzo Spini Feroni an der Via de Tornabuoni in der Nähe des Ponte Vecchio. Die Nachbarn waren alteingesessene Bankiers- und Adelsfamilien, die ihren Stammbaum Hunderte von Jahren zurückverfolgen konnten – und anfangs rümpften sie noch die Nase über den ehemaligen Schuster und Emporkömmling. Aber nicht lange!

Der Schock kam 1960, als Salvatore Ferragamo mit nur 62 Jahren plötzlich verstarb, und seine Frau, die 38-jährige **Wanda Ferragamo**, mit sechs minderjährigen Kindern zurückließ. Die Hausfrau und Mutter wurde über Nacht zur Geschäftsfrau, die später jedes der Kinder erfolgreich in das Unternehmen miteinbezog. Längst ist Ferragamo den Schuhen entwachsen, wurde zum **internationalen Luxuskonzern**, der heute Damen- und Herrenmode, Handtaschen, Schmuck, Parfums und Brillen entwirft. 2011 schließlich wagte man den Schritt und ging in Mailand an die Börse. Der Umsatz stieg auf über 1,5 Milliarden Euro, die Zahl der Markenshops auf über 600. Wanda Ferragamo, die das Unternehmen letztendlich länger führte als ihr Mann, verstarb 2018 im Alter von 96 Jahren in den Hügeln bei Florenz.

WENN TRÄUME SCHUH WERDEN

»Tief durchatmen und die Kreditkarte im Hotel lassen!« Das ist kein schlechter Rat, wenn frau auf den Spuren von Ferragamo wandelt. Im prächtigsten Palast von Florenz, dem Palazzo Spini Feroni, residiert die Ferragamo-Boutique, im Souterrain versammelt das Schuh-Museum die außergewöhnlichsten Kreationen des Meisters: Es leuchten silberne, rote und honigfarbene Modelle, Stiefel mit Keilabsätzen, High Heels mit Swarovski-Kristallen, Pumps aus den 1960er-Jahren. (▶ S. 211)

T
TOUREN

Durchdacht, inspirierend, entspannt

Mit unseren Tourenvorschlägen
lernen Sie Italiens beste Seiten kennen.

Wer sagt denn, dass man sich immer
selbst ans Steuer setzen muss? ▶

TOUREN
UNTERWEGS IN ITALIEN

UNTERWEGS IN ITALIEN

Im Land der tausend Möglichkeiten

Wandern durch die Cinque Terre, Baden am Strand von Ischia, Kunst genießen in Florenz, Rom und, und, und: Italien macht seinen Urlaubern die Wahl des Reiseziels wahrlich nicht leicht. Rund 8 600 km Küste konkurrieren mit traumhaften Gebirgstouren, in Museen und Kirchen dokumentieren weltberühmte Gemälde, Skulpturen und Mosaiken den Glanz der Vergangenheit, malerische Innenstädte mit kleinen Geschäften laden zum Bummeln ein, während regionale Spezialitäten und Weine die Sinne verführen.

Zeit für Träume

Keine Frage: Wer dieses Land bereist, der sollte viel Zeit mitbringen oder entscheidungsfreudig sein. Träumt man von **Sonne, Strand und durchtanzten Nächten** oder von wilder, **unverfälschter Natur**? Soll es auf Entdeckungstour durch kleine Ortschaften gehen oder lieber in die großen Kunstmetropolen? Oder darf es ein bisschen was von allem sein?

Mit Auto, Bus und Bahn

Bereits die Wahl des Verkehrsmittels hat für das Erleben weitreichende Folgen. Am meisten sieht natürlich, wer mit dem Auto unterwegs ist. Selbst das verschlafenste Bergdörfchen lässt sich auf vier Rädern problemos ansteuern – Vorsicht allerdings mit Wohnmobilen, das kann eng und nervenaufreibend werden.

Versteckte kleine Orte erreicht man in der Regel auch mit **öffentlichen Verkehrsmitteln**, doch oft kommt man zur Nacht nicht mehr weg: Während Autofahrer bereits wieder auf der Piste sind, müssen sich die öffentlich Reisenden bisweilen mit den Unterkunftsmöglichkeiten vor Ort arrangieren – was nicht selten in unvergessliche Erlebnisse mündet.

Mit dem Rad und zu Fuß

Intensiver noch lernt man Land und Leute kennen, wenn man aufs Rad umsteigt oder zu Fuß unterwegs ist. Von den Alpen bis zur Südspitze bietet Italien eine Fülle »aussichtsreicher« Wanderwege, darunter die **Grande Traversata delle Alpi**, kurz GTA, eine geradezu legendäre Route, die in 70 Stationen von der Schweizer Grenze in einem Bogen bis zum Mittelmeer führt. Für Radfahrer und Mountainbiker werden zusehends Routen ausgewiesen. Gut beraten ist in jedem Fall, wer dort, wo es möglich ist, auf Fähren, Boote und Seilbahnen umsteigt. Bei Städtereisen in große Metropolen wie Neapel empfiehlt es sich, das Auto auf einem bewachten Parkplatz in einer Vorstadt abzustellen und die Metropole mit dem öffentlichen Nahverkehr und zu Fuß zu erkunden.

TOUREN
UNTERWEGS IN ITALIEN

Neben landschaftlichen Schönheiten und kulturellen Schätzen lockt Italien mit einer reichen Palette regionaler Spezialitäten und Weine. Kaum ein Ort, der nicht mit Olivenöl, ein paar ausgezeichneten Weingütern oder würzigem Schinken aufwarten könnte. Selbst so schlichte Gerichte wie Spaghetti Pomodoro oder Pizza Margherita können durch die sonnengereiften, süßen Tomaten zum Hochgenuss werden. Probieren sollte man im **Piemont** die Bagna Caôda, eine heiße

Guten Appetit!

TOUREN
UNTERWEGS IN ITALIEN

Sardellensoße mit viel Knoblauch, in **Ligurien** Pansotti, Spinat-Ravioli mit einer würzigen Nussoße. In **Mittelitalien** gehören Pilze und Trüffeln zu den beliebtesten Delikatessen, in **Rom** sollte man sich ein typisches Gericht wie Coda alla vaccinara, Ochsenschwanz mit Kräutern, gönnen, zum Nachtisch gibt's in **Süditalien** allerhand süßes Gebäck, darunter auch sahnegefüllte Cannelloni. Eis schmeckt dank des großzügigen Einsatzes von Mascarpone in ganz Italien verführerisch lecker, Cappuccino und Espresso befriedigen selbst an der Autobahnraststätte noch hohe Ansprüche.

Unterkunft? (▶ S. 801) Entscheidungsfreude verlangt auch die Wahl der Unterkunft. Wer kurzfristig reist, ist mit Hotels und Bed-and-Breakfast gut beraten.

TOUREN
ABSEITS GEWOHNTER PFADE

Plant man die Reise von langer Hand, lohnt es sich, Ferienhausangebote zu studieren. So manches **romantische Castello** wie auch andere ungewöhnliche Unterkünfte sind dort zu erschwinglichen Preisen zu finden. Ein intensives Erlebnis insbesondere für Familien mit kleinen Kindern versprechen Ferien auf dem Bauernhof. Wer die eigenen vier Wände auch im Urlaub nicht missen möchte, findet für Caravan und Zelt jede Menge Campingplätze – von lauschig-still bis lebhaft-partyfreudig.

ABSEITS GEWOHNTER PFADE

Länge: ca. 290 km | **Dauer:** 3 Tage

Wer nach Süden will, gibt im Norden Italiens Gas, um schnell sein Ziel zu erreichen. Es lohnt sich allerdings, ganz bewusst die Veränderungen der Landschaft zu genießen, zum Beispiel mit dieser reizvollen Tour.

Tour 1

Der Reschen-Stausee mit dem Kirchturm des überfluteten Dorfes Graun ist die erste Station hinter dem ❶ **Reschenpass**, die den Reisenden begrüßt. Fern leuchtet das Ortler-Massiv, dann geht es hinunter in die uralte Kulturlandschaft des ❷ **Vinschgaus** mit dem Kloster Marienberg, Burgeis, Mals, Glurns, Schluderns und der Churburg – allesamt besuchenswerte Orte und Stätten. Es lohnt sich unbedingt, das Auto einen halben Tag stehen zu lassen und den einen oder anderen Ausschnitt der reizvollen Landschaft zu Fuß zu erleben. Ebenso schöne wie leichte Wanderungen kann man auf Waalwegen unternehmen: Zu den beliebtesten gehören der Waalweg rund um die Malser Haide, Glurns und Schluderns sowie der Zaalwaal, der oberhalb des Örtchens Kortsch/Schlanderns durch verträumte Landschaft führt. Für diesen Rundweg braucht man etwa eine Stunde. In Spondinig nimmt man die SS 38 über das 2758 m hohe ❸ **Stilfser Joch**, die kühne Straße über den dritthöchsten Alpenpass nach Bormio, das schon zur Lombardei gehört. Die Route folgt nun für ca. 100 km dem ❹ ★**Veltlin**, dem Tal der Adda, das durch eine herrliche Berglandschaft südlich des Bernina-Massives führt und für seine Rotweine bekannt ist. Alte Orte lohnen hier einen Stopp, so etwa Grosio, Tirano und vor allem Sondrio, von dem aus man einen Ausflug ins Valmalenco machen kann. Bevor man den ❺ ★**Comer See** erreicht, wechselt man hinüber nach Sorico und

TOUREN
ABSEITS GEWOHNTER PFADE

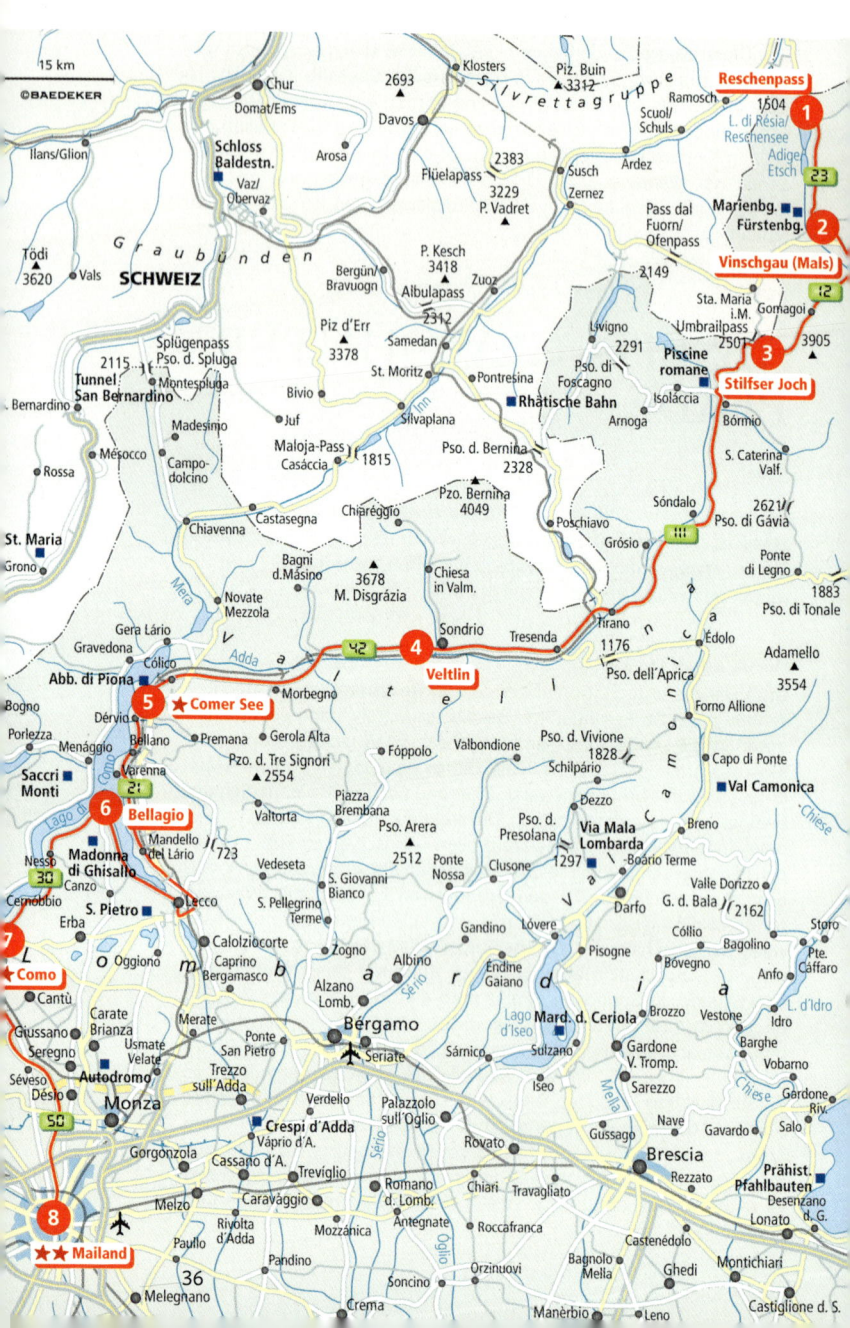

nimmt die SS 340d entlang des Westufers, wo sich in mediterran anmutendem Ambiente alte Kurorte und berühmte Villen aneinanderreihen.
Eine hübsche Unterbrechung bietet die Fahrt mit der Fähre nach ❻ **Bellagio**. Dann aber geht es weiter in das herrlich gelegene ❼ ★**Como** mit seiner hübschen Altstadt. Den Rest der Strecke nach ❽ ★★**Mailand** legt man am besten über die Autobahn zurück. In der lombardischen Metropole sollte man den Dom und die Pinacoteca di Brera auf jeden Fall sehen und dazu Leonardos »Abendmahl« in Santa Maria delle Grazie. Daneben locken natürlich weitere Sehenswürdigkeiten – aber auch trendige Designläden und die Edelboutiquen in der Via Montenapoleone, Via Spiga und Via Andrea.
Wenn es nach so vielen urbanen Attraktionen noch einmal idyllische Natur sein darf, empfiehlt sich ein Abstecher über **Bergamo**, dessen Altstadt mit mittelalterlichem Charme besticht, an den **Iseosee**. Probieren Sie die köstlichen Fischgerichte, die Restaurants rund um den See servieren. Für eine Übernachtung empfiehlt sich das Hotel Rivalago in Sulzano – allein schon wegen der zauberhaften Frühstücksterrasse.

VERGOLDETE STÄDTE

Länge: ca. 670 km | **Dauer:** 5 – 7 Tage

Erst Natur, dann Kultur und abschließend Urlaub am Strand! Wer das mag, der wird diese Tour in vollen Zügen genießen. Sie führt von Udine durch das geschichtsträchtige Triest nach Venedig und Ravenna und endet quasi direkt an der Strandbar.

Tour 2

❶ ★**Udine**, die »venezianischste« aller Städte des Friaul, ist idealer Ausgangspunkt für eine Erkundungstour durch Italiens Nordosten. Das gemalte »Urteil des Salomon« von Tiepolo kann man im Palazzo Patriarcale betrachten, weitere Werke des Künstlers sind in der Kapelle SS. Sacramento, im Dom und in der Sala del Consiglio des Udineser Schlosses zu bestaunen. Für eine Pause bietet sich das elegante Café Contarena an der Piazza della Libertà an. Die Route führt weiter durch Cividale und die Festungsstadt Palmanova bis nach ❷ ★**Triest**, eine Stadt, deren osteuropäischer Charme viele Literaten des frühen 20. Jh.s in seinen Bann schlug. Hier warten Kirchen und Museen auf einen Besuch, aber auch **Kaffeehäuser**, die schon vor 100 Jahren beliebte Treffpunkte Intellektueller waren. Zumindest im Tommaseo (Riva 3 Novembre 5) oder im San Marco (Via Battisti 13) sollte man einmal einkehren, bevor man Triest verlässt.

TOUREN
VERGOLDETE STÄDTE

Ganz anders ist die Atmosphäre im nahe gelegenen ❸ ★**Aquileja** mit seinen berühmten Ausgrabungen. Von hier aus nimmt man über ❹ **Grado**, Pordenone, Ordezo und ❺ ★**Treviso** quasi »Anlauf« auf die Lagunenstadt ❻ ★★**Venedig**, für die man sich richtig Zeit nehmen sollte. Übernachten lohnt nicht nur wegen der Menge an Sehenswürdigkeiten – abends, wenn die Massen der Tagestouristen die Stadt verlassen haben, ist Venedig nun mal am schönsten. Nach einem Besuch in ❼ ★**Padua** und einem Ausflug in die Colle Euganei mit ihren bekannten Kurorten durchquert man das Mündungsdelta des Po in Richtung ❽ ★**Ferrara** mit seinem hervorragend erhaltenen Stadtbild aus Mittelalter und Renaissance. Von hier aus kann man das ebenfalls historisch wohlerhaltene ❾ ★★ **Bologna**. Die Universitätsstadt mit den malerischen Arkaden steht für entspannte Lebensart und kulinarische Hochgenüsse: Sie ist Italiens Slow-Food-Hauptstadt. Zur Mittagszeit trifft sich die halbe Stadt bei einem »Aperitivo« in den Lokalen des historischen Zentrums. In einigen Bars zahlt man mittags einen kleinen Festbetrag (10–12 Euro) und erhält dafür ein Glas Wein und freien Zugang zum Antipasti-Büfett. Kunstfreunde sollten die sich die Abtei Santa Maria di Pomposa anschauen, bevor es ans Meer zum Fischerstädtchen ❿ **Comacchio** an der hier viele Kilometer langen Badeküste geht und dann durch Pinienwälder nach ⓫ ★★**Ravenna** mit seinen einzigartigen byzantinischen Kunstwerken geht. Nach der Besichtigung der Stadt hat man sich erholsame Tage am Strand von ⓬ **Rimini** wahrlich verdient.

ENTLANG DER VIA AURELIA

Länge: ca. 520 km | **Dauer:** 5 Tage

Im Jahr 241 v. Chr. gab der römische Censor Aurelius Cotta die Via Aurelia, auf Deutsch Aurelische Straße, in Auftrag. Sie verlief anfangs von Rom bis Cosa bei Orbetello, dann bis Pisa, und wurde in neuerer Zeit bis Südfrankreich weitergeführt. Obgleich sie an manchen Stellen autobahnartig ausgebaut ist, gehört die Strecke zu den schönsten Routen Italiens.

Tour 3

Von ❶ **La Spezia** am Südende der Riviera fährt man am besten über Lerici und Montemarcello nach Ameglia und über den Marga in die toskanische Versilia, den weiten Küstenbogen vor den Alpi Apuane. Außer den bekannten Badeorten locken hier ❷ **Carrara** und Massa mit ihren Marmorsteinbrüchen. Nach einem Abstecher in ❸ ★**Lucca** steht ❹ ★★**Pisa** auf dem Programm, dessen Campo dei Miracoli immer einen Besuch wert ist. Bei ❺ **Livorno** erreicht das toskanische Hügelland die Küste. Vorbei an hübschen Buchten gelangt man an die »Etruskische Riviera«, einen sandigen, von Pinienwäldern begleiteten Küstenbogen, der von Cecina bis Populonia reicht. Der Weg führt über Montescudaio und Castagneto Carducci kurvenreich nach Suvereto und Piombino. Am **Golfo di Baratti** lässt sich herrlich entspannen. Nach einem Abstecher nach ❻ ★ **Massa Marittima** steuert man kurz vor ❼ **Grosseto** die bedeutende etruskische Nekropole

TOUREN
ENTLANG DER VIA AURELIA

Vetulonia an. Wer Lust auf eine Wanderung hat, verlässt die Via Aurelia bei Grosseto und geht nach Albarese zum Eingang des Nationalparks der **Maremma**. Trekkingtouren unterschiedlicher Schwierigkeitsgrade sind ausgeschildert, Informationen dazu gibt's im Besucherzentrum in Albarese.

Die Tour mit dem Auto führt weiter zum Monte Argentario, der in der Antike eine küstennahe Insel gewesen ist und sich heute als felsiges Vorgebirge an der Südküste der Toskana präsentiert. Ein Stopp in den idyllischen Hafenstädtchen Porto Santo Stefano und Porto Ercole lohnt allemal für eine entspannte Pause und einen kleinen Bummel. Im Latium erreicht man zunächst das mittelalterliche Städtchen **Tarquinia**, in dessen Nähe weiter etruskische Nekropolen mit wunderbaren Wandmalereien ausgegraben wurden. Hinter ❽ **Civitavecchia** ist

TOUREN
TOUR DELL'ARTE

das Landstädtchen Cerveteri einen Besuch wert. Dort sollte man etwas Zeit für die **Necropoli della Banditaccia** einplanen, die ebenso wie das Pendant in Tarquinia zum UNESCO-Welterbe gehören. Auf der SS 1 geht es dann nach ❾ ★★**Rom** hinein.

TOUR DELL'ARTE

Länge: ca. 200 km | **Dauer:** 2 – 3 Tage

Im 13. und 14. Jh. blühten in der Toskana Malerei und Bildhauerei. Die folgende Tour reiht die berühmtesten Kunststätten der Region wie Perlen einer Kette aneinander. Dass man dabei auch an ein paar reizvollen Weinstädtchen vorbeikommt, versteht sich von selbst.

Tour 4

TOUREN
ÜBER DEN APENNIN

Von ❶ ★★**Pisa** geht es nordöstlich über San Giuliano Terme nach ❷ ★**Lucca** mit seiner schönen, von einem Wall umgebenen Altstadt; bei Borgonuovo ist die Villa Torrigiani interessant, zu der eine Allee mit rund 700 Zypressen führt. Als Abwechslung zur großen Kunstgeschichte bietet sich ein Abstecher in den Pinocchiopark bei Collodi an. Ein ganz anderer Geist weht in dem berühmten Kurort ❸ ★**Montecatini Terme**, wo eine Zahnradbahnfahrt nach Mantecatini Alto lohnt. ❹ ★**Pistoia** und ❺ **Prato**, zwei wohlhabende, touristisch noch relativ stille Orte im Ombrone-Tal, warten mit hochkarätigen Kunstschätzen auf. Über Sesto Fiorentino fährt man dann nach ❻ ★★**Florenz**, wo man am besten mehrere Tage Station macht. Danach lockt eine Fahrt durch das Chianti Classico – über Greve, Radda, Gaiole und Castelnuovo Berardenga nach ❼ ★★**Siena**.

ÜBER DEN APENNIN

Länge: ca. 320 km | **Dauer:** 3 – 4 Tage

Tour 5 *Die Überquerung des Umbrisch-Märkischen Apennin gehört zu den ungewöhnlichen und wenig frequentierten Reiserouten. Aber sie kann mit außergewöhnlichen landschaftlichen und kulturellen Attraktionen aufwarten!*

Von ❶ **Rimini** fährt man an den bekannten Ferienorten Riccione und Cattolica vorbei und dann von Gabicce auf der kurvenreichen, sehr reizvollen Küstenstraße zur Rossinistadt ❷ **Pesaro**. Weiter geht es durch das Foglia-Tal hinauf zur Renaissancestadt ❸ ★**Urbino** mit ihrem Herzogspalast und nach Fossombrone. Von dort fährt man wieder 4 km zurück und biegt in Calmazzo auf die römische Via Flaminia durch die enge Schlucht **Gola dil Furlo** ab. Über Acqualagna erreicht man Cagli. Vor Cantiano überquert man eine Brücke aus dem 1. Jh. n. Chr. und passiert dann die Gola di Burano; dahinter führt die Straße durch die Gola delle Fucicchie zum Valico di Scheggia, wo sie nochmals zum Colle di Gubbio ansteigt, um dann in Serpentinen hinunter nach **Gubbio** abzufallen. Ein Spaziergang durch die mittelalterliche Stadt lohnt unbedingt – Sammler werden sich für die Keramikwerkstätten interessieren und Feinschmecker für die weißen Trüffel der Region. Ein relativ beliebtes Wanderrevier ist der 1566 m hohe Monte Cucco östlich von Gubbio. Eine Tour zum Gipfel dauert ab Pian di Monte etwa 2 Stunden.

Jenseits der Ebene geht es hinauf ins umbrische Hügelland und dann weiter bis ins Tiber-Tal; vom Bergkamm gegenüber grüßt bereits ❹ ★**Perugia**. Das vielleicht schönste Ziel dieser Route ist jedoch

TOUREN
ÜBER DEN APENNIN

5 ★★Assisi samt der Wallfahrtskirche Santa. Maria degli Angeli an der SS 75. Hier wartet mit den sagenhaft schönen Fresken über das Leben des hl. Franziskus Weltkulturerbe. Doch man braucht nicht katholisch zu sein, um sich auf Anhieb in diese romantische, mittelalterliche Stadt zu verlieben

Dann folgen das mittelalterliche Spello und das wirtschaftlich bedeutende Foligno. Jenseits des Valle Umbra gilt es, die beiden befestigten Städtchen Bevagna und Montefalco zu entdecken. Nun geht es weiter nach **Trevi** mit seinen reichen Kunstschätzen, weiter südlich folgen der Tempietto und die Fonti del Clitunno. Durch sein Festival und seine grandiosen Bauwerke wurde **6 ★Spoleto** bekannt; hier sollte man den Monteluco mit den von uralten Eichen umgebenen Meditationsgrotten des hl. Franziskus besteigen.

Die SS 3 führt nun über den Valico della Somma nach **Terni**, von wo aus man einen Ausflugs zur **7 ★Cascata delle Marmore** machen sollte. Bis zum hoch gelegenen Narni folgt man noch der SS 3, dann geht es weiter über Amelia nach **8 ★Bomarzo** mit dem Orsini-Schloss und dem berühmten Parco dei Monstri. Kurz vor **9 ★Viterbo** lohnt noch ein Besuch in Bagnaia mit der Villa Lante und in der Wallfahrtskirche Madonna della Quercia. In Viterbo selbst erwartet den Besucher eine der am besten erhaltenen mittelalterlichen Altstädte ganz Italiens.

TOUREN
DIE SONNENSEITE ITALIENS

DIE SONNENSEITE ITALIENS

Länge: ca. 310 km | **Dauer:** 3 Tage

Tour 6

Die folgende Route gehört zu den attraktivsten Strecken durch Italien. Leider sind die Stationen im Sommer auch dementsprechend gut frequentiert. Davon sollte man sich allerdings nicht die Laune verderben lassen.

Von ❶ ★★**Rom** fährt man nach Frascati zu den **Albaner Bergen** mit ihren Vulkanseen; je nach Zeitplan sollte man sich dabei auch **Tusculum** oder Rocca di Papa anschauen. Von Velletri geht es dann hinüber in die Monti Lepini, an deren Südwesthang eine Reihe interessanter

Orte liegen. Cori, die Ruinenstadt ❷ **Ninfa**, Norma und Sermoneta mit seiner Borgia-Burg. Über Sezze und das reizvolle Priverno erreicht man die bedeutende Zisterzienserabtei ❸ **Fossanova**. Von hier führt der Weg schnurgerade über die Pontinische Ebene nach Sabaudia, das 1993/1994 im Zug der Trockenlegung der Sümpfe erbaut wurde; ihm vorgelagert ist ein kilometerlanger, schöner Sandstrand. Vom reizvollen ❹ **San Felice Circeo** unterhalb des Monte Circeo reichen die Strände über Terracina mit bedeutenden antiken Resten und Sperlonga, dem hübschesten Ort an der latinischen Küste, bis nach ❺ **Gaeta**. Hinter Minturno geht es nach Kampanien; in Santa Maria Capua Vetere lohnen die römischen Ruinen einen Blick, im benachbarten ❻ **Caserta** das Bourbonen-Schloss La Reggia. Auf der A 1 gelangt man schließlich nach ❼ ★★**Neapel**.

AN DER SÜDOSTKÜSTE

Länge: ca. 450 km | **Dauer:** 5 Tage

Zum Castel del Monte, der rätselvollen Festung Friedrichs II., und weit hinaus bis zum Capo Santa Maria di Léuca führt die Route entlang der Apulischen Küste durch eine abwechslungsreiche, immer wieder aufs Neue faszinierende Landschaft.

Tour 7

Die Tour beginnt in ❶ **Termoli** mit seiner romanischen Kathedrale Santa María de la Purificación in der – auf einer Landzunge gelegenen, von einem wuchtigen Kastell geschützten – historischen Altstadt (Borgo Vecchio) und führt über Serracapriola bis nach ❷ **Lucera** im Tavoliere mit seiner riesigen Festung. Neben einem Ausflug zur romanischen Kathedrale von ❸ **Troia** lohnt die Provinzhauptstadt Foggia einen Besuch. Wer Zeit hat, sollte sich die 200–250 km lange Rundfahrt um den **Gargano** nicht entgehen lassen, wobei außer der Küste auch die Wallfahrtsorte Monte Sant'Angelo und San Giovanni Rotondo sowie das waldreiche Innere sehenswert sind. Danach muss man von Manfredonia an knapp 60 öde Kilometer entlang der Küste nach Barletta mit Dom und Stauferkastell zurücklegen. Eine echte Perle ist ❹ ★**Trani,** dessen Kathedrale als Hauptwerk der apulischen Romanik gilt. Weiter geht es nach Andria und zum berühmtesten Bauwerk Apuliens, dem ❺ ★★**Castel del Monte** Friedrichs II. Über Ruvo di Puglia und Bitonto erreicht man die Provinzhauptstadt ❻ ★**Bari** mit der romanischen Kirche San Nicola, in der die Reste des Hl. Nikolaus verehrt werden. Bis Monopoli geht es weiter die Küste entlang, die nun attraktive felsige Abschnitte aufweist, dann weiter ins Landesinnere durch die ❼ ★★**Zona dei Trulli**, das Land der ei-

TOUREN
AUF IN DEN SÜDEN

genartigen Steinhäuser, mit den Orten Alberobello, Locorotondo und Martina Franca. Über das malerisch »orientalische« ❽ **Ostuni** und Brindisi erreicht man die großartige Barockstadt ❾ ★**Lecce**. Die Tour endet mit der Fahrt entlang der schönen Felsenküste bis zum südlichsten Punkt, dem Capo Santa Maria di Léuca.

AUF IN DEN SÜDEN

Länge: ca. 460 km | **Dauer:** 5 Tage

Tour 8 *Der Küstenabschnitt bei Sorrent wie auch die Inseln Capri und Ischia sind für ihre Schönheit bekannt. Doch auch die anschließende Strecke durch Kalabrien bis zum Ende des Festlandes ist sehenswert, wie diese Tour beweist.*

Ausgangspunkt der Fahrt ist ❶ ★**Maratea** am Golfo di Policastro, von wo aus man schnell zu den attraktiven Badeorten Praia a Mare und ❷ **Scalea** gelangt. Von dort kann man einen Ausflug zum **Monte Pollino** unternehmen und von Mormanno über ❸ **Castrovillari** und Lungro nach Belvedere Marittimo an die Küste zurückkehren. Hier lohnen Guardia Piemontese und ❹ **Paola** einen Stopp, bevor man über den Passo Crocetta ins Tal des Crati und zur Provinzhauptstadt

TOUREN
AUF IN DEN SÜDEN

❺ **Cosenza** fährt. Wenn Sie in Cosenza übernachten, lohnt ein Blick auf den Spielplan des Theaters, das für seine hochkarätigen Opernaufführungen bekannt ist. Schön ist auch ein Bummel über Cosenzas bunten Wochenmarkt, der am Freitagmorgen am Flussufer abgehalten wird. Für die Weiterfahrt durch die Ebene von San Eufemia wählt man am besten die A 3. Von Pizzo führt ein Abstecher nach Vibo Valentia und dann an der Küste entlang zum beliebten Badeort ❻ ★**Tropea**. Nun geht es über Mileto zum **Aspromonte** hinauf und dann wieder hinunter nach ❼ **Reggio di Calabria**, wo im Archäologishen Museum die berühmten »Krieger von Riace« zu bewundern sind. Nur 20 Minuten dauert die Überfahrt mit der Fähre nach **Messina**. Die sizilianische Stadt hat nicht nur ein sehenswertes historisches Zentrum samt interessanter Kirchenbauten, sondern bietet mit einem Großaufgebot an Märkten, Cafés sowie Nobel- und Schnäppchen-Boutiquen viele Gelegenheiten, das pralle süditalienische Leben zu genießen.

Z
ZIELE

Magisch, aufregend, einfach schön

Alle Reiseziele sind
alphabetisch geordnet. Sie haben
die Freiheit der Reiseplanung

Ein klassischer Ausblick: die Amalfiküste
bei Ravello unterhalb der Villa Rufolo ▶

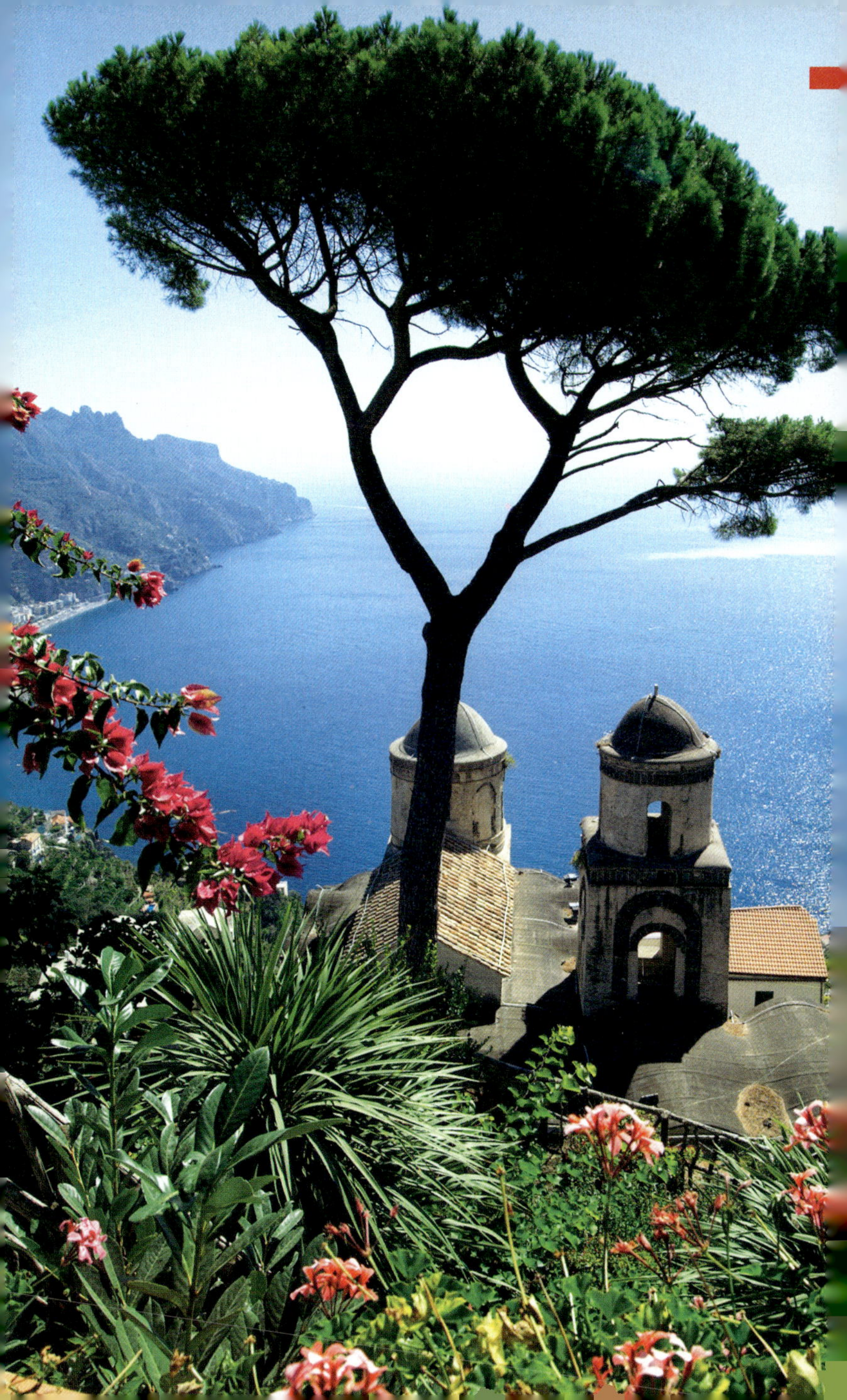

ZIELE
ABRUZZEN · ABRUZZO

ABRUZZEN · ABRUZZO

Region: Abruzzen · Abruzzo | **Provinzen:** L'Aquila, Chieti, Pescara, Teramo | **Fläche:** 10 794 km² | **Einwohnerzahl:** 1 345 000

L/M
17–20

Goethe, der die Abruzzen einst links liegen ließ, hatte unrecht: Italiens wildes Herz, es schlägt in dieser Region. Nicht mild und lieblich, sondern wild und rau. Kulturlandschaft ade, die Abruzzen sind Natur pur, grandiose Bergpanoramen und tiefe Schluchten, ungeschminkt und ohne Weichzeichner. Hier liegen die meisten Naturschutzgebiete des Landes – Gebiete, in denen Wölfe und Braunbären leben. Und hier gibt es noch Dörfer mit Häusern ganz ohne Telefon und Fernsehen, eingerichtet nach dem Konzept der »Arte povera«, des ursprünglichen, rustikalen Landstils.

Auf ins wilde Herz!

Das wilde Herz wird von drei Gebirgsketten gebildet, zu denen auch die Gruppe des Gran Sasso d'Italia (Corno Grande, 2912 m) und der Montagna della Majella (Monte Amaro, 2793 m) zählen, **die höchsten Gipfel** Italiens. Zwischen ihnen eingebettet liegt das zentrale Bergland mit dem Aternotal, den Hochmulden von L'Aquila und Sulmona sowie dem weiten Becken von Fucine. Die Sommer sind heiß, die Winter sehr kalt mit viel Schnee. Die Bergregionen werden traditionell als (Schaf-)Weiden genutzt. Etwa ein Drittel der Fläche ist als **National- oder Regionalpark** geschützt, darunter der Parco Nazionale d'Abruzzo.
www.parcoabruzzo.it

▎L'Aquila

Das Beben wirkt nach

6. April 2009

Ein Bollwerk gegen den Kirchenstaat hatte Konrad IV. im Sinn, als er 1254 L'Aquila gründete – doch die Bewohner hielten zum Papst, weshalb Konrads Halbbruder Manfred die Stadt fünf Jahre später zerstören ließ. Aber Karl von Anjou legte die Stadt neu an. Am 6. April 2009 zerstörte ein schweres Erdbeben Teile der südlichen Altstadt. Viele Gebäude, Kirchen und andere Sehenswürdigkeiten können noch immer nicht betreten werden, das Zentrum gleicht teils einer Baustelle. Hauptachse der Stadt ist der **Corso Federico II.**/Vittorio Emanuele mit dem Domplatz in der Mitte. Hier liegt das alte Caffè Nurzia, dessen Torrone al cioccolato man unbedingt probieren sollte. Der **Dom S. Massimo**, im 13. Jh. erbaut und mehrfach durch Erdbeben zerstört, birgt einen mittelalterlichen Sarkophag und das großartige Renaissance-Grabmal des Kardinals Amico Agnifili von 1480. Die benachbarte Barockkirche S. Maria del Suffragio wurde im 18. Jh. von L. Bucci erbaut.

ZIELE
ABRUZZEN · ABRUZZO

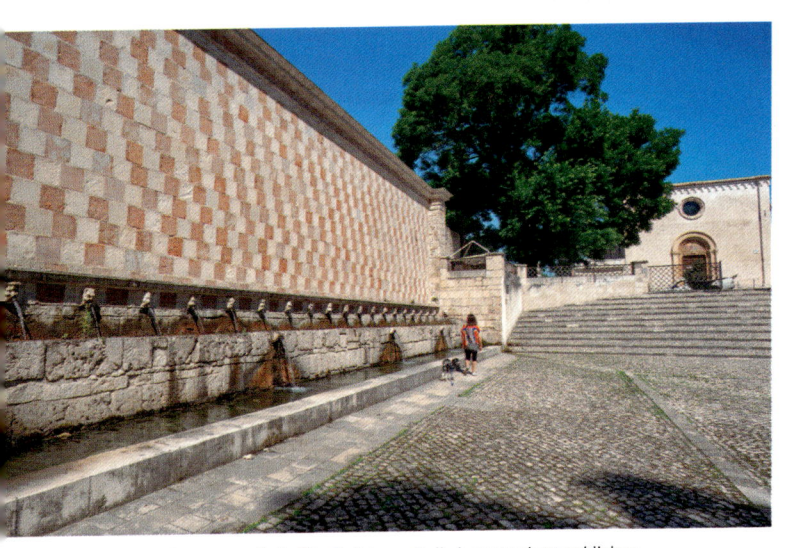

Die Fontana delle 99 Cannelle in L'Aquila ist vom Erdbeben verschont geblieben. Nur 93 Wasserspender waren es schon immer.

Das Wahrzeichen der Stadt

Wahrzeichen der Stadt ist die schöne Fassade der Basilika S. Maria di Collemaggio, die 2009 beschädigt wurde. Der Bau im Südostende der Stadt wurde 1287 von Bruder Pietro da Morone begonnen, der 1294 hier zum Papst Coelestin V. gekrönt wurde. Das nach den Stadtfarben rot-weiße Muster der Fassade wird auf den Einfluss der Sarazenen zurückgeführt; Rosettenfenster und Portale sind **wunderbar filigran** gestaltet. Im schlichten, eindrucksvollen Inneren ist das Renaissance-Grabmal des Papstes von 1517 sehenswert; erhalten sind außerdem Fresken aus dem 15. und 16. Jahrhundert.

Santa Maria di Collemaggio

Die Stadt leidet immer noch unter den Folgen des Erdbebens

Auf dem Corso nach Norden liegt links der Palazzo der Margarete von Parma (1573). Es folgt die 1308 erbaute Kirche S. Maria Paganica mit ihrem schönen Hauptportal. Im Parco del Castello bietet sich ein herrlicher Blick auf das Aterno-Tal, Gran Sasso und das 1530 – 1549 von den Spaniern erbaute imposante Kastell, das noch immer nicht zu besichtigen ist, ebenso wie das hochkarätige Museo Nazionale d'Abruzzo, das in dem erdbebengeschädigten Gebäude seinen Sitz hat.

Etwas unterhalb des Kastells steht S. Bernardino, einer der beiden »großen« Sakralbauten L'Aquilas, an dem von 1454 bis ins 18. Jh. gebaut wurde; die Renaissance-Fassade entstand 1527, das schlichte Innere um 1730. Grandios sind die **bemalte und vergoldete Holz-**

Castello und S. Bernardino

ZIELE
ABRUZZEN · ABRUZZO

ABRUZZEN ERLEBEN

ABRUZZO PROMOZIONE TURISMO
Via Passolanciano 75
65100 Pescara
www.abruzzoturismo.it

PESCARA JAZZ
Auf der Weltkarte des Jazz ist **Pescara** eine Metropole. Das jährlich im Juli stattfindende Festival Pescara Jazz präsentiert seit 1969 internationale Jazzgrößen. Neben den Gastspielen der aus Übersee anreisenden Künstler lohnt es sich auch immer, die Auftritte einheimischer Musiker zu besuchen.
Am Karfreitag findet in **Sulmona** eine Prozession in schleifendem Schritt statt, am Ostersonntag eilt dann die Muttergottes (das heißt ihre Statue) freudig über die Piazza Garibaldi ihrem auferstandenen Sohn entgegen.

Der Campo Imperatore – der Name verweist auf die Lager Kaiser Friedrichs II. – war früher als Schafweide bekannt. Heute ist die für Italien einzigartige, riesige Hochebene ein beliebtes Ski-, Kletter- und Wandergebiet. Vor allem aber ist sie für den Reitsport attraktiv, der in S. Stefano di Sessanio sein Zentrum hat.

CLEMENTE €€
Reizendes Restaurant in ungewöhnlicher Location: Es befindet sich in den ehemaligen Stallungen des Palazzo Sarde de Letto. Passend zum Ort kommt Schnörkelloses auf den Tisch. Serviert werden unverfälschte Gerichte aus der Region. Eine Spezialität ist das Schweinefilet mit gekochtem Most.
Via Solimo 25
Sulmona
Tel. 086 421 06 79
Do. geschl.

IL CORALLO €€
Jetzt wird's nautisch: Hier isst man traditionelle Adria-Fischküche – Scampi, Meerbarben, Tintenfische und Makrelen, mal aus der Pfanne, mal aus dem Ofen. Gratis dazu gibt es einen tollen Blick aufs Meer.
Via Primo Vere 71
Pescara
Tel. 085 451 44 90
Mo. geschl.
www.lidoilcorallo.it

TAVERNA DE LI CALDORA €€
Bestes italienisches Slow Food in einem alten Bergdorf: In einem Wohnhaus aus dem 16. Jahrhundert befindet sich dieses Lokal, das eine raffinierte Bauernküche und eine herrliche Panorama-Terrasse zu bieten hat.
Piazza Umberto I 13
Pacentro
Tel. 0864 411 39
Mo./Di. ganztags zu, außerdem So. abends geschl.

LE FONTANELLE €
Hier kommt unverfälschte regionale Bergküche auf die Teller. Dazu gehören Hühnchen, Kaninchen und Lamm – Vegetarier, aber nicht nur die, können sich hingegen den gebratenen Käse (scamorza arrosto) schmecken lassen.
Strada Statale 17
L'Aquila
Tel. 0862 68 94 91

ZIELE
ABRUZZEN · ABRUZZO

CORONA DI FERRO €€-€€€
Weil man sich im Urlaub auch mal was gönnen sollte: Das vornehme Restaurant liegt in einem Palazzo aus dem 19. Jahrhundert und ist besonders für edle Fischgerichte bekannt.
Corso Roma 28
Lanciano
Tel. 324 626 93 04
Mi. geschl.

GINO €
In ihrer Trattoria zaubert Signora Lucia Bodenständiges wie Suppen aus Saubohnen und Platterbsen oder Pasta mit Kürbisblüten und Safran. Wer raucht oder mit dem Handy telefoniert, zieht den Zorn der Chefin auf sich.
Piazza Plebiscito 12
Sulmona
Tel. 0864 5 22 89
nur mittags, So. geschl.
www.lalocandadigino.it

IL PALAZZO €
Das urgemütliche Restaurant im historischen Gewölbe bietet regionale Spezialitäten mit Zutaten aus lokaler Produktion. Der Wirt ist immer für ein Schwätzchen zu haben – einen ausgezeichneten Weinkeller hat er auch. Unbedingt den »Pecorino« probieren, der hier kein Käse, sondern ein trockener, ausgezeichneter Weißwein ist. Wer über Nacht bleiben will, kann in einem der stilvoll möblierten Gästezimmer Quartier beziehen – eine frühzeitige Buchung empfiehlt sich, weil der Palazzo viele Stammgäste hat.
Via Gabriele d'Annunzio
S. Stefano di Sessanio
Tel. 328 16 15 128
www.residenceilpalazzo.it

LA LOCANDA DEL BARONE €
Die Küche des idyllisch gelegenen Landhauses an den Hängen des Majella-Massivs setzt konsequent auf beste Zutaten: Fleisch von Tieren, die auf den ausgedehnten Weideflächen der Region herangewachsen sind, frisches Saisongemüse und Käsespezialitäten als Vorspeise oder Hauptgang, die typisch für die Abruzzen sind, z. B. »pecorino arrosto« (gebratener Schafskäse) oder »scamorza alla brace« (gegrillter Käse). Einige gemütliche Gästezimmer gibt es auch.
C. da Case del Barone 1
Caramanico Terme (bei Pescara)
Tel. 085 925 84
www.locandadelbarone.it

PLISTIA €
Signora Laura serviert in diesem Ristorante mit leichter Hand abruzzesische Bergküche. Probieren Sie doch mal die mit Ricotta und wildem Spinat gefüllten Ravioli in Salbeibutter!
Via Principe di Napoli 28
Pescasseroli
Tel. 0863 19 44 148
https://plistia.it

SEXTANTIO – ALBERGO DIFFUSO €€ – €€€€
Hinter dem Begriff »Albergo diffuso« verbirgt sich ein besonderes Konzept. Anliegen der Betreiber ist es, die alte Bausubstanz in entlegenen und zum großen Teil verwaisten Orten zu retten. Man kauft ganze Dörfer und »verteilt« das Hotel über mehrere historische Gebäude. So ist in Santo Stefano ein früherer Schweinestall zur stilvoll restaurierten Empfangshalle geworden und eine kleine Kapelle zum Aufenthaltsraum für Hotelgäste. In den Abruzzen hat die Sextantio-Gesellschaft bereits neun Dörfer gekauft. Bei der baulichen Umgestaltung lässt sie sich von Stararchitekt David Chipperfield unterstützen. Die Zimmerpreise variieren stark – je nach Objekt.
Via Principe Umberto
Santo Stefano di Sessanio
Tel. 0862 89 91 12
www.santostefano.sextantio.it

ZIELE
ABRUZZEN · ABRUZZO

CASTELLO DI SEMIVICOLI €€€
Inmitten der Hügellandschaft der Abruzzen liegt das Schloss mit zahlreichen Nebengebäuden aus dem 17. Jh., dessen Besitzer seit Generationen Wein produzieren. Fragen Sie bei der Reservierung nach einem Zimmer mit antikem Mobiliar! Mit vorzüglichem Restaurant, das klassische italienische Küche modern interpretiert. Im hoteleigenen Wein-Shop können Sie die beim Abendessen probierten Weine auch gleich kaufen.
Via San Nicola 24, Casacandivella
Tel. 0871 89 00 45
www.castellodisemivicoli.com

ARCHI DEL SOLE €€
In diesem kleinen, netten Hotel offerieren Gabriella and Marco Bed-and-Breakfast-Charme – und das mitten im Stadtzentrum, nur zwei Schritte von der Piazza del Municipio entfernt.
Largo Porta di Berardo 9
Pescocostanzo
Tel. 0864 64 00 07
www.archidelsole.it

BELLARIVA €€
Dieses kleine, freundliche Hotel hat es sich direkt am Meer bequem gemacht und ist doch nur einen Kilometer von der lebhaften Innenstadt entfernt. Die Zimmer sind einfach, aber liebevoll eingerichtet.
Via Riveria 213, Pescara
Tel. 0854 71 26 41
www.hotelbellariva.it

HOTEL SANTACROCE MEETING €€
Eine tolle Adresse für Wanderungen durch den nahen Majella-Nationalpark der Abruzzen. Bereits vom Pool genießen Sie einen wunderbaren Ausblick auf die am Horizont aufragenden Berge, abends entspannt Ihr Untertauchen im heißen Whirlpool.
Piazza Ginaldi 3, Sulmona
Tel. 0864 25 16 96
www.hotelsantacroce.com

IL VECCHIO PESCATORE €
Eine ungezwungene familiäre Atmosphäre herrscht in dem kleinen Gasthof an der Hauptstraße, im Restaurant gibt's bodenständige Küche.
Via Benedetto Virgilio 175
Villetta Barrea
Tel. 086 48 92 74
www.ilvecchiopescatore.net

AGRITURISMO PIETRANTICA €
Das Landhaus liegt in einem winzigen Dorf im Majella-Nationalpark und bietet Zimmer und Appartements. Die Mahlzeiten nehmen Gäste und Wirtsleute gemeinsam ein – Camillo arbeitet bei der Bergwacht, Marisa schmeißt den Haushalt und kocht wunderbar, am liebsten vegetarisch und mit allen Herrlichkeiten aus dem Bio-Gemüsegarten.
Loc. Decontra
Caramanico Terme
Tel. 085 92 21 81
www.agripietrantica.com

B&B CALASCIO €
Die Zimmer sind einfach ausgestattet, das Ambiente ist behaglich – das Gebäude ist Teil eines mittelalterlichen Borgo im Gran-Sasso-Nationalpark. Lorenzo Baldi, der Vermieter, ist Wanderführer mit Leib und Seele und bietet rund ums Jahr geführte Touren durch die raue, faszinierende Bergwelt bei L'Aquila.
Via Preta Jerta 10
Calascio (AQ)
Tel. 034 75 57 27 14
www.calasciocamere.it

SAN MICHELE €€
Modernes Haus, nur wenige Gehminuten von der Piazza del Duomo, wohnliche und gut ausgestattete Zimmer, schöner Frühstücksraum. Tolles Preis-Leistungs-Verhältnis, am Wochenende günstiger!
Via dei Giardini 6, L'Aquila
Tel. 0862 42 02 60
www.stmichelehotel.it

decke und die Orgel, beide von Mosca di Pescocostanzo. Im rechten Seitenschiff öffnet sich die Kapelle mit dem Mausoleum des Bernardino di Siena, eines bedeutenden Wanderpredigers, der 1444 in L'Aquila starb. Beim Erdbeben 2009 stürzte der Glockenturm ein.
Nahe dem Bahnhof und der Porta Rivera befindet sich außerdem eine imposante, wenn auch mathematisch verwirrende Anlage: Der 1272 entstandene »**Brunnen der 99 Röhren**« (Fontana delle 99 Cannelle), der aus 93(!) unterschiedlichen Masken Wasser sprudeln lässt. Die Männer- und Frauenköpfe sollen darauf hinweisen, dass L'Aquila aus 99(!) Burgen entstand, tatsächlich waren es allerdings nur 86 befestigte Dörfer...

Wohin im Norden?

Mittelalterliche Bauten auf römischen Fundamenten

Die Provinzhauptstadt Teramo hat als römisches »Interamnia« eine lange Geschichte. Besuchen sollte man den romanisch-gotischen Dom S. Bernardo mit einem Portal des Meisters Deodatus von 1332 und einem herrlichen Polyptychon (um 1420) von Iacobello da Fiore. Neben dem Dom befindet sich der Bischofspalast aus dem 15. Jh., wenige Schritte weiter sieht man Reste eines römischen Theaters. Teile eines riesigen römischen Amphitheaters finden sich auch in der linken Domflanke. **Civitella del Tronto**, 16 km nördlich von Teramo, wird von einer der größten Festungsanlagen Italiens überragt, die im 16./17. Jh. von den spanischen Königen Neapels errichtet wurde. Bei Ripe liegen die Grotta S. Angelo und die **Gola del Salinello**, eine der beeindruckendsten Schluchten der Abruzzen.
Rund 10 km von der Küste entfernt liegt inmitten einer bizarren Erosionslandschaft das auf römischen Ruinen erbaute, atmosphärereiche Städtchen Atri. Besonders sehenswert ist hier die **Kathedrale S. Maria Assunta**, erbaut ab 1268, mit ihrer flächigen Rechteck-Fassade, die für die Region typisch ist. Das Innere birgt einen großen Renaissance-Freskenzyklus von Andrea de Litio, entstanden ca. 1480, und ein Taufbecken des Comasken Paolo de Garviis von 1503. Die Krypta wurde in eine römische Zisterne gebaut.
Von Pescara aus lohnt sich der Ausflug nach **Loreto Aprutino** und **Penne**, zwei hübsche mittelalterliche Orten mit herrlichem Blick zum Gran Sasso.

Teramo und Atri

Faszinierende Bergwelt und atemberaubende Ausblicke

Atemberaubende alpine Bilder vermittelt das Kalkmassiv des Gran Sasso d'Italia (»Großer Fels von Italien«), mit 2912 m das höchste Gebirge der Apenninenhalbinsel (▶ Das ist..., S. 22 ff.). Es ist gut erschlossen und ein beliebtes Ausflugsziel und Wintersportgebiet. Die SS 80 führt von der Küste im Tal des Vomano in die grandiose Berg-

Gran Sasso d'Italia

ZIELE
ABRUZZEN · ABRUZZO

Im Gran Sasso heißt es Wanderstiefel schnüren.

szenerie der Monti della Laga und des Gran Sasso d'Italia. Etwa 9 km hinter Montorio al Vomano zweigt die Serpentinenstraße nach Pietracamela (1005 m) ab, das herrlich unter Corno Piccolo und Corno Grande liegt. Weiter führt sie zum Wintersportort **Prati di Tivo**, Ausgangspunkt für die Besteigung des Gran Sasso. Nun windet sich die SS 80 zwischen steilen Bergwänden an Senarica vorbei, das von Mitte des 14. Jh.s bis 1701 freie Republik war. Später lohnt auch noch der Abstecher rechts hinauf zum einsam in rauer Landschaft gelegenen Lago di Campotosto. Durch dramatisch wirkende Landschaft fährt man vom **Passo delle Capannelle** (1299 m) entweder am Südhang des Gran Sasso entlang nach Assergi, das aus dem nackten Stein zu wachsen scheint, oder den Pass hinunter, wo bei S. Vittorino die Ruinen der bedeutenden sabinisch-römischen Stadt Amiternum, Geburtsort des Geschichtsschreibers Sallust (86 – 34 v. Chr.), liegen.

Von Süden her führt aus L'Aquila eine Straße nach **Fonte Cerreto**, von wo eine Seilbahn zum Campo Imperatore startet. Die Bergstation in 2130 m Höhe erreicht man auch durch das weite, baumlose Hochtal des Albergo Campo Imperatore. Von dort steigt man in 45 Minuten zum Rifugio Duca degli Abruzzi auf dem **Portella-Grat** (2381 m) auf und in weiteren 3 – 3 ½ Std. zum nächsten Gipfel, dem Corno Grande (2912 m). Von hier aus sieht man über ganz Mittelitalien: im Osten zur Adria, im Westen zu den Sabiner Bergen und an klaren Tagen bis zum Tyrrhenischen Meer.

ZIELE
ABRUZZEN · ABRUZZO

Wohin im Osten?

Antiker und mittelalterlicher Glanz

In der Antike war das heutige Chieti eine äußerst lebendige Stadt mit dem Namen Teate. Vom einstigen Glanz zeugen drei Tempel, im 1. Jh. n. Chr. entstanden, sowie das hervorragende Museo Nazionale di Antichità, das **Archäologische Museum**, in dem Funde aus vorgeschichtlicher und römischer Zeit ausgestellt sind, u.a. der »Sitzende Herkules« aus Alba Fucens und der »Krieger von Capestrano« aus dem 6. Jh. v. Chr. An der Via delle Terme Romane am Ostrand des Stadthügels liegen eine in den Felsen gehauene römische Zisternenanlage und Reste der Thermen. Ganz neu ist der riesige Museumskomplex am oberen Ende der Via Vernia, in dem auf äußerst unterhaltsame Weise die Kulturen der Civitella erklärt werden. Sehenswert sind auch die gotische Kathedrale S. Giustino, der mittelalterliche Kampanile und das Rathaus von 1517. In **Bucchianico** (ca. 10 km südlich) wird vom Sonntag vor dem 23. Mai bis zum 26. Mai zur Erinnerung an die erfolgreiche Verteidigung gegen Chieti die prächtige »Sagra dei Banderesi« gefeiert. [Chieti]

Im Jahr 871 gründete Kaiser Ludwig II. die **Abtei San Clemente a Casauria** bei Torre de' Passeri, ca. 30 km westlich von Chieti. Die romanisch-gotische Kirche, das bedeutendste Bauwerk seiner Art in den Abruzzen, erhielt ihre heutige Gestalt nach zisterziensischen Prinzipien im 12. Jh. Besondere Beachtung verdienen das Bronzeportal, die freistehende, reich verzierte Kanzel und der Osterleuchter.

Archäologisches Museum Chieti: Via G. Costanzi 2
Mi. 9–13.30, Fr.–So. 9–13.30, 15–19.30 Uhr | Eintritt: 4 €

In fünf Stunden auf den Gipfel

Ebenso hoch wie der Gran Sasso, doch von ganz anderem Charakter ist der mächtige Bergrücken der Montagna della Majella (Monte Amaro, 2793 m). In die Hänge des nur wenig bewaldeten Kalkmassivs sind wilde Schluchten eingeschnitten, so der Orfento beim hübschen Schwefelbad **Caramanico Terme** und der Mandrelle bei Fara S. Martino, das für seine Pastafabriken bekannt ist. Das am Fuß der Majella gelegene **Guardiagrele** hat eine lange Tradition im Eisen- und Goldschmiedehandwerk. Die Kirche S. Maria Maggiore hütet ein Kreuz von Nicola da Guardiagrele sowie ein Christophorus-Fresko aus dem Jahr 1473. Vom Ort aus kann man in 5 Std. die Majelletta (1995 m) besteigen. [Montagna della Majella]

Durch den **Majella-Nationalpark** führen etliche Wanderwege unterschiedlicher Schwierigkeitsgrade. Touren-Kartenmaterial für den Nationalpark bekommt man in einem der zehn Besucherzentren. Gute Routen auf den Monte Amaro gehen von Caramanico Terme (4 Std.), von Campo di Giove (7 Std.) und von Fara S. Martino (2 Std.) aus.

Info: www.parcomajella.it | Verkehrsgünstig liegt das Besucherzentrum in Sulmona, Corso Ovidio 165

ZIELE
ABRUZZEN · ABRUZZO

Dichterstadt und Filmkulisse

Sulmona Selten wurde der Liebreiz eines Ortes so gekonnt besungen, wie es **Ovid** (43 v.Chr. – 17 n.Chr.) für seine Heimatstadt Sulmona getan hat. Noch heute erfahren Sie in dem bukolisch-schön gelegenen Städtchen einiges über den berühmten Sohn – und bekommen Ihren Aufenthalt noch durch »Confetti« versüßt: Zuckermandeln, die zu Blüten und Sträußen zusammengebunden werden. Die Rezepte sind schon seit dem 15. Jh. dokumentiert. Der antike Dichter ist nicht die einzige Berühmtheit Sulmonas. Die Kleinstadt mit den ansehnlichen Bauten aus Mittelalter und der Renaissance diente mehrfach als Kulisse für Spielfilme. So drehte etwa Mario Monicelli »Parenti Serpenti« (1992, dt. »Stille Nacht, tödliche Nacht«) fast ausschließlich hier. 2009 kam Hollywood nach Sulmona: In »The American« sitzt George Clooney mit seiner Filmpartnerin Violante Placido auf den Stufen vor dem Aquädukt auf der Piazza Garibaldi – die mächtigen steinernen Spitzbögen sind aber auch eindrucksvoll.

Kommen Sie von Norden nach Sulmona, begrüßt Sie die Kathedrale **San Panfilo.** In der Krypta befindet sich ein byzantinisches Madonnenrelief. Am Stadtpark entlang geht es zum Corso Ovidio, der Hauptachse der Stadt. Weiter südlich liegen Palazzo und Kirche **Santissima Maria Annunziata,** die aus einem Hospital des 14. Jh.s hervorgingen. Die Barockkirche wurde nach mehreren Erdbeben ab 1710 neu errichtet und enthält ein Chorgestühl von 1579; der Palast hat eine herrliche Gotik-Renaissance-Fassade (1415–1522) und beherbergt das Museo Civico. Der Corso stößt dann auf die Piazza del Carmine und hier auf die **Fontana del Vecchio**, einen Renaissancebrunnen von 1474. Er wird über den Aquädukt von 1256 gespeist, der einst die Stadt mit Wasser vom Fluss Gizio versorgte. Wenige Schritte weiter steht im monumentales, ungewöhnlich tief gestaffeltes romanisches Portal – Rest der Kirche San Francesco della Scarpa, die durch ein Erdbeben zerstört wurde. Durch die Bögen des Aquädukts gehen Sie hinunter auf die weite **Piazza Garibaldi**, auf der vormittags Markt gehalten wird. Werfen Sie einen Blick auf die Kirche Santa Maria della Tomba an der Piazza del Plebiscito – sie soll über einem **Jupiter-Tempel** erbaut sein und ist seit dem Jahr 1241 dokumentiert (Fassade um 1400). Der Corso endet an der Porta Napoli, dem mächtigsten der zwölf Stadttore.

Sehr lohnend ist der fünfstündige Fußmarsch auf den 2061 m hohen **Monte Morrone**, von dem man fast über die ganzen Abruzzen blickt (Informationen erhält man bei der Touristeninformation).

Wie aus dem Bilderbuch

Rund um Sulmona Das 9 km von Sulmona entfernte idyllische **Pacentro**, gerühmt als »Bilderbuchort« der Abruzzen, verdankt seinen Ruf der eindrucksvollen Lage unter dem Monte Amaro und seiner mächtigen Burg aus dem 14. Jahrhundert. Ungewöhnlich präsentiert sich das in 1395 m

ZIELE
ABRUZZEN · ABRUZZO

Pacentro hat sich den Ruf als Bilderbuchstädtchen verdient.

Höhe gelegene, 35 km von Sulmona entfernte **Pescocostanzo**: Es wurde von lombardischen Handwerkern, die sich im 15. Jh. ansiedelten, in Barockformen erbaut. Die Kirche S. Maria del Colle prunkt mit Kassettendecke, Orgel, Kanzel und schmiedeeisernem Gitter.

Wohin im Südwesten?

Ein Kastell, ein Amphitheater und ein kleines Juwel

Ein reizvolles Erlebnis verspricht die Fahrt auf der SS 5 von L'Aquila nach Avezzano, zunächst am Monte d'Ocre bergan und später durch das einsame, karge Hochtal zwischen Monte Velino und Monte Sirente. Hinter Ovindoli geht es auf 800 m nach **Celano** hinunter, das von einem zwischen 1392 – 1450 erbauten Kastell überragt wird. Celano liegt an der Piana del Fùcino (Fuciner Becken), die erst 1875 aus einem trockengelegten See entstand. Das fruchtbare, schachbrettartig aufgeteilte Becken wird intensiv landwirtschaftlich genutzt. Ein schweres Schicksal war den Bewohnern von **Avezzano** beschieden: Der Ort wurde 1915 durch ein Erdbeben zerstört, das 30 000 Opfer forderte, und im Zweiten Weltkrieg – obwohl Zentrum des Widerstands – von den Alliierten bombardiert.

Am Rande des Dörfchens **Albe** (10 km nördlich von Arezzano) liegen die Reste der 303 v. Chr. gegründeten römischen Kolonie Alba Fu-

Alba Fucens

cens, die im 9./10. Jh. von Sarazenen zerstört wurde. Deutlich auszumachen sind Forum, Basilika, Läden, Markt, Thermen. Gut erhalten ist auch das Amphitheater aus der Zeit Kaiser Tiberius'. Einen reizvollen Anblick bietet zudem die hoch gelegene, reich geschmückte romanische Kirche S. Pietro, die im 12. Jh. unter Verwendung von Teilen eines Apollo-Tempels aus dem 3. Jh. v. Chr. erbaut wurde.

An den Ruinen des Klosters S. Maria della Vittoria vorbei – hier besiegte in der Schlacht von Tagliacozzo Karl von Anjou 1268 den letzten Staufer, Konradin – erreicht man wiederum das mittelalterliche **Tagliacozzo** (17 km westlich von Avezzano). Hier locken der Palazzo Ducale und die Kirche S. Francesco, beide im 14. Jh. erbaut. Ein wahres Juwel ist die kleine, einsam im Talschluss über Magliano de' Marsi (rund 8 km nordwestlich von Avezzano) gelegene romanische Kirche S. Maria in Valle Porclaneta.

Auf den Spuren der Wölfe

Parco Nazionale d'Abruzzo

Bei Anversa beginnt nun die wilde Gola di Sagittario (Sagittario-Schlucht). Durch das Sangro-Tal geht es hinunter zum Stausee Lago di Barrea, wo man zum Parco Nazionale d'Abruzzo gelangt. Dieser Nationalpark, zu dem die Monti Marsicani und die Monti della Meta gehören, ist zwar weniger spektakulär als Gran Sasso oder Majella, aber nicht minder schön. Hier leben Abruzzen-**Braunbär**, Abruzzen-Gemse, Apenninen-Wolf, Luchs und Steinadler. Im Frühjahr entfalten **seltene Pflanzenarten** wie Türkenbund, Frauenschuh, Feuerlilie und Enzian eine unglaubliche Farbenpracht. Sitz der Parkverwaltung mit Freigehege, botanischem Garten und naturkundlichem Museum ist **Pescasseroli**, Geburtsort des Philosophen Benedetto Croce. Termine für geführte Themenwanderungen – z. B. »Auf den Spuren der Wölfe« oder mehrtägige Trekkingtouren unter

Info: www.parcoabruzzo.it | 12 Besucherzentren, davon 7 an der den Park durchquerenden SS 83, u.a. in Pescasseroli

| Wohin an der Küste?

Abstecher an den Strand

Mal Sand, mal Kies

Der Abschnitt der Adriaküste östlich der Abruzzen ist zweigeteilt: Von Martinsicuro bis Francavilla sind die Strände lang, flach und feinsandig, dann wird es felsig und kurviger, kleine Buchten mit Kiesstrand und mediterraner Vegetation dominieren. Von Norden aus erreicht man zuerst das mittelalterliche **Tortoreto Alto**. Landeinwärts geht es weiter nach Giulianova – es beeindruckt mit einem um 1470 entstandenen Renaissance-Zentralbau, dem Dom S. Flaviano. Eine Tour durch die Region umfasst am besten auch die Burgruinen und die Kathedrale in **Ortona** sowie das großartige Kloster S. Giovanni in Venere (gegründet im 8. Jh., Bauten aus dem 12./13. Jh.) bei

ZIELE
ALBA · LANGHE

Fossacesia Marina. Im alten Ortskern von **Vasto** sind das Kastell (15./18. Jh.) und der Palazzo D'Avalos (18. Jh.) sehenswert.
Mit seinen langen weißen Sandstränden zählt **Pescara** zu den großen Badeorten der Adria. Im Zweiten Weltkrieg wurde es großteils zerstört, und danach wurde die Stadt eher planlos wieder aufgebaut. Sehenswert ist Gabriele D'Annunzios Geburtshaus, das heute ein Museum zu Leben und Werk des umstrittenen Dichters und Exzentrikers beherbergt.
Casa natale di G. D'Annunzio: Corso Manthonè 116 | Di 9 – 13, Mi 14 – 19.30, Do 9 – 13.30, Fr – So 9 – 19.30 Uhr

ALBA · LANGHE

Region: Piemont · Piemonte | **Provinz:** Cuneo | **Höhe:** 172 m ü. d. M. | Einwohnerzahl: 31 500

Willkommen zur Trüffelsuche! Im Oktober beginnt die Saison in den Haselnusshainen der Langhe und professionelle Sucher sind unterwegs in vierbeiniger Begleitung, ausgebildeten Trüffelsuchhunden. Zugegeben, der Geruch der weißen Trüffel ist markant und nicht unbedingt angenehm, doch ist es ein einmaliges Erlebnis, bei der Messe und auf dem Markt dabei zu sein, wenn die Händler lebhaft gestikulierend um die Wertvollste aller Knollen feilschen, Sie in den Restaurants hausgemachte Pasta bestellen und die größte Delikatesse hauchzart darüber gehobelt wird.

F7

Alba besucht man am besten im Herbst, wenn das sanfthüglige rebenreiche Land in bunte Farben getaucht ist. Später im Jahr, von Oktober bis Dezember, werden hier die begehrten, wenn auch unansehnlichen weißen Trüffel »**tartufi**« gehandelt. Doch der Handel floriert auch mit anderen Waren: Alba ist Sitz einer bedeutenden Textilindustrie und der Firma Ferrero – verantwortlich für Mon Cheri, Rocher & Co.

Trüffeln und Rotwein

Zwischen Genuss und Kunst
Nicht nur für Gourmets, auch für Kunstliebhaber ist Alba, die »Hundertürmige« Stadt, eine Reise wert. Es besitzt einige der berühmten **Geschlechtertürme**, die einstmals überall in Italien den herrschenden Familien bei ihren Fehden als Zufluchtsort dienten. So in der Via Cavour, wo der Torre Astesiana und die Loggia dei Mercanti zu sehen sind. Herz der mittelalterlichen Stadt ist die **Piazza del Risorgimento** (bzw. Piazza Duomo) mit Dom und Rathaus, wo zwei wertvolle

Historisches Alba

ZIELE
ALBA · LANGHE

ALBA · LANGHE ERLEBEN

ℹ️

Piazza Risorgimento 2
12051 Alba
Tel. 017 33 58 33
www.visitlmr.it

🍴

LOCANDA DEL PILONE €€€
Charmantes Gourmetrestaurant in einem renovierten Bauernhaus mitten in den Weinbergen. Genießen Sie klassische Küche aus dem Piemont und das grandiose Panorama.
Strada Della Cicchetta,
Località Madonna di Como 34
Tel. 0173 36 66 16
www.locandadelpilone.com

OSTERIA DELL'ARCO €€
Gepflegtes Lokal, dessen Küche einen gelungenen Streifzug durch die Palette der Regionalprodukte bietet, zartes Saisongemüse trifft auf Pasta, Fleisch und Fisch. Unbedingt probieren: Brasato al Barolo – mit einem der großen italienischen Rotweine zubereiteter Rinderschmorbraten – und die wunderbaren dolci: z. B. Panna cotta und Torta di nocciole (Nusskuchen).
Piazza Savona 5
Tel. 0173 36 39 74
Okt. und Nov. tgl. geöffnet, sonst So. geschl.
www.osteriadellarco.it

OSTERIA LA SALITA €
Hier speist eine überwiegend junge Klientel in ungezwungener Atmosphäre, die engagierte Küche bietet mit dem Degustationsmenü einen perfekten Einstieg in die kulinarische Welt des Piemont – und das zum fairen Preis.
Via G. Marconi 2a, Monforte d'Alba, Mi. u. Do. geschl.
Tel. 0173 78 71 96
www.lasalita.it

🏠

ARBORINA RELAIS €€€
Mit Blick auf die sanften Weinbergshügel von Barolo: wunderschön in die Natur eingebettetes Boutiquehotel, ökologisch ausgerichtet, modern und edel designt, mit viel Holz und großen Fensterfronten, entzückende Zimmer, behaglich gestaltetes, luxuriöses Spa mit tollem Pool. In der angeschlossenen Osteria (Telefon: 0173 500340) verwöhnt Chef Andrea Ribaldone mit bodenständiger und doch erlesener Küche aus lokalen Zutaten, für die er mit einem Michelin-Stern ausgezeichnet wurde.
Frazione Annunziata 27
12064 La Morra
Tel. 0173 500351
10 Zimmer
https://arborinarelais.it

AGRITURISMO VILLA LA MERIDIANA €€
Auf den Höhen von Alba liegt diese schöne Jugendstilvilla, die schön eingerichtete, ruhige Zimmer, Pool und Fahrradverleih bietet.
Località Altavilla 9
Tel. 338 4606527
www.villalameridianaalba.it

🎉

GIOSTRA DEGLI ASINI
Alba und Asti überbieten sich seit Jahrhunderten in der Kunst der gegenseitigen Provokation. So feiert man in Alba am ersten Sonntag im Oktober ein groteskes Eselsrennen, mit dem man den berühmten Palio von Asti zu verhöhnen sucht.

TRÜFFELMARKT
Während des Trüffelmarkts in Alba von Ende September bis Anfang

November treffen sich Sammler, Händler und Käufer in einem großen Zelt, in dem nicht nur der spezielle Geruch, sondern auch die Preise atemberaubend sind. Für ein Kilo weißen Trüffel zahlen Händler zwischen 3500 und 4000 Euro, der Endverbraucher muss mit dem Dreifachen rechnen.

Altargemälde von Macrino d'Alba und Mattia Preti gezeigt werden. Die drei auf die Piazza zuführenden Hauptstraßen sind gespickt mit alten Palazzi, Mode- und Delikatessengeschäften. Einen Kaffee zwischendurch gibt es im stilvollen historischen »Calissano«. Die im 18. Jh. barockisierte Kirche S. Maria Maddalena beherbergt die sterblichen Reste der seligen Margherita von Savoyen, im Hof finden an Oktobersonntagen die Trüffelmärkte statt. Auf dem Weg zurück zum Dom liegt S. Domenico aus dem 13./14. Jh. mit einem schönen Portal.

Fahrt durch die Langhe

Heimat von Barolo und Barbaresco
Die Langhe ist ein herrliches, mit kleinen Orten und vielen hoch aufragenden Castelli besetztes Hügelland, das sich von Alba bis zu den Seealpen erstreckt. Ihr Name leitet sich von »langa« ab, was so viel wie »Bergkamm« bedeutet. Sie ist Heimat des Barolo und des Barbaresco, die aus der **Nebbiolotraube** gewonnen werden und zu den feinsten Rotweinen Italiens zählen.

Im Hügelland

Man verlässt Alba in Richtung Diano d'Alba, dessen Dolcetto eine eigene DOC hat. Auf der Fahrt kann man westlich **Grinzane Cavour** mit seinem mächtigen Schloss aus dem 13./17. Jh. sehen. Dort lebte Camillo Benso Graf Cavour ab 1832, der als Minister des Königreichs Savoyen bei der Einigung Italiens eine entscheidende Rolle spielte. In der Enoteca Regionale kann man die Weine des Piemont verkosten und sich im Wein- und Bauernmuseum weiterbilden. Biegt man südlich von Gallo links ab, passiert man Fontanafredda, das bekannte Weingut. Dessen rot-weiß gestreifte Gebäude – ehemals Jagdschloss von Vittorio Emanuele II. – liegen in einem gepflegten Reben-Amphitheater. In Serralunga fällt zuerst die um 1340 erbaute imposante Burg ins Auge. Man kann sie besichtigen und abschließend die Spezialität des Ortes kosten, den Barolo Chinato, ein mit Chinarinde und Gewürzen versetzter Digestif.

Über Roddino – hier beginnt die Alta Langa – und das aussichtsreiche Serravalle Langhe erreicht man das wunderschön gelegene **Bossolasco**. Bemerkenswert sind hier die von zeitgenössischen Malern gestalteten Ladenschilder in der Hauptstraße und der Palazzo Del Carretto aus dem 17. Jh. Murazzano lohnt einen Besuch, da es mit seinem mittelalterlichen Turm vor den Bergen der Seealpen ein großartiges Bild abgibt.

ZIELE
AMALFITANA

Wo der Name herkommt

Nach Barolo   Den Blick in die Ferne schweifen lassen kann man auch im nahe gelegenen **Belvedere Langhe**, das seinem Namen alle Ehre macht. Weiter geht es nach Dogliani, dem Zentrum der Langa Monregalese mit eigener Dolcetto-DOC, das ein hoch gelegenes, mittelalterliches Viertel besitzt. Von hier steuert man Monforte d'Alba an, südlichster Ort des Barologebiets und Sitz einer Reihe renommierter Erzeuger. Nordwestlich liegt das Dorf **Barolo**, das dem Wein seinen Namen gab. Im großen Schloss der Falletti sind die Enoteca Regionale del Barolo und ein **Museum für die Geschichte der Weinregion** untergebracht. Nächste Station ist das hoch gelegene La Morra mit mittelalterlichem Ortskern. Dort lohnt sich ein Besuch der Cantina Comunale im Palazzo der Grafen von Barolo.

Auch ein Abstecher nach **Cherasco** (9 km westlich), einem 1243 als Festungsstadt gegründeten hübschen Städtchen mit einer Burg der Visconti, ist zu empfehlen. Schnecken sind hier eine Spezialität.

Den Rückweg von La Morra nach Alba nimmt man über Verduno, von wo aus man hin noch einmal den Blick über die Weinberge und das Tanaro-Tal genießen kann.

www.enotecadelbarolo.it

★★ AMALFITANA

Region: Kampanien · Campania | **Provinz:** Salerno
Höhe: Meereshöhe bis 350 m ü. d. M.

O 19/20

Der Duft von Zitronenhainen, warmer Wind auf der Haut und ein Seidentuch, das die Haare zusammenhält: Cabrio-Fans aufgepasst! Zu den ultimativen Traumerlebnissen gehört die Fahrt entlang der Steilküste auf der Halbinsel von Sorrent. Mit einem Lied von Eros Ramazotti auf den Lippen geht es entlang der 40 Kilometer langen Amalfitana, eine herausfordernde Serpentinenstrecke, teilweise so eng, dass nur knapp zwei Autos nebeneinander passen und nichts für Menschen mit Höhenangst.

Das Land, wo die Zitronen blühen

Weit unten schimmert das Meer in tiefem Blau, und ab ▶ Neapel rückt sogar der mächtige Kegel des Vesuv ins Bild: Wahnsinn, dieser Ausblick. Und wie gut, dass es unterwegs einige Haltepunkte und Aussichtsterrassen gibt, an denen Sie sich von der anstrengenden und verwinkelten Costiera Amalfitana erholen und die **einmalige Szenerie** so richtig genießen können. Erst 1840 wurde die Straße quasi in die Berge gesprengt und verbindet seitdem die bis dahin

ZIELE
AMALFITANA

AMALFITANA ERLEBEN

ⓘ

Via delle Repubbliche Marinare 27
84011 Amalfi, Tel. 089 87 11 07
www.amalfitouristoffice.it

🛍

Toll sind die regionalen **Keramiken**, die Sie direkt in den Werkstätten der Hersteller kaufen können, handbemalt und garantiert »Made in Italy«, dazu mit einem Dekor, das jeden Amalfitana-Fan entzückt.
Auch kulinarisch enttäuscht die Costiera nicht: an kleinen Straßenständen werden unterwegs die großen, saftigen Zitronen der Amalfiküste dargeboten, daneben hängen knallrote Kirschtomaten und sind frische Peperoni-Schoten zu Kränzen gebunden. Limoncello ist ebenfalls ein Muss, denn gut gekühlt mundet dieser traditionelle Zitronenlikör auch nach dem Urlaub zu Hause bestens.

🍽

LA CARAVELLA €€€
In dem wunderschönen Gourmetrestaurant kommen Fischliebhaber voll auf ihre Kosten, im Keller finden sich einige beachtliche Weine.
Via Matteo Camera 12, Amalfi
Tel. 089 87 10 29, Di. geschl.
www.ristorantelacaravella.it

DA GEMMA €€€
Eine feste Institution in Amalfi ist dieses Lokal, das seit 1872 von derselben Familie geführt wird. Hier gibt es vor allem Fisch, aber auch Fleischgerichte sind auf der Karte zu finden.
Via Frà Gerardo Sasso 11, Amalfi
Tel. 089 87 13 45,
www.trattoriadagemma.com

SARACENO D'ORO €
Sehr beliebtes Lokal, das die klassische – und klassisch gute – italienische Küche und hervorragende Pizza zu erschwinglichen Preisen offeriert.
Viale Pasitea 254, Positano
Tel. 089 81 20 50

🏠

SANTA CATERINA €€€€
Wie ein Märchenschloss thront dieses elegante und vornehme Luxushotel auf einem Felsen an der Küste. Ein Fahrstuhl bringt die Gäste direkt an den hauseigenen Strand. Restaurant, Schwimmbad und Sauna im Haus.
S.S. Amalfitana 9
Amalfi
Tel. 089 87 10 12
www.hotelsantacaterina.it

SAVOIA €€
Schönes Hotel in zentraler Lage (etwa 5 Minuten zum Strand) mit gemütlichen Zimmern, die alle Balkon oder Terrasse haben.
Via Cristoforo Colombo 73
Positano
Tel. 089 87 50 03
https://savoiapositano.it

VILLA SAN MICHELE €€
Romantisch in Klippen gelegenes Hotel, grandioser Blick auf den Golf und Capo d'Orso, ideal zum Ausspannen.
S.S. 163 – Amalfi Coast
Ravello
Tel. 089 87 22 37
www.hotel-villasanmichele.it

SAN FRANCESCO €€
Vollständig modernisiertes Hotel aus den 1960er-Jahren mit eigenem Strandbad. Besonders für Familien mit Kindern geeignet. Restaurant im Haus.
Via Santa Tecla 54, Maiori
Tel. 089 87 70 70
www.hotel-sanfrancesco.it

ZIELE
AMALFITANA

kaum erreichbaren, bildhübschen Dörfer zwischen Positano und Vietri sul Mare, in denen es nur ab und an auf Meeresniveau hinunter geht.
Es gibt wenig Straßen, dafür steile Treppengassen. Im Lauf der Jahrhunderte wurde jeder Zentimeter der weniger steilen Hänge urbar gemacht. Ergebnis sind die ungezählten, manchmal nur **handtuchgroßen Terrassenfelder**, die wie Treppen zum Meer hinab- oder in den Himmel hinaufführen. Angebaut werden vor allem Zitronen, aber auch Oliven und Wein. Im Frühling überspannen schwarze Nylonnetze die Zitronenbäume, an denen ab April die Früchte reifen. Das Kunststoffgeflecht schützt die Früchte vor Hagel und vor zu starker Sonnenbestrahlung und im Frühjahr, wenn es durch die Sonne aufgeheizt wird, unterstützt es den Reifeprozess. Zitronen, bis zu pampelmusengroße Exemplare, werden überall zum Verkauf angeboten, roh oder in Form von Delizie al limone, kandierten Früchten oder als Limoncello.

Einst Seefahrer, heute Touristen

Romantik trifft Natur

Die meisten Küstenorte wurden im Mittelalter von Seefahrern gegründet. Aus Platzmangel baute man in die Höhe. Unübersehbar maurisch inspirierte, weiß getünchte kubische Häuser mit teils flachen Kuppeldächern und bogenüberspannten Loggien kleben wie Schwalbennester an den Hängen. Zum Küstenbild gehören zudem die stämmigen **Sarazenentürme** (Torri saraceni), die die gesamte Küste Süditaliens säumen. Sie dienten im 16. Jh. als Warnsystem gegen Piratenüberfälle. Heute sind viele zerstört, andere werden als Museum oder Unterkunft genutzt. Und auch das Hinterland mit seinen ruhigen **Bergdörfer**n, den üppigen Wäldern und Weiden hat seinen Reiz. Schon der Name Monti Lattari, Milchberge, deutet darauf hin, dass hier seit Jahrhunderten Viehzucht betrieben wird. Höchster Gipfel ist der Monte Faito mit 1278 m – von Positano aus lässt er sich in einer Tagestour erwandern. Im 18. und 19. Jh. war die Amalfitana das Ziel von ungezählten Künstlern und Bildungsreisenden, die hier das noch bis heute nachwirkende romantische Idealbild von wilder, unberührter Natur und Kultur suchten und fanden. Nachdem in den 1950er-Jahren der internationale Jetset die Costa Divina, die »**göttliche Küste**«, entdeckt hatte, setzte ab etwa 1980 der Massentourismus ein, der die Amalfitana buchstäblich überrollte.

| Wohin an der ★★ Costiera Amalfitana?

Positano und Grotta dello Smeraldo

Per Aufzug in die Grotte

Ein Name, der Sehnsucht weckt. Während der Saison drängt sich hier die halbe Welt. Wie an die Berge geklebt, sieht das bunte Dörf-

BAEDEKER ÜBERRASCHENDES

6x DURCHATMEN

Entspannen, wohlfühlen, runterkommen

1. LIGURISCHES STILLLEBEN

Erste Sonnenstrahlen schieben sich über die Gipfel des Apennins, das Meer ist spiegelglatt und in den Cafés wird Frühstück serviert – wie Mitte des 19. Jahrhunderts, als Aristokraten und Literaten **im milden Riviera-Klima** den Winter verbrachten. (▶ S. 480ff.)

2. STILLE EINKEHR

Florenz, Via del Proconsolo, und der Rummel nervt. Zum Glück tut sich da das Tor der Abtei **Badia Fiorentina** auf! Diese Ruhe, dieser Frieden ist ansteckend. (▶ S. 209)

3. LUCKY LUCCA

Schon Byron und Shelley liebten Lucca! Die Stadt ist erfreulich ursprünglich geblieben. Genießen Sie wie die Einheimischen: nach einer deftigen Gemüsesuppe folgen **Tordelli**, einfach köstlich. Kaum ein Restaurant in Lucca hat sie nicht auf der Karte. (▶ S. 301)

4. HIMMEL UND MEER

Die **Costiera Amalfitana** ist eine der schönsten Straßen der Welt und verläuft an den Ausläufern der Monti Lattari zwischen Wasser und Himmel. Die Sonne lacht und die Ausblicke sind atemberaubend. (▶ S. 66)

5. WELLNESS FÜR WARMDUSCHER

Zwischen Lavafelsen, subtropischer Landschaft und Meer: Die heißen **Quellen von Ischia** locken mit der Aussicht, dass Sie das ganze Jahr traumhaft schön bei angenehmen Temperaturen, baden können. (▶ S. 244ff.)

6. DER DANK DES PFARRERS

Don Giuseppe bedankt sich jeden Tag im Gebet, dass er als Pfarrer in der Wallfahrtskirche **Madonna di Monte Castello** am Gardasee wirken darf – auf knapp 700 m Höhe. Der Blick ist einfach fantastisch. (▶ S. 227)

ZIELE
AMALFITANA

Positano lockte schon die Bohème der 1960er-Jahre.

chen aus, das früher, nämlich bis die Amalfitana in den 1840er-Jahren gebaut wurde, nur vom Meer aus oder über schmale Pfade erreichbar war. »Ich habe das Empfinden, dass die Welt in **Positano** senkrecht steht«, beschrieb schon der US-Schriftsteller John Steinbeck die einmalige geografische Lage. Anfang der 1960er-Jahre wurde der Ort schlagartig bekannt, als Schriftsteller, Maler, Komponisten, Regisseure und Schauspieler zu Stammgästen wurden. Einen besonderen Ruf erwarb sich das inzwischen zum **mondänen Badeort** mutierte Städtchen, als sich hier Modemacher niederließen und fantasievolle Kreationen für die Feriengarderobe entwarfen. Heute locken schmucke Boutiquen, hübsche Trattorien und unzählige kleine Hotels.

An der Strecke folgen nur einige Schluchten, die beeindruckendste davon ist die zwischen zwei Tunneln gelegene »Schlucht des Zorns« (**Vallone di Furore**), einst ein natürlicher Fischerhafen. Kurz darauf gibt es die Möglichkeit, über eine Treppe oder einen Aufzug zur **Grotta dello Smeraldo** zu gelangen. In der mit Meerwasser gefüllten Tropfsteinhöhle sorgen Lichteinfälle für smaragdgrün schimmernde Farbenspiele.

Grotta dello Smeraldo: Conca dei Marini, an der SS 163 | tgl. 9 – 16 Uhr | Eintritt 5 €

ZIELE
AMALFITANA

> »
> Man geht hier einen Freund nicht besuchen,
> man klettert oder rutscht.
> «
>
> *John Steinbeck über Positano*

Einst mächtige Seerepublik mit bestem Kontakt in den Orient
Amalfi ist einer der beliebtesten Ferienorte Italiens und Zentrum der Amalfitana. Der Sage nach soll es Konstantin der Große gegründet haben. Im Mittelalter war es mit Genua, Venedig und Pisa eine der großen italienischen Seerepubliken, die den Warenverkehr mit dem Orient beherrschten. Auf dem Höhepunkt seiner Macht im 11. Jh. zählte es 50 000 Einwohner. Das Seerecht von Amalfi galt bis zum 16. Jh. im gesamten Mittelmeer. An die vergangene Größe erinnert die im Wechsel mit Venedig, Pisa und Genua alle vier Jahre stattfindende »Regata storica delle antiche Repubbliche Marinare«, eine **Ruderregatta in historischen Kostümen**. Durch den Kontakt mit den Arabern kam die Kunst der Papierherstellung auf die Sorrentinische Halbinsel. An den Bergquellen des Valle dei Mulini, zu dem ein schöner Wanderweg führt, entstanden die ersten **Papiermühlen** auf europäischem Boden. Ein Papiermuseum dokumentiert die Geschichte des antiken Handwerks. Aus der arabischen Welt stammen auch die Rezepte für die **Süßigkeiten**, für die Amalfi bekannt ist: glasierte Orangen- und Zitronenschalen, Mokkatrüffel und die Sfogliatelle, muschelförmige Blätterteigtaschen, gefüllt mit Quark, süßem Grieß und in Zitronenlikör eingelegten Früchten. Im 13. Jh. verlor Amalfi seine Bedeutung und geriet in Vergessenheit. Vom alten Amalfi ist nur wenig erhalten.
Der eigentliche Ortskern ist ein Labyrinth aus Kirchen, Türmen, übereinander gebauten Häusern, Sträßchen und Plätzen mit dem **prächtigen Dom** als Mittelpunkt, zu dem eine beeindruckende Freitreppe hinaufführt. Ursprünglich stammt er aus dem 9. Jh., 1203 wurde er im arabisch-normannischen Stil umgestaltet, wovon der Kampanile zeugt. Die bunte Fassade und die Spitzbogenvorhalle hingegen sind aus dem 19. Jh. Man betritt das barock ausgestattete Innere durch eine um 1066 in Konstantinopel gegossene Bronzetür. Von der Vorhalle gelangt man links über die benachbarte Basilika des Kruzifixes in den **Paradies-Kreuzgang**, Chiostro del Paradiso, der im 13. Jh. im normannisch-arabischen Stil erbaut wurde. Aus dieser Zeit stammen auch die Gebeine des Apostels Andreas in der Domkrypta.
Vom Hafen, der Marina Grande, fahren im Sommer Schiffe nach ▶Neapel, ▶Capri und ▶Salerno. Eine außergewöhnliche Unterkunft bieten die beiden Klöster, die seit Generationen als Hotels genutzt werden: Cappuccini Convento und Luna Convento. Im letzteren schrieb Henrik Ibsen im Jahr 1879 an seiner »Nora« (sein Zimmer ist immer auf Wochen hin ausgebucht). Kurz hinter dem Ortsschild von Amalfi beginnt das **Fischerdorf Atrani**, das einst mit Amalfi und anderen Städten ei-

★ Amalfi

ZIELE
AMALFITANA

nem Städtebund angehörte. Besonders stimmungsvoll ist die kleine Piazza mitten im verwinkelten Ortskern. Oberhalb steht die im 10. Jh. gegründete Kirche San Salvatore, die Krönungskirche der Amalfitanischen Dogen. Sie besitzt eine 1087 in Konstantinopel gegossene Bronzetür, die der Pforte des Doms von Amalfi gleicht.

Klingsors magischer Garten und eine herrliche Aussicht

Ravello Im Jahr 1880 machte sich **Richard Wagner** von Amalfi aus auf den Weg ins Hinterland und diese Route lohnt sich noch heute. Auf einer Straße mit vielen Windungen und Kehren durch Zitronen- und Olivenhaine gelangt man nach Ravello, ein altes Städtchen in einzigartiger Lage. Im Mittelpunkt des Ortes steht der romanische Dom San Pantaleone, der auf das Jahr 1086 zurückgeht. Der Kampanile stammt aus dem 13. Jh. Rechts neben dem Dom liegt die **Villa Rufolo**, ein Bauwerk im sizilianisch-arabischen Stil, dessen Innenhof im 11. Jh. ein Kreuzgang war und dessen schöner Garten eine wundervolle Aussichtsterrasse besitzt. Wagner, der sich damals auf der Suche nach Bühnenbildern für seinen »Parsifal« befand, schrieb ins Gästebuch der Villa Rufolo: »Hier ist er, Klingsors magischer Garten!« Die Stadt dankt es ihm bis heute mit dem **renommierten Wagner-Festival**, das jeden Sommer Musikliebhaber nach Ravello lockt. Die oberhalb der Dompiazza gelegene profanierte Kirche S. Giovanni del Toro wurde im 12. Jh. erbaut, in ihrem Innern sind die mosaik- und freskengeschmückte Kanzel sowie die mit Fresken aus dem 13. Jh. verzierte Krypta sehenswert. Nur ca. 10 Min. entfernt liegt die **Villa Cimbrone**, heute ein Hotel, die einen Kreuzgang aus dem 13. Jh. in ihre Architektur integriert. Eine Allee führt durch den schönen Garten zum Belvedere, von dem sich eine wirklich herrliche Aussicht auf die wunderschöne Amalfitanische Küste bietet (▶ S. 49).

Hochburg der Keramikherstellung

Vietri sul Mare Vietri sul Mare ist End- bzw. Ausgangspunkt der Amalfitana, eine recht laute und so gesehen normale süditalienische Kleinstadt. Seit alters her ist sie eine Hochburg der Keramikherstellung – die farbenprächtigen, mit recht fantasievollen Mustern versehenen Kacheln, Vasen, Tassen und Teller werden überall entlang der Hauptstraße angeboten. Über das Töpferhandwerk informiert das **Keramikmuseum** im Ortsteil Raito.
Von Vietri lohnt ein Abstecher zur etwa 7 km landeinwärts gelegenen **Abbazia della Trinità di Cava de' Tirreni** an. Das Kloster wurde 1011 gegründet und später barockisiert. Sehr schön sind die von Cosmaten gefertigte Kanzel aus dem 13. Jh. und der romanische Kreuzgang.
Abtei: Via M. Morcaldi 6, Badia di Cava | Führungen tgl. zw. 8.30 und 12 Uhr | www.badiadicava.it

Salerno ▶ S. 556

ZIELE
ANCONA

ANCONA

Region: Marken – Marche | **Provinz:** Ancona | **Höhe:** 16 m ü. d. M.
Einwohnerzahl: 101 000

Hinter der Stadt schraubt sich die Panoramastraße hoch auf den Monte Cònero und gibt den Blick frei auf das Adriabecken und die Schöne am Meer: Ancona. Der Renaissancemaler Tizian wäre mehr als einverstanden gewesen, hätte er gewusst, dass einige seiner schönsten Werke heute in den Kirchen und Galerien hier ausgestellt sind. Die Adriaperle an der traumhaften Riviera del Cònero setzt aber nicht nur auf Kunst: Das Meer ist hier überall präsent und Anfang September ziehen Hunderte von Schiffen anlässlich der prächtigen Festa del Mare auf die See.

H 18

Die mittelitalienische Adria bildet von der Po-Ebene bis zum Monte Gargano eine gleichförmige Küstenlinie mit Sandstränden – die Szenerie ist dementsprechend von Hotels, Ferienhäusern und Industriegebieten geprägt. Eine willkommene Unterbrechung stellt der **Monte Cònero** dar, ein Ausläufer des Apennin, der auch den einzigen natürlichen Hafen des ganzen Gebiets bereithält. Die Altstadt wurde während der Bombardements der Alliierten 1943/1944 zu drei Vierteln zerstört, hinzu kam 1972 ein Erdbeben, weshalb sich nur wenige Spuren des alten Ancona finden.

Perle an der Adria

Ein Geschenk an den Papst

Ancona wurde um 390 v. Chr. als Ancon Dorica (von griechisch »ankón«, Bogen) von dorischen Griechen aus Syrakus gegründet. Seit dem 3. Jh. v. Chr. römische Kolonie, ließen Cäsar und Trajan die Stadt zum **Flottenstützpunkt** ausbauen. Unterhalb der Kathedrale sind noch Teile des Amphitheaters zu sehen. 462 wurde Ancona Sitz eines Bischofs, ab 774 unterstand es nach einer Schenkung Karls des Großen allein dem Papst. Das änderte sich im 10. Jh., als Ancona freie Republik wurde. 1355 beendete der päpstliche Feldherr Albornoz diese Freiheit. Von 1799 bis zur Einigung Italiens 1860 stand die Stadt unter der Herrschaft Frankreichs, Österreichs und des Papstes.

Lange Geschichte

❙ Wohin in Ancona?

Verlorene Antike

Der äußere Hafen wurde im Nordteil bereits unter Kaiser Trajan ausgebaut. Ihm zu Ehren errichtete man 115 den marmornen **Arco di Traiano**, der heute etwas verloren in den Hafenanlagen steht. Etwas weiter ehrt ein zweiter Bogen, 1738 von Vanvitelli erbaut,

Hafen

ANCONA ERLEBEN

ⓘ

Largo XXIV Maggio 1
60123 Ancona, Tel. 071 22 21
www.comune.ancona.it

🍽

❶ LA MORETTA €€€
Seit 1897 eine Institution, berühmt für die Zubereitung von Stockfisch.
Piazza del Plebiscito 52
Tel. 071 20 23 17, So. geschl.
www.ristorantetrattoria
lamoretta.com

❷ OSTERIA DEL POZZO €€
In dieser Osteria in einer Seitengasse der Piazza del Plebiscito verzehren auch Einheimische ihre Fischsuppe.
Via Bonda 2/C, Tel. 071 20 73 996
So. geschl.
www.osteriadelpozzo.ancona.it

🏠

❷ GRAND HOTEL PASSETTO €€€
Das Haus (4 Sterne) besticht durch seine tolle Lage mit Meerblick und Privatstrand – und ein üppiges Frühstücksbüfett.
Via Thaon di Revel 1
Tel. 071 31 307
www.grandhotelpassetto.com

❶ SEEPORT ANCONA €€
Adria-Atmosphäre verströmt das mit Antiquitäten, Möbelklassikern, Kunst- und maritimen Objekten gestylte Hotel in zentraler Marina-Lage. Nach dem Frühstück mit Blick auf das Wasser und altehrwürdige Gebäude, frischen Brioches und dampfend heiß serviertem Cappuccino lockt ein Bummel unter der Adria-Sonne entlang der Allee Viale della Vittoria.
Rupi di Via XXIX Settembre 12
Tel. 071 97 15 100
www.seeporthotel.com

❸ HOTEL MONTECONERO €
Oberhalb von Sirolo auf dem Monte Cònero, ca. 20 km südlich von Ancona. Das Hotel befindet sich teils in einer ehemaligen Abtei, von der Terrasse bietet sich ein grandioser Ausblick.
Badia San Pietro
Via Monteconero 26, Sirolo
Tel. 071 93 30 592
Mitte März bis Mitte Nov.

Papst Clemens XII. Im Jachthafen liegt die fünfseitige Mole Vanvitelliana (Lazaretto), die im 17. Jh. als Quarantänestation für die aus aller Welt ankommenden Seefahrer erbaut wurde und heute für kulturelle Zwecke genutzt wird. Ihr gegenüber befindet sich die **Porta Pia**, das Stadttor von 1789, das durch Mauern mit der Zitadelle (Rocca) verbunden war. Die Zitadelle, 1532 – 1538 von Antonio da Sangallo d. J. für Papst Clemens VII. erbaut, ist Sitz der Regionalregierung. Westlich davon erstrecken sich über 4 km die modernen Hafenanlagen mit Piers.

Die **Piazza della Repubblica** wird von der klassizistischen Fassade des Teatro delle Muse und der Kirche SS Sacramento von 1538 dominiert. Zwischen dem Theater und dem Palazzo Benincasa beginnt mit der Via delle Logge der in Mittelalter und Renaissance bedeutende Straßenzug parallel zum Hafen.

ZIELE
ANCONA

🍴
① La Moretta
② Osteria del Pozzo

🏠
① Seeport Ancona
② Grand Hotel Passetto

③ Hotel Monteconero

Skurriles Portal

Rechter Hand erreicht man nun die ansprechende, lang gestreckte Piazza del Plebiscito (vulgo »del Papa«, wegen der Statue von Clemens XII.) mit dem **Palazzo del Governo** aus dem 14./15. Jh. Oben wird die Piazza von der barocken Kirche S. Domenico abgeschlossen. Sie besitzt eine Kreuzigung von Tizian (1558, Hauptaltar) sowie eine Verkündigung von Guercino (1662, erster Altar links).

Vom Palazzo del Governo steigt die Via Pizzecolli nach Norden an. Linker Hand liegt die neben dem Dom interessanteste Kirche der Stadt, **S. Maria della Piazza**, die im 12. Jh. auf Resten frühchristlicher Kirchen errichtet wurde. Ihre Fassade wirkt mit den Blendarkaden und schrägen Schultern wie der Urtyp der Fassaden von Pisa und Lucca. Das mit ausdrucksvollen, teils skurrilen Reliefs verzierte Portal stammt vom lombardischen Meister Filippo (1210–1225). Das Innere schmücken Mosaiken, Fresken und andere Reste des frühchristlichen Baus. Im **Palazzo Bosdari** zeigt die Städtische Ge-

Piazza del Plebiscito

ZIELE
ANCONA

mäldesammlung (Pinacoteca Comunale) Bilder von Tizian, Lotto und Crivelli sowie Werke zeitgenössischer italienischer Maler.
Pinacoteca Comunale »F. Podesti«: Via Pizzecolli | Di.-Fr. 10-13, 16-19, Sa. u. So. 10-19 Uhr | Eintritt 4 €

Zwei Kirchen

Duomo S. Ciriaco, S. Francesco

Blickfang der Stadt ist die dem hl. Cyriacus geweihte Kathedrale auf dem Monte Guasco. Sie wurde vermutlich am Platz eines Venustempels errichtet und gilt als eine der interessantesten romanischen Kirchen Italiens. Der byzantinisch beeinflusste **Kuppelbau über griechischem Kreuz** entstand vom 11.-14. Jahrhundert und besitzt ein gotisches Portal. Die Vorhalle, deren Säulen auf Löwen ruhen, stammt aus dem 13. Jh. Sehenswert ist der Altar im linken Querhaus von Luigi Vanvitelli (1738). In der Krypta, wo die Gebeine des hl. Cyriacus aufbewahrt werden, sieht man Reste eines Tempels aus dem 3. Jh. v. Chr. und einer frühchristlichen Kirche.

An der Kirche **S. Francesco** wiederum ist das gotische Portal mit zahlreichen Reliefs interessant, die Giorgio Orsini 1454 schuf. Innen wartet das Gotteshaus mit einer Himmelfahrt Mariens von Lorenzo Lotto auf. Etwas nördlich steht der manieristische Palazzo Ferretti (um 1565) mit dem **Archäologischen Museum der Marken**, das attische Vasen, etruskische Bronzen und keltischen Schmuck zeigt. Hier gewinnt man überraschende Einblicke in die Kultur der geheimnisvollen Picener, deren Handelsverbindungen nach Etrurien, Gallien, Griechenland und Kleinasien reichten.

Duomo S. Ciriaco: Winter: Mo.-So. 8-12 u. 15-18,
Sommer: Mo.-Fr. 8-12 u. 13-19, Sa. u. So. 8-19 Uhr
Museo Archeologico Nazionale delle Marche: Via Feretti 6
Di./Mi. 8.30-13.30, Do./So. 14.-19.30, Fr./Sa. 8.30-19.30 Uhr, Mo. geschl. | Eintritt 5 €

Rund um Ancona

Auf den Berg und an den Strand

Monte Cònero

Das bis zu 572 m hohe Vorgebirge des Monte Cònero verdankt seinen Namen den hier wachsenden **Erdbeerbäume**n (griech. kòmaros), deren rote Früchte im Sommer aus dem Wald hervorleuchten. In den steilen Küsten davor finden sich schöne Badebuchten, nach Westen hin breitet sich das Hügelland mit Obstplantagen und Weinbergen aus, die den Rosso Cònero liefern, einen körperreichen Rotwein. Weite Teile der Halbinsel des Monte Cònero wurden 1991 als erster Regionalpark der Marken unter Naturschutz gestellt.

Auf der Küstenstraße erreicht man **Portonovo** mit seinem schönen Strand und einem Wachturm von 1716. Die nächste Station entlang der Steilküste ist die Kirche S. Maria di Portonovo, erbaut 1035-1048,

ZIELE
AOSTA · AOSTE

landschaftlich wie architektonisch ein Juwel. Das napoleonische Fort in der Nähe dient heute als Hotel. Unter dem Gipfel des Monte Cònero liegt die **Badia S. Pietro**, errichtet um 1050, deren Konvent ebenfalls als Hotel und Restaurant genutzt wird. Die beiden alten Städtchen Sirolo und Numana haben sich, obwohl beliebte Badeorte, eine sehr angenehme Atmosphäre bewahrt.
www.parcodelconero.com

★ AOSTA · AOSTE

Region: Aostatal · Valle d'Aosta · Vallée d'Aoste | Provinz: Aosta | Höhe: 583 m ü. d. M. | Einwohnerzahl: 35 000

Was für ein Ort! Im Westen thront der Mont Blanc, im Norden winken das Matterhorn und die Monterosa-Gruppe, im Süden das Gran Paradiso-Massiv. Von Europas höchsten Gletschern umringt, liegt tief im Tal das Städtchen, in dem Wein und Palmen wachsen: Aosta, eine uralte Siedlung keltischer Stämme, von den Römern erobert und mit Stadtmauer, Amphitheater und Triumphbogen ausgestattet. Niente Barock, niente Renaissance: Im Aosta-Tal umgeben Sie grandiose Natur und mittelalterliche Prachtbauten.

Das Alpenstädtchen Aosta liegt eingerahmt von einem mächtigen Gebirgskranz im weiten Tal der Dora Baltea. Die Stadtanlage sowie einige Baudenkmäler erinnern daran, dass der Ort ein wichtiger römischer Militärstützpunkt und im Mittelalter ein bedeutendes religiöses Zentrum war. Ab 1191 gehörten Stadt und Tal zu Savoyen, mit dem es zu Beginn des 19. Jh.s zu Frankreich kam. 1861 wurde es Italien zugesprochen, allerdings widersetzte sich die französischsprachige Bevölkerung der Italianisierung. Die Region erhielt 1948 ein **Autonomiestatut**, seitdem sind Italienisch und Französisch gleichberechtigte Sprachen. Außerdem sind noch ein francoprovenzalischer sowie ein Walliser Dialekt vertreten.

Berühmtester Sohn Aostas ist **Anselm von Canterbury**, der hier um 1033 geboren wurde. 1075 wurde er Abt der französischen Benediktiner-Abtei Le Bec und 1093 Erzbischof von Canterbury. Der Religionsphilosoph glit als »Vater der Scholastik«. Sein Satz »credo, ut intelligam« (»Ich glaube, um zu erkennen«) soll 500 Jahre später Descartes zu seinem berühmten »Ich denke, also bin ich« inspiriert haben. Anselm starb 1109 in Canterbury; 1720 ernannte ihn Papst Clemens XI. zum Kirchenlehrer.

Pracht zwischen hohen Gipfeln

ZIELE
AOSTA · AOSTE

AOSTA ERLEBEN

ⓘ

Piazza Porta Praetoria 3
11100 Aosta
Tel. 0165 23 66 27
www.lovevda.it

🍴

VECCHIO RESTORO €€€€
Das stilvolle Restaurant befindet sich in einer alten Wassermühle. Alfio Fascendinis Kochkunst wurde längst mit einem Michelin-Stern belohnt. Seine Terrine von Bollito misto ist genial.
Via Tourneuve 4
Tel. 016 53 32 38
So. und Mo. mittags geschl.
www.ristorantevecchioristoro.it

TRATTORIA ALDENTE €€€
Steinpilz-Tagliatelle und ein Glas des lokalen Rotweins auf der Terrasse unterm Sternenhimmel. Danach eine Pannacotta mit frischen Beeren. Himmlisch!
Via Croix de Ville
Tel. 0165 21 68 68
tgl. außer Mi.
aldentetrattoriaaosta.com

PRAETORIA €€
Dieses sympathische Lokal ist in einer alten Poststation nahe des antiken Praetoria-Tors untergebracht. Die Küche setzt ganz auf regionale und saisongerechte Produkte. Als Auftakt bietet sich die Auswahl würziger Küchlein (torte salate) an, großartig sind die Desserts, beachtlich das Angebot an regionalen Weinen.
Via Sant Anselmo 9
Tel. 0165 35 473
Mi. geschl.
trattoriapraetoria.it

🏠

HOTEL LE CHARABAN €€
In der Hügellandschaft oberhalb von Aosta und umgeben von Wanderwegen, liegt dieses sympathisch geführte kleine Hotel. Die behaglich im alpenländischen Stil ausgestatteten Zimmer sind die perfekte Basis zur Erkundung der umliegenden Naturschönheiten. Hier genießt man einen weiten Blick ins Tal und ist auf einem Fußweg in knapp 20 Minuten in der Altstadt von Aosta.
Die Nähe zur Seilbahn ins Skigebiet Pila machen das kleine, moderne Hotel auch zur guten Adresse für Wintersportler.
Strada Statale numero 27 per il Gran San Bernardo
Tel. 0165 23 82 89
www.lecharaban.it

HOTEL DU GRAND PARADIS & SPA €€
Im kleinen Ort Cogne, ca. 15 km von Aosta entfernt, liegt dieses rustikal-charmante Hotel; es verfügt über einen direktem Zugang zum Skigebiet. Das Spa bietet Entspannung im türkischen Bad und ein breites Massage- und Kosmetikangebot.
Via Dott. Grappein 45
Cogne
Tel. 0165 74 070
www.hoteldugrandparadis.com

MIAGE €
Ein familiär geführtes Haus mit schönem Restaurant im Nachbarort von Aosta. Die Zimmer sind behaglich und zweckmäßig eingerichtet, mit Balkon.
Via Ponte Suaz 252
Charvensod
Tel. 0165 23 85 85
www.hotelmiage.it

ZIELE
AOSTA · AOSTE

Wohin in Aosta und Umgebung?

Die römische Vergangenheit ist allgegenwärtig

Die römischen Bauwerke befinden sich alle in der Innenstadt, einem von einer gut erhaltenen Stadtmauer mit 20 Türmen umgebenen Rechteck. Ortsmittelpunkt ist die Place Chanoux mit dem 1839 erbauten Rathaus. Von hier folgt man der Fußgängerstraße zum doppelten Torbogen der **Porta Pretoria**, dem um 25 n. Chr entstandenen Osttor der Stadt. Seine Basis liegt etwa 2,5 m unter dem heutigen Niveau. Daneben steht ein Turm der Burg der Herren von Quart. Ganz in der Nähe befindet sich die Ruine des Römischen Theaters aus dem 1. Jh. v. Chr; einige Bogen des ursprünglich 20 000 Zuschauer fassenden Amphitheaters sind noch im benachbarten Klostergarten zu sehen. Der mittelalterliche Turm trägt den Namen »Tour Fromage« . Geht man die Via Sant'Anselmo weiter, gelangt man zum **Augustusbogen**, der zeitgleich mit dem Osttor entstand. Das Kruzifix ist eine Kopie, das Original aus dem 15. Jh. befindet sich im Museum.

Amphitheater und Triumphbogen

Die **Kathedrale Santa Maria Assunta** erhebt sich etwa an der Stelle, wo sich einst das römische Forum befand. Daran erinnert der Kryptoportikus, der 2 m unter dem heutigen Straßenniveau liegt. Die Kirche stammt aus dem 15./16. Jh., ihren klassizistischen Vorbau erhielt sie erst 1837. Zu den Hauptsehenswürdigkeiten des Domschatzes gehört das Elfenbeindiptychon des Kaisers Honorius aus dem Jahr 406.

Mo. – Sa. 6.30 – 12 u. 15 – 19, So. ab 7 Uhr | Eintritt für Fresken und Domschatz 6 €

Der Lebensretter vom Sankt Bernhard

Von Aosta geht es in Windungen und Kehren im Vallée du Grand-St-Bernard aufwärts zum Großen Sankt Bernhard (2469 m hoch). Hier, an der zwischen Mont-Blanc-Massiv und den Walliser Alpen eingesenkten Passhöhe, verläuft die italienisch-schweizerische Grenze. Auf Schweizer Gebiet steht das vom hl. Bernhard von Aosta († 1086) gegründete **Hospiz**, das heute ein Museum birgt. Barry, der sagenumwobene Bernhardiner vom Großen St. Bernhard, soll 40 Menschen das Leben gerettet haben, bevor er im Jahr 1814 in Bern starb. In den Aufzeichnungen des Hospizes kommt sein Name zwar nicht vor, doch die hier lebenden Mönche haben diese Hunderasse seit dem 11. Jh. gezüchtet. Bis heute gibt es eine kleine Zucht, die man besichtigen kann.

Großer Sankt Bernhard

Wohin im ★ Aostatal?

Zwischen den höchsten Bergen Europas

Das Aostatal, eine der kleinsten und landschaftlich schönsten Regionen Italiens, umfasst die **Alpentäler der Dora Baltea** und ihrer Nebenflüs-

Herrliche Wandertouren

ZIELE
AOSTA · AOSTE

se. Umschlossen wird es von den höchsten, mächtigsten Bergmassiven Europas: dem Mont Blanc (Monte Bianco; 4807 m), Grand Combin (4314 m), Monte Rosa (4634 m), Matterhorn (ital. Cervino; 4478 m) und dem Gran Paradiso (4061 m). Weinbau und Tourismus, Weidewirtschaft und etwas Industrie machten aus dem Aostatal eine der reichsten Regionen Italiens. Wegen seines Zugangs zu den Alpenübergängen des Kleinen und des Großen St. Bernhard wurde das Tal einst auf der gesamten Länge durch zahlreiche **Burgen** und Festungswerke gesichert, von denen rund 130 teilweise erstaunlich gut erhalten sind und die Wanderer mit bisweilen recht malerischen Resten begrüßen.

Auch im Sommer ein Erlebnis

Courmayeur und St. Pierre

Am Fuße des Mont-Blanc-Massivs liegt 35 km östlich von Aosta der bekannte Ferien- und Wintersportort Courmayeur, der den nördlichen Abschluss des Aostatals bildet. Ein einmaliges Erlebnis ist die Fahrt mit mehreren Seilbahnen auf den Mont Blanc (rund 2,5 Std.), die Talstation befindet sich in La Palud, 5 km von Courmayeur. Etwa 10 km südwestlich, kurz vor dem Alpenübergang Kleiner St. Bernhard (1441 m), ist **La Thuile** Mittelpunkt eines anspruchsvollen Skigebiets. Im Sommer startet man hier zur Besteigung des Rutor (3486 m) über die Rutor-Fälle. Der Kromlech, das Halbrund aus 46 Steinen am Colle Piccolo S. Bernardo, stammt vermutlich aus der Bronzezeit.

Südlich von St. Pierre erstreckt sich mit dem **Parco Nazionale del Gran Paradiso** Italiens erster Nationalpark, in den drei Täler hineinführen: Val di Rhêmes, Val Savarenche und Val di Cogne, alle mit kleinen Ortschaften. Es sind gute Ausgangspunkte für Ausflüge, auf denen man mit Glück Steinböcke sehen kann. Durch **St. Pierre** gelangt man zu dem in Weinhängen gelegenen Schloss Sarre, etwas weiter südlich folgt ein zweites, das viertürmige Schloss Aymavilles. Beide kann man besichtigen. Tourenvorschläge und Bergführer, die geführte Wanderungen – von leicht bis alpin – anbieten, finden sich unter: www.pngp.it

Hohe Berge, mächtige Burgen

Val de Fénis und Val d'Ayas

Majestätisch blickt die Schneepyramide der Tersiva aus dem Val de Fénis (20 km östlich von Aosta). Hier lohnt sich ein Besuch der mächtigen Burg Fénis, die 1330 errichtet und im 15. Jh. von der Familie Challant umgebaut wurde. Ihr prächtiger Innenhof ist mit Wandmalereien geschmückt. Weiter geht es ins **Tal Valtournenche** und nach Breuil-Cervinia (2050 m), einem sommers wie winters viel besuchten Ferienort. Im Norden wird er von der gewaltigen Felspyramide des **Matterhorns** überragt. 1 km nördlich vom Plateau Rosà liegt der Theodulpass (3322 m), von dem sich eine großartige Aussicht – auch ins Tal von Zermatt – bietet.

Über St. Vincent, einem Kurort mit Thermalbädern und Spielkasino, erhebt sich seit 1350 die **Burg Ussel**. Folgt man dem Weg vorbei an

An diesem Kamin im Castello di Issogne wärmten sich schon französische Könige.

der Burg von Monjovet, so gelangt man nach Verrès, das am Eingang des Ayas-Tals liegt und vom Castello di Verrès überragt wird. Von hier besteht die Möglichkeit zu einem Abstecher über Brusson nach Champoluc, Hauptort des Val d'Ayas, an dessen nördlichem Ende sich der **Monte Rosa** (4633 m) auftürmt.

Gegenüber von Verrès thront das **Castello di Issogne** auf einem Felsen. Das mit wertvollem Mobiliar eingerichtete Schloss entstand um 1480 im Auftrag der Familie Challant. Fresken im Hof zeigen Szenen aus dem bäuerlichen Leben, beachtenswert ist auch der schmiedeeiserne Brunnen. Auf der linken Uferseite passiert man kurz darauf das mächtige **Castello Bard** aus dem 11. Jh. Es wurde 1800 von Napoleon zerstört und kurz darauf wieder aufgebaut.

Castello di Issogne: Apr.–Sept. Di.–So. 9–19, Okt.–März Di.–So. 10–13, 14–17 Uhr | Eintritt 8 €

Eine Fabrik im Bauhausstil

Pont St. Martin verdankt seinen Namen der römischen Brücke aus dem 1. Jh. v. Chr., die über die Lys führt. Von hier lohnt ein Abstecher ins bezaubernde **Gressoney-Tal** (Val di Gressoney). Dabei folgt man dem tief eingeschnittenen und wiederholt aufgestauten Flusslauf der

Pont St. Martin und Ivrea

Lys. Die Bewohner waren im 12. Jh. aus dem Schweizer Kanton Wallis eingewandert, und auch heute noch sprechen einige den deutschen Walserdialekt. Hauptferienorte sind Gressoney-St-Jean und Gressoney-La-Trinité. Letzteres ist Ausgangspunkt für interessante Hochtouren im Gebiet des Monte Rosa.

Am Ausgang der Dora Baltea aus den Alpen liegt schließlich die Stadt Ivrea. Ganz in der Nähe befindet sich die Serra d'Ivrea, **die größte Endmoräne Europas** – ihre Steilhänge, Hügel, Ebenen und Seen entstanden vor ca. 1 Mio. Jahren durch Aktivität des Gletschers Balteo. Zahlreiche Burgen in und um Ivrea erinnern an die einstige strategische Bedeutung des Städtchens, das seinen heutigen Ruf allerdings dem Großkonzern **Olivetti** verdankt, der hier seinen Firmensitz hat. Dessen Fabrik im Bauhausstil ist heute ein Teil eines Freilichtmuseums der modernen Architektur. Die ursprünglich romanische, im 17. und 18. Jh. umgebaute Kathedrale Santa Maria erhebt sich am höchsten Punkt der Stadt. An der benachbarten Piazza Castello steht eine Burg vom Ende des 14. Jh.s. Einen Ausflug wert ist die schöne Umgebung mit mehreren Seen und Burgen.

★★ APULIEN · PUGLIA

Region: Apulien · Puglia | **Provinzen:** Bari, Brindisi, Foggia, Lecce, Taranto | **Fläche:** 19 357 km² | **Einwohnerzahl:** 4 080 000

M–Q 22–28

Siesta-Zeit im Mezzogiorno: Die Hitze liegt über den alten Palazzi und Kirchen, die Geschäfte haben geschlossen und noch nicht einmal das Hupen der Autos ist zu hören. Der ganze Ort scheint zu schlafen. Erst wenn die Schatten wieder länger werden, öffnen sich die Rollos der Geschäfte, ertönen wieder Stimmen und Musik aus den Häusern. Im Süden des Südens, vom Stiefelsporn zum Absatz, liegt Apulien, das Land zwischen den Meeren.

Echtes Leben zwischen den Meeren

Italien hat viele Sehnsuchtsziele. Apulien, tief im Süden, gehörte bislang nicht dazu. Man lebt von Landwirtschaft, produziert hauptsächlich Olivenöl, die Böden sind karg, die Temperatur ist das ganze Jahr über hoch. Der Strandtourismus brachte irgendwann ein wenig Aufschwung, doch ins Hinterland verirrte sich weiterhin kaum jemand. Das ist jetzt anders geworden: Jetzt schätzen Besucher zunehmend den **ursprünglichen Charme** der Dörfer und Städte, die nicht so herausgeputzt sind und in denen man statt mit Souvenirläden noch mit echtem, unverfälschtem süditalienischen Leben konfrontiert wird.

ZIELE
APULIEN · PUGLIA

APULIEN ERLEBEN

ⓘ
Piazza A. Moro 33 A
70122 Bari
Tel. 080 524 23 61
www.pugliaturismo.com

🍴🍷

GROTTA PALAZZESE €€€€
In Polignano betreibt das Hotel Grotta Palazzese ein bemerkenswertes Restaurant: Gespeist wird in einer offenen Höhle, nur wenige Meter über den Wellen. Rund 100 € pro Person sollte man fürs Speisen an diesem romantischen Ort einkalkulieren. Die in blau und weiß gestalteten Zimmer des zugehörigen Hotels gehen teilweise ebenfalls direkt auf das Meer hinaus.
Via Narciso 59
Polignano a Mare
Tel. 080 42 40 677
www.grottapalazzese.it

IL POETA CONTADINO €€
Fantasievolle und kreative Küche, die sich aber der kulinarischen Tradition der Region verpflichtet fühlt, wird in dem gemütlichen Gourmetrestaurant aufgetischt.
Via Indipendenza 21, Alberobello
Tel. 080 432 19 17
Mo. geschl.
www.ilpoetacontadino.it

AL DRAGONE €€
In einer angenehm kühlen Grotte wurde dieses originelle Restaurant eingerichtet. Traditionelle apulische Küche, kleine Weinkarte.
Via Duomo 8, Vieste
Tel. 088 47 01 212
Di. geschl.
www.aldragone.it

OSTERIA DEGLI SPIRITI €€
Schon die Antipasti sind ein sehr gelungener Auftakt – vor allem gibt es Saisongemüse, das mal frittiert, mal in appetitlichen Omeletts auf den Teller kommt. Das Spektrum der Hauptspeisen umfasst etliche Grillfleischgerichte, aber auch Fisch und Meeresfrüchte. Angebot nach Saison und Tagesfang.
Via Battisti 4, Lecce
Tel. 0832 24 62 74
Sa. abends geschl.
www.osteriadeglispiriti.it

MEDIOEVO €€
Sorgfältig zubereitete, schmackhafte sowie bodenständige Küche zu günstigen Preisen bietet dieses sympathische Lokal in der Altstadt von Monte Sant'Angelo.
Via Castello 21
Monte Sant'Angelo
Tel. 0884 56 53 56, Mo. geschl., im Sommer kein Ruhetag
www.ristorantemedioevo.it

LA TANA €€
Im Hauptgebäude des barocken Palazzo Ducale befindet sich dieses angesagte Lokal, in dem es locker-gemütlich zugeht. Lokale Spezialitäten.
Via Mascagni 2, Martina Franca
Tel. 080 48 05 320
Mo.–So. 12–15, 19.15–23 Uhr
www.trattorialatanamartinafranca.it

PANTAGRUELE €€
In dem reizenden, einfach eingerichteten Lokal in der Nähe des Hafens scheint die Zeit stehen geblieben zu sein. Genießen Sie nostalgisches Ambiente, köstliche Meeresfrüchte und hervorragende Fischgerichte.
Salita di Ripalta 1/5
Brindisi
Tel. 0831 56 06 05
So. u. Mo geschl.

ZIELE
APULIEN · PUGLIA

OSTERIA DEL TEMPO PERSO €
Eine Bäckerei nahe der Kathedrale wurde zu einem der beliebtesten Restaurants der Stadt, der vielfältigen bodenständigen Küche wegen.
Via Tanzarella 47, Ostuni
Tel. 083 13 04 819
Mo. geschl.
www.osteriadeltempoperso.com

U.P.E.P.I.D.D.E. €
Die Abkürzung steht für »unico posto esclusivo per individui di doppia esigenza«, was sich mit exklusiver Ort für Menschen mit doppeltem Anspruch übersetzen lässt. Küche und Ambiente werden gehobenen Ansprüchen jedenfalls gerecht – die Speisekarte wechselt je nach Saison. Fantasievoll zubereitetes Gemüse spielt eine Hauptrolle. Die Auswahl an regionalen Käsesorten, Wein und Edelbränden ist exzellent und bietet ein Fest für den Gourmet und Connaisseur.
Via Sant'Agnese 2, Ruvo di Puglia
Tel. 080 361 38 79
Mo. geschl.
www.upepidde.it

MADONNA DELLA STELLA €
Bezauberndes Lokal in einer Grotte mit Panoramablick auf die antike Stadt. Zur stimmungsvollen Atmosphäre passen die apulischen Spezialitäten mit hausgemachter Pasta und knuspriger Pizza.
Via Madonna della Stella
Gravina in Puglia
Tel. 080 325 63 83
So. abends u. Di. geschl.
www.madonnadellastellaresort.com

ARCO MARCHESE €
Kleines rustikales Restaurant mit Sinn für traditionelle Küche, so etwa Taglioni mit einem sugo von Venusmuscheln. Leckere hausgemachte Dolci!
Via Arco Marchese 1, Andria
Tel. 088 32 91 223

PATRIA PALACE HOTEL €€€
Gediegenes Hotel der Spitzenklasse im liebevoll sanierten historischen Adelspalast aus dem 18. Jh., elegante Jugendstileinrichtung und moderner Komfort bestimmen das Interieur, prachtvolles Restaurant.
Piazzetta Riccardi 13
Lecce
Tel. 083 22 45 111
www.patriapalacelecce.com

PALAZZO FILISIO €€€
Dieses Hotel besticht durch seine herrliche Lage: unmittelbar neben der Kathedrale mit Blick auf den Hafen. Der allein stehende Palazzo aus dem 18. Jh. wurde umfassend renoviert und bietet in seinen zehn Zimmern modernsten Komfort, das Restaurant eine gute heimische Küche.
Piazza Addazi
Trani
Tel. 088 35 00 931
www.palazzofilisio.it

MERCURE CICOLELLA €€
Traditionsreiches, sehr elegantes Hotel in zentraler Lage gegenüber dem Bahnhof. Prachtvoll eingerichtete Zimmer mit allem Komfort, freundliches Personal, vorzügliches Restaurant.
Viale 24 Maggio 60
Foggia
Tel. 088 15 66 111
www.hotelcicolella.it

DEL SEGGIO €€
Schönes Hotel direkt am Meer und doch mitten im historischen Teil der Stadt. Vorteile: Sehr ruhige Lage, eigener Strand und hervorragendes Restaurant.
Via Vesta 7
Vieste
Tel. 088 47 08 123
www.hotelseggio.it

ZIELE
APULIEN · PUGLIA

SAN NICOLA €€
Ein Palazzo aus dem 18. Jh. in Domnähe beherbergt dieses vornehme und sehr geschmackvoll mit Stilmöbeln eingerichtete Hotel. Elegantes Restaurant.

Via Luca De Samuele Cagnazzi 29
Altamura
Tel. 0803 10 51 99
www.hotelsannicola.com

Das Land, wo die Oliven wachsen

Apulien (ital. Puglia) erstreckt sich vom Promontorio del Gargano bis zur Halbinsel Salento. Den Norden nimmt die Ebene Tavoliere di Puglia – benannt nach den römischen Steuerlisten, den Tabulae censoriae – um Foggia ein, die in den Kalkrücken des Gargano übergeht. In der Mitte verläuft die karstige, von Höhlen und Dolinen durchsetzte Kreidekalktafel der Murge, die sich im Süden als teils flaches, teils hügeliges Land in der Salentinischen Halbinsel fortsetzt.

Fast nur Landwirtschaft gibt es in Apulien: Weizen (insbesondere Hartweizen für die Pastaproduktion) wird im Tavoliere, Tabak um Lecce und Gemüse an der Küste angebaut. Etwa die Hälfte des italienischen Olivenöls kommt aus Apulien, andere wichtige landwirtschaftliche Erzeugnisse sind Wein- und Tafeltrauben, Mandeln und Feigen. Man hat v. a. im 20. Jh. umfangreiche **wasserwirtschaftliche Maßnahmen** ergriffen und damit das sehr trockene, jedoch fruchtbare Gebiet landwirtschaftlich stark aufgewertet. Das hat je-

Landschaft, Geschichte, Wirtschaft

An der Gargano-Küste fischt man noch von Pfahlbauten aus, den Trabucchi.

ZIELE
APULIEN · PUGLIA

doch die Landflucht keineswegs verhindert. So stehen wenigen Großgrundbesitzern Tausende von Landarbeitern und Bauern gegenüber, die auf der Suche nach Arbeit ihre Dörfer und Höfe verlassen. Zurück bleiben immer mehr **freistehende Landgüte**r, die sog. Masserie, die Menschen aus der ganzen Welt schätzen und restaurieren. Sogar die britische Oscar-Preisträgerin Helen Mirren ist seit ein paar Jahren stolze Besitzerin.

Schöne Strände und abwechslungsreiches Hinterland

Tourismus — Addiert man die fast 800 km lange Küste Apuliens mit dem südlichen Klima, so ergibt sich ein Sommerurlaubsgebiet ersten Ranges – theoretisch. Tatsächlich sind nur wenige Teile wirklich schön, nämlich der Gargano und die Küste **ganz im Süden** zwischen Otranto und dem Capo S. Maria di Leuca. Abzuraten ist von dem Bereich zwischen Manfredonia und Mola di Bari. Beachtlich ist hingegen die Zahl großartiger Städte und Bauwerke in Apulien, etwa das barocke Lecce, die Trulli-Orte Alberobello und Locorotondo, Staufer-Burgen wie Castel del Monte, die herrlichen Kathedralen der apulischen Romanik und das städtische ▶ Bari.

★ Gargano · Promontorio del Gargano

Der Sporn des Stiefels

Monte Gargano — Der Monte Gargano (Promontorio del Gargano) ragt etwa 65 km weit ins Meer hinaus und bildet so den »Sporn« des italienischen Stiefels. Geologisch betrachtet gehört er nicht zu Italien, sondern zu Dalmatien, denn er liegt auf der dalmatinischen Kalktafel. Mit seiner herrlichen Landschaft – malerische Felsenküste und Sandstrände am unglaublich blauen Meer, ländlich-idyllische Atmosphäre und tiefe Wälder im Inneren – und alten Fischerorten wurde er in den 1990er-Jahren zu einem der beliebtesten Feriengebiete des italienischen Südens. Negative Folgen blieben allerdings nicht aus: durch Privatvillen, Campingplätze und Hotelanlagen okkupierte Strandabschnitte, hässliche Betonburgen und überhöhte Preise.

★ Aufgegeben

Santa Maria Maggiore di Siponto — Fährt man von Foggia (▶ S. 87) durch die intensiv landwirtschaftlich genutzte Apulische Ebene, tauchen links die Höhen des Gargano auf. Zunächst gelangt man jedoch nach S. Leonardo di Siponto, einst Pilgerhospiz, Kloster und ab 1261 Deutschordensbezirk. Seine romanische Kirche besitzt ein reich skulptiertes Nordportal. Etwa 8 km weiter steht die die 1117 geweihte Kathedrale S. Maria Maggiore di Siponto, ein byzantinischer Zentralbau mit schönem Löwenportal und spätantiker Unterkirche. Sie ist der Rest des antiken **Sipontum**, die nach dem Erdbeben 1223 aufgegeben wurde.

ZIELE
APULIEN · PUGLIA

Ein lohnender Abstecher nach Norden führt hinauf nach **Monte Sant'Angelo**, dessen **Wallfahrtsstätte San Michele Arcangelo** alljährlich das Ziel Hunderttausender Pilger ist. Zunächst gelangt man zum normannisch-aragonischen Kastell an der höchsten Stelle des Orts, dann geht es hinunter zum achteckigen Kampanile von 1274, der das Michaels-Heiligtum anzeigt. Der Legende nach soll der Erzengel selbst im Jahr 493 dem hl. Laurentius, Erzbischof von Sipontum, erschienen sein und diese Felsenhöhle für seine Verehrung bestimmt haben. Von der Vorhalle führen etliche Stufen hinab zu einer Kirche, deren Bronzetüren mit biblischen Darstellungen im Jahr 1076 in Niello-Technik gefertigt wurden. Im Inneren zählen ein Bischofsstuhl aus dem 12. Jh. und ein marmorner Michael von Andrea Sansovino (1507) zu den Schätzen. Wenige Schritte weiter ragt die so genannte **Tomba des Langobardenkönigs Rothari** auf, ein Kuppelbau, der um das Jahr 1200 gebaut und vermutlich als Baptisterium genutzt wurde. Daneben steht die Kirche S. Maria Maggiore, 1170 begonnen, mit einem schönen, 1198 errichteten Portal. Am Südrand der Stadt liegt das Viertel Junno mit seinen eigenartigen Reihenhäuschen aus dem 16./17. Jh.

Von Monte S. Angelo erreicht man das Vorgebirge, wobei man zunächst die hügelige Hochfläche und später die **Foresta Umbra** (»schattigen Wald«) durchquert, den einzigen größeren Wald Apuliens. Er wurde 1991 zum Nationalpark erklärt, Wanderwege, Park- und Picknickplätze ziehen zahlreiche Ausflügler an.

Santuario di San Michele Arcangelo: Juli – Sept. 7.30 – 19.30, April, Juni, Okt. 7.30 – 12.30 u. 14.30 – 19, Nov. – März bis 17 Uhr
www.santuariosanmichele.it

Der populärste Heilige Italiens

Entlang der fantastisch schönen Küste mit ihren bizarr geformten Kalkfelsen, vorbei an den Buchten Zagare und Pugnochiuso, erreicht man **Vieste**. Die Altstadt des touristischen Zentrums des Gargano liegt malerisch auf einem Felsvorsprung (▶ Abb. S. 681). Einen Blick lohnt die Kathedrale S. Maria Oreta aus dem 11. Jh. mit ihren frühromanischen Kapitellen. Das **Kastell** wurde unter Friedrich II. erbaut und im 16. Jh. erweitert. Südlich der Stadt liegt der schöne Sandstrand mit dem Felsen Pizzomunno (»Spitze der Welt«). Auf der Weiterfahrt sind öfter »trabucchi« zu sehen, Holzgerüste mit Netzen an langen Auslegern, die teils als Restaurant genutzt werden.

Von Vieste nach San Giovanni Rotondo

Vom hübsch über dem Meer gelegenen Städtchen Peschici begleiten auf dem Weg nach **Rodi Garganico** schöne Sandstrände die Fahrt. In Rodi starten die Fähren zu den 22 km entfernten Tremiti-Inseln.

Über San Matteo in Larmis gelangt man nach **San Giovanni Rotondo**, das vom höchsten Berg des Gargano, dem Monte Calvo überragt wird. Der einstige Wirkungsort **Padre Pio**s (▶ Interessante Menschen) zieht alljährlich Millionen Pilger an, die in großen Hotelkom-

ZIELE
APULIEN · PUGLIA

Pizzomunno, die »Spitze der Welt, überragt den Strand bei Vieste.

plexen untergebracht werden. Am Westrand des Orts stehen die Kirche S. Maria delle Grazie aus dem Jahr 1956 und das Kapuzinerkloster mit dem großen Krankenhaus Casa Sollievo di Sofferenza. 2004 wurde hier die gigantisch große, vom Architekten Renzo Piano entworfene Kirche **San Pio da Pietrelcina** geweiht, ein statisches Wunder aus Kalkstein, das den Pilgern mehr als 6 000 Sitzplätze bietet, weitere 30 000 Gläubige fasst der Vorplatz.

Abtauchen im Gefängnis

Isole Tremiti
Gut 20 km vor der Küste des Gargano liegen die autofreien Tremiti-Inseln, ein kleines Archipel mit den Inseln San Domino, San Nicola, Cretaccio und Capraia. Die zwei Letzteren sind unbewohnt, auf den anderen leben insgesamt ca. 300 Menschen. Vor allem als Tauchrevier beliebt, sind auf den Tremiti-Inseln von Mitte Juli bis Mitte September Hotels und Zimmer ausgebucht. Die westlichste und landschaftlich reizvollste der Inseln ist die mit Pinienwald bestandene **Isola San Domino**. Von 1792 bis 1943 diente sie als Gefängnis und Verbannungsort. Über der Ostküste liegt der Hauptort San Domino. Besuchenswert sind die nur vom Meer aus zugänglichen Grotten, besonders die Grotta delle Viole und die Grotta del Bue Marino. Nordöstlich liegt die kleinere Isola **San Nicola** mit San Nicola, dem befestigten Hauptort der Inselgruppe. Beachtenswert ist das im 15. Jh. umgestaltete Kastell. Auf der Anhöhe, die einen schönen Blick eröff-

ZIELE
APULIEN · PUGLIA

net, stehen die Kirche S. Maria a Mare (1045) und der Rest einer Abtei (9. Jh.) mit Renaissanceportal und romanischem Mosaikboden. San Nicola ist per Tragflächenboot von Termoli und Rodi Garganico zu erreichen sowie in der Saison per Schiff von Manfredonia aus.

Apulische Ebene

Kaiserliche Residenz
Landschaftlicher und wirtschaftlicher Mittelpunkt der großen Apulischen Ebene, des Tavoliere di Puglia, ist Foggia. Die Hauptstadt der gleichnamigen Provinz, auch Capitanata genannt, wurde von Kaiser Friedrich II. 1222 zum Zentrum des Kaiserreichs bestimmt und entsprechend ausgebaut. Karl I. von Anjou, der die Staufer besiegt und abgelöst hatte, verstarb 1285 in Foggia. Beim Erdbeben 1731 wurden fast alle mittelalterlichen Zeugnisse zerstört und im Zweiten Weltkrieg wurde die Stadt 1943 durch Bomben der Alliierten schwer getroffen. Heute bietet sie mit breiten, baumbestandenen Straßenzügen und zahlreichen Neubauten ein **modernes Bild**. Zur Besichtigungstour startet man am besten auf der Piazza Cavour, an die hinter den Kolonnaden der Stadtpark anschließt. Von hier schlendert man zur Piazza Umberto Giordano, mit dem Denkmal des 1867 in Foggia geborenen Opernkomponisten, und zum Corso Vittorio Emanuele, der Hauptachse mit vielen Geschäften. Jenseits der Kreuzung mit dem Corso Garibaldi steht der Palazzo Celentano-Rossano aus dem 18. Jh. An der Piazza Federico II geht es rechts zum Geburtshaus von Giordano und zur Piazza Nigri mit dem Palazzo Arpi, dessen Außenwand Portalteile vom Palast Friedrichs II. enthält. Das **Museo Civico** birgt viele Zeugnisse der Daunier, die hier schon vor den Griechen siedelten. Südlich der Piazza Federico II ist die Kathedrale Santa Maria Icona Vetere zu finden, die im 11.–13. Jh. entstand und Anfang des 18. Jh.s barock umgestaltet wurde. Sie besitzt ein sehenswertes Portal an der Nordwand.

Die von 1073 bis Mitte des 13. Jh.s unter toskanisch-pisanischem Einfluss erbaute **romanische Kathedrale in Troia**, ca. 20 km südwestlich von Foggia, zählt zu den bedeutendsten Apuliens. Die prächtige Fensterrose ist mit Transennen, aus Stein gehauenen Fenstergittern, gefüllt. Das grandiose Bronzetor im Hauptportal und die Tür im rechten Seitenportal schuf 1119 Oderisius von Benevent.

Foggia und Umgebung

Museo Civico: Piazza V. Nigri 1 | Di. – So. 9 – 13, Di. – Do. auch 16 – 19 Uhr | Eintritt 5 €
Kathedrale von Troia: tgl. 9 – 12.30 u. 16 – 20 Uhr

Der »Schlüssel Apuliens«
Nähert man sich Lucera, das auf einem Plateau über der Apulischen Ebene liegt, von Westen oder Norden, so hat man die **gigantische Festung** vor sich, die 1233 von Friedrich II. errichtet und unter

Lucera

ZIELE
APULIEN · PUGLIA

Karl I. von Anjou erweitert wurde. Der herrliche Ausblick über den Tavoliere verdeutlicht die strategische Bedeutung: Lucera war vom Stauferkaiser als »Schlüssel Apuliens« zum Hauptstützpunkt gemacht und 1233 – 1245 mit 20 000 islamischen Sarazenen aus Sizilien besiedelt worden. Im Jahr 1300 ließ Karl II. von Anjou die rein muslimische Stadt – den »Dorn in der Flanke der Kirche« – zerstören und die Bewohner töten. An diese »christliche Tat« wird alljährlich am 14. August in historischer Aufmachung erinnert.

Von der Piazza Matteotti führen die Via Federico II und Via Bovio zur Piazza Duomo in der Mitte der Altstadt. Die Kathedrale, von Karl II. 1300 – 1317 anstelle der alten Moschee erbaut, ist eines der wenigen Beispiele **südfranzösischer Gotik** in Süditalien. Im Inneren sieht man ein rheinisches Holzkruzifix, entstanden um 1340, Teile des Altars stammen aus Castel Fiorentino, dem Schloss und Sterbeort Friedrichs II. In der Via De Nicastri steht das sehenswerte **MAUF** (Museo di Archeologia Urbana Fiorelli), das u. a. daunische Funde und eine schöne Venusstatue aus der römischen Kaiserzeit besitzt. Östlich der Stadt liegt am Fuß des Hügels ein römisches Amphitheater aus der Zeit des Augustus, das recht frei rekonstruiert wurde.

Kathedrale: 8 – 12 u. 17 – 20, im Winter 16 – 19 Uhr
Museo »G. Fiorelli«: Di. – So. 9 – 13 u. 15 – 19 Uhr | Eintritt 3 € bzw. 6 € (Kombiticket: Museum, Festung und Amphitheater)

Terra di Bari: die Küste

Bari ▶ S. 119

Antiker Koloss

Barletta Barletta, 55 km nordwestlich von Bari, besaß zur Zeit der Staufer und als italienischer Hauptsitz des Deutschen Ordens große Bedeutung. Heute wirkt die kleine Handels- und Industriestadt eher schläfrig. Blickfang sind das meerseits vorgelagerte, mächtige Kastell und der Dom. Das Kastell wurde 1282 – 1291 angelegt und etwa 1535 unter Karl V. von Anjou um Eckbastionen erweitert. In dem hier untergebrachten Kulturzentrum sind Bilder des aus Barletta stammenden Giuseppe di Nittis (1846 – 1884) ausgestellt. Zweigeteilt präsentiert sich der **Dom S. Maria Maggiore**: Das hohe Langhaus mit dem Kampanile ist romanisch, der vordere Teil des Langhauses und der Chor sind gotisch. Beachtenswert sind im Innern das Grabmal des Grafen Karl von Barby und Mühlingen († 1566) mit deutscher Inschrift, die Kanzel und der Altartabernakel, beide aus dem 13. Jh. Durch die Via del Duomo gelangt man nun zum Corso Garibaldi und zur Kirche San Sepolcro, einem frühgotischen Bau nach burgundischem Vorbild. Vor der Kirche ragt der über 5 m hohe »Koloss von Barletta« auf, die

ZIELE
APULIEN · PUGLIA

Bronzestatue eines byzantinischen Kaisers, möglicherweise Valentinians I. († 375). Sie gilt als die bedeutendste erhaltene Kolossalbronze der Antike. Die Venezianer hatten sie im 13. Jh. von Konstantinopel nach Italien gebracht und nach einem Schiffbruch am Strand zurückgelassen. 1309 wurden die Beine als Glockenmetall eingeschmolzen, 1491 nicht ganz passend ersetzt.

»Canne di Battaglia« heißt es auf den Wegweisern, die zur Ruinenstadt ca. 10 km südwestlich von Barletta führen, die als »das« **Cannae** gilt, wo Hannibal 216 v. Chr. die Römer besiegte. Gefunden hat man hier eine **Nekropole des 9.–11. Jh.s**, jedoch weder römische noch karthagische Waffen oder Gräber, erstaunlich bei mindestens 60 000 Toten. Wahrscheinlich lag das Schlachtfeld ca. 100 km westlich bei Castelluccio Valmaggiore im Cellone-Tal.

Eine der schönsten Kathedralen Apuliens
Unbedingt anschauen sollte Sie sich Trani, 13 km südöstlich von Barletta: Ein hübsches Stadtbild mit Schauseite zum Meer und eine der schönsten Kathedralen Apuliens warten hier auf Sie!

Trani

Auf einem Landvorsprung am Hafen ragt **S. Nicola Pellegrino** hoch übers Wasser, was durch die Außengestaltung noch betont wird. Die Basilika mit normannischen und staufischen Elementen – der Bau wird in seiner geometrisch-plastischen Klarheit mit Castel del Monte verglichen – wurde ca. 1150–1250 über zwei Kirchen des 7. Jh.s errichtet. Das romanische Westportal mit Flechtwerkornamenten besaß herrliche Bronzetürflügel, 1180 von Barisanus von Trani geschaffen, die nach der Restaurierung im Inneren zu sehen sind. Der angebaute, knapp 60 m hohe Kampanile entstand zwischen 1230 und 1379, in den 1950er-Jahren wurde er originalgetreu rekonstruiert.

Man betritt die Kathedrale durch die Unterkirche, die Chiesa di Santa Maria della Scala. Von hier hat man Zugang zum Hypogäum des hl. Leucio – des ersten Bischofs von Brindisi – und zu der um 1100 begonnenen Krypta des hl. Nicolaus Peregrinus († 1094) mit dem Reliquienschrein. Das Innere der Kathedrale, die als einzige in Apulien Doppelsäulen besitzt, wurde in den Jahren 1952–55 in seiner romanischen Form wiederhergestellt. Im Chorraum sind Teile des **herrlichen Bodenmosaiks** von 1170 erhalten.

Am Palazzo di Giustizia vorbei gelangt man zu dem 1233–1249 unter Friedrich II. erbauten Kastell. Sehenswert sind auch der gotische Palast des Kaufmanns Simone Caccetta (1451–1456) und die Allerheiligenkirche, erbaut Mitte des 12. Jh.s, ehemals Teil eines Templerhospizes, mit einer seltenen offenen Vorhalle. Der Spaziergang am Hafen entlang führt am mächtigen Palazzo Palumbo-Quercia von 1755 vorbei zum Stadtgarten (Villa Comunale). Hier sind sechs Meilensteine der römischen **Via Traiana** zu sehen, die von Benevent über Canosa, Ruvo, Bari und Egnatia nach Brindisi führte.

ZIELE
APULIEN · PUGLIA

Eine eigensinnige Sehenswürdigkeit

Molfetta ... in Molfetta, 17 km südöstlich von Trani, ist der zwischen dem 12. und 13. Jh. erbaute Duomo Vecchio direkt beim Fischerhafen. Der außen wenig attraktive, schmucklose Bau mit seinen Glockentürmen von 1256 gilt als **bedeutendste Kuppelkirche Apuliens**. Innen sind sehenswert das Weihwasserbecken mit Träger, Saraceno genannt, und das Ziborium, beide aus dem 12./13. Jahhundert.

wegen Restaurierung nur teilweise zu besichtigen | Apr.-Okt. Mo.-Sa. 9-12.30, 15.30-19, So. 9-12.30, 16-20.30 und Nov.-März bis 18 bzw. 20 Uhr | www.cattedraletrani.it

Rund um Bari: das Hinterland

Der »Balkon Apuliens«

Canosa di Puglia
Das ruhige Canosa di Puglia erhebt sich 22 km südwestlich von Bari über den Ruinen der bedeutenden **Römerstadt Canusium**. Von ihr sind noch Mauerreste, ein etwas außerhalb stehendes Triumphtor und die Ruine eines Amphitheaters beim heutigen Bahnhof erhalten. Die mittelalterliche Festung wurde von den Normannen erweitert, die ab 1080 die Kathedrale S. Sabino erbauten. In ihr verdienen die antiken Säulen Beachtung, außerdem ein von Elefanten getragener Bischofssessel aus Marmor und eine Marmorkanzel des Meisters Acceptus. Im Südhof, vom rechten Seitenschiff zugänglich, befindet sich die Grabkapelle des Fürsten Boemund I. von Tarent († 1111), Sohn Robert Guiscards, der auch über das Kreuzfahrerfürstentum Antiochia in Syrien herrschte; der linke Flügel der Bronzetür stammt von etwa 1800, den rechten schuf Roger aus Melfi 1118. Den schönen Namen »Balkon Apuliens« führt das an der höchsten Stufe der Murge gelegene **Minervino Murge**, das einen hinreißenden Blick über das Land bietet.

Die nach wie vor rätselhafte Krone Apuliens

★★

Castel del Monte
Die »Krone Apuliens« (Gregorovius) ist in der Tat das großartige Castel del Monte (▶ Baedeker Wissen, S. 92/93), das 18 km südlich von Andria weithin sichtbar auf einem Hügel thront und seit 1996 zum UNESCO-Welterbe gehört. Es wurde um 1240 – vielleicht als Jagdschloss, als Residenz oder als sicheres Refugium – für **Kaiser Friedrich II.** (▶ Baedeker Wissen, S. 94/95) erbaut, wohl nach dessen eigenen Plänen; nicht dokumentiert ist, ob er sich je dort aufgehalten hat. Der mächtige frühgotische Bau aus hellem Kalkstein, dessen Konstruktion ein **Oktogon** vielfach variiert, ist trotz der Spekulationen von Wissenschaftlern, Schriftstellern, Bau- und Kunsthistorikern noch immer ein ungelöstes Rätsel. Die zunächst abweisende Architektur zeigt bei näherer Betrachtung mancherlei Schmuckelemente antiker, byzantinischer und orientalischer Herkunft. Der Baukörper besteht aus einem

ZIELE
APULIEN · PUGLIA

über einem Achteck errichteten Kernbau, an den sich an allen acht Ecken 24 m hohe, ebenfalls achteckige Türme anschließen. Jeweils zwei Seiten der Turmoktogone gehen in den Wänden des Kernbaus auf. Beide Geschosse enthalten jeweils acht gleichartige trapezförmige Räume, die ihrerseits einen oktogonalen Innenhof umschließen. Zwischen den Sälen liegen Turmräume, in denen sich auch Toiletten befunden haben sollen. Die großen Räume waren ursprünglich prunkvoll mit Marmor und roten Brekzien verkleidet – erhalten ist davon nur wenig. In den kleinen Turmzimmern, so berichtet der Schriftsteller und Historiker Ferdinand Gregorovius, waren die Söhne des Kaisersohns Manfred, König von Sizilien, angekettet. Nachdem diese 1266 in die Hände Karls von Anjou gefallen waren, scheinen sie ihr ganzes Leben in Kerkern verbracht zu haben – die Jahre 1291 bis 1299 im Castel del Monte. Von den vielen Hypothesen zur Deutung des Baues sei angeführt, dass er offenkundig nach **astronomischen Berechnungen** angelegt wurde und dass er – praktisch ohne militärische Funktion, jedoch mit quasi-sakralen Zügen – in einer Zeit entstand, da Friedrich sich in vielen Bauten als Kaiser in Szene setzte.

stündlicher Einlass zu vorbestelltem Zeitfenster: Okt – März tgl. 9 – 17.45, letzter Einlass 17, April – Sept. 10 – 18.45, letzter Einlass 18 Uhr | Eintritt 10 € |www.casteldelmonte.beniculturali.it

Apulische Romanik

Bitonto, 15 km westlich von Bari, wartet mit der wohl reinsten Schöpfung des romanischen Stils von Bari auf: Die **Kathedrale S. Valentino**, etwa 1160 – 1220 errichtet, beeindruckt mit harmonischen Proportionen, der reich gestalteten Fassade und der Hexaforiengalerie der Südseite. Innen sollte man sich das Taufbecken aus dem 13. Jh. und die beiden schönen Kanzeln anschauen, insbesondere die des Magisters Nicolaus mit farbigen Glasintarsien und dem Adler, Zeichen des Evangelisten Johannes, unter dem Pult (1229). Östlich stehen die Chiesa del Purgatorio mit gruseligem Portal aus dem 17. Jh. und der Renaissancepalazzo Sylos-Labini, erbaut um 1500.

Ruvo di Puglia und Bitonto

Ruvo di Puglia, 19 km westlich von Bitonto, besitzt eine bedeutende Kathedrale in apulischer Romanik aus dem 12./13. Jh. Ihre dreiportalige Fassade mit Rosette wirkt wegen der ausladenden Seitenschrägen etwas unproportioniert. Im Palazzo Jatta ist eine Sammlung vornehmlich griechischer Vasen aus dem 6. bis 3. Jh. v. Chr. untergebracht.

Kathedrale S. Valentino: tgl. 8 – 12 und 16.30 – 20 Uhr

Grottenkirchen im Karst

Weniger aufregend ist Altamura, das auf der Hochfläche der Murge 50 km südwestlich von Bari liegt. Einige Reste der peuketischen Mauer (5. Jh. v. Chr.; daher der Name) sind noch erhalten. Wahrzeichen der Stadt, die unter Friedrich II. mit Griechen und Juden neu besiedelt wurde, ist die 1231 erbaute Kathedrale mit großartigem Portal

Altamura und Gravina in Puglia

GEHEIMNISVOLLE BURG

BAEDEKER WISSEN

Eine Burg ohne Küche, Vorratsräume und Stallungen, ohne Festungsgraben und Burgfried: Man muss kein Verschwörungstheoretiker sein, um hinter den Mauern des Castel del Monte ein Geheimnis zu wittern. Was hatte Friedrich II. im Sinn, als er die achteckige, fast vollkommen symmetrisch angelegte Burg bauen ließ?

❶ Achteckige Grundform
Dem Oktagon wird in vielen Kulturen ein hoher Symbolgehalt zugesprochen. Grundlage ist die Bedeutung des Quadrats, mit dem erdverbundene Prinzipien und Kräfte wie die vier Jahreszeiten, Himmelsrichtungen und Elemente assoziiert werden. Christlichen und islamischen Deutungen zufolge vervielfältigt das Achteck die Kräfte des Vierecks. Anderen Quellen nach ist es ein Symbol des Wissens, des kosmischen Gleichgewichts; bisweilen auch ein Sinnbild politisch-religiöser Macht. Ob Friedrich ein Vermächtnis dieser Art im Sinn hatte, ließ sich bis heute nicht sicher klären.

❷ Ausrichtung nach Osten
Esoterischen Quellen zufolge lässt sich zweimal im Jahr, zur Tag- und Nachtgleiche, das folgende Schauspiel beobachten: Der erste Sonnenstrahl fällt exakt durch den Raum und trifft im Hof auf eine Stelle, an der sich einstmals das Relief einer griechisch gekleideten Frau befand. Dieses Schauspiel wurde als Vermählung der Sonne mit der Erdgöttin gedeutet.

❸ Wasserversorgung
Durch eine raffinierte Konstruktion wird Regenwasser ins Innere geleitet.

❹ Falkenzucht
In den Türmen befanden sich Diensträume und die Gehege der Jagdvögel.

❺ Räume
Jeweils acht trapezförmige Säle reihen sich im Erdgeschoss und im ersten Stock aneinander, jeder ist über Wendeltreppen mit den darunter- bzw. darüberliegenden Räumen verbunden.

❻ Gefängnis
Castel del Monte diente viele Jahre als Kerker, u.a. für die Enkel Friedrichs II., Enrico, Federico und Anzelino.

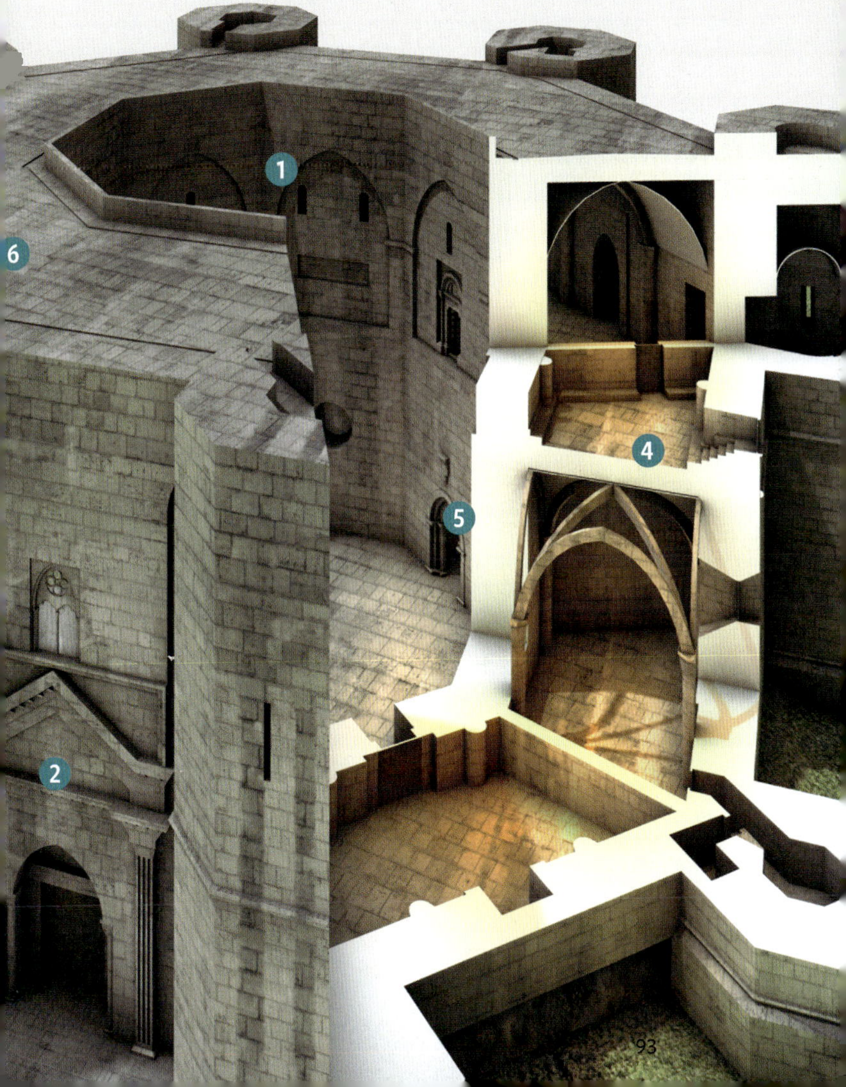
1
6
4
5
2

DER DIE WELT IN STAUNEN VERSETZT

BAEDEKER WISSEN

Friedrich II. wurde am 26. Dezember 1194 in Jesi bei Ancona geboren und starb am 13. Dezember 1250 in Castel Fiorentino bei Lucera. Zeitgenossen bezeichneten ihn als »Stupor Mundi« – als denjenigen, »der die Welt in Staunen versetzt«.

Zeit seines Lebens interessierte den Stauferherrscher – Sohn von Kaiser Heinrich VI. und dessen Gemahlin Konstanze von Sizilien – die Wissenschaft. Seine ersten Jahre verbrachte er in Foligno, Ende 1196 wählten ihn die deutschen Fürsten in Frankfurt zum König. Nach dem frühen Tod seines Vaters ließ ihn die Kaiserin nach Palermo bringen, wo er 1198 – als Dreijähriger – zum König von Sizilien gekrönt wurde. Bald darauf starb auch seine Mutter und ließ den an seinem 14. Geburtstag für mündig erklärten Friedrich in einer schwierigen Lage zurück: Das riesige Reich drohte zu zerfallen. Um sich im Jahr 1215 zum deutschen König und 1220 zum Kaiser krönen zu lassen, musste sich der Staufer gegen seinen Gegner, den Welfen Otto IV., durchsetzen.

Beobachten, hinterfragen

Der auch von seinen Gegnern als hochgebildet geschätzte mehrsprachige Kaiser förderte viele Bereiche der Naturwissenschaften und der Philosophie. Vor allem sorgte er dafür, dass das **Bildungsgut des Orients** in Europa einen festen Platz fand. Er selbst beobachtete, hinterfragte und beschrieb Vorgänge in der Natur: Die genauen Tierbeobachtungen in seinem Werk **»Über die Kunst, mit Vögeln zu jagen«** etwa erstaunen bis heute. Inspiriert wurde er in vielen seiner Anschauungen von dem arabischen Gelehrten al-Idrisi (um 1100 – 1166), der an der Universität von Córdoba studiert hatte und in Sizilien am Hof des Normannenkönigs Roger II. lebte.

Amboss und Hammer

Friedrich II. konnte sehr liebenswürdig sein, tolerant gegenüber anderen Religionen und Kulturen, skeptisch auch gegenüber kirchlichen Dogmen und den Vorurteilen der Zeit. Zugleich kennzeichnete ihn aber auch eine **erschreckende Kälte und ungestüme Grausamkeit**: Wehe denen, die sich dem Stauferkaiser widersetzen wollten. Nachdem über ihn der Kirchenbann verhängt worden war, weil er einen gelobten Kreuzzug verschob, bekamen auch Bischöfe seine Wut zu spüren: Nicht mehr Amboss wolle er sein, sondern Hammer der Welt, verkündete der Staufer unmissverständlich und verfolgte die Anhänger des Papstes gnadenlos. Aufgehoben wurde der Bann erst, als Friedrich den Kreuzzug doch noch antrat und sich an dessen Ende zum König von Jerusalem krönte. Bis heute gilt Friedrich als »Kaiser mit zwei Gesichtern«. Dank seiner Verwaltungsreform wurde Sizilien zum Vorbild für die von Beamten verwalteten Territorialstaaten der Neuzeit. Wegen seiner **religiösen Toleranz**, vor allem gegenüber Muslimen, stand er in dem Ruf, ein »mittelalterlicher Aufklärer« zu sein. Seine Kälte und Härte aber machten

Darstellung Friedrichs II. in »Über die Kunst, mit Vögeln zu jagen«

nicht einmal vor seinem Sohn Heinrich halt, den er nach einem – 1235 niedergeschlagenen – Aufstand in den Kerker werfen ließ.

Verwandler der Welt

Nach seinem Tod entstand die Legende, der Kaiser ruhe im Vesuv und werde zurückkehren, wenn sein Reich bedroht sei. Diese Legende wurde später auf Friedrichs Großvater, Kaiser Friedrich I. Barbarossa, übertragen und zum **Mythos vom schlafenden Kaiser Rotbart** im Kyffhäuser. Für den zeitgenössischen Chronisten Matthaeus Parisiensis war Friedrich II. »ein wundersamer Verwandler« der Welt: Darin schwingt blankes Entsetzen mit, denn Wandelbarkeit war nach mittelalterlicher Auffassung ohne das Zutun des Teufels nicht möglich.

ZIELE
APULIEN · PUGLIA

von 1312; im übertrieben barockisierten Inneren sind Kanzel, Bischofssitz sowie Chorgestühl aus dem 16. Jh. sehenswert. Etwa 6 km entfernt ist der »**Pulo**« zu finden, mit 500 m Durchmesser und 75 m Tiefe eine der größten Karst-Dolinen Apuliens.

12 km westlich von Altamura liegt malerisch über einer der Schluchten (ital. = gravina), die im apulischen Karst so zahlreich auftreten, das Städtchen **Gravina in Puglia** mit seinem nahe **am Abgrund stehenden Dom** von 1092, der 1482 nach einem Brand rekonstruiert wurde. Vor ihm prangt das Standbild des aus Gravina stammenden Papstes Benedikt XIII. Anschauen sollte man sich das Grabmal der Angela Castriota Skanderbeg, Gemahlin des Grafen Orsini, in der Kirche S. Sofia. Im Stadtmuseum, dem Palazzo Pomarici Santomasi, sind die originalen **Fresken** aus der Grottenkirche S. Vito Vecchio aus dem 13. Jh. gesichert; eine weitere Grottenkirche mit Resten byzantinischer Malerei liegt in der Schlucht. Auch in der Umgebung von ▶Tarent bei Mottola und Massafra kann man mit Führern der Verkehrsvereine einige Höhlenkirchen mit hervorragenden byzantinischen Fresken besichtigen.

Höhlenkirchen: Infos bei den Touristenbüros in Mottola (www.mottolaturismo.it, deutsch: www.dasmeerundapulien.com) und Massafra (www.comunedimassafra.it)

Matera ▶ Basilikata, S. 122

★★ Zona dei Trulli

Ein sehr spezielles Steuersparmodell

Eigenwillige Steinhäuser
Das Gebiet der Trulli ist ein etwa 1 000 km² großer Teil der Murge, der v. a. im Valle d'Itria mit Tausenden der eigenartigen Trulli übersät ist. Die Trulli sind kleine, oft miteinander verbundene Steinhäuser mit kegelförmigem Dach, für das Steinplatten ohne Mörtel überkragend aufeinander geschichtet werden. Geziert wird das Dach von einem »cippo« oder »pinnacolo«, einem Schlussstein, dessen vielfältige Formen immer noch nicht abschließend gedeutet werden konnten. Ihren Ursprung hat die Bauweise im 17. Jh., als der gewitzte **Graf Giangirolamo Acquaviva** die Steuern, die er dem Lehnsherrn für gemauerte Häuser zu zahlen hatte, umgehen wollte.

Grottenkirchen im Karst

Grotten von Castellana
Auf der Fahrt von ▶ Bari entlang der Küste nach Süden lohnt sich ein Halt in **Polignano**, das auf senkrecht abfallende Felsen gebaut ist. Das quirlige **Monopoli**, 10 km weiter südöstlich, wartet an seinem malerischen Hafen mit dem 1522 erbauten Kastell und der Kathedrale von 1107 auf. Letztere birgt in der Kapelle hinter dem Chor die wundertätige Madonna della Madia, eine zypriotische Ikone von 1208.

ZIELE
APULIEN · PUGLIA

Alberobello ist die »Hauptstadt« der Trulli-Region.

Vor der Stadt sind die **Grotten von Castellana** zu finden, eines der größten und faszinierendsten Tropfsteinhöhlen-Systeme Europas – im Sommer ist dort allerdings mit langen Wartezeiten zu rechnen. Bei Egnazia liegt eine wichtige apulische Grabungsstätte: Die Messapier-Stadt an der Via Traiana gewann Mitte 3. Jh. v. Chr. an Bedeutung, im 5. Jh. n. Chr. war sie sogar Bischofssitz, nach der Zerstörung durch Totila gab man sie 545 allmählich auf.

Höhlen von Castellana: Führungen tgl., Apr. – Okt. auch auf Deutsch (Zeiten variieren, s. Website) | große Tour (ca. 100 Min.) 19,50 €, kleine Tour (ca. 50 Min.) 16,50 € | www.grottedicastellana.it

Über 1000 Trulli

Das im Landesinneren liegende Alberobello, die »Hauptstadt« der Trulli, gehört seit 1996 zum UNESCO-Welterbe. Vom Largo Mattelotta geht es in das Monti-Viertel mit seinen über tausend Trulli, zu denen auch die **in Trullo-Form erbaute Kirche** S. Antonio und der einzige doppelstöckige Trullo Sovrano gehören; einige werden als Hotels und Ferienwohnungen genutzt. Vom 17. bis zum Ende des 18. Jh.s wurde in Alberobello nur diese Hausform verwendet. Das Angebot in den vielen Souvenirläden ist jeweils recht ähnlich. Eine Ausnahme stellt Maria Matarrese dar. In ihrem Trullo verkauft sie nach alten Vorlagen gestickte Decken und Schals sowie Fischietti, glücksbringende Pfeifen.

Alberobello

ZIELE
APULIEN · PUGLIA

Üppiger Barock und Rokoko

Valle d'Itria — Das an Trulli reiche Valle d'Itria erstreckt sich zwischen Martina Franca und dem zauberhaften **Locorotondo**, das seinen Namen dem kreisförmigen Grundriss verdankt (»runder Ort«) und **als Weinort berühmt** ist. Eine weiß getünchte Front ist wie eine Stadtmauer nach außen gekehrt, überragt von der mächtigen klassizistischen Kirche S. Giorgio. Wunderbar, auch im Kontrast zu den Trulli, ist der heiter-üppige Barock und Rokoko der Altstadt von **Martina Franca**, die im 18. Jh. auf Geheiß des Herzogs Petracone V. Caracciolo neu gestaltet wurde. Er ließ sich auch den Palazzo Ducale am Rand der einst ummauerten Altstadt errichten. Durch den Corso Vittorio Emanuele erreicht man die Kollegiatkirche S. Martino, errichtet 1747 bis 1775 mit einem herrlichen Altar aus polychromem Marmor; der Kampanile stammt vom gotischen Vorgängerbau aus dem 15. Jahrhundert.

Ein Hauch Venetien

Ostuni — Am Ostrand der Zona dei Trulli und der Murge liegt 6 km vom Meer entfernt das »weiße« Ostuni, ein malerisches Städtchen mit orientalisch wirkenden Terrassenhäusern und verwinkelten Gassen. Sehr schön kontrastiert das Weiß mit dem hellen Ocker unverputzten Kalksteins, so bei der spätgotischen Kathedrale mit ihrer ungewöhnlichen, reich gestalteten Fassade venezianischer Stilrichtung. An der Durchgangsstraße liegt die weite Piazza della Libertà mit dem Rathaus, einem ehem. Franziskanerkonvent aus dem 14. Jh. und der Säule des hl. Orontius von 1771.

Auf dem Stiefelabsatz

Spartanisch

Tarent — In der Antike war Tarent (Taranto), das am nach ihm benannten Golf liegt, berühmt für Luxus und leichte Lebensart; heute umgeben die Stadt riesige Stahlwerke, Zementfabriken und Raffinerien.
Auswanderer aus Sparta gründeten 708 v. Chr. den Ort Taras, der sich bis zum 4. Jh. v. Chr. zur reichsten und mächtigsten Stadt der Magna Graecia mit ca. 200 000 Einwohnern entwickelte. Bis ins 10. Jh. zogen nacheinander Ostgoten, Langobarden, Byzantiner und Sarazenen ihre blutige Spur durch das Land; 1063 verleibte Robert Guiscard die Stadt dem Normannenreich ein. Dann kamen die Staufer, die Anjou, Aragón, Spanier, Franzosen ... 1801 bis 1815 war Tarent französischer Kriegshafen, danach baute man das Arsenale, das Tarent zur wichtigsten italienischen Marinebasis nach La Spezia machte und die Entwicklung der Neustadt initiierte. 1943 wurde die Stadt durch alliierte Bomben schwer beschädigt.
Tarent ist dreigeteilt: Auf einer flachen Insel zwischen dem Mar Grande und dem weit ins Land reichenden Mar Piccolo mit dem Marinehafen

ZIELE
APULIEN · PUGLIA

erstreckt sich die Altstadt, östlich die Neustadt und nordwestlich der Borgo. Die einzige Sehenswürigkeit Tarents ist das **Archäologische Nationalmuseum** (MARTA) an der Piazza Garibaldi, nach dem in ▶ Neapel das wichtigste im Süden Italiens. Unter den Schätzen ragen der berühmte »Goldschmuck von Tarent« – filigranste Kunstwerke des 4. bis 1. Jh.s v. Chr. – und die zauberhaften kleinen Terrakottafiguren heraus, die die Kultur des antiken Tarent lebhaft vor Augen führen.

Schon in der Antike das Tor nach Griechenland

Schon vor der römischen Zeit, als es Brundisium hieß, war das an der Adria gelegene Brindisi eine bedeutende Hafenstadt im Verkehr mit dem östlichen Mittelmeer. Im Jahr 190 v. Chr. vollendeten die Römer die von der Hauptstadt kommende **Via Appia** mit zwei hohen Marmorsäulen, die auf den Ausfahrtskanal des Hafens blickten; eine wurde beim Erdbeben 1528 fast ganz zerstört und in Lecce wieder aufgebaut. Heute ist der Hauptort der gleichnamigen Provinz eine wenig attraktive Industriestadt mit großer Erdölraffinerie, die Touristen meist nur im Transit nach bzw. von Griechenland besuchen, ohne sie wahrzunehmen – nicht ganz zu Unrecht.

Brindisi

Der Innenhafen teilt sich in den Seno di Ponente mit großen Werften und den Seno di Levante mit dem Fährhafen; der Canale Pigonati führt hinaus zum Außenhafen, dem die Insel S. Andrea, ein Fort aus dem 15. Jh., vorgelagert ist. Von der Piazza Vittorio Emanuele – neben dem Hafenbahnhof – gelangt man zu der berühmten Säule, der **Colonna Romana**, die seit Jahren restauriert wird. Am Haus Nr. 46/48 erinnert eine Gedenktafel an den Dichter Vergil, der 19 v. Chr. in Brindisi starb. Jenseits des Seno di Ponente ragt das Mahnmal für die Gefallenen der italienischen Marine (1933) auf, ein 53 m hoher Turm in Form eines Schiffsruders. Daneben steht der Dom von 1140, der nach dem Erdbeben 1743 barock erneuert wurde. Hinter seinem Altar ist ein Bodenmosaik von 1178 mit Bildern aus der Rolandsage erhalten. Gegenüber dem Dom befinden sich die Loggia der Kreuzfahrer und die Loggia Balsamo aus dem 13. und 14. Jh.

Von hier aus erreicht man durch die Via Tarantini und dann links durch die Via S. Giovanni das im 11. Jh. erbaute normannische Baptisterium **S. Giovanni al Sepolcro** mit seinem beachtenswerten Nordportal. Nicht weit entfernt steht die Kirche S. Benedetto, gebaut um 1100, mit schönem Reliefschmuck am byzantinischen Seitenportal; sehr romantisch ist der Kreuzgang des ehemaligen Klosters, der ebenfalls aus normannischer Zeit stammt. Trutziger wird es am Seno di Ponente, wo ein von Friedrich II. ab 1227 angelegtes und 1481 sowie 1530 ausgebautes **Kastell** über die Altstadt ragt. Nicht entgehen lassen sollte man sich die Krypta der Kirche S. Lucia mit ihren byzantinisierenden Fresken, die zwischen dem 12. und 14. Jh. entstanden.

Kunstfreunde sollten außerdem einen Ausflug Richtung Flughafen unternehmen. Dort steht die ehemalige Klosterkirche **Santa Maria**

ZIELE
APULIEN · PUGLIA

del Casale, entstanden Ende des 13. Jh./Anfang des 14. Jh., ein lombardisch-gotischer Bau, der an den ungewöhnlichen geometrischen Mustern aus verschiedenfarbigem Stein zu erkennen ist. Innen befinden sich bemerkenswerte Fresken im byzantinischen Stil.

Barockes Gesamtkunstwerk

Lecce

Für Freunde des Barocks, aber nicht nur die, ist Lecce ein Muss. Die in der Mitte des Salento – der Landschaft, die den Absatz des italienischen Stiefels bildet – gelegene Provinzhauptstadt ist ein Gesamtkunstwerk, geschaffen Mitte des 16. bis Ende des 18. Jh.s aus dem leicht zu bearbeitenden goldgelben Lecceser Kalkstein. Ungehemmte Gestaltungsfreude brachte einen eigenen Barock-Rokoko-Stil hervor, den geradezu tumultuösen »**Lecceser Barock**«. Dass er stark an den stark verzierten Stil Spaniens erinnert, ist der spanischen Herrschaft im Königreich Neapel zu verdanken.

Von der Porta di Napoli, einem Ehrenmal für Karl V., führt die Via Palmieri zur **Piazza del Duomo** mit dem überwältigenden Ensemble von Dom S. Oronzo (1658 – 1670), Bischofspalast (1632) und Priesterseminar (1709), in dessen Hof ein reich gezierter Brunnen steht. Vom Domplatz gelangt man vorbei an der Theatinerkirche S. Irene zur **Piazza S. Oronzo**, dem Mittelpunkt der Stadt. Ihr Wahrzeichen ist die römische Säule, die einst neben ihrem Pendant in Brindisi das Ende der Via Appia markierte; gekrönt wird sie von einer venezianischen Statue des hl. Oronzo. Neben der Säule befinden sich der Palazzo del Seggio, eine Loggia von 1592, und die Kapelle S. Marco von 1543. Das freigelegte **römische Amphitheater** stammt aus dem 2. Jh. n. Chr. Wenige Schritte weiter steht am Viale 25 Luglio ein 1539 bis 1548 unter Kaiser Karl V. angelegtes Kastell.

Nördlich der Piazza Sant'Oronzo ist in der Via Umberto I das großartigste Beispiel des Lecceser Barocks zu finden, die Kirche **Santa Croce**. Mit dem Bau wurde 1548 begonnen, die untere Fassadenhälfte und das Innere vollendete man 1582, der obere, überreich mit Skulpturen und Schmuckelementen ausgestattete Fassadenteil war 1646 fertig. Nördlich schließt der mächtige **Palazzo del Governo** an, ehemals ein Coelestinerkloster, heute Sitz der Provinzregierung.

Im Süden der Stadt verdienen die Kirchen S. Chiara, umgestaltet zwischen 1678 und 1691, und S. Matteo, erbaut 1700 Aufmerksamkeit – Letztere ist die einzige in Lecce im »römischen Barockstil«. Geht man von den Propyläen am Domplatz die Via Libertini entlang, gelangt man zur Dominikanerkirche S. Maria del Rosario und zur Porta Rudiae von 1703. An der Piazza Argento birgt das **Museo Provinciale** im ehemaligen Convento Argento eine ganz beachtliche Keramiksammlung und Gemälde des 15. – 18. Jh.s. Von der Porta di Napoli bzw. dem Obelisken Ferdinands I. gelangt man auf dem Viale S. Nicola zum sehr sehenswer-

In der Altstadt von Lecce findet man Barock, wohin man schaut.

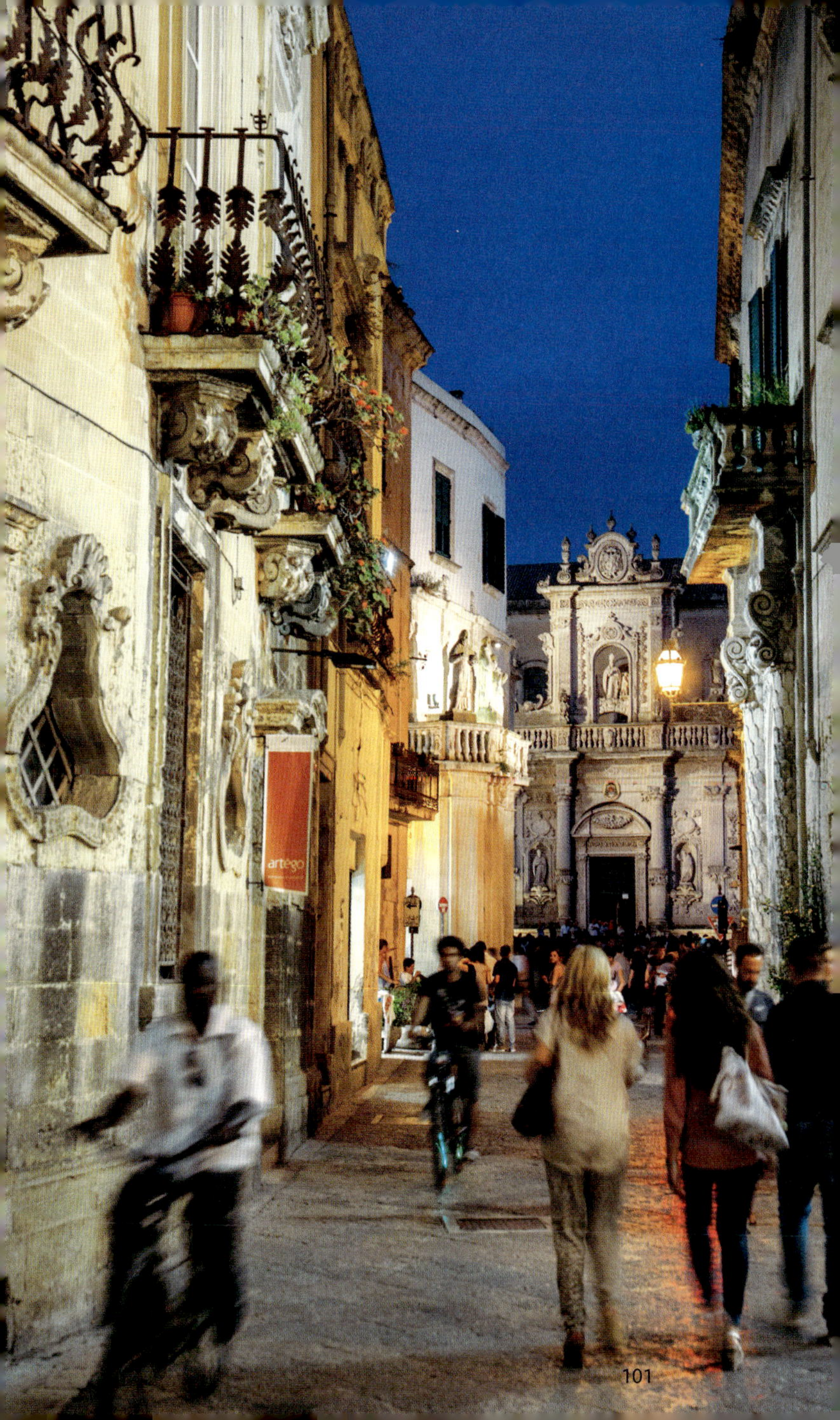
artègo

ZIELE
APULIEN · PUGLIA

ten **Friedhof**. Hier steht auch die einzige mittelalterliche Kirche der Stadt, Santi Nicolò e Cataldo, die 1180 vom Normannengrafen Tankred gestiftet und deren Fassade 1716 barock erneuert wurde; das prachtvolle romanische Portal lässt in seinen feinen Reliefbordüren orientalische Einflüsse erkennen, ebenso der hohe Kuppeltambour. Ihr Inneres ist ganz mit Fresken des 15.–17. Jh.s geschmückt. Im ersten der beiden Renaissance-Kreuzgänge des Olivetanerklosters sprudelt ein herrlicher Brunnen von 1559.

Santa Croce: April–Sept. tgl. 9–21, sonst tgl. 9–18 Uhr | Eintritt: 9 €

Auf dem Absatz geht es gemütlich zu

Nardò und Gallipoli

Nach Lecce ist das verschlafene Nardò die zweite Barockstadt Apuliens. Von der Piazza Diaz, auf der das Castello Acquaviva prangt, gelangt man zur schönen **Piazza Salandra** mit der Immacolata-Säule, zum Palazzo della Pretura (beide spätes 18. Jh.) und zur Kirche S. Domenico. Sie wurde 1580–1589 errichtet und nach dem Erdbeben 1743 barockisiert. Ganz in der Nähe befindet sich die Kathedrale aus dem 13. Jh., die ebenfalls barock umgestaltet wurde, wovon die großartigen Altäre im Innern zeugen. Das schwarze Kruzifix aus Katalonien stammt jedoch aus dem Mittelalter.

In Gallipoli, 19 km südlich, wiederum sind die unattraktive Neustadt und die einladende Altstadt säuberlich voneinander getrennt: Letztere nimmt eine **Felseninsel** im Golf von Tarent von gerade 300 m Durchmesser ein. Vor der Brücke zur Altstadt plätschert die so genannte Fontana hellenistica (Griechischer Brunnen) aus dem Jahr 1560, die wegen ihrer antiken Reliefs ihren Namen erhielt. Jenseits der Brücke empfängt den Besucher das im 16. Jh. erbaute Kastell, von dem aus die Hauptstraße Via Antonietta De Pace durch die Stadt führt. Hier steht die Kathedrale in üppigem Lecceser Barock mit schönem Chorgestühl und Gemälden von G. A. Coppola.

Italiens Südostspitze

Von Otranto die Küste entlang

Die östlichste Stadt Italiens ist das hübsche **Otranto**, das schon in der Antike als Hydrus bzw. Hydruntum ein wichtiger Hafenort war; in die Geschichte ging das Massaker mit 800 Toten ein, das die Osmanen bei ihrem Feldzug durch Apulien im Jahr 1480 unter den Bürgern anrichteten. Ihre Gebeine ruhen in der Cappella dei Martiri der Kathedrale S. Maria Annunziata. In der 1080 begonnenen und nach 1480 wieder aufgebauten Kirche ist auch die Hauptattraktion der Stadt zu finden, das fast vollständig erhaltene **Bodenmosaik** (1163 bis 1166) mit figurenreichen Monats- und Sagendarstellungen an einem großen Lebensbaum. Beachtenswert sind außerdem die antiken Säulen mit Kapitellen des 12. Jh.s und die fünfschiffige Krypta. Vom Kastell, das von Ferdinand I. von Aragon 1495 bis 1498 auf staufischen Resten erbaut wurde, blickt man über die Straße von Otranto bis hinüber zu den Bergen Albaniens.

ZIELE
AREZZO

Ab dem **Capo d'Otranto** ist die Küste, die nun schon zum Ionischen Meer zählt, felsig und zerrissen, Steilabbrüche wechseln mit kleinen Badebuchten ab. In manchmal atemberaubender Fahrt geht es nach **Santa Cesarea Terme**, einem schön über dem Meer gelegenen, leicht verblichenen Badeort. In großen, zum Meer hin offenen Felsgrotten entspringen vier 36 °C warme Schwefelquellen, die bei Hautkrankheiten und Rheumatismus helfen sollen. Etwas südlicher liegen zwei Tropfsteinhöhlen, die Grotta Romanelli, eine der bedeutendsten vorgeschichtlichen Siedlungsstätten Italiens, und **Grotta Zinzulusa**. Über den Fischer- und Badeort Castro erreicht man das Capo Santa Maria di Leuca an der Südostspitze Italiens, das nach den weißen Kalkfelsen (griech. ákra leuká) benannt ist. Auf dem Kap steht die Kirche **Santa Maria de Finibus Terrae** (»Hl. Maria vom Ende der Erde«) mit einem Altar aus Teilen des Minervatempels, der hier einst lag, und einem als wundertätig verehrten Madonnenbild. Vom Leuchtturm genießt man eine herrliche Aussicht. Bootsfahrten führen an der großartigen Felsküste entlang.
Grotta Zinzulusa: Führungen (Dauer ca. 30 Min.) tgl. im Winter 10 – 16, im Sommer 9 – 19 Uhr | Eintritt 6 €
bestinpuglia.com/de/zinzulusa-hoehle

★ AREZZO

Region: Toskana · Toscana | **Provinz:** Arezzo | **Höhe:** 296 m ü. d. M. Einwohnerzahl: 99 400

»Signore, wie viel soll der alte Kronleuchter kosten?« Echt antik ist hier nahezu alles, die Auswahl ist riesengroß und in kurzer Zeit kann man sehr viel Geld ausgeben. Unter den alten Kolonnaden rund um die altehrwürdige Piazza Grande haben sich die Antiquitätenläden niedergelassen, und wenn am ersten Wochenende des Monats aus dem weiten Umland die Händler und Trödler anreisen, wird der Platz zum größten und schönsten Antikmarkt der Toskana. Selbst aus den USA reist die Kundschaft dann an, was aber auch daran liegt, dass es in dieser Stadt so viel zu sehen und zu erleben gibt.

J 14

Umbrer und Etrusker siedelten ursprünglich an dem Hügel, der sich über dem damals sumpfigen **Val di Chiana** erhob. 294 v. Chr. entstand hier, an der Via Cassia, die römische Militärstation Arretium. Aus Arezzo stammen Gaius Maecenas, der hochkultivierte und spendable Freund Kaiser Augustus', der zum Inbegriff des Kunst-

Heimat großer Geister

ZIELE
AREZZO

freunds, »Mäzens«, wurde; ferner der Musiker Guido Monaco, auch Guido von Arezzo genannt (um 990 – 1050), ein Mönch, der das Prinzip der Notenschrift entwickelte, der Dichter Francesco **Petrarca** (1304 bis 1374) sowie der Schriftsteller Pietro Aretino (1492 – 1556).

AREZZO

🍴
1. Le Chiavi d'Oro
2. Antica Osteria l'Agania
3. Gelateria Artigianale

🏠
1. Graziella Patio
2. Badia di Pomaio

━━ Rolltreppe

ZIELE
AREZZO

AREZZO ERLEBEN

INFOPOINT DISCOVER AREZZO
Via Giorgio Vasari, 13
Arezzo
tgl. 10–18 Uhr
infopoint@discoverarezzo.com
Tel. 0575 37 74 68
www.discoverarezzo.com

AREZZO TURISMO
Emiciclo Giovanni Paolo II
Tel. 0575 1 82 27 70
www.arezzoturismo.it

CORTONA
Praktische Infos rund um Hotelbuchungen, Touren, Wanderrouten und Sehenswürdigkeiten.
www.cortonaweb.net

GIOSTRA DEL SARACINO
Am ersten September-Sonntag und am dritten Juni-Sonntag (Giostra di San Donato) steigt Arezzos mittelalterliches Reiterturnier

SAGRA DELLA BISTECCA
Das Fest am 14./15. August in Cortona lässt nur Vegetarier kalt, denn die Steaks stammen von den berühmten Chianina-Rindern.
www.sagradellabistecca.it

❶ LE CHIAVI D'ORO €€€–€€
Weniger klassisch toskanische als innovative italienische Küche! Im Retro-Style-Ambiente der 1970er-Jahre locken marinierter Lachs mit Avocado, Orange-Trüffel-Sauce und Reis (13 €) oder geröstete Wachteln (»quaglie«) mit Teufelssauce (20 €). Aber natürlich gibt es auch Wildschwein mit Kastanien und Broccoli (18 €).
Piazza San Francesco 7
Arezzo
Tel. 0575 40 33 13
www.ristorantelechiavidoro.it,
Mo. geschl.

❷ ANTICA OSTERIA/ VINERIA L'AGANIA €€
Die ausgesprochen beliebte und familiäre Osteria tischt unter anderem günstige Tagesmenüs auf. Eine beachtliche große Weinauswahl mit Degustation offeriert die Vineria. Essenstipp: Wunderbare Pici (dicke, hohle Hartweizengrieß-Spaghetti) mit Wildschweinragout!
Via Mazzini 10/14
Arezzo
Tel. 0575 29 53 81
www.agania.com
Mo. Ruhetag

❸ GELATERIA ARTIGIANALE €
Tiramisu, Caramel und Frutto di bosco (Heidelbeer) sind die Renner der alteingesessenen Eisdiele, das Ganze am besten in einer großen, frisch gebackenen Waffel (cono). So geht la dolce vita!
Corso Italia 100
Di–So 9–23 Uhr

TAVERNA PANE E VINO €€
Dieses hübsche, familiär geführte Lokal in Cortona punktet mit freundlichem Service und köstlicher Regionalküche. Unbedingt die Panzanella (Brotsalat) oder die Bocconcini brasati al vino Syrah (Rinderschmorbraten in Rotweinsauce) probieren!
Piazza Signorelli 27
Cortona
Tel. 0575 63 10 10
www.pane-vino.it
Mo. geschl.

❶ GRAZIELLA PATIO HOTEL €€€€

Logieren mit Bruce Chatwin! Inspiriert von den Büchern des britischen Reiseschriftstellers, sind die zehn individuell gestalteten Doppelzimmer mit Namen wie Utz, Baalbek, Arkady oder Rio Grande zauberhafte »kleine Fluchten« für Romantiker.
Via Cavour 23, Arezzo
Tel. 0575 40 19 62
www.hotelpatio.it

RELAIS IL FALCONIERE €€€€

Wer Sinn für Nostalgie hat, ist in diesem stilvollen alten Landhaus bei Cortona richtig. Besonders schön sind die beiden Zimmer in der ehemaligen Kapelle San Girolamo. Sieben Zimmer im Neubau.
Località S. Martino 370, Cortona
Tel. 0575 61 26 79
www.ilfalconiere.it

❷ HOTEL BADIA DI POMAIO €€€ – €€€€

Das von uralten Kastanienwäldern umgebene Vier-Sterne-Hotel mit Panorama über Arezzo diente ab 1644 als Kloster. Nahebei locken Reiten, Tennis und Golf. Große Zimmer – und Pool! 7 EZ, 12 DZ und Suiten.
Localitá Pomaio 4
Via delle Conserve, Arezzo
Tel. 0575 35 32 10
https://badiadipomaio.com

SAN MICHELE €€

Stilvolle Zimmer in einem Stadtpalast aus dem 15. Jh., einem der ältesten Bauwerke Cortonas, aufwändig restauriert und unter Denkmalschutz. Sie wohnen in großen, prächtigen Zimmern mit alten, auf Hochglanz polierten Terrakottafliesen und antiken Möbeln, handbedruckten Leinenstoffen.
Via Guelfa 15, Cortona
Tel. 0575 60 43 48
https://hotelsanmichele.net

▎ Wohin in Arezzo?

Das Herz der Stadt

Piazza Grande

Herz der Stadt ist die malerische Piazza Grande mit dem Palazzo delle Logge, 1573 entworfen von Giorgio Vasari. Westlich schließt der Palazzo della Fraternità dei Laici mit seiner Gotik-Renaissance-Front an (1375–1433; astronomische Uhr 1552), dann der barocke Palazzo del Tribunale und die Apsis der **S. Maria della Pieve**. Letztere, erbaut ab 1140, ist eine der schönsten romanischen Kirchen der Toskana. Ungewöhnlich ist die viergeschossige, pisanisch beeinflusste Fassade aus dem 13. Jh. Der Kampanile mit seinen »hundert Löchern«, den vielen Zwillingsfenstern, wurde im Jahr 1332 vollendet. Berühmt sind auch der Hochaltar Pietro Lorenzettis und das Kopfreliquiar des Stadtheiligen Donatus.

Dem Palazzo delle Logge gegenüber steht am Corso Italia der **Palazzo Pretorio** (1322/16. Jh.), geschmückt mit den Wappen der einstigen Stadtvögte vom 15. bis zum 18. Jh. Zum selben Gebäudeblock gehört an der Via dell'Orto 28 das angebliche Geburtshaus von Francesco Petrarca; der Bau stammt allerdings aus dem 17. Jh. – ist aber immerhin Sitz der Accademia Petrarca.

ZIELE
AREZZO

Das erste Nachtstück
In der Stadtmitte steht auch die gotische Kirche San Francesco (1290 – 1377), die dem hl. Franz von Assisi geweiht ist. Ihre jüngst restaurierten großartigen **Fresken von Piero della Francesca**, entstanden 1453 – 1464; in der Hauptchorkapelle zeigen sie Szenen der »Legende vom Heiligen Kreuz«, wie sie in der »Legenda Aurea« von Jacopo da Voragine (um 1275) erzählt werden. Mit der Szene an der Stirnwand rechts unten – Kaiser Konstantin träumt das »In hoc signo vinces« – schuf della Francesca das erste Nachtstück der Kunstgeschichte.

★ San Francesco

S. Maria della Pieve: tgl. 8 – 12.30 u. 15 – 18.30 Uhr
S. Francesco: Sommer: Mo., Di., Do.,Fr. 9 – 19, Sa. 9 – 18, So. 13 – 18, Winter: nur bis 18 bzw. 17.30 Uhr | Reservierung obligatorisch, Tel: 0575 35 27 27 | http://www.pierodellafrancesca-ticketoffice.it/en

Aus der Toskana nach Yale
Der Bau des Doms zog sich von gotischer Zeit über die Renaissance bis ins 20. Jh. Hervorragend sind die **Glasfenster** im südlichen Seitenschiff, die der Dominikaner Guillaume de Marcillat (1467 – 1529)

Dom und Casa Vasari

Einmal im Jahr wird die Piazza Grande zum Schauplatz der Giostra del Saracino.

ZIELE
ASSISI

★★ ASSISI

Region: Umbrien · Umbria | **Provinz:** Perugia |
Höhe: 403 – 500 m ü. d. M. | **Einwohnerzahl:** 28 350

J 16

Pilgern auf den Spuren des Franz von Assisi: Der legendäre Heilige, der hier geboren wurde, wanderte vor über 800 Jahren durch Mittelitalien, führte – obschon reich geboren – ein Leben der Armut und Enthaltsamkeit und gründete in Assisi seinen Orden. Heute trägt der Papst seinen Namen. Doch man braucht nicht katholisch zu sein, um sich auf Anhieb in diese romantische, mittelalterliche Stadt zu verlieben.

Auf den Spuren des Heiligen

Assisi ist nach dem Vatikan der bedeutendste religiöse Ort Italiens. Das Städtchen liegt etwa 22 km südöstlich von Perugia über dem Valle Umbra am Hang des **Monte Subasio**. Umbrer gründeten 89 v. Chr. den Ort, der unter römischer Herrschaft den Namen Munizipium Asisium erhielt. Rege Bautätigkeit setzte mit der Heiligsprechung des Franziskus ein, damals entstanden etwa gleichzeitig S. Francesco, der Dom und S. Chiara. Bereits am Tag nach der Heiligsprechung legte Papst Gregor IX. am 17. Juli 1228 auf dem Richtplatz vor der Stadt den Grundstein für die **Basilica di S. Francesco**; geweiht wurde sie im Jahr 1253. Im 14. Jh. fügte man in der Unterkirche die Seitenkapelle und die Querarme an, 1472 bis 1474 wurde der Klosterkomplex erweitert. Die schlichte Hauptfassade in umbrischer Gotik flankiert der Kampanile (1239). Außer dem Gotteshaus können auch der im Jahr 1476 unter Papst Sixtus IV. entstandene Kreuzgang und der Kirchenschatz (Tesoro) besichtigt werden.

▎Wohin in Assisi?

★★
Basilica di
S. Francesco

Höhepunkte der Malerei am Übergang zur Renaissance
Die wunderbare aufwändige Ausmalung von S. Francesco überrascht bei einer Bettelordenskirche. Über hundert Jahre hinweg arbeiteten hier zahlreiche hervorragende Künstler Italiens. Es war die Zeit des Übergangs von byzantinischer Kunst zur Renaissance, ein kultureller Umbruch, der sich an den Fresken schön ablesen lässt. Durch eine Renaissancevorhalle aus dem Jahr 1487 gelangt man in die **kryptaartige einschiffige Unterkirche** mit ihrem romanischen Gewölbe. Die Langhauswände zieren um das Jahr 1260 entstandene Temperamalereien des sogenannten Franziskusmeisters – eine imposante Leistung früher italienischer Malerei. Die Leidensgeschichte Christi an der rechten Langhausseite korrespon-

diert auf der linken Seite mit dem Leben des hl. Franziskus. In der **Martinskapelle** kann man die Fresken Simone Martinis (ca. 1312 – 1315) bewundern, Meisterwerke italienischer Malerei des 14. Jh.s; herausragend auch die goldgrundigen Fresken im Vierungsgewölbe (ca. 1315 – 1320). Diese zeigen die drei franziskanischen Tugenden Keuschheit, Gehorsam und Armut sowie eine Verherrlichung des hl. Franziskus. Das rechte Querhaus gestalteten Cimabue (Porträt des Heiligen um 1280), Simone Martini und einige Maler der Giottoschule, das linke Pietro Lorenzetti mit seinen Schülern (Passion, ca. 1315 – 1330). Eine Treppe rechts am Langhaus führt hinab zur Krypta mit dem **Sarkophag** des hl. Franziskus.

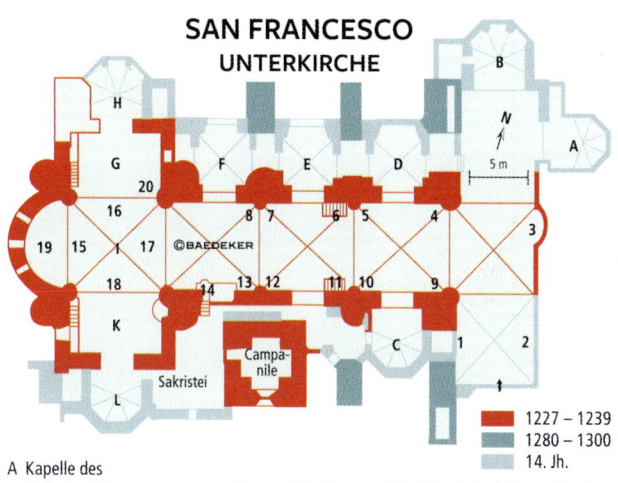

SAN FRANCESCO
UNTERKIRCHE

1227 – 1239
1280 – 1300
14. Jh.

A Kapelle des Antonius Abbas
B Katharinenkapelle
C Martinskapelle
D Kapelle des hl. Ludwig von Toulouse und Stephan
E Kapelle des hl. Antonius von Padua
F Magdalenenkapelle
G Nördliches Querhaus
H Nikolauskapelle
I Vierung mit Hochaltar
K Südliches Querhaus
L Kapelle Johannes des Täufers
1 »Madonna della Salute«, Wandbild von Ceccolo di Giovanni
2 Grabmal der Fam. Cerchi
3 Grabmal

4 – 13 Wandmalereien im Langhaus
4 Vorbereitung zur Kreuzigung
5 Kreuzigung
6 Kreuzabnahme
7 Beweinung
8 Emmausmahl
9 Lossagung vom Vater
10 Traum Papst Innozenz' III.
11 Vogelpredigt des Franziskus
12 Stigmatisation des Franziskus
13 Tod des Franziskus
14 Marienkrönung, Fresko von Puccio Capanna

15 – 18 Gewölbemalereien in der Vierung
15 Verherrlichung des Franziskus
16 Allegorie der Keuschheit
17 Allegorie der Armut
18 Allegorie des Gehorsams
19 Jüngstes Gericht, Apsisfresko von Cesare Semei (1623)
20 Madonna mit Engel und dem hl. Franziskus von Cimabue

112

ZIELE
ASSISI

Unerwartete Pracht entfaltet sich im hohen einschiffigen Raum der **Oberkirche**, dessen lichte Bauweise an die Pariser Sainte Chapelle erinnert. Seine schlichte Architektur bildet einen zurückhaltenden Rahmen für die reiche Ausmalung und die Glasfenster aus deutschen und französischen Werkstätten. Unter den Fenstern verläuft der vermutlich 1296–1300 von Giotto di Bondone gestaltete und als Höhepunkt der Malerei gerühmte **Freskenzyklus**: In 28 Bildern – bekannt ist vor allem die »Vogelpredigt« – schildert er vom vierten Joch rechts im Uhrzeigersinn angeordnet Franz von Assisis Leben. Die Malereien in der Fensterzone werden Cimabue zugeschrieben, sein Schüler Giotto schuf vermutlich in jungen Jahren die Isaakszenen. Ereignisse aus dem Alten Testament sind rechts, Szenen aus dem Neuen Testament links zu sehen; Himmelfahrt und Pfingstwunder schmücken die Fassadenwand. Vierung, Transept und Chor malte Cimabue um 1280 aus.
Unterkirche: Sommer tgl. 6–19, an Feiertagen 10–16.30, Winter bis 18 Uhr
Oberkirche: Sommer tgl. 8.30–18.45, an Feiertagen 13–18.45, Winter bis 18 Uhr | www.sanfrancescoassisi.org

Nicht alle kommen wegen San Francesco
Von der Franziskuskirche führt die Via S. Francesco hinauf Richtung Piazza del Comune im Herzen der Altstadt. Sie ist durch mittelalterliche Häuser und barocke Palazzi geprägt. Im **Museo Civico** befindet sich der Zugang zum »Foro Romano« genannten Grabungsgelände unter der Piazza del Comune. Der Palazzo del Capitano del Popolo (13. Jh.) dominiert mit seinem Turm (1305) den Platz. Kontrastierend dazu sieht man rechts den Portikus von **S. Maria della Minerva** (1539, 1634 barockisiert), der einst zu einem römischen Minervatempel gehörte. Für Goethe, der 1786 auf seiner Reise zu den Schätzen der Antike S. Francesco »mit Abneigung links liegen ließ«, war es »das erste vollständige Denkmal der alten Zeit«. Gegenüber befindet sich der 1337 aus vier mittelalterlichen Häusern umgestaltete **Palazzo dei Priori** mit der städtischen Pinacoteca, die zahlreiche umbrische Renaissancegemälde und abgelöste Fresken des 14. bis 16. Jhs aus der Umgebung hütet. Südlich der Piazza del Comune liegt die Chiesa Nuova (1615), ein kleiner Zentralbau, der angeblich über dem Elternhaus des hl. Franziskus erbaut wurde.

Von der Piazza del Comune führt die Via di S. Rufino zum Dom. Das imposante, 1134 begonnene und 1253 geweihte Gotteshaus beeindruckt mit seiner Fassade, einem ausgezeichneten **Zeugnis umbrischer Romanik**; hier findet sich ein ungewöhnliches Motiv: Drei männliche Figuren scheinen die schöne Fensterrose zu tragen. Der Kampanile stammt noch vom Vorgängerbau (um 1030). Im 1571 von

Unterstadt

Die Fresken in San Francesco bebildern Stationen im Leben des Franz von Assisi. Viele Künstler arbeiteten über hundert Jahre lang daran.

ZIELE
ASSISI

ASSISI ERLEBEN

ℹ️
Piazza del Comune 12, 06081 Assisi
Tel. 334 9372108
www.assisionline.com

🎉
In Assisi feiert man v. a. Stationen **aus dem Leben des hl. Franziskus**:
- Karfreitagsprozession
- Volksfest Calendimaggio am 1. Maiwochenende
- Pilgerfest Perdono di Assisi (31. Juli bis 2. August)
- Reiterfest Cavalcata di Satriano (1. Septembersonntag)
- Fiesta di S. Francesco (3./4. Oktober)

🍽️

LA TAVERNA DELL'ARCO €€€
Eines der besten Restaurants am Ort, mitten im alten Assisi.
Via S. Gregorio 8, Tel. 3755279261
https://tavernadellarco.eatbu.com

TRATTORIA PALOTTA €€
Deftige umbrische Küche in rustikalem Ambiente, serviert wird z. B. Hasenbraten. Weil das Restaurant etwas außerhalb liegt, wird es kaum von Touristenströmen überflutet.
Piazza Del Comune (unter dem Bogen der Volta Pinta)
Tel. 075 8155273, Di. geschl.
www.trattoriapallotta.it

LA STALLA €
Rustikale, sehr beliebte Trattoria in einem Olivenhain auf dem Weg zur Einsiedelei Eremo delle Carceri. Die Küche ist einfach, typisch umbrisch – und gut.
Via Eremo delle Carceri 8
Tel. 0758136 36
Di u. Mi abendgeschl.
www.fontemaggio.it

🏠

NUN ASSISI RESTAURANT & SPA MUSEUM €€
Fresken und Designer-Möbel. Ein Hotel, untergebracht in einem Kloster aus dem Mittelalter in bester Lage im Zentrum. Das Spa bietet vorzügliche Treatments und verwöhnt mit einzigartigem historischem Ambiente.
Via Eremo delle Carceri 1A
Tel. 075 81 55 150
www.nunassisi.com

HOTEL DEI PRIORI €€
Geschmackvoll eingerichtetes Hotel im Herzen Assisis, nur ein paar Schritte von der Piazza del Comune entfernt, in einem Palazzo aus dem 17. Jh.
Corso Giuseppe Mazzini 15
Tel. 075 81 22 37
www.assisi-hotel.com, 35 Zimmer

HOTEL PALOTTA €
In einem Haus aus dem Mittelalter mitten im historischen Zentrum, von den Zimmern aus hat man einen tollen Blick über die Dächer der Altstadt.
Via San Rufino 6, Tel. 075 81 23 07
www.hotelpallotta.it, 7 Zimmer

GRAND HOTEL ASSISI €€
Die leichte Hügellage sorgt für den Panoramablick über Assisi und die umgebenden Täler, den Sie vom eigenen Balkon bzw. den diversen Plätzen und Terrassen dieses gut geführten modernen Hotels genießen können. Und nach einem Tag voller Besichtigungen lockt abends ein Besuch im hauseigenen Spa-Bereich mit großem, schönem Pool.
Via Giovanni Renzi 2
Tel. 075 81 501
www.bvgrandhotelassisi.com
155 Zimmer

Galeazzo Alessi umgestalteten Inneren sind das Chorgestühl (1520) und das **Taufbecken** zu beachten, in dem der hl. Franziskus, die hl. Klara und möglicherweise auch Friedrich II. getauft wurden.

Das weibliche Pendant zu Franziskus
Durch die malerische Oberstadt geht es nun steil hinauf zur Rocca Maggiore, die mit der Rocca Minore und der Stadtmauer die Befestigung von Assisi bildete. Bauherr dieser im 12. Jh. angelegten **Burg** war Friedrich Barbarossa, Kaiser Friedrich II. verbrachte dort einige seiner Jugendjahre. 1198 zerstört, ließ der Kardinal und päpstliche Feldherr Albornoz ab 1367 eine neue Burg errichten.

Oberstadt

Auf dem Rückweg sollte man einen Abstecher zur **Porta Perlici** machen und den Blick ins Tescio-Tal genießen. Über Treppengassen erreicht man die gotische **S. Chiara**, geweiht jener Klara, die mit dem hl. Franz eng befreundet war und nach seinem Vorbild einen **Frauenorden** gründete. Die Kirche wurde wenige Jahre nach ihrem Tod 1253 begonnen und bewahrt seit 1260 ihre sterblichen Überreste. Ausgestattet mit Fresken zum Leben der Heiligen (13./14. Jh) ist das Innere stilistisch der Oberkirche von S. Francesco nachempfunden. In der Cappella del Crocefisso an der rechten Langhausseite hängt das legendäre »Sprechende Kreuz« aus dem Kloster S. Damiano (s. u.), das einst Franziskus den Auftrag zur Reform der Kirche gab (»Gehe hin und baue mein Haus wieder auf«).

Rund um Assisi

Sonnengesang
Ein Ort der Ruhe ist das gut 1 km südöstlich der Stadt gelegene, von Olivenhainen umgebene Frauenkloster S. Damiano, dessen erste Äbtissin die hl. Klara war. Neben der Klosterkirche sind der Kreuzgang mit Fresken von Eusebio di San Giorgio (1507), Konventsgebäude und Klostergarten zugänglich. Hier soll Franziskus 1209 vom »Sprechenden Kreuz« den Auftrag zur Reform der Kirche erhalten haben, und hier, auf der Terrasse vor dem Kloster, dichtete er 1225 – krank und blind – seinen berühmten »Sonnengesang«.

Convento di S. Damiano

tgl. 10 – 12 u. 14 – 18, im Winter bis 16.30 Uhr
www.santuariosandamiano.org

Franziskus' Lieblingsplatz
S. Maria degli Angeli, 6 km südwestlich von Assisi gelegen, ist ein weiterer Ort der Franziskuslegende. Hier befindet sich die Sterbezelle des Heiligen und die **Porziuncolakapelle**, sein Lieblingsplatz, deren prächtige Frontverzierung der Nazarener Friedrich Overbeck im Jahr 1829 schuf. Um die Pilgerscharen aufzunehmen, die damals wie heute den Ort heimsuchten, errichtete Galeazzo Alessi 1569 eine monu-

S. Maria degli Angeli

ZIELE
ASTI

mentale Basilika. Nach dem Erdbeben von 1832 wurde das Mittelschiffsgewölbe neu eingezogen, 1928 entstand die neobarocke Vorhalle. Die Rosen im Garten östlich der Sakristei sollen der Legende bei einer Bußübung des Heiligen ihre Dornen verloren haben. Daneben steht die Capella del Roseto mit Fresken zum Leben des Heiligen.
tgl. außer Mi. 6.15 – 12.40 u. 14.30 – 19.30 Uhr
www.porziuncola.org

Meditativ

Eremo delle Carceri

Ein angenehmer Spaziergang führt zur kleinen, abgeschiedenen Einsiedelei Eremo delle Carceri ca. 4 km östlich von Assisi in einer Schlucht am Monte Subasio (von der Porta Cappuccini ca. 1 ½ Std. zu Fuß). Franziskus und seine Gefährten zogen sich hier in die Felsgrotten und Steineichenwälder zur Meditation zurück. Beim Rundgang durch das Kloster, das in seiner heutigen Form im 15. Jh. entstand, sieht man auch das Felsenbett des Heiligen. Vom Kloster erklimmt man den Rücken des 1290 m hohen **Monte Subasio**, von dem sich ein herrlicher Blick über das Valle Umbra bis zum Trasimenischen See bietet. Ein großes Erlebnis ist auch die Fahrt auf der nicht asphaltierten Straße über das malerisch gelegene Bergdorf Collepino nach Spello.
Eremo delle Carceri: tgl. 6.30 – 19, im Winter bis 18 Uhr

ASTI

Region: Piemont · Piemonte | Provinz: Asti | Höhe: 123 m ü. d. M.
Einwohnerzahl: 76 200

F 7

Typisch Piemont: In Asti, dessen Namen sofort an den fruchtigsüßen Spumante erinnert, werden Träume vom Schlaraffenland mit Trüffeln und Wein, reichem Kulturgut sowie jeder Menge Lebensfreude und guter Laune wahr. Und das bald eintausend Jahre alte Centro storico zeugt mit seinen vielen Kulturschätzen und Palästen von der einstigen Blütezeit.

Wo die Korken knallen

Asti ist der Hauptort des Monferrato, einer schönen Hügellandschaft zwischen Chivasso und Casale Monferrato. Neben den Langhe (▶ S. 63) ist es das zweite wichtige **Weinbaugebiet** des Piemont, dominiert von der roten Barberatraube. Die Stadt, seit dem Jahr 932 Bischofssitz und im Mittelalter eine der mächtigsten Stadtrepubliken Oberitaliens, hat mit ihren vielen **Geschlechtertürme**n ihr altes Bild bewahrt.

ZIELE
ASTI

ASTI ERLEBEN

ℹ️

Piazza Alfieri 34, 14100 Asti
Tel. 0141 53 03 57
Mo.–Sa. 9–13 und 14–18 Uhr
https://visit.asti.it
www.visitlmr.it

🛍️

Schon Alain Delon, Harrison Ford und Johnny Depp trugen ihre Hüte: Die alteingesessene Firma **Borsalino** stellt seit 1857 die legendären Hüte her, die ihren Trägern Stil und Souveränität verleihen. Trotz eines gewaltigen Rückgangs der Produktionszahlen noch heute ein Mythos. Das Stammgeschäft liegt im nahen Alessandria, dem Sitz der Fabrik, am Corso Roma 20.

🍽️

ENOTECA IL CICCHETTO € – €€
Bodenständige piemomtesisch-italienische Küche zu vernünftigenPreisen. Der Inhaber baut selbst Wein an.
Via Garetti 11/13
Tel. 0141 32 02 25
tgl. 12–15 u. 17–24 Uhr

OSTERIA DEL DIAVOLO €
In der geschmackvoll eingerichteten Osteria sind Wirtsleute aus Leidenschaft am Werk, die regionale Küche zu moderaten Preisen anbieten. Nach Sonnenuntergang trifft man sich an den Tischen, die auf dem Kopfsteinpflaster vor dem Lokal vom zeitgen Frühjahr bis in den Herbst aufgebaut sind.
Piazza San Martino 6
Tel. 0141 30221
Nur abends geöffnet,
So. geschl.
www.osteriadeldiavolo.it

🏠

PALIO €€
Das nette und sehr gepflegte kleine Stadthotel eignet sich ideal zum Erkunden der Sehenswürdigkeiten – und abends hat man es nicht weit. Einige Zimmer verfügen über Balkone.
Via Cavour 106
Tel. 0141 34 371
www.hotelpalio.com
18 Zimmer

AGRITURISMO TENUTA POLLEDRO €
Hübsches kleines Landhotel in einem stilvollen Anwesen aus dem 19. Jh. und in bezaubernder Lage in den piemontesischen Hügeln. Sehr freundlicher Empfang, nette Zimmer, total ruhig, reichhaltiges Frühstück.
Frazione Serravalle 135 (ca. 8 km nordwestl. von Asti)
Tel. 0141 29 43 67
www.agriturismotenutapolledro.it
7 Zimmer

▌Wohin in Asti und Umgebung?

Unter Geschlechtertürmen
Am Ostende des Corso Vittorio Alfieri, der Hauptschlagader der Stadt, liegt das romanische Baptisterium S. Pietro (12. Jh.) mit seinem Säulenkranz aus Ziegel- und Tuffstein sowie Fresken aus dem 17. Jh. Daneben steht die profanierte Frührenaissancekirche S. Pie-

Altstadt

ZIELE
ASTI

tro in Consavia (1467) mit Terrakottadekoration und Marmorrelief aus dem 14. Jh. Vom Kreuzgang der Augustinerchorherren (1591) sind Museen für Archäologie und Paläontologie zugänglich.

Im türmereichen **Patrizierviertel** westlich der Piazza Alfieri ist neben dem Rathaus die romanisch-gotische Kirche S. Secondo aus dem 13. – 15. Jh. mit einer Krypta aus dem 7. Jh. zu finden. Weiter auf dem Corso Alfieri stößt man auf den Palazzo di Bellino (1730) mit der Städtischen Gemäldesammlung und den **Palazzo Alfieri**. Letzterer wurde um 1748 von Benedetto Alfieri errichtet, und dort kam sein Sohn Vittorio (1749 – 1803) zur Welt, der ein bedeutender Dramatiker werden sollte. Seine Autobiografie gehört zu den wichtigsten Selbstzeugnissen italienischer Künstler.

Palazzo Alfieriano: Corso Alfieri 375 | Di. – So. 10 – 19 Uhr | Eintritt: 10 € | Ticket (Smarticket) im Palazzo Mazzetti, Corso Alfieri 357 | www.museidiasti.com

Barockes Stadtbild

Casale Monferrato — Wein und andere Erzeugnisse des Basso Monferrato werden in Casale Monferrato vermarktet, 43 km nordöstlich von Asti. Es war vom 14. Jh. bis Anfang des 18. Jh.s Residenz der Markgrafen und späteren Herzöge des Monferrato und ist dank seines barock geprägten Stadtbilds eine der kunsthistorisch interessantesten Städte des Piemont. Am Po erhebt sich das massige Fort (15./16. Jh.). Im romanisch-gotischen Dom S. Evasio inmitten der Altstadt, einem großen fünfschiffigen Bau mit mächtiger Vorhalle (12. Jh.) sind Skulpturen lombardischer Meister, das mit Silberblech verkleidete Holzkruzifix (12. Jh.) und die romanischen Bodenmosaiken im Chorumgang sehenswert. Nördlich des Doms ist die spätgotische Kirche S. Domenico (1472) mit großartigem Renaissanceportal und barockem Chor (1745) interessant. Westlich des Doms verläuft die Via Mameli mit einer Reihe herrlicher Barockpaläste wie dem Palazzo Treville (1714) und dem Palazzo Gozzani (Rathaus). Im nahen Konvent S. Croce ist das Stadtmuseum untergebracht; weiter Richtung Piazza Castello ist die **Synagoge** von 1595/1866 zu finden, eine der interessantesten in Europa; ein Museo Israelitico ist angeschlossen.

Borsalino & Co.

Alessandria — Im 33 km östlich gelegenen Alessandria sind die Zitadelle (1726) und die arkadengesäumte Piazza Garibaldi sowie das **Hutmuseum** der berühmten Firma Borsalino (Museo del Cappello Borsalino, Via Cavour 84) sehenswert.

Salz- und schwefelhaltiges Wasser ist die Spezialität des kleinen Kurorts **Acqui Terme** 34 km südlich von Alessandria. Die Kuranlagen bestehen aus den neuen und den alten Thermen, zu denen das 6500 m² große Thermalschwimmbad gehört.

ZIELE
BARI

BARI

Region: Apulien · Puglia | **Metropolitanstadt:** Bari
Höhe: 4 m ü. d. M. | **Einwohnerzahl:** 323 400

Apuliens Hauptstadt ist alles andere als ein herausgeputzter Strandort, fasziniert dafür mit seinen enormen Gegensätzen: Dem Verkehrschaos in den viel zu engen Straßen und der ärmlich wirkenden Altstadt auf einem kleinen Sporn am Meer, die an eine orientalische Kasbah erinnert, stehen glamouröse Promenaden mit Versace- und Gucci-Boutiquen und teuer restaurierte Jugendstil-Palazzi der Neustadt entgegen. Und als Italiens Fenster zum europäischen Osten wie auch als Ziel schiffbrüchiger Migranten trifft man hier auf Menschen aus aller Welt.

N 24

Bari die Hafenstadt ist ein wichtiger Handelsplatz und Fährhafen zwischen Venedig, dem Balkan und dem Nahen Osten. Im Jahr 1098 fand hier das Konzil statt, das den Bruch zwischen der West- und Ostkirche besiegelte. Seit 1930 findet im September die **Levantemesse** (Fiera del Levante) statt – hinter der Mailänder Messe die wichtigste in Italien. Der Geschäftssinn und die Tüchtigkeit der Bewohner werden viel gerühmt und haben Bari den Titel »Mailand des Südens« eingebracht. An der hier wie fast überall in Süditalien recht hohen Kriminalitätsrate ändert das leider nichts.

Italiens Fenster zum Osten

In den Jahren 847–871 war Bari ein **arabisches Emirat**, ab dem Jahr 876 hatte hier der byzantinische Statthalter (Katapan) für ganz Unteritalien seinen Sitz. Im Jahr 1071 wurde Bari vom Normannenherzog Robert Guiscard eingenommen und war danach als Ausgangspunkt von Kreuzzügen wichtig; unter Friedrich II. erlebte die Stadt ihren Aufschwung als **Handelsstadt**, 1464 fiel sie an die Mailänder Sforza und 1558 an das Königreich Neapel.

▌ Wohin in Bari?

Schmucklos

Am besten beginnt man den Rundgang beim mächtigen **Kastell** in der Nähe des Fährhafens. Der ursprünglich byzantinisch-normannische Bau wurde 1233–1240 vom Kaiser Friedrich II. erweitert; im 16. Jh. gestalteten Isabella von Aragón und ihre Tochter Bona Sforza ihn zum Palast um, ab 1832 diente er als Gefängnis und Kaserne.

San Sabino

Wenige Schritte östlich ragt die Kathedrale **S. Sabino** auf, die 1170–1178 nach der Zerstörung des byzantinischen Vorgängerbaus von 1060 durch die Normannen errichtet wurde; der zweite

ZIELE
BARI

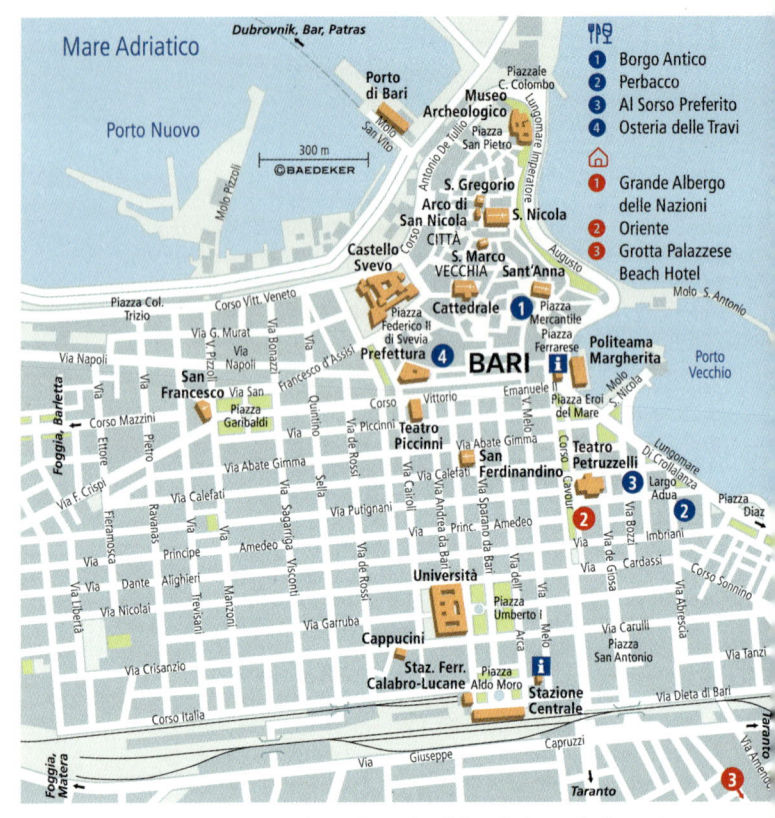

①	Borgo Antico
②	Perbacco
③	Al Sorso Preferito
④	Osteria delle Travi

①	Grande Albergo delle Nazioni
②	Oriente
③	Grotta Palazzese Beach Hotel

Turm stürzte 1613 ein und wurde nicht wieder aufgebaut. Der Innenraum ist bis auf die Kapitelle schmucklos. Die typisch apulischen Emporen im Langhaus sind hier als Scheinemporen gestaltet; udem noch bemerkenswert sind das Ziborium aus dem Jahr 1233, die Kanzel und der Bischofssessel. In der Sakristei – der angebauten »Trulla«, ursprünglich das Baptisterium – befinden sich Teile einer großen Exsultet-Rolle (Osterlobpreis der katholischen Liturgie; 11. Jh.), in der Krypta im Altar vom Jahr 1744 die Reliquien des hl. Sabinus.

★ **San Nicola**

Grab des hl. Nikolaus
Durch die schmale Strada del Carmine/delle Crociate gelangt man zur Wallfahrtskirche **San Nicola**, dem Vorbild der apulischen Romanik. Mit dem Bau wurde 1087, nach Ankunft der Reliquien des Heiligen, der selbst die Stadt niemals betreten hat, begonnen:

BARI ERLEBEN

ⓘ
Piazza del Ferrarese 29, Bari
Tel. 080 52 42 244
www.viaggiareinpuglia.it

Largo Ignazio Chiurlia 12
Tel. 33 91 57 88 48

🍴

❶ OSTERIA BORGO ANTICO €
Der richtige Platz, um Orechiette oder andere Spezitäten der Küche aus Bari und Apulien zu probieren.
Piazza Mercantile 15
Tel. 38 99 17 97 71

❷ PERBACCO €€
Regionale Produkte werden in dem typisch italienisch gestylten Lokal zu erstklassigen Gerichten. Probieren Sie Kreationen, die nach Süden schmecken, z. B. Makrele (sgombro) mit Fenchel, Orangen und Oliven.
Via Abbrescia 99
Tel. 080 558 85 63, So. geschl.

❸ AL SORSO PREFERITO €
Das beliebte Restaurant hat es sich nahe der Strandpromenade bequem gemacht und bietet eine reiche Auswahl an heimischen Gerichten.
Via Vito Nicola De Nicolò 46
Tel. 080 523 57 47
www.ristorantealsorsopreferito.com

❹ OSTERIA DELLE TRAVI €
Angenehm schlicht eingerichtetes Lokal mit hohen Arkaden- und Bogendecken am Rande der Altstadt, hier wird ganz ursprünglich nach alten Hausrezepten gekocht.

🏠

❶ GRANDE ALBERGO DELLE NAZIONI €€€
Das weiße Art-Deco Gebäude erinnert – passend zur Gegend – an ein Kreuzfahrtschiff. Toll: die großen Terrassen über dem Meer.
Lungomare Nazario Sauro 7
Tel. 080 59 20 111
Ih-hotels.com

❷ ORIENTE €€
Diese tolle und traditionsreiche Herberge ist untergebracht im Palazzo Marroccoli inmitten des Centro storico, der historischen Altstadt von Bari, an einer der schönsten Piazze. Der 1928 erbaute Palazzo im Jugendstil erinnert auch in seiner Innengestaltung an die Zeit der Goldenen Zwanziger. Treffpunkt für einen Sundowner ist die Bar auf der Dachterrasse.
Corso Cavour 32
Tel. 080 525 51 00
www.ih-hotels.com

❸ GROTTA PALAZZESE BEACH HOTE €€
Top-Lage über den Felsen am Meer. Schneeweißes, futuristisches Strandhotel, Zimmer mit maritimen Elementen. Eindrucksvolles, edel designtes Felsen-Restaurant.
S.S. 16 km. 832, Nr. 225a, Polignano
Tel. 080 42 40 233
www.grottapalazzese.it

Seeleute aus Bari raubten 1087 die Reliquie im kleinasiatischen Myra und machten ihre Heimat so zu einem der wichtigsten Wallfahrtsorte Europas – der Nikolaustag wird hier am 8. Mai gefeiert. Die Weihe der Kirche fand 1197 statt; insgesamt blieben viele Teile unvollendet und heterogen. Der Altarraum hinter der dreibogigen

ZIELE
BASILIKATA · BASILICATA

Ikonostase wird dominiert vom herrlichen Ziborium (12. Jh.). In der Apsis hinter dem Hauptaltar ist das grandiose Grabmal (1593) der Bona Sforza zu bewundern, der Gemahlin König Sigismunds I. von Polen und letzten Herzogin von Bari († 1558), außerdem der kunstvoll gearbeitete Thron des Bareser Bischofs Elias aus weißem Marmor (um 1090); er ist von einem schönen Mosaik umgeben, in dessen Rand in kufischer Schrift das Wort »Allah« wiederholt wird. Die schwere Barockdecke des Mittelschiffs (1662) ist neben der Kanzel von 1659 der Rest der 1928–1930 rückgängig gemachten Barockisierung. Das Gewölbe der Krypta, in der der Schrein mit den **Gebeinen des hl. Nikolaus** steht, wird von 26 antiken Säulen getragen, zwei davon mit normannischen Kapitellen mit Bestien und Fratzen.
Mo. – Sa. 7 – 20.30, So. bis 22 Uhr

Flanieren und schwelgen

Neustadt Am lebhaften Corso Vittorio Emanuele II, der die Neustadt von der Altstadt trennt, stehen die Präfektur und gegenüber das Teatro Piccinni. Weiter östlich führt die Via Sparano, die Hauptflanierstraße, in den Süden der Neustadt, deren Mittelpunkt die palmenbestandene Piazza Umberto I. ist. An der Westseite steht der Palazzo Ateneo (1889), in dem seit 1923 die Universität, die Nationalbibliothek und das **Museo Archeologico Nazionale** untergebracht sind. Den Rundgang kann man auf dem weiter östlich nach Norden führenden Prachtboulevard vollenden, der von stattlichen Bauten des 19. Jh.s gesäumt ist. Das Teatro Petruzzelli (1898 – 1903), eines der bedeutendsten und größten Opernhäuser Italiens, brannte 1991 völlig aus, eine Wiedereröffnung steht in den Sternen.

★ BASILIKATA · BASILICATA

Region: Basilikata · Basilicata | **Provinzen:** Potenza, Matera
Fläche: 9992 km² | **Einwohnerzahl:** 586 000

O/P 22–24

Arm und wild – das sind die Eigenschaften, die oft mit der Basilikata in Verbindung gebracht werden. Touristisch kaum erschlossen ist die Gegend für die meisten Besucher nichts anderes als eine Durchgangskulisse auf dem Weg nach Sizilien. Wen diese Kargheit nicht abschreckt, der kann hier aber wahrhaft Bezauberndes entdecken.

ZIELE
BASILIKATA · BASILICATA

Die Region Basilikata, mit antikem Namen Lucania, liegt im sogenannten Mezzogiorno – im Süden Italiens zwischen Kampanien, Apulien und Kalabrien. Am Golf von Tarent öffnet sie sich zum Ionischen, am Golf von Policastro zum Tyrrhenischen Meer. Während im Westen in den Bergen pro Jahr bis zu 2000 mm Niederschlag fallen, herrschen im Materano **teils wüstenartige Bedingungen**. Trotz recht fruchtbarer Böden, die den Anbau von Weizen, Mais, Wein, Oliven und Gemüse erlauben, gehört die Basilikata zu den armen Teilen Italiens. Ein eindringliches und nach wie vor in vielen Teilen gültiges Bild der Verhältnisse im ländlichen Mezzogiorno vermittelt **Carlo Levi**s Roman »Cristo si è fermato a Eboli« (»Christus kam nur bis Eboli«). Darin schildert der Autor die armseligen Verhältnisse ohne Beschönigung, doch voll Sympathie für die Bevölkerung. Levi war aber nicht nur ein Schriftsteller, er zählt auch zu den wichtigsten Malern des italienischen Realismus. Fünfmal nahm er an der Biennale in Venedig teil. Geboren wurde er im weltoffenen Turin, doch die Faschisten verbannten ihn 1935/1936 nach Aliano, ein Nest südlich von Stigliano. Dort ist er bestattet, sein Wohnhaus birgt ein Museum.

Arm und wild

Wohin in der Basilikata?

Wein und Oliven
Wahrzeichen der nordwestlichen Basilikata ist der 1362 m hohe Monte Vulture, ein ehemaliger Vulkan, dessen kegelförmiges Profil die fruchtbare Landschaft weithin beherrscht. Mit seinen zwei Gipfeln, dichten Laubwäldern und den beiden Kraterseen ist er ein beliebtes Wanderziel. Am Ostfuß des Bergs liegt das etwas heruntergekommene Rionero in Vulture, Zentrum eines Weinbaugebiets, das durch den Aglianico del Vulture bekannt ist; renommiert ist auch das regionale Olivenöl. Etwa 20 km von Rionero entfernt thront in strategischer Position das mächtige **Kastell von Lagopesole**, das die Normannen im 12. Jh. begannen und Friedrich II. ab 1242 vollendete. Im kleinen Hof befindet sich ein staufischer Wohnturm, über dessen Portal Friedrich Barbarossa und seine Frau Beatrix dargestellt sein sollen.

Monte Vulture

Friedrich II. und Horaz
Melfi, 15 km nördlich von Rionero, ist ein bescheidenes Städtchen mit einem trutzigen, von den Normannen errichteten und unter Friedrich II. sowie den Anjou erweiterten Kastell (12./13. Jh.). Der Ort hat politisch bewegte Zeiten erlebt: Hier rief 1089 Papst Urban II. den ersten Kreuzzug aus, Friedrich II. verkündete in Melfi 1231 das erste Gesetzeswerk seit Justinian. Zur Besichtigung betritt man die **gänzlich ummauerte Stadt** am besten durch die Porta Venosina (13./15. Jh.). Von dort führt der Corso Garibaldi vorbei an der Jugendstil-Apotheke Carlucci hinauf zur Kathedrale. Von der normannischen Gründung

Melfi und Venosa

ZIELE
BASILIKATA · BASILICATA

BASILIKATA ERLEBEN

ⓘ

Via del Galitello 89, 85100 Potenza
Tel. 0971 50 76 11
www.basilicataturistica.com

Via delle Beccherie 33
Matera
https://il-cantuccio-matera-1.jimdosite.com

🍽

BRASSERIE RAUSEO €€
Der perfekte Ort für Carnivoren: Fleisch vom Feinsten! Die wenigen Tische sind schnell besetzt, das Angebot wechselt täglich: Was die Inhaber hier servieren, ist beste lokale Küche, zubereitet mit Kräutern und regionalen Spezialitäten vom Wochenmarkt. Anschließend kauft man im angeschlossenen Geschäft noch einen großen Beutel der köstlichen, von Hand eingelegten schwarzen Oliven.
Corso Giuseppe Garibaldi 25
Melfi
Tel. 0972 08 20 80
Mo. geschlossen

LE BOTTEGHE €€–€€€
Der Wirt des schönen Lokals in der Altstadt hat lange Zeit eine Metzgerei betrieben – da verwundert es kaum, dass La Bothege vor allem für ausgezeichnete Grillspezialitäten bekannt ist. Bei ihm kommt nur beste Ware auf den Rost.
Piazza San Pietro Barisano 22
Matera
Tel. 0835 34 40 72
Mi geschl., Di., Do. und Fr. nur abends geöffnet

IL CANTUCCIO €
Fagottini mit Käse in Steinpilzsauce, Lamm alla contadina mit Zwiebeln und Kirschtomaten – in dem kleinen Lokal in der Altstadt wird Bodenständiges zu fairen Preisen serviert. Schon Hunger bekommen?

⌂

RELAIS LA FATTORIA €€€
Umgeben von Olivenhainen und Weinbergen hat es sich das pastellfarbene Hotel in der Landschaft bequem gemacht. Es punktet mit behaglich ausgestatteten Zimmern und Suiten im klassischen Salon-Stil – und nach einem Tag voller Sightseeing lockt der große Pool.
Strada statale 658 (Ausfahrt: Melfi Nord)
Melfi
Tel. 097 22 47 76
www.relaislafattoria.it

GRANDE ALBERGO €€
Mit Panoramablick über die Altstadt und die grünen Hügel der Umgebung: Das Grande Albergo ist die beste Adresse am Ort, das Restaurant ein Treffpunkt der lokalen Bevölkerung.
Corso XVIII Agosto 46
Potenza
Tel. 097 14 10 220
www.grandealbergopotenza.it

VENUSIA €
Modernes Hotel mit moderaten Preisen. Das hauseigene Restaurant ist ausgezeichnet! Außerdem überzeugt das Haus mit einer schönen Terrasse. Die Zimmer sind schlicht eingerichtet – und in denen ist man ja ohnehin nur zum Schlafen …
Via Accademia dei Rinascenti 68
Venosa
Tel. 097 23 23 62
www.hotelvenusia.com

steht noch der Kampanile aus dem Jahr 1153, der Rest entstand nach dem Erdbeben 1694 neu. Im ehemaligen Erzbischöflichen Palast (12./18. Jh.) nebenan befindet sich eine Pinakothek, im Kastell ist das Museo Nazionale Archeologico untergebracht.

Venosa, 26 km östlich von Melfi, ist für seine **bedeutenden römischen Funde** bekannt. Die alte Samniterstadt wurde 291 v. Chr. römisch (Venusia) und blühte durch ihre günstige Lage an der Via Appia rasch auf; 65 v. Chr. wurde Horaz hier geboren. Herz des Orts ist die Piazza Umberto I mit dem 1460–1470 errichteten Kastell. Von hier geht man durch die Via Vittorio Emanuele zur Kathedrale, unter Verwendung antiker Teile 1470–1512 erbaut. Außerhalb des heutigen Orts befinden sich freigelegte antike Thermen, Wohnhäuser mit Mosaiken, das Amphitheater aus der römischen Kaiserzeit sowie ein frühchristliches Baptisterium. Gleich daneben befindet sich die **Abbazia della Trinità**, eine mittelalterliche Grablege, die der Normannenherzog Robert Guiscard 1046 über einer frühchristlichen Basilika errichten ließ. Bemerkenswert sind die Fresken aus dem 11. Jh. Unvollendet blieb ein im frühen 12. Jh. mit Antikenresten begonnener großer Erweiterungsbau. Nahe dem heutigen Bahnhof liegen jüdische Katakomben aus dem 4./5. Jh. mit hebräischen, lateinischen und griechischen Inschriften.

Kulisse für die »Baumhochzeit«

Potenza, Universitäts- sowie Hauptstadt der Region Basilikata und ihrer westlichen Provinz, wurde durch die Erdbeben von 1857 und 1980 wie auch im Zweiten Weltkrieg schwer beschädigt. Lebhafte Hauptachse der Altstadt ist die Via Pretoria. Hier lohnt ein Blick in die im 11. Jh. erbaute romanische Kirche S. Michele. Sehenswert sind weiter das schöne **Teatro Stabile** (1856–1881) an der Piazza Pagano und die Kirche S. Francesco d'Assisi (1274). Im Osten der Via Pretoria liegt der 1197 begonnene Dom mit schönen Renaissanceportalen; die Fassade entstand Ende des 19. Jh.s, Reste des alten Baus sind in den Apsiden zu erkennen. Das Museo Archeologico Provinciale außerhalb birgt Funde aus dem antiken Lukanien und Teile des Apollon-Lykeios-Tempels in Metapont.

Potenza und die Dolomiti Lucane

Südöstlich von Potenza ragen die pittoresken Felsnadeln der Dolomiti Lucane auf. Über steile Serpentinen erreicht man die sich an die Felsen klammernden Orte **Pietrapertosa** und **Castelmezzano**. Die Dolomiti Lucane sind Teil des Naturparks Gallipoli-Cognato mit seinen 4000 ha ursprünglichen Laubwalds. Jenseits des Bergkamms liegt Accettura, wo an Himmelfahrt/Pfingsten die »Baumhochzeit« gefeiert wird, ein großes Frühlingsfest mit heidnischer Symbolik.

Von der »nationalen Schande« zur Kulturhauptstadt

Matera ist durch die »Sassi« berühmt geworden, die seit 1993 zum UNESCO-Welterbe gehören. Sassi heißen die in den Kalktuff der tie-

Sassi di Matera

ZIELE
BASILIKATA · BASILICATA

Matera hat eine erstaunliche Karriere vom Schandfleck zum Weltkulturerbe und

fen Schlucht (»gravina«) eingehauenen **Höhlenbehausungen**, in denen Menschen mit ihren Haustieren unter primitivsten Bedingungen lebten. Anfang der 1950er-Jahre begann man, die Bewohner dieser »nationalen Schande« in neue Häuser umzusiedeln. Seit den 1970er-Jahren werden die Sassi restauriert, heute sind sie eine Touristenattraktion und die Stadt war **2019 europäische Kulturhauptstadt** – eine denkwürdige Karriere. Unter Filmemachern galt Sassi di Matera schon länger als das »bessere Bethlehem«: Hier fand Pier Paolo Pasolini die passende Atmosphäre für sein »Evangelium nach Matthäus«. Auch die blutrünstige Variante, Mel Gibsons »Passion Christi«, wurde hier gedreht. Der Domvorplatz bietet einen weiten Blick auf das Viertel **Sasso Barisano**. Das Gotteshaus selbst ist ein spätes Beispiel apulischer Romanik (1230 – 1270), von dem aus sich ein schöner Rundgang durch die Stadt unternehmen lässt: über die Via Duomo und die Via delle Beccherie zur Piazza Vittorio Veneto; rechts hinunter durch den Sasso Barisano zur Panoramastraße. Am

ZIELE
BASILIKATA · BASILICATA

zur europäischen Kulturhauptstadt hinter sich.

Rande der Schlucht geht es dann entlang zum Felsen Monte Errone mit der Kirche Madonna dell'Idris, die Fresken aus dem 14. – 16. Jh. birgt. Die Via B. Buozzi führt hinauf zum ehemaligen Kloster S. Chiara, gebaut 1702, in dem das **Museo Nazionale Archeologico** untergebracht ist. In Matera gibt es viele kleine Kirchen, die in den Tuff gegraben oder in natürliche Höhlen gebaut sind und schöne Fresken aufweisen; sie entstanden ab dem 8. Jh. n. Chr. und sind das Werk griechisch-byzantinischer Mönche. Ein Abstecher ins 24 km südlich von Matera gelegene **Miglionico** lohnt wegen des mächtigen Castello di Malconsiglio. Es verdankt seinen Namen der Verschwörung der Barone gegen Ferdinand den Katholischen 1485. Der Bau geht auf die Normannen zurück, seine heutige Form erhielt er Anfang des 16. Jh.s.

Geführte Touren zu den Höhlenkirchen bieten an: Circolo La Scaletta, Via Duomo 1, und Nuovi Amici dei Sassi, Piazza del Sedile 20 Führungen durch den Parco delle Chiese Rupestre südöstlich von Matera bei der Lega Ambiente, Via Duomo.

ZIELE
BASILIKATA · BASILICATA

Griechische Siedlungen

Metaponto und Policoro — An der Küste des Golfs von Tarent lag Metapontion, eine der bedeutendsten Städte Großgriechenlands. Ende des 7. Jh.s v. Chr. von achäischen Siedlern gegründet, entwickelte sie sich durch die Fruchtbarkeit des Landes rasch zum **Haupthandelsort der Ionischen Küste**; sie war neben Kroton (▶ S. 250) Sitz der Pythagoreer: Hier verbrachte der Gründer dieser in den Zwanzigerjahren des 6. Jh.s v. Chr. in Süditalien gegründeten religiös-philosophischen Bewegung, der um das Jahr 570 v. Chr. auf der griechischen Insel Samos geborene Vorsokratiker Pythagoras von Samos, die letzten Jahre bis zu seinem Tod 497/496 v. Chr. im Alter von 90 Jahren. Die reichen Grabungsfunde werden im Museo Nazionale präsentiert, das Grabungsgelände liegt nordöstlich. Sein Zentrum bilden **vier große Tempelanlagen**, die vermutlich durch steigendes Grundwasser im 3. Jh. v. Chr. einstürzten. Zu sehen sind außerdem Agora und Theater sowie weiter nördlich die Tavole Palatine, 15 von ehemals 36 Säulen eines dorischen Tempels der Hera aus dem 6. Jh. v. Chr.

Policoro entstand auf der im Jahr 433 v. Chr. gegründeten griechischen Kolonie Heraclea, die wiederum über der im 6. Jh. v. Chr. zerstörten ersten Ansiedlung **Siris** liegt. Diese Vorgeschichte ist im Museo Nazionale della Siritide durch Keramik, Schmuck und Waffen dokumentiert. Südlich von Policoro erstreckt sich an der Sinni-Mündung ein Küstenlaubwald – angesichts des trocken-heißen Klimas ein ungewöhnliches Biotop (Riserva Naturale Bosco Pantano di Policoro). Nicht versäumen sollte man den Abstecher von Policoro zur romanischen Kirche **S. Maria d'Anglona**, die ca. 14 km westlich auf einem Bergrücken liegt. Ob sie vor 1080 oder erst Anfang des 13. Jh. erbaut wurde, ist strittig – auf jeden Fall bemerkenswert sind die originalen Fresken und die herrliche Aussicht auf die durch dramatische Erosionshänge gekennzeichnete Landschaft. Empfehlenswert ist die Weiterfahrt über Tursi nach Valsinni.

Majestätische Panzerkiefern und vulkanische Kegel

Monte Pollino — Die gesamte Südgrenze der Basilikata zwischen Tyrrhenischem und Ionischem Meer wird vom Kalkmassiv des Monte Pollino eingenommen, das bis auf 2248 m Höhe ansteigt. Schroffe Felsen, Höhlen und Dolinen kennzeichnen es ebenso wie große Wälder mit Buchen, Weißtannen, Ahorn und Schwarzkiefer und weite, grasbewachsene Hochflächen, in denen da und dort »timpe« genannte, vulkanische Felskegel aufragen. Der sich über die Basilikata und ▶Kalabrien erstreckende, knapp 2000 km² große **Parco Nazionale del Pollino** wurde 1998 eingerichtet. Wahrzeichen des Gebirges ist die Panzerkiefer, benannt nach ihrer an einen römischen Brustpanzer erinnernden Rinde, die hier wahrhaft majestätische Exemplare ausbildet; es gibt sie sonst nur noch in Albanien, Dalmatien und Griechenland. Eine Rundfahrt durch die Region beginnt man am besten in Francavilla, Sinni oder Episcopia. In San Severino Lucano nimmt man, mit Blick auf die höchsten Gipfel des Pollino, die Straße nach Mezzana im Frido-Tal. Hinter Voscari geht es dann links über die herrliche Hochfläche zur Timpa del Demonio und zum Colle d'Impiso. Durch dichte Buchenwälder führt der Weg am Rifugio Gasperi vorbei zum Colle del Dragone (1606 m), am Südhang entlang nach **Rotonda**, einem hübschen Ort, in dem sich das Büro des Nationalparks befindet (Palazzo Amato, Via Mordini 20). Über Viggianello fährt man zurück nach San Severino und Francavilla.

Zwischen den Felsen leuchtet das Meer
Die Basilikata hat am Tyrrhenischen Meer rund 30 km herrliche Felsenküste mit klarem, türkisblauem Wasser und vielen kleinen Badebuchten vorzuweisen. Sie ist Gemeindegebiet von Maratea, dessen schöner mittelalterlicher Kern rund 300 m hoch liegt; in den Ortsteilen sorgen eine ganze Reihe guter Hotels und Restaurants aller Klassen dafür, dass die Gäste sich wie im Paradies fühlen. Vom Monte S. Biagio mit seiner Wallfahrtskirche aus dem 13./18. Jh. und der 21 m hohen Erlöser-Statue hat man einen fantastischen Blick auf die Küste. Ein lohnender Ausflug führt zum **Lago di Pietra del Petrusillo** und zum Grabungsgelände von Grumentum. Die ehemalige römische Kolonie wurde im Jahr 973 n. Chr. von Sarazenen zerstört. Auf dem Rückweg sollte man im Agroturismo Valsirino in Aniella (7 km von Lagonegro) einkehren, das den Gast mit einer hervorragenden Küche (viele regionale und hauseigene Produkte) verwöhnt.
www.grumentum.net/en, www.valsirino.it

Maratea

★ BERGAMO

Region: Lombardei · Lombardia | **Provinz:** Bergamo | **Höhe:** 249 – 365 m ü. d. M. | **Einwohnerzahl:** 120 900

Lust auf eine Reise ins Mittelalter? In Bergamo ist das möglich. Die Fahrt dauert fünf Minuten und führt mit der Seilbahn von der geschäftigen, von Industrie geprägten »Città bassa« in die auf einem Bergrücken rund 120 m oberhalb des Flusses Serio gelegene historische Città alta. Dort entzücken ein Labyrinth enger Gassen und zahlreiche Kunstschätze den Besucher.

D 10

Ab ins Mittelalter

Bergamo hatte viele Herren: Ursprünglich eine gallische Gründung, wurde es im 2. Jh. v. Chr. von den Römern übernommen. 575 machten die Langobarden die Stadt zum Herzogssitz. Vom 11. bis zum

13. Jh. war sie als Stadtstaat Mitglied der **Lombardischen Liga**, bevor sie unter die Macht der Visconti kam und 1428 an Venedig fiel. Nach einem österreichischen Intermezzo wurde sie schließlich italienisch. Bergamo ist Heimatstadt von Brighella, dem bauernschlauen Diener in der **Commedia dell'Arte** – die auf römische und griechische Vorbilder, auf mittelalterliche Gelehrtenkomödien sowie das Volkstheater zurückgeht und im 16. Jh. in Oberitalien entstand. Außerdem wurde hier der Opernkomponist Gaetano Donizetti (1797 bis 1848) geboren, an den ein kleines Museum und jedes Frühjahr die Musikwochen erinnern.

Museo Donizettiano: Domus Magna (1. Stock), Via Arena 9
Do.-So. 10-17 Uhr | Eintritt 5 €
www.museodellestorie.bergamo.it

Wohin in Bergamo?

Unterstadt: geschäftig

Città bassa

Mittelpunkt der geschäftigen Unterstadt ist die **Piazza Matteotti** mit Arkadengängen und luxuriösen Geschäften. In **SS Bartolomeo e Stefano** (1604-1642) befindet sich hinter dem Hochaltar ein 1516 entstandenes Tafelbild Lorenzo Lottos, eine »Madonna mit Kind«. Bei SS Bartolomeo beginnt die Via Torquato Tasso, an der sich die im Jahr 1525 erbaute Kirche S. Spirito befindet. Sehenswert sind im Innern der ebenfalls von Lotto gestaltete Hochaltar, die Heiligenskulpturen im Chor und das schöne Renaissance-Retabel in der 2. Kapelle von links von Abrogio da Fossano, gen. Bergognone (1508).

Über die Via Pignolo und die Via San Tomaso erreicht man die **Accademia Carrara**. In dem spätklassizistischen Bau befindet sich eine bedeutende Gemäldegalerie mit Werken des 15.-18. Jh.s. Zu den Sammlungsschätzen gehören ein Porträt Giuliano de' Medicis von Botticelli, Pisanellos Bildnis des Lionello d'Este sowie die »Heilige Familie mit der hl. Katharina von Siena« von Lorenzo Lotto. An der Piazza Carrara beginnt die Treppengasse Vicolo della Noca, die in die Oberstadt hinaufführt.

Oberstadt: Kunstschätze

Città alta

Im Zentrum der von einem Mauergürtel und 16 Bastionen gesicherten Altstadt Bergamos liegt die 1440-1493 angelegte **Piazza Vecchia** mit ihrem von acht Löwen umgebenen Brunnen (1780) und dem hohen Torre Civica, der auf einen im 12. Jh. erbauten Wehrturm zurückgeht. Wer die 230 Stufen nicht scheut, genießt von oben einen herrlichen Blick auf Stadt und Umland. Am **Palazzo della Ragione**, entstanden in den Jahren 1538-1554, erfreuen offene Arkaden, venezianisches Maßwerk und ein Relief des Markuslöwen das Auge.

ZIELE
BERGAMO

Über eine Außentreppe gelangt man ins Obergeschoss, in dessen Salone delle Capriate wertvolle Fresken zu sehen sind. Die Biblioteca Civica im Norden des Platzes entstand 1611 und 1690 im Stil der Hochrenaissance, ihre Fassade wurde erst 1919 vollendet.

Durchschreitet man die mit einem riesigen Meridian geschmückte Arkadenhalle des Palazzo, steht man auf dem Domplatz, dem alten Kern von Bergamo.

Doch nicht der Dom, sondern **S. Maria Maggiore** gibt dem Platz sein Gepräge. Die dreischiffige Kirche entstand zwischen dem 12. und 14. Jh. Beide Zugänge sind mit Vorhallen im gotischen Stil versehen, deren Säulen tragenden Löwen man in der Lombardei häufiger begegnet. Die Innenausstattung stammt vorwiegend aus dem 16. bis 18. Jh.; beachtenswert ist insbesondere das Chorgestühl aus den Jahren 1522 bis 1555. Die vorderen Brüstungsfelder sind Meisterwerke der Intarsienkunst von Lorenzo Lotto. An die nördliche Vorhalle grenzt die **Cappella Colleoni** mit ihrer überreich geschmückten Renaissancefassade aus schwarz-weiß-rotem Marmor. 1472 beauftragte Bartolomeo Colleoni, Condottiere im Dienst von Mailand, Neapel und Venedig, Giovanni Antonio Amadeo mit dem Bau einer Familiengrabkapelle. Die Grabmäler der Colleoni im Innern sind ebenfalls von Amadeo. Beachtenswert sind auch Tiepolos Fresken in der Kuppel aus dem Jahr 1789 sowie die »Heilige Familie« von der Schweizer Malerin Angelika Kaufmann, entstanden 1789.

Ein Durchgang unter dem 1355 errichteten Torre della Campanella verbindet die Piazza Mascheroni mit der **Piazza della Cittadella**. Die Zitadelle, ebenfalls 1355 erbaut, beherbergt im Innern ein archäologisches und ein kleines naturgeschichtliches Museum. Von dem im Norden der Cittadella gelegenen Colle Aperto fährt eine zweite Standseilbahn (Funicolare) nach **San Vigilio** hinauf. Hier liegt das 894 erstmals erwähnte Castello, das bis ins 15. Jh. ausgebaut wurde. Ursprünglich verband es ein unterirdischer Gang mit der Città alta.

BERGAMO ERLEBEN

ⓘ

Via Gombito 13
24122 Bergamo
Tel. 035 24 22 26
www.turismo.bergamo.it

🚌

Die Altstadt von Bergamo ist für den Autoverkehr gesperrt. Deshalb nimmt man am besten die Standseilbahn (funicolare) vom Viale Vittorio Emanuele II zum Marktplatz (Mercato delle Scarpe) zu fahren. Mit dem Auto fährt man bis zur Porta S. Agostino am östlichen Eingang zur Oberstadt. Es gibt auch eine Busverbindung zwischen Unter- und Oberstadt.

ZIELE
BERGAMO

1 Palazzo Nuovo Biblioteca
2 Torre del Comune
3 Palazzo d. Ragione
4 Battistero
5 Duomo
6 Capella Colleoni
7 Santa Maria Maggiore
8 Santa Croce
9 Museo Donizettiano

🍴
① Da Vittorio
② Baretto di San Vigilio
③ Da Mimmo
④ La Colombina

🏠
① Piazza Vecchia
② NH Bergamo
③ Il Sole Bergamo
④ B&B Villa Luna

ZIELE
BERGAMO

❶ DA VITTORIO €€€€
Zu Besuch beim italienischen Landadel: Wer hier einen Tisch reserviert, speist in einer Hotellegende vor den Toren der Stadt. Als Aperitif gönnt man sich ein Gläschen Rosé-Champagner oder den Prosecco des Hauses, dann folgt man den Empfehlungen des Obers. Köstlich ist das von lokalen Landwirten des Piemont stammende Costina di Maiale (Schweineschnitzel), das mit Polenta und Artischockenböden serviert wird.
Via Cantalupa 17, Brusaporto
Tel. 035 68 10 24
www.davittorio.com

❷ BARETTO DI SAN VIGILIO €€€ – €€€€
Lombardische Küche in stilvollem Rahmen, mit toller Aussicht. Auch Vegetarier finden ihr Auskommen.
Via al Castello 1
Tel. 035 25 31 91
https://barettosanvigilio.it

❸ DA MIMMO €€
Ganz klar, dass sie in der ältesten Trattoria von Bergamo (seit 1956) die besten Pizzen und Pasta-Gerichte der Stadt serviert bekommen. Ein Teil des Genusses ist natürlich auch die tolle Lage. Das Mimmo ist untergebracht in einem Bauwerk von 1357, damals einer der prächtigsten Paläste und der spätere Sitz des venezianischen Postservice.
Via Bartolomeo Colleoni 17
Tel. 035 21 85 35
https://damimmoelina.com

❹ LA COLOMBINA €
Einfache, sehr gemütliche Trattoria mit saisonaler Regionalküche.
Via Borgo Canale 12
Tel. 035 26 14 02
www.trattorialacolombina.it

❶ PIAZZA VECCHIA €€€
Mitten in der verkehrsberuhigten Altstadt versteckt sich dieses historische Juwel aus dem 14. Jahrhundert. Die besondere Atmosphäre ergibt sich aus der betont modern und puristisch gehaltenen Einrichtung, den im Urzustand belassenen Bruchsteinwänden und den alten, auf Hochglanz gewachsten Dielenfußböden.
Via Bartolomeo Colleoni 3/5
Tel. 035 30 54 953
www.hotelpiazzavecchia.it
30 Zimmer

❷ NH BERGAMO €€
Marmor und hochwertige Hölzer bestimmen das sachlich-moderne Interieur.
Via Paleocapa 1
Tel. 035 227 18 11
www.nh-hotels.com

❸ IL SOLE BERGAMO €€
Hier muss man schnell sein und rechtzeitig reservieren, um eines der so günstigen wie betont schlichten Zimmer in diesem uralten und mit viel Liebe restaurierten Gebäude aus dem 13. Jh. zu bekommen: Nur wenige Schritte hat man es zur Piazza Vecchia und den dortigen Restaurants, doch auch die Locanda des Il Sole ist ein stimmungsvoller Ort für das Dinner.
Via Bartolomeo Colleoni 1
Tel. 035 21 82 38
www.ilsolebergamo.com
24 Zimmer

❹ B&B VILLA LUNA € – €€
In der Oberstadt von Bergamo, etwas außerhalb des Zentrums und mit schönem Grünblick wohnen Sie günstiger als in der Stadt.
Via Al Pianone 4
Tel. 035 24 55 54
www.bbvillaluna.it

Rund um Bergamo

Das angeblich beste Mineralwasser der Welt

Bergamasco — Bergamo ist von Alpentälern, Hügellandschaften und einer kleinen Ebene im Süden umgeben. Die Flüsse Brembo und Serio gruben hier zwei lange, schmale Täler: Valle Brembana und Valle Seriana, zu denen kleinere, meist unberührte Täler gehören. Der bekannteste Ort der Valle Brembana ist **San Pellegrino** Terme, 24 km nördlich der Stadt, der allerdings seine besten Zeiten hinter sich zu haben scheint. Seinen Ruf verdankt er den Quellen, aus denen das angeblich beste Mineralwasser der Welt sprudelt – 225 000 Liter pro Stunde in einer gleich bleibenden Temperatur von 26 °C.

In **Clusone**, dem 34 km von Bergamo entfernten Hauptort der Valle Seriana, wurde 1485 ein Totenfresko auf die Außenwand des Oratorio dei Disciplini gemalt. Italien im Miniformat zeigt »Minitalia«, Teil eines Vergnügungspark in Capriate San Gervasio.

Minitalia: März – Nov., genaue Zeiten und Tickets unter www.leolandia.it

Lago d'Iseo — ▶ S. 153

★★ BOLOGNA

Region: Emilia-Romagna | **Provinz:** Bologna | **Höhe:** 55 m ü. d. M.
Einwohnerzahl: 389 300

F/G 13

Es ist an der Zeit, mit einem hartnäckigen Vorurteil auszuräumen: Die schöne, alte Universitätsstadt und das Spaghettigericht gleichen Namens gehören nicht zusammen. Nur wer sich als totaler Ignorant outen will oder die Bologneser kompromittieren möchte, mag das Gericht bestellen. Allerdings stammen die Tortellini wiederum tatsächlich aus der Hauptstadt der Provinz Emilia-Romagna, dazu ungezählte weitere Köstlichkeiten. Denn: Bologna ist die Wiege der italienischen Esskultur!

Mit allen Sinnen genießen

Für den Schweizer Kunsthistoriker Jacob Burckhardt, der im 19. Jh. Italien bereiste, war Bologna »die schönste Stadt Italiens, was die Straßenblicke betrifft«. Er kannte die heutigen Vororte noch nicht, die in Bologna ebenso hässlich sind wie die in anderen italienischen Industriestädten. Hat man sich jedoch bis zum Stadtzentrum vorgekämpft, dann erwartet den Besucher ein geschlossenes mittelalterliches Stadtbild mit den berühmten **Bologneser Portici**, den insgesamt 37,8 km

ZIELE
BOLOGNA

BOLOGNA ERLEBEN

Piazza Maggiore 6, 40124 Bologna
Tel. 051 23 96 60
www.bolognawelcome.com

Piazza della Mercanzia 3
Tel. 051 23 28 07
Di., teilweise Mi. geschl.
www.alpappagallo.it

Im Gassengewirr östlich der Piazza Maggiore drängen sich die besten Fressläden der Stadt, die ihrem Beinamen »la grassa« alle Ehre machen: Der Tradition verpflichtet ist die Pastamanufaktur **Paolo Atti** (Via Caprarie 7, www.paoloatti.com), zeitgemäß und der Slow Food-Philosophie verpflichtet der **Foodmarkt Eataly** (Via degli Orefici 19, www.eataly.it) mit Imbiss, Osteria, Winebar und bestens sortierter Buchhandlung. Zum Einkauf oder auch zum sofortigen Verzehr lädt **Tamburini** (Via Caprarie 1, www.tamburini.com) ein.

❶ TRATTORIA BATTIBECCO €€€
Eleganter Gourmettempel, der mit traditionellen Gerichten wie Safran-Risotto kulinarisch begeistert.
Via Battibecco 4, Tel. 051 22 32 98
Mo.–Sa. 20–22 Uhr, mittags nur mit Reservierung, So. geschl.
www.battibecco.com

❷ PAPAGALLO €€€
Eine kulinarische Institution und allen Genießern der Region wohlbekannt ist das seit 1919 (!) bestehende Restaurant, das in einem stilvollen Gebäude aus dem 14. Jahrhundert untergebracht ist. Schon Sophia Loren, Gina Lollobrigida ebenso wie die Hollywood-Stars Sharon Stone und Matt Dillon ließen sich hier Pasta mit Hummerschwänzen und als Abschluss einen Café mit hausgemachten Dolci reichen.

❸ FRANCO ROSSI €€
Beste Bologneser Küche in angenehmer Atmosphäre. Neben Trüffel- und anderen Pilzspezialitäten auch viele vorzügliche Wildgerichte.
Via Goito 3
http://ristorantefrancorossi.com

❹ TRATTORIA GIANNI €€
Hier kommt Slow-Food-empfohlene Traditionsküche in bodenständigem Ambiente auf den Tisch.
Via Clavature 18, Tel. 051 22 94 34
Mo. geschl., So. nur mittags
www.trattoria-gianni.it

❺ TERESINA €€
Die gesamte Familie arbeitet in dieser gemütlich-schlichten Trattoria im Stadtkern. Regionale Küche mit vielen leckeren Fischgerichten.
Via Oberdan 4
Tel. 051 27 26 31
https://ristoranteteresinabologna.it

❻ DA GIAMPI E CICCIO €€
Ehemalige Kapelle als Tempel klassischer cucina bolognese, ein paar Tische auch unter den Arkaden. Das sollten Sie hier unbedingt probieren: Tortellini in brodo.
Via Farini 31/B, Tel. 051 26 80 32
So. nur mittags

❼ FICO WORLD EATALY € – €€
Hier dreht sich alles ums Genießen: Der Agrarerlebnispark auf dem Gelände des Obst-und Gemüsemarkts von Bologna ist der größte der Welt. Partner sind neben Coop Italia etwa 150 Erzeuger von Lebensmitteln. Daneben haben Sie die Wahl zwischen drei Dutzend Restaurants und Trattori-

en. Eigens für Fico hat der italienische Fahrradhersteller Bianchi Dreiräder angefertigt, auf deren zwei großen Körben die Einkäufe Platz finden. Fico bildet seine Besucher aber auch: Es stehen Seminarräume, ein Theater und ein Kino ebenso wie ein Konferenzcenter zur Verfügung und Sie können sich in multimedialen Stationen mit dem Verhältnis Mensch und Umwelt auseinandersetzen.
Via Paolo Canali 8
Anfahrt: TPER FICO Shuttle ab Bologna Stazione Centrale. Auto: A14 Ausfahrt Bologna Fiera
Do.–So., Zeiten variieren, siehe www.fico.it

❶ GRAND HOTEL MAJESTIC »GIÀ BAGLIONI« €€€€
Historisches Flair, prachtvoller Luxus und Komfort in einem schmucken Palazzo, vorzügliches Restaurant.
Via dell'Indipendenza 8
Tel. 051 22 54 45
https://grandhotelmajestic.due torrihotels.com

❷ TORRE PRENDIPARTE €€€€
Bologna ist die Stadt der Türme. Einen dieser Backsteinwolkenkratzer, die 65 m hohe und zwölfstöckige Torre Prendiparte, hat Matteo Giovanardi in ein luxuriöses B & B verwandelt. Zum wahren Luxus gehört auch, dass nie mehr als vier zusammengehörige Personen hier gleichzeitig übernachten können. Auf Wunsch wird auf der Dachterrasse ein Galadinner organisiert und der Turmherr erweist sich als charmanter Cicerone, der die zu Füßen liegende Stadt mit viel Witz erklärt.
Via Sant'Alò 7, Tel. 051 58 90 23
www.prendiparte.it

❸ ROYAL HOTEL CARLTON €€€
Geschmackvoll eingerichtete Zimmer und Suiten, elegantes Restaurant mit klassischer italienischer und orientalischer Küche.
Via Montebello 8, Tel. 051 24 93 61
www.royalhotelcarltonbologna.com/de

❹ ART HOTEL OROLOGIO €€€
Stilvoll eingerichtetes Hotel mit Blick auf die Piazza Maggiore, die einmalige Lage erklärt die Preise.
Via IV Novembre 10
Tel. 051 7457411
www.art-hotel-orologio.com

❺ RE ENZO €€
Modernes Hotel im Zentrum, funktionelle, gute Ausstattung.
Via Santa Croce 26
Tel. 051 52 33 22
www.hotelreenzo.com

❻ SAN VITALE €
Zweckmäßiges Hotel im Herzen der Altstadt, gemütliche Zimmer, schöner Garten im Innenhof.
Via San Vitale 94
Tel. 051 22 59 66
www.albergosanvitale.it

---

langen tonnen- oder kreuzgratgewölbten Bogengängen, kleinen Gassen und reizvollen Plätzen, vielen Palästen und Kirchen aus Backstein, merkwürdigen schiefen Türmen und Resten der fast 8 km langen Stadtmauer aus dem 13. und 14. Jh. Schätze ganz anderer Art entdeckt, wer durch die Via Caprarie oder die Via delle Tofane geht: Geschäfte voller Parmaschinken, Parmesankäse und mächtiger Mortadella-Würste zeugen vom hervorragenden Ruf, den Bologna in der **Feinschmeckerregion** Emilia-Romagna genießt. Spaghetti Bolognese

ZIELE
BOLOGNA

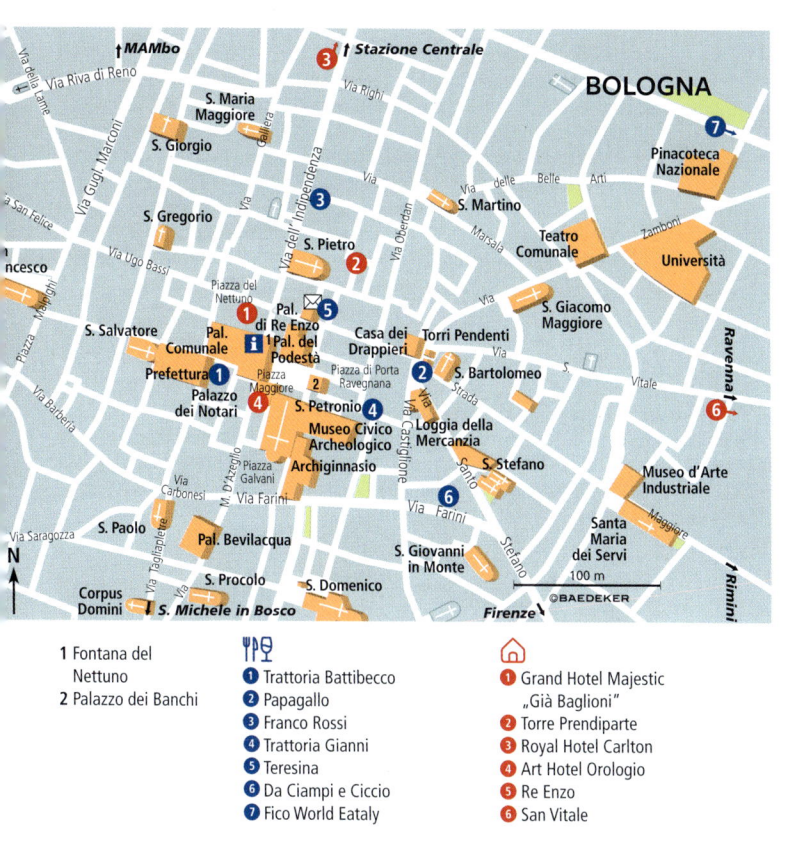

1 Fontana del Nettuno
2 Palazzo dei Banchi

🍽️
1 Trattoria Battibecco
2 Papagallo
3 Franco Rossi
4 Trattoria Gianni
5 Teresina
6 Da Ciampi e Ciccio
7 Fico World Eataly

🏠
1 Grand Hotel Majestic „Già Baglioni"
2 Torre Prendiparte
3 Royal Hotel Carlton
4 Art Hotel Orologio
5 Re Enzo
6 San Vitale

spielen in der klassischen italienischen Küche keine Rolle: Das berühmte Bologneser »ragù« isst man lieber zu Tagliatelle und Fettucine, weil breit geschnittene Nudelsorten die Soße besser aufnehmen.

Die älteste Universität Europas

Die ältesten Zeugnisse der Stadt stammen aus dem 10. Jh. v. Chr., als das Gebiet um Bologna den nördlichen Vorposten der sog. **Villanovakultur** bildete. Im 6. Jh. v. Chr. gründeten Etrusker hier die Stadt Felsina. Bolognas heutiger Grundriss geht auf die Römer zurück, die im 2. Jh. v. Chr. an der Via Emilia einen Militärstützpunkt namens Bononia errichteten. Kurz vor 1100 wurde die berühmte Universität gegründet – zusammen mit der Pariser Sorbonne die älteste Universität Europas. Ihre juristische und medizinische Fakultät, letztere führte im 14. Jh. als erste das Studium der Anatomie des menschlichen Körpers ein, waren **einst**

Stadtgeschichte

ZIELE
BOLOGNA

weltberühmt. Bereits 1116 war Bologna freie Stadt und Mitglied im Lombardischen Städtebund gegen die Staufer. Seinen Höhepunkt erlebte es im 13. Jh., nachdem 1249 in der Schlacht von Fossalta die Guelfen (Anhänger des Papstes und Befürworter der freien Stadtstaaten) die Ghibellinen (Anhänger des Kaisers) geschlagen hatten und Enzio gefangen nahmen, einen Sohn Kaiser Friedrichs II. (er starb 23 Jahre später in Bologna). 1506 wurde die Stadt schließlich dem Kirchenstaat einverleibt, wo sie bis zur Einigung Italiens 1860 verblieb. Nach wie vor unbekannt sind die genauen Hintergründe eines **Bombenanschlag**s auf dem Bahnhof im August 1980, der über 80 Todesopfer forderte.

Wohin in Bologna?

★★
Piazza Maggiore und Piazza del Nettuno

Prächtige Palazzi und eine gewaltige Basilika
Im Zentrum Bolognas liegen die beiden Plätze Piazza Maggiore und Piazza del Nettuno. Dort steht einer der schönsten Brunnen des 16. Jh.s, der Neptunbrunnen, ein Werk des Bildhauers Giambologna.

DI NUOVO GIOVANE

Noch mal richtig jung! Machen Sie es wie früher: Holen Sie sich in einer der vielen Bars in Bologna einen Drink »per portare«, d. h. zum Mitnehmen, setzen Sie sich damit auf die Brunnenstufen an einem der ungezählten Plätze der Stadt und beobachten Sie die Passanten.

ZIELE
BOLOGNA

Das **Rathaus** an der Westseite der beiden Plätze besteht aus mehreren im 13. und 15. Jh. errichteten Gebäudeteilen, deren Fassade eine Terrakotta-Muttergottes von Nicolò dell'Arca ziert (1478). Im Palazzo d'Accursio, einem Teil des Komplexes mit hochherrschaftlichen Gemächern, sind die Collezioni Comunali d'Arte untergebracht, mit Werken der Malerschule von Bologna. An der Nordseite der Piazza Maggiore steht der 1201 errichtete und 1484 im Renaissancestil erneuerte Palazzo del Podestà mit seinem wehrhaften Torre dell'Arengo. An ihn schließt der gotische Palazzo di Re Enzo an, in dem Enzio, der Sohn Kaiser Friedrichs II. und König von Sardinien, von 1249 bis zu seinem Tod 1272 gefangen saß.

Dem Patron der Stadt ist die gewaltige Basilika **San Petronio** an der Piazza Maggiore geweiht, deren Bau 1390 im gotischen Stil begonnen, jedoch erst 1650 fertiggestellt wurde. Die Fassade bietet ein kurioses Bild, denn die Marmorverkleidung endet auf halber Höhe – vermutlich wurde das Geld knapp. Ein Meisterwerk der Frührenaissance sind die Reliefs an der **Porta Magna**, die Jacopo della Quercia 1425 – 1438 schuf. San Petronio war 1530 Schauplatz der Krönung Karls V. Zu den Kunstschätzen im Innern gehören die erste und vierte Kapelle links, die Giovanni da Modena 1410 – 1420 ausmalte; beachtenswert sind außerdem eine Pietà von Amico Aspertini (1519) und die astrologische Uhr im linken Seitenschiff, die um die Mittagszeit mit Hilfe eines Sonnenstrahls Monat und Tag anzeigt.

Zahlreiche klassizistische und gotische Palazzi findet man zudem an der Strada Maggiore. Im Haus Nr. 26 lebte der Komponist Gioachino Rossini von 1825 – 1848. Der Palazzo Davia-Bargellini (1638 – 1658; Nr. 44) beherbergt das **Kunstgewerbemuseum** (Museo d'arte industriale) und eine Galerie. Schräg gegenüber, in der Kirche Santa Maria dei Servi (1346 begonnen,) befinden sich eine »Thronende Madonna« von Cimabue sowie schöne Wandmalereien.

Museo d'arte industriale: Strada Maggiore 44
Di. - Do. 10 – 15, Fr. 14 – 18, Sa. u. So.10 – 18.30 Uhr | Eintritt 6 €
www.museibologna.it

Schiefe Türme gibt es nicht nur in Pisa

Von der Piazza del Nettuno führt die Via Rizzoli zur Piazza di Porta Ravegnana, auf der zwei schiefe Backsteintürme stehen. Zeitweise soll es über 200 solcher Türme (Torri pendenti) in Bologna gegeben haben, die an die Kämpfe zwischen den führenden Adelsfamilien erinnern. Der höhere, 1109 erbaute **Torre degli Asinelli** ist fast 100 m hoch und hat eine Neigung von ca. 1,20 m. Der kleinere Torre Garisenda misst 48 m, ihre Neigung beträgt über 3 m. Das erste Haus am Platz ist die **Casa dei Drappieri**, das Haus der Tuchhändler. Auffallend reizvoll ist auch der gotische Palazzo della Mercanzia (1384), einst Sitz der Handelskammer, der mit Medaillons der Innungen und Statuen verziert ist.

★ Piazza di Porta Ravegnana

ZIELE
BOLOGNA

Warum Bologna auch »die Rote« genannt wird, erkennt man beim Blick vom Asinelli-Turm auf die Dächer der Stadt.

Geistliche ...

Um die Pizza Santo Stefano

Durch die Via Santo Stefano führt der Weg zu der gleichnamigen Piazza mit ihren vier Kirchenbauten. Man betritt den Komplex über die Chiesa del Crocifisso (urspr. romanisch, 1637 erneuert), an die sich die Chiesa del San Sepolcro anschließt, ein achteckiger Zentralbau aus dem 12. Jh. mit dem Grabmal des hl. Petronius. Nun gelangt man in den **Pilatushof**, dessen Taufbecken und Ornamentreliefs auf die Langobarden des 8. Jh.s zurückgehen. In dem anschließenden romanischen Kreuzgang sind Gemälde und Statuen ausgestellt. Die Stirnseite nimmt die Chiesa della Trinità aus dem 13. Jh. ein, zuletzt folgt die romanische Chiesa dei Santi Vitale e Agricola, gebaut zwischen dem 8. und 11. Jh. und somit der älteste Bau am Platz (Fassade von 1885).

Südwestlich davon liegt **San Domenico**, ein Bau aus dem 13. Jh., der in seinem barockisierten Inneren den künstlerisch bedeutenden Sarkophag des 1221 in Bologna verstorbenen hl. Domenikus birgt. Nicola Pisano, Arnolfo di Cambio und Fra Guglielmo schufen 1267 die Reliefs, den Deckel gestaltete Niccolò dall'Arca. Vom jungen Michelangelo stammen der Engel rechts, der hl. Petronius auf dem Deckel sowie der jugendliche Proculus, alle 1494 entstanden. Links vom Chor befindet sich das Wandgrab des Königs Enzio, der 1272 in Bologna starb. »Die Verlobung der hl. Katharina« in der Kapelle rechts vom Chor malte Filippino Lippi.

ZIELE
BOLOGNA

In **San Giacomo Maggiore** (1267; um 1500 erneuert) nördlich der Piazza Santo Stefano ist der Rechtsgelehrte Antonio Bentivoglio († 1435) beigesetzt, dessen Sarkophag Jacopo della Quercia schuf. In der Familienkapelle des Juristen sollte man sich die thronende Madonna von Francesco Francia anschauen. Im **Oratorium Santa Cecilia** hinter der Apsis warten schöne Fresken von Lorenzo Costa, Francesco Francia und ihren Schülern (1504–1506) auf geneigte Betrachter.

… und geistige Erbauung

Die **Galeria d'Arte Moderno** hat nun ihren Hauptsitz im Museo d'Arte Moderna di Bologna (»MAMbo«), das unweit des Hauptbahnhofs auf 9500 m² Ausstellungsfläche moderne und zeitgenössische Kunst präsentiert. Seit November 2012 temporär hier untergebracht ist auch die Sammlung des Museo Morandi. — *Museen*

Die **Pinacoteca Nazionale** hütet vorwiegend Bologneser Malerei des 14. bis 18. Jh.s. Schmuckstück der Sammlung ist Raffaels »Heilige Cäcilie«. Über Kultur, Geschichte und Brauchtum der Juden in der Emilia-Romagna informiert wiederum das jüdische Museum.

Einblick in die Villanovakultur, die Etruskerzeit sowie die ägyptische und römische Kunst bietet das **Archäologische Museum**. Nach Süden schließt der Palazzo dell'Archiginnasio an, bis 1803 Sitz der Universität. Heute befinden sich dort eine Bibliothek und das Teatro Anatomico, ein Seziersaal aus dem 17./18. Jahrhundert.

Pinacoteca Nazionale: Via delle Belle Arti 56 | Di. u. Mi. 9–14, Do.–So. 10–19 Uhr | Eintritt 6 €
www.pinacotecabologna.beniculturali.it/en
MAMbo und Museo Morandi: Via Don Minzoni 14 | Di. u. Mi 14–19, Do. 14–20, Fr.–So. 10–19Uhr | Eintritt 6 € | www.mambo-bologna.org
Museo Ebraico: Via Valdonica | Di. u. Mi 14–19, Do. 14–20, Fr.–So. 10–19Uhr | Geführte Tour: 12 € | www.museoebraico.it
Teatro Anatomico: Mo.–Sa. 10–18, So. geschl. | Eintritt 3,50 €, Reservierung empfohlen, am Sa. obligatorisch | www.archiginnasio.it

❙ Rund um Bologna

Alpenblick

Romantische Säulengänge gehören zum Bologneser Stadtbild. Ein malerischer, 1674–1739 überdachter Weg führt nahe der Porta Saragozza über Meloncello rund 3,5 km hinaus zum Monte della Guardia, den die Wallfahrtskirche Madonna di San Luca bekrönt. Von dort aus sieht man Adria und Apennin, bei klarem Wetter sogar die Alpen. — *Madonna di San Luca*

Schnelle Autos und besondere Schweine

Verlässt man Bologna Richtung Südosten, kommt man nach 35 km nach Imola, das durch die Formel 1 bekannt ist. Im **Autodromo Dino** — *Imola und Faenza*

ZIELE
BOZEN · BOLZANO

e **Enzo Ferrari** kann man an Führungen teilnehmen und in die Welt des Automobils abtauchen. Wer es mehr mit der Kultur hält, besichtigt die zwischen dem 11. und 15. Jh. erbaute Burg Sforzesca, heute ein Waffen- und Keramikmuseum.

Noch einmal rund 20 km weiter liegt die auf eine etruskische Siedlung zurückgehende Kleinstadt **Faenza**, deren Mittelpunkt die Piazza del Popolo mit den von Laubengängen gesäumten Palazzi del Podestà (12.–15. Jh.) und del Municipio (13.–15. Jh.) bildet. Der benachbarte Dom wurde im 15. Jh. nach Plänen des Florentiner Architekten Giuliano da Maiano im Stil der Frührenaissance erbaut.

Von Faenza lohnt ein Abstecher in das mittelalterliche Städtchen **Brisighella**, das von der Rocca der Fürsten Manfredi (15. Jh.) überragt wird. Die gesamte Gegend liegt auf einer riesigen Gipsader, deren tiefe Schächte man besichtigen kann. Spezialität sind Schinken, Coppa und Pancetta von der **Mora romagnola**; einer Schweinerasse, die nur bei viel Auslauf gedeiht und entsprechend gutes Fleisch liefert. Benannt wurde Faenza übrigens nach den im Mittelalter dort hergestellten Fayencen. Die glasierten Tonwaren gibt es auf der Piazza Nenni und in Geschäften zu kaufen. Über die Kulturgeschichte des irdenen Geschirrs informiert das Museum.

Autodromo: www.autodromoimola.it
Santuario della Madonna di San Luca: Via San Luca 36 | Kirche tgl. 7 – 19 Uhr | www.santuariodisanluca.it
Museo Internazionale delle Ceramiche: Di. – So. 10 – 19 Uhr Eintritt 10 € | www.micfaenza.org

★ BOZEN · BOLZANO

Region: Trentino-Südtirol · Trentino-Alto Adige | **Provinz:** Bolzanzo
Höhe: 262 m ü. d. M. | **Einwohnerzahl:** 107 000

C 13

Bereits im zeitigen Frühjahr herrscht in der Bozener Altstadt, zwischen Obstmarkt und Waltherplatz, ein ziemliches Gedränge und man muss sich ranhalten, um einen der vielen, mit weißem Leinen gedeckten Tische in den Restaurants und Cafés zu ergattern. In den Bozener Laubengängen, eine der exklusivsten Shopping-Adressen Südtirols, bringen Besucher die Kreditkarte zum Glühen, bevor sie sich in der historischen Bindergasse im »Weißen Rössl«, einem der ältesten Wirtshäuser der Stadt, zur Brotzeit treffen. Die lange als etwas dröge geltende Landeshauptstadt liegt voll im Trend und erscheint heute jung und hip zugleich, doch ohne das historische Erbe zu vernachlässigen.

ZIELE
BOZEN · BOLZANO

Die Provinzhauptstadt, Sitz der autonomen Regierung Südtirols, liegt zu Füßen der im Osten aufragenden Dolomiten in einem engen Tal, eingerahmt von den Flüssen Talfer, Eisack und Etsch. Hier kreuzen sich vielbefahrene Fernverkehrswege und Gebirgsstraßen. Die Stadt lebt außer vom Fremdenverkehr von Handel und Industrie und ist **Mittelpunkt der deutschsprachigen Südtiroler**. Eine Freie Universität und eine Fachhochschule für Design sorgen für studentisches Flair in der Messestadt.

Auf ein Glas Wein beim Ötzi

Etwas nördlich von Bozen erhebt sich über der Talfer das ab dem Jahr 1237 am Eingang des Sarntals errichtete **Schloss Runkelstein**. Es beherbergt den umfangreichsten profanen Freskenzyklus Südtirols: Als Ganzes rundet sich dieser ab dem 14. Jahrhundert entstandene Zyklus einheimischer Künstler zu einem »Bilderbuch der höfischen Spaßgesellschaft« (Sebastian Marseiler), in dem neben Rittern, Burgfräulein und Minnesängern auch berühmte Liebespaare wie Tristan und Isolde vorkommen. Die **Südtiroler Weinstraße** (Strada del Vino) wiederum beginnt südlich von Bozen und zieht sich durch Obst- und Weingärten sowie hübsche Weinorte bis nach Salurn (Salorno). Zu den bekanntesten Orten gehören die burgenreiche Gemeinde Eppan (Appiano) und Kaltern (Caldaro) mit seinem Südtiroler Weinmuseum und dem **Kalterer See**, dem wärmsten Badesee des Alpenraums.

Der lange Weg zur Selbstbestimmung

Seit die Römer einst die ladinische Urbevölkerung verdrängten, hat Südtirol viele Besitzer gesehen. Im 6./7. Jh. besiedelten Bayern das Land, an den Rändern (Dolomiten, Vinschgau) lebten Rätoromanen. 740 wurde Südtirol Teil des Fränkischen Reichs, 1363 kam es an die **Habsburger**, wo es – mit kurzer Unterbrechung zur napoleonischen Zeit – bis 1918 blieb. 1806 fiel Tirol an die mit Napoleon verbündeten Bayern. Gegen die »gottlosen Franzosenfreunde« regte sich bald Widerstand, der sich in einem von Wien unterstützten Volksaufstand entlud. Zu den Anführern gehörte **Andreas Hofer** (1767 – 1810). Dreimal schlugen die Tiroler die Franzosen vernichtend, aber der Krieg wurde woanders entschieden. Nach Niederlagen in Böhmen musste der österreichische Kaiser mit Napoleon und den Bayern im Oktober 1809 Frieden schließen und auf Tirol verzichten. In der vierten und letzten Schlacht, diesmal ohne österreichische Unterstützung, verloren die Aufständischen. Hofer floh, wurde aber auf der Pfandleralm im Passeier-Tal entdeckt und am 20. Februar 1810 in ▶Mantua erschossen.

Bewegte Geschichte

Das Gebiet um Bozen und Trient fiel an das napoleonische Königreich Italien, 1813 eroberten es die Österreicher zurück. Nach dem Ersten Weltkrieg erhielt Italien nicht nur das Trentino (im Italienischen Terre irredente = unerlöste Gebiete genannt), sondern auch die deutschsprachigen Gebiete nördlich der Salurner Klause. Die Regie-

ZIELE
BOZEN · BOLZANO

BOZEN ERLEBEN

ⓘ

Südtiroler Straße 60, 39100 Bozen
Tel. 0471 30 70 00
www.bolzano-bozen.it/de

🍽

KAISERKRON €€€
Mit typisch Südtiroler Gerichten werden Sie in dem gediegen-vornehmen Restaurant an hübsch eingedeckten Tischen verwöhnt.
Piazza della Mostra 1
Tel. 0471 02 80 00 , So. geschl.
www.ristorantezurkaiserkron.it

WALTHER'S €€
Schickes Restaurant am Waltherplatz. Vorzügliche Küche, die klassische Rezepte fantasievoll neu interpretiert.
Piazza Walther 6, Tel. 0471 98 25 48

BATZENHÄUSL €
Historisches Lokal im Herzen der Stadt, seit 1404 werden hier Gäste bewirtet. In geselliger Runde kommen deftige Schmankerl wie Haxe oder Rippchen mit Sauerkraut und Knödeln, aber auch Klassiker der italienischen Küche auf den Tisch.
Andreas-Hofer-Straße 30
Tel. 0471 05 09 50
www.batzen.it

🏠

PARK HOTEL LAURIN €€€
Sagenhaft schönes Jugendstil-Hotel in einem kleinen Park. Es bietet modernen Komfort, geschmackvoll eingerichtete Zimmer, ein edles Restaurant mit Stuck und Kronleuchtern sowie ein Schwimmbad.
Laurinstraße 4
Tel. 0471 31 10 00
www.laurin.it

MAGDALENERHOF €€€
Hübsches Hotel im Südtiroler Stil, ruhige Lage am Stadtrand, komfortable Zimmer, rustikales Restaurant und gemütliche Stube, beheiztes Freibad.
Rentscher Straße 48a
Tel. 0471 97 82 67
www.magdalenerhof.it

RESIDENZ FINK €€
Wohnen wie die Alteingesessenen: Sie haben die Wahl zwischen mehreren, zauberhaft eingerichteten Appartements direkt in der Altstadt von Bozen.
Mustergasse 9
Tel. 0471 09 50 91
www.residence-fink.it
12 Appartements

---

rung leitete eine **massive Italianisierung** ein. Lebten 1910 rund 7 000 Italiener in Südtirol, so waren es 1939 bereits 81 000, 1981 gar 123 000. Zu Beginn des Zweiten Weltkriegs wurden die Südtiroler erneut zum Faustpfand, als Hitler und Mussolini das berüchtigte Optionsabkommen vereinbarten. Den Südtirolern blieb die Wahl, ob sie in ihnen zugeteilte Gebiete im Deutschen Reich auswandern oder als italienische Staatsangehörige in Südtirol bleiben wollten. Rund 75 000 Menschen (86%) kehrten damals ihrer Heimat den Rücken. 1946 wurde der Bevölkerung Zweisprachigkeit und eine gewisse Selbstverwaltung zugesagt. 1969 gestand Italien dann weitgehende Selbstbestimmung zu. Doch erst 1992 trat das sogenannte **Autono-**

miepaket in Kraft. Heute leben in Südtirol etwa 68 % deutschstämmige Tiroler (280 000), 28 % Italiener (129 000) und 4 % Ladiner (17 000), Letztere v. a. im Grödnertal.

Wohin in Bozen?

Der Minnesänger
Mittelpunkt der Stadt ist der Waltherplatz, benannt nach dem möglicherweise auf dem Vogelweider Hof bei Lajen geborenen Minnesänger Walther von der Vogelweide (1170 – 1230). Hier befindet sich die vom 13. bis 15. Jh. erbaute gotische Pfarrkirche mit ihrem mehrfarbigen Dach und dem 62 m hohen Turm aus dem frühen 16. Jh. Rund 100 m westlich folgt die um 1270 erbaute **Dominikanerkirche**, deren Zierde die prächtigen Fresken der Johanneskapelle sind. Giottoschüler schufen sie 1340. Zu sehen sind Szenen aus dem Marienleben, Heiligenlegenden sowie ein »Triumph des Todes«. Die Fresken im Kreuzgang malte um 1490 Friedrich Pacher. Nahe dem Dominikanerplatz mündet die Goethestraße in den bunten Obstmarkt. Von dort gelangt man in die **Franziskanergasse** mit der gleichnamigen, Anfang des 14. Jh.s erbauten Kirche. Dort verdienen der Schnitzaltar von Hans Klocker (1500) sowie der mit Fresken aus der Giottoschule verzierte Kreuzgang aus dem 14. Jh. Beachtung. Weiter geht es durch die Dr.-Joseph-Streitergasse und die Bindergasse zum Rathausplatz, der von alten Häusern mit stuckdekorierten Fassaden im Rokokostil umgeben ist.

★ Waltherplatz und Rathausplatz

Der Mann aus dem Eis
Hier beginnt die **Laubengasse**, die lebendige Fußgängerzone Bozens mit Bürgerhäusern aus dem 17. Jh. Sie mündet in die Museumsstraße, an deren Ende das Stadtmuseum mit einer umfangreichen Sammlung zur Kunst- und Kulturgeschichte Südtirols den Besucher erwartet. Eine ganz besondere Attraktion ist zuvor allerdings noch das Archäologische Museum, der neue Aufenthaltsort des **Gletschermanns »Ötzi«** (▶ Baedeker Wissen, S. 146/147). Darüber hinaus wird die Geschichte Südtirols von der Altsteinzeit bis zum frühen Mittelalter auf höchst anschauliche Art und Weise geschildert. Weiter südlich liegt das **Museion**, ein Museum für moderne und zeitgenössische Kunst. Die vom Sarntal herabströmende Talfer markiert schließlich die Grenze zwischen dem mittelalterlichen Bozen, in dem noch vornehmlich Deutsch gesprochen wird, und dem zwischen den Weltkriegen im sogenannten rationalistischen Stil erbauten **Nuovo Bolzano**, in das sich kaum ein Tourist verirrt.

★ Ötzi im Stadtmuseum

Archäologisches Museum: Via Museo 43 | Di. – So. 10 – 18 Uhr; Juli, Aug., Sept. und Dez. tgl. | Eintritt 13 € | www.iceman.it
Museion: Piazza Piero Siena 1 | Di. – So. 10 – 18, Do. bis 22 (ab 18 Uhr freier Eintritt) | Eintritt 10 € | www.museion.it

DER MANN AUS DEM EIS

Die Entdeckung Ötzis im September 1991 war eine echte Sensation. Heute ist der besterforschte Tote der Welt die Hauptsehenswürdigkeit im eigens für ihn errichteten Bozener Archäologiemuseum, wo die Mumie bei exakt minus 6 Grad und 98% Luftfeuchtigkeit ruht. 2011 gaben holländische Spezialisten Ötzi Gesicht und Körper: Aus Silikon und Plastilin entstand Ötzi 2.0.

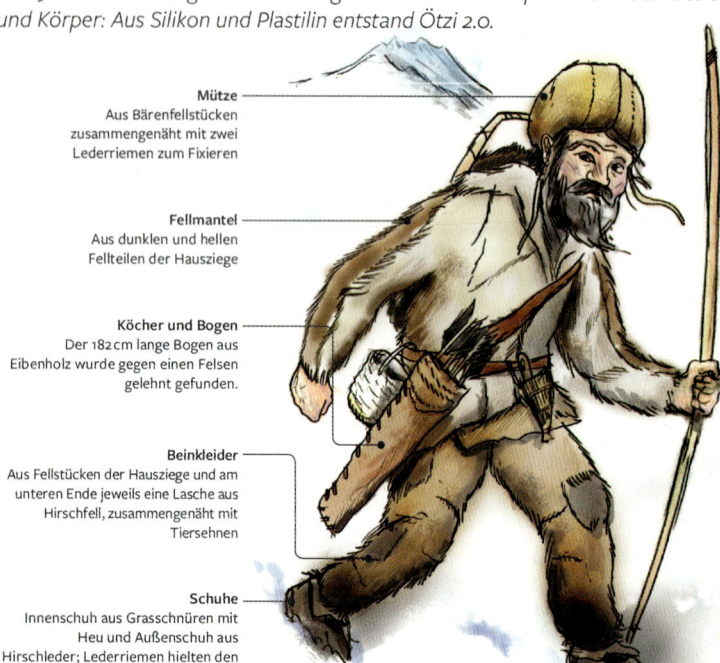

BAEDEKER WISSEN

Mütze
Aus Bärenfellstücken zusammengenäht mit zwei Lederriemen zum Fixieren

Fellmantel
Aus dunklen und hellen Fellteilen der Hausziege

Köcher und Bogen
Der 182 cm lange Bogen aus Eibenholz wurde gegen einen Felsen gelehnt gefunden.

Beinkleider
Aus Fellstücken der Hausziege und am unteren Ende jeweils eine Lasche aus Hirschfell, zusammengenäht mit Tiersehnen

Schuhe
Innenschuh aus Grasschnüren mit Heu und Außenschuh aus Hirschleder; Lederriemen hielten den Schuh zusammen.

▶ Zahlen und Fakten

Alter der Mumie	ca. 5250 Jahre
Lebensalter:	45–46 Jahre
Größe:	1,60 m (heute 1,54 m)
Gewicht:	50 kg (heute 15 kg)
Schuhgröße:	38
Haare:	gewellt, mittellang und dunkelbraun bis schwarz
Besondere Merkmale:	Drei Millimeter breite Lücke zwischen den beiden vorderen Schneidezähnen; es fehlen alle vier Weisheitszähne und das zwölfte Rippenpaar

▶ Der Fund des Ötzi

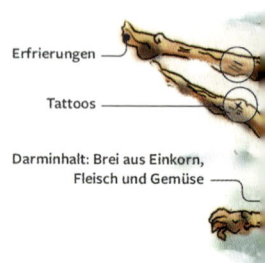

Erfrierungen

Tattoos

Darminhalt: Brei aus Einkorn, Fleisch und Gemüse

Gebiss mit starken Abnutzungsspuren

Weitere mitgeführte Werkzeuge

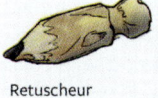

- Beil (60 cm)
- Rückentrage
- Dolch mit Bastscheide
- Köcher samt Inhalt
- Gürtel mit Gürteltasche
- Retuscheur
- Birkenrindengefäße
- Netz
- Kleine Hausapotheke
- Steinscheibe & Quaste

Schwarze Lunge durch Rauchpartikel

Nasenbeinbruch

▶ Fundort und Fundsituation

Der Fundort in den Ötztaler Alpen auf dem Hauslabjoch-Gletscher auf 2310 m Höhe befindet sich 92,56 Meter von der Grenze entfernt auf Südtiroler Boden. Gefunden wurde die Mumie von einem deutschen Ehepaar aus Nürnberg.

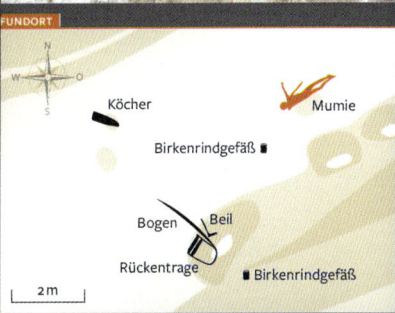

ÖSTERREICH — ▲ Wildspitze 3768 m — 3210 m — FUNDORT — Meran — VINSCHGAU — Bozen — **ITALIEN** — 10 km

FUNDORT: Köcher, Mumie, Birkenrindegefäß, Bogen, Beil, Rückentrage, Birkenrindegefäß — 2 m

▶ Ötzis Tattoos

Die Mumie weist über 50 Tätowierungen in Form von Strichbündeln und Kreuzen auf. Sie befinden sich an Körperstellen, an denen Ötzi Verschleißerscheinungen hatte. Es ist daher zu vermuten, dass sie aus therapeutischen Gründen unter die Haut gebracht wurden. Anders als bei modernen Tätowierungstechniken wurden die Zeichen nicht mit Nadeln, sondern durch feine Schnitte beigebracht, in die anschließend Holzkohle gerieben wurde.

Rund um Bozen

Eine sehr alte Bischofsstadt

Brixen · Bressanone

Brixen, die älteste und drittgrößte Stadt Südtirols, liegt am Fuße der 2486 m hohen Plose. Fast tausend Jahre lang war die Stadt Bischofssitz – eine Tatsache, die bis heute das Stadtbild prägt. Nahe dem recht spät errichteten Dom von 1745 liegt ein um 1200 gebauter **romanischer Kreuzgang**, dessen Gewölbe von 1390 bis 1510 mit prächtigen Fresken ausgemalt wurden. Das Pharmaziemuseum (Adlerbrückengasse 4) veranschaulicht mehr als 400 Jahre Pharmaziegeschichte. In der ehemals fürstbischöflichen **Hofburg** (Palazzo vescovile) südwestlich des Doms besticht der Renaissanceinnenhof mit Terrakottafiguren, geschaffen um 1600 von dem Schongauer Meister Hans Reichle. Eine berühmte Krippensammlung sowie mittelalterliche Sakralkunst birgt das Diözesanmuseum, das seine Schätze in der Burg präsentiert.

Kloster Neustift, ein Augustiner-Chorherrenstift (Abbazia di Novacella) 3 km außerhalb von Brixen, wurde im Jahr 1124 gegründet. Zu den ältesten Bauten gehört die Michaelskapelle, ein zinnengekrönter Rundbau aus romanischer Zeit. Die Deckenfresken der benachbarten, um 1730 barockisierten Klosterkirche schuf Matthias Günther.

Hofburg: Hofburgplatz 2 | Juni – Sep. tgl. 10 – 18.30, sonst bis 17 Uhr, dt. Kombi-Führung (Hofburg u. Dombezirk) Di. u. Do. 15 Uhr | Eintritt 10 €, Führung 15 € | www.hofburg.it

Kloster Neustift: Stift nur mit Führung: Mo-Fr. um 11 u. 14.30, Sa. 11 Uhr | Tel. 0472 836189 | Eintritt: 15 € | Stiftsmuseum: Mo – Sa. 10 – 17 Uhr | Eintritt: 10 € | www.kloster-neustift.it

Faszination Berg

Messner Mountain Museum

Schloss Sigmundskron heißt nun **MMM Firmian**: »MMM« steht für Messner Mountain Museum, ein sechsteiliges Museumsprojekt, das Reinhold Messner als seinen »15. Achttausender« bezeichnete. Allein in den Umbau von Schloss Sigmundskron investierte der Felskletterer, Expeditionsbergsteiger, Pol- und Wüstendurchquerer zehn Jahre seines Lebens. Als Architekt beauftragte er Werner Tscholl, dem es gelang, die Ursprünglichkeit des historischen Gemäuers zu erhalten. Und: Seine Glas- und Stahlkonstruktionen lassen sich leicht wieder entfernen, wenn der Pachtvertrag nach 30 Jahren ausläuft.

Jedes der **sechs Museen** ist einem eigenen Thema gewidmet. Im MMM Firmian geht es um die Auseinandersetzung zwischen Mensch und Berg, die nicht selten einen tödlichen Ausgang hat. Zu den bewegendsten Exponaten gehört der Schuh des verunglückten Bruders von Reinhold Messner. Das unterirdisch angelegte **MMM Ortles** in Sulden ist dem Thema Eis gewidmet. Auf **Schloss Juval** steht der Mythos Berg im Mittelpunkt (▶ Meran). **MMM Dolomites** auf dem Monte Rite (2181 m) in der Provinz Belluno erzählt die Erschlie-

ZIELE
BOZEN · BOLZANO

Das MMM Firmian auf Schloss Sigmundskron hat das Verhältnis des Menschen zur Bergwelt zum Thema.

ßungsgeschichte der Dolomiten. **Schloss Bruneck** ist den Bergvölkern der Erde gewidmet. Der sechste Teil des MMM wurde von der Architektin Zaha Hadid gestaltet und 2015 auf dem **Kronplatz** (2275 m), dem Hausberg von Bruneck (s. u.), seiner Bestimmung übergeben. In diesem Museum steht die Thematik »Fels, Klettern und Bergsteigen« im Mittelpunkt. Alles zusammen eröffnet eine faszinierende Berg- und Erlebniswelt.

MMM Firmian: 3. So. im März – 2. So. im Nov. Fr. – Mi. 10 – 18 Uhr
Eintritt 13 € | www.messner-mountain-museum.it

Gehen Sie auf Täler-Tour

Bruneck, 27 km nordöstlich von Brixen, gehört mit seiner von Häusern aus dem 15. und 16. Jh. flankierten Stadtgasse zu den schönsten Orten Tirols. Im **Volkskundemuseum** mit angeschlossenem Freigelände (Museo Etnografico, im 2 km nordöstlich gelegenen Dietenheim/Teodone) erfährt man viel über die Region und ihre bäuerliche Vergangenheit. Fährt man von dort auf der SS 49 weiter, bietet sich eine Täler-Tour an. Sie beginnt im Pragser Tal, das im **Naturpark Fanes-Sennes-Prags** liegt. In Innichen geht das Pustertal in das schöne Sextner Tal (Valle di Sesto) über, das von den eindrucksvollen Dreischuster-Spitzen (3145 m), der Rotwand (2939 m), den Drei Zinnen (2998 m) und den bis zu 3000 m hohen Wänden der Sextner Sonnenuhr überragt wird.

Bruneck ·
Brunico

ZIELE
BRESCIA

BRESCIA

Region: Lombardei · Lombardia | **Provinz:** Brescia
Höhe: 149 m ü. d. M. | **Einwohnerzahl:** 196 700

D 12

Adrenalin und Benzingeruch prägen die Atmosphäre in der kopfsteingepflasterten Altstadt, umgeben von Jahrhunderte alten Palästen. Die eigentlichen Stars sind aber die Autos, Oldtimer mit Baujahr zwischen 1927 und 1957, die jedes Jahr aufs Neue tausende von Fans aus aller Welt anziehen. Seit 1977 wird die legendäre Mille Miglia, ein Klassiker unter den Langstrecken-Straßenrennen, auch in Brescia ausgetragen, jubeln im historischen Zentrum die Zuschauer.

Oldtimer und eine Rotonda

Wahnsinn ist auch die Kulisse des Events, denn wohin Sie auch blicken: Die über zwei Jahrtausende alte und aufregende Vergangenheit der Provinzhauptstadt ist in den reichen Kunstschätzen noch heute präsent. Etwa auf dem **Cidneo-Hügel**, benannt nach Cidno, dem mythischen Gott der Ligurer. Die Visconti errichteten dort im 15. Jh. eine Festung, die heute ein Waffenmuseum sowie das Museo del Risorgimento, das »Freiheitskampf-Museum«, beherbergt.
Waffenmuseum und Museo del Risorgimento: Di. – Fr. 9 – 17, Sa., So. bis 18 Uhr | Eintritt je 5 € | www.bresciamusei.com

▌ Wohin in Brescia?

Bedeutende Ausgrabungsstätte

Antikes Forum

Unterhalb des mittelalterlichen Castello, nahe der Piazza del Foro, liegt das bedeutendste archäologische Feld Norditaliens: das antike Forum Brescias. Das augenfälligste Stück ist der (teils rekonstruierte) **Tempio Capitolino**, den Vespasian 73 n. Chr. erbauen ließ. An die Tempelanlage schließt sich das zum Teil noch unter dem Palazzo Gambara gelegene Teatro Romano an, das einst 15 000 Plätze umfasst haben soll. In den Ruinen des Kapitolstempels hat das **Museo Romano** seinn Sitz. Hauptsehenswürdigkeit ist die geflügelte Siegesgöttin, heute das Wahrzeichen von Brescia (ca. 70 n. Chr.).
Brixia Parco archeologico di Brescia romana: Di. – Fr. 9 – 17, Sa. u. So. bis 18 Uhr | Eintritt 8 € | www.bresciamusei.com

Römischer Luxus

Museo della Città

Das ehemalige Benediktinerinnenkloster Santa Giulia ist ursprünglich eine Gründung des Langobardenkönigs Desiderius (8. Jh.). Heute beherbergt es einen sehenswerten Museumskomplex und gehört mit den eingegliederten Ausgrabungsstätten zum Welterbe der UNESCO. Im

ZIELE
BRESCIA

Klosterkomplex befindet sich das Museo della città, in dem die Geschichte Brescias von der Bronzezeit bis heute dokumentiert wird. Zu den Museumsschätzen gehört das Kreuz des Desiderius (8./9. Jh.). Die Malereien im Mittelschiff der Kirche San Salvatore und die Kapitelle der Marmorsäulen stammen aus dem 9. Jh. Sehenswert ist die in den Museumskomplex integrierte Ausgrabungsstätte mit Überresten dreier **Villen aus römischer Zeit**, die nicht nur über kunstvolle Mosaike sondern bereits über eine Art Warmwasser-Zentralheizung verfügten.
Museo di Santa Giulia: Di. – Fr. 9 – 17, Sa., So. bis 18 Uhr
www.bresciamusei.com | Eintritt 10 €

BRESCIA ERLEBEN

Via Trieste 1, Brescia
Tel. 030 30 61 266,
www.bresciamobilita.it
www.bresciatourism.it

❶ OSTERIA DEL SAVIO €€
Hier werden in heiter-hellem Ambiente typische Regionalspezialitäten mit raffinierten Kreationen kombiniert.
Via Piamarta 1A, Tel. 030 290 65 11
Mo. geschl., Di. – Sa. nur abends,
So. auch mittags
www.osteria-delsavio.com

❷ OSTERIA AL BIANCHI €€
Nahe bei der Piazza della Loggia tischt Franco Masserdotti seit über 30 Jahren deftige Gerichte auf wie Gnocchi aus Edelkastanienmehl oder Eselragout in Barolo.
Via Gasparo da Salò 32
Tel. 030 29 23 28
Di. und Mi. geschl.
www.osteriaalbianchi.it

❶ ALBERGO DELL'OROLOGIO €€
Charmantes kleines Hotel in der historischen Altstadt nahe am pittoresken Uhrenturm. Eines der mit Antiquitäten möblierten Zimmer bietet direkten Blick auf das Glockenspiel.
Via Cesare Beccaria 17
Tel. 030 375 54 11
www.albergoorologio.it

❷ MASTER €€
Modernes, durchgestyltes Hotel unterhalb des Kastells, nicht weit vom Zentrum. Restaurant, Bar und Lounge.
Via Luigi Apollonio 72
Tel. 030 399 037
www.hotelmaster.net

❸ PARK HOTEL CA' NÖA €
Großzügiges Hotel in ruhiger Lage im Norden der Stadt, sehr geschmackvolle Inneneinrichtung, stilvolle und wohnliche Zimmer, Schwimmbad und Fitnessstudio.
Via Triumplina 66
Tel. 030 39 87 62
www.hotelcanoa.it

❹ CRISTALLO €
Hotel nahe dem Bahnhof, praktisch eingerichtete Zimmer.
Viale Stazione 12/A
Tel. 030 377 24 68
www.hotelcristallobrescia.com

ZIELE
BRESCIA

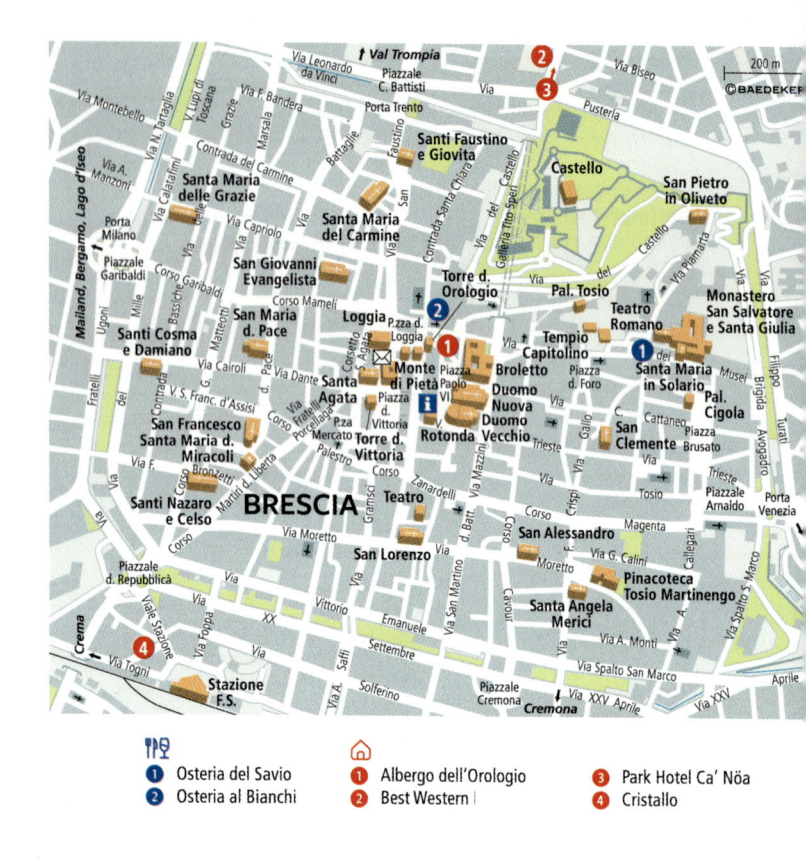

- ① Osteria del Savio
- ② Osteria al Bianchi
- ① Albergo dell'Orologio
- ② Best Western
- ③ Park Hotel Ca' Nöa
- ④ Cristallo

Dom im Doppelpack

Piazza Paolo VI
Gleich zwei Dome entdeckt man an der Piazza Paolo VI. Neben dem gewaltigen Duomo Nuovo scheint der alte Dom fast zu verschwinden. Und doch ist der **Rotonda** genannte romanische Rundbau das eigentliche Schmuckstück des Platzes. Im 11. Jh. wurden seine Mauern über den Resten einer frühchristlichen Basilika hochgezogen. Auch die Fußbodenmosaike sowie die Cripta di San Filastrio mit Säulenkapitellen aus dem 6. und 9. Jh. gehen auf Vorgängerbauten zurück. Die Gemälde im Chor schufen Moretto und Romanino.
Beherrschender Bau an der Piazza ist aber der **Duomo Nuovo**. 1604 begonnen, zogen sich die Arbeiten bis ins 19. Jh. hinein. Die Kuppel, 1825 von L. Cagnola entworfen, ist mit 80 m Höhe nach dem Petersdom in Rom und S. Maria del Fiore in Florenz die drittgrößte ihrer Art in Italien.

ZIELE
BRESCIA

Vorbild Venedig
Ganz nach venezianischem Vorbild ist die Piazza della Loggia gestaltet, entstanden als Ensemble Ende des 15. Jh.s, als Brescia zur Republik Venedig gehörte. Die künstlerischen Einflüsse sind deutlich an den Arkadengängen und dem Uhrturm (Torre dell'Orologio; 1595) erkennbar. Auffälligstes Gebäude ist die Loggia, der etwas wuchtige **Palazzo del Comune**, dessen Obergeschoss u. a. von den berühmten venezianischen Baumeistern Jacopo Sansovino und Andrea Palladio entworfen wurde. Weiter findet man an der Piazza den Monte di Pietà, das einstige Leihhaus sowie die Kirche S. Giovanni Evangelista, in der Gemälde von Romanino und Moretto zu sehen sind.

Piazza della Loggia

Rund um Brescia

Der Westen schroff, der Osten lieblich
Der Iseosee, italienisch Sebino genannt, ist mit 25 km Länge, bis zu 2,5 km Breite und 251 m Tiefe **einer der größten Seen Italiens**. Eine Fahrt entlang seines schroffen Westufers beschert atemberaubende Ausblicke. Lieblich präsentiert sich dagegen das Ostufer mit seinen Fischerhäfen, romanischen Kirchen und von Oleander und Palmen gesäumten Promenaden. Hier locken v. a. Iseo und Sarnico Besucher an. Im See liegt die dicht bewaldete Insel **Monte Isola**, deren Hauptort Peschiera Maràglio heißt. Einen wunderbaren Ausblick genießt man von der Wallfahrtskapelle Madonna della Ceriola (16. Jh.). Fährschiffe starten im Hafen von Iseo.

Lago d'Iseo

Frühgeschichtliche Funde der Extraklasse...
... erwarten die Besucher im Valcamonica (auch: Val Camonica). Vor etwa 8000 Jahren hämmerten und ritzten die hier ansässigen Camunen Tausende von **Felszeichnungen** in das glatte Gestein. Die Sgraffiti legen ein beredtes Zeugnis von der Lebensweise dieses Volkes ab. Der berühmteste Fundort »Naquane« in Capo di Ponte ist der Parco Nazionale delle Incisioni Rupestri (UNESCO-Welterbe). In der Nähe von Brescia, zwischen Valcamonica und Franciacorta, wird heute ein Großteil der italienischen **Schaumweine** in klassischer Flaschengährung erzeugt. Bei Edolo beginnt der hoch gelegene Teil des Valcamonica, an dessen Ende Ponte di Legno liegt, ein bekannter Skiort (1260 m) zwischen der Ortler- und der Adamello-Gruppe. Die schwefel- und kalkhaltigen Quellen von **Boario Terme**, 15 km nordöstlich von Lovere, schätzte schon Paracelsus, der geistige Vater heutiger Heilpraktiker. Im Parco di Luine sind einige Felsgravierungen zu sehen.

★
Valcamonica

Parco Nazionale delle Incisioni Rupestri: Località Naquane, Capo di Ponte | Di.-Do. 8.30-14, Fr./Sa. 8.30-17.30, So. 8.30-14 Uhr | 6 €

ZIELE
CAPRI · ISOLA DI CAPRI

★ CAPRI · ISOLA DI CAPRI

Region: Kampanien · Campania | **Provinz:** Napoli | **Fläche:** 10,5 km²
Höhe: Meereshöhe bis 589 m ü. d. M. | **Einwohnerzahl:** 14 200

O 19

»Wenn bei Capri die rote Sonne im Meer versinkt...« Die vielbesungene Insel berauscht längst nicht mehr nur Nostalgiker. Capri hat sich neu erfunden, scheint es: Zunehmend sind junge Trendsetter vom großen Angebot an Restaurants, edlen Shops und schicken Boutiquehotels, Festivals und Events angezogen. Heute verzaubert Capri wieder mit Leichtigkeit und Nonchalance.

Wo die Sonne im Meer versinkt ...

Wohin man auch blickt: das klare Wasser der kleinen Buchten und das Weiß der Kalkfelsen – alles versprüht eine bezaubernde Atmosphäre und hinzu kommen atemberaubende Panoramen. Mit ihren vielen Grotten und Korallenriffen ist die an Naturschönheiten so reiche Insel heute auch eine Top-Adresse für Taucher und Schnorchelbegeisterte. Lange ist es her, dass Rudi Schuricke mit seinem Lied den Nerv der Zeit traf. Und längst fahren Capris Fischer nicht mehr aufs Meer hinaus, sondern haben lukrativere Einnahmequellen entdeckt. Beispielsweise Touren mit dem Motorboot für Besucher zu den diversen Grotten der Insel. Weltberühmt ist die **Grotta Azzurra**, die Blaue Grotte, eine vielbeschriebene Naturstein-Höhle. Angelaufen werden aber auch Grotta Bianca, Grotta Meravigliosa, Grotta Verde und – last but not least – die Grotta Rossa.

① Aurora
② Il Riccio
③ La Capannina
④ Da Gelsomina

① Grand Hotel Quisisana
② Casa Morgano
③ Villa Sarah
④ Il Girasole

154

ZIELE
CAPRI · ISOLA DI CAPRI

CAPRI ERLEBEN

Piazza Umberto I 19
80073 Capri
Tel. 081 837 06 86
www.capritourism.com

ANREISE
Mehrmals täglich fahren Fähren und Tragflügelboote vom italienischen Festland nach Capri, u. a. von Neapel, Sorrent, Positano und Amalfi. Auch zur benachbarten Insel ▶ Ischia gibt es eine Schiffsverbindung.

In der ersten Septemberwoche feiert man auf Capri die Settembrata anacaprese mit einer großen, bunten Wagenparade, danach messen sich die vier Stadtteile Anacapris im Wettkampf um die begehrte goldene Weintraube.

TAUCHEN
Die beliebtesten Plätze liegen entlang der Punta Carena und Punta del Monaco, hier schweben Taucher über wunderschöne Sandbänke und durch Felstorbögen. Eine gute Adresse ist die Tauchschule Bagni Internazionali (besonders für Fortgeschrittene).
Via Marina Piccola 95
Tel. 081 837 02 64
www.bagninternazionali.com

❶ AURORA €€
Für nicht wenige Alteingesessene ist das kleine Lokal im Zentrum Capris beste Adresse, um traditionelle Pizza (neuerdings auch Fisch und Meeresfrüchte) zu genießen. Kein Wunder, denn im Aurora sorgen seit über 100 Jahren (!) Generationen der Familie D'Alessio dafür, dass alles von bester Qualität ist.
Via Fuorlovado 18
Tel. 081 837 01 81
https://auroracapri.com

❷ IL RICCIO €€
Toller Meerblick, freundliches Personal in ungezwungener Atmosphäre – dazu gibt's leckeren Fisch und Krustentiere.
Via Gradola 4, Anacapri
Tel. 081 837 13 80
tgl. mittags, Do.–So. auch abends
www.capripalace.com

❸ LA CAPANNINA €€
Zweifellos eines der besten Lokale der Insel, um Spaghetti carbonara oder eine deftige Pasta al forno zu genießen. Das rosa gestylte Restaurant ist übrigens seit 1931 in Familienbesitz.
Via Le Botteghe 14
Tel. 081 837 07 32
www.capanninacapri.it

❹ DA GELSOMINA €€€
Delikate Bauern- und Fischküche, 30 appetitanregende Gehminuten von Anacapri. Auch ruhige, komfortable Gästezimmer mit Blick auf Ischia und den Sonnenuntergang.
Anacapri, Via Migliera 72
Tel. 081 83 71 499
www.dagelsomina.com
Mitte März – Mitte Nov.

❶ GRAND HOTEL QUISISANA €€€€
Ein Traum von einem Hotel stellt dieses mondäne Anwesen dar, das seine Gäste seit 1845 mit allem erdenklichen Komfort und Luxus verwöhnt. Elegantes Restaurant, exklu-

siver Spa-Bereich mit zwei Schwimmbädern, Sauna und vielen Wellnessangeboten.
Via Camerelle 2
Tel. 081 0901333
www.quisisana.com

❷ CASA MORGANO €€€€
Romantisches, bilderbuchartiges Luxushotel an der schönsten Panoramastraße Capris, geschmackvolle Zimmer, alle mit eigener Terrasse und grandioser Aussicht. Kein Restaurant im Haus, aber dafür ein herrlicher Swimmingpool, Tennisplatz und ein wunderschöner Garten. Hier kann man für einige Tage perfekt entspannen und herrlich Sonne tanken.
Via Tragara 6
Tel. 081 837 01 58
www.casamorgano.com

❸ VILLA SARAH €€€
Nettes, kleines Hotel in einem früheren Privathaus, familiäre Atmosphäre, ganz individuell eingerichtete Zimmer.
Via Tiberio 3a
Tel. 081 837 78 17
www.villasarah.it

❹ IL GIRASOLE €€
Ruhige Hotelanlage im Grünen mit Blick aufs Meer, schöner Garten mit Terrasse und Swimmingpool, einfache Zimmer.
Via Rio Linciano 47, Anacapri
Tel. 081 837 23 51
www.ilgirasole.com

Bizarr trifft lieblich

Landschaftsbild

Schon im Altertum war Caprae, nahe Sorrent im Golf von Neapel gelegen, ein beliebter Aufenthaltsort der Kaiser Augustus und Tiberius. Im 19. Jh. kamen reisefreudige Engländer, dann zahlreiche Maler und Schriftsteller und nach dem Krieg die Deutschen, angelockt durch den 1943 komponierten Capri-Fischer-Schlager. Capris Schönheit ist Legende. Die 6 km lange und maximal 2,5 km breite Insel steigt mit ihren **schroffen Kalksteinwänden** bis zu 589 m hoch aus dem Meer auf. Charakteristisch für das Küstenbild sind die bizarren Felsbildungen, die rauen Klippen und vor allem die zahlreichen Höhlen und Grotten. Oben auf dem Plateau ist die Insel grün und lieblich, Orangen- und Zitronenhaine, Obstgärten und eine artenreiche Mittelmeervegetation prägen das Landschaftsbild. Zwei Gemeinden, Capri und Anacapri, teilen sich die Insel.

| Wohin auf Capri?

Schlendern und shoppen

Das Städtchen Capri

Das Tor zur Insel ist der Hafen, die Marina Grande, wo die Linienschiffe anlegen. Von hier gelangt man am schnellsten mit der Standseilbahn (5 Min.), mit dem Taxi oder dem Kleinbus auf der aussichtsreichen Serpentinenstraße hinauf nach Capri. Gleich bei der Endstation der Seilbahn liegt die **Piazza Umberto I.**, der zentrale Treffpunkt Capris. Von hier führen ein paar Stufen zur kuppelbekrönten Pfarrkirche Santo Stefano (1685–1725) und zum Palazzo Cerio hinauf,

ZIELE
CAPRI · ISOLA DI CAPRI

dessen älteste Bauteile aus dem 14. Jh. stammen. In den von der Piazzetta ausgehenden Straßen und Gassen, insbesondere in der Via V. Emanuele, der Via Camerelle, der Via Le Botteghe und der Via Tragara, findet man zahlreiche Restaurants, Souvenirläden, Delikatessengeschäfte und Modeboutiquen.

Über die Via V. Emanuele, die Via F. Serena und weiter die Via Matteotti kommt man zu den **Giardini di Augusto**, einer Parkanlage mit herrlichem Meerblick. Unterhalb des Parks schlängelt sich die Via Krupp den steilen Felsabhang hinab. Der deutsche Industrielle Alfred Krupp ermöglichte seiner Wahlheimat 1902 den Bau dieser Straße, die Capri mit dem Hafen Marina Piccola verbindet.

Ein Pionier der alternativen Lebensweise

Oberhalb der steilen Südküste liegt das 1371 gegründete einstige Kartäuserkloster Certosa di San Giacomo, in dem sich heute das dem deutschen Maler Karl Wilhelm Diefenbach gewidmete **Museo Diefenbach** befindet: Der 1913 auf Capri gestorbene Maler war ein Pionier der alternativen Lebensweise. Bereits um 1900 kämpfte er für vegetarische Ernährung, Freikörperkultur und Gemeinbesitz. Einen eigenen Besuch verdienen die Klosterkirche mit ihrem gotischen Portal und die beiden Kreuzgänge, die man über das Belvedere erreicht.

Località Certosa di San Giacomo | Juli–Sept.: Di.–So. 10–18, sonst bis 16, im Winter bis 14 Uhr | Eintritt: 6 €

Certosa di San Giacomo

Fotoapparat nicht vergessen!

Vom noblen Traditionshotel Quisisana in der Via Camerelle erreicht man in etwa 15 Minuten den Belvedere di Tragara. Von hier aus genießt man einen unvergleichlichen Blick auf die zerklüftete Südküste und die markanten Felsklippen, bekannt als **I Faraglioni**, die dort aus dem Wasser ragen. Vom Belvedere führt ein schöner Fußweg zum berühmten Felsentor Arco Naturale an der Ostküste der Insel. Von dort geht es eine steile Treppe hinab zur **Grotta Matermània**, einem antiken Quell- oder Wasserheiligtum. Über eine weitere Treppe gelangt man zur Punta di Massullo, auf deren spitzem Felssporn die rot getünchte Villa des exzentrischen Dichters Curzio Malaparte steht. Seiner eigenwilligen Form wegen erhielt das Gebäude, in dem heute Tagungen abgehalten werden, den Spitznamen »Bügeleisen«.

Belvedere di Tragara und Arco Naturale

Auch als Ruine noch beeindruckend

Unbedingt besuchen sollte man das Ausgrabungsgelände der Villa von Kaiser Tiberius, nach dem römischen Gott Jupiter Villa Jovis genannt. Der um einen rechteckigen Innenhof angelegte Palastkomplex ist auch im Zustand der Ruine noch sehr beeindruckend. Zu der **kaiserlichen Villa**, die sich Tiberius in beherrschender Lage oberhalb der Steilküste erbauen ließ, gehörten neben den Reprä-

★

Villa Jovis

ZIELE
CAPRI · ISOLA DI CAPRI

sentations- und Wohnräumen auch große Zisternen, Thermen und ein Terrassenpark. Beim Eingang zum Palastbereich wird auf den sogenannten »Salto di Tiberio« hingewiesen, einen zum Meer abfallenden Felsen, von dem angeblich die zum Tode Verurteilten gestoßen wurden. In der Nähe erkennt man die Reste eines **antiken Leuchtturms**.

Öffnungszeiten Villa Jovis ändern sich häufig, am besten in der Touristeninformation (▶155) nachfragen

Heute ist die Anreise kein Problem mehr

Anacapri Auf einer Hochebene im Westen Capris liegt Anacapri, das erst seit 1874 mit dem Hauptort durch eine Straße verbunden ist. In früheren Zeiten war das Städtchen nur über einen steilen Fußweg bzw. über eine von der Marina Grande heraufkommende antike Treppe, die so-

BAEDEKER MAGISCHE MOMENTE

AUGENBLICK, VERWEILE DOCH!

Vom höher gelegenen Anacapri geht es mit dem Einser-Sessellift in zwölf Minuten auf den Monte Solaro, den höchsten Gipfel der legendären Insel: Hier, auf 598 m Seehöhe, lässt Sie der Ausblick auf Insel und Bucht verstummen. Ganz Capri liegt zu Ihren Füßen. An klaren Sommertagen reicht der Blick über den Golf bis in den Cilento. Himmlisch! Das gefiel schon Kaiser Augustus.

genannte **Scala Fenicia** (über 500 Stufen) zu erreichen. Die Stufen enden im Ortsteil Capodimonte, ganz in der Nähe der Cappella di Sant'Antonio und des 1535 zerstörten Castello di Barbarossa. Das ruhige Anacapri empfiehlt sich als Domizil für Reisende, die länger auf der Insel bleiben wollen. Im Ort sollte man die barocke Pfarrkirche Santa Sofia besuchen, vor allem aber die 1719 geweihte Kirche San Michele Arcangelo, deren farbenprächtiger Majolikafußboden aus dem Jahr 1761 die Vertreibung Adams und Evas zeigt. Am Hang des Capodimonte liegt weithin sichtbar die Hauptsehenswürdigkeit von Anacapri, die 1896–1910 erbaute, weiß getünchte Villa des schwedischen Arzts und Schriftstellers Axel Munthe (1857–1949). Die Haupträume der **Villa S. Michele** mit zahlreichen Sammlungsstücken und persönlichen Gegenständen des einstigen Besitzers stehen als Museum offen, ein Teil des Anwesens wird vom schwedischen Staat als Gästehaus genutzt.

Mai–Sept. 9–18, sonst je nach Jahreszeit zwischen 15.30 u. 17 Uhr
Eintritt 10 € | www.villasanmichele.eu

Spektakuläre Ausblicke
Etwa 30 Gehminuten von Anacapri entfernt liegt der Aussichtspunkt Belvedere di Migliara, in dessen Nähe man auch einen Turm aus dem 16. Jh., den Torre della Guardia, entdecken kann. Durch die Lüfte geht's im Sessellift von Anacapri, Piazza Vittoria, hinauf zum Gipfel des 589 m hohen **Monte Solaro**, zu Fuß dauert der Aufstieg etwa eine Stunde. An klaren Tagen bietet sich vom höchsten Berg der Insel eine großartige Aussicht bis hinüber zu den Abruzzen. Ein anderer herrlicher Spaziergang führt von Anacapri zur äußersten Nordwestspitze der Insel, wo die Ruinen eines weiteren Palastes aus der römischen Kaiserzeit erhalten blieben – die **Villa Damecuta**. Von hier kann man zur bekanntesten Sehenswürdigkeit der Insel absteigen: zur Grotta Azzurra.

★ Belvedere di Migliara

Lassen Sie sich verzaubern
Die **Blaue Grotte**, eine etwa 54 m lange, 15 m breite und maximal 30 m hohe Karsthöhle, wurde 1826 von einem capresischen Fischer und dem Schriftsteller August Kopisch entdeckt. Man erreicht sie über Land oder mit Motorbooten, die in der Marina Grande und der Marina Piccola starten. Vor der Höhle steigt man in kleine Ruderboote um – aber nur bei ruhiger See, da die Höhlenöffnung nur knapp einen Meter aus dem Wasser herausragt.
Wenn möglich, sollte man den Besuch auf den **späten Vormittag** legen, wenn die Sonne direkt in die Grotte scheint und sie in ein intensives blaues Licht taucht: allen Klischees zum Trotz eine Atmosphäre voller Zauber.

★ Grotta Azzurra

tgl. 9–17 Uhr (bei unruhiger See kein Zugang)
Eintritt 14 €

ZIELE
CASERTA

★ CASERTA

Region: Kampanien · Campania | **Provinz:** Caserta
Höhe: 68 m ü. d. M. | **Einwohnerzahl:** 75 600

N 19

Ohne den mächtigen Palazzo Reale wäre Caserta heute vielleicht ein kleines unbedeutendes Dorf. Als Karl III. Mitte des 18. Jh.s den monumentalen Palast erbauen ließ, wuchs auch die Ortschaft. Den Rang eines zweiten Versailles, den sich der Bourbonenkönig erträumt hatte, erreichte Caserta aber nicht.

Wohin in Caserta und Umgebung?

Ein zweites Versailles?

La Reggia

Das mächtige Schloss mit seinen 1200 Räumen und den 1 790 Fenstern gab Karl III. 1752 bei Luigi Vanvitelli in Auftrag, der das Bauwerk in einer Rekordzeit von 22 Jahren bauen ließ. Er selbst wohnte allerdings nie in diesem Schloss, denn schon im Jahr 1759 bestieg er den spanischen Thron. Das Innere bietet mit seiner gut erhaltenen Einrichtung ein anschauliches **Bild vom Leben der bourbonischen Dynastie**, die 1734–1860 zeitweise über Neapel und Sizilien herrschte. Besonders beachtenswert sind die Freitreppe vom Vestibül hinauf in den ersten Stock, die Cappella Palatina und die Königsgemächer, darunter der Thronsaal, geschmückt mit Medaillons und Bildern der Könige von Neapel. Hinter dem Schloss erstreckt sich der ebenfalls von Vanvitelli entworfene, 120 ha große **Schlosspark** mit prächtigen Springbrunnen, statuengeschmückten Wasserbecken, Pavillons und künstlichen Ruinen. Den englischen Garten kann man erwandern oder mit dem Bus durchqueren. Am schönsten sind der 78 m hohe Große Wasserfall und die nahe gelegene Terrasse, die einen malerischen Blick freigibt. Im Schloss befindet sich zudem die Dauerausstellung **Terrae Motus**, die an das Erdbeben von 1980 erinnert und zu der u. a. Beuys, Warhol, Cragg, Richard Long, Cy Twombly, Pistoletto, Mimma Paladino, Mario Schifano und Nino Longobardi Werke beigesteuert haben.

tgl. 8.30–19.30, letzter Einlass 18.15 Uhr, Park und englischer Garten schließen je nach Jahreszeit früher | Eintritt 18 € (Kombiticket) | www.reggiadicaserta.beniculturali.it/en

Langobardische Gründung

Caserta Vecchia

Das von Langobarden im 8. Jh. gegründete Bergstädtchen, 10 km nördlich, war eine Zeit lang Sitz eines Bischofs. Daran erinnert der 1153 geweihte Duomo S. Michele in romanisch-sizilischem Stil, sein 32 m hoher Glockenturm stammt aus dem 13. Jahrhundert.

ZIELE
CASERTA

CASERTA ERLEBEN

ⓘ

Palazzo Reale
81100 Caserta
Tel. 0823 55 00 11
www.eptcaserta.it

🍴

ANTICA HOSTARIA MASSA €€
Das historische Gasthaus bietet Fleisch- und Meeresspezialitäten, empfehlenswert sind z. B. Kräuterhähnchen am Spieß oder delikat angerichteter Stockfisch (Baccalà).
Via Mazzini 55, Tel. 0823 45 65 27
So. abends geschl.
www.ristorantemassa.it

GLI SCACCHI €
Nach einer kurvigen Anfahrt werden Sie hier herzlich empfangen, Wirt Gino kümmert sich um die Gäste, seine Frau Marilena kocht ausgezeichnet nach Rezepten der bäuerlichen Regionalküche. Polenta, Gnocchi oder Kartoffelsoufflé – schon die Beilagen sind köstlich!
Strada Provinciale per Casertavecchia 3
Tel. 0823 37 10 86
Mo. u. Di. geschl.

🏠

AMADEUS €€
Das kleine, gemütliche Haus mitten im Zentrum bietet wohnliche Zimmer.
Via Giuseppe Verdi 72
Tel. 0823 35 26 63
www.hotelamadeuscaserta.it

ROYAL CASERTA €
Großes, schickes und supermodern durchgestyltes Haus in Bahnhofsnähe mit Restaurant und Bar.
Via Vittorio Veneto 13
Tel. 0823 32 52 22
www.royalcaserta.i

Erst das Kolosseum war größer

⭐ Santa Maria Capua Vetere

Das 7 km westlich gelegene heutige Santa Maria Capua Vetere war ursprünglich etruskisch und entwickelte sich unter römischer Herrschaft als Capua zu einer bedeutenden Stadt. Daran erinnert das unter Hadrian im 2. Jh. n. Chr. errichtete Anfiteatro (Amphitheater), das 50 000 Zuschauer fassen konnte und bis zum Bau des Kolosseums in Rom das größte Theater Italiens war. In der berühmten Gladiatorenschule lernte **Spartacus** das Handwerk, bevor er 73 v. Chr. den nach ihm benannten großen Sklavenaufstand initiierte. Rund 500 m südlich des Amphitheaters (für eine Besichtigung meldet man sich im Amphitheater an) befindet sich in einem unterirdischen Gewölbe das erst 1924 entdeckte **Mithräum** (Mitreo) (2. Jh. n. Chr.; Via Mordi). Hier wurde im 3. und 4. Jh. n. Chr. der persische Lichtgott Mithras verehrt. Die schlecht erhaltenen Malereien an der Stirnseite des Hauptraums zeigen Szenen dieses Mysterienkults. Auf dem Weg zum Dom kann man dem Museo Archeologico dell'Antica Capua (Corso Garibaldi) einen Besuch abstatten, in dem die komplizierte Stadtgeschichte anschaulich erklärt wird.

ZIELE
CASERTA

Vielleicht nicht ganz Versailles, aber nahe dran: der Thronsaal der Reggia in Caserta

Nachdem das antike **Capua** im 9. Jh. zerstört worden war, bauten die Langobarden den Ort 5 km nordwestlich vom alten Platz am Volturno neu auf. Aus dieser Zeit stammt der Dom im Zentrum,. Aus langobardischer Zeit ist der Glockenturm erhalten, die Säulen im Atrium sind noch älter: Sie standen einst im alten Capua.
Anfiteatro: Piazza I Ottobre 1860 | Di. – So. 9 Uhr bis 18 Uhr, Schließzeiten können variieren | Eintritt 2,50 €

Wechselnde Herrscher

Benevento
Die Provinzhauptstadt Benevento (53 km östlich von Caserta) war in der Antike die Haupstadt der Samniter und wurde erst nach dem Sieg über Pyrrhus (275 v. Chr.) römisch. Im frühen Mittelalter war sie Sitz mächtiger langobardischer Herzöge, anschließend gehörte die Stadt bis 1860 zum Kirchenstaat. Trotz starker Zerstörungen, zuletzt 1943, haben sich einige Baudenkmäler erhalten. So der im 11. Jh. erbaute Dom, der im Zweiten Weltkrieg völlig zerstört und in den 1950er-Jahren wiederaufgebaut wurde, die Ruinen eines römischen Theaters aus dem 2. Jh. n. Chr., das einst 20 000 Zuschauer fasste, und der **Ponte Leproso**, im Kern die alte Römerbrücke der Via Appia, die von Rom über Capua, Benevent und Tarent nach Brindisi führte. Aus römischer Zeit stammt auch der **Arco di Traiano**, der 114 n. Chr. aus griechischem Marmor zu Ehren Trajans errichtet wurde. Die Kirche Santa So-

fia, ein Rundbau aus langobardischer Zeit, birgt Fresken aus dem 9. Jh. und einen arabisch-normannischen Kreuzgang aus dem 12. Jh. Im benachbarten Benediktinerkloster erfährt man in der archäologischen Sammlung einiges über die Stadtgründer, die Samniter.

★ COMO · COMER SEE · LAGO DI COMO

Region: Lombardei · Lombardia | **Provinzen:** Como, Lecco
Wasserspiegel: 198 m ü. d. M.

Können Könige und Künstler, Herzöge und Kardinäle irren? Dachte sich vermutlich auch George Clooney und erwarb eine alte Villa mit Seeblick an einem der romantischsten Orte Italiens. Seitdem der Hollywood-Star Ehrenbürger des kleinen Seedorfs Laglio ist, Sommertage in seiner 25-Zimmer-Villa Oleandra verbringt und dort schon mal Prinz Harry oder Barack Obama zum Tee vorbeischauen, mischen sich zunehmend Paparazzi und Bodyguards unter die Touristen am See. Und in den Bars und Restaurants der Gegend herrscht Hochbetrieb.

C/D 9

Der Comer See gehört mit seinen rund 50 km Länge zu den großen oberitalienischen Seen, deren idyllische Lage schon in der Antike vielfach besungen wurde. An den von den Römern zu Terrassen geformten Berghängen gedeihen Wein und Oliven, das **Klima ist angenehm mild**. Besonders schön ist der von sanften Bergen umrahmte Abschnitt zwischen Menaggio und Cernobbio sowie die Halbinsel Bellagio; Surfer kommen im Norden auf ihre Kosten. Etwas stiller wird es am Lago di Lecco, dem südöstlichen Arm des Comer Sees, der von der steil abfallenden **Grigne** überragt wird.

Prominente Idylle?

▌ Wohin am Comer See?

Seide brachte Wohlstand
Die Geschichte Comos begann lange vor der Ankunft der Römer als keltische Siedlung. Im Mittelalter bot das Städtchen dem mächtigen Mailand die Stirn, fiel aber 1335 unter dessen Herrschaft. Der Aufschwung kam zu Beginn des 18. Jh.s dank der Textil- und Seidenindustrie, der »pura seta di Como«, die bis heute einen guten Ruf hat – wenn auch der Größteil der Garne inzwischen aus Asien bezogen wird.

★ Como

ZIELE
COMO · COMER SEE · LAGO DI COMO

COMO UND COMER SEE ERLEBEN

ℹ️

Piazzale San Gottardo (in der Eingangshalle des Bahnhofs Como S. Giovanni, auch dt.)
Tel. 342 00 76 403
www.visitcomo.eu
www.lagodicomo.com

🍴

AL VELUU €€€
Erst kürzlich wurde das auf den Hügeln von Tremezzo gelegene Al Veluu von einem Magazin als »the world's most romantic restaurant« erwähnt. Kein Wunder, dass die Promi-Dichte hier während der Sommermonate besonders hoch ist und Sie Tage im Voraus einen Tisch ordern sollten. Als Aperitif muss es ein Negroni sein!
Via IV Novembre, Tremezzo
Tel. 0344 40 510
nur März – Okt., Di. geschl.
www.alveluu.com

SILVIO €€
Hier genießt man beim Essen in der Laube einen fantastischen Seeblick, die Küche wartet mit Reis- und Polenta-Spezialitäten auf, und wer gern Fischgerichte isst, der kommt im Silvio ohnehin auf seine Kosten.
Via Carcano 12
Bellagio/Loppia
Tel. 031 95 03 22
www.bellagiosilvio.com

CROTTO DEI PLATANI €€
Der Terrassengarten des urigen Lokals liegt direkt am See. In der Küche setzt Chef Andrea Cremonesi auf Regionalgerichte mit kreativen Abwandlungen.
Via Regina 73, Brienno
Tel. 347 99 20 941
https://crottodeiplatani.it

CROTTO DEL SERGENTE €
Urgemütliche Osteria mit ausgezeichneter Küche. Zwischen Risotti und hausgemachter Pasta fällt die Wahl schwer – Hirsch, Ente oder Rinderschmorbraten in Rotweinsauce gehören in der kühlen Jahreszeit zum Reigen der Hauptgerichte.
Via Crotto del Sergente 13, Como
Tel. 031 28 39 11, Mi. geschl.
www.crottodelsergente.it

DA GIGI €
Seit 1930 gibt es hier eine tolle Auswahl edler norditalienischer Weine, dazu bedient man sich vom Buffet mit hauchdünn aufgeschnittenem Parmaschinken, Ziegenkäse-Croutons mit hausgemachter Feigenmarmelade und eingelegten Artischocken. Klar, dass man anschließend auch noch eine Flasche vom Lieblingswein kauft.
Via Bernardino Luini 48, Como
Tel. 031 26 31 86, So. geschl.
https://enotecagigi.com

🏠

VISTO PALAZZO LAGO DI COMO €€€
Das einzige 5-Sterne-Luxushotel der Stadt Como steht für eine fantastische Aussicht auf den Comer See und die bergige Umgebung. Während auf den Terrassen, wo man sich vom Frühstück bis zum Dinner bei Kerzenlicht einfindet, eindeutig der See die Hauptrolle spielt, herrscht im Inneren des Palazzo gediegene Grandezza: Freitreppen, üppiger Blumenschmuck und Lüster aus Murano-Glas sorgen für ein tolles Ambiente.
Piazza Cavour 24, Como
Tel. 031 53 75 241
www.vistalagodicomo.com
18 Zimmer

ZIELE
COMO · COMER SEE · LAGO DI COMO

I DUE CORTI €€€
Hotel in einer alten Poststation, dessen historisches Flair mit modernem Design kombiniert ist. Zimmer mit Stilmöbeln und Natursteinwänden, vorzügliches Restaurant.
Piazza Vittoria 12
Como
Tel. 031 53 75 150
https://hotelduecorti.com

VILLA D'ESTE €€€€
Eines der berühmtesten und luxuriösesten Hotels Italiens: erbaut 1568 von Pellegrino Pellegrini, und die Liste der Vorbesitzer liest sich wie das Who is Who des Europäischen Hochadels. Die Zimmer sind opulent ausgestattet mit Seide aus den Fabriken des nahen Como, mit Antiquitäten und Kunst. Besonders begehrt sind die zum See hin ausgerichteten Zimmer mit eigenem Balkon. Im Flügel »Villa Regina« können Sie Meisterwerke der Trompe-l'œil bewundern.
Via Regina 40
Cernobbio
Tel. 031 34 81
www.villadeste.com
152 Zimmer

ROYAL VICTORIA €€€
Traditionsreiches Haus, schöne Terrasse mit Pool direkt am See, ansprechende Zimmer, teils mit Seeblick, vorzügliches Restaurant.
Piazza San Giorgio 2
Varenna
Tel. 0341 81 51 11
www.royalvictoria.com

CASA SULL'ALBERO €€€
Umgeben von einem jahrhundertealten Park mit Steineichen, Palmen und Strauchrosen sowie einem großen Pool thronen die beiden Villen im minimalistischen Stil aus Glas und Holz. Sie sind Mitglied einer Design-orientierten Hotelgruppe und trumpfen mit Panoramablick auf den See und das alte Dorf von Malgrate. Hier genießt man in tollen Suiten höchste Privatsphäre, bestes italienisches Design, Luxus und viel Natur, dazu gibt es ein vorzügliches Sportprogramm.
Viale Penati 5/7
Malgrate
Tel. 0341 188 04 40
https://casa-sullalbero.eu
12 Zimmer

Comos Sehenswürdigkeiten liegen innerhalb der **Città murata**, der weitgehend ummauerten Altstadt. Sie ist zum großen Teil Fußgängerzone und weist mit ihrer seewärts gerichteten rechtwinkligen Anlage auf ihre Vergangenheit als römische Stadt hin. Städtischer Mittelpunkt ist der **Domplatz** mit Dom, Broletto und Torre Comunale. Der Stadtturm und das ehemalige Rathaus mit seiner offenen Arkadenhalle stammen im Kern aus dem frühen 13. Jh. Begonnen 1396, wurde der mächtige Dom erst in der Renaissance vollendet, die Vierungskuppel folgte 1744 nach Plänen von F. Juvarra. Als Gesamtentwurf ist der Dom ein Meisterwerk der einheimischen Steinmetz- und Bildhauerschule, der Maestri comacini, die seit dem 11. Jh. für ein Jahrtausend die Kirchenbaukunst von Oberitalien aus bis weit in die Länder nördlich der Alpen bestimmt haben. Für die Bauplastik war im 15. und 16. Jh. die Familie Rodari verantwortlich; vor allem das nördliche Seitenportal, die Porta della Rana, sowie das Südportal mit den beiden Sitzfiguren Plinius des Älteren und des Jüngeren tragen ihre Handschrift. Die Ausstattung stammt vorwiegend aus dem 17. Jahrhundert.

ZIELE
COMO · COMER SEE · LAGO DI COMO

An der **Piazza Cavour** befand sich bis zur Aufschüttung des Sees 1871 der Handelshafen Comos. Folgt man der hier beginnenden Uferpromenade, gelangt man zum klassizistischen Voltatempel, einem kleinen naturwissenschaftlichen Museum. In diesem Viertel reiht sich eine prachtvolle Villa an die andere, darunter die Villa dell'Olmo (1787). Über den Ursprung dieser großbürgerlichen Pracht, die Seidenherstellung, erfährt man einiges im **Museo della Seta**. Von der Porta Nuova (12. Jh.) ist es nicht weit zur 1095 geweihten Kirche Sant'Abbondio; sie ist einer der bedeutendsten Sakralbauten der lombardischen Frühromanik. Besonders schön sind die Fresken in der Apsis, die um 1350 ein Sieneser Meister schuf. Schöne Ausblicke genießt man vom Villenvorort Brunate.

Museo della Seta: Via Castelnuovo 9 | Di.–So. 10–13 und 14–18 Uhr Eintritt 10 € | www.museosetacomo.com

Einige berühmte Villen

Westufer und Chiavenna

Cernobbio, ein nobler Ferienort, verdankt seinen Ruf der 1568 erbauten Villa d'Este, die in einem prachtvollen Garten gelegen ist und heute ein berühmtes Hotel beherbergt. Über ein kurvenreiches Sträßchen gelangt man auf den Monte Bisbino hinauf (1 325 m), auf dem eine Wallfahrtskirche steht.

Von Argegno aus geht es weiter zum **Intelvi-Tal**, das zwischen dem Luganer und Comer See liegt. Vom 7. bis zum 18. Jh. war es Heimat der Maestri intelvesi, auch Maestri comacini genannt, die als Baumeister, Steinmetze und Freskenmaler von Bau zu Bau zogen. Zwischen Lenno und Cadenabbia befinden sich einige der Villen, für die der Comer See berühmt ist, so die im 16. Jh. erbaute Villa del Balbianello und die direkt am See gelegene Villa Carlotta, die eine berühmte Skulpturensammlung birgt. Hinter dem Gebäude öffnen sich idyllische Terrassengärten mit Blick auf das gegenüberliegende Grigne-Massiv. In der Villa Margherita-Ricordi im nahen **Cadenabbia** komponierte Verdi um 1853 »La Traviata«.

Menaggio besticht durch seinen alten Ortskern und blumengeschmückte Uferpromenaden. Von hier an wird die Landschaft zunehmend schroffer. Im nahe gelegenen Dongo wurde **Benito Mussolini** am 27. April 1945 mit seiner Geliebten Clara Petacci gefangen genommen.

Im Mittelalter war **Gravedona** zeitweise eine unabhängige Stadtrepublik. An diese Zeit erinnert die auf den Grundmauern eines frühchristlichen Baptisteriums erbaute romanische Kirche Santa Maria del Tiglio. Anschauen sollte man sich auch die Kirche San Vincenzo direkt am See sowie den prächtigen Palazzo Gallio, erbaut im Jahr 1583 von P. Tibaldi.

Die Straße entlang des Westufers verläuft auf der Trasse der antiken Römerstraße, die über Chiavenna zum Splügenpass führt. Vom Nordosten des Sees lohnt daher ein Abstecher zum rund 20 km ent-

ZIELE
COMO · COMER SEE · LAGO DI COMO

Nur einer von vielen herrlichen Parks: Villa Carlotta bei Tremezzo

fernten **Chiavenna**, das von hohen Bergen eingerahmt wird. Sehenswert ist hier die Collegiata di San Lorenzo, u. a. mit einem romanischen Taufstein von 1156. Von Chiavenna sind es noch 30 km bis zum Passo dello Spluga (Splügenpassstraße), der zu den eindrucksvollsten Alpenpässen gehört.

Zur »Perle des Lario«

Ausgangspunkt für eine Fahrt entlang der alten Uferstraße im Osten ist **Colico**, das zwischen der Mündung der Adda und dem Monte Legnone liegt. Knapp 6 km südlich zweigt in Olgiasca ein kleines Sträßchen zum ehemaligen Zisterzienserkloster **Abbazia di Piona** ab. In der Klosterkirche finden sich kostbare Freskenreste, nahe dabei ein kunstvoll verzierter Kreuzgang von 1257.

Ostufer

Von Bellano, dessen Altstadt sich steil den Berg hinaufzieht, gelangt man zum Orrido, einem wildromantischen Wasserfall in der Klamm der Pioverana. Von hier ist es nicht weit nach **Varenna** – ein Ferienort, der von der Kirche San Giorgio (13. und 17./18. Jh.) überragt wird. Vom kleinen Hafen aus gibt es regelmäßig Fährverbindungen nach Bellagio und Menaggio. Einen Besuch ist die Villa Monastero (16. Jh.) samt prächtigem Park wert.

Auf der Weiterfahrt nach **Lecco** bestimmen nun Industrieanlagen das Bild. Mandello Lario ist Stammsitz der legendären Motorradwerke Moto Guzzi.

ZIELE
CREMONA

Sowohl das Valsassina als auch das große hohe Kalksteinmassiv der Grigne sind beliebte Ausflugsziele für Bergwanderer und Wintersportler. Im Südwesten Leccos folgen die Seen Lago di Annone, di Pusiano, di Alserio sowie der Lago del Segrino. Letzterer liegt bereits in der Vallassina, dem hügeligen Hinterland von Bellagio.

Bellagio selbst, die »Perle des Lario«, nimmt die Spitze der schmalen Halbinsel zwischen dem Lago di Como und dem Lago di Lecco ein. Die Römer gaben der Siedlung den treffenden Namen Bilacus (bi=zwei, lacus=See). Im 19. Jh. entdeckten wohlhabende Sommerfrischler das kleine Fischernest, das sich zu einem noblen Ferienort entwickelte, sein mittelalterliches Ortsbild jedoch beibehielt. In der **Villa Melzi** verbrachten Franz Liszt und die verheiratete Gräfin d'Agoult romantische Monate. Am 25. Dezember 1837 kam in dieser idyllischen Umgebung ihr Töchterchen Cosima zur Welt, zunächst die Gattin des Dirigenten Hans von Bülow und später die zweite Ehefrau Richard Wagners.

Abbazia di Piona: tgl. 9 - 12 u. 14.30 - 18 Uhr
www.abbaziadipiona.it

CREMONA

Region: Lombardei · Lombardia | **Provinz:** Cremona
Höhe: 45 m ü. d. M. | **Einwohnerzahl:** 72 100

E 10/11

Schon beim Klang des Wortes »Cremona« meint man Geigenklänge zu hören. Seit die Patrizierfamilie Amati im 16. Jh. die Geigenbauwerkstatt eröffnete, ist die hohe Kunst dieses Instrumentenbaus eng mit dem Namen der Stadt verbunden. Doch trotz all der Stradivaris und Guarneris, die hier gefertigt wurden, lebt Cremona vor allem von der Landwirtschaft.

Der Himmel voller Geigen

Im Mittelalter zeigte sich Cremona recht kämpferisch, als es auf der Seite Friedrich Barbarossas gegen Mailand stritt. Doch schon 1441 kam die Stadt ganz friedlich durch die Heirat der 17-jährigen Fürstentochter Bianca Maria Visconti mit dem 23 Jahre älteren Francesco Sforza unter die Fittiche des starken Nachbarn. Bei dieser Hochzeit soll erstmals der **Torrone** gereicht worden sein, jene süße Nugatspezialität, die es seither in zahlreichen Geschäften zu kaufen gibt. Die große kulturelle Vergangenheit der Heimatstadt von Claudio Monteverdi klingt auch heute noch im Musikleben ein wenig nach. Außerdem hat Cremona – und das ist weniger bekannt als das musikalische Erbe – einige architektonische Besonderheiten zu bieten, die einen

ZIELE
CREMONA

CREMONA ERLEBEN

ⓘ
Piazza del Comune 5
26100 Cremona
www.turismocremona.it

🍴

LA SOSTA €€
Spezialitäten aus Cremona. Exzellent sind die Gnocchi Vecchia Cremona, zubereitet nach einem mittelalterlichen Rezept.
Via Sicardo 9
Tel. 0372 45 66 56
So. abends u. Mo. geschl.
www.osterialasosta.it

HOSTERIA 700 €€
Im prächtigen antiken Ambiente speisen Sie hier umgeben von alten Fresken und Antiquitäten. Spezialität des Hauses sind die diversen Risottogerichte, angepasst an die jeweilige Saison. Dazu gibt es einen guten Hauswein in der Karaffe.
Piazza Gallina 1
Tel. 0372 361 75
www.hosteria700.com

LA COCINELLA BISTROT €€
Köstlichkeiten der Saison werden wöchentlich neu empfohlen – dazu gibt's Oliven, Käse, Salami und eine gute Auswahl an Weinen aus der Region.
Via Francesco Robolotti 24
Tel. 0372 41 09 98
Mo. u. Di. geschl.

🏠

DELLE ARTI €€€
Neues Hotel, nur wenige Schritte vom Dom entfernt, elegantes Design, moderne Kunst und gut ausgestattete Zimmer.
Via Geremia Bonomelli 8
Tel. 0372 231 31
www.dellearti.com

VECCHIO CASELLO €
Die Bauweise im klassischen Stil und die rote Ziegelsteinfassade sorgen für ein reizvolles, antik wirkendes Ambiente. Die Zimmer sind zwar schlicht, doch großzügig geschnitten und sehr ruhig, wenn zum Innenhof hin ausgerichtet. Im kleinen und äußerst gepflegten Indoor-Pool mit Hydro-Massage lässt es sich trefflich entspannen.
Via Solferino 164
Castelleone
Tel. 0374 35 12 77
www.hotelilvecchiocasello.it
29 Zimmer

Besuch unbedingt lohnen. Vor allem das Centro storico an der Piazza del Comune ist ein hervorragendes Dokument der frühen Kommunalzeit bis hin zur Renaissanceblüte. Aus Cremona stammt übrigens auch eine der bedeutendsten Malerinnen des 16. Jh.s: Die hochbegabte **Sofonisba Anguissola** (1535 – 1625) machte sich schon früh in der Männerdomäne einen Namen. Ihre Karriere führte sie nach Madrid, Palermo und Genua. Ihr bekanntestes Bild zeigt »Drei Schwestern beim Schachspiel« und enstand um das Jahr 1555.

Das Geheimnis von Cremona
Dass in Cremona der Himmel voller Geigen hängt, wie gern behauptet wird, ist dann vielleicht doch ein bisschen übertrieben. Eine Tatsache

Geigenbau

GEIGENBAU IN CREMONA

Um 1525 tauchte an Europas Höfen ein neues Instrument auf: die Violine. Italienische Instrumentenbauer gaben ihr die endgültige Form und Antonio Stradivari aus Cremona wurde zum berühmtesten aller Geigenbauer. Heute gibt es in Cremona 65 Geigenbau-Betriebe. Sie haben sich im »Consorzio Liutai Antonio Stradivari« zusammengeschlossen (www.cremonaliuteria.it). Mehr über Stradivaris Leben und Werk erfährt man im Stradivari-Museum im Palazzo Affaitati.

▶ **Aufbau einer Geige**

Schnecke
Die Schnecke am Ende des Wirbelkastens ist oft mit besonderen Verzierungen versehen.

Griffbrett
Das Griffbrett ist rund 27 cm lang und besteht aus Ebenholz. Es ist schwarz, robust und verschleißfest.

Wirbel
Über die Wirbel werden die vier Saiten aufgezogen und gespannt. Sie dienen dem Stimmen der Saiten.

Saiten
Eine Violine hat vier Saiten aus Stahldraht, Kunststoff oder Naturdarm. Die Grundtöne sind G, D_1, A_1 und E_2.

Hals
Der Hals ist mit dem Griffbrett verbunden und hat eine Länge von ca. 13 cm.

Violinkorpus
Die Decke des Violinkorpus ist aus Fichtenholz, der Boden meist aus Ahornholz gefertigt. Der Korpus ist zusätzlich mit einem Lack versehen, der das Holz vor äußeren Einflüssen schützt und einen wesentlichen Teil des Klangs ausmacht.

Zargen
Die Zargen verbinden die Violindecke mit dem Violinboden und sind häufig aus demselben Holz wie der Boden gefertigt.

Sonate für Violine Nr. 3 auf der »Gould«-Stradivari
www.youtube.com

▶ **Größenvergleich zu anderen Streichinstrumenten**
Geigenbaumeister wie Antonio Stradivari sind auch bekannt für die präzise Bauweise von Bratschen und Celli, die bei Auktionen ebenso für viele Millionen Euro versteigert werden.

Violine   Bratsche   Cello   Kontrabass

einstimmer
Mit Feinstimmern können
die Saiten zusätzlich und
auch präziser als mit den
Wirbeln justiert werden.

F-Loch
Die F-Löcher sind die Visitenkarte des
Geigenbauers, denn durch ihre Form
gibt er der Geige seine eigene Note.
Stradivari setzte die F-Löcher relativ eng
beieinander.

Saitenhalter
Am Saitenhalter werden die
Saiten eingespannt und die
Feinstimmer angebracht.

Kinnhalter

Steg
Der Steg besteht
aus feinem Ahorn.
Er überträgt die
Schwingungen der Saiten
auf den Violinkorpus.

Steg
Decke — Stimmstock
Zarge
Boden — Reifchen
Bassbalken

Querschnitt durch
den Violinkorpus

▶ **Die teuersten je
verkauften Violinen**
Angaben in Mio. US-Dollar

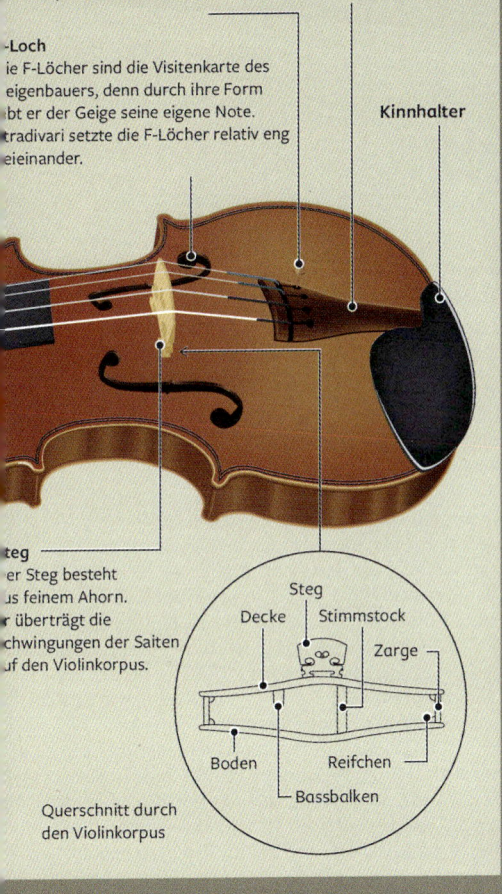

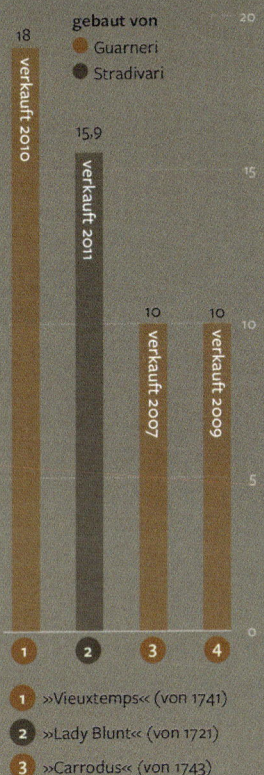

gebaut von
● Guarneri
● Stradivari

- 18 — verkauft 2010
- 15,9 — verkauft 2011
- 10 — verkauft 2007
- 10 — verkauft 2009

1. »Vieuxtemps« (von 1741)
2. »Lady Blunt« (von 1721)
3. »Carrodus« (von 1743)
4. »ex-Kocanski« (von 1741)

Berühmte Geigenbaumeister aus Cremona

Gasparo da Salò (1540 – 1609)

Giovanni Paolo Maggini (1581 – 1628)

Nicolo Amati (1596 – 1684)

Antonio Giacomo Stradivari (1648 – 1737)

Giuseppe Guarneri del Gesù (1698 – 1744)

Warenzeichen
der Cremoneser
Geigenbauer

CREMONA LIUTERIA®

ZIELE
CREMONA

111 m steigt der Torazzo an der Piazza del Commune in die Höhe.

freilich ist, dass in Cremona einst etwas geschah, das viele für ein Wunder halten: ein Geigenbauwunder, dessen innerstes Geheimnis bis heute nicht gelüftet wurde. Auch nicht von Anne-Sophie Mutter, die vielleicht am meisten darüber weiß. Aber dass ihre 1710 vom Meister aus Cremona gebaute »Lord Dunn Raven Stradivarius« bis heute als Nonplusultra in den Händen der wohl besten Geigenvirtuosin unserer Zeit gilt, verweist auf das Geheimnis von Cremona – die dort bereits von Stradivaris Lehrer **Nicola Amati** (1596 – 1684) entwickelte, von Stradivari zur höchsten Blüte gebrachte hohe Kunst des Geigenbaus. Was genau den besonderen Klang einer Stradivari ausmacht, darüber wurde und wird viel spekuliert. Für Anne-Sophie Mutter jedenfalls gibt es »keine beste Geige der Welt, sondern nur die, die am besten zu dir passt«. Es gebe »ja auch keinen perfekten Mann«, fügt sie hinzu. Und für den Fall der Fälle hat sie auch noch eine zweite Stradivari in petto.

Wohin in Cremona und Umgebung?

Allerlei spezielle Türme

Piazza del Comune

Mittelpunkt der malerischen Altstadt ist die Piazza del Comune mit ihrem wunderbarem Flair, die von Baptisterium, Dom, Rathaus, der Loggia dei Militi sowie dem Torazzo umgeben ist. Der **Torazzo** (Mitte des 13. Jh.s) ist das Wahrzeichen Cremonas und mit 111 m der

ZIELE
CREMONA

höchste Glockenturm Italiens. Auf seiner Westseite prangt eine große Renaissance-Uhr, die einst astronomische Auskünfte gab. Steigt man auf den Turm hinauf, hat man einen hervorragenden Blick über die Stadt. Über den eleganten Portico della Bertazzola ist der Torrazzo mit dem **Dom** verbunden. Man begann seinen Bau 1107 in lombardisch-romanischem Stil und stellte ihn 1332 im Stil der Gotik fertig. Die rhythmisch schön gegliederte, mit hellem Marmor verkleidete Fassade zieren Figuren, Säulen und eine Fensterrose aus dem 13. Jh. Besonders sind die minarettähnlichen Schmucktürme auf der Rückseite des Gebäudes. Das Innere ist mit Fresken lombardischer Künstler des 16. Jh.s und Wandteppichen des 17. Jh.s geschmückt.
Die beiden Stadtpaläste im Westen der Piazza sind ein gutes Beispiel für gotische Profanarchitektur. Die etwas kleinere **Loggia dei Militi** (1229) war einst der Sitz der Stadtmiliz. Daneben steht ein ebenfalls aus Backstein erbautes Stadthaus, das 1246 im Übergang von der Romanik zur Gotik entstand.
Dom: tgl. 8 – 12 u. 15.30 – 19 Uhr | www.cattedraledicremona.it

Klingende Namen
Im Palazzo dell'Arte an der Piazza Marconi können Sie im Museo del Violino berühmte Geigen bestaunen: etwa die kleine »il Cremonese«, die **Antonio Stradivari** schuf, »l'Hammerle« (1658) von Nicola Amati und eine Violine von Giuseppe Guarneri (1734), die in den 1970er-Jahren Pinchas Zukerman spielte. Zudem wird viel Wissenswertes über Modelle, Holzformen und Werkzeuge vermittelt.
Mi. – Fr. 11 – 17, Sa./So. 10 – 18 Uhr | 12 € | www.museodelviolino.org

Museo del Violino

Lombardische Romanik
Über die Via Giuseppe Verdi und den Corso Campi kommt man zum **Palazzo Affaitati**, in dem das Museo Civico untergebracht ist. Beachtung verdienen auch der Palazzo del Popolo am Corso Garibaldi, erbaut 1256, sowie die Kirche Sant'Agata (15. Jh.), die eines der wichtigsten Gemälde der lombardischen Romanik birgt: die über 1000 Jahre alte ikonenartige **Tavola di S. Agata**.
Via Ugolani Dati 4 | Di. – Fr. 9 – 14, Sa./So. 10 – 17 Uhr | Eintritt 10 € | https://musei.comune.cremona.it

Museo Civico

Verdi, Don Camillo und Peppone
Das hübschen Städtchen Busseto, 25 km südlich, verdankt seine Bekanntheit Giuseppe Verdi, dem bedeutendsten Opernkomponisten des Landes (▶ Interessante Menschen). Gegenüber der Franziskanerkirche Santa Maria degli Angeli (1470) steht die **Villa Pallavicino** (16. Jh.), Sitz des Museo Civico, das an den Komponisten erinnert. In der in einem schönen Park gelegenen Villa di Sant'Agata (ca. 5 km nördlich) verbrachte Verdi seine zweite Lebenshälfte. Ein Teil des Gebäudes ist als Museum zugänglich.

Busseto

ZIELE
CUNEO

Verdi kam am 10. Oktober 1813 im Dorf **Roncole** zur Welt, wo man sein schlichtes Geburtshaus (Casa Natale) besichtigen kann und wo von 1952 bis zu seinem Tod 1968 **Giovanni Guareschi** lebte, der geistige Vater von »Don Camillo und Peppone« (▶ S. 413).
Villa Pallavicino: Verdi-Museum zu Redaktionsschluss pandemiebedingt vorübergehend geschlossen, die Villa ist zugänglich www.museogiuseppeverdi.it
Villa Sant'Agata: Di.-Fr. stündliche Zeitfenster 9.45–11.45 und 14.45–17.45 Uhr, Sa./So. halbstündliche Zeitfenster 9.45–11.45 und 14.45–17.45 Uhr | Eintritt 9 € | www.villaverdi.org
Casa Natale: Via della Processione 1 | Di.-So. 9.30–13 und 14.30–18 Uhr | Eintritt 5 €, Kombiticket 12 € www.casanataleverdi.it

CUNEO

Region: Piemont · Piemonte | **Provinz:** Cuneo | **Höhe:** 534 m ü. d. M.
Einwohnerzahl: 56 300

G 6

Willkommen im Schlaraffenland, dem Piemont. Auf den Hügeln in der Umgebung des Städtchens gedeihen die legendären Nebbiolo-Trauben, aus denen die berühmten Barolo-Weine gekeltert werden. Von den weißen Trüffeln aus ▶Alba schwärmte schon Cicero. Logisch, dass sich auch in Cuneo die Unternehmungen darauf ausrichten: Mit einem »Trifolau«, einem Trüffelexperten, unterwegs, werden Sie in die Geheimnisse der Trüffelsuche eingeweiht.

Schlaraffenland

Hier lässt man sich niemals unterkriegen: Cuneos strategisch bedeutende Lage **am westlichsten Zipfel des Piemont** bewirkte, dass die Stadt allein zwischen dem 16. und 18. Jh. sieben Mal angegriffen und wieder aufgebaut wurde. Im Zweiten Weltkrieg war Cuneo ein Zentrum des italienischen Widerstands.

❙ Wohin in Cuneo und Umgebung?

Wichtige Figur des Widerstands

In Cuneo Mittelpunkt der Stadt ist die riesige arkadengesäumte Piazza D. Galimberti, benannt nach dem von den Faschisten erschossenen Widerstandskämpfer Tancredi »Duccio« Galimberti. An der mittelalterlich-barocken **Via Roma** fällt die 1662 erbaute Kathedrale mit ihrer

CUNEO ERLEBEN

ℹ️

Via Pascal 7, Cuneo
Tel. 0171 69 02 17
www.cuneoholiday.com

🍽️

OSTERIA DEI COLORI €€
Bestes aus dem Piemont von traditionell (Risotto) bis ungewohnt (Kürbisflan). Das Ganze in einem Ambiente, das dem Namen alle Ehre macht.
Lungogesso Papa Giovanni XXIII 14
Tel. 0171 40 33 08
Mo. geschl.

SAN MICHELE €€
Auf zwei Etagen werden Sie in dem alten Palazzo mit vorzüglicher piemontesischer Küche verwöhnt.
Contrada Mondovì 2
Mo. geschl.
www.ristorantesanmichelecuneo.it

OSTERIA DELLA CHIOCCIOLA €€
Traditionsreiches Restaurant im Herzen der Altstadt. Im Erdgeschoss befindet sich eine gemütliche Weinstube, im ersten Stock der schöne Speiseraum. Köstlich sind der Schmorbraten alla piemontese und die diversen Pastagerichte. Dazu gibt es exzellente Weine.
Via Fossano 1, Tel. 0171 6 62 77
So. geschl.
https://osteriadellachiocciola.it

🏠

PALAZZO LOVERA €€
Eine der schönsten Adressen in Cuneo: Mitten in der verkehrsberuhigten Altstadt liegt der liebevoll restaurierte und geführte Palazzo, der schon äußerlich mit seinen Arkadengängen und der eindrucksvollen Fassade prunkt. Einst stiegen hier illustre Persönlichkeiten der Region ab, heute treffen sich im angeschlossenen Restaurant Hotelgäste und Bürger der Stadt.
Via Roma, 37
Tel. 0171 69 04 20
www.palazzolovera.com
40 Zimmer

ROYAL SUPERGA €€
Stilvolles Hotel in einem historischen Gebäudekomplex, hübsche Zimmer, reichhaltiges Frühstücksbüfett. Super Preis-Leistungs-Verhältnis!
Via Carlo Pascal 3
Tel. 0171 69 32 23
www.hotelroyalsuperga.it

---

neoklassizistischen Fassade und der von G. Toselli 1835 ausgemalten Kuppel auf. Folgt man der Straße weiter, gelangt man zum Rathaus, ehemals Jesuitenkonvent (1631), hinter dem die 1703–1743 errichtete Kirche S. Ambrogio aufragt. Die Via Roma endet an der Spitze eines keilförmigen Hochplateaus, dem die Stadt ihren Namen (cuneo = it. Keil) verdankt. Von hier öffnet sich ein schöner Ausblick auf den Zusammenfluss von Gesso und Stura.

Nahe dem Rathaus liegt die **Piazza Virginio** mit der im 14. Jh. erbauten Loggia dei Mercanti und der spätromanischen Kirche S. Francesco; ihr gotischer Glockenturm stammt von 1399, die Fassade mit dem schönen Marmorportal von 1481. Wenige Schritte weiter steht die schmucke Barockkirche S. Croce.

ZIELE
CUNEO

Gemalte Illusion

Mondovì

Mondovì, 29 km östlich von Cuneo, teilt sich in eine lebhafte, barock geprägte Unterstadt und eine trutzige Oberstadt, die ab 1559 von Savoyen zur Festung ausgebaut wurde. Eine Zahnradbahn fährt hinauf zur Piazza Maggiore mit der Chiesa dalla Missione von 1664–1679 und Häusern des 15. Jh.s.; der Dom S. Donato entstand 1743–1763 nach Entwürfen von F. Gallo. Hinter dem Gotteshaus bietet der Torre dei Bressani eine weite Sicht über die Alpen. Wer etwas für kirchlichen Pomp übrig hat, kommt im etwas außerhalb gelegenen **Santuario di Vicoforte** auf seine Kosten. Alessandro Vitozzi und Francesco Gallo erbauten die prunkvolle Wallfahrtskirche 1596–1733, deren ovale Kuppel mit 37 x 25 m zu den größten derartigen Bauten Europas zählt. Nicht minder beeindruckend ist ihre Ausmalung von Mattia Bortoloni (Himmelfahrt Mariens). Carlo Emanuele I. von Savoyen, Urheber des Baus, ruht in der ersten Kapelle links, gegenüber steht eine Tomba für Margherita von Savoyen-Gonzaga, Vizekönigin von Portugal.

Richtung Frankreich wird es urig

Valle Maira und Valle Varaita

Das auf gut 1 000 m Höhe gelegene Limone, 27 km südlich von Cuneo, ist ein schneesicherer Wintersportort mit etwa 100 km Pisten. Von hier aus ist es ein Katzensprung zum **Colle di Tenda** bzw. dem Tenda-Tunnel, der auf französischem Gebiet über die Tende und Saorge zur ▶ Riviera führt.

Nahe Cuneo führen ebenfalls vier grüne Täler Richtung Frankreich in die **Cottischen Alpen**, darunter das Valle Maira und das Valle Varaita. Die Täler verengen sich rasch zu Schluchten mit kühn gelegenen uralten Dörfern; die Besiedlung von der Provence aus ist auch heute noch in Kultur und Sprache zu spüren. Am Eingang des Maira-Tals, bei Villar S. Costanzo, sind Erdpyramiden mit Gneisdeckeln (»ciciu«) zu sehen. **Elva**, auf ca. 1 600 m zwischen diesen Tälern gelegen, gehört zu den ärmsten Gemeinden Italiens, besitzt jedoch mit der Kirche S. Maria Assunta ein bedeutendes Bauwerk (Anmeldung im Rathaus), dessen Wände der Flame Hans Clemer um 1500 ausmalte. Die Fresken im Gewölbe stammen aus dem 15. Jh. Von Elva führt der Weg hinab nach **Sampeyre**, dem gut besuchten Hauptort des Valle Varaita. 10 km talaufwärts teilt sich bei Casteldelfino das Tal; nördlich erreicht man die Passstraße über den Colle dell'Agnello (nur im Sommer befahrbar), den herrlichen Übergang ins französische Queyras.

Kleinod vor herrlicher Kulisse

Saluzzo und Umgebung

Ein unerwartetes Kleinod am Westrand des Piemont ist Saluzzo, 32 km nördlich von Cuneo. Vor dem Massiv des **Monviso**, zu dessen Füßen der Po entspringt und dessen herrliche Pyramide in ganz Südwestpiemont zu sehen ist, bilden die Türme der mittelalterlichen Stadt ein schönes Bild. Im spätgotischen Dom S. Maria Assunta (1491–1501) schuf Hans Clemer um 1500 das Polyptychon der Sakramentskapelle.

ZIELE
DOLOMITEN · DOLOMITI

Das aufgemalte gotische Maßwerk ist eine Zutat aus dem 19. Jh. Weiter geht es durch die Porta S. Maria ins Gassengewirr der alten Oberstadt und hinauf zum **Castello** aus dem 13./15. Jh.; an der Salita al Castello mit ihren Adelspalästen steht auch der Palazzo Comunale von 1462 mit der Torre Civica. Von der Piazza Castello führt die Via Griselda zu einer Aussichtsterrasse. Beim Abstieg sollte man beim Palazzo Comunale links gehen und sich die Kirche S. Giovanni ansehen, die ab 1330 im gotischen Stil erbaut und ab 1480 verlängert wurde; dazu musste man die angrenzende Via Tapparelli überbauen. Hinter dem Hauptaltar liegt die schöne Grabkapelle von Lodovico II. († 1504). In der **Casa Cavassa**, einem herrlichen Renaissancepalast aus dem 15. Jh., gibt es Werke von Hans Clemer zu besichtigen.

Unbedingt besuchen sollte man auch die Burg der Markgrafen von Saluzzo in Manta (3 km südlich), ein hervorragendes Dokument des höfischen Lebens im 14./15. Jh., und die **Zisterzienserabtei in Staffarda**, die zu den bedeutendsten im Piemont gehörte. Die 1135 gegründete Klosteranlage besitzt eine romanisch-gotische Basilika, die burgundische Einflüsse aufweist.

Castello La Castiglia: März – Okt. Do. – Mo. 10 – 13 u. 14 – 18, So. bis 19; Nov. – Anf. Jan. So. 10 – 13 u. 14 – 18 Uhr, sonst zu | Eintritt 8 €
Casa Cavassa: Via San Giovanni 5 | März – Okt. Di., Do – Sa. 10 – 13 und 14 – 18, So. bis 19 Uhr, Nov. – 6. Jan. nur So. und feiertags 10 – 13 und 14 – 18 Uhr, sonst geschl.

★★ DOLOMITEN · DOLOMITI

Region: Trentino-Südtirol (Trentino-Alto Adige) und Venetien (Veneto) | **Provinzen:** Bolzano, Trento und Belluno
Höhe: bis 3 342 m ü. d. M.

Märchenberge für Kenner! Verzaubert soll der Rosengarten sein, das graue Bergmassiv südwestlich vom Langkofel. Nicht nur, weil er beim Sonnenaufgang wie zur Abenddämmerung in allen Rottönen leuchtet: Der gefangen genommene Zwergenkönig Laurin, eine der bekanntesten Südtiroler Sagengestalten, belegte den von ihm so geliebten Rosengarten mit einem Fluch, damit er weder tags noch nachts zu sehen sein sollte. Nur die Dämmerung, so heißt es, vergaß der wütende Zwerg. Tatsächlich: Sagenhaft und sagenreich wie keine andere Region ist diese Gebirgslandschaft mit ihren wild zerklüfteten Felsen.

B/C
14–16

ZIELE
DOLOMITEN · DOLOMITI

Sagenhafte Täler und Gipfel

Aufgrund ihres unterschiedlichen geologischen Aufbaus unterscheidet man zwischen den Westlichen und Östlichen Dolomiten. Gemeinsam ist beiden ihr Fundament aus Glimmerschiefer und Quarzphyllit. Im Westen folgt darauf der Schlerndolomit, im Osten der auch fürs Auge erkennbare quergebänderte Hauptdolomit. Die Westlichen Dolomiten mit Geisler- und Langkofelgruppe, Schlern, Rosengarten, Latemar, Marmolada, Palagruppe und Seiser Alm sind weithin bekannt. Täler wie das Grödner- und Eggental gleichen schmalen Einschnitten, über denen sich ausgedehnte, mit Almen und Wäldern bewachsene Hochplateaus ausbreiten. Aus diesen ragen die scharf abgegrenzten Bergstöcke mit teils nadelscharfen Spitzen empor. Im Osten findet man eher Gebirgskämme wie die Drei Zinnen in den Sextener Dolomiten, die Tofane oder die Cinque Torri bei Cortina d'Ampezzo. Ganz im Osten schließen die Lienzer Dolomiten an, die geografisch jedoch bereits zu den Gailtaler Alpen gerechnet werden. Höchster Dolomitengipfel ist die 3342 m hohe **Marmolada**. Für den Tourismus »entdeckt« wurden die Dolomiten erst gegen Ende des 18. Jh.s von dem dem französischen Geologen Dieudonné Dolomieu, der als Erster ihren Aufbau untersuchte und den bis zu 3 000 m hohen Gebirgsstöcken ihren Namen gab

Von der Adler Mountain Lodge auf der Seiser Alm genießt man entspannt den Blick auf die Bergriesen.

ZIELE
DOLOMITEN · DOLOMITI

DOLOMITEN ERLEBEN

ⓘ

Piazza Duomo 2
32100 Belluno
Tel. 334 28 13 222

Corso Italia 81
32043 Cortina d'Ampezzo
0436 86 90 86

www.infodolomiti.it

CENTRO PINETA €€
So kehrt man in den Bergen ein: Im Centro Pineta wird in gemütlicher Atmosphäre klassische Küche angeboten, ein paar Gästezimmer vermietet der alte Landgasthof auch.
Via Matteotti 43
Pinzolo
Tel. 0465 50 27 58
Nov. geschl.
www.centropineta.com

AL BORGO €
Dieses rustikale Restaurant hat in einer Villa aus dem 18. Jahrhundert Obdach gefunden. Hier genießen Sie fantasievoll zubereitete venezianische Gerichte zu erstaunlich moderaten Preisen. Definitiv einen Zwischenstopp wert!
Via Anconetta 8
Belluno
Tel. 0437 92 67 55
Mo. abends u. Di. geschl.
www.alborgo.to

TERRA €€€€
Essen ist im höchstgelegenen mit zwei Michelin-Sternen ausgezeichneten italienischen Restaurant ein Gesamterlebnis: Serviert werden eigens kreierte Menus, die eine aufregende Mischung aus Haute Cuisine und Südtiroler Tradition darstellen. Beispielsweise gibt es beim Terra Experience mit 10 Gängen (für Gäste, die nicht im angeschlossenen Hotel wohnen) köstliche, hausgemachte Gnocchi vom Alpkäse mit Habichtspilz, danach einen Saibling mit gebrannter Milch und Dillöl. Serviert wird auf handgetöpferten Tellern, getrunken aus schweren, mundgeblasenen Gläsern. Da will man am liebsten gar nicht mehr weg – und das muss man auch nicht. In den persönlich eingerichteten Zimmern des Relaix & Châteaux-Hotels fühlt man sich schnell wie zu Hause und kann Stille genießen, einen grandiosen Sternenhimmel betrachten, Natur und gleichzeitig Luxus erleben. Toll ist auch der von den Besitzern, einem jungen Geschwisterpaar geschaffene Wellnessbereich mit finnischer Sauna und naturgetreuem Heubad.
Prati 21, Sarentino (Sarntal)
Tel. 0471 62 30 55
www.terra.place
10 Zimmer

DELLE ALPI €€
Seit über sechzig Jahren werden die Gäste hier mit hervorragenden Fischgerichten verwöhnt, das Haus wurde kürzlich vollständig renoviert und bietet in zentraler Stadtlage nebenan auch geräumige und sehr gepflegte Zimmer mit zeitgemäßem Komfort. Freundliches Personal.
Via Jacopo Tasso 13
Belluno
Tel. 0437 94 05 45
www.dellealpi.it

NOGHERAZZA €
Einkehren fast wie vor hundert Jahren: Dieser kleine ländlich-rustikale Gasthof hat hübsche Zimmer mit holzverkleideten Wänden, Holzmö-

ZIELE
DOLOMITEN · DOLOMITI

ALPENGLÜHEN

Ein unvergleichliches Naturschauspiel lässt am **Rosengarten** die Berge leuchten. Enrosadira wird dieses mystische Alpenglühen auch genannt. Der Sage nach lebte hier einst der Zwergenkönig Laurin inmitten eines prächtigen Gartens voller Rosen. Wer sie sehen möchte, sollte bei auf- oder untergehender Sonne hinaufschauen, dann erstrahlen die Berge rot bis zartrosa.

pass (Passo di Costalunga, 1753 m) an der deutsch-ladinischen Sprachgrenze. Jenseits der Passhöhe folgt Vigo di Fassa (1382 m), ein beliebter Ferienort am Hang über dem **Fassatal** und Talstation einer Seilschwebebahn zum Rosengarten-Massiv. Über das Leben der Ureinwohner erfährt man einiges im Ladinischen Museum (Majon Fashegn).

Ein viel besuchter Tourenstützpunkt und Wintersportort ist das moderne **Canazei** im oberen Fassatal. Von hier fährt man weiter zur Marmolada, mit 3342 m das höchste Gebirgsmassiv der Dolomiten, das mit einem Gletscher und zahlreichen anspruchsvollen Skipisten lockt. Von Malga Ciapela, einer kleinen Hotelsiedlung, führen Schwebebahnen hinauf zum Rifugio Punta di Rocca (3265 m), der einen zauberhaften Blick auf die Dolomiten freigibt.

ZIELE
DOLOMITEN · DOLOMITI

Schnitzkunst und Minnesang

Nun besteht die Möglichkeit zu einem Abstecher ins Grödnertal (Val Gardena), das über das Sellajoch (Passo di Sella) mit der Dolomitenstraße verbunden ist. Das ladinisch Gherdenia genannte Tal zieht sich von Waidbruck rund 25 km bis zum Talende bei Wolkenstein, um dann zum **Grödner Joch** und **Sellajoch** aufzusteigen. Auf Touristen warten hier ein breites Wander- und Wintersportangebot sowie zahllose Holzschnitzarbeiten, denn die Schnitzkunst besitzt hier eine lange Tradition. Da sich das Ladinische erhalten konnte, spricht die Bevölkerung drei Sprachen.

Grödnertal

Wolkenstein (Selva) liegt am Fuße der Sella-Gruppe. Die den Taleingang bei Waidbruck bewachende Trostburg ist eng mit dem ritterlichen Minnesänger Oswald von Wolkenstein (1377 – 1445) verbunden, an den jedes Jahr Anfang Juni der bei der Trostburg startende und beim Schloss Prösels endende Oswald-von-Wolkenstein-Ritt erinnert. Der Minnesänger gehört zu den faszinierendsten Persönlichkeiten der Südtiroler Geschichte: Bereits im Alter von zehn Jahren verließ er sein Elternhaus im Grödnertal und zog als Knappe durch Preußen, Rumänien, die Türkei, Ungarn, Böhmen, Spanien – ja möglicherweise bis nach Persien.

St. Ulrich (Ortisei) ist Hauptort des Grödnertals. Wer in Gröden eine Holzfigur kaufen möchte, sollte zuvor im ladinischen Heimatmuseum oder im Kongresshaus in St. Ulrich vorbeischauen. Hier kam im Jahr 1892 **Luis Trenker** zur Welt, der sich als Schauspieler, Regisseur, Architekt, Schriftsteller und natürlich auch als Bergsteiger mit der Bergwelt auseinandersetzte. Sein viel besuchtes Grab befindet sich gegenüber der St.-Anna-Kirche. Von St. Ulrich führt eine Kabinenbahn zur **Seiser Alm** (Alpi di Siusi) hinauf, einer Hochfläche mit Hotels, Pensionen, Hütten und Skiliften.

Über die Grenze nach Venetien

Hinter Canazei beginnt die Auffahrt zum 2 239 m hohen Pordoijoch (Passo Pordoi). Über den höchsten Pass der Dolomitenstraße verläuft die Grenze zu Venetien. Hier bietet sich ein prachtvoller Ausblick: im Norden die Sella-Gruppe, im Osten die Ampezzaner Dolomiten mit der Tofana. Vom Pordoijoch führt eine Schwebebahn auf den 2 950 m hohen **Sasso Pordoi**. Das weithin sichtbare runde Ehrenmal (Ossario; 1959) gedenkt der in den Weltkriegen gefallenen Soldaten. Die Dolomitenstraße zieht zunächst kurvenreich bergab und erreicht den am Fuße der Sellagruppe gelegenen, vor allem zum Wintersport besuchten Ort Arabba (1 602 m).

Pordoijoch

Von hier an folgt die Straße dem Buchensteintal (Livinallongo) und erreicht den gleichnamigen Hauptort, der vom **Col di Lana** (2 462 m) überragt wird, dem Blutberg des Ersten Weltkriegs. Sein Gipfel war 1916 nach über einjähriger Belagerung von italienischen Truppen mitsamt den ihn besetzt haltenden Österreichern in die Luft ge-

ZIELE
DOLOMITEN · DOLOMITI

Verdiente Rast im Angesicht der Drei Zinnen

sprengt worden. Hinter Buchenstein erklimmt die Straße in zahlreichen Serpentinen den **Falzaregopass**, wobei man die Einmündung der SS 203 passiert, die durch das Carodevoletal nach Belluno (s. u.) führt. Der 2117 m hohe Falzaregopass wird im Westen vom Hexenstein (Sasso di Stria; 2477 m), im Osten von den bizarren **Fünf Türme**n (Cinque Torri; 2 362 m) sowie im Süden vom Nuvolau (2575 m) überragt. Gut 5 km hinter der Passhöhe zweigt ein Weg zum Rifugio Cinque Torri (2131 m) ab, Stützpunkt zum Klettern in der gleichnamigen Felsgruppe. Rund 7 km hinter der Höhe des Falzarego-Passes zweigt ein Militärfahrweg zum Rifugio Cantore (2545 m) ab, dem Ausgangspunkt für die Ersteigung der 3 244 m hohen **Tofana**.

Legendäre Gipfel

Cortina d'Ampezzo

Über Pocol erreicht man Cortina d'Ampezzo, das sich selbst zur Hauptstadt der Dolomiten ernannt hat. Hier fanden 1956 die Olympischen Winterspiele statt. Seither ist Cortina zwar etwas in die Jahre gekommen, trotzdem schwillt der 6 000 Einwohner zählende Ort sommers wie winters auf bis zu 30 000 Menschen an. Das liegt an den legendären Gipfeln der Umgebung: Cristallo (bis 3221 m), **Tondi di Faloria** (2327 m), Sorapis (3 205 m), **Antelao** (3263 m) und Tofana di Mezzo (3244 m), auf die teilweise Bergbahnen hinaufführen. Die Sehenswürdigkeiten sind schneller aufgezählt. Es sind zwei: die Pfarrkirche aus dem 18. Jh. mit Barockaltären, Fresken von Franz Anton

ZIELE
DOLOMITEN · DOLOMITI

Zeiller und gemalten Stuckaturen sowie die Casa de ra Regoles mit ihrer modernen Kunstgalerie und angeschlossenen Fossilien- und Volkskundesammlungen. Ein Abstecher führt von Cortina über den Tre-Croci-Pass (809 m) zum Misurina-See (Lago di Misurina) in 1735 m Höhe, der von den **Drei Zinnen** (Tre Cime di Lavaredo; 2998 m) überragt wird. Hier besteht die Möglichkeit, über Bruneck und Brixen nach Bozen zurückzufahren.
Oder Sie halten sich weiter südöstlich und fahren ins über dem lang gestreckten, gleichnamigen Stausee gelegene **Pieve di Cadore**, den Geburtsort des Malers Tizian (1490 – 1576). Sein Geburtshaus befindet sich in der Via Arsenale. In der Pfarrkirche Santa Maria Nascente hängen einige seiner Gemälde, darunter eine Madonna mit Heiligen. Über die Brillenindustrie, wirtschaftlicher Schwerpunkt im Cadore-Tal, informiert ein kleines Brillenmuseum.
Casa Natale di Tiziano Vecellio: Piazza Tiziano 2 | Juli – Mitte Sept. tgl. 9.30 – 12.30, 15 – 18.30 Uhr | Eintritt 6 €
Museo dell'Occhiale: Via Arsenale 15 | Juni – Sept. Di. – So. 9.30 – 12.30 u. 15.30 – 18.30 Uhr; sonst nur Di. – Sa. | Eintritt 7 € | www.museodellocchiale.it

Belluno

Ruhig und beschaulich
Nomen est Omen: Das auf einem Felsvorsprung über dem Zusammenfluss von Ardo und Piave liegende Städtchen thront in fantastischer Lage an den Ausläufern der Dolomiti Bellunesi, des südlichsten Dolomitenausläufers – und es ist eine wahre Postkartenschönheit. Die Altstadt ist mit ihren arkadengesäumten Straßen, alten Brunnen und Palästen aus Gotik und Renaissance aber auch **venezianisch geprägt**, da Belluno ab 1404 rund 400 Jahre lang unter dem Schutz der mächtigen Republik Venedig stand.

Altstadt

Klein, aber fein
Ein wahres Schmuckstück ist der Domplatz mit dem Gotteshaus Santa Maria Assunta. Es entstand zwischen dem 16. und 18. Jh. Der Kampanile, entworfen von Filippo Juvarra, folgte 1742, das Baptisterium gegenüber wurde 1520 gebaut. Zu den eindrucksvollsten Palästen des Orts zählen der mit Bogenfenstern und zwei Loggien versehene **Palazzo dei Rettori** von 1491, der im 16. Jh. um einen Uhrturm erweitert wurde, ferner der Palazzo dei Vescovi mit der auffallenden Torre Civica (12./13. Jh.) sowie der Palazzo del Municipio aus dem 18. Jh. Im Palazzo dei Giuristi sind Werke einheimischer und venezianischer Künstler ausgestellt. Von hier ist es nicht weit zum hübschen Marktplatz, auch **Piazza delle Erbe** genannt, den ein Brunnen von 1410 und die 1471 gebaute Loggia dei Ghibellini schmücken. Folgt man der Via Mezzater-

Vom Dom zur Piazza dei Martiri

ra und weiter der Via Brustolon Richtung Ardo, so kommt man zum Seminario Gregoriano, das 1253–1806 als Kloster diente, sowie zur einstigen Kolsterkirche S. Pietro, die im 18. Jh. barockisiert wurde. Zentrum der Innenstadt ist die lang gestreckte Piazza dei Martiri, die von Laubengängen mit zahlreichen einladenden Cafés flankiert wird. Im Osten wird sie vom neoklassizistischen Theater begrenzt.

Fresken und ein Forum

Feltre Das mittelalterliche Städtchen Feltre liegt 32 km westlich von Belluno. Entlang der Via Mezzaterra reihen sich freskengeschmückte Palazzi aus dem 16. Jh. bis zur Piazza Maggiore, wo einst das römische Forum war. Im **Museo Civico** gibt es Bilder venezianischer Meister zu sehen.
Museo Civico: Via Lorenzo Luzzo 23 | Jan.–Juli u. Okt.–Dez. Fr.–So. 10.30–13 u. 15–18 Uhr, Aug./Sept. Fr.–Mo. 10–18 Uhr | Eintritt 10 €

ELBA · ISOLA D'ELBA

Region: Toskana · Toscana | **Provinz:** Livorno | **Fläche:** 223 km² **Höhe:** bis 1 018 m ü. d. M. | **Einwohnerzahl:** 32 000

K 11

Nur Franzosenkaiser Napoleon Bonaparte wollte die Insel so schnell wie möglich wieder verlassen. Alle anderen möchten am liebsten verlängern. Kein Wunder, denn Elba bezirzt mit vielen Reizen. Pastellfarbenen Häusern am Wasser, steilen Klippen und auf kunstvoll angelegten Terrassen kultivierte Weingärten. In den Boutiquen sind die neuesten Luxusmarken versammelt, in den Marinas dümpeln tolle Yachten, doch ein Espresso in den kleinen Bars ist so günstig wie eh und je.

Mehr als Napoleons Insel

Ausführlich beschrieben im Baedeker Elba

Die größte Insel des Toskanischen Archipels, Elba, liegt 10 km südwestlich des Hafens Piombino im Ligurischen Meer. Einst war sie für ihr Erzvorkommen berühmt, ein Schatz, den bereits die Etrusker zu nutzen verstanden. Nachdem die Hochöfen von **Portoferraio** im Zweiten Weltkrieg schwer bombardiert wurden, stellte man die Eisenhüttenindustrie ein. Auch Thunfischfang, Obst- und Weinbau spielen heute keine Rolle mehr. Seit drei Jahrzehnten leben die Bewohner vom Fremdenverkehr. Die Geschichte Elbas ist eine **Geschichte vieler Herren**: Im 11. Jh. gehörte es den Pisanern, fiel 1284 an Genua, später an Lucca und 1736 an Spanien. 1814 überließ man die Insel dem entthronten Napoleon; er verweilte hier vom 3. Mai 1814 bis zum 26. Februar 1815. Der Wiener Kongress sprach die Insel dem Großherzogtum Toskana zu, 1860 kam sie zum Königreich Italien.

ZIELE
ELBA · ISOLA D'ELBA

ELBA ERLEBEN

ⓘ

Viale Elba 4, Portoferraio
Tel. 0565 91 46 71
www.aptelba.it

ANREISE
Die meisten Urlauber wählen für die Anreise die Fährverbindung zwischen Piombino und Portoferraio. Die Autofähren der Gesellschaften Toremar und Moby Lines benötigen etwa eine Stunde und verkehren zwischen 6 und 22.30 Uhr. Außerdem bestehen Verbindungen von Piombino nach Cavo und Porto Azzurro, zusätzlich verkehren Tragflächenboote nach Portoferraio und Cavo. In der Hauptsaison sollte man hier unbedingt rechtzeitig reservieren.
www.mobylines.de.

🍽

OSTERIA DEL NOCE €€
Bei einer Tour durch die Bergwelt der Insel lohnt ein Abstecher hierher allemal! Pastagerichte überzeugen ebenso wie der Fisch, das Angebot richtet sich nach dem Tagesfang, zubereitet wird er nach Genueser Rezepten mit Kartoffeln, Tomaten und Oliven.
Vial della Madonna 14
Marciana Castello,
Tel. 0565 90 12 84
www.osteriadelnoce.com
20. Mai – 20. Okt., im Winter am Wochenende geöffnet

DA LUCIANO €€–€€€
Gemütliches Lokal mit schöner Terrasse direkt über dem Golf von Biodola – am besten bei Sonnenuntergang. Unser Tipp: die »Antipasti di mare«! Tagesfrische Fischgerichte, günstige Weine.
Località Scaglieri, Portoferraio
Tel. 0565 96 99 52

🏠

HERMITAGE €€€€
Fast wie zu Hause fühlt man sich in den kleinen Villen mit Terrasse oder Balkon und Blick auf das Meer sowie die helle, feinsandige Traumbucht von Biodola. Toll sind auch die drei Meerwasser-Pools, der eigene Bootsanleger und das engagierte Sportprogramm: Unter anderem können Sie an Yoga- und Pilates-Kursen teilnehmen oder auf ausgedehnte Mountainbike-Touren gehen.
Via Biodola
Portoferraio-Biodola
Tel. 0565 97 40
www.hotelhermitage.it

ILIO €€
Im entzückenden Boutiquehotel im westlichen Teil der Insel haben Sie die Wahl zwischen klassischem Toskana-Zimmer und Contemporary bis zu Möbeln aus Treibgut. Am schönsten sind die Zimmer mit Terrasse zum Meer hin, das hier glasklar und nur 200 m entfernt ist. Und das Obst zum Frühstück kommt aus dem eigenen Garten.
Capo San Andrea
Tel. 0565 90 80 18
www.hotelilio.com

BARRACUDA €€
Vom tollen Elektrolyten-Swimmingpool im tropischen, parkartigen Garten mit gewaltigen Eukalyptusbäumen und Palmen zu den im mediterranen, italienischen Landhaus-Stil designten Zimmern und dem zwanglosen Lounge-Restaurant im Freien: Das aus einer kleinen B&B-Pension gewachsene Vier-Sterne-Hotel ist ein echtes Kleinod auf der Insel.
Viale Elba 46 | Marina di Campo
Tel. 0565 97 68 93
www.hotelbarracudaelba.it

ZIELE
ELBA · ISOLA D'ELBA

Wohin auf Elba?

Das Himmelbett des Kaisers

Portoferraio

Portoferraio (it. Eisenhafen), die Hauptstadt der Insel Elba und des gesamten Toskanischen Archipels, liegt auf einer Landzunge an einem **Naturhafen**. Während der Sommermonate herrscht in den Altstadtlokalen an der Via Garibaldi, um die Piazza della Repubblica, die Piazza Cavour und am Darsena-Hafen reger Betrieb. Cosimo I. de' Medici ließ 1548 von den Architekten Bellucci und Camerini die wehrhaften Festungsanlagen Forte Stella und Forte Falcone errichten – Musterwerke militärischer Renaissance-Architektur.

Man betritt die Altstadt durch die Porta a Mare und steigt auf zur Piazza della Repubblica. In der nahe gelegenen Via Napoleone steht die kleine **Chiesa della Misericordia**, in der neben einem Tino da Camaino zugeschriebenen Madonnenbild aus dem 13./14. Jh. auch ein Bronzeabguss der Totenmaske Napoleons zu sehen ist. Und auch rund 180 Jahre nach dem Tod des einstigen Kaisers, der nach seiner Verbannung noch einmal für hundert Tage an die Macht zurückgekehrt war, sorgt man sich um dessen Seelenheil: Jedes Jahr am 5. Mai, dem Todestag Buonapartes, wird hier eine Seelenmesse für ihn gelesen. Das gegenüber gelegene ehemalige Franziskanerkonvent aus dem 16. Jh.

ZIELE
ELBA · ISOLA D'ELBA

AUF DEM WEG DER STILLE

Der »Sentiero del Silenzio« auf Elba führt von Marciana über das Heiligtum der Madonna del Monte, hinweg über die Sierra Ventosa: Der Geruch der Mittelmeer-Macchia, kleine, sich zwischen dem Thymian sonnende Echsen und Panoramablicke über Elba und über das Meer bis hin nach Frankreich, nach Korsika und die kleineren Inseln des Archipels: einfach eine Wucht!

---

beherbergt die **Pinacoteca Foresiana**, die einzige Gemäldegalerie Elbas mit zahlreichen Stadtansichten und Landschaften der Insel. Von hier geht es zur Piazza Napoleone, dem höchsten Punkt der Altstadt. Hier steht die **Villa dei Mulini**, ursprünglich ein Gerichts- und Gefängnisgebäude, das 1814 für Napoleon zu einer Stadtresidenz ausgebaut wurde. Ein Besuch lohnt schon wegen der schönen Aussicht; eines der wenigen Originalstücke ist das prunkvolle Himmelbett Napoleons.

Etwa 6 km südwestlich von Portoferraio, am Abhang des bewaldeten Monte San Martino, liegt die elegante **Sommerresidenz Villa Napoleone**. Acht schön eingerichtete Zimmer stehen im ersten Stock offen, darunter der ägyptische Saal, dessen Wandgemälde die napoleonischen Siege im Reich der Pharaonen verherrlichen. Unterhalb der Villa steht der 1852 von Fürst Anatolio Demidoff, einem Verwandten der Bonapartes, im neoklassizistischen Stil errichtete Demidoff-Palast.

Hübsche Dörfer, einladende Strände, herrliche Aussichten

Über die Badebucht von Procchio, die mit einem der schönsten Strände der Insel aufwartet, gelangt man westlich zum Hafenstädtchen Marciana Marina, dessen Hafen von einem Sarazenenturm aus dem 12. Jh. beherrscht wird. Auf kurven- und steigungsreicher Strecke erreicht man 4 km landeinwärts inmitten schöner Kastanienwälder Elbas Zentrum für Weinproduktion. Das Dorf **Marciana Alta** bezaubert durch seine verwinkelten Gässchen und die Überreste einer alten pisanischen Festung, die um 1450 von der Familie Appiani ausgebaut wurde. Weiter zurück in die Geschichte geht es im Archäologischen Museum in der Via del Pretorio, wo etruskische und römische Ausgrabungsfunde zu sehen sind. Danach bietet sich ein Spaziergang hinauf zur 672 m hoch gelegenen Wallfahrtskapelle Madonna del Monte aus dem 16. Jh. an. Höchste Erhebung der Insel ist der 1018 m aufragende **Monte Capanne**, zu dem eine Kabinenbahn von Marciana aus pendelt. Der

Inselrundfahrt

ZIELE
ELBA · ISOLA D'ELBA

OBEN: Portoferraio ist ein guter Grund, doch etwas länger auf Elba zu bleiben.

UNTEN: Napoelons Bett in der Villa San Martino fiel etwas bescheidener aus als seine Schlafstatt in seiner Stadtresidenz.

Aufstieg zu Fuß dauert von Poggio etwa drei Stunden. Oben angekommen bietet sich ein großartiges Panorama des Archipels.
Über die Bergdörfer Poggio, Sant'Ilario und San Piero in Campo führt die Fahrt zu dem Ferienort **Marina di Campo**. Sein 2 km langer Sandstrand zieht Surfer, Taucher und Sonnenanbeter ebenso an wie Nachtschwärmer, die in Bars und Restaurants auf ihre Kosten kommen. Von der Schönheit der Unterwasserwelt kann man sich im außerhalb gelegenen **Aquarium M 2** begeistern lassen. Noch mehr Strände erwarten die Urlauber am Golf von Lacona und dem Golfo Stella.
Von hier lohnt sich ein Abstecher in das hübsche Bergdorf **Capoliveri**, das einst für seine Eisenerz- und Mineralvorkommen berühmt war. Heute besticht es durch romantische Gässchen und einladende Bars und Geschäfte. Einige Kilometer nordöstlich erstreckt sich malerisch an einer langen Bucht das im 17. Jh. von Spaniern befestigte Fischerstädtchen **Porto Azzurro** mit seinem berühmten azurblauen Hafen und dem um 1603 gebauten Fort Longone – heute ein Gefängnis.
Nächster Halt ist der ehemalige Erzverladehafen **Rio Marina**. Bereits die rostroten Häuserfassaden an der platanengesäumten Hauptstraße zeugen vom hohen Eisenoxidgehalt der nahen Bergwerke. Mineralienfreunde können sich im Rathaus über Fundstätten und aufgelassene Erzgruben informieren. Bevor man wieder in Portoferraio eintrifft, erblickt man schon von Weitem die mittelalterliche Felsenburg **Volterraio**, die wie ein Adlerhorst auf einem hohen Bergkegel thront. Errichtet wurde die einsame Fluchtburg von den Pisanern um 1284, das äußere Bollwerk entstand im 17. Jh. Eine enge kurvenreiche Straße führt hinauf, dann geht es ca. 30 Min. zu Fuß weiter (festes Schuhwerk nötig) – ein Marsch, der mit einer fantastischen Aussicht belohnt wird.

Toskanischer Archipel · Arcipelago Toscano

Tauch- und Schnorchelreviere

Der Toskanische Archipel besteht aus sieben Hauptinseln und mehreren kleinen Inselchen, die zwischen der Küste und der Insel Korsika liegen. Zum Schutz von Flora und Fauna wurde bereits 1990 ein Teil des Archipels zum **Nationalpark** erklärt, der dann im Jahr 1998 erheblich erweitert wurde. Auf den schönen Inseln befanden sich lange Zeit Gefängnisse. Inzwischen sind die Strafanstalten von Capraia und Pianosa geschlossen, die Buchten bevölkern vor allem Taucher und Schnorchler. Einzig Gorgona ist noch Gefängnisinsel und darf nur mit Genehmigung besucht werden. Das Gleiche gilt für die unter strengem Naturschutz stehende Insel Montecristo, die durch Alexandre Dumas' Roman **»Der Graf von Monte Cristo«** weltberühmt wurde: Bei Dumas wird das Eiland zum Hort eines gewaltigen Schatzes, der es dem jahrelang unschuldig eingekerkerten Seemann Edmont Dantes ermöglicht, als reicher Graf an seinen Feinden grausam Rache zu üben.

Sieben Hauptinseln

ZIELE
FERRARA

Ende einer Kreuzfahrt

Giglio Die Ferieninsel Giglio hat 2012 wegen eines Schiffsunglücks von sich reden gemacht: Das Kreuzfahrtschiff »Costa Concordia« war bei ruhiger See dicht vor der spektakulären Küste auf Grund gelaufen – 32 Menschen starben. Das Schweröl in den Tanks stellte eine enorme Gefahr für das hochempfindliche Ökosystem des Nationalparks dar, die dank der guten Arbeit von Bergungsspezialisten zum Glück abgewendet werden konnte. Monatelang zog das Wrack Schaulustige an; im September 2013 wurde es aufgerichtet und weggeschleppt.

Normalerweise aber ist die Insel beliebtes Ziel von Badetouristen. Insbesondere die Inseldörfer Porto, **Castello** und Campese stehen bei italienischen Ausflüglern im Sommer hoch im Kurs. Mehrmals täglich steuert ein Fährschiff von S. Stefano aus die kleine Toskana-Insel an. Ankunftshafen ist Porto Giglio. Castello, Hauptort und Verwaltungssitz der Insel, thront mit seinen in die Befestigungsmauer gehauenen Häusern trutzig auf einer Anhöhe. Malerisch gibt sich das Fischerdörfchen **Campese** mit der gefälligen Baia del Campese, die vom 1705 errichteten Torre de Campese begrenzt wird. In Campese erstreckt sich der längste und im Sommer entsprechend überfüllte Strand der Insel. Die Südküste Giglios birgt dagegen noch eine ursprüngliche Naturlandschaft. An der Ostküste drängen sich die alten Bauten von Giglio Porto fächerförmig auf einem schmalen Küstenstreifen.

★ FERRARA

Region: Emilia-Romagna | **Provinz:** Ferrara | **Höhe:** 10 m ü. d. M.
Einwohnerzahl: 132 300

F 14

Auch ein unangenehmer Charakter kann für andere sein Gutes haben oder im Laufe der Geschichte zu positiven Ergebnissen führen. So wäre Ferrara ein unbedeutendes Nest – hätte es nicht die Familie Este gegeben, ein hochgebildetes, prunk- und selbstsüchtiges Adelsgeschlecht, das in der Renaissance die Stadt aufs Prächtigste ausbauen ließ, mitunter auf Kosten der Bevölkerung. Die Zeit hat das Blatt allerdings gewendet: Die Este sind ausgestorben, doch die Bewohner so lebenslustig wie damals.

Das Erbe der Familie Este

Die tolle Stadt, im Mittelalter und in der Renaissance so bedeutend wie Mailand, Florenz und Venedig und heute Weltkulturerbe der UNESCO, besitzt einen intakten **mittelalterlichen Kern**. Eine fast 9 km lange Mauer umgibt das nahezu autofreie Zentrum, dessen Mittelpunkt eine mächtige Wasserburg einnimmt. Im Süden liegt das

ZIELE
FERRARA

Gassen- und Häusergewirr des mittelalterlichen Ferrara, im Norden folgt die Renaissancestadt mit geraden, rechtwinklig angelegten Straßen, die von Palästen gesäumt werden. Stolz sind die Einwohner der Stadt, die Ferrareser, auf ihr besonderes Lebensgefühl. Den Holländern ähnlich, ist man hier **am liebsten mit dem Rad unterwegs** und lässt das Auto stehen, wann immer es geht. Auch als Besucher können sie es so machen und auf zahlreichen Rundtouren die Fahrradstadt auf zwei Rädern erkunden.

Die Bedeutung ist weg, die Pracht ist geblieben
Ferrara lag ursprünglich am Po, der jedoch nach einer verheerenden Überschwemmung 1152 seinen Lauf änderte. Die Stadt kam 1264 unter die Herrschaft Obizzo I. d'Este, dessen Nachkommen die folgenden 300 Jahre ihr Schicksal bestimmten. Sie bauten Ferrara zur Wirtschaftsmacht und zum **Kultur- und Kunstzentrum** auf. Große Dichter und Künstler verkehrten am ferraresischen Hof, u. a. die Dichter Ludovico Ariosto (1474–1533) und Torquato Tasso (1544–1595). Ende des 15. Jh.s ließ **Ercole I** die Stadt nach Plänen des Renaissance-Architekten Biagio Rossetti (um 1447–1516) fast um das Doppelte vergrößern. Hundert Jahre später endete der dynastische Glanz, als der letzte Regent kinderlos starb und Ferrara an den Kirchenstaat fiel. Das hatte schwere Folgen. In den nächsten 20 Jahren wanderte ein Drittel der Ferraresi ab, die Stadt versank in der Bedeutungslosigkeit – nicht zuletzt deshalb blieb sie so, wie sie war.

Geschichte

Wohin in Ferrara?

Der Dom vereint verschiedene Baustile
Der Dom San Giorgio entstand zwischen dem 12. und 14. Jh. Ältester Bauteil ist die dreiteilige Fassade aus weißem und rosa Marmor, deren unterer Bereich noch im lombardisch-romanischen Stil gearbeitet ist, während die oberen Zonen bereits gotische Elemente aufweisen. Den Kampanile entwarf im 15. Jh. der berühmte Architekt Leon Battista Alberti. Die Arkadenreihe an der rechten Kirchenseite, **Loggia dei Merciai** genannt, stammt aus derselben Zeit. Im Innern erwartet den Besucher ein barockisierter, mit Gemälden der Ferrareser Schule geschmückter Kirchenraum. Das Jüngste Gericht in der Apsis schuf 1580 Filippo Lippi. Gemälde von Cosmè Tura, feinste Gobelins aus dem 16. Jh. sowie ein Madonnengemälde von Jacopo della Quercia hütet das **Dommuseum**, das sich über der Vorhalle der Kathedrale befindet. Im Palazzo Comunale gegenüber, 1243 erbaut, residierten die Este, bevor sie ins benachbarte Castello zogen. Die beiden Bronzestatuen am Eingang stellen Niccolò III. d'Este und seinen Sohn Borso dar.

San Giorgio

Museo della Cattedrale: Di. – So. 9.30 – 13 u. 15 – 18 Uhr | Eintritt 6 €

FERRARA ERLEBEN

ⓘ

Castello Estense
44100 Ferrara
Tel. 0532 21 22 66
www.ferrarainfo.com/de

🍽

❶ MANIFATTURA ALIMENTARI €€–€€€
Ein feines Delikatessengeschäft, wo allerbeste Küche auf die kleinen Tische kommt.
Via Palestro 73
Tel. 0532 171 60 71

❷ L'OCA GIULIVA €€
Weinlokal und Restaurant unter den Arkaden des alten Ferrara. Köstliche regionale Gerichte wie Capallaci mit Kürbisfüllung, fangfrische Fische.
Via Boccanale di S. Stefano 38/40
Tel. 347 254 76 05
Di. geschl.
www.ristorantelocagiuliva.it

❸ OSTERIA AL BRINDISI €€
In der angeblich ältesten Osteria der Welt (seit 1435) locken Weine und lokale Köstlichkeiten wie Pampepato.
Via Adelardi 11
Tel. 0532 47 37 44
www.albrindisi.net

🏠

❶ DUCHESSA ISABELLA €€€€
In einem Palast des 15. Jh.: Antiquitäten, Gemälde und edle Stoffe geben dem Haus ein einzigartiges Flair.
Via Palestro 70
Tel. 0532 19 40 303
www.duchessaisabella.com

❷ PRINCESS €€€€
Ein Wohnhaus aus dem 16. Jh. beherbergt dieses entzückende 4-Sterne-Hotel, mit Stilmöbeln und Antiquitäten eingerichtet. Restaurant im Haus.
Via Mascheraio 39
Tel. 0532 45 32 04
https://princessferrara.it

❸ EUROPA €€
Palazzo mit teils originalen Fresken, geräumige Zimmer zur Straße mit antiker Möblierung und kleinere, etwas günstigere Zimmer zum Hof.
Corso della Giovecca 49
Tel. 0532 20 54 56
www.hoteleuropaferrara.com

⭐

Castello Estense

Erst Festung, dann Renaissancepalast
Mit dem Bau des Castello Estense begann man 1385, die Arbeiten an dem von Wassergräben eingefassten **Backsteinbau** mit vier starken Ecktürmen zogen sich allerdings rund 200 Jahre hin, u. a. weil die Este in der Zwischenzeit die Festung in einen Renaissancepalast umwandeln wollten. Einige Räume können besichtigt werden, darunter drei Säle mit Fresken von Camillo Filippi aus dem 16. Jh. Beim Kastell liegt die **Piazza Savonarola** mit einem Denkmal des 1452 in Ferrara geborenen Reformators, der seine Zeitgenossen durch Bußpredigten aufzurütteln suchte und 1498 in Florenz auf dem Scheiterhaufen endete.
Mo. u. Mi.–So. 10–18 Uhr, Di. geschl. | Eintritt 12 €
www.castelloestense.it

ZIELE
FERRARA

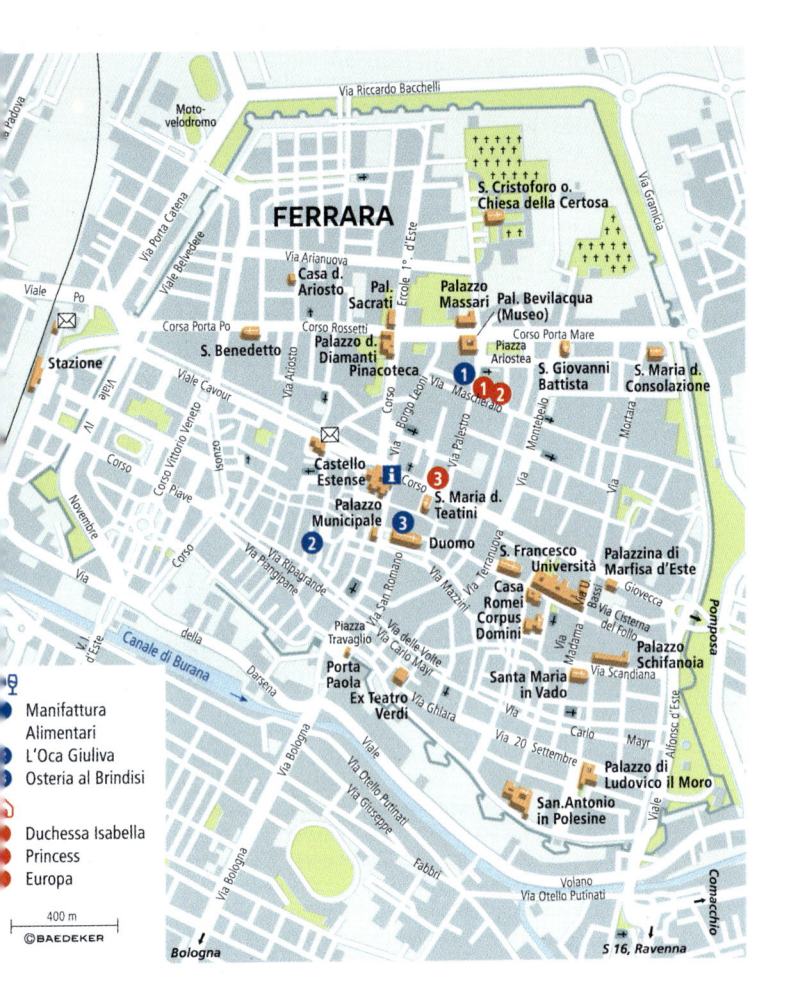

Einer prächtiger als der nächste

Der von schönen Renaissancepalästen gesäumte **Corso Ercole d'Este** führt in die Renaissancestadt. Durch die sog. Addizione Erculea (die unter Ercole veranlasste Stadterweiterung) wurde Ferrara – gemäß einer These des Historikers Jacob Burckhardt – die **erste moderne Stadt Europas**; auf den Wink der Fürsten entstanden große, regelmäßig angelegte Quartiere, in denen systematisch Beamtenschaft und Industrie angesiedelt wurden; reiche Flüchtlinge aus ganz Italien, zumal Florentiner, sahen sich geradezu genötigt, hier

★
Renaissancepaläste

ZIELE
FERRARA

Aus diesen Po-Armen wird die kulinarische Spezialität der Valli di Comacchio gefangen: Aale. (▶ S. 198)

ihre Paläste zu bauen. Drei dieser Palazzi findet man an der Kreuzung Corso Rosetti/Corso di Porta Mare, u. a. den um 1500 erbauten Palazzo Sacrati mit schönem Portal. Hier steht auch der im 16. Jh. erbaute **Palazzo dei Diamanti** mit seinen über 8500 diamantartigen Marmorquadern. Im Haus ist eine Pinakothek untergebracht, die einen umfassenden Überblick über die Malerei in Ferrara, Venedig und in der Emilia zwischen dem 13. und 18. Jh. erlaubt.

Der **Palazzo Schifanoia** mit seinem doppelgeschossigen Marmorportal entstand 1385 als Lustschloss (gegen die Langeweile = ital. schifanoia). Heute ist er Sitz des Museo Civico. Zu den schönsten Werken im Haus gehört ein leider unvollständiger Freskenzyklus mit Alltagsszenen im Salone dei Mesi, ein Hauptwerk aus der Malschule von Ferrara.

Der nahe gelegene Palazzo di Ludovico il Moro, auch **Palazzo Costabili** genannt, wurde Ende des 15. Jh.s für den Herzog von Mailand und Ehemann der Beatrice d'Este gebaut, der aufgrund seiner dunklen Hautfarbe »der Mohr« genannt wurde. Heute ist in seinem Palast das Archäologische Museum untergebracht. Ausgestellt werden Funde aus der griechisch-etruskischen Stadt Spina bei Comacchio im Po-Delta (s. u.) und griechische Vasen aus Attika.

Eine lebendige Vorstellung von der Wohnkultur der Renaissance wiederum vermittelt ein Besuch der **Palazzina di Marfisa d'Este**. Der einstige Wohnsitz der Este-Tochter mit seinen historischen Möbeln und einem zauberhaft ausgemalten Wintergarten ist heute Museum.
Pinacoteca Nazionale: Corso Ercole I d'Este 21 | Di. – So.
10 – 17.30 Uhr | Eintritt 6 € | https://gallerie-estensi.beniculturali.it
Museo Civico: Slargo Florestano Vancini 2 | Di. – So. 9 – 18 Uhr
Eintritt 4 € | bei Redaktionsschluss vorübergehend geschlossen
Archäologisches Museum: Via XX Settembre 122
Di. – So. 9.30 – 17 Uhr | Eintritt 6 €
Palazzina di Marfisa d'Este: Corso Giovecca 170
Di. – So. 9.30 – 13 u. 15 – 18 Uhr | Eintritt 4 €

Rund um Ferrara

Das größte Feuchtgebiet Italiens
Im Po-Delta strömen alle Arme des Flusses samt seiner Nebenflüsse aus dem Apennin zusammen. Es ist das größte Feuchtgebiet Italiens und steht zu großen Teilen unter Naturschutz (Parco Nazionale del

Po-Delta

Delta del Po). In dieser Gegend erstreckte sich einst der riesige **Bosco della Mesola**, der das ganze Delta bedeckte und von dem heute noch ein streng geschützter Rest erhalten ist. Das örtliche Umweltstudienzentrum befindet sich im mächtigen Castello delle Robinie, das im 16. Jh. als Jagdschloss für die Este gebaut wurde. Ausflugsschiffe ins Delta starten u. a. in den Dörfern Goro, Gorino und Porto Tolle.

Weiter südlich gründeten Benediktinermönche im 7. Jh. das Kloster **Santa Maria di Pomposa**, nachdem sie das sumpfige Umland urbar gemacht hatten. Es spielte im Mittelalter im Kultur- und Geistesleben eine wichtige Rolle, u. a. erfand hier im 11. Jh. der Mönch Guido von Arezzo die heute noch gebräuchliche **Notenschrift**. Besonders schön ist die frühromanische Klosterkirche S. Maria, ein Backsteinbau, dessen Inneres ein teilweise erhaltenes Fußbodenmosaik aus dem 11. Jh. sowie herrliche Fresken aus dem 14. Jh. zieren.

Mo. – So. 8.30 – 19.30 (So. um 11 Uhr für Messe geschl.) | Eintitt 5 €

Schmackhafte Spezialität

Comacchio

Comacchio, ein malerisches Fischerstädtchen an einer Lagune rund 55 km südöstlich von Ferrara, ist der Hauptort der heute zum großen Teil trockengelegten **Sumpflandschaft** Valli di Comacchio. Wie Venedig und Chioggia wurde der Ort auf Inseln erbaut. Hauptsehenswürdigkeit ist die sog. Trepponti, eine Brücke über vier sich kreuzende Kanalarme (1634). Kulinarische Spezialität sind Aale (anguille), die in den Valli, den Seen, Lagunen und Flussarmen gezüchtet und mit den »lavorieri« genannten Netzen gefangen werden. Ganz in der Nähe liegen die Sette Lidi di Comacchio, sieben großflächige **Badeorte**, die durch einen mit Pinien besetzten Strandstreifen verbunden sind.

★★ FLORENZ · FIRENZE

Region: Toskana · Toscana | **Metropolitanstadt:** Firenze
Höhe: 49 – 70 m ü. d. M. | **Einwohnerzahl:** 381 000

H 13

In der ganzen Welt, bis nach China und Australien, hat es sich herumgesprochen, dass Florenz die schönste Stadt der Toskana ist. Während der heißen Sommermonate drängeln sich deshalb Besucher in der Renaissance-Metropole zwischen Dom, Uffizien und Ponte Vecchio. Da heißt es entspannen und die stillen Ecken jenseits der ausgetretenen Pfade anzusteuern. In den Gässchen von Gavinana beispielsweise sind noch immer viele kleine Kunsthandwerksbetriebe ansässig, und von der Piazzale Michelangelo haben Sie einen wunderbaren Blick auf den Arno.

ZIELE
FLORENZ · FIRENZE

Gibt es eine zweite Stadt, in der »Dolce far niente« und Kunstgenuss eine so wunderbare Liaison eingehen wie in Florenz, wo Reichtum und Macht, Geist und schöpferische Fantasie eine **Fülle von Kunstschätzen** hervorgebracht haben? Kein Wunder, dass man jedes Jahr steigende Zahlen von Besuchern verbucht, die in der Regel mit hohen Erwartungen an- und zumeist zufrieden abreisen.

Wo anfangen, wo aufhören?

Aufstieg im Zeichen der Medici
Bereits Anfang des 13. Jh.s stand die Stadt in Mittelitalien wirtschaftlich an der Spitze. Ihr Einfluss wuchs, als 1434 die reiche Kaufmannsfamilie Medici an die Macht kam, deren bedeutendste Mitglieder Cosimo d. Ä. (reg. 1434 – 1464) und Lorenzo »il Magnifico« (der Prächtige, reg. 1469 – 1492) die Republik zu einem **Zentrum für Wirtschaft, Kunst und Wissenschaft** ausbauten. 1494 wurden sie von der freiheitsliebenden Bevölkerung, die die Machtlust der Medici fürchtete, vertrieben. Ihr prominentester Gegner, der Bußprediger Girolamo Savonarola, endete jedoch schon im Jahr 1498 auf dem Scheiterhaufen. 1512 kehrten die Medici triumphierend zurück, mussten aber 15 Jahre später erneut das Weite suchen. Nach der Einnahme der Stadt durch Kaiser Karl V. im Jahr 1531, bestätigte sich der lange gehegte Verdacht: Alessandro de' Medici (1537 ermordet) ließ sich als erblicher Herzog einsetzen. Sein Nachfolger Cosimo I. de' Medici wurde 1569 gar Großherzog der Toskana. Die Zeit der Re-

Stadtgeschichte

Ausführlich beschrieben im Baedeker Florenz

Von der Piazzale Michelangelo genießen Florentiner und Besucher die Abendsonne und die herrliche Aussicht auf die Arnometropole.

ZIELE
FLORENZ · FIRENZE

FLORENZ ERLEBEN

ⓘ

Borgo Santa Croce 29r
50122 Florenz, Tel. 055 2691207

Via Cavour 1, 50129 Florenz
Tel. 055 29 08 32

www.feelflorence.it

🚌

Das Zentrum ist verkehrsberuhigt. Hotelgäste dürfen zur Gepäckabgabe vorfahren, das Auto stellt man am besten auf einem bewachten Parkplatz ab. Rabatte für Hotelgäste sind möglich. Zentral, aber teuer ist die Parkgarage am Hauptbahnhof.
Im gesamten Stadtgebiet verkehren regelmäßig Stadtbusse. Tickets am Bahnhof, in Bars und an Kiosken, aber nicht im Bus! Empfehlenswert: Touristenkarte für 1, 2, 3 Tage bzw. 1 Woche. Fahrpläne beim APT-Büro.

Bei so einer Stadtbesichtigung ist man schnell müdegelaufen. Warum machen Sie es nicht wie die Florentiner und steigen um aufs Rad? Das ist umweltfreundlich, individuell – und so erreichen Sie alle Attraktionen der Arnometropole fast mühelos »strampelnd«. **Leihräder**, auch E-Bikes, können Sie von verschiedenen Anbietern an unterschiedlichen Stellen der Stadt leihen, oft schon für 12–15 € am Tag.
www.tuscanycycle.com
www.florencebybike.it

🎉

Am Ostersonntag feiert man den Scoppio del Carro, bei dem am Altar des Doms eine Rakete in Taubenform entzündet wird. Der **Calcio in Costume** ist ein Ballspiel in historischen Kostümen, das in der Regel am 24. Juni auf der Piazza Santa Croce abgehalten wird. Alle Veranstaltungen des laufenden Monats finden Sie im Stadtmagazin »Firenze Spettacolo«.

🛍

Florenz ist ein Mekka für Mode, Lederwaren, Stoffe, Delikatessen und Schmuck, aber auch sündhaft teuer. Haupteinkaufsstraße ist die Via Calzaiuoli. Das Herz der Modewelt schlägt in der Via Tornabuoni samt angrenzender Gassen. Schuhe findet man im Borgo San Lorenzo oder in der Via Cerretani, Schmuck auf dem Ponte Vecchio, Antiquitäten im Borgo Ognissanti, in der Via Maggio und in der Via dei Fossi.
Sie sind im Sommer unterwegs? Dann ist ein typisch florentinischer Strohhut die erste Wahl. Die besonders geschmeidigen wie auch resistenten Strohhalme für diese Hüte, die seit vielen Generationen in Florenz hergestellt werden, stammen aus dem Arno-Tal – ein echter Klassiker, der sich auch daheim gut macht.
Eine empfehlenswerte Adresse ist Grevi
Via dei Fossi 7R
www.grevi.it

🍴

❶ **IL CIBREO €€€€**
Im Feinschmeckerlokal unweit vom Markt Sant'Ambrogio muss vorab reserviert werden.
Via Andrea del Verocchio 8r
Tel. 055 234 11 00
So., Mo. geschl., www.cibreo.com

❷ **TRATTORIA SOSTANZA €€**
Traditionsreiches Florentiner Gasthaus, wo schon Chagall und Steinbeck aßen; Tipp: Bisteca alla fiorentina.
Via del Porcellana 25
Tel. 055 21 26 91
So. geschl.

ZIELE
FLORENZ · FIRENZE

A Piazza della Signoria
B Piazza San Firenze
C Piazza del Duomo
D Piazza San Giovanni
E Piazza della Repubblica
F Piazza Santa Maria Novella
G Piazza Ognissanti
H Piazza dell' Unità Italiana
I Piazza Madonna degli Aldobrandini
K Piazza San Marco
L Piazza della Santissima Annunziata
M Piazza Santa Croce

1 Loggia dei Lanzi
2 Palazzo Fenzi
3 Palazzo Uguccione
4 Badia Fiorentina
5 Casa di Dante
6 Santa Maria Maggiore
7 San Gaetano
8 Mercato Nuovo
9 Palazzo Davanzati
10 Palazzo Spini-Ferroni
11 Santi Apostoli
12 Palazzo di Parte Guelfa
13 Santo Stefano

❶ Il Cibreo
❷ Trattoria Sostanza
❸ Toscanella
❹ La Casalinga
❺ Trattoria Mario
❻ Pizzeria Antica Porta

❶ Four Seasons Firenze
❷ Villa la Massa
❸ Annalena
❹ Il Guelfo Bianco

ZIELE
FLORENZ · FIRENZE

❸ TOSCANELLA €€
Unter den hohen Gewölben eines historischen Palazzo nahe dem Palazzo Pitti, serviert man frische und köstlich schmeckende Traditionsküche. Ein Klassiker seit vielen Jahren ist das günstige, dreigängige Mit-tagsmenu.
Via Toscanella 38
Tel. 055 28 54 88
tgl. geöffnet
www.osteriatoscanella.com

❹ LA CASALINGA €
Auf der ruhigeren Seite des Arno, direkt an der hübschen Piazza Santo Spirito, liegt die Trattoria La Casalinga, die lange Zeit als Geheimtipp gehandelt wurde: Hier isst man für erstaunlich wenig Geld erstaunlich gut – Hausmannskost, die nach Jahreszeit und Marktangebot variiert. Den Auftakt machen gemischte Crostini oder regionale Wurstspezialitäten. Im Sommer fehlt die Panzanella nicht, die man hier gern mit Roastbeef serviert. Herrlich sind auch die dolci: Millefoglie, ein Blätterteiggebäck, oder Torta della Nonna,Kuchen mit Vanillecreme, sind die Klassiker der Casalinga.
Via del Michelozzi 9/R
Tel. 055 21 86 24
So. geschl.
www.trattorialacasalinga.it

❺ TRATTORIA MARIO €
Dieser typische Familienbetrieb ist sehr beliebt – bei vollem Restaurant wartet man auf dem Gehweg, bis der Patrone zu Tisch bittet.
Via Rosina 2/R
Tel. 055 21 85 50, So. geschl.
www.trattoriamario.com

❻ PIZZERIA ANTICA PORTA €
Unter Florentinern ist schon lange bekannt, dass man hier hervorragende Pizzen bekommt.
Via Senese 23/R, Tel. 055 22 05 27
nur abends, Mo. geschl.
www.anticaportafirenze.it

❶ FOUR SEASONS FIRENZE €€€€
Ein Palast zum Träumen: Umgeben von einer prachtvollen, 4,5 ha großen Parkanlage mit Statuen, Wasserbecken und uralten Bäume thront diese Anlage aus der Renaissance. Die mit Antiquitäten und spiegelndem Parkett, behäbigen Sofas und Recamieren ausgestatteten Zimmer und Suiten sind so schön, dass man sie eigentlich nur noch verlassen möchte, um die Fresken und Kunstschätze des heutigen Hotels zu betrachten oder um im zweistöckigen Spa – einem neuen, gläsernen Palast im Park – eine der entspannenden Anwendungen zu genießen.
Borgo Pinti 99
Tel. 055 26261
www.fourseasons.com
116 Zimmer

❷ VILLA LA MASSA €€€
Die palastartige Villa aus dem 13. Jh. (Schwesterhotel der legendären Villa d'Este am Comer See) und ihre vier Nebengebäude wurden aufwendig im toskanischen Stil restauriert. Handbemalte und bedruckte Tapeten, feinste Webereien und Antiquitäten schaffen eine eigenen Welt. Dazu kommen die Lage direkt am Arno und der Blick auf die Hügel des Chianti. Knirschende Kieswege, knorrige Olivenbäume und der gewaltige Pool prägen den Garten. Vorm Dinner auf der romantischen Terrasse über dem Fluss trifft man sich auf einen Champagner-Cocktail. Mit Shuttle-Service ins 10 km entfernte Florenz.
Via Della Massa 24, Candeli
Tel. 055 626 11
www.villalamassa.com. 51 Zi.

❸ ANNALENA €€
In dem historischen Gebäude nahe der Porta Romana und gegenüber

vom wunderschönen Boboli-Garten war früher ein Kloster untergebracht, heute befindet sich hier eine stilvolle, sehr gepflegte und mit zahlreichen antiken Elementen versehene Etagenpension. Besonders schön sind die Zimmer mit Terrasse zum verwunschenen Garten hin.
Via Romana 34
Tel. 055 22 24 02
www.annalenahotel.com

❹ IL GUELFO BIANCO €€€
Famose Lage – man kommt zu vielen Sehenswürdigkeiten zu Fuß! Das renovierte Patrizierhaus aus dem 18. Jh. trumpft außerdem mit hübschen Gästezimmern im florentinischen Stil.
Via Cavour 29
Tel. 055 28 83 30
https://ilguelfobianco.it/de

---

publik war endgültig vorbei. Nach dem Aussterben der Medici kam das Land 1737 als erbliches Reichslehen an das Haus Lothringen, das mit kurzer Unterbrechung bis 1860 herrschte. Nun schloss sich die Toskana dem neuen Italien an und erlebte als **Hauptstadt des Königreichs** 1865–1871 einen bedeutenden Aufschwung.
Abgesehen von den Ende 1944 durch das deutsche Militär gesprengten Arnobrücken, von denen die schönste, der Ponte Vecchio, glücklicherweise erhalten blieb (die anderen wurden z. T. im alten Stil wieder aufgebaut), überstand die Stadt den Zweiten Weltkrieg fast unversehrt. Das **Hochwasser** im November 1966 verursachte jedoch sehr schwere Schäden und kostete zahlreiche Menschen das Leben. Am 27. Mai 1993 zog ein Bombenanschlag, bei dem fünf Menschen getötet wurden, die Uffizien in Mitleidenschaft, über 200 Gemälde und Skulpturen wurden beschädigt, einige sogar zerstört.

Vom Dom zum Palazzo Pitti

Weltberühmtes Ensemble aus mehrfarbigem Marmor
Der Dom, der seinen Namen S. Maria del Fiore der Wappenblume von Florenz – der Lilie – verdankt, ist ein mächtiger, gotischer Bau, 1296 von Arnolfo di Cambio begonnen, ab 1357 von Francesco Talenti weitergeführt und 1436 geweiht. Die Fassade wurde erst 1875 bis 1887 ausgeführt. Die große **achtseitige, doppelschalige Kuppel**, die zwischen 1420 und 1434 entstand, ist das kühne Meisterwerk von Filippo Brunelleschi. Sie ist 91 m hoch, einschließlich der 1461 vollendeten Laterne sogar 114,4 m. Das Fresko des Jüngsten Gerichts (1572–1579) stammt von Giorgio Vasari. Es lohnt sich, die Laterne zu besteigen, denn von dort bietet sich ein herrliches Panorama. Eine Treppe hinter dem Domeingang führt zu den seit dem Jahr 1965 freigelegten Resten der Kathedrale S. Reparata hinunter, der Vorgängerkirche aus dem 4./5. Jh.
Der 82 m hohe **Campanile**, 1334 unter Giotto begonnen und 1359 vollendet, gehört mit seiner mehrfarbigen Marmorverkleidung zu den schönsten Glockentürmen Italiens. Die Skulpturen (Originale im

★★
Piazza del Duomo

ZIELE
FLORENZ · FIRENZE

Museo dell'Opera del Duomo) stammen von Donatello und seinem Gehilfen Rosso (1420) sowie von Andrea Pisano und Luca della Robbia (1437). Wer die Domlaterne nicht bestiegen hat, sollte hier die Gelegenheit nutzen. Gegenüber dem Chor befand sich im 15. Jh. die Dombauhütte, heute werden dort im **Dommuseum** (Museo dell'Opera del Duomo) Kunstwerke aus dem Dom und dem Baptisterium gezeigt, so auch die Pietà von Michelangelo, eine der berühmtesten Skulpturen der abendländischen Kunst.

Das achteckige, außen wie innen mit Marmor verkleidete **Battistero di S. Giovanni**, dessen Form an frühchristliche Taufkapellen anknüpft, wurde 1059 begonnen. Berühmt ist es für seine drei reliefgeschmückten Bronzetüren: Die südliche schuf Andrea Pisano 1330–1336, die nördliche und östliche Haupttür sind Werke Lorenzo Ghibertis aus den Jahren 1403–1424 und 1425–1452. Die dem Dom zugewandte Ostpforte Ghibertis befand Michelangelo für würdig, das Paradies zu schmücken, sie wird daher **Porta del Paradiso** genannt. Innen sind u.a. großartige Mosaiken Cimabues und Giottos zu sehen.

Dom u. Krypta tgl. 10.15–16.45, Baptisterium 9–19.45, Campanile 8.15–19.45, Kuppel 8.15–19.30 (ggf. nur mit Reserv.), Museum 9–16Uhr | Eintr. 30 € (Kombiticket) | www.ilgrandemuseodelduomo.it

Liegt der Eingang zum Paradies an der Ostpforte des Baptisteriums?

ZIELE
FLORENZ · FIRENZE

Zentrale Flaniermeile und Traditionscafés
Gegenüber dem Baptisterium steht die schöne spätgotische **Loggia del Bigallo**, erbaut 1353–1358 im Auftrag der Gesellschaft der Barmherzigen Brüder, die ausgesetzte Kinder vorübergehend aufnahm. Hier beginnt die Via dei Calzaiuoli (Straße der Strumpfwirker), die Flaniermeile mit ihren Cafés, traditionsreichen Geschäften und edlen Boutiquen. Auch die **Piazza della Repubblica** etwas weiter westlich ist mit ihren zahlreichen Cafés ein beliebter Treffpunkt. Berühmt sind das Giubbe Rosse – benannt nach den Kellnern in roten Westen, seit der Jahrhundertwende Künstlertreff –, das nicht viel jüngere Paszkowski und das Gilli, das schon 1733 gegründet wurde. Am Weg zur Piazza della Signoria fällt ein unkonventionelles Gebäude ins Auge, das **Orsanmichele** (Orto di S. Michele = Garten des hl. Michael) genannt wird. Man errichtete es 1284–1291 als Getreidespeicher, gestaltete es aber später zur Kirche um. Seine Außenseiten sind mit den Schutzheiligen der auftraggebenden Zünfte geschmückt, darunter hochkarätige Werke der Frührenaissance von Donatello, Ghiberti und Verrocchio; die Originale sind in dem als Museum eingerichteten zweischiffigen Inneren zu sehen.

Via dei Calzaiuoli

Einst Forum der Republik
Seit dem 14. Jh. ist die Piazza della Signoria das politische Zentrum der Stadt. Besucher aus aller Welt genießen heute auf den gemütlichen Caféterrassen, etwa des traditionsreichen und teuren Rivoire, die noble Atmosphäre auf dem einstigen Forum der Republik. Nach den deutschen Landsknechten Cosimos I. ist die **Loggia dei Lanzi** benannt. Man erbaute sie in den Jahren 1376–1382 als offene Halle für politische Zeremonien. Die Piazza della Signoria ist auch der Ort, an dem Savonarola verbrannt wurde (▶ Abb. S. 714). Eine Steinplatte markiert die Hinrichtungsstätte. Zu Lebzeiten war Savonarola nicht nur eine moralische Instanz, auch seine politische Macht war immens: Als die Medici 1494 aus Florenz vertrieben wurden, wählte man den Bußprediger zum neuen Oberhaupt. Savonarola »herrschte« dort fast vier Jahre lang über einen theokratischen Staat.

★ Piazza della Signoria

Seit sieben Jahrhunderten das Rathaus
Das Selbstbewusstsein der florentinischen Stadtrepublik verkörpert seit mehr als sieben Jahrhunderten der 1299–1314 als Palazzo della Signoria für die Stadtregierung erbaute, im 16. Jh. erweiterte, **burgartige Bau** an der Südostseite der Piazza della Signoria. Von 1540 bis 1565 residierte hier Cosimo I. Als der Medicifürst in den Palazzo Pitti umzog, erhielt das Gebäude an der Piazza della Signoria seinen heutigen Namen Palazzo Vecchio (Alter Palast). Zwischen den Jahren 1865 und 1871 war er Sitz der italienischen Regierung, heute dient er als Rathaus. Vor dem Palast steht eine Kopie von Michelangelos viel fotografiertem **David**, rechts die Herkules-Cacus-Gruppe von Bandi-

★ Palazzo Vecchio

nelli, entstanden 1533. Den vorderen Hof ziert eine Kopie von Verrocchios verspieltem »Putto mit Delphin«. Im ersten Stock befindet sich der monumentale »Saal der Fünfhundert« (Salone dei Cinquecento; 1495); auch die weiteren Räume sind grandios ausgestattet.
tgl. 9 – 19, Do. nur bis 14 | Eintritt 12,50 €

★★ Uffizien

Eine der bedeutendsten Kunstsammlungen der Welt

Angrenzend an den Palazzo Vecchio erstreckt sich bis zum Arno ein riesiges, 1560 – 1580 von Vasari und Buontalenti errichtetes Verwaltungsgebäude (»uffizi«), das heute Sitz der berühmten Galleria degli Uffizi ist. Das Museum ging aus einer **Privatgalerie der Medici** hervor und zählt heute mit seinen über 4000 Gemälden zu den bedeutendsten Sammlungen der Welt. Die Werke vermitteln einen nahezu lückenlosen Überblick über die florentinische Malerei in Spätmittelalter und Renaissance; weiter sind viele Hauptwerke oberitalienischer, insbesondere venezianischer Maler, ausgezeichnete Arbeiten niederländischer und altdeutscher Meister sowie eine ganze Reihe antiker Skulpturen ausgestellt. Hinzu kommen noch Teppiche, Zeichnungen, Schmuck, Waffen, wissenschaftliche Instrumente und archäologische Stücke. Zwischen den Sälen 25 und 34 liegt der Eingang zum Vasarikorridor (**Corridoio Vasariano**, 1565), der über den Ponte Vecchio zum Palazzo Pitti führt – ein Privatweg für die Medici zu Zeiten, als sie im Volk nicht mehr so beliebt waren. Hier

Wie Schwalbennester kleben die Häuser am Ponte Vecchio.

finden sich zahlreiche Selbstporträts bedeutender Maler, der Raum kann allerdings nur nach Voranmeldung besichtigt werden.
Di. – So. 8.15 – 18.30 Uhr | Eintritt an der Tageskasse 20 € (Hochsaison, Nov – Feb. nur 12 €); Reservierung online oder unter Tel. 055 29 48 83 für eine bestimmte Uhrzeit ohne Warteschlange kostet 4 €; Kombiticket mit Palazzo Pitti u. Boboli-Garten 38 € (Hochsaison, Nov – Feb. nur 18 €) | www.uffizi.it

Einst Dreck und Gestank, heute edle Geschmeide

Die schmalste Stelle des Flusses überspannt der Ponte Vecchio (Alte Brücke), die älteste der Arnobrücken. Die Stadtregierung ließ ab dem 13. Jh. Läden und Wohnungen auf ihm einrichten, so auch für **Fleischer**, die ihre Abfälle in den Fluss warfen, und **Gerber**, die ihre mit Urin getränkten Häute hier wuschen. Als Lärm und üble Gerüche im 16. Jh. überhand nahmen, ordnete Großherzog Ferdinand I. an, dass nur noch **Goldschmiede** auf der Brücke ansässig sein dürfen – eine Bestimmung, die bis heute eingehalten wird. Auf der Brücke ehrt eine Büste aus dem Jahr 1900 Benvenuto Cellini, den berühmtesten Florentiner Goldschmied.

★ Ponte Vecchio

Kleinstadtflair mit Großstadtkunst

Auf der anderen Seite des Arno streift man am besten durch das Handwerkerviertel **S. Frediano**, das mit seiner kleinstädtischen Atmosphäre bezaubert. Im Zentrum liegt die hübsche **Piazza S. Spirito** mit der gleichnamigen Basilika, einem 1434 von Brunelleschi begonnenen Meisterwerk der Frührenaissance. Beachtenswert sind die Sakristei von Sangallo, ein Holzkruzifix, das Michelangelo Buonarroti 1494 als 18-Jähriger fertigte, und zwei Kreuzgänge aus dem 16. Jh. An der Piazza del Carmine befindet sich die ehemalige Klosterkirche **S. Maria del Carmine**, 1268 – 1476 erbaut und 1771 fast völlig erneuert. Berühmt ist sie durch die Fresken in der **Brancaccikapelle**, die Masaccio und Masolino dort 1424 – 1428 schufen; Themen sind der Sündenfall und die Vertreibung aus dem Paradies sowie Szenen aus dem Leben des Apostels Petrus. Die Fresken an den unteren Längswänden wurden 1483 – 1485 von Filippino Lippi fertiggestellt.
S. Spirito: Do. – Di. 10 – 13 u. 15 – 18, So. erst ab 11.30 Uhr | Eintritt 2 € www.basilicasantospirito.it
Brancaccikapelle: Mo. und Sa. 10 – 17, So. 13 – 17 Uhr | Reservierung obligatorisch bigliettimusei.comune.fi.it oder Tel. 055 2768224. | 5 €

Auf dem linken Ufer des Arno

Meisterwerke zuhauf

Die Machtgier der Medici-Herzöge führt der gewaltige Palazzo Pitti am Hang des Boboli-Hügels vor Augen. Der Bau wurde 1457 für den reichen Kaufmann Luca Pitti begonnen und 1558 – 1570 von den Medici vergrößert. Ab 1565 residierte hier Cosimo I de' Medici, 1864 – 1871 beherbergte er die italienischen Könige. In der linken Hälfte des ersten

★ Palazzo Pitti

Stockwerks liegt die berühmte **Galleria Palatina**, deren Werke ab 1620 von den Medici zusammengetragen wurden. In ihren prächtigen Sälen ist eine unglaubliche Zahl an Meisterwerken von Raffael, Rubens, Andrea del Sarto, Tizian u.a. versammelt. Zehn ehemals königliche Gemächer aus dem 18./19. Jh. kann man im rechten Flügel bewundern. Das Erdgeschoss teilen sich das **Museo degli Argenti** mit wunderschönen Silber- und Goldschmiedearbeiten aus dem Besitz der Medici und das **Museo delle Carrozze**, das Kutschen des Herzogs von Modena und König Ferdinands von Neapel zeigt. Einblick in die florentinische Malerei des 19. und 20. Jh.s gibt die **Galleria d'Arte Moderna**; von dort hat man Zugang zur Collezione Contini Bonacossi in der Palazzina della Meridiana mit Gemälden von Cimabue bis Goya. Hier befindet sich auch eine interessante Sammlung historischer Kostüme.
Palazzo Pitti u. Galleria Palatina: Di. – So. 8.15 – 18.30 Uhr | Eintritt 16 € (Hauptsaison, Nov. – Feb. 10 €) | www.uffizi.it

Ausruhen im Grünen

Boboli-Garten

Am Hang hinter dem Palazzo Pitti erstreckt sich ein herrlicher Garten, den Eleonore von Toledo, Cosimos Gemahlin, von Nicolò Pericoli und Bernardo Buontalenti etwa 1550 – 1588 mit Brunnen, Grotten und Wasserspielen ausstatten ließ. Die Medici kauften das Gelände von der Familie Boboli, nach der der Garten auch benannt ist. Von seinen schattigen Terrassen genießt man eine schöne Aussicht über die Stadt. Herrlich ist die Aussicht auch in dem »Kaffeehaus« von 1776, das in einem wasserturmartigen Rokokopavillon untergebracht ist und in dem es neben Cappuccino & Co. immer auch ein gutes Glas Wein gibt. Oberhalb des Parks thront das **Forte del Belvedere**, das Ferdinando I, Sohn von Cosimo I., 1590 – 1595 von Bernardo Buontalenti als Fluchtmöglichkeit vor den Florentiner Bürgern erbauen ließ.
tgl. ab 8.15 Uhr, Schließzeiten variieren nach Jahreszeit zwischen 16.30 und 19.10 Uhr, 1. u. letzter Mo. im Monat geschl. | Eintritt 10 € (Hauptsaison, Nov. – Feb. 6 €) | www.uffizi.it

Vom Dom nach S. Miniato al Monte

Herausragende Skulpturen

Bargello

An der Via del Proconsolo, die an der Ostseite des Domplatzes beginnt, stößt man auf das erste kommunale Regierungsgebäude der Stadt, den 1250 erbauten Palazzo del Bargello. Er war zeitweise Gericht und Gefängnis, später auch Sitz des Polizeihauptmanns (Bargello = »Büttel«). Seit 1859 birgt er ein **Museum für Skulptur und Kunstgewerbe** mit einer hervorragenden Sammlung Florentiner Renaissanceplastik. Der Innenhof bietet mit Säulenhallen, Freitreppe und Wappen das Bild eines mittelalterlichen Hofs.
Bargello: Mi. – Mo. 8.15 – 13.50 Uhr, geschl. 2. u. 4. So. im Monat | 9 €

ZIELE
FLORENZ · FIRENZE

PALAZZO PITTI

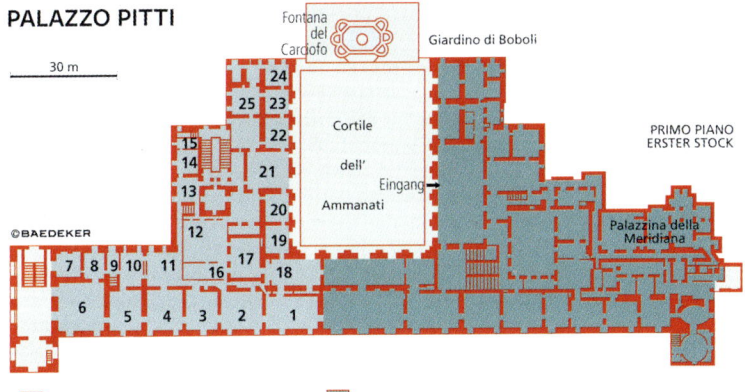

Plan: Palazzo Pitti, Primo Piano / Erster Stock, mit Fontana del Carciofo, Giardino di Boboli, Cortile dell'Ammannati (Eingang), Palazzina della Meridiana.

▫ Galleria Palatina
▪ Appartamenti Monumentali

1 Sala di Venere
Tizian, Tintoretto
2 Sala di Apollo
Van Dyck, Rubens,
Reni, del Sarto
Tizian, Tintoretto
3 Sala di Marte
Tintoretto, Reni,
Tizian, Rubens,
Murillo, Veronese
4 Sala di Giove
Raffael, Bordone,
Rubens, del Sarto,
Perugino, Guercino
5 Sala di Saturno
Raffael, Perugino,
Ghirlandaio
6 Sala dell'Iliade
Velázquez, Raffael
7 Sala della Stufa
Fresken von
Roselli, P. da Cortona
8 Sala dell'Educa-
zione di Giove
Caravaggio, Allori
9 Bagno di Napoleone
10 Sala di Ulisse
Raffael, Reni, Lippi
11 Sala di Prometeo
Signorelli, Lippi,
Botticelli, Reni
12 Corridoio d. Colonne
13 Sala della Giustizia
Veronese, Tizian
14 Sala di Flora
Canova, Bronzino
15 Sala dei Putti
Jordaens, Rubens
16 Galleria Poccetti
Pontormo, Rubens,
Ribera, Dughet
17 Sala della Musica
18 Sala Castagnoli
19 Sala delle Allegorie
20 Sala delle Belle Arti
21 Salone d'Ercole
22 Sala dell'Aurora
23 Sala di Berenice
24 Sala di Psiche
25 Sala della Fama

Auf ein Eis

Gegenüber dem Bargello ist die Badia Fiorentina eine Visite wert, eine 978 gegründete Benediktinerabtei mit zierlichem, spitzem Kampanile. Sehr hübsch ist ihr **Kreuzgang**, nach den einst vorhandenen Orangenbäumen Ciostri degli Aranci genannt, mit Fresken zum Leben des hl. Benedikt (um 1440). In der nahe gelegenen Via Ghibellina befindet sich ein Haus (Nr. 70), das Michelangelo für seinen Neffen Leonardo di Buonarroti erwarb. Dessen Sohn richtete hier schon 1620 eine Erinnerungsstätte für Michelangelo ein. Beachtung verdienen die Reliefs »Kentaurenschlacht« und »Madonna mit Kind«.

Wem nach dem Kunstgenuss der Sinn nach kühlen Erfrischungen steht: Das beste Eis der Stadt gibt es nach Meinung der meisten Flo-

Badia Fiorentina

rentiner in der Eisdiele an der Via Dell'Isola delle Stinche, gleich bei der Casa Buonarroti.
Casa Buonarotti: Mi.–Di. 10–16.30 Uhr | Eintritt 8 € | www.casabuonarroti.it

Grabmäler, herrliche Fresken und wertvolle Handschriften

Piazza S. Croce
Anstatt zu Michelangelo kann man vom Bargello auch direkt zur grandiosen Piazza S. Croce mit der gleichnamigen Kirche (Hl. Kreuz) gehen. Das Gotteshaus wurde 1295 für die Franziskaner begonnen, doch erst 1442 vollendet, Fassade und Kampanile stammen aus dem 19. Jh. In dem **majestätisch weiten Inneren** sind rund 250 Grab- bzw. Denkmäler berühmter Italiener zu sehen, darunter für Dante und Michelangelo, Machiavelli und Galilei, Rossini und Cherubini. Besonders schön sind die Reste eines einst ringsum laufenden Freskenschmucks, der in den beiden Kapellen rechts des Hauptaltars von Giotto um 1320 gestaltet wurde. Aus dem Leben des Hl. Franz erzählen die szenischen Reliefs der Marmorkanzel von Benedetto da Maiano, entstanden 1472–1476.

An der Ostseite des Ersten Kreuzgangs befindet sich die **Cappella de' Pazzi**, 1430–1446 von Brunelleschi als eines der frühesten Werke der Renaissance erbaut; die Terrakottamedaillons stammen von Luca della Robbia. An der Fassade links sieht man Hochwassermarken (4. Nov. 1966: 4,90 m!). Im anschließenden Refektorium ist das Kirchenmuseum, **Museo dell'Opera di Santa Croce,** einge-

DIE MÖNCHE VON SAN MINIATO AL MONTE

Milchig rosa verfärbt sich der Abendhimmel hinter den dunklen Höhenzügen im Südwesten von Florenz, davor die ganze Stadt in kräftigen Farben. Das Licht reflektiert auf der hellen Marmorfassade der mittelalterlichen Kirche über der Stadt. Vielleicht sind Sie durch den Rosengarten unterhalb des Piazzale Michelangelo hinaufgestiegen. Gleich erheben die Mönche in der Kirche ihre Stimme zu ihrem gregorianischen Gesang – ein einmaliger Moment, ein bisschen näher an der Vollkommenheit.

ZIELE
FLORENZ · FIRENZE

richtet; herausragend hier ein Gekreuzigter von Cimabue. Der zweite Kreuzgang, erbaut um 1452, ist eine der schönsten Schöpfungen der Frührenaissance. Direkt an das Gotteshaus schließt die **Biblioteca Nazionale Centrale** (Nationale Zentralbibliothek) an, die bedeutendste Bibliothek Italiens; sie verfügt über mehr als vier Millionen Titel, darunter die älteste bekannte Abschrift von Dantes »Göttlicher Komödie«, wertvolle Inkunabeln, Musikwerke, Atlanten und Karten.
Santa Croce: Mo. – Sa. 9.30 – 17.30 Uhr, So. 12.30 – 17.45 Uhr
Eintritt 8 € | www.santacroceopera.it

Leuchtende Fassade
Durch die Via del Monte alle Croci führt ein Weg hinauf zur Klosterkirche S. Miniato al Monte mit ihrer weithin sichtbaren inkrustierten Marmorfassade, eines der schönsten Beispiele für die **toskanische Romanik**, erbaut ca. 1050 – 1207. Im Inneren warten zwei herrliche Renaissancewerke: das Marmorziborium mit Terrakottakassetten von Luca della Robbia (1448) und die Grabkapelle des Kardinals von Portugal, entstanden 1461 – 1466. Die Apsis schmückt ein Mosaik von 1297, die Fresken in der Krypta schuf T. Gaddi 1341. Ein beliebter Aussichtspunkt ist der etwas weiter unten gelegene **Piazzale Michelangelo**, eine malerische Terrasse mit Kopien von Statuen des Meisters. — S. Miniato al Monte
Mo. – Sa. 9.30 – 13 u. 15 – 19, So. schon ab 8.15 Uhr
www.sanminiatoalmonte.it

Im Westen und Norden der Altstadt

Luxuriöse Läden und ebensolche Palazzi
Prunkvolle Luxusmeile der Stadt ist die Via de' Tornabuoni mit ihren stattlichen Palästen, eleganten Läden und Cafés. Sie führt zur ursprünglich gotischen Kirche **Santa Trinita**, die im 13.–15. Jh. umgestaltet wurde und 1593 eine spätmanieristische Fassade erhielt. Einzigartig sind Domenico Ghirlandaios Fresken im rechten Querschiff (1483 – 1486), der hier – eingebunden in Szenen aus dem Leben des hl. Franz – Florenz und seine Oberschicht porträtierte. Etwas weiter am Arno steht der mittelalterliche **Palazzo Spini-Ferroni**, erbaut ab 1289. Seit 1995 sind hier Tausende eleganter Schuhe zu bewundern, Kreationen des Edelschusters **Salvatore Ferragamo**. — Via dei Tornabuoni
In der Via de' Tornabuoni verdient auch der **Palazzo Strozzi** Aufmerksamkeit, der als der schönste und größte Florentiner Renaissancepalast gilt. Errichtet wurde er 1489 – 1538 von B. da Maiano und S. Pollaiolo gen. Cronaca. Details wie der elegante Hof, die geschmiedeten Ecklaternen, Fackelhalter und Pferderinge bestechen das Auge.
Etwas weiter westlich glänzen weitere Palazzi: Im **Palazzo Corsini**, erbaut im 17. Jh., ist eine bedeutende private Kunstsammlung mit

ZIELE
FLORENZ · FIRENZE

Im Modedreieck rund um die Via de' Tornabuoni gibt es alles, um bei der Passeggiata eine Bella Figura abzugeben.

Gemälden des 15.–17. Jh.s untergebracht. Der **Palazzo Rucellai** in der Via della Vigna Nuova zählt zu den schönsten Häusern der Stadt. Mit moderner Kunst wiederum wartet die Kirche S. Pancrazio auf: Dort findet man viele Arbeiten von Marino Marini (1901–1980).
Museo Salvatore Ferragamo: tgl. 10–19.30 Uhr | Eintritt 8 €
www.ferragamo.com

Auch hier großartige Fresken

Santa Maria Novella

Die Dominikanerkirche S. Maria Novella steht an einem weitläufigen Platz. 1246–1300 in romanisch-gotischem Stil erbaut und im 15. Jh. erneuert, hütet dieses Gotteshaus großartige Fresken, darunter Ausmalungen im Chor, entstanden 1486–1490, die als Hauptwerk Domenico Ghirlandaios gelten: Sie sind eine Huldigung an Florenz und seine Oberschicht, getarnt als Szenen aus dem Leben Marias und Johannes' des Täufers. Weltruhm erlangte das »Dreifaltigkeitsfresko« von Masaccio im linken Seitenschiff, in dem der Künstler die Zentralperspektive in die Malerei wiedereinführte. Links neben der Kirche liegt das **Museo di S. Maria Novella** mit seinem stimmungsvollen, von Paolo Uccello um 1430 in grünen Farbtönen ausgemalten Chiostro Verde und der Capella degli Spagnoli mit ihren großartigen Fresken von Bonaiuto, entstanden 1376–1369.
Im alten Konvent der Oblaten an der Piazza Santa Maria Novella zeigt das **Museo di Firenze com'era** alte Zeichnungen, Drucke und Fotos

ZIELE
FLORENZ · FIRENZE

zur Entwicklung der Stadt. Und übrigens sind die beiden jeweils auf vier Bronzeschildkröten ruhenden Obelisken auf der Piazza nicht nur Denkmäler, sondern hatten auch eine ganz praktische Bewandtnis: Sie dienten als Wendemarken bei Wagenrennen, die zur Zeit der Medici-Fürsten hier abgehalten wurden.

Durchaus einen Blick wert ist auch die Stazione Centrale di S. Maria Novella, der 1933 – 1935 im Bauhausstil erbaute Hauptbahnhof. Von hier ist es ein Katzensprung zum schönen gusseisernen **Mercato Centrale** (Markthalle), erbaut 1870 von Giuseppe Mengoni, wo der Gaumen jubiliert – so etwa beim Genuss der Florentiner Kuttelspezialitäten Lampredotto und Trippa alla fiorentina.

S. Maria Novella: Okt. – März Mo. – Do., Sa. 9.30 – 17, Fr. ab 11, So. ab 13; Apr. – Sept. Mo – Do., Sa. 9.30 – 17.30, Fr. ab 11 Uhr, So. 12/13 – 17.30 Uhr | Eintritt 7,50 € | www.smn.it

Eine wahrhaft fürstliche Grablege

S. Lorenzo, die älteste Kirchengründung in Florenz, wurde 393 durch den hl. Ambrosius geweiht und im 11. Jh. romanisch erneuert. Der heutige Komplex ist ein **architektonisches Renaissancekunstwerk** von höchstem Rang. Die Kirche wurde ab 1419 von Brunelleschi im Auftrag der Medici begonnen und 1460 von Manetti beendet. Das Innere in Form einer flach gedeckten frühchristlichen Säulenbasilika ist mit Werken von Rosso Fiorentino, Meucci, Donatello, Bronzino, Filippo Lippi u. a. prächtig ausgestattet. Vom linken Querschiff betritt man die 1420 – 1426 von Brunelleschi erbaute **Alte Sakristei** (Sagrestia Vecchia), ein in seinen Proportionen genau konzipiertes, Epoche machendes Frühwerk der Renaissance-Architektur; der wunderbare plastische Schmuck stammt von Donatello. Links an die Kirche anstoßend befindet sich ein schöner Kreuzgang (1475) mit doppelter Säulenhalle. Vom Kreuzgang führt eine Treppe zur **Biblioteca Medicea-Laurenziana**, 1524 nach Plänen von Michelangelo begonnen und 1571 eingeweiht. Die Sammlung war 1444 von Cosimo d. Ä. gestiftet worden und umfasst heute eine große Zahl wertvoller Handschriften. Die Medicikapellen (Cappelle Medicee) sind Teil von S. Lorenzo, jedoch separates Museum. Man betritt sie über die Piazza Madonna degli Aldobrandini.

Die mächtige, 59 m hohe Kuppel, die das Außenbild von S. Lorenzo bestimmt, gehört nicht zur Kirche, sondern ist die **unglaublich pompöse Fürstenkapelle** (Cappella dei Principi), die Grablege der Medici. Der um 1605 begonnene Bau mit seinen Pietra-dura-Mosaiken wurde erst im 19. Jh. beendet. Auch die **Neue Sakristei** (Sagrestia Nuova) ist eine Grabkapelle der Medici, 1520 – 1534 von Michelangelo erbaut, der auch die Grabmäler für Giuliano und Lorenzo de' Medici schuf.

tgl. 8.15 – 18 Uhr, am 2. und 4. Sonntag im Monat geschlossen Eintritt 17 € | www.cappellemedicee.it

S. Lorenzo und ★ Cappelle Medicee

ZIELE
FLORENZ · FIRENZE

Die erste Residenz der Medici-Fürsten

Palazzo Medici-Riccardi

Nordöstlich gegenüber S. Lorenzo ragt der mächtige Palazzo Medici-Riccardi auf, der 1444 – 1464 für Cosimo d. Ä. erbaut und nach 1665 von den Riccardi erweitert wurde. Hier verwendete man die bis dato öffentlichen Gebäuden vorbehaltenen Rustika (Mauerwerk aus grob behauenen Quadern) zum ersten Mal an einem Privathaus, Symbol für die Machtposition Cosimos. Bis 1540, als Cosimo I in den Palazzo Vecchio umzog, war er Residenz der Medicifürsten. Vom schönen Hof mit einem Orpheus von Baccio Bandinelli führt eine Treppe zur Hauskapelle mit bedeutenden Fresken von Benozzo Gozzoli.

Vom Palazzo Medici-Riccardi geht es nun durch die Via C. Cavour zu Kirche und **Kloster S. Marco**. Die Gebäude wurden ab dem Jahr 1200 von den Silvestrinern erbaut und ab 1437 von Michelozzo für die Dominikaner tiefgreifend umgestaltet; die Barockisierung erfolgte ab 1678. Das Kloster, jetzt **Museo di S. Marco**, ist ein großartiges

Das Original in der Galleria dell'Accademia

ZIELE
FLORENZ · FIRENZE

Beispiel spätmittelalterlicher Frömmigkeit und zudem mit herrlichen Tafelbildern und Fresken von Fra Angelico ausgestattet, darunter der berühmten »Verkündigung«. Nach der Besichtigung laden hier die vielen Bars und Cafés an der Piazza zu einem Päuschen ein.

In unmittelbarer Nähe liegt außerdem die berühmte **Galleria dell'Accademia**, die als Studiensammlung die Uffizien und die Galleria Pitti ergänzt. Hier steht das **Original des »David«** (»Il Gigante«), den der junge Michelangelo 1501–1504 aus einem Riesenmarmorblock schuf.

Palazzo Medici-Riccardi: Do. – Di. 9 – 19 Uhr | Eintritt 7 €
www.palazzomediciriccardi.it
Museo San Marco: Di. – Sa. 8.15 – 13.50 Uhr, 2. u. 4. So. im Monat 8.15 – 13.50, 1. u. 3. Montag im Monat 8.15 – 13.50 Uhr | Eintritt 8 €
Galleria dell'Accademia: Di. – So. 8.15 – 18.50 Uhr | Eintritt 12 €
www.galleriaaccademiafirenze.it

Kindheit in der Renaissance

Von der Piazza S. Marco führt die Via Cesare Battisti zur Kirche **Santissima Annunziata**, einer spätmittelalterlichen Kirche, die in den Jahren 1444 bis 1481 von Michelozzo völlig neu gestaltet wurde. Im Vorhof finden sich Fresken von Rosso Fiorentino, Pontormo sowie Andrea del Sarto, die zu den hervorragendsten Schöpfungen der florentinischen Renaissance gehören. Im barocken Inneren ist gleich links in einem Renaissancetempelchen ein Gnadenbild zu sehen; das Gesicht der Jungfrau wurde laut Legende von einem Engel gemalt. Traditionell bringen Brautpaare den Brautstrauß hierher. In der Chor-Rotunde befindet sich ein hl. Rochus von Veit Stoß, der Kreuzgang birgt die »Madonna del Sacco«, ein im Jahr 1525 entstandenes Hauptwerk von Andrea del Sarto.

Piazza della Santissima Annunziata

Das **Ospedale degli Innocenti** (Findelhaus) fällt gleich durch seine epochemachende Säulenvorhalle ins Auge. Begonnen wurde es 1419 von Brunelleschi; die farbigen Medaillons von Wickelkindern in den Säulenzwickeln schuf Andrea della Robbia um 1463. Das Museum widmet sich der Kindheit in der Renaissance, die Galerie zeigt ca. 50 Arbeiten florentinischer Künstler, u. a. von Giovanni del Biondo, Domenico Ghirlandaio, Andrea del Sarto und Luca della Robbia.

Auf der anderen Seite der Via della Colonna ist im Palazzo della Crocetta (1620) **das bedeutendste archäologische Museum Norditaliens** untergebracht, das eine hervorragende etruskische Sammlung enthält, aber auch griechisch-römische und ägyptische Funde; besonders kostbar ist die Kleinodiensammlung der Medici.

Museo degli Innocenti: Piazza della Santissima Annunziata 13
Mi. – Mo. 11 – 18 Uhr | Eintritt 13 € | www.museodeglinnocenti.it
Museo Archeologico Nazionale: P.za della S. Annunziata 9b
Mo. – Mi., Sa., erster So. im Monat 8.30 – 14, Do. u. Fr. 13.30 – 19 Uhr
Eintritt 8 €

Rund um Florenz

Hoch droben

Fiesole, ein hübsches Städtchen 8 km nordöstlich von Florenz, geht auf eine Etruskersiedlung zurück, deren gewaltige Mauern teilweise erhalten sind. An der belebten Piazza steht der romanische Dom; dahinter erstreckt sich das **Grabungsgelände des römischen Faesulae** mit einem Theater, Resten eines etruskischen und eines römischen Tempels sowie einem archäologischen Museum. Beim Bischofspalast an der Piazza führt ein steiler Weg hinauf zu den Kirchen S. Alessandro und S. Francesco; von der Terrasse hat man eine sehr schöne Aussicht über Florenz. Im etwas außerhalb gelegenen S. Domenico di Fiesole ist in der gleichnamigen Kirche von 1406 – 1435 ein Triptychon von Fra Angelico zu sehen.

Fiesole

Ja, ja der Chiantiwein ...

Nach dem Kunstgenuss in Florenz tut es gut, in einer idyllischen Landschaft durchzuatmen. Dazu ist das Gebiet des Chianti Classico mit seinen von Olivenbäumen, Zypressen, Wald und Weinbergen bestandenen Hügeln geradezu ideal. Es breitet sich zwischen den Tälern von Arno und Ombrone aus. 1716 wurde im **»Bando«-Erlass** Cosimos III. der Kern um Radda, Gaiole und Castellina geschützt, 1932 kamen die weiteren Teile hinzu, die heute das Gebiet des Chianti Classico DOC/DOCG ausmachen. Große Weingüter, pittoreske Orte und etliche Sehenswürdigkeiten liegen an der Strada Chiantigiana. Etwas abseits der Chianti-Straße (SR 222) liegt das für seine Terrakotten berühmte Impruneta. Kurz vor **Greve** häufen sich die Castelli, die allesamt Sitz namhafter Weingüter sind. Greve ist das Zentrum des Chianti, hier sollten Weinliebhaber der Enoteca del Gallo Nero einen Besuch abstatten. **Castellina in Chianti** besitzt eine Burg und ebenfalls gute Enoteche. Gleich eine ganze Menge renommierter Weingüter versammeln sich um das malerisch gelegene **Gaiole**. Das Castello di Brolio bietet sich als schöner Abschluss der Chiantigiana-Tour an. Die imposante Burg ist so etwas wie das Herz des Chianti Classico. Der »eiserne Baron« Bettino Ricasoli, ab dem Jahr 1861 zweiter Ministerpräsident des geeinten Italiens, hat der Weinanbaukultur in der Region entscheidende Impulse gegeben und 1841 die Formel für den später berühmt gewordenen Verschnitt aus **Sangiovese-, Malvasia- und Canaiolotrauben** – für den Chianti also – entwickelt.

Land des Chianti Classico

Zum Besuch von Weingütern sind August (Ferien) und September/Mitte Oktober (Lese) ungünstig. Allerdings werden gerade im frühen Herbst viele Weinfeste veranstaltet; das bedeutendste ist die **Rassegna del Chianti Classico** in Greve Mitte September. Informationen bekommt man beim Movimento del Turismo del Vino unter www.chianticlassico.com

ZIELE
GARDASEE · LAGO DI GARDA

★★ GARDASEE · LAGO DI GARDA

Regionen: Lombardei, Venetien, Trentino-Südtirol
Provinzen: Brescia, Verona, Trient | **Wasserspiegel:** 65 m ü. d. M.

Das milde Klima, die leuchtenden Farben, die süßen Gerüche: Größter der oberitalienischen Seen ist der Lago di Garda, und spätestens seit Goethe ist er für Nordeuropäer ein Synonym für Lebensqualität. Für den Dichterfürsten stand der See am Anfang seiner »italienischen Reise«, heute brodelt in Sirmione, Bardolino wie Riva del Garda das Leben. Damals wie heute: Der bald 2 000 m hohe Monte Baldo überragt den See, dessen mildes Klima und exotisch-üppige Vegetation schon viele veranlasst hat, sich hier niederzulassen.

D 12

Gewaltige Gletscher hobelten während der Eiszeit das 52 km lange, zwischen 2,4 und 17 km breite und bis zu 346 m tiefe Bett des Sees aus. Gespeist wird er von den im Norden entspringenden Flüssen Sarca, Ponale und Campione, die ihn im Süden als Mincio wieder verlassen. Den besonderen Reiz verdankt der Gardasee seiner Lage am Rande der Alpen. Der sehr schmale Nordteil erstreckt sich wie ein Fjord zwischen den steilen Felsen des Monte-Baldo-Massivs und der Brescianer Alpen. Im Süden weitet er sich und reicht weit in die Po-Ebene hinein. In dem milden Klima gedeihen **mediterran-subtropische Pflanzen**, die flacheren Seeufer sind mit Feigen, Weinkulturen und den nördlichsten Olivenbäumen Italiens bewachsen; vereinzelt erinnern Zitronenbäume daran, dass die Südfrüchte hier einst in großem Stil angebaut wurden. Dazwischen gedeihen verschwenderisch Oleander, Mimosen, Akazien, Hibiskus, Bougainvilleen sowie Palmen. Die Villen- und Gartenkultur der übrigen oberitalienischen Seen ist am Gardasee nicht so stark ausgeprägt. Seine Unberührtheit begeisterte u. a. Goethe – allerdings hat sich seit der Italienreise des Geheimrats im Jahr 1786 einiges verändert. Von der Schönheit der **Skaligerburg bei Malcesine** war er so fasziniert, dass er sie zeichnete. Den Einheimischen erschien das verdächtig: Sie hielten den Fremden für einen österreichischen Spion. Der Dichter entging nur knapp einer Verhaftung.

Mildes Klima, üppige Vegetation

Ausführlich beschrieben im Baedeker Gardasee

Lange Geschichte, viele Herren

Die ältesten Siedlungsspuren sind Überreste prähistorischer Pfahlbauten zwischen Desenzano und Lonato sowie am Ledrosee und **Höhlenzeichnungen** an den Hängen des Monte Baldo. Systematisch kultivierten dann die Römer ab dem 2. Jh. v. Chr. die Gegend. Als 1405

Vom Pfahlbau zum Fürstensitz

BAEDEKER ÜBERRASCHENDES

6x
GUTE LAUNE

Das hebt die Stimmung.

1.

Löwensuche: Auf zur Stadttour und Raubtier-Suche **in Venedig,** wo es rund 2000 Markuslöwen geben soll! Gut versteckt, auf Hausmauern, Briefkästen, Brücken und Gemälden: Da muss man schon hellwach sein! (▶ **S. 630 ff.**)

2.
CAPRI BEI NACHT

Wenn die rote Sonne im Meer versinkt und die Tagestouristen weg sind, zeigt die Insel ihren ganzen Charme. Laufen Sie durch die Gassen, kehren Sie ein in einer einfachen Trattoria: herrlich! (▶ **S. 154 ff.**)

3.
DER SONNE ENTGEGEN

Gerade ist man noch mit dem Auto über den Brenner und dem Winter entflohen, da öffnet sich **am Gardasee** ein mediterranes Paradies: Zitronen- und Orangenbäume, Zypressen und Akazien, dazwischen prächtige Villen und ein unergründlich schimmerndes Gewässer. (▶ **S. 217 ff.**)

4.
VESPA-ROMANZE

Prinzessin Ann hatte die besten Tages ihres Lebens **in Rom**. Jedenfalls wirkt es im Hollywood-Klassiker »Ein Herz und eine Krone« so. Leihen Sie sich eine Vespa und fühlen Sie selbst! (▶ **S. 503**)

5.
GAUMEN-FREUDEN

Auf ins **Schlaraffenland Piemont**! In Alba können Sie im Herbst das weiße Gold genießen: frisch über die Pasta gehobelte Trüffeln aus den Eichenwäldern der Umgebung. Was für ein Genuss! (▶ **S. 61 ff.**)

6.
AM MEER

Türkisblau, klar und durchscheinend bis zum Grund, dazu weiße, feinsandige Strände – die **Badefreuden auf Sardinien** lassen sich kaum toppen. Und es muss nicht die teure Costa Smeralda sein: Das Meer ist hier überall herrlich! (▶ **S. 563 ff.**)

ZIELE
GARDASEE · LAGO DI GARDA

GARDASEE ERLEBEN

ℹ️

IAT MALCESINE
Via Gardesana, 238
37018 Malcesine
Tel. 045 7400044

IAT RIVA DEL GARDA
Largo medaglie d'Oro al Valor
 Militare 5, 38066 Riva del Garda
Tel. 0464 55 44 44

IAT SIRMIONE
Viale Marconi 2, 25019 Sirmione
Tel. 030 9197385

INTERNET
Die offizielle Tourismusseite bietet auch auf Deutsch Infos über Sehenswürdigkeiten, Wassertemperaturen, aktuelle Ausstellungen und Co.
www.visitgarda.com

www.gardasee.de
https://de.visititaly.com

🍽️

AGLI ANGELI €€
Im Ortskern führen die Schwestern Patrizia und Elisabetta Pellegrini ihre gemütliche Trattoria.
Via Dell'Albera 7, Gardone Riviera
Tel. 0365 20991 (WhatsApp für Reservierungen)
www.agliangeliocanda.it

BOTTEGA DEL VINO €
Vor der behaglichen Trattoria sitzen Sie zusammen mit Einheimischen mitten auf der Piazza. Zur großen Auswahl lokaler Weine gibt es kleine Häppchen, Oliven, Käse und hauchdünn aufgeschnittenen Schinken.
Piazza Giacomo Matteotti 46
Bardolino
Tel. 0348 604 18 00

🏠

VILLA FELTRINELLI €€€€
Kennen Sie den italienischen Liberty-Stil? Die 1892 als Sommersitz der gleichnamigen Verlegerfamilie an den Ufern des Lago di Garda erbaute Villa ist mit venezianischen Spiegeln, Deckenfresken mundgeblasenen Glaslampen, leuchtenden Farben und sprühender Leichtigkeit ausgestattet. Was die vielen Stammgäste der zwei Dutzend Zimmer und Suiten schätzen: Trotz des Luxus ist die Atmosphäre nahezu familiär, an der Bar schenkt man die Drinks in antiken Gläsern aus, die weitläufigen Salons sind mit üppigen Sofas ausgestattet, auf den Tischen liegen Erstausgaben alter Reisebeschreibungen und das »Pergola«-Restaurant im venezianischen Stil hat einen Michelin-Stern.
Via Rimenbranza 38-40
Gargnano
Tel. 0365 79 80 00
www.villafeltrinelli.com
20 Zimmer

PARK HOTEL QUERCETO €€€
Das kleine Hotel liegt ruhig am höchsten Punkt der »Panoramica«. Zimmer im rustikalen Arte-Povera-Stil.
Via Panoramica 113
Malcesine
Tel. 0457 40 03 44
www.hotelquerceto.com

LA ROCCA €€€
Zwischen Weinreben und Olivenbäumen die Ruhe genießen – mit Blick auf den Gardasee. Bei Familie Ottolini schläft man im Haupthaus oder einer der einstigen Scheunen. Mit Pool und Frühstück.
Via Strada di Sem 4
37011 Bardolino, Tel. 045 7210964
https://agriturismo-larocca.it

ZIELE
GARDASEE · LAGO DI GARDA

Venedig den Gardasee und Verona eroberte und seinem Festlandsbesitz einverleibte, hatte der See schon viele wechselnde Herrscher erlebt, darunter 1260 – 1387 die Skaliger aus Verona, und 1387 – 1405 die Mailänder **Visconti**. Die Herrschaft der Venezianer dauerte bis 1797, als Napoleon die Lombardei und Venetien eroberte. Von nun an teilte der Gardasee das Schicksal Oberitaliens.
Erst 1929 bzw. 1931 begann man damit, Uferstraßen zu bauen bzw. durch die Felsen zu sprengen. Heute erschließen die viel befahrene Gardesana Occidentale (Westuferstraße) und Gardesana Orientale (Ostuferstraße) den See.

❙ Wohin am Gardasee?

Riesen brauchen große Töpfe

Riva und Torbole

Riva, das vom Monte Brione und der ruinösen Stammburg der Grafen von Arco überragt wird, liegt windgeschützt in einer Bucht am Nordende des Gardasees. Trotz zahlreicher Umbauten und Erweiterungen hat sich das Städtchen seinen **mittelalterlichen Stadtkern** mit arkadengeschmückten Gassen und Plätzen erhalten. Mittelpunkt ist die Piazza III. Novembre mit der Torre Apponale aus dem 13. Jh., dem Palazzo Pretorio von 1370 und dem im 15. Jh. erbauten Palazzo Municipale. Hauptsehenswürdigkeit ist die im 12. Jh. von den Skaligern erbaute **Wasserburg** (Rocca), die heute u. a. das Museo Civico beherbergt mit Sammlungen zur Gegend und ihrer Geschichte. Auch sind einige Bilder des im nahen Arco geborenen Giovanni Segantini (1858 – 1899) ausgestellt. Einen Besuch lohnt die Barockkirche Inviolata, erbaut 1603. Von hier sind es noch etwa 3 km bis zum **Varone-Wasserfall** (Cascata Varone), der knapp 100 m tief durch einen begehbaren Felsentrichter fällt.
Der sonnige Nachbarort Torbole ist eine Surfmetropole, was auch sein Ortsbild prägt. Von dieser Zukunft ahnte Goethe nichts, als er 1786 hier weilte. Ein hübscher Ausflug führt zu den **Marmitte dei Giganti**: An den Straßen nach Nago und Arco gibt es Aushöhlungen aus der Eiszeit zu sehen, die »Töpfe der Riesen« genannt werden. Ein abenteuerlicher Wanderweg führt oberhalb von Torbole am Ufer entlang nach Tempeste (3 Std.) – kein Klettersteig, aber nur geeignet für Schwindelfreie, u. a. mit Eisenleitern und Treppen am Fels.

★ Spion Goethe

Malcesine

Nach ein paar Kilometern Uferstraße beginnt die »Riviera degli Ulivi«, die Olivenriviera, mit dem malerischen Ferienort Malcesine. Die zinnenbewehrte Skaligerburg aus dem 13./14. Jh., die einen steil zum See hin abfallenden Felssporn krönt, beherbergt ein kleines Museum mit archäologischen Funden sowie eine kleine Ausstellung zu Flora und Fauna des Monte Baldo. In der ehemaligen Pulverkammer sind

ZIELE
GARDASEE · LAGO DI GARDA

» An Limone vorbeigerudert, in den Hafen von Malcesine gefahren. Schloss gesehen. «

Goethe, kurz und bündig

ZIELE
GARDASEE · LAGO DI GARDA

Goethes Zeichnungen ausgestellt, der bei seinem Besuch beinahe als Spion verhaftet wurde.

Bei etwas Zeit empfiehlt sich ein Abstecher auf den 2 218 m hohen **Monte Baldo**, der für seine seltenen Pflanzen berühmt ist. Man erreicht ihn am bequemsten mit der Seilbahn von Malcesine aus. Eine Skaligerburg gibt es auch über Torri del Benaco. Sie entstand 1383 zum Schutz des Hafens.

Die Garda vorgelagerte Landzunge **Punta S. Vigilio** gilt als eine der schönsten Uferstellen am Gardasee. Poeten und bildende Künstler ließen sich von ihrem Anblick inspirieren, Adlige und Prominente gaben sich hier ein Stelldichein, und heute ist dies einer der beliebtesten Ausflugsorte am Gardasee. Perfekt in die mediterrane Vegetation integriert wurde die Villa Guarienti, während die kleine Kirche **San Vigilio** direkt aus dem See zu wachsen scheint.

Ganz im Zeichen von Wein und Öl

Garda und Bardolino

Wahrzeichen des beliebten Ferienorts Garda ist die Rocca di Garda, auf der vermutlich der Ostgotenkönig Theoderich im 5. Jh. ein Kastell errichten ließ. Im mittelalterlichen Ortskern steht der **Palazzo dei Capitani** aus dem 13./14. Jh. Sehenswert ist die Pfarrkirche Santa Maria Maggiore, erbaut im 16. Jh., mit Gemälden von Palma Giovane und einem kleinen Kreuzgang aus dem 14. Jh. An der Straße nach Costermano liegt einer der größten deutschen Soldatenfriedhöfe Italiens. Von hier lohnt die Weiterfahrt zur hoch gelegenen Wallfahrtskirche Madonna della Corona.

Bardolino ist das Zentrum des gleichnamigen Weinanbaugebiets. Die **Strada del Vino** führt zu Winzern und Anbaugenossenschaften. Der Ort hat auch zwei kunsthistorisch bedeutsame Kirchen: die Basilika S. Severo (12. Jh.) und die Kirche San Zeno (9. Jh.). Im **Museo dell'Olio** im 3 km entfernt gelegenen Cisano erfährt man Interessantes über die Olivenverarbeitung (▶ Baedeker Wissen, S.224/225).

Museo dell'Olio: Via Peschiera 54 | Mo. – Sa. 9.30 – 12.30 u. 15 – 18.30, So. 9.30 – 12.30 Uhr | Eintritt frei | www.museum.it

Die schönste Wasserburg Italiens

Sirmione

Sirmione gehört zu den beliebtesten Ferienorten am Gardasee. Der malerische autofreie Ortskern (Borgo) liegt auf der äußersten Spitze der Halbinsel und ist an den Wochenenden und v. a. im Juli und August meist überlaufen. Sein Eingang wird von einer um 1250 erbauten Skaligerburg bewacht, die als die schönste Wasserburg Italiens gilt und an die mächtigeren Burgen in Verona, Mantua und Ferrara erinnert. Die 69 °C **warme Boiola-Quelle** war bereits im Altertum bekannt. Ihre heilende Wirkung machte Sirmione zu einem der wichtigsten Kurorte Norditaliens. Die Nordspitze der Halbinsel wird von den **Grotte di Catullo** eingenommen, die allerdings mit dem römischen Dichter nichts zu tun haben. Es handelt sich vielmehr um Reste

ZIELE
GARDASEE · LAGO DI GARDA

eines kaiserlichen Palastes oder einer Thermenanlage, die zwischen 30 v. Chr. und 68 n. Chr. erbaut wurde. Aus den Weinbergen südlich und östlich von Sirmione wird der Bianco di Custoza gewonnen, ein heller, trockener Weißwein.

Geburtsort des Roten Kreuzes
Desenzano ist zwar die größte Stadt am See, jedoch lange nicht so vom Fremdenverkehr geprägt wie die Nachbarorte. Der moderne große Hafen ist u. a. Ausgangsort und Ziel der großen Fähren. Besonders hübsch ist der **alte Hafen**, über dem die Ruine eines Kastells aus dem 14./15. Jh. thront. Die Pfarrkirche S. Maria Maddalena schmückt ein »Abendmahl«, das Tiepolo um 1760 schuf. An die römischen Stadtgründer erinnert die Villa Romana (Via degli Scavi) aus dem 1. – 4. Jh. mit zum Teil sehr gut erhaltenen Bodenmosaiken.
In der Gegend südlich des Gardasees fanden 1859 die entscheidenden Siege der italienischen Einigungsbewegung (**Risorgimento**) über Österreich-Ungarn statt, daran erinnern noch Museen und Totenhäuser in S. Martino della Battaglia und in **Solferino**. Angesichts der großen Zahl Schwerverwundeter gründete der Schweizer Henri Dunant eine Hilfsorganisation, aus der später das Internationale Rote Kreuz entstand.

Desenzano

Edle Tropfen und ein Inselidyll
Nördlich von Desenzano beginnt der fruchtbare, hügelreiche Valtenesi, in dem viel Weinbau betrieben wird. Zu den bekanntesten Tropfen gehören Chiaretto und Groppello. Festungsanlagen oder deren Überreste in Padenghe, Moniga und Manerba zeugen von einer umkämpften Vergangenheit. Im nahen Salò residierten einst die venezianischen Statthalter, daran erinnern der gewaltige Dom S. Maria Annunziata, erbaut 1502.
Dicht vor der Bucht von Salò im Südwesten des Sees ragt die **Isola del Garda** aus den Wellen. Umgeben von Kiefern, Zypressen, Akazien und Zitronenbäumen, Magnolien und Agaven thront in der Mitte der Insel ein nur von Süden einsehbares gräfliches Schloss. Franz von Assisi errichtete hier 1221 eine Einsiedelei, ein Jahrhundert später soll auch Dante Alighieri hier gewesen sein. Heute werden von April bis September zweistündige Führungen angeboten.
Isola del Garda: Apr. – Okt. | Überfahrt von 11 Häfen am See Erw. ab 31 €, Kind ab 18 € | www.isoladelgarda.com

Valtenesi und Salò

Zwei Exzentriker
Gleich hinter Salò beginnt die Brescianer Riviera, wo noble Hotelpaläste wie das im Jahr 1880 gegründete Grandhotel Gardones Ruf bestätigen, einer der elegantesten Ferienorte des Gardasees zu sein. Der hübsche Ortskern liegt oberhalb der Uferstraße. Hier befindet sich der **Vittoriale degli Italiani**, der letzte Wohnsitz des umstritte-

Gardone Riviera

KALT GEPRESST IST HALB GEWONNEN

BAEDEKER WISSEN

Flüssiges Gold wird das Olivenöl am Gardasee gerne genannt. Doch bis dahin ist es ein langer Weg und viel Arbeit. Im Herbst hängen die Oliven prall an den Bäumen, in Grün und Schwarz, je nach Reifestadium. Dann geht's richtig los: Erntezeit, Ölmühlenzeit!

Flavio aus Zignago di Brenzone ist zufrieden: Seine 25 Olivenbäume haben 250 kg Oliven gebracht, aus denen in der Frantoio, der Ölmühle im Ort, 50 l Öl gewonnen wurden: unbehandelt, grünlich und sehr aromatisch. Am besten wird das Öl nach einem heißen und trockenen Sommer, auf den im Herbst noch einige regenreiche Tage folgen. Fast alle Oliven des Gardasees eignen sich weniger zum Verzehr, aber umso mehr zur Weiterverarbeitung.

Extra Vergine

Olivenöl zu gewinnen ist meist Handarbeit, schwere Handarbeit, beinahe wie vor 6000 Jahren, als die ersten Oliven zu Öl gepresst wurden. Im Frühjahr schneidet Flavio die knorrigen Bäume. Denn alle Äste, die gerade nach oben ragen, tragen nicht. Zur Ernte im Herbst werden Sammelnetze unter den Bäumen ausgebreitet und die Oliven per Hand oder mit einer Spezialzange abgestreift. Sie fallen auf die Planen und nach dem Aufsammeln geht's gleich zur Genossenschaft in die Frantoio. **Wichtig ist die schnellstmögliche Verarbeitung**, um höchste Qualität zu erreichen. Die meist kleinen Ölpressen am See öffnen in der letzten Oktoberwoche und schließen noch vor Weihnachten. Aber in dieser Zeit laufen sie fast Tag und Nacht.

Die Augen strahlen, wenn der erste Tropfen des frisch gepressten Öls fließt: »Mein Öl«, sagt Flavio stolz. Natives Olivenöl, Extra Vergine, die erste Kaltpressung bei maximal 28 Grad – etwas Besseres gibt es nicht. Das Olivenöl vom Gardasee, das Extra Vergine del Garda, ist bekannt für seine hochwertige Qualität und Milde. Es ist sehr gut verträglich, reich an ungesättigten Fettsäuren und Vitaminen, beugt Herz- und Kreislauferkrankungen vor, reduziert das Cholesterin und bremst die Zellalterungsprozesse. Und das eigene Öl ist natürlich immer das beste. Das meinen auch einige der älteren Bewohner am See: Sie nehmen **jeden Morgen einen Löffel Olivenöl** zu sich.

Uralte Bäume

»In den ersten sieben Jahren trägt ein Olivenbaum keine Früchte«, sagt Flavio. Bis zum 35. Lebensjahr wächst er und trägt zwischen dem 20. und 35. Jahr im besten Fall bis zu 700 kg pro Jahr. Ab 35 Jahren hat er sich voll entwickelt und trägt für gut 100 Jahre regelmäßig, jedoch deutlich weniger als zwischen 20 und 35. Mit etwa 150 Jahren beginnen die Olivenbäume zu altern.

Santa-Catarina-Tag in Castelletto

Was dran ist am flüssigen Gold des Gardasees und was drin ist, erfahren Besucher am besten am 25. November in Castelletto di Brenzone. Am Santa-Catarina-Tag war früher Almabtrieb und die Limonaie wurden winterfest gemacht. Was bis heute blieb: Auch die Olivenernte ist eingefahren und das erste frische Öl gepresst. An einigen Ständen kann man an diesem Tag das neu gewonnene, kalt gepresste Extra Vergine **direkt beim Erzeuger probieren**, kaufen und sich über die Herstellung informieren. Wem der November zu kühl ist: Sommergäste besuchen am besten das Olivenölmuseum in Bardolino.

ZIELE
GARDASEE · LAGO DI GARDA

nen Dichters und Mussolinianhängers **Gabriele d'Annunzio** (1863 bis 1938) – mit Schlachtschiff im Park. Ein Idyll dagegen ist der von dem österreichischen Aktionskünstler André Heller umsorgte Giardino Botanico Hruska mit vielen subtropischen, tropischen und alpinen Pflanzenarten.

Vittoriale degli Italiani: Mitte März – Mitte Okt. tgl. 9.30–19, Mitte Okt. – Mitte März tgl. 10–16 (Haus) bzw. Di.-Fr. 9.30–17, Sa. u. So. 9–17.30 Uhr (Park) | Eintritt 18 €
www.vittoriale.it

Giardino Botanico Hruska: März – Okt. tgl. 9–19 Uhr | Eintritt 12 €
www.hellergarden.com

Mussolinis letzte Republik

Gargnano — Fährt man Richtung Gargnano weiter, passiert man die Villa Bettoni mit ihrer großzügigen Gartenanlage. Franz von Assisi gründete im 13. Jh. in Gargnano eine Kirche. Aus dieser Zeit stammt der Kreuzgang des ihm geweihten Gotteshauses, dessen Arkaden auf reich skulpturierten Kapitellen ruhen. Dargestellt sind Blätter und Früchte einst heimischer Zitrusgewächse. Nördlich des Hafens stößt man auf den **Palazzo Feltrinelli** aus dem 19. Jh., ehemals Sitz von Mussolinis »Republik von Salò«.

Das Vittoriale: Kunst, Kitsch, Nippes und im Park ein Schlachtschiff

Ein lohnender Abstecher führt ins weite Hinterland zu den Hochflächen Tremosine und Tignale. Die Gegend ist ein schönes Wandergebiet mit teils schwindelerregenden Ausblicken auf den See, etwa von der barockisierten Wallfahrtskapelle **Madonna di Monte Castello** aus dem 13./14. Jahrhundert.
Bleibt man im Tal, erreicht man das unterhalb von Steilfelsen gelegene **Limone**. Der Ortsname spielt auf die einst überall zu findenden Limonaie an – Zitronengewächshäuser, die hier wie in Gargnano und Tignale rekultiviert werden.

Weitere Wassersport- und Wandermöglichkeiten
Wen am Gardasee die Lust auf weitere Gewässer befällt, der wird an dem bei Surf- und Wanderfreunden beliebten, 10 km nordwestlich vom Gardasee gelegenen Ledrosee seine Freude finden. Im nahen **Molina** lohnt das Museo delle Palafitte mit Überresten einer bronzezeitlichen Pfahlbausiedlung einen Besuch. Auch der **Lago d'Idro** (Idrosee) ist aufgrund seiner Wassersport- und Ausflugsmöglichkeiten ein beliebtes Urlaubsziel. Von hier kommt zudem ein würziger Rotwein, der gut zum »Bagoss« passt, einem Käse aus dem Bergort Bagolino.

Lago di Ledro

Museo delle Palafitte: März – Juni, Sept. – Nov. tgl. 9 – 17, Juli, Aug. 10 – 18, Sept. – Nov. 9 – 17 Uhr | Eintritt 4,50 € | www.palafitteledro.it

★ GENUA · GENOVA

Region: Ligurien · Liguria | Metropolitanstadt: Genova
Höhe: 0 – 300 m ü. d. M. | Einwohnerzahl: 580 100

Schon der in Genua geborene Christoph Columbus, so heißt es, habe in Genua das Segeln gelernt. An die alten Traditionen Genuas als mächtige Seestadt knüpft die großartige Umgestaltung des alten Hafens anlässlich des Kolumbusjahres 1992 an, dem 500. Jahrestag der Entdeckung Amerikas. Dem Genueser Stararchitekten Renzo Piano gelang eine grundlegende Veränderung, sodass der alte Hafen heute einen der Hauptmagnete für Besucher darstellt. Hier liegen großartige Segelboote vor Anker, darunter auch berühmte historische Frachter und Schoner.

F 8

»La Superba«, die Stolze oder auch Großartige, wie die Hauptstadt Liguriens seit Zeiten des Dichters Pertrarca genannt wird, ist durch die Seealpen vor Wind und Kälte gut geschützt. Diese **einzigartige Lage am Meer und an den steil ansteigenden Hängen** des Ligurischen Apennin gibt ihr zudem ein besonderes Gepräge: Eine Reihe

Italiens Hafenstadt Nr. 1

ZIELE
GENUA · GENOVA

GENUA ERLEBEN

ⓘ

Via Garibaldi 12r, 16124 Genua
Tel. 010 5572903

Ponte Spinola,16128 Genova
Tel. 010 5572903

www.visitgenoa.it

🛍

Den Mercato Orientale, einen der schönsten Lebensmittelmärkte Italiens, findet man in der Via XX Settembre. Die Haupteinkaufsstraßen sind hingegen die Via XXV Aprile und die Via Roma. Überdacht shoppen kann man in der Galleria Mazzini – nicht nur bei schlechtem Wetter mitunter praktisch.

🍽

FINGERFOOD AUF GENOVESER ART
Es müssen nicht immer Hamburger sein! Entlang der Hafenfront verlaufen die Arkaden der Via Sottoripa mit »friggitorie«, die typisch ligurisches Fingerfood wie »Farinata« bereiten: salzige Pfannkuchen aus Kichererbsenmehl.

❶ I CUOCHI €€
Hier genießen Sie typische genuesische Hausmannskost. Besonders empfehlenswert sind die fangfrischen Fisch- und Meeresfrüchtespezialitäten. So schmeckt Urlaub!
Vico del Fieno 18r
Tel. 010 2476170
So. u. Mo. geschl.

❷ IL PAMPINO VINO E CUCINA €€
Die Enoteca serviert traditionelle Genueser Küche wie Ravioli di magro, Pansoti – Gemüsekuchen – und für Fleischfreunde Bistecca vom Chiana-Rind. Der Keller bietet die ganze ligurische Weinwelt. Warum also nicht ein bisschen hier verweilen?
Via Ruspoli 31r
Tel. 010 58 84 02

❸ TRATTORIA DA MARIA €
Eine der berühmtesten alten Trattorien Genuas – die Trattoria da Maria verköstigt Menschen schon seit 1946. Eine bunt zusammengewürfelte Gesellschaft trifft sich hier zu einfachen, aber immer gelungenen Gerichten, die jeden Tag wechseln und immer frisch zubereitet werden. So gut und günstig isst man in wenigen Restaurants der Stadt.
Vico Testadoro 14r
Tel. 010 58 10 80
So. geschl.

❹ GRAN RISTORO €
Ja, dieses Lokal unten am Hafen wirkt auf den ersten Blick unscheinbar, aber für einen Snack zwischendurch ist es absolut zu empfehlen. Für die leckeren Paninis stellen sich hier die Leute minutenlang an. Dann hat man wenigstens Zeit, die Zutaten für die Sandwiches auszusuchen.
Via di Sottoripa 27/R
Tel. 010 247 31 27
So. geschl.

🏠

❶ BRISTOL PALACE €€€
Dieses traditionsreiche Hotel hat es geschafft, sich den Charme vergangener Zeiten zu bewahren. Viele Antiquitäten und edle Stilmöbel sorgen für Atmosphäre.
Via XX Settembre 35
Tel. 010 59 25 41
www.hotelbristolpalace.it
133 Zimmer

ZIELE
GENUA · GENOVA

🍴🍷
1. I Cuochi
2. Il Pampino Vino e Cucina
3. Trattoria Da Maria
4. Gran Ristoro

🏠
1. Bristol Palace
2. NH Collection Genova Marina
3. Grand Hotel Savoia
4. Moderno Verdi
5. Agnello d'Oro

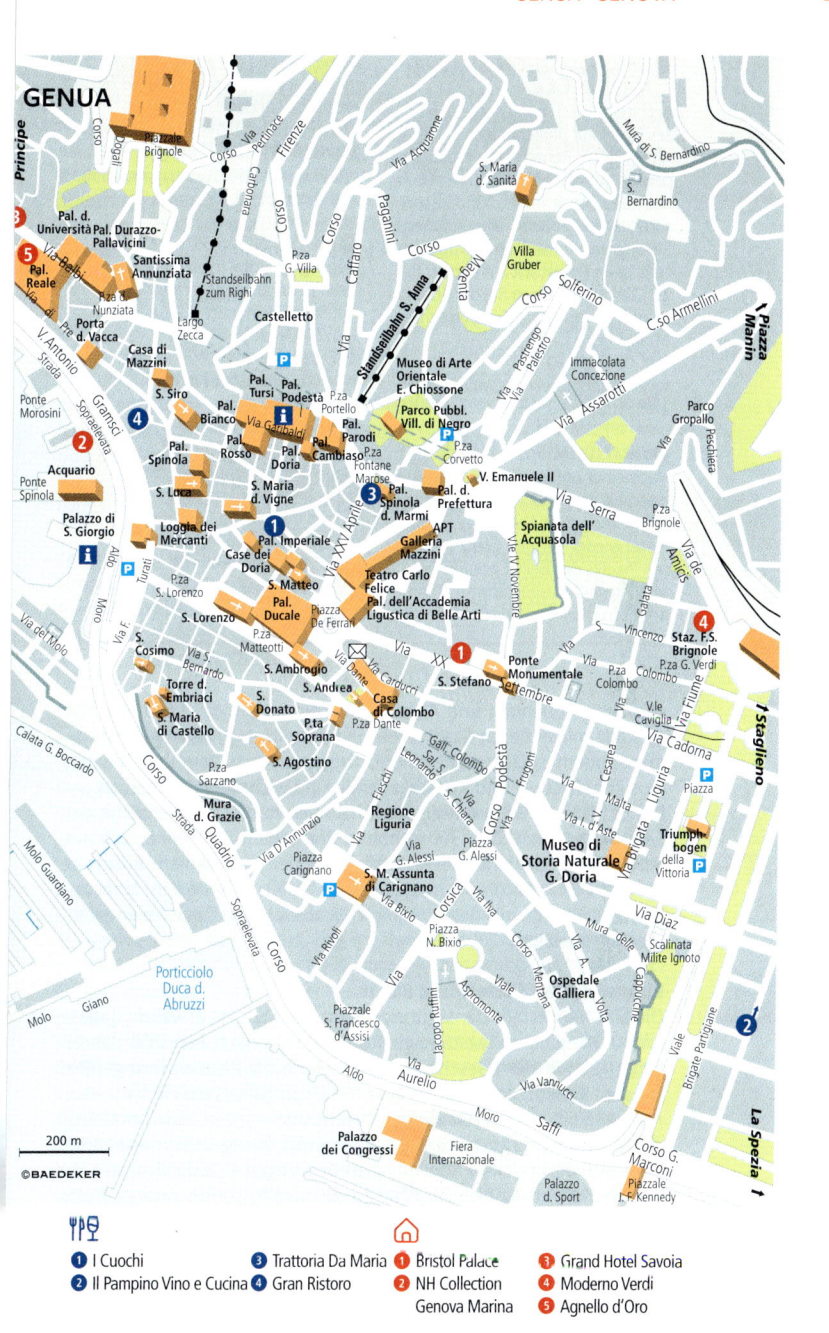

ZIELE
GENUA · GENOVA

te Monumentale erhebt sich über neogotischen Arkaden die um 1200 erbaute Kirche S. Stefano mit ihrer romanischen Apsis.
Vom Teatro Carlo Felice gelangt man durch die Galleria Mazzini aber auch zur **Piazza Corvetto**. Am Standbild für G. Mazzini vorbei steigt man zum Park Villetta di Negro und zum **Museo d'Arte Orientale E. Chiossone** (Museum für ostasiatische Kunst) hinauf, das eine einzigartige Sammlung von Werken aus Japan, China und Thailand vom 3. Jh. v. Chr. bis zum Ende des 19. Jh.s besitzt, u. a. Farbholzschnitte von Hokusai.
Über die Via Assarotti führt der Weg zur Piazza Manin, wo die Höhenstraße Circonvallazione a Monte beginnt. Dort befinden sich die **Villa Gruber** mit Sammlungen zur präkolumbischen Archäologie, die Spianata del Castelletto mit einem Aufzug zur Piazza Portello und das neoromanische Castello De Albertis mit einem Völkerkundemuseum.
Accademia Ligustica: Largo Pertini 4 | Di. – Sa. 14.30 – 18.30 Uhr Eintritt 5 € | http://museo.accademialigustica.it
Museo Chiossone: Piazzale Giuseppe Mazzini 4 | bei Redaktionsschluss vorübergehend geschlossen, aktuelle Infos unter www.museidigenova.it

Spezielle und ausgezeichnete Architektur

Nuove Strade mit ★ Palazzi Rolli

2006 ernannte die UNESCO 42 Genueser Palazzi, die sog. Palazzi Rolli, zum Weltkulturerbe. Die meisten dieser heute prächtig restaurierten Patrizierpaläste, die während der Renaissance und des Barock entstanden sind, können Sie entlang der Nuove Strade, der Neuen Straßen (Via Garibaldi, Via Balbi und Via Cairoli) sehen und z. T. auch von innen besichtigen. Der Straßenzug, der im 16./17. Jh. angelegt wurde, beginnt an der **Piazza delle Fontane Marose** ca. 10 Min. nördlich der Piazza De Ferrari.
In der schmalen, von Galeazzo Alessi entworfenen **Via Garibaldi** reihen sich Palazzi aneinander, die sich die reichsten Genueser Familien erbauen ließen. Der Palazzo Doria Tursi (Nr. 9), der bedeutendste und größte, ist heute Rathaus; er wurde 1565 – 1575 für Niccolò Grimaldi errichtet, den Bankier Philipps II. Hier wird die Guarneri-Violine von Niccolò Paganini aufbewahrt. Schräg gegenüber steht der Palazzo Rosso (Nr. 18), ein Prachtbau der Familie Brignole-Sale von 1671 mit hervorragenden Bildwerken van Dycks, Pisanellos, Veroneses, Tizians, Tintorettos, Dürers u. a. Am Ende der Via Garibaldi (Nr. 11) folgt der barocke, 1714 erbaute Palazzo Bianco.
Über die Via Cairoli erreicht man den **Largo della Zecca**. Ein kleiner Abstecher in die **Via Lomellini** führt zum Geburtshaus von Giuseppe Mazzini (1805 – 1872), dem Gründer des »Jungen Italien«, heute **Museo del Risorgimento** mit Erinnerungsstücken an den italienischen Freiheitskämpfer. An den Largo della Zecca schließt sich die Piazza della Nunziata an. Hier verbirgt sich hinter der klassizistischen Säulenfront von 1843 die unglaublich prachtvolle Kirche **Santissima**

ZIELE
GENUA · GENOVA

Auch das Antico Caffe Laiolo in der Via Lomellini ist gut für eine Pause.

Annunziata; der Bau von 1522 wurde bis 1646 von der Familie Lomellini mit allem Aufwand ausgestaltet: Die Ausmalung stellt ein veritables Museum Genueser Meister des 17. Jh.s dar.
Westlich der Kirche beginnt die **Via Balbi**, die sich die reiche Familie Balbi zu Beginn des 17. Jh.s von Bartolomeo Bianco anlegen und mit mehreren Palästen ausstatten ließ. Nr. 1 ist der Palazzo Durazzo-Pallavicini, um 1620 erbaut, mit Rokokoeingangshalle und schöner Treppe von 1780. Ebenfalls 1620 entstand der Palazzo Balbi-Senarega mit Universitätsinstituten; die Nr. 5, der Palazzo dell'Università, wurde 1634 – 1650 als Jesuitenkolleg erbaut und besitzt die großartigste Hof- und Gartenanlage Genuas; in der Aula befinden sich Bronzen von Giovanni da Bologna aus dem Jahr 1579. Gegenüber dem Palazzo Reale steht ein mächtiger, ab 1643 erbauter und mehrmals erweiterter Palazzo, der von 1822 – 1824 Residenz des Königshauses Savoyen-Piemont war. Er enthält eine Galerie mit Gemälden u. a. von Veronese, van Dyck und Tintoretto.

Naschkatzen aufgepasst!

Dieser Staßenzug geht von der Piazza delle Fontane Marose nach Südwesten Richung Hafen und bietet wichtige Adressen für Schleckermäuler: **Caffè und Confetteria Romanengo**, beide mit wunderbarer historischer Einrichtung, und die 1828 von einer Schweizer Familie gegründete Pasticceria Klainguti.

Via degli Orefici

ZIELE
GENUA · GENOVA

Links der Via Soziglia steht die Kirche **S. Maria delle Vigne**; vom Bau des 11. Jh.s ist noch der Turm erhalten, die drei Schiffe wurden in der Gegenreformation ab 1646 völlig umgebaut. Zurück geht es zur Via Soziglia und über die Piazza Campetto, vorbei am Palazzo Imperiale von 1558 und durch den **Vico S. Matteo** zur gleichnamigen Piazza, deren gotische Bauten aus dem 13.–15. Jh. als »Privatviertel« der Familie Doria ein besonders schönes Ensemble bilden; die schwarzweiße Marmorverkleidung war den mächtigsten Familien vorbehalten. In der Krypta der Familienkapelle S. Matteo von 1278 ist **Andrea Doria** beigesetzt.

Vom Ende der Via degli Orefici gelangt man Richtung Hafen auf die lebhafte **Piazza Banchi** mit der Loggia dei Mercanti und der über einem Ladengeschoss errichteten Kirche S. Pietro in Banchi, deren Bau 1584 begonnen wurde. Wenige Schritte westlich liegt die **Piazza Caricamento**, der ehemalige »Ladeplatz«, der zum neu gestalteten Hafenbereich überleitet. Beherrscht wird er vom Palazzo S. Giorgio, der bis ins Jahr 1260 zurückgeht und 1408–1797 Sitz der Banco di S. Giorgio war. Die mächtige Staatsbank verwaltete Steuereinnahmen und Gewinne aus den Kolonien und finanzierte die Kriege der spanischen Habsburger.

Wieder etwas weiter stadteinwärts steht der großartig ausgestattete **Palazzo Spinola**, erbaut ca. 1580–1590; hier ist die **Nationalgalerie** mit einer Reihe hervorragender Kunstwerke untergebracht, etwa »Ecce homo« von Antonello da Messina und »Dame mit Kind« von Anton van Dyck.

Galleria Nazionali di Palazzo Spinola: Piazza di Pellicceria 1 | Mi.–Sa. 13.30–19 Uhr | Eintritt 10 €
https://palazzospinola.cultura.gov.it

Hüter des Heiligen Grals?

San Lorenzo

Wenig südlich der Via degli Orefici verläuft die **Via San Lorenzo** mit der Kathedrale San Lorenzo, deren Seitenportal von der romanischen Säulenbasilika stammt, die ca. 1100–1160 errichtet wurde. Nach einem Brand erneuerte man sie 1307–1312 im gotischen Stil, 1552 bzw. 1557 erhielt sie von Galeazzo Alessi den südlichen Turm und die Vierungskuppel. Die Fassade ist durch die französische Kathedralgotik ebenso geprägt wie durch die ligurische Streifeninkrustation. Das Standbild eines nicht zu identifizierenden Heiligen mit Sonnenuhr wird »arrotino« (Scherenschleifer) genannt. Im reich ausgestatteten Inneren ist besonders die große Cappella S. Giovanni Battista im linken Seitenschiff Betrachtung wert. Entstanden 1450–1565, ist sie das bedeutendste Werk der Frührenaissance in Genua. Hier wird seit 1098 die Asche Johannes des Täufers aufbewahrt. Der **Domschatz** rühmt sich einer orientalischen Schale aus grünem Glas (Sacro catino) des 9. Jh.s, die auf dem ersten Kreuzzug 1101 in Caesarea erbeutet wurde und der Legende nach als Heiliger Gral galt.

ZIELE
GENUA · GENOVA

Den oberen Abschluss der Via San Lorenzo bildet die 1589 erbaute Jesuitenkirche SS Ambrogio e Andrea (auch Chiesa del Gesù), zu deren prächtiger Ausstattung Gemälde von Rubens und Guido Reni zählen. Gegenüber befindet sich der **Palazzo Ducale** (Dogenpalast), der ins 13. Jh. zurückreicht; die heutige Anlage geht im Wesentlichen auf den Ausbau 1591 – 1602 zurück.

Palazzo Ducale: Piazza Matteotti 9 | Führungen Grimaldina-Turm u. Gefängnis Fr. u. Sa., 15.30 Uhr (mit Eintrittskarte Museum) | Preise variieren nach aktueller Ausstellung | www.palazzoducale.genova.it

Kolumbus als Kind

Von der Via S. Lorenzo geht nahe dem Hafen links die sehr schmale Via Canneto il Curto ab, die Fortsetzung des »carugio lungo«, auch sie eine sehr atmosphärereiche »genuesische« Gasse. Weiter im Süden ragt der **Torre Embriaci** auf, der als einziger Geschlechterturm erhalten blieb. Nebenan befindet sich die romanisch-gotische Kirche S. Maria di Castello, in deren Hauptportal ein römischer Fries integriert ist, auch innen gibt es viele römische Spolien. Von der Sakristei ist ein dreistöckiger Kreuzgang zugänglich. Der mittelalterliche Klosterkomplex S. Agostino mit mächtigem Backsteinturm und zwei Kreuzgängen wurde nach dem Zweiten Weltkrieg als **Museo di Sant'Agostino** (auch bekannt als Skulpturenmuseum) eingerichtet. Es zeigt Genueser Bildhauerkunst; Prunkstücke sind Teile des Grabmals für Margarete von Brabant, 1313 von G. Pisano geschaffen, und das Grabmal des Dogen Simone Boccanegra aus dem 16. Jh.

Durch die Via di Ravecca erreicht man die gotische **Porta Soprana**, das südöstliche Stadttor und Gegenstück zur Porta dei Vacca; davor die **Casa di Colombo**, in der Kolumbus seine Kindheit verbracht haben soll.

Via Canneto il Curto und Piazza Dante

Museo di Sant'Agostino: Piazza Sarzano 35 | bei Redaktionsschluss vorübergehend geschlossen, Infos unter www.museidigenova.it

Langeweile Fehlanzeige

Der Hafen von Genua bildet mit 40 000 Beschäftigten den größten Wirtschaftsfaktor der Stadt. Jährlich werden rund 40 Mio. Tonnen Güter umgeschlagen. Vor der Altstadt liegt der Binnenhafen **Porto Vecchio**, dessen Speicher- und Umschlageinrichtungen immer mehr durch »zeitgemäße« Strukturen wie Jachthafen, Hotels, Freizeitanlagen ersetzt werden; sein Westteil ist Passagier- und Kreuzfahrtschiffen vorbehalten. Im Südwesteck des **Porto Vecchio** steht die »Lanterna« von 1543, das Wahrzeichen der Stadt (Besichtigung nur nach Voranmeldung). Die östlichen Teile des Porto Vecchio wurden für die Kolumbusfeiern 1992 zu Freizeiteinrichtungen sowie Ausstellungs- und Kongressgebäuden umgestaltet.

Hafen

Nördlich des Molo Vecchio, der mit der Altstadt durch eine Fußgängerzone am Palazzo S. Giorgio verbunden ist, liegt **das zweitgrößte**

ZIELE
GENUA · GENOVA

Am Hafen von Genua: Die »Biosfera«-Kugel gehört zum Aquarium.

Aquarium Europas (Acquario di Genova; das größte ist das L'Oceanogràfic in Valencia). Dort starten auch Hafenrundfahrten. »Herausragend« ist der Grande Bigo, eine 60 m hohe Konstruktion nach Art eines Schiffsladebaums, der einen Panoramaaufzug trägt. Das Galata **Museo del Mare** ist mit seinen hervorragend ausgestatteten Abteilungen ein tagesfüllendes Erlebnis, es präsentiert multimedial die Geschichte der Seefahrt, dokumentiert die großen Auswanderungswellen und ihre Auswirkungen auf die italienische Gesellschaft, auf einer Original-Schiffsbrücke kann man eine Trainingseinheit der Kapitänsausbildung absolvieren.

Aquarium: Juli – Aug. tgl. 8.30 – 21, sonst Mo. – Fr. 9 – 20, Sa. u. So. 8.30 – 21 Uhr. Letzter Einlass je 2 Std. vor Schließung | Eintritt: 22 € www.acquariodigenova.it

Galata Museo del Mare: März – Okt. tgl. 10 – 19, Nov. – Feb. Di. – Fr. 10 – 18 Uhr | Eintritt 17 € | www.galatamuseodelmare.it

Kolumbus grüßt am Bahnhof

Via di Prè — Die Piazza Acquaverde vor dem Hauptbahnhof von 1854 empfängt mit einem eindrucksvollen Kolumbusdenkmal (1846 – 1862). Westlich des Bahnhofs steht der mächtige **Palazzo Doria-Pamphili** (oder Villa del Principe), den sich 1522 – 1529 der Admiral und Staatsmann Andrea Doria errichten ließ. Sein Areal reichte vom Privathafen bis weit den Berg hinauf. Die Straßenfront zeigt ein großes

ZIELE
GROSSETO

Portal mit dem Wappen der Doria. Ausgemalt wurde der Palast von Perin del Vaga, einem Schüler Raffaels. Garten und Admiralsappartements sind zugänglich.

Rechts vom Bahnhof geht man hinunter zur Kirche **S. Giovanni di Prè**, die der Templerorden zusammen mit der Kommende 1180 für **Kreuzfahrer und Pilger** erbaute. Der Turm zeigt typische Genueser Formen, im Inneren sind Gemälde ligurischer Meister des 16.–18. Jh.s zu sehen. Die schmale Via di Prè ist Teil des bis zur Piazza Cavour führenden »carugio lungo«. Mit ihren Lebensmittelläden, den Krimskramsgeschäften sowie Händlern von geschmuggelten Zigaretten gibt sie eine lebendige Vorstellung vom Charakter der Altstadt. An der Gartenseite des Palazzo Reale vorbei gelangt man zur Porta dei Vacca von 1160, Teil der gegen Friedrich Barbarossa errichteten **Stadtmauer**. Weiter geht es durch die Via del Campo zur Piazza Fossatello mit Palazzi des 14.–17. Jh.s in die Einkaufsstraße Via Fossatello; links abseits liegt die **Kathedrale S. Siro**, 1607–1619 erbaut; im Inneren sind der Hauptaltar von Pierre Puget (1670) und die Gewölbefresken von G. B. Carlone und P. Brozzi (um 1660) einiger Betrachtung wert.

GROSSETO

Region: Toskana · Toscana | Provinz: Grosseto | Höhe: 10 m ü. d. M.
Einwohnerzahl: 82 000

Grosseto, in der Schwemmlandebene des Ombrone gelegen, besitzt eine kleine, aber sehenswerte Altstadt innerhalb von Festungsanlagen, weshalb es auch das »Lucca der Maremma« genannt wird. Der von Pinienwäldern eingefasste Sandstrand bei Marina di Grosseto ist nur 15 Autominuten entfernt – das bringt viel Betrieb im Sommer.

K 13

Zu Zeiten der Etrusker und Römer war die Ombroneebene noch ein See, an dessen Trockenlegung man sich schon damals versuchte. Das Jahr 1138 markiert den Beginn der Stadtentwicklung, als Papst Innozenz II. den Bischofssitz von **Rusellae** nach Grosseto verlegte, einer kleinen Burg an der Via Aurelia. 1336 unterwarf sich die Stadt Siena, 1559 fiel sie an die Medici. Diese wagten es erneut, die **malariaverseuchten Sümpfe** trockenzulegen, was allerdings nur vorübergehend gelang; erst ab Mitte des 18. Jh.s und vor allem nach 1930 stieg die Stadt zu einem landwirtschaftlich-industriellen Zentrum auf.

Im Süden der Toskana

ZIELE
GROSSETO

Wohin in Grosseto und Umgebung?

Dom mit Wasserversorgung

Altstadt Das historische Zentrum ist von einem Mauersechseck mit Bastionen umgeben, das 1564 unter Großherzog Cosimo I. begonnen und 1593 unter Ferdinando I. vollendet wurde. Im Nordosten liegt die **Fortezza Medicea** mit einem sienesischen Turm aus dem 14. Jh. Hauptplatz ist die Piazza Dante – von den Einwohnern »Cisternone« genannt, da unter ihr ein großer Wasserbehälter liegt . Ihr Anblick wird bestimmt vom 1294 bis 1302 erbauten **Duomo S. Lorenzo** mit seiner rotbraun-weißen Inkrustation. Das Südportal hat einen Architrav aus dem 14. Jh., im linken Querschiff enthält der prächtige Altar von 1474 eine »Himmelfahrt Mariä« von Matteo di Giovanni. Rechts schließt an den Dom der **Palazzo della Provincia** an, eine perfekte Nachahmung des Sieneser Stils vom Anfang des 20. Jahrhunderts.

Sehr sehenswert ist das **Museo Archeologico e d'Arte della Maremma** (MAAM). Es zeigt Funde aus prähistorischer, etruskischer und römischer Zeit, insbesondere aus Vetulonia und Roselle (s. u.), sowie eine Sammlung sakraler Kunst, darunter die »Madonna delle Ciliege« (Kirschenmadonna), ein Meisterwerk von Sassetta, geschaffen um 1450. Ein kostbares gemaltes Kruzifix, das Duccio di Buoninsegna zugeschrieben wird, ist in der Kirche S. Francesco.

MAAM: Piazza Baccarini 3 | Apr. – Mai, Mitte Sept. – Okt. Di. – Fr. 10.30 – 17, Sa., So. 10 – 13 u. 16 – 19; Juni – Mitte Sept. Di. – So. 10.30 – 18.30, Nov. – März Di. – Fr. 9.30 – 13.30, Sa., So. 10 – 13 u. 16 – 19 Uhr | Eintritt 5 €

★

Auf den Spuren der Etrusker

Rusellae und Vetulonia Etwa 6 km nordöstlich von Grosseto liegen die Schwefelquellen Bagno Roselle. Weitere 4 km entfernt sind die eindrucksvollen Ruinen der bedeutenden etruskischen Stadt Rusellae zu sehen, einer der zwölf **Städte des Etruskischen Bundes**. Sie bestand noch über die Zerstörung durch die Sarazenen im Jahr 935 hinaus bis 1138, als der Bischofssitz nach Grosseto verlegt wurde. Erhalten blieben Reste der mächtigen Stadtmauern sowie etruskische und römische Siedlungsteile, u. a. ein Amphitheater aus augusteischer Zeit.

Vetulonia, ca. 24 km nordwestlich von Grosseto (gehört zu Castiglione della Pescaia), markiert den Platz einer zweiten etruskischen Stadt: **Vetulonia**, auch Mitglied des Zwölf-Städte-Bundes. Außer Resten der 5 km langen Stadtmauer sind Nekropolen aus dem 7. Jh. v. Chr. zu finden. Einige Fundstücke stellt das Antiquarium aus, der Großteil ist in den Arch. Museen in Grosseto und ▶ Florenz.

Ein Mönch wird Papst

Landeinwärts Im Landesinneren, südwestlich von Grosseto, liegt auf einem Bergrücken **Scansano** – ein Ferienort mit guter Hotellerie, Restaurants und

ZIELE
GROSSETO

Das Idol dieser Jungs auf der Piazza Dante von Grosseto dürfte eher nicht Italiens Nationaldichter sein.

einem ausgezeichneten Rotwein, dem aus Sangiovese gekelterten Morellino. Weiter geht es nach **Saturnia.** Das kleine Thermalbad trumpft mit Resten aus etruskisch-römischer und Sieneser Zeit. In den Cascate del Molino kann man unter freiem Himmel baden.

Sovana, 15 km westlich, ist ein romantisches mittelalterliches Städtchen, überragt von einer Burg der Aldobrandeschi und mit schönen Palazzi auf der Piazza del Pretorio. Die Kirche S. Maria Maggiore mit schönem Ziborium aus dem 8./9. Jh. und der Dom mit Marmorportal aus Teilen des 9. Jh.s sind einen Zwischenstopp wert. Westlich des Orts liegt das spektakulärste der etruskischen Gräber der Region, die **Tomba Ildebrandana** aus dem späten 3. Jh. v. Chr. Sie ist benannt nach dem in Sovana geborenen Mönch Hildebrand, dem späteren Papst Gregor VII., dem Gegner Heinrichs IV.

Sorano, 10 km östlich gelegen, ist ein weiteres Juwel des Mittelalters mit einer mächtigen **Orsinifestung** von 1552, zu der ein steiler Weg hinauf führt. Wer sich darüber hinaus für regionale handwerkliche Produkte interessiert, ist hier goldrichtig.

Die Häuser scheinen aus dem Fels zu wachsen
Eindrucksvoll zieht sich auf einem steil aufragenden Tuffsteinplateau das alte Pitigliano hin. Seine dicht gedrängten Häuser scheinen aus

Pitigliano

GROSSETO ERLEBEN

ⓘ

Corso Carducci 5, Grosseto
Tel. 0564488573
https://quimaremmatoscana.it
www.visittuscany.com

Im August/September findet in Follonica bereits seit Jahrzehnten das Grey Cat Jazz Festival statt.

OSTE SCURO €€
Das Ambiente schlicht, die Zutaten meist regional – das Ergebnis großartig! Hier sollten Sie Gnocchi von roten Kartoffeln (Gnochi alle patate rosse), Ragout vom Chiana-Rind oder Trippa (Kutteln) probieren.
Via Malenchini 38
Tel. 339 878 17 94 | Mo. und Di. geschl. | www.vinosteria.com

TENUTA DI POGGIO CAVALLO €€–€€€
Das Landleben in vollen Zügen genießen können Sie in dieser Agriturismo-Perle etwas außerhalb der Stadt.
Loc. Poggio Cavallo, SP30 Sante Mariae, Istia d'Ombrone, Grosseto
Tel. 0564409026
https://poggiocavallo.com

---

dem Fels zu wachsen, in den zu etruskischen Zeiten **Grabhöhlen** geschlagen wurden; heute reift in den Kellern der bekannte Bianco di Pitigliano. Entlang eines mächtigen Aquädukts von 1545 erreicht man die Piazza della Repubblica mit dem **Palazzo Orsini**, der im 15. und 16. Jh. von Sangallo ausgebaut wurde. Heute beherbergt er das Museo Diocesano (u. a. Gemälde von Zuccarelli), das Museo Civico Archeologico und das Museo della Civiltà Giubbonata (Volkskunde). Die Via Zuccarelli durchquert das Getto, das nach der Vertreibung der Juden aus dem Kirchenstaat 1569 entstand; die Synagoge am Südrand der Stadt stammt von 1589.

Kleine Jachthäfen und versteckte Villen

Monte Argentario Die gebirgige Fast-Insel Monte Argentario, rund 35 km südlich von Grosseto, ist durch drei schmale Landzungen mit der Küste verbunden. Jachthäfen und versteckt gelegene Villen machen deutlich, wer den Ort als Refugium erwählt hat. Susanna Agnelli, die Enkelin des Fiat-Gründers und Bürgermeisterin, sorgte dafür, dass keine Bettenburgen entstanden und man unter sich blieb. Die westliche Nehrung ist ein riesiger Sandstrand, die Wasserqualität aber so schlecht, dass man hier nicht baden kann.

Auf der mittleren Landzunge liegt **Orbetello**, dessen Geschichte in etruskische Zeiten zurückreicht; geprägt ist das Stadtbild von der »spanischen Episode« im 16. und 17. Jh. Der Dom aus dem 14. Jh. wartet mit einem vorromanischen Marmorrelief auf. Die östliche Landzunge (Feniglia) ist Naturreservat. **Porto S. Stefano**, ein hübscher Fischerort mit Fähre zur Insel Giglio, hat sich zum Urlaubsort gemausert. Eine herrliche Route führt auf der z. T. nicht asphaltierten Panoramastraße rund um die Insel nach **Porto Ercole** mit seinen Festungsanlagen und der Kirche Sant'Erasmo, in der sich das Grab von Michelangelo Merisi (1571 – 1610) befindet – dem Meister des Chiaroscuro, der nach dem bei ▶Bergamo gelegenen Geburtsort seiner Eltern »Caravaggio« genannt wurde.

Rund 25 km östlich von Orbetello (von der Küstenstraße Richtung Pescia Fiorentina) bei Capalbio legte die Künstlerin Niki de Saint-Phalle 1979 bis 1984 ihren wundervollen **Giardino dei Tarocchi** an, ein farbenfrohes Fantasieland aus teils begehbaren Skulpturen, die den Symbolen der Tarotkarten nachgebildet sind.

Giardino dei Tarocchi: Loc. Garavicchio, 58011 Capalbio Grosseto Apr. – Mitte Okt. tgl. 14.30 – 19.30, letzter Einlass 18.15 Uhr | Online-Reservierung empfohlen, Eintritt 14 € | www.ilgiardinodeitarocchi.it

Von Luxus bis Natur

Der zu Grosseto zählende Küstenstrich Costa Grossetana reicht von **Punta Ala** bis zur toskanischen Grenze jenseits des Monte Argentario. Punta Ala auf der gleichnamigen Halbinsel hat sich als exklusiver Ferienort mit Jachthafen und Golfplatz etabliert; die Betonarchitektur ist allerdings nicht jedermanns Geschmack. **Castiglione della Pescaia** hingegen hat sich mit Burg, Stadtmauer und kleinem Hafen eine schöne mittelalterliche Atmosphäre bewahrt. Von der Ombrone-Mündung erstrecken sich südlich bis Talamone die Monti dell'Uccellina, die mit dichter Macchia, Steineichen und Erdbeerbäumen bewachsen sind; 1975 wurde das Gebiet zum **Parco Regionale della Maremma** erklärt. Von Albarese aus lassen sich schöne Wanderungen unternehmen.

Costa Grossetana

www.parco-maremma.it

★ Massa Marittima und Umgebung

Am Meer?

Der Name täuscht: Massa Marittima, 47 km nördlich von Grosseto, ist keine Hafenstadt, sondern liegt rund 20 km von der toskanischen Küste entfernt. Anstelle der Fischerei wurde hier über viele Jahrhunderte hinweg Bergbau betrieben. Insbesondere im Frühling und Herbst ist der Ort fest in der Hand deutscher Touristen.

Alte Bergbaustadt

Klein-Pisa

Herz der Altstadt ist die von mittelalterlichen Gebäuden umringte **Piazza Garibaldi** mit dem Dom S. Cerbone, der mit dem Campanile und dem Palazzo Vescovile ein harmonisches Ensemble bildet. Er wurde 1228 – 1304 nach dem Vorbild des Doms zu Pisa erbaut. Die Reliefsze-

Città vecchia

ZIELE
GROSSETO

MASSA MARITTIMA ERLEBEN

ⓘ

Palazzo del Podestà
P.za Garibaldi 2, Massa Marittima
Tel. 0566 90 65 54
www.turismomassamarittima.it

BRACALI €€€
Etwa 2 km nordöstlich von Massa Marittima finden Sie dieses kleine, elegante Gourmetrestaurant, in dem kulinarische Meisterwerke zubereitet werden. Reservierung ist angeraten, denn das Lokal rühmt sich eines Michelin-Sterns.
Via di Perolla 2 | Ghirlanda
Tel. 0566 90 23 18 | Mo. geschl.
www.mondobracali.it

TAVERNA DEL VECCHIO BORGO €
Nur wenige Schritte von der Piazza Garibaldi entfernt versteckt sich in einem alten Palazzo dieses stimmungsvolle Lokal, wo neben Spezialitäten aus der Maremma ausgezeichnete Wild- und Pilzgerichte serviert werden.
Via Parenti 12
Tel. 0566 90 21 67 | Mo. geschl.

OSTERIA DA TRONCA €
Gemütliche Trattoria mit typischen Gerichten und guten Weinen aus der Maremma. Dienstags geschlossen.
Vicolo Porte 5, Tel. 0566 90 19 91

RESIDENZA D' EPOCA PALAZZO €€
Ein kleines Juwel: Der Palast aus dem 13. Jh. wurde sensibel restauriert und klassisch-zeitgenössisch ausgestattet, die großzügigen Apartments haben z. T. einen offenen Kamin und abends trifft man sich mit allen Gästen an der stilvollen Bar.
Via Moncini 10, Tel. 0566 90 41 81
www.palazzomalfattiresidenza
depoca.com

DUCA DEL MARE €€
Kleines, gepflegtes Hotel am Altstadtrand. Nette Zimmer mit zeitgemäßem Komfort, Restaurant, Garten mit Swimmingpool und Sonnenterrasse.
Piazza Dante Alighieri 1/2
Tel. 0566 90 22 84
www.hoteldinardogroup.com

---

nen über dem Hauptportal erzählen aus dem Leben des Kirchenpatrons. Das Innere birgt eine ganze Reihe sehenswerter Schätze, so ein 1267 entstandenes Taufbecken von Giroldo da Como mit Szenen aus dem Leben Johannes des Täufers, weiter das Altarbild »Madonna delle Grazie«, vermutlich um 1316 in der Werkstatt von Buoninsegna oder Simone Martini gemalt, sowie in der Krypta den Sarkophag des hl. Zerbonius, den Goro di Gregorio da Siena 1324 fertigte.
Im **Palazzo Pretorio** (um 1230) ist das Museo Archeologico untergebracht. Drei Turmhäuser aus dem 13./14. Jh. bilden den benachbarten Palazzo Comunale. Die berühmte »Maestà« von Ambrogio Lorenzetti (um 1335) hängt im Museo di Arte Sacra im ehemaligen Convento di S. Pietro all'Orto.
Palazzo Pretorio, Museo archeologico: Dez.–März Fr.–So. 9.30–13, 14–18, April–Juni sowie Sept.–Nov. Di.–So. 9.30–13, 14–18, Juli–Aug. tgl. 10.30–13, 15–20 Uhr | Eintritt 4 €

ZIELE
GROSSETO

Glück auf!
Die Via Moncini führt nach Osten hinauf zur **Porta alle Silici** aus dem 14. Jh. und auf die Piazza Matteotti. Den Torre del Candeliere verband man 1337, nachdem die Stadt an Siena gefallen war, mit der Fortezza dei Senesi, die heute eine Ruine ist. Gegenüber dem Turm befindet sich im Palazzo delle Armi das **Bergbaumuseum**; ein zweites ist in einem 700 m langen Luftschutzstollen an der Via Corridoni untergebracht.
Bergbaumuseum: Di. – So. 11 – 13 u. 15 – 18 Uhr | Eintritt 5 €

Città vecchia

Etruskische Gräber
Eine herrliche, von Pinienwäldern gesäumte Badebucht öffnet sich am Golf von Baratti. Den an Sommerwochenenden sehr bevölkerten Platz hat man außerhalb der Saison fast für sich allein. 180 m über dem Meer liegt **Populonia**, das etruskische Pupluna, das durch Erzverhüttung reich wurde. Hier entdeckte man Anfang des 20. Jh.s unter Schlackenbergen eine etruskische Nekropole, deren Grabbeigaben großenteils im Archäologischen Museum in ▶Florenz zu sehen sind; in Populonia werden in der Villa Gaspari einige Funde gezeigt.

Golfo di Baratti

Die Cowboys der Toskana
Mit Maremma – das Wort leitet sich von lat. »maritima regio« ab, »Land am Meer« – bezeichnet man den **Küstenstreifen zwischen Cecina und Civitavecchia**. Genauer sind damit die sumpfigen Schwemmlandebenen gemeint, die aus Lagunen entstanden und in

Maremma, Riviera degli Etruschi

Longhorns in der Maremma – nicht Texas, sondern Toskana!

ZIELE
ISCHIA · ISOLA D'ISCHIA

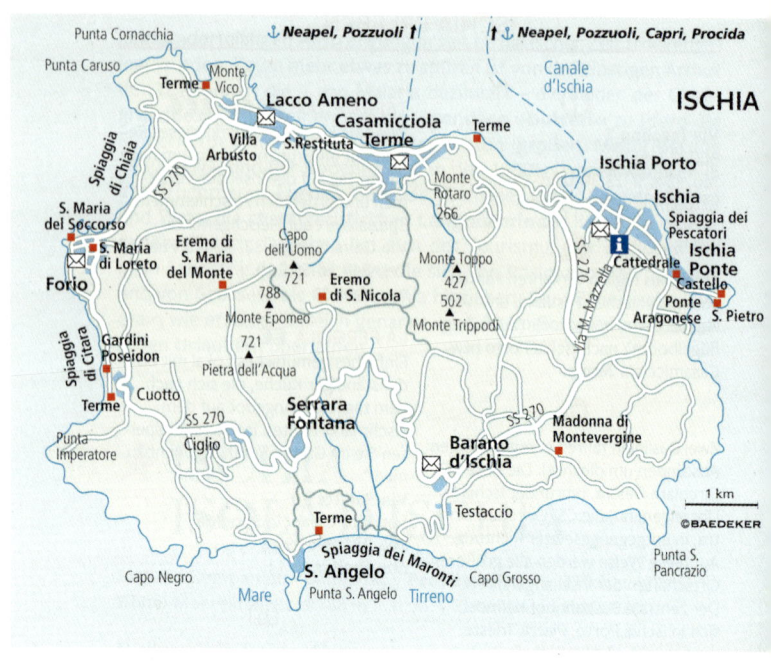

PERA DI BASSO €€–€€€

Abschalten, durchatmen: Bei Antonio lebt man mit und in der Natur inkl. herrlichem Meerpanorama. Auch das Restaurant verkörpert den Agriturismo-Gedanken par excellence.

Via Pera Di Basso
80074 Casamicciola T.
Tel. 081900122
www.peradibasso.com

---

den größten Hafen der Insel – ein ehemaliger Kratersee, der 1854 zum Meer geöffnet wurde. Südöstlich von Ischia Porto ragt auf einem Felsen das **Castello d'Ischia**, das Wahrzeichen der Insel, aus dem Meer. Das Kastell, im 15. und 16. Jh. Sitz der aragonesischen Statthalter, befindet sich heute in Privatbesitz, kann aber besichtigt werden. Man erreicht es über den mehr als 200 m langen Steindamm, der die Felseninsel mit Ischia Ponte, dem älteren Ortsteil, verbindet. Rund 4 km westlich von Ischia Porto erstreckt sich am Hang des Epomeo zwischen Gärten und Weinbergen **Casamicciola Terme**, der traditionsreichste Kurort auf der Insel mit mehreren heißen Quellen und gepflegten Thermalanlagen. Besonders anziehend ist der in üppiges Grün gebettete, terrassenförmig am Hang angelegte Thermalpark Castiglione mit aussichtsreichem Café-Restaurant und eigenem Strandabschnitt. Herrliche Ausblicke genießt man bei einem Spazier-

ZIELE
ISCHIA · ISOLA D'ISCHIA

gang auf der Via Borbonica, einer von den Bourbonen angelegten Straße am Hang des Monte Epomeo.

Ganz im Nordwesten liegt das Seebad Lacco Ameno, dessen Wahrzeichen, der pilzförmige Felsen »Il Fungo«, am Hafen aus dem Wasser ragt. Das **Museo Archeologico di Pithecusae** in der hübsch gelegenen Villa Arbusto zeigt Funde aus der ehemaligen griechischen Kolonie Pithecusa, darunter den sogenannten Nestorbecher aus der Zeit um 730 v. Chr. Schön baden – entweder im Meer oder in Thermalbecken – kann man in der benachbarten Bucht von San Montano.

Thermalpark Castiglione: Via Castiglione 62 | April–Okt. tgl. 10–18 Uhr | Tageskarte ab 28 € |www.termecastiglione.it

Strand mit Fußbodenheizung

Auf einem flachen Landsporn an der Westküste von Ischia breitet sich Forio aus, ein altes Städtchen und ein **ehemaliges Künstlerrefugium**. Anziehungspunkte sind hier die hübsche, weiß getünchte Seefahrerkirche Madonna del Soccorso und der zinnenbekrönte Wehrturm namens Il Torrione, der 1480 zum Schutz gegen Pirateneinfälle erbaut worden ist. Südlich von Forio erstreckt sich der berühmte Strand von Citara mit den **»Gärten des Poseidon«**, einer besonders schönen und ausgedehnten Thermalanlage. Das »Schmuckstück« an der überwiegend steilen Südküste von Ischia ist das kleine, auf einer Landzunge zusammengedrängte **Sant'Angelo**, das sich mit seinen pastellfarbenen Häusern und der kleinen Hafenbucht mit den bunten Booten die Ausstrahlung eines ischitanischen Fischerdorfs bewahrt hat. Zwischen Sant'Angelo und Barano d'Ischia erstreckt sich mit knapp 3 km der längste und meistbesuchte Strand von Ischia, **Spiaggia dei Maronti**, den man auch mit dem Boot ansteuern kann. An manchen Stellen werden der Sand und das Meerwasser durch heiße Dämpfe, sogenannte Fumarolen, stark erhitzt.

Forio und ★ Sant'Angelo

Gärten des Poseidon: Mitte Apr.–Okt. tgl. 9–19 Uhr | Tageskarte 38–45 € (je nach Saison) |www.giardiniposeidonterme.com

Rundumblick vom erloschenen Vulkan

Das idyllisch gelegene Bergdorf Fontana ist der beste Ausgangspunkt für einen Aufstieg zum 789 m hohen Monte Epomeo, da seine Hänge nach Süden verhältnismäßig flach zum Meer abfallen. Es handelt sich um einen im 14. Jh. erloschenen Vulkan, zu dem man von **Fontana** in etwa einer Stunde aufsteigt. Auf dem Gipfel kann man sich im Terrassencafé für den Abstieg stärken; Übernachtungsmöglichkeiten gibt es in der einstigen Einsiedelei San Nicola. Die Aussicht von hier oben ist unvergleichlich – ganz Ischia liegt dem Wanderer zu Füßen.

★ Monte Epomeo

Die Dritte im Bunde

Die zwischen Ischia und dem italienischen Festland gelegene, nur 4 km lange und 2 km breite Insel Procida ist neben Ischia und ▶Capri

Isola di Procida

die dritte und kleinste Insel im Golf von Neapel. Sie ist ebenfalls vulkanischen Ursprungs, besitzt jedoch weder die Naturschönheiten Capris noch die Thermalquellen Ischias und ist vermutlich deshalb auch touristisch nicht besonders gut erschlossen.

An der Nordostseite der Insel liegt das Städtchen Procida mit einem modernen Hafen, Sancio Cattolico, und dem alten Fischerhafen **Corricella**. Mit seinen pastellfarbenen Würfelhäusern und zauberhaften Ausblicken aufs Meer bietet es ein sehr malerisches Bild. Oberhalb von Corricella, auf einem steil abfallenden Felsen, thront die mittelalterliche, von Wehranlagen geschützte Oberstadt **Terra Murata**. Tradition hat dort jährlich am Karfreitag ein Mysterienspiel, bei dem eine Laienbruderschaft bleischwere Heiligenfiguren über die Hügel trägt. Von Terra Muta führt eine lange Straße zur Bucht von **Chiaiolella**, wo es einen Hafen und einen Strand gibt.

KALABRIEN · CALABRIA

Region: Kalabrien · Calabria | **Provinzen:** Catanzaro, Cosenza, Crotone, Reggio di Calabria, Vibo Valentia | **Fläche:** 15 080 km²
Einwohnerzahl: 2 006 000

Q–T
22/23

Es gibt viele gute Gründe, an die Spitze des italienischen Stiefels, in eine der ärmsten Regionen des Landes zu reisen. Bis vor wenigen Jahren lag Kalabrien im Dornröschenschlaf, doch mittlerweile zählen seine Badeorte zu den Sehnsuchtszielen für Italien-Kenner. Verwunschene, alte Stadtpaläste in Tropea wurden wachgeküsst und bieten als Boutique-Hotels und mit traumhaft schönen Dachterrassen einmalige Erlebnisse. Daneben warten alte Klöster und bäuerlich anmutende Dörfer auf Entdeckung.

Bis zur Spitze des Stiefels

In seiner ganzen Länge wird das Land vom Kalabrischen Apennin durchzogen, der an der Grenze zur ▶Basilikata am Monte Pollino 2 248 m Höhe erreicht. Südlich treten Massive eines alten Rumpfgebirges zutage: zunächst La Sila und ganz im Süden Aspromonte. Sie sind durch breite, früher sumpfige Täler getrennt. Entlang der Westküste verläuft die Kalabrische Küstenkette (Catena Costiera oder Paolana), die zum Meer hin steil abfällt. Die ca. 3 km breite **Straße von Messina** trennt Kalabrien von ▶Sizilien.

Schwierige Verhältnisse

Wirtschaft

Kalabrien gehört zu den wirtschaftlich am wenigsten entwickelten Gebieten Italiens; hier wird nachvollziehbar, warum man in Norditali-

ZIELE
KALABRIEN · CALABRIA

KALABRIEN ERLEBEN

ℹ️

Via San Nicola 8
88100 Catanzaro
Tel. 096 174 17 24
https://de.visititaly.com
www.turiscalabria.it

🎉

In Roccella Jonica findet im Juli/August ein renommiertes Jazzfestival statt.
www.roccellajazz.org.

🍴

PIMM'S €€
Dieses Restaurant scheint geradezu über dem Meer zu schweben! Klar, dass hier Fischgerichte das Angebot dominieren.
Largo Migliarese 2 | Tropea
Tel. 096 366 61 05
Sa. nur mittags

ALLA PESCATORA €
Seit über 20 Jahren verwöhnt der Inhaber und Koch Michele Donato seine Gäste mit vorzüglichen Fischgerichten. Wenn das nicht für Qualität spricht ...
Via Cristoforo Colombo 32
Scilla
Tel. 0965 75 41 47
Mi. geschl.

MAMMA MIA €
Von Einheimischen empfohlen. Sehr leckere und günstige Gerichte. Auf der vorderen Terrasse hat man einen herrlichen Blick aufs Meer.
Viale Cristoforo Colombo 67
Crotone
Tel. 0962 21 700
nur abends

LOCANDA DI MARE €
Frischen Fisch in bester Qualität können Sie in dieser urgemütlichen Trattoria genießen. Der Vater des Kochs ist Fischer und sorgt für erstklassige Ware!
Via Stromboli 20
Amantea
Tel. 0982 42 82 62
www.locandadimare.it

BAYLIK €
Von Schwertfisch über Muscheln bis zum Oktopus: Gekocht wird nach traditionellen Rezepten. Ein wenig Appetit sollte man sich für die vorzüglichen Desserts bewahren.
Vico Leone 1–5
Reggio Calabria
Tel. 0965 486 24
www.baylik.it

THE BURGER BROS €
Amerikanische Burger aus dem Foodtruck – und das in Kalabrien! Die Fleischklopse hier sind wahre Delikatessen. Vor allem der Bacon Burger mit den karamellisierten Zwiebeln ist ein Gedicht!
Via Plinio Il Vecchio 1
Scalea
Tel. 329 2 93 88 48

🏠

501 HOTEL €€
Dsa frisch renovierte Hotel punktet mit einem Blick auf den Golf von Sant'Eufemia. Die Zimmer verströmen modernen Komfort.
Viale E. Bucciarelli 14
Vibo Valentia
Tel. 0963 58 08 08

HOTEL LE CLARISSE €€
Das einstige Kloster am Rande der Altstadt beeindruckt mit seiner Lage hoch über dem Meer. Und verbindet wie nebenbei Stil mit einer Prise Dolce-far-niente. Im behaglich ausstaf-

fierten Restaurant trifft man sich nach einem Tag am Strand zum Essen bei Kerzenlicht.
Via Indipendenza 27
Amantea
Tel. 0982 420 33
www.palazzodelleclarisse.com

LA TONNARA €
Dieses nette Hotel ist nur wenige Schritte vom Strand entfernt. Top: Die schönen und geräumigen Zimmer verfügen fast alle über Meerblick. Dazu gibt es ein gutes Restaurant, einen Pool und einen eigenen Badestrand. Mindestaufenthalt drei Nächte.
Via Tonnara 13
Amantea
Tel. 098 242 42 72
www.latonnara.it

PALAZZO MOTTOLA TROPEA €€
Hoch über dem Centro storico öffnen sich die bodentiefen Fenster zum Meer hin: Der historischen Palazzo wirkt nach erfolgreicher Restaurierung wieder jung und extravagant. Unser Fazit ist klar: individuell, sympathisch und mit einem Hauch von Luxus.
Via Lauro 3, Tropea
Tel. 0963 623 68
www.palazzomottolatropea.com

CASINA DEI MILLE €
Ganz schön viel Geschichte hier: Das Haus war einst unter dem Namen »Casa Ramirez« das Quartier des Freiheitskämpfers Giuseppe Garibaldi. Heute lockt das Hotel mit charmanten Zimmern und mit guter kalabrischer Küche im angeschlossenen Restaurant (nur abends offen, Di. geschl.). Am schönsten ist das Zimmer Nr. 7 mit Veranda und Ausblick.
S.S.106 km 28 (Fraz. Annà)
Melito di Porto Salvo
Tel. 345 96 67043
https://casinadeimille.it

---

en vom »mezzogiorno« wie vom »terzo mondo« spricht. Die meisten Menschen leben von der **Landwirtschaft**; in den fruchtbaren Niederungen und Küstenstreifen wachsen Weizen, Oliven- und Zitrusbäume, Wein und Feigen, in den höheren Lagen ist nur Weidewirtschaft möglich. Entlang der Westküste hat der Fischfang Tradition. An **Bodenschätze**n haben die Steinsalzlager bei Lungro, die Schwefelvorkommen bei Strongoli und die Erdölförderung vor Crotone eine gewisse Bedeutung. Mehrere Stauseen in der Sila liefern Strom, und in Gioia Tauro entstand einer der größten Containerhäfen des Mittelmeers.

Enklave griechischer Kultur

Prägende Geschichte

532 v. Chr. gründete Pythagoras in Kroton (Crotone) eine Philosophenschule. Bis heute gibt es im äußersten Süden Kalabriens Griechisch sprechende Gemeinden. Mitte des 8. Jh.s v. Chr. kolonisierten griechische Achäer das Gebiet, in dem damals die Bruttier lebten. Die sogenannte **Magna Graecia** wurde rasch reich und trat mit dem Mutterland in Kriege. Im Zweiten Punischen Krieg wurde Kalabrien von den Römern besetzt. Nach dem Untergang des Ostgotischen Reichs gehörte das Gebiet bis zur Mitte des 11. Jh.s zu **Byzanz**, wodurch das griechische Erbe mit christlichem Vorzeichen erneuert wurde. In dieser Zeit entstanden zahlreiche Klöster basili-

ZIELE
KALABRIEN · CALABRIA

anischer, d. h. griechischer Mönche und Nonnen, die auch in Wirtschaft und Kultur Großes leisteten; der Humanismus eines Petrarca hat hier seine Wurzeln. Die Kirche unterstand bis Ende des 15. Jh.s dem Patriarchen in Konstantinopel. In den folgenden Jahrhunderten teilte Kalabrien das Schicksal der anderen süditalienischen Provinzen: Es wurde ab 1060 von Normannen, 1265 – 1442 von den Anjou, dann bis 1503 vom Hause Aragon regiert. Anschließend gehörte es bis 1734 zum **spanischen Königreich Neapel**, das mit Napoleonischem Zwischenspiel (1806 – 1815) bis 1860 bestand. Garibaldi landete am 19. 8. 1860 in Melito an der Südspitze Kalabriens und marschierte gegen Rom. Ende des 19./Anfang des 20. Jh.s wanderte über eine halbe Million Menschen aus – etwa ein Drittel der Bevölkerung –, v. a. in die USA.

Kleine Buchten, lange Sandstrände

Mit seiner langen Küste ist Kalabrien eigentlich für einen Badeurlaub prädestiniert. Die felsige, an kleinen Buchten reiche **Westküste** weist denn auch einige beliebte Ferienorte auf, etwa Praia a Mare, Scalea, Tropea und Scilla. Die **Ostküste** am Ionischen Meer, die über Hunderte von Kilometern aus breitem, »wildem« Sandstrand besteht, enttäuscht hingegen weithin. Es gibt dort nur sehr

Urlaub in Kalabrien

Kalabriens Norden empfängt mit der Riviera dei Cedri.

TROPFEN DER UNSTERBLICHKEIT

Nein, die Rede ist nicht von Wein, sondern von frisch gepresstem »extra vergine«, nativem Olivenöl, das nach wie vor zu den weltweit besten Sorten gehört. Was man Ihnen in Fattorias und kleinen Agroturismo-Betrieben von der Toskana bis nach Kalabrien auf Brotscheiben geträufelt, zu kosten gibt, hat es in sich. Fruchtig und intensiv schmeckt es, nach Sonne und Erde, ein einziger Genuss.

---

wenige Orte am Meer, und kaum einer – am ehesten noch Crotone – bietet das Ambiente für einen angenehmen Aufenthalt. Im Folgenden werden die Reiseziele der West- und Ostküste von Norden nach Süden beschrieben, Sehenswertes im Binnenland jeweils angeschlossen. Man kann das grüne, bzw. im Winter das weiße Kalabrien im Übrigen auch mit dem Zug erkunden: Von Cosenza führen die **Schmalspurgleise** der Ferrovie della Calabria nach S. Giovanni in Fiore und Catanzaro, zwischen Camigliatello und S. Giovanni werden auch Sonderfahrten mit **Dampfloks** angeboten.

Wohin an der Westküste?

Unten baden, oben Ausblick genießen

Praia a Mare   Mit pittoresker Felsenküste und grauem Sandstrand ist Praia a Mare ein beliebter Badeort. Im hoch gelegenen Santuario della Madonna della Grotta kann man steinzeitliche Siedlungsreste entdecken. **Scalea** ist ein hübscher mittelalterlicher Ort, der, wie im Namen angedeutet, »treppenförmig« über dem Strand ansteigt. Ganz oben steht die Chiesa dello Spedale mit Resten byzantinischer Fresken. Mit dem Boot erreicht man die herrlichen Buchten am nördlich gelegenen **Capo Scalea**. Dort beginnt die tief eingeschnittene Lao-Schlucht.

Über Papasidero, dessen Name »Pappas Isidoros« den byzantinischen Ursprung verrät, erreicht man Mormanno in 840 m Höhe. Hier bieten sich zwei schöne Routen über den Monte Pollino (▶ Basilikata, S. 128) nordöstlich ins **Sinni-Tal** an: über den hübsch gelegenen Ort Rotonda oder – bei der Kreuzung Porte della Valle rechts hinauf – zum Capo del Dragone und durch die windgezausten Matten unterhalb des Pollino mit herrlichem Blick auf Tyrrhenisches und Ionisches Meer nach San Severino.

ZIELE
KALABRIEN · CALABRIA

Zentrum der albanischen Minderheit

Der ca. 56 km nordöstlich von Belvedere Marittimo liegende Ort Lungro ist Zentrum der albanischen Minderheit in Kalabrien, der »Arbëreshë« griechisch-orthodoxen Glaubens, und Sitz eines Bischofs (Eparca). In der Kathedrale sieht man noch byzantinische Fresken aus der alten Kirche aus dem Jahr 1547.

Altomonte, ein hoch gelegener mittelalterlicher Ort 11 km südlich von Lungro, verfügt über eine der bedeutendsten angiovinisch-gotischen Kirchen Kalabriens, S. Maria della Consolazione, erbaut 1336 bis 1380. Im angeschlossenen ehemaligen Dominikanerkonvent von 1635 zeigt das Museo Civico einen Kirchenschatz, u. a. ein Simone Martini zugeschriebenes Triptychon namens »Hl. Ladislaus«.

Am Fuß des Pollino, 30 km nordöstlich von Lungro, liegt das rege **Castrovillari**. Der Corso Cavour führt zur Altstadt mit der **aragonesischen Burg** von 1490. Östlich vor der Stadt steht die hoch gelegene Kirche S. Maria del Castello, begründet 1090, 1363 und 1769 umgebaut; von hier hat man einen guten Blick auf den Pollino im Norden und den Cozzo del Pellegrino im Südwesten.

Lungro und Umgebung

Durch das »Tor des Blutes«

Durch die Porta del Sangue betritt man das ummauerte Guardia Piemontese, 22 km südlich von Belvedere Marittima gelegen. Die Porta erinnert an das Massaker, das der spätere Papst Pius V. 1561 unter den Waldensern anrichtete, die im 13. Jh. aus dem Piemont hierher geflohen waren. Heute noch sind hier okzitanische Redewendungen und alte Traditionen lebendig, die in einem interessanten kleinen Museum dokumentiert sind.

In der 14 km südlich von Guardia Piemontese an den Hang gebauten Stadt **Paola** mit ihrem breiten Sandstrand wurde 1416 der hl. Franz von Paola als Francesco d'Alessio geboren (†1507), der den **Bettelorden der Paulaner** (Minimen) stiftete und in Süditalien sehr verehrt wird. Sein Festtag ist der 4. Mai. Durch die Porta S. Francesco mit der Büste des Heiligen tritt man auf die Piazza del Popolo mit der Kirche Madonna di Montevergine und einem Brunnen aus dem 18. Jh. Oberhalb der Stadt liegt der große Klosterkomplex, der im 15. Jh. erbaut und im 17./18. Jh. erweitert wurde. In der Basilika werden im rechten Schiff Reliquien des Heiligen aufbewahrt, der Altar enthält das Bildnis S. Francesco d'Assisi von Dirck Hendricksz. Steuert man von hier Cosenza an, lohnt sich der schönen Aussicht wegen die Fahrt über den **Passo Crocetta**.

Guardia Piemontese und Paola

Leckereien

Im fruchtbaren Tal des Crati liegt Cosenza, eine wirtschaftlich bedeutende Provinzhauptstadt sowie Sitz eines Erzbischofs und einer modernen Universität. Vom Ponte Martire führt der Corso Telesio zwischen mittelalterlichen Palazzi hinauf zum **Dom**, der 1222 in

Cosenza

ZIELE
KALABRIEN · CALABRIA

Anwesenheit von Friedrich II. geweihten frühgotischen Kathedrale. Im Querschiff links befindet sich das Grabmal der Isabella von Aragon, der 1271 in Cosenza verstorbenen Gattin Philipps III. von Frankreich; der spätantike Sarkophag mit der Jagd des Meleagros (4. Jh.) am Ende des rechten Schiffs soll die Reste von Heinrich VII. enthalten. Nach der Besichtigung sollte man im 1803 gegründeten **Caffè Renzelli** mit seiner Jugendstileinrichtung ein Päuschen einlegen. Der Erzbischofspalast hütet ein herrliches Kreuzreliquiar, das Friedrich II. dem Dom schenkte. Vom Stadtpark aus gelangt man hinauf zum normannisch-angiovinischen Kastell, dessen Mauern den Erdbeben von 1638, 1783 und 1905 allerdings nicht standhielten.

★ Im Herbst wird's bunt

Sila-Gebirge

Von Cosenza aus sollte man einen Ausflug ins Sila-Gebirge (La Sila) im Herzen Kalabriens unternehmen. Es wird von Sila Grande, Sila Piccola und Sila Greca gebildet, Letztere benannt nach den Albanern, die sich hier seit dem 15. Jh. niederließen und dem griechisch-orthodoxen Glauben angehören. Im Westen bricht die Sila zum Crati-Tal steil, zum Golf von Tarent allmählich ab. Zwei Gebiete, die zusammen den **Parco Nazionale della Calabria** bilden, wurden 1968 unter Naturschutz gestellt: im Norden die Region um den Monte Pettinascura und im Süden die Gegend um den Monte Gariglione. Wie der Name signalisiert – Sila ist von lat. »silva« für »Wald« abgeleitet –, handelt es sich um ein **sehr altes Waldgebiet**. Sein Wahrzeichen ist die Kiefer, daneben dominieren Buchenwälder, die sich im Herbst rot färben; außerdem findet man hier reiche Bestände an Kastanien, Zerreichen, Schwarzerlen und Weißtannen. In der Sila leben Apenninenwolf, Bonelli-Adler, Uhu und Schwarzspecht.

Eine »kleine Runde« (ca. 120 km) von Cosenza aus verläuft auf der SS 107 und der SS 648 – vorbei an der **Riserva Giganti della Sila** mit über 50 m hohen Kiefern bei Camigliatello Silano. Weiter geht es über die Montagne della Porcina zum Lago Arvo, hier ein kurzes Stück westlich, dann hinauf zum Monte Botte Donato und wieder zurück zur SS 648. Sehr schön ist auch die Durchquerung der Sila. In Camigliatello Silano nimmt man die SS 177 am Lago di Cecita entlang, dann die SS 282 in das Becken von Fossiata, ebenfalls mit riesigen Kiefern bestanden. Von hier kann man über Bocchigliero zur Küste oder über Cropalati nach **Rossano** fahren.

www.parcosila.it

Das Ende eines Königreichs

Pizzo und Vibo Valentia

In Pizzo fand das napoleonische Königreich Neapel sein Ende: Joachim Murat, Schwager Napoleons, landete von Korsika kommend am 7. Oktober 1815 hier, wurde verhaftet, verurteilt und am 13. Oktober im aragonesischen Kastell erschossen. Im Zentrum des verwinkelten Fischerorts, der für **Thunfischfang** und -verarbeitung bekannt ist,

ZIELE
KALABRIEN · CALABRIA

öffnet sich die belebte Piazza della Repubblica zum Meer. Übrigens soll die Eissorte »Tartufo« in Pizzo erfunden worden sein – ein guter Grund, etwas länger hier zu verweilen.

In der fruchtbaren Hochebene liegt Vibo Valentia an der Stelle der bedeutenden **griechischen Kolonie Hipponion**. Beim Friedhof sind Teile der Stadtmauer aus dem 6./5. Jh. v. Chr. sowie am Belvedere Reste eines dorischen Tempels erhalten. Im barocken Dom S. Leoluca, erbaut 1680 – 1723, ist das um 1539 geschaffene Marmortriptychon von Antonello Gagini im linken Querschiff bemerkenswert. Das ehemalige Dominikanerkonvent nebenan (1455) beherbergt das interessante **Museo d'Arte Sacra** mit Werken von Gagini, Fanzago und Koberger. Die Flaniermeile des Viale Regina Margherita führt am Stadtgarten entlang zum mittelalterlichen Viertel, über dem das normannisch-staufisch-angiovinische Kastell thront; hier zeigt das Museo Archeologico Funde aus Hipponion und dem römischen Valentia bis ins Mittelalter.

Kalabriens Urlaubsparadies

Auf einer Felsklippe hoch über dem Meer thront Tropea, Kalabriens Urlaubsparadies, was sich auch in großen Hotelanlagen am Meer niederschlägt. Azurblaues Wasser, alte, z. T. malerisch verfallene Palazzi, Straßen, über denen die Wäscheleinen gespannt sind und jede Menge stimmungsvolle Lokale sorgen für Atmosphäre in der Altstadt.

★ Tropea

Am Abend füllt sich die Altstadt von Tropea allmählich.

DAS KREUZ DES SÜDENS

»Terrone« bedeutet »Erdfresser«. Das klingt nicht sehr freundlich. Das soll es auch. Gemeint sind damit die Süditaliener, und für den Norditaliener beginnt Süditalien gleich hinter Florenz.

Terroni leben in jenem Teil Italiens, der eigentlich schon zu Afrika gehört: Wo die Menschen angeblich faul in der Sonne liegen oder der Korruption frönen, und wo die Mafia den Staat in Schach hält – jedenfalls wenn es nach den Anhängern der **Lega Nord** geht. Die rechtspopulistische Partei heißt mit vollem Namen »Lega Nord per l'Indipendenza della Padania« (»Liga Nord für die Unabhängigkeit Padaniens«). Als geografischer Begriff bezeichnet »Padanien« zunächst die Poebene, die Rechten verwenden ihn aber als Oberitalien einschließlich des Alpenanteils und Liguriens umfassenden Propagandabegriff für ihre Forderung nach einem **unabhängigen Nordstaat** mit eigener Polizei, eigenem Bildungssystem und sogar eigenen Olympischen Spielen. Mit Rom und dem Süden will man nichts zu schaffen haben. »Roma ladrona«, »diebisches Rom«, tönen die Legisten und weigern sich, ihre Steuern an die Hauptstadt zu zahlen. Die separatistischen Parolen der Lega Nord verärgern die Süditaliener, die Bewohner des **Mezzogiorno**, des Südens. Zwar ist es immer noch eine Tatsache, dass die süditalienischen Regionen Kampanien, Apulien, Kalabrien und Sizilien, gefolgt von den vier anderen kleineren Regionen Sardinien, Abruzzen, Molise und Basilikata, die wirtschaftlich, sozial und kulturell am wenigsten entwickelten in ganz Italien sind. Aber die Probleme des Landes – etwa die erschreckend hohe Jugendarbeitslosigkeit – betreffen längst alle: Nord- wie Süditaliener.

Hintergründe

Die Probleme des Mezzogiorno wurden schon von den Gründungsvätern des italienischen Einheitsstaats in den 1860er- und 1870er-Jahren diskutiert –

Diskussionsbedarf im sizilianischen Catania

ohne Erfolg. Obwohl die **feudalen Strukturen in der Landwirtschaft** als Hauptgrund für die Rückständigkeit des Südens gesehen wurden, ließen praktische Schritte wie eine Landreform fast ein Jahrhundert lang auf sich warten. Gegen Ende des 19./Anfang des 20. Jh.s forcierte man die Industrialisierung. Damals kam es zur Gründung des mittlerweile stillgelegten Stahlwerks in Bagnoli bei Neapel. Mithilfe gigantischer Investitionsprojekte versuchte der Staat nach dem Ende des Zweiten Weltkriegs eine selbsttragende Entwicklung auszulösen. Zwischen 1950 und 1990 flossen rund 280 Billionen Lire in den Süden, u. a. für riesige Stahlbetriebe und Raffinerien, von denen nun viele als **Industrieruinen** die Küsten verschandeln. Hunderte von Lire-Milliarden versickerten in Mafia-Kanälen. Bürokratische Ineffizienz und eine eher geringe Investitionsneigung von Unternehmen bewirkten zudem, dass Programme nie realisiert bzw. Gelder nicht abgerufen wurden.

Neue Hoffnungen

Zumindest haben die Separationsforderungen der Lega Nord und der ständige Protest norditalienischer Bürger gegen das Versickern von Steuergeldern im Süden bewirkt, dass nach neuen Wegen gesucht wurde. Dabei legte man besonderen Wert darauf, vermehrt auch die **lokalen Gegebenheiten** zu berücksichtige, etwa bei Wasserversorgungsprojekten, der Verbesserung des Transportwesens, der Telekommunikationsnetze und Fremdenverkehrsprojekten. Mit einigem Erfolg: So lassen sich im heutigen Süditalien bereits einige »Oasen« entlang der Adriaküste ausmachen. Auch die EU trägt das ihrige dazu bei, etwa mit einem 2017 geschaffenen Fond der Europäischen Investitionsbank.

Für die Zukunft wird entscheidend sein, ob sich der Mezzogiorno von der organisierten Kriminalität befreien kann, die als einer der Hauptgründe für die gesellschaftliche Lethargie gilt. Darüber hinaus hängt viel davon ab, ob die alten Einstellungen überwunden werden können. Nach wie vor stoßen in Italien Realitäten aufeinander, die man sich krasser nicht vorstellen kann. Immer noch bedeutet eine Reise von Mailand nach Palermo und umgekehrt eine **Reise in ein fremdes Italien**.

Mindestens für einen Süditalianer aber bedeutet das Schimpfwort »Terrone« inzwischen geradezu einen Ehrentitel: für den Fußball-Weltmeister von 2006 **Gennaro Gattuso**, geboren in Corigliano Calabro. Der weiß nicht nur den Unterschied zwischen sich und David Beckham dahingehend zu definieren, dass er sich »noch nie eine Creme ins Gesicht geschmiert« habe. Sondern er stellt auch klar: »Terrone sein, heißt profunde Wurzeln zu haben, heißt die Tradition zu pflegen, die eigene Kultur niemals zu verleugnen, heißt dem eigenen Sohn den Vornamen des Großvaters zu geben und einen heiligen Respekt vor der Familie zu haben.«

Willkommen im Süden ...

... heißt eine italienische Verfilmung des französischen Kinohits »Willkommen bei den Sch'tis«, die 2010 immerhin fast fünf Millionen Italiener in die Kinosäle zog. Darin wird ein norditalienischer Postbeamter in die Nähe von Salerno versetzt, wo er nach und nach seine Vorurteile über die Terroni ablegt. **Wandel durch Annäherung**, sozusagen: sicher nicht das schlechteste Rezept im italienischen Nord-Süd-Konflikt.

ZIELE
KALABRIEN · CALABRIA

Vom Ende des Corso Vittorio Emanuele blickt man auf die Klippe mit der Kirche S. Maria dell'Isola. Vor dem Sedile dei Nobili, in dem sich heute die Touristeninformation befindet, führt die Via Roma zur **normannischen Kathedrale**, die im 11./12. Jh. entstand; innen besonders zu beachten ist das schwarze Kruzifix aus dem 16. Jh., die Madonna del Popolo von Fra Agnolo da Montorsoli (1555) und die byzantinisierende Madonna della Romania (um 1330).

Das felsige Vorgebirge des **Capo Vaticano** südlich von Tropea, der schönste Küstenstrich Kalabriens, verfügt über viele Badeplätze, Hotels, Feriensiedlungen und Campingplätze. Gut, wem Muße bleibt, auch regionale Spezialitäten zu versuchen: Tropea ist bekannt für seine roten Zwiebeln, das nahe **Spilinga** Heimat der »'Nduja«, einer ziemlich scharfen Wurst bzw. festen Paste aus Schweineinnereien, Speck und recht viel Peperoni ...

Besuch beim Ungeheuer

Palmi und Umgebung

Nach dem Erdbeben von 1783 wurde Palmi neu aufgebaut, doch schon das nächste große Beben 1908 ließ nur wenig von den hübschen klassizistischen Häusern übrig. Anschauen sollte man das **Museo di Etnografia e Folclore**, das zu den bedeutendsten in Süditalien gehört; im selben Gebäude erinnert das Museo Francesco Cilea an den berühmten Opernkomponisten. Auch die Pinacoteca mit Werken von Monet, Corot und Modigliani ist einen Besuch wert. Eine Sehenswürdigkeit ganz anderer Art sind die Büßerprozession des S. Rocco am 16. August und die Prozession mit der »Varia«, einer 15 m hohen »Kinderpyramide«, am letzten Augustsonntag, die allerdings nicht jedes Jahr stattfindet.

Bagnara ist für die Schwertfischjagd bekannt, die von Mai bis August von Booten mit langen Bugauslegern und hohen Ausguckmasten aus unternommen wird. Recht schön in einer Sandbucht gelegen, ist der mühsam anzufahrende Ort leider nicht attraktiv. Ganz anders **Scilla**, das an der Meerenge von Messina an der Stelle liegt, wo Homer die Scylla, ein alles verschlingendes Seeungeheuer, lokalisierte. Ein malerisches Kastell aus dem 13. Jh. trennt die Marina Grande mit dem Sandstrand vom pittoresken Fischerviertel Chianalea, dessen Häuser bis ans Wasser reichen.

Museo Calabrese di Etnografia e Folclore: Via F. Battaglia Mo.–Fr. 8.30–12.30, Do. auch 15.30–17.30 Uhr | Eintritt 1,50 €

Wirklich urig

Aspromonte

Als altes kristallines Massiv zeigt der Aspromonte sanfte Formen mit weiten, terrassenartigen Hochflächen und uralten, undurchdringlichen Buchen- und Tannenwäldern. Touristisches Zentrum ist **Gambarie**, das auch zum Wintersport besucht wird – ein Sessellift gleitet auf den Monte Scirocco. Von Gambarie bietet sich eine schöne Fahrt im **Gallico-Tal** über die Bergdörfer S. Stefano und S. Alessio nach

ZIELE
KALABRIEN · CALABRIA

Reggio an. Eine mühsam zu befahrende Straße führt über den hohen Berg Montalto mit seiner Christusstatue. Von hier aus geht es an der Wallfahrtskirche Polsi vorbei nach S. Luca, dem Geburtsort des Schriftstellers Corrado Alvaro, und zur Küste.

Zwei berühmte Krieger

Reggio di Calabria markiert die durch die Meerenge von Messina von Sizilien getrennte Spitze des italienischen Stiefels. Als griechische Kolonie Rhegion 743 v. Chr. gegründet, ist von alten Zeiten fast nichts mehr vorhanden; 1783 und noch einmal 1908 durch **Erdbeben** zerstört, präsentiert sich Reggio heute als chaotische und wenig attraktive Provinzstadt. Im Zentrum erheben sich hinter dem Dom die beiden mächtigen Rundtürme des Castello Aragonese aus dem 15. Jh. Die große Attraktion sind die »**Krieger von Riace«**, zwei 1,99 m große griechische Bronzestatuen, die 1972 von einem Amateurtaucher bei Riace im Meer gefunden wurden. Die im 5. Jh. v. Chr. eventuell von Phidias geschaffenen Statuen werden im Archäologischen Nationalmuseum an der Piazza De Nava ausgestellt.

Reggio di Calabria

Museo Archeologico Nazionale: Piazza De Nava 26 | Di. – So. 9 – 20 Uhr Eintritt 8 € | www.museoarcheologicoreggiocalabria.it

| Wohin an der Ostküste?

Das »Ravenna des Südens«

In der Mündungsebene des Crati gründeten um 730 – 720 v. Chr. die griechischen Achäer ihre erste Kolonie am Ionischen Meer, die Stadt Sybaris, die rasch für Reichtum und Luxus berühmt wurde; 510 v. Chr. wurde sie von Kroton zerstört, 194 v. Chr. machten die Römer sie zur Kolonie Copia. Ein Grabungsgelände erstreckt sich nahe dem Meer und den Laghi di Sibari, wo sich auch eine Feriensiedlung mit Jachthafen befindet. Ein schöner Abstecher führt ca. 10 km weiter südlich nach **Corigliano Calabro** hinauf, dessen Schloss aus dem 12. Jh. im 19. Jh. umgestaltet wurde. 14 km östlich von hier ist eine der bedeutendsten Kirchen Kalabriens zu finden, **S. Maria del Patire**. Sie blieb von dem Kloster übrig, das um 1100 von Bartolomeo von Simeri gegründet wurde und als byzantinisches »Ravenna des Südens« galt. Der normannisch geprägte Bau besitzt ein angevinisches Portal und einen schönen Mosaikfußboden aus dem 12. Jahrhundert.

Sibari

Eine wertvolle Handschrift und ein gestrenger Klosterbruder

Ebenfalls am Nordhang der Sila Greca liegt Rossano, zu byzantinischer Zeit wichtiges geistliches Zentrum Kalabriens. Unterhalb der hübschen **Piazza Steri** mit dem Uhrturm ist die barocke Kathedrale zu finden, die, nach dem Erdbeben 1838 rekonstruiert, noch byzantinische Reste aufweist, darunter ein Fresko der Madonna Achiropita (»nicht von

Rossano

ZIELE
KALABRIEN · CALABRIA

Menschenhand gemacht«) aus dem 9. Jh. und ein Bodenmosaik aus dem 12. Jh. Das Museo Diocesano nebenan bewahrt den **Codex Purpureus Rossanensis** auf, eine herrliche, im 5./6. Jh. entstandene griechische Handschrift des Matthäus- und Markus-Evangeliums. Am südöstlichen Stadtrand steht oberhalb des Löwenbrunnens die Kirche S. Marco, eine byzantinische Kreuzkuppelkirche (9./10. Jh.).

Von Rossano aus kann man eine Durchquerung der Sila in Angriff nehmen. Etwas südlicher liegt in vegetationsarmem Gelände **San Giovanni in Fiore**, das Zentrum der Sila. Hier gründete Joachim von Fiore 1189 das Kloster Florense; seine Ordensregel, die schärfer gefasst war als die der Zisterzienser, breitete sich rasch in Kalabrien aus. Er ist in der Krypta des Archicenobio, der im Jahr 1185 begründeten und vielfach veränderten Klosterkirche, bestattet. Der Ort ist auch bekannt für die Frauentracht und den traditionellen Goldschmuck. Sehenswert: das Museo Demologico bei der Klosterkirche.

Die Kornkammer

Crotone   Einziger bedeutender Industrieort und einziger Hafen der Ostküste ist Crotone. Der Stolz des schlichten Städtchens – signalisiert durch das »KR« der alten Autokennzeichen – ist die Vergangenheit als griechische Kolonie **Kroton**, die um 710 v. Chr. von Achäern gegründet wurde. Der im 11. Jh. erbaute und mehrfach umgestaltete Dom birgt im Innern eine byzantinisierende Madonna di Capo Colonna aus dem 15. Jh. und ein Taufbecken aus dem 14. Jh. Durch die wenig attraktive Altstadt gelangt man zum mächtigen Kastell, errichtet 1541 unter Pedro von Toledo, König von Neapel, am Platz einer älteren Burg. Im Museo Archeologico in der Via Risorgimento werden vorgeschichtliche und antike Funde aus der Magna Graecia gezeigt, z. B. ein wundervolles Golddiadem aus der Kultstätte der Hera Lacinia. Bei diesem Heiligtum des 6. vorchristlichen Jh.s, das sich am **Capo Colonna** (Cap Colonna) 11 km südlich von Crotone befindet, bewundert man die einzige aufrecht stehende griechische Säule in ganz Kalabrien; zu sehen sind außerdem Teile der römischen Umfassungsmauer, griech. »Temenos«. Der östlichste Vorsprung Kalabriens, **Capo Rizzuto**, besitzt eine schöne Felsenküste mit herrlichen Stränden und vielen Campingplätzen, Feriensiedlungen und Hotels. Über das ummauerte Isola di Capo Rizzuto erreicht man das gleichnamige Kap mit Leuchtturm und weiter westlich **Le Castella** mit seiner malerisch vor der Küste liegenden aragonesischen Burg (16. Jh.). Wer an der Küste bleibt, kann in Cirò den Wein der gleichnamigen DOC kosten – so im Laden des Weinguts Librandi an der SS 106.

Das **Marchesato**, hügeliges, waldloses Hinterland von Crotone wiederum, gehört zu den trockensten Gebieten Kalabriens und ist je die Kornkammer des Landes. Die großen Latifundien mit ihren teils befestigten Gutshöfen (»Masserie«) gehen bis in die Zeit der Normannen zurück. Starke Eindrücke vermittelt die 31 km lange Fahrt nach **Santa**

ZIELE
KALABRIEN · CALABRIA

OBEN: Die Cattolica oberhalb von Stilo zeugt vom byzantinischen Einfluss.

UNTEN: Dem Krieger von Riace zuliebe könnte man einen Abstecher nach Reggio machen.

ZIELE
KALABRIEN · CALABRIA

Severina, hoch über dem Neto-Tal gelegen. Im normannisch-staufisch-angiovinischen Kastell ist das Museo Archeologico untergebracht. Am Hauptplatz gegenüber steht die 1247–1295 erbaute, später barockisierte Kathedrale mit dem byzantinischen Baptisterium aus dem 8./9. Jh. Am Ortseingang ist S. Filomena bemerkenswert, eine spätbyzantinische Kirche (11. Jh.) mit zwei übereinander liegenden Kapellen.

In der Hauptstadt

Catanzaro

Dem weiten Golf von Squillace mit seinen Kiesstränden folgend, erreicht man Catanzaro, die Hauptstadt Kalabriens, die in einiger Entfernung vom Meer auf einem steil abfallenden Plateau liegt. Westlich des Corso Mazzini, der Hauptachse der Altstadt, steht die Kirche **S. Domenico**, erbaut Ende des 15. Jh.s und später barockisiert. Zu ihrer wertvollen Ausstattung zählen ein Altarbild der Madonna del Rosario, 1615 von D. Hendricksz geschaffen, und die Marmorstatue Madonna della Purità von F. Cassano aus derselben Zeit. Im nahe gelegenen Museo Provinciale kann man archäologische Funde und Gemälde, u. a. von Salvator Rosa, anschauen. Am Südrand von Catanzaro Marina steht die Ruine der normannischen **Basilika Roccelletta del Vescovo di Squillace**. Der Backsteinbau von Anfang des 12. Jh.s zeigt byzantinische und arabische Einflüsse. Er ist Teil des archäologischen Parks Skylletion.

Archäologischer Park Skylletion: Di. – So. 9 – 19 Uhr | Eintritt 5 €

Textilkunst

Tiriolo und Stilo

In dem für seine Trachten, Stickereien und Spitzen bekannten, etwa 17 km westlich von Catanzaro liegenden Tiriolo ist das **Antiquarium Comunale** im Rathaus einen Besuch wert. Danach steigt man zu Fuß ein steiles Sträßchen zum Monte Tiriolo mit den Resten eines Kastells hinauf, um das **unglaubliche Panorama** vom Ionischen bis zum Tyrrhenischen Meer und den Liparischen Inseln zu genießen.

Von Monasterace Marina aus, 48 km südlich von Catanzaro Marina, erreicht man das 400 m hoch gelegene **Stilo**, zu byzantinischer Zeit das religiöse Zentrum Südkalabriens. Davon zeugt die über dem Ort gelegene, einzigartige **Cattolica** (das »Katholikon« eines Klosters), eine winzige Viersäulen-Kreuzkuppelkirche aus dem 9. Jahrhundert. Eine der antiken Säulen trägt die griechische Inschrift »Gott ist der Herr, der uns erschienen ist«. Berühmter Sohn Stilos ist der Philosoph Tommaso Campanella (1568 – 1639), bekannt als Verfasser der utopischen Schrift »Der Sonnenstaat«.

Europas erstes Gesetzbuch

Locri und Gerace

Locri ist der »Nachfolger« der ca. 4 km südlich gelegenen Stadt Lokroi Epizephyrioi. Ende des 8. Jh.s v. Chr. von Griechen aus der Lokris gegründet, verfasste **Zaleukos** hier um 660 v. Chr. das erste Gesetzbuch Europas. Den Zugang zum Grabungsgelände bildet das Antiquarium – ein Großteil der Funde wird allerdings im Nationalmuseum in

ZIELE
LAGO MAGGIORE

Reggio di Calabria gezeigt. Nahe der Küstenstraße sind die Fundamente eines ionischen Tempels aus dem 5. Jh. v. Chr. zu sehen, im Norden der Grabung entdeckt man Reste der Stadtmauer und ein Theater, etwas außerhalb griechische Nekropolen.
Als Juwel erweist sich das mittelalterliche, 12 km westlich von **Locri** gelegene Gerace. Seine 1045 und nochmals in Anwesenheit Friedrichs II. 1222 geweihte **Kathedrale, die größte und wohl bedeutendste in Kalabrien**, zeugt noch von der großen Zeit unter den Normannen. Man betritt sie von der Piazza Tribona aus durch die im 8. Jh. erbaute Krypta mit antiken Säulen und kleinem Museum. Der schmucklose basilikale Innenraum weist ebenfalls antike Säulen und Kapitelle auf, die z. T. aus Lokroi stammen; im rechten Querschiff sind die Grabmäler Caracciolo und Palizzi bemerkenswert.

Man spricht Griechisch

Ganz im Süden Kalabriens liegt Melito di Porto Salvo, das Verwaltungs- und Handelszentrum der Gegend. Er schrieb Geschichte, als Garibaldi 1860 und 1862 hier anlegte – woran ein Denkmal am Strand Rumbolo gemahnt. Umgeben ist der Ort von **Bergamotte-Plantagen**; die Schale dieser Zitrusfrucht enthält ein ätherisches Öl, das in Parfümindustrie, Pharmazie und Gastronomie begehrt ist. 5 km westlich am Meer erstrecken sich die Anlagen der Saline Joniche, die nie in Betrieb genommen wurden. Der Süden Kalabriens ist das Rückzugsgebiet der den griechisch-kalabbrisischen Dialekt »Griko«, sprechenden Bevölkerung mit den Gemeinden Pentedattilo, S. Lorenzo, Condofuri, Roghudi und Bova, deren alte Siedlungen teilweise verlassen sind. Besonders pittoresk ist das geisterhafte **Pentedattilo**, das an wie fünf Finger wirkenden Felsen klebt – daher auch der Name.

Melito di Porto Salvo

★★ LAGO MAGGIORE

Regionen: Lombardei (Lombardia) und Piemont (Piemonte)
Provinzen: Varese und Novara | **Wasserspiegel:** 194 m ü. d. M.

Auch wenn Goethe selbst nie am Lago Maggiore war, das Sehnsuchtsziel, wo die »Zitronen blühn, im dunkeln Laub die Goldorangen glühn«, hier findet man es. An Europas nördlichstem Ort, an dem die Früchte ganzjährig im Freien wachsen und an dem Sie ab dem zeitigen Frühjahr Leuchtkraft, Farben und Duft genießen können, locken außergewöhnliche landschaftliche Reize. Das milde Mikroklima macht es möglich, zusätzlich schützen die hinter dem See aufragenden Berge.

C/D 8

ZIELE
LAGO MAGGIORE

Südliches Klima im Norden

Der 65 km lange Lago Maggiore entstand wie die anderen norditalienischen Seen während der Eiszeiten. Die nördlichen Ufer sind von hohen, meist bewaldeten Hügeln umschlossen, im Süden flachen die Ufer zur lombardischen Ebene hin ab. Landschaftlich wie klimatisch begünstigt ist das **Westufer**. Hier haben sich die bekannten Kurorte entwickelt, hier ziehen sich grandiose Villen und Gärten die Hügel hinauf. Das von manchen auch »das arme Ufer« genannte **Ostufer** wirkt ursprünglicher und ist touristisch weniger frequentiert.

Wohin am Lago Maggiore?

Zweigeteilte Stadt

Verbania

Verbania, die größte Stadt am Lago Maggiore, besteht aus zwei Ortsteilen: Im geschäftigeren Intra spielen Industrie und Handel die Hauptrolle und hier befindet sich auch der Hafen für die Autofähre nach Laveno. Pallanza hingegen ist ein schön am Fuße des Monte Rosso gelegener, villen- und gartenreicher Ferienort. Getrennt werden sie durch die Landzunge **Punta della Castagnola** mit dem ausgedehnten Park der Villa Taranto. Rund 1 km außerhalb des alten Stadtkerns steht die um 1527 nach Plänen Giovanni Berettas im Stile Bramantes erbaute Kirche Madonna di Campagna.

Granit für Italien

Baveno und Lago di Orta

Der Kur- und Ferienort Baveno am Fuße des Monte Camoscio ist wegen seiner Steinbrüche bekannt, deren **roséfarbener Granit** seit Jahrhunderten als Baumaterial genutzt wird. Die romanische Pfarrkirche birgt zwei Defendente Ferrari zugeschriebene Bilder. Beachtenswert ist auch das Renaissancebaptisterium auf achteckigem Grundriss.

Ein schöner Abstecher führt zum **Lago di Orta**, der vom 1491 m hohen Monte Mottarone überragt wird. Sein Hauptort ist **Orta S. Giulio** mit seinem prachtvollen, 1582 erbauten Palazzo della Comunità. Von der Uferpromenade aus blickt man auf die Isola S. Giulio, auf der der hl. Julius im 4. Jh. eine Kirche gründete. Ein schöner Kapellenweg mit zwanzig fresken- und terrakottengeschmückten Häuschen führt auf den **Sacro Monte** und zu dem 1583 erbauten Franziskanerkloster hinauf.

Perlen im See

★★
Isole Borromee

Absolute Hauptattraktion der Region sind die vier zauberhaften Borromäischen Inseln, die von allen umliegenden Ufergemeinden aus per Schiff zu erreichenden »Perlen des Lago Maggiore«. Die Isola Bella und Isola Madre gehören der Familie Borromeo, deren Vorfahren den Lago Maggiore im 15. Jh. als Lehen erhalten hatten. Ab dem Jahr 1630 wurden sie zu einer in Europa einmalig gebliebenen Kunst-

ZIELE
LAGO MAGGIORE

LAGO MAGGIORE ERLEBEN

ℹ️

Via Ruga 44 (Museo del
Paesaggio Hof)
Verbania VB
Tel. 0323 50 32 49
Mo.–Sa. 9.30–12.30 u. 15–17 Uhr
www.derlagomaggiore.de

🛍️

Bereits seit dem Jahr 1541 findet in
Luino jeden Mittwoch ein weit über
die Stadt- und Landesgrenzen hinaus
bekannter Markt statt, der die Uferpromenade und Teile der hübschen
Altstadt belebt. Hier findet man auch
manches Schnäppchen.

🍽️

PAUL RESTAURANT & CAFE €€
Aperol Spritz auf der Terrasse über
dem See, danach eine Pizza mit frischen Trüffeln oder Tintenfischspaghetti – so genießt man hier klassische
Küche mit besonderer Note.
Piazza Vittorio Emanuele III 14
Cannobio
Tel. 0323 73 97 80

TAVERNA DEL PITTORE €€
In einem Gebäude aus dem 17. Jh.
befindet sich dieses gediegene Restaurant, das seine Gäste mit ausgefallenen Kreationen begeistert. Bezaubernde Veranda.
Piazza del Popolo 39, Arona
Tel. 032 224 33 66
Mo. und Di. geschl.

ELVEZIA SULL ÌSOLA BELLA €€
Diese Trattoria liegt auf der Fischerinsel mitten im See – und schafft es,
Charme und beste Küche miteinander zu verbinden.
Isola Bella
Tel. 0323 30 043
www.elvezia.it

BISTOT 76 €
Einfach, echt, intim und gemütlich will
das Bistrot 76 sein – deshalb ist die
Speisekarte überschaubar und konzentriert sich auf klassische italienische Küche mit maritimem Flair.
Via Mazzini 25
Stresa
Tel. 0323 3 02 35
Mo. geschl.
www.ristorantepiemontese.com

🏠

SIMPLON €€€€
Umgeben vom eigenen, von einer
Vielzahl von Gärtnern gepflegten und
subtropisch anmutenden Park, thront
das Flaggschiff der hiesigen Hotellerie
am Ostufer des Lago Maggiore. Bemerkenswert ist besonders der gewaltige, von akkurat gestutzten Hecken umgebene Pool, der für
Olympia fit machen könnte.
Corso Garibaldi 52
Baveno
Tel. 032 39 13 813
https://zaccherahotels.com

PIRONI €€€
Stilvolles Hotel in einem ehemaligen
Kloster aus dem 15. Jh. Fresken und
antike Möbel bestimmen das Interieur.
Via Marconi 35
Cannobio
Tel. 032 37 06 24
www.pironihotel.it

LA FONTANA €€
Eine schmucke Villa, die von einem
kleinen schattigen Park umgeben ist,
beherbergt dieses liebenswerte, familiengeführte Hotel.
Via Sempione Nord 1
Stresa
Tel. 032 33 27 07
www.lafontanahotel.com

ZIELE
LAGO MAGGIORE

Da mag man nicht widersprechen: Die Isola Bella ist eine Schönheit.

landschaft umgewandelt. Im Mittelpunkt steht die vielgepriesene **Isola Bella**, ein Meisterwerk italienischer Gartenbaukunst. Der prächtige Barockgarten nimmt fast die ganze Insel ein, der prachtvoll ausgestattete Palast ist ein Museum. Weniger stilvoll geht es auf der alten Fischerinsel Isola dei Pescatori zu, die heute vor allem vom Fremdenverkehr geprägt ist. Die größte Borromäische Insel, die **Isola Madre**, erhielt ihr heutiges Aussehen im 18. und 19. Jh., als man sie im Stil eines englischen Gartens umgestaltete. Im Palazzo Borromeo aus dem 16. Jh. ist eine Puppen- und Keramiksammlung untergebracht. Die kleinste der vier Inseln, die Isola S. Giovanni, ist in Privatbesitz.

Isola Bella, Barockgarten, -palast: ca. April – Okt. tgl. 10 – 17.30 Uhr (Öffnung davor/danach variiert) | Eintritt 20 € | www.isoleborromee.it
Isola Madre, Palazzo Borromeo: Zeiten wie Isola Bella | Eintritt 17 €
www.isoleborromee.it

Alles über Schirme und Alpenpflanzen

Stresa

Stresa am Eingang des Borromäischen Golfes war im 19. Jh. eine der vornehmsten Kurstädte Italiens, zu deren illustren Gästen der europäische Hochadel und berühmte Künstler wie Stendhal, Dickens, Hemingway und Richard Wagner gehörten. Am südlichen Ortsausgang liegt im herrlichen botanischen Garten mit angeschlossenem kleinen

ZIELE
LAGO MAGGIORE

Zoo die Villa Pallavicino, erbaut im 19. Jahrhundert. Der 1491 m hohe **Monte Mottarone** gehört zu den besten Aussichtspunkten des Seengebiets. Man erreicht den Gipfel mautpflichtig mit dem Auto, mit der Schwebebahn oder in rund 4 Stunden zu Fuß.
Auf halber Strecke passiert man **Gignese** mit seinem originellen Schirmmuseum (Museo dell'ombrello e del parasole). In der 768 m hoch gelegenen Villensiedlung Alpino wachsen im Giardino Alpinia über 2000 verschiedene Alpenpflanzen.
Parco Pallavicino: Mitte April – Sept. tgl. 10 – 17.30 Uhr (davor/danach kürzer, Öffnung variiert) | www.isoleborromee.it | Eintritt 13 €
Giardino Alpinia: Viale Mottino 26, Alpino di Stresa | Apr. – Okt. tgl. 9.30 – 18 Uhr | Eintritt 5 €

Die größte Statue Europas?

Über Belgirate und Lesa erreicht man kurz vor Arona die auf einem Hügel thronende, angeblich größte Statue Europas. Der 30 m hohe, kupferne **Colosso di San Carlone** erinnert an den hier geborenen hl. Carlo Borromeo (1538 – 1584), der als Mailänder Erzbischof die Reformation bekämpfte. Arona selbst ist Handels- und Industriestädtchen mit interessantem **Museo Civico** (Piazza de Filippi), dessen älteste Funde von 1200 v. Chr. von seiner langen Siedlungsgeschichte zeugen. Die erste Burg auf dem Felsen oberhalb der Stadt geht aufs 10. Jh. zurück. Die Kirche Santa Maria im unteren Stadtteil ist wegen Gaudenzio Ferraris Flügelaltar (1511) und einer »Himmelfahrt Mariä« von Morazzone (um 1617) sehenswert. Weit zurück reicht die Geschichte des Industrieorts Sesto Calende und des kleineren **Golasecca**, das schon im 12. Jh. v. Chr. besiedelt war und nach dem diese früheisenzeitliche Kultur benannt ist.

Arona

Auch das Ostufer lohnt sich

Das kleine Städtchen Angera liegt am Ostufer des Lago Maggiore auf einer Halbinsel, nur 2 km vom gegenüber gelegenen Arona entfernt. Bereits die Langobarden hatten hier im 8. Jh. eine erste Festung errichtet. Der heutige Bau geht auf die Visconti im 14. Jh. zurück. Im Innern befindet sich ein **Puppenmuseum** (Museo delle Bambole); in der schönen Sala della Giustizia (Justizsaal) feiern Wandfresken aus dem 14. Jh. die Visconti; die Sala delle Cerimonie ist mit Ende des 15. Jh.s entstandenen Fresken aus dem Mailänder Palazzo Borromeo ausgeschmückt.
Museo delle Bambole/Rocca di Angera: Mitte Aüpril – Nov. tgl. 9 – 17 Uhr (im Sommer länger, ab Ostern Fr., Sa., So. offen)| Eintritt 13 € | www.isoleborromee.it (unter: Rocca di Angera)

Angera

In die Felsen gebaut

Über Ispra, Sitz des europäischen Kernforschungszentrums EURATOM, gelangt man nach Reno. Hier lohnt der Besuch der Wallfahrts-

Reno und Luino

kirche **S. Caterina del Sasso**, die in den Felsen des Steilufers gebaut wurde. Man erreicht sie nur zu Fuß oder vom See her. Im 13. Jh. lebte hier ein Einsiedler. Bei seiner Grotte entstand zunächst die Kapelle der hl. Katharina, im 14. und 15. Jh. kamen die Kirche und das Dominikanerkloster hinzu.

Luino, das in einer großen Bucht an der Mündung der Tresa liegt, ist das wirtschaftliche Zentrum des Ostufers. Obwohl der Ort als Heimat des für seine lieblichen Madonnenbilder bekannten Renaissancemalers Bernardino Luini (1490 – 1532) gilt, gibt es hier nur eine ihm zugeschriebene »Anbetung der Könige« in der kleinen Kirche S. Pietro in Campagna zu sehen. Im Hinterland liegen reizvolle Ausflugsziele, darunter **Agra**, ein Ferienort über dem Eingang ins reizvolle Val Veddasca, und der Monte Lema.

Abstecher nach Varese und zum Luganer See

Das italienische Las Vegas

Lago Ceresio

Der Luganer See, auch Lago Ceresio (keltisch keresios = Horn) genannt, liegt zum größten Teil im Schweizer Tessin, lediglich der Seearm zwischen Ponte Tresa und Porto Ceresio sowie die Enklave von Campione d'Italia gehören noch zur Lombardei. Der See ist von **waldreichen Bergrücken** umgeben, fjordartig greifen seine Arme in die Hügel und Berge und bilden zusammen mit den Buchten und **halbinselförmigen Landzungen** abwechslungsreiche Landschaftsbilder. Für seine Entstehung sorgten einst zwei Gletscher, der Tessin-Gletscher und der Adda-Gletscher. Die tiefgrüne, meist trübe Farbe des Wassers kommt vom Algenreichtum des Sees.

Die nur 4 km² große Enklave **Campione d'Italia** liegt im Tessin im Zollanschlussgebiet. Das »Las Vegas Italiens« verdankt seinen Ruf dem am Ufer gelegenen Spielkasino sowie zahlreichen Nachtklubs. Sein Status geht auf das Jahr 777 zurück, als das Gebiet an das Mailänder Kloster S. Ambrogio gelangte. Im Mittelalter waren die **Maestri Campionesi** berühmt, die als Baumeister, Bildhauer und Maler in der ganzen Lombardei wirkten. Weniger bekannt ist die Wallfahrtskirche S. Maria dei Ghirli (13. – 17. Jh.) mit ihren hervorragenden Wandmalereien.

Lanzo d'Intelvi, hinter der Grenze und inmitten von Wäldern gelegen, ist im Winter ein beliebtes Skigebiet. Bergig ist es auch beim 15 km von Lugano entfernten **Porlezza**, dem Hauptort des italienischen Arms. Von hier lassen sich schöne Ausflüge ins Hinterland unternehmen.

Bauwerke gegen die Reformation

Sacro Monte

Die bedeutendste Sehenswürdigkeit der Region ist der 8 km nordwestlich von Varese gelegene Sacro Monte, einer der wichtigsten

ZIELE
LAGO MAGGIORE

VARESE UND LUGANER SEE ERLEBEN

INFOPOINT VARESE
Piazza Monte Grappa, 5 (Camera di Commercio Palace)
Tel. 0332 28 19 13
www.vareselandoftourism.it

DA CANDIDA €€€€
Schickes und gemütliches Gourmetrestaurant. Für seine französischen Klassiker wurde der Lothringer Küchenchef mit einem Michelin-Stern geehrt.
Viale Marco da Campione 4
Campione d'Italia
Tel. 091 649 75 41
Mo. geschl., Di. nur abends
https://dacandida.ch

ELVEZIA €€€
Das beste Restaurant auf der Isola Bella. Hier isst man Fisch aus dem See und trinkt dazu einen lokalen Wein. Und dann die Desserts von Tiramisu mit Beeren der Saison bis zu den hausgemachten Sorbets: himmlisch schmeckende Kunstwerke.
Lungo Lago Vittorio Emmanuele 18
Isola Bella, Tel. 0323 3 00 43
www.elvezia.it

IL VERDERAMO €€
Ländliche Trattoria im alten Ortskern. Besonders gemütlich ist es hier im Winter, wenn das Feuer im mächtigen Kamin prasselt.
Vicolo del Frate 1
Castello Cabiaglio
(15 km nordwestl. von Varese)
Tel. 0332 43 58 66
Mo.–Mi. geschl.
(im Juni Betriebsferien)

MILANO €€
Seit Generationen wird dieses kleine Hotel, das von einem schattigen Garten umgeben ist, von der gleichen Familie geführt. Die Zimmer sind gut ausgestattet, das Restaurant ist behaglich. Was will man mehr?
Via Martino Novi 26
Lanzo d'Intelvi
Tel. 031 84 01 19
www.hotelmilanolanzo.com

PALACE GRAND HOTEL VARESE €€€
Ein gepflegter Park umgibt diesen imposanten Jugendstil-Palast, der historisches Flair und zeitgemäßen Luxus zu bieten hat. Auch der gediegene, elegante Speisesaal weiß zu gefallen.
Via Luciano Manara 11
Varese
Tel. 0332 32 71 00
https://varese.ipalazzihotels.com

Wallfahrtsberge in Norditalien. Zur Zeit der Gegenreformation wurde er als symbolische Abwehr gegen das Luthertum mit Kirchen und Kapellen bebaut. Die **14 Kapellen** entstanden ab 1604 und sind mit überlebensgroßen Terrakottafiguren und Wandmalereien geschmückt. Nach der Wallfahrtskirche erreicht man den Gipfel, von dem man einen schönen Ausblick über die Seen hat. Auf halber Strecke zwischen Varese und Porto Ceresio lohnt in **Bisuschio** der Besuch der Villa Cicogna-Mozzoni, die im 16. Jh. erbaut und mit schönen Fresken ausgemalt wurde.

ZIELE
LAGO MAGGIORE

Schuhe und Motorräder

Varese   Die Provinzhauptstadt Varese liegt auf Hügeln am Südrand der Alpen, nahe dem Lago di Varese, überragt vom 1 032 m hohen Monte Campo dei Fiori. Obwohl dies eine der am dichtesten besiedelten und am stärksten industrialisierten Provinzen Italiens ist, hat sie sich einige Ecken allerschönster Landschaft bewahren können.

Die Stadt selbst – ein Zentrum der Schuhfabrikation und Firmensitz der legendären MV Agusta im Ortsteil Schiranna – besticht nicht durch Schönheit, hat aber einen **hübschen Stadtkern**. Besuchenswert sind u. a. die Basilika S. Vittore, 1580 – 1615 von Pellegrino Tibaldi erbaut, das unmittelbar dahinter stehende Battistero di S. Giovanni Battista (12. Jh.) sowie der etwas östlich gelegene Palazzo Estense aus dem 18. Jh. mit seiner schönen Gartenanlage. Im Museum in der **Villa Menafoglio Litta Panza** (Ortsteil Biumo) hat zudem der Kunstsammler Giuseppe Panza eine hochkarätige Sammlung moderner Kunst zusammengetragen.

Villa Panza: Piazza Litta 1 | Mitte Juni – Sept. Di. – So. 10.30 – 20.30 Uhr, sonst Di. – So. 10 – 18 Uhr Eintritt 15 €

Die Glanzzeiten sind vorbei

Castiglione Olona   Seine große Zeit erlebte Castiglione Olona, 10 km südlich von Varese gelegen, in der ersten Hälfte des 15. Jh.s, als der Kardinal und päpstliche Legat Branda Castiglione (vor 1360 – 1443), bereits über 70 Jahre alt, sich den Ort zu einem kulturellen Zentrum ausbauen und dafür bedeutende Künstler aus der Toskana, vor allem aus Florenz, kommen ließ. Bereits 1513 wurde die Residenz durch die Mailänder Sforza zerstört und ist heute ein verfallenes Bergdorf. Beachtung verdient die **Chiesa di Villa** im Ortszentrum, erbaut 1441 und mit Terrakottafiguren und Malereien aus dem 15. Jh. geschmückt. In der gotischen Kollegiatskirche oberhalb des Ortes haben sich im Chor Fresken mit Szenen aus dem Marienleben von Giottoschüler Masolino da Panicale erhalten. Zum Gebäudekomplex gehört auch das Battistero mit einem 1435 vollendeten Freskenzyklus von Masolino.

Etwas außerhalb von **Castelseprio**, 4 km südlich von Castiglione, befinden sich die Reste einer einstmals bedeutenden Stadt, die erst im 20. Jh. freigelegt wurde. Unter den Langobarden war sie Hauptort einer Provinz, die von Mailand bis zum Lago Maggiore reichte, die jedoch 1287 bei einem Angriff der Mailänder Visconti vollkommen zerstört wurde. Die Hauptsehenswürdigkeit befindet sich in dem kleinen, etwas abseits gelegenen Kirchlein **S. Maria Foris Portas** aus dem 7. Jh.: Es birgt einen Freskenzyklus aus der Zeit vor 1000, der vermutlich von einem byzantinischen Wanderkünstler stammt.

S. Maria Foris Portas: Via Castelvecchio 1513, 21050 Castelseprio Öffnung variiert, bei Red.schluss: Mi. 9 – 11, Do. – Sa. 13.30 – 15.30 Uhr

ZIELE
LAGO TRASIMENO · TRASIMENISCHER SEE

LAGO TRASIMENO · TRASIMENISCHER SEE

Region: Umbrien · Umbria | **Provinz:** Perugia
Wasserspiegel: 258 m ü. d. M.

Weiß blühende Seerosen und viel unberührte Natur kennzeichnen Italiens viertgrößten und bislang noch wenig besuchten See, der in der sanften Hügellandschaft westlich von ▶ *Perugia liegt. Auch wenn die Wasserqualität nicht immer optimal sein sollte: Kleine, entzückende Dörfer am Ufer können mit dem Fahrrad entdeckt werden, authentische Trattorien bringen die Spezialitäten der Region auf den Tisch.*

J 15

Der Trasimenische See bei Tuoro war Schauplatz der ebenso berühmten wie grausamen **Schlacht Hannibals gegen die Römer**. Zwei Jahre lang war der Karthagische Feldherr über Spanien und dann über die Alpen auf Rom zumarschiert. Von drei Seiten griff er das gegnerische Heer an – 217 v. Chr. verloren so rund 15 000 Römer das Leben. Im ländlichen **Tuoro** informiert das Centro di Documentazione sulla Battaglia del Trasimeno über die Schlacht; ein Lehrpfad erschließt u. a. die Stätten, an denen die Gefallenen vermutlich verbrannt wurden. Am Seeufer sind im **Campo del Sole** große moderne Skulpturen verschiedener Künstler aufgestellt.

Unaufgeregt und authentisch

▍ Wohin am Lago di Trasimeno?

Gewaltige Wehranlage in prächtiger Lage
Über dem Westufer des nur von kleinen, im Sommer häufig austrocknenden Wasserläufen gespeisten Sees ohne natürlichen Abfluss thront auf einer Landzunge das befestigte Castiglione del Lago, dessen Erscheinung auf die von 1550 bis 1643 herrschenden Della Corgna zurückgeht. Der 1563 erbaute Palazzo dieser Familie mit seinen prächtig ausgemalten Räumen befindet sich an der **Piazza Gramsci**, wo er besichtigt werden kann. Ein Wehrgang verbindet das Gebäude mit dem um 1250 von Friedrich II. errichteten Castello del Leone, das mit dem 39 m hohen Bergfried zu den größten Wehranlagen Europas zählt.

Castiglione del Lago

Herrlicher Blick über den See
Das hübsche Passignano sul Trasimeno, am Nordufer auf einem kleinen Vorgebirge gelegen, ist der bedeutendste Ferien- und Hafenort am See. Von Strandpromenade und Uferstraße führen verwinkelte Gassen hinauf zu den Ruinen der Burg. Als Sitz einer Fliegerschule

Passignano sul Trasimeno

ZIELE
LAGO TRASIMENO · TRASIMENISCHER SEE

LAGO TRASIMENO ERLEBEN

ⓘ

Piazza Trento e Trieste 6
06065 Passignano sul Trasimeno
Tel. 075 044 0043

www.lagotrasimeno.net
www.umbriatourism.it

🍴

L'ACQUARIO €€
Weiße, gestärkte Tischdecken und antike Tavernenstühle laden im historischen Zentrum ein, die umbrische Küche zu probieren: Köstlich sind die hausgemachten Tagliolini mit Räucherschleie (tinca affumicata), dazu gibt's einen Hauswein aus der Karaffe.
Corso Vittorio Emanuele 69
Castiglione del Lago
Tel. 075 965 24 32, Di./Mi. geschl.
www.ristorantelacquario.it

LILLO TATINI €€
Regionale Spezialitäten wie Karpfenfilet mit Fenchel oder Wildschweinfrikadellen mit eingelegten Cannara-Zwiebeln schmecken hier besonders gut.
Piazza Umberto I 13, Panicale
Tel. 075 83 77 71
Mi. geschl., www.lillotatini.it

ROSSO DI SERA €
Lammkotelett in Pistazienkruste, Kaninchen mit Wurst und Pilzen gefüllt oder frittierte Barschfilets – in der schönen Osteria lässt es sich gut schlemmen, vor allem abends auf der Terrasse mit Seeblick.

Via Fratelli Papini 81
San Feliciano | Tel. 075 847 62 77
nur abends außer Sa. u. So.,
Di. u. Mi. geschl.
www.osteriarossodisera.net

🏠

RELAIS LA FATTORIA €€€
Mit Antiquitäten ausgestattete Villa aus dem 17. Jh. Edle Stoffe und Gemälde sorgen für ein gediegenes Ambiente auf den Zimmern. Restaurant und Swimmingpool runden das Angebot ab.
Via Rigone 1, Castel Rigone
Tel. 075 84 53 22
www.relaislafattoria.com

BELLA MAGIONE €€€
Sechs wunderschöne Zimmer stehen in der vornehmen Villa für Gäste zur Verfügung. Hochwertige Innenausstattung, Bibliothek und ruhiger Garten mit Swimmingpool.
Viale Cavalieri di Malta 22
Magione
Tel. 075 847 30 88
www.bellamagione.it

TRASIMENO €
Nicht weit von der Seepromenade entfernt liegt dieses kleine Hotel, das einfache, sehr gepflegte Zimmer anzubieten hat.
Via Roma 16/a
Passignano sul Trasimeno
Tel. 075 82 93 55
www.hoteltrasimeno.it

---

und einer Flugzeugwerft wurde der Ort im Zweiten Weltkrieg durch Bomben schwer beschädigt. Einen Blick wert sind die Kirchen S. Cristoforo am Friedhof, errichtet im 10./11. Jh., und die 1582 – 1586 erbaute Madonna dell'Olivo am westlichen Ortsrand.
Östlich von Passignano sollte man zum 350 m über dem See liegenden **Castel Rigone** hinauffahren und den großartigen Blick über den

ZIELE
LAGO TRASIMENO · TRASIMENISCHER SEE

Die Burg von Castiglione del Lago gehört zu den größten mittelalterlichen Wehrbauten in Europa.

Trasimeno genießen. Erhalten sind hier das im 13. Jh. erbaute Castello, das Hospiz aus dem 15. Jh. und die Renaissancekirche Madonna dei Miracoli von 1494 mit Gemälden G. B. Caporalis und D. Alfanis.

Liebesnest des Bayernkönigs

Auf einem Felsvorsprung unmittelbar am See liegt Monte del Lago mit der **Villa Palombaro**. Der bayerische König **Ludwig I.** soll sich ab 1823 hier mit seiner Geliebten, der umbrischen Marchesa Luisa Fiorenzi, getroffen haben. Die Ruinen südlich des Orts sind Reste der imposanten Burg Zocco. Das 6 km östlich gelegene Industriestädtchen **Magione** wird von der um 1420 erbauten Johanniterburg überragt, die im Besitz der Malteser ist. Die Pfarrkirche S. Giovanni Battista zieren Fresken des futuristischen Malers G. Dottori von 1947. Ein Fischereimuseum findet man im nahe gelegenen Badeort **San Feliciano**.

Monte del Lago

»Irische Spitze« von italienischer Insel

Von Castiglione, Tuoro, Passignano und S. Feliciano sind zwei Inseln im See zu erreichen, die dritte, die Isola Minore, ist als Vogelschutzgebiet nicht zugänglich.
Die an Feiertagen und Sommerwochenenden sehr frequentierte **Isola Maggiore** wartet mit idyllischer Szenerie auf, im alten Fischerdorf gibt es ein beliebtes Restaurant und die Kirche S. Salvatore hütet ein

Inseln

ZIELE
LATIUM · LAZIO

Polyptychon von Sano di Pietro (1480). Auf dem höchsten Punkt der Insel steht das gotische Kirchlein S. Michele Arcangelo mit Fresken des 14.–16. Jh.s, im Süden liegt das zerfallende Castello Guglielmi, auch **Villa Isabella**, das sich der Marchese Guglielmi 1885 aus einem Franziskanerkloster umbauen ließ; die Marchesa eröffnete 1904 hier eine Spitzenmanufaktur. Heute noch sind die »irischen Spitzen« das typische kunsthandwerkliche Produkt der Insel.

Die größte Insel, **Isola Polvese**, lädt mit ihrer bukolischen Landschaft, den Resten einer Burg und eines Olivetanerklosters zu Spaziergängen ein.

Heimat des Perugino

Panicale

Im kleinen Panicarola gründete der legendäre Sportwagen- und Traktorenbauer Ferruccio Lamborghini, nachdem er sich aus dem Geschäft zurückgezogen hatte, sein **Weingut La Fiorita**; später kam eine gehobene Ferienwohnanlage hinzu. Von hier aus lohnt ein Ausflug 7 km weiter südlich nach Panicale, eines der schönsten Städtchen Umbriens; auf birnenförmigem Grundriss bilden die **mittelalterlichen Ziegelhäuser** einen geschlossenen Borgo. Sehenswert sind die Kirche S. Michele mit einer »Geburt Christi« von G. B. Caporali (1519), der Palazzo del Podestà sowie das großartige Fresko mit dem Martyrium des Heiligen Sebastian in der Kirche S. Sebastiano.

Noch weiter südlich thront **Città della Pieve** über dem Valdichiana, wo um 1448 Pietro Vannucci genannt Perugino geboren wurde, einer der bedeutendsten Maler des 15. Jh.s. Einige seiner Werke sind hier zu bewundern, so die »Anbetung der Könige« (1504) in der Kirche S. Maria dei Bianchi, die »Taufe Christi« (1510) im Dom und eine Madonna mit Heiligen (1514) im Chor. Das angebliche Geburtshaus des Malers steht auf der Piazza Plebiscito, wo um den 15. August der Palio dei Terzieri, ein Wettkampf in historischen Kostümen, ausgetragen wird.

LATIUM · LAZIO

Region: Latium · Lazio | **Provinzen:** Roma, Frosinone, Latina, Rieti, Viterbo | **Fläche:** 17 208 km² | **Einwohnerzahl:** 5 896 000

L-M
14–17

Latium mit der Ewigen Stadt ▶ Rom in der Mitte ist geografisch wie historisch das Herz Italiens. Abseits der Metropole wird es zwar stiller, keinesfalls jedoch weniger vielfältig: Vulkanische Seen, Berge und Hügel gehen in Felder und Weingärten und schließlich in die Küste über.

ZIELE
LATIUM · LAZIO

In Latium lebten im frühen Altertum Etrusker, im Mündungsgebiet des Tibers Latiner, deren 30 Republiken in einem **Städtebund** mit der Hauptstadt Alba Longa vereinigt waren. Dem Bündnis schloss sich im 6./5. Jh. v. Chr. auch das erstarkende Rom an, das nach Verlegung des Bundesheiligtums in den Diana-Tempel auf dem Aventin de facto zum neuen Bundeshaupt wurde. Trotz des heftigen Widerstands der latinischen Städte im **Latinerkrieg** 340–338 v. Chr. war die römische Herrschaft über Latium am Ausgang des 3. Jh.s besiegelt. Vom 15. Jh. bis zur Einigung Italiens gehörte Latium zum Kirchenstaat.

Das Reiseziel in Latium ist natürlich ▶ Rom, aber man sollte einen Besuch der Ewigen Stadt wenn möglich auch mit einer **Landpartie** verbinden – vorausgesetzt, man verhält sich antizyklisch und bleibt am Wochenende den Ausflugszielen der Römer fern. Wer sich aufs Land begibt, für den hält die Region eine ganze Palette romantischer Landschaften bereit; reich ist Latium auch an Kunstschätzen und stimmungsvollen Städten, etruskischen Nekropolen, römischen Ruinen, Klöstern, Renaissance-Villen und Parks. Die **Küste** zwischen der toskanischen Grenze und Ostia besitzt zwar weite Strände, ist jedoch wenig bebaut, mit wenigen, leider uninteressanten Ausnahmen gibt es dort keine touristische Infrastruktur. Die Badeorte Roms, Fregene und Lido di Ostia, meidet man besser, sowohl wegen des Trubels als auch wegen der schlechten Wasserqualität.

Weit mehr als Rom

Nach Castel Gandolfo zieht sich der Papst zur Sommerfrische zurück.

LATIUM ERLEBEN

https://de.visititaly.com
www.visitlazio.com

Die **Via Francigena**, der alte Pilgerweg nach Rom, ist seit dem Heiligen Jahr 2000 als Tourismusroute und Wanderweg eingerichtet. Er führt im Latium von Acquapendente nach Rom.
https://via-francigena.com
www.francigena-international.org
www.viafrancigena.com

GLI ARCHI €€€
Hier kommen vorzügliche Fischgerichte auf den Tisch. Im Sommer sitzt man auf der kleinen Piazza vor dem Lokal und schlemmt genüsslich im Freien.
Via Ottaviano 17
Sperlonga
Tel. 0771 54 83 00
https://gliarchi.com

OSTERIA VOLSCI €€
Ausgezeichnete Küche und große Weinauswahl erwarten Sie in der Osteria Volsci. Das Lokal ist sehr gemütlich eingerichtet – und das Preis-Leistungs-Verhältnis stimmt auch! Die Mitarbeiter sind sehr zuvorkommend und freundlich.
Viale Volsci 172
Frosinone
Tel. 0775 152 14 63
http://osteriavolsci.it

AL VECCHIO OROLOGIO €
Schöne Osteria im Herzen des mittelalterlichen Viterbo, mittags gibt es ein Antipasti-Büfett mit herrlichen Leckereien (frittiertes Gemüse im Teigmantel), lokale Käse- und Wurstspezialitäten. Bei den ersten Gängen stehen Pasta, Risotto und deftige Suppen zur Wahl. Bei den Hauptspeisen spielen Fleisch aus lokaler Produktion und raffiniert zubereiteter Baccalà (Stockfisch) die Hauptrollen.
Via Orologio Vecchio 25
Viterbo
Tel. 335 33 77 54
Di. geschl., Mo. nur abends
https://alvecchioorologio.it

MEDITERRANEO €€
Mit Blick auf den Hafen können Sie in dieser Osteria frischen Fisch und traditionelle Gerichte genießen. Guten Appetit!
Via Bausan 42
Gaeta
Tel. 0771 46 12 12
Mo. geschl.

LA POLLEDRARA €
Genuss im Agriturismo: Ein gelungener Auftakt ist das gratinierte Gemüse, Gnocchi oder »Zuppa« mit Saisongemüse und Kräutern. Auch Schnecken, in Tomatensud geköchelt, bieten sich als schmackhafte Übergänge zu den fleischbasierten Hauptgerichten an.
Località Polledrara
Paliano (Frosinone)
Tel. 0775 53 32 77
www.agriturismolapolledrara.it

LA TANA DELL'ORSO €€
Die Osteria liegt mitten im Wald mit herrlichem Blick über den Bolsena See. Hier werden Süßwasserfische vom See köstlich und kreativ zubereitet. Beeindruckend ist auch die Käseauswahl. Zum Abschluss lohnt es, die Schafmilchricotta mit Zucker und Zimt zu probieren.
Località Montesegnale (OT) 162
Bolsena
Tel. 0761 79 81 62
Do. u. So. abends geschl.

ZIELE
LATIUM · LAZIO

ZARAZÀ €
Reizendes Lokal am Belvedere mit herrlichem Blick auf die Stadt, das mit vorzüglichen Grillspezialitäten und regionalen Klassikern überzeugt.
Via Regina Margherita 45
Frascati, Tel. 069 42 20 53
Mo. geschl., Di.–Fr. nur abends
www.trattoriazaraza.it

PALAZZO FIUGGI €€€€
Außergewöhnliches Luxushotel, das seit 1912 Gäste aus aller Welt verwöhnt. Ein Traum sind die prachtvollen Zimmer, die herrlichen Marmorbäder und das exquisite Restaurant. Dazu kommen die eigene Kurabteilung, Tennis und eine Sauna.
Via dei Villini 34, Fiuggi
Tel. 077 57 661
www.palazzofiuggi.com

GRAND HOTEL VILLA IRLANDA €€€
Wunderschöne Hotelanlage in Strandnähe, die aus mehreren Villen besteht. Ansprechende Zimmer, Garten mit Pool, originelles Restaurant in einer ehemaligen Kapelle.
Via Lungomare Caboto 6
Gaeta
Tel. 0771 71 25 81
www.villairlanda.it

PARK HOTEL VILLA POTENZIANI €€
Exklusive Villa aus dem 18. Jh., umgeben von einem großen Park mit Swimmingpool. Die Zimmer verfügen über eine persönliche Note und das elegante Restaurant verströmt Behaglichkeit durch einen Kamin.
Via Colle San Mauro, Rieti
Tel. 0746 20 27 65
www.villapotenziani.it

GRANDE ALBERGO MIRAMARE €€€
Zauberhaft anmutendes Hotel in einer altehrwürdigen Villa mit direktem Zugang zum Meer. Zimmer im venezianischen Stil, klassischer Speisesaal mit herrlicher Aussicht.
Via Appia Lato Napoli 44
Formia
Tel. 0771 32 00 47
www.luxurygrandhotelitaly.com

LOCANDA DI MIRANDOLINA €
Efeu und Jasmin bedecken die Fassade dieses kleinen Hotels garni, das acht schöne Zimmer mit ganz individuellem Charakter zu bieten hat.
Via del Pozzo Bianco 40/42
Tuscania
Tel. 0761 43 65 95
www.mirandolina.it

CACCIANI €
Zentral gelegenes Hotel. Das Restaurant ist berühmt für seine Fischküche und eine umfangreiche Weinkarte mit seltenen Etiketten.
Via Armando Diaz 13, Frascati
Tel. 069 42 03 78
www.cacciani.it

Die Küste

Das Weltgericht tagt

Ganz in der Nähe von Montalto di Castro liegen die Reste der etruskischen Stadt Vulci; in der Umgebung befanden sich einst zahllose Gräber, die inzwischen allerdings größtenteils verfallen sind. Auch Tuscania, 28 km nordöstlich von Montalto, war bereits in etruskischen Zeiten bedeutend, 1653 war es sogar **Bischofssitz**; von der 5 km

Tuscania

ZIELE
LATIUM · LAZIO

langen mittelalterlichen Mauer sind noch beträchtliche Teile erhalten. Einen Besuch lohnen v. a. die großartigen, teils vorromanischen Kirchen südlich vor der Stadt. S. Maria Maggiore, die kleinere, tiefer liegende, entstand 1050 – 1206, ihr reich gestaltetes Mittelportal stammt von einem Vorgängerbau aus dem 6. Jh. In der Säulenbasilika mit offenem Dachstuhl fesseln besonders die Kapitelle, ein Tauchbecken aus dem 8. Jh. und der ebenso alte Ambo das Auge; beherrschend ist jedoch das grandiose, byzantinisch beeinflusste **Weltgerichtsfresko** aus dem 14. Jh. Über S. Maria Maggiore ragt die im 11./12. Jh. von lombardischen Meistern erbaute Kirche S. Pietro auf, Teil der Bischofsburg, von der Reste erhalten sind. Die Fassade der Kirche mit einer eleganten, von Reliefs flankierten Fensterrose, schufen Cosmaten-Künstler. Im Inneren begeistern das cosmateske **Bodenmosaik**, die Fresken des 12. Jh. und die neunschiffige Krypta mit Teilen römischer Mauern. Sehenswert ist die mit Gemälden von Raffael-Schülern ausgestattete Renaissance-Kirche S. Maria del Riposo nördlich der Stadt.

★ Weltberühmte Wandmalereien

Tarquinia Das kleine, 6 km vom Meer gelegene Tarquinia ist eine beeindruckende mittelalterliche Stadt mit vielen Geschlechtertürmen. Weltberühmt ist sie für die Wandmalereien aus dem 6. bis 2. Jh. v. Chr. in der **etruskischen Nekropole** auf dem Monterozzi-Hügel – eine der größten und am besten erhaltenen in Italien. In höchster künstlerischer Qualität und unter deutlicher Anlehnung an die griechische Kunst sind ausgelassene Gelage, Tanz und Spiel, Episoden der griechischen Mythologie, Abschieds- und Jagdszenen, wilde Tiere und Dämonen dargestellt. Die reichen Grabbeigaben – soweit sie nicht in den Museen Italiens und der Welt verstreut sind – und Funde aus der Etruskerstadt werden im **Palazzo Vitelleschi** gezeigt, einem Renaissancepalast mit Arkadenhof an der Piazza Cavour. Im 1656 erbauten und im 19. Jh. restaurierten Dom befinden sich schöne Fresken von Antonio da Viterbo aus dem Jahr 1509. Im nahen Castello ist die mittelalterliche Kirche S. Maria di Castello sehenswert, Fassade und Bodenmosaik sind Cosmatenarbeiten. Besonders malerisch ist das Viertel nördlich der Hauptachse des Corso Vittorio Emanuele, der zum Palazzo dei Priori führt.

Auch hier etruskische Spuren

Cerveteri Auch die Landstadt Cerveteri, ca. 40 km nordwestlich vor Rom gelegen, gehört zu den großen etruskischen Attraktionen. Cisra, von den Römern Caere genannt, war im 8. – 4. Jh. v. Chr. eine der bedeutendsten Städte des Mittelmeerraums; nordöstlich der Stadt sind noch Reste von Mauern und Toren erhalten. Von den drei Nekropolen in der Umgebung ist die **Necropoli di Banditaccia** aus dem 7. – 1. Jh. v. Chr. am bedeutendsten: Zu Seiten einer rund 2 km langen »Haupt-

ZIELE
LATIUM · LAZIO

straße« liegen zahlreiche Grabbauten, u. a. Erdhügel mit bis zu 30 m Durchmesser und aus dem Tuff gehauene Grabkammern, die man am besten mit Taschenlampe erkundet. Grabbeigaben sind in der Rocca in Cerveteri ausgestellt, die im 12. Jh. z. T. auf etruskischen Mauern errichtet wurde. Die moderne Kirche S. Maria gegenüber besitzt übrigens einen romanischen Bau (12. Jh.) als Querhaus.

Museo Nazionale Cerveteri und Nekropole: Piazza Santa Maria bzw. Via delle Necropoli 43/45 | Mi. – So. 9 – 18.30 Uhr
Eintritt 6 €

Berüchtigte Kaiser

Die latinische Küste zwischen Ostia und dem Monte Circeo ist durch endlose, schöne Sandstrände gekennzeichnet, touristische Infrastruktur gibt es jedoch nur im Bereich von Anzio, und auch da nicht viel. Im antiken Antium wurden die Kaiser Nero und Caligula geboren; aus Neros Villa an der Küste am westlichen Ortsrand stammt der berühmte **Apoll von Belvedere**, der sich in den Vatikanischen Museen befindet. Der heutige Hafen wurde 1698 von Papst Innozenz XII. angelegt, westlich der Mole liegt der versandete Hafen Neros. Zwei Soldatenfriedhöfe erinnern an die heftigen Kämpfe bei der **Landung der Alliierten** am 22. Januar 1944 an der Küste von Anzio: Nördlich liegt der größte US-amerikanische Soldatenfriedhof in Italien, der britische nördlich von Nettuno.

Anzio

Retortenstadt im ehemaligen Sumpfland

Die Pontinische Ebene, zwischen Anzio und dem Monte Circeo, war einst ein malariaverseuchtes Sumpfland. Mehrere Trockenlegungsversuche wurden seit der Antike unternommen, aber erst die Kampagne 1926 – 1935 war erfolgreich. Hinter der Küstenlinie entstand zwischen dem 5. August 1933 und dem 15. April 1934 die Stadt Sabaudia, die eigenartig an die metaphysischen Städte de Chiricos erinnert. Am 46 m hohen Turm des **Palazzo del Comune** verkündet die Inschrift: »Benito Mussolini, Oberhaupt des Staates, wollte, dass dieses Land aus der tausendjährigen Lethargie Tod bringender Unfruchtbarkeit erlöst würde.«

Die Küste ist gesäumt von Ferienhäusern, nur da und dort gibt es einen schmalen Durchlass zum **herrlichen Sandstrand**. Weiter südlich überquert die Küstenstraße den Emissario Romano, den römischen Entwässerungskanal des Lago di Sabaudia. Der ins Meer vorspringende hohe Kalksteinrücken des Monte Circeo ist der Rest einer Scholle des Apennin, die durch Anschwemmungen mit dem Festland verbunden wurde. Zusammen mit dem anschließenden Küstenstreifen und einem Bereich nördlich von Sabaudia wurde das Gebiet 1934 als Nationalpark ausgewiesen. An den **Strandseen** Lago di Sabaudia, di Caprolace, dei Monaci und di Fogliano sind mit etwas Geduld seltene Vogelarten zu beobachten.

Sabaudia und Monte Circeo

ZIELE
LATIUM · LAZIO

Vesuv in Sicht

San Felice Circeo und Terracina

San Felice Circeo mit seinem hübschen mittelalterlichen Kern liegt 2,5 km unterhalb der **Cittadella Vecchia**, einer Akropolis mit Polygonalmauerwerk aus dem 4. Jh. v. Chr. Eine Straße führt zum 448 m hohen Semaforo, von wo aus sich der ca. einstündige Aufstieg zum Gipfel des Monte Circeo lohnt.

Von San Felice Circeo erstreckt sich Sandstrand bis nach **Terracina**, begleitet von geschlossener Bebauung mit Ferienhäusern, Restaurants, Diskos usw. Der Ort war schon in römischer Zeit ein wichtiger Hafen, dessen Reste vor allem in der alten Oberstadt gegenwärtig sind. So besitzt die zentrale Piazza del Municipio in der Oberstadt noch das **Pflaster des römischen Forums**. Über dem Haupttempel wurde im 11./12. Jh. der Dom S. Cesareo erbaut, die Freitreppe und die Säulen der Vorhalle sind antik. Im stark barockisierten Inneren sind die Bodenmosaike aus dem 12./13. Jh. sowie Kanzel und Osterleuchter, beide von 1241, beachtenswert, allesamt prachtvolle Cosmatenarbeiten. Vor dem Dom steht der **Torre Frumentaria**, in der das Archäologische Museum lokale Funde zeigt. Am östlichen Stadtrand ragt der Taglio di Pisco Montano auf, in den im 1. Jh. n. Chr. die Via Appia eingeschnitten wurde. Von der Piazza del Municipio führt die **Strada Panoramica** hinauf zum Monte S. Angelo, von dem sich an klaren Tagen eine Sicht bis zum Vesuv bietet.

Zwei echte Küstenperlen

Sperlonga und Gaeta

Sperlonga, 19 km südöstlich von Terracina gelegen, gilt wohl zu Recht als der hübscheste Ort der latinischen Küste; im Sommer ist er als Badeort stark frequentiert. Etwas außerhalb an der Straße nach Gaeta wurde 1957 eine **Villenanlage** ausgegraben, die dem Kaiser Tiberius (reg. 14–37 n. Chr.) gehört haben soll. Stolz des örtlichen Archäologischen Museums sind die rekonstruierten Marmorgruppen mit Szenen aus dem Leben des Odysseus, die wohl im 1. Jh. n. Chr. als Kopien von griechischen Bronzeplastiken entstanden.

Eine weitere Perle an der Küste Latiums ist das 16 km südöstlich von Sperlonga entfernte Hafenstädtchen **Gaeta**. 1861, in der Endphase des italienischen Unabhängigkeitskampfs, bot die Festung dem neapolitanischen Hof für drei Monate eine letzte Zuflucht. Über der Straße zur Altstadt ragt die neogotische Kirche S. Francesco von 1848/1849 auf. In der pittoresken Altstadt ist der romanische Dom, entstanden 917–1106 sehenswert, dessen Kampanile von 1279 durch den arabisch-normannischen Schmuck recht eigenwillig wirkt. Über der Altstadt thront ein **riesiges Kastell**, das ins 8. Jh. zurückreicht. Auf dem Monte Orlando befindet sich das großartige Grabmal des Lucius Munatius Plancus († nach 22 v. Chr.), eines bedeutenden Generals unter Caesar. Lohnend ist auch der Spaziergang zum **Santuario della Montagna Spaccata** an der Südwestspitze des Bergs. Es steht auf einem Felsen, der sich nach der Legende beim Tode Christi spaltete. Von der

Wallfahrtskirche führt eine Treppe zur schönen Grotta del Turco am Meer. Fährt man weiter in Richtung **Formia**, so entdeckt man an der Meerseite der unattraktiv bebauten Stadt Reste einer Villa, die dem römischen Schriftsteller und Staatsmann Cicero gehört haben soll. Cicero wurde im Jahre 43 v. Chr. bei Formia ermordet; sein angebliches, 24 m hohes Grabmal steht in der Nähe an der SS 7 Richtung Fondi.

Ein recht idyllischer Verbannungsort

Etwa 40 km vor der Küste des südlichen Latium liegen die Ponza-Inseln vulkanischen Ursprungs. Bewohnt sind die beiden Hauptinseln **Ponza** und Ventotene, weiter gehören zu dem Archipel die Inseln Palmarola, Zannone, Gavi und La Botte sowie Santo Stefano. Seit römischer Zeit dienten die Inseln als Verbannungsort für politische Gefangene. 1768–1771 versuchte Ferdinand IV. in einer Art Resozialisierungsmaßnahme Kriminelle und Prostituierte auf Ponza anzusiedeln, das Experiment schlug aber fehl. Ihren Höhepunkt in der Rolle als Gefängnisinseln hatten sie unter den Faschisten, ironischerweise war Mussolini selbst 1943 für elf Tage auf Ponza interniert. Santo Stefano war sogar noch bis 1965 Gefängnisinsel. Buchtenreiche, teils **dramatische Felsküsten** mit glasklarem Wasser und terrassierte Hänge – ehemalige Weinbauflächen, auf denen sich Mittelmeervegetation breit gemacht hat – bestimmen die Landschaft. Die einstigen Erwerbszweige, Fischfang und Weinbau, sind praktisch aufgegeben, der **Tourismus** ist die einzige Einnahmequelle.

Ponza-Inseln (Isole Ponziane)

In der Saison leuchtet es an Ponzas Hafenpromenade.

ZIELE
LATIUM · LAZIO

30 m Pappmaché

Spaziergang durch die Oststadt

Ein zweiter Spaziergang führt von der Piazza del Plebiscito in die Oststadt. Man gelangt durch die Via Cavour zur Piazza Fontana Grande mit der phänomenal schönen **Fontana Grande**, einem Brunnen, den Bertoldo und Pietro di Giovanni 1206 begannen und der 1424 umgebaut wurde. Weiter geht es zur barocken Porta Romana, einem der sieben Tore der Stadtmauer. Links davon steht die Kirche San Sisto aus dem 9. Jh., die 1944 rekonstruiert wurde. Bemerkenswert sind der deutlich erhöhte Altarraum und die ungewöhnlichen Kapitelle. Außen an der Stadtmauer entlang nach Norden geht es zum Kloster Santa Maria della Verità (12. Jh.). In ihrer Cappella Mazzatosta sind Fresken von Lorenzo da Viterbo (1469) zu sehen, im Konvent befindet sich das **Museo Civico** mit etruskischer Archäologie, Münzen, Keramik und Gemälden.

Nun geht es durch die Porta Verità und die Via Mazzini – vorbei an San Giovanni in Zoccoli (11. Jh.) mit einem Polyptychon des Balletta (1441) – zur Kirche Santa Rosa, die 1632 zerstört und im 19. Jh. rekonstruiert wurde. Hier ruht die Mumie der **hl. Rosa**, der Stadtheiligen, die von 1233 bis 1252 lebte. Zu ihren Ehren wird alljährlich am 3. September die **Macchina di Santa Rosa**, ein mehrere Tonnen schwerer, 30 m hoher Turm aus Pappmaché mit dem Bild der Heiligen gebaut und von 90 Männern von San Sisto nach Viterbo getragen. Weiter führt der Weg zur Piazza Verdi mit der Zisterzienserkirche San Marco (1198), dem Palazzo Santoro und dem Teatro dell'Unione.

Auf dem Rückweg zur Piazza del Plebiscito durch den Corso d'Italia kommt man am 1818 gegründeten **Caffè Schenardi** vorbei, einem der schönsten Kaffeehäuser Italiens.

Papstgräber

Nordstadt

Die Nordstadt erkundet man am besten von der Piazza della Rocca aus, die ein Brunnen Vignolas ziert. Die Burg, die dem Platz ihren Namen gab, ließ der päpstliche Feldherr Albornoz 1354 errichten, später wurde sie mehrfach erweitert und restauriert und ist heute Sitz des Museo Archeologico Nazionale. Interessant ist auch die gotische Kirche San Francesco mit den Grabmälern von Papst Clemens IV. († 1268) und Papst Hadrian V. († 1276). Außerhalb der Porta Fiorentina von 1768 erstreckt sich der schöne Giardino Pubblico.

Darüber schrieb schon Dante

Bagni di Viterbo

Etwa 5 km westlich von Viterbo ist das kleine Thermalbad Bagni di Viterbo zu finden. 1 km weiter gelangt man zur **Schwefelquelle Bullicame**, »Sprudel«. Sie lässt sich beschreiben als ein durch Gasblasen in Wallung gehaltener blauer Teich, in dem man baden kann. Das ließ sich auch Dante gefallen – er erwähnt sie im »Inferno« der »Göttlichen Komödie«.

ZIELE
LATIUM · LAZIO

Richtung Viterbo bitte anhalten
La Quercia ist zwar nur ein Vorort von Viterbo, jedoch einer mit religiöser Bedeutung: Hier steht die große 1470–1525 erbaute **Renaissance-Wallfahrtskirche Madonna della Quercia** mit sehr schönen Terrakotta-Reliefs von Andrea della Robbia über den Portalen, einem Marmortabernakel von Andrea Bregno, einem wundertätigen Madonnenbild von Monetto, aufwendig intarsiertem Chorgestühl von 1514 und einer prunkvollen Decke .

La Quercia

Im nordöstlichen Latium

Durch bergige Landschaft
Im Nordosten reicht Latium weit in den Apennin hinein. Vom Tiber-Tal aus gelangt man zunächst in die Sabiner Berge (Monti Sabini), jenseits von Rieti und dem Velino-Becken in die Monti Reatini und zuletzt zum Gran-Sasso-Massiv in den Abruzzen (▶ S. 55). In der zauberhaften Hügellandschaft der **Bassa Sabina**, ca. 20 km nordöstlich der Autobahnausfahrt Roma Nord (A 1), liegt das Benediktinerkloster **Abbazia di Farfa**, das im 6. Jh. gegründet wurde und im Mittelalter zu den reichsten und kulturell bedeutendsten Klöstern Europas zählte. Der heutige Komplex stammt aus dem 15./17. Jh., der Kampanile aus dem 11. Jh.; mit einem Führer kann man die prächtig ausgestaltete, 1492–1496 entstandene Renaissance-Kirche, die beiden Kreuzgänge, die karolingische Krypta und die **wertvolle Bibliothek** besichtigen. Im Dorf fallen die kleinen, alle gleich hohen Häuser auf, die das Kloster ab dem 15. Jh. zu Messezeiten an Händler vermietete.

Abbazia di Farfa

Abbazia di Farfa: Führung Di.–So. stdl. ab 10–13 u. 15.30–18.30 Uhr (Sommer Sa./So. stdl. 15–19 Uhr) | www.abbaziadifarfa.it

Die geografische Mitte Italiens
Im fruchtbaren, von Bergen umgebenen Becken des Velino (Conca Reatina), rund 80 km nordöstlich von Rom, liegt die Provinzhauptstadt Rieti, welche die geografische Mitte der italienischen Halbinsel markiert. An der Südseite der zentralen **Piazza Battisti** steht der Palazzo del Governo mit seiner Loggia von 1596. Westlich schließt der ursprünglich romanische, im 18. Jh. barockisierte Dom mit dem mächtigen mittelalterlichen Glockenturm und einer Renaissance-Vorhalle an. Unter den beachtlichen Kunstwerken im Inneren fällt eine Statue der hl. Barbara auf, 1657 vermutlich nach einem Entwurf Berninis entstanden. Ältester Bauteil ist die **Krypta** von 1157 mit antiken Säulen und Fresken aus dem 14. Jh. Im Baptisterium ist das Museo Diocesano untergebracht. Hinter dem Dom liegen der Bischofspalast und der mächtige Arco del Vescovado, auf Wunsch von Papst Bonifaz VIII. 1298 erbaut.

Rieti und das Velino-Becken

ZIELE
LATIUM · LAZIO

Von Rieti führt die Straße durch eine schöne, kaum besiedelte Landschaft nach Ascoli Piceno (▶ S. 333) und weiter zur Adria. Hinter Antrodoco verläuft sie für ca. 14 km in der tief eingeschnittenen, beeindruckenden Schlucht des Velino. Ein Abstecher führt nach **Leonessa**, das über ein mittelalterliches, recht »unitalienisches« Ortsbild verfügt. Letzter bedeutender Ort im Nordosten ist **Amatrice**, berühmt durch die »Spaghetti all'Amatriciana« und Geburtsort des Renaissance-Malers Cola dell'Amatrice. Über Accumoli fährt man durch die wunderbar sanfte, einsame Berglandschaft hinauf zur Forca Canapine am Monte Vettore (▶ S. 600), dem Pass zwischen Umbrien und den Marken.

An den Berghängen rund um das Velino-Becken liegen auf halber Höhe die **vier Franziskanerklöster** Fonte Colombo, S. Francesco (Greccio), San Giacomo (Poggio Bustone) und La Foresta, die – zumindest der Überlieferung nach – von Franz von Assisi selbst gegründet wurden. Wegen ihrer Bedeutung für die Franziskus-Legende, vor allem aber wegen der herrlichen Landschaft lohnen sie einen Ausflug.

Frascati und die Albaner Berge

Berühmter Wein und hübsche Wasserspiele

Frascati Man sollte sich vom Ausflug in die Albaner Berge nicht zu viel versprechen; verstopfte Straßen und viele Busladungen von Touristen machen der Idylle alter Zeiten schwer zu schaffen. Ihr hochfrequentiertes Ziel ist Frascati, das etwa 20 km südöstlich von Rom gelegen und natürlich durch seinen Weißwein berühmt ist; allzu hohen Erwartungen wird der Ort jedoch nicht gerecht. Als bedeutendste der sogenannten **Castelli Romani**, war Frascati seit der Renaissance eine beliebte Sommerfrische der Römer. Entsprechend häufen sich in der Gegend Adelspaläste, die im 16./17. Jh. im Stil des Manierismus bzw. des Barock entstanden. Südlich der Piazza Marconi liegt der Park der **Villa Torlonia**, die im Zweiten Weltkrieg zwar zerstört wurde, das Wassertheater von Carlo Maderno blieb jedoch in Grundzügen erhalten. Die **Villa Aldobrandini**, in den Jahren 1598 – 1604 als Landschloss für den Kardinal Pietro Aldobrandini über der Stadt errichtet und mit schönen Fresken ausgemalt, liegt inmitten eines Parks mit einer Aussichtsterrasse, Grotten und einem Wassertheater von Giovanni Fontana.

Aber auch die **Altstadt** mit dem hübschen Brunnen an der Piazza S. Pietro und der gleichnamigen Kathedrale, erbaut Ende ab 16. Jh.s, sollte man sich anschauen. Im Inneren des frühbarocken Zentralbaus sind eine Domenichino zugeschriebene Madonna und ein Holzkruzifix des 12. Jh.s sehenswert.

Villa Aldobrandini: Park Mo. – Fr. ab 9 Uhr

ZIELE
LATIUM · LAZIO

Lieblingsort Ciceros

Von Frascati führt eine Straße hinauf zum 5 km südöstlich gelegenen römischen Tusculum, Geburtsort von Cato d. Ä. und Lieblingsaufenthaltsort Ciceros. Im frühen Mittelalter war es **Sitz einer Grafenfamilie**, die eine Reihe meist übel beleumundeter Päpste stellte; 1191 wurde Tusculum, das sich auf die Seite des Kaisers geschlagen hatte, unter Papst Coelestin III. zerstört. Von der antiken Stadt sind einige bedeutende Reste erhalten, vom mittelalterlichen Ort nur wenige. In 15 Min. geht man hinauf zum Croce di Tuscolo.

Tusculo

Gut befestigt und reich geschmückt

In Grottaferrata ist das burgartig befestigte Kloster Abbazia Greca sehenswert, das im Jahr 1004 von den Basilianer-Mönchen hl. Nilus und Bartholomäus gegründet wurde und noch heute von griechisch-orthodoxen Mönchen römischer Observanz geführt wird. Der Kampanile stammt aus dem 13. Jh.; die 1024 geweihte, mehrfach umgestaltete **Basilika S. Maria** ist mit einem byzantinischen Portal des 11. Jh.s, Cosmaten-Mosaiken, Taufbrunnen, Mosaiken des 13. Jh.s und einer Decke von 1577 reich ausgestattet. Die Kapelle des hl. Nilus wurde von Domenichino 1610 ausgemalt, das Altarbild stammt von seinem Lehrer Annibale Carracci.

Grottaferrata

Orthodoxe Kirchenkunst im katholischen Italien begegnet in Grottaferrata.

ZIELE
LATIUM · LAZIO

Ein hübsches Städtchen und höchstgelegener Ort der Albaner Berge ist **Rocca di Papa** (620–720 m). Es liegt am Rand eines Vulkankraters, des sogenannten Campo di Annibale. Zu Fuß oder auf der Straße gelangt man zum Gipfel des **Monte Cavo**, den ein Antennenwald ziert; einst stand hier ein Jupitertempel, das Bundesheiligtum der Latiner.
Kloster Grottaferrata: Besichtigung in kleinen Gruppen, Kontakt: Tel. 069 45 93 09 oder Mail segreteria@abbaziasannilo.org

Die Sommerresidenz des Papstes

Albano Laziale
Marino, 8 km südwestlich von Frascati, liegt schön am nördlichen Außenhang des Vulkankraters, der vom **Albaner See** (Lago Albano) gefüllt wird. Seinen Abfluss bildet ein 1350 m langer, angeblich von den Römern 398 v. Chr. angelegter Stollen, Emissario genannt. Hoch über dem See thront **Castel Gandolfo**, die Sommerresidenz des Papstes (▶ Abb. S. 275). Im Ortszentrum befinden sich an der Piazza del Plebiscito die Pfarrkirche S. Tommaso, 1661 als Zentralbau von Bernini konzipiert, ein Brunnen vom selben Meister und der 1629 von Carlo Maderna erbaute päpstliche Palast.

In Albano Laziale hatte Pompejus eine Villa; ab dem Jahr 460 war es Sitz eines Bischofs und später wegen seiner schönen Umgebung beliebte Sommerfrische der Römer. Der barocke Dom geht auf die Zeiten Konstantins zurück, die S. Maria della Rotonda auf das Nymphäum der Villa Domitians. In der Via Saffi 86 blieb eine **unterirdische Schwimmhalle** (Cisternone) erhalten, die für die Legionäre des Kaisers Septimius Severus angelegt wurde. Etwas weiter findet man zwischen dem Kloster S. Paolo und dem Kapuzinerkloster Reste eines Amphitheaters aus dem 3. Jh. n. Chr. Am Stadtrand Richtung Genzano steht ein würfelförmiges Grabmal aus der späten Republik, fälschlich »Grab der Horatier und Curiatier« genannt.

Kaiserliche Prunkschiffe

Ariccia und Umgebungi
Im benachbarten Ariccia ist die Piazza della Repubblica sehenswert, der Palazzo Chigi und die Kirche S. Maria dell'Assunzione wurden von G. L. Bernini umgestaltet bzw. erbaut. Der Viadukt stammt aus dem 19. Jahrhundert.

Über **Genzano**, das für die prächtige Festa dell'Infiorata am Sonntag nach Fronleichnam bekannt ist, erreicht man den **Nemi-See** (Lago di Nemi), ein von 200 m hoch ansteigenden Tuffhängen umgebenes Vulkanmaar. Sein Wasser ist durch die intensive Landwirtschaft (v. a. Erdbeeren und Blumen) belastet. Im Ort Nemi sind im **Museo delle Navi Romane** Modelle der beiden 70 m langen Prunkschiffe des Kaisers Caligula zu sehen, die 1928 aus dem See geborgen und 1944 von deutschen Soldaten auf dem Rückzug zerstört wurden.

Weiter geht die Fahrt zum Weinstädtchen **Velletri**, das an der Piazza Cairoli mit seinem 50 m hohen Torre del Trivio von 1353 den Besucher begrüßt. Über die lokalen archäologischen Funde informiert das

Städtische Museum im Palazzo Comunale. Die Kathedrale am Südrand des Orts wurde 1659–1662 aus alter Substanz neu errichtet; das Museo Capitolare nebenan besitzt wertvolle sakrale Kunst, u. a. eine 1427 geschaffene »Maria mit Kind und Engeln« von Gentile da Fabriano und ein Reliquienkreuz aus dem 11./12. Jh.

Museo delle Navi Romane: tgl. 9–19 Uhr | Eintritt 4 €
Museo Capitolare: Fr.–So. 9–13 u. 15–19 Uhr | Eintritt 4 €

Monti Lepini

Mittelalter auf antiken Fundamenten

Die Monti Lepini schließen sich südöstlich an die Albaner Berge an; nordöstlich fallen sie zum Sacco-Tal ab, südwestlich zur Pontinischen Ebene. An ihrem Nordhang liegt das um 1500 v. Chr. gegründete Städtchen Segni. Der sehr mittelalterlich wirkende Ort ist von einer noch fast vollständig erhaltenen, ca. 2 km langen und im 6./5. Jh. v. Chr. entstandenen Stadtmauer aus riesigen Steinblöcken, sogenanntem »**Zyklopenmauerwerk**«, umgeben. Am höchsten Punkt der Stadt sind noch Reste der **Akropolis** und eines Tempels zu erkennen. Über der mittleren Cella des Tempels steht die romanische Kirche S. Pietro, deren Inneres Fresken des 13.–16. Jh.s schmücken.
Segni und Cori

Das hoch gelegene, hübsche Städtchen **Cori** wiederum wurde der Legende nach von dem Trojaner und Zeus-Sohn Dardanos gegründet. Vom antiken Cora sind da und dort Reste der aus riesigen Steinblöcken gefügten Stadtmauern (5. Jh. v. Chr.) zu bestaunen. In der **mittelalterlichen Oberstadt** ist S. Oliva interessant, die aus zwei Kirchen entstand; der mittelalterliche Teil steht vermutlich am Platz eines Janus-Tempels, erkennbar an den antiken Säulen und Pilastern, der jüngere Teil aus dem 15./16. Jh. ist mit originellen Fresken geschmückt. Oberhalb von S. Oliva, neben der modernen Kirche S. Pietro, steht die Vorhalle des sog. Herkules-Tempels aus dem 1. Jh. v. Chr. Steigt man den Fußweg hinab, so erreicht man nach etwa 30 Minuten die Reste eines Castor-und-Pollux-Tempels.

Die Natur kommt zurück

Einen ungewöhnlichen Anblick bietet Ninfa, rund 11 km südöstlich von Norma, die im 17. Jh. wegen Malaria aufgegeben wurde. Die Ruinen, darunter eine Burg, ein Kloster und zwei Kirchen, sind von üppiger Vegetation mit Bächen und Teichen umsäumt. Eine Besichtigung ist nur von April bis Oktober am ersten Samstag und Sonntag des Monats möglich, aber auch von außen ist das **unter Naturschutz** stehende Ensemble zauberhaft. Nicht weit entfernt liegen die Ruinen der alten Volskerstadt Norba. Innerhalb der 2,5 km langen Zyklopenmauer aus vorrömischer Zeit entstand ab dem 4. Jh. v. Chr. eine regelmäßige Stadtanlage nach dem System des Hippodamos.
Ninfa und Norba

ZIELE
LATIUM · LAZIO

Das erste Zisterzienserkloster Italiens

Zur Abbazia di Fossanova

Vorbei an der im 8. Jh. gegründeten Abbazia di Valvisciolo mit hübschem Kreuzgang gelangt man zum Städtchen **Sermoneta**, das im Sommer ein beachtliches **Musikfestival** veranstaltet. Es wird überragt von einer Burg, die ab 1297 den Fürsten Caetani gehörte und 1500–1504 von Papst Alexander VI. Borgia für seine Tochter Lucrezia kassiert wurde. Die Kathedrale aus dem 13. Jh. birgt eine »Madonna mit Engeln«, die Benozzo Gozzoli zugeschrieben wird.

Reizvolle Eindrücke verspricht das **Priverno**, das südöstlich von Sermoneta auf einem Hügel über dem Amaseno-Tal liegt. An der zentralen Piazza steht die erst Ende des 18. Jh.s erbaute Kathedrale, deren Portikus jedoch von einem Vorgängerbau aus dem 13. Jh. stammt.

Ihr erstes Kloster in Italien errichteten die Zisterzienser ab 1135 in **Fossanova** zwischen den Monti Lepini und der sumpfigen Pontinischen Ebene 6 km südlich von Priverno. Ausmaße und Pracht der Anlage zeigen – gemessen an der strengen Ordensregel und der Forderung nach Einfachheit –, dass sie nicht zu den Frühwerken des rasch reich gewordenen Ordens gehört. Die beeindruckende Kirche entstand 1173–1208. In einem Nebengebäude starb am 9. März 1274 **Thomas von Aquin**, einer der bedeutendsten Philosophen und Theologen des Mittelalters, auf dem Weg zu einem Konzil in Lyon. Als Kuriosität am Rande vermerken die Annalen übrigens, dass die Mönche seinen schweren Leichnam nur mit äußerster Mühe die Treppe hinabtragen konnten – der auch als Doctor Angelicus bekannte Kirchenlehrer war zeit seines Lebens außergewöhnlich dick.

Musikfestival in Sermoneta: www.compagniadeilepini.it
Abbazia di Fossanova: tgl. 8–19 Uhr (letzter Einlass: 18.30 Uhr)
www.abbaziadifossanova.it

Im südöstlichen Latium

Riesige Kultstätte mit großer Kunst

Palestrina

In mehrfacher Hinsicht berühmt ist das in mythische Zeit zurückreichende, ca. 40 km östlich von Rom gelegene Städtchen Palestrina. Hier wurde der Komponist Giovanni Pierluigi da Palestrina geboren (1525–1594), der Meister der Kirchenmusik des 16. Jh. Die größte Kostbarkeit des Ortes ist das grandiose, rund 6x4 m messende **Nil-Mosaik**, das um 80 v. Chr. entstand und die Orakelgrotte im Fortuna-Tempel schmückte.

Im 7. Jh. v. Chr. als eine der ältesten Städte Italiens gegründet, leistete sich das reiche Praeneste ca. 130–100 v. Chr. den gewaltigen **Tempel der Fortuna Primigenia**, der fast die gesamte Fläche der heutigen Altstadt einnahm, eine der größten Kultstätten Italiens. Tempel und antike Stadt gingen in den Kämpfen der Langobarden unter. Erst die Zerstörungen durch alliierte Bomben im Zweiten

ZIELE
LATIUM · LAZIO

Nur ein kleiner Ausschnitt aus dem Nil-Mosaik von Palestrina

Weltkrieg brachten seine Grundmauern wieder zum Vorschein, bis 1955 wurden sie ganz freigelegt. Das Bauwerk stieg in vier Terrassen den Hang hinauf; auf der zweiten Terrasse liegen Reste der in den Hang gebauten sog. **Orakelgrotte**, auf der obersten nimmt seit 1640 der Palazzo Barberini (Archäologisches Museum mit dem Nil-Mosaik) die Stelle des halbrunden Heiligtums ein. Thomas Mann, der Palestrina 1895 – 1897 mit seinem Bruder Heinrich besuchte, begann hier s »Die Buddenbrooks«; und Heinrich Mann wählte das Städtchen als Hintergrund für seinen Roman »Die kleine Stadt«.

Vom hoch gelegenen Dorf Castel San Pietro Romano, das auf den Resten der antiken Akropolis von Palestrina entstand, hat man eine herrliche Aussicht auf Latium.

Archäologisches Museum: tgl. 9 – 20 Uhr, die Schließzeiten des Tempels variieren je nach Jahreszeit zw. 16 u. 19 Uhr | Eintritt 5 €

Beliebtes Pilgerziel

Am Fuß der Monti Simbruini, ca. 35 km östlich von Palestrina, liegt das Städtchen Subiaco mit der Rocca Abbaziale aus dem 11. Jh. Das antike Sublaqueum entstand aus einer Villenanlage des Kaisers Nero. Der mittelalterliche Ort – genauer die beiden Klöster, die der hl. Benedikt von Nursia und seine Zwillingsschwester Scholastika als **Keimzelle des Benediktinerordens** gründeten – ist Ziel vieler Pilger. Etwa 2 km von Subiaco entfernt liegt das große Kloster S. Scolastica,

Subiaco

ZIELE
LATIUM · LAZIO

um 510 vom hl. Benedikt gegründet. 1053 wurde ein zweites (Kampanile), um 1235 ein drittes Kloster hinzugefügt, von dem noch ein Kreuzgang mit Cosmaten-Mosaiken erhalten ist. Die heutigen Bauten stammen aus dem 16.–18. Jh. und wurden nach dem Zweiten Weltkrieg wieder aufgebaut. Die 975 begründete Klosterkirche S. Scolastica wurde 1769–1776 völlig erneuert. 1464 fanden die deutschen Mönche Arnold Pannartz und Konrad Schweinheim hier Aufnahme und druckten die wohl ältesten Bücher Italiens.

Das etwa 1,5 km weiter östlich gelegene **Kloster S. Benedetto** (Sacro Speco) entstand im 12.–14. Jh. über der Grotte, in der der hl. Benedikt bis zu seiner Übersiedlung nach Monte Cassino 529 als Einsiedler lebte. Die Oberkirche ist mit Fresken des 14. Jh.s aus sienesischer und umbrischer Schule geschmückt, die Unterkirche mit Fresken des römischen Malers Magister Conxolus aus dem 13. Jh. In der an die Oberkirche anstoßenden Gregor-Kapelle gibt es eine Darstellung des hl. Franziskus von Assisi (ohne Stigmata und Heiligenschein), das der Legende nach bei seinem Besuch 1223 angefertigt worden sein soll. In der Grotte des hl. Benedikt ist ein Standbild des Heiligen von Antonio Raggi, einem Schüler Berninis, zu sehen.

Lust auf Natur?

Vallepietra — Die Monti Simbruini sind seit 1983 als regionaler Naturpark geschützt. Ein hübscher Ausflug führt über Jenne in das Simbrivio-Tal nach Vallepietra. Von hier kann man zum 1 340 m hoch gelegenen Santuario della SS Trinità weiterfahren (zu Fuß ca. 1½ Std.), das an eine 300 m hohe Felswand gebaut ist; die dortige Kirche Monte Autore schmücken Fresken des 12. Jh.s. In 2½–3 Std. erreicht man den Gipfel des Monte Autore.

Machtkämpfe

Anagni — Anagni, auf einem Hügel der Monti Ernici oberhalb des Sacco-Tals gelegen, war – wie Viterbo – in den Jahren 1088–1303 Residenz mehrerer Päpste; einige wichtige Ereignisse im Konflikt zwischen weltlicher und päpstlicher Macht spielten sich hier ab, so etwa die **Exkommunikation von Friedrich Barbarossa und Friedrich II.** Am höchsten Punkt der Stadt erhebt sich der überwiegend lombardisch-romanische Dom S. Maria, erbaut 1073–1104 und im 13. Jh. verändert. Im Innern entzückt vor allem der aus Steinen einer römischen Villa zusammengesetzte Cosmaten-Fußboden von 1226. Der römische Meister Vassalletto schuf 1263 Osterleuchter, Ziborium und Bischofsstuhl. Der grandiose **Freskenzyklus in der Krypta** gilt als bedeutendes Zeugnis der römischen Malerei des 13. Jh.s. Lohnend ist der Gang von der Kathedrale durch die Via Vittorio Emanuele. Wenige Schritte westlich steht der Palast Bonifaz' VIII., in dem der hier residierende Papst der Legende nach 1303 mit einer Ohrfeige

ZIELE
LATIUM · LAZIO

gedemütigt worden sein soll. Letzteres ist nicht gesichert, belegen kann man jedoch, dass Philipp der Schöne den Papst in Anagni festnehmen ließ. Bonifaz wurde zwar schon bald von den Bewohnern des Ortes befreit, starb aber zwei Monate später als gedemütigter und gebrochener Mann.

Dommuseum: tgl. Nov.–März 9–13 u. 15–18, Apr.–Okt. bis 19 Uhr Eintritt 9 € | www.cattedraledianagni.it

Heilendes Wasser und schützende Mauern

Fiuggi, 17 km nordöstlich von Anagni in ausgedehnten Eichen- und Kastanienwäldern gelegen, ist einer der beliebtesten Kurorte Italiens. Mit seinem Mineralwasser werden Stoffwechsel-, Nieren- und Harnwegsprobleme behandelt. Von hier geht es weiter nach **Alatri**, 15 km südöstlich von Fiuggi, das über eine lange, wohl im 4. Jh. v. Chr. errichtete Stadtmauer aus Zyklopenmauerwerk verfügt – eine der großartigsten antiken Stadtbefestigungen Italiens. Vollständig erhalten ist eine Mauer aus dem 2. Jh. v. Chr. Von den vier Toren beeindruckt besonders die südwestliche Porta Maggiore mit riesigem Architrav. Im Palazzo Gottifredo aus dem 13. Jh. ist das Stadtmuseum untergebracht. Auch das hübsche, 14 km südwestlich von Alatri gelegene alte Städtchen **Ferentino** hat eine fast vollständig erhaltene Stadtmauer, begonnen von den Hernikern im 5. Jh. v. Chr. Ihre verschiedenen Bauphasen – vorrömisches Zyklopenmauerwerk, römische Haussteine und mittelalterliche Bruchsteine – erkennt man gut an der Porta Sanguinaria im Süden. Sehenswert sind auch die Zisterzienserkirche S. Maria Maggiore, erbaut um 1150 in der Nähe der Porta Sanguinaria, und der romanische Dom aus dem 11. Jahrhundert.

Fiuggi

Heimat des berühmten Theologen und Philosophen

Bekannt ist Aquino, etwa 50 km südöstlich von Frosinone, durch den bereits erwähnten Theologen und Philosophen Thomas von Aquin, der der Grafenfamilie d'Aquino entstammte und um 1225 auf der Burg Roccasecca, 10 km nördlich, geboren wurde († 1274). An der Via Latina liegen die Reste der römischen Siedlung Aquinum, der Heimat des Satirendichters Juvenal (um 60–140 n. Chr.). Sehenswert ist die romanische Kirche S. Maria della Libera, 1125 am nördlichen Ortsrand erbaut, die am Platz eines Herkules-Tempels steht. Der Unterbau des Glockenturms und die Fragmente eines Frieses zu Seiten des Hauptportals stammen von dem römischen Tempel.

Aquino

Heftig umkämpft

Montecassino ist bekannt durch das Kloster, das Benedikt von Nursia 529 gründete und das als Wiege des abendländischen Mönchstums gilt. Der in über 500 m Höhe liegende mächtige Klosterkom-

Abbazia di Montecassino

plex war vom Januar bis Mai 1944 als Eckpunkt der deutschen »Gustav-Linie« heftig umkämpft und wurde duch Artillerieschuss und Luftangriffe fast ganz zerstört; die Stadt wurde dem Erdboden gleichgemacht und weiter südlich neu aufgebaut. 1950 – 1957 baute man das Kloster in den Renaissance- und Barock-Formen des 16. – 18. Jh.s wieder auf. Vom ursprünglichen Bau sind die **Krypta** mit Mosaiken der Beuroner Kunstschule und die Gräber des hl. Benedikt und der hl. Scholastika erhalten geblieben; die Bronzetüren des Mittelportals stammen aus dem 11. Jh., das prunkvolle Innere der Kirche entspricht dem Bild von 1727.

Etwa 3 km nördlich von Cassino entfernt liegt ein **deutscher Soldatenfriedhof**, auf dem 20 051 Gefallene beigesetzt sind. Vom Westrand der Stadt führen Serpentinen hinauf zum Kloster. Am Weg liegen das Grabungsgelände des antiken Casinum und die Ruine der 949 – 986 errichteten Rocca Ianula. Vor dem Kloster zweigt die Zufahrt zum polnischen Soldatenfriedhof ab, zudem sind hier vorrömische Polygonalmauern aus dem 4. – 3. Jh. v. Chr. zu sehen.

Abbazia di Montecassino: Apr. - Okt. tgl. 9.30 - 18.30, Nov. - März Mo - Sa. 9.30 - 16.50, So. 9.30 - 17.15 Uhr | geführte Touren (auch auf Deutsch) online buchen: www.abbaziamontecassino.org

LIVORNO

Region: Toskana · Toscana | **Provinz:** Livorno | **Höhe:** 3 m ü. d. M.
Einwohnerzahl: 158 400

H 11

Hafenkneipen und in die Jahre gekommene Cafés, gewaltige Fährschiffe und Seeleute aus aller Welt. So wie Livorno stellt man sich eine typisch italienische Hafenstadt vor: Und gleich am Eingang thront die Festung Fortezza Vecchia, die das von Kanälen durchzogene Stadtviertel Venezia Nuova bewacht. Ein gewaltiger Graben umgibt die Stadt und die Strandpromenade ist von altehrwürdigen Jugendstilpalazzi geprägt.

Typisch Hafen und Jugendstil

Das schon 934 erwähnte Livorno war lange Zeit Hafen von ▶Pisa, bevor es 1405 von Genua übernommen und 1421 an Florenz verkauft wurde. Am 28. März 1577 wurde der Grundstein für die Erweiterungen unter Francesco I. de' Medici gelegt; beauftragt war damit der Hofarchitekt Bernardo Buontalenti. 1625 wurde die Stadt Freihafen, was nicht nur den Handel förderte, sondern auch Flüchtlinge aus vielen Ländern anzog. Nach der italienischen Einigung wurde Livorno zur Industriestadt mit den Schwerpunkten

ZIELE
LIVORNO

Werften, Stahl und Glas. Der Reichtum, den die Unternehmen erwirtschafteten, lässt sich noch heute an den großbürgerlichen Villensiedlungen ermessen. Das moderne, nach dem Zweiten Weltkrieg wiederaufgebaute Livorno kann mit diesem Einfallsreichtum nicht mithalten.

Wohin in Livorno?

Das »neue Venedig«
Der alte Hafen westlich der Altstadt wird nach seinen Gründern Porto Mediceo genannt. Auf der Piazza Micheli steht ein Denkmal für Großherzog Ferdinand I., geschaffen 1587 – 1609 von Giovanni Bandini, das wegen der Bronzefiguren am Sockel (Pietro Tacca, 1624) auch »Denkmal der vier Mohren« heißt. Den nördlichen Abschluss des Hafens bildet die 1521 – 1534 von A. da Sangallo entworfene **Fortezza Vecchia**, die von der runden »Mastio di Matilde« aus dem 11. Jh. überragt wird. Ab 1629 entstand das Kaufmannsviertel »Venezia Nuova« am Nordrand der Altstadt, heute eines der beliebtesten Stadtviertel. Die Bottini dell'Olio, ein

Porto Mediceo

LIVORNO ERLEBEN

ⓘ
Via Alessandro Pieroni 18/20
Tel. 0586 89 42 36
https://livornoexperience.com/en

❶ DA GALILEO €€€
Wer Livornos berühmte Fischsuppe probieren möchte: Das Galileo ist »Cacciucco-Tempel« seit 1959! Großartig ist auch Baccalá (Kabeljau) alla livornese mit Kichererbsen (»ceci«) aus Rapolano.
Via della Campana 20/22
Tel. 0586 88 90 09
mittags ab 12, abends ab 20 Uhr
www.dagalileo.com

❷ TRATTORIA ANTICO MORO €€
Der Klassiker in Livorno wird auch von Schauspielern des Teatro Goldoni gern besucht, nicht zuletzt dank der schmackhaften Fischsuppe (Cacciucco). Auch Marcello Mastroianni speiste hier schon!
Via Bartelloni 27
Tel. 0586 88 46 59
Mo. mittags, Mi. geschl.
www.trattoriaanticomoro.it

❶ HOTEL AL TEATRO €€€
Wohlfühl-Logis mit Herz! Der Palast aus dem 19. Jh. mit Gärtchen befindet sich in der Nähe des Teatro Goldoni. Die acht Zimmer sind nach Komponisten und Musikern benannt und im Stil der »Bella Epoca« ausstaffiert.
Via Mayer 42
Tel. 0586 89 87 05
www.hotelalteatro.it

ZIELE
LIVORNO

🍴 🍷
① Da Galileo
② Trattoria Antico Moro

🏠
① Hotel Al Teatro

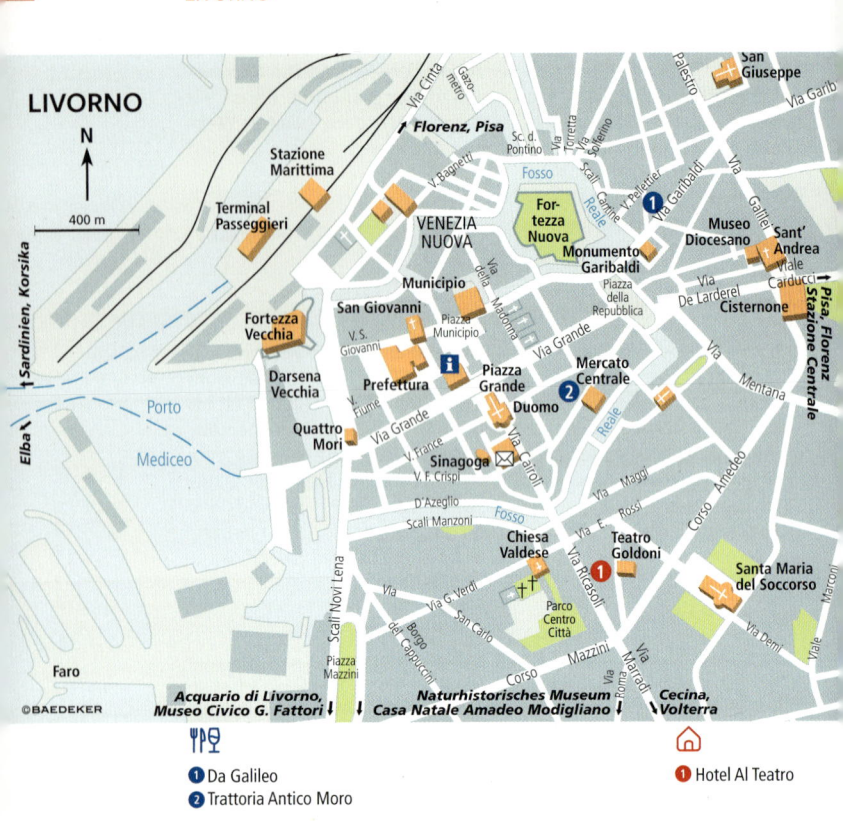

1705 erbautes Lagerhaus für Öl, sollen einmal das Archäologische Museum aufnehmen. In der Kirche S. Caterina, erbaut 1720, ist in der Apsis eine Marienkrönung von Giorgio Vasari zu sehen. Quer durch das Altstadtfünfeck verläuft die arkadengesäumte Haupt- und Einkaufsstraße Via Grande. Die modern geprägte **Piazza Grande** wird im Süden begrenzt vom originalgetreu wieder aufgebauten Dom, zu dem Buontalenti und Pieroni die Pläne lieferten; die Deckengemälde schufen Ligozzi, Passignano und Empoli. Im Osten stößt die Via Grande auf die gigantische Piazza della Repubblica mit Standbildern Ferdinands III. und Leopolds II., der letzten toskanischen Großherzöge.

Typisch italienischer Jugendstil

Viale Italia — Am Südrand der Hafenanlagen beginnt der ab 1835 angelegte Viale Italia, der am Meer entlang nach S. Jacopo und Ardenza führt. Auf

ZIELE
LUCCA

der Terrazza Mascagni liegt das Acquario Comunale. Hotels, Badeanstalten, Parks und pittoreske Villen im typischen italienischen Jugendstil säumen die Straße auf etlichen Kilometern bis Antignano. Für Opernfreunde wichtig ist die in einem Park gelegene Villa Maria, die das **Museo Mascagnano** birgt: Pietro Mascagni wurde 1863 in Livorno geboren; sein erfolgreichtses Werk ist »Cavalleria rusticana«. Auch die Dokumentation zur Stadtgeschichte ist interessant. Das Museo Civico Giovanni Fattori ist in der sehenswerten **Villa Mimbelli** untergebracht, die nach dem in Livorno geborenen Impressionisten (1825–1908) benannt wurde und Werke der Malergruppe »Macchiaioli« hütet.

Museo Mascagnano: bei Redaktionsschluss vorübergehend geschlossen
Museo Fattori: Sommer Di.–So. 10–13 u. 17–23, Winter 16–19 Uhr | Eintritt 6 € | www.museofattori.livorno.it

★ LUCCA

Region: Toskana · Toscana | **Provinz:** Lucca | **Höhe:** 17 m ü. d. M.
Einwohnerzahl: 85 000

Man wird in Italien selten eine solche Kirchendichte finden wie in Lucca: 99 große und kleine Gotteshäuser finden sich in der von Wällen umgebenen Stadt. Wen wundert es da, dass Lucca Sitz eines Erzbischofs ist und bei Wahlen traditionell konservativ votiert?

H 11

Die Siedlung geht vermutlich auf die Etrusker zurück, die einen Sumpf zwischen den Armen des Serchia als »luk« bezeichneten. Ab 177 v. Chr. römische Kolonie, gehörte sie dann den Ostgoten, Langobarden und Franken, war sogar Hauptstadt der Markgrafschaft Tuscien, später im Besitz der Skaliger und von Florenz. Dank der Protektion der Kaiser entwickelte sich Lucca schließlich zur **bedeutendsten toskanischen Stadt** im 13. und beginnenden 14. Jh., noch vor Florenz und Pisa; man betrieb Seiden- und Brokatherstellung, Handel und Bankwesen. Nach der Herrschaft von Söldnerführern erkaufte sich die Stadt 1369 von Karl IV. für 100 000 Goldgulden die Freiheit und blieb bis zum Einfall der Franzosen 1799 selbstständig. **Napoleon** gab 1805 die Republik Lucca zusammen mit Massa-Carrara als Fürstentum seiner Schwester Elisa Bacciocchi, 1817 kam es als Herzogtum an das Haus Bourbon-Parma, 1847 an die Toskana.

99 Kirchen

Wohin in Lucca?

Auf den Mauern um die Stadt

Stadtwall
Symbol des Luccheser Bürgerstolzes und ein romantischer Spazierweg sind die 1504–1645 angelegten, **4,2 km langen Wälle um die Altstadt**, die diese öfter vor Hochwasser bewahrten. Um 1830 wurden sie zum Park umgestaltet. Von hier hat man reizvolle Blicke auf Lucca und die Silhouette des Apennin; ganz im Westen kann man im Antico Caffè delle Mura eine Pause einlegen.

Der Beiname »vor dem Tor«, den die Kirche **S. Maria Forisportam** im Südosten der Altstadt trägt, erinnert daran, dass sie beim Bau im 13. Jh. außerhalb der Stadtmauern lag. Ihre pisanisch-romanische Fassade blieb unvollendet. Im Innern findet man einen als Taufbecken dienenden frühchristlichen Sarkophag und Altarbilder von Guercino. Am Ende der Via Santa Croce ist die **Porta S. Gervasio** mit zwei mächtigen Rundtürmen erhalten, die im 13. Jh. Teil der zweiten Stadtmauer war.

Das weltliche und das geistliche Zentrum

Piazza Napoleone und Piazza S. Martino
Mittelpunkt des städtischen Lebens ist die Piazza Napoleone, angelegt 1806 unter Elisa Bacciocchi, Schwester Napoleons und Fürstin von Lucca. An der Westseite steht der **Palazzo della Provincia**, der 1578 begonnene alte Herzogspalast. Von hier führt die Via Duomo zur Piazza S. Martino. Dabei passiert man die Kirche SS Giovanni e Reparata aus dem 12. Jh., die um 1620 umgestaltet wurde. Vom romanischen Bau sind noch das Portal mit Madonnenrelief von 1187 und Säulen im Inneren erhalten. Sehenswert ist das Baptisterium aus dem 14. Jh., das wie die Kirche am Platz eines frühchristlichen Vorgängers erbaut wurde.

Die Piazza S. Martino wird dominiert vom **Dom**, ein Werk von Guidetto da Como aus dem Jahr 1204. Der 69 m hohe Kampanile wurde um 1200 aus Ziegeln und Travertin erbaut, westlich schließt der Bischofspalast an. Der Dom, der auf einen Bau des 6. Jh.s zurückgeht, wurde ab 1061 errichtet, das Langhaus ab 1372 gotisch umgestaltet. Die Portale hinter den drei asymmetrischen Bögen sind mit hervorragenden romanischen Reliefs geschmückt: Das linke Portal schuf Nicola Pisano, die beiden anderen Pforten sowie die Felder dazwischen gestaltete u. a. Guido Bigarelli. Gleich rechts vom Hauptportal steht die bedeutende Gruppe »Hl. Martin zu Pferd mit Bettler«, die ein unbekannter lombardischer Meister um 1240 schuf; eine Kopie ist außen über der Vorhalle zu sehen. Weitere Werke stammen u. a. von Jacopo della Quercia, Ghirlandaio, Tintoretto und Fra Bartolomeo. Im linken Seitenschiff steht ein **Tempietto**, eine 1482–1484 von Matteo Civitali entworfene achteckige Kapelle mit dem »Volto Santo«, einem syrischen Kruzifix aus dem 11./12. Jh. Im linken Querhaus ist das Grabmal der Ilaria del Carret-

ZIELE
LUCCA

to zu sehen; Jacopo della Quercia hat die 19-jährige Frau des Luccheser Despoten Paolo Guinigi, die 1405 im Kindbett starb, ungewöhnlich realistisch und lebendig abgebildet.

Dom: Mo. – Sa. 10 – 18 Uhr, So. 12 – 18 Uhr | Eintritt 10 € (Kombiticket, nur Dom 3 €) | www.museocattedralelucca.it

LUCCA ERLEBEN

ⓘ

Porta San Donato/Piazzale Verdi
Tel. 0583 58 31 50, April – Okt.
tgl. 9.30 – 18.30, sonst bis 16.30 Uhr

Piazza Curtatone
Mi., Fr., Sa. 9.30 – 13.30, Di. und
Do. auch 14.30 – 17.30 Uhr
Tel. 0583 44 22 13

www.turismo.lucca.it

PUCCINI E LA SUA LUCCA
Im Sommer erklingt jeden Abend in der Kirche San Giovanni die Musik des berühmten Sohnes der Stadt - im Winter immerhin von Donnerstag bis Samstag.
www.puccinielasualucca.com

❶ ANTICA LOCANDA DELL'ANGELO €€€
Seit 1414! Bei der sizilianischen Familie Cipolla speist man unten im langobardischen Gewölbe, oben im Stil des 19. Jahrhunderts. Am schönsten ist der Innenhof. Die ausgezeichneten Weine passen z. B. gut zu den Lammgerichten.
Via Pescheria 21, Tel. 0583 46 77 11
www.anticalocandadellangelo.com, Mo. geschl.

❷ GIGI €
Carmine Mariniello bietet in seinem sympathischen Lokal z. B. selbst gemachte Tagliatelle mit Garnelen und Pachino-Tomaten. Stolz ist er auf seine wundervollen Desserts wie das Tiramisu »alla Gigi«– natürlich aus eigener Zubereitung. Mittags günstige Menüs.
Piazza del Carmine 7
Tel. 0583 46 72 66, Mi. geschl.

❸ DA LEO €
Trattoria-Klassiker! 1949 existierte hier eine Weinumfüllstation, 1974 eine Osteria, 1980 übernahm Familie Buralli den »Leo«! Unser Vorschlag: mit der Dinkel-/Bohnensuppe starten, als »secondo« das Kaninchen und zum Dessert Feigen-Nuss-Torte ordern!
Via Tegrimi 1
Tel. 0583 49 22 36
https://trattoriadaleo.webnode.it

❶ GRAND UNIVERSE LUCCA €€€
An Luccas schönster Piazza thront ein einzigartiges Palasthotel, dessen Grundmauern noch aus der Römerzeit stammen. Erfrischend: das luxuriöse, moderne Design. Im Restaurant lockt beste toskanische Küche und ein Sitzplatz auf der Terrasse der Rooftop-Bar hoch über den Dächern Luccas ist der Urlaubstraum schlechthin. So lässt es sich aushalten!
Palazzo del Giglio 1
Tel. 0583 40041
www.granduniverselucca.com

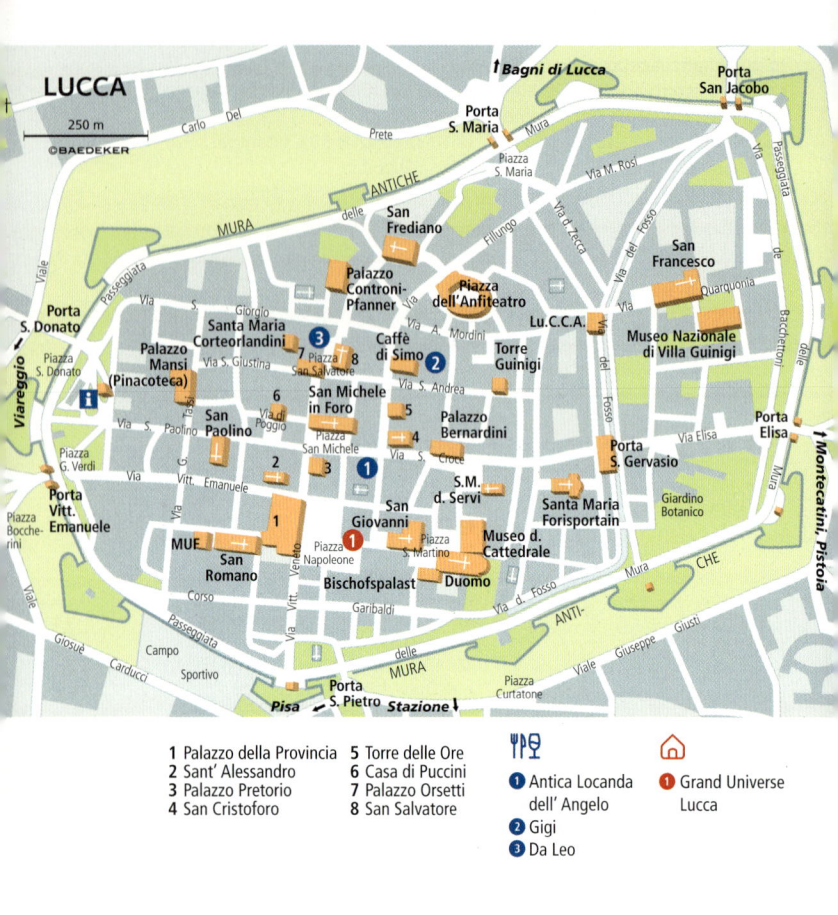

ZIELE
LUCCA

1 Palazzo della Provincia
2 Sant' Alessandro
3 Palazzo Pretorio
4 San Cristoforo
5 Torre delle Ore
6 Casa di Puccini
7 Palazzo Orsetti
8 San Salvatore

🍴
❶ Antica Locanda dell' Angelo
❷ Gigi
❸ Da Leo

🏠
❶ Grand Universe Lucca

★ **S. Michele in Foro**

Prächtiger als der Dom

Von der Piazza Napoleone führt die belebte Via Vittorio Veneto zur Piazza S. Michele, dem alten römischen Forum. Hier ragt die Kirche S. Michele in Foro auf, an der von 1070 bis 1383 gebaut wurde und die im 14./15. Jh. der Bürgerschaft als Versammlungsort diente. Die »zu groß geratene« Fassade – eine geplante Erhöhung des Langhauses unterblieb –, vermutlich von Guidetto da Como, ist noch prächtiger geschmückt als die des Doms; Mittel- und Seitenschiff-Wände wurden im 13. Jh. der Fassadengestaltung angepasst. Den Giebel krönt eine Statue des Erzengels Michael, flankiert von zwei Engeln. Im Innern sind Werke von A. della Robbia, Filippino Lippi und ein großes Tafelkruzifix, entstanden um 1230, zu finden.

Wie der Adel lebte

Am Corte S. Lorenzo steht das Geburtshaus von Giacomo Puccini, das als kleines Museum eingerichtet wurde. Einblick in den adligen Lebensstil früherer Zeiten gewährt der Palazzo Mansi mit seiner luxuriösen barocken Ausstattung – u. a. flämische Arazzi des 17. Jh.s. Die hier untergebrachte **Pinacoteca Nazionale** zeigt Bilder von Veronese, Tintoretto, Borgognone, Guido Reni und Malern der toskanischen Schule wie Pontormo, Beccafumi, Bronzino und Andrea del Sarto.

Puccini-Haus und Palazzo Mansi

Casa Puccini: Apr. – Sept. tgl. 10 – 19, sonst bis 17. bzw. 18 Uhr (Zeiten u. Schließtage variieren) | Eintritt 9 € | www.puccinimuseum.org
Palazzo Mansi/Pinacoteca Nazionale: Di., Do – Sa, 1./3. So. im Monat 9 – 19.30, Mi. 12 – 19.30 Uhr | Eintritt 4 € | www.luccamuseinazionali.it

Kirchen und Paläste

Von S. Michele führt die Via Calderia zur Chiesa della Misericordia aus dem 11./12. Jh.; der Architrav von 1180 am rechten Seitenportal zeigt das Nikolauswunder. Weiter geht es über die Piazza S. Salvatore und entlang der Via degli Asili – gleich am Beginn steht das Geburtshaus von Alfredo Catalani – zum **Palazzo Pfanner-Controni**, einem prächtigen Renaissancebau von 1667 mit großartigem Innenhof, schönem Garten und einem Museum für höfische Kleidung des 18. und 19. Jh.s.

Zur Kirche

★

S. Frediano

Ein Juwel Luccas ist die Kirche **S. Frediano** dank ihrer ungewöhnlichen Fassade, die ein beeindruckendes, um 1230 entstandenes **Mosaik des thronenden Christus** mit den Aposteln zeigt, das Berlinghiero Berlinghieri zugeschrieben wird. Der erste Bau wurde hier im 6. Jh. von dem irischen Mönch Frigidianus, dem späteren Bischof von Lucca errichtet. Die heutige Kirche stammt von 1112 – 1147; um 1200 wurde der Altar nach Westen verlegt, damit der Eingang nicht an dem inzwischen entstandenen zweiten Mauerring lag. Im Innenraum mit seinem sehr hohen, offenen Dachstuhl sind ein romanischer Taufbrunnen von ca. 1150 und ein Marmorpolyptychon von Jacopo della Quercia (»Madonna mit Kind und Heiligen«, 1422) in der Cappella Trenta beachtenswert.

Früher Arena, heute Marktplatz

In der Hauptgeschäftsstraße Luccas beherbergen mittelalterliche Gebäude elegante Geschäfte mit schönen alten Fassaden, v. a. aus dem Jugendstil. An ihrem Südende steht die romanische Kirche S. Cristoforo, erbaut im 11./12. Jh. von der Tuchhändlerzunft; rechts des Hauptportals kann man eiserne Maßstäbe sehen, mit denen die Breite der Stoffbahnen festgelegt wurde. Eine besondere Sehenswürdigkeit ist das **Caffè di Simo**, das illustre Gäste bewirtete, so Puccini, Quasimodo und Ungaretti.

Via Fillungo

An der Ecke Via Buio befindet sich das Haus, in dem Luigi Boccherini, der berühmte Cellovirtuose und Komponist, zur Welt kam. Im Nor-

Sightseeing macht Appetit – die Bars und Cafés an der Via Fillungo und in ihren Seitengässchen laden zu Häppchen und Aperitif.

den liegt die **Piazza del Mercato**, die ehemalige Arena des römischen Amphitheaters, auf deren Grundmauern die Häuser des Platzes stehen. Zwei Bogenreihen von je 54 Arkaden sind an der nordöstlichen Seite noch sichtbar. Nahe dabei liegen die Kirche S. Pietro Somaldi, eine Basilika vom Ende des 12. Jh.s, und die ab 1228, also nur zwei Jahre nach dem Tod des hl. Franziskus, errichtete Kirche S. Francesco.

Bäume auf dem Dach!

Museo Nazionale di Villa Guinigi

Etwas südlich steht die Villa Guinigi, die für den Despoten Paolo Guinigi 1418–1420 erbaute Sommerresidenz. Sie beherbergt das Nationalmuseum mit Skulpturen aus etruskischer und römischer Zeit, mittelalterlichen Plastiken und Gemälden italienischer Meister. Südlich des Amphitheaters fällt in der Via Guinigi auch ein 44 m hoher Turm auf, der **Torre Guinigi**, auf dessen Plattform Steineichen wachsen. Er gehört zu den Stadtpalästen (Case) der Guinigi. Aus dieser Adelsfamilie stammte Paolo Guinigi, dessen Herrschaft

1400 – 1430 die Jahrhunderte republikanisch-oligarchischer Selbstverwaltung unterbrach.
Villa Guinigi: Di./Do. 9 – 19.30, Mi./Fr./Sa. 12 – 19.30, 1./3. So. im Monat 9 – 19.30 Uhr | Eintritt 4 € | www.luccamuseinazionali.it

Rund um Lucca

Natürlich Heinrich Heine
Die salzhaltigen Schwefelthermen (38 – 54 °C) von Bagni di Lucca, ca. 25 km nördlich von Lucca, waren bereits im 10. Jh. bekannt. Im 19. Jh. strömten Aristokratie und Geistesgrößen wie Heinrich Heine hierher, der die »Bäder von Lucca« literarisch verewigte. Inzwischen hat der Charme aber Patina angesetzt. Hauptort ist **Villa**, ehemals Landsitz der Herzöge von Lucca. Im Ortsteil Bagni Caldi sind die bedeutendsten Kureinrichtungen angesiedelt; in einer Höhle entspringt die »Doccione« genannte, 54 °C warme Quelle.

Bagni di Lucca

Ungelogen: die Heimat Pinocchios
Im Nordosten bzw. Osten von Lucca sind drei prunkvolle Adelssitze zu finden: bei Marlèma, 7 km nordöstlich, die **Villa Reale** aus dem 18. Jh., in der Elisa Bacciocchi wohnte; in Segromino in Monte die **Villa Mansi**, erbaut um 1750, sowie die **Villa Torrigiani** bei Borgonuovo aus dem 17. Jh. In Collodi, ca. 16 km östlich von Lucca, wuchs Carlo Lorenzini (1826 – 1890) auf, der 1878 unter dem Pseudonym **Carlo Collodi** die »Geschichte einer Gliederpuppe« verfasste, besser bekannt unter dem Titel »Pinocchio«. Unweit des Dorfs bezaubert der Terrassengarten der **»Villa der hundert Fenster«**. Das Anwesen entstand ab 1652 im Auftrag des Markgrafen Garzoni.

Collodi

★★ MAILAND · MILANO

Region: Lombardei · Lombardia | **Metropolitanstadt:** Milano
Höhe: 122 m ü. d. M. | **Einwohnerzahl:** 1 366 000

Armani, Prada oder doch lieber Dolce & Gabbana? Willkommen in der Stadt der Mode! Mailand hat diese ganz besondere Atmosphäre, diesen speziellen Vibe. Alle großen italienischen Designer unterhalten hier Modetempel, oft mitsamt Museen, Restaurants und Clubs. Mailand ist aber keine Stadt, in die man sich auf den ersten Blick verliebt. Kenner vergleichen die Metropole mit einer Auster, die Fremden nur ihre spröde und abweisende Hülle hinhält, die Perlen dagegen versteckt hält.

E 9

ZIELE
MAILAND · MILANO

Milano steht auch für viel Gelegenheit zum Shopping.

Mode, Kunst und Oper

Das Stadtbild ist überwiegend modern, endlose Straßenzüge mit eleganten Geschäften prägen das Bild, im Zentrum um den Domplatz findet man jedoch auch enge kleinere Gassen. An den Stadträndern entstanden ausufernde **Außenbezirke**, darunter »Milano 2« und das gediegene »Milano 3«. Weit über Italiens Grenzen hinaus ist Mailand auch als **Medienstadt** bekannt – hier erscheinen die große Tageszeitung »Corriere della Sera« und die Sportzeitung »Gazzetta dello Sport«. Die wichtigsten Verlage haben in Mailand ihren Sitz, ebenso die großen Designhäuser. Durch die **Scala** und das **Piccolo Teatro** hat die Metropole zudem unter Opern- und Theaterkennern einen internationalen Ruf erlangt. Auch **Fußball**fans ist sie ein Begriff, gleich zwei Mailänder Clubs spielen in der ersten Liga: Milan (AC Milan) und Inter (FC Internazionale Milano).

Selbstbewusst

Stadtgeschichte

Mailand geht auf eine Ansiedlung von Etruskern im 6. Jh. v. Chr. zurück und wurde 222 von den Römern erobert. Als Mediolanum wurde es zum Hauptort der römischen Provinz Cisalpina, 286 n. Chr. Hauptstadt des Weströmischen Reichs und Kaiserresidenz. Die Konsolidierung des Christentums als Staatsreligion nahm hier ihren Ausgang. Im 12. Jh. stellte sich die selbstbewusste Kommune als **Hauptstadt des Lombardischen Städtebunds** gegen Kaiser Friedrich Barbarossa, weshalb sie 1162 von dem Staufer erobert und zerstört wurde.

MAILAND ERLEBEN

ℹ️

Piazza Duomo 14
Tel. 02 77 40 43 43
Mo.–Fr. 10–18, Sa./So. bis 13 Uhr
www.yesmilano.it/en
www.milano24ore.de

🚌

Mit den U-Bahnlinien M1, M2 und M3 bewegt man sich rasch durch ganz Mailand. In der Innenstadt bieten sich die Tram Nr. 30 und die Busse 96 und 97 an.

PARKEN

An vielen Endstationen der U-Bahn findet man bewachte Parkplätze. Als Alternative empfiehlt es sich, ein Hotel mit Garage zu buchen, wenn man den Verkehr in der Innenstadt auf sich nehmen will.

🛍️

Via Montenapoleone, Via della Spiga und Via Andrea bilden das berühmte »goldene Dreieck«, in dem die großen Modeschöpfer ihre Kreationen anbieten. Hochwertige Messer und Raucher-Accessoires bekommt man bei **G. Lorenzi** in der Via Montenapoleone 9. Günstige Boutiquen und Fachgeschäfte sind im Brera-Viertel und bei der Porta Ticinese angesiedelt. Stark reduzierte Designermode bekommt man in den **Stock Houses**, u. a. bei Libero, Via Dante 14 und Via Solferino 11, oder bei Il Salvagente, Via Fratelli Bronzetti 16. Buchliebhaber werden in der Galeria bei Rizzoli und Feltrinelli fündig.

🍽️

❶ CRACCO €€€€

Eines der Spitzenlokale Mailands: Hier genießen Sie klassische Eleganz und eine sagenhafte Küche, die von Restaurantkritikern in den höchsten Tönen gelobt wird.
Galleria Vittorio Emanuele II
Tel. 02 87 67 74
So. geschl., Mo. u. Sa. nur abends
www.ristorantecracco.it

❷ IL MERCATO DEL DUOMO €€€

Ein tolles Konzept: Hier kochen die Studenten und Absolventen der Kochschule des Drei-Sterne-Michelin-Kochs Niko Romito. Zeitgenössische und gleichzeitig klassische italienische Küche, sauber und ehrlich in der Zubereitung, exquisit in den Rohstoffen. Sie genießen in drei Räumen den Blick auf die Küche, die Galerie oder den Dom. Entspannte Atmosphäre.
Galleria Vittorio Emanuele II
im zweiten Stock des Mercato del Duomo
https://ilmercatodelduomo.it
(Online-)Reservierung nötig

❸ ALLA COLLINA PISTOIESE €€

Das alteingesessene Restaurant wird seit 1938 von der gleichen Familie geführt – offensichtlich mit Erfolg. Sie kocht klassische italienische Küche und viele Mailänder Spezialitäten. Buon Appetito!
Via Amedei 1
Tel. 02 86 45 10 85
Sa. nur abends
www.allacollinapistoiese.it

❹ AL MERCANTE €€

Das Restaurant ist in Mailand schon seit Jahren bekannt, nur der Standort ist vergleichsweise neu. Was aber gleich geblieben ist: das vorzügliche Essen.
Via Cesare Cantù 7
Tel. 02 805 21 98
https://ristorantealmercante.it

ZIELE
MAILAND · MILANO

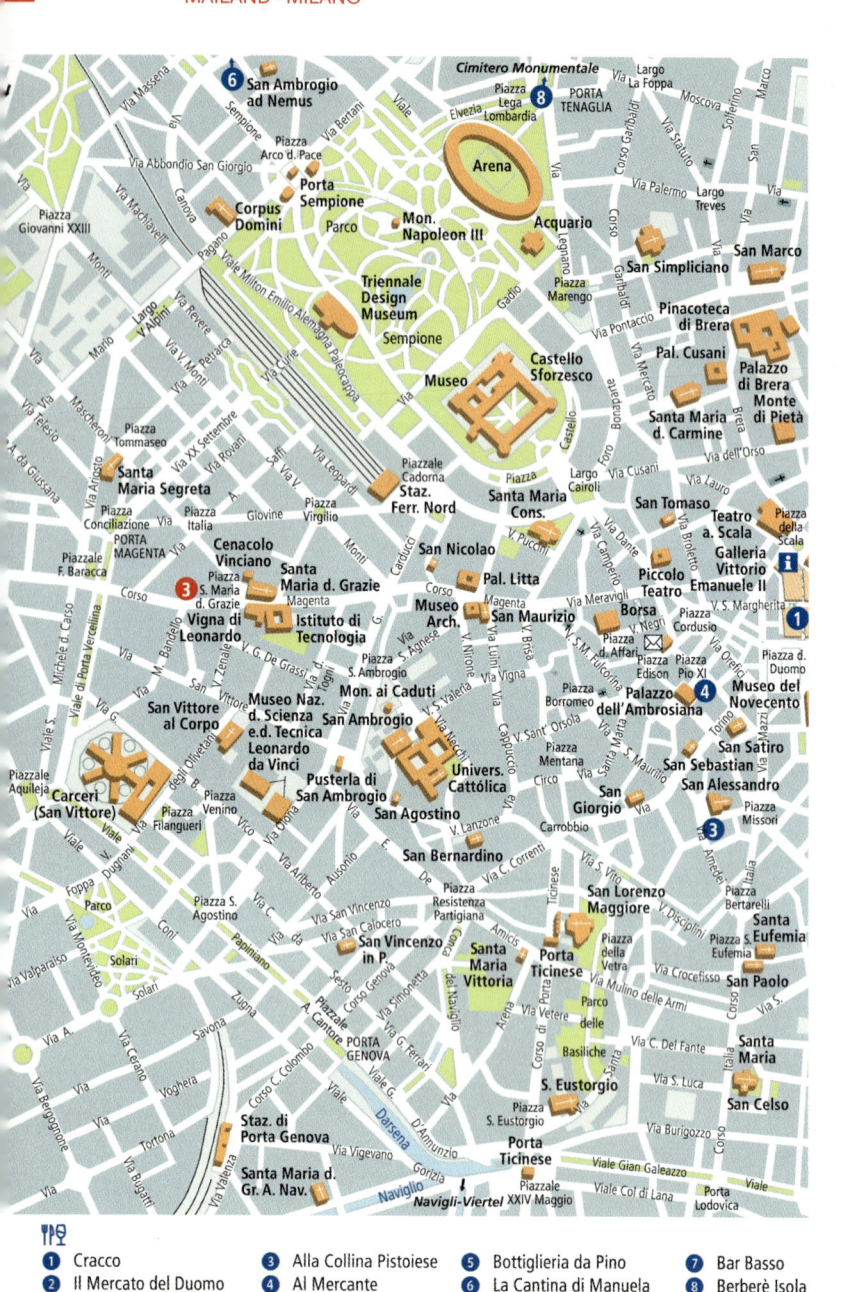

❶ Cracco	❸ Alla Collina Pistoiese	❺ Bottiglieria da Pino	❼ Bar Basso
❷ Il Mercato del Duomo	❹ Al Mercante	❻ La Cantina di Manuela	❽ Berberè Isola

ZIELE
MAILAND · MILANO

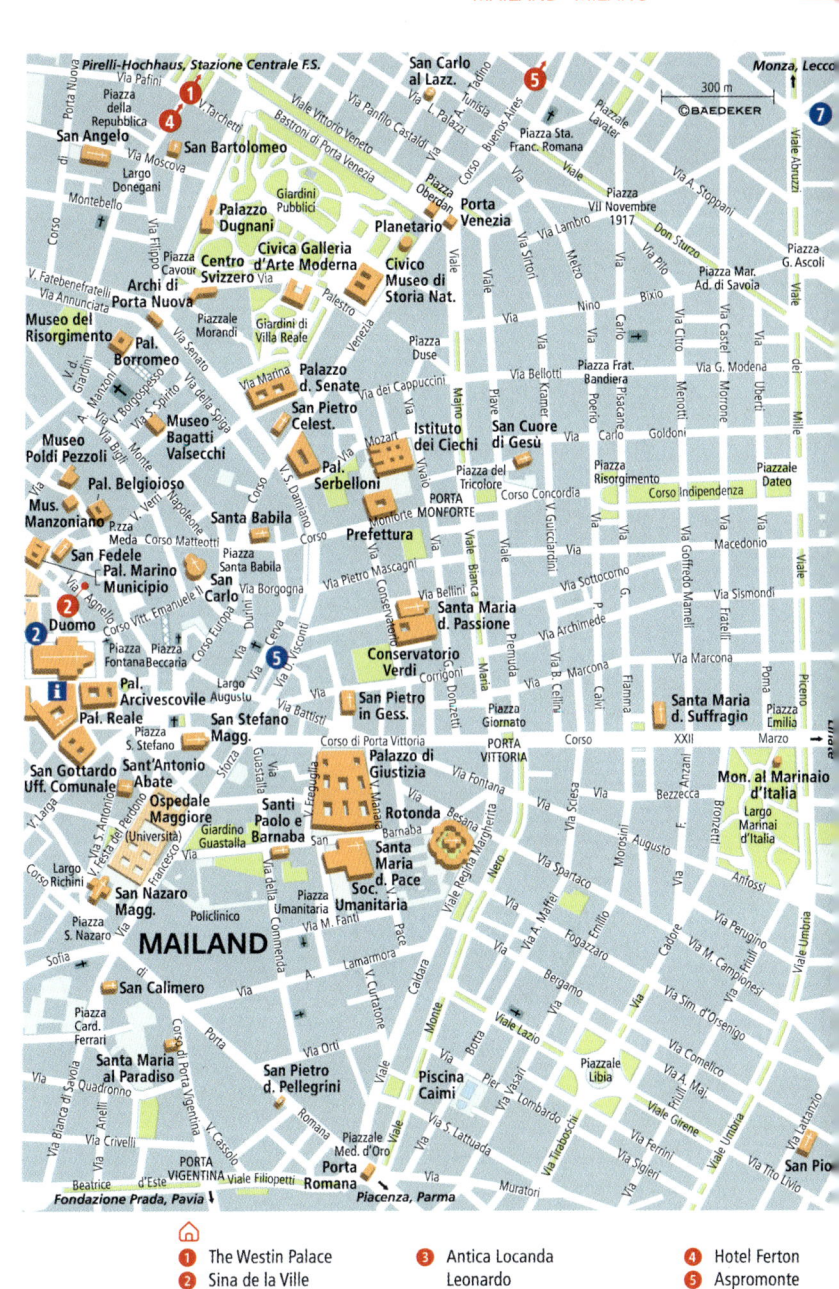

① The Westin Palace
② Sina de la Ville
③ Antica Locanda Leonardo
④ Hotel Ferton
⑤ Aspromonte

ZIELE
MAILAND · MILANO

❺ BOTTIGLIERA DA PINO €
In der kleinen Osteria in der Nähe des Doms trifft man sich auf ein gutes, zeitlich nicht allzu ausgedehntes Mittagessen. Weil die Qualität stimmt und die Preise für Mailänder Verhältnisse unglaublich günstig sind, bildet sich mitunter eine kleine Warteschlange vorm Lokal. Die Küche bietet eine ordentliche Auswahl für Vegetarier und Fleischesser, die Risotti und die überbackenen Auberginen sind köstlich.
Via Cerva 14
Tel. 02 76 00 05 32
nur mittags, So. geschl.

❻ LA CANTINA DI MANUELA €
Das beliebte Lokal liegt in der Nähe der Piazza Risorgimento und trumpft mit einem vorzüglichen Speisenangebot, einer hervorragenden Weinkarte und sehr günstigen Preisen. Was will man mehr?
Via Procaccini 41
Tel. 02 34 52 03 4
www.lacantinadimanuela.it
Mo. geschl.

❼ BAR BASSO €€
Der Treff der hiesigen Kunst- und Designszene seit den 1960ern – und genau so sieht das Interieur noch aus. Das tut der Atmosphäre keinen Abbruch. Tolle Aperitivos und Cocktails, dazu gibt's Pasta und Panini sowie interessante, nette Gäste. Und wenn Sie während der Fashionweek vorbeischauen, entdecken Sie stets das eine oder andere bekannte Gesicht.
Via Plinio 39
Tel. 02 29 40 05 80
http://barbasso.com

❽ BERBERÈ ISOLA € – €€
Diese Osteria ist genau das Richtige, wenn Sie bodenständiges Essen von bester Qualität schätzen. Die Pizzen sind bio und die Gäste entscheiden selbst, aus welchem Teig sie geknetet sein sollen. Zur Auswahl stehen: klassisch, Sauerteig oder hefefrei. Daneben gibt es köstliche Antipasti, Salate und als Dessert Zabaione und fluffige Profiteroles!
Via Sebenico 21
Tel. 02 36 70 78 20
www.berberepizza.it

❶ THE WESTIN PALACE €€€€
Das Luxushotel hat es sich in einem modernen Hochhaus bequem gemacht. Dort punktet es mit prächtig gestalteten Zimmern und Suiten voller luxuriöser Details. Was natürlich auch nicht fehlen darf: ein elegantes Restaurant.
Piazza della Repubblica 20
Tel. 02 633 61
www.westin.com

❷ SINA DE LA VILLE €€€€
Nicht nur die zentrale Lage spricht für dieses wunderschöne Hotel – auch die elegante und stilvolle Ausstattung begeistert. Zudem wartet es mit einem gediegenen Speisesaal und einem Spa-Bereich auf. Perfekt nach einem langen Sightseeing-Tag!
Via Hoepli 6
Tel. 02 879 13 11
www.delavillemilano.com

❸ ANTICA LOCANDA LEONARDO €€€
Das kleine, aber feine Hotel in sehr guter Lage versteckt sich in einem ruhigen Hinterhof. So können Sie dem Getümmel der Stadt für kurze Zeit entfliehen, die Akkus auftanken – und sich dann wieder hineinstürzen! Die Zimmer sind geschmackvoll eingerichtet und mit Klimaanlage ausgestattet. Hübsch ist auch der kleine Garten mit Pergola.
Corso Magenta 78
Tel. 02 48 01 41 97
www.anticalocandaleonardo.com

❹ HOTEL FERTON €
Im Zentrum nahe der Kirche Santa Maria delle Grazie finden Sie dieses nette Hotel, das gepflegte Zimmer mit gutem Komfort bietet.
Via S. Gregorio 30
Tel. 02 66 98 12 60
www.hotelferton.it

❺ ASPROMONTE €
Kleines Hotel in der Nähe der Piazza Loreto, die Zimmer sind nicht gerade riesig, aber sehr gepflegt und hübsch eingerichtet.
Piazza Aspromonte 12/14
Tel. 02 236 11 19
www.hotelaspromonte.it

Eine wichtige Phase begann mit der Herrschaft der Visconti im Jahr 1277, die 1450 durch die Sforza abgelöst wurden. Ausgezeichnete Künstler – darunter Leonardo da Vinci (1452–1521) und Donato Bramante (1444–1514) – wurden in die Stadt geholt, zahlreiche neue Bauten entstanden. Dann wechselte die Macht ein ums andere Mal, spanische Habsburger (ab 1530), Österreicher (1714–1796 und nochmals 1814–1859) und Franzosen (1796–1814) regierten in Mailand. Unter den Österreichern wurde Mailand zum **intellektuellen Zentrum des Risorgimento**, der Einigungsbewegung. Nach dem Ende des Zweiten Weltkriegs im Jahr 1945 entwickelte sich Mailand zur wirtschaftlichen Metropole Norditaliens.

Wohin in der Stadtmitte?

Von oben grüßt das himmlische Volk

Mailands Herz schlägt auf der **Piazza del Duomo**. Hier steht der Dom S. Maria Nascente, einer der größten Kirchenräume Italiens, in dem rund 5000 Menschen Platz haben. Sein Bau zog sich über viele Jahrhunderte hin: Baubeginn im gotischen Stil war 1386, geweiht wurde das Gotteshaus 1572. Der untere Teil der **fünfteiligen Fassade** wurde nach früheren Entwürfen von Pellegrini im 17. Jh. aufgebaut, während die oberen Teile und die Dekoration im Wesentlichen im 19. und 20. Jh. im neogotischen Stil erfolgte. Auch die Bronzeportale am Eingang sind neueren Datums; interessant ist vor allem das Hauptportal, das erst um 1900 von Lodovico Poliaghi mit neogotischen und Jugendstilelementen eingefügt wurde.

★★
S. Maria Nascente

Der Innenraum erweist sich als immens: Die **riesigen Fenster** entstanden größtenteils Mitte des 19. Jh.s, einige Verglasungen aus dem 15. Jh. sind jedoch noch erhalten und im nördlichen Querschiff gut zu sehen. Die Chorfenster wurden 1402 gearbeitet, das Maßwerk stammt von Nicolas de Bonaventure. Im ältesten Ostteil findet man zwei **gotische Portale** aus den ersten Baujahren: in der Nordsakristei das Christusportal von 1389 und in der Südsakristei das Marienportal aus dem Jahr 1391. Die Ausstattung des Doms geht im Wesentlichen auf das 16. Jh. und damit auf Pellegrino Tibaldi zurück. Er entwarf auch die **Cripta di S. Carlo** unter dem Chor,

MEISTERWERK AUS VIELEN EPOCHEN

BAEDEKER WISSEN

Wäre es nach dem Willen Gian Galeazzo Viscontis gegangen, so wäre der Mailänder Dom in einem Rutsch gebaut worden. Der Fürst ließ die Arbeitszeiten verdoppeln, befahl Nachtschichten und stellte Trödelei unter Strafe. Vergebens: Die Bauarbeiten wurden erst im 20. Jh. beendet.

❶ Himmlisches Volk aus Stein
Rund 3400 Figuren thronen auf den Spitzen des Doms. Sie werden von der 4 m hohen »Madonnina« überflügelt.

❷ Die ersten Bauschritte
Um 1500 waren Chor, Teile der Querhäuser und die ersten beiden Joche des Langhauses errichtet.

❸ Kostbare Glasfenster
Die ältesten Glasfenster leuchten in der Nordsakristei. Auch im nördlichen Querschiff findet man alte Glasfenster.

❹ Kreuzreliquie
Sie wird in einer Kassette hoch über der Apsis verwahrt.

❺ Trivulzio-Kandelaber
Der Bronzeleuchter wurde 1562 von Erzpriester Giovanni Battista Trivulzio gestiftet.

ZIELE
MAILAND · MILANO

in der die Gebeine von Carlo Borromeo verwahrt werden. Unter dem Chor ist außerdem der Domschatz mit einem **spätromanischen Prozessionskreuz** aus Chiaravalle zu sehen. In den Seitenschiffen sind einige Grabmale bekannter Persönlichkeiten zu finden, so im südlichen Querschiff das Wandgrabmal des Gian Giacomo Medici von Leone Leoni, geschaffen 1563. Im nördlichen Querschiff ist der siebenarmige Trivulziokandelaber sehenswert, ein Bronzemeisterwerk der Romanik aus Lothringen oder dem Niederrhein-Maas-Gebiet aus dem 13. Jahrhundert.

In 45 m Höhe über dem Hauptaltar befindet sich das größte Heiligtum des Doms: ein – angeblich echter – **Nagel vom Kreuz Christi**. Der Legende nach wurde dieser Nagel von der heiligen Helena gefunden und von ihrem Sohn, Kaiser Konstantin, für den Zaum seines Pferdes benutzt. Jedes Jahr zwischen dem 10. und 15. Septem-

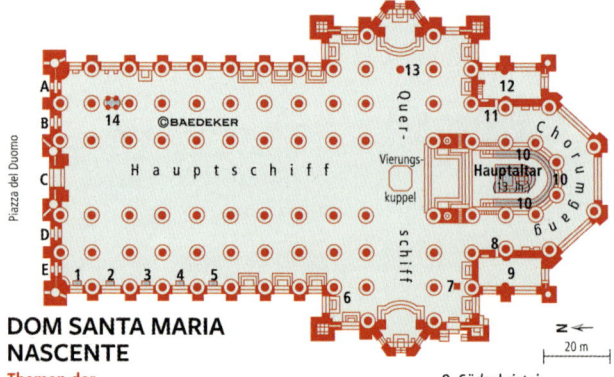

DOM SANTA MARIA NASCENTE

Themen der Bronzeportale (19./20. Jh.)
- A Edikt von Mailand
- B Aus dem Leben des hl. Ambrosius
- C Aus dem Marienleben
- D Aus der Geschichte der Stadt Mailand
- E Aus der Geschichte des Mailänder Domes

Ausstattung
1. Sarkophag des Erzbischofs Ariberto da Intimiano († 1045)
2. Sarkophag der Erzbischöfe Ottone Visconti († 1295) und Giovanni Visconti († 1354)
3. Verzeichnis der Mailänder Erzbischöfe
4. Sarkophag des Kaufherrn Marco Carelli (14. Jh.)
5. Grab des Gian Andrea Vimercati († 1548)
6. Grabmonument für Gian Giacomo Medici († 1555) von Leone Leoni (1560–1563)
7. Hl. Bartholomäus (von Marco d'Agrate, 1562)
8. Portal der Südsakristei (Sockelreliefs von Hans von Fernach u. a. rhein. Meistern, 1393)
9. Südsakristei (Domschatz)
10. Holzgeschnitztes Chorgestühl (1572–1620)
11. Portal der Nordsakristei (von Giacomo da Campione und Gehilfen, 14. Jh.)
12. Nordsakristei (Reste aus der ersten Dombauphase)
13. Trivulzio-Bronzeleuchter (13. Jh.)
14. Taufstein (von Pellegrini, 16. Jh.)

ber findet im Dom die **Prozession der Nivola** statt. Die Nivola ist ein mit Engeln bemalter Aufzug in Wolkenform, mit dem der Mailänder Erzbischof die in einer Kassette aufbewahrte Kreuzreliquie herabholt, um sie den Gläubigen zu präsentieren.

Neben dem Hauptportal führen Treppen zu den Ausgrabungen unter der Piazza mit Resten der **Vorgängerkirche Basilica S. Tecla** aus dem 5. Jh. und des Baptisteriums S. Giovanni alle Fonti. Der Aufstieg auf die **Terrazzi**, die Dachterrasse, wird an schönen Tagen mit Aussichten bis zu den Alpen belohnt. Wem die Treppenstufen zu viel sind: Es gibt einen Fahrstuhl.

Gegenüber vom Dom steht der Palazzo Reale, erbaut 1772 nach Entwürfen Giuseppe Piermarinis. Hier ist das **Dommuseum** untergebracht, in dem man die Baudokumentation und Architekturfragmente sowie sakrale Kunst anschauen kann – etwa das Aribertkreuz von 1040. Der Palazzo beherbergt außerdem das Museo d'Arte Contemporanea mit einer großen zeitgenössischen Gemäldesammlung.

Duomo: tgl. 10 – 16 Uhr, Museum bis 19 Uhr (Mi geschl.) | Eintritt ab 6 € (Kombitickets möglich) | www.duomomilano.it
Terrazzi: tgl. 9 – 19 Uhr (letzter Einlass 18 Uhr) | mit Aufzug 15 €

Und abends in die Scala

Die Galleria Vittorio Emanuele II ist mit ihren Restaurants und Bars ein mehr als beliebter Treffpunkt. Sie wurde nach nur zwei Jahren Bauzeit 1867 eingeweiht. Die Pläne der mit einer Glaskonstruktion überdachten **kreuzförmigen Flaniermeile** stammen von dem Bologneser Architekten Giuseppe Mengoni. Das Bodenmosaik in der Mitte unter der Kuppel entstand 1967 zur 100-Jahr-Feier.

★ Galleria Vittorio Emanuele II

Der Nordausgang der Galleria führt zur **Piazza della Scala** mit dem 1775 – 1778 im klassizistischen Stil erbauten gleichnamigen **Opernhaus**, das Platz für rund 2300 Besucher bietet. Die Pläne lieferte Giuseppe Piermarini, die heutige Fassade ist von 1830. Um Akustik und Bühnentechnik auf den neuesten Stand zu bringen, wurde das Opernhaus in den Jahren 2002 – 2004 umgebaut. Mit dem Umbau wurde der Tessiner Architekt Mario Botta beauftragt, Zuschauerraum und Foyer behielten dabei die originale Ausstattung von 1778. Die Spielzeit beginnt traditionell am 7. Dezember, dem Namenstag von Mailands Stadtpatron, dem heiligen Ambrosius, und endet im Juli. Wer keine der begehrten, am besten im Internet vorzubestellenden Karten bekommen hat, kann sich mit einem Besuch im hervorragenden **Theatermuseum** trösten. Dort erinnern Ausstellungsstücke an die Großen der Musikwelt, etwa der Konzertflügel von Franz Liszt. Opernatmosphäre herrscht auch im Caffè dell'Opera und im Literatencafé Cova, beide an der Via A. Manzoni. Das Denkmal auf der Piazza erinnert an Leonardo da Vinci.

Der Scala gegenüber steht der **Palazzo Marino**, 1558 von Galeazzo Alessi erbaut, der heute als Rathaus dient. Nur wenige Schritte ent-

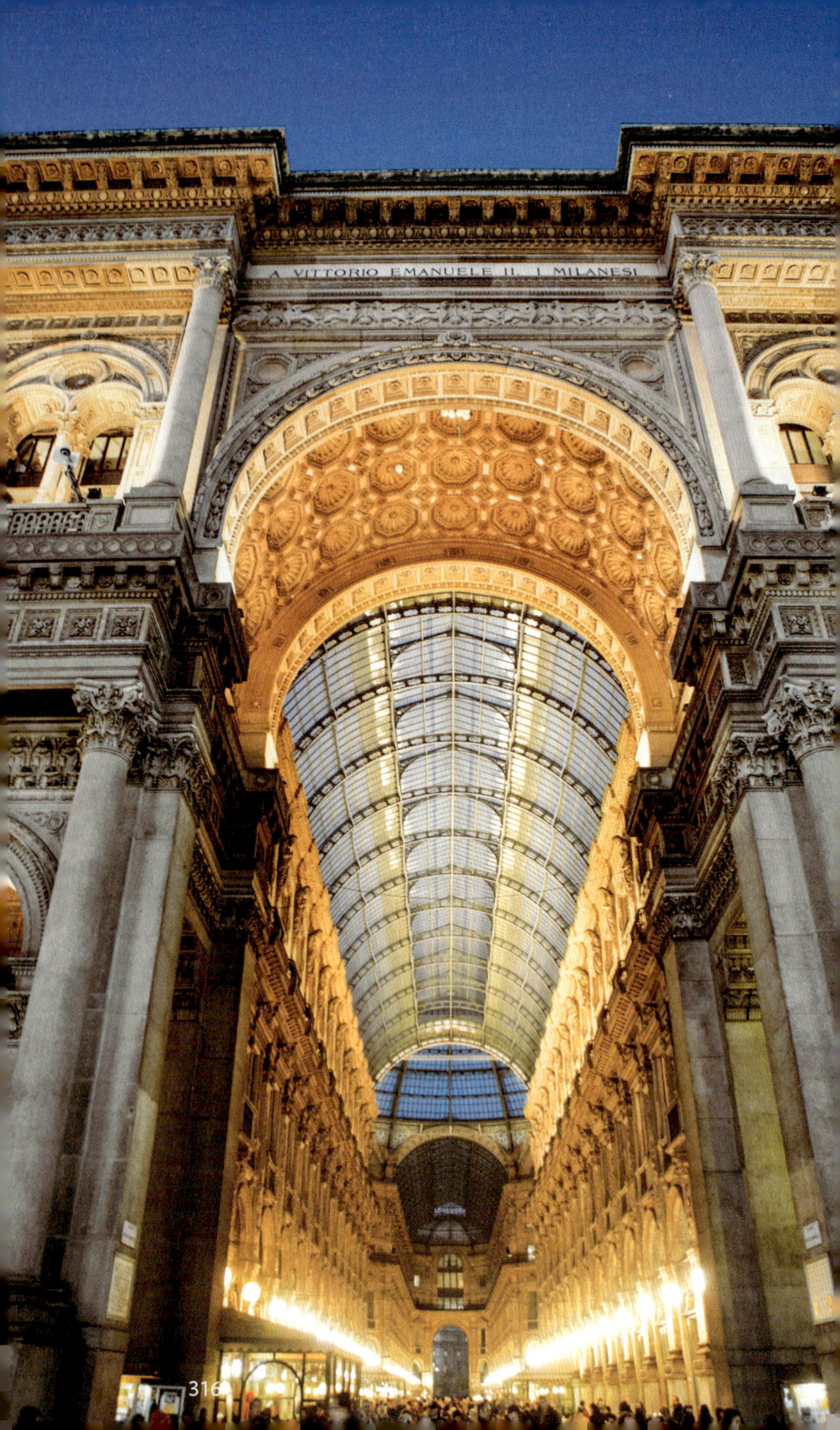
A VITTORIO EMANUELE II. I MILANESI

fernt lebte der Schriftsteller Alessandro Manzoni (1814 – 1873). Sein Wohnhaus wurde als Museum eingerichtet.

Eine Straßenecke weiter befindet sich das **Museo Poldi Pezzoli** in einem Palazzo aus dem 17. und 19. Jh. Es hütet – und präsentiert – wertvolle Gemälde von Botticelli, Piero della Francesca, Canaletto und Guardi sowie Porzellan, kostbare Möbel (16. – 18. Jh.), Muranoglas, Uhren, Schmuck.

www.teatroallascala.org
Museo Teatro alla Scala: tgl. 9.30 – 17.30 Uhr | Eintritt 12 €
www.museoscala.org
Casa del Manzoni: Via G. Morone 1 | So./Mo. geschl., Di./Mi. 10 – 14, Do./Fr. 10 – 18, Sa. 12 – 18 Uhr | Eintritt 9 € | www.casadelmanzoni.it
Museo Poldi Pezzoli: Via A. Manzoni 12 | Mi. – Mo. 10 – 13 und 14 – 18 Uhr, Di. geschl. | Eintritt 14 € | www.museopoldipezzoli.it

Der Chor ist nur gemalt

Die Piazza Mercanti grenzt westlich an den Domplatz an. Der lang gestreckte, 1228 – 1233 erbaute Palazzo della Ragione war im Mittelalter das Rathaus (Broletto Nuovo). Die Loggia degli Osii fällt durch ihre schwarz-weiße Marmorfassade auf, die man üblicherweise in der Toskana findet. Kein Wunder: Der 1316 beauftragte Architekt kam aus San Gimignano. Rechts folgt nun der **Palazzo delle Scuole Palatine**, den man 1645 nach Plänen von Carlo Buzzi als Pendant zum gegenüber gelegenen Palazzo dei Giureconsulti erbaute, dabei musste ein mittelalterliches Stadttor eingefügt werden. Der **Palazzo dei Giureconsulti**, der den Platz im Norden begrenzt, entstand wiederum 1568 für Papst Pius IV. nach dem Entwurf von Vincenzo Seregni. Nahe der Piazza Mercanti steht die von Bramante in der 2. Hälfte des 15. Jh.s errichtete Kirche **S. Maria presso S. Satiro**. Ihre illusionistische Architekturmalerei im Innern gaukelt die Existenz eines Chores vor. Beeindruckend ist die schlichte, über einem griechischen Kreuz angelegte Cappella della Pietà, die frühere Kirche S. Satiro aus dem 9. Jh. mit einer Pietà von Agostino de Fondutis von 1482.

Piazza Mercanti

Das »kleine« Theater hat große Bedeutung

Im 1603 – 1609 erbauten Palazzo dell'Ambrosiana an der Piazza Pio XI. befindet sich die Pinacoteca Ambrosiana mit Gemälden von Caravaggio, Tizian, Botticelli, Raffael sowie dem »Porträt eines Musikers«, dem einzigen Tafelbild, das Leonardo da Vinci in Mailand gemalt hat. Angeschlossen ist die **Ambrosianische Bibliothek**, eine der ersten öffentlichen Bibliotheken Europas. Einige Sträßchen weiter ist im Palazzo Carmagnola an der Ecke Via Dante/Via Rovello das **Piccolo Teatro** untergebracht, das 1947 von Giorgio Strehler, Nina Vinchi und Paolo Grassi als erstes italienisches Teatro pubblico ge-

Pinacoteca Ambrosiana

Sich treffen und (teuer) einkaufen ist in der Galleria Vittorio Emmanuele II angesagt.

gründet wurde und sehr bald zu den bedeutendsten europäischen Theatern gehörte. 1998 wurde ein größerer Neubau eingeweiht, das Nuovo Piccolo Teatro am Largo Paolo Grassi 2.
Pinacoteca Ambrosiana: Do. – Di. 10 – 18 Uhr | Eintritt 15 €

❙ Wohin in der nördlichen Innenstadt?

★ Große Kunst hinter starken Mauern

Castello Sforzesco

Das grandiose Castello Sforzesco war im 14. und 15. Jh. Residenz der Visconti und Sforza und diente ab dem 15. Jh. als Festung. Heute sind hier das **Skulpturenmuseum**, die Pinacoteca und eine archäologische Sammlung untergebracht. Zu den Hauptwerken gehören das Reiterstandbild des Bernabò Visconti von Bonino da Campione aus dem 14. Jh. (Erdgeschoss) und der 1161 von Anselmo da Campione geschaffene Fries der Porta Romana (Saal 6) mit Reliefdarstellungen. Die **Sala delle Asse** ist von Leonardo da Vinci mit einer Art Baumkrone ausgemalt worden, in der Sala degli Scarlioni steht die berühmte Pietà Rondanini, Michelangelos letztes, unvollendet gebliebenes Werk, an dem der damals 89-Jährige noch sechs Tage vor seinem Tod arbeitete.
tgl. 7 – 19.30 Uhr, Museen Di. – So. 10 – 17.30 Uhr | Eintritt Kastell gratis, Museen 5 € | www.milanocastello.it

★ Das Mailänder Pendant zu den Uffizien

Pinacoteca di Brera

Lebendig zu geht es im Brera-Viertel. Im Palazzo di Brera, einem ehemaligen Jesuitenpalast des 17. Jh.s, sind neben der Pinacoteca di Brera auch die **Kunstakademie** und ein **Observatorium** untergebracht. Im Arkadenhof steht eine Napoleonstatue von Antonio Canova von 1809. Die Gemäldesammlung Pinacoteca di Brera ist neben den Uffizien in ▶ Florenz die bedeutendste Italiens. Zu den Hauptwerken gehören Andrea Mantegnas »Cristo morto«, Bellinis »La Predica di S. Marco« und »La Pietà«, Tintorettos »Un Miracolo di S. Marco«, Raffaels »Sposalizio della Vergine«, Piero della Francescas »Madonna e Santi«, Bramantes »Cristo flagellato« und Caravaggios »Cena in Emmaus«. Auch Werke zeitgenössischer Künstler werden gezeigt. Wissenswertes über die Geschichte Mailands erfährt man im angrenzenden **Museo del Risorgimento**, wo die Entwicklung der italienischen Nationalbewegung aufgezeichnet ist.
Pinacoteca di Brera: Di. – So. 8.30 – 19.15 Uhr | Eintritt 15 €
www.pinacotecabrera.org
Museo del Risorgimento: Via Borgonuovo 23 | Di. – So. 10 – 17.30 Uhr Eintritt gratis | www.museodelrisorgimento.mi.it

Flanieren im englischen Park

Giardini Pubblici

Danach lohnt sich ein Spaziergang in den Giardini Pubblici. Hier befinden sich ein Planetarium, das Museo di Storia Naturale mit einer

ZIELE
MAILAND · MILANO

geologischen, mineralogischen und zoologischen Abteilung sowie das **Museo del Cinema** mit Exponaten zur Geschichte des Films. Die 1790 erbaute klassizistische Villa Reale beherbergt die **Galleria d'Arte Moderna** mit Gemälden des 19. und 20. Jh.s sowie einer Sammlung mit Skulpturen von Marino Marini.
Via Palestro 16 | Di. – So. 10 – 17.30 Uhr | 5 € | www.gam-milano.com

Wohin in der westlichen Innenstadt?

Leonardo da Vincis »Abendmahl«
Eine Tour durch den Westen beginnt man am besten mit der Besichtigung der Dominikanerklosterkirche Santa Maria delle Grazie am Corso Magenta, die 1469 unter Guiniforte Solari fertiggestellt wurde. Schon 1492 gestaltete Bramante die Chorpartie und die mächtige Kuppel neu, Spitzbögen und Kreuzgewölbe im Längsschiff sind noch Elemente der Spätgotik; in dem als Zentralbau angelegten östlichen Teil kündigt sich dagegen bereits die Frührenaissance an. Am Ende des linken Seitenschiffs gelangt man in die Kapelle mit dem Bildnis der Maria delle Grazie. Der Kreuzgang entstand ebenfalls nach Plänen von Bramante. Im **Refektorium**, das man durch einen gesonderten Eingang links

★★
S. Maria delle Grazie

»Einer von euch wird mich verraten«: Leonardos »Abendmahl« im Refektorium von Santa Maria delle Grazie, eine Ikone der Kunstgeschichte.

ZIELE
MAILAND · MILANO

der Kirche betritt, ist mit dem »Abendmahl« von Leonardo da Vinci eines der berühmtesten Gemälde der Welt zu sehen. Leonardo da Vinci arbeitete von 1495 bis 1498 am **»Cenacolo«**, das die Nordwand des Refektoriums einnimmt. Dargestellt ist die Abendmahlszene in dem Moment, als Christus den Jüngern verkündet, einer von ihnen werde sein Verräter sein. Berühmt ist das Bildwerk vor allem wegen der **eindrucksvollen Komposition** und der fast schon psychologisierten Darstellung der Jünger. Insgesamt sieben Restaurierungen wurden an diesem Gemälde vorgenommen. Bei den jüngsten Restaurierungsarbeiten – sie dauerten über zwanzig Jahre und kamen Mitte 1999 zu ihrem Ende – wurde die ursprüngliche Lichtführung wieder deutlich: Im Bild scheint das Licht durch die Fenster an der Westseite des Refektoriums einzufallen.

Die »Kreuzigung« an der Südwand gegenüber stammt von Giovanni Donato da Montorfano aus dem Jahr 1495. Übrigens waren während der napoleonischen Besatzung im Refektorium von S. Maria delle Grazie Pferde untergebracht – kunsthistorisch betrachtet war dies wohl zweifellos der wertvollste Stall aller Zeiten.

Im **Museo Nazionale della Scienza e della Tecnica**, 5 Minuten zu Fuß südlich von Santa Maria delle Grazie, sind architektonische und technische Modelle zu sehen, die nach Entwürfen von Leonardo da Vinci gebaut wurden. Ein Großteil des Museums ist der technischen Entwicklung von der Zeit Leonardo da Vincis bis ins 20. Jh. gewidmet.

Cenacolo vinciano: nur nach Anmeldung über cenacolovinciano.vivaticket.it bzw. Tel. 02 92 80 03 60 bzw. per Mail an cenacologruppi@adartem.it | Eintritt 15 € | https://cenacolovinciano.org

Museo Nazionale Leonardo da Vinici: Via S. Vittore 21 | Mitte Juni – Mitte Sept. Di. – Fr. 10 – 18, Sa./So. 10 – 19, sonst Di. – Fr. 9.30 – 17, Sa./So. 9.30 – 18.30 Uhr | 10 € | www.museoscienza.org

Diese Kirche hat gleich zwei Glockentürme

S. Ambrogio

Die Kirche Sant'Ambrogio geht zurück auf eine Stiftung des hl. Ambrosius, Bischof von Mailand, im Jahr 386. Der heutige Bau ist aus dem 12. und 14. Jh. Donato Bramante entwarf Ende des 15. Jh.s zwei Kreuzgänge und den Arkadengang an der nördlichen Kirchenwand, den **Portico della Canonica**. Die Fassade wird von zwei Glockentürmen flankiert: rechts dem vorromanischen Campanile dei Monaci (9. Jh.), links dem romanischen Campanile dei Canonici (12. Jh.). Aus dieser Zeit stammt auch das Hauptportal, dessen Tür jedoch erst im 18. Jh. vollendet wurde; sie zeigt die Geschichte von David und Saul.

Der dreischiffige Innenraum ist der älteste Teil der Anlage. Beachtenswert sind der schöne Kapitellschmuck, der von römischen Porphyrsäulen getragene Altarbaldachin des Ziboriums und die **Verkleidung des Hochaltars**, ein Hauptwerk der karolingischen Kunst des 9. Jh. Die ursprüngliche Marmorkanzel wurde im 12. Jh. zerstört und wieder zusammengesetzt; darunter steht der Sarkophag für Flavius Stilicho aus frühchristlicher Zeit. Unter dem Chor befindet sich die Krypta mit den Gebeinen der hl. Ambrosius, Gervasius und Protasius. Durch die letzte Kapelle im rechten Seitenschiff kommt man zur **Grabkapelle S. Vittore in Ciel d'Oro**, deren Mosaiken auf das Jahr 470 datiert werden. Vom linken Seitenschiff aus hat man Zugang zum Portico della Canonica von Bramante. Hier geht es weiter ins Museo di S. Ambrogio mit Exponaten zur Geschichte der Kirche.

Mo.–Sa. 10–12 und 14.30–18, So. 15–17, Basilika Mo.–Sa. 7.30–12.30 und 14.30–19, So. 8–13 u. 15–20 Uhr
www.basilicasantambrogio.it

Wohin in der südlichen Innenstadt?

Mailands Verbindung zum Mittelmeer

Wie S. Ambrogio und S. Simpliciano geht auch S. Lorenzo Maggiore auf einen Vorgängerbau aus dem 4. Jh. zurück, der im 12. und 16. Jh. erneuert wurde. Der achteckige Grundriss, der auf die byzantinischen Kirchenbauten des 6. Jh.s entscheidenden Einfluss hatte, blieb aber erhalten. Die Reihe von **16 korinthischen Säulen** auf dem Kirchenvorplatz stammt aus der römischen Kaiserzeit und gehörte einst zu einem Tempel. Der auf das Rund unter der Kuppel konzentrierte Innenraum wird durch den Umgang mit doppelgeschossigen apsisähnlichen Erweiterungen vergrößert. Die südliche Apsis öffnet sich zum Baptisterium, bestehend aus dem Vorraum und der Cappella di S. Aquilino, die Mosaiken und Wandmalereien stammen aus dem 4. Jh. Südlich von S. Lorenzo Maggiore überspannt die **Porta Ticinese**, Teil der mittelalterlichen Stadtmauer, den Corso. Am anderen Ende des Parco delle Basiliche steht die romanische Kirche S. Eustorgio – auch sie geht auf einen Vorgängerbau aus dem 4. Jh. zurück. Der mit 75 m höchste Glockenturm von Mailand wurde um 1300 ergänzt, die Seitenkapellen im 15. Jh. Die Cappella Portinari hinter dem Altarraum schuf Bartolomeo Michelozzo 1468 als Grabkapelle. Die Fresken sind von dem Brescianer Maler Vincenzo Foppa, das überdimensionale Marmorgrab in der Raummitte stammt von Giovanni Balduccio aus dem 14. Jh.

S. Lorenzo Maggiore

Nachtleben

Etwas südwestlich von S. Eustorgio, jenseits der »neuen« Porta Ticinese, liegt das Navigli-Viertel, das für seine vielen kleinen Restaurants, Musikkneipen und sein reges Nachtleben bekannt ist. In der Darsena, dem einstigen Binnenhafen, kommen die Kanäle Naviglio Grande und Naviglio Pavese zusammen, die beiden einzigen verbliebenen eines einst weit verzweigten Kanalnetzes. Über den Naviglio Pavese, der bei Pavia in den Ticino mündet und über diesen zum Po führt, war Mailand mit dem Mittelmeer verbunden.

Navigli-Viertel

ZIELE
MAILAND · MILANO

Rund um das Zentrum

Letzte Ruhe

Cimitero Monumentale — Auf dem in der zweiten Hälfte des 19. Jh.s nördlich vom Zentrum angelegten **Cimitero Monumentale** finden sich u. a. die Familiengräber der Campari, Toscanini und Motta; Alessandro Manzoni ist in der Kapelle begraben.

Wer das Grab von Giuseppe Verdi sucht, wird in der **Casa di Riposo per Musicisti** an der Piazza Buonarroti 29 im Westen Mailands fündig. Hier ist der Komponist neben seiner Frau Giuseppina Strepponi beigesetzt. Verdi verfügte 1899, dass die Tantiemen aus Aufführungen seiner Opern nach seinem Tod in ein Heim für mittellose alte Musiker fließen sollten.

Bestechend einfach

Chiaravalle Milanese — Weit zurück in die Vergangenheit führt ein Besuch der 1135 von Bernhard von Clairvaux gegründeten Abtei Chiaravalle Milanese an der Kreuzung Via Sant'Arialdo/Via S. Bernardo. Sie gilt als ein typisches Beispiel der **französischen Gotik**, die die Zisterziensern damals mit nach Norditalien brachten: geprägt durch allergrößte Einfachheit und Schmucklosigkeit.

Rund um Mailand

Eiserne Kronen, laute Motoren

Monza — Die Industriestadt Monza liegt etwa 15 km nordöstlich von Mailand. Von ihrer einstigen Bedeutung – Monza war unter den Langobarden Krönungsstadt – ahnt man nur noch wenig. Hauptsehenswürdigkeit ist der **Dom S. Giovanni Battista**, erbaut 1260 – 1396 mit seiner grünweißen Marmorfassade, dessen Tympanon die Langobardenkönigin Theodelinde zeigt. Der Kampanile entstand erst Ende des 16. Jh.s nach Plänen von Pellegrino Tibaldi. Innen sollte man sich die Cappella di Teodelinda links vom Chor anschauen, die die **Eiserne Krone der Langobarden** (Corona ferrea) hütet. Das Schmuckstück zierte u. a. die Häupter von Berengar I., Friedrich Barbarossa, Karl V. und Napoleon. Ihr Name geht auf den schmalen Eisenreif auf der Innenseite der Krone zurück – der Überlieferung nach einer der Kreuzesnägel. Man nimmt an, dass sie in der zweiten Hälfte des 9. Jh.s angefertigt wurde. An der Piazza Roma in unmittelbarer Nähe des Doms erinnert der im späten 13. Jh. erbaute Arengario, das alte Rathaus, an die Zeit, als Monza selbstständige Kommune war. Heute ist hier das Archäologische Museum eingerichtet.

Die **Villa Reale**, ein klassizistisches Schlösschen, ließ sich Ferdinand von Österreich 1777 – 1780 errichten. Giuseppe Piermarini entwarf die Dreiflügelanlage. 1922 wurde im Park der Villa das **Autodromo**

ZIELE
MANTUA · MANTOVA

Nazionale gebaut. Jedes Jahr wird hier um den Großen Preis von Italien gefahren. An rennfreien Wochenenden und nach Abschluss der Rennsaison im Oktober kann man die Piste auch mal mit dem eigenen Wagen erproben.
Autodromo: www.monzanet.it

Von Mailand zerstört

Das hübsche mittelalterliche Städtchen Lodi, 30 km südöstlich von Mailand gelegen, wurde 1158 nach der Zerstörung von Lodi Vecchio mit Unterstützung von Friedrich Barbarossa gegründet. Zentrum ist die von Arkaden umgebene **Piazza della Vittoria** mit dem Dom S. Bassiano, erbaut 1160 – 1284. Etwas westlich steht die Kirche S. Maria Incoronata von 1488, deren Innenraum deutlich Einflüsse der Architektur Bramantes zeigt. Die Malereien im Innenraum stammen großteils aus dem 16. Jh. Im ehemaligen Kloster S. Filippo am Corso Umberto 63 ist heute das **Museo Civico** mit einigen archäologischen Stücken aus Lodi Vecchio untergebracht.

Lodi

6 km westlich von Lodi liegt das 1152 von Mailand zerstörte **Lodi Vecchio**, das einst die zweitbedeutendste Stadt der Lombardei war. Die Kirche S. Bassiano außerhalb des heutigen Orts wurde erst 1320 – 1323 im gotischen Stil umfassend verändert. Die als **Lodigiano** bezeichnete Ebene erstreckt sich um Lodi herum vom östlichen Ufer der Adda bis zum Lambro und wird bestimmt durch charakteristische Pappelreihen, Wasserkanäle und Cascine – die großen Gutshöfe, die hier weit verstreut in der Gegend stehen. Heute werde sie allerdings vielfach nicht mehr bewirtschaftet und verfallen.

★ MANTUA · MANTOVA

Region: Lombardei · Lombardia | **Provinz:** Mantova
Höhe: 20 m ü. d. M. | **Einwohnerzahl:** 49 400

Was für ein Stadtbild! Sowohl der Marktplatz von Mantua, die Piazza delle Erbe, als auch die Gassen im Zentrum werden gesäumt von mittelalterlichen, neo-klassizistischen und aus der Renaissance stammenden Palästen. Doch die von der UNESCO zum Weltkulturerbe gekürte Stadt ist alles andere als ein steriles Freilichtmuseum. Auf den Plätzen trifft man sich in den Bars bereits morgens auf einen schnellen caffè und genießt abends in den vielen stimmungsvollen Trattorien die regionale Spezialität Tortelli, mit Kürbis gefüllte und in Amaretto geschwenkte Teigtaschen. Muss man einmal probiert haben!

ZIELE
MANTUA · MANTOVA

Herzogliche Residenz

Bis ins 12. Jh. war die Stadt eine Insel. Erst nachdem der Mincio reguliert wurde, entwickelte sich Mantua auf einer Landzunge weiter, die heute von **drei Seen** umgeben ist. Die zahlreichen Kulturschätze Mantuas entstanden vorwiegend ab 1328, während der über 300-jährigen Herrschaft der Gonzaga. Großen Wohlstand brachte auch die erste und lange Zeit berühmteste italienische Pferdezucht ein. Architekten wie Leon Battista Alberti – Wegbereiter eines neuen Architekturstils in der Lombardei – und später der Raffaelschüler Giulio Romano wurden geholt; als Hofmaler waren Antonio Pisanello, Andrea Mantegna und Peter Paul Rubens tätig, als Musiker arbeitete Claudio Monteverdi am Hof der Gonzaga. In **Pietole**, dem einstigen Andes, wurde vermutlich im Jahr 70 v. Chr. der Dichter Vergil geboren. Ihm zu Ehren wurde der Landstrich Virgilio genannt. 1707 übernahmen die österreichischen Habsburger die Macht, bei denen Mantua bis 1866 verblieb. Giuseppe Verdi hat übrigens den Schauplatz seiner Oper »Rigoletto« nach Mantua gelegt; Südtirols Nationalheld **Andreas Hofer** wurde am 19. Februar 1810 in Mantua hingerichtet

▌Wohin in Mantua?

Ein Initialwerk der Renaissance

Piazza delle Erbe

An der Piazza delle Erbe steht die zweigeschossige **Rotonda di S. Lorenzo**. Die Basis des im 11. Jh. errichteten Gebäudes liegt etwa 1,5 m tiefer als der heutige Platz, denn das Niveau des Bodens hat sich mit den Jahrhunderten allmählich erhöht. Älteste Bauteile sind zwei Säulen aus römischer Zeit; vom Ursprung sind noch Würfelkapitelle und einige Freskenstücke erhalten; rechts in der Apsis ist eine Darstellung des Martyriums des hl. Lorenz zu sehen. Der **Palazzo della Ragione** im Norden der Piazza entstand 1250 als Rathaus. Bei dem Erdbeben im Mai 2012 wurden Gebäudeteile beschädigt, daher sind Palazzo und Turm derzeit nicht zugänglich.

Die Pläne für die benachbarte **Torre dell'Orologio** lieferte 1473 Luca Fancelli, der damalige Hofarchitekt der Gonzaga, der Mathematiker, Mechaniker und Astrologe Bartolomeo Manfredi konstruierte die astronomische Uhr. Ein weit verbreitetes Symbol ist die Madonna auf dem Mond: Sie steht für den Sieg des Christentums.

Gegenüber erhebt sich ein Initialwerk der Renaissance: die ab 1472 nach Entwürfen von Leon Battista Alberti erbaute Kirche **S. Andrea**. Der neue Stil zeigt sich u. a. an der Fassade, die Bezüge zur Antike aufweist: einen Portikus mit hohem Rundbogen, Pilastern und einem Giebel, der formal antike Tempelfront und Triumphbogen vereint. Im Innern wird das Fassadenmotiv auf jeder Seite des Kirchenschiffs zweimal wiederholt, die hohe Rundbogen birgt nun die Seitenkapellen. Neuartig ist der **Einheitsraum mit Querschiff, Vierung und Chor**. Der »Triumphbogen« setzt sich im Innern als kassettiertes Tonnenge-

ZIELE
MANTUA · MANTOVA

wölbe mit 18 m Spannweite fort. Die Einheitlichkeit des Raumes, die Verbindung von Lang- und Zentralbau, nimmt bereits Gedanken des Barock vorweg. Die Kuppel folgte erst zwischen 1733 und 1756.
Rotonda di S. Lorenzo: Mo. - Fr. 10 - 13 u. 14.30 - 18, Sa., So. 10 - 19 Uhr | Eintritt gegen Spende

Grausig

Einen nahezu unveränderten Raum aus dem Jahr 1767 birgt der Palazzo dell'Accademia Virgiliana an der Via Accademia 47: das Teatro Scientifico, das nach Plänen von Antonio Galli Bibiena erbaut wurde und zu dessen Einweihung der junge Mozart ein Konzert gab. Von der Piazza delle Erbe führt ein Durchgang zur **Piazza Broletto**, wo sich eine Darstellung des Vergil aus dem 13. Jh. befindet. Der Torre Civica an der Ecke des kleinen Platzes stammt noch aus dem Mittelalter.

An die kämpferischen Auseinandersetzungen zwischen Ghibellinen und Guelfen erinnert der **Torre della Gabbia** an der Ecke zur Via Cavour – die verfeindeten Adelsfamilien errichteten damals zu ihrem Schutz Wehrtürme. Der Name Gabbia (Käfig) bezieht sich auf eine grässliche Hinrichtungsmethode: Der Verurteilte wurde in einen am Turm angebrachten Käfig gesteckt, wo er dann verdurstete.

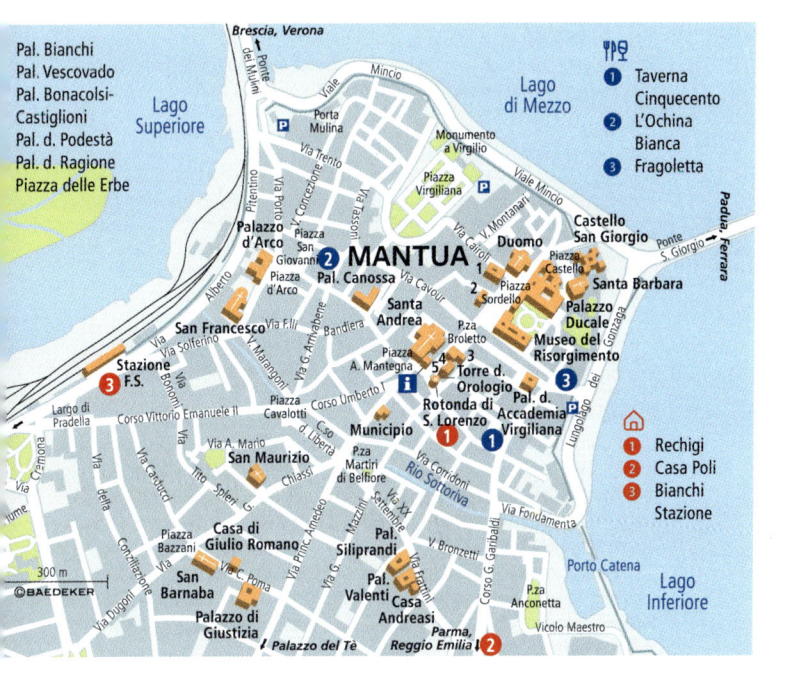

Von der Accademia zur Piazza Sordello

MANTUA ERLEBEN

Piazza Andrea Mantegna 6
46100 Mantua
Tel. 0376 43 24 32
www.turismo.mantova.it

🍽

❶ TAVERNA CINQUECENTO €€
Etwas versteckt in einem Altstadtpalazzoas bietet dieses Restaurant Traditionsgerichte wie Risotto, Schmorbraten aus Eselsfleisch und natürlich auch Fisch und frosches Gemüse.
Via Bertani 78
Tel. 0376 32 77 72 | Di. geschl.
www.tavernacinquecento.it

❷ L'OCHINA BIANCA €
In dem geradlinig und modern eingerichteten Restaurant an der Piazza San Giovanni geht es immer recht lebhaft zu. Kleines, vorzügliches Speisenangebot, lokale Spezialitäten.
Via Finzi 2 | Tel. 0376 32 37 00
tgl. abends geöffnet, Fr. – So.
auch mittags
www.ochinabianca.it

❸ FRAGOLETTA €
Einfaches, gemütliches Lokal, geboten wird klassische mantuanische Küche und köstlicher Käse.
Piazza Arche 5/a
Tel. 0376 32 33 00
Mo. geschl. | www.fragoletta.it

🏠

❶ RECHIGI €€€ – €€€€
Modernes, schick eingerichtetes Hotel im historischen Zentrum. Freunde zeitgenössischer Kunst werden von den vielen Bildern und Skulpturen, die übers ganze Haus verteilt sind, begeistert sein.
Via Calvi 30,
Tel. 0376 32 07 81
www.rechigi.com

❷ CASA POLI €€
Schönes Designerhotel in einem geschmackvoll restaurierten Palast aus dem 19. Jh.; es liegt wenige Minuten zu Fuß vom Stadtzentrum entfernt.
Corso Garibaldi 32
Tel. 0376 28 81 70
www.hotelcasapoli.it

❸ BIANCHI STAZIONE €
Einfaches, gepflegtes Haus gegenüber dem Bahnhof, zum Zentrum sind es von hier 10 Gehminuten. Viele Zimmer gehen auf den Innenhof hinaus.
Piazza Don Leoni 24
Tel. 0376 32 64 65
www.albergobianchi.com

Ältester Platz in Mantua ist die lang gestreckte **Piazza Sordello**, die über Jahrhunderte das Zentrum Mantuas war. Sie wird von schönen, mit Schwalbenschwanzzinnen versehenen Palazzi aus dem 13. und 14. Jh. sowie dem Bischofspalast aus dem 18. Jh. gesäumt. Hier erhebt sich der **Duomo di S. Pietro**, in dessen Bau sich romanische, spätgotische und barocke Stilelemente mischen. Baubeginn war um 1131, die barocke Fassade entstand im 18. Jh. Anschauen sollte man sich die Sakramentskapelle, ein überkuppeltes Achteck von 1784, sowie die Incoronatakapelle, deren Entwurf vermutlich Leon Battista Alberti lieferte.

ZIELE
MANTUA · MANTOVA

Kleines Tor, riesiger Palast

Der Palazzo Ducale ist das Prunkstück der Stadt, neben Vatikanstadt Italiens größte Schlossanlage und einstmals eine der reichsten Residenzen Europas. Durch ein kleines Tor an der Piazza Sordello betritt man den Palast, der aus acht zwischen dem 13. und dem 17. Jh. entstandenen Großbauten mit **mehr als 500 Sälen und Zimmern** (zusammen 34 000 m²) sowie insgesamt 15 Gärten und Innenhöfen besteht. Nur ein kleiner Teil steht zur Besichtigung offen.

★ Palazzo Ducale

Zu den Höhepunkten gehört die Sala dello Stemma, in der ein Gemälde von Domenico Morone hängt, auf dem die Vertreibung der Bonacolsi durch die Gonzaga 1328 zu sehen ist – und nebenbei auch der Dom mit seiner noch mittelalterlichen Fassade. In der Sala del Pisanello legte man 1969 Reste von Wandmalereien von Antonio Pisanello aus dem Jahr 1440 frei, mit Szenen zur Artussage, weitere Rötelzeichnungen von Pisanello sind in der Sala delle Sinopie (sinopia = Rötel) zu sehen. Von der Sala dei Fiumi aus hat man einen schönen Blick auf den Giardino Pensile aus dem 16. Jh. Wertvolle Gemälde aus dem 17. Jh. warten in der Sala degli Arcieri (Saal der Bogenschützen), u. a. die Darstellung der Familie Gonzaga in Anbetung der Hl. Dreieinigkeit von **Peter Paul Rubens**. In der Cavallerizza waren einst die berühmten Pferde, in der Galleria della Mostra die Gemäldesammlung der Gonzaga untergebracht. Eine der Hauptsehenswürdigkeiten befindet sich im Castello S. Giorgio: die **Camera degli Sposi**, die Andrea Mantegna 1465 – 1474 ausmalte.

Di. – So. 8.15 – 19.15 Uhr (letzter Einlass 18.20 Uhr) | Eintritt 15 € | www.mantovaducale.beniculturali.it

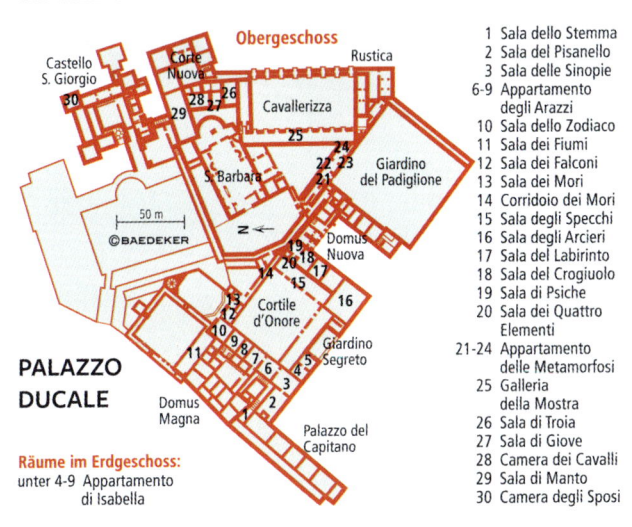

PALAZZO DUCALE

1 Sala dello Stemma
2 Sala del Pisanello
3 Sala delle Sinopie
6-9 Appartamento degli Arazzi
10 Sala dello Zodiaco
11 Sala dei Fiumi
12 Sala dei Falconi
13 Sala dei Mori
14 Corridoio dei Mori
15 Sala degli Specchi
16 Sala degli Arcieri
17 Sala del Labirinto
18 Sala del Crogiuolo
19 Sala di Psiche
20 Sala dei Quattro Elementi
21-24 Appartamento delle Metamorfosi
25 Galleria della Mostra
26 Sala di Troia
27 Sala di Giove
28 Camera dei Cavalli
29 Sala di Manto
30 Camera degli Sposi

Räume im Erdgeschoss:
unter 4-9 Appartamento di Isabella

ZIELE
MANTUA · MANTOVA

Palazzo d'Arco

Zuhause beim Adel
Einen Einblick in die Wohnkultur des Mantuaner Adels erhält man beim Besuch des **Palazzo d'Arco** an der gleichnamigen Piazza. Das in der zweiten Hälfte des 18. Jh.s nach Plänen Antonio Colonnas erbaute Gebäude ist mit originalen Einrichtungsgegenständen aus dem 15. bis 18. Jh. ausgestattet.

Palazzo d'Arco: Mi. – So. 9.30 – 13 u. 14.30 – 18 Uhr, Mo. nur vormittags, Di. nur nachmittags | Eintritt 10 € | www.museodarcomantova.it

Palazzo del Te

Vorbild für Versailles und Co.
Der Palazzo del Te gilt als Hauptwerk von Giulio Romano, dem Lieblingsarchitekten Federicos II. Der kunstliebende Herzog ließ sich den Sommerpalast 1525 – 1535 auf der Insel Te bauen, die man bis zur Trockenlegung des Sees im 18. Jh. nur über eine Brücke betreten konnte. Dort war keine übliche Fürstenvilla entstanden, sondern ein **weitläufiges Gartenschloss** mit Teichen, Gärten und Pferdeställen, das später Vorbild für Versailles, Nymphenburg oder Schönbrunn wurde. Die prachtvolle Ausgestaltung nahmen größtenteils Schüler Romanos vor. In allen Techniken, in Architektur, Malerei, Plastik und in den Stuckarbeiten sind Elemente der römischen Antike verarbeitet. In Teile des Palasts ist heute das Museo Civico untergekommen.

Palazzo del Te: Di. – So. 9 – 19.30, Mo. 13 – 19.30 Uhr (im Winter jeweils bis 18.30 Uhr) | Eintritt 15 € | www.centropalazzote.it

Bacchantische Szene im Saal von Amor und Psyche im Palazzo del Te

Rund um Mantua

P.G.R.

In Curtatone, wenige Kilometer westlich von Mantua, lohnt der Besuch der Wallfahrtskirche S. Maria delle Grazie, im 15. Jh. von Bartolino da Novara entworfen. Im Innenraum ist die Ausstattung sehenswert, die in vielerlei Form das **Überleben bei Unglücksfällen** oder bei ungerechten Todesurteilen thematisiert. Auf allen liest man die Kürzel P. G. R. für »Per Grazia Ricevuta« (»für die empfangene Gnade«). Jedes Jahr am 15. August zu Mariä Himmelfahrt findet hier ein internationaler Wettbewerb der sog. Madonnari statt – Pflastermaler, die sich auf religiöse Motive spezialisiert haben.

Curtatone

Eine ideale Residenzstadt

Von Mantua aus kann man mit dem Schiff via Mincio und Po bis nach Boretto und von dort aus weiter mit dem Bus in das kleine, rund 35 km südwestlich liegende Sabbioneta fahren. Angelegt wurde diese kleine Stadt im 16. Jh. von Vespasiano Gonzaga (1531 bis 1591), Heerführer im Dienste der Spanier, als ideale Residenzstadt. Man kann sie im Rahmen einer Führung besichtigen, so etwa den Palazzo Ducale, das Teatro Olimpico – eines der ersten überdachten Theater in Europa – und die Chiesa dell'Incoronata. Die Synagoge erinnert an die einst große jüdische Gemeinde. Auf dem Weg von Sabbioneta nach ▶ Cremona kann man ab Casalmaggiore viele Kilometer über den als schmale Straße ausgebauten **Po-Damm** fahren.

Sabbioneta

MARKEN · MARCHE

Region: Marche | Provinzen: Ancona, Ascoli Piceno, Macerata, Pesaro, Urbino | Fläche: 9694 km² | Einwohnerzahl: 1 531 000

Die Attraktivität der Region Marken liegt in einer Vielzahl kleiner atmosphärischer Orte wie Fano, Fermo, Jesi, Fabriano oder Macerata begründet, in denen sich Urbanität und Provinzialismus, Tradition und Modernität angenehm verbinden. Bemerkenswert ist zudem die große kulturelle Aktivität dieses Landstrichs – das Rossini-Festival in Pesaro ist nur das bekannteste in einer ganzen Reihe stimmungsvoller Sommerfestivals.

H–K 15–18

Die mittelitalienische Landschaft und politische Region Marken – ihre Hauptstadt ist ▶ Ancona – bildet einen etwa 180 km langen und bis 70 km breiten Streifen entlang des Adriatischen Meers. Sie ist ein

ZIELE
MARKEN · MARCHE

Nicht nur in der Toskana ist es schön

weitgehend fruchtbares, von vielen parallel verlaufenden Flüssen durchzogenes **Hügelland**, das im Inneren noch von der Landwirtschaft geprägt wird. Die lange Küstenlinie der Marken mit ihren Sandstränden ist seit den 1960er-Jahren ein Ferienziel ersten Ranges. Allerdings vermag die ununterbrochene Abfolge der Hotels, Ferienhäuser, Vergnügungsstätten und entsprechender Infrastruktur, vereint mit hässlichen Industriearealen, nicht zu begeistern. Einzige Ausnahme bildet der **Monte Cònero** bei Ancona, dessen Strände zu den schönsten in ganz Italien gehören. Mächtige Städte konnten sich hier nie etablieren, deshalb ist – bis auf Urbino und Ascoli Piceno – die Zahl großer Sehenswürdigkeiten gering.

MARKEN ERLEBEN

ⓘ

Via Puccinotti 35, Urbino
Tel. 0722 22613
www.turismo.marche.it

GIOSTRA DELLA QUINTANA

Die Giostra della Quintana ist ein mittelalterliches Reiterturnier mit Lanzenstechen: Am ersten Sonntag im August streiten auf dem Festplatz von **Ascoli Piceno** die Reiter der sechs Stadtviertel um den Pallio, ein kostbar besticktes Tuch, als Siegprämie. Zuvor bewegt sich ein historisch kostümierter Straßenzug zum Dom.
www.quintana.it/en

LA MADONNINA DEL PESCATORE €€€

Moreno Cedroni ist ohne Zweifel einer der begabtesten Jungköche an der gesamten Adria und sein schickes Restaurant ist eines der besten der Region. Die Fischküche ist exzellent, entsprechend happig sind aber auch die Preise.
Via Lungomare Itali 11
Senigallia-Marzocca
Tel. 071 69 82 67
Mi. geschl., Mo. u. Do. nur abends
www.morenocedroni.it

TAVERNA DEL PESCATORE €€

Das schöne Restaurant, bekannt für erlesene Fischspezialitäten, liegt in dem Dorf Casteldimezzo an der Panoramastraße von Pesaro nach Gabicce.
Via Borgata Casteldimezzo 23
Casteldimezzo-Pesaro
Tel. 0721 20 81 16, Di. geschl.
www.tavernadelpescatore.it

CA' ANDREANA €€

Etwas außerhalb von Urbino liegt dieses vorzügliche Restaurant, das seine Gäste mit lokalen Spezialitäten verwöhnt.
Via Ca' Andreana 2, Urbino
Tel. 0722 32 78 45, Mo. geschl., sonst meist nur abends
www.caandreana.it

L'ENOTECA BAR A VINO €€

Charmantes Lokal im französischem Bistro-Stil an der wunderbaren Piazza del Popolo. Peppe Rossi kredenzt ausgefallene Wurst- und Käsesorten und erstklassige Weine aus der Gegend.

Piazza del Popolo
Fermo
Tel. 0734 22 80 67
Mo. geschl., im Sommer kein Ruhetag

RAMÉ CHAOTIC RESTAURANT €

Innen ist es gemütlich und im Freien speist man hier auch recht schön. Probieren sollte man unbedingt die Salumi (Wurst und Schinken) aus lokaler Produktion. Die Auswahl an köstlichen, deftigen Fleischgerichten ist üppig, sehr gut auch die Pastagerichte mit Gemüse und reichlich Kräutern.
Via Felice Cavallotti 14
Senigallia
Tel. 071 605 17
nur abends

AGRITURISMO VILLA CICCHI €€€

In einer bezaubernden Hügellandschaft liegt diese charakteristische Villa aus dem 17. Jahrhundert. Komfortable und charmante Zimmer. Gegessen wird im Sommer auf einer Aussichtsterrasse, auf den Tisch kommen Produkte aus eigenem Bio-Anbau.
Via Salaria Superiore 137
Abbazia di Rosara, Ascoli Piceno
Tel. 073 625 22 72
www.villacicchi.it

SAN DOMENICO €€

Mitten im Zentrum befindet sich dieses überaus stilvolle Hotel garni, das in einem Kloster aus dem 15. Jahrhundert untergebracht ist. Vornehm eingerichtete und geräumige Zimmer.
Piazza Rinascimento 3
Urbino
Tel. 0722 26 26
www.viphotels.it

FEDERICO II €€

Imposanter Hotelkomplex im Grünen mit allem erdenklichen Komfort. Die wunderschönen Zimmer punkten mit toller Ausstattung. Dazu gibt es ein ausgezeichnetes Spezialitätenrestaurant, ein Schwimmbad, eine Sauna, ein Fitnesscenter und viele Wellnessangebote.
Via Ancona 100
Jesi
Tel. 0731 21 10 79
www.hotelfederico2.it

BICE €€

Eine echte Alternative zu den Strandhotels ist das am Beginn der Fußgängerzone liegende Hotel, das nach einer Renovierung im neuen Glanz strahlt. Was man hier bekommt? Gemütliche Zimmer und ein nettes Restaurant.
Viale Giacomo Leopardi 105
Senigallia
Tel. 071 652 21
www.albergobice.it

CASA MALENA €€

In diesem B&B ist man – der Name verrät es schon – bei Malena zu Gast und genießt das hausgemachte Frühstück und die Lage, nur 5 Minuten zu Fuß vom Zentrum entfernt. Gemütliche Einrichtung mit Kamin im Wohnzimmer.
Via Dino Angelini 64
Ascoli Piceno
Tel. 0347 53 12 280
www.casamalena.it

PELLEGRINO E PACE €

Am schönsten Platz des Ortes liegt dieses nette Hotel, das einfache und zweckmäßige Zimmer anbietet. Im großen Speisesaal wird regionale Küche serviert.
Piazza della Madonna 51
Loreto
Tel. 071 46 05 039
https://hotelpellegrinoepace.it

ZIELE
MARKEN · MARCHE

⭐ Urbino

Zentrum des Humanismus

Idealstadt der Renaissance

Urbino liegt auf zwei Anhöhen inmitten einer anmutigen Hügellandschaft. Der Ort ist wie kaum eine andere Stadt mit dem Namen eines Mannes verbunden: Ab 1213 regierte hier die Adelsfamilie Montefeltro, die im 15. Jh. den Herzogstitel erhielt. **Herzog Federico da Montefeltro** (1444–1482) machte Urbino zur Idealstadt der Renaissance und zu einem Zentrum des Humanismus in Italien. In dieser Form ist das aus Backstein erbaute Urbino fast unverändert erhalten geblieben und seit 1998 UNESCO-Welterbe. Im 15. Jh. wirkten hier u. a. die Maler Paolo Uccello, Piero della Francesca, Melozzo da Forlì und Giovanni Santi, Vater des berühmten Raffael, der 1483 hier geboren wurde. Raffaels Freund Baldassare Castiglione verfasste am Hofe Federicos mit dem »Buch vom Hofmann« (»Il Libro del Cortegiano«) ein Standardwerk der Renaissanceliteratur, in dem der Autor das Ideal des humanistisch gebildeten **»uomo universale«** entwirft. Das heutige Leben in Urbino, das immer noch »weitab vom Schuss« liegt, ist von der 1506 gegründeten Universität und weiteren Bildungsstätten geprägt, die die 15 000 Einwohner der Stadt mehr als verdoppeln.

Ein echter Menschenfreund

Palazzo Ducale

Das beherrschende Bauwerk in der ganz von Mauern umgebenen Stadt ist der für Herzog Federico – der als Söldnerführer sehr reich wurde und als Potentat außergewöhnlich menschenfreundlich war – erbaute Palast, einer der größten Profanbauten der Renaissance in Italien. Erster Architekt des um mehrere Höfe gruppierten Komplexes war 1468–1472 der aus Dalmatien stammende Luciano Laurana; insgesamt zogen sich die Arbeiten über 70 Jahre hin. Höhepunkte sind der Treppenaufgang, der Ehrenhof, der Thronsaal und das Arbeitszimmer des Herzogs (»studiolo«) mit einer herrlichen intarsierten Holztäfelung, einem Wunderwerk der Perspektive und des Trompe-l'œil. In der Residenz ist die **Galleria Nazionale delle Marche** untergebracht, die Spitzenwerke der Renaissancemalerei zeigt wie die Predella von Paolo Uccello mit dem »Hostienwunder«, Joos van Gents »Apostelkommunikation«, die »Geißelung Christi« und die »Madonna di Senigallia« von Piero della Francesca sowie das berühmte Frauenbildnis »Die Stumme« von Raffael.

Di. – So. 8.30 – 19.15 Uhr, Mo. geschl. | Eintritt 8 €
www.gallerianazionalemarche.it

Außerhalb der Palastmauern

Dom und Geburtshaus von Raffael

An den Palazzo Ducale schließt der Dom an. Der etwa gleichzeitig mit dem Palazzo begonnene Bau wurde 1604 mit der Kuppel fertiggestellt, bei einem Erdbeben 1789 schwer beschädigt und 1789–1801 im Stil des Klassizismus neu aufgebaut. Das Innere schmücken v. a. Gemälde des 17./18. Jh.s, darunter Werke des in Urbino ansässigen Federico Barocci (um 1535 – 1612). Vom rechten Querarm betritt man das **Dommuseum**. Einen Blick lohnt auch das unter dem Dom im Stil einer Grotte angelegte Oratorio della Grotta mit dem Grab von Federico Ubaldo, dem Sohn des letzten Herzogs.

Auf der anderen Seite der Piazza Rinascimento mit dem 1737 aufgestellten ägyptischen Obelisken steht die ehemalige Dominikanerkirche **S. Domenico**, die 1451 ein Renaissanceportal von Maso di Bartolomeo mit einer Terrakottamadonna von Luca della Robbia bekam – das Original befindet sich im Herzogspalast.

Mittelpunkt des urbanen Lebens ist die **Piazza della Repubblica** unterhalb von Herzogspalast und Dom, die vom mächtigen Collegio Raffaello (Anfang 18. Jh.) abgeschlossen wird; das **Museo del Gabinetto di Fisica** zeigt hier alte wissenschaftliche Instrumente. Etwas weiter in der Via Raffaello findet man das **Geburtshaus von Raffael**, in dem er seine ersten zehn Lebensjahre verbrachte.

Am Ende der schmalen Via Barocci, die an der Piazza della Repubblica beginnt, liegen das **Oratorio di S. Giuseppe** und das Oratorio di S. Giovanni – das erste mit einer lebensgroßen Krippe von Federico Brandani aus dem 16. Jh., das zweite mit herrlichen Fresken von Lorenzo und Iacopo Salimbeni, die 1416 vollendet wurden.

Museo del Gabinetto di Fisica: Mo. – Fr. 10 – 13 Uhr | Eintritt gratis
Casa Natale di Raffaello: März – Okt. Mo. – Sa. 09 – 13 und 15 – 19, So. 10 – 13 und 15 – 18, Nov. – Feb. Mo. – Sa. 09 – 14, So. 10 – 13 Uhr | Eintritt 4 € | www.casaraffaello.com

Ausflug

Beeindruckend sind die hohen Wände der Furlo-Schlucht, ital. Gola di Furlo, die rund 20 km südöstlich von Urbino zwischen Calmazzo und Acqualagna verläuft. An ihrer engsten Stelle befindet sich die Galleria del Furlo, ein 37 m langer und 6 m hoher, laut Inschrift 76 n. Chr. unter Vespasian angelegter **Tunnel für die Via Flaminia**; daneben die Galleria Piccola, von Konsul Flaminius 217 v. Chr. erbaut.

Gola di Furlo

Ascoli Piceno

Das Tor zum Apennin

Auf einem Plateau zwischen den tief eingeschnittenen Flussläufen Castellano und Tronto liegt 30 km von der Küste entfernt die Provinzhauptstadt Ascoli Piceno, das Tor zum Apennin: Im Westen ragen die Monti Sibillini auf, im Süden die Abruzzen mit dem Massiv des Gran Sasso. Der Stadtname leitet sich vom antiken Asculum ab, das einst Hauptort der Picenter war. Ascoli Piceno ist berühmt für seine großen, weichen **Oliven**, die man gefüllt und gebacken auf der Zunge

Olivenstadt

PALAZZO DUCALE IN URBINO

Die einstige Residenz des Herzogs von Urbino ist einer der interessantesten Renaissancepaläste Italiens. In den ehemaligen Wohn- und Repräsentationsräumen zeigt heute die Nationalgalerie der Marken herausragende Werke der europäischen Malerei.

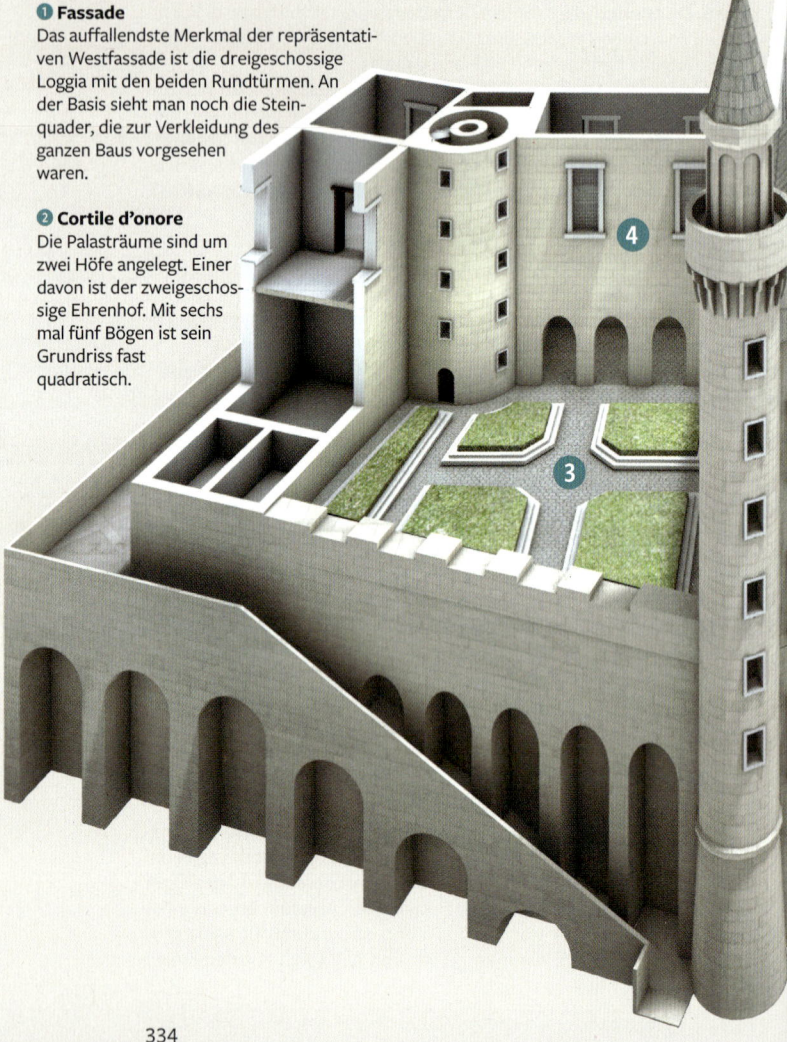

❶ Fassade
Das auffallendste Merkmal der repräsentativen Westfassade ist die dreigeschossige Loggia mit den beiden Rundtürmen. An der Basis sieht man noch die Steinquader, die zur Verkleidung des ganzen Baus vorgesehen waren.

❷ Cortile d'onore
Die Palasträume sind um zwei Höfe angelegt. Einer davon ist der zweigeschossige Ehrenhof. Mit sechs mal fünf Bögen ist sein Grundriss fast quadratisch.

❸ Giardino pensile
Um den Giardino pensile liegen die ehemaligen Wohnräume des Herzogspaares, so die Gemächer der Herzogin, die Garderobe Federicos, sein Schlafzimmer und das winzige Studierzimmer – das wegen seiner Einlegearbeiten so berühmte Studiolo: Die Intarsien dienen der Illusion – sie zeigen nicht nur Landschaftsausblicke und Stillleben mit Musikinstrumenten, sondern täuschen auch Einblicke in imaginäre Schränke und Gegenstände vor.

❹ Saal der Nachtwachen
Die Sala delle veglie, der (nach dem Thronsaal) zweite große Saal im Palast, erhielt seinen Namen von den spätabendlichen Gesellschaften, die hier einstmals stattfanden

ZIELE
MARKEN · MARCHE

Spiegelblank zeigt sich der Travertin auf der Piazza del Popolo in Ascoli Piceno.

zergehen lässt. Wer Flüssiges bevorzugt, trinkt eine »Anisetta«, die 1870 im Caffè Meletti erfunden wurde.

Auf der **Piazza del Popolo** trifft man sich auf spiegelblankem, von Arkaden gesäumtem Travertin. Das Bild beherrscht der mächtige **Palazzo dei Capitani del Popolo** aus dem 13. Jh., dessen chaotisch-schöne Fassade von mehrfachen Bauphasen zeugt; über dem Portal von 1520 sitzt segnend die Statue des Papstes Paul III. Gleich nebenan geht es ins **Caffè Meletti**, berühmt für seine Jugendstilausstattung. Im Norden schließt die Piazza mit der gotischen Hallenkirche S. Francesco ab, erbaut 1258–1371; an das grandiose Seitenportal im Stil der venezianischen Gotik wurde 1513 die Loggia dei Mercanti angebaut. Von der Via Trivio schließen zwei hübsche Kreuzgänge an die Kirche an; im Chiostro Maggiore wird Markt gehalten.

Die Wasserader und das antike Erbe

Tronto Die Via Trivio/Via Cairoli führt nach Norden zum Tronto. Die Fassade der romanischen Kirche Santi Vincenzo e Anastasio (11. Jh., 1389 erweitert) hat 64 quadratische, einst freskierte Felder und ein reich gestaltetes Portal. Von hier geht es hinunter zur Kirche S. Pietro in Castello, wo man den Blick über die Schleifen des Tronto genießt. Die Brücke weiter westlich ist die **Ponte di Solestà** aus der Zeit des Kaisers Augustus. Nun geht es die Via di Solestà hinauf, dann rechts zum

Palazzetto Longobardo, der im 12. Jh. im Stil der lombardischen Romanik erbaut wurde. Hier steht auch der Torre Ercolani, mit 40 m der höchste erhaltene Geschlechterturm Ascolis.
Ganz im Westen der Stadt haben sich das **römische Doppeltor Porta Gemina** aus dem 1. Jh. v. Chr., Ruinen eines Theaters sowie die sogenannte »Grotte«, mächtige Reste antiker Bauten, erhalten. Römische Spolien finden sich auch in der kleinen Kirche S. Gregorio, die im 13. Jh. über und mit den Resten eines römischen Tempels aus dem 1. Jh. erbaut wurde.

Eine der schönsten Taufkirche Italiens

Ein zweiter Stadtrundgang beginnt auf der Piazza Arringo mit dem Palazzo Comunale. Hier ist die Städtische Kunstsammlung mit Werken Carlo Crivellis, Cola dell'Amatrices, Guido Renis, Guercinos und Tizians untergebracht; ein zweites Museum mit sakraler Kunst befindet sich nebenan im Bischofspalast. Der ursprünglich frühromanische Dom, **Duomo S. Emidio**, wurde mehrfach umgebaut und bekam 1539 eine neue Fassade, die vermutlich Cola dell'Amatrice entwarf. In der Sakramentskapelle kann man einen Flügelaltar von Carlo Crivelli bewundern, die Krypta hütet den Sarkophag des hl. Emidius, des ersten Bischofs der Stadt. Eine wahre Augenweide ist **das achteckige romanische Baptisterium** aus dem 12. Jh., eine der schönsten Taufkirchen Italiens. Über die reiche Vergangenheit des Ortes informiert das Archäologische Museum im Palazzo Panichi, das mit römischen Skulpturen und Mosaikfußböden aufwartet.

Palazzo Comunale

Von der Piazza Arringo verläuft der Corso Vittorio Emanuele am Stadtgarten entlang zum **Ponte Maggiore**; hier blickt man auf die Reste des römischen Ponte di Cecco, im Zweiten Weltkrieg von deutschen Soldaten zerstört, und das 1348 erbaute Forte Malatesta.
Palazzo Comunale, Pinacoteca Civica: Apr. – Mitte Sept. Di. – So. 10 – 19, Mitte Sept. – März Di. – Fr. 10 – 13, Sa./So. 11 – 18 Uhr
Eintritt 8 € | www.ascolimusei.it

Fisch en gros

Ein Ausflug führt hinauf zum Colle San Marco und weiter zur Talstation der Kabinenbahn auf den **Monte Piselli** (1 676 m), der an klaren Tagen eine herrliche Aussicht bis zur dalmatinischen Küste bietet.

Ausflüge

Wen es dagegen ans Wasser zieht, der sollte einen Abstecher ins 33 km östlich von Ascoli Piceno gelegene **San Benedetto del Tronto** einplanen, Italiens größtem Fischereihafen. Seine Flotte agiert fast weltweit, einer der wichtigsten Großmärkte verteilt den Fang. Kein Wunder, dass sich hier auch ein **Meeresmuseum** mit Aquarien befindet. Mit einer über 2 km langen palmengesäumten Promenade entlang dem Sandstrand ist S. Benedetto del Tronto auch einer der schönsten Badeorte der Adriaküste.

ZIELE
MERAN · MERANO

Meran ist »größer« als Bozen

Nur der Größe nach ist Meran die zweite Stadt in Südtirol. In puncto Renommee übertrifft der zwischen Vinschgau, Etsch- und Passeiertal gelegene Ferien- und Kurort die Provinzhauptstadt ▶ Bozen bei Weitem. Einen ersten Höhepunkt erlebte Meran im 14. und 15. Jh., als es die Hauptstadt Tirols wurde. Aus dem anschließenden »Dornröschenschlaf« erwachte es um die Mitte des 19. Jh.s, als **das günstige Klima** eine angeblich von den Römern stammende Traubenkur, Heilquellen und die schöne Umgebung seinen Ruf so erfolgreich verbreiteten, dass es zu einem der ersten Kurorte Europas avancierte. Im **Skigebiet** Meran 2000, zu dem vom Val di Nova eine Seilschwebebahn führt, finden Wintersportbegeisterte eine große Auswahl leichter bis mittelschwerer Pisten.

Wohin in Meran?

Die Stadt der zahllosen Promenaden

Altstadt und Kurbezirk

Die hübsche Meraner Altstadt erstreckt sich entlang dem Rennweg zwischen Theaterplatz und Vinschgauer Tor und über die Laubengasse bis zum Passeier Tor. Beachtenswert sind das Jugendstiltheater am Theaterplatz und die **Pfarrkirche St. Nikolaus** (14./15. Jh.), deren Glockenturm das Stadtbild beherrscht. Rechts der benachbarten Barbarakapelle befindet sich das sog. Mammingpalais, auch Palais Desfours genannt, Merans einziger Renaissancebau. Auf halber Strecke der Laubengasse steht nördlich vom modernen Rathaus die um 1480 für den Tiroler Landesfürsten, den Habsburger Sigismund, erbaute landesfürstliche Burg. Heute befindet sich hier ein eindrucksvolles **Museum spätmittelalterlicher Wohnkultur**. Im Frauenmuseum erzählen Kleidungsstücke, Arbeitsutensilien und Dokumente vom weiblichen Leben der vergangenen 200 Jahre. Im ehemaligen Hotel Roter Adler, Rennweg 42, hat das Städtische Museum vorübergehend eine Bleibe gefunden.

Der Kurbezirk liegt südlich der Freiheitsstraße beiderseits der Passer. Er umfasst das Jugendstilkurhaus, in dem heute Konzerte stattfinden, und das **Kurzentrum Salvar** mit radonhaltigem, 30 – 35 °C warmem Thermalwasserbad, Freibad, Sauna und anderen Kureinrichtungen. Ein besonderer Stolz und Zierde der Stadt sind die schönen Promenaden. Am rechten Passer-Ufer verläuft die Kurpromenade, an die sich jenseits der Postbrücke die sonnigere und belebtere Winterpromenade anschließt. Die schattige Sommerpromenade verläuft am linken Ufer. Beide treffen am **Steinernen Steg** aufeinander, einer Rundbogenbrücke aus dem 16. Jh., und gehen dort in die Gilfpromenade über. Diese endet an der aus dem 12./13. Jh. stammenden Zenoburg, die ihrerseits Ausgangspunkt für den **Tappeinerweg** ist, einen schönen, von subtropischen Pflanzen gesäumten Spazierweg, der sich an der Flanke des Küchelberges

ZIELE
MARKEN · MARCHE

Palazzetto Longobardo, der im 12. Jh. im Stil der lombardischen Romanik erbaut wurde. Hier steht auch der Torre Ercolani, mit 40 m der höchste erhaltene Geschlechterturm Ascolis.
Ganz im Westen der Stadt haben sich das **römische Doppeltor Porta Gemina** aus dem 1. Jh. v. Chr., Ruinen eines Theaters sowie die sogenannte »Grotte«, mächtige Reste antiker Bauten, erhalten. Römische Spolien finden sich auch in der kleinen Kirche S. Gregorio, die im 13. Jh. über und mit den Resten eines römischen Tempels aus dem 1. Jh. erbaut wurde.

Eine der schönsten Taufkirche Italiens

Ein zweiter Stadtrundgang beginnt auf der Piazza Arringo mit dem Palazzo Comunale. Hier ist die Städtische Kunstsammlung mit Werken Carlo Crivellis, Cola dell'Amatrices, Guido Renis, Guercinos und Tizians untergebracht; ein zweites Museum mit sakraler Kunst befindet sich nebenan im Bischofspalast. Der ursprünglich frühromanische Dom, **Duomo S. Emidio**, wurde mehrfach umgebaut und bekam 1539 eine neue Fassade, die vermutlich Cola dell'Amatrice entwarf. In der Sakramentskapelle kann man einen Flügelaltar von Carlo Crivelli bewundern, die Krypta hütet den Sarkophag des hl. Emidius, des ersten Bischofs der Stadt. Eine wahre Augenweide ist **das achteckige romanische Baptisterium** aus dem 12. Jh., eine der schönsten Taufkirchen Italiens. Über die reiche Vergangenheit des Ortes informiert das Archäologische Museum im Palazzo Panichi, das mit römischen Skulpturen und Mosaikfußböden aufwartet.

Palazzo Comunale

Von der Piazza Arringo verläuft der Corso Vittorio Emanuele am Stadtgarten entlang zum **Ponte Maggiore**; hier blickt man auf die Reste des römischen Ponte di Cecco, im Zweiten Weltkrieg von deutschen Soldaten zerstört, und das 1348 erbaute Forte Malatesta.

Palazzo Comunale, Pinacoteca Civica: Apr. – Mitte Sept. Di. – So. 10 – 19, Mitte Sept. – März Di. – Fr. 10 – 13, Sa./So. 11 – 18 Uhr Eintritt 8 € | www.ascolimusei.it

Fisch en gros

Ein Ausflug führt hinauf zum Colle San Marco und weiter zur Talstation der Kabinenbahn auf den **Monte Piselli** (1 676 m), der an klaren Tagen eine herrliche Aussicht bis zur dalmatinischen Küste bietet.
Wen es dagegen ans Wasser zieht, der sollte einen Abstecher ins 33 km östlich von Ascoli Piceno gelegene **San Benedetto del Tronto** einplanen, Italiens größtem Fischereihafen. Seine Flotte agiert fast weltweit, einer der wichtigsten Großmärkte verteilt den Fang. Kein Wunder, dass sich hier auch ein **Meeresmuseum** mit Aquarien befindet. Mit einer über 2 km langen palmengesäumten Promenade entlang dem Sandstrand ist S. Benedetto del Tronto auch einer der schönsten Badeorte der Adriaküste.

Ausflüge

ZIELE
MARKEN · MARCHE

Wohin noch in den Marken?

Heimatstadt von Gioacchino Rossini

Pesaro
Der Adria-Badeort Pesaro wurde durch den Komponisten Gioacchino Rossini bekannt, der hier zur Welt kam und den das **Opera Festival** im August ehrt. Bereits im 14. Jh. war der Ort im Besitz der Adelsfamilien Malatesta, Sforza und Della Rovere; Letztere, in der Nachfolge der Montefeltro die Herzöge von Urbino, residierten in Pesaro und machten es zu einem Zentrum der Kunst und der Majolikaproduktion.
Mittelpunkt der Stadt ist die **Piazza del Popolo** mit dem Palazzo Ducale, der 1450 von den Sforza begonnen und im 16. Jh. von den Della Rovere vollendet wurde. Weiter stehen hier der **Palazzo della Paggeria** aus dem 16. Jh., ein neoklassizistisches Postgebäude und das Rathaus von 1954. Das Geburtshaus von Gioacchino Rossini befindet sich an der zum Meer führenden Via Rossini. Wenige Schritte sind es zum romanisch-gotischen Dom, errichtet im 9. und im 13./14. Jh. am Platz frühchristlicher Kirchen, die 554 bzw. 848 zerstört wurden; Ausgrabungen haben einen 600 m² großen Mosaikfußboden aus dem 6. Jh. und darunter einen aus dem 4. oder 5. Jh. ans Licht gebracht.
Im **Palazzo Toschi-Mosca** westlich des Doms haben die Städtischen Museen ihren Sitz; Hauptwerk der Gemäldesammlung ist die »Pala di Pesaro«, ein riesiges Altarbild von Giovanni Bellini, entstanden um 1475. Einen Überblick über die italienische Majolika gibt die hervorragende **Keramiksammlung**. Nahe dem Dom steht die 1474 bis 1487 für Costanzo Sforza errichtete Burg. Von der Piazza del Popolo geht es weiter durch die Via Branca, wo am Postgebäude noch die schöne Fassade der Kirche San Domenico von 1395 erhalten ist.
Weiter westlich sind das Conservatorio Rossini und das Museo **Archeologico Oliveriano** zu finden. Letzteres zeigt Stelen aus der Picener-Nekropole von Novilara, die im 8. – 5. Jh. v. Chr. entstanden.
Am Meer, an der mit der »Sfera Grande« von A. Pomodoro verzierten **Piazza della Libertà**, überrascht die überreich dekorierte Jugendstilvilla Ruggeri.

Unglückliche Liebe

Gabicce Mare und Gradara
Von Pesaro führt eine kurven- und aussichtsreiche Küstenstraße nach Gabicce (28 km), dem nördlichsten, nur durch den Fluss Tavollo von Cattolica getrennten Badeort der Marken. Dabei passiert man nach 6 km die **gewaltige Villa Imperiale**, die über der Straße thront. Sie wurde ab 1486 für Alessandro Sforza errichtet und bis 1530 erweitert. Schloss und Gärten sind nur im Sommer zugänglich.
6 km weiter erreicht man Gradara, ein mittelalterliches Bilderbuchstädtchen mit ab dem 13. Jh. errichteter Stadtmauer und Burg. Hier siedelte Dante die **berühmte Liebestragödie** zwischen Francesca und Paolo an, die vom Gatten Francescas, Giovanni Malatesta, überrascht und im Jahr 1284 eigenhändig getötet wurden.

ZIELE
MARKEN · MARCHE

Nicht nur der Strand ist schön

Auch Fano, 13 km südöstlich von Pesaro, ist ein bedeutender Fischerhafen und beliebter Sommerferienort mit breitem Strand. Die Altstadt ist noch von einem **Mauerring** mit der Rocca Malatestiana und der Bastion Sangallo umgeben. Hinter der Porta Maggiore empfängt die Besucher der dreitorige, gut erhaltene Ehrenbogen des Augustus aus dem 9. Jh. n. Chr., der Arco di Augusto. Wenige Schritte weiter gelangt man zur Kirche S. Michele mit verziertem Renaissanceportal von 1512 und zu den 1495 als Waisenhaus erbauten Logge di S. Michele. Von hier führt die Via Arco d'Augusto zum Meer; auf dem Weg passiert man den Dom S. Fortunato aus dem 11. Jh., dessen Cappella Nolfi von Domenichino 1612 freskiert wurde. Ortsmittelpunkt ist die **Piazza XX Settembre** mit dem wuchtigen Palazzo della Ragione, der 1845 als Theater eingerichtet wurde, und der hübschen Fontana della Fortuna von 1593. Hier ist auch der **Palazzo Malatestiano**, in dessen schönem Hof im Sommer Musik und Theater gespielt wird. In seinem Innern sind Städtische Museen für Archäologie und Numismatik sowie die Pinakothek untergebracht. Sie hütet Werke von Giovanni Santi, Guido Reni, Guercino. Werke von Perugino warten in der Kirche S. Maria Nuova, so eine »Madonna mit Kind und Heiligen«, eine Pietà, Szenen aus dem Marienleben sowie eine »Verkündigung«.

Fano

Palazzo Archeologico e Pinacoteca del Palazzo Malatestiano: Juni–Sept. Di./Do./Sa. 9–13 u. 17–20, Mi./Fr. 9–13, So. 10.30–12.30 u. 17–20 Uhr, Okt.–Mai Di./Do. 9–13 u. 15–18, Mi./Fr. 9–13, Sa. 9–13 u. 16–19, So. 10.30–12.30 u. 16–19 Uhr | Eintritt 4 €

Ungewöhnlicher Markt

Mehr noch als in Fano hat sich der Tourismus im ca. 22 km südöstlich liegenden Senigallia mit seinem feinen Sandstrand entwickelt. Der Name stammt von »Sena Gallica«, da hier im 4. Jh. v. Chr. keltische Senonen siedelten. Die im Bogen des Flusses Misa aus gelbbraunen Ziegeln erbaute Altstadt drängt sich um die trutzige Rocca der Della Rovere, die im Jahr 1480 begonnen wurde. An der **Piazza del Duca** mit der Fontana dei Leoni von 1596 befinden sich der Herzogspalast (16. Jh.) sowie der Palazzetto Baviera (14. Jh.), der erst sehr viel später von F. Brandani ausgestaltet wurde. Ungewöhnlich ist der Markt, der im **Foro Annonario** stattfindet, einem Dreiviertelkreis-Kolonnadenbau von 1831. Geht man am Fluss weiter, passiert man die lange Front der Portici Ercolani, die im 18. Jh. für die jahrhundertealte Messe erbaut wurden. Den nahen Palazzo Comunale ließ F. M. Della Rovere im 17. Jh. errichten; gleich dahinter ist der **Palazzo Mastai**, Geburtshaus von Giovanni Maria Mastai Ferretti, ab dem Jahr 1846 Sitz von Papst Pius IX. Zu empfehlen ist der Ausflug zum außerhalb gelegenen **Kloster S. Maria delle Grazie**, zum einen wegen des herrlichen Altarbilds von Perugino, zum anderen wegen des Museo di Storia della Mezzadria, das die bäuerliche Lebensweise plastisch vor Augen führt.

Senigallia

ZIELE
MARKEN · MARCHE

Auf einen Verdicchio

Jesi
Die zentrale Piazza in Jesi, 28 km südwestlich von ▶Ancona, war am 26. Dezember 1194 Schauplatz eines außergewöhnlichen Ereignisses: Die 40-jährige Konstanze von Hauteville, Gemahlin Kaiser Heinrichs IV., brachte hier in einem Zelt – also quasi coram publico, um Zeugen zu haben – den späteren Kaiser **Friedrich II.** zur Welt.

Einem breiteren Publikum ist die Stadt durch den Verdicchio dei Castelli di Jesi bekannt, einen trocken-aromatischen Weißwein, der in amphorenförmigen Flaschen verkauft wird (erfunden Anfang der 1950er-Jahre von Fazi-Battaglia). Die ganz von mittelalterlichen Mauern umgebene Stadt liegt auf einem schmalen Bergrücken. Das **Teatro Pergolesi**, 1796 an der Piazza della Repubblica erbaut, trägt den Namen des berühmten Sohnes der Stadt, des Komponisten Giovanni Battista Pergolesi (1710 – 1736). Zwischen Palazzo Ricci und dem Rathaus hindurch gelangt man zum stattlichen Palazzo della Signoria mit schönem Loggienhof. Geht man weiter, stößt man auf die noble Piazza Federico II mit Dom, den barocken Palazzi Balleani und Ripanti sowie dem Diözesanmuseum. Unbedingt besuchen sollte man die **Pinacoteca Civica** im stimmungsvollen Rokokopalazzo Pianetti-Tesei, die hervorragende Werke des Venezianers Lorenzo Lotto (ca. 1480 – 1556) birgt.

Pinacoteca Civica: Via XV Settembre 10 | Sommer Di. – So. 10 – 19 , Winter Di. – So. 10 – 13 u. 16 – 19 Uhr | Eintritt 3 €

Wo Maria nicht geboren wurde

Loreto
Das Städtchen Loreto (12 500 Einw.), 22 km südlich von ▶ Ancona, ist seit dem 14. Jh. nach Rom und Assisi der bedeutendste Wallfahrtsort Italiens. Einer Legende des 15. Jh.s zufolge haben Engel das Geburtshaus Mariens von Nazareth nach Loreto getragen und im Jahr 1294 in einem Lorbeerhain abgesetzt. Darüber wurde eine Basilika errichtet. An den Marienfeiertagen und am Tag der Ankunft des Hauses in Loreto am 9. Dezember ist der Strom der Pilger besonders groß.

Die Wallfahrtskirche **Santuario della Santa Casa** wurde ab 1468 über einem Vorgängerbau errichtet, zuletzt folgte 1754 der Kampanile von L. Vanvitelli. Beteiligt waren bedeutende Renaissancebaumeister wie Bramante, Francesco di Giorgio Martini, Andrea Sansovino und Giuliano da Sangallo, der 1498 – 1500 die Kuppel entwarf; eigenwillig ist die festungsartige Ostpartie von Baccio Pontelli. An der Fassade sind die drei um 1600 entstandenen **Bronzeportale** beachtenswert, ebenso im Innern gleich beim Eingang der schöne Taufbrunnen. Besonders kostbar ausgestattet sind die Markussakristei mit dem Kuppelfresko von Melozzo da Forlì und die Johannessakristei mit Majolikaboden, Marmorbecken von Benedetto da Maiano und Fresken des jungen Luca Signorelli. Die Kapellen in Querhaus und Apsis wurden im 19./20. Jh. von Künstlern je eines Landes gestaltet; so schmücken die Chorkapelle Fresken des deutschen Malers Ludwig Seitz. Unter der Vierungskuppel steht die Santa Casa, ein einfacher

ZIELE
MERAN · MERANO

Ziegelbau mit einer prächtigen Marmorverkleidung, die 1509 von Bramante entworfen wurde; die Reliefs zeigen Szenen aus dem Leben Marias und die Überführung der Santa Casa nach Loreto.
tgl. 6.15 – 19 Uhr | www.santuarioloreto.va

Steil
Auf einem Hügel weithin sichtbar liegt Fermo, 47 km südlich von Loreto und 6 km von der Küste entfernt. Nahe der zwischen dem 13. und 15. Jh. erbauten Minoritenkirche S. Francesco blieben Reste der römischen Stadtmauer erhalten. Innen birgt das Gotteshaus ein mächtiges, von A. Sansovino geschaffenes Grabmal.

Fermo

Steile Gassen führen hinauf zur **Piazza del Popolo**, vorbei an der 200 m langen römischen Zisterne und der 1233 erbauten Kirche S. Domenico. Schmuckstück der Piazza ist der mittelalterliche, im 15./16. Jh. umgebaute **Palazzo dei Priori**, von dessen Portalloggia eine Skulptur des Papstes Sixtus V. grüßt, 1571 – 1577 Bischof in Fermo. Heute befindet sich hier die Pinacoteca Civica, der Palazzo degli Studi daneben war bis 1826 Sitz der Universität. Südlich der Piazza del Popolo beherbergt ein Gebäude der römischen Kaiserzeit das Archäologische Museum. Höhepunkt der Stadt, nicht nur topografisch, ist die **Piazza Girfalco** mit dem Dom, dessen eigenartig asymmetrische comaskische Fassade noch aus dem 13. Jh. stammt; der Bau selbst entstand 1781 – 1789. In der Vorhalle beachte man das gotische Grabmal des Giovanni Visconti, 1366 geschaffen von Bonaventura da Imola. Am Presbyterium sind Reste eines frühchristlichen Mosaiks aus dem 5. Jh. zu sehen.
Pinacoteca Civica (**Palazzo dei Priori**) : Öffnungszeiten variieren, in der Regel aber Di. – So. 10.30 – 13 u. 15.30 – 18 Uhr, im Sommer länger | Eintritt 8 € | www.visitfermo.it

MERAN · MERANO

Region: Trentino-Südtirol · Trentino-Alto Adige | **Provinz:** Bozen · Bolzano | **Höhe:** 324 m ü. d. M. | **Einwohnerzahl:** 40 500

Sisi blieb gleich acht Monate: Niemand in Meran erkennt die junge Kaiserin von Österreich, als sie mit ihrer Tochter im Oktober 1870 in die Kurstadt kommt. In einem einfachen Zweispänner fährt sie an den Spalier Stehenden vorbei ins Schloss Trauttmansdorff. Erst als die Wagen ihrer Bediensteten alle vorbei sind und die Landeshymne ertönt, weiß man, dass auch die Kaiserin bereits angekommen sein muss. Die hatte Meran wegen seiner sonnigen, windgeschützten Lage als Feriensitz gewählt.

B 13

ZIELE
MERAN · MERANO

Meran ist »größer« als Bozen

Nur der Größe nach ist Meran die zweite Stadt in Südtirol. In puncto Renommee übertrifft der zwischen Vinschgau, Etsch- und Passeiertal gelegene Ferien- und Kurort die Provinzhauptstadt ▶ Bozen bei Weitem. Einen ersten Höhepunkt erlebte Meran im 14. und 15. Jh., als es die Hauptstadt Tirols wurde. Aus dem anschließenden »Dornröschenschlaf« erwachte es um die Mitte des 19. Jh.s, als **das günstige Klima** eine angeblich von den Römern stammende Traubenkur, Heilquellen und die schöne Umgebung seinen Ruf so erfolgreich verbreiteten, dass es zu einem der ersten Kurorte Europas avancierte. Im **Skigebiet** Meran 2000, zu dem vom Val di Nova eine Seilschwebebahn führt, finden Wintersportbegeisterte eine große Auswahl leichter bis mittelschwerer Pisten.

Wohin in Meran?

Die Stadt der zahllosen Promenaden

Altstadt und Kurbezirk

Die hübsche Meraner Altstadt erstreckt sich entlang dem Rennweg zwischen Theaterplatz und Vinschgauer Tor und über die Laubengasse bis zum Passeier Tor. Beachtenswert sind das Jugendstiltheater am Theaterplatz und die **Pfarrkirche St. Nikolaus** (14./15. Jh.), deren Glockenturm das Stadtbild beherrscht. Rechts der benachbarten Barbarakapelle befindet sich das sog. Mammingpalais, auch Palais Desfours genannt, Merans einziger Renaissancebau. Auf halber Strecke der Laubengasse steht nördlich vom modernen Rathaus die um 1480 für den Tiroler Landesfürsten, den Habsburger Sigismund, erbaute landesfürstliche Burg. Heute befindet sich hier ein eindrucksvolles **Museum spätmittelalterlicher Wohnkultur**. Im Frauenmuseum erzählen Kleidungsstücke, Arbeitsutensilien und Dokumente vom weiblichen Leben der vergangenen 200 Jahre. Im ehemaligen Hotel Roter Adler, Rennweg 42, hat das Städtische Museum vorübergehend eine Bleibe gefunden.

Der Kurbezirk liegt südlich der Freiheitsstraße beiderseits der Passer. Er umfasst das Jugendstilkurhaus, in dem heute Konzerte stattfinden, und das **Kurzentrum Salvar** mit radonhaltigem, 30 – 35 °C warmem Thermalwasserbad, Freibad, Sauna und anderen Kureinrichtungen. Ein besonderer Stolz und Zierde der Stadt sind die schönen Promenaden. Am rechten Passer-Ufer verläuft die Kurpromenade, an die sich jenseits der Postbrücke die sonnigere und belebtere Winterpromenade anschließt. Die schattige Sommerpromenade verläuft am linken Ufer. Beide treffen am **Steinernen Steg** aufeinander, einer Rundbogenbrücke aus dem 16. Jh., und gehen dort in die Gilfpromenade über. Diese endet an der aus dem 12./13. Jh. stammenden Zenoburg, die ihrerseits Ausgangspunkt für den **Tappeinerweg** ist, einen schönen, von subtropischen Pflanzen gesäumten Spazierweg, der sich an der Flanke des Küchelberges

MERAN ERLEBEN

Freiheitsstr. 45, Meran
Tel. 0473 27 20 00
www.meran.eu

RADTOUR
Die Römer erbauten die **Via Claudia Augusta** vor ca. 2000 Jahren als erste alpenquerende Kaiserstraße. Auf einem Teilstück können Radler nun von Obervinschgau nach Meran den Vinschgau durchqueren. Die vorwiegend flache 80-km-Tour führt an den Ufern der Etsch durch Wälder und Obstgärten, vorbei an Schlössern, Burgen, Klöstern. Infos, BikemobilCard: www.vinschgau.net

KALLMÜNZ €€€
Das im gleichnamigen Schloss aus dem 16. Jh. liegende Restaurant gehört zu den Top-Adressen von Meran. Nehmen Sie Platz im lauschigen Garten oder abends bei Kerzenlicht in den historischen Gasträumen. Die Küche ist bodenständig und wiederholt mit Preisen ausgezeichnet. Zu Ziegenkäserisotto und Lammkarree lassen Sie sich eine exquisite Flasche empfehlen oder fragen nach dem offenen Wein.
Sandplatz 12
Tel. 0473 21 29 17 (Reserv. empf.)
So. geschl., Mo. nur abends
www.kallmuenz.it

SISSI €€€
In einem Jugendstilgebäude gegenüber dem Fürstenschloss befindet sich dieses charmante Restaurant, das eine traditionelle und doch fantasievolle Küche sowie ausgezeichnete Weine zu bieten hat.
Galileistraße 44 | Mo. und Di. mittags geschl. | Tel. 0473 23 10 62
www.sissi.andreafenoglio.com

FORSTERBRÄU MERAN €€
Zur deftigen Südtiroler Hausmannskost, zu mediterraner Pasta und Gemüsegerichten ist das ausgeschenkte Forsterbräu die richtige Ergänzung. Kein Wunder, dass das sympathische und gut geführte Lokal seit Jahrzehnten eine der beliebtesten Adressen für Alteingesessene wie Besucher ist!
Freiheitsstraße 90
Tel. 0473 23 65 35
www.forsterbrau.it

GRAND HOTEL PALACE €€€
Prachtvolles Grand-Hotel alten Stils, prunkvolle Ausstattung und luxuriöser Komfort, erstklassiges Restaurant, exklusiver Spa-Bereich mit allem, was das Herz begehrt.
Via Cavour 2 | Tel. 0473 27 10 00
www.palace.it

FRAGSBURG €€€
Ein ehemaliges Jagdschlösschen in den Weinbergen über der Etsch gelegen, ca. 7 km südöstlich von Meran. Einmaliges Ambiente, die Adresse zum Abschalten und Genießen.
Via Fragsburg 3, Freiberg
Tel. 0473 24 40 71
www.fragsburg.com

SCHLOSS PIENZENAU €€€€
Hier kann man selbst Schlossherr sein! Den Ansitz im Stadtviertel von Obermais in der Nähe von Schloss Trauttmansdorff muss man nicht mit vielen teilen. Es gibt nur vier Doppelzimmer und ein Atelier mit acht Betten.
Pienzenauweg 6
Tel. 0473 23 59 79
www.pienzenau.com

ZIELE
MERAN · MERANO

entlangzieht und anschließend wieder das Ortszentrum erreicht. Ein weiterer Weg führt hinauf in den Stadtteil Obermais, in dem einige Schlösser und Villen stehen. Am südwestlichen Stadtrand liegt der große Pferderennplatz. Originell sind die im Frühjahr und Herbst auf Haflingerpferden ausgetragenen **Bauerngalopprennen**.

Landesfürstliche Burg: Ostern – Anf. Jan. Di. – Sa. 10.30 – 17 Uhr, So. 13.30 – 13 Uhr | Eintritt 5 €

Frauenmuseum: Laubengasse 68 | Mo. – Fr. 10 – 17 Uhr, Sa. 10 – 12.30 Uhr | www.museia.it | Eintritt 5 €

Die ganze Welt in Sissis Garten

Schloss Trauttmansdorff

Am klimatisch begünstigten Osthang des Meraner Talkessels liegt Schloss Trauttmansdorff. Kaiserin Elisabeth von Österreich hatte pompösere Schlösser und Hotels ausgeschlagen und auf die für ihre Verhältnisse eher einfache Unterkunft im Schloss bestanden. Heute folgen jährlich Zehntausende von Besuchern ihren Spuren. Großartig sind die sich auf einer Fläche von 12 ha erstreckenden Landschaftsgärten. Gewaltige Höhenunterschiede schaffen die

Auch »Sisi« war angetan von den Gärten von Schloss Trauttmansdorff.

Form eines natürlichen Amphitheaters. Neben fantastischen Ausblicken auf Meran und die umliegende Berglandschaft können Sie hier die hohe **Kunst exotischer Gartenlandschaften** genießen. Auch vereinen die Anlagen alte einheimische Rebanlagen und Obstgärten mit Italiens nördlichstem Olivenhain, ein Orchideenhaus und – gemäß dem eigenen Werbespruch »Die ganze Welt in einem Garten« – japanische Reisterrassen ebenso wie die Sukkulenten-Halbwüste aus Arizona. Nach der Fertigstellung dieser insgesamt 80 Gartenlandschaften wurde im Schlossinneren ergänzend das sehr sehenswerte Tourismus-Museum – kurz **Touriseum** genannt – eingerichtet.

Apr. – Mitte Okt. tgl. 9 – 19, zweite Oktoberhälfte bis 18, erste Novemberhälfte bis 17 Uhr | Eintritt 15 € | www.trauttmansdorff.it

Rund um Meran

Rotwein, Pferde, ein Nationalheld und viele Pässe

Das hübsche, aber auch etwas überlaufene Dorf Tirol liegt 4 km nördlich von Meran auf dem Rücken des für seinen Rotwein bekannten Küchelbergs, zu dem von Meran aus eine Seilbahn und der idyllische »Tirolersteig« hinaufführen. Es wird von dem 1120 – 1180 erbauten **Schloss Tirol** überragt, einstmals Stammschloss der Tiroler Grafen. Unterhalb steht die um 1900 erbaute Brunnenburg, in der 1958 – 1972 der amerikanische Dichter **Ezra Pound** lebte. Von Tirol gelangt man mit einer Seilbahn auf den 1361 m hohen Hochmut, an dem der 80 km lange Meraner Höhenweg vorbeiführt. Das für Pferdezucht bekannte Dorf **Hafling** (Avelengo) liegt in schöner Umgebung rund 11 km südöstlich von Meran in 1298 m Höhe.

Dorf Tirol und Passeiertal

Von Meran zieht sich das liebliche Passeiertal (Val Passiria) mit Saltaus, St. Martin, St. Leonhard, Walten, Moos und Pfelders gen Norden. Bei **St. Leonhard** steht der Gasthof Sandwirt, wo im Jahr 1767 Andreas Hofer zur Welt kam. In einem Raum erinnert eine kleine Ausstellung an diesen Tiroler Nationalhelden (▶ S. 143, 350). Bei St. Leonhard zweigt auch die Straße zum Jaufenpass ab (ca. 40 km), und eine andere führt zum berühmten Timmelsjoch (ca. 10 km).

Richtung Schweiz

Der lang gestreckte Vinschgau zieht sich rund 80 km vom Reschensattel bis fast nach Meran. Dabei folgt er dem Reschensee (Lago di Resia) mit dem im Wasser stehenden Kirchturm und weiter dem Lauf der Etsch (Adige) – eine gute Alternative zur Anreise über den Brenner. In **Mals** (Malles) sind in der Krypta der St.-Benedikt-Kirche romanische Fresken aus dem 9. Jh. zu sehen. Schluderns (Sluderno)

★ Vinschgau und Val Venosta

ZIELE
MERAN · MERANO

wird von der Churburg überragt. Vom Ort Prad (Prato) windet sich eine Straße hinauf zum **Stilfser Pass** (Passo dello Stelvio) und Grenzübergang in die Schweiz.

Ötzi

Schnalstal und Naturns

Kurz vor Naturns (Naturno) zweigt eine Straße ins beliebte Schnalstal (Val di Senales) ab, dem Zugang zum Ganzjahresskigebiet Kurzras (Maso Corto). **Schloss Juval**, Wohnsitz von Reinhold Messner am Eingang zum Schnalstal, gehört zum **Messner Mountain Museum** (▶ S. 148) und ist dem Mythos Berg gewidmet. Das Museum präsentiert u. a. eine Tibetika-Sammlung, Bilder von den Heiligen Bergen der Welt und eine Maskensammlung aus fünf Kontinenten.

Hoch über dem Schnalstal, nur noch wenige Meter von der österreichischen Grenze entfernt, fanden Erika und Helmut Simon, zwei Bergwanderer aus Nürnberg, in den Ötztaler Alpen oberhalb des Niederjochferners in 3210 m Höhe den berühmten, etwa 5250 Jahre alten **Gletschermann Ötzi** (▶ Baedeker Wissen, S. 146/147). Das in der Mitte des Tals gelegene Karthaus (Certosa) ist der Eingang ins Wandergebiet Pfossental, das zum Naturpark Texel-Gruppe gehört.

Naturns selbst besitzt mit der Kirche St. Prokulus ein kunsthistorisches Kleinod. Das wohl aus dem 7. Jh. stammende Gotteshaus ist mit Fresken aus dem 8. Jh. geschmückt, die als die ältesten Wandmalereien im deutschsprachigen Raum gelten.

Schloss Juval: ab 4. So. im März – 1. So. im Nov. Do. – Di. 10 – 17 Uhr, Mi. geschl. | Eintritt 11,50 €, kostenlose Museums-App: www.messner-mountain-museum.it

IM LOGGIA-HIMMEL

Von wildem Wein umrankt und von einem verwunschenen Garten umgeben, thront das ehemalige Jagdschlösschen seit fast 400 Jahren wie ein Adlerhorst hoch über der Kurstadt. Wenn zur blauen Stunde die Gäste ihren Aperitif genießen und darauf warten, dass im Talkessel die Lichter Merans zu leuchten beginnen, scheint der Balkon der **Fragsburg** über dem Abhang zu schweben.

ZIELE
MODENA

MODENA

Region: Emilia-Romagna | **Provinz:** Modena | **Höhe:** 34 m ü. d. M.
Einwohnerzahl: 185 300

Modena ist in vielen deutschen Küchen durch den ausgezeichneten Aceto balsamico vertreten, der hier produziert wird (▶ Baedeker Wissen, S. 796). Was kulinarische Köstlichkeiten betrifft, hat die Stadt an der 2200 Jahre alten Via Emilia aber noch einiges mehr zu bieten, denn die regionale Küche zählt zu den besten der Po-Ebene: Von hier stammen auch der prickelnde Lambrusco und der Nocino, ein süßer und dennoch scharfer Nusslikör. Gewaltig in sich hat es eine weitere Spezialität: der Zampone, der gefüllte Schweinsfuß. Und das Beste: Bildende Künste sowie Architektur stehen der Kochkunst hier in gar nichts nach.

Das heutige Stadtbild Modenas wird von zwei Epochen geprägt: Im Mittelalter entstanden die Piazza Grande mit dem grandiosen Dom und die **malerische Altstadt**. 1288 gelangte die Stadt an die Familie Este aus Ferrara, die bis 1796 die Herrschaft ausübte. Im 17. Jh. erlebte Modena seine zweite Blütezeit, aus der u. a. der Stadtteil nördlich der Via Emilia und der Palazzo Ducale stammen.

Mehr als Essig

Wohin in Modena?

Schönste Romanik
Alle Straßen Modenas führen zur Piazza Grande, die zum UNESCO-Welterbe gehört. Hier steht der 1194 errichtete, später stark veränderte **Palazzo Comunale**, aus dessen Entstehungszeit sich der Torre dell'Orologio, der Uhrturm, erhalten hat.

Piazza Grande

Der dem Schutzpatron der Stadt geweihte und aus hellem und rosafarbenem Marmor erbaute **Dom San Geminiano** zählt zu den schönsten romanischen Gotteshäusern Italiens. Mit seinem Bau wurde 1099 begonnen; der Bildhauer Wiligelmus war für die plastische Dekoration verantwortlich. Die Bauplastik konzentriert sich auf die **Portale**, die von grimmig blickenden Löwen bewacht werden, eine Rosette von Anselmo da Campione schmückt das Hauptportal aus dem 13. Jh. Die nach dem nahe gelegenen Fischmarkt benannte Porta della Pescheria auf der Nordseite schildert Szenen aus Heldensagen sowie Bauern- und Handwerkstätigkeiten. Im Innern verdienen vor allem ein in den Jahren 1170 – 1220 geschaffener **Lettner** und eine mit Skulpturen geschmückte Kanzel aus dem 14. Jh. Beachtung. Unter dem Chor, fast ebenerdig mit dem Langhaus, liegt die gewölbte Krypta; hier befindet sich eine »Heilige Fa-

milie« aus Terrakotta, die Guido Mazzoni im 15. Jh. schuf, sowie das Grab des hl. Geminiano. Auf den schlanken etwas schiefen **Torre Ghirlandina**, erbaut zwischen 1100 und 1319, führen 191 Stufen; der schöne Panoramablick lässt die Mühe aber schnell vergessen.
Dom: Di – So. 7 – 19, Mo. 7 – 12.30 u. 15.30 – 19 Uhr
www.duomodimodena.it

Spuren der Familie Este

Palazzo Ducale
Bereits 1634 begann der Bau des Palazzo Ducale. Fertiggestellt wurde er aber erst im 19. Jh. Der enorm große Fürstensitz beherbergt heute eine Militärakademie. Die nahe gelegene kleine Villa, im 17. Jh. nach für die Herzöge von Este erbaut, wird heute für Ausstellungen genutzt. Folgt man vom Dom der Via Emilia nach Nordwesten, passiert man die Kirche San Giovanni Battista, die eine weitere Terrakottagruppe Mazzonis besitzt, die »Beweinung Christi« von 1476. Etwas weiter steht die Barockkirche Sant'Agostino – auch sie schmückt eine Figurengruppe aus Terrakotta, ein Frühwerk des in Modena geborenen Renaissancebildhauers Antonio Begarelli (1499 – 1565).

Direkt daneben beherbergt der **Palazzo dei Musei** aus dem 18. Jh. die Stadtmuseen, deren Bestände zum großen Teil auf die Este zurückgehen. So zählt die Biblioteca Estense mit ihrem reichen Bestand an **kostbaren Handschriften** zu den herausragendsten Bibliotheken Italiens. Die Galleria Estense zeigt Werke der italienischen Malerei vom 14. bis zum 18. Jh., darunter zwei berühmte Porträts von Herzog Francesco I. d'Este: das gemalte Bildnis von Velázquez und die Porträtbüste von Gian Lorenzo Bernini.
Palazzo dei Musei: Uhrzeit und Eintritt der einzelnen Museen variieren, siehe www.palazzodeimuseimodena.it

Erster Anlaufpunkt für Ferraristi

Museo Enzo Ferrari
Hier fing alles an: Die Werkstatt von Enzo Ferrari (▶ Interessante Menschen) gehört heute zu einem modernen Museum, in dem nicht nur Leben und Werk des Vaters der roten Flitzer vorgestellt werden, sondern natürlich auch einige seiner besten Fahrzeuge zu sehen sind.
Via Paolo Ferrari 85 | April – Okt. tgl. 9.30 – 19, Nov. – März 9.30 – 18 Uhr | Eintritt: 22 € (Kombiticket mit Maranello 30 €)
www.ferrari.com

Rund um Modena

Bestrickend

Carpi
Die hübsche Stadt Carpi (18 km nördlich), Zentrum für Strickwaren, erlebte unter der Herzogsfamilie Pio 1327 – 1525 eine lang anhaltende Blütezeit. Im Obergeschoss ihres ehemaligen Residenzschlosses an der weiten Piazza dei Martiri kann man neben einigen

MODENA ERLEBEN

ⓘ

Piazza Grande 14, Modena
Tel. 059 20 32 660
www.visitmodena.it

🍽

STALLO DEL POMODORO €–€€
Enoteca mit Küche: Auf der Weinkarte finden sich rund 400 Etiketten, auf der Speisekarte viele leckere Gerichte. Besonders gut: die Tortelli rustici modenesi.
Largo Hannover 63
Tel. 059 21 46 64
www.stallodelpomodoro.it

ERMES €
In der ursprünglichen Trattoria von Ermes und seiner Ehefrau geht es mittags immer lebhaft und fröhlich zu. Dafür sorgen die Hausfrauenküche und der gute Lambrusco.
Via Ganaceto 89
Tel. 059 23 80 65
www.trattoriaermes.it

ALDINA €
Seit 25 Jahren schwingt Maria Assunta Gherardini in der Küche der familiären Trattoria gegenüber der Markthalle das Zepter. Eine Speisekarte gibt's nicht, dafür immer was Leckeres nach Laune der Chefin.
Via Albinelli 40
Tel. 059 23 61 06
Mo.–Sa. mittags, Fr./Sa. abends
www.trattoriaaldina.it

OSTERIA FRANCESCANA €€€€
Hier speist man regionale Küche auf höchstem Niveau. Der in Modena geborene, im November 2011 mit einem dritten Michelin-Stern ausgezeichnete Spitzenkoch Massimo Bottura zaubert mehrgängige Verwöhnmenüs – ein wahres Fest für Augen, Nase und Gaumen! Untergebracht ist die kleine, aber edle Osteria mit nur 30 Plätzen in einem unscheinbaren Altbau in einer kleineren Seitenstraße.
Via Stella 22
Tel. 059 22 39 12
www.osteriafrancescana.it

🏠

PHI HOTEL CANAL GRANDE €€€
Moderner Komfort und überaus stilvolles Ambiente erwarten Sie hier in einem geschichtsträchtigen Palazzo. Mit kleiner Galerie und einer Terrasse für den abendlichen Aperitif.
Corso Canalgrande 6
Tel. 059 21 71 60
www.phihotelcanalgrande.com

LIBERTÀ €€€
Komfortables Hotel der Best Western-Kette mit allen Annehmlichkeiten, die dazugehören. Zentral an Modenas Flaniermeile gelegen.
Via Blasia 10
Tel. 059 22 23 65
www.hotelliberta.it

---

freskengeschmückten Renaissanceräumen auch das **Museo Civico** besichtigen. In einem Seitenhof erinnert eine Gedenkstätte an die Opfer des nahe gelegenen Konzentrationslagers, einem der sechs Orte, von denen aus über 5000 italienische Juden nach Auschwitz deportiert wurden. An der nördlichen Schmalseite des Platzes erhebt sich der ab 1514 erbaute Dom.

ZIELE
MODENA

Zweiter Anlaufpunkt für Ferraristi

Maranello

Südlich von Modena beginnen die Hügel und Berge des Apennin. Auf schönen Strecken geht es in die Toskana.

Wer schon in Modena Enzo Ferraris Werkstatt besucht hat, kommt um das 18 km südlich gelegene Maranello erst recht nicht herum: Im Mekka der Ferraristi sind 1900 Menschen damit beschäftigt, jährlich rund 3500 der berühmten Sportwagen mit dem steigenden Pferd zu fertigen. Im **Museo Ferrari** geht es um die Rennerfolge der Scuderia Ferrari. Im Simulator kann man seine Rennfahrerqualitäten testen, Werksführungen werden angeboten, und natürlich gibt es jede Menge Ferrari-Souvenirs.

Museo Ferrari: Via Alfredo Dino Ferrari 43 | April – Okt. tgl. 9.30 – 19, Nov. – März 9.30 – 18 Uhr | Eintritt: 22 € (Kombiticket mit Modena 30 €) | www.ferrari.com

Noch einmal die Este

Sassuolo

Einen Stopp sollte man in Sassuolo einlegen (17 km südwestlich von Modena). Hier befand sich einst die Sommerresidenz der Este. Der barocke Palazzo Ducale entstand durch den Umbau einer Burg und ist mit Fresken von Jean Boulanger ausgemalt.

Aceto Balsamico muss in Ruhe reifen.

ZIELE
MOLISE

MOLISE

Region: Molise | **Provinzen:** Campobasso, Isernia
Fläche: 4 438 km² | **Einwohnerzahl:** 308 500

Italiens zweitkleinste Region, eingebettet zwischen Abruzzen und Apulien, ist für Überraschungen gut, wie es sie im Lande nicht zweimal gibt: Jedes Jahr am 30. April bzw. am 3. Mai finden in den Orten San Marino in Pensilis und Ururi Ochsenkarrenrennen statt. Ein kraftvolles, archaisch wirkendes Wettspiel, das in der albanisch geprägten Kultur verankert ist. Auch ein dem Ochsen gewidmetes Volksfest feiert man in der Region: Mit Blumen geschmückte Tiere ziehen Ende Mai zu Ehren eines Schutzheiligen zum Monterone hinauf.

M/N
19–21

Auch wirtschaftlich betrachtet ist Molise eine der ärmsten Landschaften Italiens. In der Geschichte war es **Zankapfel** einer Reihe sich ablösender Fremdherrschaften, von Römern und Langobarden über Normannen zu den Staufern, über Anjou, Aragon und Spanien bis zu den Franzosen; bedeutende historisch-kulturelle Zentren konnten hier nicht entstehen. 1943 verlief durch das Sangro-Tal die »Gustav-Linie«, die Front zwischen den Alliierten und den deutschen Truppen; viele Orte wurden völlig zerstört.

Lassen Sie sich überraschen

▌Wohin in Molise?

Kleine Perlen hie und da

Von Pinien gesäumte Sandstrände prägen den 38 km langen Abschnitt der Adriaküste, an dem einige Hotelsiedlungen für Sommerurlauber geschaffen wurden. Im Zentrum liegt **Termoli** mit seiner ins Meer vorspringenden ummauerten Altstadt. Das Kastell wurde von Friedrich II. 1247 erbaut; beachtenswert ist die um 1200 errichtete Kathedrale S. Basso mit ihrer schönen Fassade im normannisch-apulischen Stil. Nördlich der Stadt ragt ein traditioneller »trabocco« ins Meer, ein hölzerner Steg mit großen Netzen an weit ausladenden Masten.

Termoli und sein Hinterland

Im uralten **Guglionesi**, 15 km von Termoli in schöner Panoramaposition gelegen, ist außer der 1746 erbauten Kathedrale S. Maria Maggiore mit romanischer Krypta die archaisch wirkende romanische Kirche S. Nicola aus dem 12. Jh. interessant.

Seine Vergangenheit als antikes Handels- und Verwaltungszentrum macht das Städtchen **Larino** (32 km südlich von Termoli) besuchenswert. Von der blühenden römischen Stadt zeugt das 14 000 Zuschauer fassende Amphitheater. Glanzpunkt im Zentrum der Alt-

ZIELE
MOLISE

MOLISE ERLEBEN

ⓘ
Contrada Colle delle Api
Campobasso
www.visitmolise.eu
www.moliseturismo.net

🍴

DENTRO LE MURA €€
In der kleinen Osteria gibt es Fisch in allen Variationen und alles, was das Meer noch zu bieten hat. Köstlich sind auch die hausgemachten Dolci.
Via Federico II di Svevia 3
Termoli
Tel. 0875 70 59 51
Juni – Aug. nur abends (So. geschl.), sonst mittags und abends (Mi. geschl.)
www.osteriadentrolemura.it

IL PAGATORE €
Ursprüngliche Trattoria im Zentrum des Orts. Besonders lecker schmeckt das gebratene Lamm und als Nachtisch muss es die Spezialität des Hauses sein: ein Tartufo aus Schokoladen- und Haselnusseis.
Corso Conte di Torino 71
Guglionesi
Tel. 0875 68 05 50
So. geschl., Mo. nur abends

🏠

MISTRAL €€
Nettes und gepflegtes Hotel, das etwas außerhalb von Termoli und direkt am Meer liegt. Reservieren Sie ein Zimmer mit Blick zum Wasser! Auch auf den diversen Terrassen des Hauses genießt man das abgelegene, typisch südliche Ambiente. Um nicht zu sagen: La dolce vita kann kommen!
Lungomare Cristoforo Colombo 50
Termoli
Tel. 0875 70 52 20
www.hotelmistral.net

RESIDENZA SVEVA €€
Mitten in der historischen Altstadt wurden mehrere alte Häuser aufwändig restauriert und von einem Team von Designern und Architekten liebevoll hergerichtet. Antiquitäten, bunte Stoffe und Fliesen prägen die Gästezimmer, von einigen hat man sogar einen Panoramablick aufs Meer. Urlaub pur!
Piazza Duomo 11
Termoli
Tel. 0875 70 68 03
www.residenzasveva.com

SANTOIANNI €
Diese kleine, gemütliche Hotel lebt von seiner familiären Atmosphäre – garniert mit einem Hauch von Luxus. Zum Meer sind es von hier aus nur 10 Minuten und das angeschlossene Restaurant bietet klassische italienische Küche wie bei Nonna.
Via Tremiti 3
San Martino in Pensilis
Tel. 0875 60 51 34
www.hotelsantoianni.it

---

stadt ist die Kathedrale S. Maria Assunta e S. Pardo von 1319 im romanisch-gotischen Stil Apuliens; die grandiose Fassade hat ein Pseudoprotyros-Portal mit einer schönen Kreuzigungsgruppe, über dem Radfenster das Lamm Gottes und die Evangelistensymbole. Gegenüber steht an der langen Piazza del Duomo der ehemalige Herzogspalast mit dem Rathaus und dem Ortsmuseum.

Die in den Jahren 1165 bis 1211 erbaute Kirche San Giorgio in **Petrella Tifernina**, 47 km südwestlich von Termoli, gilt als das interessanteste romanische Bauwerk der Region. Am fast ungegliederten Äußeren fallen das übergroße Hauptportal und das linke Seitenportal auf, die außer geometrischen und vegetalen Ornamenten christliche Symbole und Tiermonster zeigen. Im größtenteils barockisierten Inneren mit Parallelogramm-Grundriss gibt es schöne Kapitele und ein großes Taufbecken zu entdecken.

Vergangenheit und Gegenwart eng verwoben

Hauptort der Region und der östlichen Provinz ist **Campobasso**. Von der Piazza G. Pepe, dem Zentrum der Neustadt, geht südwestlich der Corso Vittorio Emanuele ab, die Flaniermeile der Stadt. In nördlicher Richtung gelangt man an Präfektur und klassizistischer Kathedrale vorbei in die Altstadt. Hinter der gotischen Pfarrkirche S. Leonardo aus dem 13. Jh. liegt an der Via A. Chiarizia der Palazzo Mazzarotta mit dem **Museo Nazionale Sannitico** mit samnitischen, römischen und langobardischen Grabungsfunden. Sehenswert ist auch die romanische Kirche S. Bartolomeo. Über der Stadt thront wuchtig das Kastell Monforte, das in der Mitte des 16. Jh.s erbaut wurde. Berühmt ist die **Sagra dei Misteri** an Fronleichnam, bei der lebende Bilder – in Gestalt von kostümierten Kindern – durch die Straßen getragen werden.

Campobasso und Umgebung

Im Osten der Region geht das Molise in das herbe Hügelland Apuliens über. Südlich über dem Stausee Lago di Occhito liegt auf einem Tuffrücken das alte **Gambatesa** mit einem beeindruckenden Kastell; aus der frühmittelalterlichen Burg der Herren von Gambatesa entstand ein Renaissance-Palast, den um 1550 der Manierist Donato Decumbertino unglaublich prachtvoll ausgemalt hat.

Nahe der Grenze zu Kampanien, etwa 25 km südlich von Campobasso, liegt am Nordhang der Monti del Matese der Ort Sepino, Nachfolger der alten samnitisch-römischen Stadt Saepinum. Das Dorf **Altilia** ist eine besondere Sehenswürdigkeit, denn es ist in die römische Stadt gebaut, deren Reste seit 1950 teilweise freigelegt wurden; an kaum einem anderen Ort sind Vergangenheit und Gegenwart so eng verbunden. Besonders interessant sind das Theater mit den umstehenden Bauernhäusern, die Porta Bovianum mit zwei Barbaren-Figuren sowie das Mausoleum des C. E. Marsus.

Spuren aus der Altsteinzeit

Im Norden der Provinz Isernia ist **Agnone** einen Besuch wert, das für seine Kupfer- und Goldschmiedetradition sowie die Produktion von Glocken und Süßigkeiten bekannt und im August Schauplatz eines Theater- und Musikfestivals ist.

Der Norden und Isernia

Bei **Pietrabbondante** (22 km südlich von Agnone) findet man die bedeutendsten samnitischen Ausgrabungen der Region, darunter ein Theater und einen Tempel aus der Zeit um 150–90 v. Chr. Das zwi-

ZIELE
MONTEPULCIANO

schen riesige Felsen geklemmte Pietrabbondante bietet, genau wie Agnone, zudem ein zauberhaftes Panorama.

In **Isernia**, der Hauptstadt der westlichen Provinz, wurde um 1210 Pietro da Morone geboren, später Papst Coelestin V., der einzige Papst vor Benedikt XVI., der zu Lebzeiten von seinem Amt zurücktrat. Die **geschichtsträchtige Stadt** wurde 1805 und 1984 durch Erdbeben und 1943 durch Bomben der Alliierten schwer beschädigt. Dennoch lohnt sich der Gang von der Piazza Celestino V. durch den Corso Marcelli mit der im 13. Jh. erbauten und 1885 veränderten Kirche S. Chiara, der Kathedrale von 1837 und dem Museum; Letzteres zeigt Reste der altsteinzeitlichen Siedlung des sogenannten Homo aeserniensis, die 1978 nahe Isernia entdeckt wurde .

Etwa 25 km nordwestlich von Isernia liegen im Volturno-Tal die Ruinen der im Jahr 702 gegründeten und 881 von den Sarazenen zerstörten **Klosterstadt Abbazia di S. Vincenzo**. Erhalten blieb eine mit schönen Fresken des 9. Jh. geschmückte Krypta. In der neuen Kirche von 1958, die wie der ganze Komplex von Benediktinerinnen betreut wird, sind alte Teile verwendet worden. Das Kloster bietet zahlenden Gästen Gelegenheit, sich in klösterlicher Abgeschiedenheit eine Auszeit zu nehmen oder auch nur an einem Klostertag mit Landarbeit und festen Gebetszeiten teilzuhaben.

Kirche San Vincenzo Nuovo: tgl. 8 – 20 im Sommer, bis 17 Uhr im Winter | www.abbaziasanvincenzo.it

Krypta: nur mit Reservierung: WhatsApp 350 175 59 70 | Eintritt 10 €

MONTEPULCIANO

Region: Toskana · Toscana | **Provinz:** Siena | **Höhe:** 605 m ü. d. M.
Einwohnerzahl: 14 500

J 14

Ein Name wie Musik und Weintrinkern bestens bekannt durch die gleichnamige Rebsorte und den Wein, der nicht nur in diesem historischen Ort im Osten der Toskana, sondern auch in den ▶*Abruzzen und* ▶*Marken produziert wird. Um den Vino Nobile dreht sich hier viel. Wortwörtlich gesprochen: Beim »Bravio delle botte«, dem Stadtfest Ende August, werden ganze Fässer davon durch die Straßen gerollt.*

Der noble Wein

Das entzückende, bestens restaurierte Städtchen ist aber auch ein historisches Kleinod. Bereits der erste Eindruck ist theatralisch schön: Von Norden kommend, betritt man die Altstadt durch die Porta al Prato aus dem 14. Jahrhundert.

Wohin in Montepulciano?

Gleich mal einen Vino Nobile verkosten?

Der Weg ins Zentrum wird von schönen Palästen und Kirchen gesäumt. Am Beginn der Via di Gracciano, im Haus Nr. 91, steht der Palazzo Avignonesi aus dem 16. Jh., heute Sitz des berühmten gleichnamigen Weinguts, in dem Wein verkostet und verkauft wird. Wenige Schritte bergauf liegt die Kirche **S. Agostino** mit ihrer eleganten, 1427 erbauten Renaissancefassade von Michelozzo di Bartolomeo; innen befinden sich ein bemerkenswertes hölzernes Kruzifix aus dem 15. Jh. sowie Gemälde aus dem 16./17. Jh. Am Beginn der Via di Voltaia steht links der Palazzo Cervini, heute eine Bank, erbaut 1518 – 1534 von Antonio da Sangallo d. Ä. Nach einer Visite im Antico Caffè Poliziano, das seit 1868 besteht (Via di Voltaia 27), kann man rechts zur Via Ricci hinaufgehen. Hier ist im Palazzo Neri-Orselli das

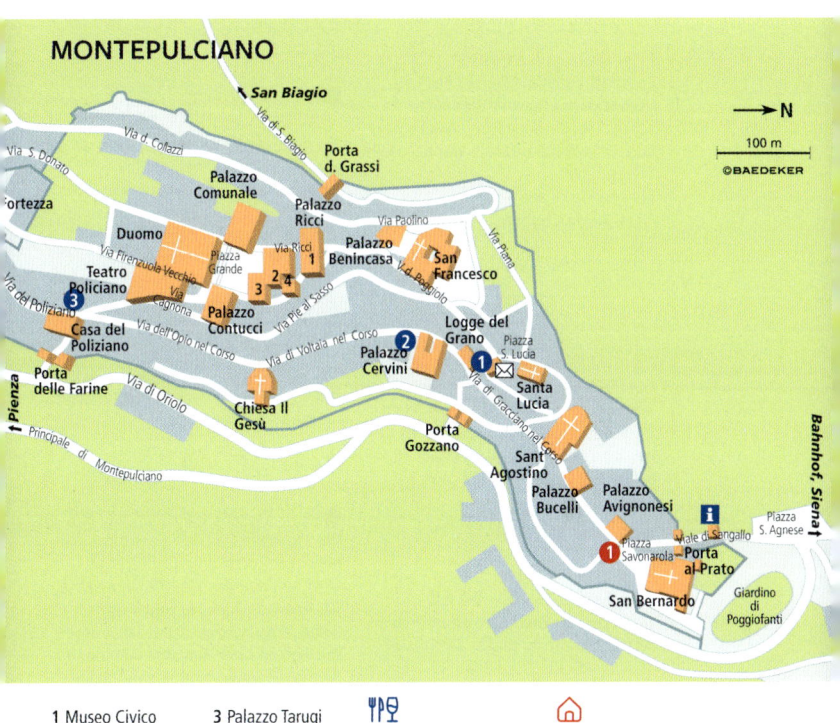

Palazzo Avignonesi

1 Museo Civico
2 Palazzo del Capitano del Popolo
3 Palazzo Tarugi
4 Fattoria della Talosa

❶ Le Logge del Vignola
❷ Caffè Poliziano
❸ Osteria dell'Acquacheta

❶ Il Marzocco

ZIELE
MONTEPULCIANO

MONTEPULCIANO ERLEBEN

ℹ️

Piazza Don Minzoni 1
Tel. 0578 75 73 41
www.prolocomontepulciano.it

🛍️

CONSORZIO DEL VINO NOBILE DI MONTEPULCIANO
Weine regionaler Erzeuger kann man hier probieren und teils auch kaufen.
Via San Donato 21
Tel. 0578 75 78 12
www.consorziovinonobile.it

FRANTOIO LA MACINA
Lassen Sie sich auf keinen Fall von dem eher nüchternen Ambiente abschrecken, Ihnen würde etwas entgehen: Dora Forzioni stellt wunderbares Olivenöl her!
Strada Cavine e Valli 34
Chianciano Terme
Tel. 0578 303 77
https://frantoiolamacina.it

🎭

CANTIERE INTERNAZIONALE D'ARTE
Vom deutschen Komponisten Hans Werner Henze (1926–2012) ins Leben gerufen wurde das jährliche Musikfestival (Ende Juli/Anf. Aug.).

🍽️

❶ LE LOGGE DEL VIGNOLA €€€–€€€€
Drei Freunde bieten im Herzen der Altstadt kompromisslos saisonale Toskanaküche. Das Ergebnis: ein kleines und charmantes Restaurant mit fantasievollen Gerichten.
Via delle Erbe 6
Tel. 0578 71 72 90
Di. geschl., Mi. nur abends
www.leloggedelvignola.com

❷ CAFFÈ POLIZIANO €€€
Ein Gaumen- und auch ein Augenschmaus: Bereits seit 1868 lockt das Café mit raffinierter Eleganz und Jugendstil-Interieur, mit Panoramaterrasse, Pasticceria und Teesalon (40 Teesorten). Konzerte, Ausstellungen und Gäste-Bibliothek (Piccola libreria) runden das wunderbare Angebot ab.
Via Voltaia del Corso 27/29
Tel. 0578 75 86 15
www.caffepoliziano.it

❸ OSTERIA DELL' ACQUACHETA €–€€
Ein richtiger Volltreffer! Schwer angesagt, doch nur wenige Tische – umso zeitiger sollte man reservieren, um in den Genuss der Pici mit Wildschweinragout (8 €) oder des Baccalà alla livornese (Kabeljau, 8,50 €) zu kommen. Und zum Nachtisch vielleicht Schafsricotta mit eigener Pflaumenmarmelade?
Via del Teatro 22,
Tel. 0578 71 70 86, Do.–Mo. 12.30 bis 15 u. 19.30–22 Uhr, Di. geschl.
www.acquacheta.eu

🏠

❶ ALBERGO IL MARZOCCO €€
Der traditionsreiche Familienbetrieb nahe der Porta al Prato bietet im stilvollen Mobiliar des 19. Jh.s echte Salonatmosphäre, Lesesaal und Billard-Spaß. Am besten ein Zimmer mit Balkon oder Terrasse wählen. Als Sahnehäubchen gibt es einen kostenfreien Parkplatz.
Piazza Savonarola 18
Tel. 0578 75 72 62
www.albergoilmarzocco.it

ZIELE
MONTEPULCIANO

Stadtmuseum untergebracht, das u. a. Werke von Filippo Lippi und Andrea della Robbia zeigt sowie etruskische Funde aus Chiusi und S. Casciano.
Museo Civico: Mai – Nov. Mi. – Mo. 10 – 19, sonst bis 18 Uhr | Eintr. 6 €
San Agostino: Mo. – Fr. 8.30 – 12.30 u. 14 – 17 Uhr

Runter in den Keller

An der Piazza Grande erhebt sich der **Dom**, der 1570 von Bartolomeo Ammanati entworfen und 1630 von Ippolito Scalza bis auf die Fassade vollendet wurde. Innen zeuigt eine Liegefigur Bartolomeo Aragazzi, Sekretär von Papst Martin V. Sie ist Teil des einst großartigen, 1427 – 1436 von Michelozzo di Bartolomeo geschaffenen Grabmals, das später zerlegt wurde. Einige Teile haben an anderer Stelle der Kirche einen Platz gefunden, viele gingen verloren. Hinter dem Hauptaltar ist ein schönes Triptychon von Taddeo di Bartolo, eine »Mariä Himmelfahrt« von 1401, zu sehen.

Piazza Grande

Der wuchtige Palazzo Comunale rechts des Doms wurde 1454 nach Plänen Michelozzos erbaut. Den **Palazzo Contucci**, links, begann 1519 Antonio da Sangallo d. Ä., vollendet wurde er von Peruzzi; innen finden sich Fresken von Andrea Pozzo, außerdem hat hier das Weingut Contucci seine Keller und einen Verkaufsraum. Andere Güter wie Poliziano und Del Cerro betreiben an der Piazza ebenfalls Läden. Sehenswert ist der Keller **Cantina del Redi** der **G**enossenschaft Vecchia Cantina. Der A. da Sangallo zugeschriebene Palazzo Tarugi ist der schönste Renaissancepalast der Stadt.

Abendliches Leuchten

Im Südwesten blickt man hinab auf die Kirche Madonna di San Biagio, einer der bedeutendsten Zentralbauten der toskanischen Spätrenaissance. Die **Wallfahrtskirche** wurde ab 1518 nach Plänen von Antonio da Sangallo d. Ä. über den Resten einer mittelalterlichen Pfarrkirche erbaut. Inspirieren ließ sich der Architekt bei seinem auf dem Grundriss eines griechischen Kreuzes mit Kuppel über der Vierung errichteten Bau u. a. von Bramantes Entwürfen für den Neubau der Peterskirche in Rom. Der dabei verwendete Travertin – ein heller, meist gelblicher Kalkstein – leuchtet herrlich im Abendlicht und harmoniert schön mit dem umliegenden Grün der Natur.

Madonna di San Biagio

Rund um Montepulciano

Etruskische Gräber und Katakomben im Tuff

Das 21 km südöstlich von Montepulciano auf einem Tuffplateau über dem Chiana-Tal gelegene Chiusi war zu etruskischer Zeit eine der zwölf Bundesstädte; seine Blütezeit erlebte sie um 500 v. Chr. unter König Porsenna. Vor allem diese etruskische Vergangenheit

Chiusi

ZIELE
MONTEPULCIANO

wird im hervorragenden **Museo Archeologico Nazionale** wieder lebendig, das auch Exkursionen zu den Etruskergräbern der Umgebung und in die Katakomben im Tuffplateau organisiert. Der Dom aus dem 6. Jh. (im 12. Jh. umgebaut) ist eine überwiegend aus antiken Resten errichtete Basilika mit 18 römischen Säulen – das »Mosaik« ist allerdings nur gemalt und Teil der »Restaurierung« von 1887 – 1895. In der Umgebung von Chiusi zählt man etwa 400 etruskische Gräber mit herrlichen Wandmalereien, von denen einige besichtigt werden können. Berühmt ist die **Tomba della Scimmia**, das nach einem Detail der Ausmalung benannte »Grab des Affen« aus dem 5. Jh. v. Chr. an der Straße zum Lago di Chiusi.

Museo Archeologico Nazionale: Mo. – Sa. 9 – 20, So. 9 – 14 Uhr Eintritt 6 €

★ *Pienza*

Eine »ideale Stadt«

14 km westlich von Montepulciano liegt Pienza, dem Papst Pius II. – 1405 unter dem Namen Enea Silvio Piccolomini hier geboren – seinen Namen gab. Er plante, das damalige Corsignano als »ideale Stadt« neu anzulegen. Die Arbeiten unter Leitung des Florentiner Baumeisters Rossellino begannen 1459 und wurden mit dem Tod des Papstes 1464 eingestellt. Geblieben ist die **Piazza Pio II.**, die mit den perspektivisch angeordneten Frührenaissancebauten ein harmonisches Bild bietet. Die Kathedrale S. Maria Assunta ist im Inneren gotisch beeinflusst. Unter den Gemälden befindet sich eine »Mariä Himmelfahrt« von Lorenzo Vecchietta. Zierden sind das schöne Chorgestühl und in der Krypta das von Rossellino entworfene Taufbecken. Neben der Kathedrale befindet sich der **Palazzo Piccolomini**, dessen erster Stock Möbel, Erinnerungsstücke und die Bibliothek der Familie bewahrt. Gegenüber befindet sich im Palazzo Borgia das Kirchenmuseum mit einem Pluviale Pius' II. aus dem 14. Jh. Nördlich gegenüber der Kathedrale stehen der Palazzo Comunale und der Palazzo Ammanati. Pienza, seit 1996 auf der UNESCO-Liste des Weltkulturerbes, ist übrigens ein Zentrum der **Pecorinoproduktion**; dem Schafskäse ist eine Messe am ersten Septembersonntag gewidmet.

Palazzo Piccolomini: Mi. – Mo. 10 – 16.30 Uhr, Di. geschl. | Eintritt 7 €
www.palazzopiccolominipienza.it

Val d'Orcia

Ausgezeichnete Bilderbuch-Landschaft

Als »vom Menschen gestaltete Renaissancelandschaft« wurde das rund 25 km südöstlich von Siena gelegene Val d'Orcia zum Welterbe der UNESCO erklärt. Bildliche Darstellungen dieses imposanten Landstrichs beeinflussten in der Kunstgeschichte maßgeblich die Vorstellungen einer idealtypischen Landschaft. **S. Quirico d'Orcia**

Steil und verwinkelt geht es im Gassenlabyrinth von Montepulciano zu.

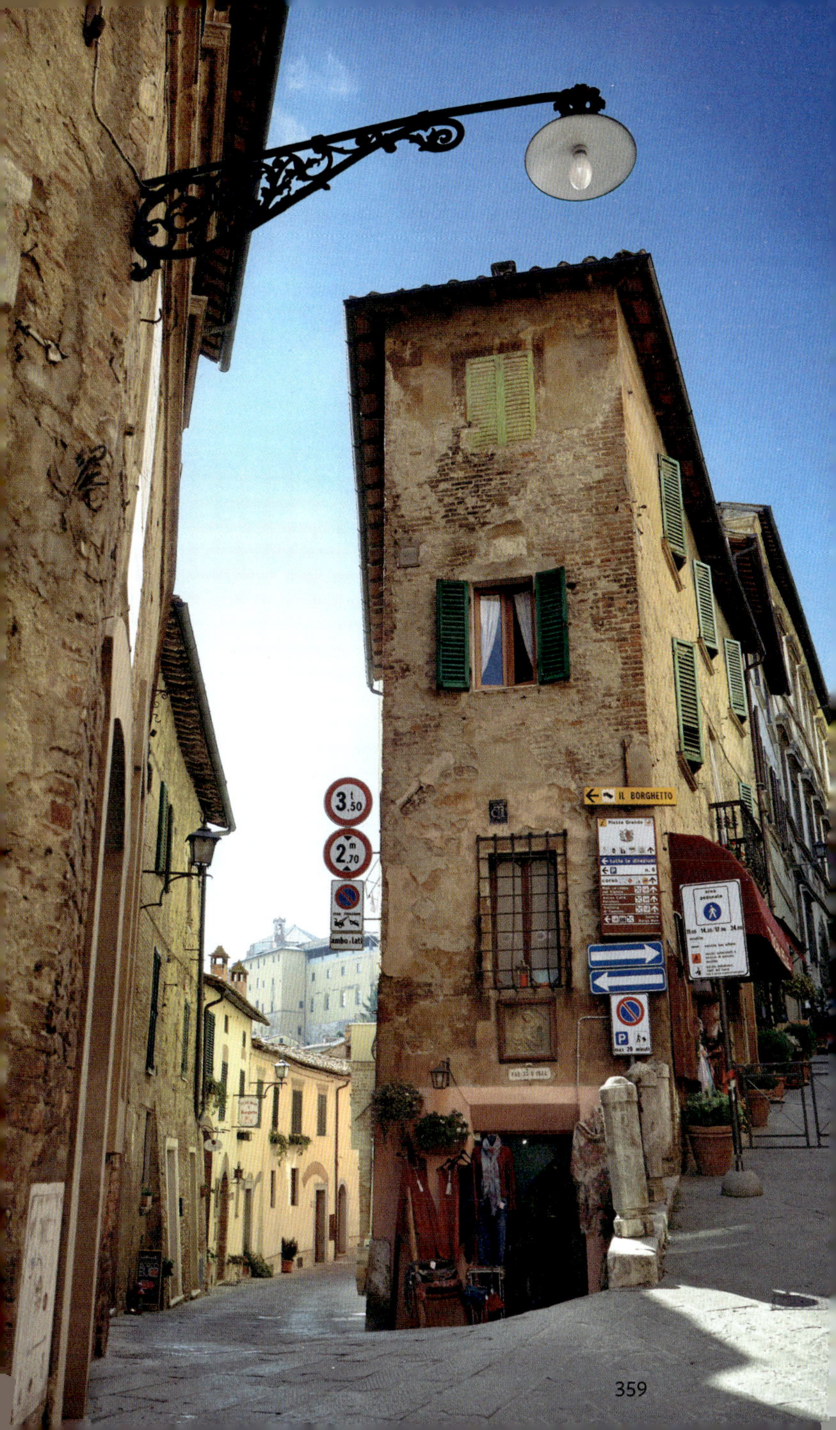
IL BORGHETTO

war einst eine wichtige Etappe für Rom-Pilger. So musste die romanische Collegiata im 13./14. Jh. erweitert werden, 1653 baute man sie im barocken Stil um. Der Kirche gegenüber befindet sich der um 1680 von Carlo Fontana für Kardinal Flavio Chigi errichtete barocke Palazzo. Empfehlenswert ist ein Abstecher nach **Bagno Vignoni**, 4 km südlich, dessen Piazza seit Jahrhunderten von einem großen Bassin eingenommen wird. Dieses wird von Wasser gespeist, das mit einer Temperatur von 51 – 52 °C aus den Tiefen der Erde hervor sprudelt.

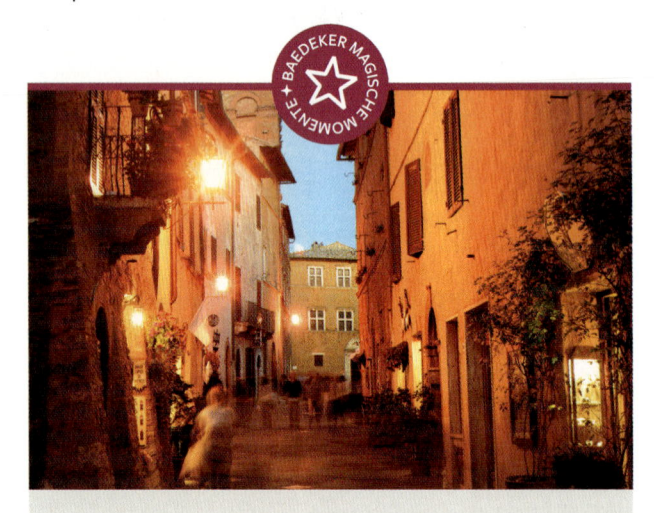

BELLA FIGURA

Wenn die Hitze des Tages allmählich schwindet und die Sonne hinter den Häusern abtaucht, dann beginnt die Zeit der Passeggiata. Mit Kind und Kegel geht es hinein in die Fußgängerzone, man schlendert, hält dort für einen Plausch und hier für ein Gelato. Dabei ist das oberste Gebot der Stunde, eine Bella Figura abzugeben – Shorts oder Sandalen sind also tabu. Nehmen Sie sich einmal die Zeit, es ist ein wunderbares Erlebnis! Wo, wenn nicht in der Cittá ideale der Renaissance, im Pienza des Piccolomini-Papstes, ließen sich Flanieren und Flair der Toskana besser verbinden?

ZIELE
MONTEPULCIANO

Kleine Stadt, besserer Wein

Wie eine kleinere Ausgabe von Montepulciano erscheint das 47 km südlich von ▶ Siena im Val d'Orcia gelegene Städtchen Montalcino; sein Wein – der **Brunello di Montalcino** – hat aber sogar einen noch besseren Ruf. In der Festung, die um 1360 errichtet wurde und 1559 letzter Rückzugsort der vor den Medici geflohenen Sienesen war, gibt eine Enoteca Gelegenheit, sich bei einem toskanischen Imbiss »weinmäßig zu informieren«. Natürlich findet sich dort auch eine ganze Reihe von Weinhandlungen. Mittelpunkt der ummauerten Stadt ist die **Piazza del Popolo** mit dem Palazzo Comunale; nebenan liegt das stilvolle, 1888 eröffnete Caffè Fiaschetteria mit einer guten Cantina. Stadtmuseum, Diözesan- und Archäologisches Museum sind im ehemaligen Kloster Sant'Agostino zusammengefasst.

Ein Ausflug führt 10 km südlich zur **Abbazia di S. Antimo**, einem herrlich gelegenen Benediktinerkloster, das nach der Gründung um 800 zu einem der reichsten in der Toskana aufstieg. Die erhaltenen schlichten Bauten entstanden ab 1118. An französische Vorbilder erinnern der Chorumgang sowie die wunderbaren Säulenkapitelle. Auf dem Weg hierher passiert man Weingüter mit klangvollen Namen wie Biondi-Santi und die Fattoria dei Barbi mit meist gut besuchtem Restaurant und Agriturismo-Betrieb. Ferruccio Biondi Santi hatte 1888 in der Ferruccio den ersten Brunello geschaffen und damit den ersten toskanischen Wein aus nur einer Rebsorte.

Montalcino

Abbazia die S. Antonio: Nov. – März tgl. 10.30 – 17, Apr. – Sept. 10 – 18.30, Okt. 10 – 18 Uhr | www.antimo.it

Der höchste Berg der Toskana

Ca. 20 km Luftlinie südlich von S. Quirico d'Orcia ragt der höchste Berg der Toskana auf, der 1738 m hohe Monte Amiata, ein erloschener kraterloser Vulkan. Er ist ein beliebtes Wanderrevier und Skigebiet. Auf einer steilen Straße sind in 1 650 m Höhe Hotels und Restaurants zu erreichen, von dort marschiert man zum Gipfel mit Gitterkreuz und herrlicher Aussicht.

Monte Amiata

Bei **Seggiano**, ca. 10 km nördlich vom Monte Amiata, bevölkern über 40 Skulpturen moderner Künstler das Anwesen des Künstlers Daniel Spoerri (Giardino di Daniel Spoerri), einer der bedeutendsten Vertreter der Objektkunst und Mitbegründer der Künstlergruppierung Nouveau Réalisme. Am Osthang des Bergs liegt das Städtchen **Abbadia S. Salvatore**. Die monumentale, 743 gegründete Abtei des Heiligen Erlösers, die der Stadt den Namen gegeben hat, ist eines der ältesten Klöster der Toskana. Die Kirche entstand im 11. Jh. und wurde Ende des 16. Jh.s innen umgestaltet, die Krypta aus dem 8. Jh. besitzt Trachytsäulen mit reich verzierten Kapitellen.

Giardino di Daniel Spoerri: Do. – So. 10.30 – 17.30 Uhr | Eintritt 12 € www.danielspoerri.org

ZIELE
NEAPEL · NAPOLI

★★ NEAPEL · NAPOLI

Region: Kampanien · Campania | **Metropolitanstadt:** Napoli
Höhe: 10 m ü. d. M. | **Einwohnerzahl:** 966 000

O 19

Als die Modemacher Dolce & Gabbana vor einigen Jahren zur Schau nach Neapel einluden, staunten alle nicht schlecht. Statt einen der vielen Palazzi, ein Museum oder eine Oper als Schauplatz für ihre neueste Kollektion zu wählen, luden sie unter freien Himmel in die Altstadt ein. Laufsteg wurde das zerbeulte Kopfsteinpflaster, die umliegenden Läden wurden zur Kulisse und von den Balkonen applaudierten die Neapolitaner, die dem Treiben kostenlos zuschauen konnten. Wer Neapel erobern will, so gilt es in der Modewelt wie im normalen Leben, muss in den Alltag eintauchen, mit den Leuten auf der Straße reden.

Aufregend, chaotisch, lebendig

Bevor Sie sich ins Getümmel stürzen, sollten Sie die Stadt aus gebührendem Abstand auf sich wirken lassen, denn Neapel bedeutet zunächst einmal vor allem eines: unvorstellbaren Verkehr und Straßenlärm. Lassen Sie sich also Zeit, um diese herausfordernde, aufregende Stadt kennenzulernen. Ein gutes erstes Ziel ist der Vomero, auch San-Martino-Hügel genannt. Von oben erkennt man deutlich den großen Hafen mit den Fähranlegestellen, das Häusermeer aus ineinandergeschachtelten Gebäuden, das sich bis zum doppelhöckrigen Vesuv erstreckt, die Türme und Kuppeln der über 300 Kirchen, die Wohnpaläste der Jahrhundertwende. Im Norden liegen ältere Wohnviertel, im Osten eine Industriezone und hinter dem Hauptbahnhof erstreckt sich Neapels Geschäfts- und Büroviertel Centro Direzionale. Danach erkunden Sie die lebendige **Altstadt** – UNESCO-Welterbe. Das großstädtische Neapel erleben Sie um die Piazza del Plebiscito herum, wo die Bourbonen ihre Baudenkmäler hinterlassen haben. Anschließend locken die Schätze der weltberühmten Museen. Sie bleiben länger? Von Neapel können Sie Tagesausflüge nach ▶ Pompeji, ▶ Herculaneum, Pozzuoli oder ▶ Caserta machen.

★★ Centro storico · Spaccanapoli

Die spaltende Straße

Spaccanapoli

Vom Vomero aus erkennt man deutlich die im Volksmund Spaccanapoli (»spaltet Neapel«) genannte lange Straße, die etwa auf halber Höhe der Via Toledo beginnt. In ihrem Verlauf ändert sie mehrfach ihren Namen, heißt Via Benedetto Croce, Via San Biagio dei Librai, Via Vicaria Veccchia und durchschneidet die Altstadt in ihrer ganzen Länge. Sie entspricht dem Decumanus inferior des antiken

Neapolitanisches Leben satt in der Altstadt

Neapolis, und zusammen mit der parallel verlaufenden Via dei Tribunali ist sie eine der lebhaftesten und interessantesten Straßen Neapels.

Kirche hinter Diamantquadern
Kurz hinter der Abzweigung von der Via Toledo weitet sich die Spaccanapoli zur Piazza del Gesù Nuovo, auf der die Guglia dell'Immacolata in die Höhe ragt, eine von Neapels vielen barocken **Pestsäulen** zum Gedenken an die Epidemie im 17. Jh. Hier steht auch die Jesuitenkirche **Gesù Nuovo,** die 1584 in den älteren Palazzo Sanseverino integriert wurde, von dem sie ihre Diamantquaderfassade hat. Im barocken Innern ist das Fresko »Vertreibung des Heliodor aus dem Tempel« von Francesco Solimena sehenswert. Vom gotischen Klarissenkloster **Santa Chiara** (1310) am Platz sind nur noch Kirche, Kampanile und Kreuzgang erhalten. Im Innern befinden sich mehrere Grabdenkmäler für Mitglieder des Hauses Anjou, darunter direkt hinter dem Altar das prachtvolle Grab für Robert den Weisen, das Florentiner Bildhauer 1345 schufen. Der **Klostergarten** wurde in der Mitte des 14. Jh.s angelegt und im 18. Jh. von Vaccaro umgebaut.

★
Piazza del Gesù Nuovo

NEAPEL ERLEBEN

ℹ️ INFO TURISMO NAPOLI
Via San Giuseppe dei Nudi 82
Tel. 800 13 40 34
Mo.–Fr. 9.30–14 Uhr,
www.infoturismonapoli.it, www.napolike.com, www.visitnaples.eu

🚌

Verstopfte Straßen, tollkühne Vespafahrer, kreative Verkehrsregeln – besser geht es zu Fuß oder mit den innerstädtischen **Buslinien** R2 und R3, die aber nicht immer planmäßig fahren und oft überfüllt sind. Zum Archäologischen Museum, zum Einkaufsviertel Piazza Amedeo, nach Mergellina und Pozzuoli/Solfatara kommt man mit der **U-Bahn** Metropolitana. Auf den Vomero führen drei verschiedene **Standseilbahnen,** die Funiculare. Das Umland von Neapel erkundet man am besten mit der Ferrovia Circumvesuviana (Endbahnhof: Corso Garibaldi über Pompeji) bzw. Ferrovia Cumana e Circumflegrea (Endbahnhof: Montesanto).
www.anm.it

SIGHTSEEING
Die Busse von Citysightseeing Napoli fahren zu den Hauptsehenswürdigkeiten (Aus- und Wiedereinstieg möglich). Haupthaltestelle: Piazza Municipio, vor dem Castel Nuovo (Tel. 335 78 03 812, www.city-sightseeing.it).

GUT ZU WISSEN
An den Mai-Wochenenden sind in Neapel und Umgebung sonst verschlossene Klöster, Kirchen, Paläste geöffnet.

🛍️

Im Centro storico Neapels findet man noch Straßenzüge, die zunftartig ein Handwerk versammeln – darunter Papier- und Buchläden in der Via Dante und der Via San Biagio dei Librai oder Musikinstrumente in der Via San Pietro a Maiella. Holzfiguren gibt es in der Via San Gregorio Armeno. Gute Adressen für Designerkleidung: Via Chiaia, Via dei Mille, Via Calabritto, Piazza dei Martiri. Die angeblich begehrtesten Seidenkrawatten Italiens, darunter maßgeschneiderte, gibt es bei Maestro Marinella in der Via Riviera di Chiaia 287.

🍴

❶ L'EUROPEO DI MATTOZZI €€
Seit 1852 am Platz! Beliebter Treff von Studenten, Professoren, Reedern und Intellektuellen. Die ausgezeichnete Pizza und die neapolitanischen Pasta-Gerichte kann sich (fast) jeder leisten, für frischen Fisch muss man tiefer in die Tasche greifen.
Via Marchese Campodisola 4
Tel. 081 55 21 323, https://ristoranteeuropeomattozzi.it
So. geschl.

❷ MIMÌ ALLA FERROVIA €€
Das auch bei Künstlern und Studenten beliebte Hotel hat rustikalen italienischen Charme. Eine gute Wahl sind die mehrgängigen, marktfrischen Überraschungsmenüs, die täglich neu zusammengestellt werden.
Via Alfonso d'Aragona 21
Tel. 081 5 53 85 25
www.mimiallaferrovia.it, So. geschl.

❸ TAVERNA DELL'ARTE €€
In der behaglich ausgestatteten Osteria mitten in der Altstadt von Neapel zaubert Inhaber Alfonso Gallotti traditionelle kampanische Gerichte nach alten Rezepten, abgestimmt auf die Saison.
Rampe San Giovanni Maggiore 1a
Tel. 081 5 52 75 58
www.tavernadellarte.it

ZIELE
NEAPEL · NAPOLI

❹ LA CHITARRA €
Typische Osteria nahe der Universität. Kosten Sie doch zum Auftakt vom Antipasti-Aufgebot! Spezialitäten des Hauses sind außerdem deftige Suppen, Trippa und Stockfisch mit Kichererbsen.
Rampe San Giovanni Maggiore 1b
Tel. 081 5 52 91 03
www.osterialachitarra.it
Mo. – Sa. 19.30 – 23.30 Uhr, So. geschlossen

❺ L'ANTICA PIZZERIA DA MICHELE €
Hier werden schon seit 1870 Pizzen in den Ofen geschoben. An schlichten Marmortischen lassen sich Neapolitaner noch sehr gern Klassiker wie Margherita und Marinara schmecken. Kleine Warnung: Abends können die Schlangen sehr lang werden!
Via Cesare Sersale 1
Tel. 081 5 53 92 04
www.damichele.net

❶ COSTANTINOPOLI 104 €€€
Eine Insel der Ruhe – und das, obwohl das Hotel nur wenige Schritte vom Archäologischen Museum entfernt ist. Toll: die Dachterrasse mit Solarium. Im Garten wartet ein winziger Pool.
Via S. Maria di Costantinopoli 104
Tel. 081 5 57 10 35
www.costantinopoli104.it

❷ GRAND HOTEL PARKER'S €€€€
Attraktives 5-Sterne-Hotel wartet mit unterschiedlich eingerichteten Zimmern auf, die Suiten erstrecken sich über zwei Etagen. Ebenfalls nicht von schlechten Eltern ist der schöne Panoramablick vom Restaurant aus.
Corso Vittorio Emanuele 135
Tel. 081 7 61 24 74
www.grandhotelparkers.it

❸ CHIAIA HOTEL DE CHARME €€
Ein Kleinod der neapolitanischen Architektur ist dieses charmante Haus garni in der Nähe des Teatro San Carlo mit schönen, leicht aristokratisch wirkenden Zimmern.
Via Chiaia 216
Tel. 081 41 55 55
www.hotelchiaia.it

❹ HOTEL DEL REAL ORTO BOTANICO €€
In der Nähe des Botanischen Gartens und der Metro Piazza Dante liegt dieses gepflegte Haus der mittleren Preisklasse. Nicht nur seine schöne Dachterrasse macht es zu einer guten Basis für Stadterkundungen.
Via Foria 192
Tel. 081 4 42 15 28
www.hotelrealortobotanico.it

❺ IL CONVENTO €€
Klein, aber fein: Das stilvolle Hotel hat sich im Spanischen Viertel angesiedelt, nur wenige Schritte entfernt von der belebten Via Toledo. Ansprechende Zimmer, schöne Frühstücksräume.
Via Speranzella 137a
Tel. 081 40 39 77
www.hotelilconvento.com

❻ L'ALLOGGIO DEI VASSALLI €
Auch dieses Haus in einem historischen Gebäude punktet mit seiner zentralen Lage. Die Atmosphäre ist herzlich und die schönen Zimmer umweht der Flair vergangener Zeiten. So lässt es sich aushalten!
Via Donnalbina 56
Tel. 081 5 51 51 18
www.hotelself.it/de/alloggiodeivassalli

BED & BREAKFAST
Lust auf Wohnen in großbürgerlichen Wohnungen, in Palazzi und einstigen Klöstern? Dann kann die Recherche beginnen:
www.bb-napoli.com
www.rentabed.it

ZIELE
NEAPEL · NAPOLI

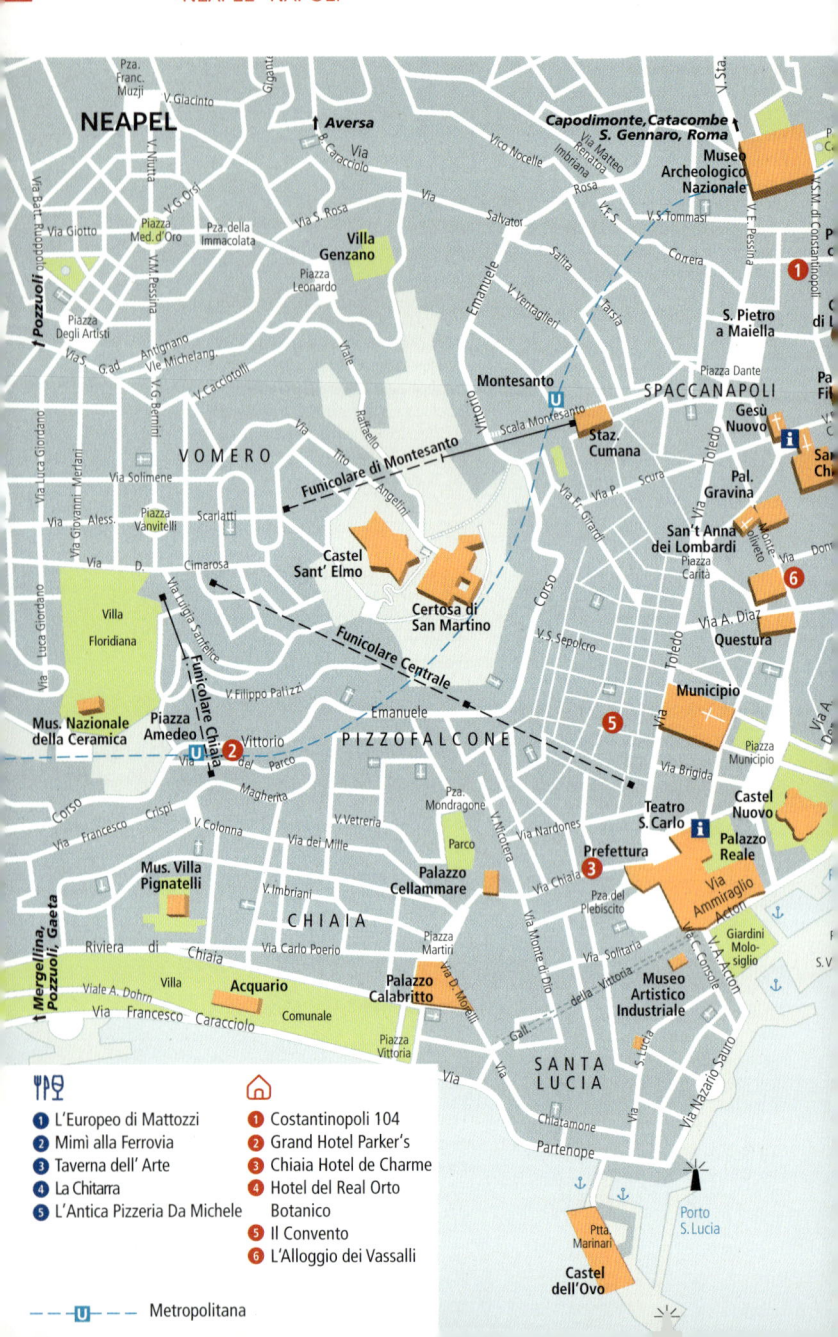

🍽🍷
1. L'Europeo di Mattozzi
2. Mimì alla Ferrovia
3. Taverna dell' Arte
4. La Chitarra
5. L'Antica Pizzeria Da Michele

🏠
1. Costantinopoli 104
2. Grand Hotel Parker's
3. Chiaia Hotel de Charme
4. Hotel del Real Orto Botanico
5. Il Convento
6. L'Alloggio dei Vassalli

- - -U- - - Metropolitana

ZIELE
NEAPEL · NAPOLI

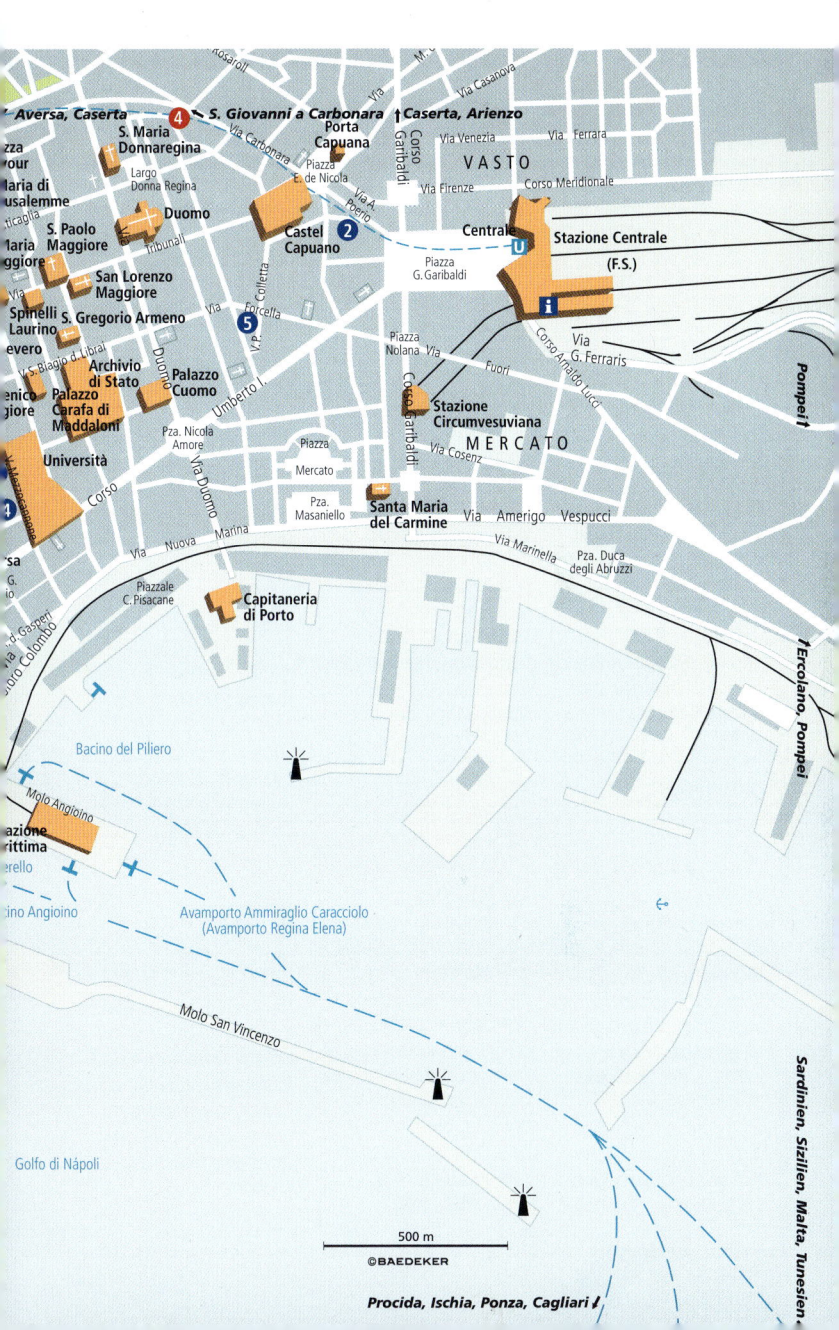

BAEDEKER ÜBERRASCHENDES

6x TYPISCH

Dafür fährt man nach Italien.

1.
AM MORGEN
Das Hotelfrühstück ist nichts Besonderes. Machen Sie aus der Not eine Tugend und genießen den Kaffee, Orangensaft und ofenwarme Brioches **in einer der vielen Bars**. Am Tresen Trubel, im Freien die ersten Sonnenstrahlen! (▶ **S. 776**)

2.
GARTENTRÄUME
Es duften Thymian und Lavendel. Brunnen, Grotten und Statuen von Antike bis Renaissance scheinen nur darauf zu warten, dass man sie in einem Gemälde verewigt: In der **Toskana** gibt es Dutzende von Parks und Gärten. Eine gute Einstimmung: der Boboli-Garten in Florenz. (▶ **S. 208**)

3.
LANDLEBEN
Das Licht zog sie an. Seit Jahrzehnten kaufen und restaurieren Italiener und Hergezogene **in Umbrien** verlassene Landsitze, Villen und Paläste. Und da die Anwesen so groß sind, dürfen oft auch zahlende Gäste hier wohnen. (▶ **S. 804**)

4.
KARNEVAL IN VENEDIG
Schon Casanova war hingerissen vom **Spiel der Masken**. Wenn die fünfte Jahreszeit in der Lagune anbricht, strömen heute Hunderttausende herbei. Sie wissen: Nirgendwo sonst ist die Atmosphäre so morbide, ausgelassen und romantisch. (▶ **S. 18ff., 788**)

5.
DIE EINZIG WAHRE PIZZA
Die Kunst des neapolitanischen Pizza-Bäckers ist längst Weltkulturerbe. Machen Sie es wie die Einheimischen und **falten Sie die Pizza** zwei Mal, sodass es an den Seiten heruntertropft, und dann Augen zu und Mund auf! (▶ **S. 364/365**)

6.
CINQUECENTO
Der kultige **500er Fiat** aus den 1950ern ist nach wie vor unterwegs. Und man kann ihn auch mieten, etwa bei www.rome500exp.com oder bei www.chianticlassiccar.com

ZIELE
NEAPEL · NAPOLI

Meisterliche Skulpturen und makabre Skelette
Weiter östlich verbreitert sich die Spaccanapoli zur **Piazza San Domenico**. Überquert man den Platz rechts an der Pestsäule vorbei, gelangt man über eine kleine Seitenstraße zur Grabkapelle der Familie **Sangro-Sansevero** (Anfang 16. Jh.). Innen sieht man viele barocke Skulpturen aus der Sammlung Don Raimondo di Sangro, Fürst von Sansevero, Wissenschaftler und Alchimist, darunter Corradinis »Pudicizia« (»Anstand«), Queirolos »Disinganno« (»Verzweiflung«) und dazwischen die Liegefigur »Cristo Velato« (»Verhüllter Christus«) von Giuseppe Sammartino von 1753. In der Krypta sind zwei Skelette mit versteinerten Adern ausgestellt, angeblich die Opfer von Experimenten des Alchimisten.

★ Cappella Sansevero

Dem Flussgott Nil gewidmet
An der Ecke Spaccanapoli/Via Mezzocannone steht die Kirche Sant' Angelo a Nilo, benannt nach der benachbarten Statue des Nil-Gottes, die Kolonisten aus Alexandrien hier aufstellten. In der Kirche befindet sich ein grandioses Renaissancegrabmal der beiden Bildhauer **Donatello und Michelozzo**, 1428 für den Kardinal Rinaldo Brancaccio geschaffen. Der Palazzo del Monte di Pietà an der Ecke zum Vico San Severino war bis Ende des 16. Jh.s städtisches Pfandleihhaus. Heute fallen hier die vielen Gold- und Silberschmuckläden auf.

Sant'Angelo a Nilo und Palazzo del Monte di Pietà

Die Gasse der Krippenfiguren
In der malerischen Via Gregorio Armeno formen Handwerker seit dem 17. Jh. aus Holz, Ton, Draht und Strohgeflecht Figürchen, die einer neapolitanischen Tradition zufolge berühmten Persönlichkeiten nachempfunden sind. Eines der schönsten Beispiele, der Presepio di Cuciniello mit 180 Hirten und vielen Tieren, ist im Museum auf dem Vomero zu sehen (▶ S. 374). An dieser Straße liegt auch **San Gregorio Armeno** (1580), eine der reichsten Barockkirchen Neapels. Sehenswert sind vor allem die Fresken von Luca Giordano. Vom Kreuzgang (18. Jh.) hat man einen schönen Blick auf den Golf. Zurück auf der Spaccanapoli folgt links der **Palazzo Marigliano** (16. Jh.); im Innenhof lohnt die Freitreppe mit Terrasse und gemalter Doppelsäulenloggia einen kurzen Blick.

★ Via Gregorio Armeno

Neapels wichtigste Kirche
Nun stößt die Spaccanapoli auf die Via del Duomo und dort auf den Dom, der dem Stadtpatron Januarius geweiht ist. Er wurde 1294 bis 1323 im französisch-gotischen Stil errichtet und zuletzt im 19. Jh. verändert. Im rechten Seitenschiff befindet sich die im 17. Jh. prachtvoll ausgestattete Cappella di San Gennaro; auf dem barocken Hauptaltar steht die Silberbüste mit dem Schädel des hl. Januarius, der 305 als Bischof unter Diokletian den Märtyrertod erlitt. Im Tabernakel befinden sich die beiden Glasphiolen mit seinem

★ Duomo San Gennaro

ZIELE
NEAPEL · NAPOLI

Blut, das sich zweimal im Jahr verflüssigt, erstmals angeblich bei der Überführung des Leichnams nach Neapel zur Zeit des Kaisers Konstantin. Der Ort des »Blutwunders« ist Ausgangs- und Endpunkt großer Prozessionen vor allem am ersten Maiwochenende und am 19. September. Das Grab des Heiligen befindet sich in der reich geschmückten Confessio unter dem Hochaltar. Direkt an den Dom schließt sich die **Basilika der hl. Restituta** (9. Jh.) an, die älteste Kirche Neapels, die man durch das linke Seitenschiff des Doms betritt. Vom rechten Seitenschiff gelangt man in die Capella San Giovanni in Fonte, das älteste frühchristliche Baptisterium, das von einer Kuppel mit Mosaiken des 4. und 5. Jh.s überspannt wird. Auf der nahe gelegenen Piazza Cardinale Sisto Riario Sforza steht die Wohlfahrtseinrichtung **Monte della Misericordia** (17. Jh.). Sie hütet **Caravaggios** Meisterwerk »Die Sieben Werke der Barmherzigkeit« (1607).

Von hier gelangt man auf die sehr belebte **Via Tribunali**, eine Parallelstraße der Spaccanapoli. Ihren Abschluss bildet das Castel Capuano, einst ein normannischer Herrschersitz, der im 16. Jh. umgebaut wurde und seither als Gerichtsgebäude dient. Gegenüber erhebt sich die Kuppelkirche Santa Caterina a Formiello (1519–1593), etwas weiter folgt die Porta Capuana (Giulio da Maiano, 1484), das von zwei Türmen der ehemaligen Stadtmauer flankierte Stadttor.

Dom: 8–12.30, 16.30–19, So. 8–13.30, 17–19.30 Uhr | Eintritt 8 €

★

San Lorenzo Maggiore

Neapels Unterwelt
Die angeblich schönste gotische Kirche Neapels steht an der Via Tribunali an der Stelle, wo sich einst die griechische Agora und später das **römische Forum** befanden. Eindrucksvolle Überreste wie Mauern, gepflasterte Wege, sogar steinerne Verkaufsstände wurden zwei Stockwerke tief unter der Franziskanerkirche ausgegraben und können besichtigt werden (Scavi, Complesso Archeologico di San Lorenzo). Im 6. Jh. n. Chr. folgte eine frühchristliche Basilika, auf deren Fundamenten ab 1234 die heutige Kirche erbaut wurde. Die Pläne des Chors stammen von dem französischen Baumeister Thibaud de Saumur. Von den Grabdenkmälern fällt besonders das mit Mosaiken bedeckte gotische Grabmal Katharinas von Österreich († 1323) auf. Im angrenzenden Franziskanerkloster verweilten im 14. Jh. zeitweise Petrarca und Boccacio. Gleich gegenüber steht die Kirche San Paolo Maggiore (1538–1627) auf der Ruine eines römischen Dioskurentempels, von dem ein Säulenpaar in die Fassade eingemauert ist.

Links neben dem Treppenaufgang befindet sich der Zugang zu **Neapoli sotterranea,** dem unterirdischen Neapel, dessen gelblichen Tuffstein bereits die Griechen und Römer als Baumaterial nutzten. Die Höhlen dienten als Nekropolen, später dann als Müllgruben, als

ZIELE
NEAPEL · NAPOLI

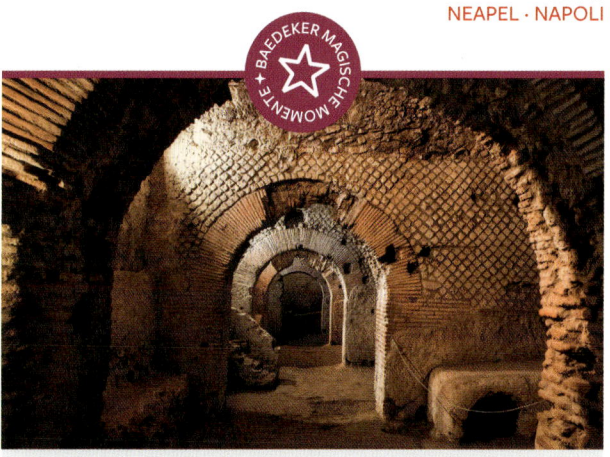

ZWISCHEN DEN WELTEN

Das gibt es so nur in Neapel. Oberirdisch das lärmende Chaos der Altstadt rund um die Piazza San Gaetano. Und dann nur ein paar Schritte entfernt unter der Chiesa di San Lorenzo Maggiore die römische Antike. Treppen führen sieben Meter unter das heutige Straßenniveau. Plötzlich wird es sehr still, und die Welt da oben ist weit weg. In wenigen Minuten unternimmt man eine Zeitreise von fast zweitausend Jahren und landet auf einer komplett erhaltenen römischen Wohn- und Geschäftsstraße.

Hehlerwarenversteck der Mafia und zuletzt im Krieg als Luftschutzkeller. Über eine lange Treppe gelangt man zur »Stadt unter der Stadt«, ein Labyrinth aus Tunneln, Höhlen, Zisternen und Kanälen, die einst die Trinkwasserversorgung Neapels sicherten.
San Lorenzo/Scavi: Basilika, Ausgrabungen, Museum tgl. 9.30–17.30 Uhr | Eintritt 9 € | www.laneapolissotterrata.it
Napoli sotterranea: Piazza San Gaetano 68 | Führungen tgl. 10–18 Uhr zur vollen Stunde (ital.) bzw. alle 2 Std. (engl.), Do. auch 21 Uhr | Eintritt 15 € | www.napolisotterranea.org

Barocke Pracht über alten Steinen
Folgt man weiter der Via Tribunali, passiert man die Kirche Santa Maria Maggiore. Der Barockbau (17. Jh.) von Cosimo Fanzago steht auf den Grundmauern eines römischen Gebäudes und einer Vorgängerkirche aus dem 11. Jh. Nur wenige Schritte entfernt steht die Cappella Ponta-

Santa Maria Maggiore

no, die Giovanni Pontano 1426 bis 1503 als Familiengrabkapelle konzipierte und mit einem sehenswerten **Majolikafußboden** ausschmücken ließ. Am Ende der Straße befindet sich die kleine gotische Kirche San Pietro a Maiella mit kostbaren Deckengemälden von Mattia Preti. Sie schildern Szenen aus dem Leben Pietro Angelarios, der 1294 als Coelestin V. den Papstthron bestieg. Die **Piazza Bellini,** mit ihren Bars und Cafés ein beliebter Treffpunkt, ist Endpunkt dieses Spaziergangs. Sie erinnert an den sizilianischen Komponisten Vincenzo Bellini; am Fuß seiner Statue sind Überreste der griechischen Befestigungsmauern (4. Jh.) erhalten. Hier beginnt die Via Santa Maria di Costantinopoli, in der sich **Antiquitäten-, Buch- und Kunstläden** aneinanderreihen. Mittendrin liegt die Accademia di Belle Arti, die Kunstakademie, angeschlossen sind eine große Bibliothek und die Galleria di Arte Moderna.

Südliches Stadtviertel

Vielfältige Schätze

Sant'Anna dei Lombardi

Die Kirche Monteoliveto, auch Sant'Anna dei Lombardi genannt, liegt nicht weit von der Via Toledo entfernt an der Piazza Monteoliveto. Baubeginn war 1411, später wurde sie im Frührenaissancestil weitergeführt. Zu ihren Schätzen zählen die Cappella Piccolomini mit dem **Grab der Maria von Aragon**, um 1475 von Antonio Rossellino und Benedetto da Maiano geschaffen, die Cappella Terranova mit einer »Verkündigung« von Benedetto da Maiano sowie die Cappella Tolosa mit Kanontafeln Brunelleschis und Terrakotta-Tondi aus der Werkstatt Della Robbia. Sehenswert sind auch die »Beweinung Christi«, acht lebensgroße Tonfiguren von Guido Mazzoni, sowie die Holzintarsien von Giovanni da Verona in der Sakristei, deren Deckenfresken aus der Werkstatt von Giorgio Vasari stammen.

Bauwerk mit langer Geschichte

Piazza Municipio

Folgt man der Via Monteoliveto und der Via Medina, gelangt man zur lang gezogenen Piazza Municipio, die sich zwischen dem Hafen und dem Palazzo di San Giacomo erstreckt, dem ehemaligen Regierungssitz der Bourbonen. Hier befindet sich heute das Rathaus; benannt ist das Gebäude nach der im nördlichen Flügel eingegliederten Kirche San Giacomo degli Spagnoli. Sie war eins die Hauptkirche der **spanischen Könige Neapels**, der Vizekönig Don Pedro de Toledo wurde 1532 hinter dem Hochaltar beigesetzt.

Neapels berühmter Triumphbogen

Castel Nuovo

Den Platz überragt das mächtige fünftürmige Castello Nuovo. Es wurde ab 1279 im Auftrag Karls I. von Anjou als königliche Festung errichtet, weshalb es im Volksmund auch Maschio Angioino genannt wird. Im 15. Jh. ließ es Alfons I. von Aragonien entsprechend den

ZIELE
NEAPEL · NAPOLI

neuen Anforderungen der Kriegsführung umbauen. Damals entstand auch das in weißem Marmor zwischen die Festungstürme gesetzte **Triumphtor**, das den Einzug Alfons' in Neapel 1443 zeigt. Im Innenhof führt eine Freitreppe in die Sala dei Baroni. Sie ist nach einer Gruppe von Baronen benannt, die sich 1486 an einer Verschwörung beteiligten und in diesem Saal festgenommen wurden. Heute tagt dort Neapels Stadtrat. Gegenüber dem Haupteingang liegt der Zugang zur gotischen Cappella Santa Barbara (oder Cappella Palatina), die bis 1456 mit einem Freskenzyklus von Giotto geschmückt war. Im Castello ist das Städtische Kunstmuseum untergebracht.
Mo.-Sa. 8.30-18.30 Uhr | Eintritt 6 €

Der schönste Platz der Stadt

Die nahe gelegene halbkreisförmige Piazza del Plebiscito entstand ab 1799 im Auftrag von Joachim Murat, dem Schwager Napoleons, während der nur wenige Jahre dauernden sog. Parthenopäischen Republik. Mit ihren klassizistischen Arkaden erinnert sie an den Petersplatz in Rom. In ihrer Mitte erhebt sich die Kirche **San Francesco di Paola** (1846), die nach dem Vorbild des römischen Pantheons entstand. Gegenüber prunkt der Palazzo Reale, seit 1600 Residenz der spanischen Vizekönige; der heutige Bau entstand im 19. Jh. nach einem Brand. An der Front befinden sich die Statuen der acht wichtigsten fremden Herrscher über die Stadt. Mit der Fertigstellung der Reggia in ▶ Caserta verlor der Palazzo Reale seine Funktion als Residenz. Heute befinden sich hier die Biblioteca Nazionale und eine Gemäldegalerie. Beachtenswert sind das prunkvolle Treppenhaus, einige nach Vorlagen von Le Brun gefertigte Gobelins sowie eine »Heilige Familie« von Filippino Lippi. Gleich neben dem Palazzo Reale befindet sich das 1737 erbaute **Teatro San Carlo**, mit über 2900 Plätzen eines der größten Opernhäuser Europas.

Piazza del Plebiscito

Mondäne Galerie

Gegenüber vom Theater liegt einer der Eingänge in die kreuzförmig angelegte Galleria Umberto I. mit ihren Bars und Läden. Die Glas- und Stahlkonstruktion wurde 1887 bis 1890 nach Plänen von Emanuele Rocco und nach dem Vorbild der Mailänder Galleria erbaut.

Galleria Umberto I.

Die Adresse für Edelshopping

Ausgezeichneten Espresso bekommt man auch im **Caffè Gambrinus**, in dem schon Könige, Musiker, Maler und Dichter eingekehrt sind. Hier beginnt die vom spanischen Vizekönig Don Pedro Álvarez de Toledo angelegte Via Toledo, eine der Hauptgeschäftsstraßen. Vor allem in Nebenstraßen wie Via Chiaia, Piazza dei Martiri, Via Calabritto und Via dei Mille liegen die feinsten Boutiquen und traditionsreichen Einzelhandelsgeschäfte. Die Via Toledo endet an der Piazza Dante, wo sie das Centro Storico mit der Spaccanapoli berührt.

Via Toledo

ZIELE
NEAPEL · NAPOLI

Wohin noch in Neapel?

Wunderbare Ausblicke

Vomero — Nahe der Galleria Umberto liegt eine der drei Seilbahnstationen der Funicolari, die auf den Vomero hinaufführen. Der auch San Martino genannte Hügel war einst Jagdrevier der Neapolitaner, heute ist es die **feine Stadt in der Stadt**, da an seinem Süd- und Osthang die Oberschicht Neapels lebt. Gekrönt wird er vom Castel Sant'Elmo, das 1343 von Robert dem Weisen angelegt und später mehrfach erweitert wurde. Nachdem es lange als Gefängnis diente, wird es nun für Ausstellungen und Veranstaltungen genutzt.

★ Früher Kloster, heute Museum

Certosa di San Martino — Unmittelbar unterhalb des Kastells steht das von den Anjou 1325 gestiftete Kartäuserkloster San Martino, das im 17. Jh. umgebaut wurde. Hier befindet sich das **Museo Nazionale di San Martino** mit einer berühmten Krippensammlung (Presepi) sowie Gemälden und Zeichnungen neapolitanischer Landschaften. Beachtung verdienen die barocke, reich ausgestattete Klosterkirche, der große Kreuzgang und die Klosterterrasse, von der man einen grandiosen Blick über Golf, Stadt und zum Vesuv hat.
Do.-Di. 8.30-19 Uhr, Mi. geschl. | Eintritt 6 €

Tolle Anlage!

Villa Floridiana — Von San Martino gelangt man über einen Treppenweg und dann durch das spanische Viertel in die Altstadt hinab oder man besucht die Villa Floridiana, deren Eingang an der Via Cimarosa 77 wenige Meter von der Endstation des Funiculare liegt. Im Süden des weitläufigen Parks mit Brunnen, viel Grün und schönen Ausblicken steht die 1819 von Ferdinand IV. erbaute **klassizistische Villa**, heute Museum mit einer sehenswerten Porzellansammlung.
Villa (Museo della ceramica): Mi.-Mo. 9.30-17 Uhr | Eintritt 4 €
Park: Mitte April-Mitte Sept. Mi.-Mo. 8.30-19 Uhr | Eintritt frei

Restaurierte Festung

Castel dell'Ovo — Am Fuß des Vomero liegt das Stadtviertel **Santa Lucia**. Bis ins 19. Jh. war es ein kleines Fischerdorf, 1884 wurde die Küste neu aufgeschüttet und die mondäne Via Partenope mit ihren Luxushotels am Wasser entlang gebaut. Blickfang ist das **Castel dell'Ovo** auf einem seit der Antike bebauten Inselchen. Die Festung entstand unter den Normannen. Friedrich II. bewahrte hier seinen Staatsschatz auf, sein Enkel Konradin von Schwaben verbrachte hier die letzten Tage vor seiner Hinrichtung. Von der Mole bietet sich ein schöner Blick auf den Vesuv und auf den westlichen Teil des Golfs. Um den Jachthafen liegen einige der bekanntesten Fischrestaurants Neapels.
Tgl. 9-18.30 Uhr, So. bis 18 Uhr | Eintritt frei

Unterwasserwelt im Grünen

Direkt am Golf liegt die Villa Comunale, die 1780 angelegte zweitgrößte Grünanlage der Stadt. Hier befindet sich das von dem Deutschen Zoologen Anton Dohrn gegründete Meeresbiologische Institut **Stazione Zoologica** mit dem **Acquario**. Im Obergeschoss der Forschungsstation schmückte **Hans von Marées** 1874 einen Sitzungssaal mit einem Freskenzyklus. Nördlich der Villa Comunale, an der Riviera di Chiaia 200, liegt in einem schönen Garten die **Villa Pignatelli**. Sie entstand 1826 als Wohnsitz des Fürsten Diego Aragona Pignatelli Cortes und beherbergt noch heute dessen Waffensammlung und etliche Kutschen.

Villa Comunale

Acquario: Di.–So. 9–14 u. 15–18 Uhr | Eintritt 8 € | www.szn.it
Villa Pignatelli: Mi.–Mo. 9.30–17 Uhr| Eintritt 5 €, Park frei

Entlang der Panoramastraße

Das Stadtviertel Mergellina liegt am Fuß des Posillipo, einem mit Villen und Parkanlagen bedeckten Bergrücken zwischen den Golfen von Neapel und Pozzuoli. Von seinem Hafen Porto Sannazzaro starten Tragflügelboote (Aliscafi) zu den Inseln Procida, Ischia und Capri. Folgt man der Panoramastraße Via Posillipo, passiert man die auf einem Felsvorsprung gelegene, unvollendete **Villa Donn'Anna** (16./17 Jh.). Das Mausoleo dei Caduti, ein riesiges Gefallenendenkmal, und die Parkanlagen Posillipo und della Rimembranza (auch Parco Virgiliano genannt) gehören bereits zum ehemaligen Fischerort **Marechiaro**. In der Nachbarbucht Bagnoli befindet sich die **Città della Scienza**, ein Wissenschaftspark mit interaktivem Museum, der die Industriebrache der ehemaligen Stahlwerke neu belebt.

Mergellina

Città della Scienza: Di.–Sa. 9–16, So. 9–17 Uhr | Eintritt: 10 €
www.cittadellascienza.it

Neapels große Museen

Schätze aus der Antike

Das Archäologische Nationalmuseum besitzt eine der wichtigsten Sammlungen antiker griechischer und römischer Kunst. Es befindet sich in einem ehemaligen Universitätsgebäude von 1612 an der Piazza Museo. Seine Exponate aus dem 8. Jh. v. Chr. bis zum 5. Jh. n. Chr. gehen im Kern aus den Sammlungen der Bourbonen und Farnese hervor, ergänzt durch die Funde von Pompeji, Herculaneum und Cumae.

Museo Archeologico Nazionale

Im **Erdgeschoss** sind die Sammlung Farnese, römische Porträts und vor allem Marmorplastiken ausgestellt, darunter viele römische Kopien nach griechischen Originalen. Besondere Aufmerksamkeit verdient die Gruppe der **Tyrannenmörder Harmodios und Aristogeiton**, die den athenischen Tyrannen Hipparch ermordeten. Das 477 v. Chr. von Kritios und Nesiotes gefertigte »Original« war bereits eine Zweitausferti-

ZIELE
NEAPEL · NAPOLI

gung einer noch älteren Bronzestatue, die in Athen stand. Zu den Schätzen im Erdgeschoss zählen außerdem ein speertragender Achill, entstanden um 430 v. Chr., das Relief »Orpheus und Eurydike« aus dem 5. Jh. v. Chr., eine 3,17 m hohe **Kolossalstatue des Herkules** sowie die Gruppe des Farnesischen Stieres, die größte aus dem Altertum erhaltene Marmorgruppe, auch sie eine Kopie.

Im **Zwischengeschoss** gehört zur Sammlung antiker, meist pompejianischer Mosaiken die berühmte, aus rund 1,5 Mio. Steinen bestehende **»Alexanderschlacht«** aus dem Haus des Fauns in Pompeji – eine vermutlich im 2. Jh. v. Chr. angefertigte Kopie eines griechischen Gemäldes. Geschildert wird, wie Alexander in der Schlacht bei Issos (333 v. Chr.) mit seinen Reitern gegen den Perserkönig Darius anstürmt. Auf demselben Stockwerk ist auch die **Sammlung erotischer Darstellungen aus Pompeji** untergebracht, für deren Besichtigung man sich beim Kauf der Eintrittskarte anmelden muss. Für Archäologen und Kunsthistoriker sind die vom Vatikan als »abscheuliche Obszönitäten« bezeichneten Objekte künstlerische Meisterwerke.

Im **Obergeschoss** befindet sich eine Bronzeskulpturensammlung, die zum größten Teil aus Herculaneum (an der dunklen Patina zu erkennen), zum geringeren aus Pompeji (grün oxidiert) stammt. Besonders zu beachten sind **der Leier spielende Apoll**, ein peloponnesisches Original aus dem 5. Jh. v. Chr., gefunden in der Casa del Citarista, ein tanzender Faun aus dem gleichnamigen Haus in Pompeji sowie der sogenannte Narziss, wohl ein jugendlicher Dionysos, ein meisterhaftes Werk aus der Nachfolgezeit des Praxiteles. Außerdem sind Wandgemälde, Figuren, Geräte, Gefäße und Möbel aus Bronze ausgestellt. Im Untergeschoss ist die Ägyptische Sammlung zu sehen.

Piazza Museo Nazionale 19 | tgl. außer Di. 9-19.30, letzter Einlass 18.30 Uhr | Eintritt 18 € | www.museoarcheologiconapoli.it

Großartige Gemälde

Museo e Gallerie Nazionali di Capodimonte

Das zweite große Museum Neapels ist im von einem herrschaftlichen Park umgebenen Bourbonenschloss Palazzo Reale di Capodimonte untergebracht, 1738 bis 1838 nach Plänen von Giovanni Antonio Medrano erbaut und mit schönem Mobiliar eingerichtet.

Hauptanziehungspunkt im ersten Stock ist die **Galeria Farnese** mit Meisterwerken des 13. bis 17. Jh.s, darunter Arbeiten von Raffael, Tizian, Caravaggio, Cranach, Brueghel und Holbein; weiterhin die Collezione de Ciccio eine kostbare Porzellansammlung und der Salottino di porcellana, ein vollständig mit Keramik und Spiegeln im Rokokostil ausgestattetes Porzellanzimmer, 1757 für die Ehefrau Karls III. geschaffen. Im zweiten Stock wird die Gemäldesammlung fortgesetzt, von Interese sind dort noch die königlichen Privaträume.

Via Miano 2 | tgl.außer Mi. 8.30-19.30 (1. Stock) bzw. 17.30 Uhr (2./3. Stock) | Eintritt 12 € | Park: tgl. ab 7 Uhr, Schließung je nach Jahreszeit unterschiedlich | https://capodimonte.cultura.gov.it

ZIELE
NEAPEL · NAPOLI

OBEN: Um die Villa Donn'Anna ranken sich schaurige Geschichten von Morden und Orgien.
UNTEN: Herkules gibt sich ganz entspannt im Archäologischen Nationalmuseum.

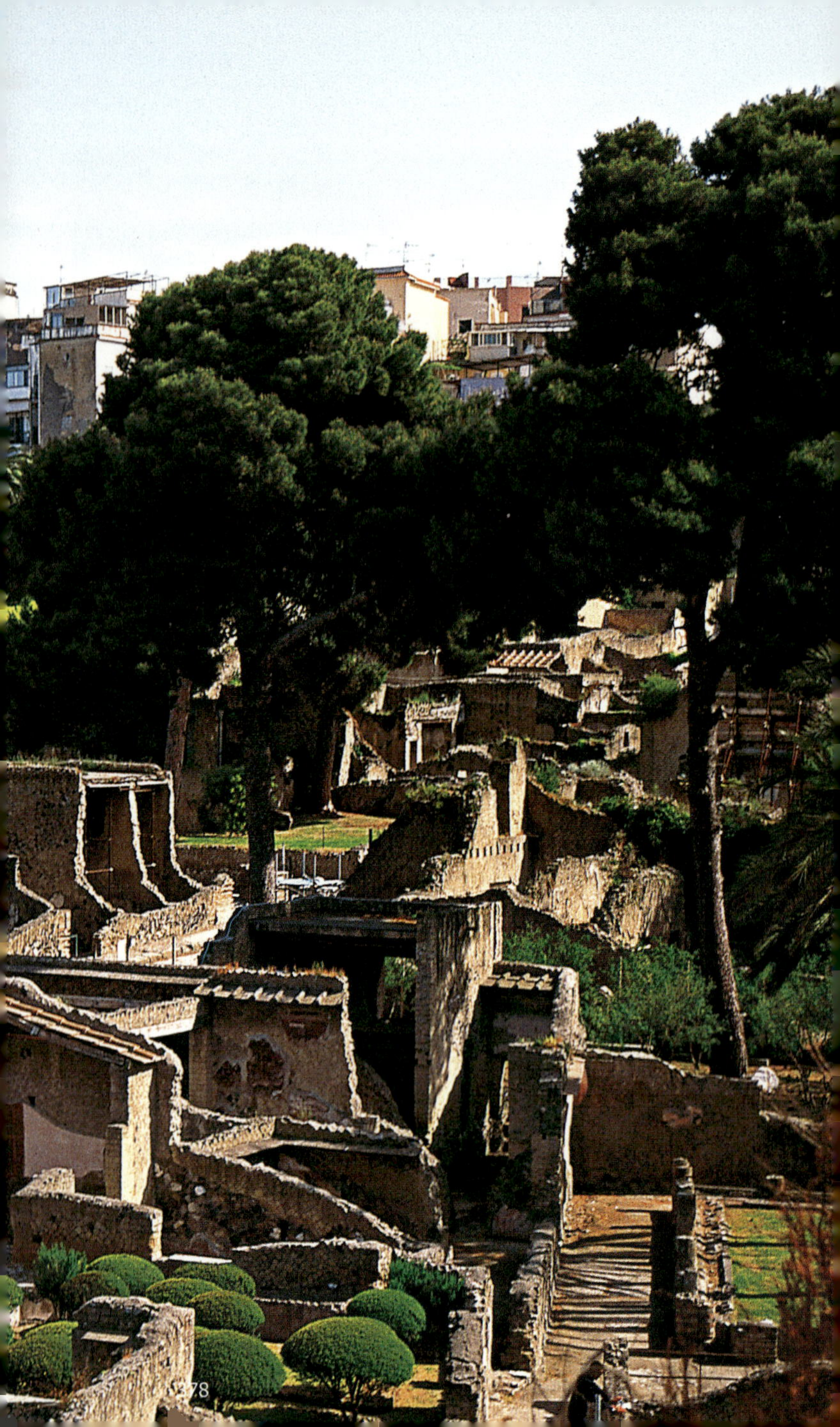

ZIELE
NEAPEL · NAPOLI

Geschichte unter der Erde
In der Via di Capodimonte 13 befinden sich weitere, zum unterirdischen Labyrinth von Neapel gehörende Katakomben. Man betritt sie über einen Treppenweg neben der Kirche Madre del Buon Consiglio; er führt zu der im 5. Jh. über der Katakombe erbauten Basilika San Gennaro extra moenia hinunter. Die Catacombe di Gennaro wurde vom 2. bis zum 5. Jh. genutzt, an den Wänden sind noch **Freskenfragmente** erhalten. Nicht weit entfernt befindet sich in der Via della Sanità die **Catacombe di San Gaudioso,** deren Zugang durch den Chor der Kirche Santa Maria Sanità führt.

Catacombe di San Gennaro

San Gennaro Mo.–So. 10–17, San Gaudioso Mo.–So. 10–13 Uhr, stdl. Führungen | Eintritt 11 €, Reserv. nötig | www.catacombedinapoli.it

★★ Herculaneum · Ercolano
Mitte März – Mitte Okt. 8.30–19.30 Uhr, sonst bis 17 Uhr
Eintritt 13 € | www.ercolano.beniculturali.it

Das bessere Pompeji?
Glühendheiße Luft, Tränen und Staub! Es geschah im Jahr 79 n. Chr., als die kleine Hafenstadt am Golf von Neapel durch den Ausbruch des nahen Vesuv von einer Minute zur anderen unterging. So überrascht waren die Menschen von der Katastrophe, so heißt es, dass sie kaum die Zeit fanden, die Hände schützend vors Gesicht zu legen.

Pompejis Schwester

Pompeji oder Herculaneum, was sollte man sich anschauen, wenn die Zeit knapp ist? Die Ausgrabungen von Herculaneum, der wenig bekannten Schwester von Pompeji sind nicht nur besser erhalten und auf kleinerem Raum angeordnet, insgesamt sind Sie hier auch umgeben von deutlich weniger Touristen.

Das bis heute **erst zu einem Drittel freigelegt**e Herculaneum liegt 11 km von Neapel entfernt, mitten in und unter der nach dem antiken Ort benannten Stadt Ercolano (ehemals Resina). Die wohl von Griechen als Herakleion gegründete, später von Oskern, Etruskern und Samniten bewohnte Stadt Herculaneum kam 89 v. Chr. in römischen Besitz. Aufgrund ihrer Lage ließen sich wohlhabende Römer hier Sommersitze erbauen. Bereits 63 n. Chr. wurde Herculaneum durch ein Erdbeben schwer zerstört. Die Renovierungsarbeiten waren teilweise noch im Gange, als die damals etwa 5000 Einwohner zählende Stadt beim **Ausbruch des Vesuvs** im August 79 n. Chr. komplett verschüttet wurde. Seit 1927 wird Herculaneum systematisch ausgegraben bzw. ausgemeißelt. Die hierbei zutage getretenen Funde, darunter verkohlte, aber noch lesbare Papyrusrollen einer Bibliothek, gehören zu den kostbarsten Schätzen des Archäologischen Nationalmuseums Neapel (▶ S. 375).

In Herculaneum herrscht weniger Rummel als in Pompeji.

ZIELE
NEAPEL · NAPOLI

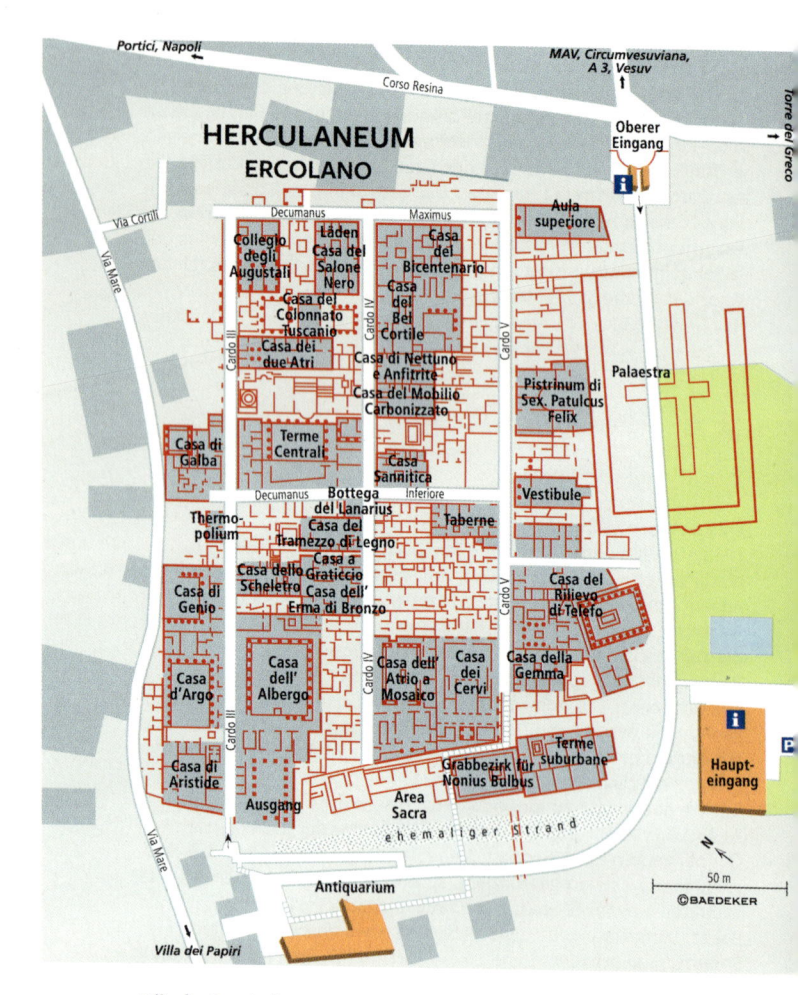

Römisches Leben

Grabungsstätte

Gleich hinter dem Eingang bietet sich der beste Blick über die Ruinenstadt. Sie wird von drei Hauptstraßen – Cardo III, IV, V – durchzogen, die von zwei Querstraßen, dem Decumanus maximus und Decumanus inferiore, gekreuzt werden.

Die **Casa dell'Albergo** am Cardo III war vermutlich ein Patrizierhaus, das zum Zeitpunkt des Vesuvausbruchs in ein Mehrfamilienhaus umgebaut wurde. Im südlichen Abschnitt des Cardo IV befindet sich ein geräumiges Haus, die **Casa dell'Atrio a Mosaico**, dessen Atrium von einem schwarz-weißen Mosaikfußboden geschmückt ist. Auf der gegenüberliegenden Seite befindet sich die **Casa a Graticcio**, ein Fachwerkhaus, dessen Wände aus Flechtwerk (graticcio) aus Zweigen und Lehm bestehen. Das Nachbarhaus ist eines der besterhaltenen Wohnhäuser; sein Atrium konnte mit einer Holzwand vom Speise- und Empfangsraum getrennt werden – daher der Name »Haus mit der hölzernen Scheidewand« (**Casa del Tramezzo di Legno**). In den Schlafräumen sind Bettstellen und eine hölzerne Truhe erhalten. Die Fresken- und Mosaikreste stammen aus der Mitte des 1. Jh.s n. Chr. Die benachbarte **Casa Sannitica** stammt noch aus vorrömischer Zeit (2. Jh. v. Chr.). In der Mitte besitzt sie ein großes Atrium.

Im Einkaufsladen
Auf der gegenüber gelegenen Straßenseite liegen die um 10 v. Chr. erbauten Thermen mit einer größeren Männer- und einer besser erhaltenen Frauenabteilung. Die noch gut erkennbaren Baderäume sind mit schönen Mosaikböden und Wandbemalungen ausgeschmückt. Das Haus gegenüber den Thermen, an der Ecke Decumanus Inferiore und Cardo III, ist als Fundort einer Büste des Kaisers Galba bekannt. Am Nordende des Cardo III befindet sich rechts das **Heiligtum der Augustalier**. Der auf quadratischem Grundriss errichtete Tempel war Herkules gewidmet, dem Schutzherrn der Stadt, in späterer Zeit diente er dem Kaiserkult. Durch eine Deckenöffnung erhielt er Licht, einige Wandfresken haben sich erhalten. Zurück auf dem Cardo IV folgen auf die Casa Sannitica die Casa del Mobilio Carbonizzato, benannt nach den verkohlten Möbeln, ferner das Haus des Neptun und der Anfitrite (**Casa del Mosaico di Nettuno e Anfitrite**), zu dem ein Lebensmittelladen gehörte. Erhalten sind u. a. Weinamphoren und Holzregale. Im Hof an einem Brunnen das namengebende Mosaik von Neptun und Amphytrite.
Am Decumanus Maximus liegt die **Casa del Bicentenario** mit Mosaiken und Fresken sowie einem Kruzifix, vermutlich eines der ältesten Zeugnisse des Christentums. Der Name dieses Hauses geht darauf zurück, dass es 1938 – rund 200 Jahre nach dem Beginn der Grabungen – freigelegt wurde.

Thermen und Sacello degli Augustali

Begehrter Meerblick
Am Cardo V liegen (linker Hand) das Pistrinum, eine Bäckerei mit Ofen, Mühle und Amphoren sowie dem dazugehörenden Laden, und weiter südlich auf der anderen Straßenseite die **Casa dei Cervi**, eines der schönsten Häuser Herculaneums, von dessen Terrasse man den Blick aufs Meer genießen konnte und das mit Fresken und Kunstwerken ausgestattet war. Das Original der namengebenden Skulpturengruppe mit von Hunden gehetzten Hirschen (cervi) befindet sich heute im Nationalmuseum in Neapel. Am Ende des Cardo V erreicht man die Casa di Gemma, die in rötlich-braunen Farben schön ausge-

Cardo V

malt ist, sowie die mit ihr verbundene **Casa di Rilievo di Telefo**, das Haus mit dem Telephos-Relief, eines der prunkvollsten Herrenhäuser der Stadt; in dem säulenumschlossenen Atrium befindet sich ein Marmorbecken. An dieses schließen sich südöstlich die Terme suburbane an, die unterirdischen Thermen. Im Osten der Stadt liegt der umfangreiche Komplex der **Palaestra**, wo Sportfeste veranstaltet wurden. Sowohl die Villa dei Papiri als auch das Theater liegen außerhalb der Ruinenstadt. Beide Bauten sind derzeit nicht zugänglich.

Von Neapel nach Salerno

Neapels Respekt einflößender Hausberg

★★ Vesuv

Der Vesuv, ital. Vesuvio, ragt östlich von Herculaneum auf. Er ist der einzige zeitweise noch **tätige Vulkan** auf dem europäischen Festland. Mit rund 12 000 Jahren ist er relativ jung. Seit seinem Ausbruch 79 n. Chr. besitzt er zwei Gipfel, den etwas niedrigeren Monte Somma und den eigentlichen Vesuvio mit 1281 m, dessen Krater einen Durchmesser von etwa 600 m und eine Tiefe von 216 m hat. In der Antike galt er als erloschen, bis am 24. August des Jahres 79 n. Chr. ein gewaltiger Ausbruch erfolgte, der Pompeji, Herculaneum, Stabiae und einige kleinere Orte vernichtete. Eine sehr eindrückliche Beschreibung der Ereignisse stammt von Plinius d. J. Er hielt sich zur Zeit des Ausbruchs bei seinem Onkel Plinius d. Ä. in Misenum auf, der Oberbefehlshaber der tyrrhenischen Flotte war und nach dem Ausbruch eine Rettungsaktion unternahm, allerdings in Stabiae an den frei werdenden Gasen erstickte. Bis zum Jahr 1139 zählte man 15 weitere Ausbrüche, dann wuchs auf dem fast ruhenden Berg bis an den Krater heran ein dichter Buschwald. 1631 und zuletzt im März 1944 kam es erneut zu Ausbrüchen. Seither herrscht Ruhe. Der Vesuv ist aber nicht erloschen, ein Pfropfen in 3 km Tiefe »verstopft« den Schlot, darunter, in 5 bis 7 km Tiefe, brodelt das Magma weiter. Die rund 600 000 Menschen in der unmittelbaren Umgebung des Vulkans leben mit der Gefahr. Seismografische Geräte registrieren alle Veränderungen, die u. a. im **Osservatorio Vesuviano** ausgewertet werden. Im 1841 erbauten historischen Observatorium ist ein **Museum** mit Ausstellung, Computersimulationen und Webcam-Aufnahmen aus den Kratern von Vesuv, Ätna, Vulcano und Stromboli eingerichtet.

Ausgangspunkte für einen Besuch des Vesuvs sind Ercolano oder Torre del Greco. Eine gute Straße führt in zahlreichen Windungen aufwärts. Unterhalb des Kraters gibt es einen Parkplatz (Quota mille), von dem aus man den Kraterrand in einem 45-minütigen Fußmarsch erreicht (festes Schuhwerk). Der Vesuv ist heute Nationalpark und derart engmaschig mit Seismografen und Messgeräten bestückt, dass sogar die Körperwärme nächtlicher Besucher regist-

riert wird, die zum romantischen Spaziergang über die Absperrung klettern.
Vesuv: tgl. Jan., Febr., Nov., Dez. 9–15; März, Okt. bis 16, Apr., Mai, Juni, Sept. bis 17; Juli, Aug. bis 18 Uhr | Eintritt 10 € inkl. Führung am unteren Kraterrand | www.parconazionaledelvesuvio.it
Museo dell'Osservatorio Vesuviano: Ercolano, Via Osservatorio zum Redaktionsschluss vorübergehend geschlossen | www.ov.ingv.it

So wohnten Kaisers

Für die Weiterfahrt in Richtung Salerno nimmt man am einfachsten die Autobahn A 3 Neapel – Salerno, die man in Castellammare di Stabia verlässt. Alternativ bietet sich die SS 18 an, auf der man zunächst Torre del Greco passiert, das wiederholt von Lava verschüttet oder durch Erdbeben zerstört wurde. Der Ort ist für seine Korallenverarbeitung bekannt, im Museo del Corallo sind einige Beispiele ausgestellt. Auch **Torre Annunziata** wurde mehrfach von Ausbrüchen des Vesuv heimgesucht. Im Südosten der Stadt ist die römische Kaiservilla (1. Jh. v. Chr.) sehenswert. Die **Villa Oplontis** war ein prächtiger Landsitz mit 37 Räumen, einem Atrium, Innenhöfen, Gärten und einem Schwimmbecken. Er gehört vermutlich der Ehefrau Neros: Poppaea Sabina (30–65 n. Chr.).

★ Villa Oplontis

Im Gänsemarsch geht es hinauf zum Krater des Vesuvs.

stammt von 1786, die Kirche selbst wurde ab 1577 bis Mitte des 17. Jh.s nach Plänen von Pellegrino Tibaldi erbaut und ist mit Fresken von Tanzio di Varallo (1629), einem hölzernen Kruzifix und einem Polyptychon (1516) von Gaudenzio Ferrari ausgestattet. Das Gotteshaus birgt die Urne des hl. Gaudenzio, des ersten Bischofs und Schutzheiligen von Novara († 413).

Rund um Novara

Kriegs- und Kunstgeschichte

Magenta   Eine historische Schlacht wurde in Magenta, 13 km östlich von Novara, ausgetragen: Hier siegten am 4. Juni 1859 Franzosen und Piemontesen über die Österreicher, die daraufhin die Lombardei räumten. In San Martino erinnert ein Ossarium an diese Schlacht. Für Kunstfreunde interessanter ist das nahegelegene Abbiategrasso durch die Renaissancevorhalle, die der berühmte Architekt **Bramante** im Jahr 1497 der gotischen Kirche Santa Maria anfügte.

Reis aus Italien

Lomellina   Zwischen dem Ticino und dem Po erstreckt sich die Lomellina, das zweitgrößte Reisanbaugebiet in Italien: grüne oder strohgelbe, von Pappelreihen unterbrochene Felder, die im Frühjahr geflutet werden.

Die Piazza Cavour in Vercelli ist der passende Ort zum Durchatmen.

ZIELE
NOVARA

Den leider weniger idyllischen Alltag früherer Zeiten beschreibt der Film **»Bitterer Reis«**, 1949 mit Anna Magnani verfilmt.
Hauptort der Lomellina ist **Vercelli** 23 km südwestlich von Novara, dessen herausragende Sehenswürdigkeit die viertürmige Kirche Sant'Andrea (1227) ist, einst Teil eines Klosters und eines der **ersten gotischen Bauwerke Italiens**. Im Norden der Stadt erhebt sich der majestätische Dom, der von 16. bis 19. Jh. aus einer frühchristlichen Basilika entstand. Hier sind einige Mitglieder des Hauses Savoyen beigesetzt. Die Dominikanerkirche San Cristoforo hat herrliche Fresken (1529–1534) von Gaudenzio Ferrari. Hochkarätige Malerei erwartet Kunstliebhaber im **Museo Borgogna,** zur Sammlung zählen Werke von Tizian, Sodoma d. J., L. Carracci und Angelika Kauffmann. **Vigevano,** 27 km südöstlich von Novara, ist Zentrum der italienischen Schuhindustrie und besitzt einen der schönsten Plätze der italienischen Frührenaissance: die an drei Seiten von einheitlichen Arkaden eingefasste Piazza Ducale und die Rocca Vecchia, die durch einen Wehrgang mit dem 1491 bis 1494 von Ludovico il Moro ausgebauten Castello Sforzesco verbunden ist. Das **Museo della Calzatura** im Schloss informiert über Geschichte und Kultur des Schuhs.
Museo Borgogna: ab 1. Di. im April: Di.–Fr. 15–18, Sa. 9.30–12.30, So. 10–12.30, 14–18, ab 1. Di. im Okt.: Di.–Fr. 14.30–17.30, Sa. 14–18, So. 10–12.30, 14–18 Uhr | Eintritt 10 € | www.museoborgogna.it
Museo della Calzatura: Di.–Fr. 14-17.30, Sa., So. 10–18 Uhr
Eintritt: 7 € | www.museocalzaturavigevano.it

Heiligtum in den Bergen
Herrliche Panoramen erlebt man bei der Fahrt in die Berge hinauf zur **meistbesuchten Wallfahrtsstätte des Piemont**. Im mächtigen Barockkomplex steht die frühbarocke Basilika von 1600 bis 1606 mit dem Gnadenbild, der Schwarzen Madonna (1294). Links der Anlage steigt der Sacro Monte mit zwölf Kapellen von 1620 bis 1720 an. Bei der Chiesa Nuova beginnen die Seilbahnen zum **Rifugio Rosazza**, Stützpunkt eines beliebten Ski- und Wandergebiets. Von hier kann man zum Lago del Mucrone und zum Monte Mucrone aufsteigen (rund 2 Std.). Vom Rifugio Rosazza fährt eine Kabinenbahn zum **Monte Camino** mit guter Aussicht auf Monte Rosa und Matterhorn.
tgl. 8–19 Uhr | aktuelle Führungen siehe: www.santuariodioropa.it

★ Santuario della Madonna d'Oropa

Straße ins Grüne
Die 26 km lange Panoramica Zegna zwischen Rosazza und Trivero ist nach ihrem Initiator benannt, dem Textilfabrikanten **Ermenegildo Zegna**. Von der Straße erschließen 25 markierte Wander-, Fahrrad- oder Langlaufwege die Landschaft. In Trivera (Via Marconi) betreibt der Nobelschneider einen Laden. Entspannung bietet der schön gelegene Lago di Viverone mit seinen Badeanstalten am Ostufer. Im See wurden Reste von rund 3000 Jahre alten Pfahlbaudörfern gefunden.

★ Panoramica Zegna

ZIELE
ORVIETO

★ ORVIETO

Region: Umbrien · Umbria | **Provinz:** Terni | **Höhe:** 325 m ü. d. M.
Einwohnerzahl: 21 000

K 15

Dumpfe Töne, Trommeln, Männer im Kettenhemd und Banner schwingende Fahnenträger beim Corteo storico: Wenn Orvieto Fronleichnam feiert, herrscht Ausnahmezustand und man fühlt sich zurückversetzt ins Mittelalter. Doch auch außerhalb der Feiern verströmen die sanft verblichenen, leicht bröckelnden Fassaden der uralten umbrischen Marktstadt ein ganz eigenes, wunderbar altmodisches Flair.

Zeichen und Wunder

Das bei Orvieto gelegene Bolsena war 1263 Schauplatz eines Wunders: Damals stritt man heftig über die Frage, ob sich Brot und Wein beim Abendmahl in Leib und Blut Christi verwandeln oder diese nur symbolisieren. In seiner Ratlosigkeit bat ein Priester Gott um ein Zeichen. Als er wenig später die Messe las, tropfte Blut aus der Hostie auf das Kelchtuch. Papst Urban IV. führte daraufhin das Fronleichnamsfest ein und ließ bewusstes Tuch als Reliquie im Dom von Orvieto aufbewahren. Bei der Prozession zu Fronleichnam wird das Corporale durch die Straßen getragen.

▌ Wohin in Orvieto?

Das Tor zur Stadt

Porta Maggiore

Von welcher Seite man auch ankommt, immer bietet Orvieto ein unvergessliches Bild: Die Stadt liegt auf einem Tuffsteinplateau, das wie eine Insel aus dem Paglia-Tal aufragt. In etruskischer Zeit betrat man die Stadt durch die in den Fels gehauene Porta Maggiore. Heute empfiehlt sich von hier ein Gang auf der Stadtbefestigung zur kleinen Kirche **San Giovanni Evangelista,** begonnen 1704.

Besonders malerisch zeigt sich Orvieto im westlichen Stadtteil um die **Via Cava** mit engen Gassen und typischen Tuffsteinhäusern. Beim Haus Nr. 26 kann man in den Pozzo della Cava (1527) hinuntersteigen. Die lebhafte **Piazza della Repubblica** beherrscht der Palazzo Comunale, 1216 bis 1219 errichtet und vom orvietanischen Baumeister Ippolito Scalza 1573 bis 1581 umgebaut. Links von ihm steht die Kirche **Sant'Andrea** mit ihrem dick geratenen zwölfeckigen Kampanile aus dem 11. Jh. Weiter geht es den **Corso Cavour** entlang, die Einkaufs- und Flaniermeile. Im Haus Nr. 21 befindet sich das älteste Café der Stadt, das Montanucci. Links ragt der **Torre del Moro** auf, schräg gegenüber liegt der lang gestreckte Palazzo Gualterio mit einem Spätrenaissanceportal (1550) von Scalza.

ZIELE
ORVIETO

- ① Vissani
- ② La Pergola
- ③ La Palomba
- ④ Del Moro
- ① Palazzo Piccolom
- ② Aquila Bianca

So schön kann Stein sein

Nur einige Schritte weiter öffnet sich die Piazza del Popolo, wo donnerstags und samstags Markt ist. Der wuchtige Palazzo del Popolo (13. Jh.) zeigt das typisch orvietanische Detail des schachbrettartigen Reliefbands, das die Triforienfenster einrahmt. Von hier lohnt ein Abstecher in die nördliche Altstadt zum Rest der Kirche **San Domenico** (1280) mit dem Grabmal des Kardinals Guillaume de Braye (Arnolfo di Cambio, 1285) und dem Holzkruzifix, das zu Thomas von Aquin sprach, als er 1263 im Konvent tätig war. Unter der Chorapsis liegt die Cappella Petrucci, eine der schönsten Raumlösungen der Renaissance (Michele Sanmicheli, 1518).

★ Palazzo del Popolo

Italienische Gotik par excellence

Von der Grundsteinlegung im Jahr 1290 durch Papst Nikolaus IV. bis zur Fertigstellung im 17. Jh. waren viele Baumeister und Künstler mit dem Bau des Doms beschäftigt. Besonders hervorgetan hat sich der sienesische Architekt und Bildhauer **Lorenzo Maitani.** Er leitete den Bau 1308 bis 1330, fügte die Strebebögen an und entwarf die Fassade nach dem

★ Dom

ZIELE
ORVIETO

Vorbild des Doms in Siena. Von den vier Marmorreliefs in der untersten Zone sind insbesondere die beiden äußeren zu beachten, die von links betrachtet die Schöpfungsgeschichte, alttestamentarische Szenen, das Leben Christi und das Jüngste Gericht schildern. Die Bronzetüren des Hauptportals schuf Emilio Greco 1964 bis 1970, die Evangelistensymbole über dem Gesims wurden im 14. Jh. in Orvieto oder Perugia gegossen, die Mosaiken entstanden ab 1325 nach Maitanis Entwürfen. Ein Werk von **Orcagna** ist die große Fensterrose von 1354.

Der basilikale, noch sehr romanisch wirkende Innenraum nimmt die Schwarzweißbänderung auf. Künstlerisch bedeutend sind die beiden Kapellen rechts und links der Vierung. Die Cappella Nuova (Cappella di San Brizio, rechts) wurde, nachdem **Fra Angelico und Gozzoli** bereits zwei Gewölbefelder ausgemalt hatten, von **Luca Signorelli** 1499 bis 1502 ausgestaltet; Themen dieses Höhepunkts der italienischen Renaissancemalerei sind die Taten des Antichristen und das Weltende. In der Cappella del Corporale (links) stand der Schrein für das blutbefleckte **Corporale di Bolsena**, ein Werk des sienesischen Goldschmieds Ogolino di Vieri von 1338; der Schrein ist ins Dommuseum (s. u.) umgezogen. Andrea di Cione, genannt Orcagna schuf 1358 das große Marmortabernakel. Die 1357 bis 1364 von Ugolino di Prete Ilario geschaffenen Fresken erzählen vom Wunder des Messtuchs. Von demselben Künstler sind auch die Chorfresken, das Glasfenster entstand 1325, das intarsierte Chorgestühl des Sienesen Giorgio Ammannati 1331 bis 1340.

April-Sept. Mo.-Sa. 9.30-19; März, Okt. bis 18, Nov.-Feb. bis 17;
So. Nov.-Feb. 13-16.30, März-Okt. 13-17.30 Uhr | Eintritt 5 € (Dom, Dommuseum und Palazzi Papali) | www.opsm.it

Viermal Kultur und Geschichte

Museen und Paläste

Der schlichte Palazzo gegenüber dem Dom beherbergt das **Museo Claudio Faina** mit einer Sammlung etruskischer und griechischer Vasen und das **Archäologische Museum** mit einer »Venus von Cannicella«. Im romanisch anmutenden Palazzo Soliano an der Südseite des Domplatzes ist das **Dommuseum** untergebracht; es zeigt schöne Goldschmiedearbeiten und ein Polyptychon von Simone Martini. Moderner geht es im Erdgeschoss **Museo Emilio Greco** befindet; von diesem aus Sizilen gebürtigen Bildhauer (1913–1995) stammt das umstrittene Hauptportal des Doms.

Etwas versteckt zwischen Dom und Palazzo Soliano liegen die Papstpaläste, die Palazzi Papali aus der Zeit von 1262 bis 1284, seit der Restaurierung ein zusammenhängender Bau. Das **Museo Archeologico Nazionale** am Domplatz präsentiert Funde aus dem Stadtbereich und den etruskischen Nekropolen.

Museo Faina: April-Sept. tgl. 9.30-18, Okt.-März tgl. 10-17 Uhr | Eintritt 6 €
Dommuseum: s. Dom
Museo Archeologico Nazionale: tgl. 8.30-19.30 Uhr | Eintritt 4 €

ZIELE
ORVIETO

ORVIETO ERLEBEN

ⓘ
Piazza Duomo 24
Tel. 0763 34 17 72
https://liveorvieto.com
www.orvietoviva.com/en

Am Pfingstsonntag wird bei der **Festa della Palombella** zu Mittag die Ausgießung des Heiligen Geistes »nachgespielt«. Zu Fronleichnam trägt man das blutbefleckte Kelchtuch, die **Corporale di Bolsena**, in einer Prozession durch die Straßen.

❶ VISSANI €€€€
Gianfranco Vissani hat die Trattoria von seinem Vater übernommen und an die Spitze der besten Restaurants Italiens geführt. Seit Jahren zollen ihm die Gourmetführer höchstes Lob. Reservierung Pflicht!
Località Cannitello, Civitella del Lago, km 6 der SS 448 Todi – Baschi
Tel. 0744 95 02 06
https://casavissani.it
Mo. u. Di., Mi. mittags, So. abends

❷ LA PERGOLA €
Am Ende einer schmalen Altstadtgasse liegt die sympathische Trattoria, die die jungen Betreiber von ihrer Großmutter übernahmen. Gekocht wird nach Familienrezepten mit Saisonprodukten, von denen viele aus dem Umland stammen.
Via dei Magoni 9b
Tel. 0763 34 30 65
www.lapergolaorvieto.com
Mi geschl.

❸ LA PALOMBA €
Die familiengeführte Trattoria bietet bodenständige Speisen und saisonal geprägte Traditionsgerichte. Zum Auftakt bieten sich knusprige Bruschetta an, gefolgt von hausgemachter Pasta und den – fast immer fleischbasierten – Hauptgerichten. Süßer Abschluss ist die Torta della Nonna.
Via Cipriano Menente 16
Tel. 0763 34 33 95, Mi. geschl.

❹ DEL MORO €
In einem Palazzo aus dem 16. Jh. wird in vier Speisesälen auf drei Stockwerken Küche nach Hausfrauenart serviert.
Via San Leonardo 7
Tel. 0763 34 27 63
www.trattoriadelmoro.info
Di. geschl.

❶ PALAZZO PICCOLOMINI €€€€
Ein aufwendig restaurierter Palazzo aus dem 16 Jh. mit prächtigem Terrakotta-Fußboden und komfortablen Zimmern.
Piazza Ranieri 36
Tel. 0763 34 17 43
www.palazzopiccolomini.it

❷ AQUILA BIANCA €€€
Im Herzen der Altstadt befindet sich dieses alteingesessene 4-Sterne-Hotel, das historisches Ambiente und geräumige Zimmer zu bieten hat.
Via Garibaldi 13
Tel. 0763 34 12 46
www.hotelaquilabianca.it

Technische Raffinesse
Am Ostrand des Plateaus wurde in den Resten der Festung (14. Jh.) ein hübscher Park angelegt. Von der Bergstation der Seilbahn geht es

★ Pozzo di S. Patrizio

ZIELE
ORVIETO

Ganz schön tief hinab ging es für Mensch und Tier im Pozzo di San Patrizio.

hinunter zu dem Brunnen Pozzo di San Patrizio, der 1527 bis 1537 im Auftrag von Papst Clemens VII. ausgehoben wurde. In den 62 m tiefen Schacht führt eine **doppelte Wendeltreppe**, sodass sich die ab- und aufsteigenden Esel nicht behinderten. Westlich des Brunnens stehen nahe am Abhang die Reste eines etruskischen Heiligtums, das wegen seines schönen Ausblicks Tempio del Belvedere genannt wird.
März, April, Sept., Okt. 9 – 18.45, Mai – Aug. 9 – 20, Nov. – Feb. 10 – 16.45 Uhr | Eintritt 5 € | www.inorvieto.it/pozzo-di-san-patrizio

ZIELE
ORVIETO

Totenstadt
Unter den etruskischen Nekropolen ist die **Crocifisso del Tufo**, die unterhalb der Stadt in der Via F. Crispi liegt, interessant. Das rechtwinklige Straßennetz und die kleinen gewölbten Grabhäuschen aus Tuffstein – meist aus dem 6./5. Jh. v. Chr. – erinnern tatsächlich an eine Totenstadt.
Do., Sa. 9–15, Fr. 9–19 Uhr, Öffnungszeiten variieren | Eintritt 3 €

Etruskische Nekropolen

▌ Todi

Ein gutes Leben
Als 1991 ein amerikanischer Architekturprofessor Todi zur Stadt mit der weltweit höchsten Lebensqualität erklärte, nahm man das dort mit Freude und Stolz, aber auch mit Erstaunen auf. Ob der Fachmann aus den USA recht hat? Das lässt sich am besten auf der Piazza del Popolo bei einem Eis oder einem Espresso diskutieren.
Todis malerische Lage 38 km westlich von Orivieto über dem Tiber-Tal ist auf jeden Fall schon mal ein starkes Argument. Todi ist aber nicht nur herrlich gelegen. Die Stadt hat in der Kunst- und Kulturgeschichte einen Ruf als Vorbild italienischer Baukunst: eine mittelalterliche Kleinstadt auf einem Hügel, an dessen höchster Stelle sich der Turm eines gotischen Doms erhebt. Die Umgebung gleicht einem großen Garten, mit alten bäuerlichen Betrieben, Olivenhainen und Weinbergen. Das Klima ist das ganze Jahr über angenehm, und auf der Piazza der ummauerten Altstadt grüßen sich die Einheimischen freundlich. Kein Wunder, dass sich seitdem die Preise für die Landhäuser der Umgebung, die in die Jahre gekommenen Case Coloniche, vervielfachten und es als schick gilt, in dieser nachhaltigen Stadt zu leben – auch wenn die neuen Residenti dazu schon mal per Flieger von der US-Ostküste anreisen müssen.

Nachhaltige Stadt

Macht Eindruck
Das Herz von Todi ist die prächtige Piazza del Popolo, umgeben von eindrucksvollen Palästen des 13. Jh. und dem Duomo Santa Maria aus dem 12. bis 14. Jh. Eine gemeinsame Freitreppe verbindet den eindrucksvollen zinnengeschmückten Palazzo del Popolo – mit Stadtmuseum und Pinakothek – mit dem danebenstehenden Palazzo del Capitano.

★
Piazza del Popolo

Schlendern und genießen
Vom Corso Cavour geht die Treppengasse Via del Vecchio Mercato ab, die zu einem hübschen Panoramaweg an der Ostseite der Altstadt führt. An der Piazza del Mercato Vecchio sind vier monumentale, in Travertinblöcke geschlagene Nischen aus dem 1. Jh. n. Chr. zu sehen, vermutlich Reste einer römischen Unterkonstruktion.

Östliche Altstadt

TODI ERLEBEN

ℹ️

Piazza del Popolo 29
Tel. 075 8 95 62 27
www.visitodi.eu

Via Augusto Ciuffeli 33
Tel. 075 8 94 54 48, Mi. geschl.
www.panevinotodi.com

🎉

Am Karfreitag wird der **Pianto della Madonna** aufgeführt, Ende August findet das hochkarätige **Todi-Festival** mit Musik, Theater und Film statt.
www.todifestival.it

🏠

BRAMANTE €€€
Das Hotel befindet sich in einer ehemaligen Klosteranlage aus dem Mittelalter ca. 1 km vor der Stadt in herrlicher Landschaft.
Via Orvietana 48, Tel. 075 8 94 83 81
www.hotelbramante.it

🍽️

OSTERIA VALLE €€
Kleine rustikale Osteria mit gemütlicher Bar. Die täglich wechselnden Menüs bieten fantasievolle Hausmannskost in vorzüglicher Qualität. Guten Appetit!
Via Ciuffelli 17–19
Tel. 075 9 97 67 14, Mo. geschl.
www.osteriavalletodi.com

PANE E VINO €
Das charmante Lokal in der Altstadt bereitet die beste Kichererbsensuppe weit und breit zu. Danach empfiehlt sich Lammkeule oder Schweinefilet mit Senf und Pflaumen.

FONTE CESIA €€€
Herrschaftliches Anwesen mitten im Stadtzentrum: moderner Komfort und hübsch eingerichtete Zimmer, Restaurant mit Panoramablick.
Via Lorenzo Leonj 3
Tel. 075 8 94 37 37
www.fontecesia.it

SAN LORENZO TRE €€
Wenige Schritte von der Piazza del Popolo liegt dieser traumhafte Palazzo mit sechs einmalig schönen Zimmern voller Antiquitäten.
Via San Lorenzo 3
Tel. 075 8 94 45 55
www.sanlorenzo3.it

Französische Gotik

San Fortunato — Vom Palazzo dei Priori führt die Via Mazzini zur Piazza Umberto I und der dem Stadtpatron von Todi, geweihten Franziskanerkirche, . Eine **Hallenkirche** ist ungewöhnlich für Italien – sie ist Bischof Matteo d'Acquasparta zu verdanken, der die französische Gotik kannte. Die Kirche wurde in zwei Abschnitten 1292 bis 1463 erbaut, wobei die Fassade unvollendet blieb. Interessant sind das Mittelportal (um 1320) und in der vierten Kapelle rechts das Madonnenfresko von Masolino da Panicale (1432) sowie das 1590 intarsierte Chorgestühl. In der Krypta sind der hl. Fortunatus und **Jacopone da Todi** (um 1230 bis 1306) beigesetzt. Letzterer verfasste vermutlich mit Bonaventura den Passionshymnus »Stabat mater«. Westlich oberhalb liegen die Reste der Burg, die Kardinal Albornoz ab 1373 bauen ließ.

ZIELE
OSTIA

★ OSTIA

Region: Latium · Lazio | **Provinz:** Roma | **Höhe:** 3 m ü. d. M
Einwohnerzahl Lido di Ostia: 231 700

Alle Wege führen zum Meer. Das ist auch in Rom nicht anders: Rund 25 km entfernt, südöstlich der Tibermündung, entstand bereits in der Antike die Hafenstadt Ostia. Heute ist Ostia eines der insgesamt 19 Stadtviertel Roms. Es teilt sich in das Grabungsgelände der antiken Hafenstadt, Ostia Antica, und in das moderne Seebad mit seinem kilometerlangen Sandstrand, Lido di Ostia.

Als Rom zu schrumpfen begann und die Tibermündung verlandete, begann der Niedergang der antiken Hafenstadt – der gleiche Prozess ließ auch das moderne Ostia entstehen. Wo heute das **»Strandbad der Römer«**, Lido di Ostia, liegt, befand sich einst das offene Meer. Das Küstenstädtchen ist noch keine 100 Jahre alt. In den 1950er- und 1960er-Jahren war es ein boomender Badeort, danach verblasste der Charme der Strandpromenade mit den Badeanstalten, Bars und Diskotheken. Heute finden es die Römer wieder schick, »ihr« Strandbad zu besuchen. Das Meer mag zwar weiter südlich sauberer sein, aber Ostia erreicht man im heißen römischen Sommer eben auch mit der Vespa oder der Metro.

Stadt, Strand, Meer – und Antike

Kommen Sie aber nicht nur für einen Tag am Meer – ein paar Kilometer landeinwärts können Sie in Ostia Antica die Antike ganz entspannt auf sich wirken lassen. Der einstige Hafen Roms ist nach ▶ Pompeji (S. 451) und ▶ Herculaneum (S. 379) die ausgedehnteste und imposanteste Grabungsstätte Italiens – aber deutlich weniger besucht.

★ Parco Archeologico Ostia Antica

Viale dei Romagnoli 717 Areal Di.–So. ab 8.30 Uhr, Schließzeiten je nach Jahreszeit zwischen 16.30 und 19 Uhr | Eintritt 14 € | viele der Wege wurden mittlerweile barrierefrei bzw. rollstuhlfreundlich gestaltet | www.ostiaantica.beniculturali.it
Einige Häuser mit Freskenschmuck (»casa decorate«) können jeden Sonntagvormittag um 10.30 Uhr und nur nach Voranmeldung (Tel. 06 563 58 044) besichtigt werden: Insula delle Ierodule, Insula delle Muse, Insula delle Volte Dipinte und Insula delle Pareti Gialle.

Untergang der Hafenstadt

Als Rom um 300 zu schrumpfen begann, ging der Handel zurück und die Häfen verloren an Bedeutung. Das Erdbeben 443 zerstörte weite Teile von Ostia Antica. Nach der Verlandung der Tibermündung überstand die Stadt noch Völkerwanderung und Gotenkriege und existier-

ZIELE
OSTIA

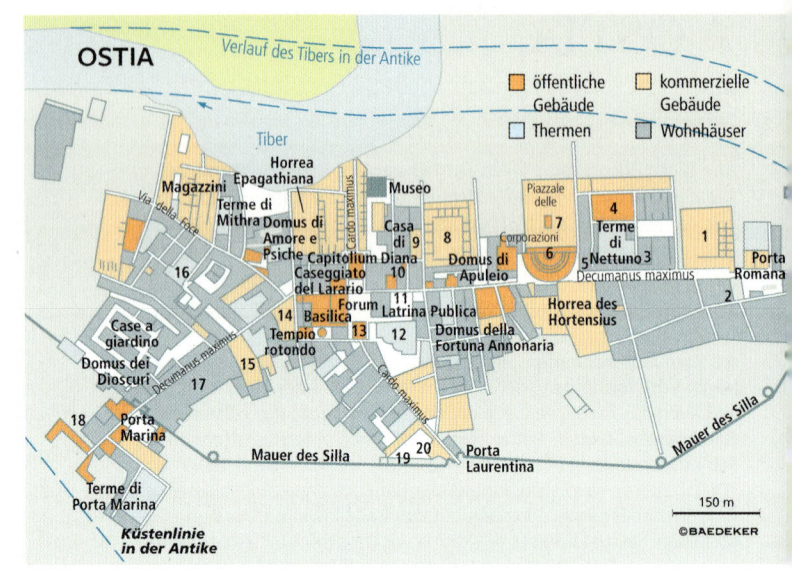

Karte: OSTIA — Verlauf des Tibers in der Antike

Legende:
- öffentliche Gebäude
- kommerzielle Gebäude
- Thermen
- Wohnhäuser

Beschriftungen auf der Karte: Tiber, Horrea Epagathiana, Magazzini, Terme di Mithra, Domus di Amore e Psiche, Capitolium, Casa di Diana, Caseggiato del Larario, Basilica, Tempio rotondo, Case a giardino, Domus dei Dioscuri, Via della Foce, Cardo maximus, Decumanus maximus, Museo, Domus di Apuleio, Piazzale delle Corporazioni, Terme di Nettuno, Porta Romana, Forum, Latrina Publica, Horrea des Hortensius, Domus della Fortuna Annonaria, Schola del Traiano, Porta Marina, Terme di Porta Marina, Mauer des Silla, Porta Laurentina, Küstenlinie in der Antike, 150 m, ©BAEDEKER

1. Magazzini Antoniniani (Lagerhaus)
2. Statue der Minerva Victoria
3. Mosaik (Hochzeit des Neptun und der Amphitrite)
4. Caserma dei Vigiles (Feuerwehrkaserne)
5. Caupona (Taverne) des Fortunatus
6. Theater
7. Tempel der Ceres
8. Grandi Horrea (Große Speicher)
9. Caseggiato dei Mulini (Häuserblock mit Mühlsteinen)
10. Caseggiato del Thermopolium (Häuserblock mit einer Garküche)
11. Statue der siegreichen Roma
12. Terme del Foro (Thermen des Forums)
13. Tempel der Roma und des Augustus
14. Macellum e botteghe dei pescivendoli (Fleisch- und Fischmarkt)
15. Schola del Traiano
16. Caseggiato del Serapide e Terme dei Sette Sapienti (Häuserblock der Serapis und Thermen der Sieben Weisen)
17. Häuserblock "della Fontana a Lucerna"
18. Mausoleum
19. Tempel der Magna Mater
20. Heiligtum des Attis

te bis ins 8./9. Jh. Erst 1613 versank sie endgültig in Bedeutungslosigkeit.

Städtisches Leben in der Antike

Aktuelle Grabungen und Projekte

Die alte Hafenstadt Roms liegt heute durch die Aufschüttungen des Tibers etwa 4 km von der Küste entfernt. Eine Grabungskampagne, die seit 2008 durchgeführt wurde, ergab: Ostia wurde nach 443 wiederaufgebaut, wenn auch meist nur mit zwei- statt der zuvor üblichen vier- bis fünfstöckigen »insulae« (Mietshäuser). **Sensationell:** 2012 fanden Archäologen das Lager eines Kalkbrenners aus dem

5. Jh., gefüllt mit Tempelresten! In Zusammenarbeit mit der Berliner Humboldt-Universität entsteht eine 3D-Animation zu den Hauptbauepochen (vom 1. Jh. v. Chr. bis zum 6. Jh. n. Chr.) von Ostia Antica (www.ostiaforumproject.com).

Entlang der Hauptstraße

Direkt nach dem Eingang liegen an der alten Via Ostiensis und an der Via delle Tombe ausgedehnte Gräberreihen aus der Zeit der Republik. Hinter der **Porta Romana**, dem wichtigsten der drei Stadttore, beginnt die über 1 km lange Hauptstraße Decumanus maximus. Auf der linken Seite der Piazzale della Vittoria – benannt nach einem Standbild der Minerva Victoria – liegen Ruinen eines Speichers aus dem 1. Jh. v. Chr. Darauf folgen die **Thermen des Neptun** mit einem schönen Mosaik des Meeresgottes am Eingang und den Heizinstallationen in den Baderäumen. Von der Terrasse öffnet sich ein guter Blick über das Grabungsgelände, so können Sie sich einen Überblick verschaffen. Nördlich steht die **Kaserne der »Vigiles«**, d. h. der Polizei und der Feuerwehr.

Gräberstraßen

Treffpunkt der Geschäftemacher

Am Decumanus erreicht man das Theater aus der Zeit des Augustus, das unter Septimius Severus erweitert wurde. Von der Höhe der Sitzstufen sieht man über die Ausgrabungen, besonders auf den Piazzale delle Corporazioni mit den Säulen des Ceres-Tempels. Der Platz war das Handels- und Geschäftszentrum von Ostia: Die Säulenhallen ringsum beherbergten **70 Kontore** (lat. scholae) von Agenturen, die den Frachtverkehr mit den überseeischen Häfen vermittelten. Jedes der Kontore verfügte über ein Mosaik, das meist die Art der Güter und die Destination darstellte. Das **Mithras-Heiligtum** (Mitreo delle Sette Cieli) neben dem Theater gehört zum Wohnhaus des Marcus Apuleius Marcellus, das nach pompejanischem Muster mit Atrium und Peristyl gebaut wurde. Am Decumanus stehen auf einem Unterbau vier kleine Tempel aus dem 2. Jh. v. Chr., an die ein großer Speicher anschließt. An der Via della Casa di Diana steht links ein gut erhaltenes **Thermopolium,** eine Schenke mit gemauertem Schanktisch.

Theater und Piazzale delle Corporazioni

Religiöser und politischer Mittelpunkt

An der Kreuzung von Decumanus maximus und Cardo maximus lag das Forum Capitolium, der religiöse und politische Mittelpunkt der Stadt. Seine Nordseite nimmt das mächtige Kapitol aus dem 2. Jh. ein, das einzige weitgehend erhaltene Bauwerk Ostias. An der Westseite des Forums entstanden unter Kaiser Trajan die **Curia** und gegenüber die **Basilica,** in der das Gericht tagte. An der Südseite lag der **Roma-Augustus-Tempel** (1. Jh.) mit einer Statue der siegreichen Roma.

Forum Capitolium

OSTIA ERLEBEN

🍴🍷🏠

IL GRANO & IL LUPPOLO €
Lust auf Pizza? Hier stärkt man sich günstig nach einem langen Tag voller Entdeckungen in Ostia Antica. Erstaunliche Auswahl an Craft-Bier.
Via Arturo Evans 28
Tel. 06 56 51 09 9

NUDI E CRUDI €€–€€€
In Lido di Ostia muss man einfach Fisch essen – und dafür ist das Nudi e Crudi prädestiniert: liebevoll angerichtete Kreationen aus täglich frischem Fisch, kombiniert mit Saisonalem aus der Region.
Piazza Anco Marzio 2A/3
Tel: 379 171 22 96
www.nudiecrudi.com

PEPPINO A MARE €€
Direkt an der Promenade genießen Sie hier vorzügliche Fischgerichte.
Lungomare Vespucci 102
Lido di Ostia, Tel. 06 56 32 02 47
https://peppinoamare.com

OSTIA ANTICA PARC HOTEL €€
Die Zimmer im frischen, modernen Design mit weiß gekalktem Holz und üppigen Stoffdekorationen. Im Sommer lockt ein netter Poolbereich, an kälteren Tagen das tolle kleine Spa.
Viale dei Romagnoli 1041/a
Tel. 06 56 52 089
www.ostiaanticaparkhotel.it

SMY ARAN BLU ROMA MARE €€
Viel Sonne und der Blick vom Bett auf den Balkon sowie das türkisblaue Meer sichern dem individuell geführten Designhotel viele zufriedene Gäste. Pick-up-Service vom Flughafen.
Lungomare Duca degli Abruzzi
Tel. 06 56 34 02 25
www.smyhotels.com

Wo sich Amor und Psyche küssen

Horrea Epagathiana — Westlich des Kapitols ist die **Horrea Epagathiana** zu sehen, ein Speicherhaus mit zweistöckigem Arkadenhof. In derselben Gasse gegenüber ist im **Domus di Amore e Psiche,** einem typischen Wohnhaus mit Innenhof, ein schöner Marmorfußboden erhalten. Besonders hübsch sind hier die sich küssenden Marmorstatuen von Amor/Cupido und Psyche. In der nahen Via della Foce liegen die Thermen der Sieben Weisen mit einem kunstvollen Bodenmosaik mit Jägern und Tieren im Kuppelsaal.

Es fehlte an nichts

Basilica und Synagoge — Eine christliche Basilica (4. Jh.) steht am Decumanus maximus, eine weitere wurde 1976 außerhalb der Stadt entdeckt (Basilica di Pianabella, 4.–9. Jh. in Gebrauch). Nahebei steht die **Schola di Traiano** (2./3. Jh.), das Versammlungshaus der Schiffbauer. Dahinter folgt der 108 m lange Häuserblock »della Fontana a Lucerna« mit einer Ladenstraße im Erdgeschoss. Außerhalb des antiken Stadtgebiets und nahe der Thermen der Porta Marina wurde 1961 eine Synagoge (1. Jh.) entdeckt, eines der ältesten Bethäuser außerhalb Palästinas.

ZIELE
PADUA · PADOVA

★ PADUA · PADOVA

Region: Venetien · Veneto | **Provinz:** Padova | **Höhe:** 12 m ü. d. M.
Einwohnerzahl: 210 400

Im Mittelalter zog die Universität Padua allerhand Prominenz an: Hier lehrten Albertus Magnus und Galileo Galilei, zu den berühmtesten Studenten zählten Kopernikus und Torquato Tasso. Heute sind es die von Giotto freskierte Capella degli Scrovegni und die Pilgerstätte Basilica di Sant'Antonio, die Gäste anziehen.

E 14

Laut Homer wurde die Stadt von dem mythischen Helden Antenor nach dem Fall seiner Heimatstadt Troja gegründet. Tatsächlich war sie eine Siedlung der Veneter und später eine der wichtigsten und reichsten Handelsstädte Roms. Vom antiken Padua ist heute leider nicht mehr viel zu sehen, die Stadt wurde erst von den Hunnen und später von den Langobarden zerstört. Die Universität – die zweitälteste nach Bologna – wurde 1222 eröffnet, 1678 promovierte hier die erste Frau überhaupt. Heute trifft man sich nach den Vorlesungen gerne im legendären **Caffè Pedrocchi** in der Via VIII Febbraio, 1848 Treffpunkt des Risorgimento, der Einigungsbewegung Italiens. Nehmen Sie sich die Zeit, im roten Salon einen echten italienischen Kaffee zu genießen.

Renommierte Universitätsstadt

▌ Wohin in Padua?

Berühmte Fresken
Die im 13. Jh. erbaute Kirche degli Eremitani wurde im Zweiten Weltkrieg stark zerstört. Betroffen waren leider auch die Fresken in der **Ovetarikapelle** von Andrea Mantegna, von denen sich nur zwei Bilder teilweise erhalten haben. Die Chorkapelle ist mit herrlichen Fresken ausgemalt, die Guariento, einem Schüler Giottos, zugeschrieben werden. Im benachbarten, ebenfalls rekonstruierten Kreuzgang befindet sich das **Museo Civico Eremitani,** zu dem auch das Archäologische Museum und die Pinakothek gehören. Letztere zeigt venezianische und flämische Malerei des 15. bis 18. Jh.s, darunter Bilder von Giotto, Guariento, Bellini, Veronese und Tintoretto.
Museo Civico Eremitani: Di.-So. 9-19 Uhr | Eintritt 14 €

★ Chiesa degli Eremitani

Eine Kapelle als Sühne
Durch das Museum gelangt man in die Cappella degli Scrovegni, auch Arenakapelle genannt. Sie entstand 1303 bis 1305 auf dem Gelände des römischen Amphitheaters (Arena) als Hauskapelle eines später abgerissenen Palastes, beauftragt von Enrico Scrovegni. Dante hatte in seinem »Inferno« geschrieben, dass er den durch Wuchergeschäfte reich

★ Cappella degli Scrovegni

403

ZIELE
PADUA · PADOVA

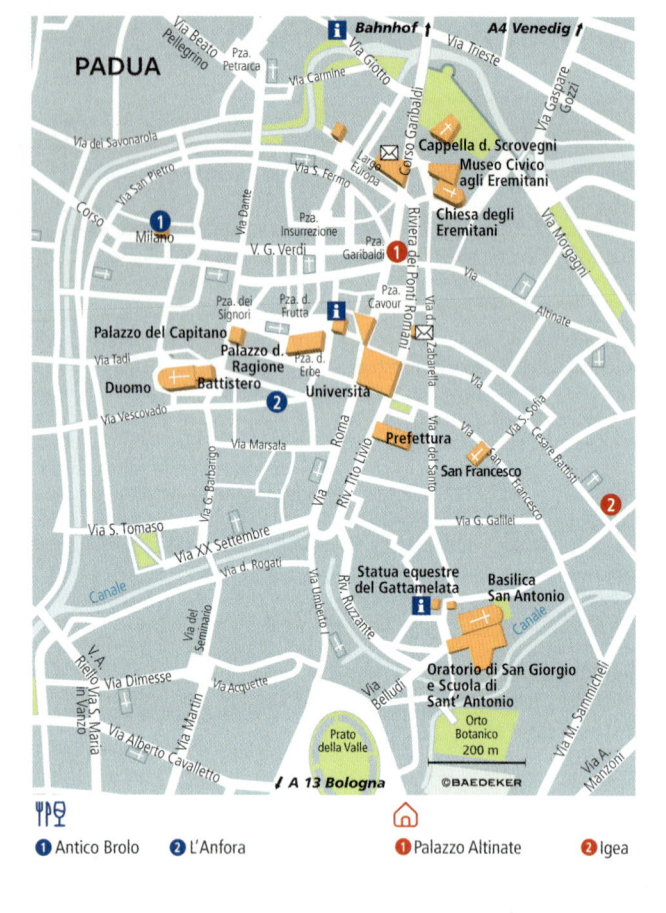

🍴 ☕
❶ Antico Brolo ❷ L'Anfora

🏠
❶ Palazzo Altinate ❷ Igea

gewordenen Reginaldo Scrovegni in der Hölle getroffen habe und sein Sohn Enrico Scrovegni habe diese Hauskapelle als Sühne für die Sünden seines Vaters bauen lassen. Für die Ausmalung im Innern wurde der damals als sehr »modern« geltende **Giotto** aus Florenz geholt. In einem einzigartigen Freskenzyklus schildert er die Lebensgeschichte Marias und Jesu in einem dramatischen, gleichwohl wirklichkeitsnahen Stil, für den er damals berühmt war. Besonders eindrucksvoll sind in der dritten Reihe, bei der Leidensgeschichte, der »Judaskuss« und die »Beweinung«. Die Madonnenstatue am Altar schuf Giovanni Pisano 1306.
tgl. 9 – 19 Uhr | Eintritt 14 € | nur nach Voranmeldung online oder Tel. 049 20 100 20 oder www.cappelladegliscrovegni.it

ZIELE
PADUA · PADOVA

PADUA ERLEBEN

ℹ️

Galleria Pedrocchi
Tel. 049 5207415
www.turismopadova.it

PADOVA CARD
Bevor Sie das erste Museum in Padua besuchen, sollten Sie sich die Padova Card zulegen: Für 16 Euro können Sie mit dieser Karte (48 Std. gültig) mehrere Sehenswürdigkeiten besichtigen. Erhältlich ist Karte bei der Touristinformation. Karten für die Scrovegnikapelle sollten im Voraus gebucht oder gekauft werden.
Tel. 04 92 01 00 20
www.cappelladegliscrovegni.it

🍽️

❶ ANTICO BROLO €
Das elegante Restaurant im ehemaligen Garten des Klosters S. Maria della Misericordia ist für feine romagnolische Küche bekannt.
Corso Milano 22
Tel. 049 66 45 55, tgl. außer Do. mittag, www.anticobrolo.it

❷ L'ANFORA €
In der sympathischen Osteria mit guter Mittags- und Abendküche gibt es gelegentlich auch Livemusik zu hören.
Via dei Soncin 13
Tel. 049 65 66 29, So. geschl.

🏠

❶ PALAZZO ALTINATE €€€
In einem Apartment der ganz besonderen Art, untergebracht in einem Palast aus dem 14. Jh. im Herzen der Altstadt, hat man drei prächtige Schlafzimmer und die mit Antiquitäten, antikem offenem Kamin und einem Flügel ausgestatteten Salons zur freien Verfügung.
Via Altinate 4, Tel. 056 07 47 48
www.palazzoaltinate-notedipiano.it

❷ IGEA €€
Großer Vorteil des 3-Sterne-Stadthotels: Es liegt direkt beim ausgeschilderten Ospedale Civile, ist leicht zu finden und zu Fuß zu erreichen.
Via Ospedale 87, Tel. 049 8 75 05 77
www.hoteligea.it

Das Herz der Stadt

Die beiden Plätze Piazza della Frutta und Piazza dell'Erbe bilden den eigentlichen Mittelpunkt der Stadt. Hier findet täglich Paduas Obst- und Gemüsemarkt statt. Zwischen den Plätzen liegt der als Gerichtssitz erbaute Palazzo della Ragione (1218) mit zwei Arkadenreihen und einem auffälligen Kielbogendach. Die Wände des Salons im ersten Stock sind mit Fresken aus dem 15. Jh. bedeckt.
Im Osten schließt der Palazzo Comunale an den Palazzo della Ragione an, im Mittelalter Sitz des Bürgerrats, heute Rathaus.

★ Palazzo della Ragione

Die Kathedrale von Padua

An der Piazza dei Signori stand einst der Palazzo der Familie Carrara. Nach deren Sturz errichteten die Venezianer die Säule mit dem Markuslöwen. Nahebei erheben sich der 1582 geweihte **Dom Santa Maria Assunta** und das romanische Baptisterium (12./13. Jh.), das von

Piazza dei Signori

den Carrara zum Familiengrab umgewandelt wurde. Im Innern ist es mit schönen Fresken von Giusto de' Menabuoi ausgemalt (1375).
Dom: tgl. 10–18 Uhr

Hier studierten große Gelehrte

Universität Östlich des Palazzo della Ragione liegt der Palazzo del Bo, Sitz der Universität. Sehenswert, aber selten zugänglich, ist das **Teatro anatomico**, nicht »nur« ein Vorlesungssaal für die angehenden Mediziner, sondern der älteste Anatomie-Lehrsaal der Welt: Baujahr 1595. Bei der Renovierung der Universität 1936 bis 1942 wurden zahlreiche Wände mit Fresken geschmückt, in einigen Räumen hängen Werke zeitgenössischer Künstler, so im Appartamento del Rettore Bilder von Gino Severini, Filippo De Pisis und Antonio Fasan. In den studentischen Aufenthaltsräumen kann man Fresken von Giorgio Peri und Antonio Morato entdecken.

★ Große Kunst

Sant'Antonio »Il santo« nennen die Paduaner die Kirche Sant'Antonio im Süden der Stadt. Alljährlich im Juni pilgern Hunderttausende Gläubige aus aller Welt zum Grab des hl. Antonius, der in Padua lebte und starb († 1231). Mit dem Bau seiner **Grabkirche** begann man schon 1232. Mit ihrer breiten Eingangsfront, sechs Kuppeln, minarettartigen Türmen und zierlichen Blendarkaden unter den Traufen ist sie eine fantastische Mischung aus romanischen, gotischen und byzantinischen Stilformen. Sie birgt bemerkenswerte Kunstwerke: Im linken Querschiff befindet sich die Cappella dell'Arca del Santo, die Grabkapelle des Heiligen mit neun Hochreliefs (16. Jh.), u. a. von J. Sansovino und T. Lombardi. Der Hochaltar ist in großen Teilen so rekonstruiert, wie **Donatello** ihn 1446 bis 1450 geschaffen hatte, auch die Bronzeskulpturen sind von ihm. Die Cappella Luca Belludi, links vom Hochaltar, schmücken Fresken von Giusto Menabuoi, die Fresken in der Cappella di San Felice im rechten Querschiff schuf Altichieri 1372 bis 1377. In einem Ausbau des Chorumgangs, der Cappella del Tesoro von 1690, befinden sich kostbare Goldschmiedearbeiten und Reliquien. Im Süden stoßen vier schöne Kreuzgänge (13.–16. Jh.) an. Das **Museo Antoniano** im Innern der Basilika birgt Werke von Tiepolo, Tizian, Mantegna und Studien Donatellos.
Sant'Antonio: tgl. 6.15–19.30 Uhr, im Winter ggf. kürzer
www.santantonio.org/de
Museo Antoniano: Di.–So. 9–13 und 14–18 Uhr | Eintritt 7 €

★ Der Söldnerführer von Padua

Reiterdenkmal des Gattamelata Auf dem Domplatz steht das mächtige Reiterdenkmal des Gattamelata. Donatello schuf die erste freistehende Statuengruppe dieser Art seit der Antike im Auftrag des venezianischen Söldnerführers Erasmo da Narni, der wegen seiner Verschlagenheit den Namen Gattamelata

Man sieht dem Palazzo della Ragione sein Alter nicht an.

(»gefleckte Katze«) trug. An der Südseite der Piazza steht die **Scuola del Santo.** Im ersten Stock zeigen 18 Fresken die **Wunder des hl. Antonius,** drei davon schuf Tizian 1511. Im Oratorio San Giorgio von 1377 erzählen Fresken von Altichieri und Avanzo religiöse Szenen.

Die erste Frau Doktor

Im 18 Jh. wurde an der Stelle des antiken Theaters der Prato della Valle, ein von einem Kanal umschlossener kleiner Park, angelegt, auf dessen Brüstung **87 Statuen** verdienter Paduaner stehen. In der mächtigen Renaissancekirche Santa Giustina (16. Jh.) befindet sich eine »Marter der hl. Justina« von Paolo Veronese. In einem Korridor des alten Benediktinerklosters, hinter dem rechten Querschiff, trifft man auf die Grablege der Venezianerin **Elena Lucrezia Cornelia Piscopia,** der ersten Doktorandin der Welt, die 1678 an der Paduaner Universität promovierte.

Prato della Valle

Zwischen Sant'Antonio und Prato della Valle erstreckt sich der 1545 zum Studium der Heilpflanzen angelegte Botanische Garten Paduas, der **Orto Botanico,** wohl der älteste seiner Art in Europa und heute UNESCO-Welterbe.

Orto Botanico: April–Sept. Di.–So. 10–19, Okt. bis 18, Nov.–März bis 17 Uhr | Eintritt 10 €
www.ortobotanicopd.it

ZIELE
PADUA · PADOVA

⭐ Colli Euganei

Kurorte in den Bergen

Euganeische Hügel — Südwestlich von Padua ragen aus der Po-Ebene die bis zu 600 m hohen Euganeischen Hügel empor, an deren Hängen Wein und Obst angebaut werden. Schon den Venetern bekannte **Heilquellen** haben Abano Terme, Montegrotto Terme, Battaglia Terme und Galzignano Terme zu vielbesuchten Kurorten gemacht. 4 km westlich von Abano liegt die **Abbazia di Praglia,** die auf eine im 11. Jh. gegründete Benediktinerabtei zurückgeht und 1490 bis 1560 nach Plänen von Tullio Lombardo entstand. Die heute hier lebenden Mönche sind auf die Restaurierung alter Handschriften und Bücher spezialisiert. Der 1304 in Arezzo geborene Humanist und Dichter **Francesco Petrarca** zog sich im Alter in das beschauliche **Arquà Petrarca** zurück. In dem hübschen Ort steht noch das Haus, in dem er 1374 starb. Sein Marmorsarkophag befindet sich vor der Kirche.

Dreimal Mittelalter

Monselice — Im Süden der Euganeischen Hügel liegen die hübschen mittelalterlichen Städte Monselice, Este und Montagnana. In Monselice lohnt das Castello Ca' Marcello mit Möbeln aus dem Mittelalter und der Renaissance einen Besuch. Este war neben Padua einst das bedeutendste Zentrum der Veneter. Es hat sich seinen mittelalterlichen Stadtkern und Reste des **Kastells der Familie Carrara** bewahrt. Auf dem Gelände liegt der Palazzo Mocenigo, Sitz des Museo Nazionale Atestino mit einer vorgeschichtlichen und römischen Sammlung.

Montagnana (15 km westlich von Este) hat eine der schönsten mittelalterlichen Stadtbefestigungen Europas: einen geschlossenen Mauerring mit 24 zinnengekrönten Türmen aus der Mitte des 14. Jh. Der gotisch-romanische Dom (15. Jh.) wird Sansovino zugeschrieben; er birgt eine »Verklärung« von Veronese.

▍Riviera del Brenta

Venezianische Villen

Brenta-Kanal — Trotz viel befahrener Uferstraßen und starker Zersiedelung: Es lohnt sich, mit dem Auto oder mit dem Ausflugsboot auf der kanalisierten Brenta von Padua nach Venedig zu fahren. Allein an diesem Abschnitt liegen rund 70 Villen, die sich reiche Venezianer zwischen dem 16. und 18. Jh. als Sommersitze errichten ließen. Am Ortsende von Stra steht in einem Park die **Villa Pisani**. Die fünfflügelige schlossähnliche Anlage mit über 100 schön ausgestatteten Räumen entstand bis 1756 für den Dogen Alvise Pisani. In Dolo baute Vincenzo Scamozzi, ein Schüler Palladios, 1596 die Villa Ferretti-Angeli. Die Villa Contarini dei Leoni in Mira, dem Hauptort am Brenta-Kanal, beherbergt die Stadt-

ZIELE
PARMA

bibliothek. Fresken von Michelangelo Schiavoni birgt die Villa Barchessa Valmarana. Ihr gegenüber steht die Villa Widmann (18. Jh.) mit ihren Fresken von Angeli und Zanchi. In Malcontenta baute **Palladio** 1550 bis 1560 die Villa Foscari, auch La Malcontenta genannt.
Museo Nazionale Villa Pisani: Di./Do. 14.30 – 20, Mi./Fr. 8.30 – 14, Sa./So. 8.30 – 20 Uhr |Eintritt 7,50 € | www.villapisani.beniculturali.it
Schiffsfahrt auf dem Brenta-Kanal: www.rivieradelbrenta.biz

PARMA

Region: Emilia-Romagna | Provinz: Parma | Höhe: 52 m ü. d. M.
Einwohnerzahl: 195 700

Jeder liebt Parma: Die kleine, feine Universitätsstadt ist das Zentrum guten Essens und Trinkens und beglückt Foodies mit gleich zwei kulinarischen Spezialitäten – mit Parmigiano Reggiano, Parmesan, und Prosciutto di Parma, dem Parmaschinken. Gute Restaurants sind in dieser Stadt nie weit entfernt, und in einigen wird seit mehr als einem Jahrhundert köstlich gekocht.

F 11

Parmas Stadtbild bietet eine sympathische Mischung von eindrucksvollen mittelalterlichen Bauten aus der Zeit der freien Stadtrepublik sowie eleganten Palästen und Parks, die an die **höfische Vergangenheit** erinnern. Elegante Geschäfte demonstrieren dezent den allgemeinen Wohlstand – Parma gilt als eine der reichsten Städte des Landes –, Delikatessenläden, Cafés und Restaurants zeigen, dass sich hier viel ums Essen dreht. Der Torrente Parma, ein Nebenfluss des Po, teilt die Stadt in das historische Zentrum zwischen Domplatz und Palazzo Pilotta und in die alten Handwerkerviertel.

Stadt der Genüsse

▌ Wohin in Parma?

Schon zu römischer Zeit der Mittelpunkt der Stadt

Hier stehen der Palast des Statthalters aus dem 13. Jh. mit eindrucksvoller Fassade und der Palazzo del Comune, das Rathaus. Von der Piazza gelangt man durch die belebte Strada Cavour und die Strada al Duomo zum Domplatz, an dem das Bischöfliche Palais, der Palazzo del Vescovado (13. Jh.), liegt. An der Ostseite steht der **Dom**, eine romanische Pfeilerbasilika (12. Jh.) mit breiter Fassade und hohem Kampanile. Im Inneren sind die **Kuppelfresken von Correggio** von 1526 bis 1530 beachtenswert, die Mariens Himmelfahrt zeigen. Im

Piazza Garibaldi

ZIELE
PARMA

PARMA ERLEBEN

TOURIST OFFICE
Piazza Garibaldi 1, 43121 Parma
Tel. 0521 21 88 89
tgl. 9–19 Uhr
www.turismo.comune.parma.it

Elegante Mode, Feinkostläden und Konditoreien gibt es in den Straßen Strada Garibaldi, Strada Cavour, Strada Mazzini und Strada della Repubblica. Großer Kleidermarkt (Mi. und Sa. vorm.) auf der Piazza della Ghiaia.

❶ PARIZZI €€€€
Elegantes, alteingesessenes Gourmetrestaurant in einem schönen Palazzo im Zentrum. Für seine kreative Küche auf Basis traditioneller Gerichte wurde Marco Parizzi mit einem Michelin-Stern geehrt.
Strada della Repubblica 71
Tel. 0521 28 59 52
www.ristoranteparizzi.it
Mo. geschl.

❷ LA FILOMA €€
Nur wenige Schritte vom Dom entfernt kommen hier die typischen Gerichte der Region auf den Tisch.
Borgo XX Marzo 15
Tel. 0521 20 61 81
www.ristorantelafiloma.it
Mi. geschl.

❸ TRATTORIA DEL TRIBUNALE €€
Die reizende Trattoria in der Altstadt hat eine umfangreiche Speisekarte.
Vicolo Politi 5
Tel. 0521 28 55 27
www.trattoriadeltribunale.it

❹ TABARRO €
Tolle Weinbar mit superfreundlichem Service. Lassen Sie sich ein Glas empfehlen – dazu gibt's gratis eine beeindruckende Auswahl Antipasti, die problemlos das Abendessen ersetzt.
Luigi Carlo Farini 5/b
Tel. 0521 20 02 23, www.tabarro.net

❶ STARHOTEL DU PARC €€€€
Das traditionsreiche Luxushotel liegt nur wenige Schritte von der Innenstadt entfernt – attraktive und stilvoll eingerichtete Zimmer, vornehmes Restaurant.
Viale Piacenza 12c
Tel. 0521 29 29 29, www.starhotels.it

❷ SAVOY €€€€
Das Haus punktet mit seiner günstigen Lage in der Altstadt und cool durchgestylten, hochwertig eingerichteten Zimmern.
Via XX Settembre 3
Tel. 0521 28 11 01
www.hotelsavoyparma.com

❸ DANIEL €€
Ein bequemes 3-Sterne-Hotel mit gutem Komfort in der Nähe des Hospitals. Das dazugehörige Restaurant Cocchi ist bekannt für vorzügliches Essen und einen beeindruckenden Weinkeller.
Via Gramsci 16a, Tel. 0521 99 51 47
www.hoteldaniel.biz

❹ BUTTON €€
Geschmackvoll eingerichtete Zimmer bietet dieses komplett modernisierte 3-Sterne-Haus im Herzen von Parma in der Nähe der wichtigsten Sehenswürdigkeiten.
Borgo della Salina 7
Tel. 0521 20 80 39
https://hotelbutton.it

ZIELE
PARMA

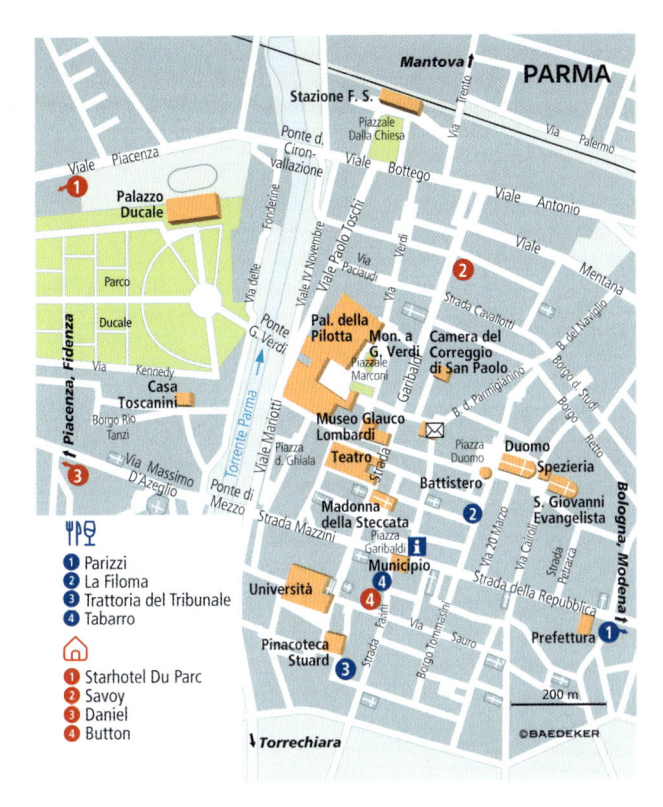

🍴🍷 (Restaurants)
1. Parizzi
2. La Filoma
3. Trattoria del Tribunale
4. Tabarro

🏠 (Hotels)
1. Starhotel Du Parc
2. Savoy
3. Daniel
4. Button

rechten Querschiff befindet sich eine Kreuzabnahme von Benedetto Antelami von 1178. Reste eines frühchristlichen Bodenmosaiks und schöne Säulen findet man in der Krypta.
Die romanisch-gotische **Taufkirche**, ein mächtiger achteckiger Bau aus rosafarbenem Veroneser Marmor, wurde 1196 bis 1260 von Benedetto Antelami erbaut, auch die Reliefs an der Fassade und im Innern sind von ihm. Unter der Kuppel zeigt ein Freskenzyklus Szenen aus dem Leben Christi.

Dom: tgl. 10–12, 15–18 Uhr | Eintr. frei | www.piazzaduomoparma.com
Taufkirche (Battistero) u. Museo: tgl. 10–18 Uhr | Eintritt 12 €

Fresken von Corregio und Parmigianino

Die Kirche San Giovanni Evangelista hinter dem Dom wurde 1510 im Renaissancestil erbaut. Die Barockfassade und der schlanke Glockenturm folgten bis 1614. Die Kuppelfresken schuf Correggio zwischen 1521 und 1523; sie erzählen aus der Offenbarung des hl. Jo-

San Giovanni Evangelista

ZIELE
PARMA

hannes. Die Bogenfresken der ersten, zweiten und vierten Kapelle links stammen von Parmigianino.

Die benachbarte historische Apotheke **Spezieria di San Giovanni** stammt aus dem 13., ihre Einrichtung mit Mörsern, Töpfen und geschnitzten Regalen aus dem 16. Jahrhundert.

Kirche: tgl. 8.30–12 und 16–19.30 Uhr | Eintritt frei
Spezieria: zu Redaktionsschluss wegen Renovierung geschlossen

Viel unter einem Dach

Palazzo della Pilotta

Vom Domplatz führen die Strada al Duomo und Pisacane zum **Piazzale Marconi** im Westen. Hier erhebt sich der **Palazzo della Pilotta** (1583–1622), der unvollendet gebliebene Sitz der Farnese. Benannt wurde er nach dem baskischen Ballspiel, das in seinen Innenhöfen gespielt wurde. In dem Gebäude sind mehrere Museen, die Biblioteca Palatina und das **Teatro Farnese**, eines der schönsten Beispiele früher Bühnenkunst, untergebracht. Giovanni Battista Aleotti entwarf es 1620. Die **Galleria Nazionale** zeigt Gemälde der Emilianer, Toskaner und Venezianer Malschulen vom 14. bis 16. Jh., darunter Correggios »Madonna mit dem hl. Hieronymus« und eine Kopfstudie von Leonardo da Vinci. Das **Museo Archeologico Nazionale** birgt griechische, italische und etruskische Fundstücke; das Museo Bodoniano erinnert an den Schriftkünstler Giambattista Bodoni (1768–1813).

Palazzo della Pilotta: Di.–So. 10.30–18.30 Uhr | Eintritt 12 € (Sammelticket für Biblioteca Palatina, Teatro Farnese, Galleria Nazionale, Museo Archeologico Nazionale) | https://complessopilotta.it

Correggios berühmte Putti

Camera del Correggio

In der Nähe befindet sich im ehemaligen Benediktinerinnenkloster die Camera del Correggio, auch Camera di San Paolo genannt. Der Raum ist mit Fresken des jungen Correggio von 1518 und 1519 ausgemalt, darunter sind auch die berühmten »Putti del Correggio«.

Mo., Do. u. Fr. 9.30–17.30, Sa./So. bis 18.30 Uhr | Eintritt 5 €

Was der Kaiserin gehörte

Museo Glauco Lombardi

Einen Besuch wert ist auch das Museo Glauco Lombardi an der Piazza della Pace. Die Gemälde und Kunstgegenstände, darunter Arbeiten von Watteau, Fragonard und anderen französischen Malern, stammen größtenteils aus dem Besitz der Kaiserin Maria Luisa.

Di.–Sa. 9.30–16, So. bis 19 Uhr | Eintritt 7 € | www.museolombardi.it

Nach großem Vorbild

Santa Madonna della Steccta

Die schöne Kuppelkirche Madonna della Steccata schräg gegenüber wurde 1521 bis 1539 nach dem Vorbild der Peterskirche in Rom erbaut. Im Innern sind Fresken von Parmigianino sowie die Gräber der Farnese und Bourbonen zu beachten.

ZIELE
PARMA

Ungewöhnliche Architektur

Durch die Strada Mazzini und über den Ponte di Mezzo geht es nun auf die andere Uferseite in den Oltretorrente bzw. Parma Vecchio genannten Teil der Stadt. Hier steht, ziemlich am Anfang der Strada Massimo d'Azeglio, die Kirche **Santissima Annunziata**, ein Barockbau von 1566 mit eigenartigem Grundriss und kühner Kuppel.

Oltretorrente Parma Vecchio

Ein Haus voller Erinnerungen

Das Geburtshaus des Dirigenten **Arturo Toscanini** (1867–1957) im Borgo Rodolfo Tanzi 13 zeigt interessante Erinnerungsstücke. Weiter nördlich erstreckt sich der große Parco Ducale. Er wurde im Auftrag der Farnese im 16. Jh. von dem Franzosen Petito angelegt und von dem Bildhauer Boudard mit Skulpturen geschmückt. Der Herzogspalast am Rand des Parks ist von 1564.
Museo Casa Natale: Mi.–So. 10–18 Uhr
Eintritt frei | www.museotoscanini.it

Casa Natale di Arturo Toscanini

Rund um Parma

Ein Traum in Gold

Eine Burg aus dem 15. Jh. mit Festungsmauern, Ecktürmen und einem Bergfried überragt das 17 km südlich von Parma gelegene Dorf Torrechiara. Die sehenswerte **Camera d'Oro** (Goldsaal) schmücken bemalte Wandfliesen und Fresken von Benedetto Bembo.
Castello di Torrechiara: April–Sept. Di.–Sa. 9–19, So. 9.45–17 Uhr, Okt.–März Di.–Fr. 9–17, So. 9.30–17 Uhr | Eintritt 5 €

Torrechiara

Die Schinkenhochburg

Von den rund neun Mio. Schinken, die in der Provinz Parma jährlich produziert werden, stammen etwa 80 Prozent allein aus dem Städtchen Langhirano. Der Schinkenherstellung ist ein Museum gewidmet.

Langhirano

Der Katholik und der Kommunist

Brescello liegt 20 km von Parma direkt am Po. Ein Museum, zwei Statuen, das Caffè Peppone und die Bar Don Camillo erinnern daran, dass hier die liebenswerten Geschichten von **Don Camillo und Peppone** verfilmt wurden. Der in Roncole (▶ S. 174) geborene Schriftsteller Giovanni Guareschi (1908–1968) erzählt in seinen satirischen Romanen von einem Priester und einem kommunistischen Bürgermeister, die einen Kleinkrieg um die Gunst des Volkes führen.

Brescello

Kunst und Kur

Fidenza, 23 km westlich von Parma, hat einen sehenswerten Dom, der im 11. Jh. romanisch begonnen und im gotischen Stil fertiggestellt wurde. Er beherbergt die Gebeine des hl. Donnino und ist

Fidenza

ZIELE
PARMA

Peppone grüßt vor dem Rathaus von Brescello seinen Widersacher Don Camillo. Der steht, ebenfalls in Bronze, gegenüber auf dem Kirchplatz.

ein beliebtes Pilgerziel. Besonders schön ist der plastische Schmuck an der Fassade, der Antelmi zugeschrieben wird.

Etwas weiter südwestlich, in der Landschaft der ersten Apenninhügel, liegt eines der bedeutendsten Thermalbäder Italiens. Schon seit dem 2. Jh. v. Chr. wurde hier Salz gewonnen – der Salzgehalt des Mineralwassers ist dreimal höher als der des Toten Meeres –, 1847 eröffnete die erste Kuranstalt. Auf der Gästeliste stehen Namen wie Giuseppe Verdi, der regelmäßig seine Frau Giuseppa Strepponi begleitete, d'Annunzio, Puccini, Toscanini und Caruso. Heute ist **Salsomaggiore Terme** eine moderne, recht grüne Stadt. Architektonisches Schmuckstück sind die im orientalischen Stil erbauten Terme Berzieri (1923). Nur 5 km östlich folgt Tabiano Bagni, die **»Stadt des Schwefels«**, deren Quellen weltweit die höchsten Anteile an Schwefelwasserstoff aufweisen.

Unterschätzt

Reggio nell'Emilia

Die Provinzhauptstadt **Reggio nell'Emilia**, 29 km östlich von Parma, entstand als römischer Posten an der Via Emilia und wurde nach ihrem Erbauer Marcus Aemilius Lepidus »Regium Lepidi« genannt. 1409 – 1796 regierten die Este über Reggio, das allerdings nie Residenzstadt war. Vielleicht deshalb steht die Stadt trotz gemütlicher Altstadt mit eleganten Palazzi, schicken Läden, Delikatessen-

ZIELE
PARMA

geschäften, Restaurants und Cafés im Schatten ihrer berühmteren Nachbarstädte. Hier kamen u. a. der Dichter **Ariost** (1474–1533) und Camillo Prampolini (1859–1930) zur Welt. Letzterer war ein bedeutender Anführer der Landarbeiter und Mitbegründer der Gewerkschaften und Genossenschaften, der Cooperativa.

Reggio ist wie Parma und Modena für Aceto balsamico (▶ Modena) und Parmesan berühmt – aber Parma war bei der eben Namensgebung dominanter. Seit **Boccaccio** in seinem »**Decamerone**« um 1348 den Parmesan verherrlichte, hat sich an der Art und Weise seiner Herstellung nichts geändert. In jedem der 36 bis 40 kg schweren Laibe stecken 600 l Milch von Kühen, die nur auf den Wiesen der Parmigiano-Reggiano-Region grasen dürfen. In Holzrahmen gespannt, werden die mächtigen Rundlinge anschließend in einer Kochsalzlösung gebadet, bevor sie in sog. Magazzini rund zwei Jahre lang zum Reifen gelagert und alle 15 bis 20 Tage umgedreht werden – dann ist jeder Brocken ein Vermögen wert!

Reggios Mittelpunkt ist die weite **Piazza Prampolini** mit dem Dom (ab 13. Jh.), dem Palazzo Vescovile und dem Palazzo Comunale. Ein Arkadengang neben der Kirche führt auf die kleine Piazza San Prospero, die vom Kampanile der Renaissancekirche San Prospero überragt wird. Kunstgeschichtlich am interessantesten ist die Wallfahrtskirche **Madonna della Ghiara** (1597–1619) am breiten Corso Garibaldi; ihr Inneres schmücken Stuck und Fresken von Malern der Bologneser Schule. Sehenswert sind auch der **Palazzo dei Musei**, der die »Venus von Chiozza« hütet, das wohl älteste plastische Menschenbild, sowie die **Galleria Parmeggiani,** die Prunkwaffen, Hofkleidung, Schmuck und Gemälde zeigt, wie das Bild »Segnender Christus« von El Greco.

Palazzo dei Musei: Via Spallanzani 1 | Sept.–Juni Di.–Do. 10–13, Fr.–So. 10–18 Uhr, Juli–Aug. Di., Do., So. 10–13, Mi., Fr., Sa. 10–13 u. 21–23 Uhr | Eintritt frei | www.musei.re.it

Galleria Parmeggiani: Corso Cairoli 2 | Sept.–Juni Di.–Do. 15–18, Fr.–So. 10–18, Juli–Aug. Fr./Sa. 10–13 u. 21–23, So. 10–13 Uhr | frei

Der Gang nach Canossa

In der näheren Umgebung von San Polo d'Enza, etwa 20 km südwestlich von Reggio, liegen in der beeindruckenden Landschaft der sog. Calanchi die Ruinen von vier Burgen, die einst zum Besitz der einflussreichen Markgräfin Mathilde von Tuszien (1046–1115) gehörten.

San Polo d'Enza

Die berühmteste ist **Canossa**, von der allerdings nur ein paar verwitterte Ruinen übrig geblieben sind. Hier bat im Winter 1077 Heinrich IV. barfuß und im Büßergewand Papst Gregor VII. um die Aufhebung des Kirchenbanns. Das Ereignis, die – wenn auch nur vorläufige – Kapitulation der weltlichen vor der geistlichen Macht, wurde als »Gang nach Canossa« zur populären Redewendung.

ZIELE
PAVIA

★ PAVIA

Region: Lombardei · Lombardia | **Provinz:** Pavia
Höhe: 77 m ü. d. M. | **Einwohnerzahl:** 72 800

Ein nahezu intakter Ortskern, zahlreiche romanische Kirchen und alte Geschlechtertürme: In der Universitätsstadt Pavia lässt sich noch mittelalterliches Flair erleben. Einst forschten hier Petrarca, Leonardo da Vinci, die Dichter Ugo Foscolo und Carlo Goldoni. Heute sorgen Studenten aus dem In- und Ausland für ein quirliges, modernes Leben.

Mittelalterliches Flair

Schon die Römer entwickelten Pavia als Stadt – die heutigen Hauptstraßen im Zentrum gehen auf sie zurück. Unter Theoderich war Pavia Residenzstadt der Ostgoten (493–526) und anschließend bis 774 **Hauptstadt des Langobardenreichs,** dessen König Desiderius sich schließlich dem Heer Karls des Großen geschlagen geben musste. Im Mittelalter wurden in der Basilika San Michele etliche italienische Könige gekrönt. 1360 übernahmen die Visconti, die Pavia mit Mailand verbanden, zwischen dem 18. und 19. Jh. kam Pavia unter die Herrschaft von Spanien, Frankreich und Österreich. In der Altstadt können Sie heute den Spuren dieser wechselvollen Vergangenheit folgen und bestimmt findet gerade auch eine der vielen Kulturveranstaltungen statt. Wie wäre es danach mit einem Abstecher zu einem berühmten Kloster und in den »Garten der Lombardei«?Pavia erleben

❙ Wohin in Pavia?

Ein Heiliger und ein Philosoph

Castello Visconteo
Im Norden der Altstadt entstand im 14. Jh. das schlichte Backsteinkastell für die Mailänder Herzöge, eine Vierflügelanlage mit vier Ecktürmen, deren Nordflügel 1525 der Schlacht um Pavia zum Opfer fiel. Sehenswert ist der anmutige Innenhof mit Arkaden und Maßwerköffnungen. An der nun offenen Nordseite stellten einst Garten- und Parkanlagen eine 9 km lange Verbindung zur Certosa di Pavia (▶ S. 419) her. In den Räumen sind das Museo Civico und die Pinacoteca Malaspina untergebracht.

Vom Kastell sind es nur wenige Schritte zur Klosterkirche **San Pietro in Ciel d'Oro** (1132, im 19. Jh. wiederhergestellt). Im Hochchor befindet sich das **Marmorgrabmal des hl. Augustinus** (354–430), die große Arca di San Agostino von Giovanni di Balduccio (1362). Die Krypta birgt das Urnengrab des römischen Staatsmanns und Philosophen Boethius (um 480 bis um 524), der in seinem Hauptwerk »De

ZIELE
PAVIA

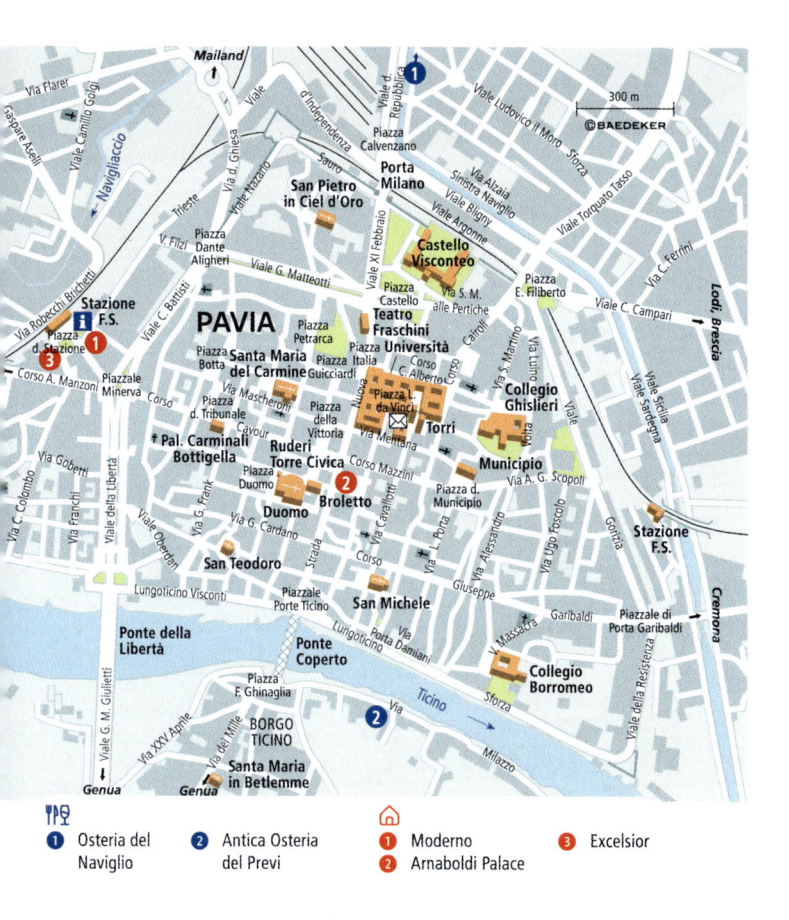

consolatione philosophiae« (»Über den Trost der Philosophie«) Fragen wie die Vorherbestimmung des Menschen behandelt hat.
Castello Visconteo: Museen tgl. außer Di. 10–18 Uhr | Eintritt 5 €
https://museicivici.comune.pv.it
San Pietro: tgl. 8.15–12, 15.30–19.15 Uhr

Das Wahrzeichen der Stadt

Über die Piazza della Vittoria mit dem Rathaus (11. Jh.) gelangt man zum Dom. Die Bauarbeiten begannen ab 1488 nach Plänen von **Bramante, Amadeo und Cristoforo Rocchi**. Der Unterbau der Kuppel war 1750 fertig, das Kuppeldach und die Fassade folgten im späten 19. Jh., das Querschiff 1936. Das Innere bestimmt die hohe Kuppel,

Duomo di Pavia

PAVIA ERLEBEN

ℹ INFOPOINT PAVIA
Piazza della Vittoria 20/d
Tel. 0382 399790
Mo.–Fr. 9–13 u. 14–17, Sa./So.
(März–Okt.) 10–13 u. 14–18,
sonst nur 10–14 Uhr
www.visitpavia.com

🍴

❶ OSTERIA DEL NAVIGLIO €€
In einer prächtig restaurierten alten Villa am Stadtrand genießen Sie hausgemachte Ravioli und Pasta-Spezialitäten sowie köstliche Risottos als Primi Piatti. Dazu gibt es eine große Auswahl an Weinen der Region und köstliche Dolci.
Via Alzaia 39/B, Tel. 0382 46 03 92
www.osteriadelnaviglio.eu
Mo. geschl., So. nur mittags

❷ ANTICA OSTERIA DEL PREVI €
Im alten Teil der Stadt direkt am Fluss serviert die beliebte Trattoria beste lombardische Spezialitäten.
Via Milazzo 65, Tel. 0382 2 62 03
So. nur mittags
www.anticaosteriadelprevi.it

🏠

❶ HOTEL MODERNO €€€€
Schickes Interieur in einem historischen Stadthaus nahe der Altstadt. Sogar ein kleiner Wellnessbereich mit Whirlpool und Dampfbad ist vorhanden.
Viale Vittorio Emanuele II 41
Tel. 0382 30 34 01
www.hotelmoderno.it

❷ ARNABOLDI PALACE €€€
In der ersten Etage des aufwendig restaurierten Palazzos erwartet Sie eine spannungsreiche Mischung aus Antikem und modernem Design, mit wertvollen Gemälden und Fresken und spiegelndem Parkett. Nachmittags trifft man sich im 200 qm großen Salon zu einem Aperol Spritz. 9 Suiten.
Via Varese 8, Tel. 0382 2 22 19
www.arnaboldipalace.com

❸ EXCELSIOR €€
Nur wenige Schritte vom historischen Zentrum entfernt empfängt das alteingesessene Hotel mit klassisch ausgestatteten Zimmern und modernen Bädern, morgens wird ein umfangreiches Frühstück serviert.
Piazza Stazione 25, Tel. 0382 2 85 96
www.hotelexcelsiorpavia.com

---

die mit einem Durchmesser von 30 m und der Höhe von 90 m zu den größten Kuppeln in Italien gehört.

Einst waren es 200

Geschlechtertürme — Die drei Geschlechtertürme bei der Universität entstanden zur Zeit der Kämpfe zwischen Gegnern und Anhängern des Kaisers bzw. Papstes. Pavia besaß über 200 solcher Türme – ein Anblick, den Bernardino Lanzani 1522 in San Teodoro mit einem Fresko festhielt.

Schmuckstück mit kleinen Schönheitsfehlern

San Michele — Etwas weiter liegt San Michele (1117–1150), die bedeutendste Kirche Pavias. Sie geht auf eine dem Erzengel Michael geweihte Kirche

ZIELE
PAVIA

aus dem 7. Jh. zurück, die Krönungskirche der Langobarden war. **Friedrich Barbarossa** ließ sich hier 1155 zum König von Italien krönen. Die herrliche Fassade aus gelblichem Sandstein mit reichem Ornamentschmuck und figürlichen Reliefs zeigt leider unbarmherzig die Folgen der Luftverschmutzung. Schmuckstück im Innern sind die romanischen Kapitelle mit ornamentalem, mythologischem und biblischem Reliefschmuck, der am besten in der Krypta zu erkennen ist. Die spätgotische Kreuzigungsgruppe im Chorbogen aus der Mitte des 15. Jh.s wird Urbina da Surso zugeschrieben, die Fresken stammen aus dem 13. bis 19. Jh. Im Chor sind Reste des ursprünglichen Fußbodenmosaiks erhalten.
Mo. 8.30–12, 14.30–17, Di.–Sa. 8.30–17 Uhr
www.sanmichelepavia.it

Ein Certosa-Künstler
Die 1236 geweihte Backsteinkirche etwas außerhalb von Pavia enthält die Marmorarca des hl. Lanfranco († 1198). **Giovanni Antonio Amadeo**, der bereits an der Certosa di Pavia mitgearbeitet hatte, schuf sie um 1498. Von ihm stammen auch die Terrakottaschmuckreste der reich verzierten Kreuzgänge. — *San Lanfranco*

★ Certosa di Pavia
Mai–Sept. Di.–So. 9–11.30, 14.30–18 Uhr | www.certosadipavia.it

Eines der bedeutendsten Kulturdenkmäler der Lombardei
Die Certosa di Pavia, 9 km nördlich von Pavia, ist neben der Grande Chartreuse bei Grenoble die berühmteste Niederlassung des Kartäuserordens. Ihre Gründung geht auf **Gian Galeazzo Visconti**, Herzog von Mailand und Graf von Pavia zurück, der ab 1390 eine Grablege für seine Dynastie errichten ließ. An dem Bau, der sich bis 1560 hinzog, waren mehrere Architekten beteiligt, darunter Giovanni und Guiniforte Solari, Baumeister des Mailänder Doms, und Giovanni Antonio Amadeo, der zuvor die Cappella Colleoni in Bergamo geschaffen hatte. Vom Haupteingang der Klosteranlage – rechts liegt der ehemalige Palast der Herzöge von Mailand, links befinden sich die einstigen Werkstätten – geht man direkt auf die Kirche Madonna delle Grazie zu. Die 1473 bis 1499 von Amadeo, seinem Schüler Briosco sowie den Brüdern Cristoforo und Antonio Mantegazza ausgeführte **Fassade** ist für ihre Inkrustationsarbeiten in mehrfarbigem Marmor, die Reliefs und Marmorfiguren berühmt. Christliches und Heidnisches, Weltliches und Geistliches werden dargestellt und dabei der Triumph des Christentums betont: Ganz unten sieht man die Figuren römischer und orientalischer Herrscher, darüber wichtige Persönlichkeiten des Christentums. Den oberen Teil der Fassade schuf Cristoforo Lombardo um 1500. — *Berühmte Klosteranlage*

Einer von zwei Kreuzgängen in der Certosa

Anders als die Renaissancefassade ist der Innenraum noch überwiegend spätgotisch. Die Fresken der Kapellen des rechten Seitenschiffs malte Bergognone Ende des 15. Jh., von ihm sind auch die beiden Seitenflügel des Altars in der zweiten Kapelle links, den Gottvater malte Perugino. Hauptsehenswürdigkeit ist das **Grabmal für Ludovico il Moro** und seine mit 22 Jahren gestorbene Ehefrau **Beatrice d'Este** (C. Solari, 1497). Im südlichen Querschiff steht das **Grabmal von Gian Galeazzo Visconti** (1492), dem Stifter der Klosteranlage. Sehenswert sind auch die beiden Kreuzgänge mit verzierten Terrakotta-Arkaden und die Klosterzellen.

Oltrepò Pavese

Im »Garten der Lombardei«

Südlich des Po
Oltrepò Pavese heißt der südlichste Zipfel der Lombardei, der sich, von Pavia aus gesehen, »jenseits des Po« wie ein Keil zwischen Piemont und Emilia-Romagna hineinschiebt. In der Nähe des Flusses noch eine weite Ebene, geht das Oltrepò Pavese nach Süden in eine sanfte Hügellandschaft mit von Kastellen gekrönten Obst- und Weinbergen über. Bekannt ist der **Spumante**, der die Bezeichnung Classese tragen darf, wenn er nach der klassischen Methode hergestellt ist. Pinot Nero, Bianco und Grigio, Riesling Italico, Cortese, Muskateller, Bonarda, Barbera, Rosato kommen aus dem Gebiet, durch das meh-

ZIELE
PERUGIA

rere Weinstraßen führen. Hauptstadt ist Voghera; im Tal der Staffora erreicht man den hübschen Kurort Salice Terme, der gleich vier Thermalquellen besitzt. In Ponte Nizza zweigt eine Straße zur Klosteranlage Abbazia San Alberto ab. Eine schöne Strecke führt durch das Staffora-Tal flussaufwärts nach Varzi. Hier sind noch Reste der Stadtbefestigung erhalten. Beachtenswert ist San Germano, eine hochgotische Klosterkirche, erbaut um das Jahr 1300.

▶ S. 390   Lomellina

★ PERUGIA

Region: Umbrien · Umbria | **Provinz:** Perugia | **Höhe:** 493 m ü. d. M.
Einwohnerzahl: 165 700

Alt und dröge? Von wegen! Die malerisch auf einem Hügel thronende Hauptstadt Umbriens mag zwar äußerlich ganz dem Bild einer mittelalterlichen, altehrwürdigen Siedlung entsprechen, tatsächlich ist sie aber unter Studenten eine der beliebtesten Universitätsstädte Italiens – zwischen den alten Mauern herrscht ausgelassenes junges Leben. Und in der Umgebnug gibt es viel zu entdecken.

J 15

Perugias Altstadt ist größtenteils ein Schmuckstück aus dem Mittelalter, die Geschichte der Stadt reicht aber noch deutlich weiter zurück: Das antike Perusia war eine der zwölf Bundesstädte der Etrusker. Darauf folgten die Römer, die Ostgoten und das Byzantinische Reich; ab dem 11. Jh. war Perugia freie Kommune und erlebte im 13./14. Jh. seine Blütezeit. Vom Ende des 12. bis fast zur Mitte des 16. Jh.s war die Stadtgeschichte von blutigen Kämpfen zwischen den Adelsfamilien untereinander sowie zwischen Stadt und Papst und wechselnden Potentaten gekennzeichnet. Erst 1539 zwang Papst Paul III. die widerspenstige Stadt im **»Salzkrieg«** in die Knie. Heute trifft in Perugia Vergangenheit auf innovationsfreudige Gegenwart: Lange Rolltreppen bringen die Besucher ins historische Zentrum der Stadt.

Etruskerstadt im Grünen

Das Zentrum der Altstadt

Mit herrlichem mittelalterlichem Brunnen
Das Herz Perugias ist die lebhafte, großartige Piazza IV. Novembre zwischen Dom und Palazzo dei Priori, seine Hauptschlagader der

★ Piazza IV. Novembre

ZIELE
PERUGIA

PERUGIA ERLEBEN

IAT PERUGIA
Piazza Matteotti 18
Tel. 075 5 73 64 58
https://turismo.comune.perugia.it

Im Juli findet das Umbria-Jazz-Festival statt.
www.umbriajazz.com

❶ ANTICA TRATTORIA SAN LORENZO €€€€
Das beliebte Restaurant residiert in einem alten Palazzo hinter dem Dom. Auf den Teller kommen anspruchsvolle Gerichte mit ausgewählten Zutaten, die auch der Michelin-Guide lobt.
Piazza Ignazio Danti 19/A
Tel. 075 5 72 19 56
So. geschl., Mi. u. Sa. nur abends

❷ AL TARTUFO €€€
Tagliatelle mit weißen Trüffeln oder lieber Spaghetti Carbonara? Unter den Gewölben beherrscht man den Spagat zwischen Landhaus- und gehobener italienischer Küche – und dass Trüffel hier die Spezialität sind, verrät schon der Name. Die Weinempfehlungen sind hervorragend und auch der günstige Hauswein aus der Karaffe hat seinen Reiz.
Via Ulisse Rocchi 4
Tel. 075 573 48 09, Mo–Fr. nur abends, Sa./So. auch mittags
www.altartufo.it

❸ DAL MI'COCCO €
Nicht nur bei Studenten sehr beliebt ist das originelle Lokal, das in einem alten Stall untergebracht ist. Gemütlich, mit rot-weiß karierten Tischdecken und preiswertem, gutem Essen.
Corso Garibaldi 12
Tel. 075 5 73 25 11, Mo. geschl.

❶ BRUFANI PALACE €€€
Zentral gelegen, mit schöner Dachterrasse – bezaubernde Aussicht auf Stadt und Umgebung – und prachtvollen Zimmern mit allem Komfort. Ein Restaurant und ein Schwimmbad mit Sauna runden das Angebot ab.
Piazza Italia 12
Tel. 075 5 73 25 41
www.sinahotels.com

❷ LA ROSETTA €€€
Von dem netten familiengeführten 4-Sterne-Hotel aus können Sie Perugia bequem zu Fuß erkunden, denn es liegt mitten in der Altstadt.
Piazza Italia 19
Tel. 075 5 72 08 41
https://hotelarosetta.it

❸ GIÒ WINE E JAZZ AREA €€
Weinfreunde werden dieses große, moderne Haus am Rande des Zentrums lieben: Es hat direkten Zugang zur größten Weinhandlung Italiens.
Via Ruggero D'Andreotto 19
Tel. 075 5 73 11 00
www.hotelgio.it

❹ ROSALBA €
In tiefem Altrosa strahlt die Fassade des Gebäudes aus dem 18. Jahrhundert. Das Hotel an einem stillen Platz mitten im historischen Zentrum von Perugia bietet geschmackvolle, gepflegte Zimmer und eine sympathische Umgebung zum günstigen Preis.
Piazza del Circo 7
Tel. 075 5451707
www.hotelrosalbaperugia.it

ZIELE
PERUGIA

🍽️	🏠		
① Antica Trattoria San Lorenzo	① Brufani Palace	1 Duomo San Lorenzo	7 Palazzo Penna
② Al Tartufo	② La Rosetta	2 Fontana Maggiore	8 Giardini Carducci
③ Dal Mi'Cocco	③ Giò Wine e Jazz Area	3 Palazzo dei Priori	9 Università Vecchia
	④ Rosalba	4 Piazza Michelotti	10 Palazzo del Capitano del Popolo
		5 Palazzo della Provincia	11 Pozzo Etrusco
		6 Palazzo Donini	

ZIELE
PERUGIA

südlich anschließende Corso Vannucci. Bereits in etruskischer Zeit wurde dieses Gelände zwischen zwei Hügeln aufgeschüttet. Schmuck der Piazza ist die 1254 begonnene **Fontana Maggiore,** für die das Wasser 5 km weit vom Monte Paciano herangeführt wurde. Die von Nicola Pisano und seinem Sohn Giovanni 1275 bis 1278 geschaffenen **Skulpturen und Reliefs,** Meisterwerke der mittelalterlichen Plastik in Italien, zeigen am unteren Becken die Monate des Jahres mit Tierkreiszeichen und bäuerlichen Arbeiten, die Sieben Freien Künste, Adam und Eva, Samson und Dalila, David und Goliath, Romulus und Remus mit der römischen Wölfin; das obere Becken schmücken Statuen von biblischen, historischen und allegorischen Gestalten. Den Abschluss bildet die Bronzeschale des heimischen Künstlers Robeus.

Treff auf den Treppen

Duomo San Lorenzo

Ein beliebter Platz zum Schauen, Lesen und Sich-Unterhalten sind die **Treppen** vor dem Dom San Lorenzo neben dem Denkmal für Papst Julius III., der Perugia die Selbstverwaltung wieder zugestand. Das zwischen 1345 und 1490 entstandene Gotteshaus ist eine der in Italien seltenen Hallenkirchen. Im Innern birgt der Bau ein 1569 von Federico Barocci geschaffenes Altarblatt mit einer Kreuzigung, den angeblichen **Verlobungsring Mariens** in der Cappella del Sant'Anello sowie ein kunstvoll intarsiertes Chorgestühl. Im kleinen, gut bestückten Dommuseum, dem **Museo Capitolare,** werden Skulpturen, mittelalterliche Messbücher und Gemälde umbrischer Renaissancemaler aufbewahrt. An der Westseite der Piazza steht das Erzbischöfliche Palais am Platz des 1534 abgebrannten Palazzo del Podestà.

Museo Capitolare: Mitte Juli - Mitte Sept. tgl. 10-13.30 u. 14.30--18; April - Mitte Juli, Mitte Sept. - Okt. Mo. 10-13.30, Di.-So. 10-13.30 u. 14.30-18; Nov.-März Di.-Fr. 9.30-13.30, Sa., So. 10-17 Uhr
Eintritt 10 € | www.cattedrale.perugia.it (> Museo e percorso arch.)

Mittelalterliche Pracht

Palazzo dei Priori

Der lang gestreckte Palazzo dei Priori, 1293 bis 1297 erbaut und im 14./15. Jh. erweitert, war Amtssitz der zehn Prioren und Versammlungsort der Zünfte. Filigrane gotische Drillingsfenster und die gebogene Ostfassade verleihen dem massiven Bau Eleganz. Die zur Piazza IV. Novembre weisende Hauptfassade schmücken Kopien der 1274 gegossenen Bronzeplastiken eines Greifen, dem Wappentier von Perugia, und des welfischen Löwen. Durch das Portal gelangt man in die Sala dei Notari, Versammlungsraum der Notare mit einer prächtig ausgemalten Holzdecke (Ende des 13. Jh.s). Die **Galleria Nazionale dell'Umbria** am Corso Vannucci ziert ein prächtiges Portal (1346) mit Skulpturen der Stadtpatrone San Lorenzo, Ercolano und Costanzo sowie zwei Greifen mit Kälbern in den Klauen als Zeichen der »Sponsoren«, der Metzgerzunft. Im dritten Obergeschoss findet man die wichtigsten Werke umbrischer Malerei vom 12. bis 16. Jh.

ZIELE
PERUGIA

Beste Aussicht von den Treppen des Doms auf die Piazza IV Novembre

sowie auswärtiger Künstler, u. a von Duccio, Fra Angelico und Arnolfo di Cambio. In den südlichsten Bauteilen des Palazzo, vom Corso Vannucci aus zugänglich, liegen das **Collegio della Mercanzia,** die Zunftstube der Kaufleute mit einer herrlichen Holztäfelung (15. Jh.), und das **Collegio del Cambio,** die Räume der Geldwechslergilde. Deren Prunkstück ist die Sala dell'Udienzia (15. Jh.) mit schön intarsierter Ausstattung von Domenico del Tasso und der Ausmalung durch Perugino nach dem Bildprogramm eines Peruginer Humanisten.
Palazzo dei Priori: tgl. 9-13, 15-19 Uhr, Di. geschl. | Eintritt frei
Galleria Nazionale: April - Okt. Mo. 12-19.30, Di.-So. 8.30-19.30 Uhr, Nov.-März Di.-So. 8.30-19.30 Uhr, Mo. geschl. | Eintr. 10 € | https://gallerianazionaledellumbria.it | Collegio del Cambio: Mo.-Sa. 9-13 u. 14.30-17.30, So. 9-13 Uhr | Eintritt 6 € |www.collegiodelcambio.it

Einfach mal schlendern
Zur Zeit der täglichen »passeggiata« ist der Corso Vannucci, die elegante Einkaufsmeile Perugias, überfüllt. Hier findet man das holzverkleidete, seit 1860 bestehende Caffè Sandri (Nr. 32). Im Süden mündet der Corso in die Piazza Italia, an Stelle der 1860 zerstörten Rocca Paolina angelegt und von repräsentativen Gebäuden des Historismus umgeben. Am Südrand der Oberstadt, flankiert vom altehrwürdigen Hotel Brufani, liegen die **Giardini Carducci**, eine begrünte Terrasse mit herrlichem Ausblick über das Valle Umbra. Parallel zum Corso Vannucci verläuft die lang gestreckte Piazza Matteotti, die auf großen, zum Teil etruskischen Unterbauten ruht. Beachten Sie den Palazzo del Capitano del Popolo und die **Alte Universität**, beide in der

Corso Vannucci

ZIELE
PERUGIA

zweiten Hälfte des 15. Jh. von lombardischen Baumeistern errichtet. Östlich unterhalb liegt die Markthalle (1932), die ein Aufzug mit dem darunter liegenden Viktualienmarkt und dem Parkhaus verbindet.

Es geht abwärts

Via dei Priori

Das Stadtviertel westlich der Piazza IV. Novembre ist für seine **steilen engen Gassen und Treppen** bekannt. Rechts neben dem Erzbischöflichen Palast geht die malerische, von Stützbögen und Gewölben überspannte Via Maestà delle Volte ab. Ein Tor unter dem Turm des Palazzo dei Priori führt auf die Via dei Priori, seit etruskischen Zeiten die Ausfallstraße Richtung Toskana. Hier geht es steil hinunter zur Piazza di San Francesco, vorbei an der Barockkirche San Filippo Neri mit einer »Unbefleckten Empfängnis« von Pietro da Cortona von 1662. Passiert man weiter den 46 m hohen **Torre degli Sciri**, den einzigen erhaltenen Geschlechterturm der Stadt, und die Renaissancekirche Madonna della Luce beim Stadttor Porta San Luca, kommt man zum Platz vor dem großen Komplex mit San Bernardino, San Francesco und der Accademia di Belle Arti, einem beliebten studentischen Treffpunkt.

Renaissance trifft Gotik

Oratorio di San Bernardino

Ein Jahr nach der Heiligsprechung des hl. Bernhard von Siena im Jahr 1450 begann man mit dem Bau des Oratorio. Seine exquisite Fassade mit antikisierenden Reliefs und polychromer Marmorverkleidung ist ein Hauptwerk der Renaissance in Perugia, geschaffen 1457 bis 1461 vom Florentiner Bildhauer Agostino di Duccio. Im einfachen gotischen Inneren steht ein als Altartisch verwendeter **Marmorsarkophag** (4. Jh.). Die mächtige Kirche San Francesco al Prato, im 14. Jh. »auf dem freien Feld« erbaut, ist heute eine Ruine. Geht man von hier die Via A. Pascoli hinab zur Piazza Fortebraccio, ist im Untergeschoss eines Universitätsinstituts an der Via Sant'Elisabetta ein Mosaik aus einem römischen Bad zu sehen, wenig später unterquert man den **mittelalterlichen Aquädukt** (1254–1276).

★ Das älteste Tor der Stadt

Arco Etrusco

Von der Piazza Danti hinter dem Dom führt die schmale mittelalterliche Via U. Rocchi abwärts, vorbei an der Enoteca Provinciale dell' Umbria, zum Arco Etrusco – auch Arco di Augusto genannt –, einem mächtigen Tor der etruskischen Stadtmauer aus dem 2. Jh. v. Chr. Unter Augustus wurde über dem zweiten (römischen) Bogen die Inschrift »Augusta Perusia« angebracht. Gegenüber steht der prächtige Palazzo Gallenga-Stuart, seit 1926 Sitz der **Ausländeruniversität**.

★ Ein Labyrinth aus Tunneln und Gassen

Rocca Paolina

Unter den Arkaden des Palazzo della Provincia beginnen die Rolltreppen zu dem am Hang gelegenen Stadtteil und dem heute **unterirdischen mittelalterlichen Viertel**, das nach dem Salzkrieg 1543 auf

ZIELE
PERUGIA

Befehl von Papst Paul III. für den Bau der Rocca Paolina, der päpstlichen Zwingburg, zerstört bzw. zugeschüttet wurde. Die Rocca wurde 1860 niedergerrissen, im 20. Jh. hat man die Straßen wieder freigelegt. Man verlässt das pittoreske Labyrinth am unteren Ende durch die Porta Marzia, ein etruskisches Stadttor, das beim Bau der Rocca um 4 m versetzt wurde. Der Gang in die Südoststadt führt an der Kirche **San Ercolano** (1297–1326) vorbei, die an die etruskische Stadtmauer gebaut ist und beim Bau der Rocca ihr Obergeschoss verlor. Im Palazzo Penna gegenüber werden Werke des aus Perugia gebürtigen Futuristen G. Dottori und von **Joseph Beuys** gezeigt.

Von der Vorgeschichte bis zur Römerzeit
Auf dem Corso Cavour gelangt man zur ehemaligen Bettelordenskirche San Domenico. Die gewaltige Backsteinhallenkirche wurde 1305 begonnen, 1459 geweiht und später von Carlo Maderna barock umgestaltet. Im Innern sehenswert sind das Grabmal von Papst Benedikt XI. (1304), die von Agostino di Duccio ausgestattete Rosenkranzkapelle, das Chorgestühl (1476) sowie das riesige Chorfenster. Im Konvent präsentiert das **Museo Archeologico Nazionale dell'Umbria** Objekte aus etruskischer und römischer Zeit. Zu den Glanzstücken gehören der Grenzstein von Perugia aus dem 3./2. Jh. v. Chr. mit etruskischer Inschrift und der überlebensgroße Germanicus aus Amelia (Augusteische Zeit).

San Domenico

Museo Archeologico Nazionale dell'Umbria: Di.–So. 8.30–19.30 Uhr Mo. geschl. | Eintritt 5 €

Grandios!
Der Corso Cavour endet an der monumentalen Porta San Pietro, deren großartige äußere Renaissancefassade Agostino di Duccio im Jahr 1480 vollendete. Außerhalb des Torbogens, am Borgo XX Giugno, erhebt sich auf einer Anhöhe die Kirche San Pietro mit ihrem vieleckigen, 70 m hohen Turm. Eine frühchristliche Vorgängerkirche wurde im 10. Jh. mit einer Basilika überbaut und in Renaissance und Barock grandios ausgestattet: Im Mittelschiff befinden sich **antike Säulen aus Marmor und Granit**, darüber zeigen zehn großformatige Bilder die »Apotheose des Benediktinerordens«; sehenswert sind auch die vergoldete Kassettendecke (1556) und das zweireihige Chorgestühl. Den mittelalterlichen botanischen Garten im Konvent hat die Landwirtschaftliche Fakultät angelegt.

★ San Pietro

| Rund um Perugia

▶ S. 110

▶ S. 271

Assisi
Lago Trasimeno

427

ZIELE
PERUGIA

★ Eindrucksvolle etruskische Grabanlage

Ipogeo dei Volumni — Eines der hervorragendsten Beispiele etruskischer Grabstätten aus hellenistischer Zeit, das Ipogeo dei Volumni, ist 8 km östlich der Altstadt kurz vor Ponte San Giovanni zu bewundern. Das Grab wurde im 2. Jh. v. Chr. in den Tuff gehauen und gehört zur großen **Nekropole von Palazzone**. Mitglieder der Adelsfamilie der Volumnier sind darin in Urnen beigesetzt. Es wurde in Form eines römischen Wohnhauses mit zentraler Vorhalle und seitlich abgehenden Kammern angelegt. Eindrucksvoll ist der Skulpturenschmuck an den Urnen.

Hier dreht sich alles um den Wein

Torgiano — Dass Umbrien als Weinregion wieder einen guten Namen hat, ist vor allem **Giorgio Lungarotti** zu verdanken, der sein Gut in Torgiano, 15 km südlich von Perugia, in die Spitzenklasse geführt hat. Das freundliche mittelalterliche Städtchen mit Burg ist Zentrum eines alten Weinbaugebiets. Nicht nur für Weinfreunde attraktiv ist das hervorragende Museo del Vino, das Lungarotti im Palazzo Graziani-Baglioni am zentralen Corso Vittorio Emanuele eingerichtet hat; probiert wird nebenan in der Osteria del Museo. In der Via Garibaldi 10 gibt es ein Museum, das Anbau und Pflege von Olivenbäumen sowie alte und neue Techniken der Ölherstellung anschaulich erklärt.

Im Zeichen der Keramik

Deruta — Deruta 6 km weiter südlich steht seit Jahrhunderten für die Keramikherstellung in Umbrien. Durch wenig attraktive Außenbezirke – skurril, was alles aus Ton gemacht wird – gelangt man in die ummauerte mittelalterliche Stadt. Im Palazzo Comunale zeigt die Pinacoteca Civica Fresken des 15./16. Jh.s aus Kirchen der Umgebung; im gegenüberliegenden Franziskanerkonvent befindet sich das **Museo Regionale della Ceramica**. In der Klosterkirche sind umbrisch-sienesische Fresken (14.–16. Jh.) zu sehen. Viele Läden verkaufen handgearbeitete, oft traditionell bemalte Majoliken. Ein ungewöhnliches Bild bietet die außerhalb gelegene kleine Kirche Madonna del Bagno (1637). Ihre Innenwände sind über und über mit etwa **630 Votivtafeln** aus Majolika bedeckt, alle aus dem 17./18. Jh.

Museo Regionale della Ceramica: Nov.-Febr. Mi.-So. 10.30-13, 14.30-16.30, März u. Okt. bis 17, April-Juni 10.30-13, 15-18, Juli-Sept. Di.-So. 10-13, 15-18 Uhr | Eintritt 7 € | www.museoceramicadideruta.it

▌Città di Castello

Charmant ...

Im »Dreiländereck« — Ein Städtchen, von denen es so viele gibt in Italien: eine charmante Ansammlung von Gassen, Türmen, Kirchen und Plätzen in einer geo-

ZIELE
PERUGIA

CITTÀ DI CASTELLO ERLEBEN

ⓘ
Corso Cavour 5e
06012 Città di Castello
Tel. 075 85 54 922
www.cittadicastelloturismo.it

🍽

PAPPA E CICCIA €€
Mit Überraschungseffekt: Das kleine, äußerlich unscheinbare Restaurant ist eine gute Adresse für bodenständige italienische Küche. Es gibt hausgemachte Pasta, die je nach Jahreszeit mit Wildgerichten, Pilzen oder grünem Spargel serviert wird. Dazu ordert man eine Karaffe des Hausweins.
Via del Popolo 16
Di. geschl., Mo. nur abends
Tel. 075 852 13 86

VINERIA DEL VASAIO €€
Unter dem Backsteingewölbe und bei Kerzenlicht mundet hier die köstliche italienische Küche. Berühmt sind die Spaghetti Carbonara, das cremige Risotto Milanese und die Pannacotta mit Kastanienhonig.
Via della Cacioppa 4
Tel. 0329 621 90 56
Mo. geschl.

LA LEA €
Familiäre Trattoria mit sehr nettem Service und ausgezeichneter Küche. Zu den Spezialitäten gehören Trüffel, aber auch Klassiker der schlichten Landküche wie pasta e fagioli (Pasta mit Bohnen).
Corso Camillo Benso Conte di Cavour 8f
Tel. 075 852 16 78
Mo. geschl.
www.trattorialeacdc.com

🏠

TIFERNO €€
Genießen Sie historisches Flair und eine stilvolle Einrichtung mit vielen Antiquitäten in einem der ältesten Hotels Umbriens. Die hübsch eingerichteten, sehr geräumigen Zimmer sind allerdings ganz modern gehalten. Großer, eleganter Speisesaal.
Piazza Raffaello Sanzio 13
Tel. 075 855 03 31
www.hoteltiferno.it

LE MURA €
Die ehemalige Tabakfabrik an der alten Stadtmauer wurde in ein sympathisches, gut geführtes Hotel umgewandelt. Fragen Sie nach einem Zimmer in den oberen Etagen, die z. T. über Aussichtsterrassen auf die Altstadt verfügen. Das angeschlossene kleine Restaurant serviert beste umbrische Küche und verfügt über eine beeindruckende Auswahl lokaler Landweine.
Via Borgo Farinario 24
Tel. 075 852 10 70
www.hotellemura.it

---

grafischen Top-Lage an der Grenze zwischen Umbrien, den Marken und der Toskana, 56 km nördlich von Perugia.

Palazzi und Arte Povera
Im 16. Jh. regierte die vornehme Familie Vitelli die Stadt. Der größte ihrer insgesamt vier Palazzi steht an der Piazza Garibaldi. Der 1540 errichtete **Palazzo Vitelli** mit großem Park und kleinem Lustschloss

Stadtrundgang

ZIELE
PERUGIA

entwarf der Florentiner Architekt Giorgio Vasari. Im benachbarten **Palazzo Albizzini**, erbaut im 15. Jh., sind Werke des 1995 verstorbenen einheimischen Künstlers Alberto Burri, eines der wichtigsten Vertreter der Arte Povera, zu sehen.

Mittelpunkt der Altstadt ist die **Piazza Matteotti**, die vom Palazzo del Podestà mit seiner mächtigen Barockfassade von 1686 beherrscht wird. In der nahe gelegenen Via Mazzini ist die bekannte Leinenweberei Tela Umbra zu Hause.

Durch den schmalen Corso Cavour geht es zur **Piazza Gabriotti** mit Bischofspalast und Torre Civica. Der Dom SS Florido e Amanzio, im 11. Jh. erbaut und 1466–1529 im Renaissancestil fast vollständig erneuert, besitzt einen ungewöhnlichen runden Kampanile, der den Glockentürmen ▶Ravennas nachempfunden ist. Innen sollte man sich die »Verklärung Christi« des Florentiner Manieristen Rosso Fiorentino (1529) und das Chorgestühl (1540) anschauen.

An der **Piazza Raffaello Sanzio** steht die gotische, dann barockisierte Kirche S. Francesco mit der um 1560 von Vasari gestalteten **Vitelli-Kapelle**. Das Raffaelbild »Verlöbnis Mariens« im vierten Altar links ist eine Kopie; das Original hängt in der Mailänder Brera (▶ S. 318).

Ein besonderes Erlebnis verspricht ein Besuch der **Pinacoteca Comunale** im Palazzo Vitelli alla Cannoniera mit ihrer hochkarätigen Sammlung umbrischer Malerei. Als Glanzstücke gelten die Peststandarte für SS Trinità von Raffael und das »Martyrium des hl. Sebastian« von Luca Signorelli. Die Hofseite des 1521–1532 von A. da Sangallo d. J. errichteten Baus schmücken Sgrafitti von Vasari. Die eher nüchternen Bauten der ehemaligen Tabak-Trockenhallen am Viale V. E. Orlando bieten wiederum ein ungewöhnliches, doch geradezu kongeniales Ambiente für weitere Werke von Alberto Burri (Collezione Burri).

Pinacoteca Comunale: Largo Monsignore Muzzi 9a | Apr.–Okt. Di.–So. 10-13, 14.30-18.30, Nov.–März Di.–So. 10-13, 15-18 Uhr | Eintritt 8 €

Nicht nur was für Kinder

Garavelle Im nahen Garavelle (2 km) kommen Kinder auf ihre Kosten: Das **Centro Tradizioni Popolari** demonstriert die vorindustrielle Arbeitswelt, nebenan lockt die Modelleisenbahnschau des Grafen Capelletti.

Centro Tradizioni Popolari: Di.–So. Apr.–Okt. 10–12.30 u. 15–18.30 Uhr, Nov.–März 10–12.30 u. 14.30–18 Uhr | Eintritt 5 €

Gubbio

Gubbio ist anders

Corsa dei Ceri Wer hier außerhalb der Saison anreist, erlebt eine wunderschöne, aber auch etwas schwermütige Stadt. Mit bizarren Bräuchen! Eugubiner, so nennt man in Italien gerne die Verrückten und denkt dabei an die Leute des kleinen Ortes. Einmal im Jahr, Mitte Mai, rennen sie

ZIELE
PERUGIA

GUBBIO ERLEBEN

ⓘ

Via della Repubblica 15
06024 Gubbio
Tel. 075 922 06 93
www.comune.gubbio.pg.it
www.umbriatourism.it/de/gubbio

Der **Corsa dei Ceri**, der Kerzenlauf am 15. Mai, ist das populärste Volksfest Umbriens. Gut besucht ist auch das Armbrustschießen am letzten Maisonntag und der **Palio dei Quartieri** am 14. August. Weiße Trüffeln werden bei der »Mostramercato del tartufo e dei prodotti locali« Ende Oktober/Anfang November verkauft.

❶ TAVERNA DEL LUPO €€
Familiengeführte Trattoria, die in einem stilvollen Palazzo aus dem 15. Jh. mitten im Centro Storico untergebracht ist. Erkundigen Sie sich mittags nach dem (preiswerten) Gericht des Tages und ordern Sie abends das 4-Gänge-Menu (während der Saison am besten mit Trüffeln)!
Via Giovanni Ansidei 21
Tel. 075 927 43 68
www.tavernadellupo.it
Fr. nur mittags, Sa. nur abends

❷ FEDERICO DA MONTEFELTRO €€
Das nach einer schillernden Persönlichkeit, einem umbrischen Herzog des 14. Jh.s, benannte Ristorante verwöhnt mit klassischer Hausmannskost der Region. Die Pastagerichte sind eine einzige Versuchung und als Dessert muss es ein Erdbeer-Tiramisu sein!
Via della Repubblica 35
Tel. 075 927 39 49
Do. geschl.

❸ FABIANI €
Elegantes Lokal im Palazzo Fabiani. Bodenständige umbrische Küche und schöne Terrasse, von der aus sich das Markttreiben gut beobachten lässt.
Piazza Quaranta Martiri 26
Tel. 075 84 25 542
Di. geschl.

❶ PARK HOTEL AI CAPPUCCINI €€€€
An kalten Herbsttagen wärmt ein offenes Feuer, gewaltige Sofas laden zum Lesen ein und seitdem die in einem historischen Kloster untergebrachte Luxusherberge sogar einen tollen Spa- und Wellnessbereich hat, können Sie es sich hier auch gut gehen lassen, wenn die Saison vorbei ist und eine melancholische Atmosphäre über den Hügeln von Umbrien liegt.
Via Tifernate
Tel. 075 92 34
www.parkhotelaicappuccini.it

❷ RELAIS DUCALE €€
Residieren wie in einer Filmkulisse: Im mittelalterlichen Gassengewirr thronen die drei alten Adelspaläste, geschlafen wird unter Backstein-Tonnengewölbe und zum Cappuccino am Morgen steuern Sie die Terrasse im Freien an.
Piazza Grande 5
Tel. 075 922 01 57
www.relaisducale.com

❸ BOSONE PALACE €
Charmante Adresse im Palazzo Raffaelli, schöne Zimmer mit Blick auf die Stadt. Frühstück in einem freskengeschmückten Saal.
Via XX Settembre
Tel. 075 922 06 88
www.hotelbosone.com

ZIELE
PERUGIA

🍴🍷
- ❶ Taverna del Lupo
- ❷ Federico da Montefeltro
- ❸ Fabiani

🏠
- ❶ Park Hotel ai Cappuccini
- ❷ Relais Ducale
- ❸ Bosone Palace

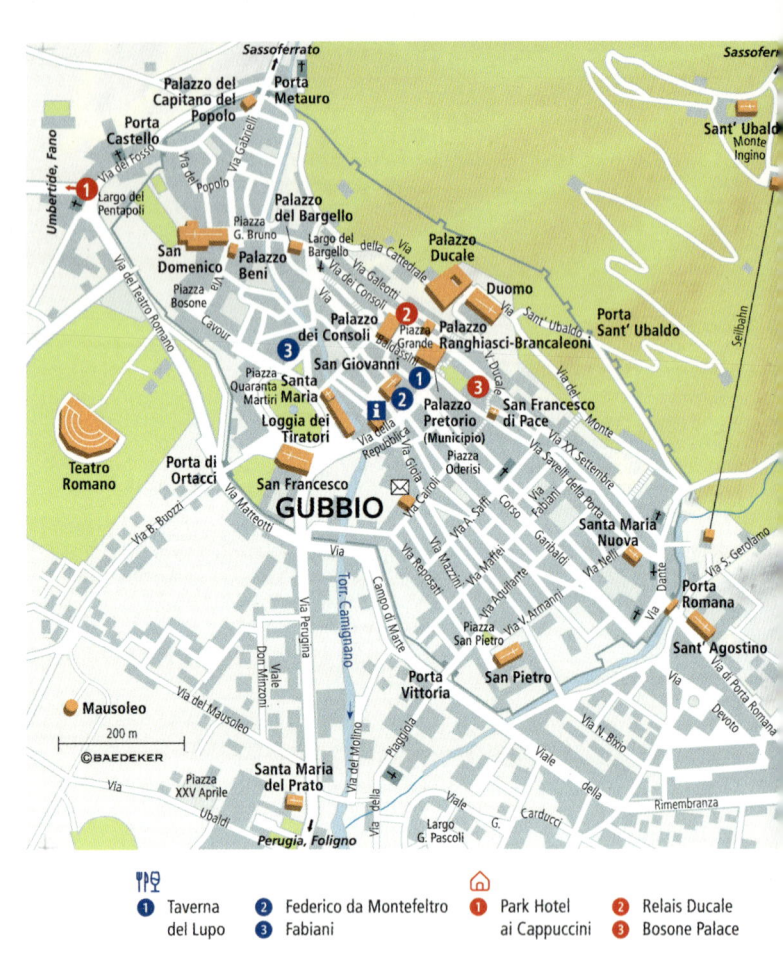

bewaffnet mit drei wuchtigen und schweren Holzstangen, »i ceri«, den Kerzen, durch die steilen Gassen von Gubbio, keuchend, Meter für Meter hinauf zum Berg und zum Schutzpatron St. Ubaldo.
Eine ungewöhnliche, bewegende Mischung aus christlicher Mystik und archaischem Ritus. Der aus adeliger Familie stammende St. Ubaldo hat seine Stadt mit der **gewaltigen Piazza** gleich mehrfach beschützt, als in der Gegend die Erde bebte. Jedes Jahr aufs Neue wird deshalb die Verbindung mit ihm gestärkt. In den schmalen, überwölbten Gassen des nur 49 km nördlich von Perugia liegenden und von einem mittelalterlichen Mauergürtel umgebenen Gubbio sind

ZIELE
PERUGIA

noch die sogenannten **Totentüren** aus dem 13. Jh. zu sehen. In der Via Baldassini unterhalb der Piazza della Signoria gibt es besonders sehenswerte Beispiele dieser ominösen Türen, von denen behauptet wird, dass durch sie die Toten hinausgetragen wurden.

Die Sieben Eugubinischen Tafeln

Starten Sie Ihren Rundgang auf der Piazza Quaranta Martiri: Hier steht die 1255 begonnene Klosterkirche S. Francesco mit einem oktogonalen Kampanile des 15. Jh.s, im 1724 – 1754 barockisierten Inneren sind Szenen aus dem Marienleben, geschaffen um 1410 von Ottaviano Nelli, zu sehen. Die rechte Apsis enthält Reste des Hauses der Spadalonga, in dem der Legende nach der hl. Franziskus mit einer Kutte eingekleidet wurde, nachdem er sich von seinem Vater losgesagt hatte. Die Ostseite des Platzes wird von der **Loggia der Tiratori** eingenommen. Mittelpunkt der Stadt ist die Terrasse der von Unterbauten gestützten Piazza Grande, angelegt von dem Eugubiner Baumeister Gattapone. Der mit einem Glockentürmchen bekrönte Palazzo dei Consoli, erbaut 1332 – 1337, ist wohl wie der gegenüberliegende **Palazzo Pretorio** von 1349 ebenfalls ein Werk Gattapones. Im Palazzo dei Consoli ist das Museo Civico untergebracht, das die Eugubinischen Tafeln, sieben Bronzeplatten des 3.–1. Jh.s v. Chr. hütet. In umbrischer Sprache, jedoch in etruskischen und lateinischen Buchstaben berichten die Inschriften über das politische und religiöse Leben der Umbrer.

Piazza Grande

Der »Brunnen der Verrückten«

Oberhalb der Piazza Grande steht der Palazzo Ducale, 1471 – 1474 für Federico da Montefeltro, Herzog von Urbino und Stadtherr in Gubbio, nach dem Vorbild des Palastes in Urbino errichtet. Von der Gartenterrasse blickt man schön auf die Stadt. Dicht an den steilen Hang baute man 1229 den **Dom SS Giacomo e Mariano**, dessen Fassade Skulpturen des Vorgängerbaus schmücken; die Altarbilder in dem von Schwibbögen dominierten Inneren stammen aus dem 16. Jh. Im Kanonikerhaus ist ein kleines Dommuseum untergebracht.

Palazzo Ducale

Von der Piazza Grande führt die **Via dei Consoli** in die verwinkelte nordwestliche Altstadt. Am Largo Bargello mit dem Lieblingsbrunnen der Eugubinen, der Fontana dei Matti, steht der schlichte gotische Palazzo del Bargello von 1302, einst Sitz der Polizei und Gefängnis. Entlang der hübschen **Via 20. Settembre** gelangt man zur anderen Seite der Stadt. Hier birgt die um 1280 erbaute Kirche S. Maria Nuova Fresken des umbrischen Malers Ottaviano Nelli, darunter eine »Madonna del Belvedere« von 1413, eines der schönsten Beispiele des internationalen Stils in Umbrien.

Erst etruskisch, dann römisch

Ikuvium, eine der bedeutendsten Gründungen der Umbrer, wurde 89 v. Chr. römisches Munizipium. Von den vielen römischen Bauwer-

Ikuvium

ZIELE
PIACENZA

ken haben sich westlich der Altstadt das einst rund 6 000 Zuschauer fassende **Theater**, in dem sommers Aufführungen zu sehen sind, und ein kleines Mausoleum erhalten.

Pilgerziel

San Ubaldo
Im Kloster San Ubaldo, 827 m hoch am Hang des Monte Ingino 2 km vom Dom entfernt gelegen und zu Fuß oder per Seilbahn von der Porta Romana zu erreichen, werden die »Ceri« und der **gläserne Sarkophag** des hl. Ubaldo aufbewahrt. Vom Kloster sind es noch 20 Minuten bis zum Gipfel mit schöner Aussicht.

Eine der größten Karsthöhlen Italiens

Monte Cucco
Östlich von Gubbio ragt der 1566 m hohe Monte Cucco auf, der höchste Gipfel des umbrisch-märkischen Apennins und Revier für Wanderer, Höhlenforscher und Paraglider. Die Besteigung von Pian di Monte aus dauert knapp 2 Stunden und führt in 1 390 m Höhe am Eingang der **Grotta di Monte Cucco** vorbei, einer der größten Karsthöhlen Italiens. Wer ihre dunklen Tiefen erkunden möchte, sollte sich dazu einer Führung des Centro di Speleologia in Costacciaro anschließen – dort bekommt man auch Karten und Infos.

PIACENZA

Region: Emilia-Romagna | **Provinz:** Piacenza | **Höhe:** 61 m ü. d. M.
Einwohnerzahl: 103 100

E 10

Man muss nicht religiös sein, um die 2000 Jahre alte Handelsmetropole ins Herz zu schließen. Zu den prächtigsten und bewegendsten Bauwerken gehören auch heute noch der Dom und das uralte Oratorium, das für einen Heiligen errichtet wurde. Doch Vorsicht bei der Stadtbesichtigung: Das schiefe und buckelige Kopfsteinpflaster hat es in sich – nur dank jahrelanger Übung schaffen es die Einwohnerinnen, auf High Heels anmutig durch die Gassen zu schreiten.

Prächtige Bauwerke

»Alle Wege führen nach Rom.« Wirklich alle? Nicht ganz, denn die Via Postumia zum Beispiel verbindet das ligurische mit dem adriatischen Meer, ohne Rom zu passieren. Bei Piacenza kreuzt die alte römische Straße die Via Emilia. Diese Lage an zwei zentralen Straßen des antiken Oberitaliens machte die am Po gelegene Provinzhauptstadt einst zu einer bedeutenden Metropole. Die Altstadt mit grandiosen Palazzi st noch heute von einer Stadtmauer umgeben.

Wohin in Piacenza?

Hoch zu Ross

Die beiden barocken Reiterstandbilder der Herzöge Alessandro (reg. 1587–1592) und Ranuccio II. Farnese (reg. 1592–1622) auf der Piazza dei Cavalli schuf Francesco Mocchi 1625. Beherrscht wird der Platz vom **zinnenbekrönten Palazzo** del Comune, auch **»Il gotico«** genannt. Das klassizistische Gebäude gegenüber wurde im Jahr 1781 als Gouverneurspalast erbaut. An der Südostseite des Platzes liegt etwas zurückversetzt die gotische Backsteinkirche San Francesco von 1278. Die Via XX Settembre führt zum **Dom,** der 1122 romanisch begonnen und 1233 im gotischen Stil vollendet wurde. Sehenswert sind die Kuppelfresken, großteils von Guercino aus dem 17. Jh., und die Deckenbilder im Chor von Procaccini und Ludovico Carracci.

Piazza dei Cavalli

Architektur und Kunst

Zwischen Dom und Bahnhof, Ecke Via Alberoni/Via Roma, steht die Kirche San Savino. Hinter der Barockfassade verbirgt sich ein romanischer Kirchenraum von 1107 mit schönen Mosaikfußböden in Chor und Krypta. Im 11. Jh., wurde die alte Bischofskirche Sant'Antonino an der Piazza Sant'Antonino über einem frühchristlichen Oratorium erbaut und bis ins 19. Jh. immer wieder erneuert und erweitert.

San Savino

Ranuccio II. Farnese, der Herzog von Parma und Piacenza, hoch zu Ross auf der Piazza dei Cavalli

ZIELE
PIACENZA

PIACENZA ERLEBEN

ⓘ

Piazza Cavalli 7
Tel. 0523 49 20 01
Nov.-Feb. Di.-So. 10-17, März bis Okt. Mo. 10-16, Di.-So. 10-18 Uhr
https://visitpiacenza.it

🍽

SAN GIOVANNI €€
In der einladenden, behaglichen Trattoria wird bodenständig genossen. Den Anfang machen Wurstspezialitäten wie Coppa und Culatello, danach bieten sich feine Gemüserisotti oder Deftiges wie Kalbshaxe an.
Via Garibaldi 49
Tel. 0523 32 10 29
Mo. ganz und So. mittags geschl.

ANTICA TRATTORIA DELL ANGELO €€
Hier stimmen Altstadtlage und uriges Ambiente überein, dazu kommen hausgemachte Spezialitäten auf den Tisch. Auch der in Karaffen ausgeschenkte Hauswein ist vorzüglich.
Via Tibini 14, Tel. 052 332 67 39
www.anticatrattoriadellangelo.com

TRATTORIA PIZZERIA DELL'OROLOGIO €€
In dem Familienlokal sind bei schönem Wetter die Außenplätze sehr beliebt.
Piazza Duomo 38
Tel. 052 37 69 375

🏠

GRANDE ALBERGO ROMA €€€€/€€€
Das stilvolle 4-Sterne-Hotel in der Nähe der Piazza Cavalli hat elegante Zimmer mit gediegenem Komfort und ein vornehmes Restaurant zu bieten. Das Frühstück genießen Sie auf der sonnigen Panoramaterrasse.
Via Cittadella 14, Tel. 0523 32 32 01
www.grandealbergoroma.it

LA TAVOLA ROTONDA €€
In einer märchenhaften Burg außerhalb von Piacenza bietet das aufwendig restaurierte Hotel moderne, mit zeitgemäßem Luxus ausgestattete Zimmer, ein vorzügliches Spa und einen großen Pool im Garten.
Via Piacenza 35, Tel. 0523 83 68 84
www.latavolarotonda.info

Schräg gegenüber stößt die klassizistische Fassade des **Teatro Verdi** (1803/1804) an den Platz. Anschauen sollte man sich auch die **Galleria d'Arte Moderna Ricci Oddi** in der Via San Siro 13, die italienische Malerei und Plastik des 19./20. Jh.s präsentiert.
Galerie: Di., Mi., Do. 9.30–13, Fr., Sa. u. So. 9.30–13 u. 15–18 Uhr | Eintritt 9 € | http://riccioddi.it

Etruskische Wahrsagerei

Palazzo Farnese — Über den Corso Vittorio Emanuele geht man zurück zur Piazza dei Cavalli und von dort über den belebten Corso Cavour zum mächtigen Palazzo Farnese (ab 1558, unvollendet). Heute befindet sich hier das **Museo Civico.** Hauptattraktion ist die berühmte etruskische Bronzeleber aus dem 3./2. Jh. v. Chr., an der Priesterschüler die Kunst der Eingeweideschau erlernten, um die Zukunft vorherzusagen.
Di., Mi. u. Do. 10–13 u. 15–18, Fr., Sa. u. So. 10–18 Uhr | Eintritt 8 €

ZIELE
PISA

Heute in Dresden
Für San Sisto (1499–1511) am Stadtrand Piacenzas malte Raffael die berühmte **Sixtinische Madonna**, die August der Starke 1754 erwarb und durch eine Kopie ersetzte. Im linken Querschiff befindet sich das Grabmal von Margarethe von Österreich, Gemahlin von Ottavio Farnese und Herzogin von Parma. Wohlproportioniert ist die Renaissancekirche **Madonna di Campagna**, wo Papst Urban II. zum Ersten Kreuzzug aufrief. Der Zentralbau entstand 1522 bis 1528, die Kuppel mit Fresken von Pordenone von 1528 bis 1531. Ebenfalls etwas außerhalb liegt das **Collegio Alberoni** (1751) an der Via Emilia 77 mit einer umfangreichen Bibliothek, einem Observatorium und einer Galerie mit Gemälden aus dem 15. bis 19. Jh., darunter ein »Ecce homo« von Antonello da Messina, sowie Wandteppichen.

San Sisto

San Sisto: Mo.–So. 8–12 u. 16–18.30 Uhr

Rund um Piacenza

Ein irischer Missionar
Südlich von Piacenza hat sich die Trebbia ein schönes Tal durch den Apennin gegraben. Hauptort ist das malerische Burgdorf Bobbio (44 km von Piacenza), wo der irische Mönch Columban im 7. Jh. ein Kloster gründete, in dem er auch begraben liegt († 615). Sehenswert ist die elfbogige Brücke **Ponte Gobbo** (12. Jh.). Das über dem Arda-Tal gelegene **Castell' Arquato** (30 km südöstlich von Piacenza) gehört mit seinem mittelalterlichen Stadtbild zu den schönsten Städtchen der Emilia-Romagna, überragt von der Rocca Viscontea (14. Jh.). An der Piazza Matteotti stehen der Palazzo Pretorio (1293) und die Kirche aus dem 12. Jh. mit dem 200 Jahre jüngeren Kreuzgang.

Bobbio

★★ PISA

Region: Toskana · Toscana | **Provinz:** Pisa | **Höhe:** 4 m ü. d. M.
Einwohnerzahl: 90 100

H 11

Einen Arm leicht erhoben, ein angestrengter Gesichtsausdruck und fertig ist das Foto, das so aussieht, als stützte man eigenhändig den schiefen Turm von Pisa. Wer kennt es nicht, das berühmteste aller geneigten Bauwerke? Das Erlebnis wird nur noch dadurch gesteigert, den Torre pendente auch tatsächlich zu besteigen. Manchem Besucher läuft ein leiser Schauer über den Rücken – ob der Turm auch tatsächlich so viele Menschen aushalten kann, ohne ganz und gar aus der Balance zu geraten?

ZIELE
PISA

Mehr als der Turm!

Natürlich steht Pisa zuallererst einmal für den schiefen Turm. Die alte Universitätsstadt hat aber noch deutlich mehr zu bieten: Die hübsche Altstadt liegt nur wenige hundert Meter weiter. Gegründet wurde Pisa vermutlich von den Griechen im 7. oder 6. Jh. v. Chr., bevor die Stadt etruskisch und ab 193 v. Chr. römisch wurde. Die Römer waren es auch, die hier den ersten Hafen errichteten. Pisa lag damals noch direkt am Meer und wurde im 11. Jh. zu einer der ersten See- und Handelsmächte am Mittelmeer. Erfolgreiche Kriege gegen die Sarazenen und die Teilnahme an den Kreuzzügen brachten der Seerepublik reiche Beute am ganzen Mittelmeer. Das Ende der Großmacht kam mit der Niederlage der pisanischen Flotte 1284. Pisa verlor Besitzungen und Handelsbeziehungen; innere Konflikte führten 1406 zur Besetzung durch Florenz. Mit dem Bau des Doms am Platz der Wunder wurde ab 1063 begonnen. Die Finanzierung war dank der

> So schief ist er nun auch wieder nicht.
> Festhalten ist trotzdem schön ...

erfolgreichen Beutezüge gesichert und so arbeiteten unter Architekt Buscheto die besten Baumeister ihrer Zeit daran.

★★ Piazza del Duomo (Piazza dei Miracoli)

Tickets Piazza dei Miracoli: Verkauf im Palazzo dell'Opera del Duomo, Piazza Duomo 17 oder online (max. 20 Tage im Voraus) auf www.opapisa.it 1–3 Monumente (Camposanto, Baptisterium und/oder Museo delle Sinopie) 7 €, Schiefer Turm 20 €, Dom frei (aber Ticket vorzeigen), Ausstellungen im Palazzo dell'Opera del Duomo 5 €

Öffnungszeiten Schiefer Turm, Dom, Baptisterium, Museo delle Sinopie und Camposanto: variieren nach Jahreszeit, meist tgl. 10–17 Uhr Infos auf www.opapisa.it | Einlass bis 30 min vor Schließung | Tickets für den Schiefen Turm müssen vorher mit festem Zeitfenster gebucht werden

ZIELE
PISA

Toskanische Gotik

Duomo Santa Maria Assunta und Battistero di Pisa

Der Dom wurde 1063 bis 1118 nach dem Seesieg über die Sarazenen bei Palermo erbaut und nach einem Brand 1597 bis 1604 wiederhergestellt. Der Entwurf von Buscheto vereint als erster italienischer Sakralbau die Form der romanischen Basilika mit einem Querhaus und einer elliptischen Vierungskuppel, er enthält frühchristliche, byzantinische, lombardische, arabische und antike Elemente. Besonders prachtvoll ist die um 1200 fertiggestellte Fassade mit den vier Säulengalerien übereinander. Die Bronzetüren des Hauptportals entstanden 1595 in der Werkstatt Giambolognas; die Tür des südlichen Querschiffs, die **Porta di San Ranieri,** schuf Bonannus um 1180. Ihre Reliefs zeigen Szenen aus dem Leben Jesu. Im fünfschiffigen Inneren, das mit seinen Säulen wie eine Moschee anmutet, flankieren antike Säulen, die als Kriegsbeute nach Pisa kamen, das Langhaus; das Mittelschiff hat eine reich vergoldete Renaissancekassettendecke. Die **Marmokanzel** gestaltete Giovanni Pisano 1302 bis 1311. Sie wurde 1926 nicht authentisch wieder aufgebaut, bleibt aber dennoch eines der bedeutendsten gotischen Bildhauerwerke. Die Reliefs erzählen in großartig bewegten Kompositionen aus dem Neuen Testament und vom Jüngsten Gericht; die Frauenfiguren an der zentralen Stütze werden als Glaube, Liebe und Hoffnung gedeutet. Die Apsis schmückt ein Mosaik aus dem 13./14. Jh., an dem auch Cimabue – er schuf den Kopf des Evangelisten Johannes – mitarbeitete. Das rechte Querhaus schließt die prächtige Grabkapelle des hl. Rainer ab, des Schutzpatrons der Stadt.

Das **Baptisterium** wurde 1152 bis 1278 nach Plänen von Diotisalvi sowie Nicola und Giovanni Pisano gebaut; der **gotische Tambour,** der die konische Kuppel kaschiert, kam etwa ab 1360 hinzu. In den frühen, unteren Geschossen erkennt man Übereinstimmungen mit dem Dom. Im weiten, hohen Inneren, das über eine verblüffende Akustik verfügt, beeindrucken ein marmornes Taufbecken von Guido Bigarelli aus Como (1246) und die freistehende **Kanzel,** Nicola Pisanos Meisterwerk der romanischen Bildhauerei (1260). Das Bildprogramm war Vorbild für die späteren Pisanokanzeln.

Schiefe Schönheit

Campanile

Östlich neben dem Dom erhebt sich der berühmte »Schiefe Turm« (Torre Pendente), erbaut 1173 bis 1350 und heute Gherardo di Gherardo zugeschrieben. Seine Gestaltung nimmt die Säulengalerien der Domfassade wieder auf. Am Turmzugang ilustriert im ersten Mauerring ein Basrelief mit zwei Schiffen und Leuchtturm Pisas alte Macht. Wegen des nachgiebigen **Schwemmbodens** neigte sich der Turm schon während des Bauens, sodass man die Arbeiten 1185 einstellte und beim Weiterbau ab 1275 die Turmachse zur Senkrechten hin abknickte. Bis heute versuchen Generationen von Baumeistern und Architekten, ein weiteres Kippen des Turms zu verhindern – mit Erfolg. Mit ca. 4,50 m Schieflage ist er im 21. Jh. angekommen.

ZIELE
PISA

Weißer Marmor und heilige Erde

1203 ließ Erzbischof Ubaldo Lanfranchi etliche Schiffsladungen Erde vom Berg Golgatha hierherbringen, damit die Bürger Pisas in wirklich heiligem Boden bestattet werden konnten – so will es zumindest die Überlieferung. Der Camposanto am Nordrand des Domplatzes wurde zwischen 1277 und 1463 im toskanisch-gotischen Stil in Form eines Kreuzgangs – 126 m lang und 52 m breit – angelegt. Die weißmarmornen Arkaden öffnen sich mit hohen Maßwerkfenstern auf den grünen Innenhof. Im Boden sind Grabsteine eingelassen, an den Seiten stehen »wiederverwendete« antike Sarkophage und Grabmäler der Zeit. Einige der aufgestellten etruskischen, römischen und mittelalterlichen Skulpturen sind von hohem künstlerischem Wert. Im 14./15. Jh. wurden die Wände von berühmten Künstlern wie **Benozzo Gozzoli und Taddeo Gaddi** freskiert. Beim Bombenangriff am 27. Juli 1944 zerstörte herabfließendes geschmolzenes Blei vom Dach große Teile der Fresken; sie wurden restauriert und sind heute im Nordflügel ausgestellt.

Camposanto

Blick hinter die Kulissen

»Sinopien« sind mit Rötelfarbe (aus Sinope in der Türkei) auf den frischen Putz aufgetragene Vorzeichnungen für ein Fresko. Im **Museo delle Sinopie** an der Südseite der Piazza del Duomo sind solche Zeichnungen für die Fresken im Camposanto zu sehen, die bei der Restaurierung zum Vorschein kamen. Im ehemaligen Haus der Domkanoniker am Ostrand der Piazza del Duomo zeigt das **Museo dell'Opera del Duomo** (derzeit wegen Renovierungsarbeiten geschlossen) großartige Kunstwerke von und aus den verschiedenen Bauten des Dombezirks. Besonders wertvoll ist der Domschatz.

Museo delle Sinopie, Museo dell'Opera del Duomo

★ BAEDEKER MAGISCHE MOMENTE

MORGENSTUND' …

Sonntagmorgens ist das historische Zentrum Pisas noch menschenleer. Nebelschwaden und die tief stehende Sonne tauchen die Architektur in ein einzigartiges Licht. Zum Glockenschlag der Kirchen ergeben sich grandiose Fotomotive, ehe das »zweite« Frühstück lockt – eine gute Adresse hierfür ist das Salza auf der Borgo Stretto 44.

BAEDEKER WISSEN ★

MONUMENT MIT SCHIEFLAGE

Schon kurz nach Baubeginn des Turms wurde eine gewisse Schlagseite offenkundig. Seitdem ist Pisa damit beschäftigt, das attraktive Sorgenkind der Stadt vor dem Einsturz zu retten. Eine schier unendliche Geschichte.

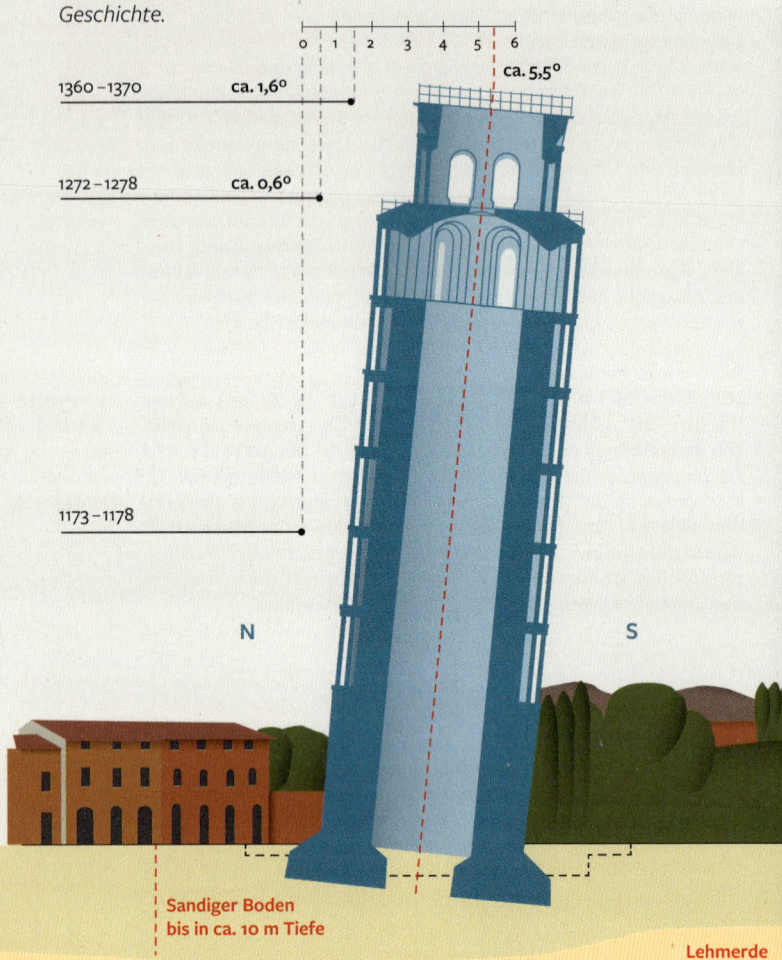

0 | 1 | 2 | 3 | 4 | 5 | 6

1360 –1370 — ca. 1,6°

ca. 5,5°

1272 – 1278 — ca. 0,6°

1173 – 1178

N   S

Sandiger Boden bis in ca. 10 m Tiefe

Lehmerde

▶ **Der Schiefe Turm in Zahlen**

ab Boden 55 m hoch | 14 500 Tonnen schwer | 294 Stufen | 12 m Durchmesser | Seit 1987 UNESCO-Weltkulturerbe

Turmbau mit Problemen

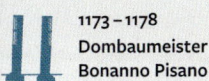

1173 – 1178
Dombaumeister Bonanno Pisano

Nach der Fertigstellung der ersten drei Geschosse wird wegen der bereits zu diesem Zeitpunkt aufgetretenen Neigung nach Süden der Bau gestoppt. Der Turm besteht größtenteils aus Marmor und Kalk. Der brüchige Kalk und der sandige Boden stellen das größte Risiko für einen Zusammenbruch des Turmes dar.

1272 – 1278
Giovanni di Simone

Um die Neigung in Richtung Süden zu verringern, wird auf der Nordseite schwereres Baumaterial benutzt. Trotzdem endet der Bau vorerst mit dem siebten Stock.

1360 – 1370
Tommaso Pisano

Fast 100 Jahre später wird der Glockenturm vollendet. Als weitere Maßnahme gegen die Neigung nach Süden sind an der Südseite der Glockenstube nur vier Stufen angebracht, statt sechs wie an der Nordseite.

Die Sicherungsmaßnahmen

Von 1990 bis 2001 war der Turm wegen großer Einsturzgefahr geschlossen.

1993
600 Tonnen Bleibarren werden als Gegengewicht auf der Nordseite platziert.

1995
Erdanker werden 40 m tief im Boden versenkt. Der Versuch misslingt. Der Stahlbeton wird auf 960 Tonnen aufgestockt.

1998
Stahlseilpaare werden um den Turm gespannt, um die Fundamente zu entlasten.

Die Rettung
1999:
Neigungsverringerung durch Abtragen des Erdbodens an der Nordseite

Die obere Schicht des sandigen Schlamms wird mit einem Schneckenbohrer zutage gefördert, damit sich der Turm allmählich aufrichtet.

Stahlbeton

Vorübergehende Fixierung mit zwei Stahlkabeln

◄ 103 m ►

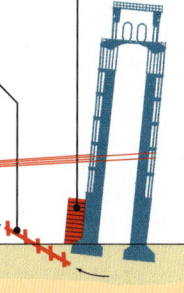

Kein Alleinstellungsmerkmal: weitere schiefe Türme in Europa (Auswahl)

- Oude Kerk, Delft NL
- Schiefer Turm von Newjansk, RU
- Oberkirche, Bad Frankenhausen, DE
- Oldehove, Leeuwarden NL
- Albert Memorial Clock Tower, Belfast, IR
- Schiefer-Turm St-Moritz, CH
- Kirchturm Suurhusen, DE (angeblich der schiefste Turm der Welt)

ZIELE
PISA

PISA ERLEBEN

ⓘ

Piazza Vittorio Emanuele II 16
Tel. 050 4 22 91
Piazza del Duomo, Tel. 050 55 01 00
www.turismo.pisa.it

🚌

Pisa hat eine videoüberwachte verkehrsberuhigte Zone. Kostenpflichtig parkt man an der Piazza Manin (200 m vom Dom). Der führerlose, seilgezogene Pisa-Mover verkehrt alle fünf Minuten zwischen Flughafen und Bahnhof.

🎆

Am 16. Juni erstrahlen die Arno-Paläste zur **Luminara** in Kunstlicht. Am 17. Juni startet die berühmte **Regata di San Ranieri** (Ruderregatta der vier Stadtteile). Der Umzug des **Gioco del Ponte** (Brückenspiel mit 780 Kostümierten) steigt am letzten Samstag im Juni ab 20 Uhr. Attraktiv ist der Kunsthandwerksmarkt, der am zweiten Wochenende eines jeden Monats in der Altstadt stattfindet.

🍽

❶ OSTERIA LA MESCITA €€€
Im eleganten, seit 1902 bestehenden Ristorante wird Slow Food großgeschrieben, in den Töpfen und Pfannen landen nur frischeste Zutaten. Spezialitäten sind das Rinderfilet mit Gorgonzola und Bison-Steak, Spargelrisotto oder Kaninchen.
Via Domenico Cavalca 2
Tel. 050 3 14 46 80
www.osterialamescitapisa.com

❷ OSTERIA DEI CAVALIERI €€–€€€
Pisas Numero Uno! Ettore Masi, Liano Pratesi, Sommelier Franco Sagliocco und Luca Gulfo an der Pfanne kredenzen eine traditionelle Pisaner Küche mit Pfiff, z. B. Lammkoteletts oder Tagliate di Manzo, Daniele Grilli sorgt für Antipasti wie Schwertfisch-Carpaccio und superleckere Desserts wie die Birnen-Zimt-Crostata.
Via San Frediano 16
Tel. 050 58 08 58, www.osteria cavalieri.pisa.it, Sa. mittags, So. und Aug. geschl.

🏠

❶ AMALFITANA €€
Gutes Preis-Leistungs-Verhältnis! Im 2012 renovierten Hotel sind die Zimmer nach hinten besonders ruhig. Mit Bar.
Via Roma 44, Tel. 050 2 90 00
www.hotelamalfitanapisa.it

❙ Nördlich des Arno

Durchs alte Pisa schlendern

Von der Piazza dei Cavalieri zur Piazza Garibaldi

Mittelpunkt des alten Pisa ist die Piazza dei Cavalieri mit der Kirche San Stefano dei Cavalieri und dem gleichnamigen Palazzo, beide nach Plänen Vasaris im 16. Jh. gebaut bzw. ausgebaut. Sie gehörten dem für den Krieg gegen die Sarazenen gegründeten Stephansorden. Die Via San Frediano Curtatone führt durch das pittoreske Viertel hinunter zum Arno, vorbei an der barockisierten Kirche San Frediano und

ZIELE
PISA

dem Renaissancepalazzo della Sapienza (1493), heute Sitz der 1543 gegründeten Universität. Am Arno entlang geht es zum Palazzo Agostini (16. Jh.) mit dem Caffè d'Ussero (1794). In die Piazza Garibaldi mündet Pisas Flaniermeile Borgo Stretto.

Kunst im Kloster

Der Lungarno Mediceo führt am rechten Ufer des Flusses zum Palazzo dei Medici (13./14. Jh.) Östlich davon steht das ehemalige Benediktinerkloster San Matteo mit dem Museo Nazionale di San Matteo. Es beherbergt Pisaner Skulpturen und Gemälde der toskanischen Schule des 12. bis 15. Jh.s, darunter »Croci dipinte« (Tafelkreuze) des 13. Jh.s, das 43-teilige Polyptychon von Simone Martini (1320), die »Madonna del Latte« von Andrea und Nino Pisano und das Reliquiar des hl. Lussorio, das **Donatello** 1427 schuf.

★ Museo Nazionale di San Matteo

Museo Nazionale: Piazza San Matteo 1 | Di.-Sa. 9-19, So. 9-13.30 Uhr | Eintritt 5 €

Südlich des Arno

Acht Ecken

Über die Ponte di Mezzo gelangt man zum Palazzo Gambacorti von 1380, heute Rathaus, und den Logge di Banchi (1603-1605). Hier befindet sich auch die achteckige Kirche San Sepolcro (um 1150). Von den Logge di Banchi führt der Corso Italia, die belebte Hauptachse der Südstadt, zur Piazza Vittorio Emanuele II.

Vom Ponte di Mezzo zur Piazza Vittorio Emanuele II.

Einst Hüterin eines heiligen Schatzes

Nahe dem Ponte di Mezzo steht am Ufer die kleine Kirche Santa Maria della Spina, die 1230 als Gebetshalle errichtet und 1323 gotisch umgestaltet wurde. 1871 wurde sie abgetragen und am selben Platz erhöht wieder aufgebaut. Ihren Namen verdankt sie dem ehemals hier aufbewahrten **hl. Dorn** (lat. »spina«) aus der Dornenkrone Christi, den die Pisaner aus dem Heiligen Land mitbrachten.

Santa Maria della Spina

Orientalisch

Südlich des Arno waren auch jene Orienthändler ansässig, die sich um 1050 ihren eigenen »Dom« San Paolo a Ripa d'Arno errichteten. In der Apsis sind schöne Glasmalereien aus dem 14. Jh. zu sehen.

San Paolo a Ripa d'Arno

Rund um Pisa

Sumpf und Macchia

Wo heute die Kirche San Piero a Grado steht, soll der Apostel Paulus im Jahr 44 eine Kirche gegründet haben. Die dreischiffige Basilika

San Piero a Grado

ZIELE
PISA

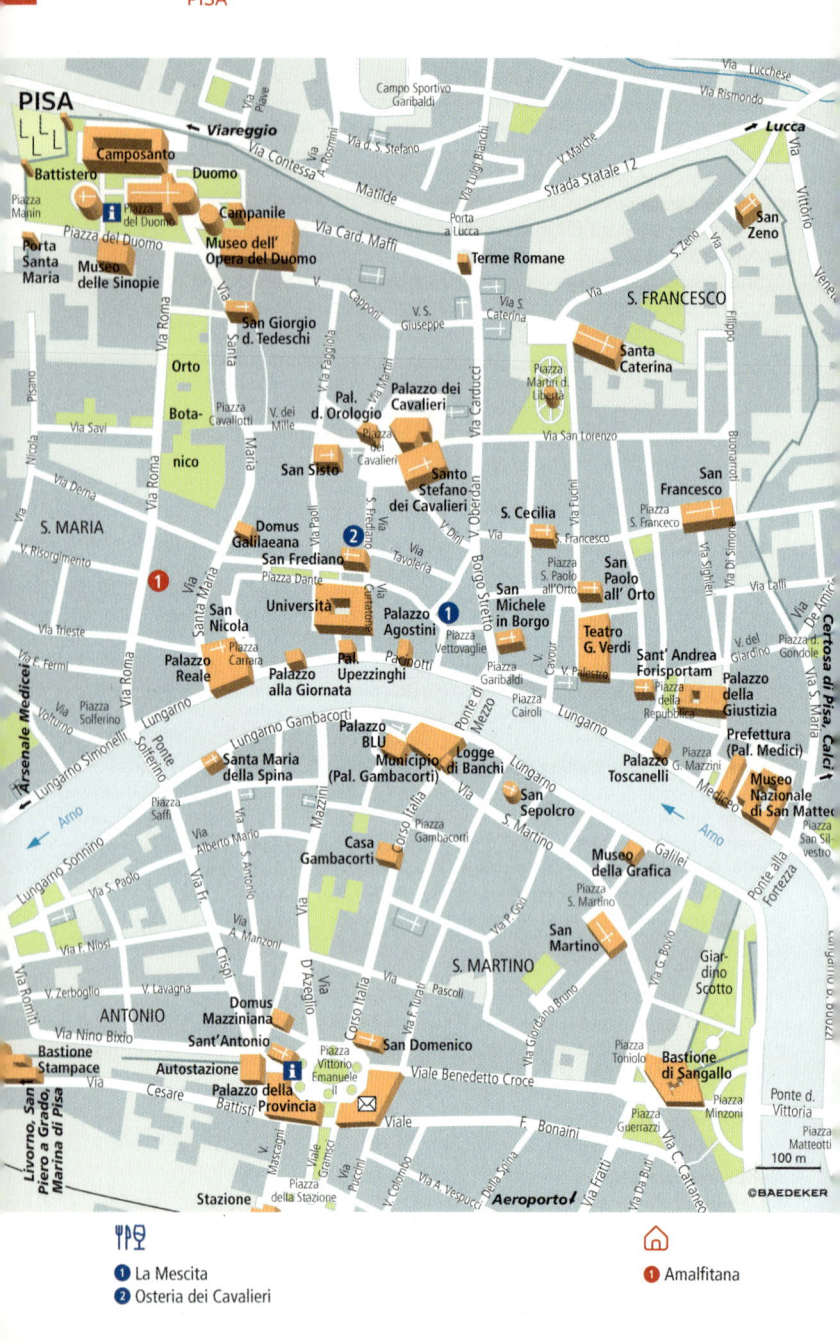

🍴
1 La Mescita
2 Osteria dei Cavalieri

🏠
1 Amalfitana

ZIELE
PISTOIA

stammt aus dem 11. Jh. Unter ihrem Fundament hat man Reste des Vorgängerbaus gefunden. Ein Abstecher zur Küste lohnt sich – auch um dem **Parco Naturale di Migliarino** mit seiner Sumpf- und Macchialandschaft einen Besuch abzustatten.

Geschichte mitten in der Natur
In Calci 13 km östl. von Pisa sind die Kirche SS Giovanni und die **Certosa di Calci** (auch Certosa di Pisa) einen Abstecher wert. Das Kloster (1366) ist nach Pavia die zweitgrößte Kartause Italiens und ein nationales Monument. Im 17./18. Jh. wurde das Kloster barock umgestaltet, berühmt sind besonders das Kuppelfresko der Kirche und die Kreuzgänge: Den kleineren entwarf Lorenzo da Settignano (15. Jh.), den größeren mit Mönchszellen Baumeister Cartoni (Anf. 17. Jh.). Zur Kartause gehört das Naturkundemuseum der Universität Pisa, das **Museo di Storia Nazionale** mit angeschlossenem Aquarium und spannnenden Dauerausstellungen von Dinosaurier über Reptile bis Säugetiere.

★ Calci

Museum: Via Roma 79 | Okt.–Mai Mo.–Sa. 9–19, So. 9–20, Juni–Sept. tgl. 9–20 Uhr | Eintritt 8 € oder Kombiticket mit Aquarium 14 € | www.msn.unipi.it

★ PISTOIA

Region: Toskana · Toscana | **Provinz:** Pistoia | **Höhe:** 67 m ü. d. M.
Einwohnerzahl: 90 200

Sie wollen die Architektur der Toskana so authentisch wie möglich erleben? Fahren Sie nach Pistoia! Das lebendige Städtchen im Ombrone-Tal verzaubert durch seine gut erhaltenen mittelalterlichen Bauwerke, vor allem das Marktviertel ist unwiderstehlich charmant. Italiens Kulturhauptstadt 2017 ist außerdem für ihre zahlreichen Baumschulen bekannt.

H 12

Prato, Lucca, Florenz: Pistoia hat prominente Nachbarn. Die Konflikte mit den Nachbarstädten im 12./13. Jh., während der Blütezeit der Stadt, sind natürlich längst Geschichte, doch wenn es um die Gunst der Touristen geht, zieht Pistoia bis heute oft den Kürzeren: Viele lassen die Mittelalterstadt links liegen. Machen Sie nicht denselben Fehler – ein Spaziergang durch Pistoias Altstadt ist Toskana-Feeling pur! Schlendern Sie über den Markt, schlemmen Sie in einem der netten Ristorantes und erfreuen Sie sich an Geschichte und Kultur des charmanten Städtchens.

Unterschätzt

ziskus-Fresken von toskanischen Nachfolgern Giottos. Ein paar Straßen weiter entdeckt man die Kirche **Madonna dell'Umiltà,** die mit ihrem Kuppeloktogon und der breiten Vorhalle einen ungewöhnlichen Grundriss aufweist. Erbaut wurde sie ab 1495 von Ventura Vitoni; Giorgio Vasari fügte 1561 die Kuppel nach dem Muster des Florentiner Doms hinzu. Am Hauptaltar befindet sich ein als wundertätig verehrtes Madonnenfresko (Giovanni di Bartolomeo Cristiani, um 1370).

Lebendig

Marktviertel

Von der Via degli Orafi führt die Via dei Fabbri durch das älteste Viertel der Stadt – seit jeher das Marktviertel – zur Piazza della Sala und zur reich ausgestatteten Kirche **San Giovanni Fuorcivitas,** ab 1160 »vor der Stadt« in toskanisch-romanischem Stil erbaut und nicht fertiggestellt. Ihre Schätze: ein Abendmahlrelief von Gruamonte (1160) am Architrav des Hauptportals, die Kanzel von Fra Guglielmo da Pisa (um 1270), die Majolikagruppe von Luca della Robbia (Verkündigung, um 1445) und das kostbare Weihwasserbecken, ein Frühwerk von Giovanni Pisano. In der 1774 profanierten Kirche des Ordens San Antonio (oder del Tau) zeigen herrliche Fresken des 14./15. Jh.s Szenen aus dem Alten und Neuen Testament und dem Leben des hl. Antonius Abbas. Im früheren Konvent sind Werke des berühmten Bildhauers Marino Marini zu sehen, der 1901 in Pistoia zur Welt kam († 1980).

Gegenüber steht die Klosterkirche **San Domenico** mit Freskenresten aus dem 14. Jh. und dem Grabmal des Filippo Lazzar (B. und A. Rosselino, 1468).

Rund um Pistoia

Wohlfühlort

Montecatini Terme

Der Thermal-Kurort **Montecatini** nahe Pistoia lockt mit wohltuendem Wasser. Sehenswert ist auch die museumsreife Zahnradbahn, die Besucher hinauf nach Montecatini Alto bringt, wo man den herrlichen Ausblick und eine Cafépause auf der Piazza genießen kann.

Auf den Spuren von Leonardo da Vinci

Vinci

Eine schöne Fahrt auf kurvenreicher Strecke (24 km) führt von Pistoia südlich über den Monte Albano nach Vinci, nach dem sich das berühmte Universalgenie Leonardo (1452–1519) benannte, obwohl er im benachbarten Anchiano geboren wurde. Mehr über den genialen Renaissancemenschen erfährt man in Vinci im Museo Leonardiano – in einer mittelalterlichen Burg – und im Museo Ideale.

ZIELE
POMPEJI · POMPEI

★★ POMPEJI · POMPEI

Region: Kampanien · Campania | **Provinz:** Napoli
Höhe: 16 m ü. d. M. | **Einwohnerzahl:** 26 000

Schaudern ergreift die Schulklassen, die durch die Gassen der untergegangenen Stadt geführt werden, in denen Vergangenheit zur Gegenwart wird. Hohe Räume, mit farbenprächtigen Fresken versehene Wände und wunderschöne Mosaikböden zeigen den gewaltigen Reichtum der Bewohner vor über zwei Jahrtausenden – bevor sie der Tod plötzlich mitten im Alltag ereilte. Lava, Schlamm und Asche konservierten alles über die Epochen hinweg.

Das Ausgrabungsgelände ist das großartigste Beispiel einer altrömischen Stadt und ihrer Alltagskultur – eine unerschöpfliche Quelle für Archäologen, Althistoriker und Altphilologen. Östlich davon liegt die moderne Stadt Pompeji. Ihre Wallfahrtskirche Santuario della Madonna del Rosario mit dem Gnadenbild der Rosenkranzmadonna ist ein viel besuchtes Pilgerziel. Von ihrem fünfstöckigen Kampanile genießt man einen weiten Blick auf die Ausgrabungsstätte.

Faszinierend und berührend

Geschichte

Tragisches Ende einer blühenden Stadt

Die antike Stadt wurde vermutlich im 7. Jh. v. Chr. von italischen Oskern gegründet. Im 5. Jh. geriet sie unter griechischen Einfluss, dann wurde Pompeji von den Samniten erobert, die ihrerseits im 3. Jh. den Römern unterlagen. Dank der günstigen Lage am Meer – heute liegt der Ort wegen der Versandung rund 2 km von der Küste entfernt – wie am Fuße des fruchtbaren Vesuvs entwickelte sich Pompeji zu einer blühenden Handels- und Hafenstadt. Etwa 20 000 Menschen lebten dort, rund die Hälfte davon Sklaven. Eine erste Naturkatastrophe ereignete sich im Jahr 62, als Pompeji durch ein schweres Erdbeben zerstört wurde. Der Wiederaufbau war noch im Gange, als am **24. August 79 n. Chr.** der Vesuv ausbrach und die ganze Stadt unter einer 6 m dicken Ascheschicht begrub. Plinius der Jüngere verfolgte den Ausbruch aus einem Nachbarort: »Schon begann es Asche zu regnen, doch war sie noch nicht dicht. Ich sah mich um und erblickte hinter meinem Rücken eine dichte Rauchwolke, die sich wie ein Strom auf der Erde ausbreitete und uns auf den Fersen war ...«

Rund 2000 Menschen kamen ums Leben, die meisten Bewohner konnten mit ihrer wichtigsten Habe fliehen. Die Stadt musste aufgegeben werden, doch haben schon die Überlebenden viele Kostbarkeiten unter der damals noch lockeren Aschendecke ausgegraben.

Aufstieg und Fall Pompejis

451

ZIELE
POMPEJI · POMPEI

Der Erde abgetrotzt

Freilegung — Rund 1700 Jahre blieb Pompeji unter den Aschemassen konserviert, bis man im 18. Jh. mit der Freilegung begann. Zwei Fünftel der Stadt liegen noch unter der Erde. Viele Gebäude sind in trümmerhaftem Zustand, die kostbarsten Funde zeigt das Archäologische Nationalmuseum in Neapel. Seit den sogenannten neueren Grabungen (Nuovi Scavi; seit 1911) werden Inneneinrichtungen und Hausrat möglichst an Ort und Stelle belassen. Trotz mancher Einschränkungen tritt das antike Leben mit seiner Wohnkultur nirgendwo sonst so unmittelbar den Besuchern entgegen wie hier. **Goethe** notierte 1787 zu dieser »mumisierten Stadt«:

> »
> Es ist viel Unheil in der Welt geschehen,
> aber wenig, das den Nachkommen
> so viel Freude gemacht hätte.
> «

Das römische Pompeji

Die antike Stadt — Mittelpunkt des antiken Pompeji war das **Forum,** wo die wichtigsten Gebäude lagen, daneben gab es Gasthäuser, Garküchen (Thermopolia), Thermen, Latrinen, 30 Bordelle (Lupanaris) sowie zahlreiche Geschäfte und Handwerksbetriebe wie Bäckereien (Pistrina), Wollfärbereien, -walkereien und -webereien. Man pflasterte die Straßen mit Lavasteinen, tiefe Rillen im Pflaster zeugen noch von regem Wagenverkehr. Die Straßenecken zierten Brunnen, viele Hausfassaden schmückten Wandmalereien.

Das typisch römische Haus besaß nach außen kaum Fenster, die zur Straße gelegenen Räume wurden meist als Ladengeschäfte oder Werkstätten (Tabernae) genutzt. Durch einen Flur gelangte man in das offene Atrium mit Becken (Impluvium). Um den Hof gruppierten sich Schlaf- und Wohnräume (Cubiculae), gegenüber vom Eingang lag der Empfangsraum (Tablinum). Hinzu kamen meist ein gartenartiger Hof mit Säulengängen (Peristylium). Am Peristyl lagen Speise- (Triclinium) und Gesellschaftsräume (Oecus); Küche (Culina) und Keller waren unterschiedlich angeordnet.

Kleine Stilkunde

Malerei in Pompeji — Obwohl die Blütezeit der Stadt nur etwa 160 Jahre dauerte, unterscheidet man in der pompejanischen Wandmalerei vier Stile.

Erster Stil (auch Inkrustinationsstil, bis ins 2. Jh. v. Chr.): Die Wände sind mit einer Imitation von Marmoreinlegearbeiten geschmückt (Casa del Fauno, Casa di Sallustio).

Zweiter Stil (auch Architekturstil, bis 10 n. Chr.): Perspektivisch-illusionistische Darstellungen schmücken die Wände (Villa dei Misteri, Villa Oplontis).

Dritter Stil (bis 62 n. Chr.): Landschaften und mythische Darstellungen treten an die Stelle architektonischer Perspektiven (Casa del Criptoportico, Villa dei Misteri).
Vierter Stil (auch Illustionsstil, 40–79 n. Chr.): Räumlich-illusionistisch gehaltene Wandmalereien mit Fabelwesen und Girlanden überziehen die Wände (Casa dei Vettii, Villa Imperiale).

★★ Scavi di Pompei – das Fenster zur Antike
Täglich ab 9 Uhr geöffnet; April–Okt. bis 19 (letzter Einlass 17.30/18), Nov.–März bis 17 Uhr (letzter Einlass 15.30/16 Uhr) | Eintritt Pompeji inkl. Villa Regina (Boscoreale): 18 €, Oplontis 5€

Vielleicht nach 16 Uhr?
Die antike Stadt, die mit ihren mehr als 60 ha Fläche so groß ist wie hundert Fußballfelder, kann nur in wenigen Teilen betreten werden. Die folgende Beschreibung der wichtigsten Gebäude beginnt am Haupteingang, der einst zum Meer hinabführenden **Porta Marina.** Für die Zeitplanung gut zu wissen: Während der Saison wird es gegen 16 Uhr ruhiger und am Wochenende sind mehr Häuser geöffnet als werktags.

Praktisches

Antike in frischem Farbenglanz in der Villa dei Misteri (▶ S. 462)

ZIELE
POMPEJI · POMPEI

POMPEJI ERLEBEN

ARCHÄOLOGISCHER PARK
Bei der Altertümerverwaltung findet man alle nötigen Informationen für die Planung vorab. **Info-Point** vor Ort.

Via Villa dei Misteri 2
Tel. 081 85 75 347
http://pompeiisites.org/en

www.pompeionline.net

POMPEJI · AUSGRABUNGEN

- Beschriebener Rundgang
- Passegiata

1 Casa del Forno
2 Casa di Apollo
3 Terme Stabiane
4 Fullonica
5 Foro Triangolare
6 Tempio di Iside

© BAEDEKER

ZIELE
POMPEJI · POMPEI

VERKEHR

Bus: Mit dem EAV geht es von Pompeji/Piazza Anfiteatro bzw. Porta Marina über Ercolano auf den Vesuv zur Quota mille (Parkplatz auf 1000 m Höhe). Aus Salerno nimmt man den CSTP-Bus 50.
www.eavsrl.it

Bahn: Am bequemsten erreicht man Pompeji mit der Circumvesuviana: auf der Strecke Napoli – Sorrent Station Pompei Scavi, auf der Strecke Napoli – Poggiomarino Station Pompei-Santuario.
www.eavsrl.it

🍴
1. Garum
2. La Bettola del Gusto
3. Add'ù Mimì
4. Pasticceria de Vivo

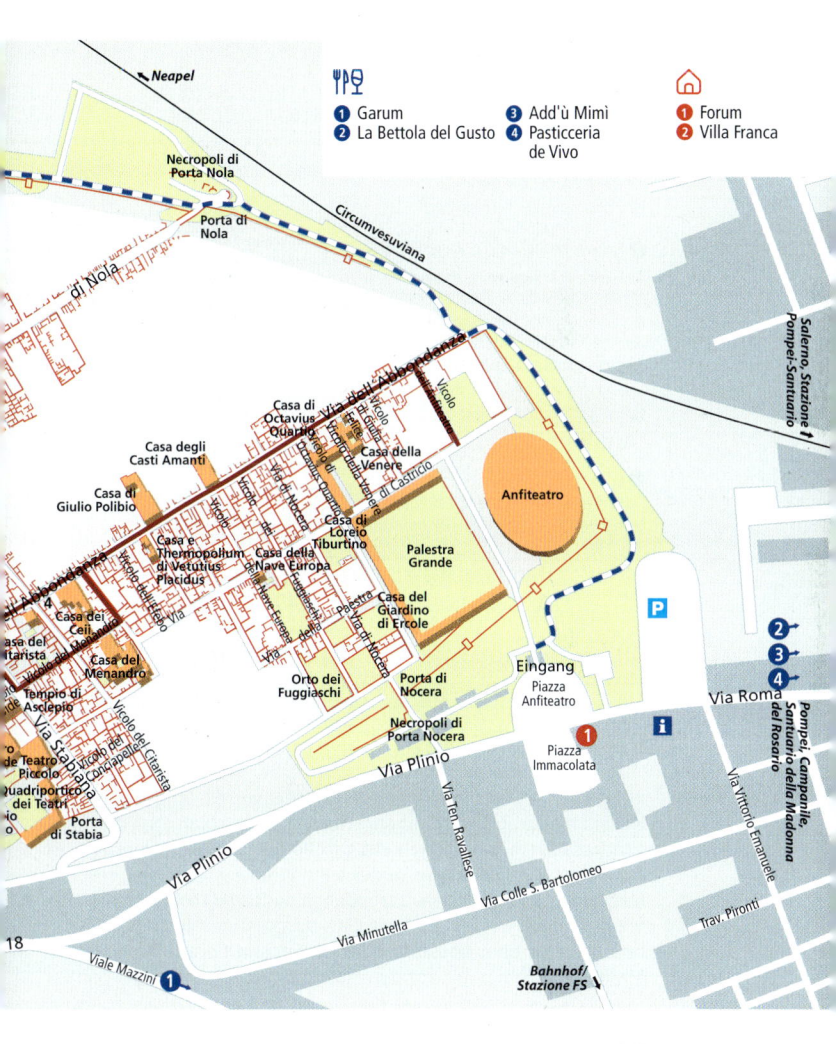

🏠
1. Forum
2. Villa Franca

ZIELE
POMPEJI · POMPEI

🍽

❶ GARUM €€
Prima Ristorante in unmittelbarer Nähe des FS-Bahnhofs, keine 15 Gehminuten von der Ausgrabung (Amphitheater) entfernt. Alles wird frisch zubereitet, die Preise sind hochanständig. Ein Klassiker sind die mit Garum gewürzten Spaghetti – nicht die berühmtberüchtigte Fischsoße der Antike, sondern das Slow-Food-Pendant Colatura di alici aus Cetara.
Viale Giuseppe Mazzini 63
Tel. 08 18 50 11 78
www.garumpompei79dc.it
Mi. geschl., So. nur mittags

❷ LA BETTOLA DEL GUSTO €€
Saisonal und regional: In der Küche greifen die Zwillinge Alberto und Vincenzo Fortunato auf Gemüse aus dem eigenen Garten zurück. Beeindruckend ist auch die Käseauswahl.
Via Sacra 50, Tel. 08 18 63 78 11
www.labettoladelgusto.it
Mo. geschl.

❸ ADD'Ù MIMÌ €
Die Familientrattoria mit Garten auf Höhe des Anfiteatro existiert schon seit 1825 – eine mehr als verlässliche Adresse für traditionelle Küche.
Via Roma 61,
Tel. 08 18 63 54 51
www.addumimi.it
Fr. und So. Abend geschl.

❹ PASTICCERIA DE VIVO
Nachtisch gefällig? Diese großartige Dolci-Bar liegt gegenüber vom Ristorante Add'ù Mimì und bietet alles, um genüsslich ins Zuckerkoma zu fallen: von italienischem Gebäck über Torten, die fast zu schön zum Essen aussehen, bis hin zu zart schmelzendem Eis(-kuchen).
Via Roma 36
Tel. 08 18 63 11 63
www.lapasticceriadevivo.it
Mo. – Fr. 17.30 – 23, Sa./So. bis 24 Uhr

🏠

❶ FORUM €€€
Ideal, wenn man früh oder spät in der Ausgrabung unterwegs sein möchte! Aufmerksam geführtes Hotel in unmittelbarer Nähe zum Eingang Anfiteatro.
Via Roma 99
Tel. 08 18 50 11 70
www.hotelforum.it

❷ VILLA FRANCA €€
Dieses B & B liegt in angenehmer Gehdistanz zu Bahnhof und Ausgrabungen. Pool im Zitronengarten, sicherer Parkplatz und vor allem ein herzlicher Empfang.
Via Diomede 6
Mobil 34 74 69 21 95
https://villafranca.business.site
März – Anfang Nov.

Vom Stadttor zum Platz

Antiquarium, Forum

Hinter dem Stadttor befindet sich rechts das Antiquarium, das 2016 als Besucherzentrum wiedereröffnet wurde. Eine audiovisuelle Dokumentation und Grabungsfunde aus der römischen Zeit bringen Besuchern das antike Leben in Pompeji näher. Ausgestellt ist auch einer der **Gipsabgüsse** der beim Vesuvausbruch gestorbenen Menschen. Ihre Körper hinterließen in der Lavaschicht Hohlräume, die man Ende des 19. Jh.s mit Gips ausgoss und dann die Figuren befreite. Vor dem Gebäude beginnt die zum Forum führende Via Marina. Kurz bevor sie auf den Platz mündet, passiert man rechter

ZIELE
POMPEJI · POMPEI

Hand das größte Gebäude Pompejis, eine **Basilika** aus dem 2. Jh. v. Chr., die als Börse und Gerichtshalle diente. Das lang gestreckte **Forum** war einst mit Marmorplatten gedeckt und an drei Seiten von überdachten Säulenkolonnaden umgeben. Hier lag das größte Heiligtum der Stadt, der von 48 ionischen Säulen eingefasste **Tempio di Apollo**. An der Nordseite befand sich der Jupiter geweihte **Tempio di Giove,** er wurde zur Zeit des Vesuvausbruchs gerade restauriert. Daneben standen das von Geschäften umgebene **Macellum** (Markthalle), der Vespasiantempel (Tempio di Vespasiano) und der Bau der Eumachia, wahrscheinlich der Sitz der Tuchhändler-Zunft. An der Südseite des Forums tagte in der Mitte von drei Sälen die Curia, Pompejis Stadtrat.

Bade- und andere Vergnügen

Folgt man der Via dell'Abbondanza, der antiken Hauptstraße, gelangt man linker Hand zu den Stabianer Thermen, dem größten und besterhaltenen Bad von Pompeji. Man betritt zunächst die säulenumgebene Palästra (Sportplatz); links war ein Schwimmbecken mit Umkleideraum, rechts das Männerbad eingerichtet, an das sich – durch Heizungsräume abgeteilt – das Frauenbad anschloss. Man heizte mit einer Hypokaustenheizung; die Hohlräume, durch die Heißluft floss, sind teilweise gut erkennbar. Im Männerbad befand sich ein rundes Kaltbad (Frigidarium); zum Männer- wie zum Frauenbad gehörten je ein Umkleideraum (Apodyterium), ein lauwarm beheizter Durchgangsraum (Tepidarium) und ein Schwitzbad (Caldarium).

★ Terme Stabiane

Die Gasse vor den Thermen links führt zum **Lupanar,** Pompejis größtem Bordell, ausgemalt mit erotischen Bildern.

Stendhal war hier

Die Via dei Teatri endet im Theaterviertel, auf dem dreieckigen Forum Triangulare. Hier sieht man Reste eines griechischen Tempels aus dem 6. Jh. v. Chr., in der Kaserne gegenüber lebten und trainierten Gladiatoren. Das große, 200 bis 150 v. Chr. erbaute **Teatro Grande** fasste einst 5000 Zuschauer. Das benachbarte Odeon, auch Teatro Piccolo genannt, hat sich besser erhalten, es ist das älteste Beispiel eines überdachten römischen Theaters mit rund 1000 Plätzen. Hier fanden um 75 v. Chr. hauptsächlich musikalische Aufführungen und Lesungen statt. Weiter nördlich steht linker Hand der kleine Tempio di Giove Meilichio, dahinter der erst 62 n. Chr. erbaute **Tempio d'Iside**, ein Isistempel, dessen zauberhafte Wandmalereien im Nationalmuseum Neapel zu sehen sind. Auf der Tempelmauer verewigte sich 1817 ein gewisser Henri Beyle, besser bekannt unter seinem Künstlernamen Stendhal. Über die Via Stabiana erreicht man die **Casa del Citarista**, eines der größten Häuser Pompejis, in das u. a. Walkereien, eine Bäckerei und eine Schenke eingebaut waren.

Forum Triangulare

ZIELE
POMPEJI · POMPEI

Aus der letzten Zeit Pompejis

Nuovi Scavi — Auf der Via dell'Abbondanza beginnen nach etwa 100 m rechts die sogenannten Neuen Ausgrabungen (Nuovi Scavi), bei denen Wandmalereien und Hausrat an Ort und Stelle belassen wurden. Oft konnten auch die oberen Stockwerke mit Balkonen und Loggien erhalten werden. Mit Hilfe der zahlreich hier aufgepinselten Wahl- und Gelegenheitsinschriften konnte man ein »Adressbuch« mit 550 Namen zusammenstellen. Kunstvolle Spielereien erwarten den Besucher vor der **Casa di Lucius Ceius Secundus**, wo die Stuckarbeit an der Fassade Quaderwerk vortäuscht. Die **Fullonica Stefani** diente als Wollfärberei, die **Casa del Criptoportico** hat einen Gang im Untergeschoss. Das gut erhaltene und mit Wandmalereien und Mosaiken geschmückte **Haus des Menander** ist nach dem Bildnis des griechischen Komödiendichters Menander benannt, das sich in einer Nische des prächtigen Peristyls befindet. An der Via dell'Abbondanza folgt nun links das **Termopolio di Asellina**, eine Schenke, in der Getränke und Speisen verkauft wurden. Die Fassade mit den vielen Aufschriften gehört zum Haus des Trebius Valens; die **Casa di Marcus Loreius Tiburtinus** weiter rechts, eines der größten Privathäuser Pompejis, hat einen beeindruckenden Garten. Weiter östlich sowie südlich der Via dell'Abbondanza liegen u. a. die Casa del Frutteto (»Haus eines Gärtners«), die Casa di Venera mit einem großartigen Bild der Venus sowie die Villa Giulia Felice – eine Stadtvilla, die in Mietwohnungen umgebaut worden war.

Schauplatz der Gladiatorenkämpfe

Anfiteatro — Gleich beim Loreius-Tiburtinus-Haus befindet sich der Palästra, der Sportplatz, daneben schließt sich das um 80 v. Chr. begonnene **Anfiteatro** an, das 20 000 Zuschauern Platz bot. Es gehört zu den ältesten römischen Amphitheatern und hat im Gegensatz zu den später erbauten Theatern noch keine Kellergeschosse. Von hier ist es nicht weit zur Stadtmauer mit der Porta di Nocera, hinter der wie in allen antiken Städten die **Necropoli,** Grabbauten entlang der Ausfallstraßen, angelegt wurden. Im Norden des Areals findet man weitere berühmte Häuser, darunter die Casa del Centenario mit zahlreichen Tier- und Landschaftsmalereien und die Casa di Lucretius Frontone, in der Medaillons mit Erosfiguren die Wände schmücken. Die Casa delle Nozze d'Argento, das »Silberhochzeitshaus«, besitzt ein schönes Atrium und Peristyl; im Garten der Casa degli Amorini dorati hat sich alter Marmorschmuck erhalten.

★ Eines der berühmtesten Häuser

Casa dei Vettii — Die Casa dei Vettii stammt aus den letzten Jahrzehnten Pompejis. Besitzer des mit vielen Wandmalereien geschmückten Hauses waren die Brüder und reichen Kaufmänner Vettius. Am Eingang rechts sieht man ein kleines Wandgemälde des Fruchtbarkeitsgottes Priapos mit einem eindrucksvollen Phallus; die Fresken im Triclinium rechts vom Peristyl zeigen mythologische Szenen. Der säulenumstandene Hof mit **Statuen und Wasserbecke**n ist schön bepflanzt; einen Raum an seiner Schmalseite ziert ein schwarzer Fries, auf dem Amoretten bei der Verrichtung alltäglicher Arbeiten dargestellt sind. Die Küche enthält noch das alte Kochgerät. Die Casa del Labirinto, das Nachbarhaus, stammt noch aus samnitischer Zeit.

Verschwenderische Pracht

Schräg gegenüber erstreckt sich die Casa del Fauno, die eine ganze Insula (= Häuserblock) einnimmt. Man betritt sie von der Via di Nola. Dort steht gleich neben dem Impluvium eine Nachbildung der hier gefundenen Statue eines **tanzenden Fauns**, die dem Haus den Namen gab, in dem Raum mit den roten Säulen entdeckte man das berühmte **Mosaik der Alexanderschlacht**. Beide Kunstwerke sind im Archäologischen Nationalmuseum in ▶ Neapel ausgestellt.

Casa del Fauno

Die nahe gelegenen **Forumsthermen** (Terme del Foro) sind etwas kleiner und einfacher als die Stabianer Thermen, nehmen aber ebenfalls die ganze Insula ein.

Von Dichtern und Chirurgen

Die **Casa del Poeta tragico,** das reich ausgestattete Haus des tragischen Dichters, wurde durch das Bodenmosaik im Eingang berühmt: Es zeigt einen Kettenhund mit der Inschrift »Cave Canem« (Warnung vor dem Hunde). Es grenzt an die **Casa di Pansa,** ein Gebäude aus hellenistischer Zeit, das später in ein Mehrfamilienhaus umgebaut wurde. Nördlich des Hauses des tragischen Dichters sieht man eine Fullonica, eine Tuchwalkerei; links daneben die Casa della Fontana Grande und die Casa della Fontana Piccola, beide mit hübschen Brunnen. Von letzterem gelangt man durch den Vicolo di Mercurio zur **Casa di Sallustio,** die mit schönen Malereien verziert ist. In der an der Via Consolare gelegenen **Casa del Chirurgo** fand man zahlreiche ärztliche Instrumente; offenbar praktizierte hier vor knapp 2000 Jahren ein Chirurg.

Weitere Häuser

Auf der Gräberstraße

Außerhalb der Stadtmauer, hinter der Porta Ercolano, beginnt die zypressengesäumte Via dei Sepolcri, die sogenannte Gräberstraße. Mit ihren stattlichen **Grabdenkmälern** ist sie neben der Via Appia (▶ S. 551) das eindrucksvollste Beispiel für die Bestattung verdienter oder wohlhabender Mitbürger an öffentlichen Wegen. An ihrem nordwestlichen Ende steht die **Villa des Diomedes,** in dessen von einem Portikus eingefassten Garten ein Pavillon mit Wasserbecken steht. In einem Kellergang (Kryptoportikus) fand man die Leichen von 18 hier verstorbenen Frauen und Kindern. In der Nähe der jetzt vermauerten Gartentür lag der mutmaßliche Besitzer des Hauses, den Schlüssel in der Hand, neben ihm ein Sklave mit Geld.

Via dei Sepolcri

GEFÄHRDETES WELTWUNDER

Als am 6. November 2010 ein Mauerstück der Gladiatorenkaserne in Pompeji einstürzte, war das Entsetzen besonders groß. Zwar berichteten die Medien seit Jahren über den prekären Zustand der weltweit größten archäologischen Ausgrabungsstätte, doch dieses Mal erschütterten die mit Handys aufgenommenen Bilder die Öffentlichkeit. Rückblickend sorgte das Ereignis für eine Wende. Das Weltkulturerbe wird saniert und restauriert. Das ist Ziel ist, Pompeji vor einem zweiten Untergang zu bewahren.

Tatsächlich ist die Ruinenstadt mehr als nur die berühmteste antike Ausgrabungsstätte der Welt. Seit dem Beginn systematischer Ausgrabungen 1748 ist die vom Vesuv verschüttete Kleinstadt für ihre Besucher ein magisches Zeitfenster, das direkt in die Antike blicken lässt. Die weltweite Empörung über einstürzende Mauern – und seit dem Jahresende 2010 gab es kaum einen Monat ohne neue **Hiobsbotschaften** – galt mehr dem Mythos Pompeji als dem gefährdeten Weltkulturerbe. Auch kam das Bedauern über den zweiten Untergang viel zu spät. Von dem, was Reisende noch vor 100 oder auch 50 Jahren besichtigen konnten, ist heute nur noch ein Bruchteil vorhanden.

Graben ohne Plan

Der Beginn der Zerstörung begann im Augenblick ihrer zufälligen Entdeckung nach knapp 1700-jährigem Dornröschenschlaf unter einer meterhohen Schicht aus Lapilli (= erbsen- bis nussgroße Lavabröckchen), Asche und Erde.

Schon die ersten Grabungen waren reine Raubzüge. **Johann Joachim Winckelmann**, der Begründer der Archäologie als Wissenschaft, kritisierte diese planlose Suche nach Kunstschätze. Den vom neapolitanischen König Karl III. mit den Grabungen beauftragten spanischen Ingenieur Roque Joaquin de Alcubierre beschrieb der spitzzüngige Winckelmann als »Mann, welcher mit den Alterthümern so wenig zu tun gehabt hatte als der Mond mit den Krebsen«. De Alcubierre war bis zu seinem Tod 1780 verantwortlich für die versunkenen Vesuvstädte. In jenen Jahren wurden die in Herculaneum und Pompeji entdeckten Häuser ausgegraben, ihrer mobilen Ausstattung beraubt und wieder zugeschüttet. Teils wurden – wie im antiken Stabiae, dem heutigen Castellammare di Stabia – auch Fresken abgeschlagen. Erst ab 1869 kann man in Pompeji von Grabungen sprechen, die wissenschaftlichen Methoden halbwegs nahekamen.

1995 erließ die italienische Regierung die **»Lex pompeiana«**, um die Verwaltung der antiken Stätten am Golf von Neapel, vor allem die für Pompeji, flexibler und unabhängiger von der Bürokratie zu machen. Seitdem arbeitet die **Soprintendenza** autonom und verwaltet die Eintrittsgelder wie auch die spärlich fließenden Subventionen selbst. Doch noch immer sind die verkrusteten Verwaltungsstrukturen eines der Hauptprobleme. Vor allem fehlt ein Masterplan zur Rettung.

Dabei ist Pompeji für einige wenige eine Geldmaschine. Für die in den Ausgrabungen arbeitenden Fremdenführer, die nicht der Soprintendenza unterstehen, gibt es kaum einen lukrativeren Ar-

An manchen Tagen schieben sich bis zu 10 000 Menschen durch die Straßen der antiken Stadt.

beitsplatz. Die begehrten Stellen werden wie auch die Lizenzen für die Verkaufsbuden mit Souvenirramsch von Generation zu Generation weitervererbt. Die rund 700 fest angestellten Mitarbeiter der Soprintendenza, darunter jedoch nur 12 Archäologen und 30 Restauratoren, bekommen dagegen die für Süditalien üblichen mageren Tariflöhne des öffentlichen Dienstes.

Pompeji als Erlebnispark

Pompejis Hauptproblem aber sind die **Besuchermassen**. An manchen Sommertagen schieben sich bis zu 10 000 Menschen durch die fragile Bausubstanz. Da kratzen, wenn es enger wird, Taschen oder kleine Rucksäcke 2000 Jahre alten Putz von den Wänden, trampeln Tausende Schuhe auf den Marmorfußböden und fingern neugierige Hände an altem Mauerwerk. Große Teile der in den letzten Jahren beschädigten und zerstörten antiken Bausubstanz ginegn so für immer verloren. Was nicht in den Depots des Archäologischen Museums in Neapel unterkam, wurde geraubt. Selbst in das Antiquarium wurde mehrmals eingebrochen. Es müssten Wunder geschehen, um die antike Stadt zu retten.

Doch geschehen Wunder wohl nur im nahen **Heiligtum der Rosenkranzmadonna**, einem der wichtigsten katholischen Wallfahrtsorte, von dessen Existenz allerdings nur die wenigsten Pompejibesucher wissen. Dabei ist der Blick vom Campanile der Basilika auf die Ausgrabung ein Erlebnis. Von dort oben lässt sich auch die Gefährdung bestens begreifen: Pompeji ist nicht nur uralt, sondern auch groß, eine richtige Kleinstadt mit Plätzen, Theatern, Gärten, Schwimmbädern und Villen mit heiteren, freskengeschmückten Zimmern. Allerdings ist es seit Jahrhunderten menschlicher Neugierde und auch schlichter Gier sowie den launischen Witterungen des süditalienischen Klimas ausgesetzt. »Es ist viel Unheil in der Welt geschehen, aber wenig, das den Nachkommen so viel Freude gemacht hätte«, schrieb **Goethe** nach seinem Besuch am Winckelmann.

ZIELE
PRATO

★★
Villa dei Misteri

Die schönsten Wandgemälde der Antike
Schließlich ganz am Ende beim Ausgang der Höhepunkt: In der Villa dei Misteri strahlt die Antike in frischem Farbenglanz. Im großen Triclinium sieht man auf einem Hintergrund in leuchtendem pompejanischem Rot einen 17 m langen Bilderzyklus mit fast lebensgroßen Figuren, der zwischen 70 und 50 v. Chr. wohl nach Vorbildern aus dem 3. Jh. v. Chr. entstand. Er zeigt möglicherweise die Einführung einer Dame in die Mysterien des **Dionysoskults**.

PRATO

H 13

Region: Toskana · Toscana | **Provinz:** Prato | **Höhe:** 61 m ü. d. M.
Einwohnerzahl: 193 300

Schnäppchen gefällig? Fashionistas kennen längst das schöne Prato mit den engen Gassen, dem Dom und der Stadtmauer aus dem 14. Jahrhundert. Seit dem Mittelalter werden in der Stadt Stoffe gefertigt, die Wohnviertel sind durchzogen von kleineren und größeren Fabrikhallen. Prato hat aber noch mehr zu bieten.

Modestadt – aber nicht nur

Das Textilgewerbe blüht nach wie vor in Prato. Heute arbeiten immer mehr Chinesen in den Fabrikhallen, mehr als ein Viertel der Einwohner sind Migranten aus Asien. Kein Wunder, dass neben italienischen Trattorien zunehmend chinesische Lokale entstehen. Im Einwandererviertel Macrolotto Zero gleich außerhalb der Stadtmauer prägen chinesische Schriftzeichen die Schaufenster, die Speisekarten sind zweisprachig verfasst. Ein ganz anderes Bild bietet Pratos intakte historische Altstadt mit der fast komplett erhaltenen Stadtmauer. Und dann ist da noch die lebendige Kunst- und Kulturszene …

Wohin in Prato?

Castello dell' Imperatore

Imposante Hülle
Vom wuchtigen Castello, 1237 bis 1248 unter Kaiser Friedrich II. errichtet, stehen nur noch die Außenmauern, drinnen zeigen Leinwände, wie es einmal ausgesehen hat. Beim Bau der Festung wurden zwei Türme aus dem 10. Jh. einbezogen. Direkt daneben steht die Kirche **Santa Maria delle Carceri** (1495), ein überkuppelter Zentralbau über griechischem Kreuz. Sie wurde eigens für das wundertätige Madonnenfresko am Hochaltar erbaut, das einst die Wand des Vorgängerbaus, eines Gefängnisses (Carceri = Kerker), zierte. Besonders

ZIELE
PRATO

PRATO ERLEBEN

ⓘ
Piazza del Comune
Tel. 0574 18 37 859
Mo.–Sa. 9.30–19, So. bis 18.30 Uhr
www.pratoturismo.it

🛍
Zahlreiche Outlets in Prato überbieten sich mit tollen Angeboten. Das Tourismusbüro hat eine Broschüre mit empfehlenswerten Adressen. Das Barberino Designer Outlet (Via Meucci, Barberino del Mugello) bietet knapp 100 Designershops namhafter Marken und Hersteller und liegt 29 km von Prato entfernt.

🍽
IL PIRAÑA €€€€
Die Topadresse für Fischliebhaber. Gian Luca Santini bietet Spitzenküche, z. B. Seebarsch in Salzkruste (Branzino in crosta die sale)!
Via Valentini 110
Tel. 0574 2 57 46
www.ristorantepirana.it
Mo.–Fr. 12.30–14.30 u. 20 bis 22.30 Uhr, Sa. nur abends

OSTERIA CIRIBÈ €
Die Spezialität in der einfachen, aber umso sympathischeren Osteria von Germano Forestieri: gefüllter Staudensellerie (Sedani ripieni alla Pratesi).
Piazza Mercatale 49
Tel. 0574 60 75 09, So. geschl.

🏠
SAN MARCO €€
Günstig und gut: Das Mittelklassehotel bietet moderne und gepflegte Zimmer. Highlight ist der im modernen italienischen Design hergerichtete Frühstücksraum mit chromglänzenden Espressomaschinen.
Piazza San Marco 48
Tel. 0574 21 321
www.hotelsanmarcoprato.com

VILLA RUCELLAI €€
Die behaglich mit offenen Kaminen, wuchtigen Sofas und antiken Möbeln aus Familienbesitz ausgestattete Renaissancevilla bietet beste Aussicht über die Hügel der Umgebung – zu jeder Jahreszeit ein Genuss.
Via di Cannetto 16
Tel. 0574 46 03 92
www.villarucellai.com

---

schön sind die Evangelistenmedaillons della Robbias (um 1490) und die Glasmalereien von G. Angolanti von 1491.
Castello: April–Sept. tgl. außer Di. 10–13 u. 15–19, Okt.–März tgl. außer Di. 10–16 Uhr | Eintritt frei | www.cittadiprato.it
Santa Maria delle Carceri: tgl. 7–12, 16–19 Uhr

Mittelpunkt der Stadt
Die Via Cairoli mündet auf die Piazza del Comune mit dem Standbild von Francesco di Marco Datini (1896; s. u. Palazzo Datini). Gegenüber vom Palazzo Comunale (13. Jh.) steht der Palazzo Pretorio, in dem das **Stadtmuseum** für Kunst und Geschichte untergebracht ist.
Museo di Palazzo Pretorio: tgl. außer Di. 10.30–18.30 Uhr
Eintritt: 8 € | www.palazzopretorio.prato.it

Palazzo Comunale

ZIELE
PRATO

★ Voller Kostbarkeiten

Duomo San Stefano

Der dem hl. Stephanus geweihte Dom wurde ab 1211 im Stil der toskanischen Romanik erbaut und 1317 bis 1320 gotisch umgestaltet. 1385 bis 1457 ergänzte man die grünweiß inkrustierte Fassade, ihr Schmuckstück ist eine **Außenkanzel** mit Reliefs tanzender Putti von Donatello und Michelozzo (Kopien, Originale im Dommuseum). Über dem Hauptportal grüßt ein Tonrelief von Andrea della Robbia, das die Madonna mit den hl. Stephanus und Laurentius darstellt. Das zweifarbig gestaltete Innere ist das erste Beispiel romanischer Innenarchitektur in Italien. Glanzstück sind die Fresken (1452–1466) von **Filippo Lippi** und seinem Gehilfen Fra Diamante im Hauptchor mit Szenen aus dem Leben und Sterben Johannes des Täufers und des hl. Stephanus. Für den Malermönch Filippo Lippi sollte der Aufenthalt in Prato auch privat Früchte tragen. Hier verliebte er sich in die schöne Novizin Lucrezia Buti und zeugte mit ihr Filippino Lippi (1457–1504), der das Talent seines Vaters erbte; im Fresko »Gastmahl des Herodes«, das Filippo in eine elegante Renaissancevilla verlegt, hat er seine Geliebte dreimal als Salome dargestellt. Werke von Vater und Sohn sind im Palazzo Pretorio zu sehen. Zuvor sollte man sich im Dom noch die Marmorkanzel mit Reliefs von Mino da Fiesole und Antonio Rossellino (1469–1473) sowie die **Cappella del Sacro Cingolo** anschauen. Hier wird der »**Gürtel Mariens**« verwahrt, den der Kaufmann Michele Dagomari 1141 aus Jerusalem mitbrachte und der zu wichtigen Feiertagen von der Außenkanzel gezeigt wird. Die Fresken von Agnolo Gaddi, entstanden 1392 bis 1395, erzählen die Legende des Kleidungsstücks. Der kostbare Schrein des Gürtels wird im **Museo dell'Opera del Duomo** nebenan verwahrt.

Dommusem: Mo.–Sa. 12–17, So. 13–17 Uhr
Eintritt 8 € | www.museidiocesanidiprato.it

Geschäftemachen im Mittelalter

Palazzo Datini

Im spätgotischen Stadtpalast in der Via Rinaldesca wohnte der reiche Textilkaufmann und Bankier Francesco di Marco Datini (1330–1410). Nach seinem Tod wurde die Fassade mit Fresken mit Szenen aus seinem Leben geschmückt, von denen nur die Vorzeichnungen erhalten sind. Im Gebäude werden Tausende von Briefen, Verträgen und Geschäftsbüchern verwahrt: eine einzigartige Dokumentation des europäischen Handels- und Kreditwesens im ausgehenden Mittelalters.
Sa. 10–13 u. 16–19, So. 10–13 Uhr
Eintritt frei | www.museocasadatini.it

Sakrale Kunst

San Domenico,

Die Dominikanerkirche (1283–1322) an der Piazza San Domenico verbirgt ein barockes Inneres hinter der zweifarbigen Fassade. Im angrenzenden Konvent lebte **Savonarola**, bevor er nach Florenz ging. Das Gebäude beherbergt heute ein Museum der Wandmalerei (Pittura Murale), das Fresken und Vorzeichnungen (Sinopien) aus dem 13. bis 17. Jh. zeigt und Einblick in die Freskotechnik und verschiedene Restaurierungsverfahren bietet (derzeit wegen Neubau geschl.).

Pratos lange Textilgeschichte

Das sehr interessante Museo del Tessuto in der ehemaligen Textilfabrik Cimatoria Campolmi zeigt Geräte und Stoffmuster aus aller Welt, im Kesselraum steht sogar eine Dampfmaschine. 7000 Exponate veranschaulichen, wie vom 12. bis ins 20. Jh. Textilien hergestellt wurden, zusätzlich gibt Sonderausstellungen. — Museo del Tessuto
Via Puccetti 3 | Di.–Do. 10-15, Fr., Sa. 10-19, So. 15-19 Uhr
Eintritt 10 € | www.museodeltessuto.it

Mehr als 1000 Werke der letzten 60 Jahre

Dieses Museum für zeitgenössische Kunst gehört zu den wichtigsten Italiens. Es liegt südöstlich der Altstadt an der Straße nach Florenz. Schon die Architektur des Gebäudes – entworfen 1988 von Italo Gamberini und 2016 nach Renovierung und Erweiterung wiedereröffnet – ist spektakulär. Auch der zugehörige Skulpturenpark lohnt sich. — Centro Pecci
Viale della Repubblica 277 | Mi.–So. 11-20 Uhr, Mo./Di. geschl.
Eintritt 10 € | www.centropecci.it

▍Rund um Prato

Architektur, Kunst und Wein

In den Hügeln des Monte Albano – im Weingebiet Carmignano – bauten sich die Medici zwei ihrer schönsten Landresidenzen. Bei Poggio a Caiano (9 km) steht die **Villa Medicea** mit Park und Ziergärten. Sie wurde ab 1485 von Giuliano da Sangallo für Lorenzo il Magnifico erbaut und unter Medicipapst Leo X. von Andrea del Sarto, Pontormo und anderen großen Künstlern freskiert. 5 km südwestlich bei Artimino steht die zweite, schlichtere **Villa La Ferdinanda**, ab 1587 von Bernardo Buontalenti für Ferdinand I. errichtet. Heute ist sie Veranstaltungsort. Artimino ist außerdem Sitz eines gleichnamigen Weinguts. Kunstfreunde planen einen Abstecher nach **Carmignano** 5 km nördlich ein: In der Kirche San Michele ist ein hervorragendes Heimsuchungsfresko **Pontormos** von 1530 zu sehen. — ★ Medici-Villen
Villa Medicea in Poggio a Caiano: Park: Di., Mi., Fr., Sa., 2./3. So. im Monat 8.15-17 Uhr | Villa: Di., Mi., Fr., Sa. sowie 2./3. So. im Monat: stdl. 8.30-15.30, Mittagspause um 13.30 Uhr, Eintritt nur mit Führung | Eintritt frei | https://villegiardinimedicei.it

ZIELE
RAVENNA

★★ RAVENNA

Region: Emilia-Romagna | **Provinz:** Ravenna | **Höhe:** 18 m ü. d. M.
Einwohnerzahl: 159 100

G 15

Sauber und wohlgeordnet wie die Steinchen eines Mosaiks – so präsentieren sich die Gebäude und Gassen Ravennas. Die stille Würde der weltberühmten frühchristlichen Kirchen mit ihren großartigen Mosaiken scheint auf die antike Kaiserstadt abzustrahlen, die zur Zeit der Umbrer und Etrusker eine Lagunenstadt wie Venedig war.

Hohe Kunst der Moasiken

Damals galt Ravenna wegen seiner strategisch günstigen Lage als uneinnehmbar, ein Umstand, der auch Augustus überzeugte. Im 1. Jh. n. Chr. errichtete er hier seinen **Kriegs- und Handelshafen** Portus Classis – Angelpunkt für die Beherrschung der Adria und ihrer Küste. Von 402 bis 476 war Ravenna Residenz der weströmischen Kaiser: Während die Stürme der Völkerwanderung das übrige Italien verwüsteten, blühte die Stadt auf. Den letzten Kaiser zwangen die Germanen zur Abdankung, um selbst von Ravenna aus über ganz Italien zu regieren, bis sie 493 ihrerseits dem Ostgotenkönig **Theoderich** unterlagen. 539 eroberte **Kaiser Justinian** Italien für Ostrom zurück, Ravenna wurde Sitz eines byzantinischen Statthalters und erlebte eine dritte Blütezeit, die den byzantinischen Stil in die abendländische Kunst brachte. 751 machten die Langobarden Ravennas Glanzzeit ein Ende. Geblieben sind die sagenhaften Mosaiken in den historischen Bauwerken, von denen acht zum UNESCO-Weltkulturerbe zählen (▶ Baedeker Wissen, S. 224/225).

▌ Wohin in Ravenna?

★★
San Vitale

Paradiesischer Glanz hinter schlichten Mauern
Von außen ist die Kirche San Vitale ein schmuckloser achteckiger Backsteinbau, aber innen entfaltet sie einen unerwarteten, paradiesartigen Glanz. Man begann mit ihrem Bau im Todesjahr Theoderichs 526, geweiht wurde sie 547 unter seinem Nachfolger Justinian. Acht Pfeiler trennen den Mittelraum von einem Umgang. Seine ergreifende Wirkung geht vor allem vom irisierenden Leuchten der byzantinischen Mosaiken im Licht der gelben Fensterscheiben aus. Links und rechts des Altars befinden sich die weltberühmten Darstellungen der neuen Herrscher Ravennas, Kaiser Justinians und seiner Gemahlin Theodora samt Gefolge; neben dem Kaiser steht der Erzbischof Maximian; oben thront Christus auf der Weltkugel, links begleitet vom hl. Vitalis, rechts vom hl. Ecclesius.

Dieses Mosaik in San Vitale zeigt Kaiserin Theodora und ihr Gefolge.

Hinter San Vitale liegt das kleine **Mausoleo di Galla Placidia**, der letzte Rest eines verschwundenen Palastbezirks. Es wurde um 440, noch zu ihren Lebzeiten, über kreuzförmigem Grundriss erbaut. Das Innere schmücken schöne Mosaiken, die rund 100 Jahre älter sind als die von San Vitale. Die Wände und das Gewölbe erstrahlen im Dunkelblau der späten Kaiserzeit. Im Zentrum und in den beiden Querarmen befinden sich Marmorsarkophage, angeblich die der Galla Placidia und der beiden Kaiser Constantius III. († 421), ihres zweiten Gemahls, und ihres Sohnes Valentinian III. († 455). Galla Placidia liegt jedoch in der Peterskirche in Rom begraben, wo sie 450 starb.

Das **Museo Nazionale**, untergebracht in den Kreuzgängen eines Klosters bei San Vitale, zeigt antike und frühchristliche Kunst. An die Zeit des Risorgimento erinnert ein Museum in der nahen Via Baccerini Alfredo 3.

tgl. 9–19, im Winter 10–17 Uhr | Eintritt 10,50 € (Kombiticket mit Basilica di Sant'Apollinare Nuovo u. Museo Arcivescovile; für Mausoleum u. Battistero Neoniano: +2 €) | **Mausoleum:** wie San Vitale
Museo Nazionale: Di./Do./Fr. 8.30–19.30, Mi. 14–19.30, Sa./So. 8.30–14 Uhr | Eintritt 6 €

Ravennas älteste Mosaiken

Mittelpunkt des historischen Zentrums ist die malerische Piazza del Popolo. Die Venezianer errichteten dort 1483 zwei Granitsäulen mit

★ Piazza del Popolo

SANT'APOLLINARE: ZWISCHEN OKZIDENT UND ORIENT

BAEDEKER WISSEN

In einer politisch unruhigen Zeit, als der oströmische Kaiser Justinian I. weite Teile des Imperium Romanum zurückeroberte, entstand in Ravenna eines der schönsten Bauwerke der Architekturgeschichte: Sant' Apollinare in Classe, eine Basilika, in deren Gestaltung sich byzantinische und abendländische Kultur vermählen.

Als um das Jahr 535 der Grundstein für die neue Kirche gelegt wurde, florierte der Handel in Ravennas Seehafen Classis. Der reiche Bankier Julian Arfentarius finanzierte den Neubau, der Ravennas erstem Bischof – dem Märtyrer Apollinaris – geweiht war.

❶ Basilika
Sant'Apollinare ist eine idealtypische Basilika: Ein Langhaus mit hoher Fensterzone und Aspis wird von zwei niederen Seitenschiffen flankiert.

❷ Vorhalle
Frühchristliche und byzantinische Kirchen besaßen häufig einen Vorbau (Narthex). Er bildet die Schleuse zwischen Welt und Heiligtum.

❸ Campanile
Der Campanile wurde etwa 400 Jahre nach der Basilika erbaut.

❹ Sarkophage
Die Sarkophage aus griechischem Marmor wurden für die Patriarchen des 5.–10. Jh.s angefertigt; darunter befinden sich auch einige der Erzbischöfe, die in der langen Mosaikreihe im Mittelschiff dargestellt sind.

❺ Ringkrypta
Sie befindet sich unter der Priesterbank der Apsis.

❻ Apsismosaik
Das Apsismosaik ist die erste überlieferte Darstellung der Verklärung Christi, in der ihn ein Kreuz symbolisiert. Darunter sieht man den hl. Apollinaris als Hirten.

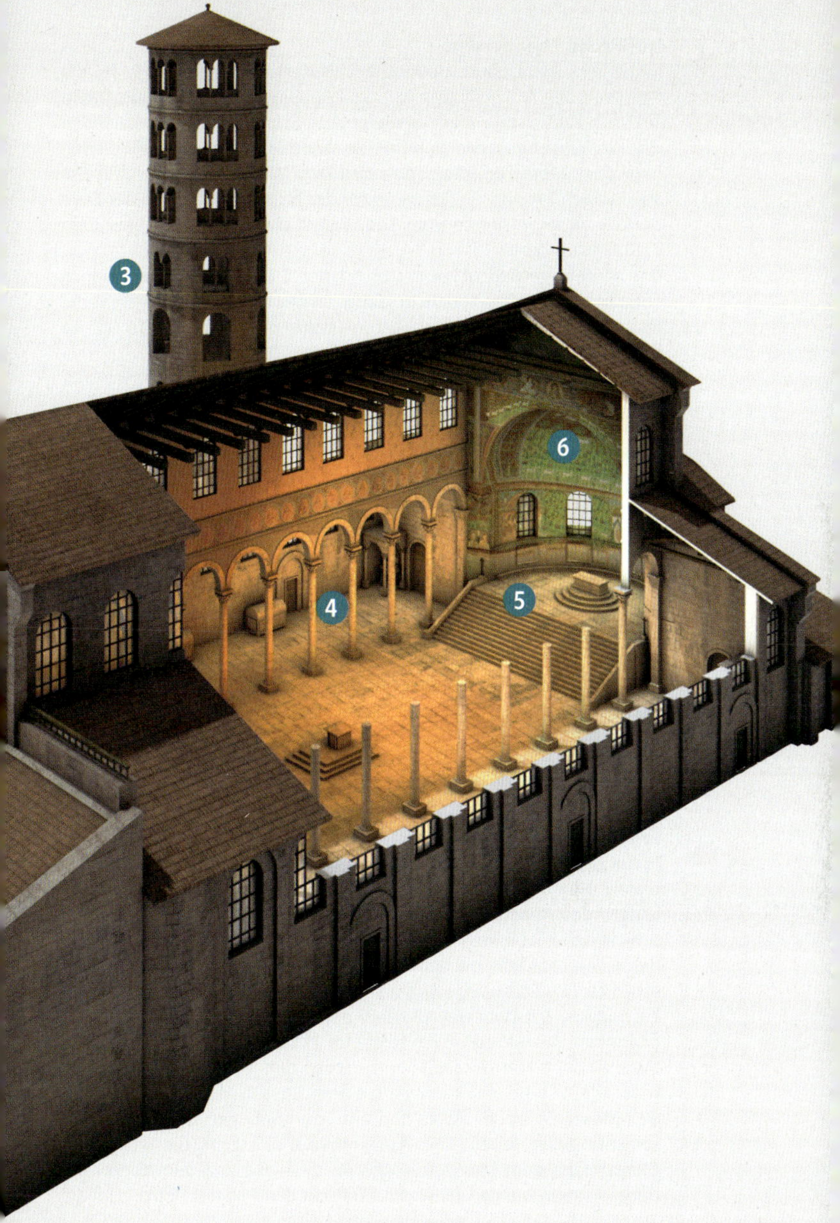
3
6
4
5

ZIELE
RAVENNA

Sant' Apollinare Nuovo

Hofkirche Theoderichs

In die im 5. Jh. erbaute Hofkirche Theoderichs wurden im 9. Jh. die Reliquien des hl Apollinaris von Sant'Apollinare in Classe überführt. Je 12 byzantinische Marmorsäulen aus Konstantinopel unterteilen den Kirchenraum in drei Schiffe. Die Wände schmücken drei Streifen herrlicher Mosaiken, die schon den byzantinisch beeinflussten Stil ankündigen (▶ Abb. S. 225). Ganz in der Nähe sieht man an der Ecke der Via Alberoni Reste vom sog. Palast des Theoderich aus dem 7./8. Jahrhundert.

Das achteckige Baptisterium der Arianer 5 Minuten weiter nördlich entstand unter Theoderich. Im Zentrum des Kuppelmosaiks steht die Taufe Christi. In der benachbarten arianischen Kirche Santo Spirito ist aus der Zeit Theoderichs nur die Kanzel erhalten

Sant'Apollinare Nuovo: tgl. 9–19, im Winter 10–17 Uhr | Eintritt 10,50 € (Sammelticket wie San Vitale, ▶ S. 467)

Mausoleo di Teodorico

Grabmal ohne Leichnam.

Das trutzige **Grabmal Theoderichs** 1 km außerhalb des Stadtzentrums ist ein monumentaler Rundbau aus mächtigen Quadern istrischen Kalksteins, ohne Mörtel zusammengesetzt. Die 300 t schwere Kuppel ist aus einem einzigen Kalksteinblock gehauen. Es erinnert mehr an syrische als an römische Vorbilder, Verzierungen wie Zangenfries zeigen hingegen germanischen Einfluss. Das untere Geschoss ist ein tonnengewölbter Raum in Form eines griechischen Kreuzes; im oberen Geschoss steht der antike Porphyrsarkophag. Theoderichs Leichnam ist allerdings verschwunden.

Mausoleum: Mo.–Do. 8.30–13.30, Fr.–So. bis 19 Uhr | Eintritt 4 €

▍Rund um Ravenna

Sant' Apollinare in Classe

Frühchristliche Schönheit

Rund 5 km südlich von Ravenna steht die Kirche Sant'Apollinare in Classe. Namensgebender Heiliger war der Legende zufolge ein Anhänger des Apostels Petrus, der ihn zur Mission nach Ravenna geschickt haben soll, wo er mehrere Menschen heilte. Das zog den Hass der Heiden auf sich, die den Heiligen folterten und in die Verbannung schickten. Zuletzt wurde Apollinaris von einer wütenden Volksmenge erschlagen. Mit dem Bau der 549 geweihten Kirche wurde um 535 begonnen, der Glockenturm folgte im 11. Jahrhundert.

Byzantinische Marmorsäulen unterteilen den Innenraum, in den Seitenschiffen stehen Sarkophage aus dem 5. bis 8. Jh. Die hervorragenden Mosaiken in der Apsis und am Triumphbogen haben Kunstgeschichte geschrieben. Das **Apsismosaik** illustriert die Verklärung Christi nach dem Markusevangelium (9,2–9): Auf dem Gipfel des Berges Tabor wurde Christus im Beisein der Apostel Petrus, Johan-

ZIELE
RIMINI

nes und Jakobus von einem überirdischen Licht überstrahlt, Mose und Elija erschienen und sprachen mit ihm. Der Evangelist kündigt zugleich das bevorstehende Leiden Christi an. Die Darstellung ist ungewöhnlich: Das verklärte Antlitz Christi steht im Zentrum eines großen, edelsteinbesetzten Kreuzes mit 99 Sternen. Darunter sieht man den Kirchenpatron als Hirte einer Schafherde – der Gemeinde. Über dem Triumphbogen thront Christus als Weltenherrscher, umgeben von Evangelisten und Schafen, die die zwölf Apostel symbolisieren.
Mo.–Sa. 8.30–19.30, So. 13.30–19.30 Uhr | Eintritt 5 €

Wald und Strand
Das Naturschutzgebiet Pineta di Classe, etwa 5 km von Sant'Apollinare entfernt, ist der Rest eines durch Forstung und Brände stark gelichteten **Pinienwalds. Die Badeorte Ravennas,** größtenteils in 1970er-Jahren entstanden, ziehen sich von Casal Borsetti bis zum Lido di Savio kurz vor Milano Marittima.

Pineta di Classe

RIMINI

Region: Emilia-Romagna | Provinz: Rimini | Höhe: 7 m ü. d. M.
Einwohnerzahl: 149 400

In Rimini gehören das nachmittägliche Bad in der Menge beim Bummel durch die Straßen und der abschließende Espresso zur Lebensqualität. Schon der hier geborene Regisseur Federico Fellini beherzigte diese Maxime, bevor er doch lieber nach Rom ging. In den letzten Jahren hat sich das einstige Sehnsuchtsziel deutscher Badeurlauber ein jüngeres und schickeres Image zugelegt.

G 16

Turbulent war es in Rimini schon immer. Bereits 268 v. Chr. gründeten die Römer am südöstlichsten Küstenzipfel der Po-Ebene den wichtigen Verkehrsknotenpunkt Ariminum. Ihre größte Blüte erlebte die Stadt 1295 bis 1503 unter der Adelsfamilie Malatesta, deren Mitglieder so grausam und skrupellos wie gebildet waren und bedeutende Künstler an ihren Hof holten. Besonders berüchtigt waren **Gianni und Sigismondo Malatesta**. Ersterer ließ seine Ehefrau und seinen Bruder ermorden – Dante setzte ihnen in der »Göttlichen Komödie« mit dem Liebespaar Paolo und Francesca ein Denkmal. Letzterer verstieß seine erste Gemahlin, vergiftete die zweite und erwürgte die dritte, um anschließend seine langjährige Geliebte zu heiraten. Die Vermarktung der Strände begann 1848, als ein cleverer Geschäftsmann hier die erste öffentliche Badeanstalt gründete.

Badeurlaub

RIMINI ERLEBEN

ⓘ

Piazzale Fellini 3, 47900 Rimini
Tel. 0541 53399
www.riminiturismo.it

Der **Viale Vespucci** ist in Rimini die erste Adresse fürs Nachtleben. Hier liegen u. a. die Clubs Embassy/Penelope (Nr. 33) und IO Street Club (Nr. 77). Speziell für Nachtschwärmer wurde eine Extra-Buslinie (Nr. 11) eingerichtet. Die Clubs sind meist von Mittwoch oder Donnerstag bis Sonntag geöffnet. Das Pascia (Via Sardegna 30 Riccione Alta) ist eine Disko der Superlative.

❶ LA MARIANNA €€
An Wochenenden wird die Trattoria mit traditioneller Fischküche auch von den Einheimischen frequentiert.
Viale Tiberio 19, Tel. 0541 2 25 30
www.trattorialamarianna.it

❷ OSTERIA DE BORG €
Hier wird bodenständige Küche mit frischen Pastagerichten serviert.
Via Forzieri 12
Tel. 0541 5 60 74
www.osteriadeborg.it

❸ LA SANGIOVESE €€
Osteria, Weinhandlung und Spezialitätenladen. Fellini zeichnete einst das eigenwillige Firmenschild.
Piazza Beato Simone Balacchi 14, Santarcangelo di Romagna (rund 10 km nordwestlich)
Tel. 0541 62 07 10
www.sangiovesa.it
nur abends, So. auch mittags

❶ GRAND HOTEL RIMINI €€€€
Mit seiner weißen Fassade im Zuckerbäckerstil die berühmteste Adresse der Adria. Hier stiegen schon Lady Diana und Claudia Cardinale ab und 2005 wurde hier gar der Dalai Lama untergebracht.
Parco Federico Fellini
Tel. 0541 5 60 00
www.grandhotelrimini.com

❷ HOTEL VILLA LALLA €–€€
Das charmante 3-Sterne-Hotel ist in einer restaurierten Villa untergebracht.
Viale Vittorio Vento 22
Tel. 0541 55 1 55
www.villalalla.com

Wohin in Rimini?

Tagsüber Strand, abends Party

Die zwei Gesichter der Stadt

Rimini besteht aus zwei ungleichen Teilen: der landeinwärts gelegenen Altstadt und dem modernen Seebad, das sich mit Vororten fast 20 km die Küste entlangzieht. Hauptattraktion sind tagsüber die endlos langen Sandstrände, unterteilt in durchnummerierte Badeanstalten, nachts verlagert sich die Szene an die Uferpromenade – angeblich ist Riminis **Nachtleben** während der Hochsaison das heißeste in Europa. Busse bewältigen den Transport der Feriengäste zwischen dem historischen Zentrum, den Stränden und Vororten wie Rivabella, Torre Pedrera und Miramare. Ein Bus fährt sogar bis Riccione.

ZIELE
RIMINI

1 Tempio Malatestiano
2 Sant' Agostino
3 Palazzo dell' Arenga und Palazzo dell' Podesta
4 Palazzo Gambalunga
5 Chiesa del Suffragio
6 Ponte di Tiberio

🍽

❶ La Marianna
❷ Osteria de Borg
❸ La Sangiovese

🏠

❶ Grand Hotel Rimini
❷ Hotel Villa Lalla

Der gottlose Fürst

An Riminis kurze Phase als freie Stadtrepublik erinnert der Palazzo dell'Arengo von 1204, der mit dem benachbarten Palazzo del Podestá (14. Jh.) und dem Palazzo Comunale (16. Jh.) die Piazza Cavour beherrscht. Auch die Familie Malatesta hinterließ ihre Spuren. Über ihren berühmtesten Spross **Sigismondo,** der im 15. Jh. das mächtige Castel Sismondo an der Piazza Malatesta erbauen ließ, schrieb der Kulturhistoriker Jacob Burckhardt: »Frevelmut, Gottlosigkeit, kriegerisches Talent und höhere Bildung sind niemals so in einem Menschen vereinigt gewesen.« Der Prototyp des gottlosen Renaissancefürsten hinterließ 13 illegitime Kinder.

Altstadt

Das interessanteste Bauwerk in Rimini ist der **Tempio Malatestiano,** einst eine schlichte gotische Bettelordenskirche (13. Jh.), die Sigismondo zu einem Grabmal im Frührenaissancestil für sich und seine vierte Ehefrau Isotta umbauen ließ. Der Außenbau ist unvollendet, im Innern faszinieren der herrliche plastische Schmuck, das Fresko von Piero della Francesca, das den Bauherrn Sigismondo Malatesta vor dem hl. Sigismund kniend zeigt, und in einer der Kapellen das gemalte Kruzifix aus der Schule Giottos.

ZIELE
RIMINI

Das Kapital von Rimini: 15 km Strand

Filmisches Denkmal

Federico Fellini

Berühmtester Sohn der Stadt ist der Filmregisseur Federico Fellini (1920–1993), der Rimini über alles liebte und jeden Sommer hier verbrachte. Mit dem Mitte der 1930er-Jahre spielenden Film **»Amarcord«** (1973) setzte er seiner Heimatstadt ein cineastisches Denkmal. Fellini verarbeitet darin auch eigene Erinnerungen an seine Jugendzeit in Rimini. Gedreht wurde der Film allerdings in Cinecittà bei Rom. Fellinis Grab befindet sich auf dem Friedhof im Ortsteil Rivabella. Die Eröffnung eines Fellini gewidmeten Museums im restaurierten Fulgor-Kino und im Castel Sismondo ist geplant.

Italiens ältester Triumphbogen

Ponte di Tiberio

Der breite Corso Augusto verbindet die beiden markantesten römischen Bauwerke Riminis: Im Westen spannt sich der fünfbogige Ponte di Tiberio über die Marecchia ins Fischerviertel Borgo San Giuliano. Die Brücke wurde unter Tiberius vollendet (20 n. Chr.). Im Osten steht der 27 v. Chr. erbaute **Arco di Augusto,** der älteste Triumphbogen Italiens – er bildete einst den Endpunkt der Via Flaminia von Rom und das südliche Eingangstor ins römische Ariminum.

ZIELE
RIMINI

Rund um Rimini

Urlaubsort mit Thermalquellen
Riccione, 8 km südöstlich von Rimini, hat sich ebenfalls als Urlaubsort einen Namen gemacht, ist allerdings etwas eleganter als Rimini, vermutlich weil es hier auch Thermalquellen gibt. Gleich hinter dem Strand liegt das viel besuchte Delfinarium.

Riccione

Dreimal Badevergnügen
4 km hinter Riccione passiert man das kleine Thermal- und Seebad Misano Adriatico, bevor man Cattolica erreicht, das über eine große Fischfangflotte verfügt und wie Rimini bereits Mitte des 19. Jh.s als Badeort entdeckt wurde. Nur der Fluss Tavollo trennt es von Gabbice Mare, einem weiteren Badestädtchen. Das Aquarium von Cattolica informiert unterhaltsam über die Entstehung und die Bewohner des Meeres.

Misano
Adriatico,
Cattolica

Bunte Boote und beeindruckende Bauwerke
Das ehemalige Fischerdorf **Cesenatico,** 20 km nordwestlich von Rimini, wurde im 14. Jh. als Hafen des landeinwärts gelegenen Cesena ausgebaut, heute ist es ein großes Seebad. Mitten durch den Ort läuft ein Kanal, den Cesare Borgia 1502 nach Plänen Leonardo da Vincis anlegen ließ. Heute ankern hier alte Fischerboote, die das Museo Galleggiante della Marineria (Schiffsmuseum) bilden. Im 15. Jh. gehörte Cesena zum Einflussbereich der Malatesta. In ihrem Auftrag entstanden die Biblioteca Malatestiana, eine der besterhaltenen Bibliotheken der Renaissance (Piazza Bufalini), die Kathedrale San Giovanni Battista und die über der Stadt thronende Rocca.
8 km nordwestlich von Cesenatico erreicht man den Bade- und Thermalkurort **Cervia-Milano Marittima,** der sich sein Stadtbild aus dem 18. Jh. erhalten hat und lange ein Salzzentrum war. Im Naturreservat **Riserva Naturale delle Saline** werden die einstige Salzgewinnung und die kleine, noch heute betriebene Salina Camillone vorgeführt. Jenseits des Kanalhafens schließt sich **Milano Marittima** an, hübsch an einem Pinienwald gelegen und ebenfalls mit Badestrand und Thermalbädern.

Von Cesenatico nach Cervia-Milano Marittima

Was für eine Lage!
Abwechslung bietet ein Ausflug ins bergige Hinterland, der sich auch gut mit einem Besuch von San Marino (▶ S. 478) kombinieren lässt. Man verlässt Rimini auf der SS 258 und fährt im breiten Tal der Marecchia aufwärts. Nach 16 km sieht man links oberhalb der Straße die hoch gelegene, von einer **Malatestaburg** gekrönte Ortschaft **Verucchio,** weiter talaufwärts erreicht man das Dörfchen Villa Nuova, wo man links in ein Seitental abbiegt. Nach 9 km taucht plötzlich auf einem hohen, steilen Felsen das Burgstädtchen **San Leo** auf, das erst

★
San Leo

ZIELE
RIMINI

seit 2009 – nach einem Volksentscheid – zur Provinz Rimini gehört. Allein seine kühne Lage und die herrlichen Ausblicke sind schon einen Ausflug wert. Besichtigen kann man die Festung (15. Jh.) mit Museum, den romanisch-gotischen Dom und die Kirche delle Pieve.

★ San Marino

Die kleinste Republik der Welt

Hoch über dem Meer — Aufgepasst: Nahezu senkrecht stürzt der Felsen des **Monte Titano** in die Tiefe. Gleich drei befestigte Türme wurden einst an diesem Abgrund gebaut. Heute sind sie die Wahrzeichen der kleinsten und ältesten Republik der Welt mit den engen, enorm steilen Gassen hoch über dem Meer – San Marino scheint eine einzige großartige Bergfestung zu sein. Der Ausflug vom 30 km entfernten Rimini wird mit einer grandiosen Sicht aus schwindelerregender belohnt. San Marino ist stolz auf seine Unabhängigkeit, die es immer zu verteidigen wusste – gegen Machtansprüche von weltlichen Herrschaften, Königen und der Kirche. Selbst Napoleon demonstrierte in San Marino Großzügigkeit: Die winzige Republik, die aus der **Hauptstadt und acht umliegenden Dörfern** besteht, beachtete er bei seinen Eroberungsfeldzügen nicht.

Von Reisenden kann man das nicht behaupten, denn San Marino lebt nicht schlecht vom Tourismus. Jährlich kommen mehr als **zwei Millionen Besucher**. Besonders in den Sommermonaten, wenn sich die Hitze in den Gassen staut, ist man am besten am frühen Morgen unterwegs. Dann hat man die alten Bauwerke für sich allein. Das Licht ist noch pastellfarben und die Luft schmeckt salzig und rein, die Motive sind praktisch unverstellt und frei zugänglich. Nach dem Rundgang, der etwa anderthalb Stunden dauert, locken Cappuccino und Brioche auf einer der vielen schönen Terrassen oder auf einer verschwiegenen Piazzetta. Es ist ein bisschen wie im Theater: Plötzlich geht der Vorhang auf und überall herrscht Trubel.

Von Rimini erreicht man San Marino auf der SS 72 und weiter auf einer kurvigen steilen Straße. Eine gute Alternative ist die Fahrt mit der **Seilbahn** (Funivia) aus der Unterstadt Borgo Maggiore.

Hinauf zu drei Gipfeln

In der Altstadt — Man betritt die ummauerte Altstadt am besten durch die Porta San Francesco (15. Jh.). Beherrschender Bau ist die 1361 von den Maestri comacini erbaute Kirche San Francesco, die heute die **Pinakothek** mit Gemälden des 13. bis 18. Jh.s beherbergt. Nordwestlich der Kirche erinnert ein Gedenkstein daran, dass San Marino 1849 Garibaldi und über 2000 seiner Anhänger Zuflucht bot.

Die **Piazza della Libertà**, der Hauptplatz der Stadt mit einer Freiheitsstatue von Stefano Galletti, liegt etwas oberhalb. Hier steht der

SAN MARINO ERLEBEN

ⓘ
Piazza Garibaldi 5
San Marino
Tel. 0549 88 29 14
www.visitsanmarino.com

Via Salita alla Rocca 14
Tel. 0549 99 15 94
www.ristorantelafratta.com

🍴

RIGHI LA TAVERNA €€€
Klassisches auf hohem Niveau wird in dem eleganten Restaurant neben dem Regierungspalast zubereitet. Ungezwungener: das Bistro im Untergeschoss.
Piazza della Libertà 10
Tel. 0549 99 11 96
www.ristoranterighi.com

LA TERRAZZA €€
Den schönsten Ausblick auf die Dächer und Gassen von San Marino hat man hier – nach Sonnenuntergang und bei beleuchteter Altstadt ein magischer Ort. Das Essen ist durchweg gut, die Flaschenweine sind preislich moderat. Bei der Reservierung nach einem Tisch am Rand bzw. Fenster fragen.
Contrada Del Collegio 31
Tel. 0549 99 10 07
www.ristorantelaterrazza.sm

LA FRATTA €
Zu den Spezialitäten des traditionellen Lokals gehören Pilz- und Trüffelgerichte. Herrliche Panoramaterrasse.

🏠

GRAND HOTEL SAN MARINO €€
Mitten im Centro storico thront die stilvolle Villa von 1894. Die Zimmer und Suiten sind mit Antiquitäten eingerichtet; der fantastische Blick ist inklusive.
Viale Antonio Onofri 31
Tel. 0549 99 24 00
www.grandhotel.sm

TITANO €€
Mitten in der Stadt gelegen bietet das Hotel einen tollen Ausblick auf das bezaubernde Tal von Montefeltro, zum Teil auch von den Zimmern und Suiten. Das Restaurant mit der Panoramaterrasse ist Lieblingstreff der Gäste.
Contrada del Collegio 31
Tel. 0549 99 10 07
www.hoteltitano.com/de

QUERCIA ANTICA €€ - €
Rustikale Zimmer und eine gemütliche Osteria im Landhausstil: Das Quercia Antica ist ein alteingesessener Familienbetrieb am Rand der Altstadt.
Via della Capannaccia 7a
Tel. 0549 99 12 57
www.querciantica.com

---

neugotische Palazzo del Governo (1894), auch Pubblico genannt. Folgt man nun der Contrada del Pianello, gelangt man zum sog. Canton, wo sich rechts die Endstation der Funivia befindet. Links hinunter geht es zur Cava dei Balestrieri, dem Festplatz, auf dem Armbrustschützen in der Hochsaison ihr Können vorführen.
In der neoklassizistischen Basilica di San Marino (1836) werden die **Gebeine des hl. Marinus** aufbewahrt. Rechts neben der Basilika befindet sich die Kapelle San Pietro, die nach der Legende die Felsenbetten des hl. Marinus und seines Gefährten San Leo enthält.

ZIELE
RIVIERA · LIGURIEN

Die Lage von San Marino kann man wirklich grandios nennen.

Der Treppenweg **Salita alla Rocca** führt zu den alten Festungen hinauf, die auf den drei Gipfeln des Monte Titano thronen und durch einen Wehrgang verbunden sind: die Rocca Guaita (11. Jh.), die Rocca Cesta (13. Jh.), auch Fratta genannt, und die Rocca Montale (13. Jh.; 1935 rekonstruiert).

★★ RIVIERA · LIGURIEN

Region: Ligurien · Liguria | **Metropolitanstadt/Provinzen:** Genua, Savona, Imperia, La Spezia

G/H
6–10

Einst lockten die milden Winter gut betuchte Gäste an die Riviera, heute strömen die Besucher im sonnenreichen Sommer in die Region. Ja, die Riviera ist teilweise dicht und unschön bebaut und touristisch ziemlich beansprucht – die alten Orte entlang der ligurischen Küste haben sich trotzdem eine überraschend gelassene, ursprüngliche Atmosphäre bewahrt.

ZIELE
RIVIERA · LIGURIEN

Die italienische Riviera, das ist der Küstensaum, der bogenförmig den Golf von Genua umfasst. Im Osten erstreckt sich die Riviera di Levante mit den Cinque Terre, westlich die Riviera di Ponente. **Küste und grünes Bergland** treffen hier unmittelbar aufeinander, oft stürzen die Berge der Ligurischen Alpen bzw. des Apennins steil zum Meer hin ab. In dem ganzjährig milden, sonnenreichen Klima gedeihen mediterrane und subtropische Pflanzen: In den noblen Kurorten pflanzte man im 19. Jh. Dattelpalmen aus Nordafrika, heute das Symbol der Riviera. Der Olivenbaum ist seit jeher heimisch, das ligurische Öl gehört zu den besten überhaupt. Hübsch sind neben Genua, der großen alten Hafenstadt, auch Camogli, Sestri Levante, Chiavari und San Remo; historisch besonders interessant Finale, Noli, Albenga, Taggia und Ventimiglia. Ein anderes Gesicht zeigt das bergige, **waldreiche Hinterland** mit seinen abgelegenen alten Dörfern. Hier erstreckt sich die **Alta Via dei Monti Liguri,** die über 400 km lange Fernwanderroute von Ventimiglia bis Ceparana bei La Spezia. Auf unserer Fahrt von Genua nach Ventimiglia (ca. 170 km) bzw. nach La Spezia (ca. 120 km) lernen Sie die Reiseziele an der Riviera kennen – lohnende Abstecher inklusive.

Legendäres Urlaubsziel

★ Riviera di Ponente

Viel zu entdecken

Man verlässt die Innenstadt von ▶ Genua nach Westen durch schier endlose Industrievororte, passiert Hafenanlagen und den im Meer aufgeschütteten Flughafen C. Colombo; rechts auf der Höhe thront die Wallfahrtskirche Madonna del Gazzo (19. Jh.).

Pegli und Voltri

Erste Station ist Pegli mit schönen Parkanlagen, Villen, Strandpromenade. Die **Villa Durazzo-Pallavicini,** in der das regionale Archäologische Museum untergebracht ist, hat einen romantischen Park mit Seen, Wasserfällen, Grotten, Pagoden und Tempelchen; die Führer tragen historische Gewänder. Die benachbarte **Villa Centurione-Doria** birgt ein sehenswertes Schifffahrtsmuseum mit einem Ghirlandaio zugeschriebenen Porträt von Kolumbus, einem Mittelmeerhandbuch (Portolan) von 1551 und einer Genua-Vedute von Cristoforo Grassi.

In **Voltri**, dem westlichsten Vorort von Genua, steht die imposante Villa Duchessa di Galliera mit großem »Gebirgspark« – am oberen Rand bietet die Kirche Madonna delle Grazie (13. Jh.) eine schöne Sicht. Sie haben noch etwas Zeit? Machen Sie einen Abstecher hinauf nach **Acquasanta** (6 km), einem winzigen Ausflugs- und Kurort mit Schwefelquellen, einer alten Papierfabrik mit Museum und der berühmten Wallfahrtskirche Nostra Signora dell'Acquasanta (17. Jh.).

ZIELE
RIVIERA · LIGURIEN

RIVIERA · LIGURIEN ERLEBEN

ⓘ

Via S. Pietro 14, Finalmarina
Tel. 019 68 10 19

Via Aurelia 79, Varigotti
Tel. 019 68 90 600

http://turismo.comunefinaleligure.it
www.turismoinliguria.it

Im Ligurischen Meer tummeln sich im Sommer rund 4000 Wale und rund 25000 Delfine. Mit etwas Glück kann man sie bei einer **Whale-Watching-Tour** beobachten. Schiffe starten u. a. bei Imperia und vom Porto Antico in Genua.
www.whalewatchliguria.it
www.whalewatchimperia.it

VERSO IL MAESTRALE €€–€€€
Der richtige Ort für Fischliebhaber! Direkt am Hafen macht man es sich hier mit tollem Blick bequem und schlemmt Meeresfrüchte, als gäbe es kein Morgen mehr.
Calata Sbarbaro 22r
Savona
Tel. 019 770 07 39
nur abends

QUARTO DI BUE €€–€€€
Das Richtige für alle, die ein gut gegrilltes Steak lieben – argentische Küche mit Steakhaus-Flair.
Piazza Aicardi 4
Finale Ligure
Tel. 331 359 17 98
nur abends, Mi. geschl.

I MATETTI €
In der sympathischen Trattoria mit vorzüglicher Küche richtet sich das täglich wechselnde Menü ganz nach den Jahreszeiten.
Viale Hanbury 132
Alassio
Tel. 0182 64 66 80

SUTTA CÀ €
Mitten im Gewirr der Altstadt liegt diese Osteria, die sich ganz auf die traditionelle Küche Liguriens spezialisiert hat.
Via Ernesto Rolando Ricci 10
Albenga
Tel. 018 25 31 98

PUNTA EST €€€€
Die herrliche Adelsvilla (4 Sterne) aus dem 18. Jh. liegt direkt am Meer, umgeben von einem Park mit Palmen, Pinien und Olivenbäumen. Bildhübsche Zimmer und Swimmingpool.
Via Aurelia 1
Finale Ligure
Tel. 019 60 06 11
www.puntaest.com

SOLE MARE €€
Ein sympathischer Familienbetrieb direkt an der Strandpromenade mit schlichten, geräumigen Zimmern und nettem Restaurant.
Lungomare Cristoforo Colombo 15
Albenga
Tel. 018 25 18 17
www.albergosolemare.it

SAN NAZARIO €
Freundliches Hotel garni (3 Sterne) nahe beim Zentrum, das in den letzten Jahren vollständig renoviert wurde und nun modernen Komfort zu bieten hat.
Via Montanaro 3, Varazze
Tel. 019 9 67 55
www.hotelsannazario.it

ZIELE
RIVIERA · LIGURIEN

Die Goldene Legende

Der Ferienort Arenzano liegt reizvoll am Monte Beigua. Schmuck- — Arenzano
stück ist die mächtige, auf das 16. Jh. zurückgehende Villa Pallavicini- und Varraze
Negrotto-Cambiaso im Stadtpark.
Die SS 1 trennt den schmalen Sandstrand vom Urlaubsort **Varazze**.
Sehenswert sind die Kirchen San Ambrogio von 1553/1666, u. a. mit
Polyptychon von Giovanni Barbagelata und einem romanisch-gotischen Backsteinturm (14. Jh.), sowie San Domenico mit einem Polyptychon von 1452 mit dem Bildnis des Verfassers der »Legenda aurea« **Jacopo da Voragine**, der hier begraben ist.
Von Varazze führt eine schöne Fahrt auf den **Monte Beigua** (1287 m, Naturpark) mit interessanter Vegetation und einer grandiosen Aussicht zum Monte Rosa in den Alpen bis nach Elba und Korsika.
Celle Ligure, ein paar Kilometer weiter, ist Heimat der begehrten Olmo-Rennräder und zeigt noch die Anlage der ligurischen Fischerorte; sonst ist es mit Sandstrand und Hotels ein moderner Ferienort. Nördlich der Bahnlinie steht die Kirche San Michele Archangelo mit einem besonders hübschen Vorplatz und einem Polyptychon von Perin del Vaga (1515).

Keramik, Pracht und Prunk

Albissola Marina ist für die traditionsreiche Keramikproduktion be- — Albissola
kannt, selbst die Strandpromenade ist mit Keramik gepflastert. An Marina
der Piazza della Concordia steht die gleichnamige Pfarrkirche mit einem Majolika-Altarbild von 1576.
Stolz des nahen Albissola Superiore ist die prunkvolle Villa Gavotti, die sich der letzte Genueser Doge, Francesco Maria della Rovere, aus einem Bau des 15. Jh.s herrichten ließ. In der Villa Trucco gibt es im Museo Manlio Trucco Keramik und zeitgenössische Kunst zu sehen.

Hässliche Schale, hübscher Kern

Savona ist die zweitwichtigste Hafen- und Industriestadt Liguriens. — Savona
Hässliche Außenbezirke umgeben den Stadtkern; am Hafen breitet sich das mittelalterliche Zentrum aus, umringt von Vierteln aus dem späten 19. und frühen 20. Jh. mit Boulevards und großzügigen Bauten aus Historismus und Jugendstil.
Auf dem Corso Mazzini gelangt man in die Stadt und quert den Corso Italia. Rechts steht die **Fortezza Priamar** (1544), die von Genua errichtete Zwingburg. Heute sind darin das Archäologische Museum, das Museo San Pertini (zeitgenössische Kunst) und die Pinacoteca Civica mit einer Sammlung ligurischer Gemälde und Savoneser Keramiken untergebracht. Vorbei an der Markthalle geht es dann zum **alten Hafen** mit dem hohen Torre Brandale und dem Torre Leon Pancaldo, den ein Genueser Wappen ziert. Von hier führt die kolonnadengesäumte Via Paleocapa weiter zur Kirche San Giovanni Battista mit Werken Savoneser Maler des 17./18. Jahrhunderts.

ZIELE
RIVIERA · LIGURIEN

6 km nordwestlich kommt man zum **Santuario di Nuostra Signora della Misericordia**, dem Wallfahrtskomplex der Spätrenaissance mit prächtiger Basilika (um 1540) und Gasthaus.

Atmosphäre!

Noli
Der hübsche Badeort Noli kann mit einem besonders schönen mittelalterlichen Stadtbild aufwarten; von einst 72 **Geschlechtertürmen** sind noch acht erhalten. Herausragend ist **San Paragorio** am südlichen Stadtrand, eine der bedeutendsten romanischen Kirchen Liguriens (Ende 11. Jh.). Der Palazzo della Repubblica mit dem 33 m hohen Torre Comunale und der Porta di Piazza trennt die Altstadt von der Strandpromenade. Von den Ruinen der Burg Monte Ursino (13. Jh.) bietet sich ein herrlicher Blick. Ein historisches Spektakel ist die Regata dei Rioni am zweiten Septembersonntag.

Auf Entdeckungsreise

Finale Ligure
Unter den Felswänden des Capo Noli und des Malpasso führt die Via Aurelia nach Finale Ligure, das aus drei Stadtvierteln besteht. Zentrum am Meer ist **Finalmarina** mit schönem altem Stadtbild, Sandstrand und Promenade; in ihrer Mitte öffnet sich die Piazza Vittorio Emanuele II mit dem Ehrenbogen für Margarethe von Spanien. Sehenswert ist die reich ausgestattete barocke Basilika San Giovanni Battista. Östlich schließt sich der Stadtteil **Finalpia** an, markiert durch die barocke Abteikirche Santa Maria di Pia mit romanisch-gotischem Turm und Rokokofassade. Von hier sollte man zum Altipiano delle Manie hinauffahren und den herrlichen Blick auf die Küste genießen, am besten von der Veranda eines der netten Lokale.
Etwa 2 km landeinwärts liegt der mittelalterliche Stadtteil **Finalborgo** mit gut erhaltenem Mauerring. Gleich hinter der Porta Reale steht die Basilika San Biagio (1659) mit spätgotischem Turm und einem Triptychon, das dem mysteriösen Pancalino zugeschrieben wird. Im ehemaligen Kloster Santa Caterina zeigt das Civico Museo del Finale regionale archäologische Funde.
Sehr schön ist der Weg von Finalborgo hinauf nach **Perti**, vorbei an den Ruinen des Castel Gavone – dessen Torre Diamante ist eines der bemerkenswertesten Zeugnisse ligurischer Militärarchitektur. Von der spätromanischen Kirche führt ein Weg durch Olivenhaine zur Kapelle Nostra Signora di Loreto, die um 1490 nach dem Vorbild der Portinarikapelle von Sant'Eustorgio in Mailand errichtet wurde.

Viel Strand

Pietra Ligure
Jenseits des Capo di Caprazoppa streckt sich der Sandstrand bis Ceriale aus. Eine mittelalterliche Burg überragt den sehr beliebten Badeort Pietra Ligure. Sehenswert ist an der zentralen Piazza XX Settembre die Kirche San Nicolò di Bari mit Fresken von 1860, einem Renaissancechorgestühl und einigen guten Gemälden, außerdem der

ZIELE
RIVIERA · LIGURIEN

Palazzo der Grafen Leale Franchelli (18. Jh.). Das 4 km südlich liegende **Loano** bietet eine hübsche Altstadt, den Torre Orologio von 1774 und den Palazzo Comunale, der 1578 für **Andrea Doria** erbaut wurde. Oberhalb befindet sich ein Karmeliterkloster, in dem die Familie des Admirals bis 1793 beigesetzt wurde.

Die Kirche in der Tropfsteinhöhle

Über das 6 km westlich gelegene Toirano am Varatella und weiter auf der Straße nach Bardineto erreicht man in eindrucksvoller Felslandschaft die Toirana-Grotten, beeindruckende Tropfsteinhöhlen, von denen einige für Besucher geöffnet sind. In einer Höhle befindet sich sogar eine kleine Wallfahrtskirche (15. Jh.), umgeben von einer Zauberwelt aus Stalaktiten und Stalagmiten. In einem Museum sind altsteinzeitliche Höhlenfundstücke ausgestellt.

Höhlen von Toirano

Grotte di Toirano: tgl. geöffnet, Reservierung notwendig unter Tel. 0182 98062 | Eintritt 15 € | www.toiranogrotte.it

Ein Muss für Fans von Kultur und Geschichte

In der größten Küstenebene Liguriens liegt Albenga mit ihrem Grundriss aus römischer Zeit. Markantes Zentrum der noch ummauerten Altstadt sind drei Backsteintürme: Kathedralturm, Torre del Comune und Torre del Municipio. Die **Kathedrale San Michele** wurde im 5. Jh. begründet, der heutige Bau ist romanisch-gotisch, das Spreng-

Albenga

Abendspaziergang am Strand bei Finale Ligure

giebelportal barock. Im Innern findet man ein Tafelbild des Pancalino und die monumentale Orgel, 1840 von den Brüdern Serassi aus Bergamo gebaut. Durch den benachbarten Palazzo Vecchio betritt man das **Baptisterium** (um 420 n. Chr.), das bedeutendste Werk frühchristlicher Architektur in Ligurien. Ein herrliches byzantinisches Mosaik (Ende des 5. Jh.s) schmückt die Hauptnische.

Hinter der Kathedrale liegt die hübsche **Piazzetta dei Leoni**, benannt nach den drei Renaissancesteinlöwen. Sehenswert sind auch das Museo Diocesano im angrenzenden Bischofspalast und das Museo Navale Romano an der Piazza San Michele mit Weinamphoren aus dem 1. Jh. v. Chr. Von der Altstadt führt der schattige Viale Martiri della Libertà durch die Stadtviertel des 19. Jh.s zum Strand.

High Society war einmal

Alassio Auch wenn sich die High Society hier nicht mehr sehen lässt, ist Alassio immer noch ein sehr beliebter Ferienort. Den langen, feinsandigen Strand begleitet die **Passeggiata Italia**, die Flaniermeile mit einer langen Mole. In der Via Dante ist der berühmte »muretto« zu finden, das Mäuerchen mit den Fliesen, auf denen sich berühmte Gäste verewigt haben. Einen Blick wert ist die Kirche Sant' Ambrogio (1455–1507) mit spätgotischem Turm und Schieferportal von 1511. Spazieren Sie auf der Passeggiata Cadorna zum Capo Santa Croce: Von der Wallfahrtskirche Madonna della Guardia auf 586 m Höhe hat man einen großartigen Blick.

Wenn die Badegäste kommen, muss in Alassio alles sauber sein.

ZIELE
RIVIERA · LIGURIEN

Ein echtes Schätzchen

Das steil am Berg ansteigende Cervo hat eines der ungewöhnlichsten und schönsten Stadtbilder der Riviera. Von der Burg am oberen Ortsrand geht es hinab zur prächtig ausgestatteten Kirche San Giovanni Battista (1686–1722), ein ausgezeichnetes Beispiel für ligurischen Barock.

★ Cervo

Ein Stadt, zwei Gesichter

Die Provinzhauptstadt Imperia besteht aus zwei sehr unterschiedlichen Teilen: Oneglia östlich und Porto Maurizio westlich des Impero. Am Industrie- und Hafenort **Oneglia** ist wenig bemerkenswert. Nach einem Gang zur Piazza De Amicis, durch die Laubengänge am Hafen zur Kirche San Giovanni und zurück zur Piazza Dante ist das Caffè Pasticceria Piccardo ein gutes Ziel. Sehr interessant ist das Olivenmuseum der Firma Carli (Via Garessio 11).
Porto Maurizio ist auf ein 50 m hohes Vorgebirge gebaut. Interessant in der Altstadt sind die stattliche klassizistische Kathedrale San Maurizio (1781–1832) und gegenüber das Schifffahrtsmuseum sowie die Gemäldegalerie mit Werken ligurischer Meister. Kaffee und Dolci genießt man am besten auf dem Weg hinunter zur Marina im ehrwürdigen Caffè Vittoria an der Via Aurelia.
Ein Ausflug zur Wallfahrtskirche **Santuario di Montegrazie** 9 km außerhalb lohnt sich doppelt: Gegenüber der wertvoll ausgestatteten Kirche von 1450 lockt das vorzügliche Restaurant Al Santuario.

Imperia

Starke Kontraste

Im gesichtslosen Badeort Arma di Taggia lohnt sich nur der schöne Strand. 3 km landeinwärts liegt jedoch Taggia, eine der schönsten Städte Liguriens. Stattliche Palazzi zeugen vom alten Reichtum – achten Sie besonders auf die Portale. Die große Sehenswürdigkeit ist der Konvent San Domenico vor der Stadt, seine Kirche birgt die größte Gemäldesammlung der ligurisch-nizzardischen Schule.
Von Taggia fährt man am besten ins bergige grüne Hinterland über Badalucco nach Molini di Triora und zum hoch gelegenen **Triora** (25 km). Verzichtet man auf den Abstecher, gelangt man 2 km hinter Arma di Taggia nach Bussana, das nach dem Erdbeben 1887 als Ersatz für das zerstörte, am Berg liegende **Bussana Vecchia** erbaut wurde. Dort ließen sich Anfang der 1960er-Jahre Kunsthandwerker und Hippies nieder, die das Dorf wieder bewohnbar machten. Heute steht die mehr oder weniger geschmacklose Ausrichtung auf den Tourismus in schrillem Gegensatz zu den sichtbaren Resten der Katastrophe wie der Ruine der Kirche Sacro Cuore.

★ Arma di Taggia

Belle Époque trifft Gegenwart

Seit rund 150 Jahren ist San Remo der renommierteste Urlaubsort der Riviera. Das Flair der Belle Époque und der 1960er-Jahre ver-

★ San Remo

487

ZIELE
RIVIERA · LIGURIEN

blasst zwar, prägt aber immer noch die Atmosphäre. Die berühmte **Spielbank**, in der das nicht minder bekannte Schlagerfestival stattfindet, der Jachthafen und elegante Hotels lassen auf gehobenes Publikum schließen. Daneben gibt es aber auch den von »normalen« Menschen frequentierten Urlaubsort, eine freundliche ligurische Stadt, die neben dem Tourismus vom Blumenhandel lebt.

Das chaotische Verkehrszentrum ist die Piazza Eroi Sanremesi zwischen Alt- und Neustadt. Erstere, **»La Pigna«** genannt, zieht sich mit ihrem Gewirr enger, von Strebebögen überspannter Gassen und vom Zahn der Zeit angenagter Häuser den Hügel hinauf. Von den Giardini Regina Elena und – noch weiter oben – der Wallfahrtskirche Madonna della Costa hat man einen schönen Blick. An der Piazza Eroi Sanremesi beginnt der untere Teil der Altstadt mit der romanisch-gotischen Kathedrale San Siro (13. Jh.), deren nördliches Seitenportal mit einem Osterlammrelief noch vom Vorgängerbau stammt.

Zwischen Piazza Eroi Sanremesi und Altem Hafen dehnt sich die im 19. Jh. angelegte **Neustadt** aus. Ihre Hauptachse ist der von eleganten Geschäften gesäumte Corso Matteotti. Nach Westen führt er am Casino Municipale (1906) zur **russisch-orthodoxen Kirche** San Basilio (1910). Jenseits schließt sich die palmenbestandene Promenade Corso Imperatrice an. Am Alten Hafen trotzt das im Jahr 755 von Genua errichtete Forte di Santa Tecla der Zeit. Den Palazzo Borea d'Olmo am Corso Matteotti ziert emanieristisch-barocker Bauschmuck; hier ist das Archäologische Museum untergebracht. Weiter geht es über den Corso Garibaldi zum ehemaligen Blumenmarkt an der Kirche Santa Maria degli Angeli, das neue Marktgebäude liegt im Armea-Tal bei Arma di Taggia. Nördlich des modernen Jachthafens im Osten von San Remo, am Corso Cavalotti Nr. 112, steht die prächtige maurische Villa (1874), die **Alfred Nobel** in seinen letzten Jahren bis 1896 bewohnte; zu sehen sind u. a. Labor und Bibliothek.

Ins Hinterland

Von San Remo nach Bordighera Die folgende rund 100 km lange Schleife führt durch das Hinterland nach Bordighera. Man fährt von San Remo in nordöstlicher Richtung nach San Romolo; von hier geht es etwa zwei Stunden zu Fuß auf den **Monte Bignone** (1299 m), der eine atemberaubende Aussicht über Korsika und Südfrankreich bis hin zu den Seealpen bietet.

Über Perinaldo, ein heiteres altes Städtchen und Heimat der Astronomenfamilie Cassini, geht es nach **Apricale** – das Dorf ist berühmt für seine steil geschachtelte Lage und die modernen Wandmalereien. Ein ebenso spektakuläres Bild bietet Baiardo.

Durch dichte Wälder führt der Weg zum Monte Ceppo (1627 m) hinauf, zum Colle Langan (1127 m) und wieder Richtung Meer nach **Pigna**. Dort steht die Kirche San Michele (13./14. Jh.) mit einer nordfranzösischen Fensterrose und einem grandiosen Polyptychon von Canavesio (1500).

ZIELE
RIVIERA · LIGURIEN

Im Nervia-Tal fährt man dann über Isolabona nach Dolceaqua, einem der hübschesten und typischsten Städtchen der Riviera di Ponente – bekannt für den Rotwein Rossese di Dolceaqua und sein Olivenöl. Hier thronte einst die Stammburg der Doria. Die Fahrt endet in Bordighera oder Ventimiglia.

Gartenstadt am Meer

Das Seebad Bordighera hat eine malerische kleine Altstadt über dem Kap San Ampelio. Hübsches Zentrum ist die Piazza del Popolo mit der Pfarrkirche Santa Maria Maddalena (1617), in der sich eine Marmorgruppe von Filippo Parodi befindet. Westlich des Kaps dehnt sich die ab 1860 angelegte Gartenstadt aus. Am Meer verläuft die Strandpromenade Lungomare Argentina, Hauptverkehrsader ist die Via Vittorio Emanuele II, an der die Kirche Immacolata steht, 1883 von Charles Garnier erbaut, dem Architekten der Pariser Oper. Garnier lebte zwanzig Jahre in Bordighera und entwarf dort weitere Gebäude. Interessant ist das der Geschichte und Archäologie Liguriens gewidmete Museo Bicknell (Via Regina Margherita).

★ Bordighera

Der englische Kaufmann Thomas Hanbury legte rund um seine Villa bei Ventimiglia einen wunderbaren botanischen Garten an.

ZIELE
RIVIERA · LIGURIEN

Eine breite Mündung des Roia teilt **Ventimiglia**: östlich die Neustadt mit dem Rathaus und den Giardini Pubblici, westlich die Altstadt, die sich an einem Vorgebirge hinaufzieht. Eines der bedeutendsten romanischen Bauwerke Liguriens ist die Kathedrale Santa Maria Assunta aus dem 11. Jh., die auf eine karolingische Kirche des 9./10. Jh.s zurückgeht. Die von Palästen gesäumte Via Garibaldi führt hinauf zur Kirche San Michele. Für Aufstieg zum Castel d'Appio belohnt Sie ein schöner Blick – und vielleicht ein Essen im Hotelrestaurant? Am östlichen Stadtrand befinden sich die Ruinen der römischen Stadt **Albintimilium**.

Für Freunde subtropischer Pflanzen und historischer Gartenanlagen lohnt sich der Ausflug zu den **Botanischen Gärten** in Mortola 9 km westlich von Ventimiglia, angelegt 1867 von **Sir Thomas Hanbury** (1832–1907) und dem deutschen Gärtner Ludwig Winter. Hanbury ließ auch zwei Schulen bauen.

1 km weiter westlich an der französischen Grenze liegen die **Balzi Rossi**, die 240 000 bis 10 000 Jahre alten »Roten Höhlen«, einer der wichtigsten Fundorte prähistorischer Kultur in Europa. Hier entdeckte man äußerst üppige weibliche Figurinen.

Giardini Botanici Hanbury: tgl. ab 9.30, März – Mitte Juni, Mitte Sept. – Mitte Okt bis 17, Sommer bis 18, Mitte Okt. – Feb. bis 16 Uhr, Nov.–Feb. Mo. geschl. | Eintritt 9 € | www.giardinihanbury.com
Balzi Rossi: Via Balzi Rossi 9 | Di.–So. 8.30–19.30 Uhr | Eintritt 4 €

★ Riviera di Levante

Parks, Museen und Kulinarisches

Genuas östliche Vororte

Man verlässt ▶ Genua nach Osten auf der Fortsetzung der Soprelevata, dem Corso Italia. Parks und Villen prägen die östlichen Vororte. Man passiert den Vergnügungspark Lido d'Albaro und den pittoresken alten Fischerhafen Boccadasse; in Quarto dei Mille erinnert ein Denkmal an die **»Unternehmung der 1000«**, den Aufbruch Garibaldis nach Sizilien. Quinto al Mare wird vom Fort auf dem Monte Moro überragt, das eine hervorragende Aussicht bietet (Zufahrt von Sturla über Apparizione). Nervi konnte sich mit seinen prächtigen Parks und Villen sein Flair als ältester Winterkurort der östlichen Riviera bewahren. Östlich des Viale delle Palme liegt der große Stadtpark, der aus den Gärten der Villen Gropallo, Serra und Grimaldi entstand. In der **Villa Serra** ist ein Museum mit Werken ligurischer und italienischer Maler des 19. und 20. Jh.s untergebracht. Auch in der **Villa Grimaldi** sind Werke dieser Zeit ausgestellt. Am Ostrand von Nervi zeigt das Museo di Villa Luxoro Keramik, Interieur und Spitzen.

Der nahe Badeort **Recco** gilt als kleine gastronomische Metropole der ligurischen Küche und ist auch Heimat der allgegenwärtigen **Focaccia**, die hier mit Käse gemacht wird.

ZIELE
RIVIERA · LIGURIEN

Fischerort mit farbenfrohen Häuschen

Weit ins Meer hinaus ragt der Monte di Portofino. Am Fuß seines westlichen Steilhangs liegt das Fischerstädtchen Camogli, das für seine Hafenfront mit den hoch aufragenden bunten Häusern berühmt ist. Vor dem Hafen liegt ein kleines Kap mit der Kirche Santa Maria Assunta (12. Jh., Fassade 1826) und dem Castello Dragone, auch 12. Jh., in dem sich heute ein sehenswertes Aquarium befindet. Am zweiten Maisonntag findet das Patronatsfest San Rocco mit der **Sagra del Pesce** statt, bei der in einer riesigen Pfanne Fische zentnerweise frittiert werden. An die große Vergangenheit als Seefahrerstadt erinnert das Museo Marinaro G. B. Ferrari.

Camogli

Von Camogli zieht sich ein etwas anstrengender, aber sehr schöner Fußweg in etwa eineinhalb Stunden über San Rocco zur Punta Chiappa (Markierung: zwei rote Punkte). Ein zweiter Ausflug führt mit dem Schiff über Punta Chiappa nach San Fruttuoso.

Tolles Wandergebiet

Das Vorgebirge von Portofino ist Naturschutzgebiet, denn einige der Arten der reichen Fauna und Flora kommen nur hier vor. Hohe Felswände bilden die Küste; im Osten bestehen sie aus Kalkstein, im Süden aus sog. Puddingstein. Auf einem Netz markierter Wege kann man herrlich wandern, wobei die **Abtei San Fruttuoso** das wichtigste Ziel ist – Wegbeschreibungen bekommt man in den einheimischen Touristeninformationen. Von April bis September fahren die Boote je nach Wetterlage alle 30 bis 60 min, in der übrigen Zeit seltener.

Monte di Portofino

In einer engen, idyllischen Bucht der Südküste versteckt sich die Abtei San Fruttuoso mit ihrem winzigen Fischerdorf. Als 711 die Asche des spanischen Bischofs und **Märtyrers Fructuosus** hierher gebracht wurde, gründete man ein Kloster, das 984 zerstört wurde. Das neue Gotteshaus entwickelte sich zu einem der bedeutendsten Klöster in Ligurien. 1275 kam es an die Familie der Doria; damals wurde das Abtshaus erbaut, das die Schauseite darstellt und das Museo del Monte enthält. Kirche und Kreuzgang gehen z. T. auf das 10. Jh. zurück; San Fruttuoso und seine Mitmärtyrer sieht man auf dem Altarbild. Der mächtige Wehrturm östlich der Abtei wurde 1550 vom berühmten Genueser Admiral und Politiker Andrea Doria erbaut. In der Saison ist der kleine Ort meist überlaufen.

Kleiner Ort mit großer Geschichte

1922 schrieb Rapallo Weltgeschichte: Hier wurde der Friedensvertrag zwischen Deutschland und Russland geschlossen. Die Atmosphäre in dem Urlaubsort im obersten Winkel des Golfo del Tigullio gefällt: Die Uferpromenade säumen Hotels, Cafés und Jugendstilpalazzi, im Osten wird sie von der Burg, im Westen von Badeanstalten und der Mündung des Boate begrenzt. In der Altstadt steht an der belebten Piazza Cavour die Kollegiatskirche SS. Gervasio e Protasio

Rapallo

ZIELE
RIVIERA · LIGURIEN

(17.–19. Jh.) mit einem schiefen Glockenturm (1753). Im Geschäft Gandolfi kann man **Klöppelspitzen** kaufen; das Museum in der Villa Tigullio im Stadtpark zeigt, dass sie in Rapallo eine lange Tradition haben. Der Corso Italia führt zur Piazza delle Nazioni mit Stadtmuseum, Rathaus und dem Turm der »Comune Rapallese« von 1459, dem Wahrzeichen der freien Gemeinde. Eine Seilbahn führt von Rapallo hinauf auf den Bergkamm mit der prunkvollen Wallfahrtskirche **Madonna di Montallegro** (11 km) von 1559.

»Die Perle von Tigullio«

Santa Margherita Ligure

Von Rapallo führt die Küstenstraße nach Santa Margherita Ligure (3 km). Ein Bergrücken teilt den hübschen Urlaubsort in zwei Hälften. Im Nordteil liegt die Piazza Vittorio Veneto, von der aus man die Kirche Sante Margherita und den Corso Matteotti, die Hauptachse, erreicht. In der prachtvollen Villa Durazzo Centurione (16. Jh.) auf dem Hügel San Giacomo di Corte finden Konzerte statt; vom Park hat man einen schönen Blick über Stadt und Golf. Am Weg hinab zum großen Jachthafen lohnt ein Blick in das Kirchlein San Erasmo aus dem 18. Jh. mit Votivgaben der Seeleute. Von der Mole an der Piazza Martiri della Libertà legen Schiffe nach Rapallo, Portofino, San Fruttuoso und Camogli sowie zur Cinque Terre ab.

★ Das teuerste Fischerdorf der Welt

Portofino

Wer kennt nicht das Bild von Portofinos malerischem Hafen? An der Südostspitze des Monte di Portofino wachsen Olivenbäume, Pinien und Zypressen an den steilen Hängen – eine tolle Kulisse für die geschwungene Häuserzeile, den zentralen Platz und die dahinterliegende Kirche. Als touristisches »Mussziel« – auch für Kreuzfahrtschiffe und Jachten – ist Portofino in der Saison völlig überlaufen; die Küstenstraße ist meist verstopft und das Parkhaus verlangt saftige Preise. Wenn Sie trotzdem kommen wollen: Meiden Sie das Wochenende, nutzen Sie die Morgenstunden oder nehmen Sie das Schiff. Die Preise orientieren sich an der betuchten Klientel.

Legendär und immer noch erste Adresse an der ganzen Riviera ist das Hotel Splendido. Auf dem zum Meer hin steil abfallenden schmalen Landrücken südlich des Orts steht die Kirche San Giorgio (1154). Schön ist der Spaziergang zur **Punta di Capo,** vorbei an dem von einem Park umgebenen Castello di San Giorgio, in dem Sir Montague Yeats Brown, britischer Konsul in Genua und »Entdecker« des Ortes, 1870 residierte. Heute beherbergt es ein Museum mit Schiefergegenständen und -reliefs aus dem 16. Jahrhundert.

Familiär gibt sich der Ferienort **Zoagli** mit dem kleinen Kiesstrand unter der beherrschenden Eisenbahnbrücke. Berühmt sind seine handgewebten Samt- und Damaststoffe. Die Pfarrkirche San Martino birgt ein Gemälde von Teramo Piaggio (ca. 1490–1570), der in Zoagli geboren wurde.

ZIELE
RIVIERA · LIGURIEN

Grüße aus dem Mittelalter

Chiavari ist trotz seiner wenig begeisternden Küstenpartie einen Besuch wert: Der Ort hat einen hübschen mittelalterlichen **Stadtkern mit kilometerlangen Arkaden.** Beim Bahnhof öffnet sich die grüne Piazza Nostra Signora dell'Orto mit der Kathedrale von 1613, deren gewaltige Säulenvorhalle erst 1907 fertiggestellt wurde. Am Rathaus vorbei gelangt man nun zur Piazza Mazzini, auf der vormittags Markt abgehalten wird; hier dominiert der mächtige Justizpalast (1886), wo einst die Zitadelle von 1404 stand – ein Turm des Vorgängerbaus von 1537 ist noch erhalten. Weiter geht es auf der Via Martiri della Liberazione mit ihren Arkadengängen. Wenige Schritte nördlich steht **San Giovanni Battista**, eine im 17. Jh. umgestaltete romanische Kirche mit Gemälden ligurischer Meister; an der Piazza Fenice erfreut der Palazzo dei Portici Neri (15. Jh.) das Auge. Weiter östlich steht der Palazzo Rocca (17./18. Jh.) mit bemerkenswertem Archäologischen Museum und hervorragender Gemäldesammlung. Ein mittelalterliches Stadtbild hat auch **Lavagna**, bekannt für seine **Schieferverarbeitung** (lavagna = Schiefer) und den Jachthafen – mit 1600 Liegeplätzen einer der größten in Europa.

Chiavari

Rundfahrt mit Küstenpanorama

Die fast 100 km lange Fast-Rundfahrt ins Hinterland führt durch eine beeindruckende Landschaft, vorbei an herrlicher Architektur. Wollen Sie sich dafür mehr als einen Tag Zeit nehmen, können Sie in Varese Ligure Station machen. Von Lavagna fährt man nach San Salvatore di Cogorno mit der **Basilica dei Fieschi** (1245–1252) einer der bedeutendsten romanisch-gotischen Kirchenbauten Liguriens. Hinter Carasco folgt man dem Sturla-Tal nach Norden bis Borzonasca. 3 km entfernt liegt die **Abbazia Borzone** (7. Jh.), die ein Tabernakel mit Schieferrelief (1513) enthält.

Man kehrt nach Borgonovo zurück und fährt – mit herrlichem Küstenpanorama zwischen dem Monte di Portofino und Sestri Levante – hinauf zum Passo di Bocco, dann rechts über Cassego mit kleinem volkskundlichem Museum und Scurtabò nach **Varese Ligure**. Der dortige Borgo Rotondo wurde im 14. Jh. von den Fieschi angelegt, daran schließt der Borgo Nuovo aus dem 16. Jh. an. Fahren Sie auch zum Cento-Croci-Pass auf 1055 m Höhe hinauf! Von Varese geht es zurück zur Küste über San Pietro Vara, den Velva-Pass (Abstecher zur Wallfahrtskirche Madonna della Guardia) und Castiglione Chiavarese nach Sestri Levante.

Ins Hinterland

»Stadt an zwei Meeren«

Sestri Levante liegt schön auf einer Halbinsel zwischen zwei Buchten. Im Norden, entlang dem Strand **Baia delle Favole,** führt die Via Vittorio Veneto zur Piazza Matteotti mit der Barockkirche Santa Maria di Nazaret (1604–1616). Nach Westen steigt die »Isola« an, ein Vorge-

Sestri Levante

493

ZIELE
RIVIERA · LIGURIEN

Wahrlich exponiert: die Kirche San Pierto auf dem Kap bei Portovenere

birge mit schönem Park, dem Grandhotel dei Castelli, der Kirche San Nicolò (um 1151) und dem Turm, wo Radiopionier **Guglielmo Marconi** 1934 mit UKW-Funk experimentierte. Südlich der Piazza Matteotti öffnet sich die zauberhafte **Baia del Silenzio,** nach Nordosten geht die »Hauptstraße« Via XXV. Aprile ab. Einen Besuch lohnt die Galleria Rizzi mit Interieur sowie bedeutenden italienischen und flämischen Gemälden des 16. bis 18. Jahrhunderts.

Von Bracco führt eine Straße hinunter zum Badeort **Moneglia**, der am Kirchplatz von Santa Croce mit großartiger **schwarz-weiß-roter Pflasterung** und der gotischen Kirche San Giorgio besticht. Auch **Levanto** ist ein beliebter Badeort. Die romanische Kirche Sant'Andrea gehört mit ihrer grün-weiß inkrustierten Fassade und dem im 19. Jh. erneuerten prächtigen Radfenster zu den schönsten Liguriens. Im einstigen Oratorium nebenan dokumentiert das Museo Permanente della Cultura Materiale Leben und Arbeit der Bauern, Handwerker und Seeleute.

Cinque Terre ▶ S. 496

Kunst in der Hafenstadt

La Spezia La Spezia entstand in seiner heutigen Form erst ab 1860 als Flottenstützpunkt des Königreichs Sardinien und des neuen Königreichs Italien. Künstlerisch herausragend ist die Terrakotta **»Krönung Mari-**

ZIELE
RIVIERA · LIGURIEN

ens« von **Andrea della Robbia** (um 1500) in Santa Maria Assunta. Am Corso Cavour liegt das Museo Archeologico Lunense, das für die Stelen der Lunigiana berühmt ist; außerdem sind Funde aus der Römerstadt Luni ausgestellt. Nördlich der Santa Maria Assunta, an der Via del Prione Nr. 234, ist Spezias zweite große Sehenswürdigkeit zu finden, das **Museo Amedeo Lia** mit Kunst des 13. bis 18. Jh.s, darunter Werke von **Tintoretto** und **Tizian**. Weiter bergauf führt der Weg zur Burg San Giorgio mit archäologischem Museum. Am Hafen verläuft die palmenbestandene Passeggiata Morin mit Blick auf den Golf und die Apuanischen Alpen mit den weiß schimmernden Marmorbrüchen von Carrara (▶ S. 663).

Museo Amando Lia: Di. – So. 10 – 18 Uhr | Eintritt 8 €

Im »Hafen der Venus«

Portovenere ist ein weiteres »Mussziel« in Ligurien. In der Saison gibt es allerdings Parkprobleme – machen Sie lieber die schöne Bootsfahrt von den Cinque Terre. Der Ort, das römische »portus veneris«, wurde ab 1113 als genuesische Hafenfestung ausgebaut. Vorbei an der bunten Hafenfront gelangt man durch das Stadttor in die Via Cappellini und weiter zum **wellenumtosten Kap** mit der Kirche San Pietro (1256–1277) am Platz eines römischen Tempels und einer Kirche aus dem 6. Jh. Von der Via Cappellini geht es hinauf zur Pfarrkirche San Lorenzo, deren Bauzeit sich von Romanik bis Renaissance erstreckt. »Krönender Abschluss« ist die Festung – ihre mächtigen Außenmauern wurden erst im 17. Jh. errichtet. Von hier genießt man ein schönes Panorama.

Portovenere

Damals wie heute beliebt

Die Ostseite des Golfo dei Poeti zog im 19. Jh. **Lord Byron**, **Mary und Percy Bysshe Shelley** an, Letzterer ertrank hier 1822. Heute sind San Terenzo und Lerici dank des Sandstrands sehr beliebt. In der Burg von San Terenzo befindet sich ein kleines Shelley-Museum, außerdem ein paläontologisches Museum.

San Terenzo und Lerici

Lerici wird vom mächtigen Castello beherrscht, das von den Pisanern erbaut und von Genua ab 1256 erweitert wurde. An der Via Cavour steht die Pfarrkirche San Francesco (1632–1636) mit prächtigem Inneren. Eine Stichstraße führt an Badebuchten entlang zu den malerischen Fischerdörfern Fiascherino und Tellaro.

Der einen Untergang war der anderen Aufstieg

Im Prinzip markiert der Magra die Grenze zur Toskana, veranschaulicht – von Montemarcello kommend – am Blick über seine Mündung auf die Apuanischen Alpen und die Küstenebene der Versilia. Zu Ligurien gehört aber noch Sarzana, das schon 963 erwähnt wurde. Von seiner einstigen Größe zeugen die **Zitadelle**, die in der heutigen Form 1488 bis 1492 von Lorenzo dem Prächtigen erstellt wurde, Tei-

Sarzana

ZIELE
RIVIERA · LIGURIEN

chenlang aufgehängt, wodurch sich der Wassergehalt verringert, und dann erst abgepresst. Kosten kann man die Weine in Manarola-Groppo, wo die Genossenschaft Coop. Agr. delle Cinque Terre ihren Sitz hat.

Jeder Ort hat seinen Reiz

Von Monterosso al Mare bis Riomaggiore

Vor Monterosso al Mare erstreckt sich ein großer Sandstrand. Der hübsche Hauptplatz des Ortes wird von der im 14. Jh. erbauten Loggia del Podestà und einem ehemals genuesischen Wachturm, der heute zur Pfarrkirche S. Giovanni Battista gehört, dominiert. Im Kapuzinerkloster S. Francesco sind Gemälde von A. van Dyck und L. Cambiaso zu sehen. In **Vernazza**, vermutlich dem hübschesten Ort der Cinque Terre, öffnet sich am Hafen eine kleine Piazza mit bunten Häusern und der romanischen Kirche S. Maria di Antiochia aus dem Jahr 1318; Teile der ehemaligen genuesischen Befestigung sind noch erhalten. **Corniglia** liegt rund hundert Meter über dem Meer und ist über eine große Treppe mit dem Bahnhof und einem großen Strand verbunden; oben im Ort bietet sich vom Ende der Hauptgasse ein herrlicher Blick. Besuchen sollte man die Kirche S. Pietro, ein bedeutendes Beispiel der ligurischen Gotik aus dem Jahr 1334, mit Streifenfassade und Fensterrose aus Carraramarmor.

Manarola ist in eine Flussmündung gebaut, daher geht es hier sehr beengt zu. Am oberen Ortsrand steht die gotische Kirche Natività di Maria Vergine, deren Fassade eine schöne Rose aus Carraramarmor ziert. Als Kampanile dient ihr ein Wachturm aus dem 16. Jh. **Riomaggiore** lässt sich von La Spezia aus leicht erreichen und lockt beson-

Ist Vernazza der hübscheste Ort der Cinque Terre?

ZIELE
ROM · ROMA

ders an Wochenenden scharenweise Besucher an. Dem Reiz des Ortes erlag bereits der impressionistische Maler Telemaco Signorini, der sich ab 1860 oft hier aufhielt. Besuchen sollte man die 1340–1343 von lombardischen Baumeistern errichtete Pfarrkirche S. Giovanni Battista mit ihrer reich verzierten Kanzel von 1530 und einem schönem Renaissanceportal, auf dessen Tryptichon Maria mit Rochus und Sebastian zu sehen sind. Über dem Ort kann man Reste einer Burg aus dem 15./16. Jh. erkennen.

★★ ROM · ROMA

Region: Latium · Lazio | **Metropolitanstadt:** Roma | **Höhe:** 11 – 139 m ü. d. M. | **Einwohnerzahl:** 2 873 000

Rom sehen und sterben: Einst liefen sich die Pilger die Füße wund, um zu ihrem Sehnsuchtsziel zu gelangen. Doch auch in Zeiten günstiger Flüge hat die Ewige Stadt nichts von ihrer Faszination verloren. In der auf sieben Hügeln erbauten Metropole stoßen Sie auf Schritt und Tritt auf die Vergangenheit, auf großartige Bauwerke aus der Antike, dem Mittelalter, der Renaissance und des Barock – gleichzeitig brodelt hier das Leben, und die Postkartenschönheit wird zur selbstverständlichen Kulisse.

Das antike Rom war die erste Weltstadt im heutigen Sinne – über eine Million Menschen lebten hier in der Blütezeit des römischen Kaisertums. Zwischen den legendären sieben Hügeln – Kapitol, Quirinal, Viminal, Esquilin, Palatin, Aventin, Caelius – und dem Fluss erstreckt sich der antike **Campus Martius** (Marsfeld), wo sich bis in die Neuzeit die eigentliche Stadt ausbreitete. Heute reicht das Stadtgebiet im Osten bis zu den Albaner Bergen, im Westen bis nach Ostia zum Meer und im Süden und Norden bis weit in die römische Ebene. In die Antike können Sie in Rom noch heute eintauchen – beim Spaziergang durch das Forum Romanum fühlt sich die Vergangenheit erstaunlich lebendig an. Ein grandioses Erlebnis ist natürlich auch das vielfältige Rom der Gegenwart. Lassen Sie sich ein auf die Stadt, über die **Federico Fellini** sagte:

Die Ewige Stadt

Ausführlich beschrieben im Baedeker Rom

> »
> Rom ist ein Karussell von Erinnerungen,
> wirklichen Ereignissen und Träumen.
> «

ZIELE
ROM · ROMA

Geschichte

Altertum

Das Jahr 753 v. Chr. galt den Römern als das mythologische Datum der Gründung durch **Romulus und Remus**. Die belegte römische Frühgeschichte beginnt jedoch bereits im 10 Jh. v. Chr. mit der Besiedlung des Palatins. Nach der Vertreibung der etruskischen Könige 509 v. Chr. und der Errichtung der Republik betrieben die Römer eine systematische Expansionspolitik. 312 v. Chr. wurden die erste Wasserleitung und die erste gepflasterte Landstraße (Via Appia) angelegt. Innenpolitische Probleme entluden sich in Bürgerkriegen und Sklavenaufständen, die erst mit dem Beginn der Kaiserzeit ein vorläufiges Ende fanden. Die Friedensherrschaft von **Kaiser Augustus** (27 v. Chr. bis 14 n. Chr.) brachte einen regelrechten Bauboom, sodass Rom als die schönste und größte Stadt der Welt galt. Ein großer Teil der über eine Million Einwohner lebte in mehrstöckigen Mietsblöcken. Nach der großen Feuersbrunst unter Kaiser Nero entstanden neue Bauten wie das Wahrzeichen der Stadt, das Kolosseum. **»Panem et circenses«**, kostenlose Lebensmittelverteilungen und blutrünstige Spiele befriedeten das Volk. Während des »glücklichen Zeitalters« der Adoptivkaiser von Nerva über Trajan bis Marc Aurel (96–180 n. Chr.) erreichte das Reich seine größte Ausdehnung. Erst mit der Neuordnung des Imperiums unter Kaiser Diokletian (284 – 305 n. Chr.) endete die unruhige Zeit der Soldatenkaiser. Mit der Unterstützung der einflussreichen Christen gelang es Konstantin (306 – 337 n. Chr.), sich als Alleinherrscher durchzusetzen. Mit der Verlegung des Zentrums der Macht nach Byzanz verlor Rom sukzessive die Hauptstadtfunktion. Das Weströmische Kaiserreich ging mit dem Sturz des letzten Kaisers Romulus Augustulus durch Odoaker im Jahr 476 unter.

Aufstieg des Christentums im Mittelalter

Bereits im Jahr 381 hatte Theodosius das **Christentum zur Staatsreligion** erklärt. Bald zählte Rom 25 Pfarrkirchen (Titoli) und vier mosaikglänzende Patriarchalbasiliken, die direkt dem Papst unterstanden: San Giovanni in Laterano, San Pietro in Vaticano, San Paolo fuori le Mura und Santa Maria Maggiore. Diese vier gehören mit Santa Croce in Gerusalemme, San Lorenzo fuori le Mura und San Sebastiano zu den **sieben Pilgerkirchen Roms**. Die weltliche Macht der Päpste entwickelte sich im 8. Jh., nachdem durch Schenkungen des Langobardenkönigs Luitprand 727 und des Frankenkönigs Pippin 755 der Grund zum Kirchenstaat gelegt worden war. Leo III. (795 – 816) krönte am Weihnachtsfest des Jahres 800 Karl den Großen zum Kaiser und stellte damit das weltliche Kaiserreich wieder her, das nun ein Jahrtausend lang wenigstens den Namen des Römischen Reiches noch aufrechterhielt. Einen tiefen Niedergang brachte das Exil der

Besucherströme im Petersdom

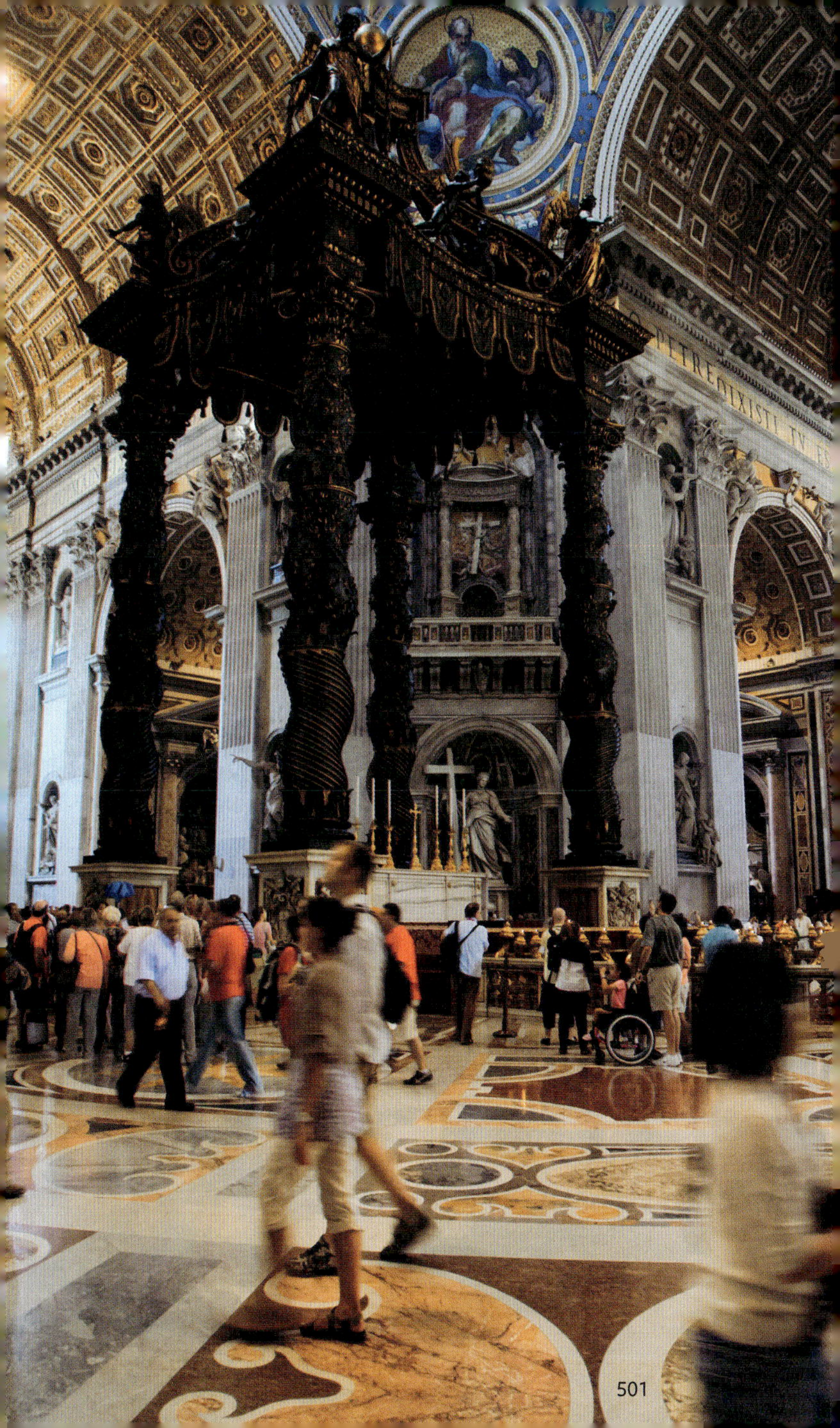

ZIELE
ROM · ROMA

Päpste in Avignon zwischen 1309 und 1377, während Cola di Rienzo 1347 den vergeblichen Versuch unternahm, eine Republik nach altrömischem Muster zu errichten.

Päpste sorgen für Glanz

Nach dem Ende des Abendländischen Schismas 1417 erlebte die Stadt einen neuen Aufschwung. Die vom Humanismus und der Renaissance geprägten Päpste und Adelsfamilien taten sich zunehmend als Bauherrn und Mäzene hervor. Doch erst die **Renaissancepäpste** Julius II. (1503 – 1513) und Leo X. (1513 – 1521) machten die Stadt zum Zentrum der Hochrenaissance. Von hier aus bestimmten Bramante, Michelangelo und Raffael das ganze 16. Jh. (ital. Cinquecento) auf künstlerischem Gebiet. 1506 begann der Neubau der Peterskirche. Von der Besetzung und Plünderung durch die Truppen Karls V. 1527, dem **Sacco di Roma**, erholte sich die Stadt nur langsam, doch schließlich wurde Rom unter den Päpsten der Gegenreformation izum Zentrum eines triumphierenden Christentums ausgestaltet. Die Architekten dieser Periode, vor allem Gian Lorenzo Bernini und sein Gegenspieler Francesco Borromini schufen jene Kirchen und Paläste, die den architektonischen Charakter der Altstadt noch heute bestimmen. In der Malerei gilt **Caravaggio** als beeindruckendster Meister des Frühbarock.

Das Dritte Rom

Im 18. und 19. Jh. wurde Rom Ziel von Künstlern und Kunstbegeisterten. Nach der Proklamation zur **Hauptstadt des Königreichs Italien** 1871 begann die Epoche der Landeshauptstadt und Königsresidenz, das Dritte Rom (Terza Roma). Nach dem Marsch auf Rom übernahm Benito **Mussolini** die Macht. 1929 wurden die Lateranverträge zwischen dem Heiligen Stuhl und dem italienischen Staat geschlossen, die dem Papst den Vatikan und einige exterritoriale Gebiete sowie knapp 2 Mrd. Lire zubilligten. Während des Faschismus wurde anlässlich der für 1942 geplanten Weltausstellung das monumentale Viertel EUR errichtet und die Via dei Fori Imperiali als Paradestraße durch das antike Zentrum geschlagen. Nach der Verhaftung Mussolinis und der Kapitulation Italiens im Zweiten Weltkrieg wurde Rom 1943 von deutschen Truppen besetzt; Anfang Juni 1944 erklärte die Wehrmacht Rom zur offenen Stadt, und am 4. Juni zogen alliierte Truppen ein.

Am 2. Juni 1946 entschieden sich die Italiener in einem Volksentscheid für die Republik. Im März 1957 wurden hier die **Römischen Verträge** zur Gründung von EWG und der Euratom unterzeichnet. Unter dem weltoffenen Johannes XXIII. berief man das Zweite Vatikanische Konzil (1962 – 1965) zur Reform der katholischen Kirche ein. Mit Johannes Paul II. bestieg 1978 nach 453 Jahren wieder ein Nichtitaliener den Papststuhl, 2005 folgte ihm der deutsche Kardinal Joseph Ratzinger als Benedikt XVI., 2013 der in Buenos Aires geborene Kardinal Jorge Mario Bergoglio als Franziskus.

ZIELE
ROM · ROMA

ROM ERLEBEN

ℹ️

TURISMO ROMA
Via di San Basilio 51
Tel. 06 06 08
www.turismoroma.it

🚌

Von den Flughäfen Fiumicino und Ciampino verkehren Express-Züge mehrmals pro Stunde sowie **Shuttle-Busse** alle 30 Minuten in die Innenstadt und zum Bahnhof Stazione Termini. Die **offiziellen Taxis** sind weiß und tragen ein blaues Schild mit Aufschrift. Ein dichtes Bus- und Tramnetz erschließt die Stadt. Die **Metropolitana** fährt auf drei Linien (A, B und C). **Vespa-Verleihstationen** gibt's u.a. am Kolosseum und an der Spanischen Treppe.
www.bicibaci.com

🛍️

Viele Antiquitäten findet man in den Straßen hinter der Piazza Navona oder in der Via dei Coronari.
(Teure) Mode wird in der Via Condotti bei der Spanischen Treppe verkauft, günstiger ist es an der Via del Corso oder in der Via Frattina. Secondhand gibt es in der Via del Governo Vecchio. Schöner Markt: Campo de' Fiori.

🍽️

❶ IL CONVIVIO-TROIANI €€€
In einer der kleinen Gassen in der Nähe des Nationalmuseums liegt dieses schicke Gourmetrestaurant von schlichter Eleganz, das ein Michelin-Stern ziert.
Vicolo dei Soldati 31
Tel. 06 6 86 94 32
www.ilconviviotroiani.it
nur abends, So. geschl.

Auf der Vespa in den römischen Abend

ZIELE
ROM · ROMA

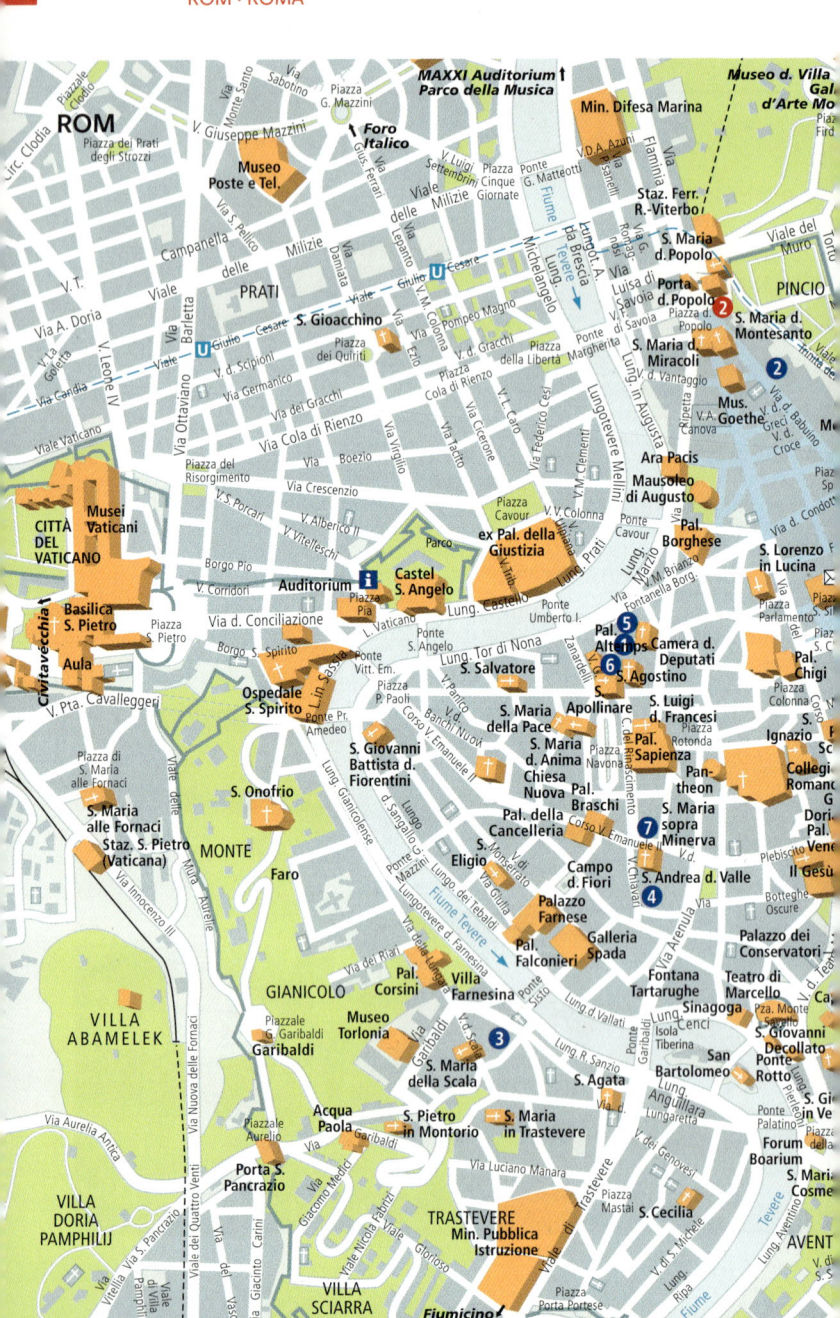

ZIELE
ROM · ROMA

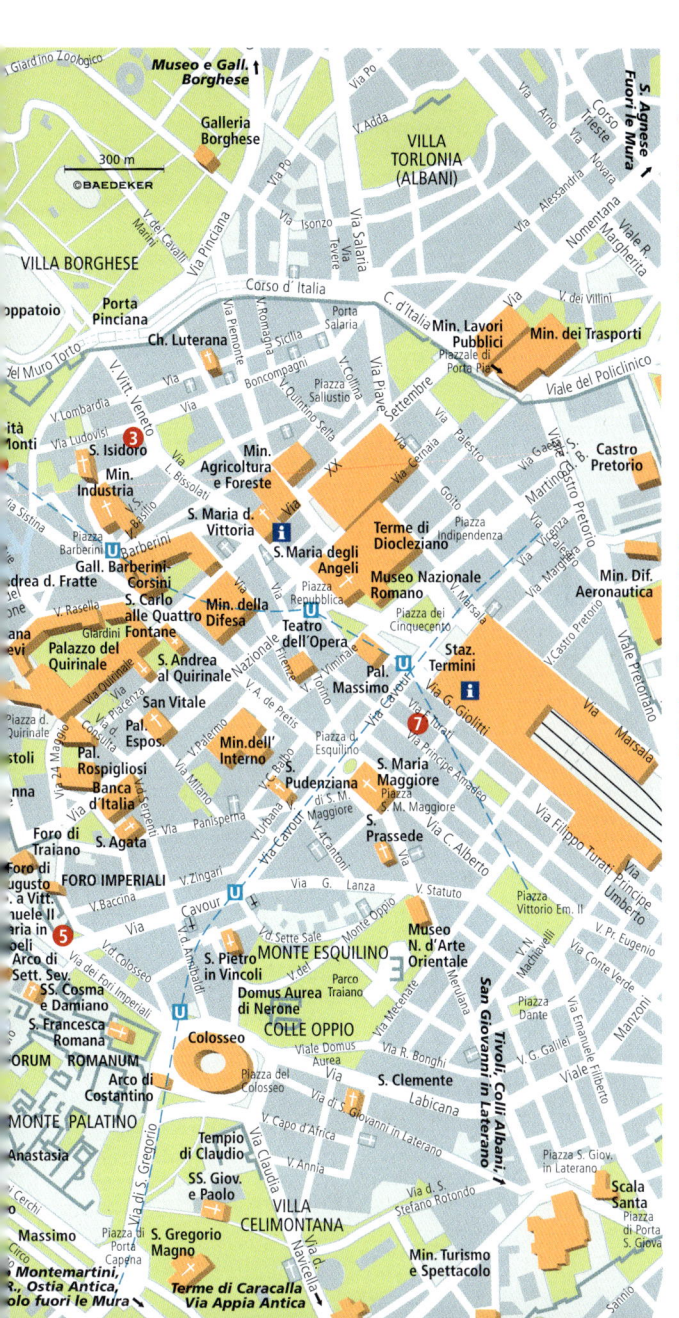

🍴

1. Il Convivio-Troiani
2. Babette
3. Checco er Carettiere
4. Roscioli
5. Campana
6. Da Alfredo e Ada
7. L'Eau Vive

🏠

1. Hassler Roma
2. De Russie
3. Regina Hotel Baglioni
4. Kloster Suore Nost. Signora di Lourdes
5. Romano
6. Mancino
7. Teti

ZIELE
ROM · ROMA

❷ BABETTE €€€
Bei Flora and Silvia gibt es leckere, moderne Küche, bei der auch Vegetarier Schmackhaftes auf der Karte finden. Und es gibt eine schöne Terrasse im Innenhof, um kurz mal Ruhe zu tanken im Trubel der Großstadt. Hat schon zum Frühstück geöffnet.
Via Margutta 1d
Tel. 06 32 11 559, Mo. geschl.
www.babetteristorante.it

❸ CHECCO ER CARETTIERE €€
Eine typische Trattoria im malerischen Viertel Trastevere: Hier werden römische Spezialitäten aufgetischt in gepflegt rustikalem Ambiente.
Via Benedetta 10
Tel. 06 5 80 09 85
www.checcoercarettiere.it

❹ ROSCIOLI €€
Viel mehr als nur eine Salumeria, ein Wurstwarengeschäft, wie man sich mit viel Understatement nennt. Roms legendärer Feinkostladen bietet italienische Klassiker auf höchstem Niveau, von der Burrata aus Pulien zum roten Thunfisch in bestem Olivenöl. Starten Sie mit dem Haus-Cocktail Aridaje und lassen Sie sich anschließend ein Essen empfehlen.
Via del Giubbonari 21
Tel. 06 68 75 287
www.salumeriarsoscioli.com

❺ CAMPANA €€–€€€
In der traditionsreichen Trattoria sitzt man an dicht gedrängten Tischen und genießt traditionelle römische Küche. Guten Appetit!
Vicolo della Campana 18/20
Tel. 338 546 31 09, Mo. geschl.

❻ DA ALFREDO E ADA €
Hier bekommt man einfache römische Gerichte in einem winzigen Lokal. Vorspeisen wie Brokkolisüppchen und üppige Secondi überzeugen. Dazu trinkt man Wein aus der Karaffe, denn »Un pasto senza vino è come una giornata senza sole«: Eine Mahlzeit ohne Wein ist wie ein Tag ohne Sonne!
Via Bianchi Nuovi 14
Tel. 06 39 73 77 41
So. und Mo. geschlossen

❼ L'EAU VIVE €
In der Nähe des Pantheons servieren katholische Missionarsschwestern aus aller Welt typische Spezialitäten aus ihren Heimatländern, mit einer kurzen Unterbrechung gegen 21 Uhr, wenn das Ave Maria angestimmt wird. Ein kleines 3-Gänge-Menü gibt's hier schon für weniger als 20 Euro!
Via Monterone 85 /
Piazza S. Eustachio
Tel. 06 68 80 10 95, So. geschl.
www.restaurant-eauvive.it

❶ HASSLER ROMA €€€€
Das märchenhafte Luxushotel direkt an der Spanischen Treppe verwöhnt seine Gäste mit außergewöhnlichem Komfort. Besonders schön ist das Dachgartenrestaurant mit dem grandiosen Blick über die Stadt.
Piazza Trinità dei Monti 6
Tel. 06 69 93 40
www.hotelhasslerroma.com
96 Zimmer und Suiten

❷ DE RUSSIE €€€€
Wo im 19. Jahrhundert russische Würdenträger logierten, wo einst Picasso, Cocteau und Strawinskij flanierten, dort bestimmen heute Designermöbel und Pastelltöne das Innere. Das rundum restaurierte 5-Sterne-Hauses überzeugt mit einem herrlich terrassiertem Garten, dem elegantem Restaurant, der Strawinskijbar und einem Fitnesszentrum.
Via del Babuino 9
Tel. 06 32 88 839
www.roccofortehotels.com/hotels-and-resorts/hotel-de-russie
84 Zimmer, 33 Suiten

❸ REGINA HOTEL BAGLIONI €€€€

In einem schmucken Jugendstilgebäude ist das traditionsreiche Luxushotel im Art-déco-Stil untergebracht. Ansprechendes Restaurant mit internationaler Gourmetküche.
Via Veneto 72
Tel. 06 45 40 33 00
118 Zimmer
www.baglionihotels.com

❹ KLOSTER SUORE NOSTRA SIGNORA DI LOURDES €

Warum nicht mal in einer Klosterherberge übernachten? Die zentrale Lage zwischen Piazza Barberini und Spanischer Treppe ist optimal, die niedrigen Preise entschädigen für die einfache Ausstattung und ein Gespräch mit den freundlichen, stets hilfsbereiten Schwestern lohnt sich in jeder Hinsicht.
Via Sistina 113
Tel. 06 474 53 24
www.viaggispirituali.it
www.pilgerzentrum.net/informationen/unterkunfte

❺ ROMANO €€

Kaum zu übertreffen: das Gefühl, wenn man morgens auf den Balkon tritt und den Tag mit einem Blick auf die Fori Imperiali beginnt. Das Hotel liegt zwischen Kolosseum und Piazza Venezia – ideal, um das antike Rom zu Fuß zu entdecken.
Largo Corrado Ricci 32
Tel. 06 678 68 40
www.hotelromano.it
16 Zimmer

❻ MANCINO €€€

Klein und fein: Das elegant designte Boutiquehotel liegt in einem tollen Palast der Innenstadt um die Ecke der Piazza Venezia, die Zimmer sind dennoch ruhig. In der Umgebung finden Sie viele stimmungsvolle Cafés und Restaurants.
Via del Mancino 12
Tel. 06 67 49 71
www.hotelmancino12.com
24 Zimmer

❼ TETI €€

Kleines Zwei-Sterne-Hotel nahe der Stazione Termini mit moderner Einrichtung und ordentlichen Zimmern. 2021 zum vierten Mal in Folge Trip Advisor Traveller's Choice.
Via Principe Amedeo 76
Tel. 06 48 90 40 88
www.hotelteti.it

Piazza Venezia

Wo sich die Wege kreuzen

Zwischen dem antiken und historischen Stadtzentrum liegt mit der Piazza Venezia einer der Verkehrsknoten von Rom: Von ihr führt die Via del Corso zur Piazza del Popolo, die Via dei Fori Imperiali quer durch die Kaiserforen zum Kolosseum und die Via del Plebescito in Richtung Vatikan. Über die Piazza in Aracoeli gelangt man zum Kapitol und auf der Via Battista zum Quirinalshügel.

Verkehrsknotenpunkt

Zeuge wechselvoller Geschichte

1451 begann man mit dem Bau des Palazzo – im Auftrag des venezianischen Kardinals Pietro Barbò, des späteren Papst Paul II. Der Palazzo Venezia ist damit das erste Beispiel einer profanen Renaissance-

Palazzo Venezia

architektur in Rom. Zinnenbewehrung und wehrhaftes Untergeschoss mit kleinen Fenstern erinnern noch deutlich an Festungsarchitektur, die marmornen Fensterkreuze des Piano nobile stehen bereits im Zeichen der Frührenaissance. 1926 bis 1943 war der Palazzo Amtssitz von Mussolini, der vom Balkon herab seine Ansprachen hielt. Heute beherbergt er mittelalterliche Skulpturen, Renaissancemalerei und Kunstgewerbe sowie Wechselausstellungen. Eine abgeriegelte große Freitreppe führt zum Altar des Vaterlands mit dem Grab des Unbekannten Soldaten und zum Reiterstandbild von Vittorio Emmanuele II., dem ersten König des geeinten Italiens. Das schneeweiße **Monumento Nazionale a Vittorio Emanuele II.** wurde nach Plänen Giuseppe Sacconis begonnen und 1911 eingeweiht – die Römer nennen ihr Nationaldenkmal wenig ehrfurchtsvoll »Gebiss« oder »Schreibmaschine«. Im Unterbau informiert das **Museo Centrale del Risorgimento**, das Museum der Wiedererstehung Italiens, über die Geschichte der italienischen Einigungsbewegung.

Museo Centrale del Risorgimento: tgl. 9.30–18.30 Uhr | Eintritt 12 €
https://vive.beniculturali.it

★ Campidoglio · Kapitol

Das antike Zentrum der Macht

Piazza del Campidoglio — Vom Nationaldenkmal etwas verdeckt erhebt sich das Kapitol, der historisch bedeutendste der sieben Hügel des antiken Rom: Im Altertum lag hier das politische und religiöse Zentrum – der »Nabel der Welt«. Die Stelle eines ehemaligen Juno-Moneta-Tempels nimmt die Basilika Santa Maria in Aracoeli ein (ital. zum Himmelsaltar), die man über eine steile Freitreppe erreicht. Sie hütet in der ersten Seitenkapelle rechts, der Capella Bufalini, das Hauptwerk des Renaissancemalers **Bernardino Pinturicchio**: »Szenen aus dem Leben des hl. Bernardin« (1485/1486). Bewacht von den Monumentalstatuen der Götterbrüder Castor und Pollux führt eine Freitreppe zum Kapitolsplatz, der nach Plänen Michelangelos zu einem der schönsten der Renaissance umgebaut wurde. Das 1538 im Zentrum aufgestellte bronzene **Reiterstandbild Marc Aurels** ist eine Kopie, das Original befindet sich in den Kapitolinischen Museen. Der Senatorenpalast, heute Amtssitz von Bürgermeister und Stadtrat, an der Stirnseite des Platzes wurde im 16. Jh. auf den Resten des antiken Tabulariums, des Staatsarchivs, erbaut. Zu Füßen der Doppelfreitreppe lagern die beiden antiken Statuen der Flüsse Nil und Tiber. Im Zentrum der Rampe steht ein Brunnen mit der Göttin Minerva.

★ Eine der ältesten öffentlichen Kunstsammlungen der Welt

Musei Capitolini — Flankiert wird der Platz von den Kapitolinischen Museen, den Musei Capitolini. Höhepunkt der Skulpturensammlung im Palazzo Nuovo

(ab 1650) ist eine römische Kopie der berühmten **Aphrodite von Knidos** des Praxiteles. Im Innenhof des Palazzo dei Conservatori (16. Jh.) ruhen die marmornen Fragmente der 12 m hohen Sitzstatue von Kaiser Konstantin. Beachtenswert ist im ersten Stock in der Sala dei Trionfi di Mario der »Dornauszieher« (Spinario) und in der Sala della Lupa die berühmte **Kapitolinische Wölfin**. Romulus und Remus wurden dem etruskischen Bronzeoriginal des 6./5. Jh. v. Chr. allerdings erst im 15. Jh. untergeschoben. Die Pinacoteca Capitolina im zweiten Stock präsentiert Gemälde von Tizian, Tintoretto, Caravaggio, Lorenzo Lotto und Veronese. Im Palazzo Caffarelli hinter dem Konservatorenpalast zeigt das **Museo Nuovo** griechische Skulpturen des 5. Jh.s v. Chr., Sarkophage, Urnen und weitere archäologische Stücke. Dort gibt es auch ein schönes Terrassencafé.
tgl. 9.30–19.30 Uhr | Eintritt 16 € (mit Sonderausstellung) | Audio- und Videoguide (auch deutsch) 7 € | www.museicapitolini.org

Das Alte Rom

Eintauchen in den Glanz der Antike

Nehmen Sie sich ausreichend Zeit für einen Spaziergang durch die Senke zwischen Campidoglio, Palatino und Viminal mit den aufragenden und umgestürzten Säulen, den verfallenen Basiliken und Triumphbögen, den frühen Kirchen und Mauerresten. Ein Jahrtausend lang wurden hier die Geschicke Europas entschieden, kamen die Macht des Römischen Reichs und die Schönheit der Kunst, das römische Recht und der Götterglaube zu überwältigender Darstellung. Das antike Zentrum von den Kaiserforen über das Kolosseum bis hin zur Via Appia ist heute ein riesiger archäologischer Park.

★★ Foro Romano

Lage: Largo della Salara Vecchia 5/6, Metro Line B Haltestelle Colosseo | tgl. ab 9 Uhr, Schließzeiten je nach Jahreszeit zwischen 16.30 und 19.30 Uhr | Eintritt 16 € (Kombiticket mit Kolosseum und Palatin) | https://parcocolosseo.it

Einst ein prunkvoller Bau

Die Zensoren Marcus Aemilius Lepidus und Marcus Fulvius Nobilior errichteten die Basilika Aemilia 179 v. Chr. zur Entlastung des Handels auf dem Forum. Sie wurde vermutlich Anfang des 5. Jh.s bei der Eroberung Roms durch Alarich zerstört. Gegenüber erhebt sich die **Curia Iulia**, das von König Tullius Hostilius gebaute Sitzungsgebäude der Senatoren. Ihre heutige Form verdankt sie Kaiser Diokletian (303 n. Chr.). Während die Bronzetüren im 17. Jh. in die Lateransbasilika versetzt wurden, gehen der Marmorfußboden in Opus sectile, die seitlichen Stufenreihen für die Senatoren sowie das Podium an der Stirnseite noch auf das frühe 4. Jh. zurück. Die beiden nur aus Erhaltungsgründen hier aufgestellten Reliefblöcke (Anaglypha Traiani)

Basilica Aemilia

DAS ZENTRUM DES REICHS

Von hier aus wurde regiert: Auf dem Forum versammelten sich Roms Politiker und entschieden über die Geschicke des Römischen Weltreichs.

❶ Arco di Tito
Der 14,5 m hohe, 13,5 m breite und 4,75 m tiefe Siegesbogen des Kaisers Titus ist der älteste der erhaltenen römischen Triumphbogen.

❷ Basilica di Massenzio
Imposant sind die Reste des auch Konstantinsbasilika oder Basilica Nova genannten Baus mit einer Fläche von 100 x 65 m. Das Mittelschiff war 35 m, die Seitenräume 24,5 m hoch.

❸ Tempio di Antonio e Faustina
Von dem Tempel sind die sechs korinthischen Säulen der Front und mehrere Säulen der Längsseite erhalten. Im 11. Jh. wandelte man den Tempel in die Kirche San Lorenzo in Miranda um. Anlässlich des Rombesuchs von Kaiser Karl V. 1536 wurden die Säulen wieder von den umgebenden Mauern befreit.

❹ Curia
Das Innere der 27 x 18 m großen und 21 m hohen Halle, die etwa 300 Senatoren Platz bot, bewahrt noch Fragmente eines farbigen Marmorfußbodens. Außerdem sind die Plutei Traiani zu sehen, zwei große Marmorreliefs mit Szenen aus dem politischen Leben des Kaisers: die Vernichtung der Steuerakten (links) und die Stiftung der Alimenta zur Unterstützung von Kindern hilfsbedürftiger Familien (rechts).

❺ Arco di Settimio Severo
Auf dem ca. 21 m hohen und 23 m breiten Bogen stellen Marmorreliefs Episoden aus den von Kaiser Septimius Severus geführten Kriegen dar.

❻ Tempio della Concordia
Nur Fundamente sind vom einst reich geschmückten Concordiatempel aus republikanischer Zeit erhalten.

❼ Tempio di Saturno
Der mehrfach durch Feuer zerstörte Tempel wurde immer wieder aufgebaut. Von ihm blieben acht Säulen mit ionischen Kapitellen erhalten. Das Fest der ursprünglich nur am 17.12. gefeierten (und später bis zum 30.12. ausgeweiteten) Saturnalien begann hier.

❽ Basilica Iulia
Von der einst 101 m langen und 49 m breiten Gerichtshalle sind nur noch die Fundamente und einige Säulenstümpfe erhalten.

❾ Tempio di Castore e Polluce
Von dem im ersten nachchristlichen Jahrhundert unter Tiberius erneuerten Tempel stammen die drei 12 m hohen korinthischen Säulen mit Gebälk, auch die »Drei Schwestern« genannt.

⑩ Atrium Vestae

Das Haus der Vestalinnen bestand aus einem großen Atrium, den Wohnungen der Hüterinnen des Heiligen Feuers und den Wirtschaftsräumen. Noch heute sind die Umrisse mit Unterbau und Sockeln für die Ehrenstatuen gut erkennbar – die erhaltenen Statuen sind in verschiedenen römischen Museen ausgestellt.

ZIELE
ROM · ROMA

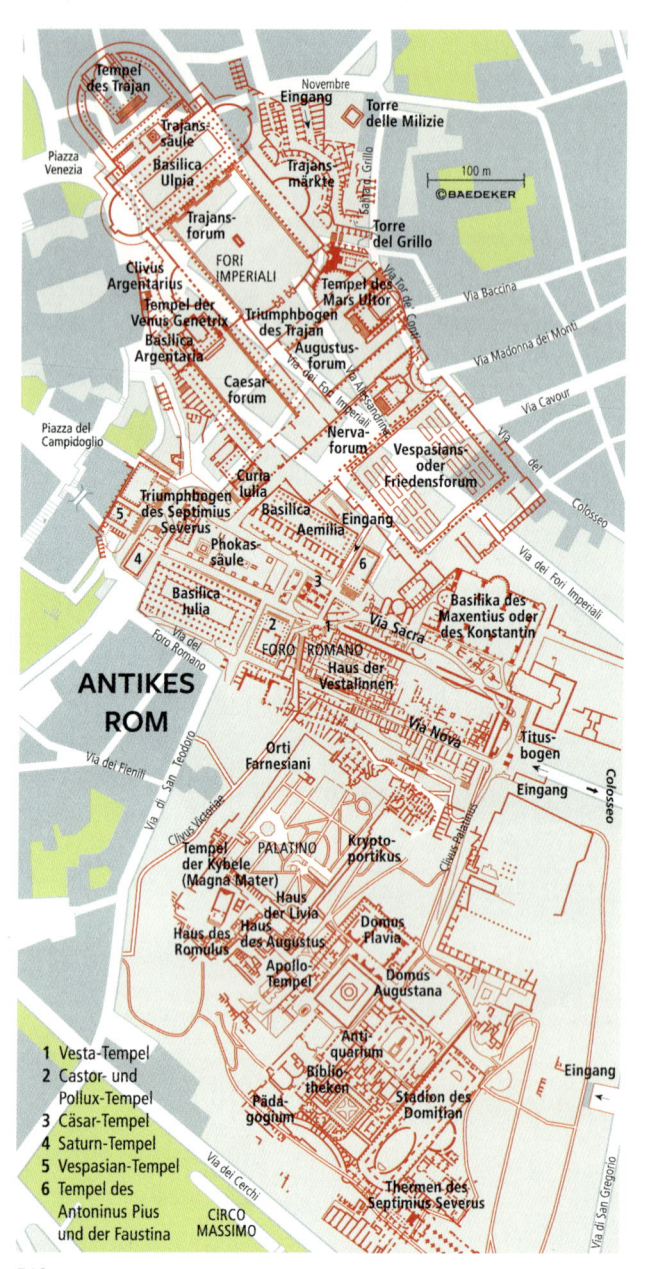

ANTIKES ROM

1 Vesta-Tempel
2 Castor- und Pollux-Tempel
3 Cäsar-Tempel
4 Saturn-Tempel
5 Vespasian-Tempel
6 Tempel des Antoninus Pius und der Faustina

ZIELE
ROM · ROMA

geben einen Eindruck vom einstigen Aussehen des Forums. Bei dem schwarzen Stein zwischen Rostra und Kurie handelt es sich um den **Lapis Niger**, den man 1899 wiederentdeckte. Darunter befindet sich ein unterirdischer, nicht zugänglicher Raum, in dem während des Mittelalters das Grab von Romulus vermutet wurde.

Ein Denkmal für die Siegreichen
Im Jahr 203 errichteten die Kaisersöhne Caracalla und Gaeta zum zehnten Amtsjubiläum ihres Vaters **Septimius Severus** den gewaltigen Arco di Settimio. Später ermordete Caracalla seinen Bruder und tilgte den Namen. Neben dem Bogen erstreckt sich **Rostra**, die augusteische Rednerbühne, die früher mit den Schnäbeln (»rostra«) der eroberten feindlichen Schiffe versehen war. Vor ihr erhebt sich die korinthische **Phokassäule,** 608 zur Erinnerung an den oströmischen Kaiser Phokas errichtet. Er hatte Papst Bonifazius IV. das Pantheon zur Umwandlung in eine Kirche überlassen.

Arco di Settimio

Wenn die Toten Götter werden
Der Tempel für den vergöttlichten Julius Cäsar, auch Tempio del Divo Giulio genannt, bildet die zweite Schmalseite des Platzes. Nach Cäsars Ermordung in den Iden des März 44 v. Chr. wurde hier sein Leichnam verbrannt, Marcus Antonius eröffnete hier sein Testament. Octavian ließ den Tempel 29 v. Chr. mit einer zweiten Rednerbühne errichten. Der 484 v. Chr. den Stadtpatronen geweihte **Tempio di Castore e Polluce** daneben gilt mit seinen drei korinthischen Säulen aus griechischem Marmor als eines der Wahrzeichen von Rom. Beim Bau des Podiums wurde erstmals Gussmauerwerk verwendet.

Tempio di Caesare

Werfen Sie einen Blick auf den Boden ...
Als Entsprechung zur Basilica Aemilia nimmt die Basilica Iulia die zweite Langseite des Forums ein. Die Gerichtsbasilika wurde 169 v. Chr. errichtet und unter Cäsar erneuert. Damals vertrieben sich die Römer auf den Stufen die Zeit mit Brettspielen, deren Spielfelder noch heute deutlich erkennbar sind.

Basilica Iulia

Hüter des Staatsschatzes
Jenseits der Basilika verweisen acht ionische Granitsäulen auf den bereits um 498 v. Chr. errichteten Saturntempel, in dem zur Zeit der Republik der römische Staatsschatz aufbewahrt wurde. Das im 1. Jh. v. Chr. erbaute Reichsarchiv, das Tabularium, bildet den Übergang vom Forum zum Kapitol. Die Reste unterhalb des Gebäudes gehörten zum Porticus Deorum Consentium, in dem die Statuen der zwölf Hauptgötter standen, zum Tempel des Vespasian und zum Concordiatempel, 367 v. Chr. als Symbol der Eintracht zwischen Patriziern und Plebejern errichtet und Anfang des 1. Jh. von Tiberius erneuert.

Tempio di Saturno

ZIELE
ROM · ROMA

Tempio di Antonino e Faustina

Dem vergöttlichten Kaiserpaar gewidmet
Rechts vom Forumsausgang zur Via dei Fori Imperiali thront der mächtige Tempel für Kaiser Antoninus Pius und seine Frau Faustina. Er wurde nach dem Tod der Kaiserin 141 erbaut und diente ab 161 auch zur Verehrung des vergöttlichten Antoninus Pius. Im 11. Jh. wurde er in die **Kirche San Lorenzo in Miranda** verwandelt.

Im einzigen **Rundtempel** auf dem Forum brannte das von den Vestalinnen bewahrte Heilige Feuer (Tempio di Vesta Atrium Vestae). Am 1. März, dem römischen Neujahrstag, wurde in den Wohnhäusern das Feuer gelöscht und an der Flamme im Vestatempel neu entzündet. Im angrenzenden **Haus der Vestalinnen** lebten die Priesterinnen abgeschirmt von der Umwelt.

BAEDEKER MAGISCHE MOMENTE

ANTIKE NACH SONNENUNTERGANG
Ziehen Sie nach dem Abendessen los in die Innenstadt von Rom. Die Piazza del Campidoglio, schön und ruhig liegt sie da im Mondlicht. Sie gehen ein paar Schritte weiter, stehen oberhalb des Forum Romanum: die reine Magie. Der Septimiusbogen ist bezaubernd illuminiert, die Säulen des Saturntempels leuchten überirdisch schön in der Schwärze der Nacht.

ZIELE
ROM · ROMA

Auch als Ruine eindrucksvoll

Vom imposantesten Hallenbau der Antike zeugen die mächtigen Bögen der Maxentiusbasilika. Von Maxentius 306 n. Chr. begonnen und nach dessen Tod 330 von Konstantin vollendet, diente sie der Rechtsprechung und dem Geschäftsverkehr. Im 7. Jh. ihrer Bronzedachziegel beraubt, beschleunigte ein Erdbeben im 9. Jh. den Verfall. In der Westapsis thronte die **Monumentalstatue von Konstantin**, deren Reste im Hof des Konservatorenpalastes zu sehen sind. Vor dem Forumsausgang in Richtung Kolosseum feiert der Titusbogen (Arco di Tito) die Erfolge des Kaisers im Judäischen Krieg. Der Feldherr Titus, Sohn des Vespasian, eroberte 70 n. Chr. Jerusalem und zerstörte den Tempel. Die Reliefbilder im Durchgang zeigen ihn im Triumphzug.

Basilica di Massenzio

★ Palatino

Hier begannen die Römer ihre Stadt

Direkt beim Titusbogen steigt man hinauf zum Palatin. Nach der Gründungslegende spülte der Tiber an seinem Hang die Zwillinge Romulus und Remus an. Hier beginnt mit Gründung der sog. Roma quadrata 753 v. Chr. die historische Zeit der Stadt, auch wenn eine einfache Besiedlung bereits für das 10. Jh. v. Chr. nachgewiesen werden konnte. Bei Restaurierungsarbeiten entdeckten Archäologen eine 16 m tief im Palatin-Hügel liegende Höhle, in der schon zu antiken Zeiten der mythische Stadtgründer Romulus verehrt worden sein soll. Augustus wurde auf dem Palatin geboren und errichtete dort seinen Kaiserpalast, das Palatium. Seine Nachfolger vergrößerten und verschönerten seine Anlagen, die seit dem 4. Jh. verfielen.

Am Beginn der Zeit

tgl. ab 9 Uhr, Schließzeiten je nach Jahreszeit zwischen 16.30 und 19.30 Uhr | Eintritt 16 € (Kombiticket mit Kolosseum und Forum Romanum) | https://parcocolosseo.it

Ein Stück Grün

Auch Kardinal Alessandro Farnese, der spätere Papst Paul III, ließ hier Gärten anlegen. In seinem Auftrag schuf Mitte des 16. Jh.s der Architekt Vignola die Orti Farnesiani, deren Terrassen, Wasserbecken, Blumenbeete und Pavillons den **Palast von Kaiser Tiberius** bedecken. Im forumsabgewandten Teil zeugen in der Casa di Livia (Haus der Livia) Wandmalereien mit mythologischen Szenen und illusionistischen Landschaften von der einstigen Pracht der kaiserlichen Bauten. Einem Bleirohr mit der Aufschrift »Livia Augusta« verdankt man die Zuschreibung des Hauses an die Gattin Kaiser Augustus'.

Orti Farnesiani

So wohnten Kaisers

Die Palastruinen im Zentrum des Hügels gehen auf die Zeit des Flavierkaisers **Domitian** zurück. Den Peristylhof begrenzt südlich ein

Domus Flavia

Triclinium (Speisesaal) mit Fußbodenheizung; im Norden liegt in der Mitte die Aula Regia (Thronsaal), flankiert von einer Basilika zur Rechtsprechung und einem Lararium zur Verehrung der Hausgötter. Aus dem 1. Jh. stammen auch die monumentalen Überreste des mehrgeschossigen Wohnpalast des Kaisers und eine Stadion des Domitian genannte Gartenanlage. Hier öffnet sich ein schöner Blick auf die spärlichen Reste des **Circus Maximus** in der Senke zwischen Palatin und Aventin. Bis zu 150 000 Zuschauer verfolgten in der größten Pferderennbahn Roms die Rennen zwischen den Vierergespannen. Der Legende nach fand hier der Raub der Sabinerinnen statt.

Via dei Fori Imperiali

Als Rom aus allen Nähten platzte

Foro di Cesare

Fast eine Million Menschen lebten am Tiber, Wohnraum wurde eng. Caesar wusste Abhilfe zu schaffen und begann 54 v.Chr. mit den Arbeiten für ein neues Forum. Seine Nachfolger Augustus, Nerva und Trajan erweiterten die Anlage. Zu besichtigen ist heute nur ein kleiner Teil der Kaiserforen, denn im Lauf der Jahrhunderte rückten sie wieder ins Zentrum Roms und wurden überbaut. Was nicht überbaut wurde, wurde geplündert – die Antike war für Rom über die Jahrhunderte ein billiger Steinbruch. Der größte Eingriff fand allerdings erst in den 1920er-Jahren statt: Mussolini rammte die protzige Prachtstraße Via dell'Impero, die heutige Via dei Fori Imperiali, quer über die Kaiserforen. Daraus ergibt sich immerhin der Vorteil, dass große Teile des Ausgrabungsgeländes gratis und von der Straße aus zu betrachten sind. Seit 2013 ist die breite Straße für den privaten Autoverkehr gesperrt, Taxis und Busse verkehren noch.

Eine goldene Urne für des Kaisers Asche

Foro di Traiano

Die mächtig aufragende **Trajanssäule** am Anfang der Via dei Fori Imperiali gehört zum jüngsten und zugleich größten Kaiserforum, angelegt zwischen 107 und 118 n. Chr. von Apollodoros aus Damaskus. Man betritt es über einen Treppenabgang bei der Säule oder durch die Trajansmärkte. In der Antike gelangte man durch einen monumentalen Triumphbogen auf einen freien, von Säulenhallen flankierten Platz. Gegenüber erhob sich die **Basilica Ulpia**. Ihre zahlreichen wieder aufgerichteten Säulen geben noch heute eine Vorstellung von der 130 x 125 m großen Halle. Dahinter steht auf einem Sockel mit der goldenen Aschenurne des Kaisers die 38 m hohe Trajanssäule (Colonna di Traiano) aus parischem Marmor. Das 200 m lange Reliefband zeigt Szenen aus den Feldzügen Trajans gegen die Daker. In der Antike flankierten zwei Bibliotheken die Säule, auf der Spitze stand ein Standbild des Kaisers, das im Mittelalter verloren ging und durch eine Statue des Apostels Petrus ersetzt wurde.

ZIELE
ROM · ROMA

Multimedial durch die Antike
Vor dem Eingang zum Trajansforum lag das Augustusforum mit dem Tempel für den rächenden Kriegsgott Mars Ultor. Augustus hatte den **Mars-Tempel,** von dem noch drei Säulen aufrecht stehen, nach dem Sieg über die Partei der Cäsarenmörder 42 v. Chr. bei Philippi im Jahr 2. v. Chr. geweiht. In der Aula del Colosso stand die 14 m hohe Kolossalstatue des Augustus, deren Reste im Museum der Kaiserforen ausgestellt sind. Seit 2014 werden hier spektakuläre multimediale Abendshows veranstaltet.

Foro di Augusto

Haupteingang: Via Alessandrina | Nächtliche Shows zwischen 20.15 und 23.15 Uhr, Audio auch auf Englisch
Eintritt 15 € | www.viaggioneifori.it

Einst stand hier ein Minerva-Tempel
In der Verlängerung von Trajans- und Augustusforum verbindet das Forum von Nerva das Forum Romanum und die Unterstadt. Zwei prächtige korinthische Säulen und Stücke eines Gebälkfrieses erinnern an den einstigen Glanz. Das Foro di Vespasiano (Forum des Vespasian), auch Friedensforum genannt, ließ der Kaiser nach der Eroberung von Jerusalem im Jahr 70 beginnen.

Foro di Nerva

Einige der schönsten Fresken Roms
Zwischen der Via dei Fori Imperiali und dem Forum Romanum liegt die Kirche Santi Cosma e Damiano (6. Jh.). Am Triumphbogen und in der Apsis sind **Mosaiken** aus dieser Zeit zu sehen. In einem Nebenraum beim Eingang der Kirche kann man eine große neapolitanische Krippe (18. Jh.) bewundern. Die der Schutzheiligen Roms geweihte Kirche **Santa Francesca Romana** zwischen der Maxentiusbasilika und dem Kolosseum hat einen schönen Glockenturm aus dem 13. Jahrhundert.

Santi Cosma e Damiano

★★ Colosseo und Umgebung

Megaprojekt der Antike für Brot uns Spiele
Im Jahr 80, gerade einmal acht Jahre nach Baubeginn, war das größte Amphitheater der Antike fertiggestellt. **Kaiser Vespasian** hatte es in Auftrag gegeben, sein Sohn und Nachfolger Titus ließ den dreistöckigen Monumentalbau mit hunderttägigen »Spielen zur Vergnügung des Volkes« einweihen. Etwa 70 000 Zuschauer verfolgten die Spektakel – heute dürfen höchstens 3000 hinein! Die beste Sicht auf das flavische Amphitheater haben Sie von der Via dei Fori Imperiali, von hier aus ist es in seiner ganzen Pracht zu erfassen. Travertin, Terracotta und viel Marmor: Die **Gewölbe** des Colosseums bestanden aus antikem Beton, da bereits die Römer das Zementmischen perfektioniert hatten. Aber auch zweitausend Jahre alter Beton hält nicht ewig, wenn er den Umwelteinflüssen einer modernen Großstadt aus-

Wahrzeichen der Stadt

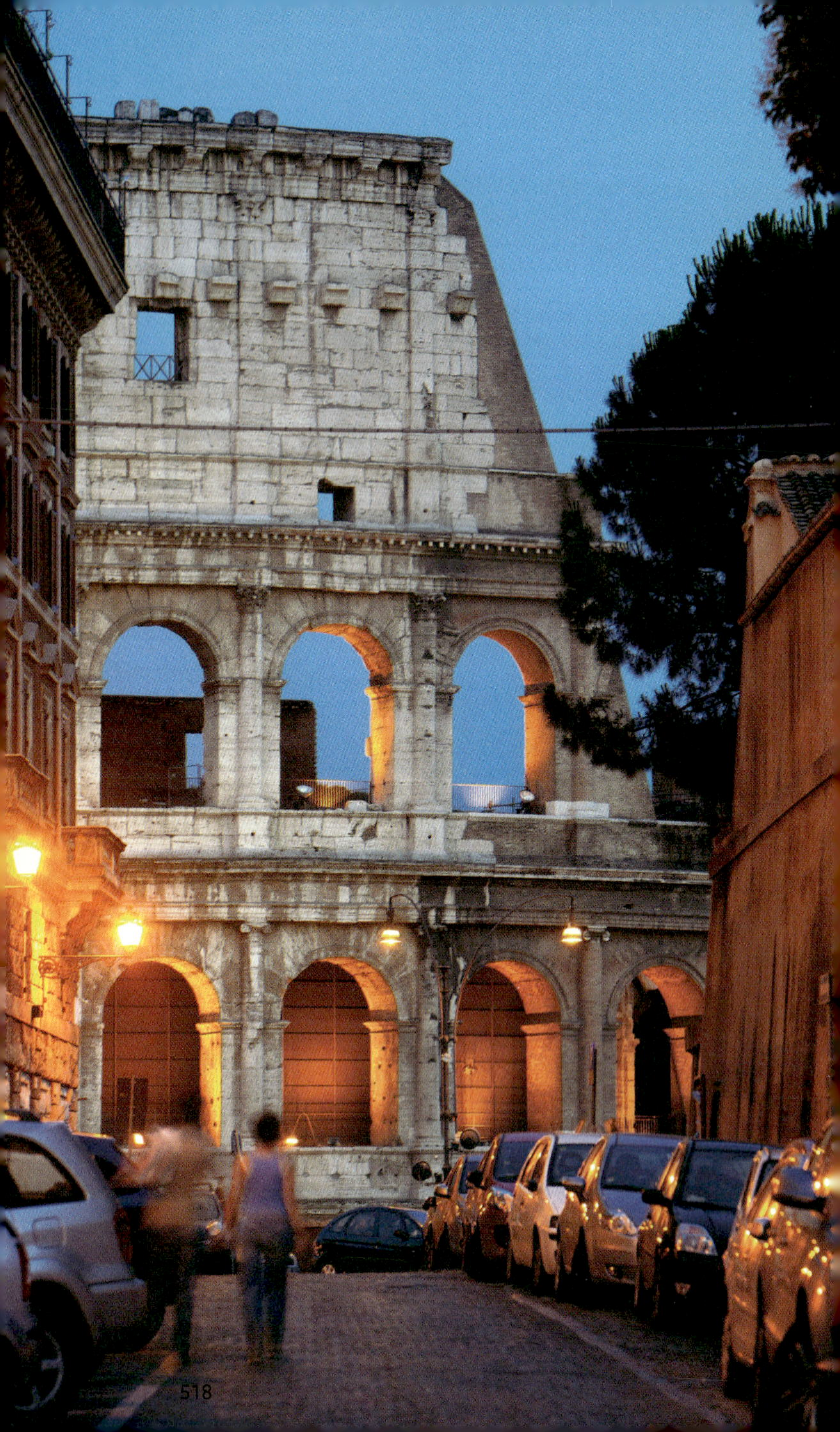

gesetzt ist. 2016 wurden deshalb gewaltige Restaurierungsarbeiten abgeschlossen, so dass die Kalksteinfassade wieder so weiß glänzt wie einst. Während die Fassade im typisch römischen Travertin ausgeführt wurde, verwendete man innen Tuff und Ziegel, die allerdings prächtig mit **Carraramarmor** verkleidet waren. Der original erhaltene nordöstliche Teil zeigt nach außen vier Stockwerke. Aus der Wand ragende Travertinblöcke trugen Holzmasten, von denen aus Sonnensegel über die Zuschauerränge gespannt waren. Das Volk betrat über nummerierte Tore die Zuschauerränge, dem Kaiser waren die beiden Eingänge in der Querachse, den Gladiatoren (▶ Baedeker Wissen, S. 520/521) die beiden in der Hauptachse vorbehalten.

tgl. ab 9 Uhr, Schließzeit je nach Jahreszeit zwischen 16.30 und 19.30 Uhr | Eintritt 16 € (Kombiticket mit Forum Romanum u. Palatine) | https://parcocolosseo.it

Neros Goldenes Haus

Ein Flammenmeer, so weit das Auge reicht: Im Sommer 64 brennt Rom. Ob Nero tatsächlich auf der Dachterrasse stand und sang, wie es uns Hollywood in »Quo Vadis?« (1951) mit Sir Peter Ustinov als Kaiser weismachen will? Der Brand ist jedenfalls historisch belegt. Von 14 Stadtbezirken wurden drei völlig zerstört. Danach konnte neu gebaut werden, und Nero schuf Domus Aurea, das Goldene Haus, ein gigantischer Landsitz mitten in der Stadt. Über die Viale Domus Aurea gelangt man hin. In der Eingangshalle empfing seine über 30 m hohe Kolossalstatue den Eintretenden. Die Speisesäle besaßen getäfelte Decken aus beweglichen Elfenbeinplatten, um Blütenblätter herabregnen zu lassen. Als Nero einzog, soll er gesagt haben:

★
Domus
Aurea

> »
> Jetzt fange ich an, wie ein Mensch zu wohnen
> «

Nach mehr als 20-jährigen Restaurierungen sind zahlreiche der bisher 150 bekannten Räume zu besichtigen.

Viale della Domus Aurea 1 | tgl. 9 - 18.30 Uhr | Eintritt Mo. - Mi. 12 €, Do. - So. nur Führungen 18 € | Infos: https://raffaellodomusaurea.it, Tickets www.coopculture.it

Der Name führt in die Irre

Der reich ausgeschmückte Konstantinsbogen direkt neben dem Kolosseum gilt als der besterhaltene und **größte Triumphbogen** Roms. Lange Zeit glaubte man, er sei für Konstantin anlässlich seines Sieges über Maxentius im Jahr 312 erbaut worden, mittlerweile vermutet man in dem Bauwerk einen Vorgängerbau aus der Zeit Hadrians.

Arco di
Costantino

In Rom führen vielen Wege zunächst zum Kolosseum.

BROT UND SPIELE

Was dem Publikum in der Arena zur Unterhaltung geboten wurde, bedeutete für die Gladiatoren oft eine Entscheidung zwischen Leben und Tod. Derartige Spiele gehen wohl auf ein etruskisches Begräbnisritual zurück. In Rom ließ erstmals im Jahr 264 v.Chr. Decimus Junius Brutus bei einer Trauerfeier für seinen kurz zuvor verstorbenen Vater sechs Sklaven zum Kampf gegeneinander antreten.

▶ **Gladiatorentypen**
Es entwickelten sich mit der Zeit mehrere unterschiedlich bewaffnete Kämpfertypen:

- Schmuckbüschel/Straußenfedern
- Krempelhelm
- Armschutz aus Bandagen »manica«
- Schwert mit gekrümmter Klinge »sica«
- kleines, gebogenes Schild »parmula«
- gesteppte oder metallene Beinschiene

RETIARIUS
Netzkämpfer
war nur leicht bewaffnet.

SAMNIT
Nahkämpfer
gehört zu den ältesten Gladiatorentypen.

THRAKER
Nahkämpfer
sehr häufige Gladiatorenart

MURMILLO
Nahkämpfer
kämpfte gegen Thr

▶ **Unterhaltung und Sport im alten Rom**
Für jedes Spektakel gab es den passenden Veranstaltungsort:

Amphitheater
Gladiatorenkämpfe

▶ **Wer waren die Gladiatoren?**
Gladiatoren waren zuvor Sklaven, Kriegsgefangene, Gefangene oder Verurteilte. Es gab aber auch Freiwillige, meist Freigelassene.

▶ **»Ludus« Schule der Gladiatoren**
Nach Schätzungen gab es etwa 100 Gladiatorenschulen. Die »Ludus Magnus« war die größte Rom direkt neben dem Kolosseum. Hier konnten bis zu 2000 Gladiatoren pro Jahr ausgebildet werden.

Der Aufstand des Spartakus

Spartakus floh 73 v. Chr. mit 78 anderen Gladiatoren aus einer Gladiatorenschule in Capua. Zahlreiche entflohene Sklaven schlossen sich ihm an, sodass er schließlich mit einem 200 000 Mann starken Heer durch Italien zog. In Süditalien kam es zur entscheidenden Schlacht, bei der Spartakus und 60 000 seiner Gefolgsleute getötet wurden.

SPARTAKUSAUFSTAND
Der dritte Sklavenkrieg (73 – 71 v. Chr.)

- → 1. Zug
- ⇢ 2. Zug
- ⋯→ 3. Zug
- ● vom Sklavenheer besetzter Ort
- ✗ Niederlage, Untergang isolierter Gruppen des Sklavenheeres
- ✗ siegreiche Schlacht des Sklavenheeres unter Spartakus

Modena 72 v. Chr.
Florenz 72 v. Chr.
Ancona
Entscheidungsschlacht am Silarus (Sele) gegen das Heer des Crassus
Kreuzigung von 6000 Sklaven an der Via Appia
Rom 72 v. Chr.
Capua — Ausgangspunkt des Aufstandes
71 v. Chr.
Petelia
Crotone

EQUES
Reiter
eröffnete die Gladiatorenspiele.

SECUTOR
Verfolger
kämpfte gegen Retiarius.

DIMACHAEUS
Dolchkämpfer
kämpfte mit zwei Dolchen.

ANDABATES
Blinder Kämpfer
kämpfte gegen seinesgleichen.

Circus
Wagenrennen

Stadion
Athletische Wettbewerbe

Theater
Dramen- und Musikstücke

Der Kampftag
Bevor die Gladiatoren kämpften, gab es einiges zu sehen: Tierkämpfe, Zirkusnummern, öffentliche Hinrichtungen von Verbrechern und Schaukämpfe mit hölzernen Waffen.

▶ Lebenserwartung
Die meisten Gladiatoren starben ihren gewaltsamen Tod im Alter zwischen 18 und 25 Jahren.

ZIELE
ROM · ROMA

★ Wellness vor 1800 Jahren

Terme di Caracalla

In den Terme di Caracalla, 216 von Kaiser Caracalla eröffnet, nahmen die Römer ihr Bad in heißen und kalten Schwimmbecken (Caldarium und Frigidarium), im trockenen oder feuchten Dampfbad und trieben Gymnastik und Sport. Daneben flanierte man in Gärten, besuchte den Friseur oder gab sich dem Shopping hin. – nicht viel anders als heute. Die Architektur war überwältigend: Auf einer Fläche von 33 000 m² nahmen gewaltige Hallen mit mächtigen Pfeilern und Säulen, Kuppeln und Gewölben an die 1500 Menschen gleichzeitig auf.

Di.–So. ab 9 Uhr, Schließzeit je nach Jahreszeit zwischen 16.30 und 19.15 Uhr | Eintritt 10 €

❙ Lateran

★ Kirchengeschichlich bedeutender als der Petersdom

San Giovanni in Laterano

Rund 1000 Jahre lang lag hier im Lateran – und nicht im Vatikan – das Zentrum des Papsttums. So ist die Kirche San Giovanni, die ihre Wurzeln im 4. Jh. hat, die ranghöchste Kirche Roms, nämlich noch bedeutender als der Petersdom, und wichtiges Pilgerziel. Die Bezeichnung Laterano geht zurück auf eine Familie mit diesem Namen, die hier Grundbesitz hatte, den Kaiser Nero jedoch beschlagnahmen ließ.
Die **große Basilika** gründete 313 n. Chr. Kaiser Konstantin über den Mauern des Palastes der Laterani. Die Inschrift an der Hauptfassade weist sie als »Mutter und Haupt aller Kirchen der Stadt und des Erdkreises« aus. Zusammen mit San Paolo fuori le Mura, San Pietro und Santa Maria Maggiore gilt sie als **eine der vier Patriarchalbasiliken** von Rom. Die beiden Glockentürme über dem Querhaus entstanden im 16. Jh., die mächtige Barockfassade wurde ab 1735 geschaffen. Das mittlere der fünf Hauptportale stammt aus der Curia Iulia auf dem Forum Romanum. Anlässlich des heiligen Jahres 1650 wurde das fünfschiffige Innere von **Francesco Borromini** grundlegend umgestaltet. Vier Stufen führen zum Querschiff hinauf. Über dem Papstaltar erhebt sich ein tabernakelähnlicher Baldachin, in dem die Häupter der Apostel Petrus und Paulus verehrt werden. Am Altar sollen die ersten römischen Bischöfe in der Nachfolge von Petrus die Messe gefeiert haben. Die Confessio vor dem Altar birgt das Bronzegrabmal von Papst Martin V., auf das nach altem Brauch Münzen geworfen werden. In der Apsis glänzen fein gearbeitete Mosaiken. Die originalgetreuen Kopien der Darstellungen des 13. Jh.s zeigen Christus umgeben von Engeln und Heiligen. Durch eine Tür im linken Seitenschiff gelangt man in den Kreuzgang aus dem 13. Jh. Sehenswert sind vor allem die gewundenen und mit Mosaiken verzierten Säulen der römischen Künstlerfamilie Vassalletti.

tgl. 7–18.30, Sakristei tgl. 8–12 und 16–18, Kreuzgang tgl. 9–18 Uhr
Eintritt frei, Kreuzgang 5 € | www.vatican.va

ZIELE
ROM · ROMA

Zwei wichtige Unterschriften

An die Kirche angebaut war der Lateranpalast, **Wohn- und Amtssitz der Päpste** von Konstantin bis zum Jahr 1309, als Clemens V. ins Exil nach Avignon zog. Den heutigen Palast ließ Papst Sixtus V. 1586 neu errichten; er ist Sitz der römischen Bistumsverwaltung. 1929 unterzeichneten Diktator Benito Mussolini und der Heilige Stuhl hier die sogenannten Lateran-Verträge: Der Papst erkannt Rom als Hauptstadt des geeinten Italiens an, der italienische Staat garantierte dem Vatikan territoriale und politische Souveränität.

Lateranpalast

Nicht mit Füßen treten

In einem Gebäude aus dem 16. Jh. gegenüber dem Palast befindet sich die Scala Santa, die Heilige Treppe, deren 28 heute holzverkleideten Marmorstufen der Überlieferung zufolge aus dem **Palast des Pilatus** in Jerusalem stammen. Hier soll Jesus die ersten Schritte auf seinem Kreuzweg gegangen sein. In Gedenken an das Leiden Christi rutschen die Gläubigen die Heilige Treppe auf Knien hinauf zur Kapelle Sancta Sanctorum. Sie mit den Füßen zu betreten ist nicht erlaubt.
Scala Santa: Mo.-Sa. 6 - 13.30, 15-18.30, So. ab 7 Uhr (Zutritt für Gebete auf Knien frei) | **Capella del Sancta Sanctorum:** Mo.-Sa. 9.30-12.40, 15-17.10 Uhr | Eintritt 3,50 € | www.scala-santa.com

Scala Santa

Eine der sieben Pilgerkirchen Roms

Die Kirche Santa Croce in Gerusalemme wurde unter Kaiser Konstantin errichtet, um die Reliquien der Passion Christi aufzunehmen, die Konstantins Mutter, die hl. Helena, aus dem Heiligen Land mitgebracht hatte. Ihr spätbarockes Aussehen erhielt die Kirche im 18. Jh. Angeschlossen ist ein archäologisches Museum. Die sechs anderen Pilgerkirchen Roms sind San Giovanni in Laterano (▶ S. 522), San Santa Maria Maggiore (▶ S. 523), San Paolo fuori le Mura (▶ S. 535), San Pietro in Vaticano (▶ S. 539), San Sebastiano (▶ S. 552) und San Lorenzo fuori le Mura.
tgl. 7.30 - 12.45, 15.30-19.30 Uhr | www.santacroceroma.it

Santa Croce in Gerusalemme

Um die Stazione Termini

Eine der ältesten Kirchen der Stadt

Auf dem Altar wird der Schatz aufbewahrt, der dieser Kirche ihren Namen gab: die Ketten, mit denen der Überlieferung zufolge der heilige Petrus in den Kerkern gefangen gehalten wurde. »Sankt Peter in Ketten« liegt in der Nähe des Kolosseums auf dem Esquilin-Hügel. Der Grundstein wurde 431 gelegt. Dass die Kirche mehrfach verändert und erweitert wurde, sieht man ihr allerdings nicht an. Mehrmals wurde sie dem Zeitgeschmack angepasst, heute ist sie spätbarock gestaltet. Herausragend ist das **von Michelangelo gestaltete**

★
San Pietro in Vincoli

Grabmal für Papst Julius II. (1516) mit der kraftvollen Statue des Moses, der soeben die Gesetzestafeln mit den Zehn Geboten erhalten hat und nun mit ansehen muss, wie das Volk das Goldene Kalb anbetet – eines der bedeutendsten Werke des Künstlers.
tgl. 8–12.30, 15.30 bis 18 Uhr

Ein Papst kniet

Santa Maria Maggiore

Auf dem höchsten Punkt des Esquilin thront die Patriarchalbasilika Santa Maria Maggiore (5. Jh.). Ihr Kampanile (1377) ist mit 75 m der höchste Roms. Die Hauptfassade mit Loggia schuf Ferdinando Fuga Mitte des 18. Jh.s und verdeckte damit den Blick auf Mosaiken des 13. Jh.s. Der dreischiffige, von leicht verklärtem Licht durchflutete Innenraum wirkt äußerst feierlich. Aus der Mitte des 12. Jh.s stammt der herrliche Kosmatenfußboden; Giuliano da Sangallo schuf im 15. Jh. für Papst Alexander VI. Borgia die Kassettendecke, zu deren Vergoldung das erste Gold aus Amerika verwendet wurde. An den Langhauswänden und am Triumphbogen glänzen restaurierte Mosaiken (5. Jh.) mit Szenen des Alten und Neuen Testaments. Das **Apsismosaik** mit der Verherrlichung Mariens gilt als ein Höhepunkt der römischen Mosaikkunst. Unter dem Hauptaltar von Ferdinando Fuga zeigt die Confessio mit dem knienden Papst Pius IX. Reliquien der **Krippe von Bethlehem**. Im Kirchenmuseum sind liturgische Meisterwerke und Reliquien ausgestellt.
Kirche 7–18.45, Museum 9.30–18.30 Uhr | Kirche frei, Museum 4 €

Pius IX. betet vor der Confessio in Sata Maria Maggiore.

ZIELE
ROM · ROMA

Großartige Mosaiken
In unmittelbarer Nähe von Santa Maria Maggiore liegt etwas verborgen die Kirche Santa Prassede, die um 820 zu Ehren der hl. Praxedis erbaut wurde. Die Mosaiken zeigen das **himmlische Jerusalem** sowie Christus mit Petrus, Paulus und den Schwestern Praexedis und Pudenziana. Die Bildwerke entstanden unter Papst Paschalis I. im 9. Jh. und zählen zu den schönsten in Rom.
Mo.–Sa.10–12 u. 16–18, So. 10–11 u. 16–18 Uhr

Santa Prassede

Roms Hauptbahnhof
Der römische Hauptbahnhof Stazione Centrale Roma Termini mit seiner weit geschwungenen Vorhalle wurde 1950 vollendet und war für den modernen Bahnhofsbau Epoche machend. Unter dem Gebäude schneiden sich die beiden Metrolinien A und B. Auf der Piazza dei Cinquecento vor der Bahnhofseingangshalle befindet sich der Busbahnhof der städtischen Linien.

Stazione Termini

Eine Kirche auf den Ruinen der Thermen
Ein paar Schritte weiter befinden sich die um 300 erbauten Thermen des Diokletian – mit einer Seitenlänge von 350 m waren sie nicht weniger großartig als die wesentlich berühmteren Caracallathermen. Im Auftrag von Papst Pius IV. richtete Michelangelo das Gebäude als Kartäuserkloster ein und begann 1563 das große Tepidarium (Laubad) in die Kirche **Santa Maria degli Angeli** zu verwandeln. Die große Apsis der Umfassungsmauer bildet jetzt die 1885 bis 1915 mit einem Najadenbrunnen verzierte Piazza della Repubblica.
Santa Maria Angeli: Mo.–Sa. 10–13 u. 16–18.30, So. bis 19 Uhr

Terme di Diocleziano

Ein Garten im zweiten Stock!
Fresken mit zartem Blumenschmuck, ein selig lächelnder Dyonisus, Köpfe, Körper, Säulen aus Marmor – nur Ton, Steine, Scherben? Im Römischen Nationalmuseum kann man versinken in der Schönheit der Antike, sich die Gesamtheit der Bildhauerkunst vor Augen führen oder lange vor Details verweilen. Ein Museum zum Schwelgen – und das **an vier Standorten**! Das Römische Nationalmuseum besteht aus den Terme di Diocleziano, dem Palazzo Massimo, dem Palazzo Altemps (▶ S. 532) und der Crypta Balbi.
Im **Palazzo Massimo alle Terme** an der Piazza dei Cinquecento, Ende des 19. Jahrhunderts in Stilformen des 16. Jahrhunderts errichtet, gehen Sie am besten gleich hinauf in den zweiten Stock, denn dort wartet ein zartes Wunder: ein Garten. Zumindest vermittelt der Speisesaal (Triklinium) der Villa de Livia, dessen Fresken nahezu komplett hierhergebracht wurden, dieses bezaubernde Bild. Zart, detailreich, lebhaft, da flattern Vögel um einen Granatapfelbaum, Orangen leuchten zwischen dunklen Blättern hervor. Nehmen Sie sich genügend Zeit, diese 2000 Jahre alten

★

Museo Nazionale Romano im Palazzo Massimo alle Terme

Fresken zu bewundern. Verteilt auf die weiteren Stockwerke des Palasts (1887) sind hochrangige Werke der römischen Bildhauerei und der Mosaikkunst.
Largo di Villa Peretti 2 | Di. – So. 11 – 18 Uhr | Eintritt 10 € (inkl. Sonderausstellung), sonst 8 €

Quirinal und Villa Borghese

Für Päpste und Präsidenten

Piazza del Quirinale

Das Zentrum der Piazza del Quirinale beherrscht der berühmte Dioskurenbrunnen mit dem ägyptischen Obelisken, der einst zusammen mit demjenigen hinter Santa Maria Maggiore den Eingang des Augustusmausoleums flankierte. Die monumentalen Marmorfiguren der Rossebändiger (Dioskuren) stammen aus der römischen Kaiserzeit. Papst Gregor XIII. ließ hier 1574 den **Palazzo del Quirinale** als Sommerresidenz der Päpste erbauen. Seit 1946 ist er Sitz des italienischen Staatspräsidenten.

Caravaggio, Raffael, Anthonis van Dyck, Hans Holbein …

Palazzo Barberini

… sind nur einige der großen Namen, mit denen sich die Sammlung im Palazzo Barberini schmücken kann. Papst Urban VIII., ein gebürtiger Barberini, ließ sich den barocken Palast 1626 auf dem Quirinal-hügel bauen. In den Sälen reihen sich Gemälde aus dem 14. bis 18. Jh. an den Wänden, darunter Raffaels »Fornarina«, das Porträt einer jungen Bäckerin, in der Fachleute die Muse des mit nur 37 Jahren verstorbenen Malers sehen, und Hans Holbeins Porträt von »Heinrich VIII.«. Einziger Schmuck der Piazza Barberini ist der Tritonenbrunnen (**Fontana del Tritone**), ein Meisterwerk Berninis für Urban VIII., auf dessen Wappen drei Bienen vier Delfine halten.
Di. – So. 10 – 18 Uhr | Eintritt 12 € | www.barberinicorsini.org

Erinnerung an glanzvolle Zeiten

Via Veneto

An der Piazza Barberini beginnt die berühmte Via Veneto. Gleich im unteren Teil bieten die **Totenkapellen** der Kapuzinerkirche Santa Maria della Concezione ein makabres Schauspiel. Begleitet von der Inschrift »Wir waren, was ihr seid. Wir sind, was ihr werdet« findet man hier die Gebeine der verstorbenen Brüder säuberlich zu dekorativen Mustern an Wänden und Decken zusammengefügt. In der Kirche oben verdienen Guido Renis Altargemälde »Kampf des Erzengels Michael mit dem Satan« und Domenichinos Altarbild »Franziskus und der Engel« Beachtung.
Die Via Veneto ist vor allem durch Fellinis Film **»La dolce vita«** zum Inbegriff **römischer Schickeria** geworden. Im Café de Paris nahmen Liz Taylor, Richard Burton, Marcello Mastroianni und Anita Ekberg ihren Cappuccino. Heute sollen das Doney und Harry's Bar gemein-

ZIELE
ROM · ROMA

sam mit luxuriösen Modegeschäften und Edelherbergen die Besucherströme in die Via Veneto locken, es mangelt jedoch an Promis und an Atmosphäre.

Ein Meisterwerk am anderen
Im 17. Jh. ließ Kardinal Scipio Borghese den Park der Villa Borghese als Landschaftsgarten anlegen. In der weitläufigen Anlage sind zwischen Kastanien, Steineichen und Schirmpinien zahlreiche Zierbauten, Brunnen und Denkmäler zu sehen. Zur Villa zählen aber auch die Galleria Borghese, der Zoologische Garten und die Galopprennbahn. Das Casino Borghese (1615), wie die eigentliche Villa heißt, beherbergt heute die Antiken- und Gemäldesammlung des Kardinals, die vor allem durch die einzigartige **Skulpturensammlung** besticht: Antonio Canova verdanken wir die bezaubernde »Ruhende Venus« von 1805. Vorbild für die auf einem Diwan hingestreckte Göttin war wahrscheinlich das Porträt der Fürstin Paolina Borghese, Schwester Napoleons. Vom großen Barockkünstler Gian Lorenzo Bernini findet man den jugendlichen »David« (1623 – 1624), der beim Ausholen mit der Schleuder dargestellt ist und Berninis eigene Gesichtszüge trägt, sowie »Apoll und Daphne«. In der Gemäldegalerie sammeln sich die Besucher vor Raffaels »Grablegung«. Bei Caravaggios »Knaben mit dem Fruchtkorb« glaubt man ein frühes Selbstporträt des Künstlers zu erkennen. Berühmt ist auch seine wirklichkeitsgetreue Darstellung des »Hl. Hieronymus beim Schreiben«. Die »Madonna dei Palafrenieri« (1606, ebenfalls Caravaggio) entstand als Altargemälde für die Bruderschaft der Palafrenieri.

★ Museo e Galleria Borghese

Di.-So. 9-19 Uhr | Eintritt 15 €, Tickets (reservierungspflichtig) an der Kasse oder online (empfohlen!) auf www.tosc.it
https://galleriaborghese.beniculturali.it

Größte Sammlung moderner Kunst in Italien
Der Bestand der Galleria Nazionale d'Arte Moderna umfasst Werke aus der Zeit des Neoklassizismus bis in die Gegenwart. Beachtenswert sind die Gemälde der Macchiaioli, einer Gruppe von Freilichtmalern aus der Toskana, Plastiken von Marino Marini und Giacomo Manzù sowie Werke des Malers Giorgio de Chirico.

Galleria Nazionale d'Arte Moderna

Viale delle Belle Arti 131 | Di.-Sa. 9-19 Uhr | Eintritt 10 €

Das Erbe einer Hochkultur
Papst Julius III. ließ 1551 bis 1553 vom Architekten Vignola die Villa Giulia erbauen. Seit 1889 beherbergt sie **das größte Etruskermuseum Italiens.** Viele »Errungenschaften« der Römer sind in Wirklichkeit den Etruskern zu verdanken. Selbst das römische Wappentier, die Wölfin, ist ein etruskisches Bronzewerk. Gezeigt werden Keramik etruskischer Herkunft oder griechische Importware, Urnen, Bronzespiegel, Terrakotten und Bronzestatuetten. Berühmt ist der »Terra-

★ Museo Nazionale Etrusco di Villa Giulia

ZIELE
ROM · ROMA

kottasarkophag der liegenden Eheleute«, entstanden 530 v. Chr. in Cerveteri, der das verstorbene Paar beim rituellen Opfermahl zeigt.
Di.–So. 9–20 Uhr | Eintritt 10 € | www.museoetru.it

Piazza di Spagna · Spanische Treppe

Wie die Stufen eines Rokoko-Reifrocks ...

... so fallen die 138 Treppenstufen der **Spanischen Treppe** von der Hügelhöhe herab. Das harmonische Spiel von Stufen und Absätzen, auf halber Höhe einladenden Terrassen und weiterführenden Treppen erfreut seit Jahrhunderten den Betrachter. Die Treppe wurde 1723 bis 1726 von Francesco de Sanctis geschaffen und heißt eigentlich Scalinata della Trinità dei Monti. 2016 wurde sie restauriert. Schreiten Sie hinauf und blicken Sie hinab auf das Gewusel von Roms Shopping-Hotspot. »Fare lo shopping« sagen die Römer, und das kann man besonders gut im magischen Dreieck zwischen Piazza di Spagna, Corso und Piazza del Popolo – zu entsprechenden Preisen. Die **Via dei Condotti** bietet nicht nur den besten Blick auf die Spanische Treppe, sondern auch in die teuersten Auslagen der Stadt. Zwischen weltbekannten Schmuckgeschäften und edlen Modeboutiquen lockt das berühmte Antico Caffè Greco, in dem schon Goethe, Schopenhauer, Stendhal und Wagner ihren Kaffee tranken. Dort darf man auch gerne sitzen – auf der Spanischen Treppe ist das seit 2019 nicht mehr erlaubt. Den oberen Abschluss der Treppe bildet die französische Kirche **Santissima Trinità dei Monti**, die 1502 im Auftrag von Ludwig XII. begonnen und 1585 durch Sixtus V. geweiht wurde. Das Innere birgt u. a. eine Grablegung von Daniele da Volterra.
Den **Barcacciabrunnen** zu Füßen der Treppe gestaltete Pietro Bernini, Vater des großen Gian Lorenzo, in Form eines Lastkahns – er erinnert an ein gewaltiges Tiberhochwasser Ende des 16. Jh.s.

Rechts und links der Via del Corso

Galleria Doria Pamphilj

Exquisit bestückte Galerie

Die Via del Corso verbindet als eine der Hauptachsen der Stadt die Piazza Venezia und die Piazza del Popolo. An den fast autofreien Samstagnachmittagen und Sonntagen wird sie zur Einkaufs- und Flaniermeile. Hier befindet sich der Palazzo Doria, einer der größten römischen Stadtpaläste. Er beherbergt die Galleria Doria Pamphilj, deren Bestände im Wesentlichen auf die Gemäldesammlungen der Familien Pamphilj und Doria zurückgehen – sie gehörten zu den berühmtesten und einflussreichsten Familien Roms. Velázquez' berühmtes Gemälde von Papst Innozenz X. gilt als das Hauptwerk der Sammlung, die auch Bilder Tizians, Raffaels, Tintorettos, Correggios, Caravaggios und Claude Lorrains umfasst.
Mo.–Do. 9–19, Fr.–So. 10–20 Uhr | Reservierung nötig (online) Eintritt 15 € | www.doriapamphilj.it

ZIELE
ROM · ROMA

Das Runde muss ins Eckige

Gleich zweimal ließ Kaiser Hadrian nach diesem Grundsatz bauen. Neben der Engelsburg schuf er um das Jahr 120 mit dem Pantheon ein weiteres Bauwerk mit rundem Grundriss inmitten des römischen Straßengevierts. Die architektonische Idee des Pantheon ist so überzeugend – und stabil –, dass es alle Zeiten überdauerte: Es ist das besterhaltene Bauwerk der römischen Antike. Ein Vorgängerbau an derselben Stelle brannte ab; auch er war vermutlich den planetarischen Göttern gewidmet, vielleicht aber auch allen römischen Göttern (Pantheon). Zunächst betreten Sie die 33 m breite, mehr als 13 m hohe Vorhalle. Auffällig: die 16 korinthischen Säulen aus rosa und grauem Granit und zwei mächtige antike Bronzetüren. Treten Sie ein! Lassen Sie sich von der **Rotonda** umfangen. Wie um eine gigantische Kugel herum gebaut wirkt der Kuppelbau mit seinen perfekten Maßen, Höhe und Durchmesser sind identisch: 43,30 m. Durch eine neun Meter große Öffnung in der Kuppel fällt ein Lichtstrahl und beleuchtet den Mosaikboden. Von der einstigen Ausschmückung sowie den Kultstatuen der planetarischen Götter blieb leider nichts erhalten. Heute sind in der rechten Hauptnische das Grabmal des ersten italienischen Königs, Vittorio Emanuele II. († 1878), und gegenüber das von König Umberto I. zu sehen, rechts neben Umberto das Grabmal des Renaissancekünstlers **Raffael** († 1520). Das eintretende Regenwasser fließt durch Bodenöffnungen ab. Der Platz vor dem Pantheon, umgeben von alteingesessenen Cafés, Bars und Restaurants, ist im Sommer einer der schönsten Treffpunkte im Herzen des Centro storico – typisch römische Atmosphäre bis spät in die Nacht.

★ Pantheon

Piazza della Rotonda | tgl. 9–19 Uhr | Mo.–Fr. freier Eintritt, sonst Reservierung nötig, ab 8,50 € | www.pantheonroma.com

Roms berühmte Spardose

Inmitten der kleinen Piazza di Trevi liegt Roms bekanntester Brunnen. Papst Clemens XII. gab Nicolò Salvi den Auftrag zum Brunnenbau, der 1732 bis 1751 sein Meisterwerk schuf. Der Brunnen, an die Rückseite des Palazzo Poli angebaut, zeigt Oceanus, den Herrscher über das Wasser, mit zwei Rossen, das eine wild, das andere friedlich, umringt von Tritonen und Muscheln. Bekannt macht die Fontana di Trevi Fellinis Film **»La dolce vita«** – Anita Ekberg badete im Brunnen – und der Brauch des Münzwurfs: Eine mit der rechten Hand über die linke Schulter ins Becken geworfene Münze sichert die glückliche Wiederkehr nach Rom. Das ansehnliche Sümmchen, das dadurch in die städtischen Kassen fließt, wird für wohltätige Zwecke verwendet.

★ Fontana di Trevi

Der Grabhügel des Kaisers

Im Zentrum der Piazza Augusto Imperatore liegt das Mausoleum von Kaiser Augustus. Der erste römische Imperator ließ 28 v. Chr. einen riesigen, 44 m hohen Bau als Grabmal für sich und seine Familie er-

★ Mausoleo di Augusto

ZIELE
ROM · ROMA

richten. Die Tatenberichte des Augustus, die »Res Gestae«, Bronzetafeln, die neben dem Eingangstor angebracht waren, sind heute in den Sockel der angrenzenden **Ara Pacis Augustae** eingemeißelt. Der Friedensaltar des Augustus wurde anlässlich seiner Rückkehr aus Spanien und Gallien 13 bis 9 v. Chr. errichtet. Zahlreiche mythologische Darstellungen sowie ein Prozessionszug der Senatoren und der kaiserlichen Familie zieren die Reliefplatten. Seit 2006 befindet sich der fragile Riesenaltar zum besseren Erhalt in einem Glasbau, den das US-Architekturbüro Richard Meier & Partners entworfen hat.

tgl. außer Mo. ab 9 Uhr, Schließzeit je nach Jahreszeit zwischen 16 und 19 Uhr | Eintritt 5 € | www.mausoleodiaugusto.it

Quirliger Platz zwischen hübschen Kirchen

Piazza del Popolo

Innerhalb der Porta del Popolo, dem nördlichen Eingangstor ins antike Rom, liegt die Piazza del Popolo. Der einzige klassizistische Platz Roms wurde 1809 bis 1820 von Valadier gestaltet. Im 16. Jh. war er bereits unter Sixtus V. erweitert worden, der den ägyptischen Obelisken aufstellen ließ. Den Beginn der Via del Corso flankieren die **Zwillingskirchen** Santa Maria dei Miracoli und Santa Maria in Monte Santo (ab 1662). Das autofreie Treiben kann man gut von den beiden traditionsreichen Straßencafés Rosati und Canova aus verfolgen – oder man genießt den Blick vom **Pincio**, dem Park auf dem gleichnamigen Hügel. Neben der Porta del Popolo steht die Augustinerkirche **Santa Maria del Popolo** (1477). Die Gemälde »Bekehrung des hl. Paulus« und »Kreuzigung des hl. Petrus« in der Kapelle links vom Chor sind zwei Meisterwerke von **Caravaggio**.

| Rechts und links des Corso Vittorio Emanuele II

★ Die erste Jesuitenkirche der Welt

Il Gesù

Den Anstoß zum Bau der Kirche Il Gesù (1568–1575) gab Ignatius von Loyola, der 1540 die Gesellschaft Jesu gegründet hatte. Kardinal Alessandro Farnese, der spätere Papst Paul III., dessen Wappenlilie man an der Kirche häufig begegnet, beauftragte dafür den Architekten Vignola. Il Gesù ist die Hauptkirche der Jesuiten und Vorbild für alle weiteren Jesuitenkirchen. Charakteristisch ist das hohe einschiffige Langhaus mit zu Kapellen umgewandelten Seitenschiffen. Im linken Querschiff steht der Altar des hl. Ignatius (um 1700), darunter ruht in einem Sarkophag aus Goldbronze der Leichnam des **Ignatius von Loyola**.

Wenige Schritte weiter liegen tief unter dem heutigen Straßenniveau des Platzes Largo di Torre Argentina die Überreste von vier republi-

Rückkehr nach Rom garantiert? Man kann es ja versuchen: die Münze in die rechte Hand und über die linke Schulter ab in den Brunnen.

CLEMENS XII PONT MAX
AQUAM VIRGINEM
COPIA ET SALVBRITATE COMMENDATAM
CVLTV MAGNIFICO ORNAVIT
ANNO DOMINI MDCCXXXV PONTIF VI
PERFECIT BENEDICTVS XIV PON MAX

ZIELE
ROM · ROMA

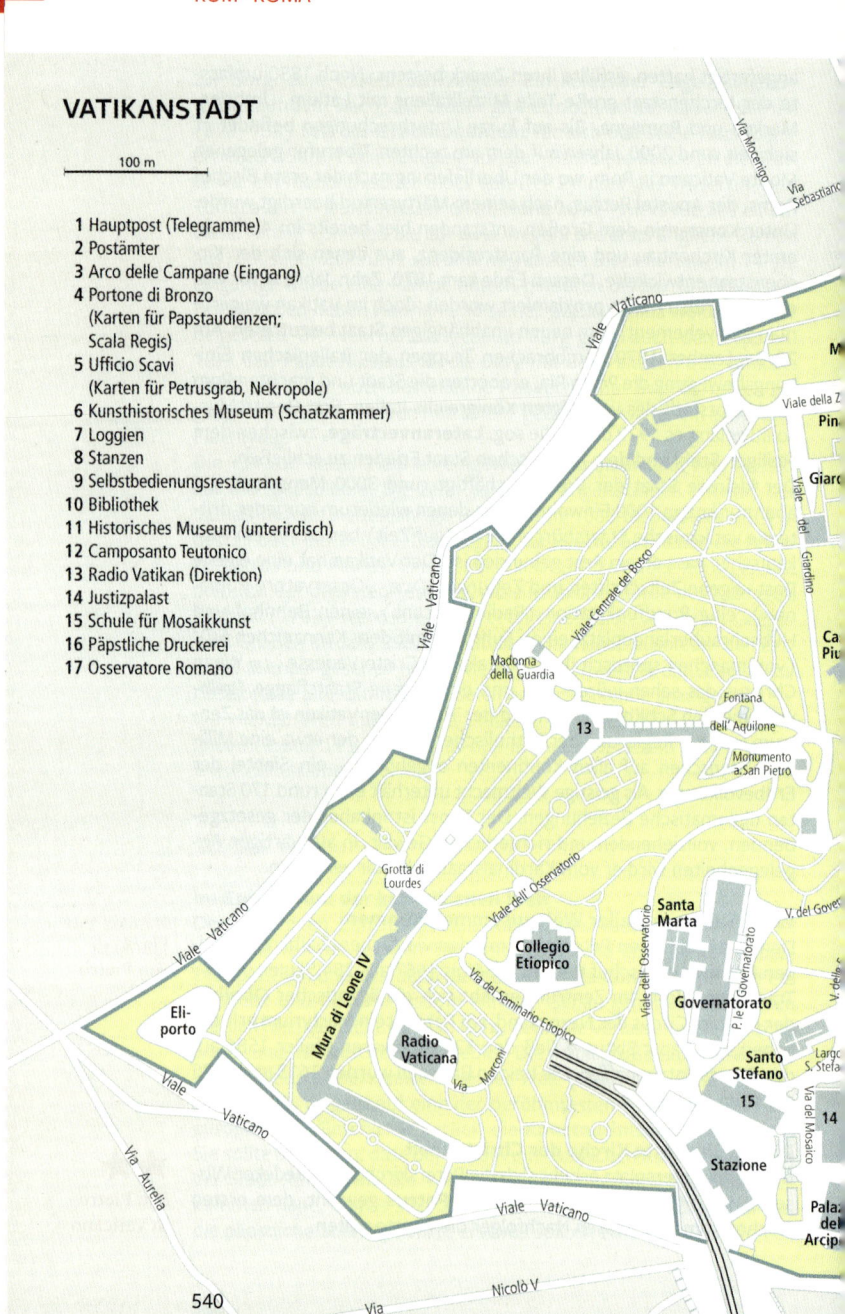

VATIKANSTADT

100 m

1. Hauptpost (Telegramme)
2. Postämter
3. Arco delle Campane (Eingang)
4. Portone di Bronzo
   (Karten für Papstaudienzen; Scala Regis)
5. Ufficio Scavi
   (Karten für Petrusgrab, Nekropole)
6. Kunsthistorisches Museum (Schatzkammer)
7. Loggien
8. Stanzen
9. Selbstbedienungsrestaurant
10. Bibliothek
11. Historisches Museum (unterirdisch)
12. Camposanto Teutonico
13. Radio Vatikan (Direktion)
14. Justizpalast
15. Schule für Mosaikkunst
16. Päpstliche Druckerei
17. Osservatore Romano

ZIELE
ROM · ROMA

- Viale Vaticano
- Via Leone IV
- Via Vespasiano
- Via Ottaviano
- Via Catone
- V. C. di Rienzo
- Piazza del Risorgimento
- V. Crescenzio
- V. S. Porcari
- Mascherino
- Angelico
- Vittorio
- Pio
- Via dei Corridori
- Via della Conciliazione
- Piazza Pio XII
- Via del Sant' Uffizio
- Largo di Porta Cavalleggeri

Vaticano
Musei
Stradone dei Giardini
Salita dei Giardini
Officine
Garage
Via della Tipografia
Via del Pellegrino
17
Sant' Anna
Via di Porta Angelica
Borgo
1
16
2
Via del Belvedere
Vaticano
Caserma degli Svizzeri
7
Cortile di San Damaso
P. d. Forno
8
7
Cappella Sistina
4
Piazza San Pietro
Pietro
P. d. Protomartiri Romani
3
2
Sagrestia
6 5
†12†
Santa Maria della Pietà
Aula Paolo VI
Palazzo del Sant' Uffizio
Piazza del Sant' Uffizio
alazzo ta Marta

9
10
10
10

541 ©BAEDEKER

DIE KIRCHE PETRI

BAEDEKER WISSEN

Viele Architekten bauten rund eineinhalb Jahrhunderte an St. Peter und änderten nicht selten die Entwürfe ihrer Vorgänger. Trotzdem erscheint das Gotteshaus letztlich erstaunlich einheitlich und strahlt eine ungeheure Würde aus.

❶ Vorhalle
In die 70 m breite, 13,5 m tiefe und 20 m hohe Vorhalle führen fünf mit Bronzegittern versehene Eingänge. Die vermauerte Heilige Pforte (Porta Santa) befindet sich rechts außen. Sie wird nur zu Heiligen Jahren (alle 25 Jahre) bzw. zu außergewöhnlichen Heiligen Jahren) geöffnet.

❷ Langhaus
Die die Kapellen trennenden Pfeiler sind riesige kannelierte Doppelpilaster mit korinthischen Kapitellen.

❸ Bronzestatue des hl. Petrus
Ihr rechter Fuß wird von Pilgern gern berührt, da das Segen bringen soll.

❹ Kuppel
Vier fünfeckige Pfeiler tragen die Kuppel, die Michelangelo über dem Petrusgrab schuf. Sie hat einen Durchmesser von 42,30 m, ist also kleiner als die des Pantheon mit 43,30 m. Von hier bietet sich ein wundervoller Blick über den Vatikan und Rom.

❺ Apsis
Neben der Cathedra Petri ist der wandfüllende Altaraufbau bemerkenswert, den Bernini schuf. Darüber schweben stuckierte Engelscharen auf Wolken.

❻ Grotten und Nekropole
In den Grotten unter San Pietro findet man Reste eines Vorgängerbaus, einer konstantinischen Basilika und zahlreiche Gräber von Päpsten. Auch die Gebeine des Apostels Petrus sollen hier verwahrt sein. Petrus hatte das Zentrum der Kirche von Jerusalem über Antiochien in die Hauptstadt des römischen Weltreichs verlegt.

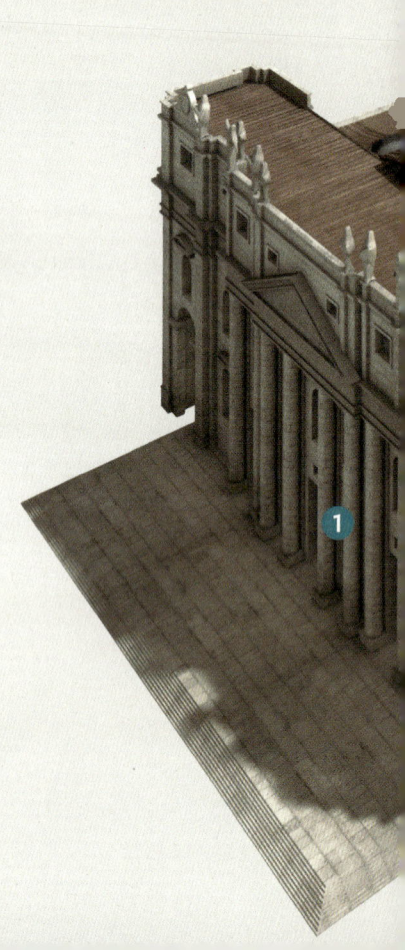

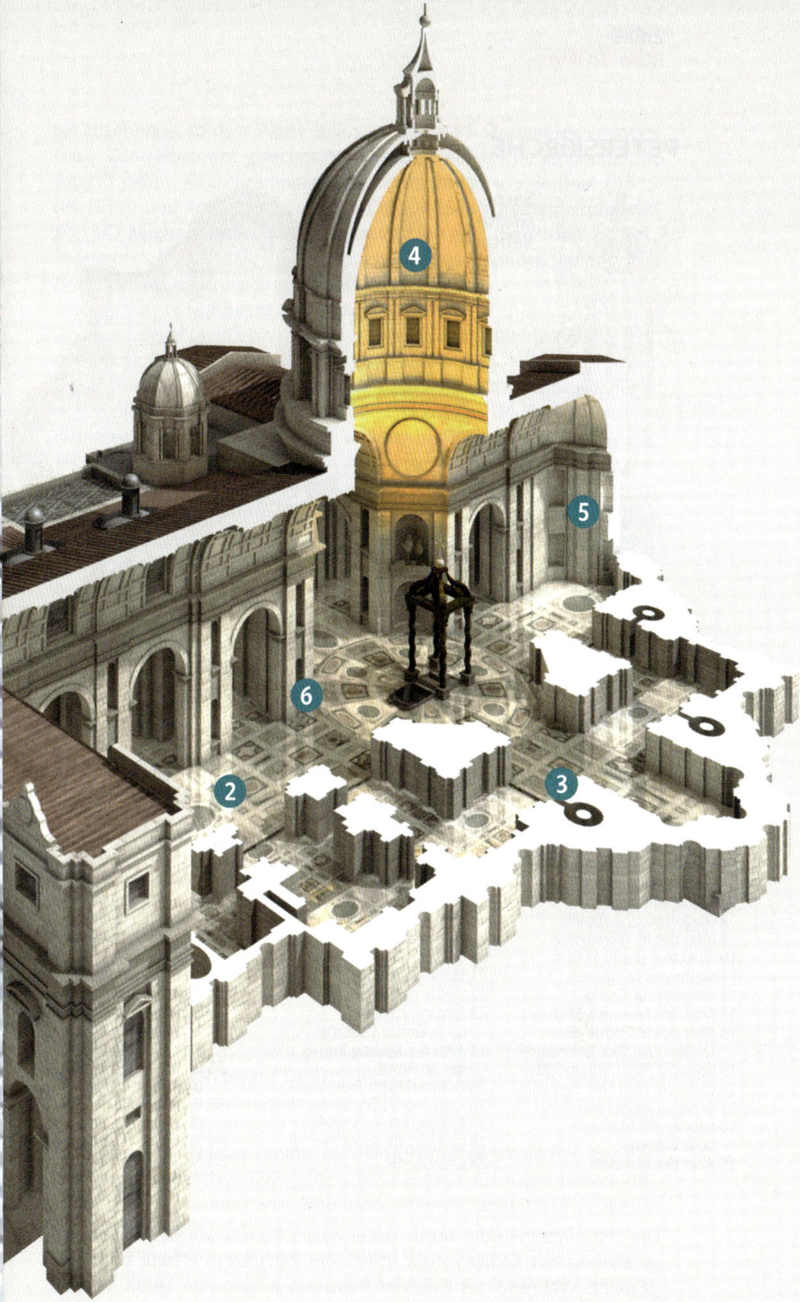
4
5
6
2
3

ZIELE
ROM · ROMA

Blick hinauf in die Kuppel

ne zwei Putti die päpstlichen Symbole Schlüssel und Tiara emporhalten, darüber ein Alabasterfenster mit der Taube des Heiligen Geistes. In der ersten Kapelle des rechten Seitenschiffs steht die eindrucksvolle **»Pietà« von Michelangelo** (1499). Der damals 24-Jährige schuf sie als Grabstatue für Kardinal Jean de Bilhères. Die sehr jugendliche Madonna hat auf ihrem Schoß den vom Kreuz genommenen Christus. Auf dem Band über ihrer Brust signierte Michelangelo sein Werk. Von den zahlreichen Papstgrabmälern in den Seitenschiffen beeindruckt besonders das barocke Grabmal Alexanders VII. (1678), in dem die Theatralik Berninis ihren Höhepunkt erreicht. Umgeben von vier Tugenden sieht der Papst dem Tod entgegen.
Kirche: April–Sept. tgl. 7–19, übrige Monate bis 18.30 Uhr
Kuppelaufstieg: April–Sept. tgl. 7.30–18, übrige Monate bis 17 Uhr
Eintritt 10 € mit Aufzug + 320 Stufen; 8 € zu Fuß (551 Stufen)

Unter der Kirche

Vatikanische Grotten

Bei den Vatikanischen Grotten (Sacre Grotte Vaticane), zu denen man bei den Vierungspfeilern hinabsteigt, handelt es sich um eine **Krypta,** die beim Neubau der Basilika entstand. Damals legte man den Fußboden 3,5 m höher. Bei einem Rundgang sieht man das **Reliquiar** unter dem Hauptaltar und die Gräber zahlreicher Päpste, u. a. von Johannes Paul I. und Johannes Paul II, Pius XI. und Pius XII. Durch den Arco delle Campane gelangt man links von der Peterskirche zum **Camposanto Teutonico**, dem deutschen Friedhof im Vatikan.

ZIELE
ROM · ROMA

Hier wohnt der Papst

Der weitläufige Vatikanische Palast wurde im 6. Jh. begonnen, aber erst im 14. Jh. nach der Rückkehr aus Avignon anstelle des Laterans zum ständigen Wohnsitz der Päpste. Die päpstlichen Wohn- und Arbeitsräume befinden sich in den oberen Stockwerken oberhalb der Berninikolonnaden. Von dort spricht der Papst jeden Sonntag das Angelusgebet. Im Palast befinden sich u. a. die **Stanzen des Raffael**, die Sixtinische Kapelle, das ehemalige Gartenhaus Belvedere, die Vatikanische Bibliothek, die Vatikanischen Sammlungen und eine Gemäldegalerie. Im Ganzen macht das etwa 1400 Säle, Kapellen oder einfache Zimmer, die zum Teil der Öffentlichkeit zugänglich sind.

Palazzi Vaticani

★★ Vatikanische Museen · Musei Vaticani

Eingang: Viale Vaticano 100 | Mo.-Sa. 9-18 (Einlass bis 16); gratis (aber hoffnungslos überfüllt) letzter So. im Monat 9-14 (Einlass bis 12.30), sonst So./Fei. geschl.; Lange Nacht April.-Okt. Fr./Sa. bis 22.30 Uhr | Eintritt 17 €, Online-Reservierung empfohlen (Zuschlag 4 €)! | www.museivaticani.va

Die Schatzkammer des Vatikans

Die Vatikanischen Museen gehören zu den bedeutendsten Kunstsammlungen der Welt. Sie bestehen aus 15 einzelnen Museen und mehr als 30 Sammlungen. Vier farbig markierte Rundgänge dauern je nach Umfang zwischen 1,5 und 5 Stunden (Einbahnrichtung!). Die Vatikanischen Museen besitzen die weltweit umfangreichste antike Skulpturensammlung, deren Sammlungsbeginn in die Renaissance zurückreicht. Von Raffaels und Giottos Werken über den Apoll vom Belvedere bis hin zu Michelangelos Farbenkosmos und der reichsten Bibliothek der Welt – wohl nirgendwo ist die Dichte an einzigartigen Kunstschätzen höher als hier. Die meisten Ausstellungsstücke wurden in Rom und Umgebung gefunden, meist römische Kopien griechischer Originale oder römische Neuschöpfungen. Die folgenden Stücke gehören zu den herausragenden Exponaten. Braccio Nuovo: Der **Augustus von Prima Porta** (um 19 v. Chr.) zeigt den Prototyp einer Kaiserstatue mit klar herausgearbeiteten Gesichtszügen und Reliefschmuck des Panzers. Gabinetto dell'Apoxyomenos: Die römische Marmorkopie des Athleten von Lysipp (4. Jh. v. Chr.) stellt einen siegreichen Athleten dar, der sich mit dem Schabeisen vom Öl reinigt, mit dem er sich vor dem Wettkampf eingerieben hat. Cortile Ottagono: Der **Apoll von Belvedere** ist die römische Kopie eines Originals aus dem 4. Jh. v. Chr., das Leochares zugeschrieben wird. Winckelmann erhob sie zu einer Symbolfigur der Antike. Die **Laokoongruppe** ist die wohl berühmteste Skulpturengruppe der Antike (1. Jh. v. Chr.). Sie zeigt den trojanischen Priester Laokoon und seine beiden Söhne im verzweifelten Kampf gegen zwei Schlangen – ein Hauptwerk des Hellenismus. Sala delle Muse:

Einzigartige Kunstschätze

ZIELE
ROM · ROMA

Der Torso von Belvedere ist laut Inschrift ein Werk des Apollonius aus Athen (1. Jh. v. Chr.). Wegen seiner genauen anatomischen Darstellung diente er Michelangelo als Vorbild für seine Männergestalten an der Sixtinischen Decke. Sala Rotonda: Inmitten der Mosaikböden aus den Thermen von Orticoli beeindruckt die riesige Porphyrschale von 13 m Umfang. Die Zeusbüste aus Orticoli entstand nach einem Original des Briaxides (4. Jh. v. Chr.); eine Bacchusfigur zeigt den Liebling des Kaisers Hadrian, Antinoos, der tragisch im Nil ertrank.

Ägyptische und etruskische Funde

Museo Gregoriano Egizio

Das von Papst Gregor XVI. 1839 gegründete Museum Gregoriano Egizio zeigt in zehn Sälen ägyptische Kunstwerke, die zwar in Rom und Umgebung gefunden wurden, zumeist aber Beutestücke der Kaiserzeit waren. Das Museo Gregoriano Etrusco, ebenfalls von Gregor gegründet, gibt einen guten Einblick in das alltägliche Leben und in die Vorstellungen vom Tod in der Kunst und Kultur der Etrusker.

Meisterwerke von Raffael und seinen Schülern

Stanze di Raffaello

Die Wohnräume (ital. Stanze) des Papstes gestalteten Raffael und seine Schüler von 1507 bis 1520 zunächst im Auftrag von Papst Julius II., später von Leo X. Die **Sala di Constantino** wurde erst nach Raffaels Tod freskiert. Nach seinen Vorlagen schufen Francesco Penni und Giulio Romano die Fresken mit Stationen aus dem Leben von Kaiser Konstantin. In der **Stanza d'Eliodoro,** die das wunderbare Eingreifen Gottes zum Schutz des Papsttums, der Religion, der Apostel und der Kirche zeigt, beeindruckt die »Befreiung Petri«, die erste Nachtszene Raffaels. Die Fresken der **Stanza della Segnatura** mit den Darstellungen der Poesie, Theologie, Philosophie und Gerechtigkeit gelten als der Höhepunkt der Hochrenaissancemalerei. In der **»Schule von Athen«** treffen sich die berühmtesten Philosophen der griechischen Antike: Aristoteles und Plato im Zentrum, der grün gewandte Sokrates, Pythagoras, dessen Harmonielehre auf einer Schiefertafel aufgezeichnet ist, Euklid mit Zirkel, der bekrönte Geograf Ptolemaios und der bärtige Astronom Zoroaster mit einem Himmelsglobus. Auf den Stufen lagert Diogenes, auf einen Marmorblock gelehnt Heraklit. Raffael hat sich als Zweiter von außen rechts selbst verewigt. In der **Stanza dell'Incendio di Borgo** zeigt der »Brand des Borgo«, wie Papst Leo IV. durch das Schlagen des Kreuzzeichens 847 einen Brand im Wohnviertel von St. Peter löscht. Durch das Vorzimmer rechts neben dem Konstantinsaal gelangt man in die Kapelle Nikolaus V., die **Fra Angelico** ca. 1447 bis 1550 mit Fresken aus dem Leben der hl. Laurentius und Stephanus ausmalte. Unter Pinturicchios Leitung wurden 1492 bis 1495 sechs von Papst Alexander VI. Borgia bewohnte Säle mit Wandgemälden geschmückt, die **Appartamento Borgia**. Sie beherbergen Teile der Sammlung moderner religiöser Kunst, in der alle Richtungen des 20. Jh.s vertreten sind.

ZIELE
ROM · ROMA

Michelangelos leuchtender Farbenrausch

Die **Sixtinische Kapelle** wurde für Papst Sixtus IV. (1474–1481) als päpstliche Hauskapelle erbaut. Hier findet das Konklave zur **Papstwahl** statt. (der Kamin, in dem die Stimmzettel verbrannt werden, wird nur zur Papstwahl aufgestellt). Ihren Ruhm verdankt die Kapelle den herausragenden Fresken von Michelangelo an Decke und Altarwand. Die Fresken an den 40 m langen Seitenwänden stammen noch aus der Entstehungszeit unter Papst Sixtus IV.; Künstler wie Botticelli, Ghirlandaio, Perugino, Pinturicchio, Rosselli und Signorelli schufen den Moses- und Christusfreskenzyklus, der Szenen des Alten Testaments dem Neuen Testament gegenüberstellt. Im Auftrag von Julius II. gestaltete Michelangelo 1508 bis 1512 die Decke neu. Eingebunden in eine großartige Scheinarchitektur, umgeben von plastisch hervortretenden Sybillen und Propheten, erzählt Michelangelo Szenen

Cappella Sistina

Millionen Besucher blicken jährlich auf das »Jüngste Gericht«, in dem Christus als Weltenrichter über das Schicksal der Menschen entscheidet.

ZIELE
ROM · ROMA

aus der **Schöpfungsgeschichte** und dem Sündenfall. Weltbekannt ist der Fingerzeig, mit dem ein energischer Gott Adam das Leben einhaucht. 1534, Michelangelo war damals schon fast 60 Jahre alt, holte ihn Paul III. noch einmal in die Sixtinische Kapelle, um die großflächige Altarwand neu zu gestalten. Mit dem **»Jüngsten Gericht«** schuf Michelangelo eine der bewegendsten und dramatischsten Darstellungen dieses Themas. Im Zentrum der fast 400 Figuren thront Christus als Weltenrichter, umgeben von Maria und Heiligen. Vor einem blauen Lapislazulihimmel fahren links die Seligen zum Himmel auf, rechts ziehen Teufel die Verdammten zur Hölle. Doch weniger die körperlichen Qualen der Verdammten stehen im Vordergrund als vielmehr ihr Erschrecken und ihre inneren Qualen. Papst Pius IV. sah das anders. Er ließ das »Babel der Nackten« 1564 mit Hosen und Schleiern bedecken. Von 1980 bis 1994 wurden die Fresken restauriert und die leuchtenden Farben wieder zum Vorschein gebracht.

> »
> Ohne die Sixtinische Kapelle gesehen zu haben, kann man sich keinen anschauenden Begriff machen, was ein Mensch vermag.
> «
>
> *Johann Wolfgang von Goethe*

Kostbarste Literatur

Biblioteca Apostolica Vaticana — Die Vatikanische Bibliothek, um 1450 von Nikolaus V. gegründet, besitzt über 800 000 Bücher, 60 000 Manuskripte, 7000 Wiegendrucke und mehr als 800 000 Drucke. Im von Domenico Fontana gestalteten Salone Sistino kann man in den Vitrinen Bibelcodices, illustrierte Evangelien, kostbare Pergamente und alte Papyri bewundern.

Zum Staunen schön

Pinacoteca Vaticana — Die Vatikanische Pinakothek wurde 1932 neu gegründet. Durch den Neubau verdoppelte sich die Zahl der ausgestellten Werke. In den 16 Sälen sind, chronologisch geordnet, religiöse Gemälde vom Mittelalter bis ins 19. Jh. zu sehen. Herausragend ist Giottos **Stefaneschi-Triptychon** (um 1300) aus Alt St. Peter. Die Florentiner Schule des 15. Jh.s ist durch Fra Angelico, Filippo Lippi und Benozzo Gozzoli vertreten. Von Raffaels Lehrer Perugino hängt die »Madonna mit Heiligen«. Ein eigener Saal ist **Raffael**s Bildern gewidmet, darunter der »Madonna von Foligno« (um 1512) und der berühmten »Verklärung Christi« (1520). Die Gobelins mit Szenen aus der Apostelgeschichte, geschaffen nach Kartons Raffaels, schmückten früher während der Osterwoche die Sixtinische Kapelle. Von **Leonardo da Vinci** stammt das unvollendete Bildnis des hl. Hieronymus (um 1480). Scharfe Hell-Dunkel-Kontraste und eine kräftige Farbgebung unterstreichen die Dramatik in der »Grablegung« **Caravaggio**s (um 1604).

ZIELE
ROM · ROMA

| Wohin noch in Rom?

Das Kolosseum als Quadrat
Für die 1942 geplante Weltausstellung – wegen des Zweiten Weltkriegs fand sie nicht statt – ließ Mussolini unter der Leitung von Marcello Piacentini im Süden der Stadt ein **gigantisches Ausstellungsgelände** errichten: monumentale Gebäude zwischen breiten Straßen und großzügigen Plätzen, die die Macht und Größe des Faschismus demonstrieren sollten. Heute ist es ein modernes Stadtviertel mit Verwaltungs- und Wirtschaftszentrum. Kern der Anlage ist der Palazzo Civiltà del Lavoro. Seine Rundbogenarkaden, die an das Kolosseum anknüpfen, gaben ihm den Beinamen **Colosseo quadrato.** EUR kann sich zudem eines der interessantesten Museen zur römischen Stadtgeschichte rühmen. Das **Museo della Civiltà Romana** veranschaulicht die Entstehung und Bedeutung des römischen Imperiums sowie die baulichen Veränderungen in der Stadt. Glanzstücke sind das von Italo Gismondi 1937 begonnene und 1970 fertiggestellte Modell der Stadt Rom zur Zeit Konstantins des Großen und die Gipsabgüsse der Reliefs der Trajansäule, die Napoleon III. 1861 herstellen ließ.
Museum: zu Redaktionsschluss für Sanierungsarbeiten geschl.

Esposizione Universale di Roma (EUR)

Aus Rom hinaus
Eine der berühmtesten Ausfallstraßen des antiken Roms ist die Via Appia Antica. Sie beginnt an der Porta San Sebastiano und bildet auf 16 km Länge das Herz eines 3400 ha großen Parks, des neuen **Parco dell'Appia Antica,** die größte grüne Lunge Roms. Die »Königin der Straßen« wurde um 312 v. Chr. vom Censor Appius Claudius Caecus angelegt und führte über Terracina zunächst bis nach Capua. Anfang des 2. Jh.s v. Chr. wurde sie dann über Benevent bis nach Brindisi verlängert. Entlang des teilweise erhaltenen antiken Straßenpflasters liegen die Grabmäler reicher Römer, die Begräbnisstätten der frühen Christen und die Bogenreihen von Wasserleitungen.

Via Appia Antica

Schicksalhafte Begegnung
Zwischen der Porta San Sebastiano und den Katakomben des hl. Kallixtus liegt die kleine **Kirche Domine quo vadis**. Nach der Legende begegnete hier Petrus auf der Flucht vor dem Märtyrertod Christus, der ihm auf die Frage »Domine quo vadis?« (»Herr, wohin gehst du?«) mit »Venio iterum crucifigi« (»Ich komme, mich nochmals kreuzigen zu lassen«) antwortete. Petrus kehrte daraufhin beschämt nach Rom zurück und nahm den Kreuzigungstod auf sich. Die Kirche besitzt eine Nachbildung der Fußspur Christi.

Domine quo vadis

Uralte Grabkammern
Die Katakomben waren die gesetzlich anerkannten, »Coemeteriae« genannten **Begräbnisstätten der Christen** und wurden bis zum An-

Katakomben

ZIELE
ROM · ROMA

fang des 9. Jh.s zusammen mit den Märtyrergräbern allgemein verehrt. Dann verfielen die Grabstätten, und sogar der alte Name ging verloren. Die jetzige Bezeichnung geht auf eine Grabstätte bei San Sebastiano zurück, die »ad catacumbas« (»in der Senke liegend«) genannt wurde. Sie dienten lediglich als Begräbnisstätte und zu Totenmessen und nicht, wie oft in Monumentalfilmen dargestellt, als Zufluchtsstätte der Christen. Die Anlage ist sehr einfach: schmale Gänge mit Längsnischen zur Aufnahme der Leichen. Die Ausschmückung mit Malereien und wenigen Skulpturen lehnt sich im Stil an die zeitgenössische heidnische Kunst an. Es überwiegen **symbolische Motive** wie das Opferlamm und der Fisch. Eindrucksvoll sind auch frühe Bilder des Abendmahls und der Jungfrau Maria. Die älteren Inschriften nennen lediglich den Namen des Verstorbenen.

Ein wahres Labyrinth

Catacombe di San Callisto

Die Katakomben des hl. Kallixtus an der Via Appia Antica erstrecken sich unter einer grünen Oase der Ruhe. Über **Zypressenalleen** erreicht man den Eingang zu dem vierstöckigen, weitläufigen Katakombensystem. Die Rundgänge führen u. a. zu den Grablegen zahlreicher Päpste des 3. Jh.s und dem Grab der hl. Cäcilie.

tgl. außer Mi. 9-12, 14-17 Uhr | Eintritt 10 € | www.catacombe.roma.it

Kirche auf Katakomben

San Sebastiano ad Catacumbas

Die Kirche San Sebastiano ist eine der sieben Pilgerkirchen Roms. Der Überlieferung nach sollen hier zeitweilig die Gebeine von Petrus und Paulus aufbewahrt worden sein. Bereits Mitte des 3. Jh.s befand sich hier ein christlicher Versammlungsraum, der unter Konstantin mit einer Basilika überbaut wurde. Im 8. Jh. wurde die Kirche dem unter Diokletian zu Tode gemarterten christlichen Soldaten Sebastian geweiht und rund 900 Jahre später im barocken Stil neu errichtet. Hinter der Apsis führt eine Treppe hinab zur sog. Platonia, der **Gruft des Märtyrers Quirinus;** links davon liegt die Zelle Domus Petri mit Fresken des 4. Jh.s. Während des Neubaus entdeckte man unter der Kirche neben drei heidnischen Grabstätten und christlichen Katakomben auch einen Versammlungsraum (Triclia) für Gedächtnisfeiern, an dessen Wänden sich Inschriften mit Anrufungen der Apostel Petrus und Paulus befinden.

Mo.-So. 10-17 Uhr | Eintritt 10 € | www.catacombe.org

Roms größter unterirdischer Friedhof

Catacombe di Domitilla

Die Domitillakatakomben an der Via delle Sette Chiese sind die größten der Katakomben entlang der römischen Ausfallstraßen. In diesen unterirdischen Grablegen wurden neben christlichen auch heidnische Römer bestattet. Domitilla, eine entfernte Nachfahrin Kaiser Vespasians, die sich zum christlichen Glauben bekehrt hatte, gewährte Glaubensgefährten die Bestattung in der Familiengruft.

Mi.-Mo. 9-12, 14-17 Uhr | Eintr. 10 € | www.catacombedomitilla.it

ZIELE
ROM · ROMA

Interessante Perspektiven

Östlich vom Foro Italico wurde 2010 in der Via Guido Reni 4 A das **Nationalmuseum für die Kunst des 21. Jahrhunderts** (MAXXI) eröffnet, eine helle, hohe Konstruktion über drei Ebenen der verstorbenen Kultarchitektin Zaha Hadid. Der Bau hat weder rechte Winkel noch senkrechte Wände, dafür schwebende Rampen, geneigte Wände, schräge Böden, viel Glas und Stahl. Auf 10 000 m² werden Werke der wichtigsten zeitgenössischen Künstler präsentiert, darunter Mario Merz, Giancarlo de Carlo, Gerhard Richter, Francesco Clemente.

Di.–So. 11–19 Uhr | Eintritt 12 €
www.fondazionemaxxi.it

★ MAXXI
(▶ Abb. S. 742)

★ Tivoli

Hadrians Villen

Im Städtchen Tivoli in den Sabiner Bergen, 30 km östlich von Rom, stehen gleich zwei spektakuläre Villen, die zum UNESCO-Weltkulturerbe gehören. Hier ließ sich der philosophierende, weit gereiste Kaiser Hadrian einen traumhaften Rückzugsort schaffen und Kardinal Ippolito d'Este gab sich in einer weiträumigen Villa und dem großen Renaissancegarten seinem ehrgeizigen Machtstreben hin. Für Tivoli, das ist ganz klar, lohnt es sich, dass Sie Rom auch einmal den Rücken kehren. Auf den Spuren großer Männer der Antike treffen Sie neben eindrucksvollen Sehenswürdigkeiten auch auf Mythen und Sagen. Im Heiligen Wald von Tivoli sollen Wanderer in einem Talgrund der Sibilla Burtina, einer weissagenden Gottheit, begegnen können, und der etruskische König Anio soll einst nach Tivoli gekommen sein, um seine geraubte Tochter zu befreien. Er ertrank tragisch im Fluss, der heute nach ihm Aniene heißt.

Weltkulturerbe!

Üppig grüne Traumwelt

Die »Königin der Villen« gilt als eine der schönsten Renaissanceschöpfungen ihrer Art. Der Landsitz entstand ab 1550 auf dem Gelände eines Benediktinerklosters für den reichen Kardinal Ippolito d'Este, Mitglied der aus Ferrara stammenden Familie. Vom Palast mit seinen freskengeschmückten Sälen gelangt man über Terrassen und Treppen in die auf steilen Terrassen angelegten Gärten mit unzähligen Brunnen, Wasserspielen und Skulpturen. Besonders sehenswert: der Viale delle Cento Fontane (Allee der 100 Brunnen) und die Fontana dell'Organo, deren Wasserspiele eine Orgel erklingen lassen.

Di.–So. ab 8.45, Schließzeiten je nach Jahreszeit zwischn 16.30 und 19.45 Uhr | Eintritt 13 € | www.levillae.com

★ Villa d'Este

Wasserfälle, Grotten und zwei Tempel

Die Villa Gregoriana liegt im Nordosten der Stadt, wo der wilde Anie-

Villa Gregoriana

ZIELE
ROM · ROMA

ne über einen Felsabbruch der Sabiner Berge in eine tiefe Schlucht stürzte. Nach wiederholten Überschwemmungen wurde der Fluss im 19. Jh. in zwei Stollen umgeleitet. Im weitläufigen Park fallen nun die gebändigten Wassermassen eindrucksvoll in die Tiefe. Zum Park gehören außerdem die **Grotta della Sirena** und die **Grotta di Nettuno**, durch die einst der Hauptarm des Aniene verlief. Außerhalb der Villa liegen der kleine Rundtempel der Vesta und der Tempel der Sibylle (Tempio di Vesta e di Sibilla) aus dem 2. Jh. n. Chr.

tgl. ab 10 Uhr, Juli/Aug. ab 9 Uhr, Schließzeiten je nach Jahreszeit zwischen 16.30 und 19 Uhr | Eintritt 8 € | https://fondoambiente.it

★ Villa Adriana

Kaiserlicher Prunk
Rund 6 km außerhalb liegt die prachtvolle, zum Weltkulturerbe erhobene Villa des Hadrian. Sie entstand in den letzten Lebensjahren des Kaisers (76–138), der auf dem 0,75 km² großen Gelände in kleinem Maßstab Orte und Monumente nachbauen ließ, die ihn auf seinen ausgedehnten Reisen durch das Römische Reich besonders beeindruckt hatten. Allerdings starb Hadrian bereits vier Jahre nach Fertigstellung des Landsitzes. Später diente er als **kaiserliche Sommerresidenz,** verfiel jedoch, nachdem Konstantin im 4. Jh. nach Byzanz übergesiedelt war. Die Ausgrabungen begannen bereits im 15. Jh., aber erst 1870, nachdem das Gelände in Staatsbesitz übergegangen war, grub man die Anlage systematisch aus. Das vielleicht eigenwilligste Gebäude ist das

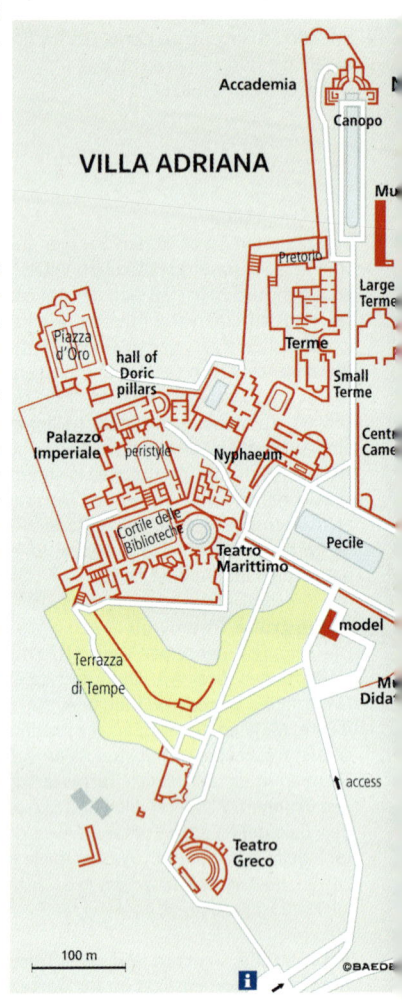

TIVOLI ERLEBEN

ⓘ
Piazzale Nazione Unite, Tivoli
Tel. 0774 31 35 36
www.visittivoli.eu
https://visittivoli.org

Via dei Sosii 6
Tel. 0774 31 22 56
Mo. geschl.
www.termedidiana.it

⌂

ANREISE
Man erreicht Tivoli aus Rom mit dem Zug ab Roma-Termini oder mit dem Bus von der Stazione Ponte Mammolo oder Rebibbia der U-Bahn-Linie B; Weiterfahrt mit Bussen zur Villa d'Este und zur Villa Adriana.

DUCA D'ESTE €€
Das ausgezeichnet geführte, sehr gepflegte Grandhotel bietet einfach alles, was man zur Entspannung braucht – vom Außenpool unter dichten Palmen bis zum Wellness-Bereich mit Sauna, Whirlpool und Behandlungsraum.
Via Nazionale Tiburtina 330
Tel. 0774 38 83
www.ducadeste.com

🍽️

LAGHI DEI REALI €€
Vor den Toren der Stadt serviert das schöne Restaurant am Fluss leckere Fischgerichte und schmackhafte regionale Küche.
Via Tiburtina Valeria, km 34,500
Tel. 0774 41 84 61, Mo. geschl.
www.parcolaghideireali.it

PARK HOTEL IMPERATORE ADRIANO €€
Etwa 6 km von Tivoli entfernt bietet das attraktive Landhotel stilvolle Zimmer zu einem vernünftigen Preis. Schönes Restaurant, Garten mit Swimmingpool.
Via Garibaldi 167
Villanova
Tel. 0774 32 48 44
www.imperatorecongressi.it

ANTICHE TERME DI DIANA €
Unterm Tonnengewölbe schmecken Pizzen aus dem Holzkohleofen ebenso wie Pasta und Caprese-Salat, dazu gibt es Bier aus einer kleinen Brauerei.

---

kreisrunde Teatro Marittimo, kein Theater, sondern eine kleine, auf einer künstlichen Insel gelegene **Wasservilla**, in die sich der Kaiser angeblich gerne zurückzog. Östlich folgt der »Hof der Bibliotheken« (Cortile delle Biblioteche). An den Palazzo Imperiale, den Kaiserlichen Palast, schließt sich die **Piazza d'Oro** an, die früher von einer offenen Säulenhalle umgeben war. Im Südwesten lagen die Thermen, heute ein verwirrendes Labyrinth mit mächtigen Gewölben. Südlich folgt das nach der ägyptischen Stadt Kanopos benannte **Canopo.** Es erinnert an das Serapisheiligtum in Alexandria, ein langes Wasserbecken, das von säulengetragenen Bögen umgeben war. Reste des Skulpturenschmucks und andere Fundstücke sind in einem kleinen Museum ausgestellt.
tgl. ab 10 Uhr, Schließzeiten je nach Jahreszeit zwischen 16 und 18.30 Uhr | Eintritt 12 € | www.levillae.com

ZIELE
SALERNO

SALERNO

Region: Kampanien · Campania | **Provinz:** Salerno
Höhe: Meereshöhe | **Einwohnerzahl:** 134 000

Ein schnurgerader Lungomare zieht sich an Salernos Ufer entlang, über dem Ort thront auf grünen Hügeln ein mittelalterliches Kastell – von oben hat man einen tollen Blick auf die süditalienische Stadt, den gleichnamigen Golf und die Küste. Auch die Umgebung hat Schönes zu bieten: Zwei stimmungsvolle Tropfsteinhöhlen und der größte Kreuzgang der Welt bieten sich für einen Abstecher ins Hinterland des Cilento an.

Überzeugende Verwandlung

So einladend liegt die Stadt vor ihrer natürlichen Kulisse, dass man leicht glauben könnte, es wäre nie anders gewesen. Dabei musste Salerno in seiner 3000 Jahre langen Siedlungsgeschichte nicht nur Naturkatastrophen, sondern vor allem auch die Zerstörungen des Zweiten Weltkriegs überstehen: Nach Bombenangriffen der Aliierten im September 1943 waren 80 Prozent der Gebäude beschädigt und der Hafen ein Trümmerfeld. Heute sind davon nur noch Spuren sichtbar. Auch der Zuzug aus ärmeren Provinzen in den Nachkriegsjahren und die daraufhin entstandenen Wohnviertel konnten der Stadt letztlich wenig anhaben. In den 1990er-Jahren begann man mit einem kühnen Bebauungsplan, und 2013 wurde Salerno zur Architektur-Hauptstadt Italiens gekürt. Seitdem geht es aufwärts – legen Sie einen Stopp ein und überzeugen Sie sich selbst. Und für die Weiterreise: Waren Sie schon im Cilento (▶ S. 557) und an der Amalfiküste (▶ S. 64)?

▌ Wohin in Salerno?

Zum Wahrzeichen Salernos

Vom Hafen in die Innenstadt

Am besten lernt man die Stadt vom Hafen aus kennen, von dem Fähren nach Capri, Amalfi und Positano starten. Entlang des Ufers verläuft der Lungomare Trieste und parallel dazu die Via Roma, die mit ihrer Fortsetzung Corso Giuseppe Garibaldi den Hauptstraßenzug der Stadt bildet. Etwa in der Mitte der Via Roma steht der **Palazzo di Provincia**. Von hier gelangt man nördlich durch die Via del Duomo, auf der man nach etwa 100 m die hübsche Via Mercanti kreuzt, zum **Dom San Matteo**. Das Gotteshaus mit dem hohen Kampanile wurde um 1080 unter Robert Guiscard im arabisch-normannischen Stil erbaut, die Fassade stammt aus dem 19. Jh. Durch das romanische Löwenportal (11. Jh.) betritt man einen weiten Vorhof, die Rundbogenarkaden ruhen auf antiken Säulen aus Paestum. Das Mittelportal ziert eine Bronzetür (1099) aus Konstantinopel. Im Mittelschiff sieht man über

ZIELE
SALERNO

der Eingangstür ein großes Mosaikbrustbild des hl. Matthäus, eine normannische Arbeit; beachten Sie auch die zwei reich mit Mosaiken verzierten Ambone (Lesepulte) und den Osterleuchter (12./13. Jh.). In der Kapelle rechts vom Hochaltar befindet sich das Grab des 1085 in Salerno gestorbenen **Papstes Gregor VII.**, Gegenspieler Heinrichs IV., der wegen des Gangs nach Canossa in die Annalen einging. In der barocken Krypta sind die Gebeine des Evangelisten Matthäus aufbewahrt. Das **Diözesanmuseum** oberhalb des Doms zeigt eine Sammlung von Elfenbeindiptychen (12./13. Jh.), Altarbilder und Mosaiken.
Duomo San Matteo: Mo.-Sa. 8.30-20, So. bis 13 und 16-20 Uhr Kirche frei, Krypta 1 € | www.cattedraledisalerno.it | Museo Diocesano: Mo., Di., Do., Fr. 9-13, 16-20, Sa./So. 9-13 Uhr | Eintritt 4 €

Mit schönem Ausblick
Vom Dom gelangt man in einem rund 45-minütigen Fußmarsch zum wuchtigen langobardischen Castello di Arechi hinauf. Es beherbergt ein kleines **stadtgeschichtliches Museum**. Unten im Ort sind die romanische Crocifisso-Kirche und die Kirche San Gregorio aus dem 11./12. Jh. an der Via dei Mercanti einen Besuch wert. In Letzterer dokumentiert das Museo della Scuola Medica die Ge der medizinischen Hochschule. Der Acquedotto wurde im 8. Jh. erbaut.   Castello di Arechi
Di.-Sa. 9-17, So. 9-15.30 Uhr | Eintritt 4 € | www.ilcastellodiarechi.it

❚ Cilento

Küsten und Berge
In Agrópoli (60 km südlich von Salerno) beginnt die abwechslungsreiche Küsten- und Berglandschaft des Cilento. Sie erstreckt sich über die Bucht von Palinuro bis zum Golf von Policastro im Süden, im Norden wird sie durch die Flüsse Calore und Tanagro begrenzt. Ein großer Teil steht unter Naturschutz, darunter der **Parco Nazionale del Cilento e Vallo di Diano**, der zum UNESCO-Welterbe zählt.   Lage
Die Küstenorte mit ihren langen Sandstränden sind ein gefragtes Ferienziel. Das gilt besonders für das schön auf einem Hügel gelegene **Castellabate**, für Acciaroli, wo sich Ernest Hemingway 1953 für drei Monate einquartierte, sowie für Palinuro, Policastro und Sapri. **Torri saraceni** säumen die Küste, sanfte Hügelketten durchziehen das Gebiet, landeinwärts wird es dann bergiger und im Monte Mòtola erreicht der Cilento 1700 m Höhe.

Im Schatten von Pompeji
Nicht nur ▶ Pompeji und Paestum sind sehenswerte antike Stääten, auch die weitläufigen Ausgrabungen der griechisch-römischen Stadt Elea/Velia beim Badeort Marina di Ascea (35 km südlich von Agrópoli) lohnen einen Besuch. Elea wurde im 6. Jh. v. Chr. von phokäischen   Velia

ZIELE
SALERNO

Griechen gegründet. Um 540 bis 460 v.Chr. blühte hier die **Eleatische Schule** unter den Philosophen Xenophanes, Parmenides und Zenon. In der sogenannten Unterstadt befinden sich Reste des Hafenviertels, ein Stück Stadtmauer, das Hafentor **Porta Marina** sowie spätantike Gräber. Hangaufwärts passiert man Reste der Thermen aus dem 3./4. Jh. n. Chr. Auf der antiken Fahrstraße gelangt man zur **Porta Rosa**, einem Bogentor aus dem 4. Jh. v. Chr., vermutlich einst ein Viadukt für einen Fahrweg. Oberhalb der Stadt befand sich die Akropolis. Bei Ausgrabungen wurden Fundamente eines Tempels aus dem 5. Jh. v. Chr. entdeckt, dessen Reste die Standfläche des mittelalterlichen Wehrturms und der kleinen Burg bilden.

Weiter geht es zum 2,5 km entfernten Ferienort **Palinuro** und dem gleichnamigen Kap. Der Abschnitt zwischen Marina di Camerota, über Scario und Sapri bis nach Maratea entlang des **Golfs von Policastro** gehört zu den schönsten Küstenabschnitten der Region.

Scavi di Elea/Velia: tgl. 8.30–19.30 Uhr | 3 Tage gültiges Sammelticket mit Paestum (inkl. Museum): 12/6 € (Hoch-/Nebensaison)

Höhlenschätze im Hinterland

Tropfsteinhöhlen

Das Binnenland des Cilento ist eines der ältesten besiedelten Gebiete Italiens. Davon zeugen einige Grotten, von denen zwei gut erschlossen sind. So lohnt ein Abstecher über das Städtchen Auletta, 50 km östlich von Salerno, zur **Grotta di Pertosa,** einem 2250 m langen Tropfsteinhöhlensystem. Die Höhlen waren seit dem Ende der Jung-

SALERNO ERLEBEN

UFFICIO INFORMAZIONI E ACCOGLIENZA TURISTICA
Lungomare Trieste 7/9
Tel. 089 23 14 32

https://de.visititaly.com
www.comune.salerno.it

❶ IL BRIGANTE €
Traditionelle Osteria im Zentrum mit sehr guten Antipasti – und preiswert ist das Essen auch noch.
Via Fratelli Linguiti 4
Tel. 038 92 62 57 56
Mo. geschl.

❷ OSTERIA CANALI €
Die Trattoria mit bester Cilento-Küche nach Slow-Food-Prinzipien ist aus einem kulinarischen Kulturverein hervorgegangen.
Via dei Canali 34
Mobil 339 5252672
Mo. geschl., Di. – Sa. nur abends geöffnet, So. nur mittags geöffnet

❶ MONTESTELLA 1914 €€
Frisches, junges Design-Hotel mit einem engagierten und kreativen Management. Toll ist die Dachterrasse, auf der man gemütlich einen Cappuccino genießt und dabei mittendrin im Geschehen ist.
Corso Vittorio Emanuele 156
Tel. 089 22 51 33
https://montestella1914.it

❷ FIORENZA €€
Das 3-Sterne-Hotel liegt nur 100 m vom Meer entfernt und wurde vor einigen Jahren umfassend modernisiert. Funktionelle Zimmer.
Via Trento 145, Loc. Mercatello
Tel. 089 33 88 00
www.hotelfiorenza.it

❸ PLAZA €€
Zentral am Ende der Fußgängerzone gelegen. Von den Hotels an der Bahnhofspiazza das empfehlenswerteste, der Hafen ist zu Fuß schnell erreicht.
Piazza Vittorio Veneto 42
Tel. 0 89 22 44 77
www.plazasalerno.com

---

steinzeit 5000 v. Chr. bewohnt. Das gilt auch für die bei Controne gelegenen **Grotten von Castelcività,** ein fast 5000 m langes Labyrinth (von Salerno aus auf der A 3, Ausfahrt Campagna).
Grotta di Pertosa: Öffnungszeiten variieren, meist stdl. ab 10 Uhr
Eintritt 13 €, Führung nur mit Reserv. unter Tel. 0975 39 70 37 oder
Mail an booking@fondazionemida.it | https://fondazionemida.com
Grotte di Castelcivita: nur mit Tour: April-Sept. 10.30, 12, 13.30, 15, 16.30, März bis 15, Okt. bis 12 Uhr, Nov.-Feb. nur mit Reservierung |
Eintritt 12 €/1 Std. o. 30 €/4 Std. | www.grottedicastelcivita.com

Spanisches Vorbild
Bei Padula, rund 100 km südöstlich von Salerno, steht die 1308 gegründete, 1866 profanierte Certosa di San Lorenzo, eine der größten

Certosa di San Lorenzo

ZIELE
SALERNO

Klosteranlagen Süditaliens. Der Bau nach dem Vorbild des Escorial bei Madrid im Stil des Barock zog sich bis ins 19. Jh. hin. Beachtenswert sind die prachtvoll ausgestattete Kirche und der große, zweigeschossige Kreuzgang mit einer Grundfläche von 90 x 30 m. Ein weiterer Glanzpunkt ist die große Freitreppe von Vanvitelli. Seit 1957 ist die Kartause ein Kulturzentrum. Das angeschlossene **Museo Archeologico della Lucania Occidentale** zeigt Funde aus den Nekropolen von Sala Consilina und aus anderen Gräbern der Umgebung. Mi.–Mo. 9–19 Uhr | Eintritt 6 €

Benevento ▶ S. 162

★ Zona Archeologica di Paestum

Ausgrabungsgelände: tgl. 8.30-19.30 Uhr, Museum Mo. geschl. | Eintritt (mit Mus.) März-Nov. 12 €, Dez.-Feb. 6 €, Kombiticket mit Velia 14/8 € | www.museopaestum.beniculturali.it, www.paestumsites.it

Archaische Schönheit

Am Golf von Salerno Die schönsten griechischen Tempel sieht man in Athen – und in Italien. In Paestum gründeten griechische Siedler zu Ehren des Meeresgottes Poseidon eine Stadt, in der drei Tempel entstanden. Die Ruinenstätte ist ein einmaliges Erlebnis. Sie liegt südlich von Salerno am Ende der Piana del Sele, der fruchtbaren Ebene des Flusses Sele.
Man kann sich kaum vorstellen, dass dieser antike Schatz nur zufällig wiederentdeckt wurde. 1752 standen die Arbeiter für den Bau der Küstenstraße in dem völlig zugewachsenen Gelände auf einmal vor den Überresten einer Geisterstadt: den überwältigend schönen Ruinen der antiken Siedlung Paestum. Diese war aus der Stadt **Poseidonia** entstanden, die Griechen aus Sybaris im 6. Jh. v. Chr. gründeten und die sich zu einem blühenden Handelszentrum entwickelte. Um 400 geriet die Stadt unter den Einfluss der Lukanier, 273 v. Chr. wurde sie römische Kolonie. Poseidonia erhielt den neuen Namen Paestum und verlor seine griechische Identität, nur die Tempel wurden verschont. Mit dem Weströmischen Reich zerfiel auch Paestum, und als sich die Malaria ausbreitete und Sarazenenüberfälle im 9. Jh. die Küstenorte unsicher machten, flohen die letzten Einwohner ins höher gelegene Landesinnere. Die alte Stadt diente fortan als Steinbruch, u. a. für den Normannenherzog Robert Guiscard, der hier riesige Steinblöcke und Säulen für den Dom in Salerno herausbrechen ließ. Danach geriet sie in Vergessenheit.

»
Der erste Eindruck konnte nur Erstaunen erregen. Ich befand mich in einer völlig fremden Welt.
«
Johann Wolfgang von Goethe

ZIELE
SALERNO

Die Cinta muraria
Das Gebiet der antiken Stadt, von der bislang nur ein Teil freigelegt wurde, ist von einer Stadtmauer (Cinta muraria) umgeben. Die zum Teil sehr gut erhaltene Mauer ist 4,75 km lang, ca. 5 m stark und von vier Toren unterbrochen.

Stadtmauer

Der älteste Tempel
Hauptsehenswürdigkeit sind die drei **griechischen Tempel dorischer Bauordnung** aus gelbem Travertin. Der älteste Bau ist die sog. Basilika aus dem 6. Jh. v.Chr., der Hera geweiht. Seine bauchigen Säulen, je neun an den Schmalseiten und 18 an den Längsseiten, verjüngen sich nach oben; Kern des Tempels ist eine zweischiffige Cella mit Vorhalle, Hauptraum und einem nach außen abgeschlossenen Rückraum.

Basilika

Der jüngste Tempel
Der benachbarte, fälschlich Neptun- oder Poseidontempel genannte Bau war ebenfalls der Göttin Hera geweiht. Er ist der jüngste und besterhaltene Tempel, ein herrliches Beispiel der formenstrengen Baukunst des 5. Jhs v. Chr. Die Säulen, je 6 an den Schmal- und 14 an den Längsseiten, tragen das fast vollständige Gebälk und die Frontgiebel, innen unterteilen zwei Säulenreihen die Cella in drei Gänge.

Tempio di Nettuno

Antiker Kopfsprung am Grab des Tauchers

ZIELE
SARDINIEN · SARDEGNA

| Ausführlich beschrieben im Baedeker Sardinien | und die **Nuraghen**, bis zu 20 m hohe Rundtürme aus grob behauenen Felsblöcken ohne Mörtel. Sie stammen aus der Zeit zwischen 1800 und 300 v. Chr. und dienten wahrscheinlich als Festungen, Wachtürme und Grabstätten. Heute gibt es noch etwa 8000 von ihnen auf Sardinien – rätselhaft, geheimnisvoll, anziehend. |

> »
> Es gibt noch ein ungezähmtes Sardinien.
> Es liegt außerhalb des Zivilisationskreislaufs.
> «
> *D. H. Lawrence*

▌ An der Nordküste von Olbia nach Westen

Die legendäre Smaragdküste

Costa Smeralda · Die Nordküste ist die beliebteste Reiseregion. Olbia passieren die meisten Urlauber nur als Durchgangsstation – die moderne Stadt ist mit Flug- und Fährhafen ein wichtiger Verkehrsknotenpunkt –, aber nur 15 km nördlich von Olbia beginnt die legendäre Costa Smeralda. Die »Smaragdküste« ist berühmt für ihre herrlich feinsandigen Badestrände, das türkisfarbe leuchtende Meer und die bizarren Granitfelsen. Der stark zerklüftete Küstenabschnitt erstreckt sich längs einer großen Halbinsel. Am nördlichen Ende der Costa Smeralda liegt in einer schmalen Bucht **Porto Cervo** mit einem der größten und luxuriösesten Jachthäfen des Mittelmeers. Die Costa Smeralda genießt Kultstatus, ist Topziel für Reiche und Prominente aus aller Welt. Mischen Sie sich unter die Leute, die an lauen Sommerabenden über die Piazzetta flanieren, genießen Sie Windowshopping vor sündhaft teuren Boutiquen und gönnen Sie sich einen Cocktail mit Blick auf die Yachten. Achtung: Die Saison hier ist extrem kurz! Erst nach Ostern öffnen zaghaft die ersten Restaurants, die meisten Hotels erst im Mai, Ende September wird bereits alles wieder verrammelt.

Inselschönheiten

Arzachena, La Maddalena und Caprera · Ganz anders ist es im 20 km entfernten ehemaligen Hirtendorf Arzachena, einer »echten« von Sarden bewohnten Stadt. In der Umgebung gibt es großartige frühgeschichtliche Zeugnisse zu besichtigen, darunter die Nekropole Li Muri an der Straße nach Luogosanto. Vom Fischerhafen und kleinen Ferienort Palau setzen täglich Schiffe zur herb-schönen Insel La Maddalena über, mit rund 20 km die größte Insel des Archipels. Die intensivsten Eindrücke der von kargen Granitfelsen und kleinen Buchten geprägten Küste erleben Sie, wenn Sie die Insel auf der 7 km langen **Panoramastraße** umfahren. Sie führt über einen Damm auf die bewaldete Nachbarinsel Caprera, die im Süden schöne Strände hat. Caprera ist eng mit dem italienischen

ZIELE
SARDINIEN · SARDEGNA

Hinein ins glasklare Meer an der Cala Goloritze im Norden Sardiniens

Freiheitskämpfer und Politiker **Garibaldi** verbunden, der von 1856 bis 1882 mit Unterbrechungen auf der »Ziegeninsel« lebte. Im Olivenhain hinter seinem Wohnhaus, das als Gedenkstätte eingerichtet wurde, liegt der Nationalheld begraben.

Noch schöner ist man mit dem Segelboot unterwegs: Entsprechende Touren können nicht nur von Palau, sondern auch von Porto Ottiolu (bei Budoni) und Santa Teresa di Gallura als Tagestrip gebucht werden. Unterwegs wird vor traumhaft schönen Küsten und Inseln Anker geworfen: Packen Sie Ihre Badesachen ein! Ein rosa Strand? Auch das gibt es auf Sardinien! Auf der winzigen, ebenfalls zum La-Maddalena-Archipel gehörenden **Isola Budelli**, heute in Privatbesitz und unter Naturschutz. Doch Schauen ist natürlich nicht verboten und die Boote ankern in gebührender Entfernung.

Grandiose Granitformationen

Folgt man der Festlandküste 25 km weiter nach Westen, trifft man auf den bekannten Badeort Santa Teresa di Gallura, von dem mehrmals täglich Fähren nach Korsika pendeln. 5 km westlich von Santa

Santa Teresa, Castelsardo

ZIELE
SARDINIEN · SARDEGNA

Teresa führt ein Damm zur herrlich bizarren Felslandschaft des **Capo Testa.** Die kleine Halbinsel ist von strahlend weißen, wild übereinandergetürmten Granitfelsen und schönen Sandstränden geprägt – und von Felsen, Felsen, Felsen, denn zu Sardinien gehören Steine in allen Formen, Größen und Farben. Das hübsche alte Hafenstädtchen Castelsardo wiederum, das traditionelle Zentrum der sardischen Korbflechterei, ruht auf einem hohen Felsmassiv, das weit in den Golfo dell'Asinara hineinragt.

Die ewige Zweite

Sassari — Besucher lassen die alte Universitätsstadt Sassari meist links liegen, denn das nahe Alghero protzt mit seinen vielen architektonischen Schätzen. Dabei lohnt Sardiniens zweitgrößte Stadt auch außerhalb der berühmten **Cavalcata Sarda,** dem Reiterspektakel und Folklorefest im Frühling, einen Aufenthalt: Die Altstadt lockt mit Museen, Märkten und einer beeindruckenden Piazza. Quer hindurch führt die Promeniermeile Sassaris, der Corso Vittorio Emanuele II. Zu beiden Seiten lohnen sich Abstecher ins Gassengewirr. Die Umgebung des **Doms San Nicola** (15. Jh., Barockfassade um 1700) bildet den ältesten Teil von Sassari. Hinter dem Gotteshaus an der Piazza del Comune steht der Palazzo Ducale (18. Jh.) mit dem Rathaus. Folgt man dem Corso Vittorio Emanuele II. nach Südosten, trifft man auf die Piazza Castello, wo der vorwiegend im 19. Jh. entstandene Teil der Innenstadt beginnt. Es folgt die weitläufige **Piazza d'Italia**, seit 1872 der neue Mittelpunkt der Stadt mit dem Denkmal Vittorio Emanueles II. und dem Palazzo della Provincia von 1880, der zu besichtigen ist.

An der Ostküste von Olbia nach Süden

Sightseeing und Badevergnügen

Von San Teodoro nach Orosei — 55 km östlich von Olbia erreicht man die ersten Ferien- und Badeorte mit schönen Stränden: San Teodoro und Budoni. Malerisch ist das an einen Hügel gebaute Posada mit seiner Altstadt und einer restaurierten Burg. Etwas weiter die Küste entlang sind der Badeort La Caletta und der Ferienort Santa Lucia sehr beliebt. Siniscola (55 km von Olbia) dient als Ausgangspunkt für Badeurlauber wie für Ausflüge in die **waldreiche Bergwelt** des **Monte Albo**. 3 km von der Küste entfernt liegt am rechten Ufer des Cedrino das Städtchen Orosei mit mittelalterlichen und barocken Bauten. Den Küstenabschnitt prägen steile Felsen, die mit hübschen kleinen **Badebuchten** abwechseln.

Raue Natur und sardische Graffiti

Von Nuoro nach Orgosolo — Etwa 40 km landeinwärts liegt inmitten einer beinahe schon alpinen Berglandschaft am Hang des Monte Ortobene die Provinzhauptstadt Nuoro, Heimat der italienischen Literaturnobelpreisträgerin Grazia

BAEDEKER ÜBERRASCHENDES

6x

EINFACH UNBEZAHLBAR

Erlebnisse, die für Geld nicht zu bekommen sind

1. MEISTERHAFT
Für Werke der großen Meister muss man meist in Museen gehen. Anders in Rom: Hier können Sie Fresken von Michelangelo und Caravaggio auch in etlichen Kirchen bewundern, z. B. in **San Pietro in Vincoli** (▶ S. 523)

2. PILGERN
Die **Via Francigena** führte von Canterbury nach Rom. Sie ist eine der ältesten Pilgerrouten und weit weniger frequentiert als der Jakobsweg. Vom Aostatal geht es Richtung Toskana und weiter bis in den Vatikan. (▶ S. 276, http://francigena-international.org)

3. DER BALKON VON FLORENZ
Florenz bietet viele Plätze mit Panoramablicken auf die Stadtsilhouette. Zum Glück ist der schönste und berühmteste Ausblick gratis: hoch über dem linken Arnoufer von der **Piazzale Michelangelo**. (▶ S. 199)

4. GALERIE IM FREIEN
Ein ganzes Dorf als Museum! Die berühmten **Murales**, die Wandbilder von Orgosolo, die zum Widerstand aufriefen, prangen auf Häusern und Wänden des alten Bergdorfs auf Sardinien. Kostenlose Inspiration! (▶ S. 568)

5. FABRIKVERKAUF
Die hochwertigen Kaschmirpullover, die es in den Luxusboutiquen gibt, sind sehr, sehr teuer. Zum Glück kann man sich in den Outlets der Textilstadt **Prato** mit den Kostbarkeiten für relativ wenig Geld eindecken! (▶ S. 463)

6. STADTSTRAND
Der Sandstrand des Lido von **Venedig** ist fest in der Hand von Hotels und Beach Clubs, baden Fehlanzeige. Doch da gibt es noch den **Spiaggia Blue Moon**... (▶ S. 650)

ZIELE
SARDINIEN · SARDEGNA

Deledda (1871–1936). Ihr Geburtshaus ist heute Museum. 8 km südöstlich von Nuoro schmiegt sich das Städtchen Oliena an den Fuß des lang gezogenen **Kalksteinmassivs des Supramonte,** von dem aus man zu dem kleinen, aber sehr schönen Massiv des Supramonte von Dorgali gelangt, wo die Quelle Su Gologone einer natürlichen Spalte des Kalkgesteins entspringt. Orgosolo, 23 km südlich von Nuoro, ist bekannt für die **Murales** genannten Wandbilder, die seit den 1970er-Jahren viele Mauern und Hauswände schmücken. Die Bewohner malten sie, um damit ihre politischen und sozialen Forderungen zum Ausdruck zu bringen.

Sardiniens höchstes Dorf

Ins Bergland

Sie tragen Tierfelle und Holzmasken mit furchterregenden Grimassen: Zur Faschingszeit treiben die Mamuthones in **Mamoiada,** einem kleinen Bergdorf in der Barbagia, ihre Späße mit Bewohnern und Besuchern – skurril, lustig, archaisch. Von dort gelangen Sie hoch hinaus: **Fonni,** Sardiniens höchstgelegenes Dorf, thront in knapp 1000 m Höhe an den Berghängen des Gennargentu-Massivs – ein Ziel für Natururlauber. Von Mai bis Ende September ist viel los: Am frühen Morgen bricht man zu Touren in die umliegenden Berge auf; im Winter kommen Skifahrer und Snowboarder, für die mehrere Pisten auf dem Hängen des Bruncu Spina angelegt wurden. Für den Aufstieg zur wenige Meter höheren **Punta la Marmora** (1834 m ü. d. M.) eignet sich auch Desulo, der Ort liegt weiter südlich in herrlichen Kastanienwäldern an einem steilen Hang. Dorgali, ein Städtchen mit Kunsthandwerks- und Weintradition, liegt 23 km südlich von Orosei am Hang des Monte Bardia.

★ Aufregende Natur

Zurück zur Küste

Eine kurvige Panoramastraße führt von Dorgali zur Küste (8 km), die man beim Badeort Cala Gonone erreicht. Eine Besonderheit hier sind die Tropfsteinhöhlen, vor allem die **Grotta del Bue Marino** und die **Grotta Ispinigoli,** die man auch bei einer Führung besichtigen kann. Im Sommer bieten Ausflugsboote Trips zu den herrlichen Stränden und zur Grotta del Bue Marino an. Die wilde **Schlucht su Gorruppu** kann man bei einer aufregenden Wanderung (ca. 1,5 Std.) durchqueren: Die 200 m hohen, senkrecht aufsteigenden Felswände lassen manchmal nur einen schmalen Durchgang offen. Von Dorgali folgt man der Straße bis zur Kirche Nostra Signora del Buon Cammino. Von dort führt eine Schotterpiste bis zur Brücke Ponte Barva, wo der Fußweg beginnt. Erst 55 km südlich von Dorgali gibt es wieder eine Möglichkeit, ans Meer zu kommen: bei dem freundlichen Dorf Santa Maria Navarrese. Ein Abstecher lohnt zum kleinen Hafenort Arbatax, etwa 8 km weiter im Süden hinter der Stadt Tortoli. Berühmt sind die roten **Porphyrfelsen,** die man vom Hafen aus gut sehen kann. Von Arbatax geht es weiter Richtung Tortoli durch die südöstliche Ogliastra. In Bari Sardo, 10 km südlich von Tortoli, bietet sich ein weiter Blick auf das Massiv des Gennargentu. In vielen Windungen schlängelt sich die Straße durch unberührtes Bergland. Viele Urlaubsorte gibt es im Süden der Ostküste nicht, erst Villaputzu (75 km südlich von Tortoli) kann wieder mit Sandstränden aufwarten. 30 km weiter südlich beginnt die touristisch kaum erschlossene **Costa Rei** mit **endlosen Stränden** im Einzugsgebiet des Ferienortes Villasimius.

Grotta del Bue Marino: Juni-Sept. 9-17 Uhr | stündl. Fahrt und Eintritt zur Höhle ab 30 € | www.calagononecrociere.it

Grotta Ispinigoli: Führungen im Sommer tgl. zw. 10 und 18/19 Uhr, sonst nur vormittags | Eintritt 8 € | www.ghivine.com/Ispinigoli.htm

Ein bisschen Italien und ein Hauch Nordafrika

Die Haupstadt Sardiniens zieht wenig Touristen an. Aber immerhin: Steile Treppenanlagen erschließen die vom Zerfall bedrohte, lebhafte Altstadt. Treten Sie durch das Elefantentor (**Torre del'Elefante**) und das Tor des heiligen Pankratius (**Torre di San Pancrazio**): Byzantinisch, römisch, katalanisch – hier sind die Baustile und Kulturen gemischt. Großartig ist das Casteddu genannte erhöht gelegene Viertel, das meterdicke Festungsmauern umgeben, in jedem Fall! Und im Hafenviertel Marina lässt sich abends schlendern.

Cagliari

Die Südküste

Flamingos, Badestrände und eine Ruine

Von Cagliari führt der Weg zuerst zum Aussichtsberg Monte Sant'Elia, vorbei am Feuchtgebiet Stagna di Molentargius, wo man **Flamingos** erspähen kann. Weiter geht es zum viel besuchten Badestrand Poetto, der sich 8 km am Golfo di Quartu hinzieht. An der Straße zum aussichtsreichen Capo Carbonara liegen alte Wachtürme und Nuraghen. In der entgegengesetzten Richtung findet man 20 km von Cagliari bei dem Dorf Sarroch eine schöne Nuraghe. 7 km weiter, beim Urlaubsort Pula, zweigt die Straße zu den Resten der phönizischen, später römischen Stadt **Nora** ab, die 4 km südlich auf einer schmalen Halbinsel liegen. Nach einiger Zeit verlässt die Straße die Küste und zieht landeinwärts weiter, erklimmt hinter Pula eine Passhöhe und erreicht nach 14 km das hübsch gelegene Städtchen **Teulada**.

Von Caglieri nach Teulada

Die Westküste

Abwechslungsreich

Im Ferienstädtchen Sant'Antioco auf der gleichnamigen Insel kann man zu beiden Seiten des Kastells eine gut erhaltene phönizische Nekropole aus dem 5. bis 3. Jh. v. Chr. besichtigen. Nordwestlich der

Von Sant'Antioco nach Sanluri

ZIELE
SARDINIEN · SARDEGNA

Stadt liegt das stark touristisch geprägte Fischerdorf **Calasetta**. Einsamer ist es am **Capo Sperone**, der Südspitze der Insel. Zurück auf dem Festland fährt man von San Giovanni Suergiu weiter zum Tafelberg **Monte Sirai** 4 km nordwestlich von Carbonia; dort wurden die Grundmauern einer großen phönizisch-punischen Festung ausgegraben. Etwas weiter zweigt eine Straße zu den Hafenorten **Portoscuso** und **Portovesme** ab. Von Letzterem setzen die Fähren zur Isola di San Pietro über. Etwa 13 km hinter der Abzweigung nach Portoscuso und Portovesme trifft man auf die freundliche Stadt **Iglesias**, teilweise umgeben noch mittelalterliche Mauern ihren reizvollen Kern. Über eine sehr kurvenreiche Straße geht es von Iglesias über 80 km zum bewaldeten Küstengebiet der Costa Verde mit schönen **Sanddünenstränden.** 54 km ins Landesinnere führt der Weg nach **Sanluri**.

★ Sardiniens berühmteste Nuraghenanlage

Su Nuraxi

Su Nuraxi, ein Meisterwerk bronzezeitlicher Baukunst und die einzige UNESCO-Welterbestätte der Insel, ist nicht nur die größte Anlage dieser Art, sondern auch die beeindruckendste. Die ab 1250 v. Chr. geschaffene Befestigungsanlage mit einst 150 Behausungen und einer 5 m breiten Mauer thront auf einer vegetationslosen Anhöhe einen Kilometer außerhalb des kleinen Ortes Barumini. Herzstück und ältester Teil der Anlage ist der Rundturm aus der Zeit um 1500 v. Chr.

Spanisches Erbe

Alghero

Die alte Hafenstadt an Sardiniens Nordwestküste kommt Ihnen spanisch vor? Das stimmt! Etwa anderthalb Jahrhunderte lang war die Festungsstadt mit den mächtigen Bollwerken hoch über dem Meer fest in katalanischer Hand. Bummeln Sie die Wehrgänge mit den meterdicken Verteidigungsmauern entlang, bestaunen Sie die alten Kanonen und Schießscharten, bevor Sie in die Altstadt hinabsteigen und von der Piazza Sulis am Rand des Zentrum mitten hinein ins Herz wandeln: zur Piazza Civica, zum klassizistischen Stadttheater Teatro Civico und zum Palazzo Columbano in der Via Sant'Erasmo, einem Meisterwerk katalanischer Baukunst.

Antike Ruinen am Meer

Von Sardara nach ★ Tharros

In Sardara, 9 km nördlich von Sanluri, kann man unter der kleinen Kirche Santa Anastasia ein unterirdisches **nuraghisches Brunnenheiligtum** (10. Jh. v. Chr.) besichtigen; 3 km außerhalb des Ortes sprudeln die heißen **Heilquellen** von Sardara. Oristano ist die kleinste der vier Provinzhauptstädte Sardiniens und bis heute sehr ländlich. Der große touristische Anziehungspunkt sind die bedeutenden Ruinen der antiken Stadt **Tharros**, etwa 20 km westlich von Oristano auf der windzerzausten **Halbinsel Sinis**. Punier gründeten sie, auch in römischer Zeit war sie noch besiedelt – hier besichtigen Sie Funde aus den verschiedenen Epochen der sardischen

ZIELE
SIENA

Geschichte auf engstem Raum. Auf der Fahrt dorthin kommt man an den Strandseen Stagno di Cabras und Stagno di Mistras vorbei, die zu den größten Feuchtgebieten Sardiniens zählen. Hier brüten seltene Vogelarten.

Tharros: tgl. ab 9, April, Mai, Okt. bis 18, Juni, Juli, Sept. bis 19, Aug. bis 20, Nov.–März bis 17 Uhr und Mo. geschl. | Eintritt 6,50 €, Kombiticket (Tharros, Turm, Museum) 12 € | www.tharros.sardegna.it

Bei ruhiger See

Die schroffen Kalksteinfelsen von Capo Caccia ragen rund 25 km westlich von Alghero ins Meer. An der Westseite des Kaps, das die weite Bucht von Porto Conte abschließt, öffnet sich die **Grotta di Nettuno** (Neptungrotte). Die Tropfsteinhöhle liegt nur einen Meter über dem Meeresspiegel am Fuße einer senkrecht abfallenden Felswand und wird auf Bootstrips von Alghero aus angefahren, ist allerdings nur bei ruhiger See zu besichtigen.

★ Capo Caccia

Ausflugsboote zu den Tropfsteinhöhlen: Abfahrten April–Okt tgl. zwischen 8 und 16.45 Uhr | Ticekt 15 € | www.grottedinettuno.it

★★ SIENA

Region: Toskana · Toscana | **Provinz:** Siena | **Höhe:** 322 m ü. d. M.
Einwohnerzahl: 53 900

Aus der Luft sieht er besonders großartig aus: Dann offenbart der »Campo«, wie die Sieneser ihren Hauptplatz liebevoll nennen, seine perfekte Gliederung und wirkt mit den dicht darum herum stehenden alten Stadtpalästen besonders eindrucksvoll. Alle Wege steuern auf ihn zu, und wenn sich die Straßenzüge plötzlich öffnen und der Campo zutage tritt, dann ist das schon ein erhebendes Gefühl. Sogar an Winter- und Regentagen sitzt man hier, gut eingehüllt in Decken und geschützt unter Markisen, bei einem Caffè Latte und tauscht den jüngsten Klatsch aus.

J 13

Sienas historisches Zentrum breitet sich über drei Hügel aus. Hier gibt es keine Stadtviertel, sondern Stadtdrittel (Terzi). Ihre Hauptachsen treffen im Croce del Travaglia bei der Piazza del Campo zusammen. Im Süden liegt der Terzo di Città mit der Einkaufsmeile Via di Città und dem Dombezirk auf dem höchsten Punkt der Stadt, im Norden das Terzo di Camollia mit den schmucken Palästen um die Via Banchi di Sopra und im Osten das Terzo di San Martino.

Die Schöne der Toskana

ZIELE
SIENA

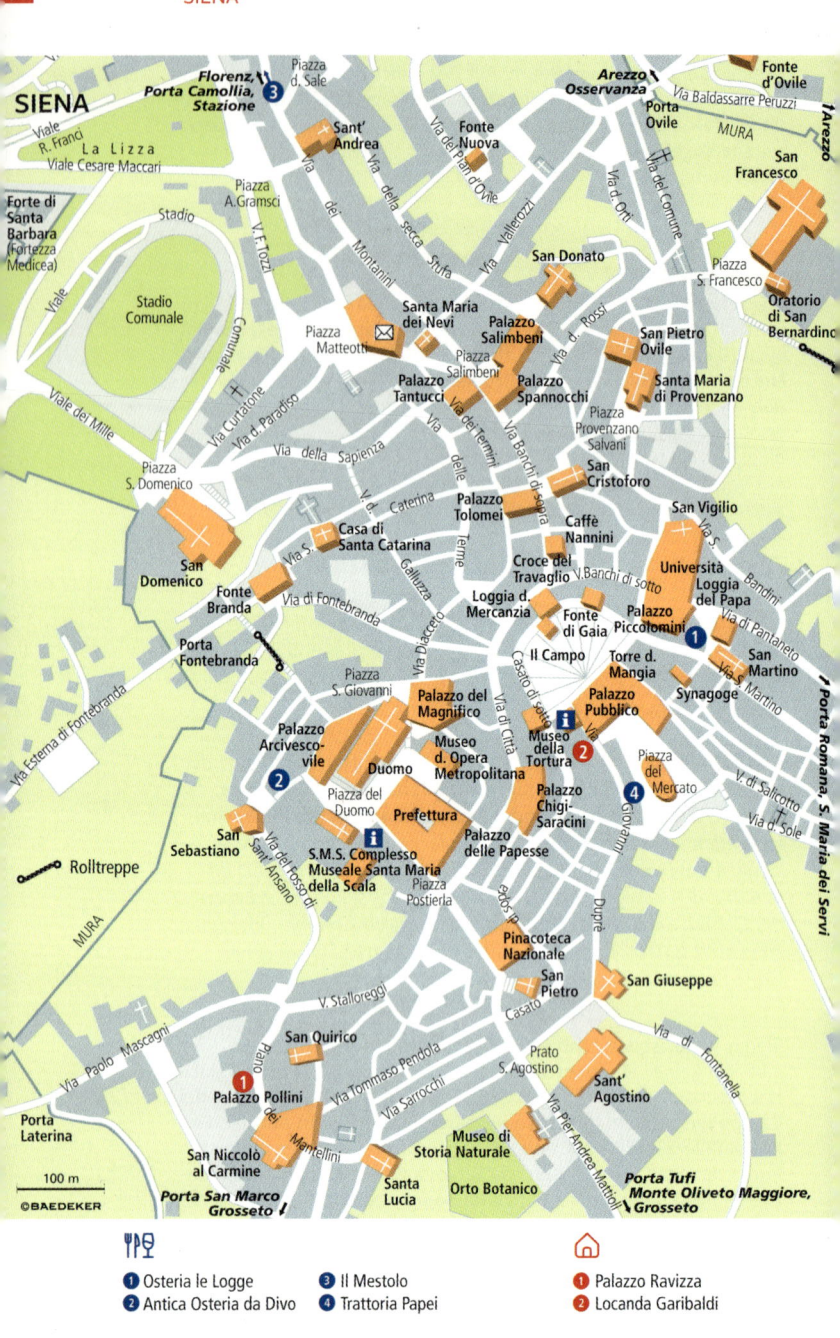

SIENA

Florenz, Porta Camollia, Stazione ③

Arezzo, Osservanza

Piazza d. Sale
Sant' Andrea
Fonte Nuova
Porta Ovile
Fonte d'Ovile
Arezzo
San Francesco
Via Baldassarre Peruzzi
MURA
Viale R. Franci
La Lizza
Viale Cesare Maccari
Piazza A.Gramsci
Via della secca Stufa
Via di Pari d'Ovile
Via Vallerozzi
Via del Comune
Piazza S. Francesco
Forte di Santa Barbara (Fortezza Medicea)
Stadio
Stadio Comunale
Viale dei Mille
Via Montanini
Via del Orti
San Donato
Oratorio di San Bernardino
Viale Comunale
Via Curtatone
V. Paradiso
Piazza Matteotti
Santa Maria dei Nevi
Piazza Salimbeni
Palazzo Salimbeni
Palazzo Spannocchi
V. d. Rossi
San Pietro Ovile
Santa Maria di Provenzano
Palazzo Tantucci
Via dei Termini
Via della Sapienza
Piazza Provenzano Salvani
V. d. Caterina
Palazzo Tolomei
San Cristoforo
San Vigilio
Piazza S. Domenico
Casa di Santa Catarina
Via delle Terme
Caffè Nannini
Loggia del Papa
Università
Via S. Bandini
San Domenico
Via Galluzza
Via di Fontebranda
Croce del Travaglio
V. Banchi di sotto
Palazzo Piccolomini
Via di Pantaneto
Fonte Branda
Loggia d. Mercanzia
Fonte di Gaia
San Martino
Porta Romana, S. Maria dei Servi
Porta Fontebranda
Via di Diaccetto
Il Campo
Torre d. Mangia
Via S. Martino
Via Esterna di Fontebranda
Piazza S. Giovanni
Palazzo del Magnifico
Casato di sotto
Palazzo Pubblico
Synagoge
Via di Città
Piazza del Mercato
Palazzo Arcivescovile
Museo d. Opera Metropolitana
Museo della Tortura ②
V. Giovanni
V. di Salicotto
Rolltreppe
San Sebastiano
Piazza del Duomo
Duomo
Prefettura
Palazzo Chigi-Saracini
Via di Sole
MURA
S.M.S. Complesso Museale Santa Maria della Scala
Palazzo delle Papese
Via del fosso di Sant'Ansano
Piazza Postierla
Casato
Dupré
Pinacoteca Nazionale
San Pietro
San Giuseppe
Via di Fontanella
V. Stalloreggi
San Quirico
Prato S. Agostino
Via Paolo Mascagni
Via Tommaso Pendola
Sant' Agostino
① Palazzo Pollini
Via Sarrocchi
Via Pier Andrea Mattioli
Porta Laterina
100 m
©BAEDEKER
San Niccolò al Carmine
Porta San Marco Grosseto
Santa Lucia
Museo di Storia Naturale
Orto Botanico
Porta Tufi Monte Oliveto Maggiore, Grosseto

🍴
① Osteria le Logge
② Antica Osteria da Divo
③ Il Mestolo
④ Trattoria Papei

🏠
① Palazzo Ravizza
② Locanda Garibaldi

ZIELE
SIENA

SIENA ERLEBEN

ⓘ

Il Campo 1, Tel. 0577 29 22 22
www.terredisiena.it

🚌

Die Altstadt ist Fußgängerzone mit videoüberwachter Zona al Traffico Limitato (ZTL). Kostenpflichtig parkt man an der Fortezza Medicea, auf den Plätzen Santa Caterina und San Francesco (beide mit Rolltreppen zur Altstadt) und in den Parkhäusern (www.sienaparcheggi.com). Auch vom Bahnhof führen Rolltreppen zur Oberstadt.

Beim **Palio di Siena** ist nach 90 Sekunden alles vorbei – länger brauchen Ross und Reiter nicht, um dreimal um die Piazza del Campo zu preschen. Das Ereignis ist allerdings kein fröhliches Stadtfest, sondern ein brutales Rennen, bei dem immer wieder Pferde ums Leben kommen – doch zu tief ist die Tradition des Palio in der Stadt verwurzelt, die seit Jahrhunderten zerrissen ist in unversöhnlich streitende Fraktionen.
Großartig sind die **Konzerte der Domchöre:** Der 2016 neu gegründete Domchor »Guido Chigi Saracini« tritt jährlich 15 mal auf. Auch der renommierte alte Domchor »Agostino Agazzari« ist regelmäßig aktiv.
www.ilpalio.org
www.corocattedralesiena.com
www.coroagazzari.it

🛍️

In der Via di Città und der Via dei Banchi di Sopra findet man die schönsten und edelsten Shops, u. a. die Drogheria Manganelli (Via di Città 71–73), wo seit 1879 Kuchen nach alten Rezepten hergestellt wird, insbesondere das **Panforte**, das Sieneser Früchtebrot. Die Café- und Pasticcerien-Szene beherrscht die »Nannini-Dynastie«. Wahre Zuckerbäckerwunder findet man in der Nannini-Institution Conca d'Oro (Via Banchi di Sopra 24). Für den **Weineinkauf** empfiehlt sich die Enoteca Italiana an der Piazza Matteotti 30 oder die Enoteca im Forte di Santa Barbara.

🍴

❶ OSTERIA LE LOGGE €€€
Gianni und Laura Brunelli eilen frühmorgens auf Sienas Märkte. Aus den ergatterten Zutaten zaubert Gianni dann seine experimentierfreudige Küche. Unschlagbar sind die Filets – außen knusprig, innen »al minuto«! An der nahen Via Luparello lagern in Giannis Jazz Live Club/Vineria »unTubo« 11 000 Flaschen (Mo. – Sa. 18 bis 1 Uhr).
Via del Porrione 33
Tel. 0577 4 80 13, http://osteriale logge.it, www.giannibrunelli.it, www.untubo.com
So. und 7. – 31. Jan. geschl.

❷ ANTICA OSTERIA DA DIVO €€€
Die Nischen des mit moderner Kunst geschmückten Tuffsteingewölbes sind der perfekte Ort für ein romantisches Dinner. Aus der Küche kommen feine Sieneser und Maremmaküche, z. B. Ribollita, Risotto Carnaroli mit Schwarzkohl (cavolo nero) und Pecorino oder Wildschwein (cinghiale), wie es schon Brunelleschi schmeckte – mit dreierlei Pfeffer, Brot und Gemüse.
Via Franciosa 25/29
Tel. 0577 28 60 54
www.osteriadadivo.it

ZIELE
SIENA

❸ IL MESTOLO €€€
Nicoletta und Gaetano führen Sienas bestes Fischrestaurant! Nicolettas kreative Küche und die elegante Atmosphäre überzeugen aber auch Liebhaber der toskanischen Landküche. Am besten ist man mit der Wahl des fünfgängigen Degustationsmenüs beraten.
Via Fiorentina 81
Tel. 0577 51 531
www.ilmestolo.it

❹ TRATTORIA PAPEI €€
Ein Klassiker der Sieneser Gastroszene. Vorspeisen, frische Pastagerichte oder Fasan mit Pinienkernen locken! Zum Dessert sollte man sich die Sieneser Mandelplätzchen (Ricciarelli) nicht entgehen lassen!
Via del Mercato 6
Tel. 0577 28 08 94
www.anticatrattoriapapei.com

❶ PALAZZO RAVIZZA €€€
Viel Charme unweit des Campo! Das Traditionshaus (seit 1924) vermietet klassisch elegante Zimmer mit Stuck und handbemalten Terrakottafliesen. Das Frühstück wird im Garten serviert. Mit Parkplatz und Sienas englischer Buchhandlung.
Pian dei Mantellini 34
Tel. 0577 28 04 62
www.palazzoravizza.it

❷ LOCANDA GARIBALDI €€
Für Sparfüchse! Im günstigen, nur wenige Schritte von der Piazza del Campo entfernten Hotel betreibt die sympathische Silvia Bettina auch eine sehr gute Osteria. Das Frühstück wird extra berechnet.
Via G. Duprè 18, Tel. 0577 28 42 04

Sagenhaft schön ist nicht übertrieben: der Campo, das Herz der Stadt.

ZIELE
SIENA

Das mittelalterliche Siena war eine der mächtigsten Stadtrepubliken seiner Zeit. Die Silberminen von Montieri und die Handels- und Bankgeschäfte brachten der Stadt großen Wohlstand. Die Regierung lag in den Händen des ghibellinischen, also kaisertreuen Adels – Anlass für eine Dauerfehde mit dem papsttreuen, guelfischen Florenz, mit dem es lange um die Vorherrschaft kämpfte. Im 14. Jh. raffte die Pest über 60 Prozent der Einwohner dahin – ein Schlag, von dem sich die Stadt nicht mehr erholte. Anfang des 15. Jh.s war ihre Glanzzeit vorbei und 1559 fiel Siena an Herzog Cosimo I de' Medici – das war das Ende der freien Stadtrepublik.

★★ Piazza del Campo

Italiens älteste Fußgängerzone

Herz der Stadt ist die sagenhaft schöne Piazza del Campo, der wie eine halbierte Schüssel geformte Vorplatz der mächtigen Front des Palazzo Pubblico – in seiner Geschlossenheit eine der schönsten städtebaulichen Raumschöpfungen. An der Nordseite steht die marmorne **Fonte Gaia**, (»Brunnen der Freude«), Sienas erster öffentlicher Brunnen. Er ist eine Nachbildung von Jacopo della Quercias Meisterwerk von 1419, die Originalreliefs sind im Museum Santa Maria della Scala (▶ S. 581). *Der Mittelpunkt*

Prachtvoll

Das gotische Ratsgebäude aus Travertin und Backstein wurde 1297 bis 1310 errichtet; das oberste Geschoss der niedrigeren Flügel kam erst 1680 hinzu. An der Seite ragt der 102 m hohe **Torre del Mangia** (1348) auf. An der Turmbasis steht die nach der großen Pest in Form einer Loggia erbaute Capella di Piazza (1352), die später um einen Renaissanceaufbau ergänzt wurde. *Palazzo Pubblico*

Die Räume des Palazzo Pubblico sind mit Fresken der Sieneser Schule geschmückt, die einen Einblick in die Anschauungen der Bürger des 14. und 15. Jh.s gewähren. Zu den bewegendsten Beispielen zählen in der Sala della Pace die Fresken »Das gute und das schlechte Regiment« (1339) von Ambrogio **Lorenzetti,** der sich bei der Gestaltung vielsagend am Stadtbild von Siena orientierte. In der **Sala del Mappamondo** findet man zwei Fresken von Simone Martini (um 1315 bzw. 1330). Im ersten und zweiten Stock zeigt das **Museo Civico** Zeichnungen, Gemälde und Dokumente zur Stadtgeschichte. Von der Nordwestseite des Campo führen Treppen hinauf zur Loggia della Mercanzia, dem alten Handelsgericht von 1428 bis 1444. Am nahen Croce del Travaglio, dem »Kreuz der Arbeit«, treffen die drei Haupt-, Einkaufs- und Flanierstraßen der Stadt zusammen. Im Osten stößt der **Palazzo Piccolomini,** einer der schönsten Renaissancepaläste der Stadt, an die Piazza del Campo. Er wurde ab 1469 für Nanni Pic-

BAEDEKER ÜBERRASCHENDES

6x
ERSTAUNLICHES

Hätten Sie das gewusst?

1.
PFERDE IN DER STADT
Kurios und legendär: Zweimal im Jahr, am 2. Juli und 16. August, verwandelt sich die Piazza del Campo im Zentrum von Siena in eine Pferderennbahn. Beim **Palio di Siena** treten die Stadtviertel gegeneinander an. (▶ **S. 573**)

2.
WASSERBÜFFEL
Nein, Sie sind hier nicht in Asien, sondern in Kampanien. Der beste Mozzarella di buffalo di campagna stammt aus der Gegend um **Paestum**. Allerdings ... (▶ **S. 560 bzw. S. 769**)

3.
ROSA BRILLE
Tatsächlich, es gibt rosafarbene Strände! Wo? Auf der winzigen Isola Budelli im **La Maddalena-Archipel**. Zwar darf man die Privatinsel nicht betreten, doch man kann sich ihr mit dem (Ausflugs-)Boot nähern und staunen. (▶ **S. 564**)

4.
DIESER EFFEKT!
In **Florenz** beeindruckt in der Franziskanerkirche Santa Maria Novella Masaccios Dreifaltigkeits-Fresko: Die bahnbrechende perspektivische Darstellung macht glauben, man könne die abgebildete Kapelle wirklich betreten. 3D in der Renaissance!
▶ (▶ **S. 212**)

5.
JULIA HILFT!
Wo sonst als in der Stadt von Romeo und Julia können unglücklich Verliebte Linderung erhoffen? Einfach an **»Julia, Verona, Italia«** einen Brief schreiben und es kommen Antwort und Ratschläge. Heute geht das auch per E-Mail an info@julietclub.com.

6.
TRULLIS?
Wissen Sie, was ein Trullo ist? Wenn nicht, sollten sie nach **Alberobello** fahren. Einst waren die Steinhäuschen mit kegelförmigem Dach die Behausungen armer Leute, heute zahlen Liebhaber viel Geld für sie. (▶ **S. 97**)

ZIELE
SIENA

colomini, Vater von Papst Pius III., erbaut. Heute ist er Sitz des Staatsarchivs, das u. a. Handschriften von **Dante** und der hl. Katharina von Siena sowie »tavole di biccherna« enthält, Holztäfelchen mit Verwaltungsdaten vom 13. bis zum 19. Jahrhundert.

Palazzo Publico: Mitte März – Okt. 10–19, sonst bis 18 Uhr | Eintritt 10 €, mit Santa Maria della Scala und Torre del Mangia 20 €

Palazzo Piccolomini bzw. Archivo di stato: Öffnungszeiten variieren, aktuelle Infos auf www.archiviodistato.siena.it

Ein Blick in Abgründe

Nahe der Piazza del Campo liegt am Vicolo del Bargello das Sieneser **Foltermuseum**. Worum es hier geht, dürfte klar sein, und wem nach mehr ist: Es hat in ▶ San Gimignano, ▶ Volterra, ▶ Lucca und ▶ Montepulciano. — *Museo della Tortura*

tgl. 10–19 Uhr, im Winter nur Sa., So. | Eintritt 10 €
www.torturemuseum.it

Große Kunst

Von der Piazza del Campo führt die Via dei Pellegrini am Palazzo del Magnifico (1509), erbaut für den Stadtherrn P. Petrucci, vorbei zum Dombezirk. An der Piazza San Giovanni sieht man den Domchor, der seit dem 14. Jh. über das Baptisterium San Giovanni ragt. Seine schöne Fassade blieb unvollendet; die Taufkirche birgt Fresken (1450) und einen **Taufbrunnen** (1417–1430) von Jacopo della Quercia mit Bronzereliefs von Donatello und Lorenzo Ghiberti. 1999 stieß man auf die 700 Jahre verborgene **Domkrypta.** Ihre Fresken (um 1280) gelten als die »Morgenröte« der Sieneser Schule (Meister Guido da Siena, Guido di Graziano). — ★ *Battistero di San Giovanni*

April–Okt. Mo.–Sa. 10–19, So.13.30–18, Nov.–März Mo.–Sa. 10.30–17.30, So ab 13.30 Uhr | Eintritt 9 € oder OPA Si Pass (s. Duomo)

★ Duomo Santa Maria Assunta

April–Okt. Mo.–Sa. 10–19, So. 13.30–18, Nov.–März. Mo.–Sa. 10.30 bis 17.30, So. 10.30–17.30 Uhr | Eintritt: 18. Aug. – 27. Okt. 8 € Nov.–Feb. frei, sonst 5 €, Bibliothek 2 €, 3 Tage gültiger OPA Si Pass für alle Domeinrichtungen 13–15 € | https://operaduomo.siena.it

Porta di Cielo: Zeiten wie Dom | Eintritt 20 €

Gotische Pracht

Vom Baptisterium geht man hinauf zum Domplatz auf dem höchsten Punkt der Stadt. Zunächst befindet man sich auf dem Platz, der einmal das Langhaus eines neuen Doms hätte werden sollen. Die 1339 beschlossene **Erweiterung**, die den Dom zum größten gotischen Bau Italiens gemacht hätte, musste wegen Baufehlern und infolge der Pest 1348 aufgegeben werden. — *Größter gotischer Bau Italiens*

SIENAS STOLZ

BAEDEKER WISSEN

Auf dem höchsten Punkt der Stadt erhebt sich der stattliche Dom Santa Maria mit romanischen und gotischen Stilelementen in der Fassade. Unterhalb des Chors schließt sich das Baptisterium San Giovanni an, während seitlich noch Überreste des »Neuen Doms« zu sehen sind, mit dem die Sieneser im 14. Jh. den bestehenden erweitern wollten.

❶ Marmorfassade
Ende des 13. Jh.s entwarf Giovanni Pisano die Fassade des Doms, inspiriert von der französischen Gotik.

❷ Libreria Piccolomini
Die Piccolomini-Bibliothek wurde von Kardinal Francesco Piccolomini (später Pius III.) zu Ehren seines Onkels Pius II. gegründet. Hier befinden sich die berühmten Fresken von Pinturicchio mit Szenen aus dem Leben des späteren Papstes.

❸ Capella di San Giovanni
In der Renaissancekapelle sind ein Freskenzyklus von Pinturicchio und eine Bronzestatue Johannes' des Täufers von Donatello (1457) zu sehen.

❹ Kanzel von Nicola Pisano
Die oktogonale Kanzel von Nicola Pisano (13. Jh.) ruht auf Säulen, die von Löwen gestützt werden.

❺ Marmorfußboden
Der Fußboden des Sieneser Doms weist einzigartige Marmorintarsien auf. Um diese zu schonen, sind sie die meiste Zeit des Jahres größtenteils abgedeckt. Zu einem kompletten Eindruck verhilft dann das Schaubild im Dommuseum.

❻ Battistero di San Giovanni
Als 1316 der Domchor erweitert wurde, wurde eine Unterkirche (das Baptisterium) errichtet.

❼ Museo dell'Opera Metropolitana
Im Erdgeschoss des Dommuseums sind u. a. die von Pisano und seinen Mitarbeitern gefertigten überlebensgroßen Originalskulpturen der Fassade zu sehen, die dort durch Kopien ersetzt wurden.

❽ Il Facciatone
Die Domerweiterungspläne wurden wegen Geldmangels, technischer Probleme und des Ausbruchs der Schwarzen Pest 1348 gestoppt. An diese Ambitionen erinnert heute noch die teilweise vollendete Außenmauer – Il Facciatone (die große Fassade) genannt.

❾ Krypta
Auf der Domrückseite liegt der Zugang zur Krypta aus dem 13. Jahrhundert. Sie wurde erst 1999 nach 700 Jahren wiederentdeckt. Ihre Wände sind mit gut erhaltenen Fresken aus dem 13. Jh. bemalt, die frühe Künstler der Sieneser Schule geschaffen haben.

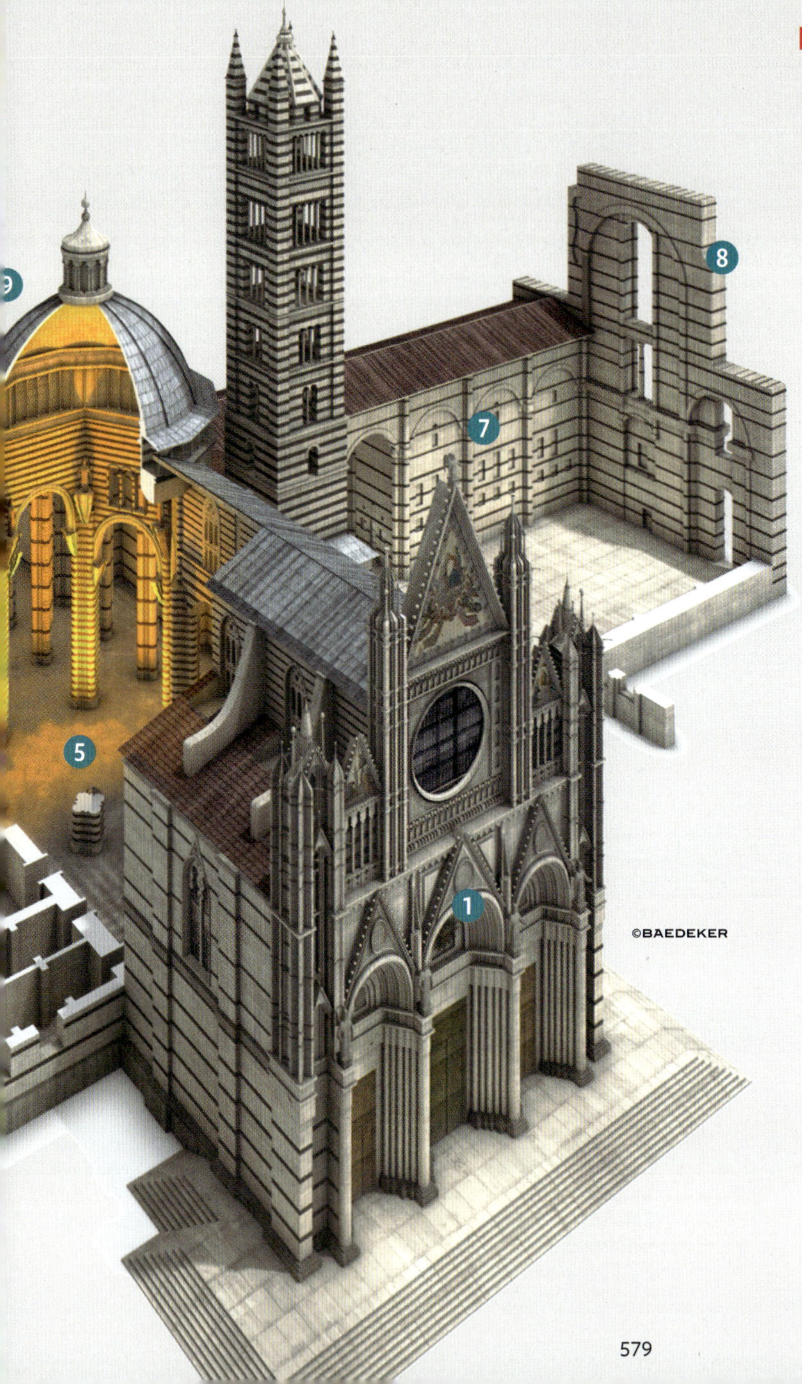

9
8
7
5
1
©BAEDEKER

ZIELE
SIENA

Der jetzige Dom Santa Maria Assunta wurde Mitte des 12. Jh.s begonnen und 1264 mit der Vierungskuppel beendet; den Chor verlängerte man um 1317 über dem Baptisterium. Der untere Teil der Fassade in **rotem, schwarzem und weißem Marmor** wurde 1298 von Giovanni Pisano errichtet, der obere 1380. Den reichen Skulpturenschmuck hat man 1869 großenteils erneuert, die Mosaiken wurden erst 1877 eingesetzt. Der Glockenturm aus der zweiten Hälfte des 13. Jh.s ist mit der hell-dunklen Inkrustierung und der nach oben zunehmenden Zahl der Arkaden sehr elegant.

Das Innere des Doms wirkt mit den gleichmäßigen Lagen von schwarzem und weißem Marmor fremdartig. Einzigartig ist der **Marmorfußboden:** 56 in Graffito- und Intarsientechnik ausgeführte Bilder zeigen Szenen von der Vorzeit bis zum Kreuzestod Christi; von 1369 bis 1547 arbeiteten über vierzig Künstler daran. Zum Schutz ist der Boden leider meist mit einer Abdeckung versehen, die nur vom 18. August bis 27. Oktober entfernt wird. Im Mittelschiff befinden sich am Kranzgesims 172 Papstbüsten aus Terrakotta sowie 36 Medaillons mit Porträts römischer Kaiser aus dem 15./16. Jh. Ein hervorragendes Kunstwerk ist die **Kanzel aus weißem Marmor** mit Reliefszenen aus dem Neuen Testament (Nicola Pisano, 1268). Der große Hauptaltar ist ein Werk von Baldassare Peruzzi (1532). Beachtlich ist auch das spätgotische Chorgestühl. Im linken Querschiff sollte man die Kapelle Johannes' des Täufers mit Fresken von Pinturicchio (1482) anschauen, das Portal von Marrina und eine Bronzestatue Johannes' des Täufers von Donatello (1457). Im rechten Querschiff liegt die Cappella Chigi, die nach Entwürfen Berninis 1659 bis 1662 barock ausgestaltet wurde.

Vom linken Seitenschiff gelangt man in die berühmte **Dombibliothek**, die Libreria Piccolomini, eine der schönsten und besterhaltenen Schöpfungen der Renaissance. Sie wurde ab 1492 im Auftrag des Kardinals Francesco Piccolomini erbaut, dem späteren Papst Pius III., der nur vom 22. September bis 18. Oktober 1503 im Amt war, um die Bücher seines Onkels Francesco aufzunehmen, als Pius II. sein Vorgänger. 1502 bis 1509 brachten Pinturicchio und seine Schüler die Fresken mit Szenen aus dessen Leben an. Die Wand vor der Libreria ist ein Meisterwerk dekorativer Plastik von Lorenzo di Mariano. Auch die Domkuppel ist zu besichtigen: Bei der Tour **Porta di Cielo** (Himmelstor) geht es hinauf zum Dach der Kathedrale.

Mittelalterliche Bildhauerkunst

Museo dell'Opera Metropolitana

Im Seitenschiff des einst geplanten Doms zeigt das Dommuseum die berühmte »**Maestà**« Duccio di Buoninsegnas (1308–1311) und die »Geburt der Jungfrau« von Pietro Lorenzetti aus dem Jahr 1342. Der Erzbischöfliche Palast (1718–1723) an der Nordflanke des Doms ist ein frühes Beispiel historisierender Architektur.

Öffnungszeiten s. Dom | Eintritt 9 € oder OPA Si Pass (s. Duomo)

ZIELE
SIENA

Mehrere Museen unter einem Dach
Direkt gegenüber steht das Ospedale di Santa Maria della Scala, heute ein Museumskomplex. Den ehemaligen Pilgersaal schmückte Domenico di Bartolo 1440 bis 1443 mit Fresken, die Nonnen bei der Krankenpflege zeigen. Der modernen Kunst widmet sich die Sonderausstellung im S. M. S. Contemporanea, der Geschichte der Kindheit das Museo d'Arte per Bambini. Außerdem sind in dem Komplex die Originalreliefs der Fonte di Gaia, die neue Pilgerherberge und das Archäologische Nationalmuseum zu sehen.
Mitte März – Mitte Okt. Fr.–Mi. 10-19, Do. 10-22, sonst Mo., Mi., Do., Fr. 10-17, Sa./So. bis 19 Uhr | Eintritt 9 €
www.santamariadellascala.com

S. M. S. Complesso Museale di Santa Maria della Scala

▌ Wohin noch in Siena und Umgebung?

Unterschätzt
Südöstlich des Doms bietet im Backsteinpalazzo Buonsignori (frühes 15. Jh.) die Pinacoteca Nazionale einen ausgezeichneten Überblick über die **Sieneser Malerei** des 12. bis 16. Jh.s, die mit ihrem anmutigen Stil zunächst die von Florenz übertraf. Vertreten sind vor allem Guido da Siena, Duccio di Buoninsegna, Ambrogio und Pietro Lorenzetti, Simone Martini, Giovanni di Paolo, Pinturicchio und der aus der Lombardei stammende G. A. Bazzi, genannt Sodoma.
Mo., Fr., Sa. und So. (1., 3. u. 5. im Monat) 8.30 – 13.30, Di., Mi. und Do. 14 – 19 Uhr | Eintritt 4 €

★
Pinacoteca Nazionale

Schönes und Köstliches
An der Via di Città unterhalb des Doms liegen der Palazzo Piccolo delle Papesse (um 1460 erbaut für Caterina Piccolomini, die Schwester Pius' II.) und der um 1320 entstandene Palazzo Chigi-Saracini mit schöner Fassade, Sitz der Accademia Musicale Chigiana.

Via di Città

Für die Schutzpatronin Europas
In der Via Santa Caterina steht das Geburtshaus der hl. Katharina von Siena (1347-1380) mit einem Oratorium, das 1464, drei Jahre nach ihrer Heiligsprechung, errichtet wurde. Die Mystikerin, 25. Kind des Färbers Benincasa, bewog 1377 Papst Gregor XI., aus seinem Exil in Avignon nach Rom zurückzukehren.

Casa di Santa Caterina

Reliquien der heiligen Katharina
Im Westen Sienas ragt burgartig die Kirche San Domenico auf, ein Backsteinbau mit zinnenbekröntem Kampanile. Die Kapelle am Eingang rechts birgt das wohl einzige wirklichkeitsgetreue Bildnis der hl. Katharina, ein von Andrea Vanni um 1380 gemaltes Fresko. Von der rechten Langhauswand geht die Kapelle Katharinas ab, die Sodoma

San Domenico

ZIELE
SIENA

um 1526 freskierte. Ein Marmortabernakel (1466) bewahrt den Kopf der Heiligen. Den Hauptaltar zieren ein Ziborium und zwei Leuchterengel Benedetto da Maianos, entstanden um 1475.

So schmeckt Italien

Forte di San Barbara
Von San Domenico gelangt man durch den Viale dei Mille zum 1560 von Herzog Cosimo I. de' Medici erbauten Forte di Santa Barbara mit einem Freilichttheater. In der Enoteca Italiana kann man bei einem Imbiss auf der Terrasse die Weinlandschaften Italiens erschmecken.

Eine wunderbare Überraschung

Monteriggioni
Am Weg von Siena nach San Gimignano (s. u.) ist nach ca. 10 km auf dem Berg eine kleine Stadt mit gewaltiger Befestigung zu sehen. Die mittelalterliche, gut erhaltene und nahezu zwei Meter dicke Stadtmauer umkreist auf knapp 800 m Monteriggioni, das Sie durch ein Stadttor betreten. Sogar ein knappes Dutzend **alte Wehrtürme** erinnert an die alten Zeiten. Insgesamt ist die kleine, kaum bekannte Stadt eine wunderbare Überraschung mit charmanten Hotels und Pensionen, guten Trattorien und Cafés.
Weitere 10 km nordwestlich liegt **Colle Val d'Elsa**. Die mittelalterliche Oberstadt Colle Alta schmückt ein barocker Dom, in der Nachbarschaft befinden sich das Archäologische Museum, der Palazzo dei Priori mit Stadtmuseum und das Turmhaus, in dem **Arnolfo di Cambio** geboren wurde, der erste Architekt des Doms zu Florenz.

★ San Gimignano und Umgebung

Ein Resultat der Eitelkeit

Das Manhattan der Toskana
Von weitem sieht es aus wie ein surreales Gemälde, beim Näherkommen erkennt man, dass die Stadt ein frühes Vorbild für Manhattan sein könnte: Hochhäuser – Wehrtürme aus dem Mittelalter –, die in der Sonne auf dem Kamm eines Hügels thronen! So also sieht es aus, wenn sich reiche Bankiersfamilien gegenseitig zu übertrumpfen versuchen. Nicht schlecht, denn dieser eitlen Prunksucht verdanken wir ein einzigartiges UNESCO-Weltkulturerbe, das jährlich fast acht Millionen Menschen anzieht.
Im 13. Jh. reckten sich in San Gimignano 72 Türme gen Himmel, heute sind es noch 15. Die Geschlechtertürme entstanden aus Rivalitäten zwischen den Clans des Stadtadels, den guelfischen Ardinghelli und den ghibellinischen Salvucci. Besteigen kann man nur einen dieser Türme: den Torre Grossa, den »dicken Turm«, der mit 54 m der höchste ist und einen guten Blick auf seine kleineren Geschwister ermöglicht. Apropos Blick: Nach Sonnenuntergang, wenn die letzten

ZIELE
SIENA

Wirkllich ein weing Manhattan ...

Busse abgefahren sind, wird es allmählich ruhig in den engen Gassen und auf den weiten Piazzas – übernachten Sie innerhalb der alten Stadtmauern, erleben Sie das nächtliche San Gimignano dann noch einmal von einer ganz anderen Seite.

Mittelalterliches Kräftemessen

Ein schönes Exemplar der steinernen Riesen ist der älteste, um 1200 erbaute Turm **Torre Rosogna** des alten Palazzo del Podestà gegenüber der Collegiata. Früher befand sich darin das Gefängnis. Der 51 m hohe Turm markierte eigentlich die maximal zulässige Höhe für die Geschlechtertürme, sonderlich verpflichtet fühlte man sich dem allerdings nicht.

Doch die Familie Salvucci baute ihre Zwillingstürme am Anfang der heutigen Einkaufsmeile Via San Matteo 52 m hoch, und mit dem Palazzo del Popolo und seinem Torre Grossa verstießen die Stadtväter

★ Geschlechtertürme

SAN GIMIGNANO ERLEBEN

Piazza Duomo 1
Tel. 0577 94 00 08
www.sangimignano.com

SAMMELTICKET
Die kommunalen Musei Civici können mit Sammeltickets (9 €) besucht werden, die in den Museen oder in der Tourismusinformation erhältlich sind. Der San-Gimignano-Pass (13 €) enthält dazu auch den Dom und das Museo di Arte Sacra.

Zwischen Domplatz und Sant'Agostino laden auf der Via San Matteo die Gourmetgeschäfte sowie das Geschäft »2000 e una Notte« (Nr. 42) mit Kerzen, Papier und Lederwaren zum Schauen und Stöbern ein. An der Piazza delle Erbe 5 stellt die Töpferei Franco Balducci (www.balducciceramica.com) schöne Kachelreliefs mit Landschaftsmotiven her.

TERUZZI & PUTHOD
Der vielleicht beste Vernaccia di San Gimignano wird von der Önologin Silvia Baragatti produziert. Er überzeugt mit einem herrlich harmonischen Bukett. Verkosten können Sie den Tropfen in der zugehörigen Enoteca.
Loc. Montegonfoli SP127
53037 San Gimignano
tgl. 11 – 18 Uhr
www.teruzziwine.com

❶ DORANDÓ €€€
Kreative, rustikale Slow-Food-Küche in der intimen Atmosphäre von drei kleinen Räumen! Am besten wählt man die Fünf-Gänge-Degustationsmenüs »Classico« oder »Delicato« – lassen Sie sich überraschen!
Vicolo dell'Oro 2
Tel. 0577 94 18 62
www.ristorantedorando.it
Nov. – Ostern Mo. geschl.

❷ OSTERIA DELLE CATENE €–€€
Gino und Virgilio laden im Gewölbesaal zu fünf Menüs. Man kann aber auch à la carte bestellen, z. B. Schmorbraten in Chianti oder »Hase an drei lokalen Weinen«. Hervorragend!
Via Mainardi 18
Tel. 0577 94 19 66
www.osteriadellecatene.it
Mi. geschl.

❶ L'ANTICO POZZO €€€
Schlafen wie Dante, Boccaccio und Petrarca! Im Romantikpalast locken drei nach den Dichtern benannte Zimmertypen. Das Frühstücksbuffet wird im Winter im früheren Ballsaal, im Sommer im Innenhof serviert. Der Keller führt in San Gimignanos geheimnisumwitterte Unterwelt.
Via San Matteo 87, Tel. 0577 94 20 14, www.anticopozzo.com

❷ LA CISTERNA €€–€€€
Schmiedeeiserne Betten, Wandspiegel mit handbemalten Rahmen, Florentiner Mobiliar! Im 15. Jh. spendierte der Adlige Michele di Governuccio dieses Haus als Pilgerhospiz. Sein exzellentes Restaurant »Le Terrazze« ist für Wild, Trüffel und Grillgemüse berühmt und auch für Nicht-Gäste zugänglich.
Piazza della Cisterna 23
Tel. 0577 94 03 28
www.hotelcisterna.it

ZIELE
SIENA

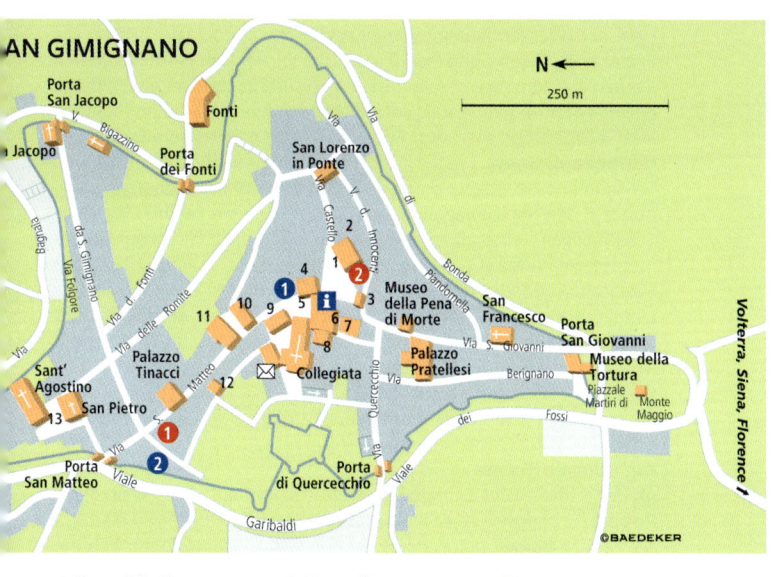

- 1 Piazza della Cisterna
- 2 Palazzo Tortoli
- 3 Arco dei Becci
- 4 Palazzo del Podestà
- 5 Piazza del Duomo
- 6 Palazzo del Popolo
- 7 Centro per le Arti »San Gimignano1300«
- 8 Museo d'Arte Sacra, Museo Etrusco
- 9 Torri Salvucci
- 10 Palazzo Cancelleria
- 11 Palazzo Pesciolini
- 12 Casa-Torre Pesciolini
- 13 Piazza Sani' Agostino

Essen
❶ Dorandó
❷ Osteria delle Catene

Übernachten
❶ L'Antico Pozzo
❷ La Cisterna

gegen ihr eigenes Gebot. Vorbildlich verhielten sich dagegen die Erbauer des **Casa-Torre Pescioloni** mit seinen Bogenfenstern. Am stimmungsvollsten erlebt man die Türme auf der **Piazza della Cisterna,** dem Mittelpunkt der Stadt mit dem großen Brunnen von 1273. Dort schrauben sich der 52 m hohe Turm der Ardhingelli und der Torre del Diavolo in die Höhe.

Außen schlicht, innen farbenprächtig

Am Domplatz steht die Collegiata Santa Maria Assunta, fälschlich Duomo genannt, denn San Gimignano war nie Bischofssitz. Den dreischiffigen romanischen Bau (1148) mit einer breiten Freitreppe (1362) erweiterte Giuliano da Maiano um Querschiff und Seitenkapellen; die Fassade blieb unverkleidet. Im Innern entzücken die zahlreichen **Fresken**: Die Innenfassade zeigt ein »Jüngstes Gericht« von Taddeo di Bartolo (1393), darunter befinden sich das »Martyrium des hl. Sebastian« von Benozzo Gozzoli (1465) sowie zwei Holzsta-

★
Collegiata
Santa Maria
Assunta

tuen der »Verkündigung« von Iacopo della Quercia (um 1421). Die Fresken im linken Seitenschiff (von Bartolo di Fredi, 1367), stellen Szenen aus dem Alten Testament dar, die im rechten Seitenschiff solche aus dem Neuen Testament; sie werden heute Lippi und Federico Memmi zugeschrieben. Am Ende des rechten Seitenschiffs liegt die **Cappella di Santa Fina**, ein hervorragendes Renaissancewerk von Giuliano und Benedetto da Maiano. Der Marmoraltar von B. da Maiano trägt den Sarkophag, der bis 1738 die Gebeine der hl. Fina – der Stadtheiligen – enthielt. In den Seitenarkaden zeigen Fresken von Domenico Ghirlandaio (1475) Leben und Tod der hl. Fina. Über dem Hauptaltar befindet sich ein Ziborium von B. da Maiano.

Links der Kirche befindet sich das kleine **Museo di Arte Sacra** mit einer Sammlung religiöser Kunstwerke aus dem 14. und 15. Jh.

Kirche und Museum: April – Okt. Mo. – Fr. 10 – 19.30, Sa. 10 – 17, So. 12.30 – 19.30, Nov. – März Mo. – Sa. 10 – 17, So. 12.30 – 17 Uhr Eintritt 5 €, Kombiticket Stadtmuseen u. Compl. della Collegiata 13 €

Am »dicken Turm«

Palazzo del Popolo

An der Südseite des Domplatzes steht das Rathaus, der **Palazzo del Popolo**. Erbaut wurde er wohl von Arnolfo di Cambio 1288 bis 1323 als Palazzo Nuovo del Podestà. In der Sala di Dante lohnt sich ein Blick auf Lippo Memmis großes Fresko »Maestà« (1317), das sich an das Gemälde von Simone Martini im Sieneser Ratssaal anlehnt. Die umfangreiche Stadtgalerie besitzt hervorragende sienesische und florentinische Werke des 13. bis 15. Jh.s, darunter von Marcovaldo, Gozzoli, Pinturicchio und Filippino Lippi.

Über dem Palazzo ragt der **Torre Grossa** (1300 – 1311) auf. Wer die mehr als 200 Stufen bis zur Spitze bewältigt, wird mit einem fantastischen Panorama belohnt.

Zu schön, um wahr zu sein?

Castelalfi

Als der deutsche Reisekonzern TUI das verlassene Dorf Castelfalfi auf einem Hügel 22 km nördlich von San Gimignano aufkaufte, um es zu entkernen und die alten Bauernhäuser und Palazzi für 200 Mio. Euro mit traditionellen Materialien und Techniken zu restaurieren, gar einen neuen Golfplatz anzulegen, titelten die Zeitungen »La deutsche Vita«. Nun gehören die schmucken Landhäuser und Apartments wohlhabenden Besitzern aus Deutschland, Frankreich und den USA, die hier den Sommer verbringen. Außerhalb der Saison ist Castelfalfi verwaist. Ein Besuch lohnt sich aber, um zu sehen, mit welcher Akribie das alte Dorf ein neues Leben bekam und wohin Tourismus sich entwicklen kann: Nur die Angestellten in den Bars und Eiscafés, die Haushälterinnen und Gärtner sind Italiener. Die Burg ist jetzt ein angesagtes Restaurant mit einem Spitzenkoch aus Bergamo, die alte Tabakfabrik das Designhotel La Tabaccaia.

www.castelfalfi.com

ZIELE
SIZILIEN · SICILIA

★★ SIZILIEN · SICILIA

Region: Sizilien | **Fläche:** 25 711 km² Einwohnerzahl: 5 Mio. Höhe: Meereshöhe bis 3340 m ü. d. M. | **Auskunft:** www.visitsicily.info/en
Anreise: Autofähren von Villa San Giovanni, www.caronte-tourist.it

Nicht nur, wer hier aufgewachsen ist, hält die sizilianische Küche für die beste Cucina des Landes, die Menschen für die herzlichsten und die Schönheit der Landschaft für wahrhaft atemberaubend: Sizilien gehört zweifellos zu den ursprünglichsten Teilen Italiens. Die Insel lockt mit unberührten Stränden und so mancher Entdeckung abseits der üblichen Reiserouten.

T-W
15-21

Als Kulisse das alte Teatro Greco, das die Griechen im 3. Jh. v. Chr. in den Fels schlugen, und dazu den Blick auf den Ätna am Horizont: Einen eindrucksvolleren Ort für den G7-Gipfel 2017 hätte man wohl kaum wählen können. Für das azurblaue Meer, das jährlich zahllose Touristen anzieht, hatten die Staatenlenker allerdings kaum einen Blick – Sie aber werden sich bei Ihrem Besuch nicht sattsehen können. Frühling und Herbst sind die schönsten Reisezeiten, im Sommer wird es auf Italiens größter Insel brutheiß.

Italiens größte Insel

Ausführlich beschrieben im Baedeker Sizilien

▌ An der Nord- und Westküste

Das Tor Siziliens

Messina liegt 3 km vom italienischen Festland entfernt an der Nordostspitze der Insel. Historisches Zentrum der Stadt ist die **Piazza del Duomo** mit dem reich geschmückten Orionbrunnen, einem Werk des Michelangelo-Schülers Giovanni Angelo Montorsoli. Südöstlich vom Dom liegt die Kirche **Santissima Annunziata dei Catalani** (12. Jh.); sie überstand als einzige das Erdbeben 1908. Hauptattraktionen des **Museo Regionale** an der Via della Libertà sind das »Polyptychon des hl. Gregorius«, ein Hauptwerk Antonello da Messinas von 1479, sowie »Die Anbetung der Hirten« und »Die Auferweckung des Lazarus« von **Caravaggio**.
Museo Regionale: Jan. – Aug. Di.–Sa. 9.30–18, So. bis 12.30 Uhr, Sept. – Dez. tgl. 9 – 18 Uhr | Eintritt 8 €

★
Messina

Strand und Berge

Die kleine Hafenstadt Cefalù mit ihrer malerischen Altstadt und dem berühmten Normannendom drängt sich zwischen dem Meer und dem rund 270 m hohen Rocca di Cefalù. Im Westen erstreckt sich ein kilometerlanger Sandstrand, im Hinterland beginnen die Berge der Madonie. Der Corso Ruggero, die Hauptachse der Altstadt, führt di-

Cefalù

ZIELE
SIZILIEN · SICILIA

In Palermos Kathedrale ist Stauferkaiser Friedrich II. begraben.

rekt zur **Cattedrale,** einem der schönsten normannischen Bauten Siziliens. Nicht weit entfernt liegt das kleine **Museo Mandralisca**, das griechische Vasen, Münzen und eine Muschelsammlung hütet. Höhepunkt ist das bekannte »Porträt eines Unbekannten« von Antonello da Messina, entstanden 1470.

Museo Mandralisca: tgl. 9 – 19, Juli/Aug. bis 23 Uhr | Eintritt 6 €

Stadt der Superlative

Palermo

Palermo ist der kulturelle, wirtschaftliche und politische Mittelpunkt Siziliens. Die Stadtbesichtigung beginnt an dem 1609 angelegten Platz **Quattro Canti** (vier Ecken), auch Piazza Vigliena genannt. Hier kreuzen sich die beiden Hauptachsen Via Maqueda und Via Vittorio Emanuele, die vom Hafen zum Normannenpalast führt.

Durch die Via Vittorio Emanuele gelangt man zur **Kathedrale** (ab 1185) mit den **sechs Königs- und Kaisergräbern**, darunter Friedrich II. und sein Vater Heinrich VI.; in der Schatzkammer sind auch die nördliche Apsis und der Untergrund zugänglich.

Durch den Park Villa Bonanno kommt man zum **Normannenpalast** (Palazzo dei Normanni), seit dem 9. Jh. das politische Machtzentrum der Insel. Noch heute tagt hier das sizilianische Regionalparlament. Man betritt den Komplex vom Corso Re Ruggero und gelangt zunächst in den Schlosshof Cortile Maqueda, den schöne Renaissancearkaden säumen. Das Treppenhaus führt zum Herzstück Cappella Palatina im ersten und zu den Appartamenti Reali im zweiten OG. Die **Cappella Palatina** wurde von Roger II. im Jahr 1130 in Auftrag gegeben. Trotz aller Veränderungen – u. a. stammt die Darstellung von Christus zwischen Petrus und Paulus an der Westwand von 1350 – ist die Kapelle ein faszinierendes Gesamtkunstwerk aus der Verschmelzung von lateinischer Basilika, byzantinischem Kuppelbau und Mosaikschmuck sowie arabischer Stalaktitendecke.

Ein ehemaliges Kloster aus dem 16. Jh. beherbergt im **Archäologischen Museum** eine der bedeutendsten italienischen Antikensammlungen: Ausgestellt sind neben vorgeschichtlichen und etruskischen Fundstücken Objekte aus dem klassischen Altertum, darunter die berühmten **Metopen der Tempel von Selinunt**.

Kathedrale: Mo.-Sa. 7-19, So. 8-19, Area Monumentale (Königsgräber, Schatz, Krypta, Untergrund und Dächer): Mo.-Sa. 9.30-19, So. ab 10 Uhr | Eintritt Kathedrale frei, Area Monumentale 15 €, Einzeleintritte zu den dortigen Sehenswürdigkeiten 2-12 €
Cappella Palatina: Mo.-Sa. 8.30-16.30, So. bis 12.30 Uhr | Eintritt komplett (Kapelle, Park, königl. Gemächer, Ausstellung etc.) 19 €
Museo Archeologico: Di.-Sa. 9-18, So. bis 13.30 Uhr | Eintritt 6 €

Normannisch-sizilianische Meisterwerke

Das »schönste Vorgebirge der Welt« (Goethe) steigt im Norden Palermos dicht am Meer an. Das einstige Fischerdorf **Mondello** liegt nur 12 km nördlich von Palermo in einer malerischen Bucht zwischen Monte Gallo und Monte Pellegrino. Anfang des 20. Jh.s war es von wohlhabenden Palermitanern »entdeckt« worden, in der Zwischenzeit hat es sich, auch dank seines langen Sandstrandes, zu einem Seebad mit Gärten, Villen und Hotels gemausert.

Umgebung von Palermo

Das Städtchen **Monreale**, 300 m hoch über der Conca d'Oro und nur 8 km von Palermo entfernt, entstand um das Benediktinerkloster, das Wilhelm II. im 12. Jh. stiftete. Die ehemalige Abteikirche mit ihrem Zyklus von Goldgrundmosaiken und ihrem Kreuzgang ist das bedeutendste Denkmal der Normannenkunst Siziliens und gilt als eines der herausragendsten Meisterwerke der europäischen Kunstgeschichte. Der prächtige, von zwei mächtigen Türmen flankierte **Dom** von Monreale war 1185 weitgehend vollendet. Den stärksten Eindruck am Außenbau vermittelt die noch ursprüngliche Ostseite mit ihren drei Apsiden, den verschränkten Spitzbogen-Blendarkaden und ihrer kontrastreichen Dekoration aus hellem Kalktuff und schwarzer Lava. Bemerkenswert sind auch die beiden Bronzeportale. Das Westportal Bonnano Pisanos (1186) schildert auf 42 Bildfeldern biblische Szenen, das kleinere Nordportal Barisano da Tranis (1179) stellt Heilige und Evangelisten dar. Die eindrucksvolle Wirkung des Doms geht einerseits von der klaren Raumdisposition aus, in der sich die Idee der einfachen Basilika nach dem Vorbild von Montecassino gegen

ZIELE
SIZILIEN · SICILIA

östlich-byzantinische Raumvorstellungen durchgesetzt hat. Andererseits ist der Geist byzantinischer Kultur in den überaus kostbaren **Mosaiken** gegenwärtig. Sie überziehen sämtliche Wände – 6340 m.
Dom von Monreale: Mo.–Sa. 09–12.45 u. 14–16.45, So. 14–17 Uhr | Eintritt: 4 € | www.monrealeduomo.it

Ruinen mit bewegter Geschichte

Segesta

In einsamer Hügellandschaft am Rande eines weiten Tals liegen die Ruinen der bislang noch nicht ausgegrabenen antiken Stadt Segesta. Sie ist eine der ältesten Städte Siziliens, die in ständigem Kampf mit den Griechen stand, später karthagisch, dann römisch war und schließlich von den Sarazenen zerstört wurde. Man kann den Ort auch mit der Bahn erreichen, der Bahnhof Segesta liegt ca. 2,5 km vom Tempel entfernt.

Geschwungene Schönheit

Trapani

Die Hafen- und Handelsstadt Trapani liegt auf einer **sichelförmigen Landzunge** gegenüber den Ägadischen Inseln. Die verwinkelte Altstadt mit vielen barocken Palazzi und Kirchen nimmt die nach Westen vorspringende schmale Halbinsel ein, die Hauptflanierstraßen sind der Corso Italia sowie der Corso Vittorio Emanuele. Das bedeutendste Bauwerk, das **Santuario dell'Annunziata**, befindet sich in der Via Conte A. Pepoli, im modernen Viertel, das sich fast bis zum Fuß des Monte Erice hinzieht. Die Marienwallfahrtskirche stammt bis auf die Fassade (14. Jh.) aus dem 18. Jahrhundert. Im Süden der Stadt breiten sich riesige Salinenfelder aus. **Windmühlen** erinnern daran, dass seit dem 15. Jh. die Salzgewinnung durch Verdunstung der bedeutendste Wirtschaftszweig der Gegend war
Auf dem 750 m hohen Erice, dem Mons Eryx des Altertums, liegt 15 km von Trapani das von den Phöniziern gegründete Städtchen **Erice**. In der Antike war er ein wichtiges **Heiligtum**, das wohl zuerst einer phönikischen »Göttin von Eryx«, der Astarte der Karthager, der Aphrodite der Griechen und dann der Venus der Römer geweiht war.

Vielfältiges Erbe

Marsala

Marsala verdankt den Karthagern seine Gründung, den Arabern dren Namen (»Mars-al-Allah«), dem Engländer John Woodhouse seinen berühmten Marsalawein und Garibaldi den patriotischen Ruhm: 1860 begann hier der berühmte **Siegeszug der Tausend** gegen die bourbonischen Truppen.
Mittelpunkt der Stadt ist die **Piazza della Repubblica** mit dem Dom San Tomaso; er ist dem hl. Thomas von Canterbury geweiht. Hinter der Kirche sind im **Museo degli Arazzi** acht flämische Bildteppiche aus dem 16. Jh. ausgestellt. Das **Museo Lilibeo** liegt an der Uferstraße unmittelbar am Kap Boeo. Unter den Funden aus den antiken Städten Lilybaeum, Mozia und Umgebung befindet sich

ZIELE
SIZILIEN · SICILIA

ein 35 m langes punisches Schiff aus dem 3. Jh. v. Chr., das im Meer bei Mozia gefunden und rekonstruiert wurde.
Museo degli Arazzi: Di.-So. 9-13, Di., Do. auch 16.30-19.30 Uhr | Eintritt 2,50 € | **Museo Lilibeo:** tgl. 9-19.30 | Eintritt 4 €

An der Süd- und Ostküste

Griechische Tempelstadt

★ Selinunt

Acht griechische Tempel des 6. und 5. Jh.s v. Chr. und ein nahegelegenes **Demeter-Heiligtum:** Selinunt ist eine der bedeutendsten antiken Stätten Siziliens. Die Stadt Selinus wurde im 7. Jh. v. Chr. gegründet und war eines der großen Zentren von Magna Graecia, dem Teil Süditaliens, der von den Griechen kolonisiert war. Sie liegt zwischen zwei kleinen Flüssen, an deren Mündungen die längst verlandeten Häfen lagen. 409 v. Chr. zerstörten die Karthager unter Hannibal die Stadt. Bis 1551 war Selinunt vergessen; erst im 19. Jh. setzten Ausgrabungen ein. Das gesamte Ausgrabungsgelände wurde zu einem **Parco Archeologico** zusammengefasst. Nach neuen Untersuchungen sollen unter der Erde an die einhundert Bauten verborgen liegen. Restaurants, Badestrand und Übernachtungsmöglichkeiten befinden sich unmittelbar östlich vom archäologischen Gebiet im kleinen Ferien- und Fischerdorf Marinella.

tgl. ab 9 Uhr, schließt je nach Jahreszeit zwischen 17 und 20 Uhr | Eintritt 6 € | www.parcoselinunte.com

Geschichte mit Meerblick

★ Agrigent

Agrigent liegt auf einem Hügel mit Blick aufs Meer. Ihre großartige Tempelruinen machen sie zu einer der sehenswertesten Städte Siziliens. Die antiken Bauten stehen in lebhaftem Kontrast zu den modernen Hochhäusern, die teils den Blick auf die hoch gelegene malerische Altstadt verstellen. Auf einem Hügelrücken westlich und östlich der Via dei Templi erstreckt sich das **Tal der Tempel** (Valle dei Templi). Das **Archäologische Museum** ist eines der modernsten Museen Siziliens. Die ausgestellten Funde reichen von prähistorischer bis in die römische Zeit, darunter antike Sarkophage, griechische und römische Vasen, Skulpturen, Architekturfragmente und archäologische Pläne der antiken Stadt Agrigent.

Valle dei Templi: tgl. 8.30-20 Uhr | Eintritt 10 €, Kombiticket (Museo Arch. und Valle dei Templi) 13,50 € | www.parcovalledeitempli.it
Museo Archeologico Regionale: tgl. 9-19 Uhr Eintritt 8 €, Kombiticket mit Valle dei Templi 13,50 €

Barock, wohin man schaut

★ Noto

Das alte, einst von den Sikulern gegründete Noto wurde nach dem Erdbeben 1693 aufgegeben und 16 km entfernt am heutigen Stand-

ZIELE
SIZILIEN · SICILIA

Barocker Überschwang auch im Detail in Noto

ort neu erbaut. Namhafte Baumeister waren beteiligt, darunter Gagliardi, Sinatra, Labisi und Mazza. Dank des Baumaterials, – **heller Kalktuff**, der in der Umgebung abgebaut wird – wirkt die Stadt festlich und heiter.

★
Syrakus ·
Siracusa

Schätze der Antike
Die geschäftige Handelsstadt Syrakus liegt an der Südostküste Siziliens. Über den Ponte Nuovo gelangt man nach **Ortigia**. Die kleine, nur durch eine wenige Meter breite Durchfahrt vom Festland getrennte Insel bildet das historische Zentrum von Syrakus. Nach wenigen Schritten sieht man vor sich die Reste des **Apollotempels** (um 570 v. Chr.). Er ist der älteste dorische Tempel Siziliens und war in nachantiker Zeit byzantinische Kirche, islamische Moschee, Normannenkirche und spanische Kaserne. Nicht weit davon liegt die schöne Piazza del Duomo, die von eleganten Gebäuden aus dem 17./18. Jh. gesäumt wird.

Der **Dom** wurde im 7. Jh. in den berühmten Athenatempel hineingebaut – da dessen Säulen immer sichtbar waren, heißt er **Santa Maria delle Colonne**. Vom Domplatz geht es an der Kirche Santa Lucia alla Badia vorbei und durch die Via Picherali abwärts zur Fonte Aretusa (Arethusaquelle), dem gefassten, von Papyrusstauden umstandenen Teich einer Süßwasserquelle. Die Nymphe Arethusa floh vor dem griechischen Flussgott Alpheios, stürzte sich an der Ostküste der Peloponnes ins Meer und tauchte auf Ortygia im alten Syrakus wieder

ZIELE
SIZILIEN · SICILIA

auf – so lautet jedenfalls ein antiker Mythos, den auch Vergil überliefert hat. Das **Museo Archeologico**, eines der bedeutendsten Italiens, befindet sich im Stadtteil Tyche im Park der Villa Landolina. Im Stadtviertel nördlich des Viale Paolo Orsi und westlich des Viale Teracati, in dem einst Neapolis, die Neustadt lag, zieht der **Parco Archeologico** mit seinen antiken Anlagen die Besucher an. Im griechischen Theater, **Teatro Greco**, erlebte Aischylos' Tragödie »Die Perser« ihre sizilische Erstaufführung. Mit 138 m Durchmesser – in Athen sind es 100 m – und 61 Sitzreihen, auf denen rund 15 000 Zuschauer Platz hatten, ist es eines der größten Theater der griechischen Antike.

Museo Archeologico: Di.-Sa. 9-18, So. bis 13 Uhr | Eintritt 10 €
Parco Arch. della Neapoli: variiert, meist tgl. 9-18 Uhr | Eintritt 13 €

Quirlig und bunt

Catania, nach Palermo zweitgrößte Stadt Siziliens, liegt in der Mitte der hier flachen Ostküste. Die schnurgerade Via Etnea mit ihren eleganten Läden und Restaurants mündet in die Piazza del Duomo. Der **Elefantenbrunnen** in der Mitte ist das Wahrzeichen der Stadt. Das Tier aus schwarzem Lavastein und trägt einen kleinen ägyptischen Obelisken. Der Dom **Sant'Agata** entstand im 11. Jh. im Auftrag des Normannenkönigs Roger I. über den Fundamenten einer römischen Therme. Hauptsehenswürdigkeit ist die **Cappella di Sant'Agata** im rechten Querhausarm mit ihrem schönen schmiedeeisernen Gitter. An der Piazza Federico di Svevia erhebt sich das **Kastell Ursino**. Der Bau aus Lavagestein wurde um 1240 für Friedrich II. auf quadratischem Grundriss mit mächtigen Ecktürmen erbaut. Ursprünglich stand er direkt am Hafen, doch der große, an seiner Westseite entlangfließende **Lavastrom** von 1669 schob die Küstenlinie nach Osten vor. Es beherbergt das **Museo Civico** (Stadtmuseum).
Nördlich des Kastells folgt man der Via Auteri bis zur **Piazza Mazzini**, einer großen barocken Platzanlage mit 32 antiken Säulen. Nahebei stößt man auf die Via Vittorio Emanuele und ist im Bereich der antiken Stadt. Am Südhang der einstigen Akropolis befindet sich das Teatro Romano (Via Vittorio Emanuele 266). Es wurde im 2. Jh. v. Chr. an der Stelle eines griechischen Vorgängerbaus errichtet.

Catania

Museo Belliniano: Mo.-Sa. 9-19, So. bis 13 Uhr | Eintritt 6 €
Museo Civico: tgl. 9-18 Uhr | Eintritt 6 €

Der Unberechenbare

Der Ätna ist **der höchste aktive Vulkan** auf dem europäischen Kontinent und einer der **aktivsten Schichtvulkane** (Stratovulkane) der Erde. Seit 2013 gehört er zum UNESCO-Welterbe. Sein Gebirgsstock nimmt mit rund 1250 km² eine gewaltige Fläche ein, sein Umfang beträgt etwa 250 km. Geologisch lässt er sich in zwei Regionen unterteilen: Die unterste Stufe bis in rund 1100 m Höhe besteht nur aus aus-

★★
Ätna · Etna

geflossener Lava. Darüber liegt die Hochgebirgsstufe, von der rund 192 km² als Weltnaturerbe definiert wurden. Über einer schwach geneigten Hochfläche (2900 m) steigt der Gipfelkegel auf. Seine Höhe wechselt infolge der andauernden vulkanischen Tätigkeit beständig; 2013 wurde sie mit 3323 m angegeben.

Am bequemsten lernt man die Landschaft rings um den Berg bei einer Fahrt mit der **Schmalspurbahn Circumetnea** kennen – sie legt in rund 3,5 Stunden 110 km zurück. Ausgangspunkt ist der Bahnhof F. C. E. in Catania. Die Strecke endet in Giarre, von dort fährt man mit normalem Zug oder Bus nach Catania zurück. Der Ätna lässt sich auch mit dem Auto umfahren, die Straßen verlaufen fast parallel zur Bahnlinie. Eine **Besteigung des Ätna** gehört zu den stärksten Eindrücken einer Sizilienreise. Sie ist relativ einfach, setzt allerdings selbst im Sommer warme und wetterfeste Kleidung voraus. Erstaunlicherweise ist der Zugang zum Vulkan in den Bestimmungen des Naturschutzgebiets Parco dell'Etna nicht geregelt. Wanderer dürfen auf eigene Gefahr so hoch steigen, wie sie wollen, auch ohne Führer. Letzteres sollte man jedoch unbedingt unetrlassen: Die Begehung des Gipfelbereichs kann durchaus lebensgefährlich werden – nicht nur wegen der jederzeit drohenden Eruptionen, auch die Wetterverhältnisse wechseln rasend schnell, und auch die dünne Luft in über 3000 m Höhe kann dem Wanderer gefährlich werden.

Südseite: mit eigenem Fahrzeug oder Bussen von Nicolosi oder Zafferana Etnea bis Rifugio Sapienza; dort weiter mit Seilbahn und Geländewagen; das letzte Stück zu Fuß | www.unescoparcoetna.it
Seilbahn: Berg- und Talfahrt 30 € | www.funiviaetna.com
Touren zu Fuß: Gruppo Guide Alpine Etna Sud | www.etnaguide.eu
Schmalspurbahn: www.circumetnea.it

★ Hier stimmt einfach alles

Taormina

Auf einer Felsenterrasse über dem Ionischen Meer mit Blick auf den meist schneebedeckten Ätnagipfel liegt Taormina an der Ostküste Siziliens. Die Karthager gründeten die Stadt 396 v. Chr. als »Tauromenion«. Tolle Lage, üppige Vegetation, mildes Klima und ein Stadtbild, in dem sich Urbanität und Historie mischen: Schon seit dem 19. Jh. ist Taormina der beliebteste Ferienort auf der Insel. Ein Hauch davon hat sich bis heute erhalten.

Berühmteste Sehenswürdigkeit ist das **Teatro Antico** oder Teatro Greco, das antike bzw. griechische Theater. Es wurde im 3. Jh. v. Chr. angelegt, 100 Jahre später in römischer Zeit jedoch von Grund auf neu erbaut. Der Blick von den oberen Sitzreihen durch die teilweise erhaltene Bühnenrückwand in die Landschaft und hinüber zum Ätna ist tausendfach beschrieben, gemalt und zehntausendfach fotografiert worden – und nach wie vor unbeschreiblich schön. Im Juli und August finden hier Konzerte, Ballettaufführungen und Theatervorstellungen statt. Ein wahrhaft unvergessliches Erlebnis, zu dem auch der Blick aufs flimmernde Lichtermeer von Taormina und ein wunderbarer Sternenhimmel beitragen. Im historischen Taormina lädt der edle Corso Umberto mit Cafés links und rechts zum Shoppen, Flanieren und Genießen ein.

Teatro Antico: tgl. ab 9, schließt je nach Jahreszeit zwischen 16 und 19.45 Uhr (Kasse schließt meist 45 min vorher)| Eintritt 10 €

RAMPONIERTE SCHÖNHEIT

Es gibt Sehnsuchtsorte – und Taormina gehört dazu. Terrasse für Terrasse sind die Häuser über viele Stockwerke an die Hänge geklebt, der Blick auf den Ätna allgegenwärtig. Aus der Ferne sieht die sizilianische Diva aus wie ein Adlernest, doch erst aus der Nähe, beim Verweilen auf ihren Plätzen, dem Sitzen auf ausgetretenen Steinstufen und im griechischen Theater zeigt sich die ganze ramponierte Schönheit. Spielende Kinder, Kirchenglocken in der Ferne, Wäscheleinen zwischen Häusern gespannt.

ZIELE
SPOLETO

★ SPOLETO

Region: Umbrien · Umbria | **Provinz:** Perugia
Höhe: 305 – 453 m ü. d. M. | **Einwohnerzahl:** 39 500

K 16

Die Stadt sei die schönste Entdeckung, die er in Italien gemacht habe, befand Herman Hesse, als er nach Spoleto kam. Umgeben von der üppig grünen umbrischen Landschaft ragt die alte Kunststadt auf einem Hügel über dem Tal. Knorrige Steineichen und Zistrosen, Orchideen und wilder Lavendel: Über Jahrhunderte war die unberührte Natur um Spoleto Fluchtort von Einsiedlern, die sich hier ihre verschwiegenen Klausen bauten. Auf dem nahen Berg von Monteluco spürt man die besondere Stimmung noch.

Der spirituellen Atmosphäre von Monteluco steht das bodenständige, kunstsinnige Spoleto gegenüber. Die mächsten Mauern zeigen: Eine wehrhafte Stadt war Spoleto schon im Mittelalter. Typisch sind die steilen Gässchen mit großen Höhenunterschieden – für viele alteingesessene Bürger eher Ärgernis als Freude. Um der zunehmenden Abwanderung entgegenzuwirken, schuf man ein unterirdisches Tunnelsystem, das mit Laufbändern, ähnlich einem Flughafen, und diversen Aufzügen ausgestattet wurde. Eine komfortable Angelegenheit, zudem freundlich und hell gestaltet. Autos wurden ganz aus der Altstadt verbannt – Sie können ungestört bummeln.

Kunst und Natur

Noch lange nicht behoben

Erdbeben Ein gewalziges Erdbeben zerstörte am 24. August 2016 die Region und besonders auch das rund 50 km entfernte Amatrice (▶ S. 288) sowie Pilgerziele wie Norcia (▶ S. 599) und Castelluccio (▶ S. 600) . Mit UN-Geldern wurde in Spoletos Industriegebiet eine riesige Halle errichtet, in der die Kunstschätze aus den zerstörten Kirchen und Museen gebracht wurden. Auch heute sind die Schäden noch nicht alle behoben und einige Zufahrtsstraßen und Brücken sind nach wie vor gesperrt; die Bevölkerung beklagt die Ineffizienz der Behörden.

▎Wohin in Spoleto?

Stimmungsvolle Kulisse

Teatro Starten Sie Ihre Erkundung im Süden: Von der **Piazza della Libertà**
Romano am unteren Rand der Oberstadt kann man in das römische Theater aus dem 1. Jh. v. Chr. sehen, das heute für das »Festival dei Due Mondi« genutzt wird. Von dort aus ist das **Archäologische Museum** im ehemaligen Kloster Sant'Agata zugänglich.

ZIELE
SPOLETO

SPOLETO ERLEBEN

ℹ️

Largo Ferrer 6, Spoleto
Tel. 0743 21 86 20
www.comune.spoleto.pg.it
(> turismo e cultura, auf Engl.)

🎭

Von Ende Juni bis Mitte Juli lockt Theater- und Musikbegeisterte aus aller Welt das Festival dei Due Mondi.
www.festivaldispoleto.com

🍽️

APOLLINARE €€
Bruchsteinwände, niedrige Balkendecken, barocke Spiegel und üppige Blumenarrangements in der Trattoria im historischen Zentrum. Fantastische Gerichte der Region, tolle Weine.
Via Sant'Agata 14
Tel. 0743 22 32 56, Di. geschl.
https://ristoranteapollinare.it

IL TARTUFO €€
Der Name ist Programm: Trüffel, Trüffel, Trüffel – zu moderaten Preisen.
Piazza Garibaldi 24
Tel. 0743 4 02 36
So. Abends und Mo. geschl.
www.ristoranteiltartufo.it

IL CAPANNO €€
Das behagliche Lokal liegt auf einer Anhöhe vor der Stadt und bietet eine große Auswahl an Fleischgerichten, gute Pasta, im Winter auch Wild.
Località Torrecola 6,
Tel. 0743 5 41 19
Mo. ganz u. Di. mittags geschl.
www.ilcapannoristorante.net

🏠

VILLA MILANI €€€
Eine malerische Villa von 1880 in ruhiger Panoramalage auf einem Hügel vor den Toren der Stadt: elegante Räumlichkeiten, sehr stilvolle Zimmer, prachtvoller Garten mit Schwimmbad, Restaurant.
Località Colle Attivoli 4
Tel. 0743 22 50 56, www.villamilani.com, www.emmavillas.com

PALAZZO DRAGONI €€€
Bildhübsche, elegante Zimmer mit Blick auf den Dom bietet dieser herrliche Palazzo aus dem 16. Jh., der historisches Flair und viel Stil verspricht.
Via Duomo 13
Tel. 0743 22 22 20
www.palazzodragoni.it

Spuren vergangener Zeiten
Durch eine steile Gasse steigt man bergan in die Altstadt zur Kirche Sant'Ansano, die im 12. Jh. am Platz eines römischen Tempels errichtet wurde, von dem man noch Reste in der Krypta erkennen kann.

Sant'Ansano

Shopping mit Flair
Der **Drususbogen**, 23 n. Chr. für Drusus und Germanicus erbaut, war der Eingang zum römischen Forum, der heutigen Piazza del Mercato. Links neben dem barocken Brunnen geht die schmale **Via del Palazzo dei Duchi** ab, in deren mittelalterlichen Werkstatt- und Verkaufsräumen (botteghe) umbrische Delikatessen, Mode und Kunsthandwerk angeboten werden.

Piazza del Mercato

ZIELE
SPOLETO

Kirchenkunst der besonderer Art

Palazzo Comunale

In der Via Fontesecca erreicht man rechter Hand die Rückfront des **Palazzo Comunale** (13. Jh.), von dem nur der Turm erhalten ist; er wurde nach dem Erdbeben 1703 neu errichtet und beherbergt die städtische Kunstsammlung. Schräg gegenüber sieht man die Reste eines kleinen römischen Tempels aus dem 1. Jh. Nördlich des Palazzo Comunale versteckt sich im Hof des Erzbischöflichen Palastes die romanische Kirche **Sant'Eufemia** aus dem 12. Jh., ihr gestaffelter Apsidenchor ist vom Domplatz aus zu sehen. Besonders schön sind der Marmorhauptaltar und die für Umbrien einzigartigen **Emporen** über den Seitenschiffen.

★ Durch ein romanisches Tor zu barocken Schätzen

Duomo Santa Maria Assunta

Von dem Erzbischöflichen Palast führt eine breite Treppe hinunter zu dem lang gestreckten Platz, der die herrliche Domfassade begrenzt. Der Dom wurde ab 1175 erbaut, er ersetzte die Bischofskirche, die Friedrich Barbarossa 1155 zerstörte. 1491 bis 1504 kam die Vorhalle mit ihren Außenkanzeln dazu. Durch ein großartiges romanisches Portal betritt man das barock umgestaltete Innere; erhalten blieben der Marmorfußboden und die herrlichen Marienfresken in der Chorapsis von Filippo Lippi. Anschauen sollte man sich in der ersten Kapelle links das umbrische gemalte Kruzifix des Meisters Albertus Sotius (1187) und in der Cappella Eroli gegenüber die »Thronende Muttergottes«, die Pinturicchio 1497 schuf.

April-Okt. Mo.-Sa. 10.30-18, So. ab 12.30, im Winter teilw. geschl.| 9€

Ein- und Ausblicke

Rocca

Die Via Saffi führt hinauf zur Piazza Campello und von dort weiter zur mächtigen Festung. Der päpstliche Feldherr Albornoz ließ sie von Gattopone von 1359 bis 1370 erbauen. Sie diente als Sitz des päpstlichen Gouverneurs und von 1817 bis 1983 als Gefängnis. Heute befindet sich hier das **Museo Nazionale del Ducato di Spoleto**. In teilweise mit Fresken geschmückten Räumen der Festung dokumentiert es die Geschichte der Region vom 4. bis zum 15. Jh.

Museum: April-Nov. tgl. 9.30-19.30, sonst Di.-So. bis 18 Uhr | 7,50€

★ Was für ein Anblick!

Ponte delle Torri

Das Bauwerk ist so atemberaubend wie der Blick von ihm: Zwischen dem Festungshügel und dem Monteluco überspannt der Ponte delle Torri die Tessino-Schlucht. Der 76 m hohe und 230 m lange **Aquädukt** entstand im 13. oder 14. Jh. und ist möglicherweise ein Werk des Festungsbaumeisters Gattapone aus Gubbio. In der Unterstadt von Spoleto birgt die ehemalige Bettelordenskirche San Domenico ein Fresko, das den Triumph des Thomas von Aquin zeigt. Die kleine Kirche SS Giovanni e Paolo von 1174 hütet Fresken von Albertus Sotius. An der Piazza Garibaldi erhielt sich die Kirche San Gregorio Mag-

ZIELE
SPOLETO

giore (1079–1146). Jenseits des Tessino liegen **San Ponziano** aus dem 11. Jh. und **San Salvatore**, ein ungewöhnlicher frühchristlicher Bau aus dem 4./5. Jh., an dem antike Teile und syrische Einflüsse erkennbar sind. Beide Kirchen wurden umgebaut. **San Pietro fuori le Mura** (12. Jh.) außerhalb der Stadtmauern geht auf die älteste Bischofskirche von Spoleto aus dem Jahr 417 zurück. Der Spaziergang dorthin lohnt sich wegen der außergewöhnlichen romanischen Fassadenreliefs, ein Juwel der umbrischen Romanik. Eine kurvenreiche Straße führt von hier weiter auf den **Monteluco,** den man zu Fuß vom Ponte delle Torri in etwa eineinhalb Std. erreicht. 1218 gründete der **hl. Franziskus** auf dem Berg die Einsiedelei Eremo delle Grazie, die heute als Hotel dient. Umgeben von uralten Eichen liegen die Meditationsgrotten des heiligen Franziskus und anderer franziskanischer Heiligen, dazu bieten das Kloster und Felsterrassen einen großartigen Blick auf das Tal von Spoletotal und bis zu Assisi am Horizont.

Durch das obere Tal der Nera

Naturparadiese
Sehr lohnend ist die ca. 125 km lange Fahrt von Spoleto nach Ascoli Piceno. Nachdem man die bewaldeten Berge östlich von Spoleto hinter sich gelassen hat, führt sie durch das obere Nera-Tal in die raue, abgelegene Bergwelt des umbrisch-märkischen Apennins. Die Valnerina, wirtschaftlich strukturschwach, ist eine romantische Flusslandschaft mit alten Dörfern, Burgen und Abteien und als **Trüffelparadies** berühmt. Die Monti Sibillini, ein kahles Karstgebirge mit eingesprengten Hochflächen, ragen mit dem Monte Vettore hoch auf und sind für Wanderer, Paraglider und Skifahrer ein interessantes Revier.

Landschaften

Durch Täler und Schluchten
Von Spoleto führt die kurvenreiche SS 395 nach Piedipaterno. Das südlich gelegene Dorf Sant'Anatolia di Narco ist Sitz der Firma Urbani, einer der weltgrößten Vermarkter von **Trüffeln** und Trüffelprodukten. Bei Triponzo (Drei Brücken) verlässt man das Nera-Tal und fährt das schöne Corno-Tal hinauf, das sich zur Gola di Biselli verengt, einer imposanten Schlucht. Folgt man bei Serravalle der SS 320 nach Süden, dann erreicht man Cascia, einen abgeschiedenen Ort mit der viel frequentierten Wallfahrtskirche der hl. Rita, die im 15. Jh. hier lebte.

Durch das Corno-Tal nach Cascia

Die Trüffelstadt
Das von Bergen eingefasste Städtchen ist unter Feinschmeckern für seine Schwarzen Trüffeln berühmt. Am letzten Februarwochenende findet hier die berühmte Messe der Schwarzen Trüffel und der typischen Produkte der Valnerina statt. In Norcia wurde 480 der **hl. Be-**

Norcia

nedikt (von Nursia) geboren, der mit seiner Losung »ora et labora« die Grundlage des abendländischen Klosterwesens schuf. Bei dem Erdbeben 2016 wurde Norcias historisches Zentrum teilweise zerstört. Die Basilika di San Benedetto stürzte bis auf die Fassade ein, die Statue des Heiligen auf dem Platz blieb unversehrt. Auch der Palazzo Communale neben der Basilika und der Dom wurden beschädigt; La Castellina mit dem Diözesanmuseum, im 16. Jh. von Vignola erbaut, hielt dem Beben weitgehend stand.

Prächtiges Farbenspiel

Forca Canapine

Von Norcia nimmt man die steil ansteigende Straße zur Forca Canapine, der Passhöhe auf der Grenze zwischen Umbrien und den Marken mit herrlichem Blick auf den **Gran Sasso d'Italia** (▶ S. 55) und die Monti Sibillini. Zuvor empfiehlt sich ein Abstecher zum **Piano Grande** vor dem **Monte Vettore**, eine einsame Hochfläche, die als Schafweide und für den Anbau der begehrten Berglinsen genutzt wird. Besonders schön ist das Bild zur »Fioritura« im Juni/Juli, wenn Linsen und Wildpflanzen blühen. Das winzige Dorf Castelluccio wurde bei dem Erdbeben 2016 fast vollständig zerstört. Von hier kann man in ca. fünfeinhalb Std. den 2476 m hohen Monte Vettore besteigen; kürzer ist der Weg von der Forca di Presta.

Von der Forca Canapine führt eine Straße durch das teils schluchtartig verengte Tal hinunter nach Ascoli Piceno (▶ S. 333).

Ins untere Nera-Tal

Narni

Wie eine Festung thront Narni (20 400 Einw.) 48 km südwestlich von Terni in einer Schleife der Nera, der hier durch eine Schlucht fließt und 20 km weiter in den Tiber mündet. Nördlich der Stadt sind die mächtigen Reste der um 27 v. Chr. errichteten römischen Brücke **Ponte di Augusto** zu sehen, über die in 30 m Höhe die Via Flaminia verlief.

Den Stadtrundgang beginnt man am besten an der Piazza Garibaldi mit dem romanischen, 1047 – 1145 erbauten **Dom S. Giovenale**. Der Säulenportikus an der Hauptfassade ist eine Ergänzung aus dem Jahr 1497; die flachen Bögen der Langhausarkaden im Innern gelten als umbrische Besonderheit. In der frühchristlichen Cappella S. Giovenale ist der hl. Juvenal seit 376 beigesetzt, das Grabmal des hl. Cassius kam 1680 hierher. Der gegenüberliegende Bischofspalast birgt in der Pinacoteca Civica Bildwerke des 15. bis 19. Jh.s, darunter eine Verkündigung von Benozzo Gozzoli und eine Marienkrönung von Domenico Ghirlandaio. Vom Bischofspalast führt der stimmungsvolle Hauptstraßenzug zur Piazza dei Priori mit dem Stadtbrunnen von 1303, wo die Arkadenhalle der Loggia dei Priori, ein Glockenturm aus dem 13. Jh. sowie der Palazzo del Podestà von der Zeit der freien Stadtrepublik künden. Durch die Unterwelt von Narni, durch unterirdische

ZIELE
SPOLETO

Künstlich, aber man sieht es nicht: die Cascata delle Marmore.

Gänge zum großen Saal, in dem das Inquisitionsgericht zusammenkam, und zum unterirdischen Kerker der Stadt führen die Touren von Narni Sotterranea.
www.narnisotterranea.it/en

Künstliches Naturschauspiel
Ein schönes Schauspiel sind die Cascata delle Marmore 30 km östlich bei Terni. Die Wasserfälle entstanden 271 v. Chr., als Konsul Manlius C. Dentatus einen Kanal bauen ließ, um den Velino in den Nera abzuleiten und so den Agro Reatino, das sumpfige Becken von Rieti, trockenzulegen. In herrlich grüner Berglandschaft stürzen die Wassermassen in drei Kaskaden 165 m in die Tiefe – allerdings nur, wenn sie nicht zur Stromerzeugung genützt werden.

★ Cascata delle Marmore

Schaurig
Nach Nordosten folgt die SP 209 weiter dem Tal. Von Pappeln und Weiden gesäumt, plätschert der Fluss zwischen Wiesen und Äckern dahin, die Bergrücken zieren Olivenbäume und Steineichenwälder. Auf steilem Hügel über dem Tal sitzt das befestigte Städtchen Arrone,. Bei Ferentillo, wo sich das Tal zur Schlucht verengt, sollte man im Ortsteil Precetto in die Krypta von S. Stefano schauen: natürlich erhaltene Mumien mit teilweise grausigen Details.
Einen Abstecher lohnt die rund 5 km hinter Ferentillo idyllisch gelegene Abtei **San Pietro in Valle**, von Langobardenherzog Faroald II. um 720 gegründet und in den Jahren 996 bis 1016 neu angelegt. Die Langhauswände schmückt ein Freskenzyklus aus dem 12. Jahrhundert.

Ferentillo

ZIELE
TRIENT · TRENTO

TRIENT · TRENTO

Region: Trentino-Alto Adige · Trentino-Südtirol | **Provinz:** Trento
Höhe: 194 m ü. d. M. | **Einwohnerzahl:** 118 000

C 13

Glückliches Trient: Die Lebensqualität in dieser norditalienischen Stadt gilt als eine der höchsten des Landes. Sicher, dazu trägt der Wohlstand bei, den die Einwohner der Provinzhauptstadt genießenn. Nicht weniger wichtig sind aber auch die schöne Natur und die Stadt selbst, die wie eine einzige große Schatzkammer wirkt.

Schatzkammer

Wandern, Radfahren, Baden, im Winter Ski- und Langlaufen – in der Umgebung von Trient ist alles möglich. Auch wenn Sie lieber die kleinen grauen Zellen trainieren, ist die Stadt das richtige Ziel: Hier befindet sich nicht nur Italiens größtes Wissenschaftsmuseum, sondern auch das einzige Futurismus-Museum im ganzen Land. Und dann haben Sie noch gar nicht Trients Schmuckstück, den romanischen Dom, und seine anderen Kulturschätze gesehen …

❚ Wohin in Trient?

Trients Schmuckstück

Dom Mittelpunkt der Stadt ist die **Piazza del Duomo** mit dem Neptunbrunnen von 1768. Der Dom San Vigilio, Haupttagungsstätte des Tridentiner Konzils, ist trotz langer Bauzeit vom Ende des 12. bis 16. Jh. einheitlich romanisch. Die Schauseite weist nach Norden. Die **Fensterrose** am zum Domplatz gewandten Querschiff schufen die Maestri comacini, die Fresken im Innern entstanden im 14. Jh. Unter dem Dom sind Reste von Vorgängerbauten seit dem 6. Jh. freigelegt worden, hier befinden sich auch die Gräber der wichtigsten Trienter Bischöfe. Bei einem Gang um die Kirche kann man das eindrucksvolle Ensemble verschlungener Doppelsäulen im Apsisbereich bewundern. An der Ostseite des Platzes befindet sich der lang gestreckte Palazzo Pretorio mit Diözesanmuseum, in dem der Domschatz und **flämische Wandteppiche** zu sehen sind.
Dom: tgl. 6.30–12, 14.30–20 Uhr | www.cattedralesanvigilio.it

Auch mal reinschauen

Santa Maria Maggiore Über die Via Cavour gelangt man an der Torre della Tromba vorbei zur 1523 geweihten Renaissancekirche Santa Maria Maggiore. Im Chor gibt es eine prächtige Orgelbrüstung von 1534 und ein Gemälde von 1563, auf dem Mitglieder des Tridentiner Konzils (1545 – 1563) dargestellt sind.Auf ihm wurde die Erneuerung der katholischen Kirche beschlossen

ZIELE
TRIENT · TRENTO

Die schönste Straße der Stadt
Am Domplatz beginnt die Via Belenzani, gesäumt von stattlichen, mit Fassadenmalereien versehenen Palästen aus dem 15. und 16. Jh. Das stattlichste Gebäude am Ort ist das **Castello del Buonconsiglio,** ehemals Residenz der Fürstbischöfe, heute Sitz des Kunstmuseums der Provinz Trient und des Museo del Risorgimento. Im Norden steht der älteste Teil, das Castelvecchio aus dem 13 Jh., das wohl 1535 um den Palazzo Magno erweitert wurde, einen prächtigen Renaissancebau mit Arkadenhöfen und Fresken von Romanino und Dosso Dossi. Zu den Hauptattraktionen des Kunstmuseums gehört der **Freskenzyklus** (vor 1407) mit Monatsbildern in der Torre dell'Aquila sowie der Blick auf Trient von der venezianischen Loggia. Im Museo del Risorgimento wird an die Irredentisten Cesare Battisti, Chiesa und Filzi erinnert, die für den Anschluss des Trentino an Italien kämpften und 1916 von den Österreichern hingerichtet wurden (»Irredenta« = das »unerlöste« italienische Gebiet außerhalb des Nationalstaats).

Via Belenzani

Castello del Buonconsiglio: Mai-Okt. Di.-So. 10-18, Nov.-April 9.30 bis 17 Uhr | Eintritt 10 € | www.buonconsiglio.it

Das größte seiner Art in ganz Italien
Für das 2013 neu eröffnete Wissenschaftsmuseum entwarf der italienische Stararchitekt **Renzo Piano** im ehemaligen Industriegebiet »Area ex Michelin« ein fünfstöckiges, in seiner Dachgestaltung an die Trentiner Berge erinnerndes Gebäude. Wissenschaftliche Erkenntnis wird hier leicht gemacht: durch Experimente, Interaktion, Spiele.

★ Museo delle Scienze (MUSE)

Corso del Lavoro e della Scienza 3 | Di.-Fr. 10-18, Sa./So. u. Fei. bis 19 Uhr | Eintritt 11 € | www.muse.it

Rund um Trient

Trients Hausberg
Der 2091 m hohe Monte Bondone ist ein beliebtes Revier für Wanderer und Radfahrer, im Winter für Ski- und Langläufer. Von Trient erreicht man das Dorf Sardagna auf 571 m Höhe bequem mit der Seilbahn. Reizvoll ist auch das im Osten der Stadt gelegene Pergine am Eingang ins **Val Sugana** mit den beiden **Badeseen** Lago di Caldonazzo und Lago di Levico, über dem der Kurort Levico Terme liegt. Zwischen Trient und Rovereto erhebt sich über dem Etschtal das **Castel Beseno,** die größte Burg des Trentino.

★ Monte Bondone

Zu Ehren der Toten
Roveretos verwinkelte Altstadt (25 km südlich von Trient) zieht sich einen Berghang hoch, auf dem ein mächtiges Kastell thront. Es beherbergt heute ein Militärmuseum – die Stadt war im Ersten Weltkrieg hart umkämpft. Interessant ist auch das dem Trentiner Künstler

Rovereto

ZIELE
TRIENT · TRENTO

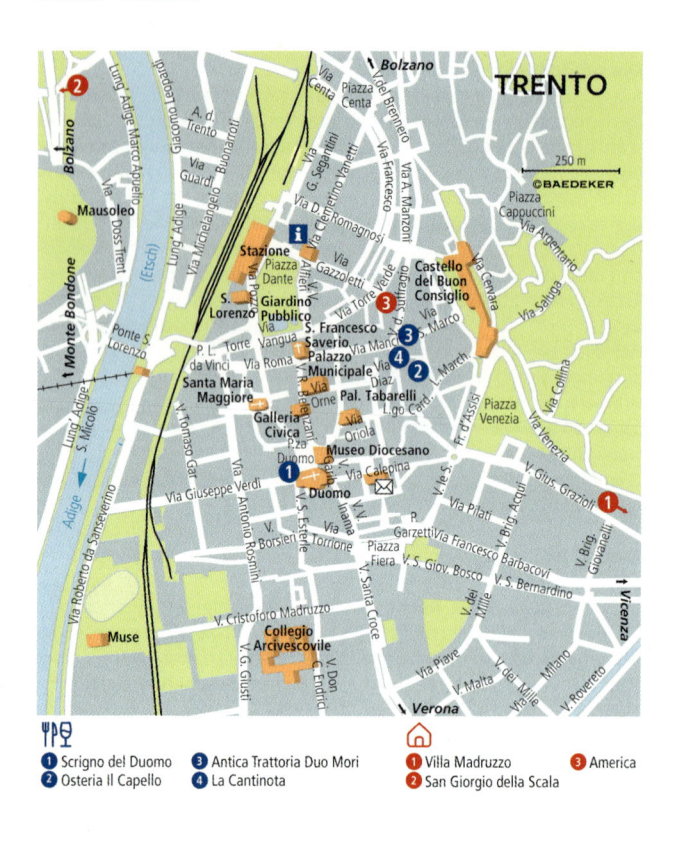

🍴
① Scrigno del Duomo   ③ Antica Trattoria Duo Mori
② Osteria Il Capello   ④ La Cantinota

🏠
① Villa Madruzzo   ③ America
② San Giorgio della Scala

Fortunato Depero (1892–1960) gewidmete Casa d'Arte Futurista Depero, das einzige Futurismus-Museum Italiens. Rund 3 km südlich der Altstadt erinnert die gewaltige **Campana dei Caduti** an die Toten aller Kriege. Weitere 2 km südlich steht der weithin sichtbare Rundbau Ossario di Castel Dante, in dem über 20 000 Gefallene beigesetzt sind. Auf dem Weg zum Ossario stößt man auf Hinweisschilder zur »Piste dei Dinosauri« mit über 200 Mio. Jahre alten Spuren.
Casa d'Arte: Via dei Portici 38 | Di.–So. 10–18 Uhr | Eintritt 7 €

⭐ Brenta-Gruppe

Grandiose Landschaften
Tief eingeschnittene Täler, bizarr geformte Felstürme, einsam liegende Seen und wilde Bergtürme: Nordwestlich von Trient erhebt sich in der Cima Brenta das 3150 m hohe Brenta-Massiv, der westlichste Bergstock der **Dolomiten.** Umgeben von den **Gletschern** Adamello, Presanella und Cevedale liegt am westlichen Fuß der Wintersportort

ZIELE
TRIENT · TRENTO

TRIENT ERLEBEN

Piazza Dante 24
Tel. 0461 21 60 00
www.discovertrento.it

❶ SCRIGNO DEL DUOMO €€€€
Ausgezeichnete Gourmetküche in einem bezaubernden Palazzo aus dem 17. Jahrhundert
Piazza Duomo 29
Tel. 046 1 22 00 30
www.scrignodelduomo.com

❷ OSTERIA IL CAPELLO €€
Hübsches Restaurant im Landhausstil mit lokalen Spezialitäten.
Piazzetta Bruno Lunelli 5
Tel. 0461 23 58 50
So. und Mo. geschl.
www.osteriailcappello.it

❸ ANTICA TRATTORIA DUE MORI €
Ob Rindfleisch-Carpaccio, Spinatknödel mit Salbeibutter oder ein köstliches Risotto: Dazu empfiehlt man Ihnen den passenden Trentiner Wein oder ein Trentiner Bier aus Eigenproduktion. Salute!
Via San Marco 11
Tel. 046 1 98 42 51, Mo. geschl.
www.ristoranteduemori.com

❹ LA CANTINOTA €
Jeden Abend herrscht Hochbetrieb in der »Osteria Tipica Trentina« und ihren diversen Speiseräumen. Kein Wunder: Die Atmosphäre stimmt und serviert wird typische Hausmannskost der Region.
Via San Marco 22-24
Tel. 046 1 23 85 27, Do. geschl.
https://cantinotatrento.it

❶ VILLA MADRUZZO €€€
Die historische Villa in waldreicher Hügellandschaft wurde durch zwei moderne, puristisch ausgestattete Gebäude ergänzt. Luxuriös ist der Spa-Bereich mit Indoor-Pool, Sauna, Dampfbad und Außenwhirlpool für die Sommermonate.
Via Ponte Alto 26, Cognola
Tel. 0461 98 62 20
www.villamadruzzo.com

❷ SAN GIORGIO DELLA SCALA €
Ein kleines Haus außerhalb von Trient mit modernem Ambiente und geschmackvoll eingerichteten Zimmern.
Via Brescia 133, Tel. 046 1 23 88 48
www.garnisangiorgio.it

❸ AMERICA €€
Der vornehme, alteingesessene Familienbetrieb befindet sich in der Nähe des »Castello des Buonconsiglio« und des Doms.
Via Torre Verde 50
Tel. 046 1 98 30 10
www.hotelamerica.it

Madonna di Campiglio, das Pendant zum Cortina d'Ampezzo ganz im Osten der ▶ Dolomiten. Auch hier erschließt ein Netz von Bahnen die umliegenden Berge, die im Sommer Wander- und Golffreunde anziehen. Landschaftlich schön sind das Val di Genova im Adamello-Massiv sowie das Val Rendena zwischen Adamello und Brenta. In Pinzolo schmückt ein 20 m langer Totentanz von 1539 die Friedhofskir-

ZIELE
TRIEST · TRIESTE

che. Weitere schöne Ziele sind die Seen Massenza und Toblino. Letzterer bietet mit seinem romantischen gleichnamigen Schloss aus dem 16. Jh. eine zusätzliche Attraktion. Vom Sommer- und Wintersportort Andalo führt eine Kabinenbahn auf den 2125 m hohen Monte Paganella. Ein Juwel ist auch der Lago di Tovel.

★ TRIEST · TRIESTE

Region: Friaul-Julisch Venetien · Friuli-Venezia Giulia
Höhe: 54 m ü. d. M. | **Einwohnerzahl:** 204 300

D 18

Schon ein Blick auf die Landkarte genügt, um zu verstehen, dass Triest keine gewöhnliche italienische Hafenstadt sein kann. Sie liegt in unmittelbarer Nachbarschaft zu Slowenien und Kroatien und war politisch über 500 Jahre mit der k.u.k.-Monarchie verbunden – Kunst und Kultur entwickelten sich hier so eigenständig, dass es bis heute viel zu entdecken gibt.

ZIELE
TRIEST · TRIESTE

Von 1382 bis 1919 gehörte Triest zu Österreich. In dieser Zeit entwickelte sich die Stadt, seit 1719 Freihafen und großer Rivale Venedigs, zum wichtigsten Hafen der k.u.k.-Monarchie an der Adria – ihr einziger Zugang zum Mittelmeer. Um 1900 entstanden viele Prachtbauten in der reichen Stadt, das kulturelle Leben blühte, und Anfang des 20. Jh.s lebten hier Künstler wie der Ire und Wahltriester **James Joyce**. Nach dem Ersten Weltkrieg wurde Triest Italien zugesprochen, 1945 fiel es an die Titopartisanen und wurde zum Streitobjekt zwischen Italien und Jugoslawien, 1947 dann Freistaat. Erst 1954 wurde Triest wieder italienisch. Die Einflüsse der Sprachen, Religionen und Kulturen spürt man bis heute als spannende Mischung, etwa **in den Kaffeehäusern** wie Specchi oder Tommaseo.

Lebendige Grenzstadt

Wohin in Triest?

»Edle Einfalt ...«

Einer der bekanntesten Plätze in Triest ist der malerische Canal Grande, in dem nur noch kleinere Boote liegen. Gesäumt wird er von dem klassizistischen Palazzo Carciotti, der mächtigen Kirche Sant'Antonio Taumaturgo und der serbisch-orthodoxen Kirche San Spiridone.

★ Canal Grande

Nicht ganz der Canal Grande von Venedig, aber doch auch sehr stimmungsvoll...

TRIEST ERLEBEN

ⓘ

Via dell Orologio 1
Tel. 335 74 29 440
www.turismofvg.it

🍽

TRATTORIA NERO DI SEPPIA €€
Garnelen-Tartar und anschließend Linguine con Vongole (Muscheln) oder lieber der Fang des Tages? Diese kleine, rustikale Trattoria ist ein Eldorado für alle Fisch-Fans.
Via Luigi Cadorna 23
Tel. 040 30 13 77
trattorianerodiseppia.com

ALL'ANTICA GHIACCERETTA €€
Die einfache Trattoria im historischen Zentrum punktet mit bodenständiger Küche.
Via dei Fornelli 2, Sa. mittags u. So. geschl., Tel. 040 3 22 03 07
https://anticaghiacceretta.com

OSTERIA DI MARE ALLA VOLIGA €€
Fisch und Polenta sind die Eckpfeiler der schmackhaften Küche hier.
Via della Fornace 1
Tel. 040 30 96 06, Mo./Di. ganz und So. abends geschl.
www.allavoliga.it

BUFFET DA PEPI €€
Über 100 Jahre gibt es diese Trattoria schon. Die Speisekarte ist habsburgisch geprägt, vorzugsweise werden deftige Fleischgerichte serviert. Einfach vorbeikommen – Reservierungen werden ohnehin nicht angenommen.
Via Cassa di Risparmio 3
Tel. 040 36 68 58
So. abends geschl.
www.buffetdapepi.it

🏠

GRAND HOTEL DUCHI D'AOSTA €€€
Das Traditionshotel ist die vornehmste Adresse am Ort – mit einem ebenso legendären Restaurant.
Piazza Unità d'Italia 2
Tel. 040 7 60 00 11
https://duchidaosta.com

VILLA GRUBER €€
Eine zauberhafte, sehr persönlich geführte Pension für Liebhaber individueller Unterkünfte. Sie liegt direkt am Hafen von Duino (15 km nordwestlich von Triest) in einem hübschen Garten.
Via Duino 61, Duino
Tel. 040 20 81 15
https://villagruber.com

Nicht weit entfernt liegt die zum Meer hin geöffnete **Piazza dell'Unità d'Italia,** angeblich der größte Platz Italiens. Drei Paläste im Stil des 19. Jh.s rahmen ihn ein: der mächtige Palast des Lloyd Triestino, Sitz der als Österreichischer Lloyd gegründeten Schifffahrtsgesellschaft, der Palazzo del Governo mit Jugendstilfassade und der Palazzo del Municipio. Folgt man nun der Via del Teatro Romano, erreicht man das Teatro Romano aus dem 2. Jh. n. Chr., das erst 1938 freigelegt wurde.
Weiter geht es zum **San-Giusto-Hügel** hinauf. Auf halbem Weg stehen rechts die kleine romanische Kirche San Silvestro und ihr gegen-

ZIELE
TRIEST · TRIESTE

über der Barockbau Santa Maria Maggiore dei Gesuiti, dessen Fassade an die der Laterankirche in Rom errinnert. Im Osten der Kirche folgt an der Piazza Barbacan der Arco di Riccardo, ein Torbogen aus dem 1. Jh. v. Chr.

Von hier aus sind es nur ein paar Schritte zum **Museo d'Antichità J.J. Winckelmann** in der Via Cattedrale 1 mit Funden aus dem Altertum und dem Mittelalter. Im Orto Lapidario befindet sich das Grabmal des deutschen Altertumsforschers **Johann Joachim Winckelmann** (geb. 1717), der 1768 in Triest einem Raubmord zum Opfer fiel. Mit seiner »Geschichte der Kunst des Alterthums« (1764) begründete er die wissenschaftliche Archäologie.

Museo: Di.-So. 10-17 Uhr | Eintritt frei

Aus zwei mach eins

Am Ende der Via Cattedrale erreicht man die gleichnamige Piazza, wo einst das antike Tergeste lag. Hier steht eine venezianische Säule von 1560; dahinter sieht man die Reste einer römischen Gerichtshalle (Basilika) und des sog. **Tempio Capitolino** aus dem 1. Jh. Die Cattedrale di San Giusto steht an der Stelle eines augusteischen Tempels. Ihr heutiger Bau entstand im 14. Jh., als man zwei romanische Gotteshäuser zu der fünfschiffigen Kirche verband. Am Portal und im Erdgeschoss des Glockenturms sind antike Fragmente erhalten. Im Innern sind Mosaiken (12./13. Jh.) und Fresken (11. Jh.) zu sehen.

Cattedrale di San Giusto

Geschichte in der Festung

Im Kastell (15./16. Jh.) auf dem Gipfel des San-Giusto-Hügels befindet sich ein sehenswertes Museum mit Funden aus der römischen Antike.

★ Castello di San Giusto

Zurück im Hafen lohnt sich ein Spaziergang zum Molo Pescheria, wo in einem Jugendstilgebäude der Fischmarkt stattfindet. Hier ist auch das Acquario Marino (Aquarium) untergebracht. Etwas weiter südöstlich öffnet sich die Piazza Venezia, an der das Museo Revoltella mit Werken italienischer Künstler vom 19. und 20. Jh. liegt.

Castello: April-Sept. tgl. 10-19, Okt.- März Di.-So. 10-17 Uhr
Eintritt 5 € | www.castellodisangiustotrieste.it

Rund um Triest

Über- oder unterirdisch?

Von der Piazza Oberdan fuhr bis 2016 eine Standseilbahn (TZram Nr.«) zu dem 348 m hoch gelegenen Villenvorort Opicina. Nach einem Unfall ist sie derzeit außer Betrieb. Ein rund 5 km langer Weg führt zu den Aussichtspunkten Villa Opicina und Vedetta d'Italia. Von Ersterer ist es nicht weit zur **Grotta Gigante,** einer der größten Tropfsteinhöhlen der Welt (nur mit Führung zu besichtigen).

Villa Opicina

ZIELE
TURIN · TORINO

Ein Märchenschloss für den Herzog

Castello di Miramare

Über die Küstenstraße erreicht man nach 8 km das Castello di Miramare, das sich auf einem Felsvorsprung über dem Meer erhebt. Es wurde 1855 bis 1860 für **Erzherzog Maximilian von Österreich**, den Bruder Kaiser Franz Josephs, und seine Frau Charlotte von Sachsen erbaut. Der Bauherr hat sein Märchenschloss jedoch nicht lange bewohnt. 1864 ließ er sich zum Kaiser von Mexiko ernennen und wurde dort drei Jahre später von Aufständischen erschossen. Beeindruckend ist die prachtvolle Bibliothek, schön ein Spaziergang durch den Park mit vielen exotischen Bäumen, darunter einige aus Mexiko. Schloss tgl. 9–19, Park März–Sept. tgl. 8–19, sonst bis 16 Uhr Eintritt 8 | www.miramare.beniculturali.it

Wo Rilke die Muse küsste

Duino

Nach etwa 7 km folgt nun der kleine Bade- und Hafenort Duino. In der Nähe einer alten Siedlung liegt malerisch die Ruine des Castel Vecchio, am stärksten zieht das **Neue Schloss**, das 1916 zerstört und später wieder aufgebaut wurde, die Blicke auf sich: ein zinnenbekrönter Bau mit einem Turm aus der Römerzeit. Bis zum Beginn des Ersten Weltkriegs gehörte es den Fürsten von Thurn und Taxis. 1911 und 1912 lebte hier **Rainer Maria Rilke** als Gast der Fürstin und verfasste die »Duineser Elegien«. Hinter Duino gelangt man zum Dorf **San Giovanni al Timavo** mit der Kirche San Giovanni in Tuba (15. Jh.), in der noch Reste des Mosaikfußbodens der alten Basilika aus dem 5./6. Jh. vorhanden sind. Schließlich folgt Monfalcone, eine Hafen- und Industriestadt an den Ausläufern des Karstes. Von dieser erreicht man auf der SS 305 in Richtung Gradisca den riesigen Soldatenfriedhof von Redipuglia mit den Überresten von 100 000 Gefallenen aus dem Ersten Weltkrieg.

★ TURIN · TORINO

Region: Piemont · Piemonte | **Metropolitanstadt:** Torino | **Höhe:** 230 m ü. d. M. | **Einwohnerzahl:** 882 500

E 6

Sie mögen Trüffel, traditionell hergestellten Käse und einen guten Tropfen Barolo oder Barbaresco? Dann sind Sie im Piemont genau richtig: Seit vielen Jahren ist die Region um Turin Pilgerziel für Gourmets. Das malerische Hügelland der Umgebung bildet den perfekten Ausgangspunkt, um alte Weingüter und kleine, familiengeführte Manufakturen für Käse, Schinken oder Süßigkeiten zu erkunden – bei geführten Touren oder auf eigene Faust.

ZIELE
TURIN · TORINO

Künstlerisch wie kulturell inspirierend, dazu eine hohe Lebensqualität: Das ist Turin, einst das Herz des Königreichs Savoyen, dessen Residenzen zum UNESCO-Welterbe gehören, und von 1861 bis 1865 erste Hauptstadt des Königreichs Italien. Die heutige Hauptstadt des Piemont hat sich auch optisch in letzter Zeit ziemlich herausgeputzt und längst verbindet man mit Turin mehr als Fiat und Juventus – ein gelungener Imagewandel von der reichen, aber etwas langweiligen Metropole zum Genussziel!

Genuss, Fiat und Fußball

Wohin in Turin?

Mittelalter trifft Barock

Herz der Stadt ist die **Piazza Castello**, wo die alten Insignien der weltlichen und geistlichen Macht versammelt sind und sich in den Arkaden alte Cafés wie das Mulassano finden. Die Mitte des Platzes nimmt der Palazzo Madama ein: drei Seiten Mittelalter – das Kastell wurde im 13. Jh. auf den Resten der römischen Porta Pretoria errichtet und im 15. Jh. erweitert – und eine Seite Piemonteser Barock, die stattliche Westfassade von Filippo Juvarra (1721), der auch die prächtige Doppeltreppe im Vestibül entwarf. Der Palast beherbergt das Städtische Museum für alte Kunst, das unter anderem mit reich ausgestatteten Prunkräumen aufwartet. Links vor der Piazzetta Reale ragt **San Lorenzo** auf, 1634 begonnen und von Guarini 1666 bis 1680 fertiggestellt: schwere Pracht mit kühner Konstruktion der Kuppel.
tgl. außer Di. 10–18 Uhr | Eintritt 10 € | www.palazzomadamatorino.it

Palazzo Madama

Königlich

Den nördlichen Abschluss des Platzes bildet der Palazzo Reale, erbaut 1646 bis 1658. Er war zunächst Residenz des Königs von Savoyen, später dann des Königs von Italien. Innenräume wie das Appartamento di Madama Felicità begeistern durch unerhörte Pracht. Im Palast sind die **Musei Reali Torino** untergebracht, darunter die KWaffenkammer (armeria), eine der bedeutendsten Sammlungen Europas. Das Archäologische Museum zeigt Funde von der Vor- und Frühgeschichte bis zur römischen Spätzeit. Seit 2014 befindet sich auch die **Galleria Sabauda** mit der Gemäldesammlung des Hauses Savoyen im Palazzo. Sie umfasst Werke talienischer Künstler wie Mantegna, Veronese, Tintoretto, Fra Angelico und Lorenzo di Credi sowie niederländische Werke Jan van Eycks, Rogier van der Weydens und Rembrandts. Die Königlichen Gärten hinter dem Palazzo entwarf der französische Gartenarchitekt Le Nôtre.
Musei Reali: Di.–So. 9–19 Uhr | Eintritt 15 € (1. Stock, Waffenkammer, Kapelle des Heiligen Leichentuchs, Galleria Sabauda und archäologisches Museum) | **Gärten:** Di.–So. 8.30–19 Uhr | Eintritt frei | www.museireali.beniculturali.it

Palazzo Reale

ZIELE
TURIN · TORINO

TURIN ERLEBEN

ⓘ

Piazza Castello/Via Garibaldi
10121 Turin, Tel. 011 53 51 81
www.turismotorino.org

🛍

Die Turiner Spezialität gianduiotti (Nugat) gibt es u. a. in der Konditorei Baratti & Milano auf der Piazza Castello. Riesiger Markt auf der Piazza della Repubblica/Porto Palazzo Mo. bis Fr. vorm. und Sa. bis 17 Uhr. Flohmarkt auf der Via Borga Dora Sa. nachm., Antiquitätenmarkt El Gran Balon jeden 2. So. im Monat.

🍴

❶ DEL CAMBIO €€€€
Sehr chic und sehr teuer – das piekfeine, im 18. Jh.eröffnete Restaurant bietet Traditionsküche in historischem Flair.
Piazza Carignano 2
Tel. 011 54 66 90, Di.–Sa. 19–24, Fr.–So. 12.30–15 Uhr
https://delcambio.it

❷ PORTO DI SAVONA €
In dem gemütlichen Restaurant wird klassisch piemontesisch gekocht: Vitello tonnato, Fritto misto piemontese und als Nachtisch ein Semifreddo al torroncino!
Piazza Vittorio Veneto 2
Tel. 011 8 17 35 00
www.foodandcompany.com/ristorante-portodisavona

❸ TAVERNA DELLE ROSE €€
Das romantisch angehauchte Lokal ist für seine vorzügliche Küche aus dem Piemont bekannt.
Via Massena 24, Tel. 011 53 83 45
Sa. mittags und So. geschl.
www.ristorantetavernadellerose-torino.com

❹ ANTICHE SERE €
Die Trattoria südlich der Piazza Rivoli bietet täglich wechselnde piemontesische Gerichte. Die Küche gilt als eine der besten der Region, deshalb auch mindestens zwei Tage vorher reservieren!
Via Cenischia 9, Tel. 011 3 85 43 47
nur abends, So. geschl.

🏠

❶ STARHOTEL MAJESTIC €€€€
Das große, elegante Hotel in zentraler Lage bietet allen Komfort. Im gediegenen Restaurant speisen Sie unter einem Kuppeldach aus Glas.
Corso Vittorio Emanuele II. 54
Tel. 011 53 91 53
www.starhotels.it

❷ VICTORIA €€€€
Charmantes, familiengeführtes Boutiquehotel mit offenen Kaminen, üppigen Sofas und der Atmosphäre eines britischen country houses.
Via Nino Costa 4
Tel. 011 5 61 19 09
www.hotelvictoria-torino.com

❸ B&B AI SAVOIA €€
In einem Palazzo von 1730 mit romantischen Zimmern. Zum Frühstück gibt es frisch gepresste Säfte, ofenwarme Brioches und heißen, starken Cappuccino.
Via del Carmine 1/Ecke Via Bligny
Tel. (mobil) 339 12 57 711
www.aisavoia.it

❹ MONTEVECCHIO €€
Moderne funktionelle Zimmer in der Nähe der Stazione Porta Nuova – schlicht und nicht ganz leise.
Via Montevecchio 13
Tel. 011 5 62 00 23
www.hotelmontevecchio.com

ZIELE
TURIN · TORINO

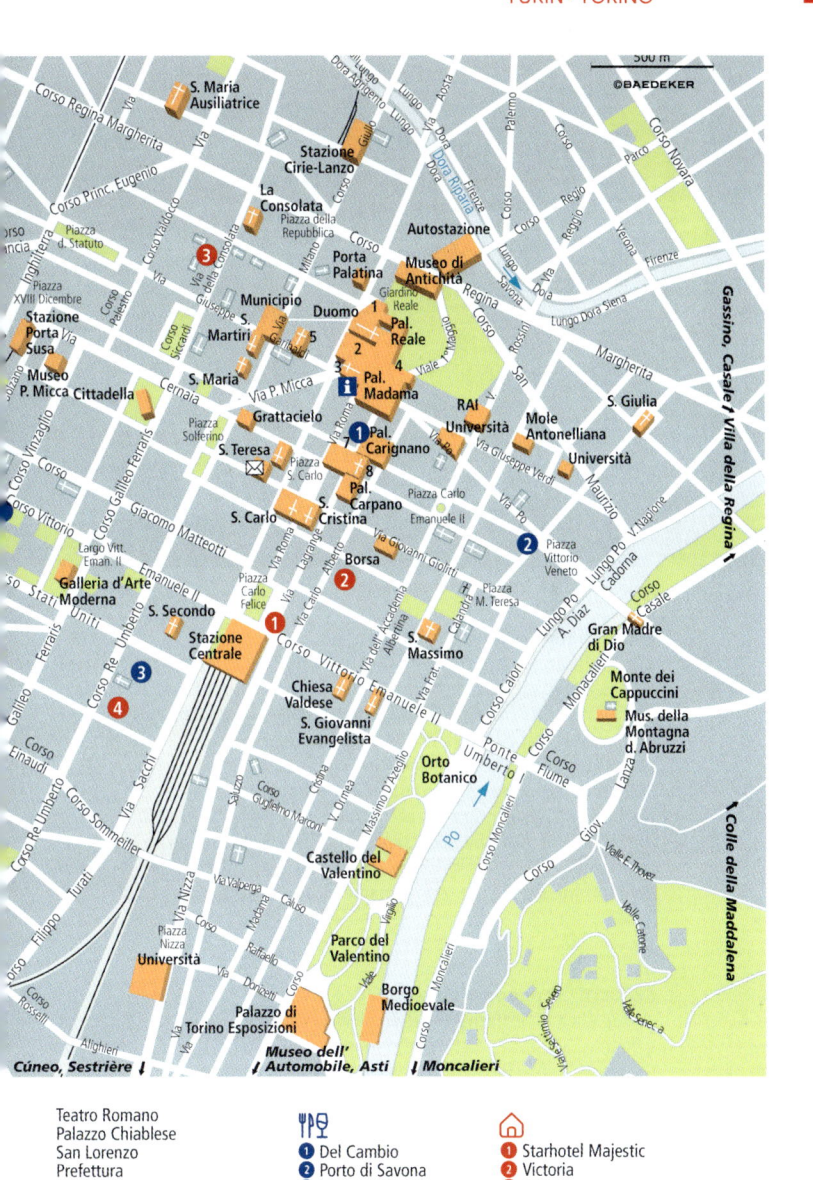

Teatro Romano
Palazzo Chiablese
San Lorenzo
Prefettura
Corpus Domini
Palazzo dell'Accademia
delle Sciences (Museo Egizio,
Galleria Sabauda)

🍴🍷
1. Del Cambio
2. Porto di Savona
3. Taverna delle Rose
4. Antiche Sere

🏠
1. Starhotel Majestic
2. Victoria
3. B&B Ai Savoia
4. Montevecchio

ZIELE
TURIN · TORINO

Es ist eingedeckt im Speisesaal des Palazzo Reale.

Cattedrale

Das geheimnisvolle Grabtuch
Die Kathedrale San Giovanni Battista (1491–1498) an der Westseite des Schlosses ist das einzige Zeugnis der Renaissance in Turin. Der Glockenturm wurde 1720 vollendet. Die eigenartige »**Pagode**« gehört zur Cappella della Sacra Sindone, einem ganz mit schwarzem Marmor ausgekleideten Rundbau von Guarino Guarini (1668–1694). Er beherbergt die eigentliche Attraktion der Kathedrale, das berühmte **Turiner Grabtuch** (Grabtuch Christi, Sacra Síndone). In dem 4,36 x 1,10 m großen Leintuch soll der Leichnam Christi eingehüllt gewesen sein. Wissenschaftliche Untersuchungen ergaben verblüffende Befunde, das genaue Alter des Tuchs ist jedoch unbekannt.
Mo.–Sa. 7–12.30, 15–19, So. ab 8 Uhr

Bummel durch die Innenstadt

Stöbern, Shoppen, Schauen
In der Via XX. Settembre haben sich Reste eines römischen Theaters erhalten, dahinter befindet sich die Porta Palatina, das nördliche Stadttor. Auf der Piazza Repubblica ist jeden Tag ab 4 Uhr Markt; in den Gassen drum herum kommt samstags der Flohmarkt Balôn dazu, am zweiten Sonntag jeden Monats der **Grand Balôn**, ein gehobener Antiquitätenmarkt. Hauptverkehrsstraße ist die von der Piazza Castello zum Hauptbahnhof führende Via Roma, eine elegante Einkaufsstraße, die 1934 bis zur Piazza San Carlo in barocker Manier ausgebaut wurde; der südliche Teil mit seinen einheitlichen modernen

ZIELE
TURIN · TORINO

Steinfassaden und Kolonnaden entstand bis 1937. Gleich rechts steht die Torre Littoria (1934), ein 87 m hohes Geschäftshaus.

Ein Hoch auf den König
Von der Piazza Castello führt die herrliche Galleria Subalpina – an der sich übrigens das berühmte Caffè Baratti befindet – zum Palazzo Carignano, dem schönsten Barockbau Turins. Er wurde 1679 bis 1684 von Guarini errichtet und war Sitz des sardischen und italienischen Parlaments; am 14. März 1861 wurde hier das Königreich Italien ausgerufen. Konsequenterweise beherbergt der Palast das **Museo Nazionale del Risorgimento Italiano**, das bedeutendste seiner Art, mit Gegenständen und Dokumenten aus der Zeit der Einigungsbewegung und einer Abteilung zur Resistenza. Im renommierten Ristorante del Cambio gegenüber pflegte Camillo Benso Graf Cavour, ein führender Kopf der Einheitsbestrebungen, zu speisen. Im 1884 gegründeten Caffè Pepino versorgt man sich mit dem berühmten **»pinguino«**.
Museo Nazionale del Risorgimento Italiano: Di.-So. 10-18 Uhr Eintritt 10 € | www.museorisorgimentotorino.it

★ Galleria Subalpina, Palazzo Carignano

Das alte Ägypten mitten in Turin
Ein weiterer barocker Prachtbau ist der westlich anschließende Palazzo dell'Accademia delle Scienze, 1679 von Guarani erbaut. Er beherbergt das Museo Egizio, neben den Museen in Kairo und London das bedeutendste Ägyptische Museum der Welt. Unter anderem sind hier **Königsstatuen** des Neuen Reichs (darunter Ramses II.), ein Königspapyrus und zwei Grabkammern aus Theben sowie Tier- und Menschenmumien ausgestellt.
Di.-So. 9-18.30, Mo. 9-14 Uhr | Eintritt 15 € | https://museoegizio.it

★ Museo Egizio

Kirche und Kino
Östlich schließt die Kirche San Filippo Neri an. Sie wurde ab 1675 erbaut und 1715 bis 1730 von Juvarra erneuert; der korinthische Pronaos entstand 1835. Der Hauptaltar zeigt ein Gemälde von Carlo Maratta. Danach lohnt ein Gang durch die **Galleria San Federico** an der Via Santa Teresa mit dem Cinema Lux, einem herrlichen Kinopalast in reinem Art déco.

San Filippo Neri

Turins schönster Platz
Auf der ganz von Arkaden umgebenen Piazza San Carlo steht das Reiterstandbild des Herzogs Emanuele Filiberto (1838). Trotz der Symmetrie und Gleichförmigkeit, die sich in den beiden Kirchen Santa Cristina (östlich, 1637) und San Carlo (1619) zeigt, gefällt die Lebendigkeit der 1638 entworfenen Anlage.

Piazza San Carlo

Hübsch in Weiß
Eine Wallfahrtskirche in der Weststadt ist das Santuario della Consolata nahe der Piazza Repubblica, wo eine Marienikone aus dem 4. Jh.,

Santuario della Consolata

ZIELE
TURIN · TORINO

die »Panagia Odigitria«, verehrt wird. Der lombardische Kampanile stammt vom Vorgängerbau, den Guarino Guarini 1678 umbaute und Filippo Juvarra 1729 erweiterte. In der Kapelle links des Hauptaltars schuf Juvarra die Statuen der österreichischen Kaiserin **Maria Theresia** und der savoyischen Königin Maria Adelaide, in der zum Kreuzgang führenden Galerie hängen unzählige Votivtafeln.

★
Via Garibaldi

Feines in feiner Umgebung
Die Via Garibaldi, einst Teil des römischen Decumanus, gehört mit Umgebung zu den feinen Vierteln. Hier stehen der Palazzo di Città, das von Francesco Lanfranchi erbaute Rathaus von 1665 und gegenüber die prunkvolle Kirche Santi Martiri von 1577. Weiter geht es durch die verkehrsreiche Via Pietro Micca zur Piazza Solferino mit dem mächtigen Art-déco-Brunnen der Vier Jahreszeiten, dem Reitermonument für Ferdinando Duca di Genova und dem Teatro Alfieri. An der Via Cernaia stand bis 1857 eine Zitadelle; im erhaltenen Torbau ist das Nationale Artilleriemuseum eingerichtet. Nicht weit entfernt zeigt die **Galleria Civica d'Arte Moderna e Contemporanea** eine der bedeutendsten Sammlungen moderner und zeitgenössischer Kunst Italiens, darunter Werke von Modigliani, De Chirico, Renoir, Utrillo, Paul Klee, Max Ernst und Chagall.
Galleria Civica d'Arte Moderna e Contemporanea: Di. - So. 10.00 – 18.00 Uhr, Eintritt 10 € | www.gamtorino.it

★
Mole Antonelliana

Anders als erwartet
Östlich der Piazza Castello ragt Turins Wahrzeichen auf, abgebildet auch auf dem italienischen 1-Eurocent-Stück: die mächtige, 167 m hohe Mole Antonelliana, ein in jeder Hinsicht einzigartiges Bauwerk. Die reiche jüdische Gemeinde beauftragte 1863 Alessandro Antonelli mit dem Bau der Synagoge. Was der kühne Experimentator (▶ Novara, S. 389) errichtete, war allerdings nicht nach ihrem Geschmack, und so wurde der Bau 1869 an die Stadt verkauft. Die ließ einen Turm aufsetzen, der 1953 bei einem Sturm einstürzte und seitdem durch eine luftige Eisenkonstruktion ersetzt ist. Man findet hier das **Museo Nazionale del Cinema,** das auf sechs Stockwerken die Geschichte des Kinos zelebriert; ein Aufzug bringt Besucher zur Aussichtsplattform auf 85 m Höhe.
Von der Piazza Castello führt die arkadengesäumte Prachtstraße Via Po weiter zur **Piazza Vittorio Veneto**, die sich zur Kirche Gran Madre di Dio und den Colli Torinesi hin öffnet. Am Ufer erstrecken sich die Murazzi von 1830, in deren Räumen sich Klubs und Diskotheken eingemietet haben – an Sommerabenden ist dementsprechend viel los. Wer es beschaulicher mag: Von hier kann man auch eine Bootsfahrt auf dem Po unternehmen.
Museo Nazionale del Cinema: Mi.–Mo. 9-20, Sa. bis 23 Uhr Eintritt 12 €, mit Panoramaufzug 17 € | www.museocinema.it

ZIELE
TURIN · TORINO

Ein Stück Natur im Herzen der Stadt
Südlich des Ponte Umberto I erstreckt sich der große Parco del Valentino mit dem Botanischen Garten (1729) – eine der reizvollsten Parkanlagen Italiens. Sein Zentrum bildet das **Castello del Valentino**, das bis 1660 für Maria Cristina von Frankreich, Gattin von Vittorio Amedeo I, erbaut wurde und viele Jahre Mittelpunkt des Turiner Gesellschaftslebens war. Das Reiterdenkmal im Südteil des Parks zeigt Herzog Amadeus von Aosta, 1870 bis 1873 König von Spanien. Alfredo d'Andrade, der viele historische Gebäude restaurierte, legte für die Esposizione Generale Italiana 1884 den Borgo Medievale an, dessen Vorbilder er in Piemont und im Aostatal fand. Am Südende des Parks steht der Palazzo Torino Esposizioni (1950).

Parco del Valentino

Schöner Wohnen
In den Villenvierteln der Colli Torinesi wohnt die bessere Gesellschaft Turins. Auf dem Monte dei Cappuccini, den man zu Fuß über Treppen oder mit dem Pkw erklimmen kann, locken ein im Jahr 1583 gegründetes Kapuzinerkloster, die Kirche Santa Maria del Monte sowie das sehenswerte alpine Museum »Duca degli Abruzzi«.

Villenviertel

Von Fiat bis Maserati
Natürlich besitzt die Autostadt Turin auch ein großes **Automuseum.** An der Ausfallstraße nach Süden, dem Corso dell'Unità d'Italia 40, sind im Museo dell'Automobile Carlo Biscaretti di Ruffia Fahrzeuge aus allen Epochen der Automobilgeschichte zu bewundern.
Westlich in der Via Nizza erstreckt sich der **Lingotto,** der »Barren«, ein 1983 stillgelegtes Fiat-Werk, das durch seine Teststrecke auf dem Dach berühmt wurde. Le Corbusier bezeichnete das 500 m lange Gebäude als »Kriegsschiff mit Brücken, Schornsteinen, Höfen, Landungsstegen, Überführungen«. Renzo Piano baute das **Industriedenkmal** zu einem Kultur- und Handelszentrum mit Hotel und eigener Bahnstation um; hier findet u. a. der Turiner Autosalon statt.
Di.-So. 10-19.00, Mo. bis 14 Uhr | Eintritt 15 € | www.museoauto.com

Museo dell' Automobile

Rund um Turin

Doppelt großartig
Den zweithöchsten Gipfel der Colli Torinesi krönt die Basilica di Superga, ein weithin sichtbarer grandioser Zentralbau mit hoher Kuppel zwischen zwei Glockentürmen, zu dem man mit einer Zahnradbahn gelangt. Von der Terrasse bietet sich bei klarem Wetter eine unvergessliche Aussicht auf die Alpen mit Monviso im Westen, Montblanc im Nordwesten, Matterhorn und Monte Rosa im Norden. Von der Superga kann man 11 km südlich zum Colle della Maddalena weiterfahren, dem höchsten Gipfel der Colli Torinesi.

Basilica di Superga

ZIELE
TURIN · TORINO

Für Le Corbusier sah der Lingotto wie ein Kriegsschiff aus.

Lust auf eine Schiffsfahrt?

Moncalieri Ein schöner Ausflug führt mit dem Schiff nach Moncalieri am Fuß der Colli Torinesi, überragt vom großen Schloss der Savoyer. An der Piazza Vittorio Emanuele II. steht die Kirche Santa Maria della Scala, 1330 im Stil der lombardischen Gotik erbaut. Lohnend ist auch eine Fahrt zum **Castello di Stupinigi,** das für Vittorio Amedeo II. 1729 bis 1733 in reinem **Rokoko** errichtet wurde.

Schäferstündchen

Venarìa Reale Die Kleinstadt Venarìa Reale vor den Toren Turins ist nach dem Jagdschloss benannt, das Vittorio Emanuele II. ab 1858 erbauen ließ und in das er sich mit seiner Geliebten Rosa Vercellana, der »Bella Rosin«, zurückzog. Nordwestlich schließt sich die Mandria an, das königliche Gestüt; der Wald, der sich weit bis Fiano erstreckt, ist eines der Überbleibsel der ursprünglichen Vegetation der Po-Ebene.

Von Turin über Sestriere zum Montgenèvre

»Nizza des Piemont«

Pinerolo Vorbei am Schloss Stupinigi führt die SS 23 nach Pinerolo, eine von den Franzosen im 16./17. Jh. befestigte Stadtanlage, die wegen ihres milden Klimas oft »Nizza des Piemont« genannt wird. Im Zentrum liegt die Piazza Vittorio Veneto mit dem Ricovero dei Catecumeni von 1740 und dem Museo dell'Arma di Cavalleria. Ganz in der Nähe er-

ZIELE
TURIN · TORINO

hebt sich der gotische Dom San Donato aus dem 11./15. Jh. Weiter westlich bei der Casa del Vicario führt die Via Principi d'Acaia hinauf in die Altstadt, vorbei an der Casa del Senato mit dem Stadtmuseum. Bei der Kirche ganz oben handelt es sich um San Maurizio, die hier 1470 erbaut wurde, der Kampanile stammt von 1336.

Interessante Geschichte
Ein interessanter Abstecher führt 17 km südwestlich ins Val Pellice nach Torre Pellice, dem Hauptsitz der bedeutendsten protestantischen Gemeinschaft Italiens: Hier im Pellice-Tal sowie im unteren Chisone-Tal leben etwa 30 000 **Waldenser**, die teils noch französisch sprechen. Während sie in Frankreich praktisch ausgerottet wurden, konnten sich die in den piemontesischen Tälern ansässigen Glaubensgenossen trotz vieler Verfolgungen behaupten; sie schlossen sich 1532 der Reformation an und erlangten erst 1848 volle Glaubensfreiheit. Ihre Geschichte und Kultur wird im Museo Storico Valdese vor Augen geführt. Einen Blick lohnt auch die schlichte Kirche von 1844.

Torre Pellice

Wehrhaft
Die SS 23 zum Montgenèvre verläuft von Pinerolo im Tal des Chisone, das zunächst noch von Industrie sowie Grafit- und Talkumabbau geprägt ist. Bei Meano führt die Straße durch eine Schlucht. Das Dorf Fenestrelle hat als Grenzort gigantische Festungsanlagen, die **Forte di Fenestrelle**, die im 17. Jh. von Frankreich erbaut und im 18. Jh. von Savoyen erweitert wurden.

Val Chisone

Einer der bedeutenden Wintersportplätze Europas
Sestriere wurde in den 1930er-Jahren von Giovanni Agnelli angelegt. Zusammen mit dem französischen Montgenèvre bildet die Via Lattea einen **Skizirkus** mit über 400 km Abfahrten. Hinter Sestriere geht es hinab ins Tal der Dora Riparia nach **Cesana Torinese**, ein Ferienort mit romanischer Kirche. Hinter Claviere (Clavières) erreicht man die italienisch-französische Grenze und schließlich den **Col de Montgenèvre**, einst ein wichtiger Alpenpass, der als kürzeste Verbindung zwischen dem Po-Tal und Südfrankreich von Hannibal und Cäsar, im Mittelalter von Friedrich Barbarossa überschritten wurde. Die erste französische Stadt ist Briançon.

Sestriere

| Von Turin über Susa nach Bardonecchia

Herausragend
Der Weg nach Bardonecchia fährt zunächst nach Rivoli und weiter Richtung Avigliano. Rechts liegt die Abbazia di Sant'Antonio di Ranverso (1188), die ein Polyptychon von Defendente Ferrari und Fresken von Giacomo Jaquerio birgt. Avigliano hat eine hübsche, hoch

Sant'Antonio di Ranverso

ZIELE
TURIN · TORINO

gelegene Altstadt, gekrönt von der romanisch-gotischen Kirche San Pietro (11./14. Jh.). Zwischen zwei Moränenseen hindurch fährt man hinauf zur atemberaubend gelegenen Abtei **Sacra di San Michele** auf dem 962 m hohen Monte Pirchiriano.

Sacra di San Michele: März–Okt. Mo.–Sa. 9.30–17.30, So. 9.30–11.30 u. 13–17.30, Juni/Juli bis 18.30, Nov.–Feb. bis 16.30 Uhr | Eintritt 8 €

Im Grenzland

Valle di Susa

Das von der Dora Riparia durchflossene Valle di Susa ist eines der wichtigsten Alpentäler; Eisenbahn, Autobahn und zwei weitere Straßen verbinden Turin über den Mont Cenis, die Tunnel von Fréjus und den Mont Genèvre mit Frankreich. Namengebender Hauptort ist das von Bergen eingerahmte **Susa**. Man betritt die malerische Altstadt durch das römische Stadttor; links erhebt sich die Kathedrale San Giusto. Über ihr throntdie Burg der arduinischen Markgrafen, heute Stadtmuseum. Am Westrand der Altstadt steht ein 13,5 m hoher marmorner Ehrenbogen, den der Präfekt Cottius 8. v. Chr für Augustus errichten ließ. In Susa teilt sich der Weg: Links geht es zum Col de Montgenèvre, geradeaus zum Mont Cenis auf der unter Napoleon angelegten Straße. Seit 1947 verläuft die italienisch-französische Grenze über den Passo del Paradiso; dahinter passiert man den herrlich gelegenen Lac du Mont Cenis, bevor man den Col du Mont Cenis überschreitet, der früher die Grenze markierte.

Östlich der napoleonischen Trasse verlief einst die alte Passstraße, die u.a. Karl den Großen und Heinrich IV. auf seinem Weg nach Canossa sah. Entsprechend bedeutend war auch die Abtei in Novalesa, 726 unter Abt Eldradus gegründet, dessen Reliqienschrein in der Pfarrkirche San Stefano aufbewahrt wird. Unter den isoliert stehenden Kapellen ist besonders die Cappella di San Eldrado sehenswert.

Berühmter Gefangener

Exilles

Hinter Susa zwängt sich die Straße nach Bardonecchia durch eine von der Dora Riparia gebildete Schlucht. Der rätselhafte **»Mann mit der eisernen Maske«** war einer der Gefangenen in der mächtigen Festung von Exilles, deren heutige Bauten aus dem 17. bis 19. Jh. stammen. Die Pfarrkirche San Pietro Apostolo (12. Jh.) im malerischen Dorf besitzt ein schönes Portal und ein geschnitztes Altarretabel (1612). **Oulx** und **Sauze d'Oulx** sind frequentierte Wintersportorte. Im alten Ortsteil von Oulx lohnt die Kirche Assunta mit ihrem geschnitzten Altar von 1670 einen Besuch.

Am Ende des **Bardonecchia**-Tals liegt der gleichnamige Ort. Im Borgo Vecchio mit seinen Bauernhäusern sind das Museo Civico und nebenan die Kirche San Ippolito interessant, die ein geschnitztes Chorgestühl (15. Jh.) und ein schönes Marmortaufbecken von 1573 besitzt. Zwei Tunnel führen zum französischen Modane, darunter die 1861 bis 1870 als **erster Alpentunnel** erbaute Galleria del Fréjus.

ZIELE
UDINE · FRIAUL-JULISCH-VENETIEN

⭐ UDINE · FRIAUL-JULISCH-VENETIEN

Region: Friaul-Julisch Venetien · Friuli-Venezia Giulia
Höhe: 114 m ü. d. M. | **Einwohnerzahl:** 99 500

Udine gilt als »venezianischste« unter den Städten Friauls. In der schmucken Universitätsstadt herrscht eine heitere und gelassene Atmosphäre. Von hier aus können Sie schöne Ausflüge machen, und prächtig einkaufen kann man in Udine auch. Danach lockt das kulinarische Angebot.

C 17

Seit dem 13. Jh. war Udine die Residenz des Patriarchen von Aquileia (▶ S. 626). Die Rivalitäten mit dem nahen Cividale kamen Venedig gelegen: Man nutzte sie, um 1420 das Friaul samt Udine zu erobern, und behielt das Gebiet bis zum Einmarsch Napoleons 1797. Die fast 400 Jahre dauernde Herrschaft ist bis heute sichtbar – Udines Piazza della Libertà gilt als der schönste venezianische Platz auf dem Festland. 1815 fiel die Region nach einer kurzen österreichischen Phase an das Königreich Lombardo-Venetien, 1866 kam sie an Italien. Der vorwiegend von Slowenen besiedelte östliche Teil wurde 1947 an Jugoslawien, heute Slowenien, abgetreten. Diese vielfältigen Einflüsse haben Udine geprägt und zu einer spannenden, weltoffenen Stadt gemacht – viel zu interessant, um einfach daran vorbeizufahren!

Das Herz von Friaul

❘ Wohin in Udine?

Nach venezianischem Vorbild

Zentrum der Stadt ist die am Fuß des Burgbergs gelegene Piazza della Libertà, die von bedeutenden Gebäuden umgeben ist. Der einstige Kommunalpalast Loggia del Lionello mit offener Bogenhalle, Skulpturen und farbigem Steinboden wurde 1448 bis 1456 nach dem Vorbild des Dogenpalasts in Venedig errichtet. Gegenüber steht erhöht die Loggia di San Giovanni (1553): Auf schlanken Säulen ruhende Bogen umschließen einen **Triumphbogen**. Er bildet den Eingang zur Cappella di San Giovanni, heute Gedächtnisstätte für Gefallene. Der benachbarte Uhrturm erinnert ebenfalls an das venezianische Vorbild. Die Platzmitte schmücken überlebensgroße Figuren von Herkules und Cacus sowie zwei Monumentalsäulen: Die rechte trägt den geflügelten Markuslöwen, die linke die Statue der Justitia. Der Brunnen an der südlichen Schmalseite von 1542; das gegenüberstehende Friedensdenkmal gab Napoleon nach dem Friedensschluss von Campoformio 1797 in Auftrag. Damals kam Venedig an Österreich.

⭐ Piazza della Libertà

ZIELE
UDINE · FRIAUL-JULISCH-VENETIEN

Herkules hat die Loggia del Lionello an der Piazza della Libertà im Blick.

Der berühmteste Sohn der Stadt

Castello Durch den Arco Bollani steigt man den Burghügel hinauf zum Castello (1511), in dem einst die venezianischen Statthalter residierten. Im **Ehrensaal**, der mit Fresken des Raffaelschülers Giovanni da Udine geschmückt ist, versammelte sich früher das Parlament des Landes Friaul. Heute sind hier u. a. die Galleria d'Arte Antica, das Museo Archeologico untergebracht. Das Kunstmuseum besitzt Gemälde von Carpaccio, Tiepolo, Bicci di Lorenzo, Ghirlandaio und Caravaggio.
Auf der Rückseite des Burgbergs liegt die weite Piazza 1 Maggio mit der Wallfahrtskirche Santa Maria delle Grazie (1730). Im nahe gelegenen **Palazzo Arcivescovile** (16. Jh.) sind im Diözesanmuseum, in der Galleria und in der Sala Rossa schöne Fresken von **Giovanni Battista Tiepolo** (1696–1790) zu sehen, dem berühmten Sohn der Stadt.
Museen: Di.-So. 10-18 Uhr | Eintritt 8 € | www.civicimuseiudine.it
Museo Diocesano: tgl. außer Di. 10-13, 15-18 Uhr | Eintritt 8 €

Noch mehr Tiepolo

Dom Südwestlich von hier erhebt sich an der Piazza del Duomo der gotische Dom Santa Maria Annunziata, begonnen um 1240. Der Glockenturm über dem achteckigen Baptisterium folgte 1450 nach Plänen des Mailänder Baumeisters Cristoforo. Die Altarbilder »Heilige Dreifaltigkeit« und »Die Heiligen Hermagoras und Fortunatus« sind von Tiepolo, der auch die Cappella del Sacramento ausmalte. Rechts vom

ZIELE
UDINE · FRIAUL-JULISCH-VENETIEN

Dom steht das kleine Oratorio della Purità, dessen Decke eine »Himmelfahrt Mariens« von Tiepolo schmückt. Über die ladengesäumte Via Mercatovecchio erreicht man die Piazza Matteotti, den **alten Marktplatz** von Udine. Dort steht die Kirche San Giacomo (16. Jh.), den Brunnen davor schuf der Raffaelschüler Giovanni da Udine. Empfehlenswert ist das **Museum für moderne und zeitgenössische Kunst** in der Casa Cavazzini mit einer Sammlung von Bildern und Skulpturen. In einigen Räumen wurden Fresken aus dem 14. Jh. freigelegt, außerdem sind frühgeschichtliche Gegenstände ausgestellt.
Casa Cavazzini: Via Cavour 14 | Di.-So. 10-18 Uhr | Eintritt 5 €

Wohin im Friaul und Julisch-Venetien?

Der letzte Doge
In Passariano, 25 km südwestlich von Udine, liegt die prächtige **Villa Manin**, die im 17. und 18. Jh. von der einflussreichen Familie Manin erbaut wurde. Hier residierte der letzte venezianische Doge, Ludovico Manin, und hier wurde 1797 der **Frieden von Campoformio** unterzeichnet, der das Ende der Republik Venedig besiegelte. Im Hauptgebäude finden regelmäßig Wechselausstellungen statt. *Passariano*
Von hier geht es 30 km weiter nach **Pordenone**, das als Flusshafen am Noncello entstand. Seit dem 10. Jh. gehörte es zu Österreich, ab 1508 zu Venedig. Aus dieser Zeit stammt der schöne Stadtkern. Im romanisch-gotischen Dom San Marco und in der Pinacoteca Civica sind Bilder von Giovanni Antonio de' Sacchis (1484–1539) – »Il Pordenone« – zu sehen, dem berühmtesten Sohn der Stadt. Beachtenswert ist der Palazzo del Comune (13.–16. Jh.).
Villa Manin: Di.-So. 10-19 Uhr | Teile der Villa wg. Renovierung geschl. | www.villamanin.it

Bummeln und Entdecken
Portogruaro 48 km südwestlich von Udine entstand im 11. Jh. als Hafen am Fluss Lemene, der sich durch die hübsche Altstadt windet. Schattige Laubengänge und schöne Palazzi aus Spätgotik und Renaissance säumen die Hauptstraße. Beachtenswert sind der spätgotische Palazzo Comunale (14. Jh.) und das Museo Nazionale Concordiese in der Via Seminario 26, das Fundstücke aus römischer Zeit und aus frühchristlichen Gräbern ausstellt. Sie stammen aus der 2 km flussabwärts gelegenen Römerstadt **Concordia Sagittaria**, in der noch die Reste frühchristlicher Kirchen und ein romanisch-byzantinisches Baptisterium zu sehen sind. *Portogruaro*

Freskengeschmückte Fassade
Das 30 km westlich von Udine entfernte Spilimbergo hat seinen Namen vom Geschlecht der Spengenberger, den Lehnsherren. Der be- *Spilimbergo*

ZIELE
UDINE · FRIAUL-JULISCH-VENETIEN

malte Palazzo Dipinto, erbaut im 14. bis 16. Jh., war ursprünglich Teil einer Burganlage. Sehenswert ist auch der mit Fresken geschmückte Dom aus dem 13./14. Jh.; die Holzverkleidung der Orgel bemalte Pordenone 1525. Das Städtchen ist für seine Mosaikschule bekannt.

Aus Trümmern neugeboren

Venzone

37 km nördlich von Udine, auf dem Weg in die Karnischen Alpen, passiert man Venzone. Trotz der Schäden bei einem Erdbeben 1976 wurde es wegen seines Stadtzentrums im venezianischen Renaissancestil, das von einer mittelalterlichen Wehrmauer eingerahmt wird, zum **italienischen Nationalmonument** erklärt. Hübsch ist auch die Nachbarstadt Gemona di Friuli mit ihrem großartigen Dom aus dem 14. Jh. und einem Palazzo Comunale aus der Renaissance.

Hübsch

Tolmezzo

Ganz im Norden Friauls liegt Tolmezzo am Kreuzungspunkt von Norden kommender Straßen. Die Hauptstadt Karniens gehörte im Mittelalter zum Besitz der Patriarchen von Aquileija. Mittelpunkt der ansehnlichen Altstadt mit Laubengängen und hübschen Plätzen ist die Piazza XX. Settembre. Die Pfarrkirche schmückt ein Bilderzyklus des Barockmalers Nicola Grassi. Das besuchenswerte volkskundliche Museo Carnico delle Arti Populari an der Piazza Garibaldi stellt das Volksleben in den südlichen karnischen Bergen vor. Es ist im Palazzo Campeis untergebracht, in dessen Atrium ein Fresko davon erzählt, wie die Städte dieser Region einst aussahen.

★ So schön kann Stille sein

Karnische Alpen

Im Nordwesten des Friaul erheben sich die Karnischen Alpen. Mit ihren Almen, Wäldern, Kletterwänden und Bergorten sind sie ein schönes Reiseziel und auf italienischer Seite noch weitgehend unberührt. Höchster Gipfel ist der **Monte Coglians** bei Forni Avoltri (2780 m). Zuglio, nördlich von Tolmezzo in Richtung Plöcken-Pass, war als Julium Canicum der äußerste römische Vorposten. In Arta Terme gibt es Thermalanlagen; im benachbarten Fielis steht die älteste Kirche Karniens, die Pieve di San Pietro in Carnia (erbaut 8. Jh., im 14./15. Jh. erneuert). Folgt man dem Tagliamento, erreicht man Socchieve, dessen Kirche San Martino mit Fresken von Gianfrancesco da Tolmezzo geschmückt ist. Über Ampezzo kommt man nach Forni di Sopra, ein Wintersportgebiet (Varmost), und in das schön gelegene Sauris.

★ Reich an Kunstschätzen

Cividale del Friuli

Cividale del Friuli, 16 km östlich von Udine, einst Hauptstadt von Friaul, erlebte seine Blüte unter den Langobarden. Wahrzeichen der Stadt ist der **Ponte del Diavolo**, der in rund 20 m Höhe den Natisone überspannt. Der Dom Santa Maria Assunta wurde um 1500 von Piero und Tullio Lombardi im Stil der Frührenaissance neu errichtet. Im

ZIELE
UDINE · FRIAUL-JULISCH-VENETIEN

UDINE UND FRIAUL ERLEBEN

ℹ️

UDINE
Piazza 1 Maggio 7
Tel. 0432 29 59 72
www.turismofvg.it

AQUILEIA
Via Giulia Augusta 11
Tel. 0431 91 94 91
www.aquileia.net

🍴

LA CIACARADA €
In der Osteria mit lauschigem Innenhof im Herzen der Stadt kommt Rustikales in hoher Qualität auf den Tisch: San-Daniele-Schinken und Wildschweinragout, aber auch auf Fisch und Meeresfrüchte versteht sich der Küchenchef.
Via San Francesco 6a, Udine
Tel. 0432 51 02 50
Mi. geschl.
www.laciacarade.it

AL VECCHIO STALLO €
Die gemütliche Trattoria in einer alten Poststation serviert deftige friaulische Speisen.
Via Viola 7, Udine
Tel. 0432 2 12 96
Do.–Sa. nur abends, sonst nur mittags, So. geschl.

LA COLOMBARA €
Leckere Fischgerichte und eine anständige Weinkarte bietet dieses rustikale Restaurant, das etwas außerhalb des Zentrums liegt.
Via San Zili 42, Aquileia
Tel. 043 19 15 13
Mo. abends u. Do. abends geschl.
www.lacolombara.com

AQUILA NERA €
In dem charmanten Restaurant im Herzen der Stadt kommt bodenständige Küche aus dem Friaul auf den Tisch (mit Zimmern).
Piazza Garibaldi 5, Aquileia
Tel. 043 19 10 45

🏠

CASTELLO DI SPESSA €€€€
Ein Schloss mit großem Park und Weingut nicht weit von Görz. Die Zimmer befinden sich im Schloss selbst und im neuen Gästehaus. Casanova logierte hier anno 1773.
Via Spessa 1, Capriva del Friuli
Tel. 0481 80 81 24
www.castellodispessa.it

GRAN HOTEL ASTORIA €€€
Ferienhotel mit allem Komfort: exklusive Badelandschaft sowie Dachgartenrestaurant mit toller Fischküche und herrlichem Blick.
Largo San Grisocogno 3
Isola di Grado
Tel. 043 18 35 50
www.hotelastoria.it

ASTORIA €€
Das traditionsreiche Haus in Top-Altstadtlage punktet mit herzlichem Service und einem ausgezeichneten Restaurant mit deutscher und italienischer Küche. Die Zimmer mit alten Holzfußböden sind besonders stilvoll.
Piazza XX Settembre 24
Udine
Tel. 0432 50 50 91
www.hotelastoria.udine.it

HOTEL PATRIARCHI €€
Sympathischer Familienbetrieb mitten in der Altstadt mit gemütlichen Zimmern und gutem Restaurant.
Via G. Augusta 12, Aquileia
Tel. 0431 91 95 95
https://visitaquileia.com

ZIELE
UDINE · FRIAUL-JULISCH-VENETIEN

rechten Seitenschiff befindet sich das Museo Cristiano mit Werken aus der Zeit der Langobarden, darunter Überreste eines achteckigen Taufbeckens des Calixtus, des ersten Patriarchen von Aquileja, und dem Ratchisaltar (beide 8. Jh.). Im benachbarten Palazzo Pretorio (16. Jh.) befindet sich das Archäologische Museum mit wertvollen Grabbeigaben. Der **Tempietto Longobardo,** das kleine Oratorium des Klosters Santa Maria della Valle, thront auf einem Felsen über dem Natisone und ist eines der wenigen Bauwerke aus langobardischer Zeit. Ursprünglich stand der im 8. oder Anfang des 9. Jh. erbaute Tempietto vermutlich frei. Heute betritt man ihn durch einen im 16. Jh. angefügten Nebenraum. Hauptsehenswürdigkeit ist die großartige Stuckausstattung. Im Zentrum stehen sechs große weibliche Figuren, vermutlich Jungfrauen und Märtyrerinnen.

Südlich von Cividale fährt man nun durch das DOC-Weinbaugebiet Collio, wo einige der besten Weißweine Italiens reifen. Hauptort ist **Cormons** (12 km westlich von Görz). Weinliebhabern empfiehlt sich ein Abstecher auf der Weinstraße des Collio, die in Görz endet und an der einige der großen Weingüter liegen.

Tempietto Longobardo: April–Sept. Mo.–Fr. 10–13, 15–18, Sa./So. 10–18, Okt.–März 10–13, 14–17, Sa./So. 10–17 Uhr | Eintritt 4 €

Ein Fuß in Italien, einer in Slowenien

Görz · Gorizia

Görz, ital. Gorizia, ist seit dem Friedensvertrag von 1947 eine **geteilte Stadt.** Sie besteht aus dem italienischen Gorizia um den Burgberg herum und der slowenischen Neustadt Nova Gorica, die sich jenseits der Bahn anschließt.

Hauptsehenswürdigkeit ist der dreifach ummauerte Burgberg mit dem mittelalterlichen Castello. Auf dem Weg hinauf kommt man am Museo di Storia e d'Arte vorbei; es zeigt archäologische und kunsthandwerkliche Gegenstände, altes Handwerksgerät und Dokumente zur Stadtgeschichte und des östlichen Friaul. Die Geschichte des Ersten Weltkriegs behandelt das Museo della Grande Guerra. Am Fuß des Hügels steht an der Piazza della Vittoria die Jesuitenkirche Sant'Ignazio (17. Jh.); auf der Via Rastello gelangt man südlich zum 1927 umgebauten Dom. Stattlich prangt der Palazzo Attems (um 1740) auf der Piazza Amicis. Etwa 3,5 km nördlich erinnert das Ossario für 60 000 italienische Gefallene an die Isonzo-Schlachten im Ersten Weltkrieg. Umkämpft war auch die Gegend um den **Monte San Michele,** alte Kampfstellungen und ein kleines Kriegsmuseum erinnern daran.

Welt der Mosaike

Aquileia

Es war vor 2200 Jahren: Die von den Römern als Bollwerk gegen die Kelten gegründete Stadt wuchs zur See- und Handelsmacht an der Adria heran und und entwickete sich mit zeitweise über 100 000 Einwohnern rasch zur viertgrößten Stadt Italiens – nur Rom, Mailand

ZIELE
UDINE · FRIAUL-JULISCH-VENETIEN

und Capua waren größer. Dem Aufstieg folgte jedoch der Untergang in Gestalt von Pestepidemien, Naturkatastrophen und Hunnenüberfällen. Kaiser Nero, der den Auftrag zur Stadtgründung gegeben hatte, wäre erschüttert gewesen. Heute erzählen die Mosaike von Aquileja, die wichtigste römische Ausgrabungsstätte im Nordosten Italiens, so manche bewegende Geschichte über die in römischen Zeiten einst berühmte Stadt.

Das wichtigste Denkmal großer Vergangenheit in der Stadt 39 km südlich von Udine ist der romanische **Dom**, der durch einen Portikus mit dem Baptisterium verbunden ist. Anfang des 11. Jh.s wurde er über einem älteren Gotteshaus errichtet und Ende des 14. Jh.s gotisch umgestaltet. Beachtung verdienen die in Form eines Schiffskiels gearbeitete Holzdecke (16. Jh.), besonders aber der aus dem 4. Jh. stammende Mosaikfußboden der Vorgängerkirche. Mit seinen 760 Quadratmetern gilt er als **das größte und bedeutendste frühchristliche Mosaik Europas**. Dargestellt sind, eingefasst von geometrischen Mustern, menschliche Figuren, Tiere und Pflanzen. Man entdeckte ihn erst Anfang des 20. Jh.s, da er unter einem zweiten Boden versteckt war. In der Cripta dei Scavi (Zugang vom linken Seitenschiff) gibt es noch mehr Mosaikböden sowie Freskenreste zu sehen.

Direkt hinter dem Chor des Doms beginnt die ca. 1 km lange, zypressengesäumte, an den **Ausgrabungen der römischen Kolonie** vorbei zum Flusshafen (Porto fluviale romano) führende Via Sacra. Hier liegt das Frühchristliche Museum (Museo Paleocristiano), etwas westlich sieht man die Reste des Forums. Nahe am Dom befin-

Ein Bilderbuch aus frühchristlicher Zeit: das Bodenmosaik im Dom von Aquileia

ZIELE
VELTLIN · VALTELLINA

den sich eine römische Gräberstraße und ein rekonstruiertes Mausoleum sowie teilweise freigelegte Oratorien mit kunstvollen Mosaikfußböden. Im Museo Archeologico sind Funde aus der Römerzeit ausgestellt, darunter Edelstein-, Bernstein- und Glasarbeiten.

Dom: April – Sept. Mo. – Fr. 10 – 19, Sa. 10 – 18, So. 12 – 19 Uhr, März u. Okt. bis 18, Nov. – Feb. Mo. – Fr. 10 – 16, Sa. 10 – 17, So. 12 – 17 Uhr
Museo Paleocristiano: bi Redaktionsschluss vorübergehend geschlossen
Museo Archeologico: Via Roma 1 | Di. – Fr. 10 – 19 Uhr | Eintritt 7 €

Auf an den Strand

Laguna di Marano — Zwischen den Mündungen des Isonzo und des Tagliamento erstreckt sich die riesige Laguna di Marano mit kilometerlangen Stränden, kleinen Inseln und Sandbänken. Wichtigste Städte sind die Badeorte Grado und Lignano sowie das Fischerstädtchen Marano.

Grado, einst Außenhafen von Aquileja, liegt 11 km südlich in einer Lagune. Der Ort mit der drittgrößten Fischereiflotte Italiens zählt 10 000 Einwohner. Im Zentrum hat Grado sein mittelalterliches Gepräge bewahrt. Hier steht, umgeben von Häusern im venezianischen Stil, die 579 errichtete Kirche Sant'Eufemia mit einem wunderbaren Mosaikfußboden, der silberne Altaraufsatz ist aus dem Jahr 1372. Das nahegelegene achteckige Baptisterium stammt aus der zweiten Hälfte des 5. Jh.s, die benachbarte Kirche Santa Maria delle Grazie wartet mit Mosaikschmuck aus dem 5./6. Jh. auf.

VELTLIN · VALTELLINA

Region: Lombardei · Lombardia | **Provinz:** Sondrio

C 10

Verschneite Berge und markante Felsformationen, dicht bewaldete Hänge und Täler, in denen seltene Wiesenblumen blühen, dazu Naturerlebnisse im Superlativ: der größte Gletscher Italiens und die Panoramastraße zum Stilfser Joch, die höchste Pass-Straße Italien und der größte Nationalpark des Landes. Mittendrin Bormio. Wer hierher kommt, der liebt Ursprünglichkeit, das Leben im Freien. Auch als Wintersportgebiet ist Bormio großartig und abends trifft man sich in kleinen, urigen Restaurants und Bars.

Tief in den Alpen — Das Veltlin ist mit seinen gut 100 km Länge das längste in der Eiszeit entstandene Tal. Es zieht sich von Bormio bis zum ▶ Comer See und ist heute wie einst eine der wichtigsten Verkehrsadern im Inneren der Alpen. Während sich im breiten Tal die Adda ihren Weg gebahnt

ZIELE
VELTLIN · VALTELLINA

hat, ragen im Norden die Gipfel der Bernina-Gruppe mit Höhen bis zu 4050 m auf. In tieferen Regionen gedeihen Obst und Wein, was man schon die Römer zu schätzen wussten. Heute wird hier die viel gerühmte **Nebbiolotraube** angebaut.

Wohin im Veltlin?

Natur und Eisenbahn

Die Valtellina lebt vor allem vom Fremdenverkehr. Im Sommer locken die vielen Wandermöglichkeiten, im Winter schneereiche Skiorte wie Bormio, **Livigno**, das Valfurva-Tal und das Malenco-Tal bei Sondrio und Aprica. Felsgravierungen der Camunen (▶ S. 153) haben sich in Grosio auf dem Rupe Magna erhalten, der sich unterhalb der Ruine der Viscontiburg (1350) befindet. *An der Grenze zur Schweiz*

Nahe der Schweizer Grenze liegt das alte Städtchen **Tirano**, dessen 1505 erbaute Wallfahrtskirche einstmals ein wichtiges religiöses Zentrum war. Von Tirano führt die spektakuläre Rhätische Bahn (Ferrovia Retica) nach St. Moritz. Kunstgeschichtlich bedeutendster Ort des Veltlin ist **Teglio** mit seinen Palazzi und Sakralbauten wie dem Renaissancepalast Besta mit Wandmalereien und jungsteinzeitlichen Stelen. Zwischen Teglio und Sondrio verläuft eine landschaftlich außerordentlich reizvolle Nebenstraße, die Strada Panoramica dei Castelli. Sie führt an Obstplantagen und Weingärten vorbei und gibt wunderschöne Blicke ins Adda-Tal frei.

Die lebhafte Provinzhauptstadt **Sondrio** schließlich ist ein beliebter Ausgangspunkt für Bergwanderer, Jäger und Angler. Hier öffnet sich das wildromantische Malenco-Tal (Valmalenco), das hoch gelegene Castello Masegra stammt aus dem 14. Jh.; in der hübschen Altstadt lohnt das MVSA (Museo Valtellinese di Storia e Arte) den Besuch.

Museo Valtellinese: Palazzo Sassi de' Lavizzari, Via Maurizio Quadrio 27 | Di. – So. 10 – 13 u. 14 – 18 Uhr | Eintritt 7 €
www.visitasondrio.it

Ein guter Standort

Bormio liegt iam Fuße des Cresta di Reit (3075 m), des westlichsten Gipfels der Ortler-Gruppe. Die Römer schätzten die Region einst wegen ihrer **Thermalquellen**, den Bagni di Bormio, die 3 km nördlich der heutigen Stadt an der Straße zum Stilfser Joch liegen. Heute zieht der Ort vornehmlich Skifahrer und Wanderer an. Letztere lockt u. a. der 1935 gegründete **Parco Nazionale dello Stelvio**: Der mit 1350 km^2 größte italienische Nationalpark erstreckt sich von Ponte di Legno bis ins Schweizer Inntal und umschließt rund 50 Seen und 100 Gletscher. Lohnende Ausflüge führen von Bormio ins obere Livigno-Tal und in den Ferienort San Caterina Valfurva (1738 m). Besonders sehenswert ist der **Ghiacciaio dei Forni**, der größte Gletscher Itali- *Bormio*

BORMIO ERLEBEN

ⓘ

Via Roma 131/B, 23032 Bormio
Tel. 0342 90 33 00
www.bormio.eu

🍽

AL FILÒ €
Holzvertäfelte Wände, Gewölbedecken und Backsteinwände sorgen für ein gemütliches Ambiente. In der Küche wird nach alten Rezepten aus der Gegend gekocht.
Via Dante 6, Tel. 0342 90 17 32
Mo. ganz u. Di. mittags geschl.
www.ristorantealfilo.it

BAITA DE MARIO €
Zum Nachbarort Ciuk gehört dieser entzückende Berggasthof, der direkt an der Skipiste liegt und für bodenständige Küche bester Qualität bekannt ist.
Località Ciuk, Tel. 0342 90 14 24

🏠

PALACE HOTEL €€€€
Edle und gediegene Hotelanlage in einem kleinen Park, komfortable Zimmer und schickes Restaurant.
Via Milano 54, Tel. 0342 90 31 31
www.palacebormio.it

BAITA DEI PINI €€€
Kleines, familiär geführtes Hotel in einem urgemütlichen Chalet mit Wohlfühlatmosphäre.
Via Don Peccedi 26
Tel. 0342 90 43 46
www.baitadeipini.com

---

ens. Eine atemberaubende Panoramasicht ermöglicht die 1826 fertiggestellte Stilfser-Joch-Straße, die teils bis zu 15 Prozent ansteigt. Hier verläuft die Grenze zwischen Lombardei und Trentino-Südtirol.

★★ VENEDIG · VENEZIA

Region: Venetien · Veneto | **Metropolitanstadt:** Venezia | **Höhe:** 1 m ü. d. M. | **Einwohner:** 261 300, ca. 60 000 im historischen Zentrum

E 15

La Sere-nissima

Warum eigentlich nicht im November nach Venedig? Im Sommer, wenn alle da sind – die Kreuzfahrtschiffe, die Schulklassen, die chinesischen Reisegruppen und die Verliebten –, ist die Stadt voll. Melancholisch-schön, aufregend und authentisch ist die Schöne am Canal Grande außerhalb der Saison auch noch für Kenner und Genießer. Selbst im Caffè Florian schalten dann die Kellner einen Gang zurück.

Über Jahrhunderte wuchs Venedigs einzigartiges Stadtbild. Rund 160 Kirchen und ungezählte Paläste spiegeln die Bedeutung der

ZIELE
VENEDIG · VENEZIA

»Serenissima Repubblica di Venezia«, der »Durchlauchtigsten Republik Venetien«, als Seemacht, Handelsstadt und Kunstmetropole. Die Stadt ist ein in sich geschlossenes Architekturmuseum, gebaut auf 118 kleinen, zum Teil künstlichen Inseln, die durch schmale Kanäle voneinander getrennt sind. Rund 400 Brücken halten sie zusammen. Zum Mythos der Stadt gehört allerdings auch ihre ganz reale Bedrohung. Die Häuser stehen auf Pfählen, die Jahr für Jahr ein wenig tiefer in den schlammigen Untergrund sinken, die Abgase zerfressen das Mauerwerk. Noch gefährlicher sind die Landsenkung und die häufigen Überschwemmungen (**»acqua alta«**), am heftigsten 1966 und mehrmals im Herbst 2019.

Ausführlich beschrieben im Baedeker Venedig

Und dann ist da noch der Massentourismus, der die Stadt weit über jede Belastungsgrenze hinaus beansprucht: Rund 30 Mio. Besucher verzeichnet Venedig jedes Jahr; 19 Mio. werden für tragbar gehalten. 2019 beschloss die Stadt deshalb, im Laufe von 2020 dass ein saisonabhängiges **Eintrittsgeld** von mindestens drei bis zu acht Euro bezahlen müssen. Die Einnahmen sollen in die Instandhaltung der Serenissima investiert werden.

Wer hätte diese Entwicklung in Venedigs Geschichte vorhersehen können? Alles fing mit ein paar Fischern und Kaufleuten an, die auf den unzugänglichen Inseln der Lagune Schutz suchten: 451 flüchteten die Küstenbewohner vor heranrückenden Germanen hierher und schlossen sich 697 unter einem Dogen zum Venetischen Seebund zusammen. Durch Handel und Diplomatie erkomm das Inselreich den Gipfel der Macht, von dem es erst im 15. Jh. wieder absteigen musste, als das Zentrum des Welthandels an die Atlantikküste verlegt wurde. 1797 ergab es sich Napoleon Bonaparte und der letzte Doge erklärte seinen Rücktritt. Dem neuen Königreich Italien schloss sich Venedig 1866 an.

★★ Canal Grande

Die schönste Straße der Welt?

Der Canal Grande ist die Hauptverkehrsader Venedigs. Knapp 5 km lang, zwischen 30 und 70 m breit und maximal 5 m tief zieht er sich als großes S vom Hauptbahnhof bis zum Markusplatz. Nur vier Brücken überspannen die »schönste Straße der Welt«. Zuletzt wurde 2008 die 94 m lange **Ponte della Costituzione** (Brücke der Verfassung) eingeweiht, die Venedigs Hauptbahnhof Santa Lucia mit der Piazzale Roma verbindet. Die Ufer des Canal Grande säumen prächtige Palazzi des 13. bis 18. Jh.s, die vom Reichtum und Glanz des alten Venedig erzählen, die Einwohner nennen sie schlicht »Casa« oder »Ca'«. Unsere Erläuterungen beziehen sich auf markante Gebäude, die man bei der Fahrt mit den Vaporetti 1 oder 82 von der Piazzale Roma zum Markusplatz zu sehen bekommt.

Venedigs »Hauptstraße«

O SOLE MIO

BAEDEKER WISSEN

Noch gibt es rund 470 traditionell gefertigte Gondeln, doch laufen die Boote Gefahr, durch Sperrholzkopien ersetzt zu werden. Am Bau sind außer dem Zimmermann noch beteiligt: Forcole-Tischler, Schlosser und Kunstschmiede, Graveure, Vergolder und Polsterer. Selbst das Gondelschwarz ist eine lokale Spezialität. Das Museo Storico Navale präsentiert eine stolze Gondelsammlung.

▶ **Traditionelle Gondeln bestehen aus acht verschiedenen Holzsorten:**

1. WALNUSS
»Forcola« (Rudergabel)
Die an Steuerbord eingelassene Forcola erlaubt acht Ruderpositionen, vom Schnellgang über verschiedene Anlegevarianten bis zur Rückwärtsfahrt.

3. BIR
leichtes Holz
den Innenbod

4. TANNE
dehnbar und besonders
dicht, ideal für den
Gondelboden

5. EICHE
Hartholz für die
Außenwände, das
bei Kollisionen
schützt

6. KIRSCHE
weich und leicht zu
bearbeiten, ideal
für die Dekors

7. MAHAGONI
Edelholz für die
Abdeckungen

8. ULME
flexibles
Holz für die
Spanten

»Ferro di prua«
Der »Ferro« gleicht das Gewicht des Gondoliere aus. Die sechs Metallzähne symbolisieren die sechs Stadtviertel Venedigs; der siebte, zum Heck zeigende, steht für die Insel Giudecca. Gekrönt werden sie von der Dogenmütze.

▶ **Geschichte**

Jahr	Ereignis
697 n. Chr.	erstmalige Erwähnung
1094	als »godulana« erwähnt: gedrungenes Boot mit Rudermannschaft
15. Jh.	Die Form verändert sich, die »felze« (Überdachung) wird hinzugefügt, Gondeln werden mit Gold geschmückt.
1483	erste bildliche Darstellung einer Gondel
16. Jh.	Fortbewegungsmittel Nr.1 in Venedig (10 000 Gondeln)

r »Gondoliere«
rzeit gibt es rund 400 Gondo-
re, die bis zu 5000 € monatlich
der Hauptsaison verdienen.
e Ausbildung dauert 1,5
hre. Eine Gondellizenz
stet bis zu 350 000 Euro.

...INDE
g und
ck

Die Gondel ist asymmetrisch, d.h. rechts 24 cm kürzer als links. Diese leichte ümmung verhindert, dass ich der links stehende und rechts rudernde Gon- doliere nur im Kreis dreht.

1880
Domenico Tramontini gestaltet die erste asymmetrische Gondel.

2007
Erste Frau und Ausländerin wird »Gondellenkerin«.

2010
Erste Frau wird »Gondoliera«.

delfarbe Schwarz
vorgeschrieben,
die Prunksucht ein-
mmen.

| 1800 | 1900 | 2000 |

▶ **Der Strohhut**
Er wird seit Mitte des 20. Jh.s getragen. Die Bänderfarben zeigen traditionell die Zugehörigkeit zu bestimmten Stadtteilen Venedigs an.

»Nicolotti«
San Polo,
Santa Croce,
Cannaregio

»Castellani«
San Marco,
Castello,
Dorsoduro

▶ **Der Glanz**
Sieben Schichten schwarzer Lack geben der Gondel ihren Glanz.

▶ **Der Gondelbau**
Der Bau einer »echten« Gondel ist zeitaufwendig und komplex. In reiner Handarbeit entsteht in zwei Monaten ein Unikat, das 35 Jahre halten wird.

- 500 Arbeitsstunden
- 280 Einzelteile
- 400 – 500 kg
- 10,87 m lang
  1,42 m breit
- 15 000 – 30 000 Euro

▶ **Gondolieri und ihre Sprache**

Oi!	Achtung!
Sià stali!	Nach rechts!
Sià premi!	Nach links!
Sià de longo!	Geradeaus!
Gondola, gondola!	Lockruf

▶ **Die Preise**
30-40-minütige Fahrt ohne Gesang ca.:

80 € tagsüber **100 €** abends

ZIELE
VENEDIG · VENEZIA

VENEDIG ERLEBEN

INFO POINTS
Bahnhof Santa Lucia (7–21 Uhr)
Flughafen Marco Polo (hier bei Ankünfte; 8.30–22 Uhr)
Piazzale Roma (beim Fundbüro; 7.30–19.30 Uhr)
Museo Correr am Markusplatz (9–19 Uhr)
www.veneziaunica.it

VENEZIA UNICA PASS
Mit dem Venezia Unica Pass spart man beim Besuch. Mit dabei: Nahverkehrsticket, Eintrittskarten für Museen und Kirchen, Parkplatzbuchungen, Touren und Ausflüge, Angebote von Restaurants und Geschäften.

Die wichtigsten Verkehrsmittel in Venedig sind die Linienboote (Vaporetti). Die autofreie Innenstadt ist über eine Straßenbrücke, den Ponte della Libertà, mit dem Festland verbunden. Parkplätze gibt es am Eingang der Stadt (Isola del Tronchetto und Piazzale Roma) und auf dem Festland nahe der Straßenbrücke. Von allen verkehren Boote in die Stadt, von den entfernter gelegenen Parkplätzen auch Bahn oder Busse.

6. Februar: **Regata delle Befane,** ein Volkslauf am Lido. Februar/März: **Karneval.** 25. April: **Festa di San Marco** mit Gondelregatta auf dem Canal Grande. Sonntag nach Christi Himmelfahrt: **Festa della Sensa,** bei der die Vermählung des Dogen mit dem Meer gefeiert wird. Alle zwei Jahre, zu den ungeraden Jahreszahlen, verwandelt sich die Lagunenstadt bei der **Biennale di Venezia** zwischen Juni und Oktober in einen gigantischen »Kunstraum«.

Der Karneval von Venedig zieht die Massen an.

ZIELE
VENEDIG · VENEZIA

🛍️

In Venedig gibt es exquisite Modeboutiquen, Antiquitätengeschäfte und originelle Delikatessenläden mit Spezialitäten aus ganz Italien. Haupteinkaufszonen sind die **Mercerie** zwischen Piazza San Marco, Accademia und Rialtobrücke sowie **Calle Largo** XXII. Marzo, die westlich an den Markusplatz grenzt.

🍽️

❶ CAFFÈ FLORIAN €€€€
Auf dem Markusplatz gibt es acht Kaffeehäuser, darunter die beiden ältesten und berühmtesten, das Caffè Quadri und – diesem gegenüber – das Caffè Florian. Sollte man auch einen Kaffee mal besucht haben.
Piazza San Marco 57
Tel. 041 5 20 56 41
www.caffeflorian.com

❷ TRATTORIA DA IGNAZIO €€
Das typisch venezianische Riso e Bisi schmeckt hier so gut wie die in der eigenen Tinte gegarten Tintenfischringe. Regionale und internationale Gerichte zum erträglichen Preis.
San Polo, Calle Saoneri 2749
Tel. 041 5 23 48 52
www.trattoriadaignazio.com

❸ LOCANDA CIPRIANI €€€
Heute wird die Locanda Cipriani vom Enkel des legendären Gründers von Harry's Bar – einer Institution in Venedig – geführt und Gäste wissen, dass sie hier die besten Gerichte der Region serviert bekommen. Das auf den Punkt gegarte Risotto ist so köstlich wie alles auf der nach Angebot und Jahreszeit häufig wechselnden Speisekarte. Schlicht, aber molto bene! Auch zum Übernachten schätzen einige prominente Stammgäste die Locanda.
Piazza Santa Fosca 29
Torcello, Tel. 041 73 01 50
www.locandacipriani.com

❹ OSTARIA A LA CAMPANA €
Drei Minuten vom Ponte Rialto entfernt. Einfache Einrichtung, netter Service, Pizza und vielerlei Meeresfrüchte.
San Marco, Calle dei Fabbri 4720
Tel. 041 5 28 51 70
Di. – Sa. 12 – 22 Uhr

🏠

❶ DANIELI €€€€
Eines der berühmtesten Hotels der Welt im Palazzo des Dogen Enrico Dandolo aus dem 14. Jh. beim Markusplatz, mit edelster Ausstattung und perfektem Service. Wer im Dachrestaurant speist, genießt einen unvergesslichen Blick über die Lagune bis zum Lido.
Castello, Riva degli Schiavoni 4196
Tel. 041 5 22 64 80
www.danielihotelvenice.com

❷ HOTEL FLORA €€€
Im 17. Jh. war dieser hübsche Palazzo eine Malschule, deren Inhaber mit dem führenden Vertreter der venezianischen Malerei, Tiziano Vecellio, befreundet war. Inspiration für heutige Schüler könnte der verwunschene, dicht mit Kletterpflanzen bewachsene Patio sein. Die Zimmer sind zurückhaltend mit Stilmöbeln ausgestattet.
Calle de Bergamaschi
San Marco 2283/A
Tel. 041 520 58 44, ww.hotelflora.it

❸ SAN CLEMENTE PALACE KEMPINSKI €€€€
In nur 10-minütiger Entfernung vom Markusplatz – den man stilvoll mit dem hoteleigenen Bootsshuttle erreicht – liegt das bezaubernde Hideaway (ein »Leading Hotel of the World«) auf der Privatinsel San Clemente! Das Hotel thront in einem jahrhundertealten Park und verwöhnt mit atemberaubenden Blicken auf Venedig und die Lagune.
Isola di San Clemente 1
Tel. 041 47 50 111
www.kempinski.com/de

ZIELE
VENEDIG · VENEZIA

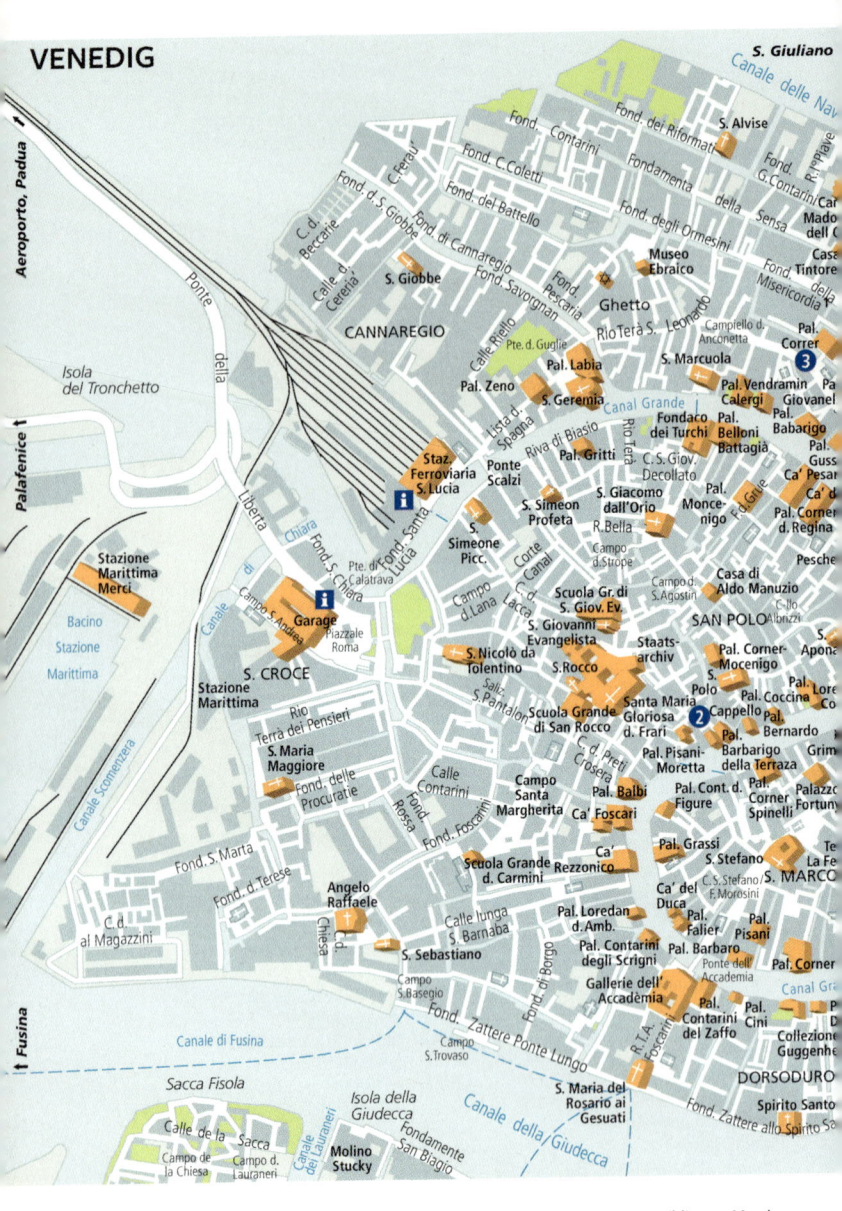

VENEDIG

1 Ponte dei Sospiri
2 S. Apollonia
3 Torre dell'Orologio
4 Museo Correr
5 Museo Archeologico
6 Campanile
7 Biblioteca Marciana
  La Zecca

ZIELE
VENEDIG · VENEZIA

🍴
① Caffè Florian
② Trattoria da Ignazio
③ Locanda Cipriani
④ Osteria a la Campana

🏠
① Danieli
② Flora
③ San Clemente Palace Kempinski

ZIELE
VENEDIG · VENEZIA

Alte Schönheiten

Fondaco dei Turchi

Einer der ältesten Paläste Venedigs ist der im **byzantinisch-venezianischen Stil** erbaute Palazzo Fondaco dei Turchi (13. Jh.) am rechten Ufer, heute Sitz des Naturgeschichtlichen Museums. Auf der anderen Uferseite steht einer der schönsten Frührenaissancepaläste der Stadt, der **Palazzo Vendramin-Calergi** (1509). In diesem Palazzo starb Richard Wagner 1883. Heute birgt er das städtische Casino.

★ Europa und der Orient unter einem Dach

Ca' Pesaro

Kurz darauf erstrahlt auf der rechten Kanalseite die Fassade des glanzvollen Barockpalasts Ca' Pesaro. Die Pläne stammen von Baldassare Longhena, Antonio Gaspari beendete ihn 1710. Er beherbergt die Galleria d'Arte Moderna und das Museo d'Arte Orientale. Der benachbarte Barockpalazzo Corner della Regina wurde 1724 von Domenico Rossi erbaut.

★ Meisterwerke im schönsten Palast

Ca' d'Oro

Die einstige Fassadenvergoldung fehlt heute, dennoch ist das »Goldene Haus« (Marco Raverti, 1422–1440) am linken Ufer der schönste spätgotische Palast Venedigs. Das **Maßwerk** in den beiden Loggien der Obergeschosse ist verschwenderisch reich. Das Innere bietet einen lebendigen Eindruck von der Wohnkultur venezianischer Patrizier im ausgehenden Mittelalter. Der Palast beherbergt die **Galleria Franchetti** mit Skulpturen, Bronzen sowie Bildern von Tizian, Tintoretto, Mantegna, Signorelli, van Dyck und anderen Künstlern. Die feinen, auf schlanken Säulen ruhenden Marmorbögen am gleichen Ufer gehören zu einem der ältesten Bauten am Canal Grande: dem Ca' da Mosto. Die beiden Untergeschosse sind aus dem 13. Jh., aufgestockt wurde im 17. Jh. Hier wurde Alvise da Mosto (1432–1488) geboren, der die Kapverden entdeckte. Rechts steht der Palazzo dei Camerlenghi, ein Frührenaissancebau, in dem Finanzen verwaltet und Schuldner eingesperrt wurden. Er dient heute als Gerichtsgebäude.
Galleria: Di.–So. 10–19 Uhr | Eintritt 13 € | www.cadoro.org

★ Der Star unter Venedigs Brücken

Ponte di Rialto

Die Rialtobrücke, der 1588 bis 1592 erbaute Antonio da Ponte, ist ein überdachter Marmorbogen, der als zweizeilige Ladenstraße über den Canal Grande führt. Auf der Westseite schließt sich der Obst-, Gemüse- und Fischmarkt an, Venedigs größte Markt. Gleich hinter der Brücke sieht man links den **Palazzo Dolfin Manin** (Sansovino, 1532 bis 1560). Hier lebte der letzte Doge 1789 bis 1797, heute residiert hier die Banca d'Italia. Daneben folgen die Palazzi Loredan und Farsetti mit dem Rathaus. Die Erdgeschosse sind noch aus dem 13. Jh., die oberen Stockwerke wurden später umgestaltet. Links an der Einmündung des Rio di San Luca folgt nun der wuchtige **Palazzo Grimani** (Michele Sanmicheli, 1575), die rhythmisch durchgegliederte Fas-

Ein Bogen aus einem Schwung, gestützt von 10 000 Pfählen: die Rialtobrücke

sade gilt als markantes Beispiel für den Palastbau der Hochrenaissance. Kurz vor der letzten Schleife des Kanals liegen links mehrere Paläste, die alle der Familie **Mocenigo** gehörten. Der erste stammt aus dem 17. Jh., der langgestreckte Doppelpalast aus dem 18. Jh. – darin lebte 1818/1819 **Lord Byron** –, der abschließende Palazzo ist der älteste (16. Jh.). Nun kommt der **Palazzo Contarini** delle Figure (1546). Der schmucke **Palazzo Balbi** schräg gegenüber den Mocenigopalazzi an der Einmündung des Rio di Ca' Foscari ist einer der manieristischen Palastbauten Venedigs aus der Zeit zwischen 1582 und 1590.

Venezianische Spätgotik
Zwischen dem spätgotischen **Ca' Foscari** und dem anschließenden **Palazzo Giustinian** fließt der Rio di Ca' Foscari. Beide Häuser bilden zusammen einen **großen Palastkomplex**. Der Doge Francesco Foscari ließ sich das Gebäude ab 1452 zu einem prächtigen gotischen Palazzo umbauen, der inzwischen die Universität beherbergt. Zu den jüngsten Palästen am Kanal gehört der **Palazzo Grassi** zwischen Barock und Klassizismus, der Mitte des 18. Jh.s nach Plänen von Giorgio Massari am linken Ufer erbaut wurde – Massari zeichnete auch für die Ca' Rezzonico verantwortlich. Heute finden hier Wechselausstellungen statt. Auf der gegenüberliegenden Kanalseite sieht man die **Ca' Rezzonico,** 1649 von Venedigs Barockbaumeister Baldassare Long-

★ Ca' Foscari

ZIELE
VENEDIG · VENEZIA

hena begonnen und erst 1745 von Massari vollendet. Die prunkvollen Festsäle beherbergen das **Museo del Settecento Veneziano**, das einen Überblick über das Leben in Venedig zur Zeit des Rokoko gibt mit Gemälden von Guardi, Canaletto, Tiepolo und Longhi.

Venedigs Malerei

Gallerie dell' Accademia

Kurz hinter der Akademiebrücke, dem Ponte dell'Academia, passiert man rechter Hand die berühmte Gallerie dell'Accademia. Sie besitzt die bedeutendste und umfassendste Sammlung venezianischer Malerei des 14. bis 18. Jh.s, darunter Giovanni Bellinis »Sacra Conversazione«, Andrea Mantegnas »Heiliger Georg«, Hans Memlings »Bildnis eines jungen Mannes«, Giorgiones »Das Gewitter«, Lorenzo Lottos »Bildnis eines jungen Edelmanns«, Veroneses wandfüllendes »Gastmahl im Hause des Zöllners Levi«, Tintorettos »Wunder des hl. Markus« und Tizians unvollendete »Pietà«.
Mo. 8.15–14, Di. – So. bis 19.15 Uhr | Eintritt 12 € + 1,50 € bei Onlinebuchung | www.gallerieaccademia.it

Moderne im alten Venedig

Guggenheim Collection

Den unvollendet gebliebene Palazzo Venier dei Leoni (ab 1749) auf der rechten Uferseite erwarb 1951 die New Yorker Kunstkennerin **Peggy Guggenheim**, die ihn später der Stadt Venedig vermachte. Hier ist ihre Sammlung moderner Kunst untergebracht, in der von Kandinsky über Klee, Léger und Picasso bis zu Rothko und Pollock die bekanntesten Maler des 20. Jh.s vertreten sind. Gegenüber dem Palazzo Venier dei Leoni liegt der **Palazzo Corner** von Sansovino (ab 1537) oder **Ca' Grande,** einer der prächtigsten Renaissancepaläste in Venedig. 1487 entstand auf der anderen Seite der **Palazzo Dario**, einer der ersten Renaissancepaläste in Venedig. Auffallend ist die schöne Dekoration aus polychromem Marmor. Der heute bedenklich schief stehende Palazzo wird Pietro Lombardo zugeschrieben.
tgl. außer Di. 10 – 18 Uhr | Eintritt 16 € | www.guggenheim-venice.it

> »
> In meinem Leben ging es nur
> um Kunst und Liebe.
> «
> *Peggy Guggenheim*

Ein Dankeschön an die Madonna

Santa Maria della Salute

Die weithin sichtbare **Kuppel** kurz vor der Mündung des Canal Grande in den Bacino di San Marco gehört zur Barockkirche Santa Maria della Salute. Sie wurde 1631 bis 1681 zur Erinnerung an die Pest von 1630 nach Plänen Baldassare Longhenas erbaut. Im Inneren befinden sich herrliche Altarbilder aus verschiedenen säkularisierten Kirchen der Stadt, darunter Werke von Tizian und Tintoretto.

ZIELE
VENEDIG · VENEZIA

★★ Piazza San Marco – das Herz der Stadt

Der Stolz der Serenissima
Die Venezianer nennen ihn nur »la Piazza« – alle anderen Plätze in Venedig heißen entweder Campo oder Campiello. Wie ein feines Spitzentuch fassen die Kolonnadenbauten der Alten und Neuen Prokuratien, ehemals Verwaltungsgebäude, den Markusplatz mit seinen Tauben, dem atmosphärereichen Schattenspiel auf den schimmernden Fassaden, dem Flair der historischen Cafés **Florian, Quadri und Lavena** und den feinen Boutiquen ein. Die Procuratie Vecchie an der Nordseite entstanden zwischen 1480 und 1517, die Procuratie Nuove an der Südseite zwischen 1584 und 1640. Das Verbindungsglied dazwischen bildet die Ala Napoleonica (1810), in dem das **Museo Correr** zur Stadtgeschichte untergebracht ist. Hier findet man auch eine hochkarätige Gemäldesammlung.

»La Piazza«

Am Übergang von der Piazza in die Piazzetta ragt der **Campanile di San Marco** (ursprünglich 12. Jh.) in den Himmel, der 1902 in sich zusammenstürzte; Sansovinos barocke **Logetta** wurde unter dem Schutt begraben. Heute fährt man mit dem Fahrstuhl sekundenschnell hinauf auf den rekonstruierten Turm, um den hinreißenden Blick auf Stadt, Land und Meer zu genießen. Die Piazzetta di San Marco, den »Empfangssalon« der Stadt, grenzen zum Ufer hin zwei aus dem Orient stammende Granitsäulen mit den Figuren des hl. Theodor und des **geflügelten Markuslöwen** ein. Der Platz zwischen den Säulen war Richtstätte, weshalb die Venezianer lieber an den Seiten vorbeigehen. Die **Biblioteca Nazionale Marciana** (Markusbibliothek), Hauptwerk des Architekten und Bildhauers Sansovino, gilt als eine der vollkommensten Schöpfungen der Renaissance; Treppenhaus, Vestibül und großer Saal sind frei zugänglich. Die eigentliche Bibliothek ist in der ehemaligen Münze, der »Zecca«, untergebracht, die ebenfalls Sansovino entwarf. Ungefähr in der Mitte der Libreria befindet sich der Eingang zum **Archäologischen Museum** mit griechischen und römischen Exponaten. Unter dem Torre dell'Orologio (Uhrturm, 1499) am anderen Ende des Platzes mit dem sternenübersäten blauen Mosaikfeld und dem Markuslöwen führt ein Gang zur Einkaufsmeile **Mercerie.**

Museo Correr: tgl. 10 – 18 Uhr | Eintritt 25 € (Kombiticket mit Palazzo Ducale, Biblioteca Nazionale Marciana und Museo Archeologico Nazionale) | https://correr.visitmuve.it
Biblioteca Marciana: Mo. – Fr. 8 – 19, Sa. 8 – 13.30 Uhr
marciana.venezia.sbn.it
Museo Archeologico: tgl. 10 – 17 Uhr

Das Glanzstück der Piazza
Sie ist die Grabeskirche des Evangelisten Markus, Staatskirche und Kirche des Dogen: Dem Markusdom (▶ Baedeker Wissen, S. 642)

★★
Basilica di
San Marco

BASILICA DI SAN MARCO

Hauskapelle der Dogen, Staatskirche und Monumentalschrein für den Staatsheiligen – die von riesigen Kuppeln überwölbte Markusbasilika ist eines der eindrucksvollsten Baudenkmäler der Lagunenstadt.

❶ Portale
Die tief eingeschnittenen Portale an der Westfassade der Markuskirche sind mit Säulen aus kostbarem verschiedenfarbigen Marmor und Mosaiken sowie – am mittleren Haupteingang – Steinmetzarbeiten aus dem 13. Jahrhundert geschmückt.
Unter einer Ladung Schweinefleisch schafften Kaufleute den Leichnam des hl. Markus aus Alexandrien nach Venedig. Die Geschichte dieser »Entführung« wird in den Mosaiken über den Portalen der Westfassade dargestellt.

❷ Taufkapelle · Baptisterium
Mosaiken und Reliefs auf dem Taufstein erzählen vom Leben Johannes' des Täufers.

❸ Tetrarchen
Rätselhafte Figurengruppe aus Porphyr aus dem 4. Jh.: vier Männer in inniger Umarmung.

❹ Tesoro
Die Beutestücke, die die Venezianer 1204 aus dem eroberten Konstantinopel verschleppten, sind heute der Grundstock des Kirchenschatzes.

❺ Säulenwunder
Die Gebeine des hl. Markus waren seit dem Brand der Kirche 976 verschollen. Das Mosaik beschreibt das Wunder ihrer Wiederauffindung.

❻ Hochaltar
Prachtstück des aus alten Stücken zusammengesetzten Hochaltars ist der Baldachin, der auf vier Säulen ruht.

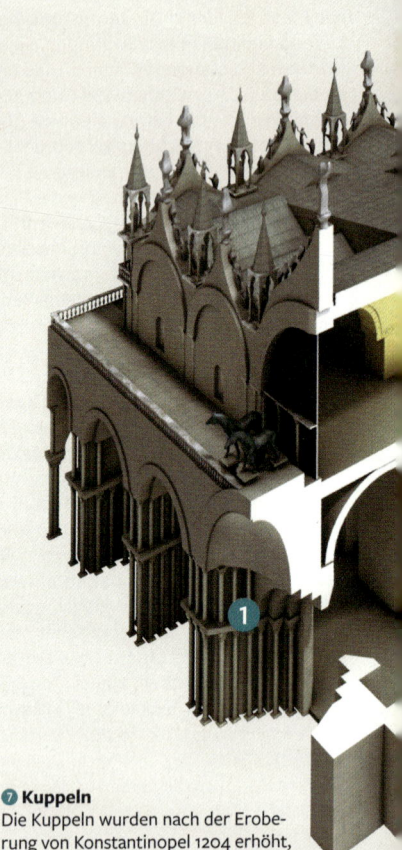

❼ Kuppeln
Die Kuppeln wurden nach der Eroberung von Konstantinopel 1204 erhöht, seither sind sie auch vom Markusplatz aus sichtbar und verleihen dem Bau orientalisches Flair.

643

ZIELE
VENEDIG · VENEZIA

kommt eine herausragende Bedeutung zu. Als im 828/829 die aus Alexandrien entführten Gebeine des Evangelisten nach Venedig gebracht wurden, entstand ein erstes Gotteshaus an dieser Stelle. Unter dem Dogen Domenico Contarini (1043–1070) wurde mit dem Bau der heutigen (dritten) Basilika begonnen. Sie entstand nach byzantinischem Vorbild als **Zentralbau mit fünf Kuppeln** über dem Grundriss eines griechischen Kreuzes. So bestimmen romanische, byzantinische Elemente sowie durch spätere Umbauten gotische Stilmerkmale ihr Äußeres. Der Figurenschmuck in der oberen Fassadenzone ist im Wesentlichen eine Zutat des 14. Jahrhunderts.

Fünf von Spoliensäulen gesäumte Portale führen in die Vorhalle. Die Lunettenmosaiken der Seitenportale zeigen die Überführung der **Markusreliquien**, beginnend rechts außen mit der Entführung des Leichnams, dessen Verehrung und der Ankunft in Venedig – alles aus dem 17. und 18. Jh., nur die linke Portallunette entstand im 13. Jh. vor der Gotisierung.

Das Innere prägen die fünf Kuppeln, die der Schimmer **goldgrundiger Mosaiken** in Dämmerlicht taucht. Die Bilder stammen größtenteils aus dem 12./13. Jh., einige wurden zwischen 1500 und 1750 durch Entwürfe von Meistern wie Tizian und Tiepolo ersetzt. In der Vorhalle zeigen sie Szenen aus dem Alten Testament. Die Hauptthemen entwickeln sich zwischen Apsis und Ausgang, beginnend mit Christus als Weltenherrscher im Osten bis zur Apokalypse im Westen, dazwischen die Ereignisse der Passion bis zur Himmelfahrt. In den Querarmen erzählen die Mosaiken vom Leben der Heiligen. Zu den kostbarsten Ausstattungsstücken gehört neben der Ikonostase (um 1400) die **Pala d'Oro**, ein monumentaler vergoldeter **Altaraufsatz** hinter dem Hochaltar, mit der Schauseite der Apsis zugewandt. Das mit Email und Edelsteinen verzierte Meisterwerk setzt sich aus Teilen zusammen, die zwischen dem 10. und 14. Jh. teils in Konstantinopel, teils in Venedig gefertigt wurden. Gegenüber der Pala d'Oro führt eine von Jacopo Sansovino geschaffene Bronzetür in die Sakristei. Im rechten Querschiff befindet sich der **Tesoro**, die Schatzkammer, gefüllt durch die Eroberung Konstantinopels (1204). An das rechte Seitenschiff schließt sich das **Baptisterium** mit einem Taufbecken Sansovinos von 1545 und Dogengrabmälern an.

Basilica: 9.30 – 17.15, So. ab 14 Uhr | Eintritt: 3 €, Pala d'Oro 5 €, Museum Loggia dei Cavalli 7 € (Museum So. ab 9.30 Uhr geöffnet)
Turm: tgl. 9.30 – 21.15 Uhr | Eintritt: 10 € | www.basilicasanmarco.it

Die originalen Pferde

Museo di San Marco — Über die Treppen rechts des Hauptportals erreicht man das Museum in den einstigen Emporen. Ausgestellt sind Wandteppiche, Skulpturen, Kirchenornate und Gemälde sowie die Originale der Bronzepferde, die 1204 als Kriegsbeute aus Konstantinopel mitgebracht wurden.

ZIELE
VENEDIG · VENEZIA

Das einstige Zentrum der Macht

Der Dogenpalast war Regierungs- und Wohnsitz der Dogen und Staatsgefängnis. Bereits 814 stand ein erster Palast an dieser Stelle. Der heutige Bau – drei um einen Innenhof gruppierte Flügel, die im Norden an den Markusdom grenzen – entstand im 14./15. Jh. – ein Meisterwerk der venezianischen Gotik. Der älteste Flügel ist die zur Lagune weisende Hauptschauseite von 1365, 1438 folgte der Westflügel. Den Ostflügel zum Rio di Palazzo entwarf der Bildhauer Antonio Rizzo nach einem verheerenden Brand 1483. Dieser Teil zeigt Einflüsse der Frührenaissance. Das Obergeschoss, das bis auf einige Spitzbogenfenster geschlossen wirkt, wird von den Säulen zweier Loggiengeschosse getragen und gemahnt an die auf Pfählen errichtete Stadt. Zusammen mit dem Rautenmuster aus weißem und hellrotem Marmor lassen sie die Fassade filigran und locker erscheinen.

Der Haupteingang **Porta della Carta** (1438–1442 nach Plänen von Giovanni und Bartolomeo Bon) verbindet die Markuskirche und den Palast. Durch den Arco Foscari, einen Bogengang mit den Skulpturen von Adam und Eva (die Originale von Antonio Rizzo stehen im Innern des Palastes) gelangt man in den Innenhof, den Cortile del Palazzo. Während Süd- und Westflügel die doppelten Loggien der Außenseite wiederholen, kündigen die von Mauro Coducci geschaffenen Rundbögen des Ostflügels bereits die Renaissance an, die beiden Brunnen stammen aus dem 16. Jh. Zwischen Treppe und Eingangshalle prangt die Facciata dell'Orologio, die Monopola 1615 entwarf. Ein Blickfang ist die **Scala dei Giganti**, die prächtige Krönungstreppe der Dogen

★
Palazzo
Ducale ·
Dogenpalast

Vom Dogenpalast aus wurde die Seerepublik regiert.

ZIELE
VENEDIG · VENEZIA

mit Sansovinos Kolossalstatuen von Mars und Neptun, die vom Hof in die Galerie der ersten Etage führt. Die **Innenausstattung** entstand nach Bränden im 16. Jh., u. a. arbeiteten Tizian, Tintoretto und Veronese daran. Besonders beachtenswert ist die **Sala del Maggior Consiglio**: In diesem Sitzungssaal des großen Rats im ersten Obergeschoss versammelten sich bis zu 1800 wahlberechtigte Bürger. Tintorettos Wandbild »Paradies« hinter dem Dogenthron zählt mit 24,60 m Breite und 7,5 m Höhe zu den größten Ölgemälden der Welt. Die Decke schmückt u. a. Veroneses »Apotheose der Venezia«, im Fries darunter sind die Bildnisse der ersten Dogen angebracht.
tgl. 9 – 19 Uhr | Eintritt 25 € (Kombiticket mit Museo Correr, Museo Archeologico Nazionale u. Biblioteca Nazionale Marciana ▶ S. 641) https://palazzoducale.visitmuve.it

Feucht und klamm

Ponte dei Sospiri

Über die »Seufzerbrücke« (Ende 16. Jh.) gelangt man – wie einst die Gefangenen – in die Verliese. Es gab Kellerräume, die meist feuchten Pozzi (Brunnen), und die Piombi (Bleikammern), die direkt unter dem Dach lagen. Die berühmteste Beschreibung stammt von **Casanova**, der hier im 18. Jh. bis zu seiner legendären Flucht einsaß: »In den Pozzi steht das Wasser stets zwei Fuß tief, und wenn der Gefangene nicht den ganzen Tag bis zu den Knien im Salzwasser verbringen will, muss er sich auf ein Holzgerüst setzen, wo er am Abend sein Wasser, seine Suppe und seine Portion Brot entgegennimmt.«

Im Stadtviertel Castello

Wo berühmte Zeitgenossen nächtigten

Riva degli Schiavoni

Vom Palazzo Ducale geht es über die Ponte della Paglia (Strohbrücke) auf der belebten Riva degli Schiavoni nach Osten. Man passiert den Palazzo Dandolo, heute Hotel Danieli, ein Nobelhotel, in dem u a. Charles Dickens, Marcel Proust und George Sand abstiegen. Nahe der Uferpromenade, die man hinter der Einmündung des Rio del Vin verlässt, liegt die Kirche **San Zaccaria**, die in ihrer heutigen Form zwischen 1460 und 1500 entstand und den Übergang von der Gotik zur Renaissance widerspiegelt. Im Innern birgt sie **Giovanni Bellinis** Gemälde »Thronende Madonna« (1505).

Kunst im Garten

Scuola di San Giorgio degli Schiavoni

Nordöstlich von San Zaccaria, am Ostufer des Rio dei Greci, liegt die Scuola degli Schiavoni, 1451 für Kaufleute aus Dalmatien erbaut. Der Renaissancemaler Vittore Carpaccio stattete das Bruderschaftsgebäude im Innern mit einem herrlichen Bilderzyklus (1502–1508) aus. Weiter geht es zum östlichsten Zipfel Venedigs und damit zu den Grünanlagen **Giardini Garibaldi**, **Giardini Pubblici** und dem **Parco**

ZIELE
VENEDIG · VENEZIA

delle Rimembranze. Alle zwei Jahre – in den ungeraden Jahren – findet hier von Juni bis November die **Biennale Internazionale d'Arte** statt.

Das Herz der Seemacht
Die riesige, 1108 in Betrieb genommene Werft der Seerepublik Venedig befindet sich heute im Besitz der italienischen Kriegsmarine und ist nur während der Biennale zugänglich. Den Haupteingang (1460) zieren vier antike Löwenskulpturen aus Griechenland. Schiffsmodelle, Navigationsinstrumente und eindrucksvolle Beutestücke sind im **Museo storico navale** an der Riva San Biagio ausgestellt.
Schiffsmuseum: tgl. außer Di. 11–17 Uhr | Eintritt 10 €

Arsenale

Kunstleidenschaft einer Patrizierfamilie
Nordwestlich von San Zaccaria steht der schöne Renaissancepalast Querini-Stampalia (16. Jh.); Garten und Erdgeschoss gestaltete Carlo Scarpa in den 1970er-Jahren neu. Im ersten Stock ist die umfangreiche Bibliothek, im zweiten Stock die **Pinacoteca** Querini-Stampalia untergebracht, eine Gemäldesammlung mit Bildern venezianischer Maler aus dem 14. bis 18. Jahrhundert. Nur wenige Meter weiter nördlich, jenseits des schmalen Kanals, steht man vor der Kirche **Santa Maria Formosa**, die einige sehenswerte Altarbilder besitzt, darunter eine »hl. Barbara« von Palma Vecchio.
Museum/Garten: Di.–So. 10–18 | Eintritt 14 € | querinistampalia.org

Fondazione Querini Stampalia

Das Pantheon Venedigs
»San Zanipolo« nennen die Venezianer die ehemalige Dominikanerkirche Santi Giovanni e Paolo (14./15. Jh.). Besonders interessant sind das Mittelportal Bartolomeo Bons (1461) und die Dogen- und Feldherren-Grabmale im Innern, darunter das Grab für den Dogen Pietro Mocenigo (von Pietro Lombardo, 1481), sowie das triumphbogenartige Wandgrab für den Dogen Andrea Vendramin, das Tullio Lombardo um 1492 fertigte. Die neun Bildfelder mit Szenen aus dem Leben eines Dominikanermönchs am zweiten Seitenaltar rechts sind von Giovanni Bellini. Rechts neben der Kirche zieht das **Monumento di Colleoni,** das Reiterstandbild des aus Bergamo stammenden Söldnerführers Bartolomeo Colleoni († 1475), die Blicke auf sich. An die Kirche schließt sich links die Scuola Grande di San Marco an, in der sich heute das Ospedale Civile befindet. Westlich steht die Kirche **Santa Maria dei Miracoli** (1481–1489), ein außen und innen mit Marmor verkleideter Frührenaissancebau von Pietro und Tullio Lombardo. Ein interessanter Kirchenbau der venezianischen Renaissance ist auch die von Giorgio Spavento, Tullio und Pietro Lombardo entworfene Chiesa **San Salvatore** (1506–1534) nahe der Rialtobrücke. Hinter der barocken Fassade aus dem 17. Jh. verbirgt sich eine große **Kreuzkuppelkirche** mit dem Grabmal des Dogen Venier.

★ Santi Giovanni e Paolo · San Zanipolo

ZIELE
VENEDIG · VENEZIA

BAEDEKER MAGISCHE MOMENTE

SICH VERLIEREN

Venedig hat zwei Gesichter: die touristischen, allseits bekannten Wege zum Markusplatz und das Venedig der Einheimischen, das man eher zufällig entdeckt. Biegen Sie einmal unvermittelt ab, lassen sich von Gerüchen, Eindrücken und der Neugier treiben. Schlendern Sie durch den Sottoportego, überqueren Sie Brücken, schlendern Sie durch die Gassen von Cannaregio und Santa Croce und verlieren Sie sich in der Lagunenstadt.
So entdecken Sie vielleicht den Campo Santa Margherita mit seinem bunten Wochenmarkt, charmanten Kneipen und volkstümlicher Atmosphäre.

Im Stadtteil San Polo

Tizians flammende Farben

★ I Frari

Fährt man von der Station Accademia mit dem Vaporetto nördlich zur Station San Tomà, kommt man zu der ehemaligen Franziskanerkirche I Frari (oder Santa Maria Gloriosa dei Frari), einer spätgotischen Backsteinbasilika (1340–1450) mit hohem Glockenturm, nach der Markuskirche die größte und schönste Kirche Venedigs und Begräbnisstätte berühmter Venezianer. Die große Bettelordenskirche birgt zahlreiche bedeutende Kunstwerke, in den beiden Seitenschiffen etwa die Grabmäler Tizians und Canovas. Zwei Joche weiter sieht man im rechten Seitenschiff die schöne Spätrenaissanceskulptur des hl. Hieronymus von Alessandro Vittoria und gegenüber Tizians berühmte **»Pesaro-Madonna«** von 1526. Hinter der mächtigen Chorschranke von Bartolomeo Bon und Pietro Lombardo fällt der Blick zuerst auf Tizians epochales Frühwerk, die **»Mariä Himmelfahrt«** (1518) am Hochaltar. An den Seitenwänden des Chores befinden sich die monumentalen Grabmäler für die Dogen Francesco Foscari und Nicolò Tron. Der Florentiner Bildhauer Donatello schuf die Holzplastik Johannes' des Täufers in der Kapelle rechts neben dem Chor. Bellinis »Thronende Madonna mit Heiligen« von 1488 findet sich in der Grabkapelle der Familie Pesaro.

Öffnungszeiten variieren, siehe www.basilicadeifrari.it | Eintritt 5 €

62 Decken- und Wandgemälde von Tintoretto

Hinter der Frarikirche erstreckt sich der Campo San Rocco mit der gleichnamigen Kirche. Ihr Chor stammt von einem Vorgängerbau, den Neubau (18. Jh.) machen vor allem zwei großformatige Wandbilder Tintorettos sehenswert. Der Renaissancebau an seiner Südwestseite ist die **Scuola Grande di San Rocco** (Bartolomeo Bon, ab 1517). Die 1489 gegründete Bruderschaft (= ital. Scuola) widmete sich der Krankenpflege. Tintoretto, selbst Mitglied der Scuola, malte die Räume aus – zwischen 1564 und 1581 entstand so einer der umfangreichsten biblischen Zyklen der italienischen Malerei. Den Saal im Erdgeschoss schmücken acht großformatige Bilder des Meisters mit Szenen aus dem Leben Marias. Die Wände des Hauptsaals im Obergeschoss zeigen Themen aus dem Neuen Testament mit Szenen aus dem Leben Jesu, die Deckengemälde widmen sich dem Alten Testament. In der anschließenden Sala dell'Albergo schildert Tintoretto die Passionsgeschichte und an der Decke verherrlicht er den Schutzpatron der Seuchenkranken, den hl. Rochus.

Campo San Rocco

tgl. 9.30–17.30 Uhr | Eintritt 10 € | www.scuolagrandesanrocco.org

| Südliche Lagune

Vom touristischen Trubel weitgehend verschont

Im Süden Venedigs, durch den Canale della Giudecca vom Stadtteil Dorsoduro getrennt, liegt die lang gestreckte Insel La Giudecca mit der Kirche Il Redentore (Andrea Palladio, 1577–1592), deren Kuppel weithin sichtbar ist. Östlich folgt die kleine Insel **San Giorgio Maggiore,** auf der sich die gleichnamige Benediktinerklosterkirche befindet, ein 1565 von Palladio begonnener, 1610 vollendeter Kuppelbau. Berühmt sind zwei Spätwerke Tintorettos im Chor, »Mannaregen« und »Abendmahl«, sowie die Bronze auf dem Hauptaltar.

Isola della Giudecca

ZIELE
VENEDIG · VENEZIA

Sonne, Sand und Meer – und ein bisschen Glamour

Lido di Venezia

Knapp 12 km lang und bis zu 4 km breit ist der schmale, flache Sandstreifen, der die venezianische Lagune vom Meer trennt. Nachdem im 19. Jh. Schriftsteller die Insel entdeckt hatten, entwickelte sie sich zum prominentesten Strand Italiens mit Hotels, Pensionen, Sommerhäusern. Vom Schiffsanleger Santa Maria Elisabetta führt der Gran Viale Santa Maria Elisabetta, gesäumt von schönen Jugendstilvillen und Gärten, quer über die Nehrung zum Piazzale Bucintoro, hinter dem sich der lange Strand ausbreitet. Rechter Hand beginnt die Promenadenstraße Lungomare Guglielmo Marconi mit dem berühmten Strandabschnitt zwischen dem Hotel Des Bains und dem Palazzo del Cinema. In der Luxusherberge stieg die Hauptfigur aus Thomas Manns Novelle »Der Tod in Venedig« ab, und auch Viscontis Verfilmung wurde hier gedreht. Cineasten kennen den Lido als Stätte des Internationalen Filmfestivals, das 1932 ins Leben gerufen wurde.

Wer allerdings baden möchte – der Lido ist fest in der Hand von Hotels und teuren Beach Clubs. Doch am Ende der Gran Viale Santa Maria Elisa-betta wartet der öffentliche **Spiaggia Blue Moon**.

Venedig in Klein

Chioggia

40 km südlich von Venedig, am Südende der Lagune, liegt die Inselstadt Chioggia. Das ehemalige Zentrum der venezianischen Salzproduktion – 1379 von den Genuesen zerstört – ist heute ein bedeutender Fischereihafen. Die Kanäle und die alten, teils verfallenden Paläste lassen an Venedig denken. Eine 800 m lange Brücke verbindet die Altstadt mit dem viel besuchten Seebad Sottomarina. Rund 20 km südöstlich erreicht man die bereits im Po-Delta gelegene Insel Alba.

Nördliche Lagune und Adriaküste

Friedhofsinsel

San Michele

Zu den Inseln in der nördlichen Lagune fahren mehrere Schiffslinien ab den Fondamenta Nuove an der Nordseite der Stadt. Direkt vor der Nordküste liegt die Friedhofsinsel San Michele, auf der u. a. Igor Strawinski und Ezra Pound ihre letzte Ruhe gefunden haben. Aus Platzgründen werden Venedigs Tote heute auf dem Festland begraben.

Zerbrechliche Kunst und zarte Spitze

Murano und Burano

Murano ist seit Ende des 13. Jh.s, als die Manufakturen aus Brandschutzgründen hierher verlegt wurden, Hauptsitz der venezianischen Glasindustrie. Die meisten der **Glasbläsereien**, die »Fornace«, kann man besichtigen, mehr über die Glasbläserkunst erfährt man im **Museo del Vetro** im Palazzo Giustinian. Von der Schiffsstation Colonna sind es nur wenige Minuten zur Kirche San Pietro Martire. Jenseits des Hauptkanals steht der spätromanische Backsteindom **Santi Ma-**

ZIELE
VENEDIG · VENEZIA

ria e Donato (12. Jh.) mit Säulen aus griechischem Marmor, einem eindrucksvollen romanischen Mosaikfußboden und einem Apsismosaik aus der Erbauungszeit.

Die freundliche Fischerinsel **Burano** ist die Wiege der venezianischen Spitzenindustrie; die Geschichte dieser Kunst erzählt das Museo del Merletto (Via Galuppi 187). Einen Ausflug wert ist auch die Laguneninsel **Torcello** 8 km weiter, einst bedeutendes Handelszentrum und Bischofssitz; die venezianisch-byzantinische Kathedrale Santa Maria Assunta erinnert daran. Größter Schatz sind ihr Lettner mit byzantinischen Reliefs und die Mosaiken (beide 11.–13. Jh.).

Feiner Sandstrand und alles, was dazugehört

Flussmündungen und Kanäle, weit ins Land reichende Lagunen, flache grüne Wiesen und schier endlose Felder: Die Landschaft zwischen Venedig und ▶ Triest lässt an Holland denken. Viele berühmte Badeorte liegen hier, die Gegend ist stark vom Tourismus geprägt. Im Landstädtchen Jesolo erinnern drei Klöster und rund 40 Kirchen daran, dass die Stadt einst wohlhabend war, doch zugunsten Venedigs aufgegeben wurde. Das nahe gelegene **Erclea Mare** ist ein Badeort aus der Retorte, mit seinen kilometerlangen Sandstränden aber sehr familienfreundlich. Über den modernen Ortsteil Porto Santa Margherita gelangt man in das Ferien- und Fischereistädtchen **Caorle** im Mündungsdelta der Livenza. Es hat noch einen alten Ortskern mit einer romanischen Kathedrale und freistehendem Glockenturm. Ausflugsboote erkunden die geschützte Lagunenlandschaft im Hinterland. Schließlich folgt noch der beliebte Familienbadeort **Bibione** mit kilometerlangem breitem Sandstrand.

Lido di Jesolo

★ Treviso und Umgebung

Venedigs kleine Schwester

Eigentlich hätte Bekleidungshersteller Benetton einen Fisch als Signet wählen können: In Treviso, wo die Firma ihren Sitz hat, dreht sich alles um Wasser und Fische – und natürlich um Mode, denn in den edel designten Boutiquen unter den Laubengängen werden bei Weitem nicht nur Polohemden verkauft. Der Star der Stadt sind aber ihre Kanäle. Treviso könnte als Venedigs kleine Schwester durchgehen.

Nur 30 km von Venedig entfernt, bietet Treviso entspanntes venezianisches Flair: Ein Mauerring aus dem frühen 16. Jh. und Kanäle, die auch die Innenstadt durchziehen, umschließen die Stadt mit ihren stimmungsvollen Plätzen und den schönen, teils mit Fresken verzierten Palazzi. Zauberhaft ist auch die kleine Flussinsel Pescheria, die mitten in der Stadt liegt. Nicht ohne Grund nennen die Italiener Treviso auch »Città delle acque«, die »Stadt der Gewässer«.

Die Wasserstadt

ZIELE
VENEDIG · VENEZIA

TREVISO ERLEBEN

ⓘ

Piazza Borsa 4, Treviso
Tel. 0422 59 57 80
www.visittreviso.it

🍽

TREVISER KÖSTLICHKEITEN
Den kleinen Hunger stillt man am besten mit **Panini alla porchetta,** mit zartem Spanferkel belegten Brötchen, zu denen ein Glas Prosecco mundet. Darf es etwas mehr sein, empfiehlt sich ein **Risotto al radicchio rosso.** Der leckere Radicchio wird rund um die Stadt angebaut.

ALL'ANTICA TORRE €€
Hervorragende Fischgerichte und lokale Spezialitäten in einem Turm aus dem 13. Jh., der mit alten Gemälden und Antiquitäten dekoriert ist. Tolle Weinauswahl.
Via Inferiore 55, Tel. 0422 58 36 94
So. Abend und Mo. geschl.
www.anticatorretreviso.it

OMBRE ROSSE €€
Die populäre Trattoria hat einen außergewöhnlich gut bestückten Weinkeller.

Via Franchetti 78, San Trovaso
Tel. 0422 49 00 37
nur abends, So. geschl.

🏠

MAISON MATILDA €€€€
Stylishes und dennoch gemütliches Boutiquehotel, das nicht nur mit seiner ruhiger Altstadtlage punktet.
Via Jacopo Riccati 44
Tel. 0422 58 22 12
www.maisonmatilda.com

CA'GEMMA €€
Gemütliches, familiäres B&B mit Holzbalken an der Decke. Etwas außerhalb, ideal für Radurlauber.
Via Cal di Breda 118
Tel. 0422 30 43 17
https://cagemma.it

AL GIARDINO €
Ein kleines, familiengeführtes 3-Sterne-Hotel vor den Toren der Stadt mit gemütlichen Zimmern und schönem Garten.
Via Sant'Antonino 300a
Tel. 0422 40 64 06
www.hotelalgiardino.it

Einfach treiben lassen

Piazza dei Signori

Mittelpunkt der kleinen Altstadt ist die Piazza dei Signori, die **Paläste mit offenen Arkaden** umgeben. Kunstgeschichtlich am interessantesten ist der 1210 erbaute Palazzo dei Trecento, einst Sitz des Großen Rats der Stadt. Der Palazzo del Podestà wird von der Torre del Comune überragt. Im Palazzo Pretorio, einem Renaissancepalast, hat die Präfektur ihren Sitz. Die rückwärtigen Fassaden gehen auf die kleine Piazza Monte di Pietà mit dem ehemaligen, 1494 gegründeten Pfandhaus hinaus; im Innern ist die reich geschmückte Cappella dei Rettori sehenswert. Etwas unterhalb liegt die Piazza San Vito mit den beiden Kapellen Santa Lucia mit schönen Fresken (Tommaso da Modena, 14. Jh.) und San Vito.

ZIELE
VENEDIG · VENEZIA

Nicht weit hinter dem Palazzo dei Trecento befindet sich einer der schönsten Plätze der Stadt: der **Fischmarkt,** Pescheria, auf der kleinen Flussinsel im Botteniga. Von der Piazza dei Signori führt die Via Calmaggiore zum Domplatz, wo der Dom **San Pietro** (15./16. Jh.) mit seinen sieben Kuppeln errichtet wurde. Seine Fassade ist neoklassizistisch, die Krypta romanisch. Im Innern findet man eine »Verkündigung«, die **Tizian** 1517 schuf, die Fresken in der Cappella dell'Annunziata sind von Pordenone. Die Cappella del Sacramento schmücken Skulpturen von Pietro und Tullio Lombardo sowie von L. Bregno. Links neben dem Dom steht das romanische Baptisterium (11./12. Jh.) mit schönen Fresken (13. Jh.)

Auf der Weinstraße
Zwischen Conegliano, Valdobbiadene und Vittorio Veneto erstreckt sich im Norden von Treviso die Weinbauregion des Prosecco. Eine ausgeschilderte Weinstraße führt durch sanfte, mit Reben bewachsene Hügel und Orte wie San Pietro di Feletto und Farra di Soligo, in denen man das perlende Getränk probieren und kaufen kann.

Prosecco-Region

Kunst und Geschichte
Die lang gestreckte Stadt Vittorio Veneto liegt am Fuße der Voralpen, 37 km südlich von Belluno. Hier fand im November 1918 die Schlussoffensive der Italiener statt, die mit dem Sieg über die Österreicher endete. Eine Dokumentation darüber ist im Museo della Battaglia zu sehen. Im nördlichen Ortsteil Serravalle locken der Dom mit einem Altarbild von Tizian (1547) sowie die Kirchen San Lorenzo und San Giovanni, beide Mitte des 15. Jh. erbaut.

Vittorio Veneto

Ein Genuss für Augen und Gaumen
29 km nordwestlich von Treviso steht in Maser die berühmte Villa Barbaro, die **Andrea Palladio** 1560 für die Brüder Barbaro erbaute. Sie gehört zusammen mit der runden Kapelle (Tempietto) zu seinen Hauptwerken. Symbolträchtige Fresken von Paolo Veronese (1528 bis 1588) schmücken die Räume. Ungewöhnlich: Das UNESCO-Welterbe wird heute als renommierter Weinbaubetrieb geführt, der vorzügliche, mit internationalen Preisen ausgezeichnete Chardonnays und Prosecco-Sorten produziert und in alle Welt exportiert. Nach einer Besichtigung können Sie auch Weine verkosten und in toll gestalteten Verkaufsräumen erwerben.

★
Villa Barbaro

April – Okt. Di. – So. 10 – 18, sonst Sa., So. 11 – 17 Uhr, Mitte Dez. – Mitte Feb. nur für Gruppen geöffnet | Eintritt 9 € | www.villadimaser.it

Meister und ihre Werke
Nur 7 km weiter erreicht man den hoch gelegenen kleinen Ort Asolo. Den Dom mit seiner eleganten Vorhalle aus dem 15. Jh. schmückt eine »Erscheinung der Jungfrau«, die Lorenzo Lotto

Asolo

ZIELE
VERONA

1506 schuf. Im nördlich gelegenen **Possagno** kam 1757 der Bildhauer Antonio Canova zur Welt († 1822), ein Hauptvertreter des italienischen Klassizismus. Sein Geburtshaus kann man besichtigen, ebenso eine Gipsoteca mit Modellen und Temperabildern des Meisters. In **Fanzolo**, ca. 6 km nordöstlich des ebenfalls sehenswerten Castelfranco, steht die Palladiovilla Emo, die der Architekt um 1565 erbaute. Die Wandbilder im Innern malte Gianbattista Zelotti.

★★ VERONA

Region: Venetien · Veneto | **Provinz:** Verona | **Höhe:** 59 m ü. d. M.
Einwohnerzahl: 257 300

D 12

Der wohl berühmteste Balkon der Welt steht in Verona, denn dort soll Julia auf Romeo gewartet haben. Shakespeares tragisches Liebespaar machte die Stadt zur Legende. Der englische Dichter selbst war nie hier – käme er heute, würde er sich sicher unter die Besucher der römischen Arena mischen und eine der großartigen Veranstaltungen genießen.

Römisch, venezianisch, großartig

Schon die Römer, die Verona einst gründeten, erkannten, wie bedeutend die Stadt in strategisch wichtiger Lage war – das Amphitheater belegt es. Ein solcher Schatz musste natürlich gesichert werden, das war auch den nachfolgenden Herrschern klar, und so erinnern noch heute Reste dreier Festungsringe an römische, venezianische und österreichische Zeiten. Und nicht nur sie: Römisch ist das Amphitheater, venezianisch etwa die Marmorsäule samt Markuslöwe auf der Piazza delle Erbe. Dazu kommen prächtige Renaissancepaläste, romanische und gotische Kirchen sowie Bauten diverser Epochen. Verona wartet nur darauf, entdeckt zu werden – auf seinen weiten Plätzen ebenso wie in den engen Gassen, die im Laufe der Jahrhunderte viele Herrscher kommen und gehen sahen. Im 6. Jh. machte der Ostgotenkönig Theoderich die Stadt neben Pavia und Ravenna zum Königssitz, später hatte König Pippin, der zweite Sohn Karls des Großen, im fränkischen Unterkönigreich Italien das Sagen. Im Mittelalter war die Stadt am Ende der Brennerstraße Stützpunkt der deutschen Kaiser. Ab 1260 regierte das Fürstengeschlecht della Scala und Verona erlebte den Höhepunkt seiner Macht. 1387 fiel die Stadt an die Mailänder Visconti, 1405 an die Republik Venedig, 1797 an Österreich, bis es 1866 ins Königreich Italien eingegliedert wurde.

KONZERT IN VERONA

Es muss nicht Plácido Domingo sein, um Gänsehaut und Tränen der Rührung zu spüren: In der Arena der Romeo-und-Julia-Stadt, wo einst Gladiatoren um ihr Leben kämpften, werden heute Opern aufgeführt und Konzerte gegeben. Wenn es mit einer Karte nicht geklappt hat: Beim Abendspaziergang können Sie die Protagonisten mitunter bei den Proben hören! (www.arena.it)

Wohin in Verona?

Gladiatoren, Huren und Handwerker
Man beginnt die Besichtigung am besten an der **Piazza Bra,** die dank der Arena einer der meistbesuchten Plätze der Stadt ist. Das ovale Amphitheater wurde im 1. Jh. n. Chr. errichtet. 44 Stufenreihen bieten Platz für 22 000 Zuschauer – das Theater war nach dem Kolosseum in Rom und der Arena in Capua das drittgrößte Bauwerk für Gladiatoren- und Tierkämpfe. Die zweigeschossigen Arkadenreihen waren einst von einer dreigeschossigen Außenmauer aus rotem Veroneser Marmor umgeben, davon sind nur vier Bögen an der Nordseite erhalten. Ein Erdbeben beschädigte es im 12. und 13. Jh., anschließend wurde es als Steinbruch gebraucht. In venezianischer Zeit richteten sich Handwerker und Prostituierte in den Arkaden im EG ein.

★★ Arena

Anfiteatro: Juni–Sept. Mo. 9–19, Di.–So.9–17, Okt.–Mai Di.–So. 9–19 Uhr (bei Veranstaltungen jeweils bis 15 Uhr) | Eintritt: 10 € (Kasse Eingang Amphitheater/online) | www.museiverona.com

ZIELE
VERONA

VERONA ERLEBEN

ℹ️

UFFICIO INFORMAZIONI E ACCOGLIENZA TURISTICA
Piazza Bra/Via Leoncino 61
Tel. 045 80 68 680
www.turismoverona.eu

🍽️

❶ IL DESCO €€€€
Ausgezeichnet mit einem Michelin-Stern. 9-gängiges Degustationsmenü für 150 €.
Via Dietro San Sebastiano 7
Tel. 045 59 53 58
So. ganz und Mo. mittags geschl.
www.ristoranteildesco.it

❷ 12 APOSTOLI €€€
Giorgio Gioco ist ein sehr guter Koch und außerdem ein bekannter Mundartdichter des Veroneser Dialekts. Alles in allem also einer der originellsten Plätze in Verona. Bei sieben ebenso originellen Gängen sollte man allerdings 90 € pro Person einkalkulieren. Online-Reservierung erforderlich.
Corticella San Marco 3
Tel. 0 45 59 69 99
www.12apostoli.com
nur abends, Mo. geschl.

❸ RISTORANTE ARCHE €€€
1789 erstmals erwähnt, gilt die Arche als ältestes Restaurant in Verona. Familie Gioco hat es zu einem der besten Fischlokale der Stadt gemacht.
Via Arche Scaligere 6
Tel. 045 800 74 15
So. abends und Mo. geschl.

❹ CAFFÈ DANTE BISTROT €€
Das älteste Café der Stadt residiert in einem um 1500 entstandenen Renaissancebau. Das Risotto all' Amarone della Valpolicella muss man zwar für mindestens zwei Personen bestellen, aber es lohnt sich. Ein Muss zum Finale ist die Tiramisù della Tradizione dell' Antico Caffè Dante.
Piazza dei Signori 2
Tel. 04 58 00 00 83
www.caffedante.it
Mo. geschl., Di.–Sa. 11–23 Uhr

❺ RE TEODORICO €€
Auf einer Terrasse mit wunderschönem Blick auf die Altstadt und die Etsch genießt man fast schon raffiniert zubereitete Fisch- und Fleischgerichte. Auch die Pizza ist lecker.
Piazzale Castel San Pietro 1
Tel. 045 83 499 03
https://reteodorico.com
tgl. 12–17 Uhr

🏠

❶ HOTEL VERONESI LA TORRE €€€
Ein paar Kilometer außerhalb des Zentrums und vor allem zur Festspielzeit ein Tipp, da es in dem hübsch renovierten ehemaligen Kloster meist auch dann noch Zimmer gibt. Besonders schön und günstiger als viele andere 4-Sterne-Zimmer in der Stadt ist die Turmsuite. Gutes Spa.
Via Monte Baldo 22
Dossobuono di Villafranca
Tel. 045 860 48 11
www.hotelveronesilatorre.it

❷ HOTEL GIULIETTA E ROMEO €€
Ein wirklich nettes kleines Hotel direkt hinter der Arena. Von hier aus kann man alles zu Fuß machen. Fahrräder werden kostenlos gestellt.
Vicolo Tre Marchetti 3
Tel. 045 800 35 54
www.giuliettaeromeo.com

ZIELE
VERONA

1. Sant'Elena
2. Palazzo del Governo
3. Loggia del Consiglio
4. Case dei Mazzanti
5. S. Maria Antica, Gräber der Scaligeri
6. Palazzo dei Tribunali
7. Palazzo del Comune
8. Casa dei Mercanti
9. Porta dei Borsari

🍽
① Il Desco
② 12 Apostoli
③ Ristorante Arche
④ Caffè Dante Bistrot
⑤ Re Teodorico

🏠
① Veronesi La Torre
② Giulietta e Romeo

ZIELE
VERONA

Ob der richtige Romeo noch kommt?

San Fermo Maggiore

Eine Doppelkirche

Die Kirche San Fermo Maggiore im Osten der Stadt entstand im 11. und 12. Jh. über einem Vorgängerbau des 6. Jh.s. An ihrer Chorseite kann man schön erkennen, dass sie aus zwei Kirchen besteht: Über den romanischen Rundbögen ragen die Spitzbögen des gotischen Baus empor. Die Arkaden der romanischen Unterkirche sind freskengeschmückt. Die gotische Oberkirche mit dem herrlichen Kielgewölbe (um 1350) birgt ebenfalls sehenswerte Fresken, Grabmäler sowie eine Kanzel Antonio da Mestres von 1496. Ein Meisterwerk ist auch das **Grabmal des Nicolò Rangoni di Brenzone** links vom Eingang. Die Auferstehungsszene um den Sarkophag schuf Nanni di Bartolo, Pisanello malte den illusionistischen Wandteppich im Hintergrund.

Piazza delle Erbe

Hier schlägt das Herz der Stadt

Sie ist der Mittelpunkt der Altstadt und einer der malerischsten Plätze Italiens: die lang gestreckte Piazza delle Erbe. Knapp 4 m unterhalb des heutigen Straßenniveaus liegt das Pflaster des einstigen römischen Forums. Vom **Capitello** (16. Jh.), dem baldachinbekrönten Podest in der Mitte, wurden Entscheidungen und Gerichtsbeschlüsse verkündet. Den Platz säumen schöne Palazzi, darunter die Casa dei Mercanti mit Biforienfenstern, die Case dei Mazzanti mit Resten von Fassadenfresken aus dem 16. Jh., der barocke Palazzo Maffei, in dessen Nähe sich der Torre del Gardello mit der ältesten Stadtuhr Veronas von 1370 erhebt, und schließlich der Arco della Costa, durch den man auf die Piazza dei Signori gelangt.

ZIELE
VERONA

Der Salon der Stadt

Die Piazza dei Signori, das weltliche Machtzentrum, ist der »Salon« der Stadt. Zentral auf dem Platz steht das Dante-Denkmal von 1865, es erinnert daran, dass die Skaliger 1301 den aus Florenz vertriebenen Poeten an ihrem Hof willkommen hießen. Rechts erhebt sich der Palazzo del Comune (1194), überragt von der Torre dei Lamberti. Der düster wirkende Palazzo dei Tribunali war seit 1365 Residenz der Skaliger, das Renaissanceportal schuf Sanmicheli 1530. Eine weitere ehemalige Skaligerresidenz steht im Osten des Platzes, der zinnenbekrönte Palazzo del Governo. Die Arkaden wurden 1419 in die Fassade gebrochen, Sanmicheli fügte das repräsentative Portal an. **Giotto** und Altichiero statteten den Palast mit Fresken aus, die teilweise noch erhalten sind. An der Nordseite der Piazza dei Signori steht die zweigeschossige **Loggia del Consiglio,** einer der schönsten Bauten der Frührenaissance im venezianischen Stil. Der Entwurf wird Fra Giocondo zugeschrieben. Gleich neben der Loggia befindet sich in einem Renaissancebau das älteste Café der Stadt, das **Caffè Dante**.

★ Piazza dei Signori

Familienfriedhof der ehemaligen Stadtherren

Der Durchgang zwischen dem Palazzo del Governo und dem Palazzo dei Tribunali führt zu der kleinen dreischiffigen Kirche Santa Maria Antica (12. Jh.), der Hauskirche der Skaliger. Auf dem angrenzenden Friedhof befinden sich die **Arche Scaligere,** gotische Grabmäler der Familie. Über dem Portal ist der Sarkophag Cangrandes I. († 1329) eingelassen. Zwei Hunde spielen auf den Herrschernamen (Cangrande = großer Hund) an. Das Original der Reiterstatue befindet sich im Castelvecchio.

★ Gräber der Scaligeri

Der romantischste Ort in Verona

Im Innenhof des Hauses Via Cappello 21, gleich bei der Piazza dei Signori, herrscht Gedränge unter dem berühmtesten Balkon der Literaturgeschichte: Hier betete **Romeo seine Julia** an. Der sparsam möblierte Palazzo aus dem 13. Jh. kann besichtigt werden. Weniger Aufmerksamkeit wird den verbauten Resten des nahen Palazzo Montecchi gezollt, der Familie des Romeo (Via Arche Scaligere 2–4).
Juni–Sept. tgl. 9–19, Okt.–Mai Di.–So. 9-19 Uhr | Eintritt 6 €

★ Casa di Giulietta

Begrüßt von zwei Buckligen

Durch schmale Gassen geht es von der Piazza dei Signori zur Kirche Sant'Anastasia, einem mächtigen gotischen Backsteinbau. Zwei bucklige Figuren, die **due gobbi,** tragen die beiden Weihwasserbecken im Inneren. Die sechs polygonalen Kapellen sind reich ausgestattet, vor allem die südlichste Kapelle, die Altichieri um 1390 mit einem grandiosen Votivfresko ausschmückte. Die Cappella Pellegrini links daneben birgt das Grabmal des Tommaso Pelegrini aus derselben Zeit. Altichieri freskierte auch das Grabmal der Familie Bevilacqua gegen-

Chiesa Sant' Anastasia

ZIELE
VERONA

über, die 24 Terrakottareliefs mit Szenen aus dem Neuen Testament schuf Michele da Firenze 1435. Im Hauptchor steht das Grabmal des Condottiere Cortesia Serego (1429). Zum kostbarsten Fresko gelangt man durch einen Eingang im nördlichen Querschiff: **Pisanellos** »Aufbruch des hl. Georg zum Kampf mit dem Drachen« um 1435.

Nicht vom Äußeren täuschen lassen

Cattedrale Santa Maria Matricolare

Von außen gibt sich der Bau (12.–15. Jh.) als romanische Basilika. Ihr Schmuck konzentriert sich auf das Hauptportal mit dem doppelgeschossigen Baldachinvorbau, ein Werk des Steinmetzmeisters Nicolò. Das dreischiffige Innere ist gotisch. Zu den kostbarsten Schätzen zählen Tizians »Himmelfahrt Mariens« im nördlichen Seitenschiff, das gotische Grabmal der hl. Agatha im südlichen Seitenschiff und Sanmichelis halbrunde Marmorschranken vor der Chorapsis, die mit illusionistischen Fresken ausgemalt sind.
Mo.–Fr. 11–17.30, Sa. 11–15.30, So. 13.30–17.30 Uhr, aktuelle Änderungen der Öffnungszeiten: www.chieseverona.it | Eintritt 4 €

Schöne Palazzi und ein Triumphbogen

Corso Cavour

Die lange gerade Straße von der Piazza delle Erbe zum Castelvecchio entspricht dem römischen Decumanus maximus. Stattliche Paläste säumen den Corso Cavour, etwa den Palazzo Bevilacqua (Nr. 19) und der Palazzo Canossa (Nr. 44), zwei Werke Sanmichelis. Kurz vor dem Castelvecchio sieht man rechts einen römischen Triumphbogen des 1. Jh., der 1932 aus Trümmern wieder aufgebaut wurde.

Die mächtigste aller Skaligerburgen

Castelvecchio

Das 1357 von **Cangrande II.** errichtete Castelvecchio am Etsch-Ufer besteht aus einem Festungsbau und einem Wohnpalast, dazwischen steht ein hoher Wehrturm, durch den man zum **Ponte Scaligero** gelangt, dem Fluchtweg der Skaliger. Hier befindet sich das **Museo di Castelvecchio** mit wertvollen Arbeiten Veroneser Künstler des 12. bis 18. Jh.s, darunter einer »Madonna im Rosengarten« von 1425, einer »Madonna mit der Wachtel« von Pisanello sowie Werken Bellinis, Veroneses, Tintorettos und Tiepolos. Auf einem Sockel zwischen Wehr- und Wohnbau thront eine der bedeutendsten Skulpturen der Kunstgeschichte: die vieldeutig lächelnde Reiterstatue des Cangrande della Scala aus dem 14. Jahrhundert.
Museum: Di.–So. 10–18 Uhr | Eintritt 6 €

Ein Heiliger aus Afrika

San Zeno Maggiore

Die Basilika mit dem schlanken Glockenturm und dem zinnenbekrönten Wehrturm ist eine der schönsten romanischen Kirchen Norditaliens. Sie entstand im 12. Jh. über dem Grab des Stadtpatrons, des aus Afrika stammenden hl. Zeno. Die Westfassade beherrschen die große Fensterrose und das von Maestro Nicolò geschaffene Portal. Im Tym-

panon überreicht Bischof Zeno den Bürgern der freien Stadtkommune das Banner. Ein auf zwei Löwen ruhender Baldachinvorbau schützt die herrlichen Bronzetüren (linker Flügel 11. Jh.; rechter Flügel 12. Jh.), auf denen alt- und neutestamentliche Szenen dargestellt sind. Das Innere wirkt durch Größe und Schmucklosigkeit. Eine Balustrade mit den Statuen von Christus und den Aposteln (um 1260) trennt das Langhaus vom Chor, in dem das berühmte **dreiteilige Altarbild mit der thronenden Muttergottes** steht, das Andrea Mantegna 1456 bis 1459 schuf. Darunter befindet sich die Krypta, deren Gewölbe auf 48 Säulen ruht.
Mo.–Fr. 9–18.30, Sa. 9–18, So. 13–18.30 Uhr, aktuelle Änderungen der Öffnungszeiten: www.chieseverona.it | Eintritt 4 €

Ein Stück Antike am Fluss

Jenseits der Brücke Ponte della Pietra steigen am Hang unter dem Castel San Pietro die Zuschauerränge des römischen Theaters aus der Zeit des Augustus auf. Hochwasser und Erdrutsche haben es stark beschädigt, erhalten sind nur noch die Sitzreihen und Reste der einst prunkvollen Front am Etsch-Ufer. Heute finden zwischen Juli und September Konzerte, Ballett- und Theateraufführungen statt. Oberhalb der Ränge stehen die Kirche Santi Siro e Libera (10. Jh.) und das spätmittelalterliche Kloster San Girolamo mit einem archäologischen Museum. Eine Treppe links vom Teatro führt auf den Hügel San Pietro mit dem gleichnamigen Kastell, das die Österreicher 1854 erbauten. In römischer Zeit stand hier eine Zitadelle, in der Theoderich und später der Frankenkönig Pippin residiert haben sollen.

Teatro Romano

Kirchenkunst und ein Gartenparadies

Gegenüber dem Dombezirk steht die marmorverkleidete Kirche **San Giorgio** (1530), deren Hochaltar ein »Martyrium des hl. Georg« von Veronese schmückt. Die Porta San Giorgio geht wie die Kirche selbst auf Entwürfe des Stadtbaumeisters Sanmicheli zurück. Das gilt auch für die unvollendete Fassade der flussabwärts gelegenen Kirche **Santa Maria in Organo**, die im 7. Jh. Teil eines Benediktinerklosters war und um 1480 im Renaissancestil umgebaut wurde. In der dreischiffigen Kirche sieht man Gemälde und Fresken von fast allen namhaften Renaissancemalern der Stadt, darunter von Nicolò Giolfino, der die Cappella della Croce im rechten Querarm ausmalte. Das Gestühl im Chor (1499) schuf wie die Wandverkleidungen der Sakristei (1504) Fra Giovanni da Verona, die Fresken sind von Morone. Durch die Porta Organa gelangt man zum **Palazzo Giusti** mit seinem paradiesartigen Renaissancegarten, in dem man die Zeit ein Weilchen stillstehen lassen kann. Im Palazzo Pompei (Sanmicheli, 1530) nahe der Brücke Ponte Navi zeigt das **Museo Civico di Storia Naturale** eine der artenreichsten Fossiliensammlungen Europas.
Museum: Di.–So. 10–18 Uhr | Eintritt 4,50 €

Kirchen am Ostufer

ZIELE
VERSILIA

Rund um Verona

Wein und Villen

Monti Lessini

Zwischen der Carega-Gruppe im Norden (auch Kleine Dolomiten genannt) und Verona erheben sich die zwischen 1200 und 1800 m hohen Lessinischen Alpen. In ihren südlichen Ausläufern liegt das Weinanbaugebiet **Valpolicella**, dessen Zentren in den Tälern um Fumane, Marano und Negrar liegen. Die bekanntesten Weine sind der einfache **Valpolicella**, der wuchtige trockene Amarone, der süße Recioto sowie der leichte, frisch-fruchtige weiße **Soave**. Aber nicht nur für den Gaumen, auch fürs Auge findet sich etwas in der schönen Hügellandschaft: Hier stehen einige Villen aus dem 17. und 18. Jh.

Versteinerte Vergangenheit

Soave

Das hübsche mittelalterliche Städtchen Soave, 22 km östlich von Verona, wartet mit einer vollständig erhaltenen Mauer mit 24 Türmen und einer prächtigen Skaligerburg auf. Ein Mekka der Fossiliensammler ist Bolca mit seinem **Musei dei Fossili**, in dem die Überreste einer über 50 Mio. Jahre alten versteinerten Tropenlagune ausgestellt sind. Beim Dorf Molina, etwa 30 km nördlich von Verona, stürzen im Naturpark Wasserfälle von Felsen herab. Um Sant'Ambrogio di Valpolicella und Volargne, nahe der Etsch, wird der berühmte Rosso di Verona abgebaut, der rote Marmor, der beim Bau des Amphitheaters in Verona und anderer Paläste und Kirchen in Venetien verwendet wurde.

★ VERSILIA

Region: Toskana · Toscana | **Provinz:** Massa Carrara und Lucca

G/H
10/11

Feiner Sand, glasklares Meer und dahinter die grandiose Kulisse der Alpi Apuane: Die Küste der Versilia an der Grenze zu Ligurien bietet Strandvergnügen pur. Die Badeorte haben hier eine lange Tradition: In Viareggio wurden 1827 die ersten Schwimmbäder eröffnet – mondäne Treffpunkte der eleganten Welt. Heute reiht sich über 30 km hinweg ein Badeort an den nächsten.

Toskanische Riviera

Ein Geheimtipp ist die Versilia damit natürlich nicht, und man darf nicht erwarten, ein einsames Fleckchen für sein Handtuch zu finden. Dafür gibt es hier alles, was das Entspannung suchende Urlauberherz begehrt: Küstenhotels für jedes Budget, bequeme Strandliegen, sanitäre Einrichtungen und allerlei Vergnügungsangebote. Der 4 km lange Familienstrand Lido di Camaiore ist rund um die Piazza Lemmetti sogar kostenlos, ebenso wie der beliebte Strand La Lecciona nahe Viareggio. Strandtasche gepackt?

Wohin an der Versilia?

Kontrastprogramm zum Strand
Zum Greifen nah erscheinen die Apuanischen Alpen, die mit ihren bis weit in den Frühling verschneiten Gipfeln die Küste begleiten und ihr ein besonderes Flair verleihen. Trotz ihrer geringen Höhe tragen sie ihren Namen zu Recht: Das Karstgebirge beeindruckt mit schroffen Felswänden und absolut **alpinen Szenarien**. Einen Badeurlaub sollte man daher unbedingt mit Touren im Parco Naturale delle Alpi Apuane verbinden.
www.parcapuane.it

★ Alpi Apuane

Im Zeichen des Marmors
Carrara liegt unmittelbar an der Grenze zu Ligurien und ist mit der italienischen Kunst- und Architekturgeschichte unlösbar verbunden. Seit mehr als 2000 Jahren werden hier die kristallinen Kalke der Apuanischen Alpen als **Marmor** in riesigen Steinbrüchen abgebaut. Sie reichen bis in 1000 m Höhe und bilden mit ihrem strahlenden Weiß den beeindruckenden Hintergrund der Stadt. Das kostbare Material prägt auch das Stadtbild, etwa die pisanisch gestaltete Marmorfassade des romanisch-gotischen Doms (11.–14. Jh.). Vor dem Dom steht die skurrile **Fontana del Gigante** von Baccio Bandinelli, der Andrea Doria als Neptun auf zwei Delfine stellte. Im Palazzo Cybo Malaspina in der Stadtmitte stellt die Kunstakademie einen römischen Altar aus, der im Steinbruch Fantiscritti gefunden wurde und auf dem sich Künstler von Giambologna bis Canova verewigten. Südwestlich außerhalb der Stadt informiert das **Museo Civico del Marmo** über die Marmorgewinnung seit der Antike und seine künstlerische und technische Verwendung bis zur Gegenwart.

Carrara

Museum: Juni – Mitte Sept. Di.–So. 10–18, Mitte Sept.–Mai Di.–So. 9–12 u. 14–17 Uhr | Eintritt 5 €

Weiß wie Schnee
Der Marmor, der seit römischer Zeit in den Tälern von Colonnata, Fantiscritti und Ravaccione gebrochen wird, erlangte vor allem durch **Michelangelo** Weltruhm. Im kleinen Freilichtmuseum von Walter Danesi in Fantiscritti sind Gerätschaften zum Abbau des Marmors ausgestellt (Anfahrt: Carrara, Miseglia, von dort aus beschildert). Sehenswert sind auch die Brüche bei Piastre, wo der wertvolle, reinweiße »statuario« ansteht. **Massa**, 7 km südöstlich von Carrara, hat ebenfalls bedeutende Marmorbrüche. Im Badeort Marina di Massa

★ Marmorbrüche

CARRARA-MARMOR

BAEDEKER WISSEN

Aus der Ferne wirken sie wie Schneefelder – die gigantischen weißen Marmorbrüche oberhalb von Carrara, die bis auf 1000 m Höhe in den Gebirgsstock der Apuanischen Alpen hinaufreichen. Kein anderer Naturstein besitzt die Wertschätzung des feinkörnigen weißen Marmors, dessen Name sich vom griechischen »Mármaros« (gebrochener Stein) ableiten lässt.

Apuanische Alpen

Becken von Torano
Becken von Fantiscritti
Becken Colonn

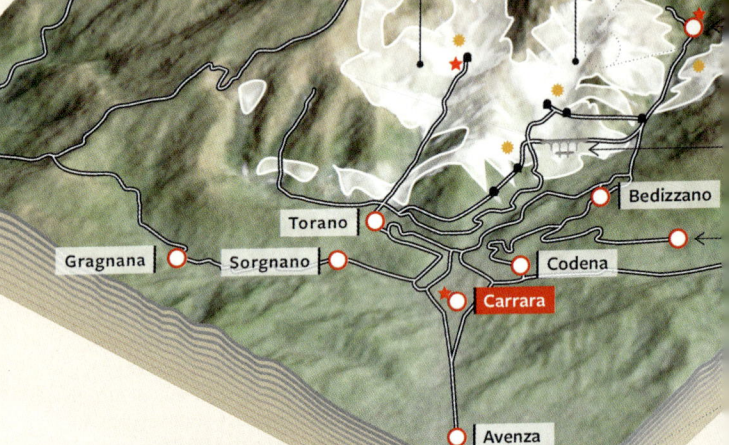

Bedizzano
Torano
Codena
Gragnana
Sorgnano
Carrara
Avenza

▶ In Stein gemeißelt: Statuen aus Carrara-Marmor

Michelangelo
»David«
(1504, Florenz)

Gian Lorenzo Bernini
»Medusa«
(1630er, Rom)

Donatello
»Evangelist Johannes«
(1408–1415, Florenz)

Antonio Canova
»Amor und Psyche«
(1793, Paris)

▶ **Der Steinhauer**
Vor der Industriellen Revolution übten Steinhauer drei Tätigkeiten aus:

1 Marmische/Marmorarii
... brachen grobe Blöcke aus den Steinwänden.

2 Quadratarii
... bearbeiteten die rohen Blöcke mit dem Spitzeisen und brachten sie in rechtwinklige Form.

3 Sectores serrarii
... spalteten die Platten.

Heute wird Carrara-Marmor mit Seilsägen und Schrämen aus dem Fels gesägt. Der Stein in den ca. 150 Brüchen über und unter Tage reicht voraussichtlich noch 300 Jahre.

○ Stadt
■ Tunnel
✷ historischer Steinbruch
★ Museum

Hoch hinaus: Bauwerke mit verbautem Carrara-Marmor

Petersdom
in Rom
(1506–1626)

World Trade Center
in New York
(1966–1973)

Dom
in Florenz
(1436 vollendet)

Campanile
von Pisa
(1173–1370)

VERSILIA ERLEBEN

ℹ️
Viale Regina Margherita 1, Viareggio, Tel. 0584 17 69 641
www.inversilia.com
www.versilia.com

🍽️

LA DARSENA €€€€
Hier schmeckt die Toskana nach Meer! Die Küche der eleganten Trattoria bereitet traditionelle Gerichte der toskanischen Küste meisterlich und nach Slow-Food-Prinzipien zu.
Via Virgilio 150, Viareggio
Tel. 0584 63 29 42
Okt.–Mai So. abends geschl.
Jun.–Sept. So. mittags geschl.
www.trattorialadarsena.it

OSTERIA DEL BORGO €
Vorzügliche Gerichte aus der Region, mit kleiner Enoteca im Keller.
Via Beatrice 17, Massa
Tel. 0585 81 06 80, Di. geschl.

🏠

ALBERGO PIETRASANTA €€€€
Prachtvoller Palazzo aus dem 17. Jh. mitten im Zentrum mit romantisch ausstaffierten Zimmern mit Himmelbetten und glänzendem Parkett. Vor dem Abendessen trifft man sich auf einen Aperitif im gekiesten Garten.
Via Garibaldi 35, Pietrasanta
Tel. 0584 79 37 26
www.albergopietrasanta.com

MATILDE €€
Ein ruhiges Hotel mit gemütlichen Zimmern, schönem Garten und Restaurant für Hausgäste.
Via Tagliamento 4, Marina di Massa
Tel. 0585 24 14 41
www.hotelmatilde.it

---

kann man einen angenehmen Tag am Strand verbringen oder am Lungomare di Ponente das Aquarium besichtigen. Das mittelalterliche Massa Vecchia liegt am Fuß der Malaspinaburg, das neuere Massa Nuova gründete im 16. Jh. Graf Cybo Malaspina. An der hübschen Piazza Aranci steht der prachtvolle Palazzo Ducale. Im Dom SS Pietro e Francesco (bis 1389, Fassade 1936) am oberen Ende der Via Dante sollte man sich die Reste eines **Freskos von Pinturicchio** und ein Triptychon von Castelletto anschauen. Von der Rocca (15./16. Jh.) hat man eine schöne Aussicht.

Vornehmes Seebad

Forte dei Marmi — Seitdem die Familie Agnelli hier eine Villa erwarb, hat sich das elegante, diskrete Forte dei Marmi, 5 km südlich von Massa, zum exklusivsten Seebad der Versilia entwickelt. Man legt seine Wege per Fahrrad zurück. Mittelpunkt ist die kleine Fortezza (1788), die heutige Post. Vom **Marmorhafen** ist noch der **lange Steg** erhalten, von dem man einen herrlichen Blick auf das Bergpanorama hat. Seit Anfang des 20. Jh.s sah der Ort illustre Gäste wie d'Annunzio und seine Muse Eleonora Duse, Thomas Mann und Aldous Huxley. Im September findet ein Satirefestival statt.

ZIELE
VERSILIA

»Heiliger Stein« – der Name passt

13 km südöstlich von Massa liegt Pietrasanta, der Hauptort der Versilia. Seit Jahrhunderten sind hier renommierte **Bildhauerwerkstätten** und Bronzegießereien angesiedelt, mit denen u. a. einst Henry Moore und Joan Mirò zusammenarbeiten. Hier überrascht die faszinierende Atmosphäre, in der Meer und Strand nur am Rand wichtig sind. Mittelpunkt des Ortes ist der lang gestreckte Domplatz, um den sich alte Bauwerke reihen. Hinter der Porta di Pisa sieht man die Reste der Rocca Arrighina (1487), dann folgt der 1256 begonnene Duomo San Martino mit dem unvollendet gebliebenen Backsteinkampanile, dem Wahrzeichen der Stadt, und dem Baptisterium aus dem 17. Jh. Weiter oben ist im Palazzo Moroni das Archäologische Museum untergebracht; in der Kirche Sant'Agostino zeigt das Modellmuseum **Museo del Bozzetti** 700 Gipsmodelle und Skulpturenentwürfe von Künstlern wie Niki de Saint Phalle (Eintritt frei).

Pietrasanta

Museo dei Bozzetti: Via S. Agostino 1 | Sommer Mo.-Sa. 9-13, 19-24, So. 19-24, sonst Mo. 14-19, Di.-Sa. 9-13, 14-19, So. 16-19 Uhr

Mondän

Der elegante Badeort ist geprägt von wunderbaren Villen, Hotels und Cafés, die nach dem Stadtbrand 1917 im italienischen Jugendstil erbaut wurden. Berühmt ist der Karneval, bei dem Tausende von Maskierten und Wagen auf der Küstenpromenade entlangziehen. Der Kanal Burlamacca mit seinen Hafenanlagen ist bis heute Bezugspunkt der Stadt; hier steht der **Torre Matilde** (1544,) das einzige alte Bauwerk. Nördlich schließt sich die ab 1824 entstandene Siedlung an. An der 3 km langen Strandpromenade liegt der **Parco d'Azeglio**; in der Villa Paolina, 1820 für Napoleons Schwester Pauline Bonaparte erbaut, ist ein archäologisches Museum eingerichtet. Vom Viale Manin an überbieten sich die Gebäude gegenseitig an Schönheit, etwa das Supercinema von 1920, Magazzini Duilio 48, das Châlet Martini, das den Brand 1917 überstand, das grandiose Gran Caffè Margherita, die Hotels Plaza, Grand Hôtel Royal, Excelsior und Principe del Piemonte mit Badeanstalt von 1939. Der Park **Pineta del Ponente** ist ein Rest des ursprünglichen Pinienwaldes. Reizvoll ist ein Spaziergang auf der Mole, die 600 m weit ins Meer reicht.

Viareggio

Der größte See in der Toskana

Wie ein Voralpensee wirkt der Lago Massaciuccoli 6 km südlich von Viareggio, der zum Naturpark Migliarino-San Rossore-Massaciuccoli (▶ S. 447) gehört. In einer öffentlich zugänglichen Villa am See hat **Giacomo Puccini** lange Zeit gelebt und hier ist er zusammen mit seiner Frau beigesetzt worden. Im Freilichttheater findet im Sommer das Puccinifestival statt.

Lago Massaciuccoli

Museo Villa Puccini: April-Okt. 10-12.40, 15-18.20, Puccini-Festival tgl. 10-12.40, 16-20.40 Uhr, sonst siehe www.giacomopuccini.it | Eintr. 7 €

ZIELE
VICENZA

★ VICENZA

Region: Venetien · Veneto | Provinz: Vicenza | Höhe: 40 m ü. d. M.
Einwohnerzahl: 111 600

D 13

Seinen Ruhm verdankt Vicenza dem grandiosen Architekten Andrea Palladio (1508–1580), der mit seinen Villen Architekturgeschichte schrieb und dessen Bauten zum UNESCO-Welterbe zählen. Abseits der architektonischen Höhepunkte wartet die Stadt mit hervorragenden Goldschmiedewerkstätten und einer besonderen Spezialität auf, dem »Baccalà« genannten Stockfisch.

Palladios Stadt

Gegründet wurde die Stadt von den Venetern, 49 n. Chr. wurde sie römisches Municipium – der heutige Corso Palladio verläuft auf dem einst römischen Decumanus Maximus. Es folgten u. a. ein langobardischer Herzog und ein fränkischer Graf; als sich Vicenza 1404 der Republik Venedig anschloss, hatte die Stadt so einige Male den Besitzer gewechselt. Heute glänzt sie vor allem als »Stadt Palladios«.

▎Wohin in Vicenza?

Unverkennbar

Piazza dei Signori

Die prachtvolle, lang gestreckte Piazza dei Signori ist schon seit römischer Zeit das Zentrum des öffentlichen und privaten Lebens. Hier steht die von der mittelalterlichen Torre di Piazza überragte **Basilica Palladiana** (1549–1614), das Hauptwerk Palladios, das dem Architekten seinen künstlerischen Durchbruch brachte. Der ursprünglich gotische Bau diente als Versammlungssaal des Großen Rats. Den Wettbewerb zu seiner Verschönerung gewann Palladio, indem er den Kernbau mit einem zweigeschossigen Säulenportikus aus Marmor ummantelte; verschieden große Rechtecköffnungen neben den Bögen gleichen die unterschiedlichen Achsenbreiten aus. Palladio schlug auch den Namen Basilica vor, die antike Bezeichnung für den Versammlungs- und Gerichtsort. Auf dem Dach kann man sich heute zu einem Kaffee oder einem Drink niederlassen. Vor der westlichen Seite der Basilica erinnert ein Standbild an Palladio.

Hier residierte der Capitano

Loggia del Capitaniato

Der Basilica gegenüber steht der Palazzo del Monte di Pietà, das einstige Pfandhaus aus dem 15. Jh.; seine Gebäude umrahmen die barocke Fassade der Kirche San Vicenzo. An der Nordseite der Piazza folgt die Loggia del Capitaniato, der 1571 von Palladio begonnene Sitz des **venezianischen Statthalters**. Die beiden Säulen im Osten des Platzes tragen die Statue des Erlösers und den Markuslöwen.

ZIELE
VICENZA

Mit Dachbar

Der gotische Dom mit der Fassade aus weißem und rotem Marmor wurde im 15. Jh. auf den Grundmauern dreier Vorgängerkirchen erbaut. In der 5. Kapelle rechts steht ein schöner Flügelaltar Lorenzo Venezianos von 1356. Und dann ist da noch die Bar auf dem Dach ... Vom Domplatz gelangt man über den Contrà Pigafetta zur Piazza delle Erbe. Von dort kann man einen Abstecher durch das Stadtviertel Rione Barche unternehmen, durch das der Retrone fließt.

Der schnurgerade, von Palästen gesäumte **Corso Andrea Palladio** mündet in die Piazza Castello, deren Turm zu einer Skaligerburg gehörte. Links an der Schmalseite des Platzes liegt der **Palazzo Porto-Breganze**, 1600 nach Palladios Entwurf von Vincenzo Scamozzi ausgeführt – die Kolossalsäulen sind typisch für Palladios Spätwerke. Pläne Scamozzis wiederum liegen dem schönen Palazzo del Comune (1592–1662) am Corso Palladio 98 zugrunde. Ein weiterer wichtiger Bau am Corso ist der gotische Palazzo Da Schio (Nr. 147), auch **Cà d'Oro** genannt. Er wurde im 15. Jh. nach venezianischem Vorbild errichtet, Gesimse und Kapitelle sind mit Blattgold verkleidet. Am nordöstlichen Ende des Corso befindet sich im Palazzo Chiericati, einem der Hauptwerke Palladios, die **Pinacoteca Civica** mit venetischer Malerei vom Mittelalter bis zum Manierismus sowie einigen Holländern.

Pinacoteca Civica: Juli, Aug. Di.–So. 10–18, sonst 9–17 Uhr
Eintritt 10 €

Duomo di Vicenza

Wo gibt es das schon, eine Bar auf dem Kirchendach? In Vicenza!

ZIELE
VICENZA

- ① Storione
- ② Ponte delle Bele
- ③ Al Pestello
- ① Glam-Boutique-Hotel
- ② Hotel Villa Michelangelo
- ③ Albergo Due Mori

★ **Teatro Olimpico**

Alte Kulissen
Gegenüber dem Museum liegt das Teatro Olimpico von 1580. Der aus Holz und Stuck errichtete Bau ist vermutlich **der erste überdachte Theaterraum** in Europa – einer der schönsten Bauten Palladios und zugleich sein letzter. Der großartige Zuschauerraum steigt stufenweise in einem Halboval an, die Bühnenkulisse, entworfen von Palladios Schüler Scamozzi, täuscht mit ihren drei Toren Tiefe vor. Sie hat sich seit der Einweihung 1583 nicht verändert.

Juli, Aug. Di.–So. 10–18, Sept.–Juni 9–17 Uhr | Eintritt 11 €
www.teatrolimpicovicenza.it

ZIELE
VICENZA

VICENZA ERLEBEN

ⓘ
Piazza Matteotti 12
Tel. 0444 32 08 54
www.vicenzae.org

🍴

❶ STORIONE €€
Hier genießen Sie edle Fischspezialitäten je nach Marktangebot. Der Patron, dessen Großvater einst das Lokal eröffnete, empfiehlt dazu einen Wein aus dem gut bestückten Keller.
Strada Pasubio 64
Tel. 0444 566 244, So. geschl.

❷ PONTE DELLE BELE €
Diese historische Trattoria hat sich auf deftige Südtiroler Schmankerl spezialisiert.
Contrà Ponte delle Bele 5
Tel. 0444 32 06 47, So. geschl.

❸ AL PESTELLO €€
Wer die echte Küche Vicenzas kennenlernen möchte, ist in diesem kleinen Lokal genau richtig.
Contrà Santo Stefano 3
Tel. 0444 32 37 21
Di. geschl., www.alpestello.it

🏠

❶ GLAM-BOUTIQUE-HOTEL €€€€
Sehr chic und extravagant gestyltes Haus mit ausgefallenem, aber dennoch unaufdringlichem Design.
Viale Antonio Giuriolo 10
Tel. 0444 32 64 58
www.gboutiquehotel.com

❷ HOTEL VILLA MICHELANGELO €€€ – €€€€
Nur 10 min von der Innenstadt entfernt liegt das schöne Hotel in einer Palladio-Villa, umgeben von einem großen Park mit Pool und Golfplatz in der Nähe.
Via Sacco 35, Arcugnano
Tel. 0444 55 03 00
https://collezione.starhotels.com

❸ ALBERGO DUE MORI € – €€
Zentral in der Fußgängerzone in einem alten Palazzo, mit hübschen, zum Teil mit Antiquitäten möblierten Zimmern – es gibt kostenfrei WLAN, aber keinen Fernseher.
Contrà do Rode 24
Tel. 0444 32 18 86
www.albergoduemori.it

Die Dornenkrone
Die gotische Kirche aus dem 13. Jh. hütet eine kostbare Reliquie: ein Stück aus der Dornenkrone Christi. Das Altarbild »Taufe Christi« am 5. Altar links schuf Giovanni Bellini und die »Anbetung der Könige« am 3. Altar rechts ist ein Werk Paolo Veroneses (1573). Von hier ist es nicht weit zur Kirche **Santo Stefano**, erbaut im 18. Jh. und an römischen Vorbildern orientiert. Hier entdeckt man Malereien von Tiepolo am Tabernakel des Hauptaltars und im linken Querschiff eine »Thronende Madonna« von Palma il Vecchio.
Santa Corona

Noch mehr Palladio
Vom Corso Andrea Palladio zweigt rechtwinklig der Contrà Ponti ab, er ist ebenfalls von prächtigen gotisch-venezianischen und Renais-
Corso Palladio

sancepalazzi gesäumt. Den unvollendeten Palazzo Barbaran da Porto, Hausnummer 11, entwarf Palladio, ebenso den nahe gelegenen Palazzo Thiene, Hausnummer 6. Ein weiteres Gebäude des Meisters ist der Palazzo Valmarana-Braga am Corso A. Fogazzaro Nr. 16. Etwas weiter nördlich folgt die Kirche San Lorenzo (um 1300) mit einem Fresko des Malers Bartolomeo Montagna.

Rund um Vicenza

Ein Schmuckstück

Basilica di Monte Berico

Schon von Weitem erkennt man die Wallfahrtskirche auf einem Hügel am südlichen Stadtrand. Ein 2 km langer, von Kapellen gesäumter Bogengang, der Portici di Monte Berico, führt hinauf. Die Kirche wurde nach dem Vorbild der Rotonda 1668 von dem Bolognesen Carlo Borella ausgeführt. Die Kapelle rechts vom Hochaltar schmückt eine »Beweinung Christi« von Bartolomeo Montagna, das Refektorium das berühmte »Gastmahl des hl. Gregorius Magnus« von **Veronese**.

Klein gewachsen

Villa Valmarana ai Nani

Von der Zufahrtsstraße zur Basilika zweigt eine Straße zur Villa Valmarana ai Nani ab. Die Zwergstatuen (nani) auf der Gartenmauer erinnern daran, dass hier die kleingewachsene Tochter des einstigen Besitzers gelebt haben soll, die nur von Kleinwüchsigen umgeben war. Haupt- und Gästehaus malten Giovanni Battista Tiepolo und sein Sohn Giandomenico 1757 mit Fresken aus, die u. a. Szenen aus dem berühmten Karnevalstreiben von Venedig zeigen.
März-Okt. tgl. 10-18, sonst bis 16 Uhr | Eintritt 11 €
www.villavalmarana.com

Perfekte Symmetrie

La Rotonda

Nur ein paar Schritte sind es von hier zur Villa Rotonda, auch Villa Capra Valmarana genannt. Palladio begann den Entwurf für seine bekannteste Villa 1550, erst 1606 wurde sie von Scamozzi vollendet: ein Kuppelbau auf **quadratischem Grundriss**. Die vier Fassaden weisen vier identische Säulentympana und Treppenaufgänge auf. Schon Goethe schrieb in seiner Italienischen Reise: »Vielleicht hat die Baukunst ihren Luxus niemals höher getrieben.« Den Spitznamen Rotonda erhielt die Villa übrigens wegen der Innengestaltung ihrer Kuppel.
Mitte April-Okt. Fr.-So. 10-12, 15-18, März u. Nov. Sa./So. 10-12.30, 14.30-17 Uhr, sonst nach Vereinb. | Eintr. 10 € | www.villalarotonda.it

Flüssiger Exportschlager

Bassano del Grappa

Das malerische Städtchen liegt 35 km von Vicenza am Südfuß der Alpen. Sein Wahrzeichen ist der **Ponte Vecchio**, die alte gedeckte Holzbrücke über die Brenta nach einem Entwurf Palladios. Seit ihrem

Große Auswahl bei Nardini in Bassano del Grappa

Wiederaufbau 1948 heißt sie auch Ponte degli Alpini. Bekannt ist Bassano für seine Keramikerzeugnisse und seinen Grappa, benannt ist es allerdings nach dem Monte Grappa. 1779 richtete **Bortolo Nardini** am östlichen Zugang zur Brücke eine erste Distilleria ein. Heute wetteifern mit Nardini noch Baggio und Poli um die Gunst der Grappaliebhaber. Hinter der Destillerie Poli befindet sich das kleine **Grappamuseum**. Alles über die Keramikherstellung erfährt man im Museo della Ceramica im Palazzo Sturm. Mittelpunkt der hübschen Altstadt ist die Piazza Garibaldi mit dem Ezzelinoturm (13. Jh.). Hier steht auch die romanisch-gotische Kirche San Francesco mit einem Kreuz von Guariento (14. Jh.). Von der Piazza della Libertà führt ein Weg zur Ruine des Castello Superiore und zum Dom hinauf, wo zwei Altarbilder Leandro Bassanos zu sehen sind.

Tragische Vergangenheit
Eine schöne Straße führt nach Norden auf den Gipfel des 1775 hohen Monte Grappa (35 km nördlich). Der Santuario erinnert daran, dass der Berg 1917/1918 Schauplatz heftiger Kämpfe war.

Monte Grappa

Klein, aber fein
Ein weiterer Abstecher führt ins nahe Marostica (7 km westlich von Bassano). Das Städtchen am Fuß des Monte Pausolino hat zwei Burgen und eine zinnengekrönte Wehrmauer aus Skaligerzeit.

Marostica

▶ S. 653

Asolo

ZIELE
VOLTERRA

VOLTERRA

Region: Toskana · Toscana | Provinz: Pisa | Höhe: 531 m ü. d. M.
Einwohnerzahl: 10 300

Drei Jahrtausende Geschichte ballen sich in der Etruskerstadt auf einem Hügel in der Toskana. So dicht ist die Atmosphäre, dass Twilight-Bestsellerautorin Stephanie Meyer Vampir Edward und seine Freundin Bella durch die Gassen von Volterra laufen ließ. Verfilmt wurde die Story dann zwar woanders, dennoch bietet die Stadtverwaltung eine »New Moon Tour« an – mit dem Plan bahnen sich junge Besucher aus aller Welt ihren Weg durch Volterra.

Alabasterstadt

Bekannt machte die Stadt allerdings nicht erst Meyers Vampirromanze, sondern schon weit vorher etwas ganz anderes: Volterra war einst das bedeutendste Alabasterzentrum der Welt. Das seidig glänzende weiße Material, das noch heute in den Hügeln der Region abgebaut wird, galt als das Luxusprodukt. Bis heute gibt es in der Stadt kleine familiengeführte Ateliers, in denen Alabaster verarbeitet wird: zu Tellern, Bechern und Schmuck »Made in Volterra«.

▌ Wohin in Volterra?

Turm mit Schweinchen

Piazza dei Priori

Mittelpunkt ist die ernste, würdige Piazza dei Priori mit dem gleichnamigen Palazzo (1208–1254), dem **ältesten toskanischen Kommunalpalast**, Vorbild für den Florentiner Palazzo Vecchio. Seinen Ratssaal schmücken Fresken aus dem 19. Jh. Gegenüber steht der Palazzo Pretorio (13. Jh.), dessen Turm nach der schweinchenartigen Alabasterfigur am Gesims »Torre del Porcellino« genannt wird.
Sommer tgl. 9–19, Winter 10–16.30 Uhr | Eintr. 10 € (o. Volterra Card)

Kostbarkeiten aus mehreren Jahrhunderten

Duomo Santa Maria Assunta

Westlich hinter dem Rathaus erhebt sich der Dom, 1120 geweiht, 1254 im Pisaner Stil und noch einmal im 14. Jh. erweitert. Im Chor schuf Mino da Fiesole 1471 das marmorne Ziborium. Die ungewöhnlich große bemalte »Kreuzesabnahme« stammt aus der Zeit um 1250, die Kanzel setzte man aus Fragmenten des 12./13. Jh.s zusammen. Benozzo Gozzoli schuf das Fresko der Heiligen Drei Könige in der Cappella dell'Addolorata. Vor dem Dom steht das achteckige Baptisterium San Giovanni (1283). Der Bischofspalast links vom Dom hütet das **Museo Diocesano di Arte Sacra** mit liturgischem Gerät, Messgewändern und einem Bronzekruzifix von Giambologna (16. Jh.).

Südlich des Doms öffnet sich im antiken Mauerring der **Arco Etrusco.** Die Pfosten und Köpfe an der Außenseite werden auf das 4./3. Jh. v. Chr.; der Bogen ins 1. Jh. datiert. Im Zweiten Weltkrieg konnte das Tor vor der Sprengung durch deutsche Truppen bewahrt werden.
Museum: Öffnungszeit variiert, meist 11–13, 14.30–17 Uhr, im Sommer Di./Mi. geschl. | Eintritt 5 € | www.museodiocesanovolterra.com

Kunst und Kunsthandwerk

An der Kreuzung Via Roma/Via Ricciarelli steht die Casa Torre Buonparenti, ein Wohnturm aus dem 13. Jh. In der Via dei Sarti befindet sich neben weiteren Wohntürmen der Palazzo Minucci-Solaini mit der **Pinakothek** und dem **Museo Civivo.** Die Gemäldesammlung hütet Werke Ghirlandaios, Signorellis und die berühmte »Kreuzesabnahme« Rosso Fiorentinos von 1521, ein Hauptwerk des Florentiner Manierismus. Im Torre Minucci des Palastes dreht sich im **Ecomuseo dell'Alabastro** alles um das berühmte Material und man kann auch einen Blick in eine alte Alabasterwerkstatt werfen.

Palazzo Minucci-Solaini

Pinacoteca und Museo Civico: Mitte März – Okt. tgl. 9–19, sonst 10–16.30 Uhr | Eintritt 8 € | **Ecomuseo dell'Alabastro:** Mitte April bis Okt. 9–19, sonst 10.30–16.30 Uhr | Eintritt 8 €

In Volterra dreht sich alles um Alabaster.

ZIELE
VOLTERRA

VOLTERRA ERLEBEN

ⓘ

Piazza dei Priori 20
Tel. 0588 8 72 57
https://volterratur.it/en

VOLTERRA CARD
Die Kombikarte (15 €) gilt für: Alabastermuseum, Pinakothek mit Museo Civico, Museo Etrusco Guarnacci, Palazzo dei Priori, Teatro Romano und Archäologischer Park.

Beim mittelalterlichen Stadtfest Volterra A. D. 1398 wird die Altstadt ins Jahr 1398 zurückversetzt – eine Woche lang Mitte August.
www.volterra1398.it

OMBRA DELLA SERA €
Seit mehr als 25 Jahren gibt es das kleine, stilvolle Restaurant (Achtung Verwechslungsgefahr: gleichnamige Pizzeria). Neben verschiedenen Fischgerichten sind zwei Spezialitäten des Hauses die Zuppa alla Volterrana, eine Variation der toskanischen Brotsuppe, und Spaghetti al Chianti (mit Wein und Rosmarin).
Via Gramsci 70, Tel. 0588 8 66 63
Mo., Nov. und Ende Jan./Anf. Feb. geschl.

LA CARABACCIA €€
In der kleinen Trattoria wechseln die Gerichte täglich – Gäste können zwischen zwei Vor- und zwei Hauptspeisen wählen. Freitags gibt es Fischgerichte.
Piazza XX Settembre 4
Tel. 0588 8 62 39
So. abends u. Mo. geschl.

VILLA NENCINI €€
Mit Garten, Schatten spendenden Eichen und Pool! Das Restaurant (gute Küche!) hat eine schöne Terrasse.
Borgo Santo Stefano 55
Tel. 0588 8 63 86
www.villanencini.it

Männchen und Weibchen

Fortezza Medicea

In der mächtigen Medicifestung ist heute eine Strafanstalt untergebracht. Die Alte Burg wurde 1343 errichtet, die Neue Burg 1472 bis 1475 unter von Lorenzo de Medici. Der Rundturm der Neuen Burg wird »Maschio« (»Männchen«) genannt, der Turm der Alten Burg heißt »Femmina« (»Weibchen«). Im **Parco Archeologico** vor der Festung wurden Reste der antiken Akropolis freigelegt.
Parco Archeologico: Mitte März – Mitte Nov. tgl. 10.30–17.30, sonst 10–16.30 Uhr | Eintritt 5 €

★ Etruskische Kunst

Museo Etrusco Guarnacci

In der Via Don Minzoni zeigt eines der bedeutendsten Etruskermuseen die reichen Funde aus Volterra und Umgebung. Unter den mehr als 600 Graburnen des 6. bis 1. Jh. v. Chr., die auf dem Deckel die Gestalt des Toten zeigen, ist die »Urna degli Sposi« mit ihren realistischen Porträts besonders bemerkenswert. Sehr eigenartig ist die von d'Annunzio »Ombra della Sera« (Abendschatten) genannte Statuette, vermutlich eine Votivfigur aus dem 3. Jh. v. Chr. Viele der Arbeiten sind aus Alabaster gefertigt. Die dazugehörigen Ausgrabungen findet man unterhalb der Stadtmauer, wo man auf das römische Theater (1. Jh. n. Chr.) und die Thermen (4. Jh.) stößt.

Weiter im Nordwesten sind Reste des einst 7 km langen etruskischen Mauerrings zu sehen. Unmittelbar nordwestlich der Stadt befinden sich die **Balze,** Steilhänge mit eindrucksvollen Schluchten, entstanden durch fortschreitende Erosion, der schon etruskische Nekropolen, Teile der antiken Mauer sowie eine mittelalterliche Kirche zum Opfer fielen.

Mitte April – Okt. tgl. 9–19, sonst 10–16.30 Uhr | Eintritt 8 €
www.museivaldicecina.it

Rund um Volterra

Noch eine weiße Kostbarkeit

Von Volterra geht es hinunter nach Saline di Volterra, dessen **Bergwerke** die Toskana mit Salz versorgen. Fährt man südlich weiter in das erzreiche, kahle Hügelland der Colline Metallifere, kommt man zum Städtchen Pomarance, das ein geothermisches Kraftwerk besitzt – eine Folge des Phänomens der »soffioni«, heißer Dampfquellen, deren Wasser reich an Borsäure und anderen Verbindungen ist.

Saline di Volterra

H
HINTER-
GRUND

Direkt, erstaunlich, fundiert

Unsere Hintergrundinformationen beantworten (fast) alle Ihre Fragen zu Italien.

Giambolognas »Raub der Sabinerin« in Florenz ist die erste »figura serpentina«: Man muss sie umschreiten. ▶

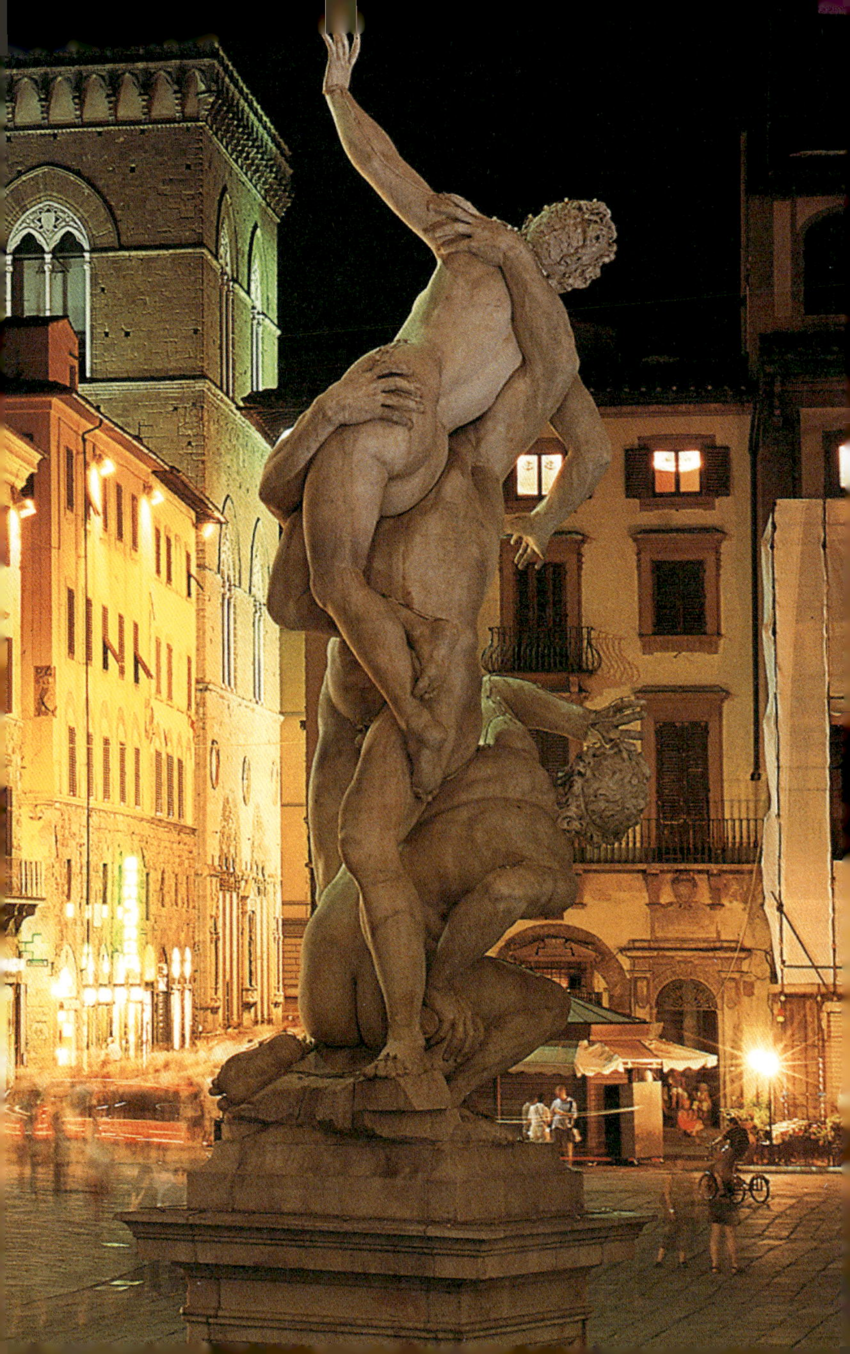

HINTERGRUND
DAS LAND UND SEINE MENSCHEN

DAS LAND UND SEINE MENSCHEN

Die Sehnsucht nach dem »Land, wo die Zitronen blühen«, ist uralt. Denn Italien ist weit mehr als das liebste Urlaubsziel der Deutschen, weit mehr als ein Lebensgefühl. Italien ist Leben pur. Und gleichzeitig ein Land, in dem Gegensätze regieren: antike Größe und Kunstschätze ebenso wie Zerfall und bröckelnde Fassaden, Hochkultur und organisiertes Verbrechen, Reichtum und Armut. Jegliches Mittelmaß scheint an Italien vorbeizugehen.

Benvenuti in Italia! Sophia Loren, Sinnbild der italienischen Frau, zeigte, dass es wichtig ist, unter allen Umständen authentisch und ehrlich zu sein, und dass äußere Schönheit nur dann richtig wirkt, wenn sie mit dem Innern übereinstimmt. Auch die äußere Schönheit Italiens ist unübersehbar, und das Innere lernt man unterwegs kennen. Etwa, wenn man sich ohne Vorbehalte dem mitunter unberechenbaren Alltag hingibt – wie dem Chaos, das auf den Straßen Roms oder Neapels herrscht.
Vom klassischen Strandvergnügen zum Familienurlaub auf dem Bauernhof, von der Studienfahrt bis zum Shoppingweekend: Das Angebot erscheint unerschöpflich. Festivals moderner und klassischer Kunst erfreuen sich großer Beliebtheit, Museen präsentieren immer neue Einblicke in die reichen Kulturgüter des Landes. Umweltschutz gewinnt an Bedeutung, im Tourismus wie in der Landwirtschaft; immer mehr Weine entstehen nach Bio-Richtlinien. Diese wundervolle Mischung aus Kultur, Sonne und kulinarischem Genuss macht Italien auch zukünftig zum unwiderstehlichen Reiseziel.

| Geologie

Erbe der Eiszeit Zwei Gebirge prägen das Land: die **Alpen**, die sich wie eine Schutzwand um die Po-Ebene (Padania) legen, und der **Apennin**, der sich gleich einem Rückgrat über zwei Drittel der Halbinsel erstreckt. Während der Kaltzeiten der letzten 2 Mio. Jahre – die letzte Eiszeit endete vor etwa 10 000 Jahren – waren die höchsten Lagen des Apennin, darunter die Abruzzen, von dicken Eispanzern bzw. Firnfeldern bedeckt. Sehr schön ist das Erbe der Eiszeit im italienischen Teil der Alpen zu sehen, wo heute noch mehr als 110 km² Gletscherfelder vorhanden sind. Trogtäler, die von langsam fließenden Gletscherströmen ausgehobelt wurden, und tiefe, heute von Seen ausgefüllte Gletscherzungenbecken sowie Moränenwälle an vielen Talausgängen sind ebenso Zeugnisse der Eiszeit wie die Kare und Gletscherschliffe, die Sie in den Hochlagen des Apennin antreffen.

HINTERGRUND
DAS LAND UND SEINE MENSCHEN

OBEN: Einem Fjord ähnlich zeigt sich der Gardasee im Norden bei Torbole.
UNTEN: Die Altstadt von Vieste in Apulien klemmt sich auf einen Kalkfelsen im Adriatischen Meer.

HINTERGRUND
DAS LAND UND SEINE MENSCHEN

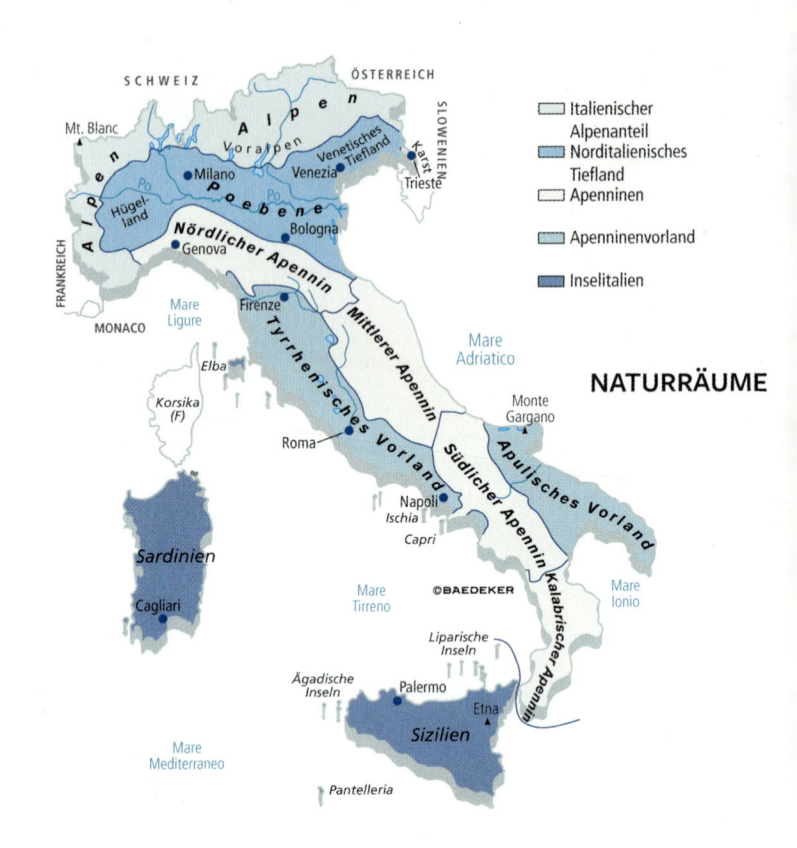

NATURRÄUME

| Erdbeben, Vulkanismus | Die Erdkruste ist in Italien bis heute nicht zur Ruhe gekommen. Immer wieder erschüttern heftige **Erdbeben** das Land, so 1976, als im Friaul über 1000 Menschen von einstürzenden Gebäudeteilen und Geröll erschlagen wurden. Ein Beben 1997 beschädigte u. a. die Kirche des Hl. Franziskus in Assisi, 2009 starben in L'Aquila und Umgebung 299 Menschen, 2012 kamen bei zwei Beben in der Emilia-Romagna mehr als 20 Menschen ums Leben. Auch die aktiven und erloschenen Vulkane sowie postvulkanische Erscheinungen wie Thermal- und Mineralquellen, Solfataren (Schwefeldampf-Aushauchungen) und Soffionen (Borquellen) sind Folgen der Erdkrustenbewegungen. Im nördlichen Italien zählen u. a. die Colli Euganei und die Monti Berici zwischen Venedig und Verona zu den größeren Vulkangebieten. Weiter südlich brodel(te)n die Inseln im Golf von |

HINTERGRUND
DAS LAND UND SEINE MENSCHEN

Neapel (besonders Ischia), der Vesuv und die Phlegräischen Felder, Vulcano und Stromboli und natürlich Europas größter Vulkan, der Ätna auf Sizilien.

Die italienischen Alpen spannen sich als etwa 800 km langer Hochgebirgsbogen von der Küste Liguriens hinüber zum Isonzo, der Grenze zwischen Italien und Slowenien. Im **Westen** bestehen sie größtenteils aus Granit, Gneis und Glimmerschiefer – kristallinem Gestein also, das in Form schroffer Gipfel, Pyramiden und Felshörner der abtragenden Kraft der Gletscher widerstand. **Östlich des Lago Maggiore** liegen weichere Schichten aus Kalkstein auf dem kristallinen Grundgebirge, die von Eis, Wasser und Wind schnell und weiträumig abgetragen wurden, sodass die Berge nicht so hoch und die Täler nicht so tief sind wie in den Westalpen. Einen Sonderfall bilden die nach dem französischen Geologen Déodat de Dolomieu (1750–1801) benannten **Dolomiten** mit ihrem harten Dolomit-Gestein, wo kantige Gipfelfluren und tiefe Täler entstanden. Am höchsten sind die italienischen Alpen im **Piemont**, wo sie recht schroff in Richtung Po abfallen. Am Rande des Aostatales erhebt sich das gewaltige Massiv des Monte Bianco (Mont Blanc) auf 4807 m Höhe; wenige Kilometer weiter östlich gleißt der mächtige Gletscher des 4638 m hohen Monte Rosa im Licht der Abendsonne.

Die Alpen

Der Po, mit 652 km Länge Italiens längster und bedeutendster Fluss, entspringt im südwestlichen Piemont in den **Cottischen Alpen** nahe der italienisch-französischen Grenze. Er mäandriert zunächst durch das südliche Piemont, fließt dann durch die Lombardei und Venetien und mündet schließlich in einem riesigen Delta in die Adria. Der **Po** ist eine Lebensader par excellence: Günstiges Klima und gute Böden machen die Ebene zur reichsten Ackerbauregion Italiens.

Oberitalienische Tiefebene (Po-Ebene)

Südlich des Po steigt die Ebene allmählich an und erreicht über ein schmales Hügelland den Apennin, der sich etwa in der gleichen Zeit wie der Alpenbogen ausbildete. Am Ende des Tertiär vor ca. 3 Mio. Jahren wurde er im Norden und in der Mitte nochmals vom Meer überflutet. Danach begann sich das Gebirge erneut aufzuwerfen. Diese Krustenbewegungen halten bis zur Stunde an. Den Unterbau des Gebirges bilden in erster Linie **Kalksteine** und metamorphe Gesteine wie **Dolomit**. Eindrucksvoll ist der **Vegetationswechsel** mit zunehmender Höhe: Unten dominieren Hartlaubgehölze, die nach oben in Grasfluren und Heiden übergehen. Vereinzelt sieht man noch Eichen, Buchen und Kastanien – Reste einstmals ausgedehnter, seit dem Altertum jedoch rücksichtslos abgeholzter **Laubwälder**. Durch Bodenabspülung und Verkarstung sind in den Höhenlagen schroff gezackte Felsen, abweisende Felsplateaus und weite Schotterflächen entstanden.

Apennin

HINTERGRUND
DAS LAND UND SEINE MENSCHEN

Tyrrhenisches Vorland
: Als Tyrrhenisches Vorland wird die stark zergliederte Landschaft bezeichnet, die vom Westabfall des Apennin bis zum Tyrrhenischen Meer hinunterreicht. Charakteristisch sind die abrupt abknickenden Täler und die geradezu flächenhaft auftretenden vulkanischen bzw. postvulkanischen Erscheinungen, darunter Vulkankegel, Kraterseen und Tuffdecken, die sich von den Monti Amiata bis zum Vesuv aneinanderreihen.

Apulisches Vorland
: Mit seinen flachen verkarsteten und trockenen Kalktafeln prägt das Apulische Vorland das Landschaftsbild zwischen Sporn (Monte Gargano) und Absatz (Salentinische Halbinsel). Das Kalkmassiv des Promontorio del Gargano dient vorwiegend als **Weideland**, trägt aber auch einige wertvolle Hochwälder und fällt nach Südosten zu einer wildromantischen Kliffküste mit Brandungstoren und -höhlen ab. Südlich schließt die **Tavoliere**, eine fruchtbare und landwirtschaftlich intensiv genutzte Küstenebene, an.

Sizilien
: Die sagenumwobene **Straße von Messina** ist ein geologisch sehr junger Grabenbruch, der den kalabrischen Teil des Tyrrhenischen Massivs von seiner Fortsetzung, den sizilianischen Monti Peloritani, trennt. Ganz anders stellt sich Sizilien im Massiv der Madorie dar, das westlich anschließt. Weitgehend kahle, stark verkarstete Kalkstöcke und -riegel prägen die Landschaft. Im Westen Siziliens zerbricht das Gebirge schließlich in unterschiedlich hohe Berg- und Hügelzüge. Der **Ätna**, dessen Vulkankegel wie ein riesiger Saugnapf auf einer ergiebigen Magmakammer aufsitzt, hat seit den letzten Ausbrüchen eine Gipfelhöhe von 3323 m.

Sardinien
: Sardinien zeigt gegenüber dem geologisch sehr unruhigen italienischen Festland einen völlig anderen Charakter. Es ist Teil der sehr alten **korsisch-sardischen Masse**, deren oberste Partien heute aus dem westlichen Mittelmeer herausragen. Die Insel baut sich aus einem größeren nördlichen und einem kleineren südwestlichen Block auf, dazwischen verläuft der **Campidanograben** von Oristano bis Cagliari. Den Unterbau des südwestlichen Inselteils bilden Gesteine aus dem Erdaltertum mit reichem Zink- und Bleivorkommen. Die Bergrücken aus alten Kalken, Sandsteinen und Schiefern erreichen im Iglesiente Höhen zwischen 500 und 1236 m. Der wesentlich größere nördliche Inselteil präsentiert sich als vielgestaltiges Bergland, das aus kristallinen Gesteinen und uralten vulkanischen Ablagerungen aufgebaut ist.

Landschaftsräume und Regionen

Fünf Großräume
: Italien lässt sich ganz grob in fünf verschiedene Großräume gliedern: **Norditalien**, das von den Alpen über die Po-Ebene hinweg bis zum Apennin und zur Riviera reicht, besteht aus einem westlichen und

HINTERGRUND
DAS LAND UND SEINE MENSCHEN

REGIONEN

einem östlichen Großraum. Im **Westen** liegen das Aostatal, Piemont, Lombardei und Ligurien. Fast zwei Drittel der Bevölkerung Norditaliens leben im »triangolo industriale«, jener stark industrialisierten Zone, deren Eckpunkte die Großstädte Turin, Mailand und Genua bilden. Zum räumlich etwa gleich großen **Osten** zählen Südtirol-Trentino, Venetien, Friaul-Julisch-Venetien und Emilia-Romagna. Das »grüne Herz« Italiens schlägt in **Mittelitalien** (»Italia Centrale«), womit die Regionen Toskana, Umbrien und Latium samt der Hauptstadt Rom gemeint sind. Vierter Großraum ist **Süditalien**, das den unteren Schaft, die Spitze und den Absatz des italienischen Stiefels einnimmt.

HINTERGRUND
DAS LAND UND SEINE MENSCHEN

Man versteht darunter die Regionen Abruzzen, Molise und Apulien, Kampanien mit der Großstadt Neapel, die Touristen noch wenig bekannte Basilikata und die ziemlich abgeschiedene Region Kalabrien. Als »**Inselitalien**« (Italie insulare) bezeichnet man nicht nur die beiden Inseln Sizilien und Sardinien, sondern auch kleine Inselgruppen wie die Liparischen, Ägadischen und Pontinischen Inseln, Ischia, Capri, Elba sowie den Toskanischen Archipel.

Aostatal (Valle d'Aosta) Das Valle d'Aosta ist eine der schönsten Landschaften Norditaliens: eingebettet in eine großartige Hochgebirgswelt und umkränzt von den höchsten Alpengipfeln. Schon im Altertum war die Talschaft als Zugang zu den Alpenübergängen des Kleinen und des Großen St. Bernhard wichtig und dementsprechend durch etliche **Burgen und Festungen** gesichert, an die heute noch Wehrbauten und Ruinen erinnern.

Piemont (Piemonte) Der Name Piemont bezieht sich auf die Lage der Region zu Füßen hoher Berge. Die Landschaft ist hier recht abwechslungsreich: Sie hat an der Po-Ebene ebenso Anteil wie am Voralpenland, das von Moränenzügen und Hügelländern geprägt ist. Diese Vielfalt zeigt sich auch in der wirtschaftlichen Leistungskraft. Das Hügelland um die Hauptstadt Turin sowie um Ivrea und Biella gehört zu den bestentwickelten **Industriegebieten** Italiens. Im Schwemmland des Po spielen Landwirtschaft und Viehzucht seit vielen Jahrhunderten eine bedeutende Rolle, in Gegenden wie dem Montferrato werden Weine angebaut.

Lombardei (Lombardia) Wirtschaftlich nicht minder attraktiv und aktiv ist die benachbarte Lombardei, eine hoch industrialisierte Landschaft, die sich von den Hochalpen bis in die grüne Hochebene zieht. Ihr Herz schlägt in **Mailand**, das wegen seiner Finanzkraft gerne als heimliche Hauptstadt bezeichnet wird. Zugleich nimmt die Landwirtschaft trotz aller Modernität nach wie vor einen hohen Stellenwert ein – ein Glück für jeden, der Weine wie den vorzüglichen »Veltliner« schätzen gelernt hat. Ein touristischer Magnet sind seit Langem die **Berge und Alpenseen** wie der Lago Maggiore, der Comer See und der Gardasee.

Venetien (Veneto) Der geradezu magische Anziehungspunkt im Veneto ist **Venedig**. Dennoch ist Venetien weit mehr als nur Umland der Lagunenstadt, es begeistert durch landschaftliche wie wirtschaftliche Vielfalt. So reifen im venetischen Teil der Po-Ebene Getreide, Mais, Reis, Obst und Gemüse. Die hier angebauten Weine, darunter Bardolino und Valpolicella, werden in ganz Europa gerne getrunken. Im mondänen Wintersportort Cortina d'Ampezzo schießen derweil pfeilschnelle Skifahrer die Hänge hinab. Erholung vom Trubel der Welt findet man in den **Thermal- und Mineralquellen** der Euganeischen Hügel nahe Padua und der Monti Berici bei Vicenza.

HINTERGRUND
DAS LAND UND SEINE MENSCHEN

Schon beim ersten Blick auf die Landkarte ahnt man, dass Friaul-Julisch Venetien keine typisch italienische Region ist: Es zieht sich von den Karnischen bzw. Julischen Kalkalpen bis hinunter an die Adria; Österreich, Slowenien und Kroatien liegen nahe. In großen Teilen des Landes spricht man neben italienisch auch friaulisch, das Stadtbild der Hafenstadt **Triest**, einst Österreichs Zugang zum Meer, prägen Wiener Kaffeehäuser. Während im Norden Berglandwirtschaft vorherrscht, ist an der Küste der Badetourismus die wirtschaftliche Triebfeder. Seebäder wie **Grado und Lignano** machten die Region schon vor hundert Jahren zu einem beliebten Reiseziel.

Friaul-Julisch-Venetien (Friuli Venezia Giulia)

Trentino-Südtirol wird durch eine lange Tradition der deutschen Sprache und Kultur geprägt. Das erkennt man schon optisch an der alpenländischen Bauweise der Häuser, aber auch an Details wie dem häufigen Fehlen von »coperto« und »servizio« auf der Restaurantrechnung. Das tiefe und durch seine Südlage klimatisch begünstigte **Etschtal** bietet hervorragende Voraussetzungen für Landwirtschaft. Im Tal gibt es Getreidefelder und Obstplantagen, auf den sonnenbeschienenen Terrassen wird Wein angebaut, in den Berglagen Weidewirtschaft betrieben. Die beiden eindrucksvollsten Hochgebirgsregionen sind die **Dolomiten und die Brenta-Gruppe**. Sie bieten optimale Bedingungen für Wanderer, Bergsteiger, Mountainbiker, Rad- und Skifahrer. Lebhafte Industrie- bzw. Handelsstandorte sind Bozen und Trient, zwei altbekannte städtische Zentren an der Brenner-Route.

Trentino-Südtirol (Trentino-Alto Adige)

Orangenbäume, Dattelpalmen, Oliven und Magnolien, mildes Klima, blühende Gärten und steil zum Ufer hin abfallende Berge: Mit diesem Szenario hat sich Ligurien, kurz: **Riviera**, einen Spitzenplatz auf der Liste italienischer Traumziele gesichert. Genua, die alles beherrschende Hauptstadt der Region, liegt mit ihrem stark frequentierten Hafen wie in einem riesigen Amphitheater fast in der Mitte des Küstenbogens am Ligurischen Meer. Westlich erstrecken sich die Riviera di Ponente und die Riviera dei Fiori mit ihren üppig bewachsenen Buchten und Seebädern wie San Remo. Östlich schließt sich die Riviera di Levante an, ein gebirgiger Küstenabschnitt mit hohen Klippen und Bergen. Wegen der hohen Niederschläge ist die Vegetation hier noch üppiger. Besonders reizvoll und dementsprechend gut besucht sind die **Cinque Terre** und das mondäne Portofino.

Ligurien (Liguria)

Die außerordentlich fruchtbare Emilia-Romagna, die vom Po bis zum Apennin und der Adria reicht, ist seit Langem besiedelt: Schon die Römer legten hier die schnurgerade **Via Emilia** an, nach der die Region benannt ist. Bologna, Ravenna, Parma, Piacenza und Modena gelten als reiche Städte, in denen die Erzeugnisse der heimischen Landwirtschaft und Viehzucht zu haben sind, wie der berühmte Par-

Emilia-Romagna (Emilia-Romagna)

HINTERGRUND
DAS LAND UND SEINE MENSCHEN

maschinen, Tomaten, Wein und Obst, aber auch hochwertige Textilien, Schuhe, Fahrzeuge und Maschinen. An der Adriaküste floriert der Badetourismus derart, dass die Strände von Rimini und Milano Marittima als »Teutonengrill« bekannt sind.

Toskana (Toscana) Pinien und Zypressen sind die charakteristischen Pflanzen dieser Hügellandschaft, die seit vielen Jahren zu den Lieblingszielen der Deutschen gehört. Hier gedeihen berühmte Weine wie der **Chianti und Oliven**. Flüsse wie Arno und Chiara haben Täler ausgeräumt, in denen Obst- und Gemüsegärten, mitunter aber auch Industrie das Bild prägen. Den Kernraum der Toskana bildet das fruchtbare Arno-Becken mit seinen Weinbergen, Olivenhainen, Mais- und Getreidefeldern, um Lucca dominiert der Gartenbau. Eine Wonne für Auge und Geist ist die Kunstmetropole **Florenz**, gefolgt von Siena, Pisa und San Giminiano. Das karge Gebiet am Oberlauf des Ombrone passt nicht so recht in dieses Idyll und wird oft als »Wüste Italiens« bezeichnet. Die Apuanischen Alpen wurden durch die Marmorbrüche von Carrara bekannt, den südlichen Küstensaum nehmen die einst sumpfigen und als Malariabrutstätten gefürchteten Maremmen ein, die heute größtenteils trockengelegt sind.

Italien, wie man es sich vorstellt: die Toskana

HINTERGRUND
DAS LAND UND SEINE MENSCHEN

Bekannt wurde die Region Umbrien als Heimat des Franz von Assisi. Sie liegt im »grünen Herzen« Italiens, eingebettet zwischen Toskana, Marken, Latium und Abruzzen im welligen Vorland des zentralen Apennin. **Grüne Weiden und von Pappelreihen** bestandene Flusstäler prägen die Landschaft. Hoch über den Niederungen thronen ansehnliche Städte, viele davon noch mit mittelalterlichem Kern, so etwa Umbriens Hauptstadt Perugia sowie die alten Siedlungen Orvieto, Spoleto und Assisi.

Umbrien (Umbria)

Südlich an die Emilia-Romagna schließt die Landschaft Marken an, die bereits zu Mittelitalien gehört. Sie war zu Zeiten des Heiligen Römischen Reichs **Grenznation**, worauf ihr Name bis heute anspielt. Die Region reicht von der Adriaküste mit der Hafenstadt Ancona bis hinauf zum Apennin, der hier im 2 476 m hohen Monte Vetore gipfelt. Das Land ist zumeist recht trocken, nur in den Tälern wird Landwirtschaft betrieben. Während im Landesinnern Wein-, Obst-, Gemüse- und Getreideanbau sowie Viehzucht eine lange Tradition haben, sind in der flachen Küstenebene Industriebetriebe angesiedelt. In den letzten Jahrzehnten hat sich der Fremdenverkehr an den flachen Küstenstränden in ungeahntem Maße ausgebreitet. Zum Ausgleich bietet sich **Urbino** an, eine Idealstadt der Renaissance.

Marken (Marche)

Zwischen dem Tyrrhenischen Meer und dem Mittleren Apennin breitet sich das Latium aus, historischer Kernraum der römischen und etruskischen Kultur. Den kulturellen, wirtschaftlichen und gesellschaftlichen Dreh- und Angelpunkt bildet Rom, das in der Antike über den an der Tibermündung gelegenen Hafen Ostia mit dem Meer verbunden war. Landeinwärts wechseln fruchtbares **Vulkanhügelland** und spärlich bewachsene Kalkhöhen ab. Die breiten Flusstäler werden gartenbaulich genutzt. Von Seen gefüllte Krater erloschener Vulkane, Obsthaine und Weingärten umrahmen die römische Campagna. Größere Feuchtgebiete wie die Pontinischen Sümpfe sind in den letzten Jahrzehnten trockengelegt worden und bieten heute Platz für Siedlungen, Industrieanlagen und Autobahnen.

Latium (Lazio)

Als raue, karge und relativ siedlungsarme Gebirgslandschaft im Mittleren Apennin präsentiert sich die Region Abruzzen. Im Umland von **Gran Sasso** und Maiella verwandelt sie sich sogar in ein wildes Hochgebirge, das in weiten Teilen als Nationalpark ausgewiesen ist. Die tiefen, vor Wind und Wetter geschützten Täler sind ausgesprochen fruchtbar. Hier gedeihen **Weinreben, Oliven, Mandeln** und vielerlei Obstsorten. Industrielle Zentren sind die Eisen- und Stahlmetropole L'Aquila sowie die an der Adriaküste gelegene Stadt Pescara, die zusammen mit Chieti einen wirtschaftsstarken Korridor bildet.

Abruzzen (Abruzzi)

HINTERGRUND
DAS LAND UND SEINE MENSCHEN

Molise
(Molise)
: Südlich der Abruzzen schließt die Landschaft Molise an. Ihre höchst reizvolle Bergwelt mit **wildromantischen Tälern** und tiefen Wäldern, in denen angeblich noch Wölfe leben, reicht vom stark verkarsteten Kalkgebirge des Appennino Neapolitano bis zur Adriaküste hinunter. Wichtigster Wirtschaftszweig ist die Landwirtschaft. Hauptort der Region ist Campobasso, das etwa halbwegs zwischen der Adria und dem Tyrrhenischen Meer im Neapolitanischen Apennin liegt.

Kampanien
(Campania)
: Wirtschaftliches Zentrum Süditaliens ist die alte Kulturlandschaft Kampanien, die sich vom Tyrrhenischen Meer bis an den Neapolitanischen Apennin erstreckt. Kerngebiet ist die weithin ebene, jedoch von vulkanischer Aktivität geprägte **antike Campania**, die den Golf von Neapel umfängt. In den Küstenebenen und Flusstälern wird eine außerordentlich ertragreiche Landwirtschaft mit Getreide, Weintrauben, Oliven, Gemüse und Tabak betrieben. Landschaftlich ungemein attraktiv ist die Küstenregion zu Füßen des Vesuvs, die im Süden begrenzt wird von der malerischen Felshalbinsel Sorrent und der als Bastion ins Meer hinausgeschobenen Ferieninsel Capri. Westliche Vorposten sind die Vulkaninseln Procida und Ischia. Die alte Hafenstadt **Neapel** ist das pulsierende Herz des Mezzogiorno und einer der größten Industriestandorte Italiens.

Apulien
(Puglia)
: Die Region Apulien zieht sich vom Ostabfall des Apennin hinunter bis zum Golf von Tarent und nimmt damit Ferse und Absatz des italienischen Stiefels ein. Die Region prägen das **Gargano-Massiv**, die fruchtbare Küstenebene der Tavoliere, die unsäglich karge Murge mit ihren wilden Schluchten und die Salentinische Halbinsel. Auf größeren künstlich bewässerten Flächen werden Oliven, Mandeln, Weintrauben, Getreide und Tabak angebaut. Wirtschaftliche Zentren sind die Hafenstädte Bari, Brindisi und Tarent.

Basilikata
(Lukanien,
Lucania)
: Die Verdickung des Stiefelfußes, die vom Gebirgsstrang des Lukanischen Apennin durchzogen ist, wird von der alten Landschaft Basilikata eingenommen. Mitten im Gebirge liegt ihre Hauptstadt **Potenza**. Die landschaftlich außerordentlich abwechslungsreiche Region wird als Geheimtipp gehandelt und bietet alles, was Reisende suchen: noch wenig erschlossene Bergzüge mit wildromantischen Tälern, zauberhaften Wein- und Olivenhainen und fruchtbaren Niederungen, in denen »Milch und Honig fließen«.

Kalabrien
(Calabria)
: Die Spitze des italienischen Stiefels zwischen Ionischem und Tyrrhenischem Meer nimmt das gebirgige Kalabrien ein. Am schönsten präsentieren sich der Küstensaum am Golf von Policastro, das aussichtsreiche Silagebirge und der vergleichsweise waldreiche Aspromonte, der die äußerste Stiefelspitze bildet. Ausgedehnte Weingärten, Oli-

HINTERGRUND
DAS LAND UND SEINE MENSCHEN

venhaine und Zitruskulturen in begünstigten Lagen sowie Viehweiden in den Bergen prägen das Landschaftsbild. Trotz seines landschaftlichen Reizes gehört Kalabrien seit vielen Jahren zu den Problemregionen Italiens – nirgendwo sonst hat die **Bevölkerungsabwanderung** so nachhaltige Spuren hinterlassen.

Die rund 25 700 km² große, nahezu dreieckige Insel bildet quasi den Fußball vor der Spitze des italienischen Stiefels und ist von ihr durch die 3 km breite **Straße von Messina** getrennt. Nicht viel mehr als 100 km trennen die Insel vom afrikanischen Kontinent. Im Norden ragt ein Gebirgsstrang auf, der nach Süden und Südwesten in ein teils anmutiges, teils aber auch abweisendes Berg- und Hügelland übergeht. Den Osten der Insel beherrscht der Ätna. Die landschaftlich sehr abwechslungsreiche Nordostküste ist seit vielen Jahrzehnten Ziel von Touristen. Fruchtbare Küstenabschnitte sind auf ganz Sizilien von Weinbau und Zitruskulturen geprägt, Getreide wird überall angebaut, wo es möglich ist.

Sizilien (Sicilia)

Nur wenig kleiner als Sizilien, nämlich knapp 24 100 km², ist das im Tyrrhenischen Meer gelegene Sardinien. Höchste Erhebung der gebirgigen, waldarmen Insel ist das **Gennargentu-Massiv**, den Südwesten prägt die breite Ebene des Campidano, durch die man in das erzreiche Bergland von Iglesiente gelangt. Landeinwärts stößt man vielerorts auf lagunenreiche und feuchte Ebenen, große Weideflächen, aber auch Korkeichenwälder, Getreidefelder, Weingärten sowie Bewässerungskulturen. Der größte Teil der Bevölkerung lebt in wenigen Städten. Bis heute ist der **Bergbau** von Bedeutung, ebenso die Gewinnung von Blei, Zink, Kupfer, Antimon und Bauxit. Für den Tourismus am bedeutendsten ist die landschaftlich reizvolle Costa Smeralda im Norden der Insel.

Sardinien (Sardegna)

Pflanzen und Tiere

Entlang der Oberitalienischen Seen und in den Talbuchten der großen Gebirgsflüsse grünt es ausgesprochen mediterran, es gedeihen Steineichen, Oliven, Säulenzypressen, Lorbeer, Oleander, Rosmarin und natürlich Weinstöcke. In besonders geschützten Lagen blühen sogar – wie man seit Goethe weiß – **Zitronen**. In mittleren Berglagen wachsen **Esskastanien**, deren Früchte früher in Notzeiten als Mehlersatz dienten und deren Blattwerk als Stallstreu verwendet wurde. Bis etwa 1 000 m gedeihen Eichen und Buchen, darüber setzen Nadelhölzer ein, vor allem Weiß- und Rottannen, Lärchen, Kiefern und Arven bzw. Zirbelkiefern. In den Hochlagen findet man Matten und Schuttvegetation, die sich den extremen klimatischen Verhältnissen angepasst hat.

Mediterrane Flora

HINTERGRUND
DAS LAND UND SEINE MENSCHEN

Die Bergamotte ist eine eher seltene Zitrusfrucht. Im Aspromonte in Kalabrien baut man sie an.

Wälder in den Hochlagen

Im Gegensatz zu den Alpen, wo Zirbelkiefern die Waldgrenze markieren, sind es in den Hochlagen des Apennin zumeist **Buchen**, die auf überwiegend kalkhaltigem Untergrund stocken. Südlich der Abruzzen ist es allerdings dermaßen trocken, dass Buchen erst ab einer Höhe von 800 m anzutreffen sind. Darunter gedeihen lediglich einige robuste Eichenarten und allerhand Gestrüpp. Auf zwei Gebirgs-»Inseln«, nämlich im kalabrischen Silagebirge und im Pollinomassiv, findet man oberhalb der Buchen noch größere Schwarzkieferbestände, die hier wohl schon in der Eiszeit bestanden haben.

Auf Inseln, in Niederungen, an der Küste

Auch auf den italienischen Inseln gibt es noch etwas Wald. Eine Charakterpflanze ist hier die **Korkeiche**, die vor allem auf Sardinien und im Norden Siziliens kultiviert wird. In der Po-Ebene findet man nur an wenigen Standorten Reste der ursprünglichen Vegetation.

HINTERGRUND
DAS LAND UND SEINE MENSCHEN

In den feuchten Niederungen bzw. in Sumpfniederungen fallen **Eukalyptuspflanzungen** ins Auge, die in den 1930er- und 1940er-Jahren angelegt wurden, um breite Landstriche zu entwässern und damit auch die Malaria einzudämmen.
An flachen Küstenabschnitten, bei Ravenna und an der nördlichen Adria etwa, gibt es heute noch ausgedehnte **Pinienbestände**, die mittlerweile vehement gegen andersartige Bodennutzungen verteidigt werden. Schirm- und Strandkiefern werden als Schattenspender und als Rohstoff-Lieferanten für die Möbelindustrie geschätzt.

In weiten Gebieten Italiens breitet sich eine Sekundärvegetation aus, die Macchie. Es handelt sich dabei um ausgesprochen robuste, meist kleinwüchsige, dicklaubige bis dornige, tiefwurzlige Wildgehölze und -kräuter. Ihre bekanntesten Vertreter sind Mastix- und Lorbeerbüsche, Thymian, Pfefferminze und Ginster. Je karger die Lebensbedingungen, desto kleinwüchsiger wird die Macchie. *Macchie*

Zur Pflanzenwelt Italiens zählen natürlich auch lieblichere **Kulturpflanzen** wie Mandelbäume, Haselnuss-, Zitronen- und Orangenpflanzungen, Olivenhaine, Feigenbäume und Pistazien. Auch Weinstöcke gehören dazu und wogende Korn-, Reis- und Maisfelder in der Oberitalienischen Tiefebene sowie Gemüse- und Blumenkulturen, die überall dort anzutreffen sind, wo Bodenqualität und Lokalklima stimmen. Selbst **Dattelpalmen** werden kultiviert. Wichtige Holzlieferanten sind Zeder, Pinie, Weißpappel und Eukalyptus. *Kulturpflanzen*

In abgelegenen **Bergregionen** der Alpen kann man – mit viel Glück – noch Adler, Steinböcke, Gämsen und Murmeltiere beobachten. In den tieferen Lagen gehören zum Alltagsbild der warmen Felsstandorte Eidechsen und Schlangen, die von der Dezimierung ihrer natürlichen Feinde profitierten. Die lang gestreckte italienische Halbinsel ist eine **Hauptroute für Zugvögel**, die von Nord- und Mitteleuropa in ihre afrikanischen Winterquartiere und zurück ziehen. In Norditalien wird beschämenderweise noch immer in großem Stil Jagd auf Singvögel gemacht. Spürbare Eindrücke hinterlassen die mancherorts in Myriaden auftretenden Stechmücken. Ansonsten sieht man in Nord- und Mittelitalien vielerlei Schmetterlinge und kann vor allem an warmen Sommerabenden die lieblichen Zikaden hören. *Tierwelt*
Durch Verschmutzung und Überfischung haben die einst reichen **Fischbestände** in den küstennahen Gewässern stark abgenommen. Dennoch sind Muscheln, Seeschnecken, Seeigel, Langusten, Krebse, Tintenfische, Meeraale, Makrelen, Seezungen, Schollen, Brassen und Barben recht häufig anzutreffen. Delfine und Wale, die früher oft im Tyrrhenischen Meer gesichtet wurden, gibt es dort kaum mehr, dafür findet man sie jetzt vermehrt im Ligurischen Meer. Die Süßwasserseen und Flüsse sind Lebensraum von Aalen, Forellen, Barschen und Schleien.

HINTERGRUND
DAS LAND UND SEINE MENSCHEN

Bevölkerung

Aus- und Einwanderer

Zwischen 1861 und heute ist Italiens Bevölkerung von 22 auf 61 Millionen Einwohner angewachsen – trotz der sieben bis acht Millionen vornehmlich süditalienischen Auswanderer, die im 19. und 20. Jh. das Land in Richtung West- und Mitteleuropa und in die Neue Welt verließen. Für Wirtschaft und Politik bedeutet das eine **enorme Herausforderung**. In jüngster Zeit wurde das klassische Auswanderungsland selbst Ziel von legaler Migration aus den Staaten Osteuropas und aus Entwicklungsländern, vor allem Rumänen und Albaner suchen in Italien eine neue Heimat. Auch aus Marokko und China kommen größere Einwanderergruppen. Der Migrantenanteil der Bevölkerung liegt aktuell bei 8,5 Prozent. Die höchste Bevölkerungsdichte findet man in den Ballungsräumen um **Rom**, im industrialisierten Norden um Turin, Genua und Mailand sowie am Golf von Neapel. Dünn besiedelt sind die südlichen Regionen Basilikata und Molise, Teile Kalabriens und Sardiniens, aber auch das Aostatal.

Sprach- bzw. Bevölkerungsgruppen

Außer Italienern im engeren Sinne leben in Italien etwa fünf Prozent Menschen, die anderen Volksgruppen angehören. Man findet sie vorzugsweise in den Randgebieten des Landes oder auf Inseln; neben dem Italienischen sprechen sie die Sprache des benachbarten Landes

Fixpunkt des Lebens in Italien: die Bar

HINTERGRUND
DAS LAND UND SEINE MENSCHEN

oder Dialekte. Die größte Gruppe bilden mit 1,7 Millionen die Sarden, bei denen außer dem festländischen Italienisch das **Sardische** gebräuchlich ist, eine romanische Sprache, die sich eng ans Lateinische anschließt und bislang über keine Schriftsprache verfügt. Auf der Insel kann man darüber hinaus **Katalanisch** hören, besonders in und um die Stadt Alghero (katalanisch L'Alguer). Eine weitere Minderheit sind die Rätoromanen (750 000 Personen), zu denen Friauler und Ladiner zählen; das **Friaulische**, eine rätoromanische Mundart, wird in der Region Friaul-Julisch Venetien gesprochen.
Eine besondere Aufmerksamkeit zogen lang die ca. 300 000 Deutschsprachigen auf sich, besonders in Südtirol, wo **Deutsch** offiziell als Amtssprache anerkannt ist. Ferner hört man dort Ladiner ihre Mundart sprechen. In drei Alpentälern Piemonts leben seit 1330 Frankoprovenzalisch sprechende Waldenser. Im Aostatal ist laut Gesetz die **französische Sprache** der italienischen gleichgestellt. In Triest, nahe der italienisch-slowenischen Grenze, leben ca. 80 000 **Slowenen**. Außerdem gibt es in Italien noch albanische (Kalabrien und Sizilien) und griechische Dialekte sprechende Minderheiten in Kalabrien und Apulien.

Staat und Verwaltung

Italien ist eine **parlamentarische Demokratie**. Staatsoberhaupt ist der Staatspräsident, der von beiden Kammern des Parlaments und je drei Vertretern der Regionen für sieben Jahre gewählt wird. In erster Linie übt er repräsentative Funktionen aus. Das Parlament, die Legislative, besteht aus zwei Kammern: dem Abgeordnetenhaus (Camera dei Deputati) und dem Senat (Senato della Repubblica). Die 630 Abgeordneten und die 315 Mitglieder des Senats (davon zehn auf Lebenszeit) werden für fünf Jahre gewählt. Parlament und Senat sind gleichberechtigt. Der Verfassungsgerichtshof (Corte Costituzionale) wacht als unabhängiges Organ über die Einhaltung der Verfassung.

Staats- und Regierungsform

Die Nationalflagge wurde 1946 nach der Proklamation der Republik offiziell eingeführt. In der Form – drei senkrechte Streifen – geht sie auf die **französische Trikolore** zurück. Als Napoleon I. 1796 einen Feldzug gegen Savoyen gewann, kam es zur Gründung der Cisalpinen Republik, welche die Lombardei, die heutige Provinz Novara und einen großen Teil der Emilia umfasste. Die Lombardische Nationalgarde trug damals Uniformen mit den Farben Grün und Rot. Bei der Erhebung zur Nationalgarde bekam die Miliz eine grün-weiß-rot gestreifte Standarte.
Die Nationalhymne **»Fratelli d'Italia«** (»Brüder Italiens«) schrieb der Dichter und Kämpfer für die italienische Einheit Goffredo Mameli (1827–1849) im Jahr 1847.

Nationalflagge und -hymne

BAEDEKER WISSEN

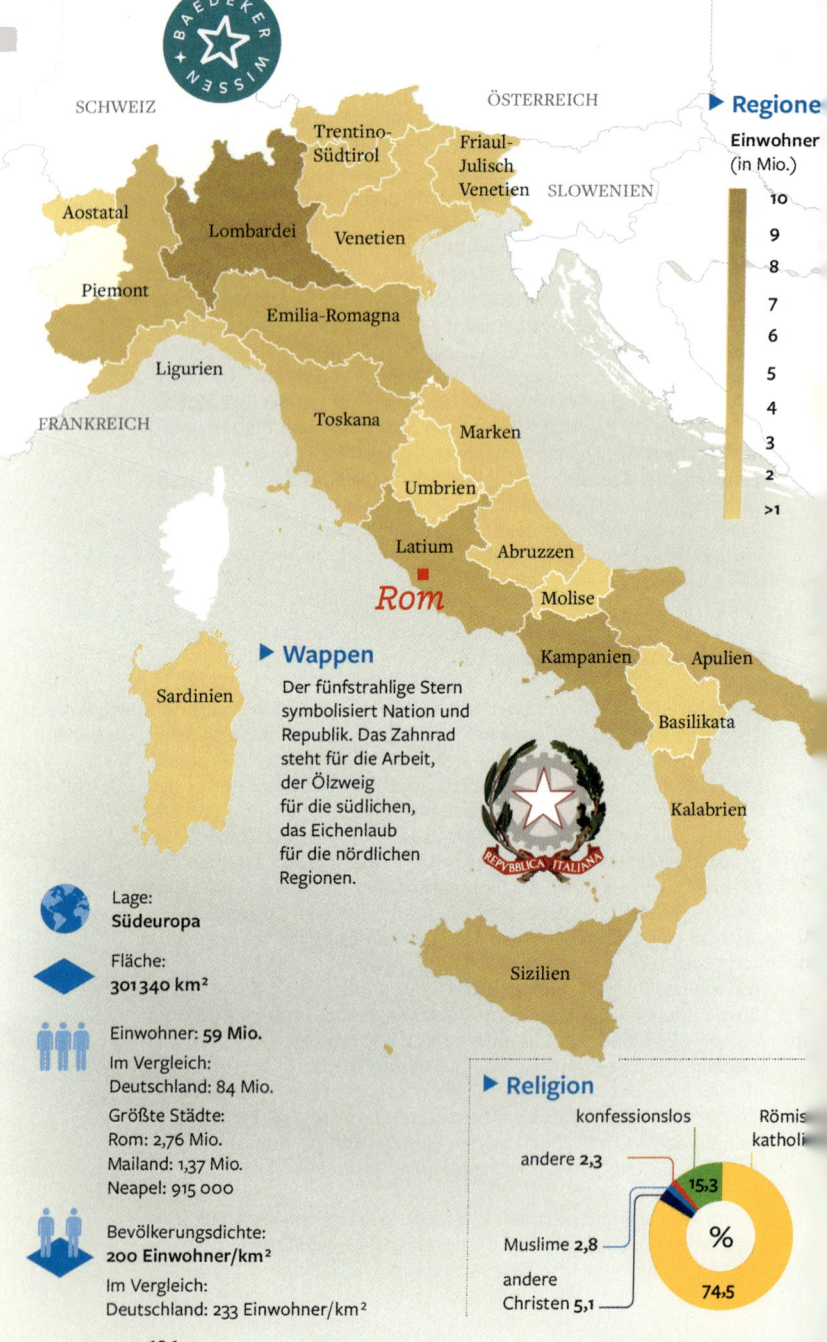

SCHWEIZ • ÖSTERREICH

Trentino-Südtirol • Friaul-Julisch Venetien • SLOWENIEN

Aostatal • Lombardei • Venetien

Piemont

Emilia-Romagna

Ligurien

FRANKREICH

Toskana • Marken

Umbrien

Latium • Abruzzen

Rom

Molise

Kampanien • Apulien

Sardinien • Basilikata

Kalabrien

Sizilien

▶ Regione
Einwohner (in Mio.)

10
9
8
7
6
5
4
3
2
>1

▶ Wappen
Der fünfstrahlige Stern symbolisiert Nation und Republik. Das Zahnrad steht für die Arbeit, der Ölzweig für die südlichen, das Eichenlaub für die nördlichen Regionen.

Lage: Südeuropa

Fläche: 301 340 km²

Einwohner: 59 Mio.
Im Vergleich: Deutschland: 84 Mio.
Größte Städte:
Rom: 2,76 Mio.
Mailand: 1,37 Mio.
Neapel: 915 000

Bevölkerungsdichte: 200 Einwohner/km²
Im Vergleich: Deutschland: 233 Einwohner/km²

▶ Religion

- konfessionslos
- Römisch-katholisch 74,5
- andere 2,3
- Muslime 2,8
- andere Christen 5,1
- 15,3

%

Wirtschaft

Bruttoinlandsprodukt (2021):
1 775 Mrd. €
BIP/Kopf: 30 636 €
Weltranglistenplatz der Industrienationen: 8
Wirtschaftssektoren nach BIP:

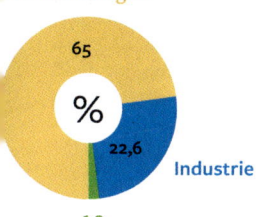

- Dienstleistungen: 65 %
- Industrie: 22,6 %
- Landwirtschaft: 1,9

Haupthandelspartner:
EU (im EU-Raum sind Deutschland, Frankreich und Spanien die wichtigsten Handelspartner), USA, Schweiz, Großbritannien
Arbeitslosenquote:
9,4 % (2021)

▶ Klimastation Rom

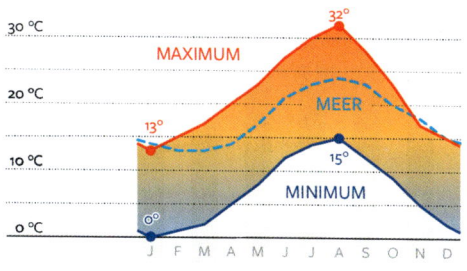

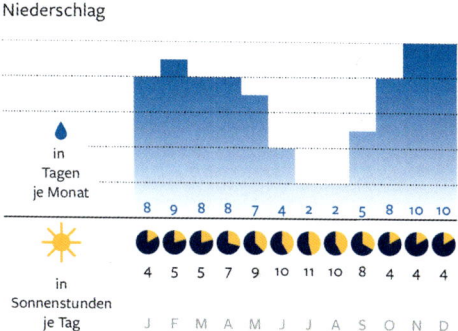

	J	F	M	A	M	J	J	A	S	O	N	D
Maximum	13°							32°				
Minimum	0°							15°				
Niederschlag (Tage je Monat)	8	9	8	8	7	4	2	2	5	8	10	10
Sonnenstunden je Tag	4	5	5	7	9	10	11	10	8	4	4	4

Tourismus in Italien

Mit 64,7 Mio. ausländischer Touristen (2019) belegt Italien den fünften Platz auf der Welt nach Frankreich, Spanien, den USA und China. Entsprechend wichtig ist er auch für die Wirtschaft: 2019 ließen die Besucher 51 Mrd. € im Land.

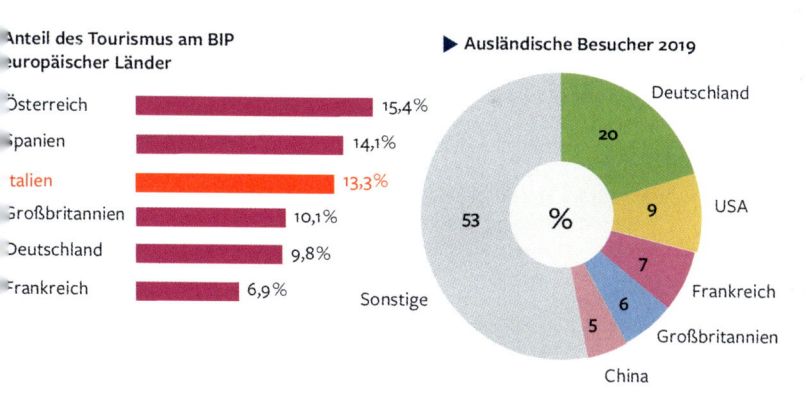

Anteil des Tourismus am BIP europäischer Länder

- Österreich: 15,4 %
- Spanien: 14,1 %
- Italien: 13,3 %
- Großbritannien: 10,1 %
- Deutschland: 9,8 %
- Frankreich: 6,9 %

▶ Ausländische Besucher 2019

- Deutschland: 20 %
- USA: 9 %
- Frankreich: 7 %
- Großbritannien: 6 %
- China: 5 %
- Sonstige: 53 %

HINTERGRUND
DAS LAND UND SEINE MENSCHEN

Verwaltungs-gliederung

Die Republik Italien gliedert sich in 20 Regionen, die sich wiederum aus 88 Provinzen und 14 sog. Metroplitanstädten zusammensetzen. Fünf Regionen – Sardinien, Sizilien, Trentino-Südtirol, Friaul-Julisch Venetien und das Aostatal – genießen **Autonomiestatus**. Es sind überwiegend Gebiete, in denen außer Italienern noch Angehörige anderer Volksgruppen leben und die zweisprachig sind (Südtirol, Aostatal) oder wo neben dem Italienischen ein eigenes Idiom gesprochen wird (Friaul-Julisch Venetien, Sardinien). Die auf fünf Jahre gewählten Regionalparlamente wählen eine Regierung mit einem Ministerpräsidenten an der Spitze. Die Stellung der Regionen – mit Ausnahme derjenigen mit einem Sonderstatus – ist nicht mit der deutscher Bundesländer vergleichbar. Kompetenzen haben die Regionen u. a. in den Bereichen Kultur, Berufsausbildung, Raumplanung, Fremdenverkehr, Handwerk und Landwirtschaft. Ähnlich gelagert sind die Kompetenzen der Metropolitanstädte wie Rom oder Neapel, die zusätzich u. .a auch für Mobilität und Digitalisierung zuständig sind.

Parteien-landschaft

Die italienische Parteienlandschaft befindet sich seit den frühen 1990er-Jahren im Wandel: Mit Ende des Kalten Kriegs zersplitterte die traditionsreiche Italienische Kommunistische Partei (PCI). Ein zweiter tiefer Einschnitt waren die Korruptionsermittlungen des Staatsanwältepools **»mani pulite«**, der den langjährigen Regierungsparteien Democrazia Cristiana (DC) und der Sozialistischen Partei (PSI, Partito Socialista Italiano) Bestechung und Stimmenkauf nachweisen konnte.

Die DC spaltete sich danach in kleinere Parteien, die PSI löste sich auf. Nachdem sich insgesamt acht Parteien aus dem linken, liberalen, ökologischen und christlich-sozialen Lager im Herbst 2007 als **Partito Democratico** zusammenschlossen, strebte der Medienmogul und früheren Ministerpräsident Silvio Berlusconi eine Fusion seiner Partei Forza Italia (»Vorwärts Italien«) mit der Alleanza Nazionale an. 2008 trat die neue Partei, **»Il Popolo della Libertà«** (»Volk der Freiheit«, PdL), erstmals zu Wahlen an. Durch Bündnisse mit der sizilianischen Autonomie-Bewegung »Movimento per le Autonomie« und mit der »Lega Nord« konnte Silvio Berlusconi dann erneut und zum vierten Mal das Amt des Ministerpräsidenten bekleiden, musste aber im November 2011 zurücktreten.

Die Wahlen vom Februar 2013 brachten ein irritierendes Resultat. Das Mitte-Links-Bündnis von Pier Luigi Bersani konnte sich mit 29,54 % der Stimmen zwar die Mehrheit der Sitze im Abgeordnetenhaus sichern, hatte aber nur eine hauchdünne Mehrheit vor der Mitte-Rechts-Gruppierung Berlusconis. Er mobilisierte 29,18 % der WählerGemeinsam mit dem **»Movimento 5 Stelle«** (»Fünf Sterne«) des Komikers Beppe Grillo, der aus dem Stand und ohne konkretes Programm über 20 % holte, hätte man eine Blockadepolitik betreiben können. Um dies zu vermeiden, drängte Staatspräsident

HINTERGRUND
DAS LAND UND SEINE MENSCHEN

Napolitano die Demokratische Partei (PD) und Berlusconi, sich auf eine Koalition unter Einbeziehung der liberalen Scleta Civica zu einigen: Erstmals seit Gründung der Republik war das Links-Rechts-Schema damit durchbrochen. Doch die Berlusconi-Anhänger der PdL spalteten sich bald ab und firmieren nun wieder als Forza Italia.
Die vorgezogenen Wahlen vom März 2018 stellten dann alles auf den Kopf: Die etablierten Parteien erreichten nicht einmal mehr ein Drittel der Stimmen. Die Nationalradikalen der **Lega** (ex Lega Nord) und die populistischen Fünf Sterne konnten eine Regierung unter dem parteilosen Giuseppe Conte bilden. Diese zerbrach aber schon im August 2019, als Lega-Chef Matteo Salvini das Bündnis für unfähig erklärte. Seither führt Conte eine Koalition aus den Fünf Sternen und der PD.

Italien ist Mitglied der Vereinten Nationen, zählt zu den Gründungsmitgliedern der Europäischen Union und gehört zur Europäischen Wirtschafts- und Währungsunion (EWWU). Ferner gehört das Land dem Europarat an, der Organisation für Wirtschaftliche Zusammenarbeit und Entwicklung (OECD) und der Nordatlantischen Allianz (NATO). | Internationale Mitgliedschaften

| Wirtschaft

Italien erlebte bereits im hohen Mittelalter eine wirtschaftliche Blüte, als Stadtstaaten wie Venedig und Genua die Vormachtstellung im Mittelmeerraum errangen. Mit den weltweiten Entdeckungs- und Eroberungsfahrten geriet das Land jedoch in eine Randlage, die durch seine politische Zerrissenheit noch verstärkt wurde. Auch nach der politischen Einigung im 19. Jh. fand Italien erst verspätet Anschluss an die wirtschaftliche Entwicklung der mittel- und westeuropäischen Länder. Nach dem Zweiten Weltkrieg wandelte sich das Agrarland zu einer der führenden Industrienationen – allerdings mit beträchtlichen regionalen Unterschieden. Während der Norden Anschluss an West- und Mitteleuropa fand, blieb die wirtschaftliche Entwicklung in den Regionen südlich von Rom weit zurück. | Entwicklung

Die italienische Volkswirtschaft ist nach Deutschland und Frankreich immer noch die drittgrößte der Eurozone. Seit der weltweiten Banken- und Absatzkrise 2009 sieht sich das Land jedoch **mit enormen Problemen** konfrontiert. Im Vergleich zu den übrigen Ländern ist die wirtschaftliche Entwicklung des Landes unterdurchschnittlich. Gegen Ende 2018 rutschte die italienische Volkswirtschaft aufgrund einer wirtschaftlichen Abschwächung im Euroraum und einer insgesamt langsameren Weltkonjunktur in die Rezession. Die **Arbeitslosenquote** lag 2019 bei knapp 10 %, allerdings besteht ein starkes | Drittgrößte Volkswirtschaft der Eurozone

EINE »EHRENWERTE« GESELLSCHAFT

Die Mitglieder der kriminellen Clans mischen als erfolg- und einflussreiche Unternehmer mit, sie dominieren einige der umsatzstärksten Branchen des Landes, vor allem das Baugewerbe, und schon lange nicht mehr nur im Süden. »Die Mafia ist sogar treibende Wirtschaftskraft in diesem Land«, sagt Roberto Saviano, der sich als Journalist und Buchautor zur Aufgabe gemacht hat, die mafiöse Unterwanderung der italienischen Wirtschaft ans Licht und die Machenschaften der »ehrenwerten« Geheimbünde in die öffentliche Diskussion zu bringen.

Die Mafia einst ...

Ihre Wurzeln hat die Mafia, die Mutter aller modernen kriminellen Geheimbünde, auf Sizilien. Schon Anfang des 19. Jh.s bildeten sich auf der Insel die ersten Mafia-Keimzellen. Ursprünglich setzten sich die »mafiosi« (die »Kühnen«) gegen die Ausbeutung der Landbevölkerung durch die Feudalherren zur Wehr. Die Banden organisierten Entführungen, Viehdiebstahl und Schmuggel, boten andererseits aber auch – gegen eine angemessene Aufwandsentschädigung natürlich – Schutz vor Überfällen an.

Ein erstes lukratives Geschäftsfeld verschafften sich die Mafia-Banden in der zweiten Hälfte des 19. Jh.s durch die »Bewachung« von Orangenplantagen. Die Eigentümer von Grund und Bäumen hatten praktisch keine Wahl: Entweder sie heuerten einen Mafioso als Wächter an und akzeptierten, dass dieser für sich einen Teil der Ernte abzweigte, oder sie mussten zusehen, wie ihr eigenes Wachpersonal erschossen wurde – und ihnen von Mafia-Banden ein noch größerer Teil der Ernte gestohlen wurde. Die kriminellen Clans waren schon bald bestens organisiert, sorgten durch ihren Einfluss auf Fuhrleute, Großhändler und Hafenarbeiter dafür, dass die Früchte die Kundschaft nicht erreichten, wenn sich der Plantageneigner nicht »kooperativ« zeigte. Mit steigenden Einkünften gewannen die Mafia-Clans an Einfluss – und auch an Ansehen in der Bevölkerung. Nicht zuletzt, weil sie sich von Anfang an als **vorbildliche Katholiken** inszenierten, Arme und Armenhäuser mit großzügigen Almosen unterstützten. Als nach der Gründung des italienischen Nationalstaats 1861 auch auf Sizilien Abgeordnete für das Parlament in Rom gewählt wurden, konnten einige einflussreiche Mafiosi Mehrheiten auf sich vereinen. Mit den gewählten Volksvertretern hielt auch die »ehrenwerte Gesellschaft« – wie sich die Mafia gern selber nennt – Einzug in die italienische Politik.

... und heute

Heute wissen Anti-Mafia-Ermittler, dass die Söhne, die Neffen und Enkel der kalabrischen, neapolitanischen und sizilianischen Mafia-Bosse mit gigantischen Summen aus internationalen **Drogengeschäften** auch in den wirtschaftlich starken Norden drängen. Die Emissäre aus dem Süden kaufen Häuser und Büros, sie gründen Firmen, sie waschen

Die Globalisierung hat auch die Geschäfte der Mafia internationalisiert. Mit der Höhe der Gewinne steigt die Gewalt.

das Drogengeld und bringen ihre Unternehmen an die Börse. Wie sich die Mafia der Politik bemächtigt, hat im Herbst 2012 der Fall eines Mailänder Regionalpolitikers gezeigt: Domenico Zambetti, Mitglied der von Silvio Berlusconi gegründeten Partei PdL (»Volk der Freiheit«), hatte sich bei der 'Ndrangheta 4000 Stimmen gekauft, ohne die er keine Chance auf Einzug ins lombardische Parlament gehabt hätte. 50 € pro Stimme forderte die 'Ndrangheta – Zambetti wurde gewählt und zahlte. Doch nach seiner Wahl wollten die Stimmenverkäufer mehr. Jetzt, da man den korrupten Politiker in der Hand hatte, wollte man ihn zwingen, so viele öffentliche Aufträge wie nur irgend möglich an ausgewählte Unternehmen – selbstredend alle in der Hand der 'Ndrangheta – zu vergeben. Überführende Telefonate wurden von Anti-Mafia-Ermittlern der Mailänder Kriminalpolizei abgehört. Am 12. Oktober 2012 standen sie mit Handschellen vor Zambettis Tür.

Schon zwei Jahre zuvor hatten die Ermittler entdeckt, dass es allein in der Lombardei rund 160 Firmen gibt, die in direkter Verbindung mit der 'Ndrangheta stehen. Auch wenn inzwischen Hunderte Mafiosi in Hochsicherheitsgefängnissen einsitzen und Sonderermittlern immer wieder mal ein Coup gegen den kriminellen Filz gelingt – mit den Mitteln der Justiz allein werde man die Mafia niemals besiegen, ist Mafia-Experte Saviano überzeugt: »Ein anderes Italien werden wir nur aufbauen können, wenn sich die Gesellschaft dem Verbrechen verweigert, wenn sich jeder Einzelne den kriminellen Strukturen widersetzt, wenn er sich weigert, Schlechtes zu tun.«

HINTERGRUND
DAS LAND UND SEINE MENSCHEN

Nord-Süd-Gefälle. Die Jugendarbeitslosigkeit war 2022 mit 24% noch immer dramatisch hoch und wird in der EU nur von Griechenland, Spanien und Estland übertroffen.

Staatsverschuldung

Mit Sorge betrachten Investoren und Politiker, vor allem die der anderen Euro-Länder, die enorme Staatsverschuldung. Anfang 2021 betrug sie über 2,7 Billionen Euro – nur Frankreich hat mehr.

Landwirtschaft

Wie in den übrigen westeuropäischen Ländern hat die Bedeutung der Landwirtschaft rapide abgenommen. **Wein** baut man jedoch in ganz Italien an. Italien ist mit 50,2 Mio. Hektoliter (2021) der größte Weinerzeuger Europas vor Frankreich und Spanien.

Bodenschätze

Italien ist ein **rohstoffarmes Land**. Erwähnenswert sind lediglich einige kleine Erdgas- und Erdölvorkommen, Methanfunde, Steinsalz, Blei und Zink. Zudem spielen geringe **Kohlevorkommen** auf Sardinien, **Schwefel** auf Sizilien und die bekannten **Marmorbrüche um Carrara** eine Rolle.

Industrie und Handwerk

Noch vor wenigen Jahren war die italienische Industrie durch die starke Beteiligung des Staats gekennzeichnet, derzeit bestimmen Reprivatisierungen den Kurs. Eine der Ursachen für die aktuelle Wirtschaftskrise ist die mangelnde Wettbewerbsfähigkeit der Industrieprodukte. Die einst so starke Automobilindustrie mit FIAT, Alfa Romeo und Lancia verzeichnet dramatische Absatzrückgänge – auch weil ihre traditionellen Märkte in Südeuropa sind. Im Süden initiiert der Staat seit den 1970er-Jahren Großunternehmen wie das Stahlwerk in Tarent. Einige dieser Industrieansiedlungen sind inzwischen allerdings moderne Ruinen. Neben den Großunternehmen im Norden sind die Arbeitgeber hauptsächlich Kleinunternehmen der Holz-, Möbel-, Textil- und Nahrungsmittelbranche. Traditionelles Handwerk wie die Seidenspinnerei oder der Geigenbau konnte sich vielerorts halten.

Tourismus

Mit rund bald 67 % trägt der **Dienstleistungssektor** den Löwenanteil zum italienischen Bruttoinlandsprodukt bei. Von herausragender Bedeutung ist dabei die Tourismusbranche. Im Ranking der **meistbesuchten Länder der Welt** rangiert Italien Jahr für Jahr unter den »Top Ten«. Zu den beliebtesten Zielen gehören die **Riviera** und die **Adriaküste**, gefolgt von Rom, Venedig und Mailand. Im Vergleich der Regionen liegt **Venetien** auf Platz eins. Für steigende Gästezahlen sorgen hier unter anderem die riesigen Kreuzfahrtschiffe, die in der Lagunenstadt vor Anker gehen, was aber für die Stadt und ihre Bewohner zunehmend zum Problem wird.

> Städte wie Venedig sind allmählich so überlaufen von Touristen, dass die Einheimischen Beschränkungen fordern.

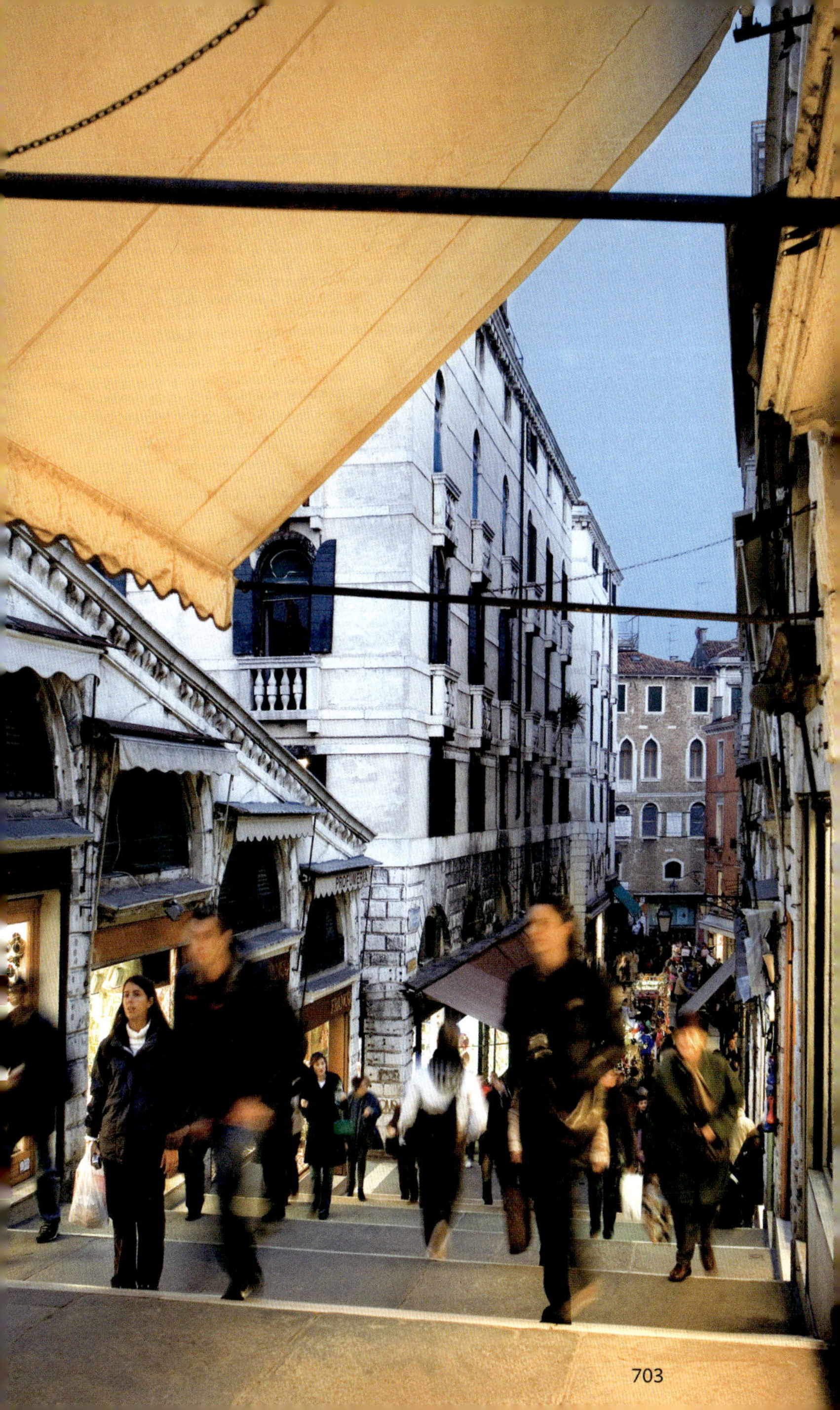

GESCHICHTE

Woher bekam Italien seinen Namen? Mit welcher berühmten Fälschung trumpfte die Kurie im 8. Jh. auf? Und wann wurde das zersplitterte Land zum »Königreich Italien«?

Vorgeschichte

Neandertaler — Bereits in der Frühgeschichte des Menschen war das heutige Italien ein Kulturzentrum: Während sich der Homo sapiens allmählich Europa untertan machte, schuf sein »Vetter«, der vor allem in Südeuropa und im Nahen Osten verbreitete Neandertaler, in Südfrankreich und Italien hoch entwickelte »Werkzeugindustrien«. Die »Steinklingenindustrie« (Uluzien) auf der Apenninhalbinsel, deren wichtigste Zeugnisse bei Saccopastore und Monte Circeo in Mittelitalien sowie beim süditalienischen Cavallo entdeckt wurden, ging vor 33 000 Jahren zu Ende. Mit dem **Uluzien** verschwand der ebenbürtige Rivale des Menschen aus Italien.

Jungsteinzeit — Frühe künstlerische Werke des **Homo sapiens**, 20 000 bis 30 000 alte eiszeitliche Felsbilder, findet man in über 20 Höhlen. Schöne Beispiele sind die Addaura-Grotte bei Mondello auf Sizilien sowie die Grotta del Genovese auf der Insel Lévanzo. Beide gehören einer jungsteinzeitlichen Kultur des 6. Jahrtausends v. Chr. an.

Zeit der Einwanderungen — In den folgenden Jahrtausenden gelangten zahlreiche Völker auf die Apenninhalbinsel. Die ältesten menschlichen Spuren aus der Zeit um 4000 v. Chr. wurden in den Alpen gefunden und stammen vermutlich von dem prähistorischen Stamm der Camunen. Die historische Bedeutsamkeit Italiens begann mit dem Zusammenstoß **hoch kultivierter Völker**, die über das Meer vordrangen, um an den Küsten zu siedeln, und den primitiven indogermanischen Stämmen, die Italiker genannt wurden. Zu den Italikern zählen Latiner, Volsker, Sabiner, Samniten und Umbrer. Sie wanderten in mehreren Zügen ab dem 2. Jahrtausend v. Chr. von Norden her ein – zuletzt kamen die Kelten im 5./4. Jh. v. Chr., die das aufsteigende Rom in Bedrängnis brachten. Der Name **Italia** geht wahrscheinlich auf einen süditalischen Stamm zurück, der sich nach seinem heiligen Tier, dem »vitulus« (Jungstier), vituli nannte. Die gräzisierte Bezeichnung »Itali« wurde dann von anderen Bewohnern der italienischen Halbinsel übernommen.

Antike

Etrusker — Die erste Hochkultur auf der Apenninhalbinsel errichteten im 10. Jh. v. Chr. die Etrusker, die vermutlich daus er Vermischung von Einwan-

HINTERGRUND
GESCHICHTE

EPOCHEN

VORGESCHICHTE
130 000 v. Chr.	»Steinklingenindustrie« der Neandertaler
ab 30 000 v. Chr.	Erste künstlerische Zeugnisse des Homo sapiens
2. Jt. v. Chr.	Indogermanische Völker rücken in mehreren Wellen über die Alpen auf die Apenninhalbinsel vor.

ANTIKE
9. – 5. Jh. v. Chr.	Hochkultur der Etrusker
8. Jh. v. Chr.	Griechen beginnen die Kolonisierung Unteritaliens.
7./6. Jh. v. Chr.	Roms Aufstieg zum Weltreich beginnt.
100 n. Chr.	Größte Ausdehnung des Römischen Weltreichs
313 n. Chr.	Toleranzedikt von Mailand: Christianisierung Europas
476	Ende des Römischen Weltreichs

MITTELALTER
754 – 1250	»Fränkisch-Deutsche Epoche«
1250	Tod Friedrichs II., Ende des italienisch-deutschen Gesamtreichs
1250 – 1870	Kleinstaaterei in Italien
11. – 15. Jh.	Stadtrepubliken und Herrscherdynastien in Ober- und Mittelitalien. Süditalien unter Fremdherrschaft.

FRÜHE NEUZEIT
15. Jh.	Italien ist Zentrum der Renaissance und des Humanismus.
1494 – 1796	Frankreich und Habsburg streiten um Italien.
1796 – 1814	Napoleonische Herrschaft

VOM 19. JH. BIS IN DIE GEGENWART
Ab 1814	Restauration der Feudalordnung führt zum Risorgimento
1870	Konstitutionelles Königreich
1914 – 1918	Am 23. Mai 1915 tritt Italien, das sich 1914 noch für neutral erklärt hatte, in den Ersten Weltkrieg ein.
Ab 1922	Mussolini etabliert ein faschistisches Regime
1940	Eintritt in den Zweiten Weltkrieg an der Seite von Deutschland.
1943	Sturz Mussolinis und Waffenstillstand mit den Alliierten
1946	Italien wird zur parlamentarischen Republik
1957	Römische Verträge: Gründung der EWG
1998	Beitritt zur Europäischen Währungsunion
ab 1994	Zerfall der seit Kriegsende bestehenden Parteienlandschaft
seit 2015	Italien trägt mit die Hauptlast der über das Mittelmeer ankommenden Flüchtlinge.

HINTERGRUND
GESCHICHTE

derern aus Lydien in Kleinasien (heutige Region um Izmir an der türkischen Ägäisküste) mit alteingesessenen Bevölkerungsgruppen hervorgegangen sind und in der heutigen Toskana, Umbrien und Latium siedelten. Auf dem Höhepunkt ihrer Kultur beherrschten die begabten Handwerker und erfolgreichen Kaufleute ganz Mittelitalien, bildeten allerdings keinen zusammenhängenden Staat, sondern – nach dem Vorbild der ionischen Polis – einen **Verbund von Stadtstaaten**: Arretium (Arezzo), Velathri (Volterra), Curtuns (Cortona), Perusia (Perugia), Clusium (Chiusi), Rusellae (Roselle), Vatluna (Vetulonia), Volsinii (Orvieto), Vulci, Tarquinii (Tarquinia), Caere (Cerveteri) und Veji (Veio). Sie wurden bis Ende des 6. Jh.s v.Chr. von Königen, seit dem 5. Jh. v.Chr. von Oberbeamten regiert. Die Etrusker hatten ein fatalistisches Verständnis von der Rolle göttlicher Mächte beim Gestalten menschlicher Schicksale, aber auch eine geradezu überschäumende Lebensfreude. Sie aßen und tranken gern und viel, ihre Frauen sollen sehr kunstfertig und im Ansehen den Männern nahezu gleichgestellt gewesen sein.

Griechen | Ab dem Ende des 6. Jh.s wurde die Herrschaft der Etrusker zunehmend von Griechen bedroht, die seit dem 8. Jh. Sizilien und Süditalien kolonisierten. In zwei Seeschlachten Ende des 5. Jh.s vernichtete die griechische Kolonialmacht die etruskische Flotte und beendete damit deren Seeherrschaft.

Römer | Parallel zur griechischen Kolonisation in Unteritalien vollzog sich der **Aufstieg Roms**. In der späteren römischen Geschichtsschreibung heißt es, die Stadt sei 753 v. Chr. gegründet worden, doch war sie wohl eher um die Wende vom 7. zum 6. Jh. durch den Zusammenschluss einiger Siedlungen zu einer Stadtgemeinde unter etruskischer Herrschaft entstanden. Im Jahr 509 v. Chr. vertrieben die Stadtbewohner ihren König Tarquinius Superbus und errichteten eine Adelsherrschaft, aus der sich dann die Römische Republik entwickelte. Nach und nach eroberten die Römer Landstrich um Landstrich und stülpten den italischen Völkern schrittweise ihre militärisch-rechtlich-politische, zuletzt auch weitgehend ihre sprachliche Kultur über.
In der ersten Hälfte des 3. Jh.s v. Chr. wurde Unteritalien eingenommen, in den drei Punischen Kriegen (mit Unterbrechungen 264 – 146 v. Chr.) gegen Karthago errang Rom die Vormachtstellung im westlichen Mittelmeer und die ersten außeritalischen Provinzen Sardinien, Korsika, Sizilien und die Südküste Spaniens. Im 2. und 1. Jh. v. Chr. erweiterte Rom sein Reich nach Osten; Griechenland und Kleinasien wurden erobert. Während der Kaiserzeit, die mit **Augustus** (30 v. Chr. bis 14 n. Chr.) ihren Anfang nahm, erreichte das Römische Reich seine größte Ausdehnung: Trajan (98–117 n. Chr.) herrschte schließlich über ein Gebiet, das sich von den Britischen Inseln, Spanien und Nordafrika im Westen bis zum Persischen Golf im Osten erstreckte.

HINTERGRUND
GESCHICHTE

OBEN: Der Tempel der Vesta war das wichtigste Heiligtum auf dem Forum Romanum, dem Zentrum des antiken Rom.
UNTEN: Aus Tuffstein, Alabaster und gebranntem Ton wurde die »Urne der Brautleute« hergestellt, zu sehen im Etruskischen Museum in Volterra.

DAS RÖMISCHE REICH

Aus der sagenhaften Gründung von Romulus und Remus wurde eine Weltmacht. Seine größte Ausdehnung erlebte das Römische Reich unter Kaiser Trajan, dessen lange Regierungszeit eine Periode der Stabilität und des wachsenden Wohlstandes war.

BAEDEKER WISSEN

Oceanus Atlanticus

1. Alpes poeniae
2. Alpes cottiae
3. Alpes maritimae

▶ **Trajans Herrschaft**

Durch die Eroberungen Armeniens, Mesopotamiens und des Dakerreiches erlebte das Römische Reich unter seiner Herrschaft die größte Ausdehnung.

Die lange Regierungszeit Trajans war eine Periode der Stabilität und des wachsenden Wohlstands.

▶ **Das Römische Reich**

			Römische Republik		
		Errichtung der römischen Herrschaft in Mittel- und Süditalien			
Römische Königszeit					
			Rom auf dem Weg zur Weltmacht		
			Unterwerfung der hellenistischen Staaten		
700 v. Chr.	600	500	400	300	200

▶ Das Reich bei Trajans Tod

- Senatorische Provinzen (formal dem Senat unterstellt)
- Kaiserliche Provinzen
- Klientelstaaten

▶ Große Namen

Gaius Iulius Caesar   100 v. Chr. – 44 v. Chr.

Sein Name steht für das Ende der Römischen Republik und die Errichtung einer Alleinherrschaft, die ins Kaisertum mündete.

Augustus   27 v. Chr. – 14 n. Chr.

Der Großneffe Caesars setzte sich nach dessen Ermordung gegen seine Widersacher durch und begründete die julisch-claudische Kaiserdynastie.

Nero   54 – 68 n. Chr.

Bereits mit 14 Jahren zum Senator und Prokonsul ernannt, ist sein Name v.a. mit dem Brand Roms 64 n. Chr. verbunden.

Trajan   98 – 117 n. Chr.

Trajan eroberte das Dakerreich, Armenien und im Verlauf des Partherkriegs Mesopotamien. Dabei stieß er bis zum Golf von Persien vor.

Hadrian   117 – 138 n. Chr.

Hadrian versuchte, das Reich innerlich zu stabilisieren. Seine Regierungszeit war für den größten Teil des Reichs eine Epoche des Friedens.

Marc Aurel   161 – 180 n. Chr.

Marc Aurel, der letzte »Adoptivkaiser«, steht am Ende einer Epoche des Wohlstands.

Konstantin I.   306 – 337 n. Chr.

Konstantin der Große bekannte sich um 324 zum Christentum.

HINTERGRUND
GESCHICHTE

Historische Bedeutung für die Christenheit hatte das von Kaiser **Konstantin** (306–337) erlassene Toleranzedikt von Mailand (313 n. Chr.), das den bis dahin immer wieder Verfolgungen ausgesetzten Christen freie Religionsausübung erlaubte und die Christianisierung Europas einleitete. Wenig später, im Jahr 330, verlegte dieser Herrscher den Regierungssitz in das alte Byzantion, das offiziell in Nova Roma (Neues Rom), inoffiziell in Konstantinopel (Stadt Konstantins) umbenannt wurde. Mit dem Tod von Theodosius I. dem Großen (379–395) zerfiel das Römische Reich in ein **Oströmisches Reich** mit der Hauptstadt Konstantinopel und ein **Weströmisches Reich** mit der Hauptstadt Rom. Das Oströmische Reich entwickelte sich eigenständig weiter und bestand als Byzantinisches Reich bis 1453.

Fremde Völker in Italien

Im Verlauf der **Völkerwanderung** seit dem Beginn des 3. und vor allem vom 5. bis zum 9. Jh. fielen immer öfter fremde Völker über die Alpen in Italien ein. Das Weströmische Reich war bald nicht mehr in der Lage, sich gegen die Eindringlinge zu wehren. 410 wurde Rom von den Westgoten geplündert, 455 von den Vandalen. Dass die Hunnen die Hauptstadt des Reiches drei Jahre zuvor (452) – im Gegensatz zu Mailand – verschont hatten, war nicht auf die militärische Macht des weströmischen Kaisers zurückzuführen, sondern auf die moralische Autorität des Papstes von Rom, der Attilas Truppen zum Umkehren veranlassen konnte. 476 setzte der Germanenfürst Odoaker den letzten weströmischen Kaiser, Romulus Augustulus, ab und rief sich selbst zum König von Italien aus. Damit war das **Ende des Römischen Weltreichs** und der Einheit Italiens besiegelt. Bis ins 19. Jh. musste Italien fortan – mit kurzen Unterbrechungen – als Spielball fremder Mächte herhalten. Schon 493 wurde Odoaker im Auftrag Ostroms vom Ostgotenkönig Theoderich (der »Dietrich von Bern« der deutschen Heldensage) besiegt, der bis 526 das Ostgotenreich in Italien regierte und neben Ravenna auch Verona und Pavia zu Residenzstädten ausbauen ließ.

Bis Mitte des 6. Jh.s stand fast das ganze Römische Reich unter der Herrschaft lateinisch-germanischer Könige. 569 brachen die wohl aus Südschweden stammenden **Langobarden** in Italien ein. Die »Langbärte«, »an die kein Schermesser kam« (so Paulus Diaconus, ein Chronist des 8. Jh.s), eroberten große Teile Italiens und wählten Pavia zur Hauptstadt. Kerngebiet des Königreiches, von dem die Lombardei ihren Namen hat, waren Venetien, die Po-Ebene und die Toskana. Über 200 Jahre lang repräsentierten die »Barbaren aus dem Norden« eine selbstständige, beachtenswerte politische Macht. Langobardische Herrschaftsgebiete bestanden auch in Spoleto und Benevento. Diese beiden Herzogtümer, die vom König in Oberitalien unabhängig waren, konnten sich schließlich länger halten als das Königreich ihrer Verwandten im Norden Italiens.

HINTERGRUND
GESCHICHTE

| Mittelalter

Obwohl die Langobarden vom Arianismus zum Katholizismus übertraten, wurde ihr Hauptgegner das Papsttum, das die Einschnürung Roms durch deren wachsende Herrschaftsgebiete fürchtete. In diesem Zusammenhang entstand **eine der berühmtesten Fälschungen** der europäischen Geschichte: Zwischen 750 und 760 stellten päpstliche Schriftgelehrte Urkunden einer nie stattgefundenen Schenkung Kaiser Konstantins an Papst Silvester I. her, die beweisen sollten, dass der Papst und seine Nachfolger die rechtmäßigen Herrscher über die Stadt Rom samt Weströmischem Reich seien. Unter Berufung auf diese Dokumente, die erst 1440 als Fälschung entlarvt wurden, rief der Papst 754 den Frankenkönig Pippin zu Hilfe. In verschiedenen Feldzügen zwang Pippin die eigentlich befreundeten Langobarden zu Gebietsabtretungen an den Papst, die als sogenannte **Pippinsche Schenkung** in die Geschichte eingingen und den territorialen Grundstein für den Kirchenstaat legten. Dieser Staat bot in der verwirrend wechselvollen Fülle von Staatsgebilden auf italienischem Boden seitdem eine Art ruhenden Pol, den er, von kurzen Unterbrechungen abgesehen, über tausend Jahre lang einnahm.

Eine Finte des Papstes

Endgültig zerschlagen wurde das Langobardenreich von Pippins Sohn **Karl dem Großen**, der sich 774 in Pavia die Eiserne Krone der Langobarden aufs Haupt setzte und sich so zum Rex Francorum et Langobardorum, König der Franken und Langobarden, kürte. Im Jahr 800 krönte ihn der Papst zum römischen Kaiser: Damit war das Weströmische Kaisertum wiederhergestellt, das seinen ideellen Mittelpunkt zwar in Rom, seine reale Machtbasis jedoch nördlich der Alpen haben sollte. Die Eroberung des Langobardenreiches bildete die Basis für die politisch-historische Dreiteilung der italienischen Halbinsel: Oberitalien sollte mit kurzer Unterbrechung bis Mitte des 13. Jh.s als »Reichsitalien« unter Lehnsherrschaft der nachfolgenden deutschen Kaiser stehen; in Mittelitalien bildete sich der Kirchenstaat heraus; Unteritalien geriet nacheinander unter arabische, normannische, französische, spanische und habsburgische Herrschaft und nahm so eine von den übrigen Gebieten getrennte Entwicklung.

Römisch-Deutsches Kaisertum

Nach dem Tod Karls III. (des »Dicken«; 879–887) begann die fränkische Herrschaft in Italien zu bröckeln. In den folgenden 80 Jahren versank Italien in Anarchie und Auseinandersetzungen fränkischer und einheimischer Adliger um die langobardische Königskrone. Als die Situation immer verworrener wurde, rief der Papst erneut den deutschen König zu Hilfe. In zwei Feldzügen (951, 962) bereitete Otto I. dem oberitalienischen Königtum ein Ende und wurde dafür in Rom zum Kaiser gekrönt. Durch die Übertragung der römischen Kaiserwürde auf die deutschen Könige gehörte das Königreich Italien nun formal zum **Römisch-Deutschen Reich**. Allerdings mussten die Kai-

HINTERGRUND
GESCHICHTE

ser ihren Anspruch ebenso wie die Kaiserkrönung in Rom selbst immer wieder militärisch durchsetzen, denn das Verhältnis zwischen Papst und Kaiser erwies sich bald schon als schwierig. Mit zunehmender Autorität befreite sich der Bischof von Rom vom kaiserlichen Einfluss, und das **Papsttum** stieg zur Territorialmacht in Italien auf.

Stadtrepubliken in Ober- und Mittelitalien

Während des Kampfes zwischen Kaiser und Papst bildete sich ab dem 11. Jh. in Ober- und Mittelitalien eine neue Macht heraus: die Stadtrepubliken. Durch Handel und Gewerbe sowie durch die profitablen Kreuzzüge wirtschaftlich erstarkt, entstand aus Kaufleuten, Gewerbetreibenden und Handwerkern u. a. in Mailand, Pisa, Venedig, Genua und Florenz eine neue Bevölkerungsschicht, das **Bürgertum**. Im Versuch, sie auf die Seite der kaiserlichen bzw. päpstlichen Partei zu ziehen, wurden ihnen nach und nach wichtige Zugeständnisse gemacht und weltliche Rechte wie Zölle, Gerichte, Markt-, Hafen-, Münzrechte überlassen. Viele Städte entwickelten sich in ihrem Kampf gegen den feudalen Grundherrn – in der Regel einen Bischof – zu **autonomen Stadtrepubliken** und wählten teilweise in Anlehnung an die römisch-antike Tradition Konsuln, später den Podestà, die die politische Führung der städtischen Republik, der Commune, übernahmen. Mit steigender Macht – fast zwei Jahrzehnte lang ließ sich kein deutscher König mehr in Italien blicken – versuchten die Stadtrepubliken, auch das Umland unter ihre Herrschaft zu bekommen, was zu heftigen Auseinandersetzungen mit den Nachbarkommunen führte.

In dieser Zeit bestieg mit dem Staufer **Friedrich I. Barbarossa** (1152 bis 1190) ein Mann den Thron, der seine kaiserliche Autorität und das römische Imperium wiederherstellen wollte. Es gelang ihm zwar, die Kaiserkrönung durch den Papst (1155) zu erreichen, doch die kaiserliche Autorität über die Stadtrepubliken konnte er auch auf fünf weiteren Italienfeldzügen nicht erlangen. Als Barbarossa 1162 Mailand eroberte und dem Erdboden gleichmachte, wuchs der Widerstand. Vom Papst unterstützt, formierten sich 1167 die bisher uneinigen Städte in der ersten Lombardischen Liga gegen die Staufer und fügten dem kaiserlichen Heer in der **Schlacht von Legnano 1176** eine vernichtende Niederlage zu. Im Frieden von Konstanz 1183 musste der Kaiser den Städten alle bislang ausgeübten Rechte innerhalb der Stadtmauern garantieren.

Im Jahr 1194 fiel der Stauferdynastie durch Erbe das **Normannenreich** in Süditalien zu: Der deutsche Einfluss auf der Apenninhalbinsel erreichte damit seinen absoluten Höhepunkt, der Kirchenstaat war von kaiserlichen Gebieten umschlossen, der Konflikt spitzte sich zu. Doch auch jetzt blieb den Staufern eine weitere Niederlage nicht erspart, als sich die oberitalienischen Städte in einer zweiten Liga gegen **Friedrich II.** (1194–1250) zusammenschlossen. Mit diesem Kaiser starb auch der Anspruch des deutschen Kaiserhauses auf ein italienisch-deutsches Gesamtreich.

HINTERGRUND
GESCHICHTE

Anders als in Nord- und Mittelitalien bildeten sich im südlichen Teil der italienischen Halbinsel keine selbstständigen und selbstbewussten Städte heraus. Hier hatten nach Friedrich II. nur fremde Mächte das Sagen. Der vom Papst herbeigerufene Franzose **Karl von Anjou**, der mit der Hinrichtung des Staufererben Konradin in Neapel (1268) den staufischen Einfluss in Italien ein für alle Mal beendete, regierte über Süditalien genauso diktatorisch wie Pedro III. von Aragón, der 1282 die Herrschaft über Sizilien übernahm. Unteritalien blieb weiter französisch und wurde 1443 dem aragonesischen Sizilien einverleibt.

Fremdherrschaft in Süditalien

Im Gegensatz zu Süditalien erlebten Ober- und Mittelitalien ab dem 13. Jh. einen **enormen wirtschaftlichen Aufschwung**. Doch innerhalb der Städte und zwischen ihnen tobten Kämpfe zwischen rivalisierenden Familien, was vielerorts zur Auflösung der Stadtrepubliken und zur Bildung von »Signorien« führte. Die Signorie war ursprünglich die von Kaiser oder Papst verliehene, zeitlich befristete Herrschaft einer mächtigen Familie. Die Inhaber dieser Gewaltherrschaft auf Zeit nutzten jedoch ihr Amt, um ihre Macht auszudehnen, wobei sie sich aller Mittel von geschickter Diplomatie bis zu heimtückischem Mord bedienten. So entstanden gegen Ende des 13. und im Laufe des 14. Jh.s große Dynastien, die durch Unterwerfung von Nachbargemeinden echte Flächenstaaten schufen. Auch einige alte Fürstenhäuser wie das Haus Savoyen in Piemont erweiterten ihre Herrschaft erfolgreich. Zu den bekanntesten Dynastienamen gehören die **Este** in Ferrara, die **Medici** in Florenz, die **Visconti und Sforza** in Mailand. Bis zum Aufstieg der Osmanen im 15. Jh. blieb Venedig, das nach 1400 auch auf dem Festland ein umfangreiches Territorium eroberte, beherrschende Seemacht im Mittelmeer. Die Machtkämpfe des 15. Jh.s endeten 1454 mit dem **Frieden von Lodi**, der für die nächsten 40 Jahre ein Gleichgewicht zwischen den größten Mächten in Italien herstellte.

Dynastien- und Staatenbildung

Frühe Neuzeit

Im 15. Jh. präsentierte sich Italien in kultureller und wirtschaftlicher Hinsicht als Mittelpunkt Europas. Die Apenninhalbinsel war das Zentrum des **Humanismus** und der **Renaissance**, Genua und Venedig hatten die Führungsrolle im Handel, Florenz im Bankenwesen und Bologna in der Wissenschaft übernommen. Allerdings währte die Blütezeit nur kurz, denn mit der Entdeckung Amerikas verlagerten sich die Handelsströme vom Mittelmeer in den Atlantischen Ozean.

Kulturelle und wirtschaftliche Vorherrschaft

Nach einer 40-jährigen Friedensperiode interessierten sich Ende des 15. Jh.s wieder ausländische Mächte für die italienische Halbinsel. Als 1494 der **französische König Karl VIII.** versuchte, sich das Königs-

Französisch-habsburgischer Konflikt

HINTERGRUND
GESCHICHTE

Lorenzo di Medici »der Prächtige« verkörpert den Idealtypus des Renaissancefürsten: machtbewusst und die Künste fördernd.

reich Neapel einzuverleiben, rief dies das **habsburgische Spanien** auf den Plan. Das Reich unter Kaiser Maximilian I., Schweizer Eidgenossen sowie inneritalienische Staaten beteiligten sich auf der Seite Habsburgs mit Allianzen, Kriegszügen und Vermählungen am Ringen um die Vorherrschaft. 1515, nach der Schlacht von Marignano, die Frankreich für sich entschied, war Italien in zwei Herrschaftsbereiche geteilt: einen französischen im Norden und einen spanischen im Süden; der Kirchenstaat und mittelitalienische Staaten konnten allerdings ihre Selbstständigkeit bewahren. Mit dem Herrschaftsantritt von Kaiser Karl V. (1519–1556) verschärfte sich der Konflikt zwischen Frankreich und Habsburg. Im Frieden von Cambrai von 1559 sicherten sich die Habsburger Neapel-Sizilien und Mailand.
Bis zum Ende des 17. Jh.s blieb Spanien trotz mehrfacher Angriffe Frankreichs vorherrschende Macht. Einen bleibenden Erfolg konnten auch die Eidgenossen verbuchen: Zum Dank für ihre Unterstützung des Papstes erhielten die Schweizer Bellinzona, Locarno und Lugano. Der **Spanische Erbfolgekrieg** (1701–1714), der nach dem Aussterben der spanischen Linie der Habsburger ausbrach, beendete die Vorherrschaft der Spanier in Italien. Besitzungen wie Mailand, Sardinien, Neapel und Sizilien wurden nun zwischen den österreichischen

HINTERGRUND
GESCHICHTE

Habsburgern und den spanischen Bourbonen aufgeteilt, wobei Wien den nördlichen Teil erhielt und Madrid den südlichen. Österreich teilte sich mit Frankreich auch die Besitzungen der einst mächtigen Dynastien, die mit Ausnahme von Savoyen mittlerweile ausgestorben waren. 1768 schließlich kaufte Paris der Stadtrepublik Genua die Insel **Korsika** ab. Das norditalienische Haus Savoyen-Piemont erhielt 1713 den Königstitel von Sizilien, musste die Insel aber 1720 im Tausch gegen Sardinien an die Habsburger abtreten.

1796 drang **Napoleon Bonaparte** mit seinen Truppen in Italien ein, vertrieb die Österreicher und ließ Republiken gründen. Die bedeutendste davon, die Republik Cisalpina, umfasste die Lombardei, das Veltlin, die Stadtstaaten Bologna, Ferrara, Modena und Reggio mit Mailand. 1801/1802 riefen die Vertreter der größeren Städte Norditaliens auf seine Veranlassung hin feierlich die **Italienische Republik** aus. Diese wandelte Napoleon 1805 in das »Königreich Italien« um, wobei er selbst den Titel »König von Italien« annahm. Das Land erhielt eine eigene Verfassung und Präfekturen, die als Verwaltungsgebiete noch heute existieren. Bis 1813/1814 konnte der französische Kaiser seine Herrschaft auf ganz Italien ausdehnen, nur Sizilien und Sardinien, wohin sich die Bourbonen und die Mitglieder des Hauses Savoyen zurückgezogen hatten, blieben von seinem Zugriff verschont. Zwischen 1813 und 1815 brach die napoleonische Ordnung dann schneller zusammen, als ihre Errichtung gedauert hatte. Alle neuen Staaten wurden wieder aufgelöst.

Napoleonische Zeit

Vom 19. Jh. bis in die Gegenwart

Nach dem Sturz Napoleons beschloss der **Wiener Kongress** 1814/1815, Italien erneut aufzusplittern. Der Kirchenstaat und die größeren Monarchien Italiens wurden wiederhergestellt, das Königreich Sardinien erhielt Nizza und das Gebiet der alten Republik Genua, das übrige Oberitalien gelangte an die österreichischen Habsburger. Die Restauration der alten Feudalordnung brachte jedoch der nationalen Einigungsbewegung immer größeren Zulauf. Mailand entwickelte sich zum intellektuellen Zentrum des **Risorgimento** (»Auferstehung«, »Erhebung«), der Einigungsbewegung um **Giuseppe Garibaldi** (▶ Interessante Menschen); das politisch-militärische Zentrum wurde Turin. In mehreren Anläufen gelang es den freiheitlich gesinnten Italienern, die Österreicher 1859 bis 1861 aus Oberitalien zu vertreiben. Als Dank für die französische Unterstützung 1859, durch die Piemont-Sardinien den österreichischen Habsburgern die Lombardei abringen konnte, erhielt Paris die überwiegend französischsprachigen Gebiete Savoyen im Nordwesten und Nizza im Südwesten des piemontesischen Königtums.

Restauration und Risorgimento

HINTERGRUND
GESCHICHTE

Am 14. März 1861 nahm **Vittorio Emanuele II.** von Piemont auf Beschluss des neu gewählten ersten italienischen Parlaments den Titel »König von Italien« an; Turin löste Florenz als Hauptstadt ab. Mit der Eingliederung des Kirchenstaates 1870 konnte die über 1000 Jahre unterbrochene Verbindung mit Süditalien wiederhergestellt werden, Rom wurde italienische Hauptstadt. Das Papsttum erhielt erst mit den Lateranverträgen vom Jahr 1929 wieder einen eigenen Kirchenstaat, den Vatikan.

Aufstieg zur Großmacht

Nach 1870 entstand Italien neu als **konstitutionelles Königreich** unter liberaler Führung, die die innere Einigung, Industrialisierung und Aufrüstung forcierte – allerdings nur im Norden. Der agrarische Süden blieb unterentwickelt, das bis heute existente Nord-Süd-Gefälle resultiert aus dieser Zeit. Mit dem Amtsantritt König Umbertos I. (1878 – 1900) betrieb das Land eine aktive Großmachtpolitik und beteiligte sich an der kolonialen Aufteilung Afrikas. Als Reaktion auf die französische Besetzung von Tunis 1881 schloss sich Rom dem zum Dreibund erweiterten Bündnis zwischen dem Deutschen Reich und Österreich-Ungarn an. 1889 eroberte Italien Teile Somalias und 1893 Eritrea; ein Krieg gegen Abessinien, das heutige Äthiopien, endete 1896 mit einer Niederlage. 1911/1912 konnten sich die Italiener nach geheimen Absprachen mit Frankreich und Russland und nach einer Offensive gegen das in Agonie liegende Osmanische Reich Tripolis, die Cyrenaica, Rhodos und den Dodekanes einverleiben.

Erster Weltkrieg

Im Ersten Weltkrieg (1914 – 1918) blieb Italien zunächst neutral. Nachdem ihm England und Frankreich in einem Geheimvertrag territoriale Ansprüche zugesichert hatten, trat Rom auf Seiten der Entente in den Krieg ein. Im Mai 1915 erklärte es Österreich-Ungarn und im August 1916 auch Deutschland den Krieg. In den zwölf äußerst verlustreichen **Isonzo-Schlachten** versuchten die Italiener, die österreichische Alpenfront zu stürmen. Im Frieden von Saint-Germain (1919) konnte Italien, das sich als Siegermacht fühlte, jedoch nur einen Teil seiner territorialen Forderungen durchsetzen: Es erhielt Südtirol, das Trentino, Julisch-Venetien, Triest und Istrien (außer Fiume) sowie mehrere dalmatinische Inseln. Von der Verteilung der Völkerbundmandate über die deutschen Kolonien blieb das Land ausgeschlossen.

Faschismus

Nach dem Ersten Weltkrieg bereiteten enorme wirtschaftliche und soziale Probleme sowie die Enttäuschung über den nach Meinung vieler Italiener »verstümmelten Sieg« die Voraussetzungen für den Aufstieg des Faschismus. Mit dem »Marsch auf Rom« 1922 und der anschließenden Berufung **Benito Mussolinis** durch König Viktor Emanuel III. (1900 – 1946) zum Ministerpräsidenten kam die faschistische Bewegung an die Macht. Die Monarchie blieb formal bestehen,

HINTERGRUND
GESCHICHTE

Architektonisches Erbe des Faschismus: das E.U.R.-Gelände in Rom

die Opposition jedoch wurde gänzlich zerschlagen. Um alle Kräfte zusammenzufassen, errichtete das Regime einen Ständestaat. Dieser wurde durch den Lateranvertrag gefestigt, der dem Papst die Souveränität über den Vatikan zuerkannte und den Katholizismus zur **Staatsreligion** erhob. Nach außen verfolgte Rom eine aggressive Politik, die in der proklamierten Absicht gipfelte, das **Imperium Romanum** wiederherzustellen und das Mittelmeer erneut zum italienischen »Mare Nostrum« zu machen. Schon 1923/1924 annektierte Italien Korfu und Fiume, 1936 eroberte es Abessinien. Mit Hitler schuf Mussolini die **»Achse Berlin-Rom«**, die durch den Beitritt Italiens zum Antikominternpakt und den Austritt aus dem Völkerbund gefestigt wurde. Im Spanischen Bürgerkrieg 1936–1939 verhalfen die italienischen Faschisten zusammen mit deutschen Truppen General Franco zum Sieg. Nach der Besetzung Albaniens 1939 schloss Rom den »Stahlpakt« mit Deutschland.

Erst 1940, als sich die rasche Niederlage Frankreichs abzeichnete, trat Italien auf der Seite Deutschlands in den Zweiten Weltkrieg ein. Ziel Mussolinis war es, in Griechenland und Nordafrika Gebiete zu gewinnen. Doch die militärischen Niederlagen italienischer Truppen auf diesen Kriegsschauplätzen machten eine deutsche Unterstützung erforderlich, was dazu führte, dass Italien zunehmend von der Gunst Berlins abhängig wurde und dadurch die antifaschistische Opposition an Boden gewann. Nach der **Landung der Alliierten auf Sizilien**

Zweiter Weltkrieg

HINTERGRUND
GESCHICHTE

im Juli 1943 wurde Mussolini gemeinsam vom Großen Faschistischen Rat und vom König gestürzt und verhaftet. Die neue Regierung schloss mit den Alliierten einen Waffenstillstand, kurz darauf folgte die Kriegserklärung an Deutschland. Der mittlerweile von einem SS-Kommando befreite »Duce« zog sich in das deutsch besetzte Oberitalien zurück und gründete im September in Salò am Gardasee die **Repubblica Sociale Italiana**; im April 1945 wurde er auf der Flucht bei Tremezzo am Comer See von Partisanen erschossen.

Italien seit 1945 — 1946 wurden per Volksabstimmungen die durch ihre Verknüpfung mit dem Faschismus diskreditierte Monarchie abgeschafft und Italien in eine **parlamentarische Republik** umgewandelt; die neue Verfassung trat 1948 in Kraft. Im Pariser Friedensvertrag von 1947 musste Italien auf alle kolonialen Besitzungen verzichten. Mithilfe des Marshall-Planes gelang der Wiederaufbau der Wirtschaft, ja Italien entwickelte sich zu einem erfolgreichen Industriestaat. Von dem Wirtschaftsaufschwung ist jedoch seither nur der nördliche Landesteil betroffen, weshalb sich die historische Spaltung Italiens in den reichen Norden und den weiterhin unterentwickelten Süden verschärft hat. Zwischen 1950 und 1970 wanderten aus dem Süden über zwei Millionen Gastarbeiter in den industrialisierten Norden bzw. ins Ausland ab. 1998 erfüllte Italien die Maastricht-Kriterien für die Teilnahme an der **Europäischen Währungsunion**, im selben Jahr wurde Italien Vollmitglied des Schengener Abkommens.

Regierungskrisen als Normalfall — Innenpolitisch erlebte Italien rasch wechselnde Kabinette: Seit Ausrufung der Republik 1946 hat das Land 64 Regierungen erlebt. 1992/1993 lösten groß angelegte Ermittlungen in einer Bestechungsaffäre in Mailand eine Lawine aus. Die **»mani pulite«** (saubere Hände), eine Säuberungskampagne Mailänder Richter, führte zur Zerschlagung des seit fast fünfzig Jahren bestehenden Parteiensystems.

Bis zu ihrer Auflösung 1994 war die christdemokratische Partei an allen Regierungen führend beteiligt, die zweitstärkste Kraft im Land bildeten die Kommunisten. Nach einer fünfjährigen Regierungszeit des Mitte-Links-Bündnisses Ulivo kam 2001 die Rechtsallianz Casa delle Libertà unter Medien-Unternehmer und Multimillionär **Silvio Berlusconi** an die Macht (bis 2006). Schon bald nach seinem Regierungsantritt stand Berlusconi im Kreuzfeuer der Kritik: Medienmanipulation und gesetzeswidrige Erlasse sowie diverse Sexskandale wurden ihm zur Last gelegt. 2011/2012 kam es zu einem Zwischenspiel des parteilosen Finanzexperten Mario Monti als Ministerpräsident, in den Folgejahren hielten sich die Regierungschefs immer nur ein bis zwei Jahre.

Die Wahlen im März 2018 führten wieder zu einem Wechsel. Der große Gewinner, die **Movimento 5 Stelle** (Fünf-Sterne-Bewegung) des Komikers Beppe Grillo, bildete zusammen mit der **Lega Nord** (Matteo Salvini) die neue Regierung mit dem parteilosen **Giuseppe Conte** als

HINTERGRUND
GESCHICHTE

Ministerpräsidenten. Sie sagte nicht nur der EU den Kampf an, sondern verweigert auch die Aufnahme von Flüchtlinen in Italien. Obwohl in absoluten Zahlen Italien heute das am höchsten verschuldete Land in der EU ist, setzt die Regierung außerdem ihr Wahlversprechen eines garantierten Pro-Kopf-Einkommens von monatlich 780 Euro durch, was alleine zu zusätzlichen Kosten von 7 Mrd. Euro jährlich führt – und zu heftigen Diskussion mit der EU-Kommission. Im Glauben, dass er Neuwahlen gewinnen würde, ließ der rechtsradikale Salvini im August 2019 die Koalition platzen. Zu Wahlen kam es aber nicht, sondern zu einer neuen Regierung Conte, nun mit der DP als Partner.

Dass Giuseppe Conte schon die Nummer 29 im Amt des italienischen Ministerpräsidenten ist, liegt nicht zuletzt daran, dass das Wahlsystem Kleinparteien und Koalitionswechsel begünstigt. So kehrten viele der Männer, die sich in Roms Palazzo Chigi die Klinke in die Hand gaben, nach dem Scheitern ihrer Regierung wieder und in hohe Ämter zurück. Der Christdemokrat **Alcide de Gasperi** stand bis 1953 sage und schreibe acht Koalitionen vor und war 2496 Tage im Amt. Parteikollege **Giulio Andreotti** hielt sich 1972 bis 1992 insgesamt 2226 Tage an der Spitze. Den Rekord hält jedoch Silvio Berlusconi mit 3297 Amtstagen. Gewählt wurde er insgesamt viermal: 1994, 2001, 2005 und 2008.

Auch im Vatikan ging der »Wandel« zuletzt schneller vonstatten, als man angenommen hätte: Erstmals in der Neuzeit trat am 28. Februar 2013 mit Papst Benedikt XVI. ein katholisches Kirchenoberhaupt von seinem Amt zurück. Sein Nachfolger wurde der Argentinier Jorge Mario Bergoglio , der sich nach Franz von Assisi Fanziskus nannte.

Wechsel im Vatikan

Ein ungewöhnlicher Anblick: Benedikt und Franziskus, zwei Päpste auf einmal

HINTERGRUND
KUNSTGESCHICHTE

KUNSTGESCHICHTE

Welche Rolle spielten die Bettelorden für die gotische Architektur? Wann begann die Renaissance in Italien? Was versteht man unter einem »ungekämmten Bolognien«?

Erste Spuren im Neolithikum
Die Geschichte »italienischer« Kunst beginnt im Neolithikum, als die vermutlich **iberische Glockenbecherkultur** nach Sizilien und Sardinien gelangte. In der Bronzezeit entstanden z. B. in Ascoli Piceno unter **mykenisch-kretischem Einfluss** erste Gebäudesiedlungen. Die **Kultur der Pfahlbausiedlungen (Terramaren)** drang aus Illyrien vor, und um 1000 v. Chr. entwickelte sich die **Villanova-Kultur**, benannt nach dem wohl wichtigsten früheisenzeitlichen Gräberfeld in der Nähe des bolognesischen Gutes Villanova.

▌Römische Kunst

Etrusker
Auch in der Antike entwickelte sich der römische Kulturraum nicht autonom, sondern lag bereits im Überlappungsraum der etruskischen und griechischen Kulturen: Die Kunst der Etrusker steht zwischen italischer Primitiv- und griechischer Hochkultur. Wirklich fassbar sind nur drei Kernphänomene: Tempel, Nekropolen und Skulpturen.

»Apollo mit der Leier«: Fragment eines nach griechischem Vorbild entstandenen römischen Wandbildes (um 30 v. Chr., im Antiquario Palatino in Rom)

HINTERGRUND
KUNSTGESCHICHTE

Etruskische Tempel wie der archäologisch gesicherte **Jupiter-Tempel** auf dem Kapitol in Rom wurden im Unterschied zu griechischen Tempeln nicht wie ein Monument in die umgebende Natur gesetzt, sondern mit raumplanerischem Gefühl in die Landschaft installiert. Sie ruhten auf Podien, orientierten sich axial auf einen Vorplatz und verfügten über tief fluchtende Vorhallen. Dieser räumliche Akzent erhärtete sich in den folgenden Jahrhunderten zu einem Markenzeichen römischer Baukunst.

Ende des 8. Jh.s v. Chr. entwickelte sich der Typus des **Kammergrabs**, das als getreues Nachbild eines aristokratischen Hauses über mehrere Räume verfügt oder sogar mit großen Plätzen für Tanz und Spiel versehen ist. Erst im Laufe des 4. Jh.s wich es dem großräumigen, reich bemalten Bestattungssaal, für den die Tomba dei Rilievi in Cerveteri ein gutes Beispiel ist.

Trotz des starken griechischen Einflusses erreichte die etruskische Kultur auch auf dem Gebiet der Plastik zumindest partiell Eigenständigkeit. Im 2. Jh. v. Chr. verlor sich die Originalität etruskischer Kunst im Sog der **römischen Mischkultur**. Beispielhaft hierfür ist der »Arringatore« aus dem Museo Archeologico in Florenz: Inschrift und typushafte Starre sind etruskisch, Habitus und Kleidung jedoch deutlich römisch.

Griechischer Einfluss

Italien, erstmals von Polybios (201 – 120 v. Chr.) als »Megale Hellas« (Großgriechenland) bezeichnet, war in erster Linie an den südlichen Küsten griechisch beeinflusst. Außer Münzen und Votivreliefs bildeten **Tempelbauten** einen wesentlichen Bestandteil des überlieferten großgriechischen Kulturguts. Vorbild der **kolonialen Tempelarchitektur**, die ab ca. 500 v. Chr. verstärkt auftrat, war der Zeustempel in Olympia – ein Bau gigantischen Ausmaßes und präzis errechneter Proportionierung. Der Poseidon-Tempel in Paestum, der Hera-Tempel in Selinunt, der Concordia-Tempel und der Juno-Lacinia-Tempel in Agrigent sind als direkte Ableitungen zu verstehen. Die massive Kolonialisierung italienischer Küstenregionen ging an dem peripher gelegenen Rom nicht spurlos vorüber. 493 v. Chr. wurde am Fuß des Aventin ein von den griechischen Künstlern Damophilos und Gorgasos konzipierter Tempel errichtet.

Wohnkultur

Der verstärkte griechische Einfluss manifestiert sich einprägsam im Wandel der Wohnkultur. Noch im 4. Jh. v. Chr. war das römische Haus nichts weiter als ein funktionaler Wohnraum; im 3. Jh. v. Chr. wurde es zum **durchgestylten Lebensraum**. In der Art eines Hinterhofs war dem Gesamtkomplex zumeist noch ein schmaler Gemüsegarten angeschlossen. Gerade dieses bescheidene Gemüseareal weitet sich im 3. Jh. v. Chr. unter griechischem Einfluss zu einem Peristyl aus, einem von Säulenhallen umgebenen Hofgelände mit Sommerfrische und Garten.

HINTERGRUND
KUNSTGESCHICHTE

Basilika
: Auf ein hellenistisches Konzept geht auch die Basilika zurück. Die im Grundriss erhaltene Basilika von Pompeji (120 v. Chr.) lässt das wesentliche Merkmal dieses Bautyps leicht erkennen: ein geschlossener, zu einer schmalen Seite hin geöffneter Richtungsbau, dessen Halle sich in ein Mittelschiff (Aula) und zwei Seitenschiffe gliedert. Vom griechischen Vorbild der Königshalle (Basileus = König) unterscheidet sich die römische Basilika nur in ihrer funktionalen Bestimmung als **Börse, Handelszentrum und Gerichtsgebäude**.

Inszenierung des Raums
: Eine Eigenheit römischer Baukunst ist auch der ausgeprägte Sinn für den räumlichen Effekt. Das Bestreben, den städtischen Raum nicht mit Gebäuden zu verstellen, sondern im Sinne eines räumlichen Gesamtwerks zu gliedern, dokumentiert sich in den **römischen Kaiserforen**. Die Vorliebe für monumentale Rauminszenierungen findet sich ebenso im Bautyp des **Amphitheaters**. Ähnlich einer monumentalen Raumplastik steht das Kolosseum in Rom zwischen den Erhebungen des Esquilin und Caelius. Ein beeindruckendes Raumprogramm entfaltet auch die **Palast- und Bäderarchitektur**. So reihen sich in den Caracalla-Thermen Schwimmbad, Kaltbad, Warmlufthalle und Heißwasserbad längs der Hauptachse eines in sich symmetrischen Komplexes, der von der Wandelhalle bis zur Bibliothek reichte.

Spätantike
: Die römische Spätantike war zwar eine Zeit des politischen Verfalls, doch sicher nicht des kulturellen Niedergangs. In den Jahrhunderten nach Diokletian wurden in Baukunst, Malerei und Plastik folgenreiche Leistungen vollbracht. Die internationale Kultur des Hellenismus verlor an Kraft, die römische Kunst gewann an Originalität. Als ein wichtiger Katalysator dieser Wende erwies sich im 4. Jh. die **christliche Gedankenwelt**. Die äußeren Aspekte des spätantiken Wandels waren vielfältig: Bischöfe wurden zu Bauherren, christliche Kirchen traten an die Stelle der Tempel, neue topografische Schwerpunkte, z. B. in Ravenna, wurden gesetzt, und die byzantinische Kultur begann, auf das Mutterland zurückzuwirken.
In der Architektur emanzipierte sich die **Basilika** zu einem signifikanten Typus spätantiken Bauens. In San Giovanni in Laterano in Rom sind deren Charakteristika trotz der barocken Renovierung gut zu erkennen: ein zwischen Längsschiff und Apsis geschobenes Querschiff und ein aufgestocktes Mittelschiff, das die Seitenschiffe überragt. Damit war der **Prototyp des abendländischen Kirchenbaus** geboren.
Auch der **Zentralbau**, der sowohl im Pantheon wie auch in den Badehallen der Thermen seine Wurzeln hat, gewann an Gewicht. Seine Domäne war die Bestattungs- und Taufhausarchitektur. Beispielhaft hierfür: die Mausoleen der Kaiserin Helena und der Constantina, beide im zweiten Viertel des 4. Jh.s in Rom erbaut.

HINTERGRUND
KUNSTGESCHICHTE

Romanik

Angesichts lombardischer, toskanischer, römischer, venezianischer und sizilianischer Sonderstile ist es hilfreich, sich die europäische Romanik als ein Konzert **verschiedenster Regionalstile** vorzustellen, welche die Grundthemen jeweils verschieden variieren: Erweiterung der Basilika um einen Chorbereich, Wölbungen statt flacher Decke, Verbrämung des Eingangsbereichs mit einer Schaufassade und zuletzt die kompositionelle Gliederung des Raumes durch den Stützenwechsel von Säulen und Pfeilern, durch Betonung der Gewölbejoche und durch regelmäßig geschichtetes Mauerwerk.

Europäische Vielfalt

Als Musterbeispiel der lombardischen Romanik, die den Stil am »reinsten« verkörpert, gilt **Sant'Ambrogio in Mailand**. Um das Jahr 1100 ersetzte man die flache Decke des frühmittelalterlichen Vorgängerbaus im Mittelschiff durch eine Folge von vier Jochen, denen in jedem Seitenschiff jeweils zwei Joche angeschlossen sind. So entsteht ein Stützenwechsel dadurch, dass zwischen den zwei massigen Pfeilern eines Mittelschiffjoches noch ein kleiner Pfeiler für die zwei Joche im Seitenschiff platziert ist. Typisch Romanisches aus der ersten Hälfte des 12. Jh.s bietet auch **San Michele in Pavia**, nämlich eine überhöhte Schaufassade, auf die sich alles Dekor konzentriert: Unterhalb des Giebels läuft eine Zwerggalerie, die Fassade selbst ist vom Boden bis zum Giebel mit durchgängigen Wandpfeilern versehen. Lupenrein romanisch ist der Kleeblattgrundriss von San Fedele in Como, der entsteht, wenn sowohl das Hauptschiff wie die Seitenschiffe mit einem runden Chorabschluss versehen sind. In Anbetracht dieser Blüte lombardischer Baukunst erstaunt es nicht, dass der Schwerpunkt der Bildnerei sich in der Bauplastik findet. Da ist zunächst die nach ihrem Ursprungsort Como benannte »corrente (Strömung) comasca« gegen Ende des 11. Jh.s, deren dekorative, abstrahierende Arbeitsweise man am Portal von San Michele in Pavia studieren kann. Für den zweiten, ungleich lebendigeren Stil steht **Meister Wiligelmus**, der 1099 die Fassadenreliefs am Dom zu Modena signierte. Er erreicht fast schon das Niveau des Benedetto Antelami (ca. 1150–1220), der seines Realismus wegen mitunter auch der frühen Gotik zugerechnet wird. Beispiele für seine Kunst sind die »Kreuzabnahme Christi« im Dom von Parma und die Prophetenstatuen im Dom von Fidenza.

Lombardischer Einflussbereich

In der Toskana ist die Präsenz der Antike so stark, dass man die Romanik hier auch als **Proto-Renaissance** bezeichnet. San Miniato al Monte in Florenz, erbaut im 12./13. Jh., hat zwar einen romanischen Stützenwechsel, doch die Fassade, deren weiß-grüne Marmorinkrustierung und geometrisches Dekor an einen Reliquienschrein erinnert, ist wie die Frontansicht des 1063 begonnenen Doms von Pisa durch und durch antik inspiriert. Auch die toskanische Plastik steht in der

Toskana

VOM LEUCHTEN DER STEINE

Der Ruhm des Römischen Reichs war bereits am Verblassen, als Ravenna, Reichshauptstadt und Vorposten von Byzanz, zu leuchten begann. Und das sowohl im übertragenen als auch im wörtlichen Sinn.

Das Leuchten hat einen Grund, und der heißt: Mosaikkunst. Den Farbenreichtum und die Leuchtkraft verdanken die Mosaiken zuerst dem Material: **Glas**. Im geschmolzenen Zustand wurden ihm Metalloxide beigegeben, die für eine breite Farbskala sorgten. Die Farbsättigung reichte von beinahe glasklar bis zu einem undurchsichtigen Dunkel. Mit einem Hammer schlug man die scheibenförmigen »Glaskuchen« in kleine Würfel (Tesserae). Für Gold- und Silbertesserae wurden **Metallfolien** auf eine Glasscheibe aufgetragen und mit Glas überfangen. Auch andere Materialien kamen zum Einsatz: So wurden z. B. Schleier und Kopfputz der Jungfrauen in Sant'Apollinare Nuovo durch große, raue Marmortesserae erzielt. Die Wirkung von Perlen erhielt man, indem man große **Perlmuttstücke** verwendete – zu sehen beim Schmuck und an den Gewändern der Justinian- und Theodoramosaiken in San Vitale. Vielleicht wurden ursprünglich auch Halbedelsteine verwendet, die man später durch Glassteine ersetzte. Wollte man die Leuchtkraft steigern, wurden die Tesserae schräg versetzt, um das Licht besser zu reflektieren. Vor dem Beginn der Arbeiten musste die Wand gründlich vorbereitet werden. Zunächst wurde die Mauer mit einer Teer- oder Harzmischung gegen Feuchtigkeit isoliert. Darauf warf man erst eine grobe, dann eine feinere **Mörtelschicht**. Das Mörtelbett konnte nur als Tagwerk aufgetragen werden, denn der Kalk sollte noch weich und feucht sein, um die Tesserae tief in den Mörtel drücken zu können. Die damaligen Steinsetzer arbeiteten nach **Vorzeichnungen** auf der Mörtelschicht. Sie wichen aber oft davon ab – warum, ist nicht mehr auszumachen.

Nachhilfe aus Rom

Woher hatten die ravennatischen Handwerker das Know-how? Stilistische Vergleiche mit römischen Mosaiken legen zwei Möglichkeiten nahe. Entweder es waren Handwerker aus Rom, die in Ravenna die Mosaikkunst einführten, oder die einheimischen Meister gingen bei ihren römischen Kollegen in die Schule. Mit den Mosaikkünstlern aus Byzanz konnten sie sich allerdings noch lange nicht messen. Der **technische Vorsprung der Byzantiner** beruhte nicht nur auf einer größeren Materialkenntnis und ausgereifteren handwerklichen Techniken, die sich durch die langjährige Erfahrung mit dem Verlegen von Mosaiken herausgebildet hatten, sondern auch auf einer anderen, arbeitsteiligen Werkstattorganisation. In jeder Arbeitsgruppe gab es Spezialisten, die für bestimmte Details zuständig waren – etwa für feinere Partien wie Köpfe und Gesichter, die mit besonders kleinen Tesserae ausgeführt wurden.

Spezialisten aus Byzanz

Die Handwerker in Ravenna brachten es dennoch bald zu enormer Meisterschaft. Heute vermitteln ihre Werke einen ganz hervorragenden Überblick

Die Weisen aus dem Morgenland tragen Hosen nach byzantinischer Art: Mosaik in Sant'Apollinare Nuovo

über die herrliche Mosaikkunst des 6. Jh.s, die sowohl von spätantik-frühchristlichen als auch von erkennbar byzantinischen Einflüssen geprägt ist. So folgen die Mosaiken im **Mausoleum der Galla Placidia** und im Baptisterium der Orthodoxen noch einer lebendigeren, von der Antike durchdrungenen Formauffassung. Die Figuren sind plastisch durchgestaltet und bewegt, die Landschaften erhalten durch die Andeutung von Perspektive räumliche Tiefe.

Eine erste Hinwendung zum Stil von Byzanz kann man in den frühen Szenen in **Sant'Apollinare Nuovo** erkennen. Der gesamte Grund ist hier goldfarben unterlegt, auf eine dreidimensionale Darstellung wird konsequent verzichtet. Die Figuren wirken ernst und würdevoll, ihre Gesichter sind ohne Individualität gestaltet, ihre Gebärden kontrolliert und formelhaft.

Die klarste Ausprägung erhielt dieser Stil schließlich in den spätantik-frühbyzantinischen Kirchen **San Vitale und Sant'Apollinare in Classe**: Hier hat die byzantinische Transzendenz bereits über den Naturalismus der Antike gesiegt.

HINTERGRUND
KUNSTGESCHICHTE

Tradition der Antike. Gleichsam eine Hommage an die antike Sarkophagplastik ist das Taufbecken von San Frediano in Lucca mit Szenen aus der Mosesgeschichte.

Venedig — Die Romanik Venedigs präsentiert sich in byzantinischem Gewand. Der **Markusdom**, der unter dem Dogen Domenico Contarini (1042–1072) begonnen wurde, ist eine direkte Ableitung der 1453 zerstörten Apostelkirche in Konstantinopel. Auch sie erhob sich über dem Grundriss eines griechischen Kreuzes zu einem Gebilde von fünf Kuppeln, deren mächtigste über der Vierung ruhte, während die vier Nebenkuppeln die Arme des Kreuzes bedeckten.

Süditalien und Sizilien — Ein irritierendes Lokalkolorit zeigt die Romanik in Sizilien, das bis 827 byzantinisch, bis 1072 arabisch, dann normannisch und schließlich staufisch war. Die **Cappella Palatina**, die Roger II. 1131 in Palermo errichtete, ist dem Grundriss nach eine abendländische dreischiffige Basilika mit spitzbogigen Arkaden, dem Dekor nach islamisch und im Bildprogramm der Mosaiken byzantinisch. Eine ähnliche Bewandtnis hat es mit der Architektur des Doms von Monreale (1174–1189), der über einen romanischen Staffelchor, byzantinische Arkaden, eine normannische doppeltürmige Fassade und maurisch inspirierte, vielfarbige Spitzbogenkurvaturen am Außenbau verfügt.

Rom — In Rom wurde die Romanik schlicht ignoriert. Dass die Antike bestimmend blieb, belegen die zur romanischen Zeit unter Paschalis II. (1099–1118) restaurierte **Kirche San Clemente** sowie die neu erbauten Kirchen **Santa Maria in Trastevere** und **Santa Maria in Cosmedin**. Sensationelles leistete zunächst nur die römische Wandmalerei, die wie im übrigen Italien einen durchgängig byzantinischen Charakter hatte. Um 1100 entstanden die Wandmalereien der Unterkirche von San Clemente, wenige Jahrzehnte später die Apsismosaiken, in denen Frühchristliches und Byzantinisches sich gleichermaßen ausprägen.
Um die Mitte des 12. Jh.s erhielt das römische Baudekor neue Impulse von den **Cosmaten**, einer bis ins 14. Jh. hinein tätigen Künstlerfamilie mit einer Vorliebe für den Rufnamen Cosmas. Ihren Erfolg verdankten sie dem zündenden Gedanken, Marmorblöcke und Säulen in feine Scheiben zu schneiden und als Fußbodenbelag neu zusammenzusetzen. Eine Meisterleistung dieser »Salamitechnik« sind die Chorschranken und der Ambo in San Clemente sowie der Ambo in San Lorenzo fuori le mura.

Gotik

International — Weit mehr als die Romanik war die Gotik eine internationale Strömung, die von der französischen Abteikirche St. Denis ausging und in

HINTERGRUND
KUNSTGESCHICHTE

Meisterhafte Steinmetzkunst der Gotik an den Seiten der Domportale in Orvieto

der ersten Hälfte des 13. Jh.s auch Oberitalien ergriff. Ihre Wahrzeichen: Auflösung des noch zu romanischer Zeit kompakten Mauerwerks in ein Filigran von Pfeilern, Diensten und Rippen, die Durchbrechung der Wände mit Lanzett- oder Spitzbogenfenstern und die Dominanz des **Kreuzrippengewölbes**. Trotz der Internationalität des neuen Stils stößt man in Italien auf regionale Differenzen, gerade der Süden nimmt eine Sonderstellung ein. **Friedrich II.** (1194–1250) sah sich als König von Sizilien und in seiner Eigenschaft als Kaiser in der Tradition des Römischen Imperiums. Dadurch brach sich unter seiner Herrschaft ein Klassizismus Bahn, den manche schon als erste Morgenröte der Renaissance-Epoche deuten. So weiß man z. B. von einem klassisch gehaltenen Triumphtor, das Friedrich II. für das Castello delle Torri in Capua errichten ließ, von dem aber leider nur ein Jupiterkopf erhalten ist (Museo Provinciale Campano, Capua). Ebenfalls antikisch ist der Kopf eines Fauns im Schlussstein der sog. Sala del trono in Friedrichs oktogonal angelegtem Jagdschloss **Castel del Monte** von ca. 1240. In der Sala del trono finden sich vereinzelt gotische Zitate, deren zunächst rätselhafte Herkunft sich klärt, wenn man den Blick auf die nördliche Hälfte Italiens wendet.

Den entscheidenden Anstoß zur gotischen Wende im Norden Italiens gab die Architektur der Bettelorden. Frühes Indiz ist die **Oberkirche San Francesco in Assisi** (1228–1253), die bereits die zentralen

Architektur in Norditalien

HINTERGRUND
KUNSTGESCHICHTE

Merkmale der Gotik aufweist: Rippengewölbe, Zergliederung der Wand durch Dienstbündel und großzügige Ausleuchtung mit Tageslicht. Eine direkte Mitwirkung französischer Meister ist denkbar. Stichhaltig nachgewiesen ist sie für Santa Maria Novella in Florenz (1246 – ca. 1320), deren quadratischer Chor, vortretendes Querhaus und dreischiffig basilikales Langhaus im Grundriss dem Vorbild burgundischer Zisterzienserkirchen folgen. Zu Beginn des 14. Jh.s traten an die Stelle der Ordensarchitektur die Dome. Die Fassade des 1290 begonnenen Doms von Orvieto ist ebenso dem Straßburger Münster verwandt wie der Kathedrale von Rouen, der Dom von Siena entstand unter dokumentarisch verbürgter Mitarbeit französischer und deutscher Architekten. Man sieht: Die Gotik in Italien war wirklich international. Selbst der Aufschwung der **kommunalen Palastarchitektur**, verkörpert u. a. durch den Palazzo Vecchio in Florenz, war nur eine Facette im gesamteuropäischen Trend zur spätmittelalterlichen Stadtkultur. Vergleichsbeispiele für die gotischen Kommunalpaläste Italiens sind die Rathäuser in Thorn, Brügge oder Münster.

Malerei   Internationale Standards bestimmten zusehends auch die italienische Malerei. Die Eroberung Konstantinopels im Vierten Kreuzzug 1204 begünstigte allerdings zuvor noch eine letzte byzantinische Welle, die die italienische Kunst im 13. Jh. (»Duecento«) maßgeblich prägte. Byzantinische Stilmerkmale, »Maniera greca« genannt, erreichten ihren Höhepunkt in den Werken des Florentiners **Cimabue** (1240 – 1302) und des Sienesen **Duccio** (1255 – 1319), dessen »Maestà« im Museo dell'Opera in Siena schon in die Zukunft weist. Überwunden wurde die byzantinische Tradition jedoch erst von **Giotto** (1266 – 1337): Die Figuren wurden physiognomisch unterscheidbar, sie ordneten sich zu größeren Handlungszusammenhängen, ein perspektivisches Raumverständnis war zu ahnen, der Rahmen erschien als der Rand einer Guckkastenbühne. Zu erkennen ist das u. a. in der Arenakapelle in Padua. In **Simone Martinis** 1315 entstandener »Maestà«, die sich heute im Palazzo Pubblico in Siena befindet, gehen die Maniera greca des Duccio, der Illusionismus Giottos und französisches Formgefühl eine neue Stilsynthese ein: den **»internationalen Stil«**.

Plastik   Durch das Werk **Nicola Pisanos** (ca. 1225 – ca. 1280) erfolgte der Anschluss an die internationale Gotik bald auch auf dem Gebiet der Plastik. Dass er von den aktuellen Tendenzen in Architektur, Plastik und Malerei reiche Kenntnis hatte, belegt die stilistische Vielfalt der Reliefbilder, die Pisano für die Kanzel des Baptisteriums zu Pisa fertigte: Die Verkündigung erinnert in ihrer plastischen Wucht an die Gotik Frankreichs, die Anbetung der Heiligen Drei Könige hat hingegen die klassische Perfektion spätantiker Reliefs. Forscher glauben daher, dass Nicola vor seiner ersten Erwähnung in Pisa 1258 im Bann-

HINTERGRUND
KUNSTGESCHICHTE

kreis des süditalienischen Klassizismus seine Ausbildung erhielt. Sein Schüler **Arnolfo di Cambio** (ca. 1240–ca. 1310) hat wahrscheinlich entsprechende Anregungen erhalten. Anders lässt sich sein nach Art eines römischen Senatorenporträts gestalteter Monarchenkopf im Museo Capitolino, Rom, schwer erklären. Wie sein Lehrer gab auch er sich international. In seinem Ziborium für Santa Cecilia in Trastevere findet sich Cosmatisches, Gotisches, Klassisches und Byzantinisches. Gleiches ist von Nicolas Sohn Giovanni (ca. 1250–1320) zu berichten, der zwischen 1297 und 1301 die Kanzel in Sant'Andrea in Pistoia und um 1305 eine »Maria mit dem Kind« für die Scrovegni-Kapelle in Padua schuf.

Renaissance und Manierismus

Spricht man von Renaissance als der Wiedergeburt der Antike, so heißt das nicht, dass die Antike in mittelalterlicher Zeit vergessen war. Platons »Timaios« etwa war immer bekannt, und bereits das 12. Jh. hatte Aristoteles wiederentdeckt. Jedoch – für das Mittelalter war die Antike nur ein Steinbruch für einzelne Ideen und Zitate gewesen. Nun, in der Renaissance, begann man sie zu restaurieren.

Vom Handwerker zum Künstler

Der **Humanismus** gestand jedem Menschen einen individuellen Wissens- und Wirkungskosmos zu. Die Handwerker sahen sich jetzt als Künstler, die kraft ihrer »virtù«, ihrer Tüchtigkeit, individuelle Werke schufen. Tatsächlich erreichte die Kunst ein Niveau perspektivischer, naturwissenschaftlicher, malerischer, kompositorischer und inhaltlicher Berechnung, das den Begriff des Handwerks bei Weitem übersteigt. Wobei: Es gibt nicht eine, sondern **viele Renaissancen**, die je nach Stadt und Landstrich anders geprägt waren.

Als »Pittor Aretino«, als Maler aus Arezzo wollte **Giorgio Vasari** (1511–1574) bezeichnet werden. Doch seinen Namen verbindet man weniger mit seinen eigenen Gemälden als mit seinem voluminösen Werk »Leben der ausgezeichneten Maler, Bildhauer und Baumeister«, das 1550 erstmals erschien. Es ist bis heute eine der wichtigsten Quellen der Kunstgeschichte, auch wenn Vasari es mit den Fakten nicht immer ganz genau nahm. Dem Kunsthistoriker Gerd Blum zufolge wurde Vasari damit gar zum »›Erfinder‹ einer kunsthistorischen Epoche« – eben der Renaissance. Als Architekt prägte Vasari in Florenz, Pisa und in seiner Heimatstadt berühmte Plätze und Bauten. Zudem gehörte er zu den Initatoren der Florentiner »Akademie der Zeichenkunst«, der ersten staatlichen Kunstakademie.

Der »Erfinder der Renaissance«

Was Qualität und Geist betrifft, stand Florenz an erster Stelle. Kultur und Staat gingen dort Hand in Hand. Coluccio Salutati (1331–1406), ein glühender Verehrer Ciceros, Leonardo Bruni (1369–1444),

Florenz

»WIEDERGEBURT« DER ANTIKE

Zu Beginn des 15. Jahrhunderts begannen die großen italienischen Architekten, sich für die Formensprache der Antike zu interessieren, Bauten der Griechen und Römer wurden Vorbilder für ihre eigenen Werke. Als Schöpfer der Renaissance-architektur gilt Filippo Brunelleschi, nach dessen Plänen die Kuppel des Florentiner Doms gebaut wurde und der sein Wissen aus dem Studium griechisch-römischer Bauwerke bezog. In der Malerei war die Wiederentdeckung der Zentralperspektive wichtig, sie ermöglichte die Darstellung des dreidimensionalen Raums auf der Leinwand.

ITALIEN

▶ Die wichtigsten Personen und Werke

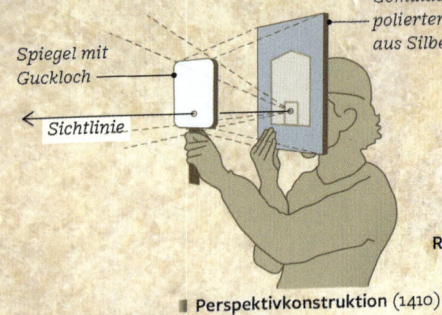

Gemälde mit poliertem Himmel aus Silber

Spiegel mit Guckloch

Sichtlinie

Der vitruvianische Mensch (1490)

RAFFAEL (1483–1520, Maler, Architekt)

■ Perspektivkonstruktion (1410)

FILIPPO BRUNELLESCHI
(1377–1446, Architekt, Bildhauer)

BRAMANTE (1444–1514, Baumeister)

David (Bronze, 1430–1433?,
■ 1444–1446?)

DONATELLO (1386–1466, Bildhauer)

DEUTSCHSPRACHIGER RAUM

AGRIPPA VON NETTESHEIM (1486–1535, Theologe, Jurist, Arzt)
ALBRECHT DÜRER (1471–1528, Maler, Grafiker)
HANS HOLBEIN D. Ä. (1465–1524, Maler)
SEBASTIAN BRANT (1457–1521, Jurist, Dichter)

1400   1450

»QUATTROCENTO«
FRÜHRENAISSANCE IN ITALIEN

GOTIK

MITTELALTER   **RENAISSANCE**

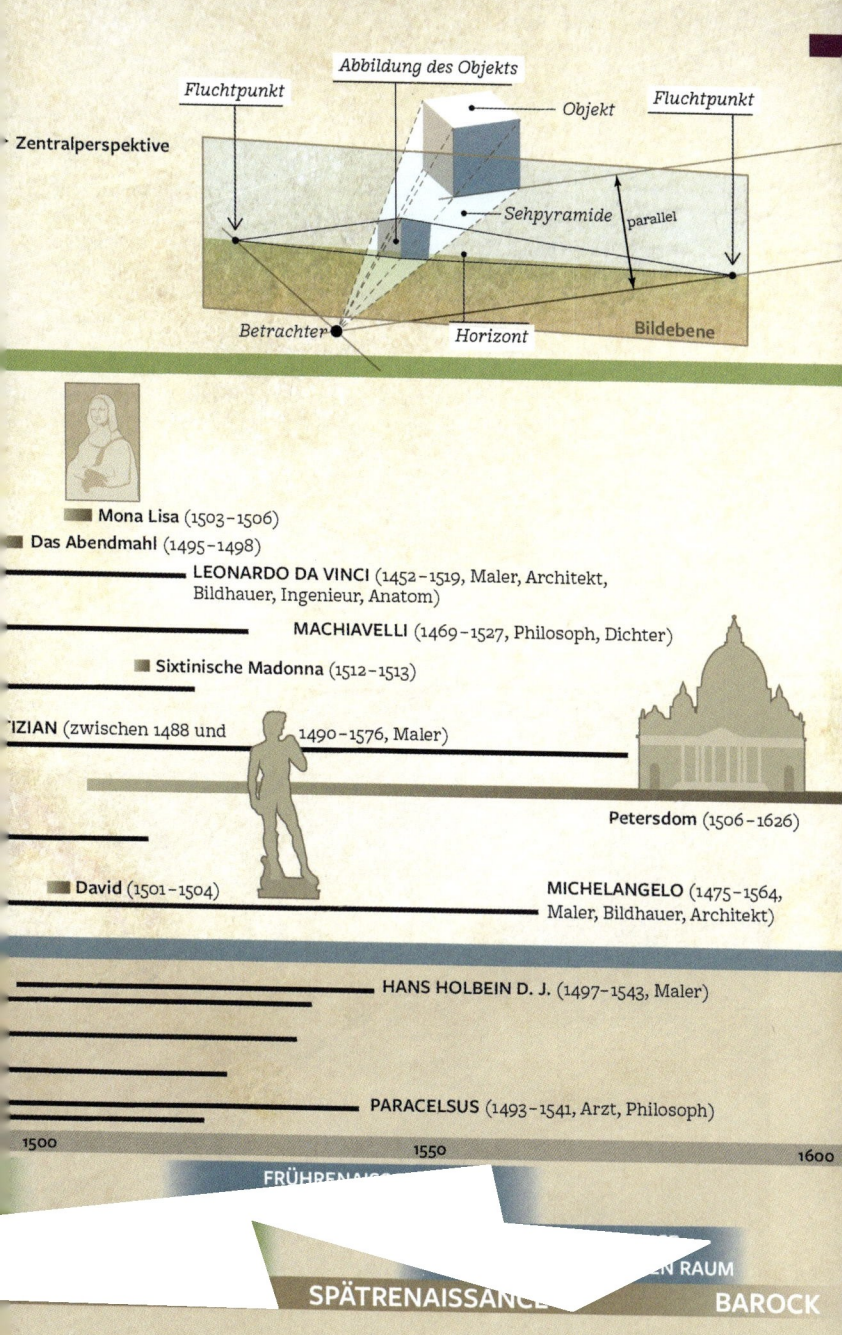

Zentralperspektive

- Fluchtpunkt
- Abbildung des Objekts
- Objekt
- Fluchtpunkt
- Sehpyramide — parallel
- Betrachter
- Horizont
- Bildebene

- Mona Lisa (1503–1506)
- Das Abendmahl (1495–1498)
- **LEONARDO DA VINCI** (1452–1519, Maler, Architekt, Bildhauer, Ingenieur, Anatom)
- **MACHIAVELLI** (1469–1527, Philosoph, Dichter)
- Sixtinische Madonna (1512–1513)
- **TIZIAN** (zwischen 1488 und 1490–1576, Maler)
- Petersdom (1506–1626)
- David (1501–1504)
- **MICHELANGELO** (1475–1564, Maler, Bildhauer, Architekt)
- **HANS HOLBEIN D. J.** (1497–1543, Maler)
- **PARACELSUS** (1493–1541, Arzt, Philosoph)

1500 — 1550 — 1600

FRÜHRENAISSANCE — SPÄTRENAISSANCE — BAROCK

HINTERGRUND
KUNSTGESCHICHTE

Übersetzer der »Politik« des Aristoteles, und Poggio Braccioloni (1380 – 1459), ein progressiver Wirtschaftswissenschaftler, waren Staatskanzler und Denker zugleich.
Die Modernisierung der Künste setzte mit der Malerei **Masaccios** (1401 – ca. 1428) ein. Sein Dreifaltigkeitsbild in Santa Maria Novella zeigt einen perspektivischen Tiefenraum, der die Körper der Figuren in sich schließt. Bis dahin gab es Figuren nur als Flächen in flächiger Umgebung. Zur Anwendung kommt die Errungenschaft des Raumsystems auch in Andrea del Castagnos (1423 – 1457) Fresko »Dreifaltigkeit mit Hieronymus« in SS Annunziata. Hieronymus und die zwei Marien schließen sich zu einem perspektivisch durchkalkulierten Ring zusammen. Tatsächlich ist das **perspektivische Raumsystem** ein Hauptproblem der frühen Florentiner Malerei. Die Maler nutzten zeittypische Themen wie die thronende Mutter Gottes im Kreis von Heiligen, die sog. Sacra Conversazione, um die Errungenschaften perspektivischer Darstellung von Mal zu Mal aufs Neue durchzuspielen. Selbst im beengten Rahmen des Reliefs zeigte sich ein Interesse an räumlichen Strukturen. So ist jede Tafel an **Lorenzo Ghibertis** (1388 – 1475) berühmter Paradiestür des Florentiner Baptisteriums gewissermaßen ein perspektivisches Experiment. In den Jahrzehnten darauf brachten Künstler wie Domenico Ghirlandaio (1449 – 1494) die Kunst der Raumkomposition zur Vollendung (Santa Maria Novella, »Leben Johannes' des Täufers«), und am Ende wurden die Figu-

Arezzos Piazza Grande zeugt von der Gestaltungskraft des hier geborenen Giorgio Vasari.

HINTERGRUND
KUNSTGESCHICHTE

ren von Jacopo da Pontormo (1494 – 1557) derart kunstvoll in den perspektivisch erschlossenen Tiefenraum hineinverspannt, dass selbst eine Grablegung zum Ballett geriet (Santa Felicità, Cappella Capponi). Eine solche Artistik erschien bereits den Zeitgenossen als »manierato«, und so nennt die Kunstgeschichte diese Mega-Renaissance einfach **Manierismus**.

Eine ähnliche Entwicklung nahm die **Architektur**. Am Anfang standen **Filippo Brunelleschis** (1377 – 1446) Fassade für das Ospedale degli Innocenti und sein Innenraumkonzept für San Lorenzo – zwei Bauwerke voll klassischer Würde, die für die frühe Renaissance so typisch ist. Auch Leon Battista Alberti (1404 – 1472), der zweite Stararchitekt des 15. Jh.s, gestaltete die Fassade des Palazzo Rucellai noch streng nach der Vorschrift des antiken Architekten Vitruv, dessen zehnbändiges Werk für den Menschen als das Maß aller Baukunst warb. **Giorgio Vasari** (1511 – 1574) hingegen, Kunstintendant unter Cosimo I. de' Medici, zielte eindeutig auf den Schockeffekt, als er den Hof der 1560 begonnenen Uffizien als regelrechte Häuserschlucht konzipierte, deren endlose Kolonnaden-Folge das Auge mehr überanstrengte als beruhigte. Schock, Verfremdung und Dissonanz traten an die Stelle von Ruhe, Natürlichkeit und Harmonie

Ende des 14. Jh.s erfolgte Venedigs Durchbruch als Handelsstaat und Festlandsmacht. Die Zeit nach den militärpolitischen Erfolgen gegen Genua war auch die Zeit kulturellen Glanzes, denn die Geschicke der Republik unterstanden der Lenkung einer oligarchischen Regierung mit hohem Repräsentations- und Dokumentationsbedarf. So erlebte die Kunst einen epochalen Entwicklungsschub. Gotik und byzantinische Traditionen waren bald überwunden. Venedig

Galionsgestalt des Wandels war **Giovanni Bellini** (1430 – 1516), der für seine Heimatstadt die **Ölmalerei** entdeckte und die revolutionäre Fähigkeit besaß, Figuren in ihrer körperlichen Erscheinung einem einheitlichen Raumsystem einzuordnen, was u. a. seine Sacra Conversazione in San Zaccaria beweist. Die folgende Generation konnte sich ganz auf die **Farbe** konzentrieren. Giorgiones (1477/1478 bis 1510) »Tempesta« öffnet einen tiefen landschaftlichen Raum, in dem allein der farbliche Effekt regiert. Sein zeitweiliger Mitarbeiter **Tizian** (ca. 1473 – 1576) war nicht weniger von der neuen Farbigkeit fasziniert, doch war er auch bemüht, die Raumkunst Bellinis zu perfektionieren. In seinem berühmten Pesaro-Altar in Santa Maria Gloriosa dei Frari bilden Gesten, Haltungen, Falten und selbst die Fahnenstangen eine perfekte räumliche Ordnung, die in ihrer Kompliziertheit die Kompositionen Bellinis weit übertrifft. In der angestrengten Virtuosität kündigt sich bereits der Manierismus an. Dessen unbestrittener Hauptmeister ist allerdings **Jacopo Robusti il Tintoretto** (1518 – 1594). In seinem Gemälde »Der Hl. Markus befreit einen Sklaven« von 1548 wird die Konstruktion zum Selbstzweck. Mit den

HINTERGRUND
KUNSTGESCHICHTE

Werken Paolo Veroneses (1528 – 1588) verhält es sich kaum anders. Seine figurenreiche »Apotheose Venedigs« im Palazzo Ducale prunkt mit einem ganzen Heer komplex verschachtelter Komparsen, von denen jeder verschiedenen Kompositionsebenen gleichzeitig zugehört. Die Zeit des **Manierismus** auf das Manierierte zu reduzieren, wäre zu einfach. **Andrea Palladio** (1508 – 1580), Venedigs Stadtbaumeister der zweiten Hälfte des 16. Jh.s, folgte auch weiterhin der antiken Dreiheit von Maß, Zahl und Gesetz. Schon früh publizierte er »Le Antichita de Roma«, eine Art Baedeker für den frühneuzeitlichen Touristen. Seine tiefe Bewunderung für die Antike belegt der zwischen 1577 und 1592 entstandene Kuppelbau der Kirche Il Redentore, eine Hommage an das Pantheon, einfach gegliedert und wie Santa Maria Maggiore mit tempelartiger Fassade.

Rom   Mit dem Wechsel des päpstlichen Stuhls nach Avignon 1304 sank das Kulturleben Roms für mehr als ein Jahrhundert auf provinzielles Niveau. Erst nach dem Konstanzer Konzil unter Papst Nikolaus V. begann man, den Rückstand zu Florenz und Venedig aufzuholen. Unter Papst Alexander VI. (1492 – 1503), Julius II. (1503 – 1513) und Leo X. (1513 – 1521) gewann die Stadt stetig an kultureller Bedeutung, erlitt dann jedoch 1527 einen schweren Rückschlag mit der Verwüstung durch die Söldner Karls V., dem sog. **Sacco di Roma**.
Aufgrund dieses zeitlichen Verzugs ist die **Architektur** der frühen Renaissance in Rom unterrepräsentiert. Der Palazzo della Cancelleria des Kardinals Riario kann trotz seiner relativ späten Entstehungszeit noch der frühen Renaissance zugerechnet werden, da hier Albertis Konzept einer Baukunst des Maßes und der Harmonie musterhaft zur Geltung kommt. Wie der bereits erwähnte Palazzo Rucellai in Florenz bietet auch die Fassade der Cancelleria mit ihrer durchgängigen Rustizierung und rhythmischen Pilastergliederung einen Anblick **geometrischer Klarheit**. In den folgenden Jahrzehnten erfuhren Geschossgliederung und plastisches Dekor eine stärkere Betonung. Der monumentale Innenhof des Palazzo Farnese, an dem **Michelangelo** maßgeblich beteiligt war, ist in der Art eines römischen Theaters gehalten und präsentiert jede Fenstersituation als eine plastisch geschlossene Einheit. Eine totale plastische Durchgestaltung des gesamten Baukörpers verwirklichte schließlich Baldassare Peruzzi (1481 – 1536) mit seinem manieristischen Palazzo Massimo alle Colonne. Die Straßenfassade ist konvex geschwungen und erhält dadurch eine Richtungsbetonung, deren Temperament Alberti als ein Purist der ersten Stunde niemals gutgeheißen hätte.
Einen Florenz und Venedig vergleichbaren Lokalstil hat die römische Malerei der Hochrenaissance nicht zu bieten. Ihre prominentesten Vertreter wurden aus führenden kulturellen Zentren »importiert«. **Raffael** (1483 – 1520), ein Glanzlicht römischer Malkunst, hatte sein Debüt zunächst in Perugia gegeben. In seiner frühen »Vermählung

HINTERGRUND
KUNSTGESCHICHTE

der Jungfrau Maria« (Mailand, Brera) ist er noch ganz dem religiösen Sentimentalismus seines dortigen Lehrers Perugino verpflichtet. Auch hat er noch Schwierigkeiten, menschliche Figuren überzeugend in ihre räumliche Umgebung einzubinden. In den folgenden Jahren, die er in Florenz verbrachte, konzentrierte er sich verstärkt auf perspektivische Probleme, es entstand eine Vielzahl von Madonnenbildern. 1508 erhielt Raffael von Julius II. den Auftrag zur Ausgestaltung der päpstlichen Gemächer des Vatikans, der sog. **Stanzen**. Das berühmte Fresko der **»Schule von Athen«** in der Stanza della Segnatura zeigt, dass der Maler seine raumplanerischen Schwächen überwunden hat. Der perspektivische Sog entfaltet sich in einem tiefenräumlich konstruierten Figurenring, in dem jede Richtung der klassischen Philosophie mit einem ihrer Denker vertreten ist. Allerdings verliert sich Raffael niemals in selbstzweckhaften Raumeffekten, in seiner Kunst findet der Geist der Renaissance seine reinste Form – für manche ein Grund, den Beginn des Manierismus mit Raffaels Tod anzusetzen.

In der »Schule von Athen« versammelte Raffael alle großen Philosophen der Antike – und sich selbst (unten, zweiter von rechts).

HINTERGRUND
KUNSTGESCHICHTE

Michelangelo (1475–1564), seit 1535 Oberster Baumeister, Bildhauer und Maler des Apostolischen Palastes, kam gleichfalls aus Florenz, wo er bei Ghirlandaio und Donatello ausgebildet worden war. Mit der Freskierung der Sixtinischen Kapelle vollbrachte er eine Glanzleistung neuzeitlicher Visualisierungstechnik: Auf einem Gerüst, das Meter für Meter vom Eingang zum Altar geschoben wurde, malte er innerhalb von vier Jahren (1508–1512) die Schöpfungsgeschichte, die sich zwar in Einzelbilder gliedert, dennoch aber ein überzeugendes illusionsräumliches Ganzes bildet. Wie die später entstandene »**Auferstehung**« ist die »**Genesis**« ein technisches Meisterwerk, das bis zur Erfindung von Film und Großleinwand für Jahrhunderte unübertroffen blieb. Durch und durch Techniker war auch der dritte Import: **Leonardo da Vinci** (▶ Interessante Menschen), Schüler Andrea del Verrocchios, war in Florenz und Mailand tätig gewesen, bevor er sich 1513 für drei Jahre nach Rom begab. Von Michelangelo unterscheidet ihn der naturwissenschaftliche Ernst seines technischen Interesses. Die Malerei – so Leonardo – ist eine »Enkelin der Natur« und dient letztlich der Visualisierung naturwissenschaftlicher Tatbestände. Das Muskelspiel des »Hl. Hieronymus« in der Vatikanischen Pinakothek hat in der Tat die Präzision eines anatomischen Präparats.

Kleine Zentren – »große« Kunst

Auch kleinere Kunstzentren wie Mantua, Siena und Ferrara haben »große« Kunstgeschichte geschrieben. In Mantua herrschte seit Beginn des 14. Jh.s das Geschlecht der Gonzaga, das mit mäzenatischem Ehrgeiz 1460 selbst den schwierigen Mantegna verpflichtete. **Andrea Mantegna** (1431–1506) war der Vertreter eines Stils von ausgeprägter Präzision und Schärfe, wie man ihn in Florenz, Venedig oder Rom nicht findet. Neben dem manieristischen Palazzo del Tè, den Federigo II. Gonzaga nach Plänen Giulio Romanos (1499–1546) auf einer Insel errichtete, bilden Mantegnas Fresken für die Camera degli Sposi des Palazzo Ducale ein eigenes Kapitel italienischer Kunstgeschichte. Ein ausgeprägter Lokalstil entwickelte sich im 15. Jh. auch in Ferrara, dem Sitz der Este, die bereits mit der Gründung der Universität 1391 kulturell-machtpolitisches Engagement bewiesen hatten. Die sog. Schule von Ferrara mit **Francesca Cossa**, **Cosimo Tura** und **Ercole Roberti** erinnert zwar an Mantegna, ist aber mit ihrem Sinn für das flächige Dekor letztlich doch eine Schule für sich.

Barock und Rokoko

Regionale Unterschiede

Wie die Renaissance war auch der italienische Barock alles andere als homogen. Ortsvarianten gab es in der Lombardei, in Rom, Venedig und Neapel. Nirgendwo aber formte sich der frühe Barock deutlicher aus als in **Rom,** und nirgendwo manifestierten sich Spätbarock und

HINTERGRUND
KUNSTGESCHICHTE

Rokoko exemplarischer als in **Venedig** – zwei Orte, auf die sich der folgende Überblick beschränkt.

Für das Rom des beginnenden 17. Jh.s sind in der **Malerei** zwei konkurrierende Strömungen zu verzeichnen: Zentralfigur der progressiven Richtung war Michelangelo Merisi (1573 – 1610), nach seinem Geburtsort auch **Caravaggio** genannt. 1590 nach Rom gelangt, provozierte er das Publikum mit seiner »Berufung des Hl. Matthäus« für die Cappella Contarelli und der brutal realistischen »Bekehrung des Hl. Paulus« für Santa Maria del Popolo. Das für die Renaissance wichtigste Ordnungsprinzip des Raumsystems ersetzte Caravaggio durch ein raffiniertes Beleuchtungssystem. Perspektive interessierte ihn nur wenig, flächig war die Ordnung der Figuren, Plastizität entstand allein durch **Hell-Dunkel-Kontraste**. Durch begabte Nachfolger wie die Künstler Bartolomeo Manfredi (1580 – 1620) und Orazio Gentileschi (1563 – 1639) wurde der »Caravaggismus« bald in ganz Italien zur progressivsten Stiltendenz.

Die eher traditionell orientierten Kunst der Brüder **Agostino** (1557 bis 1602) und **Annibale Carracci** (1560 – 1609) aus Bologna wie auch ihres Vetters Lodovico Carracci (1555 – 1619) blieb dagegen den idealistischen Konzepten der Renaissance verpflichtet. Einen repräsentativen Eindruck vermitteln Annibale Carraccis Fresken im Palazzo Farnese (1597 – 1604). Hier erweist sich der Carracci-Stil als ein Amalgam aus Michelangelo und Raffael, und die Komposition ist noch in erster Linie eine räumliche Ordnung, deren Dynamik allerdings die Vitalität eines Michelangelo um vieles überbietet. Bereits in der ersten Hälfte des 16. Jh.s überschnitten sich Caravaggismus und Akademismus. Die Deckenmalerei erhielt dadurch neue Impulse. Die Figuren in **Pietro da Cortonas** (1596 – 1669) Deckenfresko im Gran Salone des Palazzo Barberini sind sowohl in ein Beleuchtungssystem als auch in ein Raumsystem hineingespannt. So ergibt sich eine totale Illusion, die virtuelle Wirklichkeit einer aufgerissenen Decke, die in den Himmel ragt.

Auch die Architektur erfuhr eine Steigerung ihrer Ausdrucksmittel. In Vignola (1507 – 1573) und Giacomo della Portas (1540 – 1602) Frontansicht der Jesuitenkirche »**Il Gesù**«, dem ersten Prototyp der barocken Sakralfassade (1568 – 1575), wird die im Manierismus pointierte Plastizität weit übertroffen. Das Dekor verdichtet sich zur Mitte hin, die Fassade erscheint als ein von Voluten eingefasstes Ornament. Konventionell ist nur der Grundriss. Dieser wurde erst von **Gian Lorenzo Bernini** (1598 – 1680) und **Francesco Borromini** (1599 – 1667) revolutioniert. Den Anblick von Berninis Sant'Andrea al Quirinale (1658 – 1670) und Borrominis San Carlo alle Quattro Fontane (1665 – 1667) bestimmen konkave und konvexe Wandeinheiten, die wellenartig ineinandergreifen. Die Renaissance kannte die architektonische Schönheit nur als eine Harmonie in der Ruhe, der Barock entdeckte jedoch die Ästhetik des Bewegten.

HINTERGRUND
KUNSTGESCHICHTE

Venedig   Dem römischen Barock hatte Venedig in der Malerei nichts Gleichwertiges entgegenzusetzen. Erst zu Beginn des 18. Jh.s übernahm die Lagunenstadt wieder eine Führungsrolle. Sebastiano Ricci (1659 bis 1734) und Giovanni Antonio Pellegrini (1675 – 1741) blieben zwar in Thema und Komposition den Traditionen treu, doch war ihre Malweise ungleich lockerer als die ihrer Vorgänger. Das Arrangement von Licht- und Farbeffekten wurde wichtiger als die strengen Ordnungsprinzipien der Renaissancezeit. Diesen Stil der emanzipierten Farbigkeit, den die Kunstgeschichte als **Rokoko** bezeichnet, perfektionierte allerdings erst Giovanni Battista **Tiepolo** (1696 – 1770), seit 1756 Präsident der Akademie. Sein in der Galleria dell'Accademia aufbewahrter Entwurf für das leider durch eine Fliegerbombe zerstörte Deckenbild in der Chiesa degli Scalzi ist eher virtuos aus dem Handgelenk arrangiert als mit geometrischer Sorgfalt konstruiert. Auf eine vergleichbare Distanz zum Gestaltungskanon der Renaissance gingen »Vedutisten« wie **Antonio Canaletto** (1697 – 1768), in dessen Bil-

HINTERGRUND
KUNSTGESCHICHTE

Tiepolos »Neptun überreicht Venetia die Gaben des Meeres« (um 1756) gehört zu den Kunstschätzen des Dogenpalasts in Venedig.

dern Farbgefühl statt Formstrenge herrscht. In der Baukunst waren die Auflösungserscheinungen nicht weniger augenfällig. Spielerisch löste **Giorgio Massari** (1687–1766) das Mittelstück von Palladios Erlöserkirche (Il Redentore) aus seinem architektonischen Zusammenhang und präsentierte es isoliert als Prunkfassade seiner Chiesa dei Gesuati. Wie im Werk des Francesco de Sanctis (1693–1731), der zur selben Zeit (1723–1726) in Rom die berühmte Spanische Treppe schuf, wich auch bei Massari die palladianische Strenge dem dekorativen Knalleffekt.

Klassizismus und 19. Jahrhundert

Ende des 18. Jh.s manifestierten sich zusehends Werte bürgerlichen Ursprungs in der Kunst. Einfachheit und Klarheit ersetzten die komplizierten Ordnungssysteme von Barock und Rokoko. Der Maler Piet-

Bürgerliche Werte

HINTERGRUND
KUNSTGESCHICHTE

ro Benvenuti (1769 – 1844) arrangierte die Figuren mit reliefmäßiger Schlichtheit, in **Canovas** (1757 – 1822) Plastiken artikulierte sich die »edle Einfalt« bzw. »stille Größe« der griechischen Klassik, und die zwischen 1776 und 1778 entstandene Mailänder Scala des Giuseppe Piermarini (1734 – 1808) ist im Stil des palladianischen Purismus gehalten.

Krise der Kunst
Für die italienische Kunst war die bürgerliche Epoche jedoch auch ein Zeitalter der Krise. In Europa sahen Künstler sich allgemein dem Konkurrenzdruck neuer massenmedialer Techniken wie Stahlstich, Lithografie, Holzstich und zunehmend auch der Fotografie ausgesetzt, Medien, die ausschließlich außerhalb Italiens entwickelt wurden. Darüber hinaus verlor die italienische Kunstlandschaft gegenüber Paris, Berlin, München und London rapide an Gewicht. Der gesamteuropäische Historismus gebärdete sich in Italien als Nostalgismus. Symptomatisch waren in den Sechzigerjahren die Mailänder **Scapigliati** (»scapigliato« = ungekämmter Bohème), deren Wortführer Tranquillo Cremona (1837 – 1878) sich darauf konzentrierte, die Kunst eines Leonardo oder Correggio impressionistisch zu variieren. »Ungekämmte« Kunst findet man im Turiner Stadtmuseum und in der Mailänder Galleria d'Arte Moderna. In Mailand sind mit der Cassa di Risparmio von Giuseppe Balzaretti und der Banca Commerciale von Luca Beltrami auch zwei hervorragende Werke der Bankhausarchitektur vertreten.

Vom 20. ins 21. Jahrhundert

Futurismus
Bereits vor dem Ersten Weltkrieg spitzte sich die Krise der Schönen Künste zu. In der Entwicklung zukunftsweisender Stile wie Kubismus und Expressionismus blieb das Ausland bestimmend, und der Film drängte die Malerei endgültig aus der Domäne der Historie. Die Konkurrenz zu den »laufenden Bildern« erwies sich jedoch auch als fruchtbar. Einen ersten Weg in die Moderne beschrieb der Futurismus. Ausgehend vom Kubismus Braques und Picassos, die schon 1909 Gegenstände filmschnittartig aufgesplittert hatten, forderten **Giacomo Balla** (1871 – 1958), Carlo Carrà (1881 – 1966), **Umberto Boccioni** (1882 – 1916), Gino Severini (1883 – 1966) und Luigi Russolo (1885 – 1945) um 1910 einen neuen, filmgemäßen »Dynamismus« statt des starren Tafelbildes. Tatsächlich vermitteln futuristische **Bilder und Plastiken** den Eindruck rasender Geschwindigkeit, in der das Gegenständliche zu explodieren scheint. Dahinter verbarg sich jedoch eine mitunter nihilistisch überzogene **Fortschrittsideologie**, die nahtlos in Mussolinis pompöse Visionen eines neuen Italiens überging. Nicht umsonst wurde der Futurismus in den 1920er-Jahren zur faschistischen Staatskunst geadelt.

HINTERGRUND
KUNSTGESCHICHTE

Die zweite wichtige Stilrichtung, die **Pittura metafisica**, zog sich in surreale Bereiche zurück. Ihre Hauptvertreter **Giorgio de Chirico** (▶ Interessante Menschen), **Giorgio Morandi** (1890 bis 1964) und der Ex-Futurist Carrà konstruierten mit geometrischer Präzision geheimnisvoll anmutende Ansichten von leeren Plätzen und Interieurs, deren »Schweigen« merkwürdig beklommen macht.

Obwohl die abstrakte Malerei Giuseppe Santomasos (1907 – 1990), Emlio Vedovas (1919 – 1995) und Afro Basaldellas (1912 – 1976) auf der Biennale 1948 neues Terrain erschloss, blieb die Krise in der Kunst akut. Zu dieser Zeit bezeichnete **Lucio Fontana** (1899 – 1968) in seinem »Manifesto bianco« die Kunst als technisches Handwerk an einem kritischen Wendepunkt. Seine geschlitzte Leinwand ist ein radikaler Schlussstrich und vor allem als Idee, als »Concetto«, interessant. Den Trend von der Handwerks- zur Ideenkunst (**Concept-Art**) illustriert außerdem das Werk von **Piero Manzoni** (1934 bis 1963), der zum Beleg seiner produktiven Vielseitigkeit seine Exkremente in Dosen verschweißte.

Von Handwerks- zu Ideenkunst

Anfang der 1960er-Jahre propagierten die Anhänger der **Arte Povera**, u. a. Mario Merz (1925 bis 2003), Einfachheit und Nachdenklichkeit in der Kunst, für die sie mit schlichten Materialien eintraten. Dagegen gehörte u. a. Renato Guttoso (1912 – 1987) dem kritischen Realismus an. Die **Transavanguardia** in den 1980er-Jahren mit Sandro Chia (geb. 1946), Enzo Cucchi (geb. 1950) und Francesco Clemente (geb. 1952) kehrte zur gegenständlichen Ausdrucksmalerei zurück und rückte grellfarbig und ereignishaft das Abgründige, Pikante und Kuriose ins Blickfeld.

In den ersten Jahrzehnten des 20. Jh.s folgte auf das Stilgemisch des Historismus der **Funktionalismus**, demzufolge die Erscheinungsform eines Bauwerks von seiner Funktion abzuleiten sei. Neben praktisch-nützlichen Aspekten spielte auch sach- und materialgerechte Formgebung eine wichtige Rolle. Es wurde weiterhin mit neuen Materialien experimentiert. Im Gegensatz dazu vertrat die faschistische Staatsbaukunst in Italien einen Neoklassizismus römisch-imperialer Prägung. Beispiele dafür sind das 1934 von Terragni erbaute »Parteihaus der Faschisten« (»Casa del fascio«, heute »Casa del popolo«) in Como, Paganos Bocconi-Universität in Mailand (1938) und Foschinis Sankt Peter und Paul in Rom (1939). Dagegen wurde der Rationalismus, dessen wichtiger Vertreter Mario Ridolfi war, durch das Mussolini-Regime unterdrückt. Erst nach dem Zweiten Weltkrieg kam die **moderne Architektur** zum Zug. Der Venezianer **Carlo Scarpa** (1906 – 1978) befasste sich vielfach mit der kritischen Restaurierung vorhandener Gebäude, herausragendes Beispiel ist die Umgestaltung des Kastells der della Scala zum Museo Castelvecchio in Verona.

Architektur

HINTERGRUND
KUNSTGESCHICHTE

Aktuelle Kulturpolitik

Wenn es um die italienische Kunst geht, denken die meisten an Renaissance und Antike. Zeitgenössisches kommt seltener in den Sinn. Die Erben von Leonardo da Vinci und Michelangelo haben es nicht leicht: Im April 2012 verbrannte ein verzweifelter Museumsleiter in Neapel öffentlich ein Bild seiner Sammlung – drastischer Protest gegen eine Kunst- und Kulturpolitik, die es nur noch auf dem Papier zu geben scheint. Schon während der langen Berlusconi-Ära wurden die Mittel für Kultureinrichtungen und Kunstförderungen gestrichen, und nun, in den Zeiten der Krise, spielt zeitgenössische Kunst offenbar kaum eine Rolle mehr in der italienischen Politik. Jedenfalls nicht, wenn sie mit Kosten verbunden ist: Von der rigiden Sparpolitik betroffen sind auch Museen für zeitgenössische Kunst wie das MAXXI in Rom oder die Galleria Civica di Arte Contemporanea in Trient.

2015 dann ein Lichtblick: Der sozialdemokratische Kulturminister Dario Franceschini vergab sieben Direktorenposten der 20 größten Museen des Landes an Ausländer und räumte den Museen mehr Autonomie und Budgethoheit ein. Sein Nachfolger von der Fünf-Sterne-Bewegung hielt jedoch wenig von dieser Reform und machte manches wieder rückgänig.

»Museo Nazionale delle Arti del XXI Secolo« (MAXXI) heißt Zaha Hadids 2010 eröffnetes, der Kunst des 21. Jh.s gewidmetes Museum in Rom offiziell.

INTERESSANTE MENSCHEN

▍Macht sich rar in Italien: Cecilia Bartoli

Manche nennen sie Santa Cecilia, wie die wichtige Heilige Roms: Die weltweit erfolgreiche Mezzosopran-Opernsängerin Cecilia Bartoli ist nicht nur außergewöhnlich gut, sondern auch höchst erfolgreich. Und das, obwohl ihr Repertoire weit über die üblichen Gassenhauer-Arien hinausreicht, oder genau genommen zurückgeht. Denn Bartoli, Tochter einer Opernsängerin und eines Opernsängers, hat sich der **Schätze alter Musik** angenommen. Sie widmet immer wieder Abende vergessenen Opern von Haydn, Händel und Halévy. 2007 holte Bartoli den ersten internationalen Opernstar, Maria Malibran (Anfang des 19. Jh.s), aus der Vergessenheit. 2009 beschäftigte sie sich mit der Geschichte der Kastratensänger. Nur: In Italien tritt die Römerin selten auf. In einem Interview dazu befragt, antwortete sie im Januar 2017 mit leichtem Vorwurf: Ja, es stimme. Die vorromantische Musik, die sie singe, sei im Ausland mehr geschätzt als in Italien.

geb. 1966
Sängerin

▍Femme fatale: Lucrezia Borgia

Victor Hugo widmete ihr ein Theaterstück, Mario Puzo benutzte ihre Familie als Vorbild für die Filmtrilogie »Der Pate« und selbst das ZDF sendete 2011 den Sechsteiler »Borgia«: Lucrezia Borgia ging als eine der schillerndsten und geheimnisvollsten Frauengestalten Italiens in die Geschichte ein. Die Tochter des Kardinals Rodrigo Borgia, ab 1492 **Papst Alexander VI.**, hielt bereits mit 19 Jahren als Statthalterin ihres Vaters Einzug in die machtstrategisch bedeutende Festung Spoleto. Es war das erste Mal, dass diese Aufgabe von einer Frau wahrgenommen wurde. Später förderte sie als **Herzogin von Ferrara** Künste und Wissenschaften. Doch bis in die Neuzeit hält sich hartnäckig ein anderes Bild von Lucrezia Borgia: das einer intriganten, sitten- und gewissenlosen Femme fatale und Giftmischerin. Geprägt wurde diese Sichtweise durch Verleumdungen, Gerüchte und darauf folgende Legendenbildung sowie spätere Moralvorstellungen. Vor allem ihre drei Eheschließungen wurden dabei immer wieder als Zeugnis ihrer mangelnden Tugendhaftigkeit angeführt – aber gerade sie waren ein politisches Instrument von Vater und Bruder, um dynastische Verbindungen zu knüpfen. Und Lucrezia war weniger Femme fatale als Finanzgenie: In nur sechs Jahren erwarb sie bis zu 20 000 ha Land, nutzte es landwirtschaftlich und machte damit große Gewinne.

1480–1519
Statthalterin

HINTERGRUND
INTERESSANTE MENSCHEN

Held des Risorgimento: Giuseppe Garibaldi

1807–1882
Revolutionär

Der Mann, der später einer der Anführer der nationalen Einigungsbewegung **Risorgimento** werden sollte, kam am 4. Juli 1807 in Nizza zur Welt. Mit fünfzehn Jahren wurde Guiseppe Garibaldi Schiffsjunge, später Kapitän. Mit Mitte zwanzig schloss er sich 1833 Giuseppe Mazzini und seiner Bewegung »Giovane Italia« (»Junges Italien«) an, mit der er für ein geeintes, republikanisches und demokratisches Italien kämpfen wollte. Mazzinis Aufstand schlug allerdings fehl und Garibaldi musste fliehen. Bis 1848 hielt er sich meist in Südamerika auf. Zurück in Italien, wurde er Abgeordneter von Genua, nahm 1848 und 1849 als Anführer einer Legion von Freiwilligen an den Kämpfen gegen Österreich in Oberitalien teil und leitete zuletzt die Verteidigung der im Februar 1849 ausgerufenen Römischen Republik – allerdings konnte er ihre Auflösung nicht aufhalten. Erneut war er auf der Flucht. Doch Garibaldi gab nicht auf, sondern landete im Mai 1860 mit Freiwilligen, dem berühmten **»Zug der Tausend«**, auf Sizilien, eroberte die Insel, das unteritalienische Festland und am 7. September Neapel. Seine Macht übergab er Vittorio Emanuele, der am 14. März 1861 vom neu gewählten Parlament den Titel »König von Italien« annahm. 1862 und 1867 scheiterten Garibaldis Versuche, den Kirchenstaat in das Königreich einzugliedern. Seine letzten Lebensjahre verbrachte er auf der kleinen Insel Caprera nördlich von Sardinien. Hier schrieb er seine »Memorie« und vier Romane.

Der berühmteste Liebhaber der Welt: Giacomo Casanova

1725–1798
Abenteurer
und
Frauenheld

Als Sohn eines Schauspielerehepaare wuchs Giacomo Casanova am Rande der venezianischen Ständegesellschaft auf und schlug sich später in ganz Europa als Soldat, Musiker, Theaterdirektor und Geheimagent durchs Leben. Auf seinen Reisen in wechselnden Diensten traf der ausgebildete Jurist berühmte Zeitgenossen aus Politik und Literatur und verliebte sich immer wieder leidenschaftlich. 1755 wurde er ohne Prozess wegen angeblicher öffentlicher Schmähung der heiligen Religion in den gefürchteten Bleikammern des venezianischen Dogenpalasts eingekerkert, doch nach einem Jahr gelang ihm eine spektakuläre Flucht. Sein abenteuerliches Leben endete in einer Stellung als Bibliothekar beim Grafen Waldstein in Dux (Böhmen). Dort schrieb er seine berühmten, mehr als 5000 Seiten langen Memoiren **»Geschichte meines Lebens«**, eines der bedeutendsten kulturhistorischen Dokumente seiner Zeit. Casanova, der auch philosophische Aufsätze, Theaterstücke und utopische Romane verfasste, wissenschaftlich experimentierte und

HINTERGRUND
INTERESSANTE MENSCHEN

OBEN: Cecilia Bartoli ist nicht oft zu Hause in Italien.
UNTEN: Casanova liebte das andere Geschlecht.

HINTERGRUND
INTERESSANTE MENSCHEN

über bemerkenswerte Kenntnisse in Medizin und Chemie verfügte, gilt bis heute als Inbegriff des amourösen Draufgängers – ein Mann, der die Frauen liebte. Oder, um es in seinen eigenen Worten zu formulieren:

> »
> Ich fühlte mich immer für das andere Geschlecht geboren. Daher habe ich es immer geliebt und mich von ihm lieben lassen, so viel ich nur konnte.
> «

Malender Metaphysiker: Giorgio de Chirico

1888 – 1978
Maler

De Chirico gilt – zusammen mit Carlo Carrà – als Begründer der »Pittura metafisica«, einer Richtung der modernen italienischen Malerei. In seinen hart und plastisch gestalteten Bildern stellte er alltägliche Gegenstände und Stadtlandschaften dar, die durch ungewöhnliche Verbindungen mit anderen Dingen – besonders Gliederpuppen – fremd und rätselhaft erscheinen. Der Leerraum seiner farblich verhaltenen Bilder ist erfüllt von metaphysischem Grauen beziehungsweise von einer unerklärlichen metaphysischen Gegenwärtigkeit. Ab 1919/1920 gab der Maler die Pittura metafisica zugunsten einer akademischen Malweise wieder auf. Zu den Hauptarbeiten des Frühwerks, durch das de Chirico zu einem Wegbereiter der Surrealisten wurde, gehören u. a. »Die beunruhigenden Musen« (1916) und »Der große Metaphysiker« (1917).

Durch die Hölle und zurück: Dante Alighieri

1265–1321
Dichter und
Politiker

Dante gilt als einer der bedeutendsten Dichter des Mittelalters – doch wer daraus schließt, dass der Sohn einer angesehenen Patrizierfamilie zu Lebzeiten nur umfeiert wurde, liegt falsch. 1265, als er geboren wurde, herrschten in ganz Norditalien Kämpfe zwischen rivalisierenden Adelsfamilien: Die Parteigänger des Kaisers, die Ghibellinen, standen den Anhängern des Papstes, den Guelfen, gegenüber. Dantes Familie gehörte zur Ghibellinenpartei und musste mehrfach ins Exil Nach einem Studium der Rechtswissenschaften schien Dante zunächst politische Karriere zu machen: Bereits 1295 gehörte er in Florenz zum Rat des Capitano del Popolo, zwei Jahre später zu dem des Podestà. Doch im selben Jahr brachen erneut blutige Kämpfe aus, die Ghibellinen wurden der Verschwörung beschuldigt. Dante wurde auf Lebenszeit verbannt, ein Urteil, das fünf Jahre später in Abwesenheit in die Todesstrafe umgewandelt wurde. Er lebte fortan in Verona, Treviso und Ravenna. Im Exil schrieb er seine wichtigsten staats-

HINTERGRUND
INTERESSANTE MENSCHEN

philosophischen und literarischen Werke, darunter die Abhandlungen »Monarchia« und »De vulgari elequentia« sowie die **»Divina Commedia«**, die »Göttliche Komödie«. Das allegorisch-lehrhafte Gedicht thematisiert die wichtigsten geistigen Auseinandersetzungen des Mittelalters über Theologie und Philosophie, Kirche und Staat sowie die politisch-soziale Situation Italiens und schildert den Weg des Menschen durch Hölle, Fegefeuer und Paradies.

Der Mann, der einen Mythos schuf: Enzo Ferrari

Sein Name ist synonym geworden mit Geschwindigkeit, Windschnittigkeit und der Farbe Rot: Enzo Ferrari, genannt **»il Commendatore«**, verhalf der italienischen Automobilindustrie zu weltweitem Renommee. Seinen größten Erfolg als Rennfahrer errang er 1920 als Zweiter der berühmten »Targa Florio« auf Sizilien, danach verlegte er sich zunehmend auf die Konstruktion von Rennwagen. Seit 1943 baute er in **Maranello** bei Modena Sport- und Rennwagen, die bis heute begehrte und entsprechend teure Einzelstücke oder Kleinserienprodukte geblieben sind. Auf den Rennpisten wurden die roten Boliden mit dem steigenden Ross im Wappen zu legendären Fahrmaschinen. Zu den berühmtesten Formel-1-Piloten im Ferrari gehörten Alberto Ascari, Mike Hawthorn, Phil Hill, Niki Lauda und Michael Schumacher. Mit dem Ferrari Dino, benannt nach Ferraris früh verstorbenem Sohn, brachte man Ende der 1960er-Jahre auch eine größere Stückzahl von Sportwagen auf normale Straßen. PS-starke Geschosse für Rennstrecken und Normalstraßen baut die Sportwagenschmiede, die mittlerweile zu 90 Prozent dem Fiat-Konzern gehört, bis heute.

1898–1988
Rennfahrer.
Konstrukteur

Weltbilderschütterer: Galileo Galilei

»Und sie bewegt sich doch!« Ob Galileo Galilei diesen Satz wirklich gesagt hat, ist umstritten. Sicher ist jedoch, dass er mit der katholischen Kirche aneinandergeriet, weil er überzeugt davon war, dass Kopernikus mit seinem Entwurf des **heliozentrischen Weltbilds** Recht hatte. Doch anders als Kopernikus konnte Galileo durch wissenschaftliche Methoden Beweise finden, um diese Theorie zu stützen. Für ihn war daher klar, dass sich die Erde um die Sonne drehte und eben nicht Mittelpunkt des Universums war, wie es die Kirche propagierte. Das trug ihm 1633 einen **Inquisitionsprozess** ein; obgleich er seinen Überzeugungen offiziell abschwor, wurde er zu unbefristetem Hausarrest verurteilt, den er mit kurzer Unterbrechung in seinem Landhaus bei Florenz verbrachte. Aber Galileo ist nicht nur für dieses Zwischenspiel in die Geschichte eingegangen:

1564–1642
Astronom

HINTERGRUND
INTERESSANTE MENSCHEN

OBEN: Legenden in Rot von Enzo Ferrari
UNTEN: Sophia Loren und Marcello Mastroianni in Vittorio de Sicas »Hochzeit auf Italienisch«

HINTERGRUND
INTERESSANTE MENSCHEN

Er gilt auch als einer der Vorreiter der neuzeitlich exakten Naturwissenschaften. 1564 als Sohn eines Architekten geboren, erhielt er mit 25 Jahren eine Lektorenstelle für das Fach Mathematik an der Universität Pisa. Hier soll er auch erste Experimente zum freien Fall und zur Pendelbewegung durchgeführt haben. Von 1592 bis 1610 wirkte er als Professor in Padua, wo er 1609 ein leistungsstarkes Fernrohr konstruierte, mit dem er den Sternenhimmel erforschte.

Maler der Mona Lisa: Leonardo da Vinci

Die italienische Renaissance hat einige vielseitige Persönlichkeiten hervorgebracht, doch nur Leonardo da Vinci vereinigte Fähigkeiten als Maler, Bildhauer, Baumeister, Naturforscher, Ingenieur und »Eventmanager«. Schon 1472 wurde der Schüler Verrocchios in die Malergilde von Florenz aufgenommen. Von 1482 bis 1498 wirkte er am Hof des Herzogs Lodovico Sforza in Mailand, wo er die »Madonna in der Felsengrotte« und das **»Das Abendmahl«** schuf. Nach Aufenthalten in Florenz, Mailand und Rom ging er 1517 nach Frankreich, wo er 1519 starb. Seine Werke der letzten zwanzig Lebensjahre sind fast alle verloren oder nur als Kopien erhalten. Das lebensgroße Bronze-Denkmal des Herzogs Francesco Sforza kam nur als Modell zustande. Vollendet wurde es erst 1999 für umgerechnet fast 5,5 Mio. Euro. Sein wohl berühmtestes Gemälde, die **»Mona Lisa«**, hängt im Pariser Louvre. Leonardo war als Festungsbaumeister aktiv, schrieb einen von ihm illustrierten Aufsatz über die Anatomie des menschlichen Körpers, führte Flugexperimente durch, untersuchte die Strömungsgesetze in Luft und Wasser, betrieb botanische und geologische Studien. Seine Zeichnungen, naturwissenschaftlichen Untersuchungen und technischen Entwürfe bezeugen die **Universalität** dieses Menschen, der weit über seine Zeit hinaus dachte.

1452–1519
Vielseitiges
Genie

Vater des Italo-Westerns: Sergio Leone

Mit Italo-Western wie »Für eine Handvoll Dollar« (1964), »Für ein paar Dollar mehr« (1965) und »Zwei glorreiche Halunken« (1966), jeweils mit Clint Eastwood, oder dem sicherlich berühmtesten »Spaghetti-Western« **»Spiel mir das Lied vom Tod«** (1968) mit Claudia Cardinale, Henry Fonda und Charles Bronson schrieb der römische Regisseur Filmgeschichte. Hineingeboren in eine Künstlerfamilie, arbeitete Leone schon frühzeitig bei seinem Vater Roberto Roberti als Regieassistent. In den 1950er-Jahren übernahm er in der römischen Kinostadt Cinecittà Statistenrollen und Regieassistenzen und begann, Drehbücher zu schreiben. Bei »Der Koloss von Rhodos« führte er 1960 zum ersten Mal Regie; sein wohl wichtigstes Filmprojekt, für

1929–1989
Regisseur

dessen Realisierung er mehrere Jahre benötigte, wurde der Film **»Es war einmal in Amerika«**, der 1984 Premiere feierte. Der Regisseur starb am 30. April 1989 in seiner Geburtsstadt Rom.

Ein Nationalmythos: Sophia Loren

Geb. 1934
Schauspielerin

Wenn Italiens berühmtester Filmstar, als Sophia Scicolone in Pozzuoli bei Neapel aufgewachsen, seine Heimatstadt besucht, bricht dort regelmäßig ein kollektiver Taumel der Begeisterung aus. Bei einem Besuch 2005 nahm Sophia Loren zu Tränen gerührt die Ehrenbürgerschaft der Stadt entgegen. Unehelich in bescheidene Verhältnisse hineingeboren, wäre aus Sofia Scicolone fast die schönste Volksschullehrerin in einer süditalienischen Provinzstadt geworden, hätten nicht eine ehrgeizige Mutter und eine Kette von Zufällen den Weg zu einer einzigartigen Karriere geebnet. Auf den zweiten Platz des neapolitanischen Schönheitswettbewerbs »Königin der Meere« folgten 1950 der Titel einer **»Miss Rom«** und die Bekanntschaft mit dem Filmproduzenten **Carlo Ponti**. Der Rest ist Filmgeschichte. Carlo Ponti kreierte den Filmstar Sophia Loren, der aber, dank des dramatischen Talents der Schauspielerin, aus weit mehr als nur dem berühmten Dekolleté bestand. Heute ist die Loren ein italienischer Nationalmythos, Mutter zweier Söhne, nach dem Tod von Ponti 2007 die wahrscheinlich glamouröseste Witwe der Welt und immer noch sehr stolz auf ihre Herkunft:

»
Alles, was Sie hier sehen, verdanke ich den Spaghetti.
«

Trendsetter der Baukunst: Andrea Palladio

1508–1580
Architekt

Zwischen dem 16. und 19. Jh. ließen sich Venedigs Klerus und Adel über 3000 Villen errichten – und viele Aufträge erhielt Andrea Palladio, der Bauten wie S. Giorgio Maggiore in Venedig, das Teatro Olimpico und die **Villa Rotonda** in Vicenza schuf: Werke, die in ganz Europa und für rund 300 Jahre stilprägend waren. Palladio kam als Andrea di Piero 1508 in Padua als Sohn eines Müllers zur Welt und lernte Steinmetz. Sein Aufstieg begann 1538 durch den Humanisten Giangiorgio Trissino, der ihn ermutigte, Mathematik, Musik und lateinische Literatur zu studieren und ihm den Beinamen Palladio gab, in Anspielung auf die Göttin der Weisheit. Trissino nahm ihn 1545 mit nach Rom, wo Palladio zwei Jahre lang die antiken Ruinen und den Architekten Vitruv studierte. Kurz darauf gewann er in Vicenza den Wettbewerb zur Umgestaltung des Palazzo della Ragione mit der ge-

HINTERGRUND
INTERESSANTE MENSCHEN

nialen Idee, den Bau in beiden Geschossen mit Arkadenreihen zu umgeben – ein Motiv, das ihn berühmt machte. Palladio übernahm nicht nur Bauelemente römischer Architektur, sondern auch die antiken, an den menschlichen Proportionen ausgerichteten Maßverhältnisse. Stilprägend wirkte v. a. seine Architekturlehre, die er 1570 in den »Quattro Libri dell'Architettura« veröffentlichte. Durch sie wurde der **Palladianismus** über England nach Deutschland, die Niederlande und Russland bis nach Nordamerika verbreitet.

Ein Provokateur: Pier Paolo Pasolini

Mit seinen provokativen Filmen polarisierte der in Rom lebende Regisseur immer wieder Kritik und Publikum. Seine frühen Regiearbeiten »Accatone« (1961) und »Mamma Roma« (1962) sind stark vom Neorealismus geprägt. Berühmt wurde er mit **»Teorema«** (1968), »Medea« (1969) mit Maria Callas in der Hauptrolle und der Verfilmung erotischer Klassiker: »Decameron« (1971) und »Erotische Geschichten aus 1001 Nacht« (1974). Fortwährend stand er wegen der radikalen Inhalte seiner Werke vor Gericht: »La Ricotta« wurde zunächst wegen Blasphemie verboten und dann wieder freigegeben, »Teorema« auf Betreiben des Vatikans verboten. Sechs Monate Gefängnis für den Regisseur und die Vernichtung des Films waren gefordert. Dieser Prozess endete jedoch mit einem Freispruch. Zudem wurden ihm »Aufhetzung zu militärischem Ungehorsam, aufrührerischer und antinationaler Propaganda« zur Last gelegt. 1975 schockierte er mit **»Die 120 Tage von Sodom«**, in dem sadistische Gewalt und sexuelle Exzesse mit faschistischen Ideologien in Zusammenhang stehen. In vielen Ländern war auch dieser Film verboten. Pasolini erlebte die Uraufführung nicht mehr; er wurde im November 1975 in Ostia ermordet aufgefunden. Die Hintergründe sind bis heute nicht endgültig geklärt.

1922 – 1975
Regisseur

Allgegenwwärtig: Padre Pio

Der in Pietrelcina in Kampanien als achtes Kind einer Bauersfamilie geborene **Francesco Forgione** nahm als Kapuziner den Ordensnamen »Pio« (der »Gottesfürchtige«) an. Als er im Januar 1903 in den Orden eintrat, war er bereits an Tuberkulose erkrankt. 1910 zum Priester geweiht, soll es im September desselben Jahres die ersten Anzeichen einer **Stigmatisation** gegeben haben: Rötungen der Haut, ab 1918 dann Wunden an Brust, Händen und Füßen. Zudem soll er die Gaben der Bilokation (der Fähigkeit, an zwei Orten gleichzeitig zu sein), des Heilens, der Prophetie und der Seelenschau gehabt haben. Von 1940 an betätigte Pio sich als Heiler und Prophet, was von der katholischen Kirche zunächst mit Skepis verfolgt und

Heiliger
1887 – 1968

HINTERGRUND
INTERESSANTE MENSCHEN

Ein Heiliger im Sonderangebot

teils auch mit Sanktionen belegt wurde. An der Verehrung änderte das wenig: An der Beerdigung des Paters 1968 sollen mehr als 100 000 Menschen teilgenommen haben. 1999 wurde er selig gesprochen, am 16. Juni 2002 folgte die Heiligsprechung. Der Petersplatz war zum Bersten gefüllt: Es war die größte derartige Zeremonie, die man bis dahin in Rom sah. Mehr als 40 Jahre nach seinem Tod ist er **einer der populärsten Heiligen Italiens**. Sein Antlitz lächelt milde von Lastwagen auf der Autostrada, ist in vielen Wohnzimmern zu sehen und darf an keinem Devotionalienstand fehlen. Und seine Verehrung scheint kaum Grenzen zu kennen: 2008 wurde seine Leiche exhumiert und in einem gläsernen Sarg ausgestellt, der seit 2010 in einer riesigen Wallfahrtsbasilika **in San Giovanni Rotondo** steht. Um einen möglichst »lebendigen Eindruck« zu erzielen, wird sein Gesicht von einer – auch die buschigen Augenbrauen und den Bart nachbildenden – Silikonmaske verdeckt.

Meister der Melodien: Giuseppe Verdi

1813–1901
Komponist

Giuseppe Verdi war nicht nur der bedeutendste Opernkomponist des 19. Jh.s, er verwirklichte seine sozialen Ideale auch abseits der Bühne: Nach seinem Tod hinterließ er ein Millionenvermögen, das zum größten Teil ein Altersheim für ehemalige Musiker finanzierte. Dabei hätte Verdi dem Komponieren beinahe den Rücken gekehrt! Schon mit 26 Jahren bekam der damalige Orchesterleiter dank seiner Kontakte den Auftrag, eine Oper zu schreiben. Nach dem ersten Erfolg folgte jedoch ein herber Rückschlag: Innerhalb weniger Monate starben seine Tochter, sein Sohn und seine Frau. Die Aufführung der komischen Oper, an der Verdi zu der Zeit arbeitete, wurde zum Fiasko. Desillusioniert gab er das Komponieren auf, bis er auf einen besonderen Stoff stieß: 1842 wurde »Nabocco« uraufgeführt. Der **»Va Pensiero«-Chor** aus dieser Oper, so will es die Legende, wurde sogar angeblich zur heimlichen Nationalhymne des nach Einheit strebenden Landes. Die Vertreter des Risorgimento liebten Verdi jedenfalls und versteckten ihre politische Parole zur Einigung Italiens hinter seinem Namen: **V**ittorio **E**manuele **R**é d'**I**talia. Auch beruflich ging es nun bergauf: Spätestens mit dem **»Rigoletto«** 1851 begann eine Reihe sich ständig steigernder Erfolge. Weltruhm erlangte Verdi 1853 mit dem »Troubadour« und »La Traviata«, mehr noch 1871 mit »Aida«. Mit seiner Musik erfasste er die Charaktere der Personen in ihrer Tiefe – und erneuerte so die italienische Oper.

| Der Erfinder des Reiseführers: Karl Baedeker

Als Buchhändler kam Karl Baedeker viel herum, und überall ärgerte er sich über die »Lohnbedienten«, die die Neuankömmlinge gegen Trinkgeld in den erstbesten Gasthof schleppten. Nur: Wie sollte man sonst wissen, wo man übernachten könnte und was es anzuschauen gäbe? In seiner Buchhandlung hatte er zwar Fahrpläne, Reiseberichte und gelehrte Abhandlungen über Kunstsammlungen. Aber wollte man das mit sich herumschleppen? Wie wäre es denn, wenn man all das zusammenfasste? Gedacht, getan: Zwar hatte er sein erstes Reisebuch, die 1832 erschienene »Rheinreise«, noch nicht einmal selbst geschrieben. Aber er entwickelte es von Auflage zu Auflage weiter. Mit der Einteilung in »Allgemein Wissenswertes«, »Praktisches« und »Beschreibung der Merk-(Sehens-)würdigkeiten« fand er die klassische Gliederung des Reiseführers, die bis heute ihre Gültigkeit hat. Bald waren immer mehr Menschen unterwegs mit seinen **»Handbüchlein für Reisende, die sich selbst leicht und schnell zurechtfinden wollen«**. Die Reisenden hatten sich befreit, und sie verdanken es bis heute Karl Baedeker. Teile Italiens beschreibt er erstmals im 1842 erschienenen »Handbuch für Reisende durch Deutschland und den Oesterreichischen Kaiserstaat«.

1801–1859
Verleger

> »
> Der Italiener geht nie zu Fuß, wo er fahren kann; vollends wie man zum Vergnügen zu Fuß gehen kann, ist ihm ein Räthsel.
> «
>
> *Baedeker's Mittel-Italien und Rom, 1. Auflage 1866*

E
ERLEBEN & GENIESSEN

Überraschend, stimulierend, bereichernd

Mit unseren Ideen erleben und
genießen Sie Italien.

Wohl dem, der die einfachen Dinge
des Lebens zu schätzen weiß. ▶

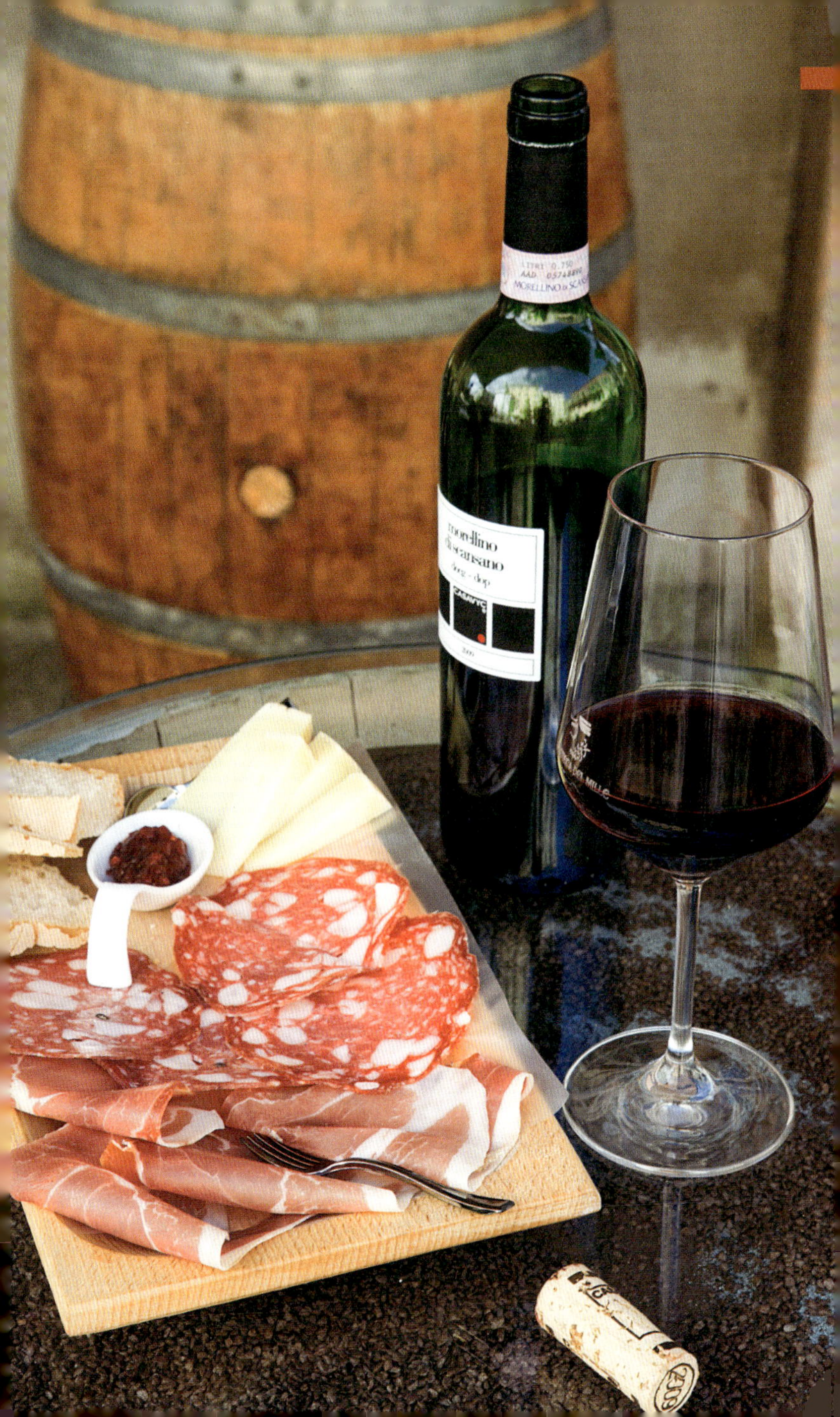
morellino
di scansano
docg - dop

ERLEBEN & GENIESSEN
BEWEGEN UND ENTSPANNEN

BEWEGEN UND ENTSPANNEN

Kunstschätze, Baudenkmäler, Überbleibsel vergangener Kulturen zu entdecken, mit dem roten Baedeker in der Hand – das hat eine lange Tradition, und gerade Italien bietet dazu Gelegenheiten in Hülle und Fülle. Doch es wäre schade, »Bella Italia«, seit Goethes Zeiten Sehnsuchtsland der Deutschen, nicht auch mal ganz anders kennenzulernen: ganz aktiv.

Wandern Möglichkeiten dazu gibt es in Hülle und Fülle. Die Italiener selbst sind zwar nicht gerade eine klassische Wandernation, doch seit Jahrzehnten findet ambitioniertes Gipfelstürmen ebenso wie das gemächlichere Trekking immer mehr begeisterte Fans. Mit den Dolomiten und den Bergen des Apennin gibt es hier auch genügend spannende Wanderreviere. Vor allem in Südtirol, im Trentino und am Gardasee hat der Club Alpini Italiano eine Reihe von **Wanderwegen** markiert. Informationen und Wanderkarten erhält man bei den örtlichen Fremdenverkehrsbüros und bei der Tourismuszentrale ENIT, den Tourismusbehörden der Regionen (▶ Auskunft) und den National- und Naturparks.

Wanderungen auf **alten Pilgerwegen** führen nicht nur durch malerische Landschaften. Sie entführen – wenn man sich über mehrere Tage und intensiv darauf einlässt – in eine andere Epoche und machen mit erhabenen Orten und intensiven Glaubenserfahrungen bekannt. Neben der wiederbelebten **Via Francigena**, dem alten fränkischen Pilgerweg nach Rom, wurde auch die **Via Romea di Stade** rekonstruiert und ausgeschildert. Verschiedene Abschnitte sind bereits ausgewiesen – etwa das schöne Teilstück, das von Ravenna in den Thermalort Bagno di Romagna, durch den Nationalpark Foreste Casentinesi und hinauf zum spektakulär gelegenen Kloster La Verna führt. 2011 wurde der **Pilgerweg auf den Spuren des Franz von Assisi** eröffnet, den man mit dem Besuch einiger Klöster verbinden kann.

Sofern angegeben, sind die **Schwierigkeitsgrade beim Wandern** eine nützliche Orientierungshilfe. Ein **T** kennzeichnet die einfachsten Touren, die auch für wenig trainierte Spaziergänger ohne Wanderausrüstung geeignet sind. Etwas mehr Kondition und adäquates Wanderschuhwerk erfordern mit einem **E** ausgewiesene Routen, **EE**-Strecken enthalten schwierige Abschnitte, die Wandererfahrung und eine gewisse Sicherheit im Gelände voraussetzen. Für **EEA**-Routen braucht man eine alpine Ausrüstung.

www.viefrancigene.org, https://via-francigena.com, www.viaromea.de
Assisi-Weg: www.viadifrancesco.it www.camminodiassisi.it

ERLEBEN & GENIESSEN
BEWEGEN UND ENTSPANNEN

Auf Schusters Rappen durch die Toskana bei Sansepolcro in der Provinz Arezzo. Natürlich mit treuem Begleiter.

Klettern

In den Dolomiten finden Alpin- und Sportkletterer tolle Reviere vor, etwa in der Gegend von **Cortina d'Ampezzo**. Weitere bekannte Kletterregionen sind **Arco** am Nordende des Gardasees und **Lecco** am Südostufer des Comer Sees. Dort stehen Sportkletterern verschiedenste gut abgesicherte Klettergärten, aber auch zahlreiche alpine Mehrseillängenrouten zur Verfügung. Selbst die weniger bekannten Gebiete müssen sich nicht verstecken, etwa das reizvolle **Madonna della Rota** am Iseosee oder das bei Sportkletterern besonders beliebte und vielseitige **Val Pennavaire** südlich von Albenga in Ligurien.

Radeln

Von entspannten Strecken in der Ebene bis zu Bergtouren für sportlich Ambitionierte – Italien bietet für jeden etwas. Ausflugstipps und Tourenkarten erhält man über die regionalen und örtlichen Fremdenverkehrsämter, oft auch online. **Mountainbiker** werden auf den Websites der Nationalparks fündig; die Naturreservate weisen Strecken unterschiedlicher Schwierigkeitsgrade aus und verweisen auf Exkursionsangebote und Verleihstationen vor Ort. **Um den Gardasee** entsteht bis voraussichtlich 2021 ein spektakulärer Rundweg, der teilweise frei schwebend in der Steilwand verankert ist. Wenn man das Radeln mit Kulturgenuss verbinden möchte, bietet sich die Region **Emilia-Romagna** an mit hochkarätigen Kunststädten wie Ravenna, Modena, Bologna und Cesena. Um den Auf- und Ausbau eines

ERLEBEN & GENIESSEN
BEWEGEN UND ENTSPANNEN

NÜTZLICHE ADRESSEN

GOLF
www.italien.de/sport/golf

FEDERAZIONE ITALIANA GOLF
Viale Tiziano 74
00196 Rom
Tel. 06 323 18 25
www.federgolf.it

KLETTERN
www.my-klettern.de

OLDTIMER
www.noleggioautodepoca.eu

RADFAHREN

FEDERAZIONE ITALIANA AMICI DELLA BICICLETTA
Internetauftritt des italienischen Radfahrbunds – leider nur auf Italienisch.
www.fiab-onlus.it

MISS MOVE
Miss Move alias Doro Staub liefert in ihrem Blog nützliche Tipps zu Radreisen in Italien – auf Deutsch und besonders für Einsteiger geeignet.
https://missmove.ch

WWW.KOMOOT.DE
Navigationstool auf Deutsch zum Radfahren und Wandern, das die Routenplanung ans Fitnesslevel anpasst.

TERRABICI
Hotelkette, die sich auf die Bedürfnisse von Radfahrern spezialisiert hat und auch Touren organisiert
www.terrabici.com

WWW.ALBERGABICI.IT
Hier sind auf Italienisch Unterkünfte aller Art verzeichnet, die sich besonders auf das Zweirad-Klientel eingestellt haben.

REITEN

WWW.PFERDREITER.DE
Von Reitern für Reiter: Die hier vorgestellten Reisen wurden von Pferdeliebhabern getestet, nach Regionen geordnet und mit nützlichen Infos versehen.

WANDERN
Tipps und Routen von Autor und Italien-Experte Christoph Hennig.
www.italienwandern.de

Wanderführer/-karten von KOMPASS
www.kompass.at

---

gut beschilderten Radwegenetzes in Italien engagiert sich die **Radfahrervereinigung** Federazione Italiana Amici della Bicicletta, die zu diesem Zweck das Projekt **BicItalia** ins Leben gerufen hat.

Wintersport   Vielfältigste Wintersportmöglichkeiten mit Skipisten aller Schwierigkeitsgrade, mehreren Tausend Kilometern gespurter Loipen, Rodel- und Eisbahnen findet man in den Westalpen, hier besonders im Aostatal (auch Sommerskigebiete), in Südtirol (auf der Marmolada auch Sommerski) und im Trentino (Madonna di Campiglio). Auch im Veneto (Cortina d'Ampezzo), in der Lombardei (u.a. in Aprica, Bormio und Livigno), im Piemont sowie im Apennin (westlich von Bolo-

ERLEBEN & GENIESSEN
BEWEGEN UND ENTSPANNEN

gna, bei Ancona sowie nördlich und südlich von Pescara) gibt es attraktive Wintersportangebote.

Reiten ist vor allem im Rahmen der »agriturismo«-Angebote möglich. Viele der gelisteten Betriebe bieten selbst Ausflüge auf Pferderücken an oder verweisen auf Reiterhöfe in der näheren Umgebung.

Reiten

Besonders an den **oberitalienischen Seen** und in **Südtirol** sind Golfclubs in den letzten Jahren wie Pfifferlinge aus dem Boden geschossen. Dachverband ist die Federazione Italiana Golf, die bei der Suche nach dem richtigen Platz behilflich ist.

Golf

Maserati, Lamborghini, Alfa Romeo – Italiens Autoschmieden haben immer wieder spektakuläre Sportwagen hervorgebracht. Viele berühmte Klassiker lassen sich in Automuseen bewundern. **Spezielle Autoverleiher** bieten das eine oder andere historische Prachtstück aber auch zur Miete an. Und wo könnte es mehr Spaß machen, einen Alfa Romeo Giulietta Spider zu fahren, als dort, wo sie zu Hause sind? Damit der Ausflug stilecht wird, überreicht der Verleiher mit den Fahrzeugpapieren auch gleich ein paar Handschuhe für den Herren und eine Sonnenbrille für die Dame – ganz im Stil der Sechziger.

Oldtimer fahren

Wasserfreuden

Italien ist auch wegen seiner Badestrände ein beliebtes Urlaubsziel. Die meisten sind jedoch **nicht frei zugänglich**, sondern von privaten Badeanstalten oder Hotels (Bagni oder Stabilimenti balneari) belegt, die für ihre Dienstleistungen (Umkleidekabinen, Liegestühle, Sonnenschirme etc.) Gebühren erheben, dafür aber für einen sauberen Strand sorgen. Die **Badesaison** reicht von Juni bis Oktober, in der nördlichen Adria und im Golf von Genua bis Ende September.

Strände

Die feinsandigen Badestrände der Adriaküste von Triest bis Cattolica zählen zu den beliebtesten italienischen Badezielen. Besonders bekannt sind Lignano Sabbiadoro mit dem 8 km langen »Goldstrand«, die »Strände der Dogen« im 100 km langen Küstenbogen im Veneto mit den Badeorten Bibione, Caorle, Eraclea, Jesolo und dem Lido von Venedig. Zahlreiche Seebäder reihen sich an der Adriaküste der Emilia-Romagna, auch Riviera Adriatica genannt, aneinander: Cesenatico, Igea Marina, Rimini, Riccione, Cattolica und viele mehr.

Adriaküste

Das Angebot an Badestränden an der Italienischen Riviera, d. h. in der Küstenregion Liguriens, reicht von landschaftlich reizvollen Felsenküsten mit kleinen Badebuchten im Osten bis hin zu langen Sandstränden im Westen.

Italienische Riviera

ERLEBEN & GENIESSEN
BEWEGEN UND ENTSPANNEN

Toskanische Mittelmeerküste
Die toskanische Mittelmeerküste trumpft ebenfalls mit einer großen Anzahl an feinsandigen, flach abfallenden, kilometerlangen Badestränden. Einer der berühmtesten Badeorte ist Marina di Massa.

Elba
Den wohl breitesten Sandstrand Elbas findet man im Seebad Marina di Campo im südwestlichen Inselteil; der Kiesstrand Le Ghiaie erstreckt sich in Portoferraio im Norden der Insel. Die Strände Giglios sind zu 80 Prozent felsig, unterbrochen von kleinen malerischen Buchten. Capraias einziger Strand liegt in der Cala della Mortola im Nordosten der Insel und ist nur vom Wasser aus erreichbar.

Sardinien
Sardinien besitzt vielerorts herrliche Sandstrände. Die bekanntesten Küstenabschnitte sind die Costa Smeralda im Nordosten der Insel mit vielen Buchten, die teilweise nur vom Wasser aus zugänglich sind, die Costa Rei im Südosten mit einem schönen, fast 10 km langen Sandstrand, die Costa del Sud südwestlich von Cagliari und die noch wenig bekannte Costa Verde an der Westküste Sardiniens.

Sizilien
Schöne felsenreiche Strände befinden sich an der Nordküste der Insel bei Scopello und dem angrenzenden Naturpark Zingaro sowie zwischen Cefalù und Tíndari (Sandstrand). An der Südküste zwischen Sciacca und Eraclea Minoa sowie östlich von Marinella di Selinunte bis zur Mündung des Bélice-Flusses erstrecken sich weitere Sandstrände. An der Ostküste sind das Naturschutzgebiet Vendicari

Am Strand von Zambrone in Kalabrien: Da möchte man nicht mehr weg …

ERLEBEN & GENIESSEN
BEWEGEN UND ENTSPANNEN

südlich von Marina di Noto sowie der feine Kieselstrand von Mazzarò in der Nähe von Taormina und schließlich der Abschnitt zwischen Taormina und Aci Castello zu empfehlen.

Ausgesprochen beliebt als Badeziel ist der Gargano in Apulien mit kleinen Sand- und Kiesbuchten und einigen langen Sandstränden wie bei Vieste und Rodi Garganico. Sehr schön sind außerdem die Küste zwischen Torre Canne und Brindisi sowie die Salento-Küste mit teils dünengeschützten Sandstränden wie bei Torre Chianca oberhalb von Casino dei Turchi (Nähe Otranto), fjordähnliche Küsteneinschnitte bei Porto Badisco und Aquaviva (südlich von Otranto), die Dünenbucht Baia Verde südlich von Gallipoli sowie die Felsküste mit kleinen Sandbuchten nördlich von Gallipoli.

Apulien

DIE SCHÖNSTEN BADESTRÄNDE

FESTLANDKÜSTE

ADRIAKÜSTE
Feinsandige Badestrände
Lignano Sabbiadoro mit 8 km langem »Goldstrand«
100 km langer Küstenbogen im Veneto
Emilia-Romagna

APULIEN
Gargano, Felsnase mit Buchten
Küste zwischen Torre Canne und Brindisi
Salento-Küste mit teils dünengeschützten Sandstränden

ITALIENISCHE RIVIERA
Felsenküsten mit Badebuchten im Osten und Sandstrände im Westen
Küstenregion Liguriens

KALABRIEN
Weiße Sandstrände am Tyrrhenischen Meer

TOSKANISCHE MITTELMEERKÜSTE
Feinsandige, flach abfallende Strände
Marina di Massa

INSELN

ELBA
Seebad Maina di Campo
Le Ghiaie in Portoferraio
Giglio
Capraia (Cala della Mortola, nur vom Wasser erreichbar)

SARDINIEN
Casta Smeralda
Costa Rei
Costa del Sud
Costa Verde

SIZILIEN
Bei Scopello und im angrenzenden Naturpark Zingaro
Zwischen Cefalù und Tíndari
Zwischen Sciacca und Eraclea Minoa
Östlich von Marinella di Selinunte
Naturschutzgebiet Vendicari
Mazzarò nahe Taormina
Zwischen Taormina und Aci Castello

WASSERSPORT

WWW.SPOTNETZ.DE/ITALIEN
Ein kleiner Überblick über die wichtigsten Surfregionen und Surfschulen, gespickt mit nützlichen Infos.

ERLEBEN & GENIESSEN
ESSEN UND TRINKEN

Kalabrien	Kalabrien hat Traumstrände, die zwar wenig touristische Infrastruktur bieten – dafür aber selbst im Hochsommer nicht überfüllt sind. Zu den schönsten Fleckchen gehören die Strände von Soverato am Ionischen Meer, von Diamante am Tyrrhenischen Meer sowie weiter südlich an der italienischen Westküste Capo Vaticano.
Oberitalienische Seen	Auch die oberitalienischen Seen werden gern von Wassersportlern aufgesucht, u. a. der Lago Maggiore, der Luganer See, der Comer See, der Iseosee und der Gardasee.
Mittelitalienische Seen	Mittelitalien verfügt ebenfalls über schöne Badeseen. In der Region Umbrien liegt der Trasimenische See (Lago Trasimeno), ein relativ flaches Gewässer, das sich im Sommer schnell aufwärmt. Der Bolsena-See (Lago di Bolsena, bei Orvieto) ist ebenfalls ein lohnendes Ziel.
Thermalbäder	Zu einem Badeurlaub der anderen Art laden die vielen **Heilquellen** des Landes ein. Besonders bekannt sind die **Abano Terme** und **Montegrotto** in den Euganeischen Hügeln bei Padua sowie die Insel Ischia im Golf von Neapel, die fast ausschließlich vom Thermaltourismus lebt. Aukunft über Italiens Thermalkurorte erteilen die ENIT und die örtlichen Fremdenverkehrsbüros.

ESSEN UND TRINKEN

Jenseits von Pasta und Pizza: Von »der« italienischen Küche kann kaum die Rede sein. Wer das Land von Nord nach Süd und von Küste zu Küste bereist, der lernt eine Vielzahl von Regionalküchen und Spezialitäten kennen – und eine kulinarische Vielfalt, die in Europa wohl einzigartig ist.

Vom wahren Ursprung der Kochkunst	Laut Larousse Gastronomique, einer Enzyklopädie, die für Frankreichs Köche die Bibel ist, ist die italienische Küche zumindest für den westeuropäischen Raum der »wahre Ursprung aller Kochkunst«. In Italien spielen **Regionalprodukte** immer noch die Hauptrollen im Topf und auf dem Teller. Das ist nicht zuletzt der **Slow Food-Bewegung** zu verdanken: Sie hat die Rückbesinnung auf kulinarische Traditionen und die geschmackliche Vielfalt lokal produzierter Lebensmittel wieder in den Fokus gesetzt. Und weil Italien auch diesbezüglich eine wahre Schatzkammer ist, fand die Bewegung viele Anhänger – unter Gastronomen und Konsumenten. So bestimmt entlang der Küsten vielerorts noch immer das, was das Meer zu bieten hat, den Speisezettel. Im Hinterland und in den Bergen liefern Weiden und Wälder die Zutaten für Alltagskost und Festtagsküche. Sonnenver-

ERLEBEN & GENIESSEN
ESSEN UND TRINKEN

wöhntes Obst und Gemüse, bestes Olivenöl, Wild- und Gartenkräuter sorgen für eine beglückende Vielfalt der Aromen und die ausgezeichnete Qualität der Zutaten bringt vielerorts selbst einfachste Speisen auf ein erstaunliches Gourmetniveau.

Ein Nahrungsmittel, auf das Italiener nicht verzichten wollen? Nudeln! Pasta gibt es mittags oder abends – auch gern zweimal am Tag. Die Nudeln kommen nach dem Salat oder anderen Antipasti auf den Tisch, als erster warmer Gang, bevor die Mahlzeit mit Gemüse, Fleisch oder Fisch fortgesetzt wird. Eintönig wird das nie, dafür sorgen schon die unzähligen Varianten: **Über 100 verschiedene Hartweizen-Nudelsorten** sind landesweit im Handel!

Pasta

Jede Region hat ihre **Nudel-Favoriten**, und die lokalen Formen wurden mit verschiedensten Namen bedacht. In Modena gibt es z. B. kulinarische **Abbracci** (Umarmungen) – ausgerollt, gefüllt und um den Finger gewickelt. Rund um Mantua formt man **Capeletti** (Hütchen) und **Angoletti** (kleine Ecken). Im Süden des Landes serviert man gern Nudeln in gedrehter Form, die sich **Strozzapreti** (Pfaffenwürger) nennen. Im Norden, vor allem in der Pasta-Hochburg Emilia rund um Bologna, bevorzugt man **pasta fresca** – Frischteigware wie Tortellini, Tortelloni und Ravioli (▶ Baedeker Wissen, S. 266/267).

Für **Frischnudelteig** sind Eier unabkömmlich. Sie machen ihn besonders fein und geschmeidig. Im Süden kommen aber fast immer **Trockenteignudeln** in den Topf, und die dürfen ausschließlich aus

Pasta in allen Variationen ist das A & O der italienischen Küche.

ERLEBEN & GENIESSEN
ESSEN UND TRINKEN

Hartweizengries und Wasser hergestellt werden. An dieses **Reinheitsgebot**, das die Zunft der Genueser Pasta-Produzenten bereits 1547 beschlossen hat, halten sich Italiens Nudelfabrikanten bis heute.

Pizza   Pizza bekommt man inzwischen rund um den Globus, aber in Neapel ist der belegte Teig etwas ganz Besonderes. So meisterlich wie Neapels Pizzaioli bereitet bis heute tatsächlich kaum jemand das knusprige, vielseitigst belegbare Allroundtalent zu. Wobei auch für die Pizza gilt: Die schlichten Varianten – wie der Klassiker mit Tomaten, Mozzarella und frischem Basilikum – sind einfach unschlagbar.

ABC der Regionalküchen

Abruzzen und Molise   In der Küche in den Abruzzen und in Molise regiert der **Peperoncino**, die scharfe Paprikaschote. Viele Gerichte sind rot eingefärbt und man benutzt viel Feuer – im Kamin, im Essen und sogar in den Getränken. Der Grund dafür ist in der Kälte zu suchen, es gibt hier lange Winter mit viel Schnee. Eine besondere Raffinesse sind die **Maccheroni alla chitarra**. Dabei werden die Maccheroni – hier Bandnudeln – mit einer Soße aus Tomaten, geräuchertem Bauchspeck, Kräutern und etwas Pecorino (Schafskäse) oder mit einem Ragout aus Schaf- oder Hammelfleisch serviert. Da die Schafzucht in dieser Region eine wichtige Rolle spielt, gibt es hier auch viele gute Käsesorten.

Apulien   In Apuliens Küchen spielen **Fisch und Meeresfrüchte** eine große Rolle und das Spektrum der Variationen ist eindrucksvoll! Austern und Miesmuscheln kommen aus Taranto. Probieren Sie Cozze ripiene (gefüllte Muscheln), Orata alla pugliese (überbackene Goldbrasse) und lassen Sie sich auch die hervorragende apulische Fischsuppe nicht entgehen. Das Markenzeichen der ländlichen, regionalen Küche aber sind **getrocknete Tomaten**. In vielen Haushalten werden sie selbst in Scheibchen geschnitten und zum Trocknen ausgelegt. Doch auch Auberginen, Paprika, Pilze und Oliven werden gern getrocknet, dann in Öl eingelegt und später zum Würzen benutzt oder als appetitanregende Antipasti verzehrt. Die Lieblingspasta der Apulier sind **Orechiette**, Hartweizennudeln in Öhrchenform. Gern werden sie mit einer Soße aus Rübensprossen oder Brokkoli serviert.

Aostatal   Die traditionelle Küche des Aostatals, der kleinsten und heute wohlhabendsten Region des Stiefellandes, ist eher rustikal. Eine tragende Rolle auf dem Speisezettel spielt **Polenta**, ein gesalzener Kuchen aus Maisgrieß, der zu Eintöpfen, Soßen und Fleischgerichten gegessen wird. Typisch für die bäuerliche Regionalküche ist die zuppa valdostana – ein kräftiger Eintopf, für den Wirsingkohl, Käse, Brotscheiben und Fleischbrühe verwendet werden. Roggenbrot und eine breite

ERLEBEN & GENIESSEN
ESSEN UND TRINKEN

Parmaschinken oder die Kunst des richtigen Anschnitts. Dabei wird zunächst nur die Schwarte entfernt, aber nicht die Fettschicht.

Palette an Wurst, schmackhafte, mit Wein zubereitete Schmor- und Wildgerichte gehören ebenso zur kulinarischen Landschaft des einst so entlegenen Aostatals wie die berühmte **Fonduta**, ein Käsefondue mit fontina, dem milden Alpenkäse, der mit dem schweizerischen Raclette verwandt ist. Esskastanien und Waldpilze, vor allem die hochgeschätzten Porcini (Steinpilze), dürfen hier auf einer guten, saisonal ausgerichteten Speisekarte auch nicht fehlen.

Basilikata

In den Küchen der Region, die ganz im Süden, zwischen Stiefelspitze und Absatz liegt, spielen Produkte aus dem eigenen Garten eine zentrale Rolle. Gemüse wird meist im Ofen zubereitet und kommt mit verschiedenen aromatischen Bereicherungen auf den Tisch – typische Kompositionen der Region sind z. B. Auberginen mit Oliven, Sardellen, Kapern und Tomaten sowie der **Piatto d'erba** (Kräuterteller) mit Zwiebeln, Auberginen, Paprika, Tomaten, Petersilie, Knoblauch und Basilikum. Das bedeutet jedoch keinesfalls, dass die Basilikata eine reine Vegetarier-Region ist. Auch Lamm- und Schweinefleisch werden hier sehr gern gegessen. Zu den typischen Gerichten der ländlichen Küche gehört ein Fleischgericht mit dem schönen Namen **Bollito dei pastori e monaci** (Fleischtopf der Schäfer und Mönche), bei dem man Lammfleisch, Zwiebeln, Kartoffeln und Tomaten zu einem deftigen Suppengericht köcheln lässt.

PASTA

BAEDEKER WISSEN

Sophia Lorens Ausspruch, »Alles, was Sie hier sehen, habe ich den Spaghetti zu verdanken«, ist legendär. Und auch die Geschichte, dass Garibaldi 1860 nach der Befreiung Neapels die Pasta als die Italien einigende Kraft beschwor, zeigt, wie untrennbar Italiener und Pasta zusammengehören. Pasta wird aus Hartweizengrieß und Wasser gemacht, wobei es mittlerweile auch Vollkornnudeln gibt. Es gibt Dutzende verschiedener Formen und Sorten. Einige entstanden aus Lust an Design, andere für bestimmte traditionelle Saucen. Eine Auswahl:

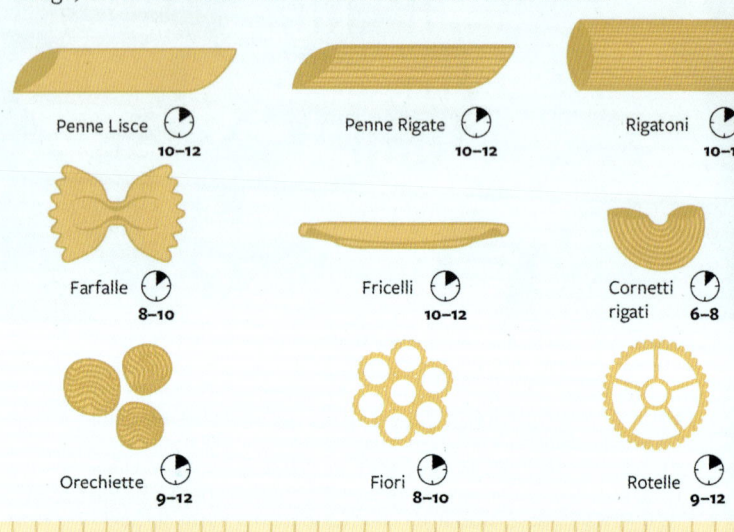

Penne Lisce — 10–12
Penne Rigate — 10–12
Rigatoni — 10–13
Farfalle — 8–10
Fricelli — 10–12
Cornetti rigati — 6–8
Orechiette — 9–12
Fiori — 8–10
Rotelle — 9–12

▶ **Nudeln machen glücklich**
Sie sind wichtige Kohlenhydrat- und Energielieferanten. Die Kohlenhydrate bilden bei der Aufnahme Serotonin, einen anerkannten Stimmungsaufheller, der in geringem Maß antidepressiv wirkt und gute Laune ans Gehirn sendet.

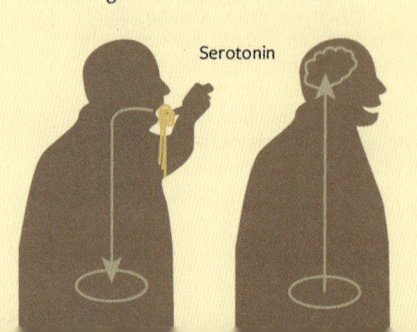

Serotonin

▶ **Bunte Nudeln**
Nudeln erhalten durch natürliche Inhaltsstoffe ihre Farbe:

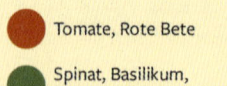

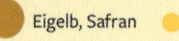

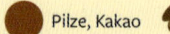

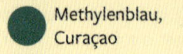

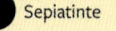

- Tomate, Rote Bete
- Spinat, Basilikum, Petersilie, Brennnessel
- Eigelb, Safran
- Pilze, Kakao
- Methylenblau, Curaçao
- Sepiatinte

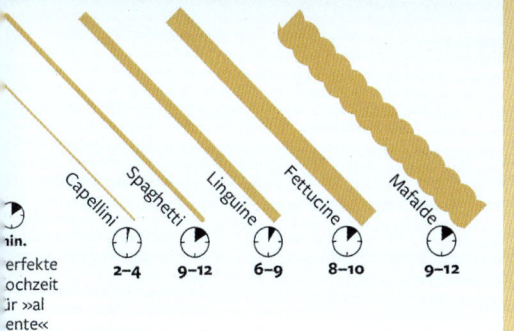

	Capellini	Spaghetti	Linguine	Fettucine	Mafalde
	2–4	9–12	6–9	8–10	9–12

...min.
...erfekte
...ochzeit
...r »al
...ente«

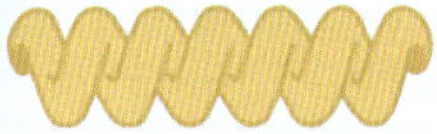

Cavatappi 9–12   **Radiatori** 10–13

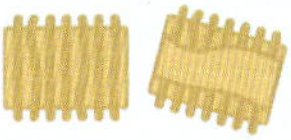

Fusilli 10–12   **Troffie** 11–13

Alfabeto 5–8   **Conchiglie** 8–10

Gefüllte Nudeln
Der Teig wird mit Ei gemacht, damit er geschmeidiger ist.

Ravioli
z.B. gefüllt
mit Rindfleisch

Tortellini
z.B. gefüllt mit
Fleisch, Ricotta

Canelloni
z.B. gefüllt mit
Ricotta, Tomaten

Agnolotti
z.B. gefüllt mit
Fleisch, Käse

Tondo
z.B. gefüllt mit
Pilzen, Trüffel

Triangoli
z.B. gefüllt mit
Ricotta, Spinat

▶ Ein uraltes Lebensmittel
Älteste Nachweise
von Nudeln

Italien   China

Arabien

China: seit der Han-Dynastie (3 Jh. v. Chr.)

Italien: Darstellung auf etruskischen Fresken in Cerveteri (7. Jh. v.Chr.)

Römisches Rezept (1. Jh. n.Chr.)

Arabien: (seit dem 11. Jh.)

▶ Pasta-Lexikon

-elle	breit
-ette	schmal oder klein
-ine/ini	klein
-oni	groß
Rigate	gerieffelt
Lisce	glatt
Mezze	angeschnitten/ verkürzt (eigentlich: halbe)
Penne	schräg/ angeschnitten (von penna: Schreibfeder)

▶ Nudeln der Welt

Asien: Reisnudeln
(aus Reismehl)
und Glasnudeln
(aus Mungobohnen)

Türkei: Manti
(gefüllte Teigtaschen)

Russland: Piroggen
(gefüllte Teigtaschen)

Schwaben: Spätzle

ERLEBEN & GENIESSEN
ESSEN UND TRINKEN

Emilia-Romagna

Die Emilia-Romagna gilt vielen als kulinarisches Zentrum des Stiefellandes. Zu den berühmten Produkten der Region gehören Schinken und Käse aus Parma (**Prosciutto di Parma** und Parmigiano). Hochwertiger Aceto Balsamico stammt aus Modena (▶ Baedeker Wissen, S. 796). Bekannte Spezialitäten der Region sind Mortadella und Zampone (deftig gefüllter Schweinefuß) sowie **Culatello** – das Schweine-»Ärschlein« wird mit Salz, Knoblauch und Rotwein gesalbt und reift danach mindestens 14 Monate lang an der Decke hängend. Am besten schmeckt der culatello, wenn er von alten Schweinerassen stammt, die wesentlich mehr Zeit für ihr Wachstum brauchen und entsprechend teurer sind. Die Emilia ist zudem Italiens Hochburg der **Frischteignudeln**. Tortellini und Tortelloni gehören dazu, vielerorts werden sie noch von Hand geformt. Köstlich schmeckt die frische Pasta mit Butter und Salbei, mit Fleisch- oder Tomatensoße oder in brodo, also mit Brühe. Auch die klassische Lasagne al forno mit schmackhaftem Ragu (Hackfleischsoße) und selbst gemachter Béchamelsoße ist eine kulinarische Erfindung dieser Region.

Friaul-Julisch-Venetien

Besonders vielfältig ist auch die Kochkunst in Friaul Julisch-Venetien. Sie bereichert die eigene, schmackhafte und eher bäuerliche Küche mit Anleihen aus Österreich, Ungarn, Kroatien, Slowenien, Böhmen und Venetien. Schweine- und Hammelfleisch, Würste, Eintöpfe, Polenta, Bohnen, Rüben, Wild und Käse sorgen für kulinarisch-deftige Vielfalt. An der Küste bereichern allerlei Meeresgerichte die Speisekarte. Berühmt sind außerdem **Teigtaschen**, die man hier auf über 40 Arten zuzubereiten weiß, darunter die Cjarsons aus Kartoffelteig. Hochgeschätzt ist auch der **Prosciutto di San Daniele** – luftgetrockneter Schinken aus dem gleichnamigen Bergstädtchen, den so mancher Feinschmecker für den besten Schinken überhaupt hält.

Kampanien

Diesem Teil Italiens hat die Welt eine ihrer bekanntesten und beliebtesten Speisen zu verdanken: die **Pizza**. Deren Urform kommt mit knusprigem Teig, Tomaten, Mozzarella und frischem Basilikum aus – selbst Neapels Pizzabäcker bedienen die Kundschaft inzwischen aber auch mit diversen Variationen des Nationalgerichts. Legendär ist die Pizza Margherita, die 1889 in Neapel zu Ehren der ersten italienischen Königin kreiert wurde, die mit ganzem Namen Margherita Maria Teresa Giovanna di Savoia hieß. Als glühende Nationalistin wurde ihr die Pizza mit grünem Basilikum, weißem Mozzarella und roten Tomaten in den Nationalfarben serviert.

Auch beim Thema Pasta bietet Kampaniens Küche jede Menge Abwechslung: Fusili, Vermicelli, Maccheroni, Spaghetti – die Formenvielfalt ist enorm. Gemüse- und Kräutergärten sowie das Meer liefern die übrigen Zutaten für schmackhafte Nudelgerichte wie Spaghetti alle vongole (Spaghetti mit Muscheln) oder **Penne alla puttanesca**: Hier werden die Nudeln mit einer Soße aus Tomaten, Oliven, Kapern

ERLEBEN & GENIESSEN
ESSEN UND TRINKEN

und feurigem kleinen Pfefferschoten serviert – so »scharf« wie Huren (puttanesca) eben. **Mozzarella di buffala** (Büffelmilch-Mozzarella) ist in die Kritik gekommen, seit bekannt wurde, dass Bauern dafür fast jedes zweite neugeborene männliche und für sie daher wertlose Kalb töten.

Treffen sich in Kalabrien zwei Freunde, lautet die erste Frage nicht »Wie geht es dir?«, sondern: »Was hast du gegessen?« Das Essen hat in Kalabriens Kultur eine fundamentale Bedeutung. Für liebe Menschen zu kochen, ist für die Kalabresen eine Art Liebeshandlung, Kochen und Essen bedeutet »Familie«, »zu Hause sein«, »Wohlergehen«. In diesem Teil Italiens wird ein üppiger Salat mit Tomaten und den roten Zwiebeln aus der Gegend von Tropea, angemacht mit einem kräftigen Olivenöl, durchaus schon zum Frühstück gegessen. Scharf und deftig ist der Auftakt zum Mittag- oder Abendessen. Mit Peperoncino gewürzte **Salsiccia** fehlt kaum einmal auf dem Antipasti-Teller. Typisch für die kulinarische Landschaft Kalabriens sind auch Weichkäse wie der Giuncata (Käse aus Schafsmilch) oder der Butirri (aus Kuhmilch), die sehr frisch gegessen werden. Traditionell ist die kalabrische Küche eine einfache Arme-Leute-Küche. Schweinefleisch – am Grill oder im Ofen zubereitet – gilt als Eckpfeiler der Esskultur. Daneben kommt aber auch jede Menge Gemüse auf den Tisch: Gemüsebällchen mit Auberginen sind ebenso typisch wie frittierte Blumenkohl- oder Kürbiskrapfen.

Kalabrien

Eine gewisse Sonderstellung in der kulinarischen Landschaft Italiens nimmt Ligurien ein. Dem schmalen Küstenstreifen fehlen nennenswerte Weideflächen, die traditionelle Küche setzt daher deutlich seltener auf Fleisch als die anderer Regionen. Hier, im italienischen Nordwesten, lässt man sich Oktopus und Tintenfische, Sardinen, Meerbarben und Miesmuscheln schmecken. Weil es aber auch Zeiten gibt, in denen das Meer nicht besonders spendabel ist, wird in Ligurien traditionell sehr viel mit Kräutern, Nüssen und Kastanien gekocht, hier kommt die Pasta häufig mit fantasievollen vegetarischen Soßen auf den Teller. Köstliches Beispiel ist das **Pesto alla genovese** – eine mit reichlich Basilikum, Knoblauch, Olivenöl und Pinienkernen zubereitete grüne Soße. Kenner bescheinigen der traditionellen Regionalküche einen besonders raffinierten Umgang mit exotischen Gewürzen. Über den Hafen von Genua hielten die kostbaren Sämereien aus Übersee schon Einzug in die Pfannen und Töpfe, als sie in weiten Teilen Europas noch völlig unbekannt waren.

Ligurien

Anders als in vielen anderen Regionen blieb die Küche Latiums lange Zeit frei von fremden Einflüssen, und während andernorts die raffinierten Speisen der Adelsschicht nach und nach auch auf den Tischen der Bürger serviert wurden, blieb die Küchenkultur im einsti-

Latium

ERLEBEN & GENIESSEN
ESSEN UND TRINKEN

OBEN: Eine gute Spürnase braucht es ...
UNTEN: ... bevor die Trüffel auf das Risotto gehobelt werden können.

ERLEBEN & GENIESSEN
ESSEN UND TRINKEN

gen Kirchenstaat über Jahrhunderte zweigeteilt – auf der einen Seite die feine Kost, die sich der Klerus gönnte, auf der anderen die Küche der einfachen Leute. Traditionelle Gerichte, wie sie Bauern- und Schäferfamilien schon im Mittelalter kannten, haben bis heute einen festen Platz in den Küchen der Region. In diesem Teil Italiens weiß man besonders gut, wie man **Innereien**, Ochsenschwänze und andere sonst weniger geschätzte Fleischstücke zu unwiderstehlichen Leckerbissen macht. Schweinebäckchen mit dicken Bohnen (Guanciale con le fave) gehört zu den Spezialitäten, die man sich nicht entgehen lassen sollte, ebenso Milchlamm mit Knoblauchsoße (Abbacchio alla romana). Fischgerichte sind wenig geläufig in der Regionalküche, von den Ciriole – kleinen Aalen aus dem Tiber – einmal abgesehen. Gemüse dagegen gibt es in Hülle und Fülle. Neben dicken Bohnen kommen häufig Erbsen, Brokkoli und Artischocken auf den Teller. Letztere werden besonders gern mit viel Olivenöl als Carciofi alla romana zubereitet: Dieses Rezept verdanken die Römer der einst großen jüdischen Gemeinde ihrer Stadt.

In den Ebenen der Lombardei spielen Risottogerichte seit jeher eine Hauptrolle in Küchen und Speisezimmern. In den höher gelegenen Gegenden der Region kommen dagegen häufiger Polenta und Pasta auf den Tisch. Mailand stellt mit seinen vielen Gourmetrestaurants, die auch der internationalen Küche huldigen, eine Ausnahme und eine Art gastronomische Insel dar. Drumherum pflegen die übrigen Provinzen an Herd und Tisch ihre Traditionen. Typisch sind Gerichte mit Kalb, Rind oder Schwein, bei denen das Fleisch stets ganz langsam gegart werden muss. Zu den bekannten Spezialitäten gehören Ossobuco e risotto alla milanese, zart geschmorte Kalbshaxe mit feinem Safranrisotto. Auch **Cotoletta milanese**, paniertes Kalbskotelett, ist auf lombardischen Speisekarten häufig zu finden. So ein Mailänder Kotelett weist unverkennbare Ähnlichkeit mit dem Wiener Schnitzel auf – die Herrschaft der Habsburger über diesen Teil Italiens hat bis heute kulinarische Spuren hinterlassen. Spezialitäten, wie man sie von der Po-Ebene bis zum Delta schätzt, sind Frösche (rane), Aale (anguille) und Katzenwelse (pescigatto), die man frittiert oder im Tomatensud köcheln lässt.

Lombardei

Wie es schmeckt, wenn die Küche der Berge mit den Spezialitäten der Küste in Verbindung tritt, kann man in den Marken ausprobieren. FürSpaghetti mare e monti (Meer und Berge) treffen sich Calamari und Pilze in der Pfanne – eine Fusion, die den Test auf der Zunge besteht. In der typischen Landküche der Marken wird Hühnchen-, Kaninchen- oder Schweinefleisch zubereitet mit einer Menge frischer oder getrockneter Kräuter, vor allem mit Rosmarin und Fenchel. Außerdem gilt hier das Kochmotto: Füllen, füllen, füllen – sei es nun Fisch, Huhn, Taube oder die beliebte **Porchetta** (Spanferkel). Aus-

Marken

ERLEBEN & GENIESSEN
ESSEN UND TRINKEN

gesprochen raffiniert schmeckt Vincisgrassi, ein Nudelauflauf mit Fleischsoße, der nur in den Marken zu finden ist. Der Nudelteig wird mit Dessertwein verfeinert, die Soße mit Zimt gewürzt.

Piemont
Im Piemont reifen die begehrten weißen **Trüffel** und veredeln, frisch geerntet, in den letzten Wochen des Jahres einfache Produkte wie Nudeln, Tartar und Ei. Wie überall in Italien haben auch in der Region, die an die Schweiz und Frankreich grenzt, viele der köstlichsten Gerichte ihren Ursprung in der einfachen Bauernküche. Das gilt z. B. für die Giardiniera, eine Vorspeise, die man heute in Restaurants zu Salami oder Thunfisch reicht und deren Zutaten (Karotten, Peperoni, Zwiebel, Sellerie, Bohnen und Blumenkohl) sich wie ein Streifzug durch den italienischen Gemüsegarten lesen. An Geschmortem, Gebratenem und Gesottenem, an Schinken-, Salami- und Käsespezialitäten fehlt es der Piemonteser Küche nicht. Gipfel des süßen Genusses ist die **Zabaione**; diese Weinschaumcreme wird zuerst mit Eigelb und Zucker weißschaumig geschlagen und dann mit Marsala verfeinert.

Sardinien
Sardinien ist eine kleine Welt für sich, in der so ziemlich alles wächst und gedeiht: Fisch und Wild, Gemüse, Obst und Wein. Es gibt rotes Fleisch und weißes Ziegenfleisch sowie Käse – und alles von hervorragender Qualität. Jedes Dorf hat seine eigenen Traditionen und Vorlieben, auch wenn es um die Zutaten geht. Eine absolute Gaumenfreude ist **Porceddu**: Für dieses berühmte Gericht wird das Spanferkel an einem Spieß aus Duftholz gegrillt, was dem Fleisch ein besonderes Aroma verleiht. Ebenso empfehlenswert sind die sardischen Fischgerichte, von Goldbrassen (orate) über Streifenbrassen (mormore) bis zu Flussaalen oder köstlichen Langusten. Auch in Sardinien gibt es zudem eine riesige Auswahl an exzellenten Käsesorten. Am bekanntesten ist der **Percorino sardo**, der sardische Schafmilchkäse, den es in verschiedenen Reifegraden gibt: von weich bis ganz hart. Zu den Spezialitäten der Insel gehört auch Carta da musica (Notenpapier), das hauchdünne Fladenbrot, das Sardiniens Hirten als Proviant auf ihre Wanderungen mitgenommen haben.

Sizilien
Die sizilianische Küche wird reichhaltig, bunt und luxuriös serviert – selbst Nudelgerichte kommen in üppiger Aufmachung daher. Pasta ist ohnehin die Königin der sizilianischen Speisen. Mindestens einmal muss man die berühmten **Pasta 'ncasciata** (Nudelauflauf mit Auberginen) probiert haben, um die Passion der Sizilianer für die leckeren Teigwaren zu begreifen. Empfehlenswert sind auch Pasta con le sarde (Nudeln mit Sardinen) und Cannelloni alla siciliana (gefüllte Nudelröllchen). Genauso populär: das arabische Überbleibsel Cùscusu (Couscous). Die sizilianische Variante dieses Gerichts ist mit Fisch und Meeresfrüchten angereichert und wird vor allem in der Gegend von Trapani und auf den nahe gelegenen Inseln angeboten. Auf Süß-

ERLEBEN & GENIESSEN
ESSEN UND TRINKEN

speisen legen Sizilianer besonderen Wert. Desserts basieren auf Marzipan, Mandeln und kandierten Früchten.

Die Südtiroler Küche ist vor allem für Kaiserschmarren, Krapfen, Apfelküchlein und andere süße Versuchungen bekannt. **Knödel** sind allgegenwärtig: in der süßen Variante als Marillenknödel, in deftiger Form als Tiroler Knödel mit Speck. Knödel werden aber auch als Suppeneinlage oder als Beilage zum Gulasch gereicht. Wie Dörfer und Städte, so haben auch die Speisen in Südtirol einen österreichischen und einen italienischen Namen. Als Canederli haben die italienischsprachigen Tiroler den Knödel in ihren Wortschatz integriert. Im südlichen Teil der Alpenregion wird die Küche stärker von italienisch-venezianischer Kochtradition bestimmt, hier kommen häufiger Polenta (oft aus Buchweizen und nicht aus Mais), Gnocchi und Pasta auf den Tisch. Typisch für die Region sind zudem Carne salada (Pökelfleisch) und Gerichte, die auf Stockfisch (baccalà, ▶ S. 775) basieren.

Südtirol, Trentino

In der Toskana ist die Jagd bis heute weit verbreitet, was Köchinnen und Köche besonders oft zu Hirsch oder Reh, Hase, Fasan oder Wildschwein greifen lässt. Das **Wild** aus dem Wald wird in ihren Küchen zu spezzatino (Geschnetzeltem) verarbeitet oder zu deftigem ragu, einer Soße, die Pasta aller Art begleitet. Auch Rind- und Schweinefleisch haben in dieser regionalen Küche ihren festen Platz. Legendär und puristisch zugleich: die **Bistecca alla fiorentina** – ein meist tellergroßes Steak, das ohne Soße, nur mit Olivenöl bestrichen und mit Salz und Pfeffer gewürzt serviert wird. Für Fagioli, kleine weiße Bohnen, hat man in der Toskana ein besonderes Faible. Die Hülsenfrüchte werden für Vor- und Hauptspeisen verwendet oder auch gern mal als eigenständige Gemüsegerichte gegessen.

Toskana

Die traditionelle umbrische Küche ist einfach und ausgesprochen schmackhaft. Gern gegessen werden dicke Suppen, exquisite Pasta, vor allem **Tagliatelle**, und die Porchetta, mit wildem Fenchel gefülltes, am Spieß gegartes Ferkelfleisch. Gern packt man hier auch das Fleisch zwischen zwei Brötchenhälften und isst es aus der Hand. Auf den vielen Türmen Umbriens haben seit jeher Tauben Zuflucht gesucht. Kein Wunder also, dass auch Taube zu den typisch umbrischen Spezialitäten gehört, am liebsten als Piccione alla leccarda – am Spieß gegart. Traditionell setzt man aber auch sehr auf Hülsenfrüchte und Getreide: Bohnen, Platterbsen und Dinkel.

Umbrien

Früher sagte man der Küche des Veneto nach, dass sie lediglich auf vier Grundnahrungsmitteln basieren würde: Reis, Bohnen, Polenta und Baccalà (Stockfisch). Tatsächlich verfügt die Region über besonders reiche und vielfältige Nahrungsquellen – das Meer und die Lagune, die Ebenen der Voralpenregion, in deren mildem Klima Reis bes-

Venetien

TYPISCHE GERICHTE

Pasta und Pizza sind nach wie vor untrennbar mit einem Italien-Urlaub verbunden. Und das ist in Ordnung. Aber es lohnt sich, auch einmal etwas ausgefallenere traditionelle Spezialitäten zu probieren, die es üblicherweise auch nicht zu Hause beim »Italiener um die Ecke« gibt.

Trippa: Zugegeben, für deutsche Ohren klingt der Name nicht gerade verlockend. Doch davon sollte man sich nicht abschrecken lassen – zumindest, wenn man nicht zu den Verächtern bodenständiger Hausmannskost gehört. »Trippa« ist das italienische Wort für Kutteln; Gerichte mit diesen fein geschnittenen Pansenstreifen kennt und schätzt man in vielen Regionen des Landes. Wer sich in die kulinarische Welt der Innereien vorwagen möchte, dem bieten etliche Trattorien beste Gelegenheit. Als »Trippa alla fiorentina« werden die Kutteln kombiniert mit einem pikanten Tomatensugo, der mit Sellerie, Möhren, Chilischoten, Zwiebeln und reichlich Knoblauch zubereitet wird. Ein Chianti Classico passt hervorragend zu dieser deftigen Leckerei.

Panzanella: Aus trockenem Brot kann man allerhand machen! Vor allem, wenn man aromatische Tomaten, knackige Gurken und frisches Basilikum im Garten hat. Man weicht das Brot ein, drückt es aus, vermischt es mit den klein geschnippelten Zutaten und macht die Masse mit Olivenöl – dem guten »Extra vergine« aus erster Pressung, versteht sich – sowie etwas Balsamessig an: Fertig ist die »Panzanella«. Ursprünglich war dieser Brotsalat ein

Focaccia ist eine äußerst variantenreiche und doch einfache Spezialität.

Arme-Leute-Essen, längst aber hat er als leckeres vegetarisches Sommergericht Karriere gemacht.

Focaccia: Zu den typischen Spezialitäten des Landes gehört auch die Focaccia – ein weiches Fladenbrot, dessen Teig aus feinstem Mehl, Wasser, Salz, Hefe und etwas Olivenöl hergestellt wird. Das weiche, gern zum Frühstück oder als kleiner Imbiss zwischendurch verzehrte Brot gibt es in etlichen Varianten: pur, mit gerösteten Zwiebeln (»Focaccia con cipolle«) oder mit Salbei (»Focaccia alla salvia«). Berühmt ist Focaccia col formaggio, eine heiße Köstlichkeit mit geschmolzenem Stracchino-Käse. Eine beliebte Variante mit Kichererbsenmehl heißt »Farinata« und wird ebenfalls am besten schön heiß gegessen: direkt aus dem Ofen und aus der Hand!

Baccalà (Stockfisch): Hierzulande denken die meisten beim Thema Stockfisch wohl eher an die Verpflegung rauer Männer auf hoher See in längst vergangenen Tagen – nicht aber an eine fantasievoll zubereitete Köstlichkeit. In Italien dagegen hat der Stockfisch sogar in der Festtagsküche Karriere gemacht. Der getrocknete Fisch wurde schon im Mittelalter aus Norwegen importiert, denn frischer Fisch verdarb im mediterranen Klima schnell. Stockfisch hingegen bot auch in Gegenden, die nicht unmittelbar am Meer liegen, Gelegenheit, Fisch zu essen – darauf war man in katholischen Landen, wo die Kirche für Freitage und die Fastenzeit ein striktes Fleischverbot auferlegt hatte, durchaus erpicht. Jede Gegend hat ihre eigenen Stockfischrezepte. Zu den bekanntesten gehört »Baccalà alla Vicentina«. In den Küchen von Vicenza wird der Fisch, nachdem man ihn tagelang eingeweicht hat, mit Zwiebeln, Sardellen, Milch, Parmesan und reichlich Petersilie zu einer echten Delikatesse.

Was der Padrone wohl heute empfiehlt?

ERLEBEN & GENIESSEN
ESSEN UND TRINKEN

tens gedeiht und die genügend Weideland bieten, um die Versorgung mit Fleisch und Käse zu sichern. In Venedig gehört **Fegato alla veneziana**, hauchdünne Kalbsleber mit Zwiebeln geschmort, zu den regionalen Klassikern. Für den Stockfisch haben die Venezianer und ihre Nachbarn etliche Rezepte parat. Auf raffinierte **Risotti** versteht man sich hier auch; oft kommt es mit zartem, taufrischem Radicchio auf den Teller. Ein beliebtes Schmankerl, das man sich zwischendurch bei einem Glas Weißwein in einer Bar oder als Vorspeise schmecken lässt, sind sarde in saor, mit Essig, Öl und Zwiebeln eingelegte Sardinen. Besonders raffiniert ist das Rezept, wenn Pinienkerne oder Rosinen der Säure die Spitze nehmen.

Essen gehen

Morgens
Viele Hotels haben sich auf die Gewohnheiten ausländischer Touristen eingestellt und bieten inzwischen ein kleines oder sogar ein üppig bestücktes Büfett zum Frühstück an. Die meisten Italiener hingegen können so einer ausgiebigen Mahlzeit am Morgen wenig abgewinnen. Für sie besteht die prima colazione aus einem **Caffè** (damit ist immer ein Espresso gemeint) oder einem Gappuccino, allenfalls ein paar Keksen oder einem **Cornetto**, die mit Vanillecreme gefüllten Croissants. Man verzehrt es in »seiner« Frühstücksbar gleich am Tresen. Wer mehr Zeit – meist auch mehr Geld – hat und in einer Stadt lebt, in der noch Traditionen aus Habsburger-Tagen hochgehalten werden, nimmt seinen Morgenkaffee auch schon mal bei ausgiebiger Zeitungslektüre in einem stilvollen Kaffeehaus ein.

Mittags
Über Mittag bleiben die Kulturinstitutionen vielerorts eineinhalb oder zwei Stunden geschlossen. Wer nicht zu Hause essen kann, nimmt die erste warme Mahlzeit des Tages in einer Trattoria oder einem einfachen Pane-e-vino-Lokal ein, wo man für gewöhnlich zumindest zwei Gänge bestellt: ein Antipasto und ein **Primo** (Vorspeise) oder Primo und **Secondo** (Hauptgericht). Als Vorspeise kommt häufig eine Auswahl lokaler Käse- und Wurstspezialitäten auf den Tisch, die man sich mit etwas Brot schmecken lässt. Vegetarische Alternative sind köstlich eingelegte Gemüse – Artischocken, Auberginen, Zucchini, Pilze und getrocknete Tomaten, knackige Gemüsestifte (pinzimonio) mit Dip oder Salat. Als Primo wird in den nördlichen Regionen Risotto und noch viel öfter Pasta serviert: in Brodo, in Brühe, mit Sugo, einer sämigen Soße, oder einem Ragù, einer kräftigen Soße mit Fleisch. Die Basis für fast jedes Hauptgericht bilden Fleisch und Fisch.

Abends
Egal ob man sich am Familientisch oder mit Freunden in einer Osteria trifft, das Abendessen (cena) ist für die Mehrheit der Italiener die wichtigste Mahlzeit am Tag. Vor acht Uhr beginnt es selten; eine

ERLEBEN & GENIESSEN
ESSEN UND TRINKEN

Stunde lang widmet man sich auch an ganz normalen Tagen zu Hause dem kulinarischen Tagesausklang. Isst man auswärts, zieht sich die Sache natürlich entsprechend länger hin. Zwei warme Gänge dürfen es dabei fast immer sein, und für den süßen Abschluss hält Italiens Küche eine entwaffnende Armada verführerischer dolci bereit. Neben dem bekannten Tiramisu (wörtl. übersetzt: »Zieh mich hoch«), für das man den anregenden Kaffee schon gleich in die Süßspeise integriert, locken etliche andere: allen voran Zabaglione, luftige Weinschaumcreme, Mille foglie, knusperzarte, mit fruchtiger Creme gefüllte Blätterteigblätter, und Torta della nonna, Mürbeteigkuchen mit Vanillefüllung.

Dass man nach einem späten Kaffee nicht einschlafen kann, wird man von den wenigsten Italienern hören. Zwei starke, heiße Schlückchen nach dem Essen – das muss schon sein. Ganz und gar seltsam finden sie es dagegen, wenn man sich nach einer üppigen Mahlzeit einen Cappuccino bestellt – den gönnen sich Italiener nämlich nur am Morgen oder zwischendurch. Dann schon lieber eine Tisana nach dem Essen – einen Blüten- oder Kräutertee, von dem man sich eine sanfte Nachtruhe verspricht.

Nach dem Essen

In manchen Lokalen werden noch ein paar Euro für Pane e coperto verlangt, für Brot und Gedeck. Immer häufiger ist dieser Servicezuschlag allerdings in die Preise integriert, sodass am Ende nur noch ein Trinkgeld die Rechnung ergänzt. Geht man mit Italienern essen, ist es vollkommen unüblich, sich seinen Anteil der Rechnung aus dem Gesamtbetrag herausdividieren zu lassen. Entweder zahlt einer für alle oder man einigt sich auf **alla romana**. Bei dieser römischen Art der Zahlung legt jeder den gleichen Anteil der Summe auf den Tisch, egal wie teuer das eigene Essen und Trinken war.

Die Rechnung, bitte!

Aqua Minerale, Caffè, Vino ...

Das Basisgetränk bei Tisch ist das **Mineralwasser**, das man *con gas* oder *senza gas* – mit oder ohne Kohlensäure – bestellt. Als Aperitif wird gern ein Prosecco gereicht, wenn es was ganz Feines sein soll, auch ein Gläschen Franciacorta, ein nach der Champagnermethode hergestellter Schaumwein. Zum Dessert gönnt man sich in südlichen Gefilden schon mal einen **Limoncello** (Zitronenlikör), der eiskalt am besten schmeckt. Nach einem üppigen Essen greifen viele gerne zu einem Gläschen **Grappa**, dem Tresterschnaps. Ein Caffè nach dem Essen muss einfach sein. Die Basis aller italienischen Kaffeespezialitäten ist der traditionell in einem dickwandigen Tässchen servierte Espresso. Einen guten Espresso erkennt man an der satten Farbe und der marmorierten Schaumkrone.

Vorher nud nachher

ERLEBEN & GENIESSEN
ESSEN UND TRINKEN

Früh übt sich, wer ein Weinkenner werden will. Gelegenheit dazu bieten Önotheken (enoteche) wie diese in Florenz unweit des Doms.

Rot oder weiß?

Der **Weinkonsum** ist in den vergangenen Jahrzehnten stetig zurückgegangen. In den 1970er-Jahren lag der durchschnittliche Pro-Kopf-Konsum im Stiefelland noch bei 120 Litern pro Jahr, heute liegt er bei 42 Litern. Gleichwohl gehört ein Glas Wein für die meisten Italiener zu einem guten Essen dazu. Auch wenn Rebkrankheiten wie Mehltau oder Reblaus das Angebot ein wenig ausgedünnt haben, sind landesweit noch immer etwa 1000 Rebsorten registriert. Zu den bekanntesten gehören **Barbera**, **Malvasia**, **Montepulciano** und **Sangiovese**. Die rote Rebe ist – neben dem Saft der Canaiolo-, Trebbiano-, Malvasia-Trauben – auch Bestandteil des viel besungenen **Chianti**.

Gutes muss nicht (immer) teuer sein

Wenn man in einer Trattoria einen **Hauswein** bestellt, kann das ein echter Glücksgriff sein. Mitunter sind die preisgünstigen offenen Weine erstaunlich gut. Genauso oft aber auch nicht. Will man bei einem feinen Essen auf Nummer sicher gehen, greift man besser zur etikettierten Flasche und studiert die Angaben aufmerksam. Das italienische Gesetz klassifiziert Weine in verschiedene Kategorien vom einfachen Tafelwein (VDT) über den Wein mit Herkunfts- und Rebsortenbezeichnung (IGT) bis zum Wein mit kontrollierter Herkunftsbezeichnung (DOC). Höchsten Qualitätsanforderungen müssen Weine mit **DOCG-Siegel**, also mit kontrollierter und garantierter Herkunftsbezeichnung, genügen. Ein Wein, der diese Bandarole trägt, darf nicht in Tanks in andere Regionen transportiert werden, sondern muss im Anbaugebiet in die Flasche gefüllt werden.

ERLEBEN & GENIESSEN
ESSEN UND TRINKEN

Besonders viele DOCG-Weine hat das **Piemont** zu bieten: Barbera d'Asti, Barbera di Monferrato und Barolo sind nur die bekanntesten davon. Auch die **Toskana** zeichnet eine Reihe von Weinen mit dem DOCG-Prädikat aus. Zu den DOCG-Weinen der Region, die auch international hoch geschätzt und gehandelt werden, gehört der **Brunello di Montalcino**, ein herber Roter mit Veilchen- und Vanille-Aromen.

WEINBAUREGIONEN

PIEMONT, AOSTATAL, LIGURIEN

BAROLO, BARBARESCO
Traubensorte Nebbiolo; mächtige und elegante Rotweine, tannin- und alkoholreich

BARBERA D'ASTI, BARBERA D'ALBA
Traubensorte Barbera; intensives Rubinrot, hohe Säure, kaum Tannin, süffig

ASTI UND MOSCATO D'ASTI
Traubensorte Moscato; süß, ausgeprägte Muskatellerfrucht

GATTINARA UND GHEMME
Traubensorte Nebbiolo; kraftvolle, kernige Rotweine

GAVI
Traubensorte Cortese; ein fruchtiger, voller, trockener Weißwein mit einer angenehm kräftigen Säure

DOLCETTO
Traubensorte Dolcetto; purpurfarbener, fruchtiger, aber nicht allzu schwerer Rotwein

VALLE D'AOSTA
26 verschiedene Weinarten; u. a. Donnaz/Donnas, Fumin, Nus Pinot Grigio/Pinot Gris oder Nus Malvoisie, Petite Arvine, Torrette

CINQUE TERRE
Bosco-Trauben; im Idealfall ist er strohgelb-grün, trocken, frisch und zartduftig

LOMBARDEI

FRANCIACORTA
Verschiedene, auch franz. Traubensorten; Weiß- und Rotweine, Schaumweine (Spumante)

OLTREPÒ PAVESE
Verschiedene, auch franz. Traubensorten; beachtliche Blauburgunder/Pinot Nero und Schaumweine

VELTLINER/VALTELLINA
Traubensorte Nebbiolo; fruchtig-kerniger Rotwein

SÜDTIROL, TRENTINO

ST. MAGDALENER
Traubensorte Vernatsch; leichter, heller, süffiger Rotwein

LAGREIN
Traubensorte Lagrein; intensiv rubinfarbener, kerniger, interessanter roter Lagerwein mit typisch bitterem Abgang

SÜDTIROLER
Verschiedene, auch franz. Traubensorten; Rot- und Weißweine, Letztere oft von enormer Güte

HEISS GELIEBT UND KALT GENOSSEN

BAEDEKER WISSEN

An Speiseeis hat man sich schon im alten Rom gelabt. Doch die Erfindung der kalten Köstlichkeit kann das Stiefelland nicht für sich allein reklamieren, im antiken China genoss man wohl schon ähnlich kühle Gaumenfreuden.

Historiker sehen eine Episode aus der Bibel als Beleg dafür an, dass man in Kleinasien schon vor mehreren Tausend Jahren den Vorläufer des heutigen Speiseeises genossen hat: Im Alten Testament wird nämlich berichtet, dass Isaak seinem Vater Abraham mit Schnee gemischte Ziegenmilch reichte. Das »moderne« Speiseeis, mit Milch, Sahne und Eiern angerührt, trat erst im Florenz des 16. Jh.s seinen Triumphzug an. Ein gewisser **Francesco Procopia dei Coltelli**, sizilianischer Koch des französischen Königs Ludwig XIV., perfektionierte das kühle Dessert und machte es nicht nur am Hofe des Sonnenkönigs, sondern mit seinem 1686

Ein Eis aus der Gelateria Cristallo in Bardolino am Gardasee ist eine gute Wahl.

eröffneten **Café Procope** in ganz Paris bekannt. In Italien entwickelte sich im 18. Jh. Sizilien, und dort vor allem Catania, zu einer Hochburg der Eisproduktion. In den 1920er-Jahren wurde »gelato« auch in Norditalien populär, dank eines findigen Unternehmers aus Varese, der als Pionier mit einem Kühlwagen durch die Lande fuhr und die bald heiß geliebte Schleckerei zu den Kunden brachte.

Eisige Erfrischungen

In den 1950er-Jahren machten italienische Auswanderer auch Menschen nördlich der Alpen im großen Stil mit der eisigen Erfrischung bekannt. **Eisdielen** schossen damals wie Pfifferlinge aus dem Boden, wurden für die Nordlichter zum Inbegriff des italienischen Savoir-vivre. In Italien gehört Gelato quasi zu den Grundnahrungsmitteln. Selbst in winzigen Ortschaften lohnen sich Produktion und Handel mit der heiß begehrten kalten Ware.

Einer, der schon vielfach für die Qualität seiner Gelati ausgezeichnet wurde, ist **Antonio Ascenzo** aus dem 2000-Seelen-Dorf San Valentino in der Region Abruzzen. Mit Erdbeereis gewann er 1995 den ersten Preis beim **campionato dei gelatori**, dem nationalen Eismacherpreis. Seither kamen noch etliche Auszeichnungen dazu.

Die **Auswahl hochwertiger Zutaten** ist das A und O für ein gutes Eis, meint Signor Ascenzo. Die Zitronen für sein »gelato al limone« und all die anderen Sorten, die einen Spritzer Saures vertragen, lässt er stets eigens von der Amalfiküste kommen. Doch die meisten Rohstoffe, die er für seine Gelati braucht, wachsen vor seiner Haustür. Haselnüsse zum Beispiel, doch auch Kastanien, Feigen, rote Trauben. Und Erdbeeren natürlich. Die friert der Eismacher pflückfrisch in riesigen Mengen ein, damit sich die Kundschaft das ganze Jahr über an den beliebten rosaroten Kugeln laben kann.

Ein Dutzend Eissorten, täglich frisch zubereitet und nach Saison variierend, bietet Signor Ascenzo seiner Kundschaft an. In mehr als 40 Berufsjahren hat er sich schon an Hunderten von Geschmacksrichtungen versucht. Die Winterstille in den Abruzzen beflügle die Kreativität, meint Antonio: »An Tagen, an denen kaum ein Kunde in den Laden kommt, habe ich ja jede Menge Zeit zum Experimentieren.« Eine solche Winterkreation war etwa sein Kartoffeleis. Das habe allerdings nur den Geschmack ganz weniger Eisfans getroffen, räumt der Erfinder schmunzelnd ein. Mehr Zuspruch hätte da schon sein »Veleno« gefunden – sein »Gift«, für das der passionierte Gelatiere eine Masse aus Milch und Eiern, sehr wenig Zucker und viel bitterem Kaffee in seine Eismaschine gibt.

Fans in aller Welt

Dass der Inhaber des kleinen Eiscafés Fans in aller Welt hat, lässt sich jedoch nur bedingt mit Antonios Passion für gute Zutaten und winterliche Experimente erklären. Zehntausende Menschen haben den Abruzzen in den Nachkriegsjahrzehnten den Rücken gekehrt und irgendwo auf der Welt ein neues Leben begonnen. Wenn die Auswanderer dann mit ihren Kindern und Kindeskindern zu Besuch in der alten Heimat sind, gehören ausgiebige Verkostungen in Antonios Gelateria unbedingt dazu. Vom »besten Eis der Welt« wird dann im fernen Kanada, in den USA, in Australien noch lange geschwärmt ...

ERLEBEN & GENIESSEN
ESSEN UND TRINKEN

TEROLDEGO ROTALIANO
Teroldego; kraftvoller, ausgewogener Rotwein

TRENTO
Traubensorte Chardonnay, Blauburgunder, Weißburgunder; erstklassige Schaumweine mit traditioneller Flaschengärung

VENETO

VALPOLICELLA, BARDOLINO
Traubensorten Corvina, Rondinella, Molinara; mittelschwere, angenehme Rotweine

AMARONE
Traubensorten wie Valpolicella; kräftiger, voller, trockener Rotwein

SOAVE
Traubensorten Garganega und Trebbiano; beliebter leichter Weißwein

RECIOTO
Wie Amarone, aber mit Restsüße (Dessertwein)

PROSECCO DI VALDOBBIADENE E CONEGLIANO
Traubensorte Prosecco; aromatischer, leichter weißer Schaumwein

FRIAUL-JULISCH VENETIEN

COLLIO, COLLI ORIENTALI, ISONZO, GRAVE
Verschiedene, auch franz. Traubensorten; körperreiche Weiß- und oftmals etwas kantige Rotweine

EMILIA-ROMAGNA

LAMBRUSCO DI SORBARA, L. GRASPAROSSA, L. SALAMINO UND L. REGGIANO
Traubensorte Lambrusco; hell- bis dunkelrote, fruchtige Perlweine

SANGIOVESE DI ROMAGNA
Traubensorte Sangiovese; kerniger, meist mit hartem Tannin ausgestatteter Rotwein

TOSKANA

CHIANTI CLASSICO
Traubensorte vorwiegend Sangiovese; eleganter fruchtiger Rotwein mit ausgeprägter Säure

CHIANTI, CHIANTI RUFINA, CHIANTI COLLI FIORENTINI, CHIANIT COLLI SENESI
Traubensorte vorwiegend Sangiovese; uneinheitlich, manchmal kräftig und lagerfähig, manchmal leicht und durchaus unkompliziert

BRUNELLO DI MONTALCINO
Traubensorte Sangiovese; dunkler, starker, lagerfähiger und teurer Rotwein

VINO NOBILE DI MONTEPULCIANO
Traubensorte vorwiegend Sangiovese; dunkler, kräftiger, voller Rotwein

CARMIGNANO
Traubensorte Sangiovese und Cabernet; geschmeidiger, lagerfähiger Rotwein

VERNACCIA DI SAN GIMIGNANO
Traubensorte Vernaccia; feiner, duftiger Weißwein

UMBRIEN, LATIUM

ORVIETO
Traubensorte vorwiegend Trebbiano; hell- bis goldgelber, trockener bis lieblicher Weißwein

TORGIANO
Stilvolle Rot- und Weißweine; bekanntester Erzeuger: Lungarotti

ERLEBEN & GENIESSEN
ESSEN UND TRINKEN

Paolo Parti im Weinkeller der »Abtei der guten Ernte« (Badia a Coltibuono) bei Gaiolo in Chianti

FRASCATI
Traubensorte Malvasia und Trebbiano; meist trockener, spritziger Weißwein; seltener lieblich

EST! EST!! EST!!! DI MONTE-FIASCONE
Trebbiano- und Malvasia-Reben; meist trockener, leicht fruchtiger Weißwein

MARKEN, ABRUZZEN

VERDICCHIO DEI CASTELLI DI JESI UND V. DI MATELICA
Traubensorte Verdicchio; vollmundige, fruchtige, geschmeidige Weißweine mit feiner Säure

ROSSO CONERO
Traubensorte Montepulciano; dunkler, kräftiger, voller Rotwein

MONTEPULCIANO D'ABRUZZO
Traubensorte Montepulciano; dunkler, wuchtiger, meist einfacher Rotwein

KAMPANIEN, APULIEN, KALABRIEN, BASILIKATA

GRECO DI TUFO, FIANO DI AVELLINO
Hervorragende Weißweine

TAURASI
Traubensorte Aglianico; kräftiger, ausgewogener Rotwein

VESUVIO/LACRYMA CHRISTI DEL VESUVIO
Vesuvio steht für einfache Weiß-, Rot- und Roséweine, Lacryma Christi del Vesuvio dagegen für vier Varianten, u.a. Schaumwein

ALEATICO DI PUGLIA
Aleatico-Trauben; weicher, karminroter Wein

LOCOROTONDO
Verdeca- und Bianco d'Alessano-Trauben; dieser Tropfen gehört zu den besten Weißweinen in ganz Apulien

ERLEBEN & GENIESSEN
FEIERN

SALICE SALENTINO, COPERTINO, BRINDISI
Traubensorte Negroamaro; warme, alkoholreiche, weiche Rotweine mit guter Säure

MOSCATO DI TRANI
Moscato-Reale-Trauben; rarer, voller, goldener Dessertwein

CIRÒ (GAGLIOPPO)
Dunkler, starker Rotwein von manchmal beeindruckender Größe

SAVUTO
Gaglioppo, Greco Nero und andere Trauben; Rotweine in unterschiedlichen Stilen

AGLIANICO DEL VULTURE
Traubensorte Aglianico; ein großer, nobel strukturierter, lagerfähiger Rotwein

SARDINIEN

ALGHERO
Lange Liste von Weinen; einschließlich Spumante und Liquoroso

VERMENTINO DI GALLURA
Traubensorte Vermentino; kräftiger, duftreicher Weißwein

CANNONAU DI SARDEGNA
Traubensorte Cannonau: kraftvoller, warmer Rotwein

VERNACCIA DI ORISTANO
Vernaccia-Reben; sardischer Prachtwein, u. a. als Superiore (3 Jahre im Fass) und als Riserva (4 Jahre)

SIZILIEN

MARSALA
Diverse weiße und rote Traubensorten; verschiedene Sorten Dessert- und Aperitifweine

ALCAMO ODER BIANCO ALCAMO
Catarratto-Bianco-Trauben; trockener Weißwein

CERASUOLO DI VITTORIA
Calabrese- und Frappato-Trauben; kirschroter Wein

MALVASIA DELLE LIPARI
Ein ganz besonderer Süßwein

MOSCATO DI PANTELLERIA
Der meistgerühmte Moscato Siziliens aus der abgelegensten DOC-Zone

---

FEIERN

Es gibt Feste mit religiösem Ursprung und solche, deren Anlass ganz und gar weltlich ist. Manche Bräuche und Zeremonien sind noch fest in der Tradition verwurzelt, andere haben erst eine ganz junge Geschichte. Gefeiert wird in Italien das ganze Jahr: Feiern Sie mit!

Religiöse Feste | In einem katholisch geprägten Land wie Italien verwundert es wenig, dass vor allem der christliche Festkalender vorgibt, wann und was gefeiert wird. Der bedeutendste Termin im Kirchenjahr ist die *settimana santa*, die **Osterwoche**. Zum Gedenken an die Passion Christi

ERLEBEN & GENIESSEN
FEIERN

finden beispielsweise in Taranto (Apulien), Chieti (Abruzzen), Sorrent (Kampanien) und Trapani (Sizilien) Prozessionen statt.
Die im ganzen Land abgehaltenen Zeremonien unterscheiden sich regional zum Teil sehr. So findet im Abruzzen-Städtchen **Sulmona** zunächst am Karfreitag ein Trauermarsch für den gekreuzigten Gottessohn statt, den die Teilnehmer schleifenden Schrittes vollführen. Am Ostersonntag wird dann die Marienstatue über Sulmonas Piazza getragen – freudigen Fußes eilt nun die Mutter Gottes ihrem auferstandenen Sohn entgegen. Im Norden begeht man die Osterfeierlichkeiten nicht ganz so inbrünstig wie im Süden. Doch es lohnt sich zum Beispiel durchaus, am Ostersonntag auf der Piazza del Duomo in **Florenz** den Scoppio del Carro zu erleben – ein großes Feuerwerk, dessen Ursprünge sich auf die Tage der Kreuzritter zurückführen lassen. Größte Attraktionen für Gläubige aus aller Welt sind die alljährliche Karfreitagsprozession in **Rom** und der Segen »urbi et orbi«, den der Papst am Ostersonntag auf dem Petersplatz spendet.
In die Reihe der religiös motivierten Festivitäten gehört auch der Karneval. Im toskanischen Städtchen Viareggio wird er, ähnlich wie in Düsseldorf und Köln, mit einem großen Umzug und bunt geschmückten Themenwagen gefeiert. Ganz anders der **Carnevale di Venezia.** Der ist nicht laut und schrill, sondern melancholisch und geheimnisvoll. Wenn die in Tüll und Taft gewandeten Protagonisten mit ihren traditionellen Masken vor den Kulissen der Lagunenstadt posieren, kann sich wohl niemand dem Zauber der Szenerie entziehen.

Der italienische Festkalender hat auch eine Fülle an »weltlichen« Events zu bieten. Dabei spielen zwei Leidenschaften der Italiener – Musik und gutes Essen – oftmals die Hauptrolle. Im Sommer finden in fast allen größeren Städten und an den oberitalienischen Seen Klassik- und Opernfestivals statt. Aber auch Rock-, Pop-, Jazz-, Theater- und Ballett-Veranstaltungsreihen locken Fans von nah und weit. Perugia etwa empfiehlt sich nun schon seit 40 Jahren mit dem hochkarätigen Sommerfestival Umbria Jazz. Und wenn Sie bei Ihrer Reise durch Italien die Ankündigung für eine **Sagra** sehen – folgen Sie ihr! Bei diesen Volksfesten stehen lokale kulinarische Spezialität im Mittelpunkt: Trüffel oder Kastanien, Salami, Spargel, frittierte Frösche und vielerlei mehr. Bei einer Sagra tafelt man an langen Tischen auf der Piazza, genießt die Musik, den Wein, auch den neusten Klatsch und Tratsch, kurz: das pralle italienische Leben.

Musik und Culinaria

Mittelalterfeste stehen bei Einheimischen und Touristen gleichermaßen hoch im Kurs. Die historischen Zentren vieler Städte bieten dafür ein authentisches Ambiente. Hunderte Kostümierte, teilweise hoch zu Ross, zeigen den Zuschauern ein farbenprächtiges, mitreißendes Spektakel. Viele dieser Feste sorgten schon vor Jahrhunderten für Aufsehen – der **Palio in Siena** zum Beispiel, ein weder Ross

Mittelalterfeste

ERLEBEN & GENIESSEN
FEIERN

Zu den Mittelalterfesten gehört der Balestro del Girifalco im toskanischen Massa Marittima.

noch Reiter schonendes Pferderennen auf der Piazza del Campo, oder die **Regata di San Ranieri in Pisa**. Vielfach haben diese Feste ihren Ursprung in der Rivalität der Stadtviertel. Auch **Asti** im Piemont feiert alljährlich Mitte September einen Palio mit Rössern, Reiter, Fahnenträgern und Fanfahren. Die älteste Chronik über den ritterlichen Wettbewerb in Asti stammt aus dem Jahr 1275. Ganz so alt ist die **Giostra degli Asini**, die man im nahen **Alba** feiert, nicht: Den skurrilen Eselwettlauf erfanden die Menschen in Alba, um die Nachbarn in Asti und deren Palio ein wenig auf die Schippe zu nehmen. Das amüsant inszenierte Rennen am ersten Sonntag im Oktober zieht ebenfalls Zuschauer von nah und fern an.

Sportevents

Fußball

Calcio (Fußball) wird praktisch das ganze Jahr über gefeiert. Fast fünf Millionen Italiener kicken landesweit in über 16000 registrierten Mannschaften, und wenn an den Wochenenden die Stars der Serie A in die Stadien treten, dann fiebert, leidet, jubelt die Nation. Bedauerlicherweise sorgen extremistische Fangruppierungen mit teils rassistischen Sprechchören öfter mal für beklemmende Stimmung in den Stadien, was mehrfach zu Ausschreitungen geführt hat. Wer den-

noch einmal dabei sein möchte, wenn »Juve« (Juventus Turin), »Lazio« (Rom), »Inter« (Mailand) und andere um den Meistertitel bzw. um Ranglistenplätze spielen, der kann im Internet Karten erwerben.
www.ticketone.it | www.viagogo.it

Motorsport

Die Zeiten, in denenMichael Schumacher und das Ferrari-Team unschlagbar waren, sind zwar Formel-1-Geschichte. Aber für alle, die sich für pfeilschnelle Boliden, dröhnende Motoren und quietschende Reifen begeistern, ist ein **Grand-Prix–Rennen** ein spannendes Erlebnis. In Monza wird um den Großen Preis von Italien gefahren. Sportwagen vergangener Zeiten gehen bei der **Mille Miglia**, dem legendären Straßenrennen von Brescia nach Rom und zurück, an den Start. Die Teilnehmer und ihre automobilen Schätze werden alljährlich von Zehntausenden Oldtimerfans am Straßenrand bejubelt.
www.monzanet.it | www.1000miglia.eu

Radsport

Jedes Jahr im Mai hält der Radsport die Nation drei Wochen lang in Atem. Der **Giro d'Italia** wird seit 1908 gefahren und ist heute, nach der Tour de France, das zweitwichtigste Etappenrennen der Welt. Seit 1988 gehen auch Frauen beim **Giro d'Italia Femminile** an den Start. Mag der Pedalsport wegen etlicher Dopingskandale zwischenzeitlich auch in Verruf geraten sein, so tut das der Begeisterung der italienischen Fans doch keinen Abbruch.
www.giroditalia.it

VERANSTALTUNGSKALENDER

GESETZLICHE FEIERTAGE

LANDESWEIT
1. Januar: Neujahr (Capodanno)
6. Januar: Hl. Drei Könige (Epifania)
Ostermontag: Pasqua, Lunedì dell'angelo
25. April: Tag der Befreiung 1945 (Festa della liberazione)
1. Mai: Tag der Arbeit (Festa del primo maggio)
15. August: Mariä Himmelfahrt (Assunzione/Ferragosto)
1. November: Allerheiligen (Ognissanti)
8. Dezember: Mariä Empfängnis (Immacolata Concezione)
25. und 26. Dezember: Weihnachten (Natale)
2. Juni: Nationalfeiertag (Festa Nazionale della Repubblica)
1. Sonntag im November: Tag der nationalen Einheit (Festa dell'Unità Nazionale)

PATRONATSFESTE
In vielen Orten Italiens werden die Tage des oder der Schutzheiligen gefeiert. Über Veranstaltungen informieren die örtlichen Touristeninformationen.
25. April: San Marco (Venedig)
24. Juni: San Giovanni (Florenz, Genua und Turin)
29. Juni: San Pietro (Rom)

ERLEBEN & GENIESSEN
FEIERN

4. Oktober: San Petronio (Bologna)
7. Dezember: Sant'Ambrogio (Mailand)

EVENTS IM JANUAR

DOLOMITEN
In vielen Bergorten der Dolomiten finden am 6. Januar Dreikönigsfeuer statt.

AOSTA
Ende Januar findet die große traditionelle Handwerkermesse Fiera di Sant'Orso statt mit Holzschnitzern, Specksteinkünstlern und Co.

IM FEBRUAR

SANREMO
Das Festival della canzone italiana wird nach seinem Austragungsort oft einfach Festival di Sanremo genannt. An dem Schlagerfest Ende Februar/Anfang März hat auch schon Eros Ramazotti teilgenommen.

VIELE STÄDTE
... feiern Karneval, u. a. Viareggio mit Umzügen, Ivrea mit einer Apfelsinenschlacht, Offida (bei Fermo in den Marken) mit dem Zug der brennenden Reisigbündel, Acireale (Sizilien) mit einem Umzug prachtvoller Wagen und natürlich Venedig mit seinem Spiel der Masken. In Verona findet am letzten Freitag vor Aschermittwoch der Bacanal del gnoco oder Venerdì gnocolar statt, ein Umzug.

IM MÄRZ

MAILAND-SANREMO
Ganz klar ein Frühjahrsklassiker: Das Eintagesrennen mit über 290 km Länge gehört zu den Höhepunkten des italienischen Radrennsports.

IN VIELEN STÄDTEN
... gibt es während der Karwoche Passionsspiele und Prozessionen. In Rom spricht der Papst den Segen »urbi et orbi« für die (ewige) Stadt und den Erdkreis.

IM APRIL/MAI

BOZEN
Auf der Festa tradizionale dei fiori blüht und duftet es paradiesisch: Der Bozner Blumenmarkt findet Ende April/Anfang Mai statt.

ROM
Festa della primavera: Im April/Mai wird die Spanische Treppe in ein Meer aus Azaleen getaucht und auch in der Nachbarschaft greift der Frühling um sich! Am 21. April wird auch gefeiert – die Gründung Roms.

SAN MARINO
Ceremonia d'investitura dei Capitani Reggenti: Die feierliche Amtseinführung der sog. Regenten wird seit 1244 zweimal jährlich begangen, am 1. April und am 1. Oktober. Die Tradition stammt noch aus Zeiten der Stadtrepublik.

IM MAI

ASSISI
Zurück ins Mittelalter: Das Calendimaggio ist ein viertägiges farbenprächtiges Volksfest Anfang Mai mit Festumzug, Theateraufführungen, Konzerten und ritterlichen Wettspielen.

BARI
Baris größtes Fest ist die Festa di San Nicola am ersten Maiwochenende zu Ehren des hl. Nikolaus.

BRESCIA-ROM
Für alle Nostalgiker ist das Mille Miglia, das berühmte Oldtimerrennen, Mitte Mai genau das Richtige.

CAMOGLI
Hunger mitgebracht? Die Sagra del

ERLEBEN & GENIESSEN
FEIERN

Der hl. Nikolaus wird an seinem Patronatsfest durch die Straßen von Bari getragen.

pesce ist ein öffentliches Gelage um eine riesige Bratpfanne mit Fisch am zweiten Maisonntag.

GUBBIO
Die Corsa dei ceri am 15. Mai ist ein viel besuchtes Volksfest, benannt nach dem sog. Kerzenlauf zur Kirche des Stadtheiligen Ubaldus.

SASSARI
Am vorletzten Sonntag im Mai wird die Cavalcata Sarda mit Ritterspielen und Umzügen begangen.

GUBBIO/MASSA MARITTIMA
Am letzten Sonntag im Mai findet in der Regel das Armbrustschießen mit historischen Waffen in Gubbio auf der Piazza della Signoria und in Massa Marittima auf der Piazza Garibaldi statt. In Gubbio heißt es Palio della Balestra, in Massa Marittima Balestro del Girifalco.

SYRAKUS
Von Mai bis Juni werden im antiken Theater in Syrakus klassische Dramen und Komödien inszeniert.

IM JUNI

FLORENZ
Die Calcio storico in costume gibt es nur in Florenz. Die Fußballspiele in historischen Kostümen werden auf der Piazza della Signoria ausgetragen.

ISCHIA
In Buonopane auf der Insel Ischia wird am 24. Juni der 'Ndrezzata aufgeführt, ein Schwerttanz.

NOLA
La Festa dei Gigli am letzten Junisonntag ist der traditionelle Umzug alter Handwerksgilden.

ERLEBEN & GENIESSEN
FEIERN

PESARO
Filmfreunde aufgepasst: Unter dem Namen Mostra internazionale del nuovo cinema findet das Festival des unabhängigen Films statt.

SAN DANIELE DEL FRIULI
In Kombination mit Melone, Focaccia oder Brot können Sie den Schinken aus der Region verkosten – auf dem Schinkenfest Sagra di prosciutto.

PISA
Im Rahmen des Gioco del ponte am letzten Sonntag im Juni findet ein historisches Spiel auf der Brücke über den Arno statt.

IM JUNI BIS SEPTEMBER

VENEDIG
Eine der wichtigsten internationalen Ausstellungen für zeitgenössische Kunst ist die Biennale d'Arte di Venezia. Sie findet alle zwei Jahre statt (2021, 2023 …).

IM JULI

MATERA
Zu Ehren der Madonna della Bruna findet am ersten Julisonntag eine Prozession statt. Danach reißen die Teilnehmer den barocken Festwagen aus Pappmaché in Stücke, die Glück bringen sollen.

SARDINIEN
Die Ardia in Sedilo ist ein waghalsiges Wettreiten, das am 6. und 7. Juli findet um die Landkirche S. Antine stattfindet.

VENEDIG
Festa del Redentore: Der Schiffskorso in Erinnerung an das Ende der Pest im Jahr 1576 führt am 3. Sonntag im Juli von San Marco bis zur Erlöserkirche auf der Insel Giudecca.

SALÒ
Fasching im Sommer? Ja, natürlich! Der Carnevale del Sole wird am letzten Julisamstag am Gardasee gefeiert.

IM JULI BIS AUGUST

SEGESTA
Im Sommer werden im Rahmen des Calatafimi Segesta Festivals klassische Dramen im griechischen Theater dargeboten.

SIENA
Am 2. Juli und 16. August ist es Zeit für die Palio delle Contrade – einen weltberühmten Umzug in historischen Kostümen, kombiniert mit Pferdewettrennen um das Stadtbanner, den Palio, auf der Piazza del Campo.

VERONA
Für Musikliebhaber: Informationen über die sommerlichen Opernfestspiele in der römischen Arena erhalten Sie (auch auf Deutsch) unter www.arena.it.

IM AUGUST

AOSTA
Anfang August findet im Aostatal bei einem großen Fest mit traditionellem Handwerkermarkt die Sommermesse Foire d'été statt.

ASCOLI PICENO
Ein Umzug in historischen Kostümen und Lanzenwettspiele zu Pferde erwarten Sie bei der Giostra della Quintana am ersten Sonntag im August . Nicht mitten in der Stadt wie in Siena, sondern in einem Feststadion.

MASSA MARITTIMA
Das traditionelle Armbrustschützenfest Balestro del Girifalco wird am zweiten Sonntag gefeiert.

ERLEBEN & GENIESSEN
FEIERN

VIELE STÄDTE
... feiern am 14./15. August Mariä Himmelfahrt und damit den Höhepunkt der italienischen Feriensaison, den Ferragosto. So findet in Curtatone die Fiera di Grazie statt, ein Wettbewerb der Madonnari, der Straßenmaler; in Piazza Armerina am 12. bis 14. August der Palio dei Normanni, ein Reiterwettkampf.

ENDE AUGUST UND ANFANG SEPTEMBER

VENEDIG
Mostra Internazionale del Cinema: Die Internationalen Filmfestspiele in Venedig spielen in der gleichen Liga wie die Berlinale oder die Filmfestspiele von Cannes.

IM SEPTEMBER

ASTI
Traditionell findet am 3. Sonntag im September der Palio d'Asti statt – das wohl berühmteste Pferderennen Italiens, inkl. Umzug und historischen Kostümen.

FOLIGNO
Mitte September ist es Zeit für die Quintana: Eröffnet werden die Feierlichkeiten am Vorabend des Reiterwettkampfes durch einen stimmungsvollen Fackelzug; Höhepunkt des Fests ist ein Turnier, bei dem die Reiter Ringe aufspießen müssen.

VENEDIG
Die Regatta storica hat am ersten Septembersonntag Tradition! Die farbenprächtige Gondel-Regatta zieht üer über den Canal Grande und zeigt die ganze Pracht der Serenissima.

VITERBO
Die Santa Rosa zu Ehren der Hl. Rosa am 3. September ist eines der aufregendsten Feste in Latium.

IM SEPTEMBER BIS OKTOBER

IN VIELEN ORTEN
... finden Weinfeste statt, die Festa dell'uva – u. a. in Meran mit Weinausstellungen und Trachtenumzügen; in Marino fließt am ersten Sonntag im Oktober der Weißwein der Colli Albani sogar aus dem Brunnen auf der Piazza Matteotti.

IM OKTOBER

ALBA
Mit der Palio degli asini e giostra delle cento torri am ersten Sonntag nimmt man es hier nicht so ernst: Das Fest ist eine Parodie auf den Palio im Nachbarort Asti.

AOSTA
La Bataille des Reines, die Schlacht der Königinnen, wird am vorletzten Sonntag im Oktober ausgetragen. Allerdings treten hier nicht die schönsten Herrscherinnen, sondern die schönsten Kühe gegeneinander an.

IM NOVEMBER BIS DEZEMBER

IN VIELEN STÄDTEN
... finden Krippenspiele statt, und in Bozen schlendert man über den Mercatino di Natale, den Christkindlmarkt.

MAILAND
Der 7. Dezember, der Tag des Schutzheiligen Ambrosius, wird mit Prozessionen, Messen und Märkten gefeiert. An diesem Tag wird auch die Opernsaison an der Scala eröffnet, außerdem beginnt der große Trödelmarkt auf der Piazza Sant'Ambrogio.

ROM
»Urbi et orbi«: Der Papst erteilt am 25. Dezember seinen Segen in vielen Sprachen.

ERLEBEN & GENIESSEN
SHOPPEN

SHOPPEN

Keine Frage: Italienfans kommen vor allem wegen der schönen Landschaften und hochkarätigen Kunstschätze ins Land. Die Liebe zu Italien nähren aber auch Delikatessen, extravagante Mode und edles Design – Dinge, die das Leben schöner machen und von denen man das eine oder andere gern mit nach Hause nimmt.

Einkaufen oder bummeln? Einkaufsbummeln!

Vieles von dem, was Italiens Märkte, kleine Geschäfte und noble Boutiquen bieten, bekommt man in globalisierten Zeiten auch außerhalb des Stiefellandes. Doch vor Ort ist die Auswahl zumeist größer, der Preis mitunter kleiner, und außerdem macht der Einkaufsbummel in authentischer Umgebung einfach viel mehr Spaß! Weit verbreitet ist auch der Punto vendita diretto, der Einkauf direkt bei der Fabrik, bei dem man so manches **Schnäppchen** machen kann.

Märkte

Eine Institution

Der Markt ist hierzulande eine Institution, auf die man auch in den kleinsten Orten nicht verzichten will – und den auch kein noch so gut bestückter Supermarkt ersetzen kann. Wenn die Stände einmal oder mehrmals pro Woche auf dem zentralen Platz ausgebaut und mit einem **bunten Warengemisch** ausgestattet werden, wird der Markt immer auch zum **sozialen Zentrum** des Orts. Jung und Alt trifft sich, tauscht Neuigkeiten aus, bespricht gestenreich Privates oder große Politik, probiert Käse, Schinken, Salami und Antipasti, begutachtet Geflügel, Fisch und Meeresfrüchte, stöbert in Haushaltswaren wie an den Ständen der Textil- und Miederwarenhändler, die vor allem der weiblichen Kundschaft oft erstaunlich Gutes und Günstiges anzubieten haben.

SCHÖNE MÄRKTE

GENUA

MERCATO ORIENTALE
Einer der schönsten Lebensmittelmärkte Italiens wartet in der Via XX Settembre: Mo., Di., Do.–Sa. 8.30–12.30, 16.30–19, Mi. 8.30–12.30 Uhr.

LUINO AM LAGO MAGGIORE (OSTUFER)

WOCHENMARKT
Seit Jahrhunderten immer mittwochs: Wochenmarkt von 8.30 bis 16.30 Uhr (im Sommer bis 17 Uhr).

ERLEBEN & GENIESSEN
SHOPPEN

MAILAND

MARKT IN DER VIA FAUCHÈ
Neben Obst und Gemüse werden in der Via Giovanni Battista Fauchè auch Kleidung, Designerschuhe und Accessoires angeboten. Einer der schönsten Märkte der Stadt: Di. 7.30–14, Sa. bis 18 Uhr.

MERCATO COMUNALE COPERTO
Die Mailänder Markthalle an der Piazza XXIV Maggio ist kein durchgestyltes Gourmetparadies, sondern bietet unverfälschte Einkaufsfreuden. Dazu gehört auch, dass Fleisch und Hühner samt Kopf und Kamm von der Decke baumeln.

ROM

MARKT AUF DEM CAMPO DEI FIORI
Hier begeistert neben dem bunten Marktgeschehen Mo.–Sa. 7–14 Uhr vor allem die malerische Kulisse. Historisch gesehen, bewegt man sich hier auf schauerlichem Pflaster: Auf dem Campo dei Fiori wurde einst der Universalgelehrte Giordano Bruno verbrannt. An die exakte Stelle seiner Hinrichtung erinnert ein Denkmal.

NEAPEL

MERCATO DI ANTIGNANO
Diverse Haushaltsartikel, gebrauchte Kleidung und einen überdachten Lebensmittelmarkt findet man auf diesem Mo.–Sa. ab ca. 7 bis ca. 13.30 Uhr geöffneten mittelgroßen Markt auf dem Vomero (nahe der Piazza degli Artisti).

LA PIGNASECCA
Neapels ältester, tgl. 8–20 Uhr geöffneter Straßenmarkt bietet entlang der Via Pignasecca in den Quatrieri Spagnoli verführerische Meeresfrüche, Gemüse, Obst und jede Menge Delikatessen – vor allem aber neapolitanisches Marktgeschehen in Reinkultur.

PALERMO

VUCCIRIA
In der traditionsreichsten Marktstraße der sizilianischen Hauptstadt werden Obst und Gemüse, Fleisch und Fisch Mo. bis Sa. höchst temperamentvoll angepriesen. Lange Zeit hatte diese Gegend der Altstadt einen schlechten Ruf, doch heute kann man hier auch als Tourist gut das bunte Treiben studieren und ein Teil davon werden. Dennoch empfiehlt es sich – wie immer und überall in einem Gedränge –, auf seine Wertsachen achtzugeben.

TURIN

MARKT AUF DER PIAZZA DELLA REPUBBLICA
Hier erwartet Sie ein geschäftiges Treiben und ein opulentes Warenangebot: an jedem Tag der Woche, ab 8 Uhr.

▍Kulinarische Mitbringsel

Überall in Italien gibt es wunderbare Delikatessen, die sich als Souvenir für die eigene Küche ebenso eignen wie als Mitbringsel für die Lieben daheim. **Konfitüren** aus den sonnenverwöhnten Früchten Südtirols etwa, oder **Motarda**, Italiener kandiertes Obst, das in Zuckerlösung und Senfsirup eingelegt wird. Basis der Motarda können

Süße Früchtchen

ERLEBEN & GENIESSEN
SHOPPEN

Aprikosen, Kirschen, Orangen, Trauben sein oder auch eine Mischung verschiedener Früchte. Gegessen wird die pikant-süße Fruchtsoße zu Käse, beispielsweise zu einem würzigen Gorgonzola; kaufen kann man sie in Feinkostläden oder auf Norditaliens Wochenmärkten.

Reifejahre
Die Emilia-Romagna ist eine besonders prall gefüllte Speisekammer und eine wahre Fundgrube, um kulinarische Schätze zu heben. So findet man rund um Parma, Reggio und Modena die Heimat des **Parmigiano Reggiano**, den man in den Markthallen in unterschiedlichsten Reifegraden bekommt. Wurden dem Käse drei Jahre Reifezeit gegönnt, hat er sich zu einer besonderen Delikatesse entwickelt und ist eigentlich zu schade, um schnöde über die Pasta gerieben zu werden. Mit seinen zuckrigen, auf der Zunge zergehenden Kristallen gibt der goldgelbe Hartkäse auch eine vorzügliche Vor- oder Nachspeise ab. Am besten kauft man auf dem Markt auch gleich ein **Parmesanmesserchen** dazu: Damit lassen sich bei Tisch mundgerechte Stücke aus dem angeschnittenen Laib lösen. Jeder gute Verkäufer wird Sie selbstverständlich ausgiebig probieren lassen. Wenn's schmeckt, kann man sich auch ein größeres Stück einpacken lassen. Vakuumdicht eingeschweißt übersteht der Käse auch ein paar Reisetage; an einem kühlen Ort kann man ihn dann zu Hause ein paar Wochen lang lagern. Direkt beim Hersteller bekommen Sie den Parmigiano Reggiano hier:
Consorzio Produttori Latte | Via Puppiola 15, Parma | www.cplparma.it

Auch der Markt von Bozen hat seine Verlockungen.

ERLEBEN & GENIESSEN
SHOPPEN

In Modena und Umgebung lohnt es sich, nach einem **Aceto balsamico di Modena tradizionale**, möglichst mit dem Zusatz »extravecchio«, Ausschau zu halten. Der kostet im Vergleich zu gewöhnlichem Essig zwar ein kleines Vermögen – aber Zunge und Gaumen werden diese Investition zu schätzen wissen! Aceto Balsamico wird zumeist in Familienbetrieben hergestellt (▶ Baedeker Wissen, S. 796).

Sauer macht lustig

Als Mitbringsel aus Florenz eignen sich **Cantuccini**. An diesem knochentrockenen Mandelgebäck könnte man sich die Zähne ausbeißen, wäre da nicht der *Vin Santo*, ein süßlicher Dessertwein. In ihn tunkt man die Cantuccini ein, worauf sie im Mund auch ihre herrlichen Aromen – Zimt, Kardamom und Anis – voll entfalten.

Dessert zum Verzehr

Olivenöl (▶ Baedeker Wissen, S. 224/225) ist ebenfalls immer ein gutes Souvenir, für alle, die gern kochen, essen – oder beides. Abhängig von Boden und Klima haben die Früchte und damit auch die Öle der unterschiedlichen Herkunftsregionen ihre eigene Geschmacksnote. Bekannte Olivenanbaugebiete sind Ligurien und die Toskana. Hervorragende, kräftige Öle kommen aber auch aus den Abruzzen, Kampanien und Sizilien. Den eigenen Favoriten kann man nur durch ausgiebiges Verkosten herausfinden; Gelegenheit dazu bietet jedes frantoio (Ölmühle) mit Direktverkauf (vendità diretta). Meist findet man in den Ladenlokalen auch pate d'oliva, Olivenpaste in Schwarz oder Grün, die auf geröstetem Weißbrot und zur Pasta schmeckt.

Geschmack nach Noten – Geschmacksnoten

Mode

Mode- und Designläden findet man nicht nur in den Metropolen, sondern auch in den kleineren Städten. In **Brescia** etwal lässt es sich jederzeit wunderbar und regengeschützt unter Arkaden einkaufen. In **Italiens Modehauptstadt Mailand** bilden Via Montenapoleone, Via della Spiga und Via Sant'Andrea das »goldene Dreieck«, in dem berühmte Modemacher ihre Kreationen offerieren. **Venedigs Haupteinkaufszone** mit exquisiten Modeboutiquen sind die Mercerie zwischen Piazza San Marco, Accademia und Rialtobrücke sowie die Calle Larga XXII. Marzo. In **Florenz** haben sich die Edelboutiquen vor allem in der Via Tornabuoni sowie in ihren Seitenstraßen Via degli Strozzi und Vigna Nuova angesiedelt. In **Turin** bietet die Via Roma alles, was besonders chic – und besonders teuer – ist. In der Via Garibaldi findet man junge Mode fürs kleinere Budget. **Genua** gehört zwar nicht zu den bekannten Mode-Hot-Spots, dennoch kann man auch hier sehr gut einkaufen. Ein Besuch der eleganten und teuren Via Roma lohnt sich auch dann, wenn es mangels nötigem Kleingeld beim Schaufensterbummel bleiben muss. Große Namen und nicht so teure Labels sind in der Via XX Settembre versammelt. In **Rom** haben Fa-

Mode und Design

ALLES ESSIG?

Aceto balsamico, den Balsamessig mit italienischem Namen, findet man in jedem deutschen Supermarkt – spottbillig obendrein. Mit dem Produkt aus der Emilia Romagna hat dieser Essig allerdings meist nicht viel mehr als einen Teil des Namens gemein. Der Begriff »balsamico« ist nämlich nicht geschützt.

Berühmt geworden ist der Balsamessig durch das Naturprodukt der Essigwinzer aus der Gegend um **Modena**. Der »Aceto balsamico di Modena« ist ein Produkt mit DOP-Siegel, mit dem die Hersteller nur solche Produkte schmücken dürfen, die aus der Region stammen und nach streng definierten Regeln hergestellt worden sind. Für den DOP-Essig gilt die Vorgabe, dass er nur **aus eingedicktem Traubenmost** gewonnen werden darf. Die Trauben (meist werden Trebbiano-, Sauvignon- oder Lambrusco-Trauben verwendet) müssen ebenfalls rund um Modena wachsen. Zudem muss ein »Aceto balsamico di Modena« mindestens **60 Tage lang reifen** und sein Säuregehalt muss bei mindestens sechs Prozent liegen. Zur Stabilisierung der Farbe darf die saure Flüssigkeit ausschließlich mit Karamell versetzt werden.

In einer eigenen Liga

Mit einer ganz anderen Geschmacksliga hat man es zu tun, wenn man zu einem Produkt greift, das den Zusatz **»tradizionale«** auf dem Etikett führen darf. So ein Essig muss **mindestens zwölf Jahre Lagerung** im Fass hinter sich haben und darf den Namen nur führen, wenn er die strengen Geschmacks- und Qualitätsprüfungen durch die Tester des Modeneser Essig-Konsortiums bestanden hat. Während des Reifeprozesses füllen die Essigmacher die Flüssigkeit mehrfach um. Verschiedene Fässer verleihen dem Edel-Essig feine Aromen: Eiche sorgt für einen Hauch von Vanille, Kirschholz gibt ihm eine süße Note. Noch intensiver schmeckt ein **»Aceto tradizionale extravecchio«**. Er muss **mindestens 25 Jahre Reifezeit** hinter sich haben. Ein solcher Essig wird mit einem Goldsiegel auf der Flasche gekennzeichnet und ist ein echter Luxusartikel, der zu stolzen Preisen gehandelt wird. Ein 100-ml-Fläschchen kostet 80 Euro und mehr. Produkte der Extraklasse bekommt man in Feinkostläden oder direkt beim Hersteller.

Mit einem guten Balsamico geht man sparsam um.

ERLEBEN & GENIESSEN
SHOPPEN

shion-Fans die Qual der Wahl: Die elegantesten Einkaufsstraßen sind Via Borgognona, Via Frattina und Via Condotti, die vornehmste von allen. Hier eröffnete Bulgari schon 1905 das erste Atelier. In **Neapel** wird man bei der Suche nach Designermode mit hoher Wahrscheinlichkeit auf dem Toledo und im Chiaia-Viertel, in der Via Calabritto und in der Via Filangieri fündig. Auf Sizilien wartet **Palermo** in der Via della Libertà mit einer der mondänsten Einkaufsmeilen Italiens auf. Fast alle Topdesigner des Landes haben hier durchgestylte Showrooms, wo sie der gut betuchten Klientel die neusten Kreationen präsentieren.

Fabrikverkäufe, Lager- und Direktverkäufe, begrenzt auf wenige Tage oder Wochen im Jahr, sind längst nicht mehr die einzige Möglichkeit, teure Textilien, Schuhe und Accessoires viel billiger zu erwerben, als sie der Fachhandel gerade noch angeboten hat. Vielerorts in Norditalien sind in den letzten Jahren **Factory-Outletcenter** aus dem Boden geschossen; häufig wurden gleich ganze **Outletvillages** auf die »grüne Wiese« gesetzt, in denen die Produzenten von Markenkleidung und Wohnzubehör Überschüssiges verramschen. Um 50 bis 70% reduzierte Preise werden bei Fabrikverkäufen und in den Outlets versprochen. Hier kann man tolle Schnäppchen ergattern – trotzdem sollte man die Ware kritisch unter die Lupe nehmen, Shirt oder Schuhe in Ruhe anprobieren, bevor man damit zur Kasse geht: Manches, was im Outlet angeboten wird, ist nicht umsonst im Ramschregal gelandet. Es kann durchaus sein, dass sich Materialfehler oder sonstige Schnitzer eingeschlichen haben.

Outletstores

OUTLETS UND FABRIKVERKAUF

ARMANI
Die Stücke hier liegen 50–80 % unter dem Fachhandelpreis.
Via Provinciale per Brignano 13, Vertemate (CO)
Mo.–So. 10–19 Uhr

DOLCE & GABBANA
Nur die jeweilige Vorjahreskollektion
Via Gioacchino Rossini 72, 25
Legnano (MI)
Mo.–Sa. 10–13.30 und 14.30–19 Uhr

PRADA
»Space«-Outlet
Località Levanella 68A,
Montevarchi (AR)
tgl. 10.30–19 Uhr

THE PLACE LUXURY OUTLET
Via Cesare Battisti 99 –
Strada Trossi
Sandigliano (BI)
www.theplaceoutlet.com
Mo.–Sa. 10–19 Uhr

FRANCIACORTA OUTLET-VILLAGE
»Village« ist hier ernst gemeint: Gleich 160 Geschäfte versammeln sich für erschwingliche Kleidung, Schuhe, Accessoires sowie Utensilien für Küche, Bad u.a.
Piazza Cascina Moie 1
Rodegno-Saiano (BS)
www.franciacortaoutlet.it
tgl. 10–20 Uhr

MADE IN ITALY

Anders als ihre französischen Konkurrenten kreierten die italienischen Nobelmarken schon früh nicht nur Maßanfertigungen für eine im Wortsinn gut betuchte Kundschaft, sondern auch legere Sport- und Freizeitkleidung für jedermann und jedefrau: ein entscheidender Vorteil, gerade auch mit Blick auf den großen US-amerikanischen Markt.

Man schreibt den 12. Februar 1951, als **Giovanni Battista Giorgini**, der Spross einer toskanischen Adelsfamilie, sein privates Domizil für die internationale Modeszene öffnet. Das Datum ist mit Bedacht gewählt. Die Modenschau in Florenz schließt sich unmittelbar an die Defilees der Pariser Edel-Schneider an, zu denen auch Modejournalisten und Einkäufer aus den USA angereist sind. Die könnten sich, da sie schon einmal auf dem Kontinent sind, auch zur Präsentation italienischer Kreationen locken lassen, hofft Giorgini. Der Florentiner kennt den US-Markt gut, hatte er doch zwischen den Weltkriegen auf der anderen Seite des Atlantiks Vertriebsmöglichkeiten für feine weiße Tischwäsche und andere toskanische Handwerkserzeugnisse ausgelotet. Nun rechnet er sich für die Modeateliers aus Mailand, Rom und Florenz gute Chancen aus, Produkte in großem Stil an die amerikanische Kundschaft zu bringen. Denn die italienischen Modemacher wenden sich anders als die französischen Kollegen mit ihren elitären Textilkreationen nicht nur an Amerikas High Society. Tatsächlich markiert die Schau von 1951 den Durchbruch der italienischen Designermode auf internationalem Parkett. In den 1960er-Jahren etablieren sich italienische Modemacher auf den internationalen Laufstegen – allen voran die römischen Schwestern **Fendi**. Neben ihnen rücken bald auch neue kreative Talente ins Rampenlicht. **Mariuccia Mandelli** zum Beispiel mit dem Label **Krizia**, die 1970 als erste Designerin die legendären »Hot Pants« auf den Laufsteg der Mailänder Modenschauen bringt. Neben Maßanfertigungen aus exklusiven Ateliers kommt in dieser Zeit auch immer mehr Konfektionsmode auf den Markt: »Fashion goes democracy«, sozusagen …

Schöner Gigolo

Anfang der 1980er-Jahre gelingt einem der ganz Großen der italienischen Modeszene der internationale Durchbruch: **Giorgio Armani**. Der Modemacher aus Piacenza stattet den smarten **Richard Gere** für den Hollywoodstreifen »American Gigolo« als eben solchen aus, der lässig-elegante Stil sorgt schnell für Furore. Armani hat ein Faible für dezente Farben. Grau sowie Beige gehören zu seinen Favoriten und »Greige« – eine Mischung aus beidem – gilt als Armani-Erfindung. Noch häufiger taucht das sehr dunkle »Armani-Blau« in seinen Kollektionen auf. Kritiker bemängeln eine gewisse Eintönigkeit der Entwürfe, doch die schlichte, kühle Armani-Eleganz trifft auch den Nerv vieler Frauen. Textilkreationen des Norditalieners werden zur »Arbeitskleidung« der neuen selbstbewussten Karrierefrauen. Und bis heute steht der 1934 geborene Armani, den die Outfits von Leinwanddiven wie **Marlene Dietrich** und **Marilyn Monroe** inspirierten, für die Einsicht, dass guter Stil zeitlos ist.

Hinter den Kulissen ...

»Made in Italy« sind mit Sicherheit immer noch die Entwürfe der italienischen Modemacher. Einen Teil der Produktion haben aber selbst die namhaftesten unter ihnen längst in **Niedriglohnländer** verlagert. Gleich alles in Asien produzieren zu lassen, wagt aber niemand – aus Imagegründen. Stattdessen lassen die Fabrikanten ausländische Arbeitskräfte, zum großen Teil Chinesen, unter Bedingungen, die an die Arbeitsbedingungen der Textilarbeiter im England des 19. Jh.s erinnern, im Inland schuften, vorzugsweise in den Vororten Neapels. Die Mafia kontrolliert diese Betriebe, und mischt somit auch im einträglichen Modebusiness kräftig mit, schreibt der Journalist und Mafiaexperte **Roberto Saviano** in seinem Buch »Camorra«. Die großen Modehäuser vergeben ihre Aufträge an die Inlandsproduzenten auf speziellen Auktionen. Wer Qualitätsarbeit zu günstigsten Tarifen in kürzester Zeit anbietet, bekommt den Zuschlag und erhält den Stoff. Mitbieter können sich das gleiche Material liefern lassen und parallel in den Wettbewerb treten. Ihre Stunde schlägt, wenn der zunächst beauftragte Produzent in Lieferschwierigkeiten gerät. Dann kann der Nachrücker übernehmen. Bezahlt wird am Ende immer nur ein Hersteller. Der andere darf immerhin den Stoff behalten. Bei den üppigen Margen, die die Haute Couture für ihre Modelle berechnet, fallen die Materialkosten nicht sehr ins Gewicht. Wenn ein Bieter mehrmals nicht liefert und die Auktion lediglich nutzt, um kostenloses Material abzugreifen, wird er zu den Auftragsvergabeveranstaltungen nicht mehr zugelassen, so schildert Saviano das übliche Prozedere.

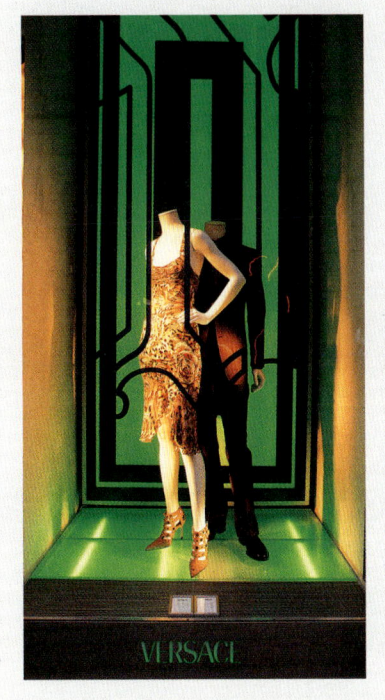

... der Hochglanzwelt

Am Image der Nobelmarken scheinen solche Produktionsbedingungen kaum zu kratzen; die Modemacher selbst sehen sich ohnehin in einer eigenen Liga. Die besten von ihnen haben sich längst einen Platz im Museum ergattert – oder gleich ein eigenes Museum eröffnet: So widmet sich etwa in Florenz das **Museo Salvatore Ferragamo** nicht nur dem Werdegang des Modezaren, sondern präsentiert auch Wechselausstellungen zum Thema Mode in all seinen Facetten. Untergebracht ist das Museum im mittelalterlichen Palazzo Spini Ferrioni an der Piazza Santa Trinita.

www.ferragamo.com/museo
tgl. 10.30–19.30 Uhr | Eintritt 8 €

ERLEBEN & GENIESSEN
SHOPPEN

Originelles für Zuhause

Antiquitäten und Trödel

Italiener und ihre Gäste teilen die Leidenschaft für Trödel- und Antikmärkte – am Samstag oder Sonntag zum Mercatino di Antiquariato zu gehen, ist ein beliebtes Freizeitvergnügen. Im mittelalterlichen **Campagnano di Roma** etwa, wenige Kilometer von der Kapitale entfernt, findet am letzten Sonntag des Monats ein hochkarätiger Antiquitäten- und Kunsthandwerkmarkt statt, der zu den bekanntesten in ganz Mittelitalien gehört. Im **Piemont** hat sich der Antiquitätenmarkt von Novara (erster Samstag im Monat) einen Namen gemacht. **Bergamo** in der Lombardei zieht an jedem dritten Sonntag des Monats Trödelfans an. Im Toskana-Städtchen **Lucca** findet an jedem dritten Wochenende des Monats ein großer Antiquitätenmarkt statt. Auch **Arezzo** hat sich unter Antik- und Trödelfans einen Namen gemacht. Hier wird schon seit über 40 Jahren Altes an neue Besitzer gebracht. Die Kultur des Weiternutzens findet unter jungen Konsumskeptikern immer mehr Anhänger. Wenn am dritten Wochenende des Monats im historischen Zentrum von **Ascoli Piceno** in den Marken die *Bancarelle* (Stände) aufgebaut werden, beteiligen sich daran Händler aus dem ganzen Land (Sa .16–20, So. 10–20 Uhr). Die Altstadt von **Salerno** im italienischen Süden wird an jedem zweiten Wochenende im Monat zum Ausflugsziel für Trödelfans.

Kunsthandwerk

Jede Region hat ihre typischen kunsthandwerklichen Erzeugnisse: In **Südtirol** sind es die Grödner Holzschnitzarbeiten, Trachtenmoden, -schmuck, und -puppen. **Piemont** wartet traditionell mit Gold- und Silberarbeiten auf. In **Ligurien** findet man schöne Haushaltsgegenstände aus Olivenholz. Cremona in der **Lombardei** ist für seine Geigen bekannt, **Venetien** für kunstvolle Glas- und Kristallwaren sowie delikate Spitzen. In Spilimbergo in **Friaul-Julisch Venetien** lohnt es sich, nach Mosaiken Ausschau zu halten. Ein typisches Mitbringsel aus der **Toskana** ist das Keramikgeschirr mit Sprenkeldesign, das zur Standardausstattung jedes toskanischen Haushalts gehört. **Umbrien** ist für schöne Glasmalereien, Majoliken und Spitzen bekannt.

Im **Süden** werden sehr gute Eisen- und Kupferschmiedearbeiten hergestellt. An der Amalfiküste, in Apulien und Kalabrien ist das Angebot an Keramik und Majoliken recht groß. In Molise, Kalabrien und Apulien entstehen bis heute kunstvolle Klöppelspitzenarbeiten. Sorrent ist berühmt für seine Intarsien. Wer Korallenschmuck mag, sollte sich in den Schmuckläden auf Sardinien und in Kalabrien umsehen. Eine Besonderheit Neapels sind Krippenfiguren – in der Altstadtstraße Via San Gregorio Armeno widmet sich so ziemlich jedes Geschäft der Herstellung von Weihnachtskrippen. Liebhaber kunstvoll gefertigter Marionetten werden hingegen auf Sizilien fündig.

ERLEBEN & GENIESSEN
ÜBERNACHTEN

ÜBERNACHTEN

Von der schlichten Pension bis zum Luxushotel, vom idyllischen Ferienhaus auf dem Lande bis zum Appartement in einer quirligen Metropole, vom Urlaub auf dem Bauernhof über das Quartier im Kloster bis zum stilvollen Gemach im altehrwürdigen Palazzo: Das Spektrum der Unterkünfte ist in Italien ebenso breit wie abwechslungsreich.

Wen es im Frühling in die Toskana, zu Ostern nach Rom, im Sommer an die Küsten, zur Trüffelzeit ins Piemont, zur Skisaison nach Südtirol oder zu anderen beliebten Destinationen in Hauptreisezeiten drängt, der sollte seine Unterkunft frühzeitig buchen – für den Besuch von **Top-Events** wie den venezianischen Karneval sogar **ein Jahr im Voraus**. Wer sich allerdings abseits der großen Touristenströme bewegen kann, der findet in aller Regel auch ohne Vorausbuchung das passende Quartier. In den Badeorten an Seen und Küsten schließen viele Hotels während der Wintermonate. Wer andernorts **in der Nebensaison** eincheckt, logiert oftmals zu Preisen, die 40 Prozent und mehr unter denen der Hochsaison liegen. Wenn die Touristenflut in den Spätherbst- und Wintermonaten abebbt, senken sogar Venedigs Nobelherbergen ihre schwindelerregenden Tarife mitunter auf ein verträgliches Niveau.

Rechtzeitig buchen – oder Hauptreisezeiten meiden

Was man von einem Hotel erwarten darf, regelt das auch hierzulande übliche Sternesystem, von einem Stern für den einfachsten Hotelstandard bis zur Fünf-Sterne-Luxuskategorie. Neben Zimmergröße und Ausstattung sind auch die Serviceleistungen ausschlaggebend. Die definierten **Mindeststandards** geben allerdings nicht mehr als eine grobe Orientierung, was man erwarten darf. Über den Wohlfühlwert eines Hauses sagen sie nicht viel aus. Hotels und »alberghi« mit wenigen Sternen oder ohne jegliche Klassifizierung warten oftmals mit einem besonders **charmanten Ambiente** auf. Service und Zimmerausstattung dieser Häuser können es mitunter durchaus mit den Leistungen der Vier-Sterne-Hotelerie aufnehmen. Mitunter sind es nur kleine Details, die einer höheren Klassifizierung im Wege stehen können. Familiengeführten Unternehmen fehlt es häufig schlicht am Personal mit Fremdsprachenkenntnissen: Das Drei-Sterne-Label z. B. gibt es nur, wenn Gäste in mindestens einer Fremdsprache angesprochen werden können, und wer seine Herberge mit vier Sternen dekorieren will, muss die Rezeption mit Mitarbeitern besetzen, die – neben Italienisch – mindestens zwei weitere Sprachen beherrschen.

Hotelkategorien: Was sagen die Sterne?

Ein besonderes Hotelkonzept, das sich immer größerer Beliebtheit erfreut, sind »alberghi diffusi« – **Hotels**, die sich über meh-

Alberghi diffusi

ERLEBEN & GENIESSEN
ÜBERNACHTEN

rere historische Gebäude verteilen. Die Idee dahinter: In den strukturschwachen Gegenden des Landes erleben manche Dörfer und Städte seit Jahrzehnten einen massiven Bevölkerungsschwund. Häuser und ganz Straßenzeilen stehen leer, sind dem Verfall preisgegeben. Um das zu verhindern, haben sich Konsortien gegründet, die in besonders schönen Orten verwaiste Gebäude kaufen, sanieren und zu Hotels umfunktionieren – die »verstreuten Hotels« überzeugen oft durch einen ganz besonderen Charme.

Bed & Breakfast, Ferienhäuser

Als preisgünstige Alternative zum Hotel bieten sich B&Bs an – Zimmer oder Appartements von Privatanbietern, bei denen, im Gegensatz zur klassischen Ferienwohnung, täglicher Zimmerservice und ein Frühstück im Preis inbegriffen sind. **Ferienwohnungen** und -häuser für Selbstversorger sind eine gute Wahl, wenn man mit größerer Familie oder mit Freunden unkompliziert Urlaub unter einem Dach machen möchte. In aller Regel werden diese Quartiere vor allem in der Hauptsaison nur wochenweise vermietet.

Etwas tiefer in die Tasche greifen muss, wer in der Villa Feltrinelli am Gardasee nächtigen möchte.

ERLEBEN & GENIESSEN
ÜBERNACHTEN

Eine besondere Form der B&B-Unterkünfte stellen die **Gästehäuser der Klöster** dar. Benediktiner und Franziskaner haben ihre Klöster in ganz Italien an erhabenen, schönen Orten errichtet – Kontemplation, Muße und (auch innere) Einkehr sind hier meist garantiert.

Ein Bett im Kloster

Wer gern einmal die Atmosphäre eines **jahrhundertealten Adelssitzes** auf sich wirken lassen möchte, der kann ein Gemach in einem Palazzo oder einer Villa beziehen. Einige der Anwesen wurden in **luxuriöse Hotels** umgewandelt, andere Gebäude werden noch von ihren angestammten oder von neuen Eigentümern bewohnt. Weil der Erhalt große Summen verschlingt. holt man sich zahlende Gäste ins Haus. Historische Unterkünfte sind häufig auch als B&Bs gelistet.

Schlösser, Burgen und Palazzi

Die schönsten Seiten des ländlichen Italiens lernt man beim **Agriturismo** kennen. Mit diesem Label dürfen Gastgeber auf dem Lande ihre Unterkünfte anbieten, wenn sie zumindest nebenbei auch etwas Landwirtschaft betreiben, Produkte aus eigenem Anbau servieren und bei der Verköstigung auch sonst größtenteils auf Regionalprodukte setzen. Mancherorts haben Gäste Gelegenheit, im Gemüsegarten Hand anzulegen, oder dürfen mithelfen, die Haustiere zu umsor-

Urlaub auf dem Bauernhof

ERLEBEN & GENIESSEN
ÜBERNACHTEN

NÜTZLICHE ADRESSEN

HOTEL- UND GÄSTEZIMMER
Die Websites der regionalen Tourismusbehörden (▶ Auskunft) halten etliche Unterkunftsadressen bereit – vom Bauernhof bis zum Luxushotel.

BED & BREAKFAST

BED & BREAKFAST ITALIA
www.bbitalia.it

WWW.BED-AND-BREAKFAST.IT
Website und Online-Buchungsportal für B&B-Unterkünfte, Ferienwohnungen, Ferienhäuser, Pensionen, Unterkünfte in Klöstern u.v.m.

HISTORISCHE UNTERKÜNFTE

RESIDENZE D'EPOCA
Burgen und Schlösser, die in charmante Gästequartiere umgewandelt wurden, haben sich zum Verband »Residenze d'epoca« zusammengeschlossen. Er wirbt mit Qualitätstourismus und den hohen Standards, die sämtliche der hier gelisteten Unterkünfte erfüllen müssen. Für ein einmaliges Erlebnis.
www.residenzedepoca.it

FERIENHÄUSER UND FERIENWOHNUNGEN

AGRITURISMO
Urlaub auf dem Bauernhof – darauf hat sich dieses Portal seit 2001 spezialisert und informiert auch auf Deutsch über die verschiedenen Unterkünfte.
www.agriturismo.it/de

CONFEDERAZIONE ITALIANA AGRICOLTORI
Ein italienisches Pendant zur obigen Seite:
www.turismoverde.it

CAMPING
www.federcampeggio.it
www.camping.it/de/
www.pincamp.de/italien

JUGENDHERBERGEN

DEUTSCHES JUGEND-HERBERGSWERK (DJH)
www.jugendherberge.de

OSTELLI DELLA GIOVENTU
www.ostellidellagioventu.com

---

gen. Weil gerade die ländliche Küche Italiens unschlagbar gut ist, bietet in vielen Betrieben zudem »la mamma« Crash-Kochkurse an. Wenn die Wirtsleute auch Winzer sind, besteht Gelegenheit zur Weinverkostung – kleine Weinkunde inklusive. Einige der Agriturismo-Betriebe öffnen ihr hauseigenes Restaurant auch für auswärtige Kundschaft, andere bewirten ausschließlich Logis-Gäste, und bei einigen essen alle gemeinsam in großer Runde am Familientisch. Von einfach bis komfortabel reicht die Bandbreite der ländlichen Unterkünfte.

Camping Campern bietet Italien ebenfalls ein breit gefächertes Angebot – vor allem im Norden. Die Campingplätze sind je nach Komfort in unter-

ERLEBEN & GENIESSEN
ÜBERNACHTEN

schiedliche Kategorien (1 bis 4 Sterne) klassifiziert, zunehmend bieten auch Agriturismo-Unterkünfte eine **Area Camper** mit Stellplätzen für Wohnmobile an. Vor allem Campingplätze in den Bade- und Tourismushochburgen bieten auch Mini-Bungalows zur Miete an. Insbesondere für die Hochsaison (Mitte Juli bis Mitte September) empfiehlt sich eine frühzeitige Anmeldung.
Generell darf man mit Wohnwagen oder Wohnmobil eine Nacht auf einem Park- oder Rastplatz verbringen bzw. am Straßenrand stehen, sofern das nicht durch regionale Hinweise untersagt wird. Wildes Zelten in freier Natur ist nicht erlaubt.

Für die Übernachtungen gibt es **keine Altershöchstgrenze**. Alles, was man dazu braucht, ist ein **internationaler Jugendherbergsausweis**, der unter anderem beim Deutschen Jugendherbergswerk beantragt werden kann. Reservieren sollte man auch bei dieser preisgünstigen Variante unbedingt an touristischen Hotspots wie Rom und Venedig sowie überall während der Hochsaison.

Jugendherbergen

P
PRAKTISCHE INFOS

Wichtig, hilfreich präzise

Unsere Praktischen Infos helfen in allen Situationen in Italien weiter.

In Italiens Innenstädten lässt man das Auto stehen und nimmt öffentliche Verkehrsmittel. Auch in Rom ▶

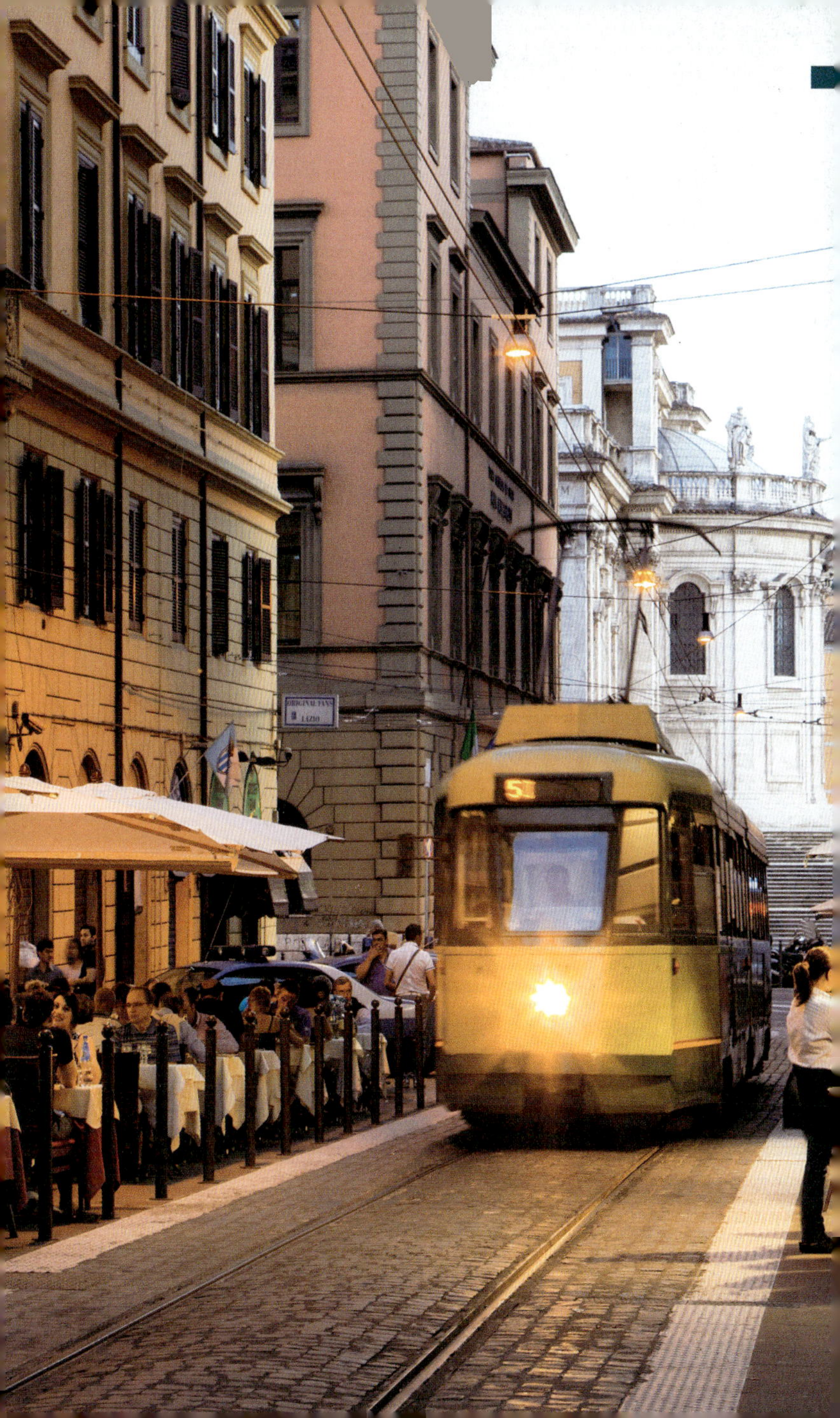

PRAKTISCHE INFORMATIONEN

KURZ UND BÜNDIG

ELEKTRIZITÄT
Das Stromnetz führt 220 Volt, wegen der verschiedenen Steckdosenbauarten ist meist ein **Adapter** (ital. »adattatore«) nötig.

GELD

BANKEN & GELDAUTOMATEN
An Geldautomaten (ital. »**bancomat**«) kann man mit Kredit-, Bank- und Postbank-Karten Geld abheben. Die gängigen Kreditkarten werden nahezu überall akzeptiert. Öffnungszeiten Banken: meist Mo.–Fr. 8.30–13 Uhr, ca. 14.30–16.30 Uhr. An Tagen vor Feiertagen (»prefestivi«) schließen die Banken vormittags.

SPERRNOTRUF
Unter folgender Nummer kann man u. a. Kredit- oder Bankkarten sowie Handys sperren lassen:
Tel. 116 116 (aus dem Ausland mit Vorwahl +49)

QUITTUNGEN
In Italien müssen Käufer Kassenbelege (»ricevuta fiscale«/»scontrino«) verlangen und aufheben. Man kann nach Verlassen eines Geschäfts aufgefordert werden, die Quittung vorzulegen – das soll Steuerbetrug erschweren. Der Kauf imitierter Markenware ist untersagt und wird mit Geldstrafen belegt, auch deshalb ist eine reguläre Quittung wichtig.

NOTRUFE

ALLGEMEINER NOTRUF
Tel. 112

POLIZEI
(Carabinieri, Soccorso pubblico)
Tel. 113

FEUERWEHR
(Vigili fuoco)
Tel. 115

ÄRZTLICHER NOTRUF
Tel. 118

PANNENHILFE ACI
(Automobile Club d'Italia, Italienischer Automobilclub)
Tel. 80 31 16

ADAC-NOTRUF
Pannenhilfe Ausland
Telefon: +49 89 22 22 22

ACE-NOTRUFZENTRALE STUTTGART
Kranken- und Fahrzeugrückholdienst:
Tel. +49 711 530 34 35 36

DRF LUFTRETTUNG FILDERSTADT
Tel. +49 711 7 00 70

ÖAMTC-NOTHILFE FÜR MEDIZINISCHE NOTFÄLLE
Tel. +43 1 2 51 20 20

SCHWEIZERISCHE RETTUNGS-FLUGWACHT ZÜRICH
+41 333 333 333

POSTKARTEN
Briefmarken (**francobolli)** kosten für eine Postkarte 1 €. Man kauft sie in Postämtern oder Tabakgeschäften (mit großem »T« über dem Eingang).

ZEIT
In Italien gilt die Mitteleuropäische Zeit (MEZ), Ende März bis Ende Oktober die Mitteleuropäische Sommerzeit (MESZ = MEZ + 1 Std.).

ANREISE · REISEPLANUNG

Die **Hauptroute** aus dem Nord- und Südosten Deutschlands verläuft über Innsbruck, den **Brenner**, Bozen und Verona in Richtung Süden. Die östlichste Route führt über Klagenfurt, Villach, Tarvisio, Udine nach Venedig. Die Anreise aus dem Nord- und Südwesten Deutschlands führt über Zürich, **Sankt Gotthard oder San Bernardino**, Bellinzona, Chiasso, Como nach Mailand. Alternativ geht es über Bern, Martigny, Montblanc-Tunnel oder Großer Sankt Bernhard nach Aosta und Turin. Die Benutzung der Autobahnen ist in Österreich, der Schweiz und in Italien (www.autostrade.it) **gebührenpflichtig**. Während es für die Schweiz lediglich Jahresvignetten gibt, sind in Österreich auch »Pickerl« für zwei Monate oder zehn Tage erhältlich. Auf der Strecke Innsbruck – Brenner muss man außerdem Mautgebühren für die Brennerautobahn bezahlen. Um lange Wartezeiten zu vermeiden, lohnt sich der Kauf einer Videomaut-Karte für den Brenner, wo an der Videomaut-Abfertigung Kfz-Kennzeichen automatisch eingelesen werden.	Mit dem Auto
Eurolines-Busse (www.eurolines.de) fahren im Linienverkehr aus mehreren deutschen Städten nach Norditalien. Einige Ziele: Ancona, Bologna, Florenz, Mailand, Modena, Rom, Turin und Verona. Auch FlixBus (www.flixbus.de) hat Reisen nach Italien im Angebot. Wer mit der Bahn fahren will, kann über die Deutsche Bahn u.a. Spartickets nach Italien buchen. Die ÖBB hat einige Direktverbindungen nach Italien im Angebot und offeriert mit dem Intercitybus zusätzlich eine Busverbindung. Auch von der Schweiz aus gibt es Direktverbindungen.	Mit Bus und Bahn
Von allen größeren internationalen Flughäfen in Deutschland, Österreich und der Schweiz gibt es **Direktflüge** sowie Pauschalarrangements einschließlich Charterflüge nach Italien. Alitalia und weitere **Fluggesellschaften** verkehren darüber hinaus zwischen zahlreichen italienischen Städten.	Mit dem Flugzeug

▎Reisedokumente

Deutsche, Österreicher und Schweizer brauchen den Personalausweis, Kinder bis zwölf den Kinderreisepass. Wegen Corona kann ein sog. digitales **Passagier-Lokalisierungs-Formular** nötig sein, ggf.	Ausweis

PRAKTISCHE INFORMATIONEN
ANREISE · REISEPLANUNG

NÜTZLICHE INFORMATIONEN

BAHN

DEUTSCHE BAHN
Tel. 030 29 70
(zentrale Servicenummer, auch Fahrplanauskunft)
www.bahn.de

ÖSTERREICHISCHE BUNDESBAHN
www.oebb.at

SCHWEIZERISCHE BUNDESBAHNEN
www.sbb.ch

TRENITALIA
www.trenitalia.com

BUS

EUROLINES – DEUTSCHE TOURING
Service Hotline: 06 99 71 94 48 33
www.eurolines.de

FLIXBUS
www.flixbus.de/fernbus/italien

FLUGHÄFEN

MAILAND-MALPENSA
46 km nordwestlich, Expresszüge und Busse in die Innenstadt
www.milanomalpensa-airport.com

MAILAND-LINATE
10 km außerhalb, Busse in die Innenstadt
www.milanolinate-airport.com

ROMA-FIUMICINO LEONARDO DA VINCI
35 km südwestlich, Busse oder (besser) Züge in die Stadt
www.adr.it

ROMA-CIAMPINO
15 km südöstlich, Busse ins Zentrum
www.adr.it

PISA G. GALILEO (PSA)
2,5 km zur Stadt, Stadtbus zum Hauptbahnhof und zum Zentrum
www.pisa-airport.com

VENEZIA MARCO POLO (VCE)
12 km zur Stadt, Wassertaxi u.a. zur Piazza San Marco, Bus zur Piazzale Roma
www.veniceairport.it

NAPOLI CAPODICHINO (NAP)
6 km zur Stadt, Bus ins Zentrum
www.aeroportodinapoli.it

BARI PALESE (BRI)
11 km zur Stadt, Busse in die Stadt
www.aeroportidipuglia.it

CATANIA FONTANAROSSA
7 km südlich, Bus ins Stadtzentrum und zum Hauptbahnhof
www.aeroporto.catania.it

PALERMO FALCONE-BORSELLINO
Punta Raisi, 35 km westlich, Shuttlebus und Bahn in die Stadt
www.gesap.it

---

ein digitales Covid-Zertifikat, PCR- oder Antigen-Tests. Aktuelle Auskünfte erteilt die Botschaft: https://ambberlino.esteri.it.
Wenn die Papiere gestohlen wurden, helfen die Vertretungen des Heimatlands im Ausland weiter. Erste Anlaufstelle ist jedoch die Poli-

PRAKTISCHE INFORMATIONEN
ANREISE · REISEPLANUNG

zei, denn ohne eine Kopie der **Diebstahlsmeldung** geht gar nichts. Ersatzpapiere bekommt man leichter, wenn man Kopien der jeweiligen Dokumente vorweisen oder vom E-Mail-Postfach abrufen kann. Mitführen sollte man den **Führerschein** und **Kraftfahrzeugschein**. Zudem wird die Mitnahme der Grünen Versicherungskarte empfohlen, da sie als Versicherungsnachweis gilt und nach einem Unfall das Abwickeln der Formalitäten erleichtert. Kraftfahrzeuge ohne Euro-Kennzeichen müssen das ovale Nationalitätskennzeichen tragen.

Auch im EU-Ausland müssen die gesetzlichen Krankenkassen die Kosten für ärztliche Leistungen erstatten. Voraussetzung ist, dass dem behandelnden Arzt die **Krankenversicherungskarte** vorgelegt wird. Meistens muss man einen Teil der Behandlungskosten und Medikamente selbst zahlen. Gegen Vorlage der Quittungen übernimmt die Krankenkasse im Heimatland dann ggf. die Erstattung der Kosten. — Krankenversicherung

Zur Einreise von Hunden und Katzen muss ein **EU-Heimtierpass** mitgeführt werden, der eine gültige Tollwutimpfung bescheinigt. Diese muss mindestens 30 Tage und maximal zwölf Monate vor der Einreise erfolgt sein. Zusätzlich ist eine **Identitätskennung** des Tieres durch Mikrochip erforderlich. Auch **Maulkorb und Leine** sind mitzuführen. Die meisten Agriturismi, aber auch einige Hotels und Pensionen akzeptieren die kleinen (!) Haustiere ihrer Gäste (entsprechende Symbole in den Unterkunftsverzeichnissen). — Haustiere

Zollbestimmungen

Innerhalb der Europäischen Union ist der Warenverkehr für private Zwecke **weitgehend zollfrei**. Zur Abgrenzung zwischen privater und gewerblicher Verwendung gelten lediglich gewisse Höchstmengen: 10 kg Kaffee, 800 Zigaretten, 400 Zigarillos, 200 Zigarren, 1 kg Rauchtabak; 10 l Spirituosen, 20 l Zwischenerzeugnisse, 60 l Schaumwein und 110 l Bier. — EU

Bei der Ausreise aus der Schweiz muss man für private Waren grundsätzlich keine besonderen Zollvorschriften beachten. Bei der Wiedereinreise liegen die **Freigrenzen** für Reisende über 17 Jahren bei 250 Zigaretten/Zigarillos oder 250 g anderer Tabakfabrikate, bei 5 l Alkohol mit einem Alkoholgehalt bis 18 % Vol und insgesamt 1 l Alkohol mit mehr als 18 %, außerdem 5 l Öle/Fette zur Speisezwecken (z. B. Olivenöl) und 1 kg Butter/Rahm. 1 kg Fleisch darf unter einigen Auflagen eingeführt werden, sonstige Lebensmittel sind zollfrei. Auch Souvenirs bis zu einem Warenwert von 300 Franken sind zollfrei. Nähere Auskünfte erteilt die Eidgenössische Zollverwaltung: Tel. +41 58 467 15 15 bzw. www.ezv.admin.ch. — Schweiz

AUSKUNFT

AUSKUNFT ZU HAUSE

STAATLICHES ITALIENISCHES FREMDENVERKEHRSAMT (ENIT)
Schaumainkai 87
60596 Frankfurt/Main
Tel. 069 68 60 47 65
www.enit.de, www.italia.it/de

ENIT IN ÖSTERREICH
Mariahilfer Str. 1b, A-1060 Wien
Tel. 01 5 05 16 30 12
www.enit.de

ENIT IN DER SCHWEIZ
Tödistrasse 65
8002 Zürich
Tel. 043 4 66 40 40
zurigo@enit.it
www.enit.de/kontakt

EINZELNE REGIONEN

ABRUZZO
Via Passolanciano 75
65100 Pescara
www.abruzzoturismo.it

APULIEN (PUGLIA)
www.viaggiareinpuglia.it

ALTO ADIGE (SÜDTIROL)
Südtiroler Straße 60
39100 Bozen
Tel. 0471 30 70 00
www.suedtirol.info

BASILICATA
Via del Gallitello 89
85100 Potenza
Tel. 09 71 50 76 01
www.basilicataturistica.it

CALABRIA
www.turiscalabria.it

CAMPANIA
www.incampania.com

EMILIA-ROMAGNA
www.emiliaromagnaturismo.it

FRIULI-VENEZIA GIULIA
Piazza 1 Maggio 7
33100 Udine
Tel. 0432 29 59 72
www.turismofvg.it

LAZIO
V. Rosa Raimondi Garibaldi 7
00145 Roma
Tel. 06 99 500
www.regione.lazio.it

LIGURIA
Piazza De Ferrari 1
16121 Genova
Tel. 010 54851
www.lamialiguria.it

LOMBARDIA
Piazza Duomo 14
20121 Milano
Tel. 800 318 318
www.in-lombardia.it

MARCHE
Piazza XX Settembre
62012 Civitanova Marche
Tel. 0733 82 22 13
www.turismo.marche.it

MOLISE
www.moliseturismo.net

PIEMONTE
www.piemonteitalia.eu

SARDEGNA
Palazzo Civico, Via Roma 145,
09124 Cagliari
www.sardegnaturismo.it

PRAKTISCHE INFORMATIONEN
ETIKETTE

SICILIA
Via Emanuele Notarbartolo 9
90141 Palermo, Tel. 091 70 78 035
www.visitsicily.info

TOSCANA
www.turismo.intoscana.it

TRENTINO
Piazza Dante 24, 38122 Trento
Tel. 0461 21 60 00
www.visittrentino.it

UMBRIA
contatti@umbriatourism.it
www.umbriatourism.it

VALLE D'AOSTA
info@turismo.vda.it
www.lovevda.it

VENETO
Tel. 041 24 24
www.veneziaunica.it

BOTSCHAFTEN

DEUTSCHE BOTSCHAFT
Via San Martino della Battaglia 4
00185 Roma
Tel. 06 49 21 31
https://italien.diplo.de

ÖSTERREICHISCHE BOTSCHAFT
Via Pergolesi 3, 00198 Rom
Tel: 06 844 01 41
www.bmeia.gv.at

SCHWEIZER BOTSCHAFT
Via Barnaba Oriani 61
00197 Roma
Tel. 06 80 95 71
www.eda.admin.ch/roma

IM INTERNET

WWW.MUSEIONLINE.INFO
Informationen zu Museen und Ausstellungen

WWW.MOVIMENTOTURISMOVINO.IT
Touristische und kulinarische Notizen zu Wein und Weinproduzenten

WWW.RATGEBER-ITALIEN.DE
Hunderte von Verweisen zu allen möglichen Themen, von der Reisevorbereitung bis zu Veranstaltungs- und Streikkalender (!).

WWW.TIAMOITALIA.DE
Deutschsprachiges Forum zur Italienliebe mit Themenmix: von Wasserqualität über Filmtipps bis zu Kulinarik.

ETIKETTE

»Fare una bella figura« – eine in jeder Lebenssituation gute, d.h. souveräne Figur abgeben, ist für die meisten Italiener ein wichtiges Motto. Nichts ist so verpönt, wie einem Italiener Trinkgeld in die Hand zu drücken. Stattdessen lässt man diskret einen Betrag auf dem Tisch oder dem Tellerchen liegen bzw. verzichtet beim Bezahlen auf das Wechselgeld (spiccioli), indem man strahlend »Mille Grazie« sagt und den Geldbeutel wegsteckt. Im Allgemeinen wird ein Trinkgeld bei denselben Gelegenheiten und in ähnlicher Höhe gegeben wie von zu Hause gewohnt. In Restaurants und Cafés gibt man – sofern nicht eine Servicepauschale erhoben wird – bei Zufriedenheit etwa fünf bis zehn Pro-

Trinkgeld

PRAKTISCHE INFORMATIONEN
GESUNDHEIT

zent des Rechnungsbetrages. Wer mit Scheck- oder Kreditkarte zahlt, sollte den entsprechenden Betrag in bar zurücklassen. Auch Taxifahrer (0,50–1 €), Fremdenführer (1–2 €), Toilettenfrauen und der Zimmerservice freuen sich über ein Trinkgeld. Mehr über Restaurants lesen Sie im Kapitel »Erleben und Genießen« (▶ S. 776).

Rauchverbot
Seit Januar 2005 darf auch in Italien nicht mehr in öffentlichen Gebäuden, Restaurants und Cafés geraucht werden. Nur in Lokalen mit Raucherzone ist das Rauchen noch erlaubt.

Permesso, scusi
Auch wer nur wenig Italienisch beherrscht, sollte sich zwei Ausdrücke einprägen, die man überall hört und gebrauchen kann: »permesso« und »scusi«. Diese Entschuldigungsformeln helfen einem z. B., wenn man irgendwo hindurchgehen oder jemanden überholen will.

Bella Figura
Wer das Haus verlässt, ist gut gekleidet in Italien, Ausnahmen bestätigen die Regel. Besonders in Norditalien zeigt man, was man hat: Damen tragen Schmuck, sobald es kühler wird, werden Pelzjäckchen umgehängt, Herren sind in klassische Steppjacken, frisch gewaschene und gebügelte (Polo-)Hemden und Stoffhosen mit akkurater Bügelfalte gekleidet. Geschätzt werden gute und bekannte Modemarken. Umso verständnisloser oder amüsierter schaut man auf Touristen herab, die mit Badeschlappen in Kathedralen tappen, in Shorts Gemäldegalerien besichtigen oder gar mit nacktem Oberkörper durch die Altstadt wandeln.

Umgangsformen
Glücklich wird in Italien, wer auf die einzelnen Menschen zugeht und ihnen durch ein Lächeln oder eine Geste zu verstehen gibt, dass man es schätzt, es gerade mit ihnen zu tun zu haben. Und wenn mal etwas nicht klappen sollte, dann schmeicheln Sie ganz macchiavellistisch der uralten italienischen Kunst des »arriangiarsi«. Ein verständnisvolles Kompliment führt bei Toskanern, Römern, Mailändern, Neapolitanern und Sizilianern meist schneller zum Ziel als herrische Drohgebärden, die – Sie ahnen es schon – die bella figura beschädigen.

GESUNDHEIT

Medizinische Versorgung
Die Guardia Medica gewährleistet vielerorts die medizinische Versorgung. Den **ärztlichen Bereitschaftsdienst** nachts (20 – 8 Uhr) und am Feiertag stellt die Guardia Medica notturna e festiva. Ärztlichen Notdienst bzw. erste Hilfe (Pronto soccorso) leisten außer Krankenhäusern (Ospedali) u. a. das Weiße Kreuz (Croce Bianca), das Grüne Kreuz (Croce Verde) und das Rote Kreuz (Croce Rossa Italiana).

Bei **Corona**-Infektionen hilft eine zentrale Hotline weiter (Tel. 1500).
Zahnärzte findet man unter dem Stichwort »medici dentisti«.

Apotheken haben meist Mo.–Fr. 9–13 und 16–19.30 Uhr geöffnet. Sie schließen wechselweise mittwochs und samstags. Ein **Verzeichnis** mit den nachts und feiertags geöffneten Apotheken (»farmacie di turno«) hängt in den Schaufenstern oder an den Türen aller Apotheken aus.

Farmacìa

LESE- UND FILMTIPPS

David Gilmour: Auf der Suche nach Italien. Eine Geschichte der Menschen, Städte und Regionen von der Antike bis zur Gegenwart, Klett-Cotta 2013.

Reiselektüre

Andrea Camilleri: Kriminalromane um den gutmütigen, launischklugen Commissario Montalbano aus Vigàta, einer fiktiven sizilianischen Kleinstadt. Bei Lübbe, Piper und Wagenbach erschienen.

Umberto Eco: Mein verrücktes Italien, Wagenbach 2000. Eine liebevoll-kritische Annäherung des Autors an seine Heimat.

Donna Leon: Milde Gaben. Diogenes 2022. Commissario Brunetti ermittelt seit 1972, und dies ist sein einunddreißigster Fall. Er ist einer der berühmtesten Venezianer, obwohl es ihn eigentlich nicht gibt: Der stets gut gekleidete Kommissar und seine kluge Gattin haben längst weltweit Fans.

Elena Ferrante: Meine geniale Freundin, Suhrkamp 2019. Vierteilige neapolitanische Saga, die längst Kultstatus erreicht hat.

Osterie d'Italia. Italiens schönste Gasthäuser, Hallwag. Mehr als 1700 kulinarische Adressen in ganz Italien – jährlich aktualisiert.

Kulinarisches

Eleonora Galasso: La Dolce Vita: Alte und neue Klassiker der römischen Küche. Knesebeck 2017. Leicht nachzukochen, vom Frühstück bis zum Mitternachtssnack ist alles dabei.

Tigrane Seydoux: Big Mamma: Italienische Küche con molto amore. Knesebeck 2018. Das Standardwerk moderner italienischer Küche, erfrischend, kreativ, sehr inspirierend und natürlich mit viel Amore gestaltet.

PRAKTISCHE INFORMATIONEN
ÖFFNUNGSZEITEN

Mali Höller: Echt Südtirol. Christian Verlag 2019. Schlutzkrapfen, Steinpilzknödel und Hollermarmelade: 85 köstliche Rezepte aus der Bergbauernstube, mit netten Geschichten und wertvollen Tipp.

Vini d' Italia – Weine Italiens: Auf 900 Seiten werden gut 18 000 Weine von mehr als 2250 Produzenten beschrieben – jährlich aktualisierter Top-Guide, erscheint beim Verlag Gambero Rosso.

Filme · **Das Leben ist schön**. Roberto Benigni ist es eindrücklich gelungen, die Tragödie des Holocaust zum Thema einer bittersüßen Tragikomödie zu machen.

Don Camillo und Peppone. So humor- wie liebevolle Zeichnung eines katholischen Pfarrers (dargestellt von Fernandel) im ewigen Kampf gegen den kommunistischen Bürgermeister (Gino Cervi) eines Dorfs in der Po-Ebene.

Ein Herz und eine Krone: Rührender (Fast-)Liebesfilm im Rom der Fünfzigerjahre mit Audrey Hepburn und Gregory Peck.

Fahrraddiebe. Klassiker des Neuen Realismus von Vittorio de Sica über die Menschen im Nachkriegsitalien.

Fellinis Roma. Fellini, der lange in Rom lebte, gelang hier ein filmisch sehr ausdrucksstarkes Porträt der italienischen Hauptstadt.

Zimmer mit Aussicht. Gelungene Umsetzung von Fosters Romanvorlage (1985). Den Baedeker gab es übrigens schon damals: Wenn die junge Lucy Honeychurch durch Florenz schlendert, hat sie immer den roten Reiseführer bei sich.

ÖFFNUNGSZEITEN

Museen, Kirchen, Ausgrabungen · Die Öffnungszeiten der **Museen**, besonders der kleinen, sind **abhängig von der Saison** und ändern sich häufig. Wer ganz sichergehen will, sollte vor Ort bei der **Touristeninformation** nachfragen. Im Allgemeinen sind Museen außer montags zwischen 9 und 13 Uhr offen, einige nach einer Mittagspause zudem von 15/16 bis 19 Uhr. Letzter Einlass ist oft 30 Minuten vor dem Schließen.
Viele Kirchen bleiben in der Zeit zwischen 12 und 16/17 Uhr geschlossen. Archäologische Sehenswürdigkeiten sind meist Di. bis So. von 9 Uhr bis eine Stunde vor Sonnenuntergang zugänglich.

PREISE UND VERGÜNSTIGUNGEN

Bürger der EU, die unter 18 Jahre alt bzw. Rentner sind, erhalten **zu vielen Sehenswürdigkeiten** freien Eintritt. Für 18- bis 25-Jährige lohnt sich oftmals die Frage nach Jugendrabatt.
In fast allen größeren Städten werden **Sammel- bzw. Kombikarten** angeboten, die zum Besuch der wichtigsten Museen und mitunter zur kostenlosen Nutzung öffentlicher Verkehrsmittel berechtigen und meist ein bis drei Tage gelten. So gibt es z. B. in Florenz die Firenze Card, in Mailand die MilanoCard oder in Venedig die Venice Card. Auskünfte erteilen die lokalen Touristeninformationen.

Eintritt

REISEZEIT

Überall dort, wo in Norditalien nicht die Höhenlage für ein niedrigeres Temperaturniveau sorgt, ist mit langen und warmen Sommern zu rechnen. Die Winter sind an den Küsten überwiegend mild und zeichnen sich durch viel Sonnenschein aus. Dagegen kann es im Landesinneren, vor allem im Apennin, recht frostig werden. Auch Schneefälle sind hier keine Seltenheit. Manchmal bleibt die weiße Pracht bis in den Mai liegen. In der Po-Ebene, die sich nach Osten weit öffnet und eigentlich im Schatten der Westwindzone liegt, wird es im Winter oftmals empfindlich kalt. In Turin und Mailand, wo nicht selten Schnee fällt, ist es im Winter oft neblig und man merkt zumindest in dieser Jahreszeit kaum einen Unterschied zum Klima nördlich der Alpen. Die tiefen winterlichen Temperaturen in den Alpen, wo man zwischen Oktober und Mai mit teils recht ausgiebigen Schneefällen rechnen muss, werden gelegentlich durch länger anhaltende Schönwetterperioden oder durch den warmen Nordföhn abgemildert.

Klima

In Mailand und Rom, wo es im Juli mit ca. 25 °C bzw. 26 °C ähnlich warm ist, misst man im Winter um 0 °C bzw. 7 °C. Auch hinsichtlich der Niederschläge ändert sich die Situation gravierend, wenn man von Norden nach Süden reist: Im Norden verteilen sich die Niederschläge über das ganze Jahr, wobei in den Alpen die größten Mengen im Sommer niedergehen und in der Oberitalienischen Tiefebene im Herbst. Je weiter man aber nach Süden kommt, desto

Temperaturen und Niederschläge

ausgeprägter wird die sommerliche Trockenheit. Die ergiebigsten Regenfälle gehen in Ligurien, in der Toskana und im Latium im Herbst nieder. Die höchsten Jahresniederschlagsmengen werden in den Alpen und im Apennin registriert.

Wann? Das **Frühjahr** ist besonders geeignet für Städtetouren. Bis Ende April ist es noch recht kühl, im Mai gibt es schon sonniges und angenehm warmes Wetter. Das meist sehr heiße, teilweise schwüle **Sommerwetter** ist vor allem in den Städten schwer erträglich. Angenehmer ist es dann an der nördlichen Adria und in den Gebirgslagen oberhalb 800 m (Faustregel: 0,6 °C Temperaturabnahme pro 100 m Höhe). Auch der **Herbst** ist eine sehr gute Reisezeit, da es bis Ende Oktober recht warm ist, dann muss man aber jeden dritten bis vierten Tag mit Regen rechnen. Wetterbegünstigt sind Südtirol und die nördliche Adria, hier gibt es im Herbst 25 % weniger Niederschlagstage. Die Zeit des sogenannten Altweibersommers von Mitte September bis Anfang Oktober ist wegen stabiler Hochdruckwetterlagen ideal für Bergwanderungen. Die Südhänge der Alpen, die oberitalienischen Seen sowie Südtirol und die Riviera laden mit ausgesprochen milden Temperaturen zum **Überwintern** ein.

Badesaison Die italienische Badesaison dauert in der Regel von Juni bis Oktober, in der nördlichen Adria und im Golf von Genua allerdings nur bis Ende September.

SPRACHE

Romanische Sprache
Das Italienische hat sich aus dem Lateinischen entwickelt und steht ihm von allen romanischen Sprachen am nächsten. Nicht zuletzt infolge der früheren politischen Zerrissenheit des Landes entstanden zahlreiche Mundarten, unter denen sich im Verlauf des 13. und 14. Jh.s das Toskanische durchsetzte und sich zur heutigen Schriftsprache entwickelte.

Betonung Die Betonung liegt bei den meisten mehrsilbigen Wörtern auf der vorletzten Silbe; liegt sie auf der letzten Silbe, ist die Verwendung eines Akzents (Gravis, z. B. città) üblich. Wird auf der drittletzten Silbe betont, kann zur Verdeutlichung ein Akzent gesetzt werden.

Aussprache **c, cc** vor »e, i« wie deutsches »tsch«, Bsp.: dieci, sonst wie »k«
ch, cch wie deutsches »k«, Bsp.: pacchi, che
ci, ce wie deutsches »tsch«, Bsp.: ciao, cioccolata

PRAKTISCHE INFORMATIONEN
SPRACHE

g, gg vor »e, i« wie deutsches »dsch« in Dschungel, Bsp.: gente, sonst wie »g«
gh wie deutsches »g«, Bsp.: Spaghetti
gl ungefähr wie in »Familie«, Bsp.: figlio
gn wie in »Kognak«, Bsp.: bagno
sc vor »e, i« wie deutsches »sch«, Bsp.: uscita
sch wie »sk«in »Skala«, Bsp.: Ischia
sci vor »a, o, u« wie deutsches »sch«, Bsp.: lasciare
z immer stimmhaft wie »ds«

KLEINER SPRACHFÜHRER ITALIENISCH
ZAHLEN

zero	0	diciannove	19
uno	1	venti	20
due	2	ventuno	21
tre	3	trenta	30
quattro	4	quaranta	40
cinque	5	cinquanta	50
sei	6	sessanta	60
sette	7	settanta	70
otto	8	ottanta	80
nove	9	novanta	90
dieci	10	cento	100
undici	11	centouno	101
dodici	12	mille	1000
tredici	13	duemille	2000
quattordici	14	diecimila	10000
quindici	15		
sedici	16	un quarto	1/4
diciassette	17	un mezzo	1/2
diciotto	18		

AUF EINEN BLICK

Sì/No	**Ja/Nein**
Per favore/Grazie	**Bitte/Danke**
Non c'è di che	**Gern geschehen**
Scusi!/Scusa!	**Entschuldigen Sie!**
Come dice?	**Wie bitte?**
Non La/ti capisco	**Ich verstehe Sie/ dich nicht**
Parlo solo un po' di …	**Ich spreche nur wenig …**
Mi può aiutare, per favore?	**Können Sie mir bitte helfen?**
Vorrei …	**Ich möchte …**
(Non) mi piace	**Das gefällt mir (nicht)**
Ha …?	**Haben Sie …?**
Quanto costa?	**Wie viel kostet?**
Che ore sono?/Che ora è?	**Wie viel Uhr ist es?**
Come sta?/Come stai?	**Wie geht es Ihnen/dir?**
Bene, grazie. E Lei/tu?	**Danke. Und Ihnen/dir?**

PRAKTISCHE INFORMATIONEN
SPRACHE

INTERNET HANDY

la chiavetta USB/la chiave USM	USB-Stick/Memory-Stick
il caricabatterie	Ladekabel
il caricabatterie smartphone	Handy-Ladekabel
La batteria non funziona più.	Die Batterie funktioniert nicht mehr.
Ho rotto il display del mio cellulare.	Das Display meines Handys ist kaputt.
Riparazione/sostituzione	Reparatur/Austausch
Cambio	Tausch
Dovè si trova l'internet point?	Wo gibt es ein(en) Internet-Shop/-Café?
Vorrei comprare un SIM card.	Ich möchte eine SIM-Karte kaufen.
Casella di posta elettronica	E-Mail-Posteingang
Qui c'è il collegamento internet/wifi?	Gibt es hier einen Internet/WLAN-Zugang?
La Connessione ad internet non funziona.	Der Internetzugang funktioniert nicht.

UNTERWEGS

a sinistra/a destra/diritto	nach links/nach rechts/geradeaus
vicino/lontano	nah/fern
Quanti chilometri sono?	Wie weit (in Kilometern) ist das?
Vorrei noleggiare ...	Ich möchte ... mieten
... una macchina	... ein Auto
... una bicicletta	... ein Fahrrad
... una barca	... ein Boot
Scusi, dov'è ...?	Bitte, wo ist ...?
... la stazione centrale	... der Hauptbahnhof
... la metro(politana)	... die U-Bahn
... l'aeroporto	... der Flughafen
... all'albergo	... zum Hotel
Ho un guasto.	Ich habe eine Panne.
Mi potrebbe mandare un carro-attrezzi?	Würden Sie mir einen Abschleppwagen schicken?
Scusi, c'è un'officina qui?	Gibt es hier eine Werkstatt?
Dov'è la prossima stazione di servizio?	Wo ist die nächste Tankstelle?
benzina normale	Normalbenzin
super/gasolio	Super/Diesel
deviazione	Umleitung
senso unico	Einbahnstraße
sbarrato	gesperrt
rallentare	langsam fahren
tutti direzioni	alle Richtungen
tenere la destra	rechts fahren
zona di silenzio	Hupverbot
zona tutelata inizio	Beginn der Parkverbotszone
Aiuto!/Attenzione!	Hilfe!/Achtung!
Chiami subito ...	Rufen Sie schnell ...
... un'autoambulanza/la polizia	... einen Krankenwagen/die Polizei

PRAKTISCHE INFORMATIONEN
SPRACHE

AUSGEHEN

Scusi, mi potrebbe indicare ...?	Wo gibt es ...?
... un buon ristorante	... ein gutes Restaurant
... un locale tipico	... ein typisches Restaurant
C'è una gelateria qui vicino?	Gibt es hier eine Eisdiele?
Può riservarci per stasera un tavolo per quattro persone?	Kann ich für heute Abend einen Tisch für vier Personen reservieren?
Alla Sua salute!	Auf Ihr Wohl!
Il conto, per favore.	Bezahlen, bitte.
Andava bene?	Hat es geschmeckt?
Il mangiare era eccellente.	Das Essen war ausgezeichnet.
Ha un programma delle manifestazioni?	Haben Sie einen Veranstaltungskalender?

EINKAUFEN

Dov'è si può trovare ...?	Wo finde ich ...?
... una farmacia	... eine Apotheke
... un panificio	... eine Bäckerei
... un negozio di generi alimentari	... ein Lebensmittelgeschäft
... il mercato/il supermercato	... den Markt/den Supermarkt
... il tabaccaio/il giornalaio	... den Tabakladen/den Zeitungshändler

ÜBERNACHTEN

Scusi, potrebbe consigliarmi ...?	Können Sie mir ... empfehlen?
... un albergo / una pensione	... ein Hotel / eine Pension
Ho prenotato una camera.	Ich habe ein Zimmer reserviert.
È libera ...?	Haben Sie noch ...?
... una singola / una doppia	... ein Einzel-/ ein Zweibettzimmer
... con doccia/bagno	... mit Dusche/Bad
... per una notte/sttimana	... für eine Nacht/Woche
... con vista sul mare	... mit Blick aufs Meer
Quanto costa la camera ...?	Was kostet das Zimmer ...?
... con la prima colazione	... mit Frühstück
... a mezza pensione	... mit Halbpension

ARZT UND APOTHEKE

Mi può consigliare un buon medico?	Können Sie mir einen guten Arzt empfehlen?
Mi può dare una medicina per ...	Geben Sie mir bitte ein Medikament gegen ...
Soffro di diarrea.	Ich habe Durchfall.
Ho mal di pancia.	Ich habe Bauchschmerzen.
... mal di testa/gola/denti	... Kopf-/ Hals-/Zahnschmerzen
... influenza/tosse/la febbre	... Grippe/Husten/Fieber
... scottatura solare	... Sonnenbrand
... costipazione	... Verstopfung

PRAKTISCHE INFORMATIONEN
SPRACHE

SPEISEKARTE

prima colazione	Frühstück
caffè, espresso	kleiner Kaffee ohne Milch
caffè macchiato	kleiner Kaffee mit wenig Milch
caffè latte	Kaffee mit Milch
cappuccino	Kaffee mit aufgeschäumter Milch
tè al latte/al limone	Tee mit Milch/Zitrone
cioccolata	Schokolade
frittata	Omelett/Pfannkuchen
pane/panino/pane tostato	Brot/Brötchen/Toast
burro	Butter
salame/prosciutto	Wurst/Schinken
miele/marmellata	Honig/Marmelade
iogurt	Joghurt
antipasti	**Vorspeisen**
affettato misto	gemischter Aufschnitt
anguilla affumicata	Räucheraal
melone e prosciutto	Melone mit Schinken
vitello tonnato	kalter Kalbsbraten mit Tunfischsauce
primi piatti	**Nudel-, Reisgerichte, Suppen**
pasta/fettuccine, tagliatelle	Nudeln/Bandnudeln
gnocchi	kleine Kartoffelklößchen
polenta (alla valdostana)	Maisbrei (mit Käse)
vermicelli	Fadennudeln
minestrone	dicke Gemüsesuppe
pastina in brodo	Fleischbrühe mit feinen Nudeln
zuppa di pesce	Fischsuppe
carni e pesce	**Fleisch und Fisch**
agnello	Lamm
ai ferri/alla griglia	vom Grill
aragosta	Languste
brasato	Braten
coniglio	Kaninchen
cozze/vongole	Miesmuscheln/Venusmuscheln
fegato	Leber
fritto di pesce	gebackene Fische
gambero, granchio	Garnelen
maiale	Schweinefleisch
manzo/bue	Rind-/Ochsenfleisch
pesce spada	Schwertfisch
platessa	Scholle
pollo	Huhn
rognoni	Nieren
salmone	Lachs
scampi fritti	gebackene Langustinen
sogliola	Seezunge
tonno	Tunfisch
trota	Forelle
vitello	Kalbfleisch

PRAKTISCHE INFORMATIONEN
SPRACHE

verdura	**Gemüse**
asparagi	**Spargel**
carciofi	**Artischocken**
carote	**Karotten**
cavolfiore	**Blumenkohl**
cavolo	**Kohl**
cicoria belga	**Chicorée**
cipolle	**Zwiebeln**
fagioli/fagiolini	**weiße Bohnen/grüne Bohnen**
finocchi	**Fenchel**
funghi	**Pilze**
insalata mista/verde	**gemischter/grüner Salat**
lenticchie	**Linsen**
melanzane	**Auberginen**
patate	**Kartoffeln**
patatine fritte	**Pommes frites**
peperoni	**Paprika**
pomodori	**Tomaten**
spinaci	**Spinat**
zucca	**Kürbis**
formaggi	**Käse**
parmigiano	**Parmesan**
pecorino	**Schafskäse**
ricotta	**quarkähnlicher Frischkäse**
dolci e frutta	**Nachspeisen und Obst**
cassata	**Eisschnitte mit kandierten Früchten**
coppa assortita	**gemischter Eisbecher**
coppa con panna	**Eisbecher mit Sahne**
zabaione	**Eierschaumcreme**
zuppa inglese	**likörgetränktes Biskuit mit Vanillecreme**
bevande	**Getränke**
acqua minerale	**Mineralwasser**
aranciata	**Orangeade**
bibita	**Erfrischungsgetränk**
bicchiere	**Glas**
birra/ alla spina	**Bier/vom Fass**
birra senza alcool	**alkoholfreies Bier**
bottiglia	**Flasche**
con ghiaccio	**mit Eis**
gassata, con gas/liscia, senza gas	**mit Kohlensäure/ ohne Kohlensäure**
secco	**trocken**
spumante	**Sekt**
succo	**Fruchtsaft**
vino bianco/rosato/rosso	**Weiß-/Rosé-/Rotwein**
vino della casa	**Hauswein**

PRAKTISCHE INFORMATIONEN
TELEKOMMUNIKATION

TELEKOMMUNKATION

WLAN
: Viele größere Städte bieten freies WLAN an, teil muss man sich dafür registrieren (ggf. mit italienischer Handynummer). Auch viele Cafés und Bars haben WLAN, zudem öffentliche Bibliotheken und die Post.

Telefonieren
: Die ehemaligen Ortsvorwahlen einschließlich der Null sind Bestandteil der italienischen Rufnummern bei Ortsgesprächen sowie bei Anrufen aus dem Ausland die Null. Davon ausgenommen sind Notfall-, Service- und Handynummern (sie beginnen nicht mit einer Null). Servicenummern mit der Vorwahl 800 sind kostenlos.

Mobiltelefone
: Mobiltelefone (ital. telefono cellulare, telefonino) wählen sich automatisch via Roaming ins entsprechende italienische Partnernetz. Roaming-Gebühren fallen seit Juni 2017 auch für mobiles Internet bis zu einer bestimmten Obergrenze nicht mehr an. Mobilfunknummern in Italien erkennt man an der dreistelligen Mobilfunkvorwahl, die jeweils mit einer »3« beginnen. Gewählt wird ohne »0« vorweg.

VERKEHR

Mit dem Auto

Verkehrsvorschriften
: **Vorfahrt** hat der Verkehr auf Hauptverkehrsstraßen, sofern sie durch ein auf die Spitze gestelltes weißes/gelbes Quadrat mit roter bzw. schwarz-weißer Umrahmung beschildert sind. Sonst gilt auch im Kreisverkehr: »Rechts vor links«. Auf Bergstraßen hat das bergauf fahrende Fahrzeug Vorfahrt. Schienenfahrzeuge haben immer Vorfahrt.
Auf Motorrädern über 50 ccm³ besteht **Helmpflicht**. Pkws müssen auf Autobahnen und außerhalb geschlossener Ortschaften tagsüber mit **Abblendlicht** fahren, Motorräder auf allen Straßen. **Überschreitungen des Tempolimits** werden mit hohen Geldstrafen geahndet. Drakonische Strafen – von Geldstrafen über Fahrverbot, Autokonfiszierung bis zu Gefängnisstrafen – gelten auch bei Trunkenheit am Steuer. Die **Promillegrenze** liegt bei 0,5. Telefonieren ist nur mit **Freisprecheinrichtung** erlaubt. Seit 2022 sind bei Zuwiderhandlung Geldstrafen ab 160 € fällig und bis zu 2 Monate Führerscheinentzug möglich.

Höchstgeschwindigkeit
: Pkws, Motorräder und Wohnmobile bis 3,5 t dürfen innerorts 50 km/h fahren, außerorts 90 km/h. Auf Schnellstraßen (2 Fahrstrei-

PRAKTISCHE INFORMATIONEN
VERKEHR

VORWAHLEN

VON DEUTSCHLAND, ÖSTERREICH UND DER SCHWEIZ
00 39 (danach jeweils die ehemalige Ortsvorwahl **mit** der »0«)

AUS ITALIEN
nach Deutschland 0049

nach Österreich 0043
in die Schweiz 0041
(danach jeweils die Ortsvorwahl **ohne** die »0«)

TELEFONAUSKUNFT
Inland Tel. 12 54
www.paginebianche.it

---

fen in jeder Richtung) sind 110 km/h erlaubt, auf Autobahnen (Autostrada) 130 km/h, bei Regen 110 km/h. Pkws und Wohnmobile über 3,5 t dürfen außerorts und auf Schnellstraßen 80 km/h fahren, auf Autobahnen 100 km/h.

Wichtig: **Pannenwesten** sind in Italien Pflicht! Privates Abschleppen auf Autobahnen ist verboten. Ausländische Auto- oder Motorradreisende werden vom Pannendienst des italienischen Automobilclubs zur nächsten Werkstatt abgeschleppt. Bei Totalschaden ist der Zoll zu verständigen, da sonst eventuell für das Schadensfahrzeug Einfuhrzoll bezahlt werden muss. | Panne

Fast alle **Autobahnen** (»autostrada«) in Italien sind **gebührenpflichtig** (»pedaggio«). Die Autobahngebühr kann entweder bar, mit Kreditkarte oder mit der »viacard« bezahlt werden (erhältlich bei den Automobilclubs, an den Grenzübergängen, bei Autobahneinfahrten, in Tabakwarengeschäften und Tankstellen). | Autobahngebühr

Einfuhr und Transport von **Benzin** in Kanistern sind verboten. Es gibt bleifreies Benzin (95 Oktan, »benzina senza piombo«), Super (97 Oktan) und Diesel (»gasolio«). Tankstellen sind meist von 7–12 und 14–20 Uhr, an Autobahnen 24 Stunden geöffnet. An Wochenenden, vermehrt auch über die Mittagspause und nachts, kann man oft nur an automatischen Zapfsäulen tanken. | Tanken

Viele italienische Ortschaften haben ein **verkehrsberuhigtes** historisches Zentrum (ZTL – Zona a Traffico Limitato), in dem nur Anliegerverkehr gestattet ist. Bereits am Ortseingang weisen Verkehrsschilder mit rotem Kreis auf weißem Grund auf die Fahrverbotszone hin. Die Hauptzufahrten sind videoüberwacht und erfassen sämtliche Autokennzeichen. Ausnahmen gelten für Hotelgäste, die ein Quartier in der ZTL gebucht haben. Betreiber der Unterkunft können das jeweilige Autokennzeichen bei der Stadtbehörde anmelden. Menschen mit körperlichen Einschränkungen wenden sich für Sondergenehmigungen an die Stadtverwaltung oder Touristeninformationen. Miss- | ZTL und Parken achtung der Zufahrtsverbote werden mit happigen Bußgeldern geahndet, die auch EU-weit eingetrieben werden. Fast überall sind außerhalb der Altstadt **Parkplätze** ausgewiesen, von denen man schnell zu Fuß oder – seltener – per Bus ins Zentrum gelangt. Am sichersten ist das Auto in Parkgaragen und auf bewachten Parkplätzen. Für Parkplätze am Straßenrand gilt: An nicht markierten Straßenrändern ohne Halteverbotszeichen oder in weiß markierten Parkboxen ist **Parken kostenfrei**; ggf. braucht man eine Parkscheibe (»disco orario«). Blau markierte Flächen und Straßenränder sind **kostenpflichtig**, man zahlt am Parkautomaten; mitunter gibt es Parkscheine (»gratta e sosta«, wörtlich: »rubble und parke«) auch im nächsten Tabacchi. **Grundsätzliches Parkverbot** gilt bei gelb-schwarzer oder durchgehend gelber Bodenmarkierung am Straßenrand wie auch auf gelb gekennzeichneten Flächen.

Mietwagen   Um in Italien ein Auto mieten zu können, muss man mindestens 21 Jahre alt sein, eine Kreditkarte und seit einem Jahr einen **nationalen Führerschein** besitzen. Bei den internationalen Autovermietern kann man bereits von Deutschland aus buchen – das ist meist billiger.

Mit Bus und Bahn

Busverkehr   Fast alle Orte Italiens lassen sich auch mit Linienbussen erreichen. Aktuelle Fahrpläne (»orari«) stehen in Tageszeitungen oder hängen in Tabacchi und Kiosken aus, wo es meist auch die Fahrkarten gibt. An Sonn- und Feiertagen ist der Busverkehr stark eingeschränkt.
www.italybus.it | https://orariautobus.it

Bahnverkehr   Der größte Teil des italienischen Streckennetzes wird von den italienischen Staatsbahnen, den Ferrovie dello Stato (FS), unterhalten; ergänzend verkehren einige Privatbahnen (Fahrpläne im Kursbuch der FS). Es gibt verschiedene **Zugarten**: Regionale (Bummelzug), Interregionale (Schnellzug) und Espresso (Eilzug). Für Intercity, Eurocity, Eurostar und Pendolino, einen Hochgeschwindigkeitszug der Luxusklasse, benötigt man Platzkarten.
Fahrkarten: Es gibt einfache (»andata«) und Rückfahrkarten (»andata e ritorno«) für erste und zweite Klasse (»prima/seconda classe«). Internationale und nationale Fahrkarten sind ab dem Ausstellungsdatum zwei Monate gültig, wobei man die Zugfahrt beliebig oft unterbrechen kann. Für die in Italien gelösten Fahrkarten gilt: Bei Entfernungen bis zu 50 km gilt das Ticket einen Tag, bei größeren Entfernungen drei Tage. Rückfahrkarten werden in Italien nur für Entfernungen bis zu 250 km ausgestellt. Die Fahrscheine müssen am Reisetag in Automaten, die auf den Bahnsteigen stehen, entwertet

PRAKTISCHE INFORMATIONEN
VERKEHR

NÜTZLICHE ADRESSEN

MIETWAGEN

ALAMO
www.alamo.de

AVIS
www.avis.de

ENTERPRISE
www.enterprise.de

EUROPCAR
www.europcar.de

HERTZ
www.hertz.de

SIXT
www.sixt.de

AUTOMOBILCLUBS

AUTOMOBILE CLUB D'ITALIA (ACI)
Auslandspartner des ADAC
Notrufzentrale:
Tel. 80 31 16
www.aci.it

ADAC
Pannenhilfe:
Tel. +49 89 22 22 22
Medizinischer Notfallservice:
Tel. +49 89 76 76 76
www.adac.de

ACE
Notruf und Pannenhilfe:
+49 711 530 34 35 36
aus dem Ausland:
Tel. +49 1802 34 35 36
www.ace-online.de

ACS
Notrufzentrale:
Tel. +41 44 283 33 77
www.acs.ch

TCS
Tel. 0844 88 81 11 (landesweit)
Tel. 0041 58 8 27 22 20
(Hilfsanfragen aus dem Ausland)
www.tcs.ch

ÖAMTC
Notrufzentrale:
Tel. +43 1 2 51 20 00
www.oeamtc.at

---

werden. Besondere **Ermäßigungen** gelten für Gruppen, Senioren über 60 Jahre, Jugendliche unter 26 Jahre und Familien.
www.trenitalia.com

ANHANG
REGISTER

REGISTER

A

Abano Terme **408**
Abbadia S. Salvatore **361**
Abbazia della Trinità di Cava **70**
Abbazia di Farfa **287**
Abbazia di Fossanova **292**
Abbazia di Montecassino **295**
Abbazia di Piona **167**
Abbazia di Praglia **408**
Abbazia di S. Antimo **361**
Abbazia di S. Antonio di Ranverso **619**
Abbazia di S. Pietro in Valle **601**
Abbazia di Valvisciolo **292**
Abbazia Sacra di S. Michele **620**
Abbazia San Alberto **421**
Abbazia S. Fruttuoso **491**
Aberghi diffusi **801**
Abruzzen **22, 50, 689, 764**
Acciaroli **557**
Aceto balsamico **347, 795, 796**
Acquasanta **481**
Acqui Terme **118**
Adriaküste **759**
Agnone **353**
Agrigent **591**
Agriturismo **803**
Agrópoli **557**
Aktivurlaub **758**

Alassio **486**
Alatri **295**
Alba **61**
Alba Fucens **59**
Albaner Berge **288, 291**
Albaner See **290**
Albano Laziale **290**
Albe **59**
Albenga **485**
Alberobello **97**
Albissola Marina **483**
Albissola Superiore **483**
Aldobrandini, Pietro **288**
Alessandria **118**
Alessi, Galeazzo **231**
Alfieri, Vittorio **118**
Alghero **570**
Alpen **683**
Altamura **91**
Alta Via dei Monti Liguri **481**
Altilia **353**
Altomonte **253**
Amalfi **69**
Amalfitana **64**
Amati (Familie) **168**
Amati, Nicola **172, 173**
Amatrice **288**
Amiternum **56**
Anacapri **158**
Anagni **294**
Ancona **71**
Andreotti, Giulio **719**
Andria **90**
Angera **267**
Anguissola, Sofonisba **169**
Anreise **809**
Antike **704**
Antonello da Messina **234**

Anzio **279**
Aosta **75**
Aostatal **77, 686**
Aoste **75**
Apennin **683**
Apotheken **815**
Apricale **488**
Apuanische Alpen **663**
Apulien **80, 690, 761, 764**
Apulisches Vorland **684**
Aquileia· **626**
Aquileja **103**
Aquino **295**
Arabba **183**
Arbatax **568**
Arcipelago Toscano **191**
Arenzano **483**
Arezzo **103**
Ariccia **290**
Arma di Taggia **487**
Arno **444, 445**
Arona **267**
Arquà Petrarca **408**
Arrone **601**
Arta Terme **624**
Arte Povera **430**
Arzachena **564**
Ascoli Piceno **333, 599**
Asolo **653**
Aspromonte **258**
Assisi **110**
Asti **116**
Ätna **593, 684**
Atrani **69**
Atri **55**
Augustus **706**
Augustus, Kaiser **500, 529**
Auletta **558**
Auskunft **812**

ANHANG
REGISTER

Autobahngebühr **825**
Autodromo Dino e Enzo Ferrari **141**
Automobilclubs **827**
Avezzano **59**

B

Bacoli **386**
Badesaison **818**
Badeurlaub **759**
Badia Fiorentina **209**
Bagnara **258**
Bagni di Bormio **629**
Bagni di Lucca **305**
Bagni di Viterbo **286**
Bagno Roselle **238**
Bagno Vignoni **360**
Bahnverkehr **826**
Baia **386**
Baiardo **488**
Balsamico **347**, **415**
Balzi Rossi **490**
Banken **808**
Barbaresco **63**
Bardolino **222**
Bardonecchia **620**
Bari **119**
Barletta **88**
Barock **736**
Barolo **63**, **64**
Bartoli, Cecilia **743**
Basilica di Superga **617**
Basilicata **122**
Basilika **722**
Basilikata **690**, **765**
Bassano del Grappa **672**
Bassa Sabina **287**
Battaglia Terme **408**
Baveno **264**
Bed & Breakfast **802**
Bellagio **168**
Bellano **167**
Bellini, Giovanni **338**, **646**, **733**
Belluno **129**, **185**
Belvedere Langhe **64**
Belvedere Marittimo **253**
Benevento **162**
Bergamasco **134**
Bergamo **129**
Berlusconi, Silvio **698**, **718**
Bernhard von Clairvaux **322**
Bernini, Gian Lorenzo **737**
Bevölkerung **694**
Bibione **651**
Biondi Santi, Ferruccio **361**
Bitonto **91**
Blaue Grotte **154**, **159**
Boario Terme **153**
Bobbio **437**
Boccaccio **370**, **415**
Boccadasse **490**
Boccherini, Luigi **303**
Bolca **662**
Bologna **134**
 – Piazza Maggiore und Piazza del Nettuno **138**
Bolsena **282**
Bolzano **142**
Bomarzo **283**
Bonifaz VIII. **294**
Bordighera **488**, **489**
Borgia, Lucrezia **743**
Borgonuovo **305**
Bormio **142**, **629**
Borromäische Inseln **264**
Borromeo, Carlo **267**, **314**
Borromini, Francesco **737**
Bosco della Mesola **198**
Bossolasco **63**
Botschaften **813**
Bozen **142**
Bracciano **283**
Bramante **319**, **323**, **417**, **545**
Brenta-Kanal (Riviera del Brenta) **408**
Brenta-Massiv **604**
Brescello **413**
Brescia **150**
Brescianer Riviera **223**
Bressanone **148**
Breuil-Cervinia **78**
Brindisi **99**
Brisighella **142**
Brixen **148**
Brunate **166**
Bruneck **149**
Brunelleschi, Filippo **203**, **213**, **733**
Brunico **149**
Bucchianico **57**
Budoni **566**
Buonconvento **759**
Buontalenti, Bernardo **296**
Burano **651**
Burg Karneid **181**
Burri, Alberto **430**
Bussana **487**
Busseto **173**
Busverkehr **826**

C

Cadenabbia **166**
Cagliari **569**
Calabria **248**
Cala Gonone **568**
Calasetta **570**
Calci **447**
Camogli **491**
Campanella, Tommaso **262**

829

ANHANG
REGISTER

Campese **192**
Campi Flegrei **385**
Camping **804**
Campione d'Italia **268**
Campobasso **353**
Campo Imperatore **24, 56**
Canaletto **738**
Canaletto, Antonio **317, 640**
Canazei **182**
Cannae **89**
Canosa di Puglia **90**
Canossa **415**
Canova, Antonio **654, 740**
Canusium **90**
Caorle **651**
Capo Caccia **571**
Capo Carbonara **569**
Capo Colonna **260**
Capo del Dragone **252**
Capo d'Otranto **103**
Capoliveri **191**
Capo Rizzuto **260**
Capo Santa Maria di Leuca **103**
Capo Scalea **252**
Capo Sperone **570**
Capo Testa **566**
Capo Vaticano **258**
Capraia **86, 191**
Caprarola **283**
Caprera **564**
Capri **154**
Capua **162**
Caramanico Terme **57**
Caravaggio **241, 370, 502, 587, 737**
Carmignano **465**
Carpi **348**
Carrà, Carlo **746**
Carracci, Annibale **737**
Carrara **663**
Carrara (Familie) **405, 408**

Casale Monferrato **118**
Casamicciola Terme **246**
Casanova, Giacomo **646, 744**
Cascata delle Marmore **601**
Cascia **599**
Caserta **160**
Cassego **493**
Castelalfi **586**
Castel Beseno **603**
Castel del Monte **90, 92**
Castel Gandolfo **290**
Castel Gavone **484**
Castellabate **557**
Castellammare di Stabia **384**
Castellana **96**
Castell' Arquato **437**
Castellina in Chianti **216**
Castello **192**
Castello Bard **79**
Castello di Brolio **216**
Castello di Issogne **79**
Castello di Stupinigi **618**
Castelluccio **600**
Castel Rigone **272**
Castel San Pietro Romano **293**
Castelsardo **565**
Castelseprio **270**
Castiglione del Lago **271**
Castiglione della Pescaia **241**
Castiglione Olona **270**
Castro **103**
Castrovillari **253**
Catania **593**
Catanzaro **262**
Cato d. Ä. **289**
Cattolica **477**
Cefalù **587**

Celano **59**
Celle Ligure **483**
Cernobbio **166**
Certosa di Pavia **419**
Cerveteri **278**
Cervia-Milano Marittima **477**
Cervo **487**
Cesana Torinese **619**
Cesena **477**
Cesenatico **477**
Cherasco **64**
Chianti **216**
Chiavari **493**
Chiavenna **167**
Chieti **57**
Chioggia **650**
Chirico, Giorgio de **741**
Chiusi **357**
Cicero **281, 289**
Cilento **557**
Cimabue **111, 139, 728**
Cinecittà **749**
Cinque Terre **496, 687**
Cinque Torri **184**
Circumetnea **594**
Città della Pieve **274**
Città di Castello **163**
Cividale del Friuli **624**
Civita Castellana **283**
Civitella del Tronto **55**
Clusone **134**
Coelestin V. **354**
Col de Montgenèvre **619**
Col di Lana **183**
Colico **167**
Colla Langan **488**
Colle Val d'Elsa **582**
Colli Euganei **408**
Colline Metallifere **677**
Colli Torinesi **617**
Collodi **305**
Collodi, Carlo **305**
Comacchio **198**
Comer See **163**

ANHANG
REGISTER

Como **163**
Conca d'Oro **589**
Concordia Sagittaria **623**
Cori **291**
Corigliano Calabro **259**
Cormons **626**
Corniglia **496**, **498**
Corno-Tal **599**
Corricella **248**
Cortina d'Ampezzo **180**, **184**
Cortona **108**, **168**
Cortona, Pietro da **737**
Cosenza **253**
Cosmaten **726**
Costacciaro **434**
Costa Grossetana **241**
Costa Rei **569**
Costa Smeralda **564**
Costiera Amalfitana **64**, **66**
Cottische Alpen **176**, **683**
Courmayeur **78**
Cretaccio **86**
Crotone **260**
Cuma **387**
Cuneo **174**, **217**
Curtatone **329**

D

d'Annunzio, Gabriele **226**
Dante **211**, **286**, **338**, **403**, **469**, **473**, **746**
della Francesca, Piero **107**
della Quercia, Jacopo **139**, **141**
Deruta **428**
de Saint-Phalle, Niki **241**
Desenzano **223**
d'Este, Beatrice **420**
Diano d'Alba **63**
di Bondone, Giotto **113**
di Cambio, Arnolfo **393**, **582**, **729**
Diefenbach, Karl Wilhelm **157**
Dogliani **64**
Dolceacqua **489**
Dolomieu, Dieudonné **178**
Dolomiten **177**, **604**, **683**
Dolomitenstraße **181**
Dolomiti Lucane **125**
Dolomiti Superski **181**
Donatello **204**, **213**, **369**, **406**, **445**
Don Camillo und Peppone **413**
Dongo **166**
Donizetti, Gaetano **130**
Dora Baltea **77**
Dorgali **568**
Doria, Andrea **230**, **234**, **236**, **485**, **491**
Drei Zinnen **185**
Duccio **728**
Duino **610**
Dumas, Alexandre **191**
Dunant, Henri **223**

E

Egnazia **97**
Elba **186**, **760**
Elektrizität **808**
Elisabeth von Österreich **344**
Elva **176**
Emilia-Romagna **687**, **768**
ENIT **812**
Ercolano **379**
Eremo delle Carceri **116**
Erice **590**
Este **408**, **713**
Este (Familie) **166**, **192**, **348**, **350**
Etikette **813**
Etna **593**
Etrusker **216**, **238**, **275**, **278**, **299**, **357**, **358**, **394**, **397**, **421**, **427**, **428**, **436**, **527**, **548**, **676**, **704**, **706**, **720**
Euganeische Hügel **408**
Exilles **620**

F

Faenza **141**, **142**
Falerii Novi **283**
Falzaregopass **184**
Fano **339**
Fanzolo **654**
Farnese, Alessandro **283**
Faschismus **502**, **551**, **716**
Fassatal **182**
Feiern **784**
Fellini, Federico **476**, **499**, **529**
Feltre **186**
Fenestrelle **619**
Ferentillo **601**
Ferentino **295**
Fermo **341**
Ferragamo, Salvatore **26**, **211**
Ferrara **192**
Ferrari, Enzo **348**, **350**, **747**
Fiascherino **495**
Fidenza **413**
Fielis **624**

ANHANG
REGISTER

Fiesole **216**
Filmtipps **815**
Finalborgo **484**
Finale Ligure **484**
Firenze **198**
Fiuggi **295**
Florenz **198**
 – Cappelle Medicee **213**
 – David **215**
 – Piazza del Duomo **203**
 – Uffizien **206**
Flughäfen **810**
Foggia **87**
Fonni **568**
Fontanafredda **63**
Fonte Cerreto **24**, **56**
Fonte Colombo **288**
Forca Canapine **600**
Forio **247**
Formia **281**
Forni Avoltri **624**
Forni di Sopra **624**
Forte dei Marmi **666**
Forte di Fenestrelle **619**
Forte di San Barbara **582**
Fossanova **292**
Fra Angelico **215**, **548**
Fragsburg **346**
Franciacorta **153**
Franz von Assisi **110**, **226**, **288**
Frascati **288**
Friaul-Julisch-Venetien **621**, **687**, **768**
Frieden von Campoformio **623**
Friedrich Barbarossa **419**, **712**
Friedrich II. **52**, **87**, **90**, **94**, **588**, **712**, **727**
Fuciner Becken **59**
Führerschein **811**
Furlo-Schlucht **333**

Fußball **786**
Futurismus **740**

G

Gabicce Mare **338**
Gaeta **280**
Gaiole **216**
Galata Museo del Mare **236**
Galilei, Galileo **747**
Galleria del Fréjus **620**
Gallico-Tal **258**
Gallipoli **102**
Galzignano Terme **408**
Gambarie **258**
Gambatesa **353**
Garavelle **430**
Garda **222**
Gardesana Occidentale **220**
Gardesana Orientale **220**
Gardone Riviera **223**
Gargano **84**
Gargano-Massiv **690**
Gargnano **226**
Garibaldi, Giuseppe **565**, **715**, **744**
Gästehäuser der Klöster **803**
Geld **808**
Geldautomaten **808**
Gemona di Friuli **624**
Gennargentu-Massiv **691**
Genova **227**
Genua **227**
Genzano **290**
Gerace **263**
Geschichte **704**
Geschlechtertürme **61**, **117**, **235**, **278**, **337**, **418**, **426**, **582**, **583**

Geschlechtertürme **484**
Gesundheit **814**
Ghiacciaio dei Forni **629**
Ghibellinen **138**, **325**, **746**
Ghiberti, Lorenzo **204**, **732**
Ghirlandaio, Domenico **212**
Giardino Alpino **267**
Giardino Botanico Hruska **226**
Giardino dei Tarocchi **241**
Giardino di Daniel Spoerri **361**
Giglio **192**
Gignese **267**
Giotto **203**, **404**, **728**
Giro d'Italia **787**
Goethe, Johann Wolfgang von **217**, **220**, **452**, **461**
Gola del Salinello **55**
Gola di Biselli **599**
Gola di Furlo **333**
Gola di Sagittario **60**
Golasecca **267**
Golf **759**
Golfo dei Poeti **495**
Golfo del Tigullio **491**
Golfo di Baratti **243**
Golfo Stella **191**
Golf von Lacona **191**
Golf von Policastro **558**
Gonzaga, Vespasiano **329**
Gorgona **191**
Gorizia **626**
Görz **626**
Gotik **726**
Gradara **338**
Grado **628**
Grand Combin **78**

ANHANG
REGISTER

Grande Traversata delle Alpi **32**
Gran Paradiso **78**
Gran Sasso d'Italia **24**
Gran Sasso d'Italia **50, 55**
Gravedona **166**
Gravina in Puglia **96**
Greve **216**
Griechen **385, 706, 721**
Grinzane Cavour **63**
Grödner Joch **183**
Grödnertal **183**
Grosio **629**
Großer Sankt Bernhard **77**
Grosseto **237**
Grotta Azzurra **154**
Grotta del Bue Marino **568**
Grotta dello Smeraldo **66**
Grotta di Monte Cucco **434**
Grotta di Nettuno **571**
Grotta di Pertosa **558**
Grottaferrata **289**
Grotta Gigante **609**
Grotta Ispinigoli **568**
Grotta Romanelli **103**
Grotta Zinzulusa **103**
Grotten von Castellana **96**
Grumentum **129**
Guardiagrele **57**
Guardia Piemontese **253**
Guareschi, Giovanni **174, 413**
Guarneri, Giuseppe **168, 173**
Gubbio **430**
Guelfen **138, 325, 746**
Guggenheim, Peggy **640**
Guglionesi **351**

H

Hafling **345**
Halbinsel von Sorrent **385**
Hannibal **271**
Haustiere **811**
Heilquelle **103, 153, 222, 238, 246, 286, 305, 342, 570, 762**
Heilquellen **408**
Heine, Heinrich **305**
Heller, André **226**
Herculaneum **379**
Herkulaneum **244**
Hofer, Andreas **143, 324, 345**
Horaz **125**
Humanismus **729**

I

Idrosee **227**
Iglesias **570**
Ikuvium **433**
Imola **141**
Imperia **487**
Impruneta **216**
Industrie **702**
Intelvi-Tal **166**
Internetadressen **813**
Ipogeo dei Volumni **428**
Ischia **244**
Ischia Ponte **244**
Ischia Porto **244**
Iseo **153**
Isernia **354**
Isola Bella **266**
Isola Budelli **565**
Isola d'Elba **186**
Isola del Garda **223**
Isola di Capri **154**
Isola di Procida **247**

Isola d'Ischia **244**
Isola Madre **266**
Isola Maggiore **273**
Isola Minore **273**
Isola Polvese **274**
Isola San Domino **86**
Isole Borromee **264**
Isole Ponziane **281**
Isole Tremiti **86**
Italienische Riviera **759**
Ivrea **79**

J

Jesi **340**
Joyce, James **607**
Jugendherbergen **805**
Juvarra, Filippo **185**

K

Kalabrien **248, 690, 762, 769**
Kalterer See **143**
Kampanien **690, 768**
Karersee **181**
Karl der Große **500, 545, 711**
Karl von Anjou **713**
Karneval **20, 785**
Karnische Alpen **624**
Kleiner St. Bernhard **78**
Klettern **757**
Klima **817**
Konstantin der Große **710**
Krankenversicherung **811**
Kronplatz **149**
Krupp, Alfred **157**
Kunstgeschichte **720**
Kunsthandwerk **800**

833

ANHANG
REGISTER

L

La Caletta **566**
Lacco Ameno **247**
Ladiner **181**
La Foresta **288**
Lago Albano **290**
Lago Ceresio **268**
Lago d'Averno **386**
Lago di Barrea **60**
Lago di Bolsena **282**
Lago di Bracciano **283**
Lago di Caldonazzo **603**
Lago di Campotosto **56**
Lago di Carezza **181**
Lago di Como **163**
Lago d'Idro **227**
Lago di Garda **217**
Lago di Lecco **163**
Lago di Ledro **227**
Lago di Levico **603**
Lago di Nemi **290**
Lago di Orta **264**
Lago di Pietra del Petrusillo **129**
Lago di Resia **345**
Lago d'Iseo **153**
Lago di Viverone **391**
Lago Maggiore **263**
Lago Massaciuccoli **667**
Lago Trasimeno **271**
Laguna di Marano **628**
La Maddalena **564**
Lamborghini, Ferruccio **274**
Landschaftsräume **684**
Landwirtschaft **702**
Langhe **61**
Langhirano **413**
Langobarden **416**, **710**
Lanzo d'Intelvi **268**
Lao-Schlucht **252**
La Palud **78**
La Quercia **287**
L'Aquila **50**, **274**
La Reggia **160**
Larino **351**
La Rotonda **672**
La Spezia **494**
Latemar **181**
La Thuile **78**
Latiner **275**, **290**
Latium **274**, **689**, **769**
Lavagna **493**
Lazio **274**
Lecce **100**
Lecco **167**
Ledrosee (Lago di Ledro) **227**
Lega Nord **256**
Leonardo da Vinci **317**, **320**, **450**, **736**, **749**
Leone, Sergio **749**
Leonessa **288**
Lerici **495**
Lesetipps **815**
Levanto **494**
Levi, Carlo **123**
Levico Terme **603**
Lido d'Albaro **490**
Lido di Jesolo **651**
Lido di Ostia **399**
Ligurien **480**, **687**, **769**
Ligurischer Apennin **227**
Limoncello **66**
Limone **227**
Liszt, Franz **168**
Livigno **629**
Livorno **296**
Loano **485**
Locorotondo **98**
Locri **262**
Lodi **323**
Lodi Vecchio **323**
Lombardei **686**, **771**
Lomellina **390**
Loren, Sophia **750**
Loreto **340**
Lotto, Lorenzo **130**
Lucca **299**
Lucera **87**
Ludwig I. von Bayern **273**
Luganer See **268**
Luini, Bernardino **268**
Luino **268**
Lukanien **690**
Lungro **253**

M

Madonna della Quercia **287**
Madonna di Campiglio **180**, **605**
Madonna di Montallegro **492**
Madonna di San Luca **141**
Maestri comacini **165**, **166**
Mafia **700**
Magenta **390**
Magione **273**
Magna Graecia **98**, **250**, **260**
Mailand **15**, **305**
– Centro storico **362**
– da Vincis »Abendmahl« **319**
– Mailänder Dom **312**
– Pinacoteca di Brera **318**
– Scala **315**
– S. Maria delle Grazie **319**
– S. Maria Nascente **311**
Majella-Nationalpark **57**
Malaparte, Curzio **157**

ANHANG
REGISTER

Malatesta (Familie) **473**, **475**, **477**
Malcesine **220**
Malcontenta **409**
Malenco-Tal **629**
Mals **345**
Mamoiada **568**
Manarola **496**, **498**
Mandello Lario **167**
Manierismus **729**, **733**
Manta **177**
Mantegna, Andrea **318**, **324**, **327**, **736**
Mantova **323**
Mantua **323**
Maranello **350**
Maratea **129**
Marche **329**
Marchesato **260**
Marciana Alta **189**
Marciana Marina **189**
Marechiaro **375**
Maremma **243**
Marina di Ascea **557**
Marina di Campo **191**
Marina di Massa **663**
Marini, Marino **212**, **319**, **450**
Marino **290**
Marken **329**, **689**, **771**
Märkte **792**
Marlèma **305**
Marmolada **178**, **181**
Marmorbrüche **663**
Marostica **673**
Marsala **590**
Martini, Simone **111**, **728**
Masaccio **212**, **732**
Mascagni, Pietro **299**
Massa **663**
Massafra **96**
Massa Lubrense **385**
Massa Marittima **241**
Massari, Giorgio **639**, **739**

Matera **125**
Mathilde von Tuszien **415**
Matterhorn **78**
Mautgebühren **809**
Medici **199**, **206**, **213**, **237**, **713**
Medici-Villen **465**
Medizinische Versorgung **814**
Melfi **123**
Melito di Porto Salvo **263**
Menaggio **166**
Meran **341**
Merano **341**
Messina **587**
Messner Mountain Museum **148**, **346**
Messner, Reinhold **148**, **346**
Metaponto **128**
Mezzogiorno **256**
Michelangelo **140**, **204**, **205**, **209**, **213**, **215**, **318**, **523**, **533**, **545**, **546**, **549**, **734**, **736**
Michelozzo **369**
Mietwagen **826**
Milano **305**
Milano Marittima **477**
Milchberge **66**
Mille Miglia **150**, **787**
Minervino Murge **90**
Mira **408**
Misano Adriatico **477**
Mittelalterfeste **785**
Mittelitalienische Seen **762**
Mobiltelefon **824**
Mode **795**
Modena **347**
Molfetta **90**
Molina **662**
Molise **351**, **690**, **764**
Moncalieri **618**

Mondello **589**
Mondovì **176**
Moneglia **494**
Monferrato **116**
Monforte d'Alba **64**
Monopoli **96**
Monreale **589**
Monselice **408**
Montagna della Majella **57**
Montagnana **408**
Montalcino **361**
Mont Blanc **78**
Mont Cenis **620**
Monte Albano **465**
Monte Albo **566**
Monte Amaro **57**
Monte Amiata **361**
Monte Argentario **240**
Monte Baldo **217**, **222**
Monte Beigua **483**
Monte Bignone **488**
Monte Bondone **603**
Monte Calvo **85**
Monte Camino **391**
Monte Capanne **189**
Montecassino **295**
Montecatini **450**
Monte Ceppo **488**
Monte Circeo **279**
Monte Coglians **624**
Monte Cònero **71**, **330**
Montecristo **191**
Monte Cucco **434**
Monte del Lago **273**
Monte di Portofino **491**
Monte Epomeo **244**, **247**
Monte Gargano **84**
Monte Grappa **673**
Montegrotto Terme **408**
Monte Isola **153**
Monteluco **599**
Monte Miseno **387**

835

ANHANG
REGISTER

Monte Morrone **58**
Monte Mottarone **267**
Monte Mucrone **391**
Monte Ortobene **566**
Monte Pausolino **673**
Monte Piselli **337**
Monte Pollino **128**, **252**
Montepulciano **354**
Monteriggioni **582**
Monte Rite **148**
Monterone **351**
Monte Rosa **78**, **79**
Monterosso al Mare **496**, **498**
Monte San Michele **626**
Monte Sant'Angelo **85**
Monte Sant'Elia **569**
Monte Scirocco **258**
Monte Sirai **570**
Monte Solaro **159**
Monte Soratte **283**
Monte Subasio **110**, **116**
Monte Titano **478**
Monteverdi, Claudio **168**
Monte Vettore **600**
Monte Vulture **123**
Monti della Laga **56**
Monti Lattari **66**
Monti Lepini **291**
Monti Lessini **662**
Monti Sibillini **599**
Monti Simbruini **294**
Monviso **176**
Monza **322**
Morandi **141**
Mortola **490**
Motorsport **787**
Mottola **96**
Munthe, Axel **159**
Murano **650**
Murazzano **63**
Mussolini, Benito **166**, **279**, **502**, **551**, **716**
Mutter, Anne-Sophie **172**

N

Napoleon Bonaparte **186**, **715**
Napoli **362**
Nardò **102**
Narni **600**
Nationalflagge **695**
Nationalhymne **695**
Naturns **346**
Naturpark Fanes-Sennes-Prags **149**
Neandertaler **704**
Neapel **362**
 – Castel dell'Ovo **374**
 – Duomo San Gennaro **369**
 – Museo Archeologico Nazionale **375**
 – Museo e Gallerie Nazionali di Capodimonte **376**
 – Neapels Unterwelt **370**
 – Piazza del Plebiscito **373**
 – San Martino **374**
 – Spaccanapoli **362**
Nebbiolo **174**
Necropoli di Banditaccia **278**
Nekropole **89**, **238**, **263**, **278**, **338**, **394**, **397**, **560**, **563**, **564**, **569**
Nekropole von Palazzone **428**
Nemi-See **290**
Nero **293**
Nervi **490**
Nervia-Tal **489**
Niederschläge **817**
Ninfa **291**
Nobel, Alfred **488**
Noli **484**

Nora **569**
Norba **291**
Norcia **599**
Normannen **712**
Noto **591**
Notrufe **808**
Nova Gorica **626**
Novalesa **620**
Novara **388**
Numana **75**
Nuoro **566**
Nuraghen **564**, **569**

O

Oberitalienische Seen **762**
Oberitalienische Tiefebene **683**
Öffnungszeiten **816**
Olbia **564**
Oldtimer **759**
Oliena **566**, **568**
Oliven(-öl) **80**, **83**, **123**, **222**, **224**, **252**, **333**, **428**, **481**, **487**, **489**
Olivenöl **795**
Oneglia **487**
Opicina **609**
Oratorio di S. Bernardino **426**
Orbetello **240**
Orgosolo **568**
Oristano **570**
Orosei **566**
Orta S. Giulio **264**
Ortigia **592**
Ortona **60**
Orvieto **392**
Ossario di Castel Dante **604**
Osterwoche **784**
Ostia **399**
Ostia Antica **399**

ANHANG
REGISTER

Oströmisches Reich **710**
Ostuni **98**
Oswald von Wolkenstein **183**
Otranto **102**
Ötzi **145**, **346**
Oulx **620**
Ovid **58**

P

Pacentro **58**
Padre Pio **85**, **751**
Padua **403**
Paestum **560**
Palatino **515**
Palau **564**
Palermo **588**
Palestrina **292**
Palinuro **557**, **558**
Palladio, Andrea **153**, **409**, **649**, **653**, **668**, **734**, **750**
Palmi **258**
Panicale **274**
Panicarola **274**
Pannenhilfe **825**
Panoramica Zegna **391**
Panza, Giuseppe **270**
Paola **253**
Papasidero **252**
Parco dei Mostri **283**
Parco Naturale di Migliarino **447**
Parco Nazionale d'Abruzzo **60**
Parco Nazionale del Cilento e Vallo di Diano **557**
Parco Nazionale del Gran Paradiso **78**
Parco Nazionale della Calabria **254**
Parco Nazionale delle Incisioni Rupestri **153**
Parco Nazionale dello Stelvio **629**
Parco Nazionale del Pollino **128**
Parco Regionale della Maremma **241**
Parken **825**
Parma **409**
Parmesan **794**
Parteien **698**
Pasolini, Pier Paolo **126**, **751**
Passariano **623**
Passeiertal **345**
Passignano sul Trasimeno **271**
Passo delle Capannelle **56**
Passo dello Spluga **167**
Pavia **416**
Pegli **481**
Pentedattilo **263**
Pergine **603**
Perinaldo **488**
Perti **484**
Perugia **421**
Perugino **274**, **339**
Pesaro **338**
Pescara **52**, **61**
Pescasseroli **60**
Peschici **85**
Pescocostanzo **59**
Petrarca **370**
Petrarca, Francesco **106**, **408**
Petrella Tifernina **353**
Pflanzen **691**
Phlegräische Felder **385**
Piacenza **434**
Piano Grande **600**
Piano, Renzo **86**, **227**, **603**
Pianosa **191**
Piemont **686**, **772**
Pienza **358**
Pietole **324**
Pietrabbondante **353**
Pietracamela **56**
Pietra Ligure **484**
Pietrasanta **667**
Pieve di Cadore **185**
Pigna **488**
Pinerolo **618**
Pineta di Classe **473**
Piombino **186**
Pippinsche Schenkung **711**
Pisa **437**
 – Piazza del Duomo (Piazza dei Miracoli) **439**
 – Schiefer Turm **440**
Pisanello, Antonio **327**
Pisano, Andrea **204**
Pisano, Nicola **728**
Piste dei Dinosauri **604**
Pistoia **447**
Pitigliano **239**
Pizza **764**, **768**
Pizzo **254**
Plinius d. J. **382**, **451**
Po **176**, **197**, **683**
Poggio **191**
Poggio Bustone **288**
Policastro **557**
Policoro **128**
Polignano **96**
Pomarance **677**
Pompeji **379**, **451**
 – Scavi di Pompei **453**
 – Villa dei Misteri **462**
Ponte di Legno **153**
Ponte Tresa **268**
Pontinische Ebene **279**
Pont St. Martin **79**
Ponza **281**
Ponza-Inseln **281**
Populonia **243**
Pordenone **623**
Pordoijoch **183**

ANHANG
REGISTER

Porlezza **268**
Portella-Grat **56**
Porto Azzurro **191**
Porto Ceresio **268**
Porto Cervo **564**
Porto Ercole **241**
Portoferraio **186**, **188**
Portofino **492**
Porto Giglio **192**
Portogruaro **623**
Porto Maurizio **487**
Portonovo **74**
Portoscuso **570**
Porto S. Stefano **240**
Portovenere **495**
Portovesme **570**
Posada **566**
Positano **66**
Possagno **654**
Post **824**
Potenza **125**
Pound, Ezra **345**
Pozzuoli **385**
Praia a Mare **252**
Prati di Tivo **56**
Prato **462**
Preise **817**
Priverno **292**
Procchio **189**
Procida **247**
Promontorio del Gargano **84**
Prosecco-Region **653**
Proto-Renaissance **723**
Puccini, Giacomo **303**, **667**
Puglia **80**
Pula **569**
Punta Ala **241**
Punta Chiappa **491**
Punta della Castagnola **264**
Punta la Marmora **568**
Punta S. Vigilio **222**
Pythagoras **250**

Q

Quarto dei Mille **490**
Quinto al Mare **490**

R

Radfahren **757**
Radsport **787**
Raffael **332**, **437**, **529**, **547**, **548**, **734**
Rapallo **491**
Rätoromanisch **181**
Rauchverbot **814**
Ravello **70**
Ravenna **466**, **724**
Recco **490**
Redipuglia **610**
Reggio di Calabria **259**
Reggio nell'Emilia **414**
Regionen **684**
Reisedokumente **809**
Reiseplanung **809**
Reisezeit **817**
Reiten **759**
Renaissance **729**
Reno **267**
Reschensee **345**
Rhätische Bahn **629**
Ricasoli, Bettino **216**
Riccione **477**
Rieti **287**
Rifugio Rosazza **391**
Rimini **473**
Riomaggiore **496**, **498**
Rio Marina **191**
Riserva Giganti della Sila **254**
Riserva Naturale delle Saline **477**
Risorgimento **715**, **744**
Riva **220**
Riviera **480**, **687**, **759**
Riviera degli Etruschi **243**
Riviera di Levante **490**
Riviera di Ponente **481**
Riviera Triestina **610**
Rocca Calascio **24**
Rocca di Papa **290**
Rodi Garganico **85**
Rokoko **736**
Rom **499**, **726**, **737**
– Bocca della Verità **534**
– Campidoglio **508**
– Cappella Sistina **549**
– Catacombe di San Callisto **552**
– Città del Vaticano **538**
– Colosseo **517**
– Domus Aurea **519**
– Fontana di Trevi **529**
– Foro Romano **509**
– Forum Romanum **514**
– Kapitol **508**
– Mausoleo di Augusto **529**
– Musei Capitolini **508**
– Musei Vaticani **547**
– Museo e Galleria Borghese **527**
– Museo Nazionale Romano **525**
– Palatino **515**
– Palazzo Barberini **526**
– Pantheon **529**
– Peterskirche **539**, **542**
– Piazza di Spagna **528**
– San Pietro in Vaticano **539**
– Sixtinische Kapelle **549**

ANHANG
REGISTER

- Spanische Treppe **528**
- Tivoli **553**
- Trastevere **536**
- Vatikanische Museen **547**
- Vatikanstadt **538**

Romanik **723**
Römer **706**
Römische Kunst **720**
Romulus und Remus **500**
Rosengarten **177**, **181**
Rossano **254**, **259**
Rossini, Gioacchino **338**
Rotonda **129**
Rovereto **603**
Rubens, Peter Paul **327**
Rusellae **238**
Ruvo di Puglia **91**

S

Sabaudia **279**
Sabbioneta **329**
Sacco di Roma **502**, **734**
Sacro Monte **268**
Salerno **556**
Salice Terme **421**
Saline di Volterra **677**
Salò **223**
Salsomaggiore Terme **414**
Saluzzo **176**
Sampeyre **176**
San Benedetto del Tronto **337**
San Caterina Valfurva **629**
San Clemente a Casauria **57**
San Felice Circeo **280**
San Feliciano **273**
San Giacomo **288**
San Gimignano **582**
San Giovanni al Timavo **610**
San Giovanni in Fiore **260**
San Giovanni Rotondo **85**
San Leo **477**
Sanluri **570**
San Marino **478**
San Martino della Battaglia **223**
San Nicola **86**
San Pellegrino **285**
San Pellegrino Terme **134**
San Piero a Grado **445**
San Piero in Campo **191**
San Pietro in Valle **601**
San Polo d'Enza **415**
San Remo **487**
San Severino **252**
Sansovino, Jacopo **153**
Santa Cesarea Terme **103**
Sant'Agata sui due Golfi **385**
Santa Lucia **566**
Santa Margherita Ligure **492**
Santa Maria Capua Vetere **161**
Sant'Anatolia di Narco **599**
Sant'Angelo **247**, **384**
Sant'Antioco **569**
Sant'Antonio di Ranverso **619**
Sant'Apollinare in Classe **472**
Santa Severina **260**
Santa Teresa di Gallura **565**
San Teodoro **566**
San Terenzo **495**
Sant' Ilario **191**
Santo Stefano **281**
Santo Stefano di Sessanio **24**
Santuario di Montegrazie **487**
Santuario di Vicoforte **176**
Santuario N. S. della Misericordia **484**
San Ubaldo **434**
Sapri **557**
Sarazenentürme **66**
Sardagna **603**
Sardara **570**
Sardegna **563**
Sardinien **563**, **684**, **691**, **760**, **772**
Sarnico **153**
Sarroch **569**
Sarzana **495**
Sassari **566**
Sassi di Matera **125**
Sassuolo **350**
Saturnia **239**
Sauris **624**
Sauze d'Oulx **620**
Savona **483**
Savonarola, Girolamo **194**, **199**, **205**, **464**
Scalea **252**
Scansano **238**
Schloss Bruneck **149**
Schloss Juval **148**, **346**
Schloss Runkelstein **143**
Schloss Sigmundskron **148**
Schloss Tirol **345**
Schloss Trauttmansdorff **344**
Schnalstal **346**
Scilla **258**
Segantini, Giovanni **220**
Segesta **590**
Seggiano **361**

ANHANG
REGISTER

Segni **291**
Segromino **305**
Seiser Alm **178, 183**
Selinunt **591**
Sellajoch **183**
Senigallia **339**
Sepino **353**
Sermoneta **292**
Serralunga **63**
Sesto Calende **267**
Sestriere **619**
Sestri Levante **493**
Sette Lidi di Comacchio **198**
Sextner Tal **149**
Sforza **311, 318, 713**
Shoppen **792**
Sibari **259**
Siena **571**
 – Duomo Santa Maria Assunta **577**
 – Piazza del Campo **575**
Sila-Gebirge **254**
Siniscola **566**
Sinni-Tal **252**
Sipontum **84**
Siracusa **592**
Sirmione **222**
Sirolo **75**
Sizilien **587, 684, 691, 726, 760, 772**
Skaliger **659**
Skylletion **262**
Slow Food **762**
Soave **662**
Socchieve **624**
Solfatara **386**
Solferino **223**
Sondrio **629**
Sorano **239**
Sorrent **64, 384**
Sovana **239**
Spartacus **161**
Sperlonga **280**
Spilimbergo **623**

Splügenpassstraße **167**
Spoerri, Daniel **361**
Spoleto **596**
Sportevents **786**
Sprache **818**
Sprachgruppen **694**
Staat **695**
Stadtrepubliken **712**
Staffarda **177**
Stilfser Joch **346, 628**
Stilo **262**
St. Leonhard **345**
St. Pierre **78**
Stra **408**
Strada Panoramica dei Castelli **629**
Stradivari **168, 172**
Stradivari, Antonio **173**
Strände **759, 761**
Straße von Messina **684, 691**
Stresa **266**
St. Ulrich **183**
St. Vincent **78**
Subiaco **293**
Südtirol **773**
Sulden **148**
Sulmona **58, 596**
Su Nuraxi **570**
Supramonte **568**
Susa **620**
Syrakus **592**

T

Tabiano Bagni **414**
Taggia **487**
Tagliacozzo **60**
Talamone **241**
Tanken **825**
Taormina **594**
Tarent **98**
Tarquinia **278**
Tavoliere **684**

Tavoliere di Puglia **83, 87**
Teglio **629**
Telefonieren **824**
Tellaro **495**
Temperaturen **817**
Teramo **55**
Termoli **351**
Terracina **280**
Terra di Bari **88**
Terroni **256**
Teulada **569**
Tharros **570**
Theoderich **466, 654**
Theodosius **13**
Theodulpass **78**
Thermabad **450**
Thermalbad **78, 118, 239, 244, 286, 342, 414, 477, 624, 762**
Thermalquelle **384, 421, 477, 629**
Thomas von Aquin **292, 295**
Tiepolo **223**
Tiepolo, Giovanni Battista **622**
Tierwelt **693**
Tignale **227**
Timmelsjoch **345**
Tintoretto **733**
Tirano **629**
Tiriolo **262**
Tirol **345**
Tivoli **553**
 – Villa Adriana **554**
 – Villa d'Este **553**
Tizian **185, 653, 733**
Todi **397, 596**
Tofana **184**
Toirano **485**
Tolmezzo **624**
Tomba Ildebrandana **239**
Torbole **220**
Torcello **651**

ANHANG
REGISTER

Torgiano **428**
Torino **610**
Torre Annunziata **383**
Torrechiara **413**
Torre del Greco **383**
Torre Pellice **619**
Torri del Benaco **222**
Torrone **168**
Tortoreto Alto **60**
Toscanini, Arturo **413**
Toskana **688**, **723**, **773**
Toskanische Mittelmeerküste **760**
Toskanischer Archipel **191**
Touren **30**
Tourismus **702**
Trani **89**
Trapani **590**
Trasimenischer See **271**
Tremiti-Inseln **85**, **86**
Tremosine **227**
Trenker, Luis **183**
Trentino **773**
Trentino-Südtirol **687**
Trento **602**
Treviso **596**, **651**
Trient **602**
Triest **606**
Trinkgeld **813**
Triora **487**
Troia **87**
Tropea **255**
Trulli **96**
Tuoro **271**
Turin **610**
Tuscania **277**
Tusculum **289**
Tyrrhenisches Vorland **684**

U

Übernachten **801**
Uccello, Paolo **212**
Udine **621**
Uluzien **704**
Umbrer **433**
Umbrien **689**, **773**
Umgangsformen **814**
Urbino **332**

V

Valcamonica **153**
Val Chisone **619**
Val d'Ayas **78**
Val de Fénis **78**
Val di Chiana **103**
Val di Gressoney **79**
Val d'Orcia **358**
Valle Brembana **134**
Valle d'Aosta **686**
Valle dei Templi **591**
Valle di Sesto **149**
Valle di Susa **620**
Valle d'Itria **96**, **98**
Valle Maira **176**
Vallepietra **294**
Valle Seriana **134**
Valle Varaita **176**
Valli di Comacchio **198**
Vallone di Furore **68**
Valmalenco **629**
Valnerina **599**
Val Passiria **345**
Valpolicella **662**
Valsassina **168**
Val Sugana **603**
Valtellina **628**
Valtenesi **223**
Val Venosta **345**
van Dyck, Atoon **234**
Vanvitelli, Luigi **160**
Varazze **483**
Varenna **167**
Varese **268**, **270**
Varese Ligure **493**
Varzi **421**
Vasari, Giorgio **108**, **203**, **430**, **450**, **729**, **733**
Vasto **61**
Vatikan **13**, **538**
Vedetta d'Italia **609**
Velia **557**
Velino **287**
Velletri **290**
Veltlin **628**
Venarìa Reale **618**
Venedig **19**, **630**, **726**, **738**
 – Basilica di San Marco **641**
 – Canal Grande **631**
 – Dogenpalast **645**
 – Lido di Venezia **650**
 – Piazza San Marco **641**
Venetien **686**
Veneto **773**
Venosa **125**
Ventotene **281**
Venzone **624**
Veranstaltungskalender **787**
Verbania **264**
Vercelli **391**
Verdi, Giuseppe **173**, **322**, **752**
Verduno **64**
Vergil **99**, **324**
Vergünstigungen **817**
Verkehr **824**
Verkehrsvorschriften **824**
Vernazza **496**, **498**
Verona **654**
Versilia **662**
Verucchio **477**
Verwaltungsgliederung **698**
Vesuv **379**, **382**
Vetulonia **238**
Via Appia **280**

ANHANG
REGISTER

Via Aurelia **237**
Via Claudia Augusta **343**
Via Francigena **276**
Viareggio **667**
Vibo Valentia **254**
Vicenza **668**
Vieste **85**
Vietri sul Mare **66**, **70**
Vigevano **391**
Vigo di Fassa **182**
Villa Barbaro **653**
Villa Farnese **283**
Villa Jovis **157**
Villa Lante **283**
Villa Opicina **609**
Villa Oplontis **383**
Villa Pisani **408**
Villaputzu **569**
Villasimius **569**
Villa Valmarana ai Nani **672**
Vinci **450**
Vinschgau **345**
Visconti **416**, **713**
Visconti (Familie) **220**, **267**, **270**, **311**, **318**
Visconti, Gian Galeazzo **312**, **419**, **420**
Viterbo **284**
Vittoriale degli Italiani **223**
Vittorio Emanuele II. **63**, **716**
Vittorio Veneto **653**
Voghera **421**
Völkerwanderung **710**
Volterra **674**
Volterraio **191**
Voltri **481**
Vomero **362**, **374**
Vorwahlen **825**
Vulci **277**
Vulkanismus **682**

W

Wagner, Richard **70**
Waldenser **619**
Wandern **756**
Weinanbauregionen **779**
Weine **779**
Welschnofen **181**
Weströmisches Reich **710**
Winckelmann, Johann Joachim **460**, **609**
Wintersport **758**
Wirtschaft **699**
WLAN **824**
Wolkenstein **183**

Z

Zegna, Ermenegildo **391**
Zeit **808**
Zoagli **492**
Zollbestimmungen **811**
Zuglio **624**

ATMOSFAIR

nachdenken • klimabewusst reisen
atmosfair

Reisen verbindet Menschen und Kulturen. Doch wer reist, erzeugt auch CO_2. Der Flugverkehr trägt mit bis zu 10% zur globalen Erwärmung bei. Wer das Klima schützen will, sollte sich nach Möglichkeit für die schonendere Reiseform entscheiden (wie z.B. die Bahn). Gibt es keine Alternative zum Fliegen, kann man mit atmosfair klimafördernde Projekte unterstützen.
atmosfair ist eine gemeinnützige Klimaschutzorganisation unter der Schirmherrschaft von Klaus Töpfer. Flugpassagiere spenden einen kilometerabhängigen Betrag und finanzieren damit Projekte in Entwicklungsländern, die den Ausstoß von Klimagasen verringern helfen. Dazu berechnet man mit dem Emissionsrechner auf **www.atmosfair.de** wieviel CO_2 der Flug produziert und was es kostet, eine vergleichbare Menge Klimagase einzusparen (z.B. Berlin – London – Berlin 13 €). atmosfair garantiert die sorgfältige Verwendung Ihres BeitragSan Alle Informationen dazu auf www.atmosfair.de. Auch der Karl Baedeker Verlag fliegt mit atmosfair.

BILDNACHWEIS

age fotostock /Look 162
AKG images/Mondadori Portfolio 748u.
Amann 461
Dumont Bildarchiv 112, 738/739 Christina Anzenberger-Fink und Toni Anzenberger 9, 26/27, 107, 190 (2x), 199, 204, 206, 212, 214, 239, 243, 304, 565, 567, 574, 576, 583, 675, 688, 703, 707u., 732, 754, 757, 778, 783, 786; Toni Anzenberger 2, 3u., 31, 83, 87, 97, 101, 127, 251, 255 261 (2x), 681u., 692, 752, 760, 789; Udo Bernhart 149, 226, 344; Frank Heuer 3o., 5, 178, 182, 185, 275, 501, 503, 514, 518, 524, 531, 537, 546, 549, 707o., 717, 720, 742, 763, 794, 807; Rainer Kiedrowski 4o., 49, 68, 363, 368, 377u., 378, 383, 453, 561, 634; Markus Kirchgessner 266, 390, 614, 618, 770 (2x).; Sabine Lubenow 4u.,7, 18/19, 256, 407, 588, 592, 595, 639, 645, 648, 673, 765, 775; Nagy 735; Michael Riehle 218 221 (2x), 655, 658, 681o., 780; Spitta 140, 725, 802/803; Thilo Weimar 167; Thomas P. Widmann 438/439, 679; Ernst Wrba 173, 236, 306, 316, 328, 435, 467, 486, 489, 622, 799, U 7
fotolia/Lionel Conflant 224
Bertrand Gardel/hemis.fr/laif 233
Getty Images
  Lois Cagiao 377o.; Ilbusca 774; David Lees / Kontributor 28; Marka 350; Stefano Scata 796
glowImages 319
  AGF 10/11; ImageBROKER RM 12 o.

Robert Haidinger/laif 17, 138
Frank Heuer/laif 67
Huber Images
  Franco Cogoli 485, 669; Sandra Raccanello 420; Susanne Kremer 425; SIME/Nicolò Miana 20/21; Luca Da Ros 196/197; /Jan Wlodarczyk 359
Markus Kirchgessner 281
Laif
  Allpix Press 719; Archivio GBB Contrasto 745u.; laif23/Photonews/Philip reynaers 745o.; Lansard Gilles /hemis 79; Obie Oberholzer 289; Piero Oliosi/Polaris 14/15; Dagmar Schwelle 336
Mauritius images / Raffaele Provinciali / Alamy 293
Nordic Photos / Lookphoto 12u.
picture alliance
  AKG 95; Arco Images 360; dpa 701
Schapowalow
  Franco Cogoli 627; Susanne Kremer 158
Wolfram Schleicher 727
shutterstock
  Marco Bicci 273; Gaia Conventi 414; costagliola 51; Emanuele D'Amico 59; Gianluca Figliogla 476; mass911 601; Matteo Gabrieli 56; mjols84 494; Giannis Papanikos 371; Angela N. Perryman 480; Perseo Media 396; Sopotnicki 606/607; ValerioMei 25o.; Vito Grittani 25u.; WineDonuts 22/23;
stockfood / Richard Sprang 225
Thomas P. Widmann 714

Titelbild: Matteo Carassale/ Huber Images

843

ANHANG
VERZEICHNIS DER KARTEN UND GRAFIKEN

VERZEICHNIS DER KARTEN UND GRAFIKEN

Baedeker Sterneziele	U3/4
Tourenübersicht	33
Tour 1	34
Tour 2	38
Tour 3	40
Tour 4	41
Tour 5	43
Tour 6	44
Tour 7	46
Tour 8	47
Ancona	73
Castel del Monte (3D)	92/93
Arezzo	104
San Francesco Unterkirche	111
Bari	120
Bergamo	132
Bologna	137
Der Mann aus dem ewigen Eis (Infografik)	146/147
Brescia	152
Capri	154
Geigenbau in Cremon (Infografik)	170/171
Elba	188
Ferrara	195
Florenz	201
Palazzo Pitti	209
Genua	229
Ischia	246
Viterbo	285
Livorno	298
Lucca	302
Mailand	308/309
Mailänder Dom (3D)	312/313
Dom Santa Maria Nascente	314
Mantua	325
Palazzo Ducale	327
Palazzo Ducale (3D)	334/3354
Montepulciano	355
Neapel	366/367
Herculaneum	380
Orvieto	393
Ostia	400
Padua	404
Parma	411
Pavia	417
Perugia	423
Gubbio	432
Monument mit Schieflage (Infografik)	442/443
Pisa	446
Pompeji	454/455
Ravenna	468
Sant'Apollinare (3D)	470/471
Rimini	475
Rom	504/505
Foro Romano (3D)	510/511
Antikes Rom	512
Brot und Spiele (Infografik)	520/521
Vatikanstadt	540/541
Petersdom (3D)	542/543
Peterskirche	544
Villa Adriana	554
Salerno	558
Paestum	562
Siena	572
Dom Santa Maria (3D)	578/579
San Gimignano	585
Trient	604
TTurin	613
O sole mio (Infografik)	632/633
Venedig	636/637
Basilica di San Marco (3D)	642/643
Verona	657
Carrara Marmor (Infografik)	664/665
Vicenza	670
Naturräume	682
Regionen	685
Italien auf einen Blick (Infografik)	696/697
Das Römische Reich (Infografik)	708/709
»Wiedergeburt« der Antike (Infografik)	730/731
Pasta (Infografik)	766/767
Baedeker Sterneziele	U5/6

IMPRESSUM

Ausstattung:
188 Abbildungen, 80 Karten und grafische Darstellungen, eine große Reisekarte

Text:
Dr. Bernhard Abend und Anja Schliebitz mit Beiträgen von Susanne Kilimann, Dr. Evamarie Blattner, Achim Bourmer, Marlies Burget, Robert Fischer, Helmut Linde, Andreas März, Caterina Mesina und Nikolaus Groß, Michael Marsch, Thomas Migge, Dr. Eva Missler, Birgit Müller-Woebcke, Dr. Madeleine Reincke, Reinhard Strüber, Moritz Wullen und Andrea Wurth

Überarbeitung:
Birgit Müller-Woebcke

Bearbeitung:
Baedeker-Redaktion (Miriam Muschkowski, Cornelia Thoellden, Dr. Birgit Ulmer)

Kartografie:
Christoph Gallus, Hohberg
Franz Huber, München
Klaus-Peter Lawall, Unterensingen
MAIRDUMONT Ostfildern
(Reisekarte)

3D-Illustrationen:
jangled nerves, Stuttgart

Infografiken:
Infographics Group GmbH, Berlin

Gestalterisches Konzept:
RUPA GbR, München

18., aktualisierte Auflage 2023

© MAIRDUMONT, Ostfildern

Der Name Baedeker ist als Warenzeichen geschützt. Alle Rechte im In- und Ausland sind vorbehalten. Jegliche – auch auszugsweise – Verwertung, Wiedergabe, Vervielfältigung, Übersetzung, Adaption, Mikroverfilmung, Einspeicherung oder Verarbeitung in EDV-Systemen ausnahmslos aller Teile des Werkes bedarf der ausdrücklichen Genehmigung durch den Verlag.

Trotz aller Sorgfalt von Redaktion und Autoren zeigt die Erfahrung, dass Fehler und Änderungen nach Drucklegung nicht ausgeschlossen werden können. Dafür kann der Verlag leider keine Haftung übernehmen. Jede Karte wird stets nach neuesten Unterlagen und unter Berücksichtigung der aktuellen politischen De-facto-Administrationen (oder Zugehörigkeiten) überarbeitet. Dies kann dazu führen, dass die Angaben von der völkerrechtlichen Lage abweichen. Irrtümer können trotzdem nie ganz ausge-schlossen werden. Kritik, Berichtigungen und Verbesserungsvorschläge sind jederzeit willkommen. Schreiben Sie uns, mailen Sie oder rufen Sie an:

Baedeker-Redaktion
Postfach 3162 | D-73751 Ostfildern | Tel. 0711 4502-262
www.baedeker.com | baedeker@mairdumont.com

Printed in Poland

ANHANG
VERLAGSPROGRAMM

BAEDEKER VERLAGSPROGRAMM

Viele Baedeker-Titel sind als E-Book erhältlich.

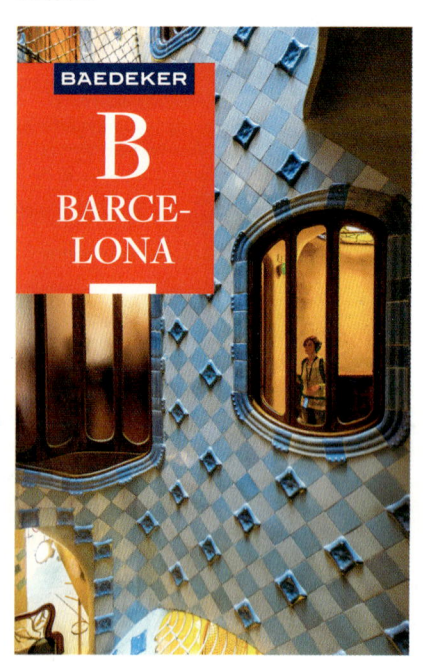

A
Ägypten
Algarve
Allgäu
Amsterdam
Andalusien
Australien

B
Bali
Baltikum
Barcelona

Belgien
Berlin · Potsdam
Bodensee
Böhmen
Bretagne
Brüssel
Budapest
Burgund

C
China

D
Dänemark
Deutsche Nordseeküste
Deutschland
Dresden
Dubai · VAE

E
Elba
Elsass · Vogesen
England

F
Finnland
Florenz
Florida
Frankreich
Fuerteventura

G
Gardasee
Golf von Neapel
Gomera
Gran Canaria
Griechenland

H
Hamburg
Harz
Hongkong · Macao

I
Indien
Irland
Island
Israel · Palästina

ANHANG
VERLAGSPROGRAMM

BAEDEKER

F
FLORIDA

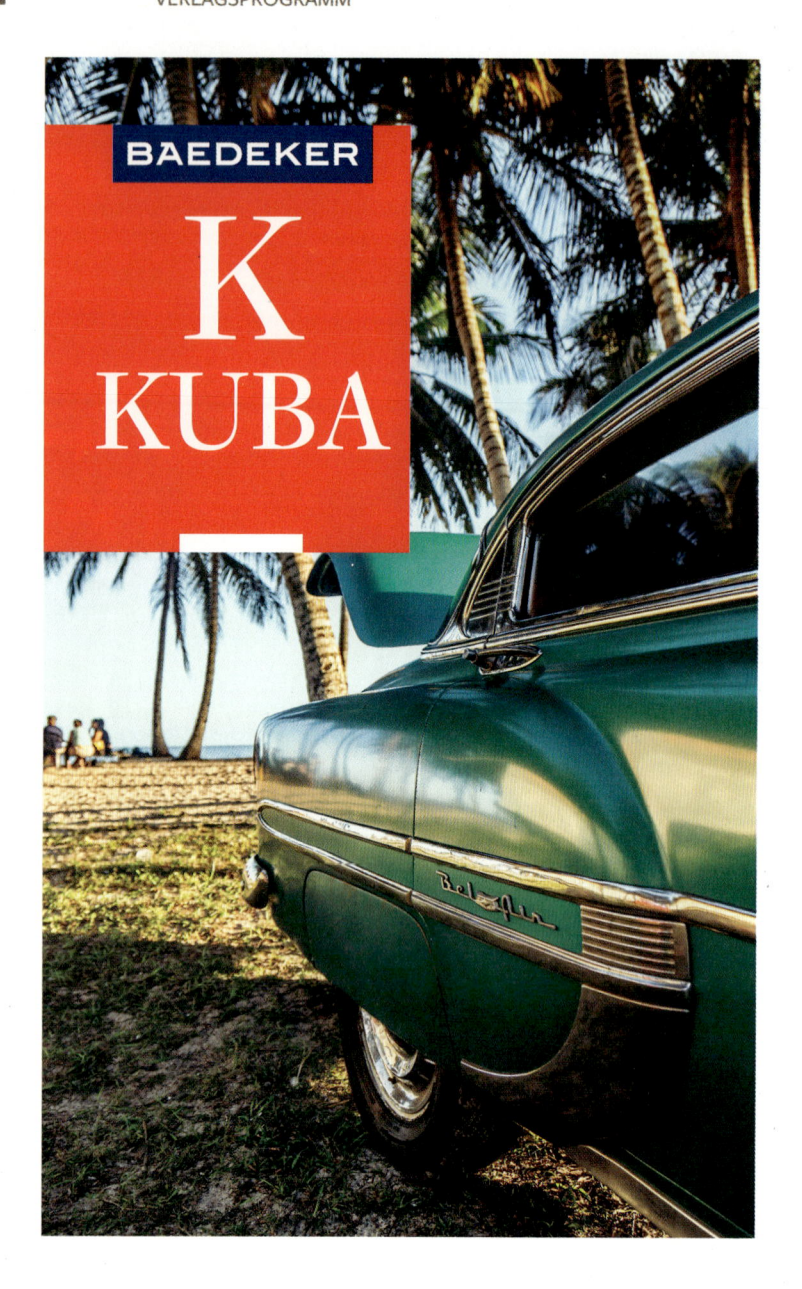

ANHANG
VERLAGSPROGRAMM

BAEDEKER
K
KUBA

ANHANG
VERLAGSPROGRAMM

Istanbul
Istrien · Kvarner Bucht
Italien

J
Japan

K
Kalifornien
Kanada · Osten
Kanada · Westen
Kanalinseln
Kapstadt · Garden Route
Kopenhagen
Korfu · Ionische Inseln
Korsika
Kreta
Kroatische Adriaküste · Dalmatien
Kuba

L
La Palma
Lanzarote
Lissabon
London

M
Madeira
Madrid
Mallorca
Malta · Gozo · Comino
Marrokko

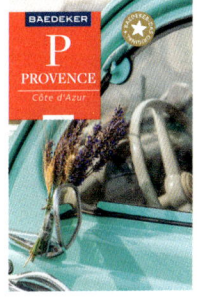

Mecklenburg-Vorpommern
Menorca
Mexiko
München

N
Namibia
Neuseeland
New York
Niederlande
Norwegen

O
Oberbayern
Österreich

P
Paris
Polen
Polnische Ostseeküste · Danzig · Masuren
Portugal
Prag
Provence · Côte d'Azur

R
Rhodos
Rom
Rügen · Hiddensee
Rumänien

S
Sachsen
Salzburger Land
Sankt Petersburg
Sardinien
Schottland
Schwarzwald
Schweden
Schweiz
Sizilien
Skandinavien
Slowenien
Spanien
Sri Lanka
Südafrika
Südengland
Südschweden · Stockholm
Südtirol
Sylt

T
Teneriffa
Thailand
Thüringen
Toskana

U
USA · Nordosten
USA · Südwesten
Usedom

V
Venedig
Vietnam

W
Wien

Z
Zypern

ANHANG
NOTIZEN

Meine persönlichen Notizen

ANHANG

Meine persönlichen Notizen

FRANCE MONACO
A8
St. Tropez — Nice
Côte d'Azur
Îles d'Hyères

★★ Pisa ★★ Florenz
Livorno Firenze Arezzo
Volterra
★★ Siena
Montepulciano
Grosseto Orvieto
Viterbo
★★ Ro...
Lido di...

Mare Ligure

Calvi Bastia
Corse (FRANCE)
M. Cinto 2710
Ajaccio Aléria
Bonifacio

Capraia
Elba
I. del Giglio

ITALIA

> **Piazza del Duomo**
> Imposanter Dom und Schiefer Turm am »Platz der Wunder«
> S. 439

> **Piazza del Campo**
> Italiens erste Fußgängerzone
> S. 574

> **Forum Romanum**
> Im Herzen des antiken Rom S. 509
> **Kolosseum**
> Brot, Spiele und Sterben S. 517
> **Vatikanstadt**
> Im Epizentrum der katholischen Welt S. 538

la Maddalena
Porto Torres Olbia
Sassari
199
Alghero Siniscola
Macomer
Sardinien
Sardegna
(ITALIA)
P. la Marmora 1834
Arbatax
131
Iglesias
Isola di San Pietro Cagliari
Capo Teulada

Mare Tirreno

> **Centro storico**
> Neapolitanisches Leben in der Altstadt S. 362
> **Herkulaneum**
> Das bessere Pompeji?
> S. 379
> **Vesuv**
> Der Repekt einflößende Hausberg
> S. 382

> **Sca...**
> **Pon...**
> Fens
> Ar...
> S.

Mare Mediterraneo

Galite
Bizerta
Trapani
Mazara del Vallo
Skikda Annaba El Kala Tabarca Carthage
Tunis Kelibia
Béja Menzel Temime
Pantelle (ITALI...
Constatine Guelma Mejez El Bab Nabeul
Jendouba
AL-JAZAÏR (ALGÉRIE) Souq Ahras Siliana Hergla
Oum El-Bouaghi El Kef **TUNIS (TUNISIE)** Sousse